浙江文叢

留青日札

〔上册〕

〔明〕田藝蘅 撰　朱碧蓮 點校

浙江古籍出版社

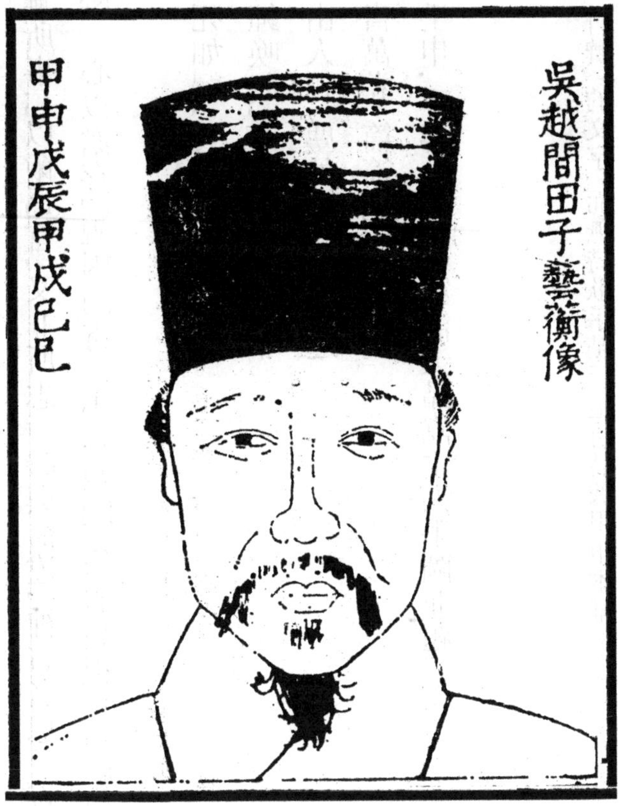

作者像

自贊

以爾爲人，則無所事；以爾爲官，又非所志。時與命違，神將名忌。直而好言，和而弗媚。戇懶本癡，醒狂若醉。心以澹存，貌因幻寄。小耳豐頤，修眉高視。揮麈尾於煙霞，掃塵根於天地。

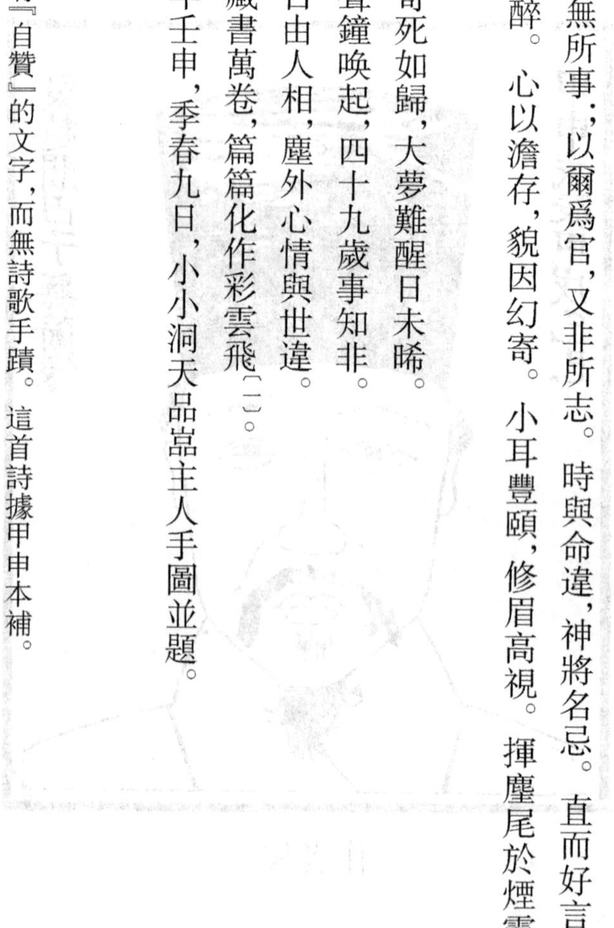

浮生如寄死如歸，大夢難醒日未晞。
一百八聲鐘喚起，四十九歲事知非。
畫中面目由人相，塵外心情與世違。
石室祇藏書萬卷，篇篇化作彩雲飛〔一〕。

大明隆慶六年壬申，季春九日，小小洞天品嵓主人手圖並題。

校勘記

〔一〕己酉本原有『自贊』的文字，而無詩歌手蹟。這首詩據甲申本補。

重版説明

《留青日札》爲明代筆記之白眉，網羅萬有，薈爲一編，頗有資考證。上世紀曾由朱碧蓮先生點校，由上海古籍出版社出版。由于印數甚少，早已售罄，市面上也難覓此書踪跡，深可爲憾事。此次徵得作者同意，納入『浙江文叢』重版，即據上海古籍出版社本爲底本，核校原書，訂正了原版本文字和標點錯訛之處，并對部分標點進行了調整。其餘則一仍其舊。

浙江古籍出版社編輯部

二〇一二年七月

點校説明

《留青日札》，明田藝蘅著。藝蘅字子藝，號品嵓子，錢塘（今浙江杭州）人，著名學者田汝成之子。生卒年月不詳，大約生活在明嘉靖、隆慶和萬曆初這一段時間内。他克紹家學，天資聰穎，博覽多聞，『作詩有才調，爲人所稱』（《明史・文苑傳》）。但其舉業偃蹇，『七舉不遇』（《品嵓子小傳》），僅以歲貢生的身份做過徽州訓導，旋即罷歸，遂放浪西湖，優游山林。著有《大明同文集》、《田子藝集》、《煮泉小品》及《留青日札》等書，以《留青日札》爲最著。

這部雜記性的札記，是藝蘅將其『留心札牘』的心得體會和現實生活中的所遇『可喜、可愕、可哂、可疑、可怪、可奇之事』，及其優游山林的逸事匯集起來，『或數日而得一札，或一日而得數札，積於箱素』而成，因仿古人史書稱『青史』之例而取名爲《留青日札》。此書一名《香宇外集》。香宇是距其品嵓寓所僅數百步的名勝，山清水秀，景色宜人，是他們夫婦登臨唱隨、流連忘返之地，故以爲名。

全書三十九卷，内容包羅萬象，上自天文星象，下至地理人情，諸凡經史子集、典章制度、音韻訓詁、社會風尚、民生疾苦、藝林傳聞、掌故逸事等等，無不涉及，堪稱『朱明一代雜家之冠』（謝國楨語）。

書中記載了明初至嘉、隆間的風土習俗和社會傳聞，可補正史之不足，爲後人全面認識明朝的社會面貌提供了豐富而翔實的資料。如卷三《社夥》、卷十九《腰鼓》、《舞鼓》、卷二十一《祝英臺》等寫了明代市民和鄉民的娛樂生活及有關的戲劇情節，常爲戲劇史研究者所引用。書中對於士大夫競爲豪奢，百姓衣不蔽體、食不果腹的窮困生活也有具體記載。如卷七、卷二十三都寫了貧富的懸殊。卷二十六《七件事》則就開門七件事——柴、米、油、鹽、醬、醋、茶，真實地記載了窮苦百姓所過的非人生活，字裏行間對貧民表示了無限的同情。書中對朝廷的苛政和奸臣貪吏的穢行作了頗爲深刻的揭露和譏刺。如卷九《風變》記載民間風聞朝廷將選綉女，於是便出現了倉皇成婚的混亂恐懼的景象。皇宫蟲蟻房供養獅虎，餵以犬羊，封以官爵，『甚爲民害』（卷二十九、卷三十一）。嘉靖皇帝信方士、飲丹藥，寵幸姦相嚴嵩，任其爲非作歹。卷三十五《沈萬三秀》曰：『嚴嵩盜竊國柄，貪墨滔天，苞苴公行，仕路污穢。嘉興丙辰科一進士，用金一萬三千兩買選吏部考功主事，時人號之曰「沈萬三官」。』此卷各條分别開列嚴嵩、劉瑾、錢寧、江彬、鄢懋卿等人所籍没的家産清單，數目之大，令人咋舌。同時，作者也以辛辣的筆觸抨擊科場醜聞（卷三十七），鞭撻佛道淫亂愚民（卷三十七），賭博盛行造成傾家蕩産的不良風氣，這些都具有寶貴的史料價值。難得的是作者以夾敘夾議的寫法表示其鮮明的愛憎，對現實政治的不滿與憤激之情。

書中有關詩論、文論和史論部分不僅反映作者的博聞强識及對詩文詞賦和史學的精深造詣，且每每披郤導窾，獻疑送難，法眼獨具，有一定的學術價值。他不拘泥於前賢定論，以爲堯舜禪讓是因爲『愛身甚於愛天下』，『愛天下不如愛子』，而『周公好名』，故不能稱他們爲『聖人』（卷三、卷七）。爲此，《四庫全書總目提要》譏之爲『紕繆之甚』，這適足以説明作者具有非聖疑經的精神。他反對元稹揚杜抑李之説，認爲『此非公論』，李白和杜甫『詩如其人』，各具個性特徵，不能抑此揚彼，還是韓愈李杜並重説更爲公允。對於柳宗元的《漁翁》詩，蘇軾以爲『其尾兩句雖不必亦可』（惠洪《冷齋夜話》引），宋、明時贊同者不乏其人，藝蘅則曰『全章本自悠揚，去之則局促矣』，對柳詩的理解更爲全面深刻。他對音韻文字、經籍史料到寶器服飾、花草禽獸也有考訂，顯示了廣博的知識和獨到的見解。

由於田藝蘅好游任俠，見多識廣，所以書中有很多掌故趣聞，如卷一《换鴿書》、卷十一《毛人》等。同時引用了不少民諺歌謡、俚語俗話，如南方土話『貓兒頭』（卷三），唐方言『温暾湯』（卷四）等，足資參考。此外，對當時發生的自然災害和特異的氣象，如山崩地裂、風暴雷電、流星隕石等都作了具體的描寫，爲科技史提供了寶貴的材料，值得重視。

『雜』是本書的一大特點，但正因爲如此，本書時常由雜入蕪，細碎不捐，要是一病。同時，明代士大夫階層所崇尚的挾妓豪飲，侈談因果報應、妖魔鬼怪的庸俗惡習在本書中也時有流露。

本書舊有《留留青》刻印本，祇節録其中六卷；明刊《紀録彙編》收有《留青日札摘鈔》，也僅録四卷，都遠未能反映全書面貌。這次點校，以謝國楨家藏的萬曆己酉（一六〇九）重刻本爲底本（已由上海古籍出版社影印出版），以萬曆甲申（一五八四）刻本對校。謝國楨所藏的重刻本，亦經其本人校閲過，遇有脱誤之處，輒請人鈔補，或在書眉上作校記説明。他所稱用以校對的萬曆元年刻本（一五七三），實即萬曆甲申本。所以在出校時，我們逕稱爲『甲申本』，而不稱『元年本』。本書總目常作省文，如卷一『漢賜黄金』，正文作『漢賜醫黄金』，卷二『落霞句法』，正文作『落霞孤鶩句法』等，均據正文補全。有些段落没有標題，而目録中原有，則據目録增補，如卷十二、十三、十四就是如此。個别錯字，則據甲申本逕行改正；有歧義者，出校注明。作者學問廣博，引用古籍，比比皆是，有的用原文，有的僅述大意。凡徵引中與原書字句不同而旨義無違者，不出校記；凡徵引有乖原書意者，酌情在校記中説明。粗疏失察之處，尚祈高明指正。

謝國楨從《春雨逸響》及《留留青》中輯出有關文字數條，原抄於謝藏萬曆己酉本後，今收作附録，並附有關序跋題辭，以供參考。

朱碧蓮

一九八五年夏

目録

卷之二

卷之三

卷之四

卷之九

卷之十

卷之十一

卷之十二

卷之十三

卷之十四

卷之十五

卷之十六

卷之十七

卷之十八

卷之十九

卷之二十

卷之二十一

卷之二十二

卷之二十三

卷之二十四

卷之二十五

卷之二十六

卷之二十八

卷之二十九

卷之三十

卷之三十一

卷之三十二

卷之三十四

卷之三十五

卷之三十六

卷之三十七

附録一

附録二

留青日札卷之一

笑人著書

梁湘東王繹勤心著述，卮酒未嘗妄進。衡山侯恭尚華侈，好賓友，酣讌終日，坐客滿筵。每從容謂人曰：『下官歷觀世人，多有不好歡樂，乃仰眠牀上，看屋梁而著書，千秋萬歲，誰傳此者。勞神苦思，竟不成名。豈如臨清風，對朗月，登山泛水，肆意酣歌也。』此言頗切苦心著述形狀，然亦有性癖所耽，至老不倦者。秦子勑宓曰：『僕文不能盡言，言不能盡意，何文藻之可揚乎？虎生而文炳，鳳生而五色，豈以采自飾畫哉！性自然也。』至於退之，則云：『化當世，莫若口；傳來世，莫若書。』嗚呼！然此可爲知者道，難與俗人言也。

文窮詩窮

蘇子瞻曰：『文人之窮也，固宜。勞心以耗神，盛氣以忤物，未老而衰病，無惡而得罪，鮮不以文者。』歐陽永叔序《梅聖俞詩集》云：『予聞世謂詩人少達而多窮。夫豈然哉？』『窮則愈工。』『非詩能窮人，殆窮者而後工也。』予謂詩文之能窮人也，自古然矣。然可窮者身，而不可窮者名。豈人能窮之邪？天忌之爾。窮之，適所以爲達也。

絲竹管絃　蘭亭後序

人皆以梁昭明不録《蘭亭序》，以爲在『雖無絲竹管絃之盛』之句。夫『後堂理絲竹管絃』，《漢書·張禹傳》亦載之，似未足以病文也。嘗謂《文選》必有所主，及閱《五代新説》，載昭明『性愛山水，游圃泛舟。舟人數請奏女樂，久而不答。徐詠太冲詩曰：「何必絲與竹，山水有清音。」慚而止。』乃釋千古之疑。蓋崇山曲水，清響娱人，果何必絲竹管絃也哉！《文選》之不取，信在于此。乃昭民之心〔一〕，素所不欲。後世凡以鼓吹遊山者，誠可謂殺風景也。戒之！戒之！

唐大曆中，鮑防、嚴維、吕渭、朱迪、吴筠而次三十七人，聯句于此，云：『曲水追歡處，遺芳尚宛然。名從右軍出，山在古人前。賞是文辭會，歡同癸丑年。』宋葛文康公于寶溪觀禊堂，紹興癸丑，與客修禊，追數永和癸丑凡七百八十年，乃作詩以紀其事。且云：『吾黨殆天放，十夜就管絃。尺六細腰女，舞袖輕回旋。』是亦不能忘情醉紅裙者。若陳正敏以爲在天朗氣清，自是秋景，則學齋三月清明節之辨，足以折服之矣。《世説》以《蘭亭序》爲《臨河序》，賦詩者二十六人，不能賦罰酒者一十五人。《天章寺碑》云：『羲之、謝安、謝萬、孫綽、徐豐之、孫統、王彬之、王凝之、王肅之、王徽之、袁嶠之、郄曇、王豐之、華茂、庾友、虞説、魏滂、謝繹、庾蘊、孫嗣、曹茂之、華平、柏偉、王玄之、王藴之、王渙之各賦詩，合二十六人。謝瑰、卞迪、丘髦、王獻之、羊模、孔熾、劉密、虞谷、勞夷、后綿、華耆、謝藤、任儗、吕系、吕本、曹禮，詩不成，罰三觥，合十六人。』《世説》以謝藤作謝勝，餘杭令作餘姚令。何延之《蘭亭記》云四十一人，有許詢、支道林。《晉書》列傳又有李充，當以碑爲正。《韻語陽秋》載羲之、謝安、謝萬、孫綽、孫統、王彬之、凝之、肅之、徽之、徐豐之、袁嶠之，十有一人，四言、五言詩各一首。王豐之、元之、藴之、渙之、郄曇、華茂、庾友、虞説、魏滂、謝繹、庾藴、孫嗣、曹茂之、華平、柏偉，十有五人，或四言，或五言，各一首。王獻之、謝瑰、卞迪、丘髦、羊模、孔熾、劉密、虞谷、勞夷、后綿、華耆、謝藤、任儗、吕系、吕本、曹禮，十有六人，詩各不成，罰酒三觥。羲之『齊彭殤』之説，蓋反謝安詩語耳。宋景祐中，會稽太守蔣堂《修永和故事詩》云：『一派西園曲水聲，水邊終日會冠纓。幾多許筆無停綴，不似當年有罰觥。』蓋爲獻之等發也。孫綽《蘭亭後序》云：『古人以水喻性，有旨哉！非所以淳之則清，淆之則濁邪！故振轡於朝市，則充屈之心生；閒步于林野，則寥落之意興。仰瞻羲唐，邈然遠矣；近詠臺閣，顧探增懷。聊于曖昧之中，期乎瑩拂之道〔二〕；暮春之始，禊于南澗之濱。高嶺千尋，長湖萬頃。乃藉芳草，鑑清流，覽卉物，觀魚鳥，其類同榮，資生咸暢。於是和以醇醪，齊以達觀，快然兀矣，焉復覺鵬、鷃之二物哉！耀靈促轡，急景西邁。樂與時去，悲亦繫之。往復推移，新故相换，今日之迹，明復陳矣。原詩人之致興，諒詠歌之有由。』文多不載，大略如此。所賦詩亦裁而綴之，如前四言、五言焉。

梅花賦

垂拱三年，予春秋廿有五，戰藝再北，隨從父之東川，授館官舍。時病除月，顧瞻垝垣，有梅一本，敷藹于榛莽中，喟然嘆曰：『嗚呼！斯梅托根非其所，出羣之姿何以別乎？若其貞心不改，是則可取也已。』感而成興，遂作賦曰：『高齋寥闃，歲晏山深。景翳翳以斜度，風悄悄而亂吟。坐窮荒其用遣，進一觴而孤斟。步前除以彳亍，倚藜杖于牆陰。蔚有寒梅，誰其封植？未緑葉而先葩，發青枝于容卉。光分影布，冰玉一色。胡雜遝乎衆草，又蕪没乎叢棘？匪王孫之見幻，羌潔白其何極。若夫瓊英綴雪，絳蕚着霜，儼如傅粉，是謂何郎。清香潛襲，疏蕊暗臭，又如竊香，是謂韓壽。凍雨晚濕，宿露朝滋，又如英皇，泣于九嶷。愛日烘晴，明蟾照夜，又如神人，來從姑射。烟晦晨昏，陰霾晝閉，又如通德，掩袖擁髻。狂飈卷沙，飄素摧柔，又如緑珠，輕身墜樓。半開半含，非默非言，温伯雪子，目擊道存。或俯或仰，匪笑匪怒，東朝順子，正容物悟。或憔悴若靈均，或欹傲若曼倩；或嫵媚若文君，或輕盈若飛燕。口吻雌黄，擬議殆遍。彼其藝蘭兮九畹，采蕙兮五柞。緝之以夫容，贈之以芍藥。玩小山之叢桂，掇芳洲之杜若。是皆物出于土産之奇，名著于風人之托。然而豔于春者，望秋先瘁；盛于夏者，未冬而萎。或朝蕣而速謝，或夕秀而遂衰。曷若兹卉，歲寒特妍。冰凝涸沍，擅美專權。相彼百花，孰敢争先？鶯語方澀，蜂房未喧。獨步早春，自全其天。至若措跡隱深，寓形幽絕，恥鄰市廛，甘遁嵒穴。江僕射之孤燈向壁，不可悽迷；陶彭澤之三徑投閒，曾無悁結。貴不移于本性，方有儷于君子之節。聊染翰以寄懷，用垂示于來哲。』從父見而勗之曰：『萬木僵仆，梅英載吐。玉立冰姿，不易厥素。子善體物，永保貞固。』宋廣平《梅花賦》世所罕傳，予新得于右丞何公處，實東京舊國子監寫本。蓼塘莊恭甫聞之以求，故書此以贈之。漁陽困學鮮于樞，時至元廿七年中秋日書。皮日休《桃花賦序》云：『宋廣平爲相，貞姿勁質，剛態毅狀。宜其鐵腸與石心，不解吐婉媚辭。然觀其文，而有《梅花賦》，清便富艷，得南朝徐、庾體，殊不類其爲人者。』〔三〕即此也。世罕刻本，在宋史慶長每以終不得見爲惜。伯機此書，在先伯翁震夫家，余嘗爲跋，已載甲寅稿中。恐賦終不傳，特爲録之。伯機，漁陽人，爲江浙行省都事，因居杭州，遷太常簿。風流文雅，與趙子昂相伯仲。時葉秋臺能書，然未爲精到，而鮮于公見之，至欲下拜，蓋以其用筆之妙也。今太常所書，自出秋臺之上。古人伏善如此，因并記之。

聶大年書

臨川聶東軒爲仁和縣訓導，陞教諭，能詩文，而灑翰深得李北海遺意。余偶購得二幅，其一：『免胄日趨丞相府，解鞍夜宿五侯家。一柱東南擎日月，五城樓閣爛雲霞。受命無忘軍旅事，盛時須折掖垣花。漢家未可輕韓信，尚要生擒李左車。』其二：『皇明正朔承千載，天下車書共一家。玉杯行酒聽春雨，紅燭照人如晚霞。寶刀雷煥蒼精劍，天馬郭家獅子花。收拾全吴還聖主，將軍須用李輕車。』筆法妙絶。但瞿宗吉《歸田詩話》中載是張光弼詩，與此不同。乃云：『免胄日趨丞相府，解鞍夜宿五侯家。玉杯行酒聽春雨，銀燭照天生晚霞。世亂且從軍旅事，功成須插御筵花。漢王未可輕韓信，尚要生擒李左車。』又一首結云：『早晚平吴王事畢，羽書飛捷入朝堂。』張昱，廬陵人，時在左丞楊完者幕下，故所賦如此。至正間，爲浙省員外。張士誠專擅。棄位不仕，以詩酒自娱，號一笑居士，又號可閒老人。嘗曰：『吾死埋骨西湖，題曰「詩人張員外墓」足矣。』所居在今花市，名曰宴居，其墓在西湖山中。此二詩或大年所改定爲之也。

名書切對

鳳尾詔，狸骨方，鷽尾紙，可作切對。鳳尾詔者，晉元帝批牋奏曰『諾』，草書『若』字，尾如鳳尾。狸骨方者，荀幼輿寫，狸骨方乃狸骨理勞方也。王右軍臨之，謂之狸骨帖。鷽尾紙者，王氏法帖後凡大書一鷽字者，最得意名筆。此帖之珍，至五十餘萬。

書裙圖

余嘗見鬻名畫人持王子敬書羊欣白絹裙圖，乃就其卧榻而揭裙以書，且欣作三十餘歲人。皆失于考據，誠所謂不知而作者。子敬爲吴興之日，羊不疑爲烏程令。欣，不疑子也。時年十五，亦能爲子敬書。子敬愛之，往入縣齋。欣着白絹裙，方晝寢，子敬乃書其裙幅及帶，皆盡。欣覺，遂寶之，後以上朝廷也。是十五六當爲未冠之容，但既曰着，又曰寢，得非復書幅帶皆盡，恐是解裙而卧，故可盡書也。不然，客得魘而不醒邪？辨之自明。

三步五步七步十步之才

唐文宗時，柳公權《應詔邊城賜衣》詩，曰『三步之才』；開元時，史育自薦能詩，賦《除夜》詩，曰『五步之才』，後人誤以爲王涯也；魏曹植《煮豆》詩，曰『七步之才』；後魏彭城王勰《大松》詩，曰『十步之才』。世人但知七步耳。

阿買書

韓退之詩：『阿買不識字，頗知書八分。詩成使之寫，亦足張吾軍。』或以阿買爲韓擇木，非也。擇木與蔡有鄰、顧文學皆善八分書，受知于明皇，並直供侍。而擇木師蔡邕法，風流閑媚，號『伯喈中興』。明皇師之，嘗書彩箋以賜張説。今閩林天璧乃尚書林公廷棉之孫，以左書扇寄詩與余，有『曾無阿買書』之句，故疑而著之。

五字

沈佺期『五字擢英才』，元路德延『五字便容登要路』〔四〕，《裴休中書舍人制詞》『綸闈回五字之妙』〔五〕，《王澹自中書除待制詞》『禁垣揮翰，五字日宣』，皆用鍾會改定表中五字故事也。若方干詩『吟成五字句』〔六〕，則指五言詩也。

倚馬萬言試

宋太平興國五年，試百篇科，上親出『松、風、雪、月、天、花、竹、鶴、雲、烟、詩、酒、春、池、雨、山、僧、道、柳、泉』二十字爲題，篇率四韻。趙國昌僅成數十首，特賜及第。或作孫奭。又淳熙九年，女童林幼玉求試中書行省，經書四十三件並通，詔封孺人，時年一十二歲，天下稱曰女神童。我朝正德間，試倚馬萬言科，上虞進士徐子熙獨成七篇，授翰林院編修。一作林妙玉，賜爲女進士。

補太息策

賈誼《治安策》後缺一『太息』，世皆以爲漢人疏處，殊不知此斷簡失之耳。《新書》內『銅布』一篇曰：『可爲長太息者，此其一也。』是即其全文，當爲補足。

攻異端

盧格《荷亭辨論》云：『攻有二義，治則庶民攻之，擊則鳴鼓而攻之。』《晉·索紞傳》叔徹善術數占候，鄉人就占者如市。紞曰：『攻乎異端，戒在害已；無爲多事，多事多患。』遂詭意虚説，無驗乃止。惟以占夢爲無悔吝，乃不逆問者。孫奕《示兒編》謂：『攻，如攻人之惡之攻，已，止也。』我太祖之解亦然。夫有異端，必有同端。所謂車同軌，書同文，行同倫者，聖人之同端，天下大同之道也。夫何異之有哉！

致刑

《易》之《豐》曰：『雷電皆至，豐。君子以折獄致刑。』程子曰：『必威于姦惡，惟斷乃成也。』宋熙寧庚戌，策進士曰：『聖王之御天下也，其治足以致刑。』蘇軾擬對曰：『古之求治者，將以錯刑；今陛下求治，則致刑，此群臣誤陛下也。』致之言極也，蓋未通意義云耳〔七〕。《説文》『致』字，除『送詣也，至極也，趣到也，與也』之外，古文出處與刑切者，惟《前漢書·景紀》：『詔：「諸獄疑者，雖文致于法。」』〔八〕《嚴延年傳》：『文致不可得反。』師古曰：『致，至密，言其文案整齊也。』《後漢書·陳寵傳》『除文致之請』，謂人無罪，文飾于法中。

大誥減等

元世祖笞杖之刑既定，曰：『天饒他一下，地饒他一下，我饒他一下。』自是，合笞五十，止笞四十七；合杖一百，止杖九十七。我朝洪武初，以《大誥》頒示天下，令官民人等，有此一本者，若犯笞杖、徒流罪名，每減一等；無此者，每加一等。今之斷獄者，不知其原，凡案牘皆曰『大誥減一等』，失其旨矣。盧仝詩『打汝九十九』，亦此。

刑義

《易》曰：『理財正辭，禁民爲非，曰義。』今之理財者，曰刑法；正辭者，曰文法；禁民爲非者，曰兵法。世之小人，遂以賞爲聖人之仁，罰爲聖人之義；雨露爲天地之仁，雷霆爲天地之義；恩德爲人君之仁，兵刑爲人君之義。嗚呼！以此論義，乃後世之所謂義，而非太古之所謂義也。明刑弼教，固如是乎！

祭三代四代

庶人祭三代，曾祖居中，祖左禰右。士大夫祭四代，高居中左，曾居中右，祖左禰右。乃國初用行唐縣知縣胡秉中之言也，人多不知。

左袒

《漢書·陳勝傳》：『袒右，稱大楚。』顔師古曰：『袒右者脱右肩之衣，當時取異于凡衆也。』周勃令軍爲劉氏者左袒，爲吕氏者右袒，蓋其義亦本于《禮》也。《禮》曰：『獻民虜者操右袂。』謂所以防異心也。則操右袒者爲虜，所以别左之歸正也。《儀禮》凡事無吉凶皆左袒。是以士喪禮、大射皆袒左，惟覲禮云右。肉袒，注云刑，刑宜施于右也。王孫賈入市呼曰：『淖齒亂齊國，殺湣王。欲與我誅淖齒者，袒右。』市人從之者四百人。

漢賜醫黄金

夫賞必有功，罰必有罪，此高帝之所以鼓舞一世也。何疾甚之時，吕后迎良醫，醫入見，言疾可治，上既嫚駡，不使治疾，賜黄金五十斤，罷之。夫始而嫚駡之，何罪？既而厚賜之，何功？况又五十斤之多邪？或皆史臣之失也。

長短説

《漢書》：『蒯通善爲長短説。』又：『邊通學短長。』應劭曰：『短長術興于六國時。長短，其語隱謬，用相激怒也。』張晏曰：『蘇秦、張儀之謀，趣彼爲短，歸此爲長。』蓋《戰國策》本名

《短長書》。晉袁悦之元禮能長短説，甚有精理，止持《戰國策》，言天下要惟此書是也。又，唐趙蕤有《長短經》。

紀司馬君實作《通鑑》之妄

世傳司馬公作《通鑑》，至唐太宗之世，忽有穿黄袍者見于前曰：『先生幸善書。』公起持筆，知爲帝也，跪而言曰：『陛下穢德多矣，臣頭可取，筆不可奪。』遂不見。嗚呼！此好事者爲之也。夫太宗禽獸之行，不羞爲之于生時，而死後千百年之鬼，尚復有羞恥之心乎？司馬公，正人也，豈諂求可移者？况異代無君臣之禮，而曰跪，曰陛下，曰臣，何其謬也！此好事者惡弑兄奪妃之事，故特傳會成之耳，不足信也。

攝主

曾子曰：『君薨，而世子未生，如之何？』孔子曰：『卿大夫、士從攝主，北面于西階南。』何謂攝主？曰：古者天子、諸侯、卿大夫之世子未生，則以其弟若兄弟之子，以當立者爲攝主。子生而女也，則攝主立；男也，則攝主退，此之謂攝主。周公，攝主而復者也；魯隱公，攝主而終者也；季康子，攝主而退者也；漢王莽，攝主而簒者也；吕后，攝主而移者也；武氏，攝主而亂者也。斯又其變者也。善乎蘇子有言：母后而可信，則攝主亦可信也。若均之不可信，則攝主取之，猶吾先君之子孫也，不猶愈于異姓之取哉！故曰：攝主，先王之令典，孔子之法言也。予宗一事適相類，而上官皆不知其義，故著之。

天上有

杜子美《贈花卿》云：『此曲祇應天上有，人間那得幾回聞。』李羣玉《贈美人》云：『貌態祇應天上有，歌聲豈合世間聞。』夫既曰天上有，則非天上人不足以當之也。李賀《刺少年》云：『美人狎坐飛瓊觴，貧人喚云天上郎。』故必天上郎而後可以聞天上之歌曲也。張白《題崔氏酒壚》亦云：『灞陵城裏崔家酒，地上應無天上有。』

四美有三

劉越石『四美』謂：音以賞奏，味以殊珍，文以明言，言以暢神。故其詩曰：『之子之往，四美不臻。』王勃《滕王閣記》『四美具』，謂良辰、美景、賞心、樂事也。又韓愈《贈別元十八協律》詩：『子今四美具。』謂『讀書患不多，思議患不明，患足己不學，既學患不行』也。

漢書音韻

『廷中吏無所不狎侮』，廷，本平聲，而師古曰：『音定。』『陳涉起蘄』，本音祈，而蘇林曰：

『音機。』『乃閉城城守』，本如字，而師古『音狩』。『守濮陽、環水』，環，平聲，而顔亦『音宦』。《鄯善傳》『送至横門外』，孟康：『横，音光。』此類甚多，未易枚舉，蓋方音也。

詩用之乎助語

盧延遜《苦吟》詩云：『莫話詩中事，詩中難更無。吟安一箇字，撚斷數莖鬚。險覓天應悶，狂搜海亦枯。不同文賦易，爲著者之乎。』夫之、乎、也、矣、兮、哉，在古俱不爲韻。如『左右流之，寤寐求之』，『俟我于著乎』，而『河水清且漣猗』，『何其處也』，『必有以也』，『顔之厚矣』，『出自口矣』，『其實七兮』，『迨其吉兮』，『反是不思，亦已焉哉』，『是究是圖，亶其然乎』。諺云：『之乎者也矣焉哉，用得成章好秀才。』後之文人則往往用之叶韻矣。劉琨詩：『芻狗之談，其最得乎？』

換鴿書

昔右軍寫《黄庭》以换山陰道士鵞，世謂之换鵞書。今有一尚書之家，其子孫不肖，將所畜上賜御寶之書，盡畀以换鴿。余笑曰：『此可謂换鴿書也。』凡爲故家子孫者，其知戒之。昔杜暹聚書萬卷，題其後云：『請俸寫來手自校，子孫讀之知聖教，鬻及借人爲不孝。』

長肉詩

自古耽詩之人，未有不瘦者。昔崔浩病起，友人戲之曰：『非子病，乃苦吟詩瘦耳。』李太白嘲杜子美云：『借問因何太瘦生？總爲從前作詩苦。』子美又嘲裴迪云：『知君苦思緣詩瘦，太向交游萬事慵。』王摩詰聞迪吟詩亦戲贈云：『猿吟一何苦，愁朝復悲夕。』宋天聖中，編修王安簡神情沖澹，黄唐卿刻意篇什，謝陽夏、李邯鄲戲之曰：『王白閒如鶴，黄吟苦似猿。』憲副吴明仲常與余論詩，爲今之作詩者，名曰『長肉詩』。言其未嘗苦心勞思，信口亂歌，故不至於瘦損也。亦可謂善謔者矣。余酒所因成句曰：『莫飲斷腸酒，須吟長肉詩。』蓋杭之酒，其惡味能斷腸；而杭之詩，則信乎長肉也。因相對絶倒。

校勘記

〔一〕昭民　應作『昭明』。

〔二〕期乎瑩拂之道　《全上古三代秦漢三國六朝文》作『思縈拂之道』。

〔三〕宜其鐵腸與石心　《皮子文藪》作『疑其鐵腸與石心』。

〔四〕元路德延句　『元』字疑爲衍字。路德延，唐光化初擢第，天祐中授拾遺，其《感舊詩》有句云：『五字便容趨絳帳。』

〔五〕裴休句　《全唐文》卷七百六十三沈珣《授裴休汴州節度使制》中有『綸闈回五字之妙』。

〔六〕方干詩　方干兩字原闕，今據詩補。
〔七〕蓋未通意義云耳　萬曆甲申本作『蓋未通《易》義云耳』。
〔八〕詔諸獄句　《漢書·景帝紀》作：『詔：「諸獄疑，若雖文致于法。」』

留青日札卷之二

柏舟

《詩》：『汎彼柏舟。』古注謂：『汎汎然流水中。』蓋言寡婦無夫可依，故汎汎然，如河中不繫之舟，無所倚恃。誠嫠居之善於自況者也。而《列女傳》云：『以柏舟之堅自比。』則非矣。或曰：『仁人不遇。』又：『孔子讀《柏舟》，見匹夫執志之不可奪。』皆《詩》妙旨也。

采葛

朱子以《采葛》爲淫奔之詩，非也。是詩也，賢者見棄而思君之作也。蓋葛可以御暑，苗藟蔓延，本支聯屬，比君臣之情義相維也。今君既棄予，則其節誕矣，故興以采葛而賦焉。其一章曰：『彼采葛兮，一日不見，如三月兮。』言一日之思，如三月之久也。蕭可薦祭，香氣上達。肅敬仰承，比君臣之誠悃相通也。今君既棄予，則蕭條甚矣，故興以采蕭而賦焉。其二章曰：『彼采蕭兮，一日不見，如三秋兮。』言憂思如秋之蕭索也。艾可療疾，采而預畜，久而益善，比君臣之休戚相關也。今君既棄予，則病愈深矣，故興采艾而賦焉。其三章曰：『彼采艾兮，一日不見，如三歲兮。』一日三歲，言過强仕而至艾，終無見君之時矣，故思念之切，更極其至也。彼托辭也，三章非獨止於賦也，故曰：於《采葛》見慕君之至，而行道之急也。詩説賢者被讒見黜，閔之而作。

文王夢太公

文王夢天帝立於令狐之津，謂曰：『昌，賜汝望。』文王再拜稽首。太公于後，亦再拜稽首。文王夢之之夜，太公夢之亦然。其後文王見太公而記之曰：『而名爲望乎？』答曰：『唯。』文王曰：『吾如有所于見汝。』太公言其年月與其日，且盡道其言，『臣此以得見也。』文王曰：『有之，有之。』遂與之歸，以爲卿士。見汲縣《太公碑》。夫文王之夢，特非熊非羆云爾，而好事者乃傅會若此。其曰太公望者，史言文王曰：『吾太公望子久矣，故因號曰太公望。』而今以爲其名，何其謬也！太公吕涓，字子牙；一作姓姜，名子牙。殷高宗之夢傅説，亦曰『帝賚良弼』，猶之可也。宋徽宗之夢王老志，又何爲哉？後世異端方士有移夢之術，想即此也。嘉靖四十三年，冀州妖僧先見夢于張柱，而因姦淫，殺其一家十有七人，詔天下大獲。疑宋王妖之流也，豈真夢邪？

金縢好名

甚矣，周公之好名也！武王疾，爲臣子者禱之足矣。死生有命，安得請以身代之？苟願代死，亦已近諂矣，而復載諸《金縢》，何爲者哉？甚矣，周公之好名！謂之聖人未也。故《淮南子》有云：『通許由之意，《金縢》、《豹韜》廢矣。』旨哉言乎！

多方

《尚書》重疊用字，只以《多方》一篇舉之，『惟五月』起，共『惟』字四十有三。『多方』字，凡十一見，『多』字又九見。文法與他不同。

魚書之始

今但知魚書之起于陳勝，僞也，而古已言之。沈約《宋書·符瑞志》曰：『黄帝之世，魚流于海，得圖書焉。』

幽贊

《易》：『聖人幽贊於神明而生蓍。』《兒寬傳》：『幽贊聖意。』師古曰：『幽，深也；贊，明也。』深、明，與《易》不同。

五十學易

『五十學《易》』，朱元晦言孔子年已七十，劉器之言『五十』乃『卒』字之誤，皆非也。《宣尼世家》云：『孔子晚而喜《易》，序《彖》、《繫》、《象》、《説卦》、《文言》。讀《易》，韋編三絶。曰：「假我數年，若是，我於《易》則彬彬矣。」』《易鑿度》云：『孔子占《易》得《旅》，息志停讀，五十究作《十翼》。』蓋仲尼自言：『加我數年，如五十之時以學《易》，則可以無大過之事矣。』是『加』即《史記》之『假』也，謂假使也。『大過』，即《易》之卦名也，謂可無大過之失也。『五十』，即《鑿度》之『五十』也，謂能如壯年之精力也。『大過』，即《易》之卦名也，謂可無大過之失也。宋江鄰幾云：『五十踐衰境，加我在明年。』夫《易》，治世之經也，而亦可以養生，故隱士玩之，不外乎陰陽消息之理而已。異端之言曰：『讀夏《歸藏》，用之以飛行。』

八蜡異名

蜡之八神：先嗇也，司嗇也，百種也，農也，郵表畷也，禽獸也，坊也，水庸也。大蜡，鄭氏云：『先嗇，司嗇，農，郵表畷，猫虎，坊，水庸，昆蟲也。』先儒以猫虎合爲一，而昆蟲爲一，非也。『昆蟲毋作』，乃祝辭耳。見呂希哲《雜記》。

聖人不應輕賤其身

經曰：『身體髮膚，受之父母，不敢毀傷，孝之至也。』成湯時，大旱七年，卜當以人禱。遂翦髮斷爪，體嬰白茅，以身爲犧牲，禱于桑林之野。嗟乎！孰謂聖人而輕賤其身之若是乎？況既殘其形，而復以身爲犧牲，則使其父母亦爲犧牲之父母矣。聖人之愛其親，視棄天下猶敝屣，而顧若是者，則其不孝孰大哉！吾意上天視此乞哀之狀，必且惡之，殛之之不暇矣，又焉肯爲之言未已而大雨方數千里哉？此皆史氏之謬紀也，當痛削之。《論衡》乃以翦髮麗手爲牲反以爲實，而以雨爲虛，又失辨此矣。

安定足心

墨子曰：『非無安居也，我無安定也；非無足財也，我無足心也。』旨哉言乎！故惟能安定者有安居，能足心者有足財焉。

碧雞頌

漢越嶲郡青蛉縣禺同山有碧雞、金馬，光景時時出見。王褒《碧雞頌》曰：『持節使王褒，謹拜南崖，敬移金精神馬、縹碧之雞，處南之荒，深谿回谷，非士之鄉。歸來歸來，漢德無疆。

廉平唐虞，澤配三皇。』《前漢書音義》曰：『金形似馬，碧形似雞。』公孫龍子曰：『黄其馬也，其與類乎！碧其雞也，其與暴乎！』解云：『碧，不正之色；雞，不材之禽。』又《廣東惠州寰宇記》：『羽則五距、碧雞、越鳥、鸚䳇。』是碧雞真有其鳥也。今碧雞山，在雲南府滇池西；金馬山，在滇池東。

君子道長

《易·泰卦》：『君子道長。』長，上聲，唐太宗作平聲。其《周易》詩曰：『暉光日新，照於四方。小人勿用，君子道長。』

嘈囋

趙子昂詩『嘈囋琵琶媚遠天』，二字草書，人多不解。按陸機《文賦》：『務嘈囋而妖冶。』注：『《埤蒼》曰：嘈哢，聲貌。哢，與囋及囐同，才曷切。』今本哢誤作啈。《洞簫賦》：『務嘈嘈而妖冶。』《長笛賦》：『啾咋嘈啐。』慈没切。蓋浮艷聲也。又江淹《度西塞山望江上諸山》詩：『潺湲夕澗急，嘈囋晨鵾鳴。』

韜精埋照

不惟養生家當藏精反照，而酒亦可以養生。劉伶詩：『韜精日沉飲。』阮籍云：『沈醉似埋照。』旨哉，言乎有味哉！

可久可大

魯兩生曰：『禮樂必積德百年而後可興。』蓋言可久也。杜本曰：『以萬事合爲一理，以萬民合爲一心，以千載合爲一時，以四海合爲一家，則可言制禮作樂，而躋五帝三王之盛。』蓋言可大也。必久、大備，而後德業全也。本，字伯原，稱清碧先生。

不識一丁

天水姜平子仕苻堅時，堅宴群臣賦詩，平子詩内有『丁字直而不屈』，堅怪，問其故。平子對曰：『屈下者，不正之物，未足以獻也。』堅悦，擢上第。夫丁字直下不屈，乃古下字也。下作丁，上作丄。蓋堅粗人也，正所謂目不識一丁字者耳。《莊子》云『丁子有尾』是也。

三言詩

詩以申志，一字，則言蹇而不會；二字則『祈父』、『肇禋』之類；三字則『綏萬邦，屢豐年』之類是也。然詩有助語音，若梁鴻之《五噫歌》，以一字成文也。三言詩，亦多全篇。李西涯云：『羅仲明嘗謂三言亦可以爲體。』乃載所作二首，各四句。且無論古人，只國初劉誠意伯温《思美人》一長篇『雨欲來，風蕭蕭』，已極其妙矣。

雉噫歌

《衝波傳》云：孔子相魯，齊人懼而欲敗其政，選齊國好女八十人，皆衣文衣而舞容璣。季桓子語魯君爲周道游館。孔子乃行，睹雉之飛鳴，嘆曰：『山梁雌雉，時哉時哉！色斯舉矣，翔而後集。』因爲《雉噫之歌》曰：『彼婦之口，可以出奏；彼婦之謁，可以死北。優哉游哉，聊以卒歲。』楊子曰：『不聽政諫，不用雉噫。』唐《學宫碑》曰：『聆鳳衰于南楚，歌雉噫于東魯。』《琴操》『奏』作『走』，『北』作『敗』。

銘旌用單字

今書銘旌墓誌，用單字，不用雙字，亦出于古。臨淄人發古塚得銅棺，前祕外隱起爲隸字云『齊太公六代孫胡公之棺』也。見酈善長《水經注》。亦有用雙字者，若《吳公碑》曰：『於乎！有吳延陵君子之墓。』此孔子篆書。『君子』，或作『季子』。

母倚門　子倚門

王孫賈之母曰：『汝朝出而不還，則吾倚門而望；暮出而不還，則吾倚廬而望。』又《孝子傳》：『趙狗其父出，過時不還，則倚門啼，以俟。』漢安帝時，官至侍中。

亂命後命

不從亂命者，魏顆；不忍後命者，奮揚。事見《左傳》。

兩絳紗帳幔

馬融常在高堂施絳紗帳，前授生徒，後列女樂。見《後漢書》。苻堅幸太學，韋逞母宋氏能傳父業，得《周官音義》，就宋立講室書堂，生徒百二十人，隔絳紗幔而授業焉。拜宋爵號宣文君，賜侍婢十人。見裴景仁《前秦記》。

指雲思親

指雲思親，乃陸機事，今人但知始于狄仁傑也。士衡仕洛而親在華亭，故其《思親賦》有云

『指南雲而寄欽，望歸風而效誠』是也。後梁公仕并州法曹，親在河陽，登太行山，反顧白雲孤飛，曰：『吾親舍其下。』又江總詩：『心逐南雲去。』杜甫詩：『江東日暮雲。』又：『憶弟看雲白日眠。』是東雲、南雲、看雲亦可施之兄弟朋友也。

李廣不侯

王十朋云：『李廣才名一代奇，孝文猶自未深知。輒飡長嘆無頗牧，翻惜將軍不遇時。』漢文嘗謂：『李廣惜不遇時，當高祖，萬户侯何足道哉！』余言廣之不侯，非數奇也，孝文知之深矣。懷私恨以斬霸陵尉，豈大將軍之道乎？故蘇子瞻云『今年定起故將軍，未肯先誅霸陵尉』是也。否則，以周亞夫之賢，帝託景帝曰：『真可任將矣。』豈獨不知貳師之才邪〔一〕？又殺降八百餘人，後自刎。三代皆不得其死，宜哉！

孫偓不怒

孫偓爲相，性通簡，不矯飾。每對客，奴僮相詬，曳仆于前，不之責，曰：『苟有怒心，即自撓矣。』此非美事也。家國一理，使爲相時，小人詬曳，相仆殿庭，亦將通簡不之責、不知怒乎？吾恐雖欲不矯飾，不可能也。《易》曰：『家人嗃嗃，悔厲吉。』若偓之所爲，真吝道也。史傳烏足紀之！

寡人　良人

君稱寡人，而婦人亦可稱。《詩・邶風》莊姜云：『以勖寡人。』婦人稱夫曰『良人』，而君子亦可稱。《莊子》：『文王曰：「昔者寡人夢見良人，黑色而頫。」』晉庾翼疏：『臣所以輒發良人，不顧怨咎。』《呂氏紀》『良人請問十二紀』是也。

變文

文章沿襲，變體易字，豈獨唐季詩人云乎哉！孔子：『不尊不信，不信，民不從。』《左傳》：『不媚不信，不信，民不從。』《孟子》：『普天之下，莫非王土；率土之濱，莫非王臣。』《史記》：『封畧之內，何非君土；食土之毛，誰非君臣？』《晉書》：『周顗歎曰：「茂倫嶔崎歷落，固可笑人也。」』謂桓彝也。李白曰：『白嶔崎歷落，可笑人也。』葛洪自序曰：『豈況大塊稟我以尋常之短羽，造化假我以至駑之蹇足。』太白曰：『陽春召我以烟景，大塊假我以文章。』晏子曰：『獨立不慚于影，獨寢不慚于魂。』太白曰：『晝愧于影，夜慚于魄。』

古詩重出

古《豔歌何嘗行》：『飛來雙白鵠，乃從西北來。十十五五，羅列成行。妻卒病，行不能相隨。五里一返顧，六里一徘徊。吾欲銜汝去，口噤不能開。吾欲負汝去，毛羽何摧頽。』魏文帝《臨高臺》：『鵠欲南遊，雌不能隨。我欲躬銜汝，口禁不能開。欲負之，毛衣摧頽。五里一顧，六里徘徊。』《古東門行》：『上有滄浪天故〔三〕，下爲黄口小兒。』曹子桓《豔歌何嘗行》：『上慚滄浪之天，下顧黄口小兒。』《陌上桑》：『秦氏有好女，自名爲羅敷。』又云：『羅敷前置辭。』《秦女休行》：『秦氏有好女，自名爲女休。』又云：『女休前置辭。』《折楊柳歌》：『問女何所思，問女何所憶。』《木蘭辭》亦有此二句。《鷄鳴》云：『鴛鴦七十二，羅列自成行。』《相逢行》全用之，餘多同。《隴西行》：『天上何所有，歷歷種白榆。』《步出東門行》亦用之。《懊儂歌》：『長檣鐵鹿子，布帆阿那起。詫儂安在間，一去三千里。』《烏夜啼》同，但改『三』作『數』。《西門行》：『人生不滿百，常懷千歲憂。晝短苦夜長，何不秉燭遊？』《同生曲》首二句同，後云：『早知人命促，秉燭夜行遊。』《君子行》：『君子防未然，不處嫌疑間。瓜田不納履，李下不整冠。』《來羅》改『不處』作『莫近』，『間』作『邊』，『納』作『躡』，『整』作『正』。數詩或全篇相類，或數語略同，不能無煩簡、美惡之異。意者出于一手，或後先互襲邪？他如曹丕歌魏德，『有美一人』四句又用于《善哉行》。曹植《怨詩行》即《七夕怨歌行》之辭。

泥詩壁

項斯云：『因詩壁重泥。』蓋言因壁上題詩，故珍重而不忍泥也。『重』讀作去聲。若今之題歪詩者，泥之重題，又重泥之，當作平聲讀可也。可發一笑。梁園有富家子杜四郎，號杜苟鴨，比杜苟鶴。有詩即題壁，親賓或汙墁之。即云：『三十年來塵拂面，如今始得一枚泥。』高若訥《後史補》。

賣文

揚雄家産不過十金，無甔石之儲，其作《法言》，蜀賈齎錢十萬，願載于書。子雲却之，目爲羊鹿。若段湛家貧，賣文爲活。韓退之諛墓中人得金，視圈鹿、闌羊何如也？故杜甫云：『本賣文爲活，翻令室倒懸。』有深意矣！

書澆塵俗

古人以酒澆胸中磊塊，余欲以書澆胸中磊塊。磊，衆石也；塊，土墣也，落落不相合之貌。蓋黄庭堅書曰：『每相聚讀《前漢書》數葉，甚佳。人胸中久不用古今澆灌之，則塵俗生其間，照鏡則面目可憎，對人則語言無味。』誠哉是言也！然及觀魯直所爲文，則又全無《漢書》分毫氣味，不知其所讀者又何作用也？不若仍澆之以酒爲妙。

落霞孤鶩句法

《淮南子》云：『紫芝與蕭艾俱死。』《滕王閣序》：『落霞與孤鶩齊飛，秋水共長天一色。』實祖于此。然王勃之前，若《褚淵碑》云：『風儀與秋月齊明，音徽與春雲等潤。』庾信《馬射賦》：『落花與芝蓋齊飛，楊柳共春旗一色。』隋《長壽寺碑》：『浮雲共嶺松張蓋，明月與巖桂分叢。』近時，則有彭年《人日石湖》云：『金花與梅蕊争妍，菜縷共青絲鬬巧。』《艷情集》董太初云：『蛾眉將秋月争妍，蟬鬢與春雲等潤。』江一山《贈人啓》云：『風標共玉樹孤高，心地與梨花並潔。』余亦嘗有云：『白雲與征雁齊飛，黄葉共寒蟬並墜。』又云：『壯心與白日俱長，華髮共黄葉齊脱。』又云：『香塵與紅霧絪緼，游蓋共青雲飄蕩。』又取杜子句云：『桃花逐楊花細落，黄鳥兼白鳥時飛。』

晉普

古人六書之法有會意，而意實不會者，其類不可枚舉。偶以晉、普二字言之，如晉从臸，从日。臸，到也，兩至也，日出萬物進也。普，从並，从日。並，併也，兩立也，日住光遍照也。兩至與兩立何異，而《説文》於普曰：『日無色。』注曰：『日無光，則遠近皆同。』甚失制字之旨矣。蓋普，大也；溥，與普通，《詩》『普天之下』作『溥天之下』是也。然則普天之義，又豈日無光而遠近皆同之謂耶？晉，又抑也。《周禮》：『諸侯晉。』謂抑之止奔也。

群書紀事不同

古人紀事，往往有不同者。如同一豫讓也，而《説苑》則先曰梁下，曰繕宫，曰朝士待我，曰壯士，曰車庫中自殺。本傳則先曰塗廁，曰橋下，曰國士遇我，曰義人，曰伏劍而死，或曰請襄子衣，三擊之而後自殺。《左傳》諸書作『申包胥泣于庭七日』。《戰國策》作『棼冒勃蘇晝吟宵泣七日』。《烈士傳》：『羊角哀、左伯桃二人見楚元王，并食解衣而死。』又蔡邕《琴操》曰：『思革、子成、文子三人往見楚成王，衣寒糧乏，度不俱活。二子以革爲賢，推革，讓之而死。』

水仙詩考

陶九成《輟耕録》載《水仙詩》：『盤塘江上是奴家，郎若閒時來喫茶。黄土築牆茅蓋屋，庭前一樹紫荆花。』乃揭曼碩所遇云，聞之先生之從孫立禮所説。又，丘大祐《吴興絶唱》，亦紀此詩，數字不同，以爲張天雨所作。題云《湖州竹枝詞》：『臨湖門外是儂家，郎若閒時來喫茶。黄土築牆茅蓋屋，門前一樹紫荆花。』未知孰是。

舟輕載石

漢陸績載鬱林石，梁江會稽革載西陵石，皆因船輕，此古人仕路清風也。唐白居易在杭州取天竺片石，在吳門取洞庭雙石以支琴、貯酒，庶幾近之。

十音旬

唐詩：『三十六所臨春殿，一一香風透管絃。』白樂天：『綠浪東西南北水，紅闌三百九十橋。』劉禹錫：『春城三百九十橋，夾岸朱樓隔柳條。』又：『煩君一日殷勤意，示我十年感遇詩。』陳郁云：『十，音當爲諶。』謂之長安語音，非也。『十』當音『旬』，古人以十日爲旬，故如此讀也。無知妄釋，可恨可笑！

隕穫解

《禮記》：『儒行不隕，穫于貧賤。』晏氏曰：『隕，如籜之隕而飄零；穫，如禾之穫而枯槁。』穫之从禾，似矣；而隕之爲籜，不亦謬乎！隕，从阜，員聲，從高而下也。故《易》曰：『有隕自天。』《公羊》：『星賈如雨。』可謂知隕字之義者。今何不曰如阜之隕而頹落耶？蓋土山曰阜，言高厚也。《說文》：『阜，大陸，山無石也。』而《列子》亦作磒。

三寶

諸侯三寶：土地也，人民也，政事也。《六韜》三寶：大農也，大工也，大商也。老子三寶：慈也，儉也，不敢爲天下先也。釋氏三寶：心也，佛也，法也。仙家内三寶：精也，氣也，神也；外三寶：口也，耳也，目也。王彬三寶：文、篆、隸也。

有无相對之稱

有，不宜有也。《説文》引《春秋》：日月有食之，从又，从月。又，手也。無，古作无。虚生于无，虚无，道也。王育説天屈西北爲无。有天，而後有日月，故曰有生于无也。

校勘記

〔一〕按：貳師乃李廣利，非李廣。

〔二〕上有滄浪天故　《樂府詩集》作『上用倉浪天故』。

留青日札卷之三

富貴　貧賤　窮達　壽夭

陸梭山曰：『貴莫貴于爲聖賢，富莫富于畜道德，貧莫貧于未聞道，賤莫賤于不知恥。』方蛟峯曰：『士能弘道曰達，士不安分曰窮，得志一時曰夭，流芳百世曰壽。』皆名言也。故今合而書之。《洪範》：九，五福，二曰富。富，从宀，畐聲，富潤屋也。《説文》：『備也。』《廣韻》：『豐于財也，厚也。』又，《禮記》注：『臣能世禄曰富。』又：『多文爲富。』或省作『冨』。敖英曰：『務農爲富。』故从田，从一口者，有田之入。又，貴，食之者寡也。《貨殖傳》：『本富爲上，末富次之，姦富爲下。』樊暉曰：『游子，天所貧；力子，天所富。』諺云：『大富由天，小富由勤。』貴，本作𧶠，物不賤也。从貝，臾聲。臾，音匱。又，歸也，物所歸。仰也，尊也，高也，賤之反也。古作尚。六極，四曰貧。《説文》：『貧，財分少也，从貝、分。』貝分則貧也，富之反也。原憲曰：『無財者謂之貧，學道而不能行，謂之病。』《列子》曰：『凡爲名者必廉，廉斯貧矣。』孫卿子曰：『貨財粟米之于家，少有者謂之貧。』顔延之《庭誥》曰：『富則盛，貧則病。』甚矣，貧之爲病也！古作穷。賤，賈少也，从貝，戔聲。賤之言踐。又，輕也，卑也，貴之反也。古作竟也，究也，塞也。荀卿曰：貧之至無者，謂之窮。達，行不相遇也，从辵，羍聲。又，通也，迭也，生也，決也。書从水，入水曰達。或作达。五福，一曰壽。壽，久也，本作𦒱，从老，省𠷎聲，考也。又，年齒皆曰壽。上壽百歲，中壽八十，下壽六十。故五曰考終命。六極，一曰凶短折。夭，少長曰夭。《禮》：『斷殺少長曰殀夭。』又：『胎初出者曰夭。』从大、丿，象形也。蜀先主曰：『人年五十不稱夭也。』合而觀之，此八字之義，正反對者。

富不如貧

五季士大夫曰：『貴不如賤，富不如貧，智不如愚，仕不如閒。』謂嚴刑征科責任驅役也。佛經曰：『樂行不如苦住，富客不如貧主。』高季迪曰：『富老不如貧少，美遊不如惡歸。』余嘗曰：『好死不如惡生，貧居强似富行。』

有患無恙

《吕氏春秋》紀孔子問弟子自遠方來者，曰『子之父不有患乎』云云，而不及其應辭。想是時必當對曰：『無患。』以此推有恙無恙之義，自可見矣。或『恙』字即『患』之訛，或通用也。而説者何必以恙爲蟲邪？則患亦當爲蟲邪？患，《説文》：『憂也，从心上串。串，亦聲也。』

徐曰：『患之言貫也，貫于心也。』又，病也，慮也，惡也，苦也，禍也。恙，《説文》亦曰：『憂也，从心，羊聲。』一曰蟲入腹，食人心。古者草居多被此毒，故相問無恙乎。又，《神異經》：『北方有獸，曰猈。猈，恙也，黄帝殺之，由是人無憂疾，謂之無恙。』《通志》：『無患子曰噤婁，曰桓，其子勻圓如漆。今人貫爲數珠。』《纂文》曰：『無恙，木名也，實可以去垢，核黑如漆。』《古今注》云程雅問櫨木曰：『無患，何也？』答曰：『昔有神巫曰浫眊，能符劾百鬼。得鬼則以此木爲棒，棒殺之。世人相傳，以爲器用厭鬼，故曰無患。』齊卞敬家《無患枕贊》：『爰兹素朴，名爲吉始。匠人製斯，以獻君子。』〔一〕

天藻

『天藻』者，神仙之書也。見《神仙傳》。宋名『天書』，不若『天藻』爲尤奇。

功勳

今之有功于國家者，概曰功勳，曰功勞。蓋以勞定國曰功，輔成王業曰勳。殊不知亦自有辨也。《周官》：『司勳掌六卿賞地之法，以等其功。』王功曰勳，謂輔成王業，若周公也。國功曰功，謂保全國家，若伊尹也。民功曰庸，謂法施于民，若后稷也。事功曰勞，謂以勞定國，若夏禹也。治功曰力，謂制法成治，若皋陶也。戰功曰多，謂克敵出奇，若韓信、陳平也。則勳、功、庸、勞、力、多六者，各自有辨，不可概稱也。

和同

《書》：『協恭和衷。』史：『下殿不失和氣。』故孔子曰：『和而不流。』又曰：『君子和而不同，小人同而不和。』是百僚之和君子，未嘗不可也。而任延長孫乃曰：『忠臣不和，和臣不忠。上下雷同，非陛下之福。』是意雖善，不知和同之義也。和豈不能忠，又雷同豈所以爲和邪？

萬字文

梁武帝令周興嗣撰《千字文》，隋秦孝王令潘徽撰《萬字文》。《千字文》乃取右軍帖中所有字作韻語，故名《次韻千字文》。漢章帝時未有也，世乃以爲章帝書，遂稱章草，謬矣！見黄庭堅《跋章草千字文》。言章草者，可以通章奏耳。蕭子雲《千字文》一卷，又《演千字文》五卷。一曰令殷鐵石取鍾、王帖中字，惟重一『潔』字。『紈扇圓潔』，或可作『絜』，『女慕貞潔』，可作『貞烈』也。《百家姓》，宋人撰。又吴可幾撰《千姓篇》一卷。

千萬

今隱語以千爲撇，以萬爲方。蓋俗萬作万，故千舉其首，而万加以點也。宋時已有之，以千爲撇，以萬爲力，則亦萬爲万。見《劉貢父詩話》。二王帖中亦作万。古本《左傳》：『万城以爲城。』楊用脩以爲即『萬』字，而後訛作『方城』，不知何所據也！今方城在南陽裕州。又，湖廣襄陽竹山縣有方城山，城十餘里。春秋庸地，楚使盧戢黎侵庸方城，即此。

夫子

夫子，云丈夫子也。漢嚴忌字夫子，非也。當由《鄒陽傳》誤。本云：『枚先生、嚴夫子皆不敢諫。』師古云：『先生枚乘，夫子嚴忌。』而以夫子爲嚴之字，則先生亦當爲枚之字耶？乘，字叔也，忌無考。

學生

父稱子曰學生。陳省華對客，子堯叟、堯佐、堯咨列侍，客不安。省華曰：『學生列侍，常也。』王祚見客，子溥年三十二拜相，朝服侍立。客求去。祚曰：『學生勞賢者起避耶？』盛德古風，可想見也。

中庶子蒙

《漢・鄒陽傳》：『秦皇帝任中庶子蒙之言以信荆軻，而匕首竊發。』師古曰：『今流俗書本，蒙下輒加恬字，非也。』

牛醫

《周禮·天官》：『獸醫下士八人〔二〕。』注：『獸，牛馬之屬。』牛醫，見《漢·黄叔度傳》。今馬醫尚名曰獸醫。

淫酒婦人

《史·衛世家》：『紂淫于酒，酒之失，婦人是用。』《微子世家》：『紂沈湎于酒，婦人是用。』又：『宋君偃淫于酒、婦人。』『齊康公淫于酒、婦人。』《扁鵲傳》：『成之病，得之飲酒且内。』《齊太倉公淳于意傳》中尉潘滿如『病得之酒且内』，二者相連。

廝養廝扈卒

古樂府有《邯鄲才人嫁爲廝養卒婦》。《前漢書·張耳傳》『廝養卒』注：蘇林曰：『廝，取薪者也；養，養人者也。』又云：『乃歸趙王養卒爲御而歸。』《左傳》：『莊王伐鄭，廝役扈養死者數百人。』注：『養馬者曰扈，炊烹者曰養。』則『廝養卒』當爲『廝扈卒』爲是。

漢高祖聰略預知

立沛侯濞爲吴王，上召謂曰：『汝狀有反相。』因拊其背曰：『漢後五十年東南有亂，豈汝邪？然天下一家，汝慎毋反。』濞頓首曰：『不敢。』及疾甚，吕后問曰『陛下百歲後蕭相國既死』云云。曰：『周勃重厚少文，然安劉氏必勃也。可令爲太尉。』吕后復問其次。上曰：『此後亦非乃所知也。』夫高祖既知濞有反相，何不封諸小國陋地，而反置之吴？既知吕氏必危劉，何不早除之以靖國？既知勃能安劉，設言之而吕后預誅之，則安劉者又將託諸何人？此皆不可曉事，或史臣之傅會也。濞乃郃陽侯仲之子也。又，唐太宗得秘讖，唐中弱，有女武代王。李淳風既知在宫中，又云：『四十年而王。』太宗亦不能誅之。殆皆天數，非人所能爲也。

漢惠婚冠

《禮》：『男子二十加冠，曰冠。』《白虎通》：『男子幼，娶必冠。女子幼，嫁必笄。』漢惠帝爲太子時，年七歲。即皇帝時，年十七歲。立皇后張氏，時年二十一歲，乃四年冬十月壬寅也。後三月甲子，始冠。何先婚而後冠，而冠又必待二十一歲邪？豈制于吕太后故邪？或史臣之失也。

胸中甲兵

《北史》：崔浩『尫纖懦弱，胸中所懷，乃過甲兵。』〔三〕宋人『大范老子胸中有數萬甲兵』〔四〕，實本于此。

輕車將軍

漢有輕車將軍。輕，牽正切，疾也。《左傳·昭公二十五年》注『輕歸』：『輕，遣政反。』《漢書》：『發輕騎夜追之。』亦音罄。又如票姚校尉。票，頻妙反。姚，羊召切。師古曰：『勁疾貌。』荀悦作『票鷂』。杜子美詩：『宛馬總肥春苜蓿，將軍只數漢嫖姚。』張光弼詩：『收拾全吴還聖主，將軍須用李輕車。』皆作平聲。《左傳》：『戎輕而不整。』

射聲校尉

漢有射聲校尉，而無射迹校尉，何也？射聲言聞聲而能射之也。又，《漢·王尊傳》『迹射士千人』，言能尋迹而射取之也。校，械也，以木爲欄格，軍部及養馬用之。尉，從上按下也。我朝隸錦衣，充扈從。

梟騎

應劭曰：『梟，健也。』張晏曰：『梟，勇也。若六博之梟也。』謝艾曰：『梟，邀也，六博得邀者勝是也。』又，梟將，亦此意。《武紀》：『李廣爲驍騎將軍。』今作『驍騎』、『驍將』。按：梟，本不孝鳥，長害其母，故日至捕磔梟之。

死士

死士，賈逵曰：『死罪人。』鄭衆曰：『欲以死報恩者。』惟杜預曰『敢死之士也』爲是。《越絶書》：『死士八千人，戈船三百艘。』張巡築臺，募萬死一生者。

飛天夜叉

刺客乃飛天夜叉之術。太史公義而奇之，特爲立刺客之傳，而不明言其神。《左傳》：『楚子圍宋亟，華元夜入楚師，登子反之床而起之。』又何其神也！唐女子紅線事，亦此術也。

習水

《月令》：『舫人，習水者。』《列子》：『習于水而勇于泅。』《史記》：『吴兒善泅。』泅，浮行水上也。《越世家》：『習流二千人。』又《西京賦》『水人弄蛇』注：『水人，俚兒，能禁固弄蛇。』

君子營

石世龍衆至十餘萬，集其衣冠人物，爲君子營。

市虣

世稱市井之刁惡者爲市虎，當作虣，與暴同。《周禮》：『司虣，掌憲市之禁令，禁其鬭囂者，與其虣亂者，出入相陵犯者，以屬遊飲食于市者。若不可禁，則搏而僇之。』

白徒

《春秋》：『步兵曰徒兵。』徒，步也。《漢·鄒陽傳》：『今吴楚之王練諸侯之兵，驅白徒之衆。』師古曰：『白徒，言素非軍旅之人，若今言白丁也。』又『白捕』、『白役』，皆此意也。

解煩兵

《三國·吴志》：『將敢死及解煩兵萬人。』見《韓當傳》。又：『陳武之子脩封都亭侯，爲解煩督。』《張温傳》：『特以繞帳、帳下、解煩兵五千人付之。』

趫才

凡輕僄挑達少年曰趫才。趫，緣木走也。唐宿衛有號趫才者，以處飛騎；漢公孫弘東閣亦有翹材館，以延文學之士。

惡少

淮陰惡少年，漢昭發惡少年戍遼東，即所謂無賴子弟也。荀子曰：『無廉恥而嗜乎飲食，可謂惡少者也。』唐李勣少年時，自稱無賴賊。又，唐初草賊號曰無端兒。

撑犂法

中國曰天，匈奴謂天曰撑犂，故曰『撑犂孤塗』。西南大伯夷曰法，法，上聲。故酋長名下皆加法字。

八夷

四夷館，舉東西南北而言之也。其名有八，曰西，曰韃韃，曰回回，曰女直，曰高昌，曰西番，曰緬甸，曰百夷，成祖所立。古稱東夷，西戎，南蠻，北狄。而東方之夷有九種，故曰九夷，即今倭奴是也。九夷，八狄，七戎，六蠻，是曰四海。今總四方名曰八夷，甚新。

達魯花赤

元路、州、縣各立長官，曰達魯花赤，以掌印信。所謂達魯花，即華言荷包上壓口捺子也，猶古之言總轄也。

金牌馳驛

唐制：乘驛者給銀牌。宋初因之，後廢。今上四十年間有一閣下公子，出使江浙，許馳驛。遂製朱紅金字牌二面，列于車前，曰『欽賜馳驛』四大字。勢甚赫炫，人皆驚視。此不知何典也。

猫兒頭

今冬筍之已透風有毛者，曰猫兒頭。又，言人之幹事不乾净者，曰猫兒頭，亦曰猫兒頭生活。此起于元。元時，新官出京而貧者，有人應付盤纏，即同去到任，就與管事，謂之猫兒頭。蓋言如筍之只好在土中，一出頭來，人不貴重也。又如猫然，其頭雖似虎，而人不畏也。今人呼罵達官家人，亦曰猫頭。

放手鬆

今言官府貪汙失操守者，曰放手鬆。《後漢書》：『殘吏放手。』蓋以貪縱爲非者，曰放手也。又，錢財入手曰斂手。蓋言如蛇狗之咬手而不可放脱也。其過付官吏贓者，曰統手。蓋言内外一體，如猿猴之統臂也。

男織女耕

《亢倉子》曰：『男子不織而衣，婦人不耕而食，男女貿功相資爲業，此聖王之制也。』今之世，男子織矣，而反不得衣；婦人耕矣，而反不得食。聖王之制固在也，豈樽節愛養之道有未盡邪？噫！

社夥

今人看街坊雜戲場曰社夥，蓋南宋遺風也。宋之百戲，皆以社名。如雜劇，曰緋緑社；蹴毬，曰齊雲社；唱賺，曰遏雲社；行院，曰翠錦社；撮弄，曰雲機社之類。詳見《武林舊事》。夥者，《説文》：『多也。』《方言》：『凡物盛而多也。』或作『社火』，言如火然，一烘音哄即過也。宋之鼓板，曰『衙前一火』、『和顧二火』是也。又『逐賊被傷全火』，見宋乾德詔中。

猾賊

今罵人之姦狡者，曰滑賊，言其光滑姦詐也。當作『猾賊』。《史記》『項羽爲人慓悍猾賊』是也。《前漢書》作『禍賊』。《左傳》：『無助猾賊。』《方言》：『小兒多詐，謂之狡猾。』又，滑、猾通音，亂也。《説文》：『滑，利也。』蓋滑，言如水之滑溜；猾，言如犬之黠惡也。

五德

谷永曰：耕耘五德，朝種暮穫。翼氏風角五德：東方甲，南方丙，西方庚，北方壬，中央戊。種五色禾于此地而耕耘也。皆左道惑衆。

賭博

杭州初時游手光棍賭博者，小則飲食，大則錢鈔。即今風俗薄惡，日甚一日，雖富貴子弟，皆習此風。小者金銀珠玉，大者田地房屋，甚至于妻妾子女，皆以出注。輸去與人，亦恝然不惜，曾不知恥，誠可殺也！吾鄉一富家翁□□，輸其妻子。妻子乃故家女，因而縊死。訟之，此人破家亡身。又，城中一宦家子□□者，輸其婢妾。訐訟，按察司憲司之批有云：『頃刻而喪千金，一擲而輸少艾。』連及者數十人，皆學校士子。多有問革者，而不甚窮治。可笑可惡之甚！而蘇、常一路尤甚。士大夫歸家者則開賭坊，蓋避禁也。因記宋人嘗謂世有惡少無賴之人，肆凶不逞，小則賭博，大則屠牛馬、銷銅錢，公行不忌。其輸錢無償，則爲穿窬。若黨類頗多，則爲刼盜，縱火行姦殺人。不防其微，必爲大患。淳化二年閏二月，詔令開封府嚴戒坊市捕之，犯者定行處斬；引匿不以聞，與同罪。愚謂此令，今所當申明以塞亂門，以厚民俗者也。又，唐蔡本賭博，負來操博錢不能償，以妻還之，操納爲妻。時已有妊，遂生男來俊臣，爲御史中丞，後棄市。則此風久矣。

不肖子弟三變

《北夢瑣言》載不肖子弟三變：一變蝗蟲，二變蠹蟲，三變大蟲。但以蠹蟲爲鬻書而食，則無書之家甚多。今之言不肖子弟者，亦有三變：曰螻蛄，謂食泥也，則賣田地矣；曰白蟻，謂食木也，則賣房屋矣；曰大蟲，謂食人也，則賣妻妾子女矣。古今代不乏人，可嘆，可嘆！

人生夜叉

今人有産夜叉者。正德間，杭州吴景隆妻産一夜叉，青面無髮，頭有雙角。不能殺，升屋而走。用布囊百計擒之，捶死。嘉靖十六年，上虞范家一婦忽生子，乃一夜叉也。離腹時，將穩婆手指嚙損，而奔走不知去于何所。每夜中，俟母睡熟，即由四壁虩進，仍竊飲其母乳。母呼衆以刀杖擊殺之，乃絶。如是而謂生之性善，吾不盡信也。

驚覺，即去。每以爲常，亦無可奈何。後遇持肉羹者，即飛出奪而食之。凡數月，見入陰溝中，

男娼

《周書》曰：『美男謂之破老。』《左傳》：『公子鮑美而艶。』孔子曰：『宋朝之美。』又龍陽君稱彌子瑕之事，載之書傳，甚可醜也。古辭《白石郎曲》云：『積石如玉，列松如翠，郎艶獨絶，世無其二。』則男子之美者，自昔有好之者矣。《發蒙記》曰：『醜男鬷蔑，醜女離春。』若此者，誰復好之也哉！漢有籍孺、閎孺、鄧通、韓嫣、董賢之徒，塗脂傅粉，以媚要寵。史臣贊曰：『柔曼之傾意，非獨女德，蓋亦有男色焉。』故東都盛時，少年賴此以圖衣食。政和中，始立禁告捕，法杖一百，賞錢五十貫。今吴俗此風尤盛，甚至有開鋪者。何風俗澆薄至于此乎！又何怪于淫婦之多也！今京師盛行，名之曰小唱，即小娼也。

枕席七蠹

《莊子》：『蚊虻噆膚，通宵不寐。』《抱朴子》：『蚤蝨攻君，卧不獲安。』是可謂枕席四蠹。又，市井居民多生臭蟲，名曰壁駝，可謂五蠹。加之以妖童、艶女，共成七蠹也。

梟儒狙學

《後漢書》曰：『董仲綬者爲儒梟。』文子云：『狙學以擬聖，華誣以脇衆。』即今講談道學之士也。

道學見笑于宋

陳同甫嘗言于孝宗曰：『今世之所謂儒者，自謂得正心誠意之學，皆風痺不知痛痒之人也。舉一世安于君父之大讐，而方且揚眉袖手，高談性命，不知何者謂之性命乎？』周公謹曰：『世有一種淺陋之士，自視無堪以爲進取之地，輒亦自附于道學之名，褒衣博帶，危坐闊走，或抄節語録，以資高談；或閉眉合眼，號爲默識。而叩擊其所學，則古今無所聞知；考驗其所行，則義利無所分別。此聖門之大罪人也。』黄履翁云：『願士大夫務道學之實，不願士大夫立道學之名。』

校勘記

〔一〕卞敬家　爲『卞敬宗』之誤。見《佩文韻府》『無患枕』條。

〔二〕下士八人　《周禮・天官》作『下士四人』。

〔三〕尪纖三句　《魏書·崔浩傳》作『尪纖懦弱，手不能彎弓持矛，其胸中所懷乃逾於甲兵』。

〔四〕大范句　《五朝名臣言行録》卷七引《名臣傳》作『小范老子腹中自有數萬兵甲』。

留青日札卷之四

絶

絶，色絲也，言奇絶而難繼也。《説文》：『斷絲也。』又，冠也，超也，度也，息也，相去遼遠也，峭極也。古作䌈，反𢇍爲䌈也。从糸，从刀，从卩。

一絶：唐宋令文，文辭，工書，有力。三子：之問文章，之悌驍勇，之愻草隸，各得父一絶。

二絶：宋蘇世軌，蘇軫之。又，梁顧野王畫古賢，王褒書贊。

三絶：唐德宗神智驄、如意騮、瑞鞭也。又，李白歌詩、裴旻舞劍、張旭草書。又，梁元帝圖宣尼像、贊、書。又，李潼、孫樵、司空圖。又，宋謝瞻詩、謝靈運書、謝琨詠。又，李揆門地、人物、文學。又，張思明、謝仲和、曹鼎新。又，徐彦伯文、韋嵩判、李旦翰。又，武昌怡亭李陽冰篆、李莒書、裴虬銘。又，長沙筍、魚、巨艦。又，南京鍾山中張僧繇畫大士相、李白贊、顔真卿書。又，韓擇木八分書《三絶碑》，在西京。又，吴夫人指間織錦，號機絶；刺綉，號鍼絶；編髮爲幔，號絲絶。又，山東東昌府學宮碑，金大定間王去非撰記，党懷英篆蓋，王庭筠書丹。又，鄭虔善山水，嘗自寫詩并畫以獻，帝署其尾曰『三絶』。又，儀真縣東園，宋皇祐間施昌言、許元爲發運使建。歐陽修記、蔡君謨書，與園爲三絶。又，顧愷之長康才絶、畫絶、癡絶。又，袁州府學碑，盱江李覯記、京兆章友直篆額、河南柳淇書。

四絶：唐李陽冰篆《福州般若臺記》、《處州新驛記》、《縉雲城隍記》、《麗水忘歸臺銘》。又，元德秀碑，乃李華文、顔真卿書，李陽冰篆。又，李後主澄心堂紙、李廷珪墨、龍尾石硯、毛元鋭筆。又，直隸永平府泉，一名石龜峪泉，一五里塔泉，一白望泉，一杜臺泉，謂之四絶泉。又，文與可詩、楚詞、草書、畫。

五絶：唐秘書省落星石，薛稷畫鶴，賀知章草書，郎餘令畫鳳，本名曰四絶，宋韓公武彈中鶴一目，謂之五絶。余謂此惡客敗一絶也，安得反增一絶邪？又，唐張知蹇兄弟五人，武后稱其五絶。又，宋文帝曰：『天下有五絶而皆出錢塘。』謂杜道鞠彈碁、范悦詩、褚欣遠模書、褚胤圍碁、徐道度療疾。又，虞世南，太宗稱五絶：德行、忠直、博學、文詞、書翰。

六絶：李邕文章、書翰、正直、辭辯、義烈、英邁。

七絶：柹壽、多陰、無鳥巢、無蟲蠹、霜葉、嘉實、葉肥。

八絶：吴範相風、劉惇占氣、趙達算、皇象書、嚴子卿碁、宋壽占夢、曹不興畫、鄭嫗相。又，滁州唐李幼卿景物八絶。

右

《禮》：『吉事尚左，凶事尚右。』毛晃曰：『人道尚右，以右爲尊。』又，或以爲手足便右，以左爲僻也。故凡曰左道，曰左遷，曰左計，曰左官，《唐書》『退小人于閑左』，皆此意。至于古之乘車，則又尊左矣。《曲禮》：『祥車曠左。』魏公子從車騎，虚左以迎侯生。我朝官制，初尚右，後改尊左。吴元年丁未十月丙午，命百官禮儀俱尚左。《禮記》：『聽卿任左。』注：『凡立者尊右，坐者尊左。』今此禮猶古也。

惹

詩中用惹字，有有情之惹，有無情之惹。惹，絓也，亂也，引著也。隋煬帝：『被惹香黛殘。』賈至：『衣冠身惹御爐香。』古辭：『至今衣袖惹天香。』温庭筠：『暖香惹夢鴛鴦錦。』孫光憲：『眉黛惹春愁。』皆有情之惹也。王維：『楊花惹暮春。』李賀：『古竹老稍惹碧雲。』皆無情之惹也。然香也，雲也，又皆有形之惹，而春獨爲無形之惹，此又大奇。佛家所以重不惹者爲此，蓋言無染著也。

撝

《易》『撝謙』，撝，裂也，从手，爲聲。麾，通作麾。《詩》：『麾之以肱。』《尚書》：『右秉白旄以麾。』亦通作撝。《易》注謂：『指撝皆謙也。』今朱子《本義》云：『更當發揮其謙。』非也。又，齊人謂快爲麾。《禮記》：『祭祀不麾蚤。』注謂：『麾，快也。不以先時爲快也。』在《漢書》則『麾下』作『戲下』，音同。

埶

《史》、《漢》『埶』，即『勢』字。《楚元王傳》：『埶爲宛朐侯。』師古曰：『埶，古蓺字。』二字音義不同。

那

《後漢·韓康傳》：『女子怒曰：「公是韓伯休那？」』注：『那，語餘聲也，音乃賀反。』今吴人語餘，尚言那，作平、去二音。

邪

衺，不正也。《漢·相如傳》：『邪與肅慎爲鄰，右以湯谷爲界。』師古曰：『邪，讀爲左，謂東北接也。』愚以爲讀爲左者，非是。蓋言肅慎在東北隅，故曰邪以爲鄰。若欲言左，則下文自曰左蒼梧，右西極矣。故文穎曰：『蒼梧在長安東南，故言左。西極在西，故言右也。』邪，亦當如字。而《韻會》下乃曰：『又外國名。』亦引此傳爲證，又非也。蓋邪，本徐嗟切。若國名，則如琅邪、渾邪，乃余遮切，與此不同。

欸

今人暴見事之不然者，必出聲曰『欸』，烏開切，乃歎聲也。《楚辭·九章》：『欸秋冬之緒風。』王逸曰：『歎也。』韓文亦曰：『貉謡衆偎欸。』《説文》曰：『訾也，从欠，矣聲。』一曰：『然也。』《方言》：『南楚凡言曰欸，其怒而欸者，曰唉。』《史記·項羽紀》：『以玉斗獻亞父，拔劍撞而破之曰：「唉！」』通作『欸』。揚子『翦牙欸』注：『言切齒而怒也。』唉，怒聲。

署

匠慶請木，季孫曰：『署。』注：『不以道取爲署。』疏：『今律署人、署賣是也。』又，《漢書》

注：『奪取也。』

棲

《吳世家》：『棲于會稽。』《越世家》：『保棲于會稽。』《索隱》曰：『鳥所止宿曰棲。』鄒誕曰：『保山曰棲。』《左傳》作『保』，《國語》作『棲』。《六韜》曰『軍處山之高者則曰棲』是也。今之塘棲，亦取此。

葸

慎，謹也，心真爲慎，不鹵莽也。葸，悔也，質愨也。又，畏懼也。故曰：『慎而無禮則葸。』今注但曰畏懼，則似其義未全。亦作鰓。《史記》：『鰓鰓常恐天下之一合而共軋己也。』亦作猥。《魯靈光殿賦》：『心猥猥以發。』皆懼貌也。夫从魚，从犬，謂之有畏懼貌可也。若从艸，又何畏懼之有？

拜

拜，本作𢷎，首至地也。今作拜服也。蓋兩手下地曰拜。又曰拜，平衡也。平衡曰磬折，頭與腰平。《漢書》：『酈生不拜，長揖。』師古曰：『長揖者，手自上而及下也。』《周禮》九𢷎，一曰稽首，頭下至地，稽留乃起，殆下衡服之甚也。太甲拜手稽首，蓋頭至地而留之久也。二曰頓首，下手置首于地即起也。乃今之叩頭，類于凶拜。古之君臣相答拜，或書啓稱頓首者，皆尊重之意，非伏地而拜也。三曰空首，下手首不至地，蓋惟頭至手，即拜手也。四曰振動，頭振動而戰慄也。或以爲兩手相擊，非也。五曰吉拜，雍容而下手，即今之常拜。或以爲拜而後稽顙，非也。六曰凶拜，拜而後稽顙也。七曰奇拜，一拜也，禮簡不再拜也。八曰襃拜。襃，音報，答拜也。或以襃拜爲持節拜，亦非也。九曰肅拜，直身肅容而微下手。或曰兩膝齊跪，手至地而頭不下曰肅拜，如今之婦人拜也。又有曰雅拜者，先下一膝，唐人謂之雅拜。或曰倚拜也。曰之拜者，兩膝齊屈而俱下，如今之道士拜，及鄉村老婦猶然。曰膜拜者，兩手合掌以承額，如今之僧拜。本夷狄拜也。《周禮》『婦拜插地』，古樂府『伸腰拜手跪』是也。後周天元令命婦人爲男子拜，是古時婦人皆肅拜也。今則但微屈其膝而躬不曲，其名曰起，曰福，并男子之作揖，皆曰相叫也。《後漢書》：『高句驪國跪拜曳一脚，行步皆走。』古者郊祀天地，止于再拜。是神祇雖至尊至重，其禮不可加也。見天子亦曰稽首再拜。董偃，館陶公主家庖人也，見漢武帝亦曰：『昧死再拜謁。』今君臣之四拜，大朝則五拜三叩頭。子弟之于父兄，亦四拜，甚至于朋友長幼亦四拜，皆禮也。至于致書父母，則稱百拜。我朝洪武三年五月，諭中書省曰：『今人書劄多稽首、頓首、再拜、百拜，實非禮也，宜定其式。』禮部議：凡致書于尊者，稱『端肅奉書』，答則『端肅奉復』；敵己者，稱『奉書』、『奉啟』；上與下稱『書寄』、『書答』；卑幼與尊長云『家書敬復』，尊長與卑幼云『書付某』。乃今有亂禮敗法者，如婿之于外舅，姑婦之于舅姑，皆行八拜，名曰拖泥八拜，甚可鄙恥也。余在軍門時，又見一姦諂者，每一拜，必四叩頭，凡四拜共一十六叩頭。此又小人中之小人，想是夷狄禽獸之禮也，罪不容誅矣！宋賈似道柄國時，浙曹朱浚每有劄子白事，必稱『浚萬拜覆』，時人因號之曰『朱萬拜』。浚，字深源，乃朱文公之曾孫也。

走

今人叱人之去，曰走。《史·酈生傳》：『叱使者曰：「走，復入言沛公。」』。

籠街

今之喝道，即籠街也。唐時言中丞呵止不半坊，今兩坊詔傳呼不得過三百步。若今時，則三千步不止矣。孟子有云：『君子平其政，行辟人可也。』行則辟矣，其政何如？

戍伐

戍，《説文》：『从人，从戈。』人荷戈以戍也。則伐字，亦从人，从戈。當云人坐卧，故爲戍守，人立行則爲征伐也。此足以補字書之缺。

選輭

執玉高卑，吉凶辨焉。俯仰之度，不可不慎也。今人過承上官，手恭及地，何其諂容也！《漢書》：『公卿選輭，容頭過身。』嗟乎！弊也久矣。今之戲劇穿卓檔者，以手叉之，能容頭，即身子可過矣。真善喻也！

合要

合要辭，即今合同契也。『使王叔氏與伯輿合要，王叔氏不能舉其契』是也。《左傳》。

辟殺

加罪以殺之，曰辟殺。〔一〕

束修

《禮》：『修，脯也。十脡爲束修。』孔子曰：『自行束修以上，吾未嘗無誨焉。』似非謂脯贄也，蓋言自行束帶修飾之禮以上。故延篤曰：『吾自束修以來，爲人臣不陷于不忠。』梁商曰：『王公束修厲節。』賈堅曰『吾束修自立，君何忽忽相謂降邪』是也。若肉脯，則亦甚褻矣。《穀梁》：『束修之肉，不行境中。』

減省

今人凡欲將就，曰減省。《元帝紀》：『減謂損其數，省謂全去之也。』

模範

模範，猶云規矩、準繩也。以木曰模，以竹曰範，故从木，从竹。『範』，本作『笵』。

尋常

四尺曰仞，倍仞曰尋，故曰八尺曰尋。今《論語》注以七尺爲仞，非也。一丈六尺曰常，蓋倍尋也。

若干

若干，見《禮記》。今人稱幾許爲若干。一作如干。干者，數始于一，終于十。合一、十而成干，言其數之未定也。

扈從

《上林賦》：『扈從橫行，出于四校之中。』師古曰：『言其跋扈縱恣而行，出于校之四外也。』非是。蓋扈，尾也，後從曰扈，故侍從天子，曰扈從。今逐獸橫行，故言出于四校之中。若言跋扈，則强梁也。《詩疏》云：『凶橫自恣，陵人之貌。』《漢書音義》云：『自大也如此。』又：『豈臣子侍從之禮邪？』

其平

《其平》者，後漢楊由哀侯書名，凡十餘篇，皆占術，見本傳。今《通志》、《通考》等書，皆失載。

司武

司武，即司馬。平公見之曰：『司武而牿于朝。』

雅舂

《漢・楚元王傳》：『衣之赭衣，使杵臼雅舂于市。』晉灼曰：『高肱舉杵正身而舂之。』師古曰：『爲木杵而手舂。』即今步臼耳，非碓舂也。宋祁曰：『雅，謂舂而雅歌以相舂也。』余以爲舂者之歌出于自然，惡可强之使雅歌以爲辱邪？此又不通之論。蓋雅，樂器也。《樂記》：『訊疾以雅。』注：『雅，狀如漆筩，中有椎。』《周禮》『笙師』注：『如漆筩而弇口，大二圍，長五尺六寸，以羊韋鞔之，有兩紐疏畫。』是言舂米之桶，有似于雅之漆筩，故名雅舂也。即今之木臼。《漢》注皆未明。

三才宗

天宗：曰天宗，天神也；曰陽宗，日也；曰陰宗，月也；曰星宗，北辰也。地宗：曰岱宗，泰山也；曰瀆宗，河也。人宗：曰大宗，曰小宗，族也；曰祝宗，先聖之後也；曰秩宗，典禮也；曰文宗，如陳子昂、崔孝伯是也；曰女宗，鮑蘇之妻不妬是也；曰談宗，長于辭説，如樂廣是也；曰辭宗，如張九齡是也。

温暾湯

今人以人性不爽利者，曰温暾湯。蓋言不冷不熱也。温暾二字，唐詩常用。

孔子無蓋

《家語》：『孔子將行，雨而無蓋。』《禮記》：『仲尼之畜狗死，曰：「貧無蓋。於其封也，亦與之席。」』殆未爲大夫之前也。

至人無夢

至人無夢，古之億言也。至人莫如聖人，堯夢攀天而上，湯夢及天而哢，高宗夢傅説，文王夢九齡，仲尼夢周公，奠兩楹，烏得無夢？又言愚人、瞽人無夢，亦不然。蓋非無夢也，其夢無憑也。《周禮》：『掌三夢。』又：『以日月星辰各占六夢。』謂日有甲乙，月有建破，星辰有居，直星有扶刻也。又曰：『舍萌于四方，以贈惡夢。』謂會民方相氏逐惡夢至四郊。又曰：『夢不欲數占，占則著，著則怪。』自因想之説明，而夢不必占矣。

然燃㸐

然字，本作肰。然下从火，不必更从旁火矣。然，上从犬，不必更从旁犬矣。此皆後世文盛，故不得不以此別之，非古人制字之意也。

謫吏

《書》：『既富方穀。』古者疾吏之貪，衣食足，知榮辱，限訾十算乃得爲吏，賈人有財不得爲吏，廉士無訾又不得官。故漢景二年，廉士寡欲易足，訾算四得官。是十算，十萬也，四算，四萬也。《食貨志》：『以舊吏弄法，故謫之，更發有訾者爲吏也。』漢武發謫吏穿昆明池是也。又，稱姦詐强取者爲撟虔吏，漢詔『撟虔吏因乘埶以侵蒸庶』是也。

都吏

《漢》：『二千石遣都吏循行。』律說，都吏今督郵也。閑惠曉事，即爲文無害都吏。漢末時，又有督郵御史，是必天子所使者也。《蘇武傳》：『及假吏常惠等。』師古曰：『假吏，猶言兼吏也，時權爲使之吏，若今之差人充使典矣。』

榜賣公卿

鬻爵自鼂錯言之，一曰主足用，二曰民賦少，三曰勸農功。漢文帝時，張釋之以訾爲郎，武帝令吏入穀補官，即至六百石。靈帝榜賣公卿及州郡、黃綬，段熲〔二〕、張温、崔烈雖有功勳名譽，亦以訾得之。又，漢不足奉戰士，令民得買爵，乃置武功爵。我朝亦不免此弊。

許子弟隨任

唐太宗貞觀元年，許子弟年十九以下隨父兄之官所。我朝未嘗限年，皆得隨任，但不許應試耳。

任回載書

唐蕭倣在南海，地多穀紙，倣勑子弟繕寫缺落文史。子廩曰：『家書缺者誠宜補葺，然此去京師，水陸萬里，不可露齎，當須篋笥，人觀兼乘，謂是貨財。古人薏苡之嫌，得爲深誡。』倣曰：『吾不之思也。』夫蕭氏之慎節如此，卒保世業。今之仕者，不惟多置書爲公名，而載歸鬻之，以爲私利，且路途廢國家官錢、民力轉運，其費何如？甚至有貪汙者畏人譏議，暗藏金銀于書篋中，以防道路盜寇者。視廩言能不媿死乎！北齊郎基爲潁川太守，嘗云：『任官之所，木枕亦不須作，况重于此乎？』唯頗令人寫書，潘子義謂之風流罪過。基曰：『觀過知仁，斯亦可矣。』家大夫由禮部而兩督學政，所以兼車聯舫者惟書籍而已，曾何足以累清節耶！

五爵別名

《周書》王子晉曰：『士率衆時作，謂之曰伯；伯能移善于衆，與百姓同，謂之公；公能樹名與物，天道俱，謂之侯。』〔三〕蔡邕曰：『三公者，天子之相。相，助也。侯者，候也，候逆順也。伯者，白也，明白于德也。子者，滋也。男者，任也。』據此則多出相字一義，如起于後世丞相之説也。但當云『公者，共也，與天子共理天下也』爲是。

人情懷土不同

王粲《登樓賦》：『雖信美而非吾土兮，曾不可乎少留。』謝玄暉《直中書省》詩：『信美非吾室，中園思偃仰。』唐劉元濟《經廬嶽迴望江州想洛陽》詩：『故園有歸夢，他山非行樂。他鄉徒可遊，湟澗終旋泊。』至于蘇子瞻《西湖望湖樓》詩：『我本無家更安住，故鄉無此好江山。』在儋耳詩：『海南萬里真吾鄉。』人情懷土不同，何至于如此！《淮南子》曰：『取竈前土將去，令人不思鄉。』

子卯當樂

《禮》言：『子、卯不樂。』蓋紂以甲子死，桀以乙卯亡。王者謂之疾日不舉樂爲吉，所以戒懼也。然止甲、乙二日。余則以爲二日既聖人奮起，翦除大惡，則萬古之下，百姓且當歌舞相慶，以爲在上之戒，安得復忌之也！

獻美人敗君

《史記》：紂沈湎于酒，婦人是用。九侯有好女，入之紂。九侯女不善淫，紂怒殺之，而醢九侯。乃囚文王于羑里。閎夭之徒，求得美女、文馬九駟，他奇怪物，因嬖臣費仲獻紂。紂大悦，赦之。傳言文王乃歸，爲玉門，築靈臺，相女童，擊鐘鼓，以待紂之失也。紂聞之，曰：『周伯昌改道易行，吾無憂矣。』及後幽王時，褒姁有獄，而以女入之王，王遂置之，而嬖是女，使至于爲后。夫周之興也，以女蠱其君；周之亡也，亦爲人以女所蠱。天之報施，何其昭昭而不爽哉！《逸周書》：武王克紂，歸而燎于廟，以紂與二妾之首先馘。又曰：武王斬紂首懸諸太白，斬二女首，懸諸小白。又曰：太師負商王紂，懸首白旂，妻二首赤旂。《史記》：武王克商，紂反走，登于鹿臺之上，蒙衣其珠玉，自燔而死。武王入商，至紂死所，自射之，三發而後下車，以輕劍擊之，以黄鉞斬紂頭，懸太白之旗。《史記》：武王至，紂之嬖妾二女，二女皆經自殺。武王又射三發，擊以劍，斬以玄鉞，懸其頭小白之旗。傳記云：太公蒙面而斬妲己。嗚呼！武王將誅紂而哀之，《尚書》曰：『予惟率夷憐爾。』何其誣哉！

校勘記

〔一〕此條有目而無文，今據萬曆甲申本補。

〔二〕黄綬、段熲　原誤作『黄散、段顧』，據《後漢書·崔烈傳》改。

〔三〕周書數句，見《汲冢周書·太子晉》。另據阮元《經籍纂詁》卷二十六『侯』條曰：『《周書·謚法》：「公能樹名生物，與天道俱，謂之侯。」』

留青日札卷之五

詩談初編

文有似拙而實妙者，《史記》也。詩有似拙而實妙者，樂府也。拙，忌其俚；妙，忌其纖。宋，俚也；元，纖也。

詩必識得一分，方做得一分；必進得一層，方壓得一層。知行有序，古今無等也。

詩關氣運，此語誠然，固不特《周》、《召》、《鄭》、《衛》皎然可辨也。漢世渾厚高古，魏國雄俊秀發，兩晉平典風麗，六代富艷綺靡。漢稱東都，魏首建安。太康、永嘉，體分二軸。宋、齊、梁、陳，氣出一機。精鑒詳評，自然可别。

蘇子卿、李少卿之詩，意遠詞高，自肇炎漢詩格，渾之晉、魏，終竟不倫。

曹子建《棄婦篇》庭、靈、鳴、成、寧，五韻重用。

陸士衡豐才奇思，誠當一字千金。所謂『氣少於公幹，文劣於仲宣』者，蓋劉則風骨超羣，王則秀麗獨步。至若粲之悽愴，楨之振絶，足擅偏長。

六朝鮑、謝謂照、玄暉，唐鮑、謝謂防、良弼。

阮籍《詠懷篇》，超出江左諸人之上，惟靖節勝之。

淵明入室，應物升堂。

韋蘇州詩平淡閒雅，至於高古處獨步開元。所云：『落葉滿空山，何處尋行跡。』絶似淵明。皎然稱之云：『格將寒松高，氣與秋江清。』信爲知音也。又，賈島有：『落葉滿長安。』蘇拯云：『落葉滿長道。』李建勳：『落葉滿長川。』皎然：『秋風落葉滿空山。』皆好。

劉叉本豪俠士，而《修養》一篇便覺見理。其勸韓潮州勿執古之章，的爲名言。

長孫左輔之《寄衣曲》，盛唐之晚唐也；馬戴之《薊門懷古》詩，晚唐之盛唐也。

王右丞苦爲宦情所縛，若能脱去塵囂，只據其才思，則輞川之興，便可寄跡柴桑。然其詩，亦山林之奇逸也。

詩類其爲人。且只如李、杜二大家，太白做人飄逸，所以詩飄逸；子美做人沈着，所以詩沈着。如書稱鍾、王，亦皆似人。

太白寧放棄而不作眷戀之態，寧狂蕩而不作規矩之語。子美不能不讓此兩着。元微之謂太白『不能窺杜甫之藩籬，况堂奥乎』，此非公論。退之云：『李杜文章在，光焰萬丈長。不知羣兒愚，那用故謗傷。』齊己云：『須知一一丈夫氣，不是綺羅兒女言。』此真知太白者。

李長吉分明是一箇太白，可惜天碎國寶，故奇而未純。世以牧之爲小杜，當以長吉爲小李。

貫休云：『千人萬人中，一人兩人知。』是詩之難知也久矣。或問：『詩如何則高？』曰：『必如貫休云：「真風含素髮，秋色入靈臺。」方可言詩。』

相如濡筆而腐毫，子雲輟翰而驚夢，王充氣竭於沈慮，桓譚疾感於苦思，枚皋應詔而奏賦，楊滔斲窗而檢書，平子研《兩京》於十年，太冲練《三都》於一紀，潘緯十年方吟古鏡，何湞一夕乃賦瀟湘，薛道衡蹋壁而卧搜，蘇廷碩占授而腕脱，劉敞一揮九制，文琰擊鉢成詩，秦少游對客而揮毫，陳無己閉門而覓句。

昔人有言：『《文選》爛，秀才半。』蓋《選》中自三代涉戰國、秦、漢、晉、魏、六朝以來文字，皆有可作本領耳。在古則渾厚，在近則華麗也。嗟乎！今之能學舉子業者，即謂之秀才。至於《文選》，則生平未始聞知其名，况能爛其書、析其義乎？雖謂之蠢才可也。

鄭奕以《文選》教子，其兄曰：『何不教他讀《孝經》、《論語》，免學沈、謝嘲風詠月，汙人行止。』嗟乎！今之學士大夫未嘗不讀《孝經》、《論語》也，而乃嘲貨詠賂，汙自己之行止，不忠不孝，敗國亡家，又豈讀《文選》之罪乎！

今人但知李太白《鳳凰臺》出於《黄鶴樓》，而不知崔顥又出於《龍池篇》也。若夫《鸚鵡洲》，則又《鳳凰臺》之餘意耳。沈佺期《龍池篇》云：『龍池躍龍龍已飛，龍德先天天不違。池開天漢分黄道，龍向天門入紫微。邸第樓臺多氣色，君王鳧雁有光輝。爲報寰中百川水，來朝此地莫東歸。』崔司勳云：『昔人已乘白雲去，此地空餘黄鶴樓。黄鶴一去不復返，白雲千載空悠悠。晴川歷歷漢陽樹，芳草萋萋鸚鵡洲。日暮鄉關何處是？煙波江上使人愁。』太白《登金陵鳳凰臺》云：『鳳凰臺上鳳凰遊，鳳去臺空江自流。吴宫花草埋幽徑，晉代衣冠成古丘。三山半落青天外，二水中分白鷺洲。總爲浮雲能蔽日，長安不見使人愁。』《鸚鵡洲》云：『鸚鵡來過吴江水，江上洲傳鸚鵡名。鸚鵡西飛隴山去，芳草之樹何青青。煙開蘭葉香風起，岸夾桃花錦浪生。遷客此時徒極目，長洲孤月向誰明。』沈詩凡五『龍』字，二『池』字，四『天』字。崔詩凡二『白雲』，二『黄鶴』，二『去』字，二『空』字，二『人』字，二『悠悠』『歷歷』『萋萋』字。嚴滄浪以此篇爲七言律第一。李詩三『鳳』字，二『皇』字，二『臺』字，六『鸚鵡』字，二『江』字，三『洲』字。四篇機杼一軸，天錦粲然，各用疊字成章，尤爲奇也。特拈出之，以表當場敵手。

王勃《益州夫子廟碑》：『帝車南指，遁七曜於中階；華蓋西臨，藏五雲於太甲。』《酉陽雜俎》謂燕公讀碑，自『帝車』至『太甲』四句，多不解。訪之一公，一公言：北斗建午，七曜在南，方有是之祥。無位，聖人當出，而『華蓋』以下不明焉。杜詩：『五雲高太甲，六月曠摶扶。』楊升菴以爲《晉·天文志》『華蓋杠旁六星曰六甲』，太甲恐是六甲一星之名。未有考證。夫以一行之邃於星曆，張燕公、段柯古之殫見洽聞而猶未知，姑闕以俟博識。客舉以問余，因并釋之曰：帝車，北斗也，太微垣北七星曰北斗，七政之樞機，陰陽之元本。故運乎天中，臨制四方，以建四時，均五行。魁四星爲璇璣，杓三星爲玉衡，人君之象，號令之主，又爲帝車，取運動之義。《春秋緯》曰：『瑶光第一至第四爲魁，第五至第七爲杓，合爲斗。』《漢·輿服志》〔一〕：

『後世聖人觀於天，視斗周旋，魁方杓曲，以攜龍、角爲帝車。』夏五月建午，斗柄指正南離方，文明之象。又南方之宿曰星，七星爲賢士。明則道化成，暗則賢良不起。又，魁一星主秦，而星乃周之分野，屬雍州。七曜者，日、月、歲星、熒惑、填星、太白、辰星也。歲，木，以饑；熒惑，火，以亂；填，土，以殺；太白，金，以强戰；辰，水，以女亂。五星所聚，宿其國，王天下。從歲以義，從熒惑以禮，從填以重，從太白以兵，從辰以法。五星若合，是謂易行。有德受慶，奄有四方；亡德受罰，離其家國。魁下六星，兩兩而比者，曰三能。《漢書》：『能，音台。』三台爲天階，太乙躡以上下。一名泰階，在太微垣。西二星曰上台，爲上階司命。上一星爲男主，下一星爲女主。次二星曰中台，爲中階司空。上一星爲公侯，下一星爲卿大夫。東二星曰下台，爲下階司禄。上一星爲元士，下一星爲庶人。孔子有聖人之德，而無天子之位，不過爲魯司寇，攝行相事耳，是降而從公侯卿大夫之列也。雖日月合璧，五星聯珠，何益哉？故曰『遁七曜於中階』。紫微垣，華蓋七星杠，九星柄，合十六星，在勾陳上，覆蔽大帝之座。《孝經援神契》曰：『斗曲杓撓，象成車。房爲龍馬，華蓋覆鈎。天罡入魁，神不獨居。故驂駕陪乘，以道踟蹰。』益州在西方，故曰『華蓋西臨』也。《漢・封禪書》[三]曰：『乃作畫雲氣車，及各以勝日，駕車辟惡鬼。』《索隱》曰：『畫青車以甲乙，畫赤車以丙丁，畫玄車以壬癸，畫白車以庚辛，畫黄車以戊己。』《宋書》曰：『五色安車、五色立車，各五乘，建龍旂，駕四馬，施八鑾，餘如金根車之制。其車各如方色，馬亦如之。所謂五時副車，俗謂爲五帝車，是即五雲車耳。』庾信詩：『北屬五雲車。』王維詩：『來往五雲車。』皆謂此也。正西方畢宿有五車五星，主天子五岳。西北曰天庫太白，東北曰天獄辰星，東南曰天倉歲星，中央曰司空填星，西南曰卿相熒惑。凡此五車，各以五寅日候之：金車，庚寅；木車，甲寅；火車，丙寅；土車，戊寅；水車，壬寅。又，雲五色具者，賢人隱其下也；青雲潤澤蔽日，在西北，爲舉賢良雲。而畢，乃晉之分野，正屬益州。故王勃於《益州廟碑》用之。蓋言華蓋西臨，高望五雲之車於太甲之象。木車色青，既以甲乙畫之，又以甲寅候之，實五車之首，故云太甲耳。如甲，如乙，皆天神之名。而曰太者，尊之之至也。故曰太甲，猶太乙也。

《廣文選》誤：如張協『結宇窮岡曲』，《文選》已收入雜詩，而此云『招隱』。魏文帝『置酒坐飛閣』，《文選》本江淹雜體，而此直云『文帝遊宴』。如古辭『驅車上東門』，『冉冉孤生竹』，『昭昭素明月』之類，率皆重出，不可枚舉。又，文帝《堯任舜禹》一篇，本集八卷作《歌魏德》，十二卷又作《秋胡行》，重復可厭。甚至於《阮嗣宗碑》，本嵇叔良撰，而誤作叔夜，乃曰嵇康。中山王撰《文木賦》，乃以文爲中山王名，而題云《木賦》，南宋人王微撰《詠賦》，乃以宋王微作宋玉，而題作《微詠賦》。真小兒之作也，不直一笑。

世稱李杜，因白、甫也。杜子美《長沙送李十一銜》詩：『李杜齊名真忝竊。』蓋假李固、杜喬以自況也。

梁簡文《夜夜曲》云：『靄靄夜中霜，河開向曉光。枕啼常帶粉，身眠不着牀。蘭膏盡更益，薰爐滅復香。但問愁多少，便知夜短長。』此篇曲體人意，且以夜之短長，繫於愁之多少，非親知其味者，不能道也。

柳子厚『漁翁夜傍西岩宿』一篇，蘇子瞻欲删後二句；謝朓『洞庭張樂地』一篇，嚴儀卿欲删『廣平聽方藉』二句，皆不然。全章本自悠揚，去之則局促矣。

王融《報范雲》詩：『無雙自昔代，有美今比鄰。』注：『古語云：「千里一賢，猶爲比鄰。」』又《越絶書》：『百歲一賢，猶爲比肩。』

李太白詩：『邊城兒，生年不讀一字書。』今之不讀一字書者，不獨邊城之兒，雖中原富室子弟，亦目不識一丁字者多矣。所謂『平生不讀半行書，却把黄金買身貴』者，比比皆然也。

李羣玉：『酒飛鸚鵡重，歌送鷓鴣愁。』『鸚鵡杯』、『鷓鴣詞』，的對，愈於李太白『鸕鷀杓』、『鸚鵡鐺』之句。

樂府有『君不見』，又有『獨不見』，唐人改之曰『君不聞』、『君不知』等篇。如岑嘉州云：『君不聞胡笳聲最悲。』又云：『汝不聞秦筝聲最苦。』

『莫染亦莫鑷，任從伊滿頭。白雖無耐藥，黑也不禁秋。静枕聽蟬卧，閒垂看水流。浮生未達此，多爲爾爲愁。』此篇可爲世人染鑷白髮者之戒。余年未四十而頭早白，每有勸余染摘者，余即笑吟此句曰：『白雖無奈老，黑也不禁秋。』以自解云。近見杭婦朱桂英嘗詠云：『白髮新添數百莖，幾番拔盡白還生。不如不拔由他白，那得工夫與白争。』亦可喜也。朱氏號養誠道人，所著有《閨閣窮玄集》，余爲之叙。

蘇拯《寄遠》云：『妾願化爲霜，日日下河梁。若能侵鬢色，先染薄情郎。』『願爲霜』意甚奇，勝如『爲雲』、『爲雨』者。

九日登高落帽，人人能用，惟高適、杜甫能翻案使事。仲武[三]云：『閉門無不可，何事更登高。』又云：『縱使登高只斷腸，不如獨坐空搔首。』子美云：『羞將短髮還吹帽，笑倩傍人爲整冠。』誠詩家起死迴生手也。嚴正平《十日》詩：『宿酲猶落帽，華髮强扶冠。』亦妙。

賈島：『寫留行道影，焚却坐禪身。』即其本色語已在面目外，更不必謂燒殺活和尚也。總不若清尚云『道力自超然，身亡同坐禪』，則行圓示寂，真坐化也。『水流原在海，月落不離天』，既得禪宗上乘，而『溪白葬時雪，風香焚處煙』，則非燒殺矣。『世人頻下淚，不見我師玄』，則俗人昧於無生之理，故爾哀之。蓋不知我師玄妙之法，正欲離形耳。可謂深探三昧者。又何必云『自嫌雙淚下，不是解空人』？使浪仙早達此種色相，豈肯便返初服？故必見得一層透，然後説得一層透。

杜工部：『傾銀注玉驚人眼，共醉還同卧竹根。』王介甫《除日立春》詩：『迎春朝翦綵，守歲夜傾銀。』雖用杜句，上下無映帶，便不成話。或笑曰：『此傾銀匠出身，歲盡夜并爐底也。』可鄙可笑！

昌黎詩：『何人有酒身無事？誰家多竹門可款？』粗淺殊甚，都不成語。而宋人方謂之閒遠。

秦韜玉云：『要路强干情本薄，舊山歸去意偏長。』余每誦此，不覺淚下。

聶夷中『賣絲』、『糶穀』之篇，《全唐詩話》以爲言近意遠，合三百篇之旨。或又謂可爲詩史。皆非也。試觀三百篇中，如譚大夫『南箕』、『北斗』之諷，何其温厚和平，初不必顯然如醫瘡、剜肉之怨訕也。

吴俗除夕燒松盆，取家計鬆泛之義。范致能《燒火盆行》云：『春前五日初更後，排門燃火如晴晝。』則當時亦有不用除夜者。一作籸盆。

錢員外云：『落葉淮邊雨。』以落葉比雨。無可上人云：『聽雨寒更盡，開門落葉深。』以雨比落葉也。

鳴環，即鳴珂。盧綸云：『小臣無事諫，空愧伴鳴環。』

王貞白《御溝水》詩：『此波涵帝澤。』貫休改作『此中』固好。孫逖《上陽水窗賜宴》云：『此中歌在藻。』沈佺期《紅樓院應制》云：『誰謂此中難可到？』則先已有人道之矣。

少陵《遊子》云：『巴蜀愁難語，吴門興杳然。』『興杳然』者何？曰『九江春草外』，『愁難語』者何？曰：『三峽暮帆前』，生涯流落，不能上霄漢，故曰『厭向成都卜』，家國憂勤，不忍耽杯酒，故曰『休爲吏部眠』。終戀戀不忘朝廷，冀衰老而猶得見君，故末云『蓬萊如可到，衰白問群仙』也。范元實所注，不解其妙，乃謂君平之卜，所以養生；畢卓之飲，所以忘憂，今皆不能如意。又傷人世險隘，不能容己，故有『蓬萊』、『群仙』之思。嗚呼！何好爲臆説，以病作者之旨哉？

于濆樂府每有奇思，如『采薇易爲山，何必登首陽？濯纓易爲水，何必泛滄浪？』余樂誦之。《思歸引》云：『日開十二門，自是無歸計。』可爲切中人病。又云：『不長不成人，及長老逼身。』欲及時者念諸！《山村叟》云：『雖霑巾覆形，不及貴門犬。』傷時之言也。

李建勳雖居極品，然惜花憐酒，解吐婉媚辭。如：『預愁多日謝，翻怕十分開。』『空庭悄悄月如霜，獨倚闌干伴花立。』如：『肺傷徒問藥，髮落不盈梳。』『攜酒復攜觴，朝朝一似忙。』足見得花酒風味。

余每中酒，欲尋佳句不可得。偶見隴西公《春雨》詩云：『惟稱乖慵多睡者，掩門中酒覽閒書。』若爲余言者。

劉郎中《生公講堂》詩，謝枋得以爲笑生公，真可發一笑。蓋禹錫以爲生公今不可見，『一方明月可中庭』，即見生公身後之法相矣，烏得爲笑彼哉？

長吉『黑雲壓城城欲摧，甲光耀日金鱗開』，蓋言甲光之金鱗輝映，如曜日而鮮明也。王安石不解此意，言『方黑雲，安得曜日』？近有俗本，妄改作『曜目』，尤可笑也。《占書》：『猛將氣紫，黑如城樓。』或狀閃黑旗。又曰：『軍勝之氣，如火光夜照人。』又，『岱山氣正黑』，故云雁門也。

李季蘭，唐女流之冠。若『離情遍芳草，無處不萋萋』，含意無窮，哀而不怨。便如宋玉言愁，文通恨別，亦未必過之。

余事率意而行，人多病余曰任性。于鵠云：『獨來多任性，惟與白雲期。』又：『任性常多出，人來得見稀。』如此任性，亦復何害？

『君言妾貌改，妾畏君心移。終須一相見，并得兩心知。』宋玉《九辯》：『願一見兮道余意，君之心兮與余異。』嗟夫！君臣朋友之間，可以念之。

劉兼云：『處處落花春寂寂，時時中酒病懨懨。』雖軟弱，亦纖麗有情。又云：『花落青苔錦數重，書淫不覺避春慵。』『書淫』二字，亦可喜。

鄭巢云：『山寒葉滿衣。』又云：『生計少於愁。』皆佳句。

顔延年云：『庭昏見野陰，山明望松雪。』唐祖詠云：『竹覆經冬雪，庭昏未夕陰。』余嘗有句云：『庭暗山雲濕，窗明竹雪寒。』又云：『松林晴雪落，竹院晚陰生。』

王維《早朝》云『方朔金門侍』，言滑稽弄臣也。『班姬玉輦迎』，言蠱惑内嬖也。『仍聞遺方士，東海訪蓬瀛』，分明以秦皇、漢武神仙聲色譏其君，非體也。近時選《唐律類抄》者，以此爲首，何哉？宗楚客云：『幸睹八龍遊閬苑，無勞萬里訪蓬瀛。』可謂有箴規矣。結句如太白：『君王多樂事，還與萬方同。』韋元旦：『仙榜承恩争既醉，方知朝野更歡娱。』王右丞：『爲乘陽氣行時令，不是宸遊玩物華。』方得扈從應制之體。

今人葬嬰兒不穿衣，瘞於路傍。潘岳《西征賦》：『夭赤子於新安，坎路側而瘞之。』韓愈詩：『數條藤束木皮棺，草殯荒山白骨寒。』于鵠《悼孩子》詩：『裸送不以衣，瘞埋於中衢。』則唐時已然。余少年有三殤之戚，特破此風，蓋彭殤之情一也。

諺云：『一朝權在手，堪作令兒行。』唐朱灣《奉使設宴戲擲籠籌》詩：『一朝權在手，看取令行時。』此張打油口氣也。

戎昱云：『雲雨分飛二十年，當時求夢不曾眠。』非親知此味者，不能道；非曾知此味者，亦不可與道。或曰不眠安得有夢？此正所謂癡人前不可説夢也。唐昭宗詞：『思夢時時睡，不語長如醉。』迺知味者。不曾眠，蓋求夢之心急，故身雖眠而心實醒耳。杜牧之《春思》詩『自是求佳夢，何須訝晝眠』是也。又：『重尋春晝夢，笑把淺花枝。』更奇。吕文穆公詩：『挑盡寒燈夢不成。』

李賀：『桃花亂落如紅雨。』韓偓：『杏花飄雪小桃紅。』桃花紅，而長吉以雨比之；杏花紅，而致堯以雪比之，皆可爲善用，不拘拘於故常者，所以爲奇。不然，則柳雪李月，梨雪桃霞，誰不能道？

張旭草聖，在當時已重有此名。高常侍《贈張九旭》詩：『興來書自聖，醉後語成顛。』『萬古長如匹練垂，一條界破青山色』，固是徐凝惡詩。『廬山瀑布三千仞，畫破青霄始落斜』，亦非曹松善句。

詩有自然成對者。李長吉云：『天若有情天亦老。』石曼卿對之曰：『月如無恨月長圓。』寇準有云：『水底月爲天上月。』楊大年對之曰：『眼中人似面前人。』余以爲不佳。欲以『夢中人是意間人』對之，不知何如？

《孺子歌》：『滄浪之水濁兮，可以濯我足。』左太冲：『濯足萬里流。』黄魯直云：『清江濯足窗下坐。』至於李義山以『清泉濯足』爲殺風景，古人豈殺風景者耶？在清泉則不可，在萬里江流則亦無害也。但嚴維云：『深木鳴騶馭，晴山耀武賁。』夫遊雲門寺，不應有此惡狀。商隱以『松下喝道』爲殺風景，此言當矣。

商隱詩本不足取，惟事對偶耳。如《馬嵬》詩，結句頗佳，胡仔《苕溪漁隱》且病其庸近。所云：『如何四紀爲天子，不及盧家有莫愁？』蓋譏玄宗既爲四紀天子，則開元、天寶之治，歷練國體久矣，非庸君幼主比也。而乃縱玉環之淫亂，使覆國亡身，不能保一婦人，不及盧家有娼婦莫愁，得以始終享其樂而不至於喪亡也。唐天子不亦深可恥哉！惜乎不能以《關雎》之事風之。

王勃：『物色連三月，風光絶四鄰。』盧照鄰：『草色迷三徑，風光動四鄰。』余嘗有曰：『物色常三月，風光藐四鄰。』

校勘記

〔一〕應爲《後漢書·輿服志》。

〔二〕應爲《史記·封禪書》。

〔三〕仲武　按下引詩均爲高適作，適字達夫，此誤作仲武。

留青日札卷之六

詩談二編

《左傳》：士會自秦歸晉，繞朝贈之以策云：『子勿謂秦無人，吾謀適不用也。』策，策文也。李太白誤以爲鞭策之策，故其詩云：『臨行還贈繞朝鞭。』幸有高渤海詩可證耳，高適《送渾將軍出塞》云：『遠別無輕繞朝策，平戎早寄仲宣詩。』惜乎楊升菴攷據亦不及此耳！

孟浩然：『風鳴兩岸葉，月照一孤舟。』劉履以『一孤』字爲病。此無害，自是佳句。賈至：『江邊數杯酒，海内一孤舟。』又：『明月秋風洞庭水，孤鴻落落一扁舟。』劉眘虛：『滄溟千萬里，日夜一孤舟。』岑參：『澧上一孤舟。』杜牧：『萬山深處一孤舟。』劉文房：『青山萬里一孤舟。』又：『幾家同住一孤城。』高常侍：『江海一扁舟。』王之渙：『一片孤城萬仞山。』李太白：『孤帆一片日邊來。』李益：『吹角江城片月孤。』我朝張亨夫亦云：『江湖離思一孤舟。』余嘗有送人詩云：『五湖獨客一孤舟。』如匹即一也。《孟子》：『力不能勝一匹雛。』《新書》『殺一匹夫。』意亦如此。

杜子美：『花亞欲移竹。』孟東野：『南蒲桃花亞水紅。』李嘉祐：『霜濃竹枝亞。』包佶：

『多年亞石松。』方干：『應候先開亞水枝。』亞，義如壓，言低枝也。

杜工部：『關山同一點。』岑嘉州：『嚴灘一點舟中月。』又：《赤驃馬歌》：『草頭一點疾如飛。』又：『西看一點是關樓。』朱灣《白鳥翔翠微》詩：『浄中雲一點。』花蕊夫人云：『冰肌玉骨清無汗，水殿風來暗香滿。繡簾一點月窺人，欹枕釵横雲鬢亂。起來庭户悄無聲，時見疎星渡河漢。屈指西風幾時來，不道流年暗中换。』宋張安國詞：『洞庭青草，近中秋、更無一點風色。玉界瓊田三萬頃，着我扁舟一葉。』夫月、雲、風也，馬也，樓也，皆謂之一點，甚奇。

北齊劉逖詩：『無由似玄豹，縱意坐山中。』張説：『樹坐參猿笑。』杜甫：『楓樹坐猿猱。』『黄鶯並坐交愁濕。』又：『巫山秋夜螢火飛，簾疎巧入坐人衣。』薛能：『花欄鳥坐低。』坐字甚奇，而螢坐尤奇。唐人皆本於劉也。

《小雅》『正月』，本音政，周正履端舉正之義也。自避秦始皇諱，乃音征。詩人多不能改正。如嚴維：『海上新正逢故人。』皇甫冉：『客裏新正阻舊歡。』岑參：『正月今欲半。』李建勳：『更堪正月過。』孟浩然：『新正柏酒傳。』杜審言：『欲向正元歌萬壽。』韓退之：『共驚爛熳開正月。』薛逢：『相逢但祝新正壽。』又，王十朋《答賀正啓》『賦椒花之頌，獻雖後於元正；占茅茹之爻，亨必同於他日』是也。獨晉王沉《正會賦》：『伊月正之元吉兮，應三統之中靈。』高常侍《十月朝宴》詩：『歲時當正月，甲子入初寒。』則撥亂反正矣。今之人孰能改之？

『大江流日夜，客心悲未央。』六朝謂玄暉工於發端，信乎雄壓千古。若陶淵明：『少年壯且厲，撫劍獨行遊。』陸士衡：『驅馬陟陰山，山高馬不前。』王正長：『朔風動秋草，邊馬有歸心。』鮑明遠：『胡風吹朔雪，千里度龍山。』皆先作之則矣。

王子安《臨高臺》云：『錦衣夜不襞，羅幃晝未空。』樂而失晝夜也。庾丹《秋閨有望》云：『羅襦曉長襞，翠被夜徒薰。』愁而失晝夜也。

《陳·月出》詩云：『月出皎兮，佼人僚兮。』李太白《送祝八》：『若見天涯思故人，浣紗石上窺明月。』杜子美《夢李太白》：『落月滿屋梁，猶疑見顔色。』常建《宿王昌齡隱處》：『松際露微月，清光猶爲君。』王昌齡《贈馮六元二》：『山月出華陰，開此河渚霧。清光比故人，豁然展心悟。』以月比人，甚得懷人之體，皆出於三百篇也。

『雲中辨江樹』，景也。『天際識歸舟』，情也。宋之問亦云：『古木生雲際，歸帆出霧中。』便不及矣。因念古今得意句，難得一聯悉稱。『暗牖縣蛛網』，不如『空梁落燕泥』。『傍水見寒花』，不如『出關逢落葉』。

東野云：『出門即有礙，誰爲天地寬？』陳無己云：『天地豈不寬，妾身自不容。』似覺有味。

孟浩然《登峴山》詩：『人事有代謝，往來成古今。』劉全白云：『人事歲年改，峴山今古存。』如出一轍。獨太白云：『淚亦不能爲之墮，心亦不能爲之哀。』真有顛倒豪傑之妙。一篇言飲酒行樂，而末復歸之於正，方見其高。

今花始開，曰試花。張司業《新桃行》：『植之三年餘，今夏初試花。』《月令》『桃始華』，亦讀如試。

《後漢・郡國志》：三輔之外分九州，州部有刺史；九州控郡國，郡國有太守。今知府稱太守是矣，而知州反稱刺史，何也？ 刺史當如今按察使、都御史之類。韓翃《送劉評事赴廣東使幕》詩：『蠻府參軍趨傳舍，交州刺史拜行衣。』想即今欽差、御史輩也。不然，刺史何以拜之？ 又，別駕亦稱半刺。蘇頲《送彭州權別駕》詩：『祇道歌謡迎半刺，徒聞禮數揖中台。』別駕，又稱別乘。岑參《送襄州任別駕》云：『別乘向襄州。』

《晉・段灼傳》：『灼上疏追理鄧艾，有曰：「七十老公，復何所求哉！」』王維《夷門歌》亦云：『向風刎頸送公子，七十老翁何所求？』以後人之言，而用之前人之事，渾化無迹，使人不知其妙，真點鐵成金手也。

包何云：『一官何幸得同時，十載無媒獨見遺。』錢起《送鄔三落第》云：『名宦無媒自古遲，窮通此別不堪悲。』貫休《逢周朴》云：『倘遇中興主，還應不用媒。』夫自登第而居官，未有不用媒者，世事可知矣。又，不得用於當時之君，而反思乎中興之主，不亦可悲之甚乎！ 晁公《寄陳叔易》云：『處士何人爲作牙，盡攜猿鶴到京華。』牙，即市井牙行也。以仕宦而倚狙獪之人，則又下於媒妁一等矣，烏在其爲處士哉？ 善乎于濆有云：『白玉若無玷，花顔須及時。國色久在室，良媒亦生疑。鴉鬟未成髻，鸞鏡徒相知。翻慙效顰者，却笑從人遲。』寓意最深。良媒亦疑，况他人乎？效顰亦笑，况他人乎？

鄭泉曰：『死葬我陶家之側，願身化爲土。幸爲酒器，獲我心矣。』元稹《放言》云：『他時定葬燒缸地，賣與人家得酒盛。』余嘗笑之曰：『設或燒作溺器，將奈之何？』然文淵可謂箇中妙人也。

唐避高祖諱，以『淵』作『泉』。耿湋云：『何事學泉明。』韓君平云：『聞道泉明居止近。』李太白云：『酣歌一夜送泉明。』獨包幼嗣云：『數日滯淵明。』或臨文不諱，或後人所改。『春入池塘草』，『秋生芳樹苔』。上句乃謝靈運思惠連，下句乃包幼嗣思幼正，可爲的對聯也。

《楚詞》：『魂營營而至曙。』謝靈運云：『得以慰營魂。』老子曰：『載營魄抱一，能無離乎？』經營，屏營，怔營，皆不安之意，猶云魂魄不安也。如老子意，亦當云以不安之魄，而欲抱守真一，誰能保其不離乎？

孔子逝川之嘆，即《易》之欲及時也。茂先《勵志》云：『逝者如斯，曾無日夜。』景陽《詠史》云：『川上之嘆逝，前修以自勖。』至宋程伯淳乃謂：『自漢以來，儒者皆不識此義。』嗚呼！妄哉！獨不有二張可據。又郭景純《遊仙詩》云：『臨川哀年邁，撫心獨悲咤。』

王維《送丘爲》云：『知爾不能薦，羞稱獻納臣。』嚴維亦云：『明主豈能好，今人誰舉賢。』皆爲時事惜也。觀此，則浩然『不才明主棄，多病故人疎』之句，未足深罪也。丘爲，嘉興人，官至右庶子，八十致仕，九十六卒。

讀書不能破其底裏，則終不爲我有。必使迎刃而解，如破竹之勢，根節不滯，乃爲善讀書。故杜工部云：『讀書破萬卷，下筆如有神。』岑嘉州亦云：『讀書破萬卷，何事來從戎。』『破』字甚妙。今曲調亦名『入破』。

王昌齡《灞池》詩：『開門望長川，薄暮見漁者。借問白頭翁，垂綸幾年也。』二韻俱用助語，亦妙。

《列子》：『假糧荷畚之子華之門。子華之門徒，皆世族也。』李白《大覺高僧蘭若》詩：『飛錫去年啼邑子，獻花何日許門徒。』是儒、釋弟子皆可稱門徒，即門生也。

馬虞臣云：『自從來闕下，未勝在山中。』蘇拯云：『因君向帝里，使我厭山中。』趣向可謂霄壤矣。

花綾着油粉，非獨近時有之，自唐已然。蘇拯《織綾詞》：『不學鄰婦事慵懶，蠟指粉拭謾官眼。』所言鵲鳳闌珊，花鳥鮮活，張翅鶴，折枝梅，即今花樣也。

靖節《飲酒》詩：『衰榮無定在，彼此更共之。』《挽辭》：『千秋萬歲後，誰知榮與辱。』可謂了生死人矣。

詩中聯最忌板對，如孟襄陽：『何如石嵓趣，自入户庭間。』『不見穿針婦，空懷故國樓。』『忽逢青鳥使，邀入赤松家。』『主人開舊館，留客醉新豐。』對而不對，獨臻其妙。

白樂天詩：『千呼萬喚始出來。』乃好睡丫頭，厮兒呼喚不醒，流出屎來者也。可笑其用字之俗。何不用『强』字，『裁』字？〔一〕

『南中榮橘柚，寧知鴻雁飛？』許渾云：『地蒸川有毒，天暖樹無秋。』即諺所謂『樹蠻不落葉』也。沈雲卿云：『南浮漲海人何處，北望衡陽少雁飛。』韓翃云：『前臨漲海無人過，却望衡陽鴈幾群。』齊己云：『瘴國頻聞説，邊鴻亦不遊。』又，唐李明遠爲潘州司馬，即今高州，嘗有詩云：『北鳥飛不到，南人誰與遊？』即諺所謂『鴈飛不到處，人被利名牽』者也。

《彈鋏歌》一句，《易水歌》二句，《大風歌》三句，《南風歌》四句，《夏人歌》五句，《扊扅歌》六句。夫歌以永言，今只此數篇，畧畧數句，而聖賢、王伯、俠士、婦人氣象自別，又何必連篇累牘，以辭相侈哉？

庾信詩：『荷香薰水殿，閣影入池蓮。』荷，即蓮也；殿，即閣也。此上下互句法，惟六朝爲多。

駱賓王：『林疑中散地，人似上皇時。芳杜湘君曲，幽蘭楚客詞。』二聯中用四人。又，李嶠：『芳桂中尊酒，幽蘭下調悲。』

杜審言：『冠蓋非新里，章華即舊臺。』嚴維：『珠履迎佳客，金錢與莫愁。』包幼正：『王粲頻徵楚，君恩許入秦。』皆假對也，此格甚多。

張謂《別韋郎中》詩，八句中五句著地名。盧象《雜詩》，八句中四地名。王昌齡《送朱越》

一絶，四句四地名。孟浩然《宴榮山人池亭》律詩，四句中用八人姓名。皆不妨其好處，然終是一病也。

《抱朴子》云：『舉秀才，不知書；舉孝廉，父别居。寒素清白濁如泥，高第良將怯如黽。』《晉書》作『怯如雞』。此誤而妄改之也。『黽』本『鼀』字之訛，言畏怯人之甚，縮頭不敢出，如鼀也，泥、鼀，本叶韻，古作黿，類黽。

蔡邕《協和昏賦》：『乾坤和其剛柔，艮兑感其股胙。』下用《咸》卦六二、九三爻辭，似近於戲矣。

介推，《左傳》作介之推，《史記》作介子推，《琴操》作介子綏。之、子二字，皆虚。《莊子》『驪之姬』，《吕覽》『丹之姬』，《孟子》『庾公之斯』、『尹公之他』，則公、之二字，又皆虚也。王昌齡：『西見之推廟，空爲人所憐。』顧況：『浮生果何慕，老去羡介推。』

廬江兩仲卿：前漢朱邑，字仲卿，廬江舒人。焦仲卿，漢建安中廬江府小吏，妻劉氏，爲姑所逐，自誓弗嫁，逼之，投水死。仲卿聞之，亦自縊於庭樹。今名小吏港。太白詩：『孔雀東飛何處棲，廬江小吏仲卿妻。爲客裁縫君自見，城烏獨宿夜空啼。』

《長信怨》，沈佺期云：『妾心君未察。』王貞白全篇皆好。崔顥『泣盡無人問』，似近於俗。至於李白云：『别有留情處，承恩樂未窮。』『留情』俗本作『歡娱』。錢起則云：『誰忿昭陽夜歌舞，君王玉輦正淹留。』略無含畜，幾於恨詈。賈至云：『獨坐思千里。』又非幽人所宜也。

陶弘景：『山中何所有？嶺上多白雲。只可自怡悦，不堪持贈君。』盧綸：『可憐荒歲青山下，惟有松枝可贈君。』居山者，能以白雲、青松贈人，可謂不俗矣。

『錢塘蘇小小，人道最夭邪。』夭，音作歪，非也。夭，少好貌，即妖也。邪，即歪也。楊用修《詩話》亦不能辨正。『最』，俗誤作『是』。又，葛魯卿詞：『人間花月見新妖，不數江南蘇小。』正謂此也。

余每客遊，寄息野店中，得句云：『酒香人欲歇，野店日初斜。』因思『店』字可入詩料。韋應物：『楚山明月滿，淮店夜鍾微。』岑參：『野店臨官路，重城壓御堤。』温庭筠：『雞聲茅店月，人跡板橋霜。』陳羽：『都門雨歇愁分處，山店燈殘夢到時。』韋莊詩：『明日五更孤店裏，醉醒何處各沾巾。』皆佳句也。如蘇子瞻『默數來時店』，真擔夫語耳。

『作』，俗作『做』，不必以韓詩『君若問方橋，方橋如此作』爲證。《後漢書·廉范傳》『廉叔度，來何暮？不禁火，民安作？』梁江洪《紅牋》詩：『雜彩何足奇，唯紅偏可作。灼爍類蕖開，輕明似霞破。』唐沈佺期《曝衣曲》：『璹瑁筵中別作春，琅玕窗裏翻成晝。』

唐詩多用『千門』，如『鑾輿迥出千門柳』，『歸鴻欲度千門雪』，『却望千門草色閒』。蓋建章宮千門萬户也。故王安石亦云：『千門萬户曈曈日。』

張謂：『由來此貨稱難得，多恐君王不忍看。』李商隱：『不須看盡魚龍戲，終遣君王怒偃師。』皆得忠君愛國之意，結句須得此法。

曹松云：『平生五字句，一夕滿頭絲。』足見苦心。又云：『吟詩應有罪，當路却如讐。』切中時病也，但所作不佳耳。如『靠月坐蒼山』，非善居山者不能道也。

謝靈運《遊赤石進帆海》云：『况乃凌窮髮。』顧啓期《婁地記》曰：『浪山，海中南極之觀嶺，窮髮之人，舉帆揚越以爲標的。』又見第十卷《窮髮不毛》下。

瑟瑟，殷紅也，碧也。殷文珪云：『水面風吹瑟瑟羅。』白樂天云：『半江瑟瑟半江紅。』又，文珪詩：『一篷秋雨睡初起，半硯冷雲吟未成。』儘有思致。

張繼《會稽郡樓雪霽》云：『夏禹壇前仍聚玉，西施浦上更飛沙。』蓋用奠玉、浣沙事，亦奇。

劉長卿《送子壻崔真父歸長城》詩：『送君巵酒不成歡，幼女辭家事伯鸞。桃葉宜人誠可詠，柳花如雪若爲看。心憐稚齒鳴環去，身愧衰顔對玉難。惆悵暮帆何處落，青山無限水漫漫。』用《詩·桃夭》、謝道藴柳絮、鳴珮、玉潤等事甚妙。長城，今湖州長興也。

詩人詠興必須合理。嚴滄浪乃云：『詩有別調，非關理也。』何哉？如黄庭堅稱美其子婦，有云：『雙鬟女弟如桃李，早年歸我第二雛。』則禮義安在？山谷可謂不解事體者矣。聚麀之戒，自謹言始。

皇甫曾：『風傳刻漏星河曙，月上梧桐雨露清。』視浩然『微雲淡河漢，疏雨滴梧桐』之句，迥不及矣。

戴叔倫『月明山水共蒼蒼』，曇域『髩鬌秋景兩蒼蒼』，總不若薛濤『月寒山色共蒼蒼』

爲妙。

杜牧：『他年會着荷衣去，不向山僧道姓名。』後又有云：『山僧都未知名姓，始覺空門意味長。』擾擾塵中人，多有媿於方外者矣。

『出關逢落葉』，何等自然。賈浪仙『出逢危葉落』，便覺費力。又如『楓葉落行舟』，亦書所見耳。

今呼侍婢曰丫頭，蓋言其頭上方梳雙髻，未成人之時，即漢之所謂偏髾也。劉賓客詩：『花面丫頭十三四，春來綽約向人時。』爲小樊而作。花面者，未開臉也。

李太白《擣衣篇》：『閨裏佳人年十餘，嚬蛾對影恨離居。』夫以年十餘之佳人，而當戍交河之狂夫，豈情也哉！當是離居十餘年也。又，《志》稱真臘國女子滿十歲即嫁，眉額施朱，以錦圍身。今吾鄉貧家女，亦有十一二嫁人者。是可忍也，孰不可忍也？爲政者當戒絶之。

劉威：『北風吹别思，杳杳度雲山。』真名言也。好於『北風吹朔雪，千里度龍山』之句。

古今元宵詩，蘇味道獨步。穠李，人名；落梅，曲名；不禁夜，本作不惜夜，甚妙。

女郎魚玄機『愁隨芳草新』，甚有思致。至於『易求無價寶，難得有心郎』，又『夢爲蝴蝶也尋花』，何其淫也！後爲使女緑翹事，下獄死。

李益『松老風易悲，山空雲更白』，甚妙。

江總《侍宴瑶泉殿》云：『雀驚疑欲曙，蟬噪似含凉。』上官儀《洛堤步月》云：『鵲飛山月曙，蟬噪野風秋。』袁恕己《屏風》云：『鳥驚疑欲曙，蟬噪不知秋。』張説《秋夜遊灉湖》云：『鴈飛江月冷，猿嘯野風秋。』

張説：『去歲荆南梅似雪，今年薊北雪如梅。』何遜與范雲聯句云：『洛陽城東西，却作經年別。昔去雪如花，今來花似雪。』張有所祖也。

杜審言：『北斗掛城邊，南山倚殿前。』岑羲：『南山近壓仙樓上，北斗平臨魏闕前。』岑參：『南山近獻仙杯上，北斗平臨御扆前。』蘇頲：『宫中下見南山盡，城上平臨北斗懸。』又王維：『文移北斗成天象，酒近南山作壽杯。』

李嶠：『更取峯霞入酒杯。』郎士元：『直取流鶯送酒杯。』余常有句云：『誰遣飛花落酒杯。』一作滕酒杯。

盧照鄰：『乘春聊騁望。』孟浩然：『才子乘春來騁望。』

王右丞《太平辭》：『聖德超千古，皇風靖四方。』王昌齡《駕幸河東》詩：『聖德超千古，皇風扇九圍。』

酴醾，黄魯直詩云：『名字因壺酒。』注云：『本酒名，花色似，故取以名酒。』故韓持國云『每恐春歸有餘恨，典刑元在酒杯中。』劉彦冲云：『只恐春歸有遺恨，典刑猶在濁醪中。』皆非也。此花本作荼蘼，乃因花以名酒耳。如李太白云〔一〕：『鵞兒黄似酒。』亦因鵞兒黄以名酒也。

章孝標：『飲酣杯有浪。』李建勳：『新酒欲生波。』

馬戴：『待月人相對，驚風鴈不群。』趙嘏：『悲心人望月，獨夜鴈驚群。』余亦有句云：『憑闌望月人何處，吹角臨風鴈失羣。』

國初稱高、楊、張、徐，若季迪，才力雙全，遠入唐境，餘皆元習。嗣後競稱何、李，若崆同之文，亦庶幾矣。

莊定山、陳白沙曾不可以言詩，而公甫乃曰：『百鍊不如莊定山。』此兩人所以合轍也。而李西崖雖不滿之，猶云：『陳詩極有聲韻，莊詩苦思精鍊。』不知聲韻苦思在何處？亦有何益也？解縉紳輕脱〔三〕，詩皆口號，而當時人乃稱其才名絶世，可謂遺笑萬世也。不得其死所，宜哉！今類集者，若《文選》之類，猶采入之，何也？

《皇明詩抄》、《皇明雅音》、《盛明風雅》、《皇明風雅》、《皇明文衡》、《文選》、《文統》、《文苑》、《文範》諸集，皆文獻之可徵者。

福建張獻叔嘉猷爲龍泉教諭，王御史應箕亦同鄉人，巡按至處州。張欲王以出格之禮相待，而王反甚踞。王合概府縣學官而試之，張不得已，勉强就試。王以『秋江曉霽』命題。張落句云：『芙蓉最是無情物，又向前溪作晚陰。』王覽之大怒，痛恨入骨。蓋王之未遇時，其母改節適人前溪，故張辱之也。次日，對衆官漫然嗔駡，將別一教官重責十五下。而張亦竟署最下考，左遷。其所作如：『獨憐芳草別，共醉菊花杯。』『坐席流花氣，征鞍拂柳絲。』可謂俊雅。性嗜酒，有晉人風致。

永嘉侯一麟酷倣右丞。如：『四顧徒餘壁，一牀空有書。』『好道髮新白，爲儒家舊貧。』『每因枕上夢，識得屋前山。』皆得意句也。與其兄一元，足稱華萼。在南海，則有二黎，曰民表、民衷，真二難也。如民表：『殿隨山勢轉，池向水源開。』『鑄金成九鼎，翦葉建諸藩。』極渾雄矣。

徐夢華，字子善，錢塘烏山人。魁梧倜儻，燕頷虬髯，鼓頰風生，故其詩蕭豁雋朗。有《奤爾樓稿》行於世。如《采蓮曲》：『采采六郎花，衣濕花間露。不惜羅衣寒，衹恐秋光暮。』《西湖曲》：『湖水年年緑，春花度度新。六橋歌舞地，幾易管絃人。』年二十六爲南安參軍，有《思親》詩：『爲憐萱草庭前冷，不戀梅花嶺上春。』即掛冠而歸，其人品可知。

徐後，餘杭人，偉貌豪襟，詩復俊逸。如：『緑醑醉空金鑿落，銀缸暖映玉交枝。』『芹湖沙暖眠鸂鶒，花塢春陰困海棠。』『怪松當道似人立，落葉滿林如雨飛。』亦可成家也。《西湖聞笛》云：『月白霜寒客夢醒，笛聲迴出柳洲亭。莫教吹過孤山去，風裏梅花不耐聽。』一時傳之。

校勘記

〔一〕此段原無，據萬曆甲申年刻本補。

〔二〕李太白云　按下引詩實出杜甫《舟前小鵝兒》詩。

〔三〕解縉紳　似漏字。解縉，字大紳，明洪武進士。

留青日札卷之七

玉笑零音

鵬運扶搖，不知遊於天外；蝨逃縫絮，不求出乎褌中。居化有宜，適真各得。

華渚流虹，虹非淫氣；有窮射日，日豈陽精？

柱梁衣繡而士寒，咎犯切中晉文之病；鼠壤餘蔬而妹棄，成綺奚知李耳之仁？

心全者以身爲朽骨，神超者以心爲死灰，魄玄合者以神爲礙影。

神龍無蝦卵，靈鳳無孽雛；白狗不能産騶虞，黄狼不解變天禄。

禦寇好游，壺丘曉之以内觀；宋牼好游，孟氏語之以尊德。德尊則高而俯物，觀内則明而燭人。

酷刑爲櫛，則蟣落黔黎；巧譖爲鈎，則魚餒臣妾。故聖王櫛之以禮，梳之以樂，釣之以義，網之以仁。

上善若水，有時而作惡；貞心如石，有時而自開。是以怒動情瀾，喜開慾竇。

詩人以『素餐』爲譏，商君以『荒飽』爲懼。

使勳、華而爲巢、許，則丹、商之惡不彰；使癸、辛而爲輿臺，則禹、湯之澤不斬。

雷無偏擊，日無私爓。使編首而擊之，則豐隆亦褻矣；推户而爓之，則羲和其勞乎！擊因邪召，爓以虛來。虛納天光，邪基天戾。

伊尹亡而沃丁葬以天子之禮，周公封而成王賜以天子之樂。棄天下尚爲敝屣，假禮樂豈爲虛文！生前名器或惜繁纓，死後功勳何難隧道！

心如天運，謂之勤；心如地寧，謂之慎。天匪勤，則不能廣運；地匪慎，則不能久持。乾之自强，天心也；坤之厚載，地心也。

忘名之士，能棄萬乘之君；好名之人，能輕千乘之國。陽鱎迎吏，宓子爲之長揖；猛狗齕人，韓非因之並嘆。

景陽入井麗華逐，狎客何在庭花空。厓山蹈海白鷳從，丞相猶存衍義進。君臣兩失，禽色同荒。

士苟潔心，無假浴於江海；女能飭體，何必競其黛朱！

觀文未及李生嘆，愈老不休韓子悲。

劉累豢夏后之龍，孔甲醢鱗而龍逝；孟虧馴虞氏之鳳，夏民食卵而鳳翔。

五府靈而中天之臺以建，六府流而方寸之地乃空。

以軒乘鶴，衛國謂之不君；以車載獫，周家名爲賢主。

女冠男冠，妹喜亡國；男服女服，何晏喪軀。

子雲注情於《緜竹》，非楊莊無以上宣；相如立譽於《子虛》，非得意莫能自薦。

師開鼓琴，以東方西方之聲，而知朝夕之室；子野吹律，以南風北風之辨，而測勝負之軍。

女樂歸而魯削，巫音作而楚衰，漢飾伎以祭郊，唐藉倡以供御。

尚父戒罔念，魯叟悔徒思，惟克乃作聖，非學亦成章。果有人面之名，仁者不餐其肉；里有狗葬之號，孝子不瘞其親。

梁山壅河，三日不逝，晉景公素縞哭之而水流；海潮擊岸，百里爲墟，吴越王强弩射之而潮息。是伯鯀之智，不及于輦夫之言；而神禹之功，僅等乎鐵箭之力。

鮑魚小鮮，吕涓不登於太子；邪蒿惡菜，邢峙不進於儲君。爲傅者貴謹其幾微，養德者在慎其飲食。

師寒而楚子拊之，三軍暖如挾纊；兵渴而曹操譎之，萬衆津若餐梅。

董仲舒睹重常之鳥，劉子政曉貳負之尸。實沈、臺駘，非鄭僑之博物不能言；龍見絳郊，非蔡墨之明占莫能禦。雖稟生知之質，亦資好學之功。

隼雖鷙，不能以攫鳳；虎雖猛，不能以搏麟。

王道，通衢也；伯道，支徑也。三代以上由通衢，其功緩；三代以下由支徑，其效速。噫！通衢日荆棘矣。

耕，男之職也。今之業耕者，毀其鋤犂，而誨其子以盜。織，婦之事也。今之業織者，毀其機杼，而誨其女以淫。是何也？古之耕織也得飽暖，而今之耕織也饑寒因之矣。耕織反不若淫盜，噫！是孰使之然哉？

文王伐崇，而韈係解，自結之，而弗役其所與處，君道也；武王伐紂，而韈係解，五人在前而莫肯結，臣道也。周之君臣兩得之矣。自是而下，君將自結邪？臣將結之邪？一舉足而見之矣。

楊朱泣二歧，阮籍泣窮途。一以悲道之多端，一以悲道之不達。

『周監於二代，郁郁乎文哉！吾從周。』殷已慤，吾從周。然則文果勝慤矣乎？慤，非殷之初也，文，非周之末也。

楚莊納伍胥之諫，而罷淫樂；齊威悟淳于之諷，而行誅賞。《易》曰：『冥豫成，有渝无咎。』言人君貴信賢而改過也。名之曰莊、威，不亦宜乎！

龍負夏禹之艇，卒治水而窆衣；蛇繞衛君之輪，遂投殿而伏劍。

陽，君道也，故尊而難對；陰，臣道也，故卑而喜應。九疇之凶，生於對，奇也；八卦之吉，生於應，偶也。

風行天上，動萬物者，莫疾乎風；水行地中，潤萬物者，莫疾乎水。故生者之擇居，死者之擇穴，皆莫離乎風水也。

治世不能無淫祠，正人未嘗有淫祀。

潮汐之盛縮，因月之盈虛。古語如是，誰則驗之？吾觀於魚腦之光減而信之矣。蓋魚蝦，水畜也，水者，月之液，月者，水之精，陰氣之以類相感者也。

管、晏之文，無鹽醜女也，雖醜而有益於國；莊、列之文，西施美婦也，雖美而無裨於世。

文勝而周衰，清談而晉敗，道學盛而宋亡國。無實也。拘儒不可與談玄，腐儒不可與論道。

鼇戴山而水居，螘負粒而陸遊。大小之樂，均也。虵委腹而緩步，蚿百足而疾行，有無之勢，一也。孰重孰輕，孰多孰寡，孰勞孰逸，理之各足焉耳。

天本明，雲蔽之；心本明，欲蔽之。雲散欲消，天心同澈；雲錮欲鉗，天心同閉。

鸜鵒之勇能奪巢，終貽竊位之恥；蛣蜣之智能轉丸，卒蒙穢飽之羞。泰伯逃荆，夷齊采薇，醜此故也。

以人治人，孔子之教也；以心印心，佛氏之教也。聖人見道不遠人，故曰道不可須臾離，可離非道；至人見道不外心，故曰離道別覓道，終身不見道。人即心也，心即人也。夫道，一而已矣。

禽之集也，翔以擇木；獸之走也，挺以擇蔭；人之處也，審以擇居。翔以擇木，可以遠矰弋；挺以擇蔭，可以遠陷阱；審以擇居，可以遠刑辟。

惡土，雖善種不生；善土，雖惡種不死。良農擇地而種，君子擇人而施。

智者之納言也，如以水沃燥沙也；昏者之拒諫也，如以水潑鎔金也。以水沃乎燥沙，吾見其順受矣；以水潑乎鎔金，吾見其騰沸矣。非水之異也，投之非其所也；非辭之殊也，告之非其人也。

有千里之馬，而無千里之御，不能獨馳也；有千里之御，而無千里之芻豢，不能久良也。善其芻豢者，主也；善其御者，牧也；如是而不千里，非騏驥也。

忍大師曰：『死生大事。』禹曰：『生寄死歸。』莊周曰：『生浮死休。』知其爲大事，則人固不可輕於生死而忽之；知其爲寄歸浮休，則人亦不可重於生死而惑之。如是，可爲了死生者。

螽斯、春黍，雖不足以濟飢，而惰農媿矣；莎雞、促織，雖不足以濟寒，而嬾婦驚矣；丹鳥、挾火，雖不足以濟昏，而暗行懼矣。嗚呼！其諸造物者自然之治乎？

沈檀之木，不適用於稺生；豫章之材，不可琢於既朽。何則？物有不同，時有所宜也。

虎豹驅羊，孰不憐？豺狼驅民，孰能愍？

罪《春秋》於當時，仲尼不得已也；期子雲於後世，揚雄其如何哉？

雖有金鍾，擊以金梃，其聲必裂；雖有仁主，輔以仁臣，其治必弱。扣金鍾必以木鎚，佐仁主必以義士。

權會莊誦《易》卦，而却乘驢前後之鬼；徐份跪誦《孝經》，而愈陵父危篤之疾。會，北齊人；

份，陳人。

猛虎之勢，奮於一撲；三軍之氣，作於一鼓。

麒麟、麇鹿有角，同也，然麒麟不能爲麇鹿之解角；君子、小人有心，同也，然君子不能爲小人之易心。

繩之生也曲，其用也必直；人之生也直，其用也或曲。

衣錦食鮮，非所以延年；服粗餐糲，聊可以卒歲。

勾踐鑄金於少伯，君子謂之貌臣；貫休鑄金於賈島，君子謂之心師。

王右軍之書，五十三乃成；高常侍之詩，五十外始學。

阮籍之放，見稱於司馬；嵇康之和，致忤於鍾會。晉公之度，征西之禍，於此見之矣。

蘿蔦依松林，可以延百尋；青蠅附驥尾，可以致千里。其爲依附則得矣，而如仰高居後何哉？

堯、舜之愛身，甚于愛天下，故讓天下于許由、務光而不吝。許由、務光知其害，故不受天下以完其身。堯、舜之愛天下，不如愛子，故不以天下與丹朱、商均。朱、均非不肖也，何以故？讓天下與舜、禹而不争，不賢而忍之乎？舜、禹不知其害而受之天下，故有蒼梧、會稽之禍，不得死於故居而死於逆旅，不得死於中國而死於四夷。

展禽忍於三黜，在今人則爲之貪位慕禄；屈原甘於九死，在今人則爲之病狂喪心。

吴起吮一人之疽，而鄰敵却；段熲裹一卒之瘡，而西羌平；子罕哭一夫之亡，而宋國安。私恩小惠，三代以下皆是道也。今此之不能，爲將之道何如？

晉景公二竪入於膏肓，扁鵲識之；秦孝王崔妃入於靈府，許智藏識之。非察其疾也，乃診其心也。

欒布祠彭越，不忘奴主之情；廉范斂廣漢，實切師生之義。

良匠之目，無材弗良；聖主之目，無臣弗聖。非材之盡良也，大小各有所取也；非臣之盡聖也，内外各有所使也。

雞鶩雄塒，犬猛專牢，强弱之不敵也；螘勇兼垤，蜂策攻窠，衆寡之相凌也。據勢以獵，馮力以角，其諸春秋戰國之君乎！

孔子以死喪之道爲難言，重陰道也；孟子以浩然之氣爲難言，重陽道也。然則終不可言與？曰：原始反終，故知死生之説。

形如槁木，不死之真；心如穀種，長生之仁。死生不測，造化之神。

防細民之口易，防處士之口難；得丘民之心易，得游士之心難。此七國所以懼横議，而暴秦所以令逐客也。

象以齒焚，犀以角斃，猩以血刺，熊以掌亡，貂以毛誅，蛇以珠剖；氂斷尾以纓，狐分腋以白，龜鑽介以靈，麝噬臍以香。故曰禽獸無辜，懷寶其害；匹夫何辜，懷璧其罪。嗟夫！罪在懷璧，固已矣！攘人之璧，而自抵於罪者，獨何與？

地以海爲腎，故水鹹；人以腎爲海，故溺鹹。

以熱攻熱，藥有附子；以凶去凶，治有干戈。善用則生，不善用則死。

若綱在網，掣繩者君；如錐處囊，脱穎者人。

人之初生，以七日爲臘；人之初死，以七日爲忌。一臘而一魄成，故七七四十九日而七魄具矣；一忌而一魂散，故七七四十九日而七魂泯矣。《易》曰：『精氣爲物，游魂爲變。』故知鬼神之情狀。

微言絶耳，顔遠嘆别于歐陽；鄙吝萌心，仲舉思見乎黄叔。

君子之異于人者道，同於人者貌。

冬江而夏山，公閲休之安宅也；地棺而天椁，銷摇子之大葬也。

西伯澤及枯骼，而大老雙歸；燕昭價重死骨，而駿馬三至。

白駒過隙，魏豹具感於人生；飛鳥過目，張翰愁思乎瀛海。

大禹入裸國而不衣，泰伯適荊蠻而劗髪。父母之遺體，有時而自殘；衣冠之盛儀，因地而或廢。

仲尼擊槁而歌《猋風》，仁可以充飢也；曾參曳履而歌《商頌》，義可以禦寒也。

分人以道謂之神，分人以德謂之聖，分人以功謂之公，分人以利謂之私。

田子見玉食，蹙然曰：『弗飢，斯可矣。』見衣錦，顰然曰：『弗寒，斯可矣。』見華屋，愀然曰：『弗露，斯可矣。』毋玉爾食而玉爾儀，毋錦爾衣而錦爾心，毋華爾屋而華爾德；惟儀之玉以振天下，惟心之錦以文天下，惟德之華以覆天下，故君子去彼取此。

王生以結襪而重廷尉，汲黯以長揖而重將軍。吴雄不擇封葬，而三世廷尉；趙興故犯妖禁，而三葉司隸；陳伯敬終不言死，而年老見殺。學非誦説之末也，行而已；政非文飾之具也，實而已；王非治安之迹也，化而已。化者，其帝乎？皇則神矣。

有一鄉一國天下之量，斯能受一鄉一國天下之善。故曰：量者，量也，量其多寡而受之也。

田真三人共爨，婦析紫荆之幹以圖分；劉良四世同居，妻易庭禽之雛以求異。故齊家者，先刑其室；正内者，必絶其私。

倉庚爲炙，可止妬婦之心；鳳凰爲羹，難化忌士之口。

太公誅狂喬、華士，周公非之而下白屋之賢；放勳容驩、鯀、共、苗，重華矯之而正四裔之罪。

徐景山畫生鯔而執白獺，放挫啼懸死鼠而釣大雕。畫鯔其冠裳乎？懸鼠其爵禄乎？嗚呼，悲夫！

孔子歷諸侯七十一聘，而不遇一主，乃思九夷；老子歷流沙八十一國，而化被三千，遂忘中夏。

倚牆之木，盜之橋；倚牀之僕，姦之招。

周旦作《金縢》以祈天命，君子以爲呪詛之媒；夏帠鑄鼎象以辟神姦，後世遂有厭鎮之術。帠，古禹字。

亡國之社，上屋而下柴，絶於天地也；敗家之子，覆祀而滅嗣，絶於祖宗也。

心靈匪形，故天地不能役，而人反以利禄役其心；心虚匪氣，故陰陽不能運，而人反以喜怒運其氣。此心之所以不能不動也。盡心者虚，存心者靈。

祭葬厚而奉養薄，末世之孝子也；承順過而弼拂微，末世之忠臣也。事生，孝之先；犯顔，忠之大。

琴瑟合調，夫婦之所以諧音；塤篪一節，兄弟之所以同氣。鼉鳴而鼈應，兔死則狐悲。

人之爲學，四書，其門牆也；五經，堂奥也；子史，廊廡也；九流百家，其器用也。居不可以不廣，學不可以不博。舉業錮而居隘，語録倡而學荒。

有子如龍虎，不須作馬牛；有子如豚犬，何須作馬牛。

涪水雜江水，蒲元能辨其性，故淬劍精；石城雜南泠，德裕能辨其味，故煮茶美。

京師元帝爲周圍，尚談《老子》之旨；海島宋君爲元逐，猶講《大學》之章。腐臣朽主自取滅亡，神謨聖訓何裨解禳。

天地施恩於萬物，而不望萬物之報，吾是以知天地之大；父母施恩於子孫，而不望子孫之報，吾是以知父母之大。天爲嚴父地慈母，少極吾宗太極祖。巍巍乎其功德，蕩蕩乎其難名哉！

腐鼠墮而虞氏亡，猘狗逐而華臣走。孽雖由於自作，釁實起於不虞。

欲治疑獄，鮭鯱解觸，咎繇碌碌；若濟大師，倉光實危，尚父嗤嗤。倉光，一作倉兕。敗歲皆莩形菜色之民，而通都有吞花卧柳之司牧；防秋多夢妻哭子之士，而幕府有歌兒舞女之將軍。民欲不流得乎？士求不叛難矣。

善富者羞德之不積，不羞金之不積；善貴者恥德之不夥，不恥禄之不夥。德以聚金，則滿不撲，德以居禄，則鼎不顛。

蘇子瞻作『殺雞』之疏，非吾儒之仁；張乖厓轉『刲羊』之經，乃異端之義。

用良匠者必胥良材，用大賢者必胥大位。無良材，則良匠不足以成器；無大位，則大賢不足以成治。

臨廁而惰容，非顏、閔之德；膺刃而回慮，非關、比之忠。

君子寢義而夢榮，小人寢利而夢辱。是故寢薄冰者夢溺，寢積薪者夢焚。

乾蓋西旋，故二曜輪運；坤輿東轉，故百谷馬奔。暮没而朝升，同此日也。天不更，則日亦不更。左注而右浮，同此水也。地不耗，則水亦不耗。

民無百里之名，士無千里之名，仲尼所以來鳳狗之誚；民無百里之友，士無千里之友，林宗所以叢黨錮之災。友者，人之所憎；名者，天之所忌。

三皇不期皇而皇，五帝不期帝而帝，三王不期王而王。期皇不皇者，始皇也；期帝不帝者，東帝也；期王不王者，霸王也。

以蛙黽當鼓吹，孔珪之志初不在於清音；以蟋蟀代簫管，道賁之聲實有契於定慧。詩因鼓吹發，桓玄耳入而心通；筆以鼓吹神，張旭得心而應手。

珠雖溷，不失爲寶；莠雖喬，不失爲草。寧爲回夭，毋爲跖老。

江河若決，神禹不能輓其流；井田既開，周公不能復其界。地利有宜，人事有時。

日月不以陰霾而改其升沉，聖賢不以昏亂而變其出處。有常度，萬物仰；有常德，萬民望。

建律者君，行律者臣，守律者民。

以道爲穽，則士游祥麟；以德爲籠，則士來瑞鳳；以功爲罟，則士投猛虎；以利爲藪，則士奔狂狗。

梓慶鐻成而疑鬼，靈芸鍼妙而驚神。聖道散於游藝，天巧喪於工人。

狂以全身，君子也；狂以殺身，小人也。被髮箕子昌，罵坐灌夫亡，接輿陸通免，捶杖正平殃，五子歌不慧，仲尼思中行。

日閑輿衛，何難乎良馬之逐；不離輜重，豈憂乎終日之行。利往基於具備，喪握本於持輕。

月不暇照，雲火升梯；雨不及施，水輪灌隴。

笑之頻者泣必深，生之急者亡必疾。

天鑄萬物，聖人鼓之；天蘊至文，聖人詁之。鑄非鼓則器將盬，蘊非詁則文不宣。

留青日札卷之八

天地

天圓十二綱，運關三百六十轉爲一周，天運三千六百周爲陽孛；地紀推機三百三十轉爲一度，地轉三千三百度爲陽蝕。天地相去四十萬九千里，四方相去萬萬九千里。張衡《靈憲》云：『八極之維，經二億三萬二千三百里，南北短減千里，東西廣增千里。自地至天，半於八極，地之深，亦如之。』或曰：地廣東西二萬八千里五億十萬九千八百八步，南北二萬六千里。磽确不計九州之别壤，山陵之大，川澤所注，萊沮所生，鳥獸所聚，九百一十萬八千二十四頃。墾者千五百萬二千頃。蓋古之四極甚近也。《河圖括地象》曰：『東西二億三萬三千里，南北二億三萬一千五百里。夏禹所治，四海内地，東西二萬八千里，南北二萬六千里。』《淮南子》曰：『禹使大章步東極至西極。』『豎亥步北極至南極。』步畧不同，似不足信。《山海經》言：四極出水者八千里，受水者八千里。或曰：地厚七萬二千二百里。下至泉壤第一壘，上至星天九萬七千二百里；下至九幽洞淵，上至星天一千二百一十八萬里。

堪輿

堪輿，《説文》：『堪，地突也。从土，甚聲。』一曰：『任也。』徐曰：『地穴出也。』故曰：『堪，天道也；輿，地道也。』又曰『扶輿』。扶，《説文》：『佐也，相也，扶持也。』辟如天地之無不持載。持，即扶，載，即輿也，从手，夫聲。所謂側手曰扶也。《禮記》注：『鋪四指，曰扶。』

天殼

無稽之言，至朱子極矣。仲晦曰：『天外更須有軀殼，甚厚，所以固此氣也。』又曰：『北海只挨着天殼邊過。』此可發一笑。余曰：『天殼，可對地漿。』或曰：『何也？』曰：『殼中非漿而何？此宋人天地如雞子之説也，則盤古皇當爲之雛矣。』

日月

天體東西南北經三十五萬七千里，每一方八萬九千二百五十里，自地至天八萬里。日月居陽城之半，爲中，乃體正圓也。日月徑四百里，周一千二百里，至地高二萬五千里。日月光之照，經八十一萬里，至冬日南行三萬里，至夏日北行三萬里；東西如之。其日行四極也，東極日午，西極夜半，西極日午，東極夜半。南北如之。八極之外，日月之光不至，則萬物寢息。

桑柳

日出于扶桑，入於細柳。桑、柳者，天地之際也。日行一度二千里，晝行一千里，夜行一千里。麒麟之行，亦一千里。月行十三度，十度二萬里，三度六千里，一晝夜行二萬六千里。晨鳧之飛，亦二萬六千里。

日月暈

暈，日月旁氣也。《周禮》：『眡祲十煇：一祲，二象，三鑴，四監，五闇，六瞢，七彌，八叙，九隮，十想。』蓋陰陽之氣凝結融聚，而日月之光照躬成煇也。諺云：『大暈風，小暈雨。』又，《漢書》：『太平之世，日抱重光。』

日景

周公以土圭法測土深。正日，日至之景，尺有五寸。日爲陽精，玄象之著。日永，景尺五寸；日短，景尺三寸。見《隋・天文志》。蓋土圭測日景，千里率差一寸。愈南，則日短夜長，愈北，則日長夜短。以景測天，而知天三百六十五度四分度之一，每度日行一晝夜。以景測地，而知地周遊於三萬里之中，春東，夏南，秋西，冬北。今天運易見，而地運難知。蓋陽動而陰静也。度，天舍也。

日光摩蕩

嘉靖二十四年十二月二十至二十五六日，日光外時有黑氣如盤，往來與日摩蕩。嘉靖三十四年十二月二十九日未申時，日光忽暗，有青黑紫色日影如盤，數十相摩。視久則百千飛蕩滿天，漸向西北散没。《易通卦驗》曰：『愚智同位，日月無光。』

觀日法

元登州李國用爲卒時，遇神仙，教以觀日之法，洞見臟腑，世稱神仙。

倒景

今人以返照爲倒景，非也。司馬相如：『貫列缺之倒景。』謂人在天上，下向視日，故日景倒在地下也。陵陽子曰：『列缺氣，去地一千四百里；倒景氣，去地四十里。』谷永曰：『登遐倒景。』如淳曰：『在日月之上，反從下照，故其景倒。』服虔曰：『列缺，天閃也。』魏瓘賦：『凌倒景而將越。』

月初生

諺云：『月如仰瓦，不求自下；月如彎弓，少雨多風。』蓋月出入黄道之中，而又有青白赤黑各二道，是謂九行。行南爲陽道，則無雨；行北爲陰道，則有雨。仰瓦則北，彎弓則南。驗之無爽。

赤月

六月初，月新生，其色大，赤如火。蓋時亢旱已久，日乃赤。故月借日之光，亦赤也。雖星亦皆赤者，可見其射日之妙矣。至於燈火，亦無不倍常，紅光難近，蓋燈光取日之氣者。故人言夜間燈火明而焰長，則明日必晴；若暗而焰短，則明日當雨。占之甚驗。

紫微

紫，帛青赤間色也。北方黑色，北方正水黑尅火赤，故紫色赤黑。紫微，天文垣名。天之氣，微茫而莫測也。紫盧，即紫微之庭。見晉左太沖《白髮賦》。紫庭，見齊王融雜體《報范通直》詩。極，屋脊之棟，高及甚也。天至高，物莫與並，故稱紫極。《春秋合誠圖》曰：『紫宫大帝室，太一之精。』《漢書》曰：『中宫天極星，環之匡衛十二星，藩臣。皆曰紫宫。』《春秋元命苞》曰：『紫之言此也，宮之言中也，言天神圖法，陰陽開閉，皆在此中也。』宸，屋宇也，室之奥者。後人指帝居，曰紫宸。

七曜

日月，二曜也；水火木金土，五星也，共爲七曜。今星術家增入羅㬋、計都、月孛、紫炁四星，共謂之十一曜焉。洪武十年春，太祖與翰林應奉傅藻、典籍黄鄰、考功監丞郭傳，論乾旋之理、日月五星並行之道。諸臣皆以蔡氏言爲必然。乃曰：『天體左旋，日月亦左旋。』復云：『天健疾日，日不及天一度。月遲於日，不及天十三度。謂不及天，爲天所棄也。』太祖深以爲蔡氏之謬。曰：『吾聽諸儒蔡氏之論，甚以爲不然。雖百餘年已往之儒，朕猶因事而罵之。蔡氏故作聰明以註書，及觀書註語，纏矣。所言乾旋之道，但知膚，不究其肌，不格其物以論天象。是以以己意之順，亂乾道之順；以己意之逆，亂乾道之逆。夫何云？蓋謂朕自起兵以來，與知天文、精曆數者，晝夜仰觀俯察，二十有三年矣。知天體左旋，日月五星右旋，非此一日之辯，辯非尋常之機。所以非尋常之機者何？因與羣雄並驅，欲明休咎，特用心焉。故知日月五星右旋之必然也。今蔡氏以進曰退，以退曰進。朕謂諸儒曰：「何故？」典籍黄鄰代蔡氏曰：「以理。」「若是曰理者何？」曰：「首以天，疾行晝夜三百六十五度，行健也；次以理，日當繼之，不及天一度；末以太陰之行，不敢過太陽，特不及天十三度。」此因意僻着而爲理，所以順亂逆，逆亂順是也。所謂蔡氏之僻者，但見日月在天，周流不息，安得不與天順其道而並馳？既馳，安得不分次序而進？此蔡氏之機理不見也。吾以蔡氏此説審慮之，知其不當。其蔡氏平昔所著之書，莫不多差矣。夫日月五星之麗天也，除太陽陽剛，而人目不能見其行於列宿之間，所行舍次，盡在數中分曉。其太陰與夫五星，昭昭然右旋，緯列宿於窮壤。其太陰之行疾，而可稽驗者，若指一宿爲主，使太陰居列宿之西一丈許。若天晴氣爽，正當望日，則盡一夜知太陰右旋矣。何以見？蓋列宿附天，舍次定而不動者，其太陰居列宿之西一丈，比月未入地時，而行過列宿之東一丈曉然。今蔡氏所言，不過一晝夜一循環，爲之理説差多矣。且天覆地，以地上仰觀平視，則天行地上。所以行地上者，以十二方位驗之，定列宿之循環是也。其日月附於天，以天上觀之，以列舍不動之分，則日行上天，右旋驗矣。故天大運而左旋，一晝夜一周三百六十五度；小運之旋，一晝夜西行一夜，一年一周天，太陽同其數。太陰一晝夜行十三度，一月一周天。此日月細行之定數也。其日月一晝夜一周天，日月未嘗西行也，乃天體帶而循環，見其疾速也。此即古今曆家所言蟻行磨上的論。吾爲斯而着意，因蔡氏不窮稽於理，以郭傳、黄鄰等務本蔡氏之謬言，意在刑其人，以誡後人。特敕三番入禁，而又權釋之，使習知天象而畢來告，故遣行焉。因爲之論。』

客星

昔彗星見，景公坐柏寢嘆曰：『堂堂誰有此乎？』晏子笑曰：『茀星將出，彗星何懼？』注：『客星侵側，欲相害也。』漢光武建武三十一年秋七月，客星見軒轅，炎二尺所，西南行。至明年二月二十二日，在輿鬼東北六尺所，凡一百十三日而滅。因考客星者，周伯、老子、王蓬絮、國皇、溫星，皆客星也。行諸列舍十二國分野，各在其所臨之邦，所守之宿，以占吉凶。周伯，大而色黄，煌煌然。見，其國兵起，若有喪。天下饑，衆庶流亡去其鄉。瑞星中名狀與此同，而占異。老子，明大色白，淳淳然。所出之國爲饑，爲凶，爲善，爲惡，爲喜，爲怒，常出見，則兵大起，人主有憂。王者以赦除咎，則災消。王蓬絮，狀如粉絮，拂拂然。見，則其國兵起，若有喪。白衣之會，其邦饑亡。又曰王蓬絮星，色青而熒熒然。所見之國，風雨不如節，焦旱，物不生，五穀不成登，蝗蟲多。國皇星出而大，其色黄白，望之有芒角。見，則兵起，國多變，若有水饑。人主惡之，衆庶多疾。溫星，色白而大，狀如風動摇，常出四隅。出東南，天下有兵，將軍出於野；出東北，當有千里暴兵；出西北，亦如之；出西南，其國兵喪並起，若有大水，人饑。又曰，溫星出東南，爲大將軍服屈不能發者；出於東北，暴骸三千里；出西亦然。凡客星見其分，若留止，即以其色占吉凶。星大事大，星小事小。星色黄得地，色白有喪，色青有憂，色黑有死，色赤有兵。各以五色占之，皆不出三年。又曰：客星入列宿中外官者，各以其所出部舍、官名爲其事。近之者爲其謀，其下之國皆受其禍，以所守之舍爲其期，以五氣相賊者爲其使。《中興天文志》：『客星有三：一曰老子，二曰國皇，三曰温星。』老子一星，休咎半之。國皇、温星，皆爲咎徵。老子，非李耳，古之有德行而不仕、老而有壽之人。國皇者，國星也，不知何國人。温星者，温其姓，古之有操行而不仕者也。三人者，其精皆爲星，帝命之爲客星。錯出乎五緯之間，其見無期，其行無度。《晉志》無國星、温星，而有周伯、王蓬絮、芮。又有盜星、種陵、天狗、女帛之爲凶也。《隋志》五星，周伯、蓬絮，同《晉志》，其三星與此同。然周伯，《晉志》以爲祥，《隋志》以爲妖。桑思玄《客星亭記》有云：『客星有五：曰周伯，曰老子，曰王蓬絮，曰國皇，曰温星，所犯大凶。』漢光武時犯帝座，故太史奏曰：『甚急。』其後居周之分野，而光武崩。而《天文志》不著其應，似因嚴子陵前者加足帝腹之故，而諱其占也。觀晉劉聰時，客星犯紫微，太史康相以爲非常之變，聰遂滅亡，是可知矣。其説亦頗奇。悦，蘇州人，柳州通判。又，我太祖嘗作《嚴光論》，亦深不足於光云。漢宣帝□年夏，客星見昴、卷舌間。元帝初元元年四月，客星大如瓜，在南斗第二星東，五月，渤海大水，六月，關東大饑。

景星

《天文志》曰：『天暒而見景星。』孟康曰：『暒，精明也。有赤方氣與青方氣相連，赤方中有兩黄星，青方中有一黄星，凡三星，狀如半月。』王者得天心，不私人，則見。

德星

人但知陳太丘德星里，而不知唐崔鄲，宣宗賜名德星堂、德星社。陰德星三星直斗口，隨北斗小而鋭，若見若不見。或曰，即天乙星。

分野

《周禮》大司徒『以土宜之法，辨十有二土之名物』；保章氏『以星土辨九州之地所封封域』。唐僧一行以天下山河之象分爲兩界，而以星辰河漢别其陰陽升降，配以古今輿地，是曰分野，乃諸家説天之祖也。春秋時州鳩、裨竈之徒，論諸國分野不及吴越，至《周禮》鄭玄註，始曰：『星紀，吴越也。』范曄《志》：『星紀，起斗十一度至婺女七度，於辰爲丑，於分野爲吴越。』《晉書》：『起斗十二度。』費直：『起斗十度，終婺女五度。』一行：『起斗九度，終婺女四度。』班固《志》分星紀爲二，云：『吴，斗分野；越，牽牛、婺女分野。』曆家仰儀之法，反以觀天取光之所燭爲驗。星紀在北，吴越在南，蓋光燭之也。又，《星經》：『北斗，玉衡第六星，主揚州，以五巳日候之；以丁巳日候吴郡。』郊外曰野，牧外曰野，大野曰平。分者分值也。天有九野：中央曰鈞天，東方曰蒼天一作旻，東北曰旻天一作變，北方曰玄天，西北曰幽天，西方曰皓天一作成，西南曰朱天，南方曰炎天一作赤，東南曰陽天。又，太玄九天：一中天，二羨天，三從天，四更天，五晬天，六廓天，七咸天，八沉天，九成天。五星分野，《天官書》[一]：『秦之疆，候太白，占狼、狐。吴、楚候熒惑，占鳥衡。燕、齊候星辰，占虛、危。宋、鄭候歲星，占房、心。晉亦候星辰，占參、觜。』『秦、晉好用心，復占太白。』『胡、貉數侵掠，占星辰。』二十八宿分野：角、亢、氐，主兖；房、心，主豫；尾、箕，主幽；斗主江湖；牽牛、婺女，主揚；虛、危，主青；營室、東壁，主并；奎、婁、胃，主徐；昴、畢，主冀；觜、參，主益；東井、輿鬼，主雍；柳、七星、張，主三河；翼、軫，主荆。兖屬鄭，豫屬宋，幽屬燕，揚屬吴、越，青屬齊，并屬衛，徐屬魯，冀屬趙，益屬魏，雍屬秦，三河、三輔，屬周，荆屬楚。月建分野，黄裳《天文圖》：天漢，四瀆之精，起鶉火至箕尾，十二辰斗綱所指，謂之月建，十二次日月所會，元枵至陬訾。十二分野，辰次所臨。故曰天有十二次，日月之所躔，地有十二辰，王侯之所國。十干分野：甲乙，四海之外；丙丁，江、淮、海、岱；戊己，中州河濟；庚辛，華山以西；壬癸，常山以北。《淮南子》又曰：甲，齊；乙，東夷；丙，楚；丁，南夷；戊，魏；己，韓；庚，秦；辛，西夷；壬，衛；癸，越。十二支分野：子，周；丑，翟；寅，楚；卯，鄭；辰，晉；巳，衛；午，秦；未，宋；申，齊；酉，魯；戌，趙；亥，燕。

星好風雨

《書》：『星有好風，星有好雨。』孔安國曰：『箕好風，畢好雨。』蔡邕曰：『風伯神，箕星也，其象在天，能興風；雨師神，畢星也，其象在天，能興雨。』《詩》：『月離於畢，俾滂沱矣。』《春秋緯》云『月離於箕，則風揚沙』是也。又，孫武子火攻之法曰：『起火有日。』『月在箕、壁、翼、軫。』『風起之日也。』則月從壁、翼、軫，亦好風矣。辛酉五月五日，日入酉時正三刻，月在乾、兑之交，一星犯月，其大如彈丸，其光如太白，初有芒，如兩角，與月相敵。漸盪漸離，約去滿尺而寢。六日、七日皆大雨。或曰：辰星入月，或曰正離畢也，故滂沱。又閏五月初四日，有星在月下甚大，相去不五六寸，月正仰瓦，初六漸遠丈許。十五六七日已後，大雨水，田野陸沉。從星何以風雨？房星四表三道，日月之行，出入三道，出北則水，出南則旱。或言北旱南水，月爲天，下占房，爲九州候。月之行天，三十日而周，一月之中，一過畢星。孔子曰『月離其陰故雨，月離其陽故不雨』是也。

五星聚營室

嘉靖三年甲申正月丙寅十一日，五星即聚於營室，但太陽未到宫耳。至十六日，太陽躔室初度，木星室四度，火星室七度，土星室二度，金星室十一度，水星室七度，孛星室三度，此天文所罕遘者。每舉以問術士，多不知其説者。占，主朝廷營建。

彗臨東井

嘉靖十一年八月初六日，彗孛於井宿之間。未及二歲，凡已三見。未幾而首相永嘉張公罷去。時人爲之謡曰：『石産房州，胡明善禍從地出；星臨井宿，張孚敬災自天來。』胡公爲直隸巡按御史時，以采石去。

熒惑入南斗

嘉靖二十二年癸卯七月，熒惑入南斗。占，主東南大饑荒。是冬及明年春，江南兩浙大饑，斗米數百錢。

星變雜記

嘉靖辛酉六月一日黄昏，有星流於牛、女之間，墜地如雞子大，一路有光燭天。

壬戌六月二十四日，有流星大如月，隕於西北。其聲殷殷如雷，其光燭天。或曰火殃。

甲子七月十七八日，日正中時，有星在日傍，人皆見之，大以爲異。或曰，此太白晝見也。市中一老人獨嗟嘆而去，或有所知。問之，不肯明言其故。

乙丑六月二十八日，有大火如斗，隕於西南。

四十五年丙寅十一月十五日四更，有一大星下隕，羣星數百，如雨隨之，逾月，上崩。

三才太白

天之太白，星名。謝皋羽詩：『柴關當太白，藥氣近樵青。』地之太白，水神名。《淮南子》曰：『昔馮遲太白之御六雲霓，游微霧，騖忽荒。』許慎曰：『馮遲太白，河伯也。』《七發》曰：『附從太白。』人之太白，李謫仙也。其母夢長庚星入懷而生，故以白名之。信乎其天才也！

黄道

處暑之後，秋分之前，晴明日没之時，登高遠望，其南方若虹霓斜界，纖微雲氣皆不敢侵入者，是名天之黄道也。

赤虹黑虹

辛酉閏五月二十九日酉時，赤虹二道自西北經東南亘天。又，甲子六月初四日，黑虹見北方，此兵象也。至十二月，北虜果犯京畿，内外戒嚴。

心房宿

星乃陰陽之精，而二十八宿又星之精也。經言心、房二宿，具男女二形，是邪氣淫曜矣。

不知造化何以有此？故生人值之，有二形人。亦曰兩儀人，俗名二紐子，西域謂之博叉半釋迦。《大般若經》五種黄門，梵言扇搋半釋迦：一、有男根，用而不生子者，曰半釋迦。二、行欲即發，不見即無，亦具而不生子者，曰伊利沙半釋迦。三、本來男根不滿，亦不能生子，曰扇搋半釋迦。四、半月能男，半月女，曰博叉半釋迦。五、被割形，曰留拏半釋迦。晏子見鈎星在房、心之間，知齊地當動。

校勘記

〔一〕天官書句　《史記·天官書》曰：『秦之疆也，候在太白，占於狼、弧。吴、楚之疆，候在熒惑，占於鳥衡。燕、齊之疆，候在辰星，占於虚、危。宋、鄭之疆，候在歲星，占於房、心。晉之疆，亦候在辰星，占於參罰。……秦、晉好用兵，復占太白，太白主中國；而胡、貉數侵掠，獨占辰星。』

留青日札卷之九

玉女

《周書·王會圖》所載，非寶異物，不過紀帝王祥瑞而已。至于沈約《宋書·符瑞志》，則又可鄙笑，甚至不知玉女之名，乃訓釋之曰：『玉女，天賜妾也。』則又雲漢之上有居民，而茫茫昊天亦有夫妻子女矣。既有玉女，必有金童，何不並列之？是録鬼魅之尤也。相如《大人賦》：『排閶闔而入帝宫兮，載玉女而與之歸。』張揖曰：『玉女，青要、乘弋等也。』揚雄賦：『玉女無所眺其清廬。』《靈光賦》：『玉女窺窗而下視。』注：『刻玉女形于窗上。』李白詩：『莫宿玉女窗。』《甘泉賦》：『想西王母欣然而上壽兮，屏玉女而却宓妃。』《山海經》：『玉山，西王母所居。』《神異經》：『東荒中有大石室，東王公居之，常與玉女共投壺。』華山上有玉女洗頭盆。

孟婆

北齊李騊駼聘陳，問陸士秀：『江南有孟婆，是何神也？』士秀曰：『《山海經》：「帝之女遊于江中，出入必以風雨自隨。」以帝女，故曰孟婆。』猶《郊祀志》以地神爲泰媪。此俚語也，亦未得其義。蓋《易》『巽爲風』，其卦爲少女三陰，卦以孟仲季言之，故曰孟婆。蔣捷詞：『春雨如絲，繡出花枝紅裊，怎禁他孟婆合皂？』巽，亦東南之卦，于時正春也。管輅占曰『少女風』。又嶺表有颶母，可對孟婆也。

瘴母

今嶺南但言瘴氣，而人不知有瘴母。《番禺記》曰：『有物自雲而下，始如彈丸，漸如車輪，遂四散。人中之即病，名曰瘴母也。』甚奇。

天妃

宋神宗元豐六年，博士王古請婦人之神，封夫人，再封妃。北闕西有天妃宮，乃漕運奉祀之神，皆云起于宋，盛于元。蓋時海運著靈也，而不知何處人。此女乃福建莆田林氏之季女，幼悟玄機，長知禍福，在室三十年，顯靈元祐。州里立祠，至元中奏號天妃。我朝洪武初，海運有功，乃封『昭應德正靈應孚濟聖妃娘娘』之號。夫曰聖妃，可也，舊乃曰天妃，天果有妃乎？蓋妃，媲也，對也，故天子曰后妃，次曰妃嬪。又，太子諸王之適室，亦曰妃，或作斐。《列仙傳》：『江斐二女。』亦作嬰，皆匹耦之稱。故詩曰：『喪其妃耦。』妃，音『配』是也。今以三十之室子而强加之曰妃，可謂名稱其情乎！以妃而上配之以天，不亦甚褻矣乎？神必有所不享也。余意欲以『聖妃』易作『聖女』，何如？或曰天女，庶不悖瀆也。

天火

《左傳》曰：『人火曰火，天火曰災。』《尚書》曰：『火曰炎上。』古者五行皆有官，火官失職，則火不炎上。《春秋繁露》曰：『火不炎上，秋多雹，由王者視不明也。人君惑於讒邪，内離骨肉，外疏忠臣，咎及于火，則大旱必有火。』《國語》曰：『火焚其彝器，子孫爲疑，由王者蔑棄五則也。』嘉靖間，火焚太廟、九廟、奉天殿、午門者屢矣。隆慶初，火焚承運庫，累朝寶器殆盡。皆火失其道也，可不復其官邪！

改火改煙

古者鑽燧改火，所以革故而取新也。春取榆、柳之火者，榆、柳色青，木之火也，木能生火。夏取棗、杏之火，棗、杏色赤，火之火也，火能生土。夏季取桑、柘之火，桑、柘色黄，土之火也，土能生金。秋取柞、楢之火，柞、楢色白，金之火也，金能生水。冬取槐、檀之火，槐、檀色黑，水之火也。《周禮》又曰：『季夏出火，民咸從之。季秋内火，民亦如之。』注：『季春則火星見于建辰之月，因出之，以宣其氣，雖烈山焚萊不禁也。季秋則火星伏于建戌之月，因内之，以息其氣，雖鑠金焚薙不爲也。』又《淮南子》曰：『夏爨柘燧火，冬爨松燧火。』其説頗異。然人但知改火，而不知其煙亦隨所改而不同。故《淮南子》曰：『冬至甲子受制，木用事，火煙青七十二日；戊子受制，土用事，火煙黄七十二日；庚子受制，金用事，火煙白七十二日；丙子受制，火用事，火煙赤七十二日；壬子受制，水用事，火煙黑七十二日。』《尚書大傳》曰：『煙氛，郊社不修，山川不祝，風雨不時，霜雪不降，責于天公；臣多弑主，孽多殺宗，五品不訓，責于人公；城郭不繕，溝池不修，水泉不降，水爲民害，責于地公。』

陽燧取火

不獨燧人氏上觀星辰、下察五木以爲火，而竹亦可以取火，石亦可以取火。又，以堅木鑽石亦可以生火。古人以陽燧取火于日，方諸取水于月。《淮南子》曰：『陽燧見日，則燃而爲火。』陽燧，金也，取金猛無緣者，日高三四丈，持以向日，燥艾承之。有頃即焦，吹之得火。』今亦不必用猛金也，以水精大珠向日對照，以草紙承其下，一點透明，紙焦煙起，即得火矣。則是方諸取水，亦可以取火也。《一統志》名曰朝霞大火珠，在占城國出。大如雞卵，狀類水晶，當午置日中，以艾藉之，火出是也。可見陰陽一理，日月一氣，水火一原。

氣水

天地皆氣水也。蓋水載地，而天包水，而氣承天。是天地之外皆水，而水之下乃氣。以其混淪而言，則謂之大氣；以其旋轉束負而言，則謂之罡風。此日月星辰之所以能從地下運行而出没也。今人皆言氣水，蓋蒸潤之謂也。浮則爲氣，沈則爲水，二者陰陽一理而已。故氣屬天，水屬地。天以氣成，地以水載。水之出雲煙即氣也，氣之降雨露即水也。變化消息，孰究其根？

日月内明

或曰：『日外明内暗，月外暗内明。』余則以爲不然。要皆以己昭昭，然後能使人昭昭也。若夫日之薄蝕，月之晦朔，又安能以其昏昏，使人昭昭哉？

漢案户

《大戴禮》『七月漢案户』，謂天漢直户也，今五月。

六更

《漢書》：『斥候士百餘人，五分，夜擊刁斗自守。』師古曰：『夜有五更，故分而持之。』《唐六典》：『太史門典鐘二百八十人，掌鐘。』故詩有云：『促漏遥鐘動静聞。』其漏五五相遞，凡二十五。故李郢詩云：『二十五聲秋點長。』韓退之詩：『雞三號，更五點。』宋宫中及州縣更漏，皆去五更後二點又并初更去其二點，首尾止二十一點，至今仍之。故曰：『一更三點禁人行，五更三點放人行。』後不用鐘，或用鐵磬。鐵磬，南齊製。初用鼓磬，以應更唱。宋太祖以鼓多驚寢，遂易以鐵磬，此更鼓之變也。或謂之鉦，即今之雲板也。陳履常詩：『殘點連聲殺五更。』汪元量詩：『亂點傳籌殺六更。』今報更鼕鼕，鼓將盡，則雲板連敲，謂之殺更。《南史》：陳文帝『每夜刺閨，取外事分判者，前相續。勑雞人伺漏，傳籤于殿中，令投籤于階石上，鎗然有聲』。隋煬帝詩『投籤初報曉』、唐王維詩『絳幘雞人報曉籌』是也。《衛公兵法》曰：『鼓三百三十三槌爲一通，角吹十二聲爲一疊。鼓止角動也。』《司馬法》曰：『昏鼓四通爲大鼜，夜半三通爲晨戒，旦明三通爲發响。』今早晚各止三通也。其鐘聲則一百八撞，以應十二月二十四氣七十二候之數。

有雲無露

《大戴禮》〔一〕曰：『陽氣盛，散爲雨露。雲，陰也；陰氣盛，則露微。』李太白詩：『天清白露下。』杜子美詩：『露下天高秋水清。』

甘露

洪武二年十月，甘露降于乾清宫後苑蒼松上，宋濂作頌。又，六年癸丑正月四日丙午，上御武樓便閣，勑取膏露于宮中。盛以翠甖，玉潔珠圓，世所未睹。舁爨器至，用金杓煉水二升，以露投之，須臾融化。上取杓中瀉，二内侍舉幕承之，查滓已净，重漉以絳紗囊。上飲一爵，而分賜與御史中丞楊寀、贊善大夫宋濂，曰：『此天地至和所凝也。卿等服之，去沈疴而衍遐齡。』其味甘如飴而弗膩，其氣清于蘭而不艷。一入口間，神觀如覺爽越，飄飄然欲御風而行。見于學士《甘露漿詩序》。又，八年十一月十八日，上詣圜丘，見森松極杪，露水凝枝，垂懸上下，有若明珠，蜜蜂交雜，採而啖之，甘如餳糖，見《御製甘露論》。嘉靖某年十一月冬至日，甘露降于承天園陵松樹，守臣貢之，以賜大學士夏言，疏謝有曰『蜜醇冰瑩，傾仙掌于雲中；委素流甘，結珠琲于林表。稽首以嘗，憶金莖之沆瀣；入口而化，疑玉杵之玄霜』云云。蓋天地之氣和，則爲雨。天氣下降，地氣不應，則爲露。露本天氣，故極其清也。五行之質具于地，而其氣則行于天。得之者其行木，則色青味酸而氣生；其行火，則色赤味苦而氣長；其行金，則色白味辛而氣收；其行水，則色黑味鹹而氣藏；土則流行于四時，而獨王于大夏，其色黄，其味甘，其氣冲和。故甘露得土行之精而味甘，大抵皆和氣之應，豐年之兆也。《瑞應圖》云：『色濃爲甘露。王者施德惠，則甘露降其草木。』《晉中興書》曰：『甘露降，耆老得敬，則松柏受之；尊賢容衆，則竹葦受之。』甘露者，仁澤也。一名天酒。有朱露、丹露、玄露、青露、黄露、白露之異者，即五行之異稟也。嘉靖三十五年乙卯十一月十六日，遊小小洞天，偶見甘露降于品嵓松竹葉上，摘而飲之，信如凝脂甘飴，生平塵穢肺腸，一旦洗净。因作詩曰：『仁澤聞天酒，何當此降祥。冬餐同沆瀣，瑞應獨松篁。綴葉珠生彩，霑衣玉有香。不須仙掌上，端勝飲瓊漿。』後二十二日，與諸友復遊品嵓，忽遇甘露從空而降。天無片雲，正午時也。蔣子久大駭異之，作詩贈余曰：『忽看海上丹丘瓮，獨洒山中翰墨房。樹樹冰珠如弄彩，紛紛芸葉盡凝香。秖宜詞客分甘飲，絶勝金莖屑玉嘗。況是此邦耆舊在，定知仁澤預呈祥。』《苕溪漁隱》嘗載：熙寧六年，建昌松上甘露，述華陰道人之言曰：『譬如人身，精液流通均布六七十年中，若其壽短促，則涌併于未死之前，此木蓋將槁故耳。』明春，松果不復榮。此妄言也。無知傖子復信其言，何哉？今甘露降于空中，視以十目，指以十手，非夜中松上所凝結者。況竹木初未嘗枯槁，則漁隱之言，不亦信乎其妄哉？

護霜天

天有雲則無霜，名護霜天。杜牧詩：『護霜雲破海天遥。』于鵠云：『護霜雲映月蒙朧。』晏叔原云：『幾點護霜雲影轉。』高迪云：『江雲薄護霜。』

茂州雪

嘉靖三十八九年，四川茂州六月初二日大雪，七月初三日又雪。餘姚魏體元隨陳副使洪濛在威茂道親見，故言之。又，四十年方禄在寧波，六月三日亦落雪，似黄色。小僕隨行亦目睹也。嘉靖二十一年，象山雨黄霧，行人口耳皆塞。

雷

雷，天地之義氣也。故春分而發，秋分而收。晝而作，夜而息。今則方春而震，隆冬而轟，無分于晝夜而霹靂。此殆之其所暴怒而辟焉者矣。甲子十一月十一日庚戌戌時，雷鳴閃電，夜分大霹靂，瓦屋皆震有聲，直至十二日辛亥寅時方止。連陰雨十餘日，忽大風大暖，人皆裸體，如春夏時令。又，十二月初一日己巳申、酉時，晴天雷鳴。是夜，大風适地。初二日飛雪。初三、初四日甚寒，雖晴明，雪凍不消。初五日復大雪。初七日有風甚寒。初八日丙子，狂風終日，翻屋拔木，飛沙走石，滿天地皆黄泥沙，塞遍門户不可開，几案堆積如塵，池沼浪湧，舟楫不行，人民恐懼。隆慶二年九月八日，大熱如夏，雷震。次日，忽作寒如冬，半夜雷電達旦。

雷擊人

王充有《雷虚》篇，以雷之擊人爲偶然，辯之甚詳。此或未盡天道之妙。天無妄災，雷無虚擊。今歷觀遠近，所擊死者雖未必皆元惡之人，而不善者實居多矣。王大父朝議公嘗言：正德間餘姚孫乙，以假銀去寧波買牛一頭。牛主持銀納官錢，人詰其僞造，悔恨無及，因自縊死。孫牽牛在途，忽遇霹靂擊死。昭昭之報，可不畏哉！嘉靖間，余東鄰雷擊湯琦。隆慶六年四月二十八日，雷擊西南里許王材。滿野初聞香煙，若神人經過者。湯殞于桑樹上，其妻在下；王死于麥田中，其兩兄在傍，皆不傷及。但後皆雷電三日，人以爲天檢屍也，是可異耳。雷本有神：嘉靖四十年，餘杭溪西李氏婦與陳氏女共盆洗綿，雷擊其婦，却將此女移開二三丈，若見有神提去者。婦家欲審其故，次日求巫召將，問有何罪。雷神降箕，書曰：『此婦初世爲僧，貪色耽酒；再世爲娼，謀客姓柳；三世爲人，不敬父母。』其夫復叩之曰：『今在我家却無罪也。』又大怒，書曰：『安得無罪？大秤小斗。』于是其夫大懼，即剖斗折秤，哀求悔過焉。城中有弟恃强，凌虐其兄。忽日雷震，皆見紅袍金冠人進其門。兄趨外避之，交肩狹衖，身若火炙。其弟避于卓下，及死，反僵立卓上。又，一子逆其母，乃反手自縛，跪于街心，咸見天神插一小白旗于頭上而擊死。又，八十老婦平生奉佛，持齋、誦經，亦擊爲肉泥。

雷擊屋樹

雷擊房屋、樹木，皆不祥之兆。徐二母舅，雷擊樓柱爲四，有使女坐于柱下，但覺昏瞑。家遂中衰。從兄廪生芝，雷擊小樓，不久夫婦物故。又，雷擊從兄迪功郎蕙家後園，大樹枯死，父子皆亡，絶嗣。隆慶五年六月二十五日午時，京師雷震三次，圜丘、廣利門鴟吻擊碎倒地。次年五月二十六日卯時，駕崩。

雷書

人言雷擊者，其背必有朱書。每每驗之，未見。但有青紫火焰傷，衣服亦焦煙氣，熏臭不可聞者。王大父古川公言：成化丁未七月二十五日申時，雷擊吴縣張家園梓樹，地上有字，其文曰：『子乃言。』三字横經五六寸，長二尺餘，畫如指大，入土寸深，雨洗不滅。此又不知何理也。

雷鍼

雷擊之下，入土二三尺必有物。如豆青色石，上圓而大，下細而尖如鍼，曰雷斧，可以入藥，兼能辟邪。余嘗見之。數年前，吾鄉雷擊死一人，僵立田中。其下掘得一鍼，亦如之。隆慶壬申夏，擊死王材時，腦後一穴，如彈丸大，從左腋而出。此目擊者。昔人云：『雷從地下奮起擊人。』則此物又安得從上入土也？

天鼓鳴

洪武元年八月六日之夜，京師天鳴，因大赦。嘉靖四十四年十二月二十八日未申時，天鼓震西北。俗云乾雷響。次年丙寅正月八九日，夜半雷鳴。或云天鼓震。隆慶元年十二月七日，甘肅西寧衛奏：天鼓聲從西南上鳴，往東北方去。又，二年三月五日，懷慶府東北方，天鼓鳴三聲。又，三月，直隸新城縣空中迅響三次，其聲如雷。二聖廟前天鼓鳴三次，南面六十餘步，天下火光一塊，陷地一尺，跑出黑石一塊，如碗大。許家莊亦落一星，天鼓鳴三次，如火光落地，陷一孔，如拳大，出黑石一塊，重二斤十四兩。五年十一月十二日，天鼓鳴二聲，人謂之天爆。諺云：『天砲雉雞叫，有米没人要。』果然夏米反賤也。

雹

隆慶二年五月，自京師、延綏、河東、河南皆冰雹，火光頻見。宣府都御史王遴奏：馬韋堡大雨雹，長四十里，高二尺。連年虜犯西北，破石州、永平，京師大震。黄台吉寇莊浪、靖虜。又，三月二十四日未時，遵化冰雹如雞子。又，四月五日，萬全等處白晝晦冥，雨雹擁至，牛羊擊殞。六年二月十日，吾鄉晴天忽大雨雹。四月，又大雹，人見黑霧中一物，蜿蜒大可合抱，黑形兩目，閃電冰雹隨之，屋瓦震舞。次日，竹林鳥雀擊死千萬，自西北直去東南，一路横過吾鄉十五里。此龍雹也。《左傳》曰：『冬之愆陽，夏之伏陰。』《五行傳》：『陰脅陽也。』

風變

隆慶二年戊辰正月元旦，大風走石飛沙，天地昏黑。錢塘湖市新馬頭官船火起，沿燒民居二千餘家，官民船舫焚者三四百隻，死者四十餘人。至初八、九日，民間訛言朝廷點選綉女，自湖州而來，人家女子七八歲已上，二十歲已下，無不婚嫁。不及擇配，東送西迎，街市接踵，勢如抄奪。甚則畏官府禁之，黑夜潛行，惟恐失曉。歌笑哭泣之聲，喧嚷達旦，千里鼎沸，無問大小、長幼、美惡、貧富，以出門得偶即爲大幸。雖山谷村落之僻，士夫詩禮之家，亦皆不免。時遇一大將官抵北關，放砲三聲，民間愈慌，驚走曰：『朝使太監至矣！』倉忙激變，幾至于亂。至十三日，上司出榜嚴禁，尤不能止，真人間之大變也。未幾而知其僞，悔恨嗟嘆之聲，則又盈于室家，然亦無及矣。愚民無知摇惑，此甚可笑也。此風直播于江西、閩、廣，極于邊海而止，又何其遠也！一富家偶雇一錫工在家造鑞器。至夜半，有女不得其配，又不敢出門擇人，乃呼錫工曰：『急起，急起！可成親也。』錫工睡夢中茫然無知，及起而摹搓兩眼，則堂前燈燭輝煌，主翁之女已艷粧待聘矣，大出不意。又，一家相約一人，黑夜送女往，則巷門鎖栅未啓，情甚極矣。門内一賣豆腐者，曉起磨豆，見之，偶無妻室，固不肯啓鑰，强要而成親。女父懼天明，又見其人少年，嘆曰：『亦得，亦得。』即以女與之。又，一人約一壻家，及送女往，則又一家送女先入門，正結花燭矣。後去者爭之，皆曰：『奈何，奈何！』女父既極，曰：『吾女亦當送君爲副室也。』于是三人同拜，遂得二妻焉。又訛言并選寡婦伴送入京。于是孀居老少之婦，亦皆從人。一民家母女二人，嫁一家父子二人，正相得也。又，一婦守制二十年，幾四十五六，誓不再適。有女亦二十餘，未嫁，至此不得已，母東女西，各從其人，哭别而去。此又大好笑事也。時童謡曰：『正月朔起亂頭風，大小女兒嫁老公。』又有人爲詩曰：『大男小女不須愁，富貴貧窮錯對頭。堪笑一班貞節婦，也隨飛詔去風流。』因憶大元後至正丁丑六月，民間謠言，朝廷將采童男女以授韃靼爲奴婢，且俾父母護送抵直北交割。故自中原至江南，人皆男女年十二三已上，便爲婚嫁。六禮既無，片言即合。其始終皇迫之勢，陶九成紀之，與今吻合。時吴僧子庭有詩戲之曰：『一封丹詔未爲真，三杯淡酒便成親。夜來明月樓頭望，惟有姮娥不嫁人。』又有人集古句云：『翡翠屏風燭影深，良宵一刻值千金。共君今夜不須睡，明日池塘是緑陰。』余則改之曰：『白日荒張夜又深，只消一刻换千金。大家今夜不得睡，明日池塘遍緑陰。』蓋巽爲風，命令之象，又爲少女。風自火出，故元旦先火〔二〕，而災及家人。傳曰：『四氣皆亂，故風。』又曰：『衆逆同志，至德乃潛，厥異風。』

天算帳

嘉靖二年，溧陽一富翁家忽失其帳簿。尋至簷溜下大雨水中，取而視之，紙復不濕。凡得利于前而名猶存者，悉皆消除，亦天理也。

校勘記

〔一〕大戴禮句　《大戴禮記》卷五曰：『陽氣勝則散爲雨露，陰氣勝則凝爲霜雪。』

〔二〕先火　疑『先』爲『失』字之誤寫。

留青日札卷之十

地羅

天地之間，南北之正，當用子午正針。惟江南地偏，不可用子午之正，故用壬丙縫針。此即洛陽天地之中，故測日景必正，在外縣即少偏之意。

三天子都

徽州古有三天子都，又有三天子障山。唐永徽間，睦州女子陳碩真反，自稱文佳皇帝。其地相傳有天子基。後清溪堨村民方臘居此，亦作亂，自號聖公，建元永樂。

羅平國

唐咸通元年，浙東賊裘甫稱天下都知兵馬使，改元羅平，鑄印曰天平。蓋咸通末，吴越間訛言山中有大鳥，四目三足，聲云：『羅平天册，見者有殃。』民間多畫像祀之。後董昌僭稱帝曰：『此吾之鸑鷟也。』乃稱大越羅平國，建元天册，印曰『順天治國之印』，榜南門曰『天册樓』，令羣下謂己曰聖人。又，元大德元年，平陽陳空崖同嫂蘇錦娘反，又建羅平旗號。

八索

《左傳》：『九丘，八索。』《淮南子》曰：『九丘，九州也；八索，八澤也。』按丘，又高也，今任丘之類；索，又羇縻也，今夷索之類。

倭國

吴自泰伯至夫差二十五世。勾踐滅吴，其子孫支庶入海爲倭。故《通鑑前編》注云：『今日本國，吴泰伯之後。』余以爲倭夷種類甚夥，豈果泰伯之後也？今又曰徐倭，以爲徐福之後，似亦茫然其説矣。

文身

文身，見《汲冢周書》。蓋《周官》有墨刑，罰五百，故曰刀墨皂巾之民，後世謂之曰黥。古稱勾吴乃文身之地，亦同雕題、繡面之俗。《吴太伯世家》：『文身斷髮。』注：『以象龍子。』吴王夫差曰：『我文身，不足以責禮。』《後漢書·南蠻傳》『雕題』注：『題，額也。雕之，謂刻其肌以丹青涅也。』又云哀牢夷『皆刻畫其身，象龍文，衣著尾』。見《風俗通》。《唐書》：疏勒人

『文身碧瞳』，即碧眼胡雛也。今雲南之羅鬼夷亦文面。又可見文身之俗，不止于勾吴也。余始祖聞氏于元末居方山東夾塘灣，養少年亡賴三千人爲兵，保障鄉土。內家丁健兒五百餘口，悉刺爲花拳繡腿，以龍鳳蛇蟲别其貴賤之分。太祖夷滅之，皆充花拳繡腿軍。已載之田氏本支譜中。余幼時，猶及見會城住房客名孫禄者，父子兄弟各于兩臂、背、足刺爲花卉、葫蘆、鳥獸之形。因國法甚禁，皆在隱處，不令人見。余命解衣，歷歷按之，亦有五彩填者，分明可玩。及詢其故，乃云：『業下海爲鮮者，必須黥體，然後能辟蛟龍、黥鯢之害也。』方知揃髮文身，古亦有自。

防風氏國

夏禹僇防風氏，身横九畝，骨節專車。今湖州乃防風之國，武康縣有封山、禺山，及防風氏廟，而會稽有刑塘，乃云殺防風之處。未知孰是。《齊世家》：『長翟來。』《穀梁》曰：『身横九畝，斷其首而載之，眉見于軾。』又，魯文公十一年冬十月甲午，叔孫得臣敗狄于鹹。《公羊傳》：『長狄也。』兄弟三人，一之齊，榮如；一之魯，僑如；一之晉，焚如，大害中國，瓦石不能害。得臣射其目，殺之，獲長翟僑如，埋其首于子駒之門，以命宣伯。注：『叔孫得臣子埋僑如，使後世旌功。』長翟，《史記》『鄋瞞國』。孔子，人稱長人，長九尺六寸。又，大人、汪罔、長翟、防風，蓋即一種人也。『身横九畝』云是六九五丈四尺，或有理。《周語》曰：『人之長極幾何？』仲尼曰：『長者不過十丈，數之極也。』《洪範五行傳》：『長翟之人長五丈餘。』嘉靖間，杭菜市橋民家被回禄，掘地得骷髏一枚，如斗大，骨節一枝，長五尺。

東坑

《甘泉賦》：『陳衆車于東坑。』《辨亡論》：『陸公偏師三萬，北據東坑，深溝高壘。』注：『東坑，東海也。』《説文》：『阬，閬也，虚壍也。』

崇山

沈佺期詩：『朝發崇山下，暮坐越常陰。西從山谷變，北上竹谿深。竹谿道明水，杉谷古崇岑。』序云：『按《九真圖》，崇山越裳四十里。杉谷古崇山，竹谿從道明國來，于崇山北二十五里合。水欹缺，藤竹明昧，有三十峰夾水，直上千餘仞，諸仙窟宅在焉。』我太祖高皇帝《送雲南僧崇證入崇山詩》：『涉入崇山路杳冥，心悽神愴足難行。雲凝樹没千嵓合，雪積橋過百里平。杖錫欲棲烟寺没，倚崖穩憩草房寧。後身必以身先造，素福還應福愈盈。』詩十八首，前有序，後有記，命中書舍人揭樞書之，洪武十七年二月在筇竹寺中。今以崇山爲在湖廣慈利縣者，誤也。

黑齒　漆齒

黑齒，東夷；漆齒，西夷。《戰國策》：『黑齒、雕題，大吴之國也。』《後漢書》：『東海中有黑齒國，使驛所傳，極于此矣。』又《吴都賦》：『儋耳黑齒之酋。』注曰：『西屠以草染齒，染白作黑。』不知有何美也。《周書》伊尹爲四方獻令，曰：『正西，昆侖狗國、鬼親、枳巳、闟耳、貫胸、雕題、離丘、漆齒。』唐稱三種夷，見人以漆及鏤金銀飾齒，寢食則去之。此又異也。今芒市長官司之俗，多以酸石榴皮，以藥染成黑齒。初無金銀鏤飾脱去之理。然中國人有生而齒黑者。人但知雲南之有金齒，而不知又有所謂銀齒。見《唐書》。金齒夷，漢謂永昌徼外之夷，即今生甸，大伯夷種也。非今金齒衛之地。齒居晉而黄，則晉人當名黄齒。

金鄰

金鄰，一作金潾。夫南國之外二千餘里，有金鄰國，土地出銀，人衆好獵。漢《文選》曰：『金鄰象郡之渠。』《唐書·宦者傳》：『真臘、金鄰等國。』張籍《蠻中詩》：『銅柱南邊毒草春，行人幾日到金鱗。玉環穿耳誰家女，自抱琵琶迎海神。』銅柱，不獨馬援，吴黄武二年程普、關羽分界鑄銅柱爲誓，在衡山縣西北一百二十里。又，五代晉與楚王馬希範立銅柱爲界，學士李皋銘，在辰州西北一百十里會溪對。又，涪陵江口，名銅柱灘也。

罨畫溪

罨畫溪，在湖州長興西八里。罨畫者，畫家雜彩色也。罨，罘也，所以取魚，亦鳥網。《蜀都賦》：『罨翡翠。』今名遊絲繒。又在合韻。《説文》：『空也，網從上掩之也。』鄭嵎《津陽門詩》：『象牀塵凝罨颯被，畫簷蟲網玻瓈碑。』張泌詩：『罨岸春濤打船尾。』足以互發罨字之義。溪上藤木翳覆，花竹掩映，舊有罨畫亭。鄭谷詩：『顧渚山邊郡，溪將罨畫通。』又，成都崇慶州有罨畫池，趙抃有詩。

兩陽關

《史記·齊世家》：『魯伐我，入陽關。』徐廣曰：『在鉅平。』《括地志》：『兗州博平縣南二十九里，西臨汶水。』唐陽關在安西。詩：『西出陽關無故人。』是東西兩陽關也。

石留地

石田，《左傳》：『辟諸石田，無所用之。』又有石留地。《戰國策》：『段規謂韓王曰：「分地必取成皋。」韓王曰：「成皋，石留之地，無所用之也。」』注：『喻土地多石，猶人物之有留結也。』一曰壤漱而石也，或作溜。《三都賦》：『林藪石留而蕪穢。』

散花灘

散花灘，在西湖北東馬塍邊溜水閘下是也。張伯雨《馬塍新居》詩：『浮家泊宅意何如？玉室金堂計未疎。歸錦橋邊停舫子，散花灘上作樓居。澹然到處自鑿井，玄晏閉門方著書。但得草堂貲便足，人間何地不樵漁。』歸錦橋，即今賣魚橋。僧澹然詩：『到處自鑿井，不能飲常流。』蓋用此也。

鸞鳥縣

鸞鳥縣，即鸖雀樓。凉州有鸞鳥縣。漢馬賢追先零到鸞鳥，注『音鸖雀』是也。又，河中有鸖雀樓。司馬禮詩：『鸖雀飛何處？城隅草自春。』李益詩：『鸖雀樓西百尺檣，汀洲雲樹共茫茫。』張喬詩『高樓懷古動悲歌，鸖雀今無野雀過』是也。

石紐村

禹穴在成都，前已載之。《世紀》：『禹生石紐邑。』《後漢·戴叔鸞傳》：『禹生西羌。』《水經注》：『蜀廣柔縣，今石鼓山。』又大業山，有采藥亭。《元和志》：『地名刳兒畔。』《華陽國志》：『夷人營其地，方百里不敢居牧。有過，逃其野中，不敢追。云畏禹之神，能藏三年，爲人所得，則共原之，云禹神靈祐之也。』六月六日生，今以是日祭祀。

三弱水

東海中有弱水，不勝鴻毛，至則必溺，故名。又，西海中亦有弱水。西海，今西寧衛西三百里，弱水在甘州之西，秦乞伏熾磐討吐谷渾覓地于弱水南，大破之。覓地降，署爲弱水護軍。又，道經：廣野山，北海弱水中。

鳥鼠牛蛇山

蔡氏沈不取書傳鳥鼠同穴之事。杜子美詩：『水落魚龍夜，山空鳥鼠秋。』今《甘肅志》：『凉州有鼠，名兀兒；有鳥，名本周兒。』即同穴而處者也。然在《爾雅》，鼠曰鼵，鳥曰鵌。又，廣西潯州桂平縣，有牛蛇山。名犆牛，與蛇同穴。牛嗜鹽，里人以皮裹手塗鹽，入穴探之，其角如玉，取以爲器。予在潯州而親見之。天下事往往相類如此，不可以拘儒臆見，而不信之也。

莫愁村

古樂府有《莫愁樂》、《石城樂》。《唐書・樂志》曰：『石城有女子名莫愁，善歌謡。』《石城樂》第二歌云：『陽春百花生，摘插環髻前。捥指蹋忘愁，相與及盛年。』《莫愁樂》云：『莫愁在何處？莫愁石城西。艇子打兩槳，催送莫愁來。』尚未詳也。莫愁，盧家女子，善歌唱，嘗入楚宮。李商隱詩『如何四紀爲天子，不及盧家有莫愁』是也。莫愁村，今在承天府漢江西，石城在州西北，晉羊祜所建。鄭谷詩：『石城昔爲莫愁鄉，莫愁魂散石城荒。江人依舊棹舴艋，江岸還飛雙鴛鴦。』王橫詩：『村近莫愁連竹塢，人歌楚些下蘋州。』又沈佺期詩：『盧家少婦鬱金堂。』即此。

木蘭山

木蘭乃朱氏女子，代父從征。其詞有『可汗』之語，蓋非晉即隋唐也。今黄州梁安縣，即隋木蘭縣，有木蘭山，在黄陂縣北七十里，上有將軍冢、忠烈廟焉，足以補《樂府解題》之缺也。

舜井

瞽叟、繼母及象蓋都君之井，在今襄陽均州土陂窑子鋪，即舜耕處，有康山、碎米山。田中石蓋井即舜所浚者。修真觀左一穴，云即從空旁出處。皆好事者傅會之説也。宋真宗祀汾陰，賜河中府舜井名曰『廣孝泉』、『舜泉坊』，御製贊以記之。

三水府

今俗稱水府三官者，起于僞唐保大中。上水府馬當，中水府采石，下水府金山，皆有王號。宋因之加封爵祭告。

漢壽亭

太常寺卿黄芳奏：南京欽天山十廟内漢前將軍壽亭侯之神，姓關名羽，五月十三日致祭。臣考之前少詹事程敏政言：漢壽，縣名，在犍爲，史稱費禕遇害于漢壽。唐詩亦曰：『漢壽城邊野草春。』是漢壽者，封邑，亭侯者，爵也。今《大明會典》亦只稱壽亭侯，去漢而以壽亭爲封邑，誤矣。嘉靖十年八月，家大夫在禮部覆議云，按《漢書》建安四年，先主劉備使司馬關羽行徐州太守事。五年曹操東伐擒羽歸，袁紹遣其將顏良攻東郡，羽獨刺良于萬衆之中。操表羽爲漢壽亭侯。《三國》紀《勸進表》：『漢壽亭侯關羽、新亭侯張飛。』觀此則亭侯爲封爵之通稱，而漢壽爲封邑無疑。蓋漢壽在犍爲郡，即今之叙州府也。後世訛以漢爲國號，而以壽亭爲封邑，《會典》未之釐正也。予按《禹貢》『潛水』注：水出岷山之西，東流過漢壽，南流有高山，上合下開，水經其中，曰沬水。又，複水，從漢中沔陽縣南流至梓橦漢壽縣，入穴中。《山海經》可考，而《一統志》皆失載。

半州

《吴書》：『甘寧將兵，遂徙屯于半州。』《吴志》：『潘璋領百校屯半州。』又，《朱績傳》：『留置半州。』《孫慮傳》：『開府治半州。』

市井

《後漢·循吏傳》：『白首不入市井。』注：《春秋井田記》曰，井田之義有五：一曰無泄天時，地氣，二曰無費一家，三曰同風俗，四曰合巧拙，五曰通財貨。因井爲市，交易而退，故稱市井也。而《風俗通》乃曰：『市井者，言人至市有鬻賣者，當于井上洗濯，令香潔，然後到市。』此説非也。古者井田，因井爲市。顔師古曰：『市，交易之處；井，共汲之所。』亦未明。蓋言市中之道，四達如井，因井路輳集之便，以相交易，故曰市井。或曰，在國曰市，在野曰井。

南渡杭州

宋之南渡，駐驆杭州。王阮言曰：『今東南王氣鍾在建鄴，長江千里，控扼所會，棄而弗顧，退守幽深之地，若將終身焉。如是而曰謀國，果得爲善謀乎！且夫戰者，以地爲本。湖山迴環，孰與乎龍盤虎踞之雄？胥潮奔猛，孰與乎長江之險？今議者徒習吴越之僻固，而不知秣陵之通達。是猶富人之財，不布于通都大邑，而匣金以守之，愚恐半夜之或失也。』及後，迂儒謬爲形勝之説，曰：『斷牛首之山，則天下無完兵；决西湖之水，則滿城皆魚鱉。』真可笑也！又其後創爲留後門之説。劉豫、金虜入寇，高宗親禦之，趙鼎因喻樗留後門之策，乃起張浚爲閩浙江淮宣撫，預備退保之地。夫國君死社稷，若留後門，則自天子而下，諸侯大夫皆欲留後門矣，孰肯死乎？恐非社稷爲重、君爲輕之義也。

大玄城

蜀土惡，成都城歲壞。高駢易以磚甓，陴堞完新，負城丘陵悉墾平之，以便農桑。訖工，筮之，得《大畜》。駢曰：『畜者，養也。濟以剛健，輝光日新，吉孰大焉！文宜去下存上。』因名大玄城。見《唐書》。俗本訛作太玄城。《一統志》古蹟亦失載之。

絶江

《吕覽》曰：『絶江者，託于船；致遠者，託于驥；霸王者，託于賢。』絶江者，横渡江也，猶云絶流也。《漢·李廣傳》：『南絶幕。』師古曰：『絶，渡也。』

土脉不同

田地有横土，有立土。西北方横土，可以穴居，以其不崩也。立土不可種禾。江南又有斜土，或近山海之故，亦不可種，水不滀也。

山飛

自古山崩、山鳴，而山移之變甚少。惟晉惠帝元康四年夏五月，蜀郡山移。正統十四年，紹興府山移于平地。又地動白毛生。陝西山移有聲，叫三日，移去數里。嘉靖二十六年七月二十四日，陝西西安府同州澄城縣麻林陂界頭山未時吼起，聲如風雷，晝夜響，至二十七日子時，山嶺高一百餘丈，腰約七十餘丈，劈裂一半而下，東西移走三里，南北五里。東有土嶺，深澗淤塞漫平。又，隆慶四年八月三日，湖州山崩成川。

江枯

嘉靖丁未，自夏至冬，浙江潮汐不至，水源乾涸，中流可泳而渡。夫江面十八里，而今一線之水，災異甚矣！

涌川

《吴都賦》錢塘縣，武陵龍川出其坰，故曰涌川。

浦陀洛迦山

浦陀洛迦山，在定海縣東海中，約一潮可到。一名梅岑山。或謂梅福煉丹于此，因名。有善才嵓、潮音洞，世稱觀音大士化現之地。僧德詔甃石橋，宋寧宗題曰『大士橋』。佛書所稱『海嵓孤絶處』是也。居民以爲甚著靈應。唐大中間建寶陀寺，嘉靖二十七年海寇焚掠，占爲營窟，三十六年提督胡公建議遷于招寶山。可謂趕得没脚走矣，何况愚民不逃避乎？可笑之甚〔一〕！招寶山，舊名候濤，定海縣東北二里，後以諸番入貢停泊，改名招寶山。惟嵊縣清風祠藏倭寇四百餘人，官兵圍，燒殿宇不燃，當門弓弩雨注，而烈婦神像無一鏃犯及，遂乃束手就僇，如有神助者。此則王氏正氣之靈也，與觀世音菩薩邪正感應相去萬萬矣〔二〕！

四海

東海、南海易窮。漢使東道極于黑齒國，南道極于烏弋山離國，此亦當是西南也。烏弋山離去長安萬二千二百里，行可百餘日，乃至條支國，臨西海。又，乘水西行，可百餘日，近日所入云。于闐水西流，注西海。其東水東流，注鹽澤，河源出焉。康居去長安萬二千三百里，其西北可二千里，有奄蔡國，臨大澤，無崖，蓋北海云。《禹貢》：『東漸于海，西被于流沙。』此則天地之極際也。班固賦：『西盪河源，東澹海漘，北動幽崖，南趯朱垠。』九夷、八狄、七戎、六蠻，謂之四海。觚竹、北户、西王母、日下，謂之四荒。東泰遠，西邠國，南濮鉛，北祝栗，謂之四極。

佛氏四海

有漏苦海願超越，無爲樂海願常遊，觀在福海願恒盈，當來智海願圓滿。

築城開河

秦使蒙恬築長城而秦亡，隋使麻叔謀開汴堤而隋滅，元使賈魯治黄河而元亂。故曰天下瞀瞀，新主之資也，然其利則及于後世矣。

惡樵

《玄中記》：『天下之强者，東海之惡樵，水灌而不已。』惡樵，即沃焦也。

方徼

方者，面也，一方之面也。故今之方伯，曰方面官。徼者，繞也，所以繞逆蠻夷，使不得侵入中國。張揖曰：『以木石水爲界，南方赤徼、炎徼。』《漢書》遼東之外，亦曰徼。

術

術，車道也。《説文》：『邑中道也。』《月令》：『孟春，端徑術。』《孟子》『仁術』，猶言義路也。又言『教亦多術』，亦此義，非機巧技藝之術。

行國寄田

《漢書》：西夜國『類羌、氐行國。』『大月氏，本行國。』師古曰：『言不土著也。』行國，甚奇。鄯善，地沙鹵，少田，寄田仰穀旁國。又依耐國，少穀，寄田。師古曰：『寄于他國種田也。』行國，可對寄田，又甚奇。

五尺道

《漢書·西南夷傳》：『秦時嘗破，畧通五尺道。』師古曰：『道纔廣五尺。』可配五丈原、七盤山、九折坂、三丈陂、五成陌。

靈鷲山

靈鷲山，彼云耆闍崛山。耆闍，鷲也；崛，嵓也。又云小孤山，王舍國，見《史記》。故錢塘飛來峯曰靈鷲。《漢·李廣傳》注，師古曰：『鵰，大鷙鳥也。一名鷲，黑色，翮可以爲箭羽。』

交阯

《後漢書·南蠻傳》：『交阯，其俗男女同川而浴，故曰交阯。』非是。蓋其國人之足，大指交，故名。若云同川而浴，則今兩廣男女皆然，何獨交阯？

窮髮不毛

地以草木爲毛髮。北方寒極，草木不生，故號窮髮。《莊子》『窮髮之北』，《列子》『終髮北之化』是也。諸葛孔明曰：『深入不毛。』則南方亦可稱窮髮矣。

毛人

毛人國，在日本東三千餘里，身面俱生毛，約半寸許，其狀如猪。今中國人往往有手足長毛，甚黑如猪者，亦有白毛如羊者。蓋皆天地戾氣所鍾，故産此異相。而俗人不知，乃曰禽獸輪迴所生。則毛人國豈皆輪迴所聚者邪？太平五年，餘杭民婦産子，青毛，二肉角。

魚米桂樵之地

田澄，唐人，蜀城詩：『地富魚爲米，山芳桂是樵。』余以爲上句可用之湖廣，下句可用之桂林。蓋襄陽真魚米之地，而静江則彌山遍谷皆桂樹也。

梅花水　桃花石

南京鍾山泉，滴水皆成梅花。定海東北桃州山，昔傳安期生以醉墨灑于石上，遂成桃花，今名桃花石也。

校勘記

〔一〕『可謂趕得没脚走矣……可笑之甚』原無，據萬曆甲申刻本補。

〔二〕『與觀世音……萬萬矣』原無，據甲申年刻本補。

留青日札卷之十一

田

田，土也，地也，陳也，填也。土已耕曰田，五稼填滿其中也。又，四歲爲田。菑，一歲田；又，不耕田。畬，二歲田；又，火種田。新，三歲田，又，柔田，𤳙，和田。又，不耕燒種田曰𤳹。畈，平田。𤳱，城下田。𤲬，水田。畕，北田。畸、𤳯，殘田。畾，田間。畔，田界。𤳳，田隴。𤱟，田中穴。𤳉，塍也。𤰮，陌也，境也。𤲮，壟土。町，田踐處，區畔埒。畓，墾田，畇。畊、畎，隴中深尺廣尺也，耕田。横，東西耕；由，南北耕。𤰷，耕外地。汙邪，下地田。畘，田多。畎，隴中深尺廣尺也，六畎爲一畝。畝，《司馬法》：『六尺爲步，百步爲畝。』譙周云：『步以人足爲數。』《王制》：『古者八尺爲步。』今以周尺六尺四寸。秦孝公制：二百四十步爲畝。《禮記》：『一畝之宫。』疏：『徑一步、長百步爲畝，折而方之，東西南北各十步，爲宅牆，方六尺。』程子曰：『古百畝止當今之四十一畝，今百畝，當古之二百五十畝。』畹，《楚詞》：『滋蘭之九畹。』田三十畝曰畹。九畹共二百七十畝。秦孝公則以三十步爲畹。王逸云：『畹，十二畝。』雙，田五畝曰一雙。黄金華詩：『招客先開四十雙。』按官給田四十雙，乃二百畝。陶九成則曰：『四角爲雙。』約四畝。畦，五十畝。《禮》：『圭田五十畝。』頤，百畝爲頃。埤，亦百畝。井，井田九百畝。畛，井田開陌，十夫之道也，溝上涂也。十夫有溝，溝上有畛。丘，十六井，坵，區分域也。疇，並畔也。一井爲疇；九疇，九井也。又，耕治之田。又，穀田曰田，麻田曰疇。甸，六十四井。里，方里而井，井九百畝。《王制》疏：步百爲畝。是長一百步，闊一步。畝百爲夫，是一頃也，長闊一百步。所謂一夫一婦佃田百畝也，佃，治土也。夫三爲屋，是三頃也。屋三爲井，闊三百步，長三百步，是九百畝，長闊一里也。若夫路程則六尺爲步，三百步爲里。又，方一里計十二萬九千六百步也。或曰：三百六十步爲一里。若夫居止，則五家爲鄰，五鄰爲里。或曰：五家爲軌，十軌爲里。成，田方十里曰成。阡，田間南北道；陌，田間東西道。《漢元帝紀》：『出入阡陌。』又，《志》：『商君壞井田，開阡陌。』《陳勝傳贊》疏：『定行伍，俛仰阡陌。』《食貨志》：『亡農夫之苦，有仟佰之得。』注：『千錢曰仟，百錢曰佰。』《文字音義》：『仟謂千人之長，佰謂百人之長。』《韻會》云：『仟佰，通作阡陌。』

輿地圖

輿地圖，見《淮南王傳》及《後漢・光武本紀》。《易》：『坤爲輿。』是即坤象厚德載物之義。而蘇林『盡載』之注，亦本諸此，亦猶天形如倚蓋，張衡作《蓋天圖》云。洪武十八年三月，上覽輿地圖，侍臣有言：『今天下一統，海外蠻夷無不向化，輿圖之廣，誠古所未有。』上曰：

『地廣，則教化難周；人衆，則撫摩難遍。此正當戒慎。天命人心，惟德是視。紂以天下而亡，湯以七十里而興。所繫在德，豈在地之大小哉？』大哉王言！真創業守成之龜鑑也！我朝輿地之廣，縱一萬九百里，横一萬一千七百五十里，此寰宇通衢，四至延袤之數。若夫國初之東北若三衛，西南若交趾、蠻夷之道，則不止此矣。余嘗應聘纂修《浙江通志》，因檢舊志，欲倣《十郡志》例。隋大業初，内史舍人竇威、崔祖濬、贊治侯偉等，撰《區宇圖志》一部五百餘卷；又著《丹陽郡風俗》，乃以吴人爲東夷。帝不悦，遣柳達宣敕責之，謂無次序，各賜杖。即日復遣秘書學士十八人，修《十郡志》，内史侍郎虞世基總檢，及奏，帝曰：『學士修書頗得人意，各賜帛二十段。』共成一千二百卷。卷頭有圖，叙山川，則卷首有山水圖；叙郡國，則卷首有郭邑圖；叙城隍，則卷首有公舘圖。其圖上山川、城邑，題字極細，並用歐陽肅書。若我朝《一統志》，其中考據不精，體式未備，甚有重複可厭者，須重修之可也。後《通志》成，不能盡如吾意，亦非佳製也，後必有改正者。

三京　三都　三天

洪武元年八月，詔以大梁爲北京，金陵爲南京。既立南京大業，有司次第舉行北京之事。三年，以臨濠府乃興龍之地，改爲中立府，定爲中都。築新城于府西二十里，有萬歲山。皇城、宫殿、宗廟、省臺皆備。後上謂羣臣曰：『大梁四面受敵，非建都之地。且人民凋敝，不可重勞興築，罷之。』而劉伯温言于上曰：『臨濠雖帝鄉，然非建都之地。』七年十月，改中立府爲鳳陽府，治于新城，以舊會同舘爲之。因在鳳皇山之陽，故名鳳陽府也。太祖嘗御謹身殿，問廷臣曰：『北平建都可以控制胡虜，而運掉東南，比今南京何如？』翰林修撰鮑頻對曰：『胡主起自沙漠，立國在燕，今已百年，地氣天運已盡，不可因也。今南京，興王之地，宫闕已完，不可改圖。傳曰：「在德不在險也。」』于是中止。頻，歙人。又，御史胡子祺請遷都關中，以漕運艱難，不報。及永樂以燕王龍興于北平，後定鼎，遂改爲北京。宫殿成，仍稱行在。正統辛酉，始定北京，革行在之稱。我皇上由興府入承大統，乃陞安陸州爲承天府，仍曰興都。而南京曰應天府，北京曰順天府，可謂之三京、三都、三天矣。太祖建都金陵，啟于尚書陶安、和尚金碧峰。成祖建都金臺，啟于尚書李至剛、和尚姚廣孝。弘治四年十月，興王奏稱：『臣聞衛輝府地形瘠窪，遞年黄河溢，乞照崇吉等王更改所封地方。乞將湖廣安陸州撥賜與臣，況本州舊有梁王等王府基，易爲改造。』孝宗聖旨：『安陸州既會議相應地方，准奏遷徙也。』今獻陵之南五泉野，古名天子墓，今呼天子岡，史無所考。我朝初封郢王于安陸，及府而薨，乃應今兆也。

大明京師臨濠先讖

元世祖問劉太保曰：『今之定都惟上都、大都耳，何處最佳？』劉曰：『上都，國祚短，民風淳；大都，國祚長，民風淫。』遂定都燕之計。上都，元開平，今遼東口外；大都，元大興府，即今順天府大興縣地也。萬年國祚之長卜矣。今京師禁中之瓊花島，梳粧臺，皆金之故物也。臺今訛爲蕭太后梳粧樓，本金燕山故都城之東北隅，入元改爲萬歲山，今在禁中西南方。章宗建臺，與李妃登焉。得句云：『二人土上坐。』妃即對曰：『一月日邊明。』時皆以讐妙誇之。殊不知今爲大明建都之地，此其先兆也。元主嘗召術士，問以國祚。對曰：『國家千秋萬歲，不必深慮。除日月並行，乃可憂耳。』乃『明』字隱語也。皆大明之讖云。周世宗顯德中至淮南，嘗言荆、塗二山爲濠州朝岡，有王者氣。後三百年，而我太祖實應其瑞。可見天時、地利、人心，皆非偶然也。

吴越地

秦始皇二十五年，以吴越地爲會稽郡，治吴。漢封劉賈爲荆王，賈爲英布所殺。又，以劉濞爲吴王。景帝四年，濞反，誅。乃復爲郡，治吴。武帝元鼎五年，除東越，因以其地爲治，并屬于會稽，而立東部都尉，後徙章安。成帝陽朔元年，又徙，治鄞。或有寇害，復徙勾章。順帝永建四年，劉聖博府君上書，浙江之北以爲吴郡，會稽還治山陰。自永建四年己巳至吴之太平三年丁丑，積百二十九歲。見《會稽典録》朱育云。

語兒

《越絶書》：『柴辟亭到語兒就李，吴侵以爲戰地。』又云：『語兒鄉，故越界，名曰就李，吴疆越地，以爲戰地。』至于柴辟亭又云女陽亭者，句踐入官于吴，夫人從，道産女此亭，養于就李鄉。句踐勝吴，更名女陽，更就李爲語兒鄉。《水經注》云：『東逕禦而鄉。』萬善歷曰：『吴黄武六年正月，獲彭綺。是歲，由拳西鄉有産而隨便能語，云：「天明河欲清，脚折金乃生。」是因詔爲語兒鄉。』非也。《國語》曰：『句踐之地，北至禦兒。』常昭曰『越北鄙，在嘉興』是也。今《嘉興志》，語溪在崇德東南，一名語兒中涇，又名沙渚塘，爲吴棲兵之地。又，錢塘有女兒橋，亦此。《前漢書》：『封樣終古爲語兒侯。』孟康曰：『越中地名。』《後漢書·南粤傳》〔一〕：『東粵使狗北將軍守武林，樓船軍卒錢塘樣終古斬狗北將軍，爲語兒侯。』師古曰：『錢塘，會稽縣。樣，音袁。』孟康曰：『語兒，越中地，今吴南亭是也。』師古曰：『語，或作䥫，或作籞，音同。』《侯鯖録》：『語兒梨，果實之珍，因其地名也。』又《元史》載：『征交趾，東道由女兒關進。』

錢塘湖

《晉·陳訓傳》：『時錢塘湖開，或言天下當太平，青蓋入洛。時皓以問訓，訓曰：「臣止能望氣，不能達湖之開塞。」退而告其友曰：「青蓋入洛，將有輿櫬銜璧之事，非吉祥也。」尋而吴亡。』吴赤烏十二年，寶鼎出臨平湖。天璽元年，臨平湖自漢末淤塞，一夕忽開。元興二年，錢塘臨平湖水赤。陳後主末年，臨平草久塞，忽然自通。

西湖　温泉　醴泉　新婦磯　青龍港　雙投橋

西湖今但知有冷泉，而不知有温泉、醴泉，在冷泉之上。見《武林舊事》。今不可考矣，惜哉！胥好事者問津。新婦磯，楊廉夫《西湖竹枝詞》：『家住西湖新婦磯。』又，《石新婦》：『石新婦下水連空，飛來峰前山萬重。』郯九成《竹枝詞》：『風篁嶺頭西日暉，青龍港口新月微。』馮士卿詞：『請看雙投橋下水，新開兩朵玉芙蓉。』此皆遺逸隱蹟也。

子陵耕釣處

余嘗辯嚴子陵耕釣處，已著爲記。今見宋之輔廣云：孫公守是邦，疑范文正公既爲先生立祠，而碑刻不著。搜訪久之，乃得唐興元中户部郎崔儒所爲記于頽垣間。果言有田可力耕，而田且不存，命吏登山巔求之，深谷豁然開爲平疇，有泉注之，大旱不枯，袤二百畝。史所謂耕于富春山者，即此也。詰其主名，則爲世家所有。公欲損公帑以歸田，卒不從，作詩傷之，名曰《浩嘆》。我太祖嘗作《嚴光論》，有云：『漢之嚴光，當國家中興之初，民生凋敝，人才寡少，爲君者慮，恐德薄才疏，致生民之受患，禮賢之心甚切，是致嚴光、周黨于朝。何期至而大禮茫然無所知，故縱之，飄然而往。却乃棲嵓濱水以爲自樂。吁！當時舉者果何人歟？以斯人聞上，及至不仕而往，古今以爲奇哉，在朕則不然。假使赤眉、王郎、劉盆子等輩混殽未定之時，則光釣于何處？當時挈家草莽，求食顧命之不暇，安得優游樂釣歟？今之所以獲釣者，君恩也。假使當時聘于朝，拒命而弗仕，去此而終無人用，天子才疏德薄，民受其害，天下荒荒，若果如是，樂釣歟？優游歟？朕觀當時之罪人，罪人大者莫過嚴光、周黨之徒。不正忘恩，終無補報，可不恨歟！』

東山

謝安之東山，先在會稽，最後在金陵。而餘杭亦有東山，故本傳云：『安石常往臨安山中，坐石室，臨濬谷，悠然嘆曰：「此與伯夷何遠？」』蘇子瞻有《游餘杭東西嵓》詩，注云：『即謝安東山，所謂「獨攜縹緲人，來上東西山」者是也。』又，仁和橫里亦有東山，今有謝公廟在焉，無據。

楊墳

宋楊和王沂中之墓，在德清縣中，隣于錢塘，去吾鄉甚近。規制甚大，徑路猶存，碑表盡滅，惟一庵觀，乃香火院。此地有楊姓者，云是後裔。其像尚在楊悦家，并高、孝御札三十九道。或石刻，或墨跡。其墳舊都盜掘。正德間，一沈姓者發得玉盌二枚，玉杯十枚，玉象棋一副并諸玩器，爲讎人報于鎮守内監，遂都没入。止存玉棋，懼而改作婦人首飾花朵。余嘗見之，真可惜也。又，近年小民土中得一銅爵，容酒一升，爲沈子魁所得，出以飲予，腹下有『子孫永享』四篆字。蓋宋内府賜物也。當時殉葬之物，何其太盛，自宋元至今，發之尚未能盡也。

武溪

虎林之改武林，或云因多虎患，或曰南唐諱之也。而虎丘，亦改武丘。白居易《因嵒亭》詩：『似移天目石，疑入武丘山。』又不知虎溪，亦曾改爲武溪。見郎士元《題精舍寺》詩。又，《晉書》：『魏命改丘頭曰武丘。』以旌武功也。

天目山崩

天目，杭之主山也。嘉靖己亥六月，天目山崩，石下出蛇千餘條。衢、嚴水災傷人。按度宗甲戌，天目山崩，宋社遂屋。今未出十年，倭寇大擾，東南多事，亦杭之氣數然哉！余後過崩處，見其峰巒皆粉碎，老僧歷歷指示。又，庚申七月□日，天目發洪，臨安、於潛、新城大水，杭、嘉、湖災傷，詔恤。又，甲子四月二十一日，餘杭、臨安大雨水，黄湖、雙溪尤甚，只曾坑一所，發洪二十八處。

石鍾山

赤壁山，乃吴破曹處。湖廣赤壁有五，漢陽、漢川、黄州、嘉魚、江夏，皆有之。惟武昌嘉魚縣西南八十里，大江濱北岸烏林，南岸赤壁是也。唐屬蒲圻，故云去縣西百四十里，今屬嘉魚。宋謝枋得猶于石崖見『赤壁』二字。蘇子瞻所遊，乃黄州西下津江百步赤壁磯，土人訛爲赤鼻，非故地也。可謂賦而失實。張文潛但知辨其誤，而亦不識此山之名。子瞻所遊，自名石鍾山。

鰥山

杭有鰥、寡、孤、獨四山，皆孑然無依，挺然獨峙之名。今孤山在錢塘西湖，世所著者。獨山在仁和横里，亦通津，人皆望而知之。寡山在餘杭支巷界，去余家之西咫尺耳。亦名爲鳳山，以其象飛鳳形也。人莫之稱，但曰寡山。惟鰥山，衆皆不知其所在。殊不知即寡山之西一水之隔，今俗名魚山。魚者，鰥字之省文，而傳誤者也。人或以吴音，以魚爲吴，以吴爲魚，如蘇州之吴城，亦呼爲魚城之類。故遂改正之曰吴山。又，因杭城有吴山著名也，復添之曰小吴山，而縣志亦曰吴山。此皆不學失考之故也。當改之曰鰥山，不然即仍曰魚山，庶愛禮存羊之意，使後世可以循名而責實也。

孔敬康鼎水

孔愉放龜，左顧，遂作一鼎。其文曰『孔敬康鼎』。沈之于水，即今德清縣龜澤中，因封餘不亭侯，故今名餘不溪也。不，平聲。

餘不

湖州有餘英溪、餘不溪。『不』，今秋韻，作方鳩切，非也。當作虞韻，風無切。本作『柎』，《説文》：『鄂足也，草木房爲柎。一曰，華下蕚，通作不。』《詩》：『棠棣之華，鄂不韡韡。』鄭云：『承華者鄂，不當作柎，鄂足也。』即今言花蒂也。此地有梅溪、苕溪，其流相通，故曰餘英、餘不，其義可見矣。若作方鳩切，則本注《説文》云：『不，鳥飛上翔，不下來也。』與溪水全不相干涉。《左傳》『華不注』者，山名。人皆讀作入聲，誤也。古『不』字有讀作『缶』音者，作『俯』音者，並無逋骨切之音。今作入聲，如『卜』，乃俗音也。惟伏琛《齊記》引虞摯《畿服經》作『柎』，言此山孤秀，如華跗之注于水。深得之矣！李太白詩云：『昔我遊齊都，登華不注峰。兹山何峻秀，綵翠如芙蓉。』此其證也。在今山東濟南府。

吴泉

吴泉，即虞淵。見《河圖緯象》：『云郤之隘，上爲扶桑，日所升；宣陸之阻，上爲吴泉，月所登。』此僞書也。虞綽逃難，易姓名作吴卓。唐高祖諱淵，後易作泉。詩云『酣歌一夜送泉明』是也。顔杲卿子，名泉明，彭州司馬。

沙上

今錢塘江干，有地名曰沙上，實平土也。沙，《説文》作『水散石』也，故其字或作砂。詩注作水旁。又，大水接小水曰沙，故其字或作沙。今南京有白沙，廣東亦有白沙，徽州有錦沙之類，蓋水邊可耕之地也。

狗葬　良犬鋪

余鄉東北十餘里，地名狗葬，其鋪曰良犬。初不解其義。《述征記》：『彭城東岸一丘，俗謂之狗葬。』或云：『徐偃王葬后倉者也。』徐國宫人娠而生開，棄之水濱。有狗名后倉，銜歸，成人，遂爲徐之嗣君。純筋無骨，曰偃王。躬行仁義，衆附之，得朱弓、朱矢之瑞。周穆王命楚滅之。后倉將死，生角及尾，實黄龍也。余鄉之狗葬，或曰狗濡身濕草，以救野火焚其主人之故。其事見縣志。

禹穴

四川石泉縣石紐村，禹生之地。其地深杳，人跡所不到者，名禹穴。都御史劉公遠夫求得古碑，上刻乃李太白書『禹穴』二字。今會稽亦有禹穴，乃窆所也。

月窟

揚子雲《長楊賦》：『西壓月䯠，東震日域。』服虔注以爲『月所生處』。楊用修引李太白『天馬來出月氏窟』，以爲月窟，月氏國，日域，日逐單于，近之矣。日域，猶言日本國也，邵堯夫因倡爲『天根月窟』之句。天果有根，月果有窟耶？岐陽王《平沙漠表》云：『東日窟而西月氏，莫非王土；南炎荒而北瀚海，共惟帝臣。』

白雲宗田

吾鄉有田，名白雲宗田，蓋我朝洪武初抄没元僧之産也。元有八思巴，號金童。少長，學富五明，故又稱曰班彌怛。及卒，賜號『皇天之下一人之上宣文輔治大聖至德普覺真智佑國如意大寶法王西天佛子大元帝師』。至治間，特詔郡縣建廟通祀。泰定元年，又頒各行省爲之塑像。泰定二年，西臺御史李昌言：西番僧佩金字圓符，絡繹道途，騎騎累百，傳舍至不能容，則假館民舍，因迫逐男子，姦汙女婦。白雲宗、白蓮宗頗通奸利。

嚻

嚻有二音，其義亦異。在蕭韻者，作喧鬪聲。口争曰嚻，氣出頭上也，所謂市嚻、塵嚻是也。在敖韻者，爲地名。《尚書序》：『仲丁居于嚻。』〔二〕其地在陳留、浚儀之間，即秦之敖倉也。三川爲天下之朝市，故名敖云。《左傳》：『有嚻氏之隧。』《史記》注：『青陽，在青之陽；玄嚻，在玄之嚻。』青，東方；玄，北方也。

水土生人

《孔子家語》云：『堅土之人剛，弱土之人柔，墟土之人大，沙土之人細，息土之人美，秏土之人醜。』《吕氏春秋》云：『輕水所多秃與癭人，重水所多尰與躄人，甘水所多好與美人，辛水所多疽與痤人，苦水所多尫與傴人。』任子云：『木氣人勇，金氣人剛，火氣人强而燥，土氣人智而寬，水氣人急而賊。』《草木子》云：『山氣多男，澤氣多女，水氣多喑，風氣多聾，木氣多傴，石氣多力，險阻氣多癭，暑氣多殘，雲氣多壽，谷氣多痺，丘氣多尫，衍氣多仁，陵氣多貪。』又《周書》曰：『丘陵之人專而長。』《淮南子》曰：『東方之人長。』

埋土乾湖

杭有貴公子以廕得縣官，畧不知事體。在任出郭門，見一大土阜當道，因亟呼地方人，叱曰：『何不開掘平治？』耆老曰：『爲力固易，但爲無處可容此土耳。』本官乃操吴音曰：『有舍子難，快掘箇潭埋了罷。』一時傳爲笑話。因思宋王安石爲相，有人獻計，乾太湖，可得良田數萬頃。安石與客議之。劉貢父曰：『此易爲也，但旁邊別開一箇太湖，納了此水，則成良田矣。』安石悟而大笑。此古今的對。

校勘記

〔一〕應爲《漢書·南粤傳》。

〔二〕仲丁居于嚻　原文爲『仲丁遷于嚻』。

留青日札卷之十二

大明大統曆解

大明者，國號也。一人爲大，日月爲明，天大，地大，人大，而宇宙人物如日月之明，無所不照也。《大統曆》者，取春秋大一統之義以名曆也。統者，系也，總理也，綱紀也，撫御也。曆者，象也，『曆象日月星辰』是也，數也，『天之曆數在爾躬』是也。通作歷，過也，傳也。黄帝造曆。《天官書》：『黄帝考正星曆。』又曰容成，曰羲和。

洪武曆元〔一〕

洪武十七年，欽天監博士元統言：『今曆雖以《大統》爲名，而積分猶《授時》之數，見《授時》之法以至元辛巳爲曆元，至洪武甲子，積一百四年。以曆法推之，得三億七千六百一十九萬九千七百七十五分，《經》云：「大約七十年而差一度，每歲差一分五十秒。」辛巳至今，年遠數盈，漸差天度，擬合修改。臣今以洪武甲子歲冬至爲《大統》曆元推衍，聞磨勘司令王道亨有師郭伯玉者，精明九數之理，若得此人推《大統》曆法，庶幾可成一代之制。蓋天道無端，惟數可以推其機，天道至妙，因數可以明其理。是理因數顯，數從理出，可相倚而不可相違也。』書奏，上是其言，擢統爲監正。其後二十六年，欽天監監副李德芳言：『故元至元辛巳爲曆元，上推往古，每百年長一日，每百年消一日，永久不可易。今監正元統改作洪武甲子曆元，不用消長之法，非是。今當用至元辛巳爲曆元，及消長之法，方合天道。』疏奏，元統復爭之。上曰：『二統皆難憑，只驗七政交會，行度無差者爲是。』自是欽天監造曆，以洪武甲子爲曆元，仍依舊法推算，不用捷法。

國初曆

國初，曆有襲爵受封、祈福求醫、乘船渡水、登高履險、收斂貨財等名，通曰宜，不通曰忌，與今式不同。而紀年則由洪武元年以前吴元年遡上，則但書甲子，平行不用故元之年號也。

解縉封事

洪武二十年，御史解縉上封事，中有曰：『治曆用方向、煞神、天德、月德之類，最甚不經。但宜申播種之時，不必用建除之妙。』上嘉其識，而不能用。

回回曆

《回回曆》者，相傳西域馬可之地，年號阿剌必時，異人馬哈麻之所作也。其元起于隋開皇十九年己未歲，其法常以三百五十日爲一歲，歲有十二宫，宫閏日凡一百二十八年閏三十一日。又，以三百日歷千九百四十一年而宫月甲子再會。其白羊宫第一日，日月五星之行，與中國春正定氣日之宿直同其用，以推步分經緯，著陵犯之占，曆家之最精密者。元末時，其曆始入中國。我朝造《大統曆》，得西域人之精于曆者。于是命欽天監以其曆與中國曆相參推步，至今用之。按洪武壬戌十二月，敕翰林編修馬沙亦黑、馬哈麻有曰：『大將入胡都，得秘藏之書數十百册，乃乾方先聖之書，我中國無解其文者。聞爾道學本宗，深通其理，命譯之。』今數月測天之道甚是精詳，想即此曆也。

三統

三統者，天施、地化、人事之紀也。十一月，乾之初九，黄鍾爲天統，立天之道也。六月，坤之初六，林鍾爲地統，立地之道也。正月，乾之九二，舊作九三，誤也。太簇爲人統，立人之道也。子爲天正，丑爲地正，寅爲人正，所謂三正也。

三正

蔡邕《獨斷》曰：『夏以十三月爲正，十寸爲尺，律中太簇，言萬物始簇而生，故以爲正也。殷以十二月爲正，九寸爲尺，律中大吕，言陰氣大勝，助黄鍾宣氣而萬物生，故以爲正也。周以十一月爲正，八寸爲尺，律中黄鍾，言陽氣踵黄泉而出，故以爲正也。』

夏時

周正自建子，而民事則以夏時。故《逸周書》曰：『夏數得天，百王所同，我周改正易械以垂三統。至于敬授人時，巡狩蒸嘗，猶自夏焉。』孔子曰：『吾得夏時焉。』故曰『行夏之時』。至漢武帝、魏文帝始定用夏時建寅也。

六象

古曆有六象：黄帝曆元起辛卯，顓帝用乙卯，虞用戊午，夏用丙寅，商用甲寅，周用丁巳，魯用庚子，秦用顓帝曆，漢因秦用乙卯，或云用殷曆。故《通鑑》編年，朔日兩存之也。

曆日

曆日，按《堯典》曰：『曆象日月星辰。』未嘗言曆日字也。《周禮》：『馮相氏以會天位。』注謂：『合此歲日月星辰宿五者，以爲時事之候。若今曆日，太歲在某月、某日、某甲、朔日直某也。』又引《孝經説》曰：『故敕以天期，四時節有早晚。趣，勉趣時，無失天位，皆此術也。』〔三〕以此觀之，曆法已備于漢，是漢世已謂之曆日矣。

元初曆

元初用劉宋日曆，名曰《大明曆》。遼、金皆用之，故元亦因之，易名曰《授時曆》。

年

年，本作秊，从禾，千聲。取禾一熟也，故又曰稔，亦謂歲一稔也。《釋名》：『進也，進而前也。』中數曰歲，朔數曰年。年是據有氣之初，歲是舉年中之稱。

歲星

歲，木星也，从步，戌聲。俗作山，非也。越也，越故限也。木星曰歲星，越歷二十八宿，宣徧陰陽，十二月一次。是一年行一次，十二次而周天。行一次而四時功畢，故謂年曰歲。天氣始于甲，地氣始于子。子甲相合，故名曰歲。年禾一熟，歲騎兩稔，九月建戌，故从戌，推步起也。次者，第也，又位次也。曰歲次者，蓋言歲行在某也。太歲在四仲，則歲行三宿，太歲在四孟四季，則歲行二宿。二八十六，三四十二，而行二十八宿，故十二歲而周天也。《漢·志》曰：『天一晝夜而運過，星從天而西，日違天而東。日行與天運周，在天成度，有曆成日。』『日周于天，四時備成，攝提遷次，青龍移辰，謂之歲。歲首至也，月首朔也。至、朔同日謂之章，至、朔同在日首謂之蔀，蔀終六旬謂之紀，歲朔又復謂之元。』太史公以十九年爲章，七十六年爲蔀，五百一十三年爲會，一千五百年爲紀，四千五百年爲元。

歲

歲，古作遂。《史記》注引陸賈《楚漢春秋》云：三老董公八十二遂，封爲成侯。遂，即歲也。今文从步，从戌，年至戌而終，乃秦人以十月爲歲首，前此未有也。崔希裕《略古篇》歲作亗。

歲差法

歲差法，元熊太古曰：『古人善曆有歲差之法。』郭太史言：『自漢至今凡十次差，故作簡儀以考中星，作土圭十五丈長，以驗日景。』又，以蓋天仰而觀日之所纏，皆前代所未有也。是以《授時曆》日測月驗，永終無弊。又嘗遣使十四輩，分隸十四處，于夏至日，測景長短，往往千里差一寸。而地之高下，水之緩急，皆得而知之。上都去大都千里而近，其高四十里也。日之廣千里，星之廣百里，或七十里、五十里。故王畿千里，象日之廣；大國百里，次國七十里，小國五十里，象星之大小也。日景每千里差一寸，愈南則日短而夜長，愈北則日長而夜短。大都在地東北，故夏至日，晝六十二刻，夜三十八刻。若洛陽有周公測景臺，夏至日，又晝六十刻，夜四十刻矣。

元歲之閏

《漢・志》曰：元歲之閏，陰陽災經。經歲四千五百六十年、災歲五十七年者，謂五十七年爲陽九、百六也。注：四百八十年爲陽九之會，入元一百六年爲百六之厄。陽九、陽七、陽五、陽三、陰九、陰七、陰五、陰三，皆災歲也。月闕也，十五稍減，故曰闕也。本太陰之精，以象其形。因其圓缺有度，故一闕爲一月。歲有十二月，月凡三十日，本三百六十六日。天順動而不止，不能無小失，故節減其六日，又減小月六日，以順天象，三歲足得一月餘六日，故三歲而閏。又餘六日，積二歲，又餘二十四日，故五歲再閏。从門，从王，《周禮》『閏月，王居門中』是也。俗作玉者，非。閏之言擱也，云蹙長就短也。年以日月十二會爲一周，故止于三百五十四日而備，而度始周。此所以再閏而無餘日，七閏而無餘分也。

成年。歲以星度中朔術爲一周，故三百六十六日而後成歲。必五歲餘兩月，而後五氣之氣始

閏月

《史記年表》『秦二年後九月』，蓋秦不置閏，爲後九月，蓋以十月爲正朔，故于當閏之歲，率歸餘于終，而爲後九月也。取《左傳》所謂『歸餘于終』之義，漢因之不改。自高帝至文帝，皆書後九月，是秦、漢皆以建寅之月爲正月也。太初九年，始改歲，自正月而起正朔，曆數合而爲一矣。

漢歲首

《漢·紀》：『秦二年十月。』文穎曰：『十月，秦正月，始皇即位。』周火德，以五勝之法，勝火者水，謂建亥之月，水得位，故以爲歲首。又『元年冬十月』，《張蒼傳》云：『以高祖十月至霸上，故因秦以十月爲歲首。』秦正月，如淳曰：『以十月爲歲首，而正月更爲三時之月。』服虔曰：『漢正月也。』師古曰：『凡此諸月號，皆太初正曆之後，記事者追改之也。以十月爲歲首，即謂十月爲正月。』今此真正月，當時謂之四月耳。漢初曆以驚蟄爲正月中，雨水爲二月節。前漢之末以雨水爲正月中，驚蟄爲二月節。

兩甲子曆

宋至道二年十一月，司天冬官正楊文鎰建言：『曆日六十甲子外，更留二十年。』太宗以爲支干相承，雖止于六十，本命之外，却從一歲起首，並不見當生紀年。若存兩周甲子，共成上壽之數，使期頤之人猶見本年號。令司天議之。司天請如上旨，即印新曆頒行。上可之。

日

日，實也，从口，从一。太陽之精不虧，象形也。以其一度一見，故爲一日。歲有四時，時各三月。月有節，氣有中。氣既終而始爲節，自始至終之半爲中。

刻

刻，鏤也，刻漏也，鍥漏箭以候日晷，曰刻。故因謂晷度曰刻。古制：晝長六十刻，夜短四十刻，晝短四十刻，夜長六十刻，晝夜中六十刻。天之晝夜，以日出入爲分，人之晝夜以昏明爲限。日未出前二刻半爲明，日入後二刻半爲昏，損夜五刻以裨于晝，則晝多于夜五刻。夏至，晝六十五刻，夜三十五刻；冬至，晝三十五刻，夜六十五刻。春秋分，晝五十五刻，夜四十五刻。從春分至夏至，增九刻半；夏至至秋分，減亦如之。從秋分至冬至，減十刻半；從冬至至春分，增亦如之。漢初大率九日增減一刻。至和帝時，待詔霍融始請改之，日晝夜百刻。律令所謂『言日者以百刻』是也。百刻分布十二時，每時得八刻三分刻之一。今曆初一、二、三、四刻止，立初；初刻正一、二、三、四刻止，立正。初刻各得六分刻之一，總計一時八刻之外，有二小刻，二十四小刻，共爲四刻，始合百刻。析而數之，二十四小刻合九十六刻，以成百二十刻。

節

節，竹約也，从竹，即聲。制也，止也。故限時而成節，有四時，有八節。五日爲一候。候，待也，節氣若有所伺也。月有六候，故一歲七十二候。三候爲一氣，即六氣而成時，故二十四氣爲一歲也。七十二候，後魏始載于曆，故今因之。

建

建，樹也，置也，定法也。凡戌時北斗之杓指于方位之初，則爲節，斗杓指于方位之中，則爲中氣。一月一招摇而指，故名月建。閏月，則月内無中氣，乃戌時，斗杓指于兩辰之間，杓，料柄也，从杓聲。北斗之星凡七，第一星故名杓。又云：自一至四爲魁，五至七爲杓，自東而南，而西，而北，從寅而至丑，終也。歲從戌推步，而北斗之占，亦自戌時見星爲始，故《回回曆》白羊宫于辰，亦在戌也。

朔　弦

月初曰朔。朔，蘇也，月死復蘇生也。與日同度，謂之朔。弦，弓弦也；月半之名，一旁曲，一旁直，若張弓弦也。月之上半曰上弦，下半曰下弦。《東漢・志》曰：日月『謂之合朔』。日月相去，『近一遠三，謂之弦』。注：上弦初七、八，下弦二十二、三。

望

望，月滿也，與日相望，如朝君也。《漢・志》：日月『相與爲衡，分天之中，謂之望』。月體無光，待日照而光生，半照即爲弦，全照乃成望。交在望前，朔則日食，望則月食；交在望後，望則月食，後月朔則日食；交正在朔，則日食既，前後望不食；交正在望，則月食既，前後朔不食。大率一百十三日有餘，而道始一交；非交，則不相侵犯。故朔望不常有食。月大十六日望，月小十五日望。間有十四、十七望者。

晦

月盡曰晦。晦，灰也，月死爲灰，光盡似之也。《漢・志》曰：以月及日『光盡體伏，謂之晦』。注：陰近陽則晦，二十九曰小盡，三十日曰大盡。

盈虛

日與天會而有氣盈，即曆書所謂大餘五，小餘八也。月與日會而有朔虛，即曆書所謂大餘五十四，小餘三百四十八也。大餘日也，小餘分也。五歲再閏而無餘日，十九歲七閏而無餘分。曆書所謂無大餘、無小餘也。

社

社，地主也。《周禮》：二十五家爲社，各樹其上所宜之木。王爲郡姓立社曰大社，五土之神能生萬物者也。以社爲后土者，蓋社以古之有大功者配之。共工氏有子句龍爲后土，能平水土，故祀以爲社。今民間或十家、五家共爲田社，是私社也。社必春秋者，重農事也。《月令》：近春分、秋分前後戊日爲社日。《禮》之所謂元日，元吉也。必戊者，土也。蓋立春、立秋第五戊爲社。若節在戊日午前，則六戊，節在戊日午後，只五戊是也。

伏

伏，伏藏也。伏有初伏、中伏、末伏。三日乃六月之節，四氣代謝，皆以相生。立春，木代水，水生木；立夏，火代木，木生火；立冬，水代金，金生水；至于立秋，以金代火，金畏火，故至末伏也。

庚必伏。三伏皆庚，金故也。周時無所謂伏，起于秦穆公二年，初作伏祠，或曰文公，或曰始皇。今按夏至後第三庚爲初伏，第四庚爲中伏，第五庚爲末伏。若五庚在立秋前，則第六庚爲末伏也。

躔舍

玉衡杓建，天之綱也，日月初躔，星之紀也。今之娵訾、降婁、大梁、實沈、鶉首、鶉火、鶉尾、壽星、大火、析木、星紀，皆太陽所躔之次舍也。

歲德諸神

歲德，五行同須異位之德，歲合五行相合之辰，奏書天之掌記。博士，貴神〔三〕；力士，凶神也。太歲，君也；太陰，土星之精，其后妃也。將軍，金星之精；方伯之神；蠶室，其妻也。長、短星，潮候也。其餘不可盡名，無多泥也。

建除家

建除家，即建、除、滿、平、定、執、破、危、成、收、開、閉，十二名也。

天文家

天文家，即角、亢、氐、房、心、尾、箕、斗、牛、女、虛、危、室、壁、奎、婁、胃、昴、畢、觜、參、井、鬼、柳、星、張、翼、軫二十八宿是也。

星禽

星禽衍法：角木蛟，亢金龍，氐土貉，房日兔，心月狐，尾火虎，箕水豹，斗木獬，牛金龍，女土蝠，虛日鼠，危月燕，室火猪，壁水㺄，奎木狼，婁金狗，胃土雉，昴日雞，畢月烏，觜火猴，參水猿，井木犴，鬼金羊，柳土獐，星日馬，張月鹿，翼火虵，軫水蚓，二十八宿。《酉陽雜俎》以爲有姓、有形，皆不稽之談也。

九宮

九宮之法，即《洛書》之數也：一白，二黑，三碧，四緑，五黄，六白，七赤，八白，九紫。以後天卦位配之：一白坎，二黑坤，三碧震，四緑巽，五黄中宫，六白乾，七赤兑，八白艮，九紫離也。九宮七色，見《乾鑿度》。

飛九宮

《唐會要》曰：『曆中九宮：天蓬星，太乙，坎，水，白；天内星，攝提，坤，土，黑；天衡星，軒轅，震，木，碧；天輔星，招搖，巽，木，緑；天禽星，天符，中，土，黄；天心星，青龍，乾，金，白；天柱星，咸池，兑，金，赤；天任星，太陰，艮，土，白；天英星，天乙，離，火，紫。』今曆中但列其色于下方，而不著其名，世人謂之曰飛九宮。

十干

十干者，甲、乙、丙、丁、戊、己、庚、辛、壬、癸也。干，犯也，屬陽，故曰天干。出甲于甲，奮軋于乙，明炳于丙，大盛于丁，豐楙于戊，理紀于己，斂更于庚，悉新于辛，懷妊于壬，陳揆于癸，陰陽合德，化生萬物也。　甲，本戈甲。或曰拆也，萬物甲拆而出也。　乙，本魚腸。或曰萬物屈曲而未伸也。　丙，本魚尾。或曰萬物炳然著見也。　丁，本蠆尾。又，萬物壯實之形也。　戊，本武。又，萬物之茂盛也。　己，本几。又，萬物有形可紀識也。　庚，本鬲。或曰萬物堅强而收斂也。　辛，本被罪。或曰萬物方盛而見制也。　壬，本懷妊。　癸，本草實。或曰冬時如土既平，萬物可揆度也。

十二支

十二支者，子、丑、寅、卯、辰、巳、午、未、申、酉、戌、亥也。支，象竹之枝葉下垂也，分也，度也。屬陰，故曰地支。　子，人子也，孳也，陽氣始生于下也。　丑，手杻也，寒氣屈曲而尚紐也。　寅，髕也。　卯，牖也。又，冒也，萬物冒地而出也。　辰，本日月星之名。又，伸也，萬物伸而已出也。　巳，本虵屬，已也，陽氣畢布已盡也。　午，牾也，交布也，陽氣愕而忤也。　未，木之滋也。又，昧也，日既中而陽向幽也。　申，持簡也。又，萬物申束以成體也。　酉，卣也，就也，萬物熟而成就也。　戌，本戊戚。又，滅也，萬物將滅息也。　亥，本豕屬。又，核也，萬物堅核而收藏也。

歲陽

太歲在甲，曰閼逢，一作焉蓬，萬物欲出閉塞而未通也。在乙，曰旃蒙，一作端蒙。旃，旍也，蒙，冒也，萬物萌動，蒙甲而出也。在丙，曰柔兆，一作游兆，萬物生枝布葉柔輭兆坼也。在丁，曰强圉，萬物剛勝也。在戊，曰著雍，中央和養萬物也。在己，曰屠維，萬物各成其性，屠別維離也。在庚，曰上章，萬物畢生而章明也。在辛，曰重光，萬物將就成孰而再新也；或誤作昭陽。在壬，曰玄黓，歲終包妊萬物而深藏也。在癸，曰昭陽，陽氣萌動，萬物將顯也；或誤作重光。此歲陽也。

月陽

月在甲曰畢，乙曰橘，丙曰修，丁曰圉，戊曰厲，己曰則，庚曰窒，辛曰塞，壬曰終，癸曰極，此月陽也。

甲子五行

大撓占斗建作甲子，以支干爲配。甲、己，土；乙、庚，金；丁、壬，木；丙、辛，水；戊、癸，火。此十干化五行真氣也。甲乙見子、丑、午、未爲金；見戌、亥、辰、巳爲火；見申、酉、寅、卯爲水；丙、丁見寅、卯、申、酉爲火；見子、丑、午、未爲水；見戌、亥、辰、巳爲土；戊、己見辰、巳、戌、亥爲木；見寅、卯、申、酉爲土；見子、丑、午、未爲火；庚、辛見午、未、子、丑爲土；見辰、巳、戌、亥爲金；見寅、卯、申、酉爲木；壬、癸見申、酉、寅、卯爲金；見午、未、子、丑爲木；見辰、巳、戌、亥爲水。一以天干爲主，一以地支爲主，故不同也。

十二辰肖

十二辰之肖：子曰鼠，前四爪陰，後五爪陽。　丑曰牛，屬陰，蹄分四爪。　寅曰虎，陽，五爪。卯曰兔，陰，缺唇，四爪。辰曰龍，陽，五爪。巳曰蛇，陰，雙舌。午曰馬，陽，火蹄圓單蹄。未曰羊，陰，蹄分四爪。申曰猴，陽，五爪。酉曰雞，陰，四爪。戌曰狗，陽，五爪。亥曰猪，陰，蹄分四爪。

正五行

正五行：甲、乙、寅、卯，木；丙、丁、巳、午，火；戊、己、辰、戌、丑、未，土；庚、辛、申、酉，金；壬、癸、亥、子，水；乾，金；巽，木；坤、艮，土。此以支幹屬五行也。

五行相生

五行相生者，生者左旋，故以中央土生西方金，金生北方水，水生東方木，木生南方火，火復生中央土。此《河圖》之生數也。

五行相尅

五行相尅者，尅者右轉。故以中央土而尅北與西北之水，水尅南與東南之火，火尅西與西南之金，金尅東與東北之木，木又尅中央之土。此《洛書》之尅數也。

生尅制化

五行生尅制化者。生中有尅者：蓋木生火，火盛則木爲灰燼。火生土，土盛則火過滅。土生金，金盛則草木不生。金生水，水盛則物沉溺。水生木，木盛則水阻澁。此生中有尅也。尅中有生者：蓋木尅土，土厚則喜木尅，是爲秀聳山林。土尅水，水盛則喜土尅，是爲樽節堤防。水尅火，火盛則喜水尅，是爲既濟成功。火尅金，金盛則喜火尅，是爲煅煉全材。金尅木，是爲斧斤斲削。此尅中有生也，總名之曰五行家。

花甲子

李淳風作《六十花甲子歌》：甲子乙丑海中金，子水爲湖，又水旺之地兼金，死于子，墓于丑。水旺而金死墓，故曰海中金也。丙寅丁卯爐中火，寅三陽，卯四陽。火既得地，又得寅、卯，木以生之。天地開爐，萬物始生，故曰爐中火也。戊辰己巳大林木，辰原野，巳六陽，木至六陽則枝葉茂。以茂盛之木而在原野之間，故曰大林木也。庚午辛未路旁土，未中之木而生午位之旺火，火旺則土受刑。土之始生，未能育物，猶路旁土，故曰路旁土也。壬申癸酉劍鋒金，申酉，金之正位兼臨官帝旺。酉金既生旺則誠剛矣，剛則無踰于劍鋒，故曰劍鋒金也。甲戌乙亥山頭火，戌亥爲天門，火照天門，其光至高，故曰山頭火也。丙子丁丑澗下水，水旺于子，衰于丑。旺而反衰，則不能爲江河，故曰澗下水也。戊寅己卯城頭土，天干戊己屬土，寅爲艮山，上積而爲山，故曰城頭土也。庚辰辛巳白鑞金，金養于辰，生于巳，形質初成，未能堅利，故曰白鑞金也。壬午癸未楊柳木，木死于午，墓于未，木既死墓，雖得天干壬癸之水以生之，終是柔弱，故曰楊柳木也。甲申乙酉井泉水，金臨官，申帝旺。酉金既生旺，則水由以生。然方生之際，力量未洪，故曰井泉水也。丙戌丁亥屋上土，丙丁屬火，戌亥爲天門。火既炎上，則土非在下而生，故曰屋上土也。戊子己丑霹歷火，丑屬土，子屬水，水居正位，而納音乃火。水中之火非龍神則無，故曰霹歷火也。庚寅辛卯松柏木，木臨官，寅帝旺。卯木既生旺，則非柔弱之比，故曰松柏木也。壬辰癸巳長流水，辰爲水庫，巳爲金，長生之地。金生則水性已存，以庫水而逢生金，則泉源終不竭，故曰長流水也。甲午乙未沙中金，午，火旺之地，火旺則金敗。未爲火衰之地，火衰則金冠帶敗，而方冠帶未能斫伐，故曰沙中金也。丙申丁酉山下火，申爲地户，酉爲日入之門。日至此時而藏光，故曰山下火也。戊戌己亥平地木，戌爲原野，亥爲木生之地。夫木生于原野，則非一根一株之比，故曰平地木也。庚子辛丑壁上土，丑雖土家正位，而子則水旺之地。土見水多則爲泥矣，故曰壁上土也。壬寅癸卯金箔金，寅卯爲木旺之地，木旺則金羸。又，金絶于寅，胎于卯。金既無力，故曰金箔金也。甲辰乙巳覆燈火，辰爲食時，巳爲禺中，日之將中，豔陽之勢光于天下，故曰覆燈火也。丙午丁未天河水，丙丁屬火，午爲火旺之地，而納音乃水。水自火出，非銀漢不能有也，故曰天河水也。戊申己酉大驛土，申爲坤，坤爲地，酉爲兑，兑爲澤。戊己之土加于坤澤之上，非其他浮薄之土也，故曰大驛土也。庚戌辛亥釵釧金，金至戌而衰，至亥而病。金既衰病，則誠柔矣，故曰釵釧金也。壬子癸丑桑柘木，子屬水，丑屬金。水方生木，金則伐之，猶桑柘方生，人便以餧蠶，故曰桑柘木也。甲寅乙卯大溪水，寅爲東北維，卯爲正東，水流正東，則其性順，而川澗池沼俱合而歸，故曰大溪水也。丙辰丁巳沙中土，土庫辰絶巳，而天干丙丁之火至辰。冠帶已臨官，土既庫絶旺，火復與生之，故曰沙中土也。戊午己未天上火，午爲土旺之地，未中之木又復生之。火性炎上，及逢生地，故曰天上火也。庚申辛酉石榴木，申爲七月，酉爲八月，此時木則絶矣，唯石榴之木反結實矣，故曰石榴木也。壬戌癸亥大海水。水冠帶，戌臨官。亥水臨官，冠帶則力厚矣，兼亥爲江，非他水之比，故曰大海水也。

甲子納音

《鬼谷子》作『納音六十甲子』。納音，蓋六十律，旋相爲宫也。一律合五音，十二律納六十音也。凡氣始于東方而右行，音起于西方而左行。故四時始于木，木傳于火，火傳于土，土傳于金，金傳于水。五行始于金，金傳于火，火傳于木，木傳于水，水傳于土。納音，與《易》『納甲』同法也。六十甲子，曆也；納音，律也。支干，納音之别也。一六爲水，二七爲火，三八爲木，四九爲金，五十爲土。五行之中，惟金、木有自然之音，水、火、土必相假而後成音。蓋水假土，火假水，土假火，故金音四九，木音三八，水音五十，火音一六，土音二七，此不易之論也。何以言之？甲巳、子午，九也；乙庚、丑未，八也；丙辛、寅申，七也；丁壬、卯酉，六也；戊癸、辰戌，五也；己亥，四也；甲子、乙丑，其數三十有四。四者，金之音也，故曰金。戊辰、己巳其數二十有八。八者，木之音也，故曰木。庚午、辛未，其數三十有二。二者，火也，土以火爲音，故曰土。甲申、乙酉，其數三十。十者，土也，水以土爲音，故曰水。戊子、己丑，其數三十有一。一者，水也，火以水爲音，故曰火。六十甲子皆然，此納音之所起也。

十二律

黄鍾，黄，中色；鍾，種也，陽氣施種於黄泉，孳萌萬物。大吕，吕，旅也，陰大，旅助黄鍾，宣氣而牙物也。太族，族，奏也，陽氣大，奏地而達物也。夾鍾，陰夾助太族宣四方之氣而出種物也。姑洗，洗，絜也，陽氣洗物辜絜之也。中吕，微陰始起未成，著于其中旅助姑洗宣氣齊物也。蕤賓，蕤，繼也；賓，導也，陽始導陰氣使繼養物也。林鍾，林，君也，陰氣受任，助蕤賓君主種物使長大楙盛也。夷則，夷，傷也；則，法也，陽氣正法度而使陰氣夷當傷之物也。南吕，南，任也，陰氣旅助夷則任成萬物也。亡射，射，厭也，陽氣究物而使陰氣畢剥落之，終而復始，亡厭已也。應鍾，陰氣應亡射，該藏萬物而雜陽閡種也。周伶州鳩曰：律所以立均出度也。古之神瞽考中聲而量之以制，度律均鍾，百官軌儀，紀之以三，平之以六，成于十二天之道也。夫六中之色也，故名之曰黄鍾，所以宣養六氣九德也。曰太族，所以金奏贊陽出滯也。曰姑洗，所以修潔百物，考神納賓也。曰蕤賓，所以安静神人，獻酬交錯也。曰夷則，所以詠歌九則，平民者無貳也。曰無射，所以宣布哲人之令德，示民軌道也。爲之六間，以揚沈伏而黜散越也。元間大吕，助宣物也。二間夾鍾，出四隙云細也。三間中呂，宣中氣也。四間林鍾，和展百事，俾莫不任肅純恪也。五間南呂，贊陽秀也。六間應鍾，均利器用，俾應復也。

校勘記

〔一〕本卷標題除『大明大統曆解』外，均漏標，兹據目録補上。

〔二〕故敕句　原文作『故勑以天期，四時節有夜趣時，無失天位，皆由此術云』。

〔三〕貴神　原作『貴人』，據甲申本改。

留青日札卷之十三

大明大統曆解

正月〔一〕

正月不曰一月，而曰正月者，歲之首月，取其端正，故《史記》名端月云『二世二年正月』也。正，本去聲，从一，从止，當也，是也，君也。《小雅》：『正月繁霜，我心憂傷。』注：『正，讀曰政，以純陽用事爲正陽之月也。』秦始皇名政。政，一作正，以正月旦日生，故名正。時避諱，故讀如征然。《禮記·緇衣》：『昔吾有先正，其言明且清。』《漢書·叙傳》『奕世宗正』，並叶音征，今當改正也。正必建寅者，所謂夏正也。又爲陬月，故曰孟陬。陬，阪隅也。孟陬，東北陬也。孟春之月，日在營室，昏參中，旦尾中，律中太簇律者，候氣之管以銅或竹爲之。中，猶應也。太簇律長八寸，陰陽之氣距地面各有淺深，故律之長短如其數也。寅，髕也，陽氣動，去黄泉欲上出，陰尚强也，象宀不達髕寅于下也。故曰引達于寅。太歲在寅，曰攝提格。格，起也，萬物承陽而興起也。攝提，星名，隨斗杓，建十二月。格，木長貌。又，正也，舉也。立春，正月節。立，建也，置也，从大，立一之上也。春，推也，陽也，从日艸，春時生也，蠢也。蠢，興也，歲之始，萬物蠢蠢然出也。春爲青陽，東方少陽之色也，物生乃動運，故爲規。所謂東方之神，太皞乘震執規司春是也。立春者，春氣始建也，如初成立也。初五日曰『東風解凍』。冬則北風結凍，春則風自東來，木氣通火，故温而解凍也。《爾雅》謂之『谷風』。次五日曰『蟄蟲始振』。九月之末，蟄蟲咸俯，則至冬而皆藏矣。春至而蘇，始振動而將出未出也。又五日曰『魚陟負冰』。魚寒則伏于水底，陽動而潛鱗升起上游，而背負于冰也，故《月令》作『魚上冰』。雨水，正月中。雨，去聲，水霝雲間自上而下也；水，象衆水並流，中有微陽之氣，而陽氣既動，散而爲水也。天一生水，故水自天而雨，北風凍之，則凝而爲雪；東風解之，乃散而爲水。初五日曰『獺祭魚』。獺似狐而小，青黑色，膚如伏翼。从賴，或作㺚。一名水狗。水居食魚者，取魚祭天，乃敢自食，報本也。其祭也圓鋪，水象也。熊食鹽而死，獺飲酒而斃，此類之不推也。《淮南子》曰：『鵲巢知風之目，獺穴知水之高下，水之所及，則移穴也。』或曰：『獺一歲二祭，然後漁人入澤梁。』次五日曰『候鴈北』。鴈隨陽鳥也，知時候以保身，有去就之義而不失序，一名朱鳥，一名陽鳥，寒則來于江南，熱則歸于塞北，故至此則漸返于北矣。世傳衡州有回鴈峰，鴈至此不過，遇春而回，故又曰過彭蠡之北也。梁州有鴈塞山，上有大池水，鴈皆棲集，故名鴈塞。《月令》作『鴻鴈北』。《秋令》曰：『鴻鴈來。』又曰：『鴻鴈來賓。』《冬令》曰：『鴈北鄉。』皆取其知時也。熊太古言：『在開平五月，見鷗、鷺、鴉、鵲在彼，七月回大都，見其南歸。』又，靈川秋分時，衆鳥自湖南。又，廣西春分時，又皆出廣。則隨陽之鳥，不特鴻鴈也。　又五日曰『草木萌動』，即《禮》之所謂『區萌達』也。屈生曰：『勾芒直出曰萌。萌而曰動，尚未至乎甲拆也。』惟此一句，乃《月令》『天地和同，草木萌動』之文。

二月

二月建卯，曰仲春。日在奎，昏弧中，旦建星中，律中夾鍾。夾鍾律長七寸四分三釐七毫三絲，一曰如月。如，從隨也。从女，从口，女子從人之命也，言隨正月，如相從也。卯，冒也，萬物冒地而出，象開門之形。故二月爲天門。卯，茂也，謂陽氣生而孳茂也。故曰冒茆于卯，太歲在卯，曰單閼。單，音然，盛也；閼，塞也，陽氣推萬物而起，陰氣自塞止遮壅也。驚蟄，二月節。正月而蟄蟲始振者，至此而奮然震驚，而蟄皆啓發矣。　初五日曰『桃始華』。桃者，五木之精，仙木也，故『草木萌動』之下而繼之曰『桃始華』。始，或曰讀作試。華，榮也，本音華，呼瓜切，木謂之華。《吕氏春秋》作『桃李華』。《埤雅》作『小桃花』。又曰其性早華，故先百木。　次五日曰『倉庚鳴』。鶬鶊，鸝黄也。一名商庚，一作鵹黄、離黄、黄鸝、黄鶯、楚雀、搏黍，或呼黄離留、黄栗留、黄袍、金衣公子，其色初黧黑而後純黄，亦應節趨時之鳥。故出幽谷，遷喬木，而睍睆好音。《爾雅》『黄鳥鳴而蠶生』是也。但今江南清明後而蠶始生，二月或太早。又，三月盡，鶯始出谷而鳴，不知《月令》何早也。　水中黄刺魚，亦名黄牙魚，能變黄鶯。余親見一箇已變前一半而尾尚未蛻者。　又五日曰『鷹化爲鳩』。鷹，鷙鳥也，一名題肩，一名征鳥。一歲曰黄鷹，二歲曰鴘鷹、次赤也。三歲曰鶬鷹，今通謂之角鷹，頂有毛角也。鳩鶻、鳩鸇，鷂之類也。九鳥曰鳩，能鳩聚陽氣。又，鶵鳩曰今之鷹也。鷹大而鳩差小，鷹鷙而鳩差馴。孟春時生育氣盛，故鷹感之而化爲鳩耳。且草木蕃茂，翅弱爪柔，自不能搏擊，如化而善也。《夏小正》曰，仲秋，鳩化爲鷹，復變而之不仁，故不記也。因形移易曰化，其非因形移易者直曰爲，言其與化又異也。古人以鳲鳩爲秸鞠，爲布穀，引《詩》『鵲巢鳩居』爲證，則非也。居鵲巢，乃今之鸜鵒，毛色别種，與布穀絶不相類。且布穀自能營巢而不巧，故名之曰拙鳩。俗言拙布穀者，以此。又以鳩爲鶻鵃。鶻鵃，春來冬去，似山鵲而小，短尾，青黑色，多聲。或曰即鷓鴣，似斑鳩，小于斑鳩者曰鳴鳩，即鵓鴣。鵓鴣，即布穀之音轉也。又以鳴鳩即鶻鳩，誤矣。或亦方言之不同也。但後穀雨中曰鳴鳩者，是可知其爲名，非上鳴字是虚字也。　春分，二月中。分，判也，裂也，半也，春九十日，至此而前後判裂各半而適中也。陽生于子而終于午，至卯而中分，陰陽相停，故晝夜相停各五十刻，無長短之差。《月令》所謂『日夜分』是也。　初五日曰『玄鳥至』。玄鳥，燕也。其色玄也，其名自呼曰鳦，亦作乙聲，多稍小者。漢燕紫胸，輕小者越燕。胸斑黑聲大者胡燕，又曰沙燕。白者名天女，一名鷙鳥，一名鷾鴯，或作意怠。《夏小正》曰：『至者，入人室屋也。』春分至，秋分去，亦知時鳥也。　次五日曰『雷乃發聲』。雷，陰陽薄動生物者也。古作靁，从四田二回。自子至卯，積四陽而復，雷乃發聲，所以四田也；

陰陽回薄，所以二回也，乃象氣出之難，亦繼事之辭也。發，起也，舒也，揚也，興也。故曆法：春夏曰發，秋冬曰歛是也。單出曰聲，聲震激而猛疾，則爲霆，故霹靂者，天之怒氣也。又五日曰『始電』。電，陰陽之激曜也，與雷同氣，發而爲光。故《淮南子》曰：『雷以電爲鞭。』或曰雷出天氣，電出地氣，故電从坤省，殄也，乍見則殄滅也。夫陽微則光不見，二月陽氣漸盛，以擊于陰，其光乃見。《易·大壯》二月之卦，以『雷在天上』得名。又曰：雷電合而章。故曰雷光也。《月令》『始電』之下曰：『蟄蟲咸動，啓户始出。』是立春之始振，月初之驚蟄者，至此而畢發無遺矣。又《素問》王冰注『雷乃發聲』之下，有『芍藥榮』。芍藥，香草，制食之毒者，莫良于芍藥，故獨得藥之名，所謂勺藥之和具而後御之。草謂之榮，與此不同。況今芍藥，四月始榮，故知其僞也。

三月

三月建辰，曰季春，日在胃，昏七星中，旦牽牛中，律中姑洗。一曰寎月。寎，本作窉，从穴，从丙。丙位南方，萬物炳然，天地陰陽之門户，陽功將成，陰光以起也。辰，震也，陽氣動，雷電振，民農時也，故曰振美于辰。太歲在辰曰執徐。執，持守也，捕囚也，留也；徐，緩也。即《月令》所謂：『生氣方盛，陽氣發泄。勾者畢出，萌者盡達。』如向之執持之物至此而舒散也。

清明，三月節。東南之風曰『清明風』。季春之時，適當方位，萬物皆齊乎巽矣，何潔靜而顯著乎！故曰清明也。在地者，莫清于青水，在天者，莫明于日月也。初五日曰『桐始華』。桐榮，桐木也，華而不實，今名白桐，最大可爲棺槨。《墨子》『桐棺三寸』是也。故又曰櫬桐。此外，木之以桐名者甚多。其類者三種：似梧而無子者，曰青桐，一名櫬。色白，葉似青桐，有子，肥美可食者，曰梧桐，一名梓桐。生山岡，花黄紫色，子可壓油者，曰岡梧，俗名油桐。油，讀作去聲，惟此種肖白桐耳。白桐知歲氣，每年一枝生十二葉，閏則十三葉，故可作琴瑟也。非其類者四種：曰赬桐，夏花紅如火；曰紫桐，花如百合，曰刺桐，出泉州；曰胡桐，出鄯善，淚可以汙金銀。《後漢書》哀牢夷：『有梧桐木華，績以爲布，幅廣五尺，潔白不受垢汙。』《廣志》曰：『梧桐有白者。剽國有桐木，華白毳，取毳淹績，織以爲布。』次五日曰『田鼠化爲鴽』。鼠，穴蟲名，善盜，晝伏夜動也。鴽，牟母也。田鼠形大，頭似兔，尾毛青黄色，好在田中食粟豆，一名鼫鼠。鴽，即今鵪鶉，一作鶴鶉，乃似鴿而小者。《爾雅》直以爲鴿，誤矣。故蔡邕曰『鶉鴿』是也。鼠陰而鴽陽，陽氣盛，故陰化爲陽也。《淮南子》曰：『蝦蟆化鶉。』性淳，不越横草，無常居而有常匹。熊太古言：在廣東，八月見魚化爲鶉，南北各不知也。又五日曰『虹始見』。虹，螮蝀也。狀如蟲，故从虫。虹，攻也，純陽攻陰之氣。又曰陰氣就交于陽，映日而光。《莊子》曰：『陽炙陰成虹。』《禮》疏云：日照雨滴則生，雙出鮮盛者雄，闇者雌。一名美人蜺，又名挈貳蜺。《説文》于『霓』下注曰：『屈虹，陰氣也。』斗精失度，則霓見態，主惑于譽。皆雨日不當交而交，天地之淫氣也。蓋陽氣下而陰應，則爲雲而雨，陰氣起而陽氣不應，則爲虹也。一名天弓，又曰帝弓。或曰有質，其首如驢，故能入溪飲水，吐釜成金，又似妖物也。王冰注：『田鼠化爲鴽，下有牡丹華。』牡丹，花也，一名百雨金，一名鼠姑。《廣雅》謂之木牡丹，唐人謂之木芍藥。此時雖當華，古人不重，始紀于晉，而盛稱于唐，亦僞也。　穀雨，三月中。穀，續也，百穀之總名也。雨，亦去聲，時可播種，雨其穀于水，亦自上而下也。吴鄉風俗，每于清明後浸種穀是也。　初五日曰『萍始生』。萍，水草也，善滋生，一夜七子，無根而浮，常與水平，故曰萍。又無定性，隨風漂流，故曰薸萍。青薸紫，楊花入水化爲浮萍。一名水花，一名水白。今薸有麻薸異種，長可指許，葉相對聯綴，不似萍之點點清輕也。萍乃陰物，静以承陽，故曝之不死，惟以盆水在下承之，而虚閣萍于上以曬之，即枯死矣。　次五日曰『鳴鳩拂其羽』。鳴鳩，鶺鴒也。此時穀雨之後，故曰布穀。一名撥穀。雌雄追逐，鳴而過擊其翅若鼓翼，拍其身而直刺向上，亦陽氣使之也。天晴則呼其牝，雨則逐之，俗言唤婦、逐婦。常聞其聲，故曰鳴鳩，其形小如斑鳩。説者不解鳴字是名，故以爲即鷹所化者，真誤矣！　又五日曰『戴勝降于桑』。戴勝，織紝之鳥，頭上花毛成勝時，蠶生之候，若自天而降下于桑，亦氣使之也。一名戴鵀。按《相如傳》：『西王母皜然白首，戴勝而穴處。』蓋勝者，婦人首飾，即漢所謂華勝也。今江南桑時之鳥，白頭黑衣而未嘗見其勝，乃專集于桑，以食葚子者。其有勝者，則緑衣黄襟而不降于桑，且非其時所必有也。

四月

四月建巳，曰孟夏。日在畢，昏翼中，旦婺女中，律中中呂。一曰余月。余，舒也，故語之舒曰余，言萬物至此而舒散暢茂也。巳，已也，陽氣已出，陰氣已藏，萬物見成文章。故巳爲蛇象形，象蛇之變化有文章也，故曰巳藏于己。太歲在巳，曰大荒落。荒，遠也，大也，有也，亦寬廣之義。落，非凋零之謂，乃居也，始也，萬物大盛磊落布濩也。一作芒落。或曰四月正陽，亦名正月，皆去聲，此又人所罕知者。　立夏，四月節。夏，假也，物假大乃宣平，故曰大夏。《楚詞》：『收恢台之孟夏。』恢，大也；台，胎也，氣大而育物也。夏曰朱明，一曰長贏，即恢台也。至此而夏氣始建立也。　初五日曰『螻蟈鳴』。一名螻蛄，一名蟄。《夏小正》曰：『蟄則鳴。』一名天螻，一名仙姑，一名碩鼠。又曰蝚、螻蛄，俗曰土狗、臭蟲也。或曰螻蟈，蛙也，非是。穴土中，好夜出，又好入室偷燈火以返穴，俗謂之替鬼役也。雄者喜鳴善飛，雌者腹大羽小，不能飛，食風與土。《廣志》曰：『會稽謂之蟠蛄。』　次五日曰『蚯蚓出』。蚓，本作螾，其爲物不息，引而後申，故曰却行。一名蜿蟺，一名曲蟺，一名螼蚓，一名土龍。善鳴于土中，故又曰歌女。老者白頸。俗名陽顯，即古稱蚓。廣東名朐䏰。陰而屈者，乘陽而申見也。皆陰氣始而螻蛄、蚯蚓應之也。蟲自有一種名臭蟲者，人遂以蚓非臭蟲，殊不知此物亦臭，故《說文》、《本草》皆以爲臭蟲也。但陸德明、鄭康成皆以爲蛙，非矣。　又五日曰『王瓜生』。《通志》曰：

『王瓜曰土瓜，曰藈姑，曰鉤𤬘，曰菲芴。均、房間曰老鴉瓜。又曰菟瓜。其根可生食，類瓜，故得瓜名。』而鄭玄以爲菝葜，誤矣。《圖經》以爲生平野、田宅及牆垣，葉似栝樓、烏藥，圓無了缺，有毛如刺，蔓生。五月開黄花，花下結子如彈丸。生青熟赤，根似葛，細而多糝。又名土瓜，一名落鵶瓜，今藥中所用也。鄭玄以爲即『萆挈』。《本草》作菝葜。王冰『王瓜生』作『赤箭生』，即此也。所謂赤箭，藥名，況《月令》『是月聚畜百藥』是也。俗名瓜蔞，一種小而微尖，色紅。但《圖經》以爲又名土瓜，非也。土瓜，自是一種，如山藥、土菔，可生食。今又一種，形微長而圓，有肉如刺，色白，熟則漸黄。亦有黄白二種，可生食，自名黄瓜。今俗人誤此以爲王瓜，因其音之近也。又，《通志》：『赤箭曰離母，曰鬼督郵，曰合離，曰獨摇，曰定風，有風不動，無風自摇。』又，獨活亦曰獨摇草，得風不摇，無風自動。又，鬼督郵亦曰獨摇草，而徐長卿、赤箭俱有鬼督郵之名而實異，若以王瓜根爲可生食，即今名青木香也。小滿，四月中。小滿者，萬物至此而小得盈滿也。有小滿，而無大滿者，何也？蓋節氣因時物兼人事，而人事不可以大滿也。非若寒、暑與雪，可以兼小大也。初五日曰『苦菜秀』。苦菜，今野苦苣菜，生山田及澤中，得霜，脆美可茹，爲菜而味苦，故名。蔡邕以爲苦蕒菜，俗呼苦馬菜、鶩兒菜。《通志》曰：『荼曰選。』又，野生褊苣，人家常食，曰白苣，即萵苣，與苦蕒皆八月撒子漫種。見《老圃書》。故《埤雅》亦曰：『生于寒秋，經冬歷春，至夏而秀也。』一名游冬。則是褊苣不可食，即别一種，《説文》之所謂『草名』也。《詩》：『采苦采苦。』『誰爲荼苦，其甘如薺。』故可食。《内則》：『濡豚包苦。』是名萵苣者也。但注以爲荼即茶，則誤之甚矣！《今韻》茶云本作茶，而茶字，《説文》亦以爲『苦茶』，即今『茶茗』也。鮑氏遂以爲『感火氣而苦味成』。殊不知茶有三四種，而茶字下又曰菜名可知矣。又有一種，葉似苦苣，而汁白花黄似菊者，一曰茅秀，一名英茶。《詩》『有女如茶』是也。况茶、茗、檟、蔎、荈皆木，一種五名，安得謂之菜也？秀，出也，榮也，茂也，美也。草木之華曰秀，故曰：『吐華曰秀。』若以不榮而實謂之秀，而乃病之曰苦菜不實，則不知秀有兩義矣。王冰注作『吴葵華』。《説文》：『葵，菜也。』夫葵爲百菜之王。《唐本草》注『吴葵』云：『即關河間謂之苦菜。』《夏小正》作『王萯秀』也。次五日曰『靡草死』。靡，草名，感陰氣而死，柔而委靡，不勝至陽而死也。《吕氏春秋·任地篇》：『孟夏之昔，殺三葉而穫大麥。』注：『昔，終也。』三葉，謂薺苨、葶藶、菥蓂也。』董仲舒曰『葶藶枯于仲夏』是也。又五日曰『麥秋至』。麥，繼絶續乏之穀，秋種厚薶謂之麥。麥，金也，金旺而生，火旺而死。《説文》曰：『芒穀。』今大麥有芒，小麥無芒。又有爨麥，一曰麰麥，即來麥。或曰大麥又曰短粒麥。夫百穀以秋爲成熟之期，惟麥夏熟，故以夏爲秋，而曰麥秋至。《月令》曰『農乃登麥，天子乃以彘嘗麥，先薦寢廟』是也。王冰作『小暑至』。夫小暑，乃六月一節，安得又入候中？或即白露降，本一候也。復爲白露，八月節之謂與？

五月

五月建午曰仲夏，日在東井，昏亢中，旦危中，律中蕤賓。一曰皋月。《説文》：『皋，白之進也，从白，从本。』意者白爲秋氣之色，至此而陽已極，陰逆生，故秋欲來也。或曰皋，局也，萬物至此而各有局限部分也。午，梧也，五月陰氣忤逆陽，冒地而出也。蓋陽極陰生。午者，正衡之地，午象逆衝也，故曰咢布于午。太歲在午，曰敦牂。敦，大也；牂，盛也，萬物大盛也。芒種，五月節，麥穀皆爲芒種。種，上聲，《説文》：『類也。』又，種，去聲，蓺也，布之也。此時有芒之種，可以布種，故今人作芒種，作去聲，當也。初五日曰『螳蜋生』。螳蜋有斧蟲，故曰拒斧，訛曰圻父。一名蟷蜋，一名不蝸，以其能捷飛，故名天馬。其子曰蜱蛸。又曰莫貈。陰氣始起，殺蟲應之而生，故能捕蟬而食。深秋生子木間，一殼百子，至此時則破殼而出。可以入藥，一名桑螵蛸。《類從》曰：『螳蜋之氣，含之生火，蚯蚓之塵，背洒起霧。』次五日曰『鵙始鳴』。鵙，一作博勞、百勞、伯勞。《左傳》名伯趙。喙黑，似鸜鵒而大，賊害之鳥，故俗名鳳凰皂隸。夏至來，冬至去。應陰氣之動，不能翱翔，直飛而已。一名鶗鴂。《離騷》：『恐鶗鴂之先鳴也，百草爲之不芳。』蓋春分鳴則衆芳生，秋分鳴則衆芳歇也。一作鷤鴂，南蠻之聲似之，故曰『鴂舌之人』。又名巧婦。《易林》曰：『鵙必單棲，鴽必匹飛。』蓋惡鳥，故單棲也。俗曰逐瘟，因其聲惡，言能逐瘟氣、追人魂也。亦作逐溫，則感陰而鳴。是蓋起于曹植《惡鳥論》，以伯勞爲尹伯奇所化，故俗惡伯勞，言所鳴之家必有凶是也。鵙善制蛇，故曰：『鵙鳴在上，蛇蟠不動；鵲鳴在上，蝟反不行。』夫陽氣分而倉庚鳴，可蠶之候；陰氣至而鵙鳴，可績之候。又五日曰『反舌無聲』。反舌，鳥名。《禮記》疏：『百舌鳥也。』以其能反復其舌，隨百鳥之音，故名。至此感陰氣而無聲。俗名泥百舌。歐陽永叔詩：『百舌子，莫道泥滑滑，宮花正好愁雨來，暖日方催花正發。』是以百舌即泥滑滑之故，今亦名之曰泥百舌也。飲春水而開口，飲秋水而閉口。故梅堯臣《百舌詩》：『一冬常噤默，乘春何多舌。』《周書》：『反舌有聲，讒人在側。』故杜甫云：『過時如發口，君側有讒人。』蓋陰氣之應，巧言之象也。又，《易通卦驗》、《丹鉛餘論》作：『蝦蟆無聲，而人皆信之。』蓋注疏以『反舌』爲『蝦蟆』，惑之也。殊不知蝦蟆，蛙屬，此時正鳴。而劉禹錫《百舌吟》云：『數聲不盡又飛去。』又云：『天生羽族爾何微。』則蝦蟆豈有羽而能飛者？況結之曰：『南方朱鳥一相見，索寞無言蒿下飛。』即所謂無聲也。夏至，五月中。至，到也，極也，陽氣假大夏到此而至極也。故曰：『日長至，陰陽爭，死生分。』初五日曰『鹿角解』。山獸屬陽，角支向前。一陰始生，感之而角自退落。余家所畜馴鹿，每歲驗之，時日不爽。及出時，數夜即長，以盆水照之，新出角少不端正，則又能觸落而復換，是尤異也。次五日曰『蜩始鳴』。蜩，大蟬也，或作蟺。楚曰蜩，宋、衛曰螗，鄭曰蜋，秦、晉曰蟬。形聲大而黑紫色曰馬蜩，俗名老全全，則越人蟬音也。無口而旁鳴，飲而不食，三十日而蛻，曰蟬脱，藥名也，一名枯蟬。曰伏蛸，雄者能鳴，雌者啞而無聲。亦名蟪蛄，春生者夏死[二]，夏生者秋死。故《莊子》曰：『蟪蛄不知春秋。』惟《本草》以爲蚱蜢，誤矣。蓋蚱蜢尖頭尾蟲也，生于草中，非生于楊柳上。今小艇之形似之，故曰蚱蜢也。蜩乃蜣蜋脱殼而成。蜣蜋，即蛣蜣，黑甲蟲，能轉糞土爲圜，故又名弄丸。久之羽化，如尸解而去。其鼻高目深者，名胡蜣蜋，亦屬陽，故夏至而鳴也。　又五日曰『半夏生』。半夏，藥名，白而細圓，夏之半而生，感乎陰也。《月令》『半夏生』之下，有曰『木堇榮』，故王冰從之。木堇，槿也，櫬也，花朝生暮落，故名舜。一名日及，一名蕣華。

六月

六月建未曰季夏，日在柳，昏火中，旦奎中，律中林鍾。一曰且月。且，薦也，陽氣薦進之極也。又，多貌。《詩》『籩豆有且』是也。亦謂陽衆多也。未，味也；五行木老于未，象水重枝葉也，故曰昧薆于未。太歲在未，曰協洽，言陰欲化物而陽氣漸和合也。　小暑，六月節。暑，熱也，月初暑氣猶小也。　初五日曰『温風至』。温，燖也，暖也，南方火，温熱之風至也。　次五日曰『蟋蟀居壁』。悉蟀，蛬也，一曰瑟蟀，又名蜻蛪。似蝗而小，正黑有光澤如漆，有角翅，即今趣織，俗作促織。生野中，羽翼漸成，而居穴之壁。壁，垣也。漸寒則自宇而漸入于牀下矣。一種二尾，能鬬；一種三尾，不能鬬。俗名油葫蘆，乃如蟋蟀者。《詩義問》曰：「悉率食蠅而化。」語曰：『趣織鳴，嬾婦驚。』蓋催寒之蛩也。　又五日曰『鷹始摯』。摯，本作鷙，或作鷙，搏擊也。《禮》注疏『獸摯，从執，从手；鳥鷙，从執，从鳥』是也。氣未肅殺，故鷹始搏擊，以迎金氣。故《月令》作『鷹隼蚤鷙』，《記》又作『鷹乃學習』，蓋可見矣。 大暑，六月中。熱至此而大也。 初五日曰『腐草爲螢』。 即螢火蟲，夜飛，腹下如火，故曰即照。 又名熠燐，一名挾火，一名據火，一名夜光、宵燭，一名丹良、丹鳥，朽爛之草所化。陽明之極，則幽陰之物亦感之而化，無情而生有情也。《明堂月令》作『腐草爲蠲』。《爾雅》曰：『熒火即照。』是熒，即螢也。《説文》：『蠲，明也。』是矣。 又曰蠲，馬蠲，从虫，益聲；罒，象形，則又似《詩》所謂『熠燿宵行』者。 是名宵行虫，形如蠶，夜行地上，喉下有光。《古今注》辨之曰：『熠燿，非螢，生卑濕處，尾後帶火，古人因其有光，或亦卑濕腐草所化，故誤以螢爲蠲耳。』愚謂螢，草螢也，蓋有二種。《淮南子》作『蚈』者，水螢也。 唐子卿有賦曰：『水螢有虫，惟虫能天。彼何爲而化草？此何事而居泉？ 腹可自持，故無耿于蟹；足能自運，亦何憐于蚿。色動波間，狀珠還于合浦；影懸潭下，若星聚于潁川。』故知此爲水螢也。 次五日曰『土潤溽暑』。 濕熱也，土氣濕潤，而暑氣鬱蒸也。 又五日曰『大雨時行』。 土氣成暑，暑極成雨，大雨及時而行，所以退暑而迎秋也。 或曰皆東井之所主也。

校勘記

〔一〕本卷標題原僅有『大明大統曆解』大標題，而各段小標題均無，兹據目録補。

〔二〕春生者夏死 原作『夏生者夏死』，兹據甲申本改。

留青日札卷之十四

大明大統曆解

七月〔一〕

七月建申曰孟秋，日在翼，昏建星中，旦畢中，律中夷則。一曰相月。相，助也，導也，儐也。《周禮》：『出接賓曰儐，入詔禮曰相。』言秋之迎夏，相扶助導引而成物也。申，神也，陰氣成自申束，从臼，自持也。又曰身也，萬物身體皆成就也，故曰申堅于申。太歲在申，曰涒灘。涒，大也；灘，水濡而乾也。言萬物收斂而乾實也。或以灘爲修也，而云修長。立秋，七月節。秋，揫也，物揫斂乃成熟，故禾熟曰秋，一曰白藏，一曰素商，秋爲矩，少昊乘兑執矩司秋是也。秋至此而建立也。初五日曰『凉風至』。凉，薄寒也，西南方風曰凉風，至此而凄清之氣至焉。故六月之風曰温，而七月之風曰凉，陰之代陽也。《周禮》所謂『火見而清風戒寒』也。《禮記》作『盲風至』。目無眸子曰盲，亦揫斂之意也。次五日曰『白露降』。露，陰之液。和氣潤澤，津凝爲露也。白，西方秋金之色，天之陰氣成液，下降爲白露而潤物也。又五日曰

『寒蟬鳴』。蟬，小如蜩，今名枝嘹，言在樹枝上鳴，其音嘹繞可聽也。即啞蟬，初瘖，及得寒露冷風乃鳴，故《芻蕘論》云：『秋風至而寒蟬吟。』俗作蜘蟟，非也。形小而青緑色，聲接續而急疾，所謂『寒螿鳴夕』者，此也。多爲水中黑殼蟲所化，俗名蝦鼈蟲，乃蜻蜓以尾點水生子水草上，而青鮹魚食之，腹脹孕，蟲噬破母腹而出，身似蟬而小，及蜕，乃爲蟬也。亦屬陰，感秋而鳴者。有蜩先鳴，故此不復言始也。寒蟬，《爾雅》曰『寒螿』，是名即鳴鳩之謂也。處暑，七月中。處，止也，息也，暑熱至此而止息。初五日曰『鷹乃祭鳥』。二月而化爲鳩者，至六月而始摯。今則感金氣之肅殺而乃搏擊飛鳥矣。然必先祭而後食者，亦猶獺之報本也。或以爲有胎之禽，則不擊，故曰義鳥。今則不然，雖當春亦殺雛而食之，未見其義也。《月令》，天子法此，故于其下文曰：『戮有罪。』『征不義。』一作『始行戮』，亦論其常耳。次五日曰『天地始肅』。秋氣清，而陰陽始振肅也，故下文曰：『不可以贏。』又五日曰『禾乃登』。禾，嘉穀之總名。登，升成也，禾至此而乃熟也，故曰『農乃登穀』。

八月

八月建酉曰仲秋，日在角，昏牽牛中，旦觜觿中，律中南吕。一曰壯月。壯，大也，健也，故《易》二月之卦曰『大壯』，注『威盛强猛之名』是也。今八月亦爲壯月者，豈二月爲春之盛，八月爲秋之盛故與？或曰：壯，傷也。故郭璞以淮呼『壯』爲『傷』。今此名出自《淮南鴻烈篇》，而又皆無所解，故余釋之如此。酉，就也，季秋可爲酎酒成熟也，故曰留熟于酉。亦曰飽也，老也。古文作丣。卯爲春門，萬物已出；酉爲秋門，萬物已入，故一卯，閉門象也。太歲在酉，曰作噩。作，起也，爲也，生也；噩，嚴肅貌，言萬物皆作起而嚴肅也。《天文志》作詻，亦作⿰噩各、咢、鄂，音義同。或即以『噩』爲『零落』，則非也。　白露，八月節。前七月次五日，既曰白露降矣，而此復以爲節者，秋金色白，陰氣漸重，露茫茫而白也。其下文又曰『盲風至』。盲風，疾風也。盲者，閉暗之稱。當建酉閶户之月，故其風謂之盲風，又謂之閶闔風。　初五日曰『鴻鴈來』。大曰鴻，小曰鴈，正月之候鴈北歸沙漠者，至此而復自北而來南矣。言北而不言南者，自中國言，故曰來也。《淮南子》作『候鴈來』。《説文》以『鴻』爲『鴻鵠』，則誤矣。鵠，黄鵠，大水鳥也。又曰白鵠。《詩》疏『羽毛純白，似鶴而大，肉美如鴈』是也。又小鳥曰䳄鵠，射取其難中，皆非鴈類。又鴈有鳴鵝、倉鳴之名。　次五日曰『玄鳥歸』。春分而燕至者，今則自南而北矣。説者皆以燕爲北方之鳥也，殊不知其來也，言至而未嘗言南；其去也，言歸而未嘗言北，非若鴈之明言北者。故今江南山谷中土人掘石穴，往往見蟄燕成窟，蓋畏寒而服藏土窟耳。或曰燕蟄于水底，非皆歸北也。豈所謂胡燕歸北，越燕歸南，而漢燕留漢也與！　又五日曰『羣鳥養羞』。養，供也；羞，食也，衆鳥藏食以自育，將以備冬也。所謂『命有司趣民收斂，務畜菜者』以此，可以人而不如鳥乎！　秋分，八月中。秋至此而平半，故亦曰日夜分也。

初五日曰『雷始收聲』。春分而雷乃發聲者，至此而收聲，若歛聚其聲于地中，陰收捕陽，而萬物隨氣以入。故《易》：『地中有雷曰復，雷藏澤中曰隨也。』　次五日曰『蟄蟲坏户』。器未燒者曰坏，鎔物之始也。居内半門曰户，立春而蟄蟲始振者，至此而入土。復培益其户，使之漸小，可以通明出入，尚未至于寒而塗墐也，故下文曰：『殺氣浸盛，陽氣日衰。』蓋蟲畏寒而自避也。　又五日曰『水始涸』。立春東風解凍之水，正月中之雨水，大暑大雨時行之水，至此而乾渴，非真乾渴也。水固曰涸，若消歛而不復滿盈，故曰始涸。蓋春夏氣至而水生，秋冬氣返而水降也。今或連年八、九、十月之後，大雨横行，洪水汎濫，可謂不時而不涸矣。調燮何居？

九月

九月建戌曰季秋，日在房，昏虚中，旦柳中，律中無射。一曰玄月。玄，黑赤色，微也，幽遠也，象幽而入覆之也。九月之天色似之，旦陽微而幽深，萬物入覆也。一曰暮商戌滅也。陽氣微，萬物畢成，陽下入地，戊合一也。五行土生于戊，盛于戌，故曰畢入于戌。太歲在戌，曰閹茂。閹，閉也；茂，草木盛也，言閉藏萬物之盛也。故一作掩茂。或以茂爲冒，是冒即閹也，非是。　寒露，九月節。露在七八月而白者，至此則寒冷而將凝矣。　初五日曰『鴻鴈來賓』。白露節，鴈先來者爲主，此時來者皆後至矣，故爲賓，《通書》作『來濱』，以爲水際。蓋濱，賓之誤也。先至者豈獨不來水際乎？　次五日曰『雀入大水爲蛤』。雀，依人小鳥也，故名家賓。今曰麻雀，通作爵，故《月令》作『爵入大水』。蛤，蚌屬。曰蜃，非也。秦人謂之牡厲。《説文》

曰：『燕所化。』又魁蛤，一名復累，曰老服翼所化，即用此理也。惟此雀乃黄雀也，蛤乃白蛤也，大水乃海也。《國語》云：『雀入大海爲蛤。』舊云風寒氣肅，入海而變。蓋黄雀自海外而來，初時輕細，後食中國稻粱肥重，飛不能越海，故多沈溺而變蛤也。其油一點成一蛤，大小因之。《廣東惠州志》：『海中黄雀魚，八月化爲黄雀，十月後入海復化爲魚。』《古今注》：『雀入水，不則多淫泆，蓋雀交不一，鳥之最淫泆者也。』　又五日曰『菊有黄華』。菊，治蘠也，一名日精。《本草》：『菊華，一名節華。』注：『有兩種：一莖紫，氣香味甘，可羹；一莖青，作蒿艾氣，味苦，名苦薏。』本作蘜，通作鞠。《月令》从鞠。黄，中央土色。土盛于戌，故菊之黄華，應其時也，故桃桐之花不言色，而菊獨言黄。又，菊有紅、白、紫、黑數十種，而獨重其黄，貴中色也。故《易》之《坤》，土旺之極，亦取象曰黄裳，蓋可知矣。　霜降，九月中，霰，早霜也。露者，霜之始，白者寒，寒者結而爲霜矣。霜，喪也，成物者其氣慘毒，物皆喪也。霜露皆陰陽之氣，陰氣勝則露凝而爲霜。《易》之《坤》曰：『履霜堅冰至。』所以爲陰凝也。《周語》曰：『駟見而隕霜。』隕，降也。　初五日曰『豺乃祭獸』。《月令》作『豺乃祭獸戮禽』。豺狼，屬狗，聲長，尾白，頰色黄，體細瘦，故謂之豺棘。以獸祭天，亦如鷹之報本也。其祭方鋪，金象也，必祭而後食，是春夏之時，豺當餓死矣。蓋食獸者其常，而至此乃一祭以更始也。獺、鷹皆然。此亦古人所未道者也。　次五日曰『草木黄落』。霜後枝葉皆黄而凋落也，故下文曰：『乃伐薪爲炭。』　又五日曰『蟄蟲咸俯』。秋分之蟄蟲坏户者，至此寒凛，皆垂其首而不食，故下文曰『咸俯在內，皆墐其户」也。《淮南子》曰：『太陰所建，蟄蟲首穴而處，鵲巢向而爲户。』王冰此下有曰：『景天華。』

十月

十月建亥曰孟冬，日在尾，昏危中，旦七星中，律中應鍾。一曰陽月，老陰之極，將復爲陽，喜之也。《太初》又曰畢月，畢，終，也，陰盡而陽復來也。《左傳》曰良月。良，善也，重盈數也。亦曰暢月。暢，充也，言萬物充實也。一曰上冬，言爲冬之始也。一曰小春，言日暖如春也。亥，荄也，有微陽起接盛陰，萬物之荄皆動也。盛陰感陽，物皆含育于內，象人之懷妊也，故曰該閡于亥。太歲在亥，曰大淵獻。淵，深也；獻，進也，萬物大小深藏以迎陽也。或以大淵獻爲困敦。太歲在子曰困敦，此誤易之。

立冬，十月節。冬，終也，藏也，物終藏乃可稱冬。曰元英，陰極而冬始建立也。

初五日曰『水始冰』。冰，仌凍也。本作仌，象水凝之形，而冬亦作𠘯，从古仌字也。結陰成冰，積冰曰凌，冰壯曰凍，冰流曰澌，冰解曰泮，冰始凝而至乎壯也。

次五日曰『地始凍』。寒而土氣凝結，冰漸壯，故地凍而未至于坼也。

又五日曰：『雉入大水爲蜃。』雉，鳥名，即山雞，有十四種：盧諸、喬，一作鷮，鳴、鷩、秩海、翟山、鸐、卓、翬、搖，一作鷂，鷚、鶅、鵗、鷷。《爾雅》曰『鷂雉、鷮雉、鳪雉、鷩雉、秩雉、海雉、鸐雉、山雉、鶾雉、鵫雉』。漢曰野雉，《禮》曰疏趾，五采成章，故曰華蟲也。蜃，蛟屬，世言雉與虵交。而

《禮記》注謂雉由于虵化，故以雉子爲蜃。《埤雅》亦曰：『似虵而大，腰下盡逆鱗，即螭類也。』而《淮南子》、《玉篇》諸家，皆以蜃爲大蛤。亦曰蚌屬。《本草》：『大蛤曰車螯，一名蜃，又曰車輪。海島吐氣成樓臺，與蛟龍同。』是又爲蛤類矣，當從《禮》注爲是。或曰大水，淮也。《晉語》曰：『雉入于淮爲蜃。』丹鳥，鷩雉也，以立秋來，立冬去，故司閉。或即雉入大水爲蜃也。蛇求于黿，則爲黿；求于雉，則爲蜃。一曰蜃，狀似螭，有耳，有角，背鬣，紅色。獨鷹、田鼠曰化爲鳩、鴽，而腐草、雀、雉止言爲而不言化者，何也？蓋改其舊質謂之變，馴致于善謂之化；因形而易謂之變，離形而易謂之化。《書》『大宗伯合天地之化』注：『能生非類，曰化。鷹化爲鳩，身在而心化也。鼠化爲鴽，雀雉化爲蛤蜃，皆據身亦化，故能生非類。』按此則鷹不離形，雀雉亦當爲化矣。豈《月令》之省文邪！余意鷹、鼠皆有害于物，故曰化，所謂馴致于善也。若夫因形、離形之説，則前論備之矣。《變化序》曰：『鴞之爲猿，虵之爲鼈。』孔雀雖有雌雄，將乳之時，登木哀鳴，虵即與交，而雉亦與虵交。晉武庫中，虵化雉。小雪，十月中。雪，凝雨説物者也，綏也，水下遇寒而凝，綏綏然下也。天地積陰，温則爲雨，寒則爲雪，五穀之精也。寒未盛，故雪猶小也。初五日曰『虹藏不見』。三月虹始見者，至此則隱伏而不見。陰陽不交，故似藏之也。文子曰：『至治之世，虹霓不見。夫婦過禮，則虹氣盛。』次五日曰『天氣上升，地氣下降』。又五日曰『閉塞而成冬』。天地交，則通而爲泰；不交，則閉塞而爲否。故《月令》曰：『天地不通，此四時之所以終而成冬也。』

十一月

十一月建子曰仲冬，日在斗，昏東壁中，旦軫中，律中黄鍾。一曰辜月。辜，皋也，有自新之義。十一月一陽復生，故萬物將自新也。《月令》亦作『暢月』。子併足爲併者，在襁褓也，孳也，孳孳無已也。夜半陽氣起，人承陽，萬物滋，因以名辰，故曰孳萌于子。太歲在子，曰困敦。困，故廬也。从木，在口中，舊所居廬木，久而困弊也，故又曰窮也，極也。敦，去聲，竪也，大也，丘一成爲敦丘，言陽氣困弊之極而漸高大，或誤以此爲大淵獻。是月也，日短至，陰陽爭，諸生蕩蕩動也。大雪，十一月節。寒盛，故雪大也。初五日曰『鶡鴠不鳴』。鶡似雉，黄黑色，故名曰褐。性勇猛善鬬，終無負，期于必死，一死乃止。《漢書》作『鶡雞』，一作『鳻』。《漢書》『鶡雀』注：『音芬。』或曰：『本作鳻，假借作鶡。』又云：『大而色青。』則鳻自是一種鳥，非鶡也。此皆鶡字之義，並不言鶡鳴。至于鴠，則曰渴鴠，一作鳱鴠、曷旦、渴旦。《詩》作『盍旦』。鳱、曷，皆音渴。鴠、旦同。似鷄，晝夜常鳴，求旦之鳥。故《詩》曰：『相彼鳱鴠，尚或惡之。』鳴急旦也。十月之時夜甚短，鴠鳴求旦，故人惡之。今冬至將來，一陽復生，故不鳴。蓋鶡鳴，本陽鳥，感陽而聲默。又名側挂，則其好陽可知矣。恐即今嶺南之倒挂鳥，遇寒極而不鳴。郭璞亦云：『似鷄，冬無毛，晝夜鳴，即寒號蟲。』《淮南子》、陳澔、方氏亦然，信無疑矣。不然，則鶡本勇雉，《漢書》、魏賦並不言其鳴否。唐詩：『暗蟲啼渴旦，凉葉墜相思。』即此。相思子，乃今之紅豆也。　次五日曰『虎始交』。虎，山獸之君，感微陽之氣，故雌雄始交合也。諺云：『虎交一世。』　又五日曰『荔梃出』。荔，草名，似蒲而小，根可爲刷。《本草》：『馬蘭，江東呼旱蒲，多植于階庭。』梃，一枝也，獨也，梃然勁直之貌，故荔梃可以爲刷。傅亮《冬至》詩『柔荔迎時萋』是也。一名蠡實。或曰即馬薤也。陳澔不識，以爲香草。蓋香草乃薜荔。或又以薜荔爲狀如烏韭，韭也[二]。薜荔自是昔邪、垣衣之類，俗名鬼饅頭，舊名木饅頭。如果之名荔支，非荔之本名也。《月令》『鶡鳴不鳴』之上，有曰『冰益壯，地始坼』，于十月『水始冰，地始凍』之文，尤相發明。此上有『芸始生』。芸，香草，可以辟蠹。　冬至，十一月中。《孝經說》曰：『至有三義：一、陰極之至，二、陽氣始至，三、日行南至。』故曰冬至，至日夜半子時之半，而一陽生。葭灰起，日景極長，陰陽、日月、萬物之始也。周正建子爲正月，人統也。　初五日曰『蚯蚓結』。立夏而出者，至此寒極而交結如繩矣。蚯蚓亦曰鳴砌，結者，穴居首陽下向，陽動則穴而上首，故其身結而屈也。　次五日曰『麋鹿解』。麋，形大如鹿，澤獸也。屬陰，角支向後，一陽始生，感之而角自退落，如夏至之鹿角解也。麋四目，其二夜目，目下有竅，夜即能視。故《淮南子》曰『孕婦見麋而子四目』也。角重者二十餘斤，自生至堅，無兩月之久，頓長也。陸佃曰：『麋，陽獸，角始生而後護耳。』陽獸何以遇陽而解？非也。　又五日曰『水泉動』。天一生水，水原曰泉。秋分而水涸，立冬而冰。至此一陽動于九地之下，而水泉亦動于九淵之下矣，但萌動而未流也。

十二月

十二月建丑曰季冬，日在婺女，昏婁中，旦氐中，律中大呂。一曰涂月。涂，路也，旅墿也。九軌曰涂，通達之道。二陽漸長，萬物亨通也。古無塗字，俗作途，丑，紐也，萬物動用事，象手舉，有所執也，故曰紐牙于丑。又昧爽爲丑，人皆起，有爲也。太歲在丑，曰赤奮若。赤，陽色，《易》『乾爲大赤』是也。奮，揚也，奞在田上鼓翅，輕疾也。若，順也，亦豫及之辭，言陽氣奮發而萬物無不順其性也。小寒，十二月節，寒尚小也。初五日曰『鴈北鄉』。鄉，去聲，面也，《禮》：『依南鄉。』《書》：『席南鄉。』《易》：『嚮明。』通作向。白露而鴻鴈來，寒露而鴻鴈來賓者，至此將避熱而歸，漸向北而飛。及立春之後，則盡北矣。次五日曰『鵲始巢』。鵲，本作舄，又作誰，在木上曰巢，鵲知太歲所在，作巢背太歲向太乙。巢取木杪枝，不取墮地，故一名乾鵲。古云『乾鵲知風』是也。又，冬至架巢，至春乃成。吳人占巢卜水旱，高則水，低則旱也。生子後，則鸜鵒奪而居之，所謂：『惟鵲有巢，惟鳩居之。』諺云『喜鵲唧得生血出，八哥得箇見成窠』是也。鸜鵒，俗名八哥。鵲鳴則有吉慶來，故名喜鵲。諺云『喜鵲叫，好事到』是也。又曰：『見鵲上梁者必貴。』出《埤雅》。又五日曰『雉雊』。《説文》：『雊，雉鳴也。』文明之禽，感陽氣而有聲，故又曰：雷始動，雉鳴而雊其頸。雷在地中，雉性精剛，獨知之，應而鳴也。《埤雅》作『雉始雊』，師曠曰：『雉交不再。』故紀之。大寒，十二月中，寒威至此而極大矣。

初五日曰『雞乳』。雞知時畜，稽也，能考時也。生子曰乳，感陽氣而生育也。今四時皆生，此其正候耳。《埤雅》作『雞始乳』，此下有『款冬華』。款冬花生于水底。董仲舒曰『款冬華于嚴霜』是也。　次五日曰『征鴈厲疾』。鷹曰征鳥，凡雕、隼、鶚、鷂能征伐禽獸者通名之也。《埤雅》作『鷙鳥』。殺戮不辜曰厲，病惡來急曰疾，至此而剛猛迅速，陽漸長，至于四，則將化而馴也。　又五日曰『水澤腹堅』。下有水鍾曰澤；腹，厚也，身中也；堅，固也，剛也。立冬而水始冰，大雪而冰益壯，至此則自薄而厚，自厚而固。水澤之腹皆結實，所謂連底凍也。故《月令》又曰：『冰方盛，水澤腹堅，命取冰以入。』凌人之職也。

按：秦相呂不韋集儒士，使著所聞爲十二月紀，名曰《呂氏春秋》。每篇首皆有《月令》，今《禮記》所載即其文也。宋黄東發論之詳矣。蓋《月令》固非盡述三代之制，亦非立爲秦人一代之制，呂不韋姑集衆聞，而天時、行事若可垂訓，記禮者又從而取之，顧多呂氏本文爲是，而《禮記》傳寫差訛爲非。如『候鴈北』誤作『鴻鴈來』，『溽暑』誤作『辱暑』，『蟄蟲咸俯在穴，皆墐其户』，誤以『穴』爲『内』。諸家曲爲之説，而不敢以呂氏證之。若夫『王瓜生』作『王善生』，『温風至』作『涼風至』，『雉雊雞乳分二候』而作『乳雉雊』，則又呂氏之誤，而當從《月令》者也。學《禮》者，正之可也。

校勘記

〔一〕本卷標題原僅有『大明大統曆解』大標題，而各段小標題均漏刻，兹據目録補。

〔二〕韭也　疑爲『非也』之誤。

留青日札卷之十五

丁

丁，當也，值也，萬物盛于丙，成于丁，其形中正象心也。今人年二十爲成丁，古者四十歲曰丁。蓋人壽以百歲爲期，一干十年，故丁在四十，彊仕之時。蘇武丁年奉使是也。漢景天下男子年二十而始傅。晉武令男子年十六以上至六十爲正丁，十五以下至十三、六十以上至六十五爲次丁，十二以下六十六以上爲老小，不事。宋孝武以十五至十六爲半丁，十七爲全丁。隋二十一成丁。煬帝二十二成丁。唐男女始生爲黄，四歲爲小，十六爲中，二十一爲丁，六十爲老。我朝法：人年四歲即附籍，十五以下曰不成丁，無差役，十六以上曰成丁，始有差役，七十以上及廢疾，得免差役。

六尺之孤

六尺之孤，《周禮》：『國中七尺，野外六尺，皆不從征。』六尺，年十五；七尺，年三十。夫自十五至三十，方作七尺。又《韓詩外傳》：『國中二十行役。』則七尺者，二十也。其升降皆五年，則六尺者，十五也。《孟子》『五尺之童』，乃十歲也。

漢老弱未傅者悉詣軍

孟康曰：『古者二十而傅，三年耕，有一年之儲，故二十三而後役之。』如淳曰：『律年二十三傅之，疇官各從其父疇學之，高不滿六尺二寸以下爲罷癃。』蓋《漢儀注》：『民年二十三爲正。年五十六衰老，乃得免爲庶民，就田里。』今未二十三爲弱，過五十六爲老，皆發之，著名籍，給公家徭役也。景帝二年，令天下男子年二十始傅。

豚犬

人呼己子曰犬子，又曰豚兒，謂賤之也。漢司馬相如少時好讀書，學擊劍，名犬子。師古曰：『父母愛之，不欲稱斥，故爲此名也。』王脩，名狗子。顏之推曰：『北土名兒爲駒，爲豚。然古者名子不以畜牲，以其廢祀也。』而周公名子曰禽，孔子以鯉，魏公子、楚太子皆名蟣虱，至於展禽、解狐、司馬牛之類，比比皆然，則又烏在其爲不以畜牲而重名也？又，呼兄弟之子爲猶子，言猶己之子也。古稱隴西人呼犬子爲猶子，是猶子即犬子也。况猶，亦獸名，故从犬。又，總名之曰豚犬，若『劉景升直豚犬耳』。《越語》：范蠡欲速報吴，使國民衆多，令國人女子十七不嫁、丈夫三十不娶，皆罪。父母生丈夫，與酒三壺，犬一；生女子，與酒一壺，豚一。所謂豚犬，蓋幼幼之事也。又，《南史》：皇太子，齊武帝時小史，易名犬子。梁武丁貴嬪生廬陵威王，武帝謂其父道遷曰：『賢女復育一男。』答曰：『莫道猪狗子。』世人以爲笑。

寶寶　保保

今人愛惜其子，每呼之曰寶寶，蓋言愛惜如珍寶也。亦作保保，或作阿保。人則以爲保抱護恤之意，殊不知保保者，元人尊重之稱。如曰丞相王保保。又，《元史》：勇士洪寶寶。我朝曹國公李文忠亦稱李保保。見《草木子》。

周歲　周年

今小兒生曰周歲，死者曰周年，吉凶之稱未嘗混也。所謂推步起戌，故以歲爲始也。周年，即期年。唐明皇諱隆基，故改爲周年。一作祺，匝四時也。

鹽口　馬丁

今百姓計口而納鹽糧。國制：頒民以鹽，乃收其鈔。國初，沈留公差自杭赴京，奏杭州市民不務生理，專服美麗衣服，出入公門，結交官吏，説事過錢，壞法害民。太祖曰：『浙江等處，及直隸府州市民，着他見丁出錢，買馬往北地當驛站。』至今爲丁田、馬丁云。

養老

有虞氏以燕禮，夏后氏以饗禮，殷人以食禮，周人兼用之。有虞氏深衣而養老，夏后氏燕衣而養老，殷人縞衣而養老，周人玄衣而養老。有虞氏養國老于上庠，庶老于下庠；夏后氏養國老于東序，庶老于西序；殷人養國老于右學，庶老于左學；周人養國老于東膠，庶老于虞庠，即西膠。

五十曰艾，髮蒼白，色如艾也。又，歷也，長者多更歷也。異粻，養于鄉，不從力政，而爵，始衰，杖於家。漢高帝舉民五十以上有行能爲鄉三老，升縣三老，勿繇戍，以十月賜酒肉。魏文帝舉民望五十以上守素衡門者，授令長。

六十曰耆，稽久而將入於老也。《周禮》：『八十曰耆，不從力役，指事使人也。』又《音義》云：『至也，至老境也。』則六十曰耆爲是。宿肉，養於國，不與服戎，不親學，非肉不飽，杖於鄉，歲制。隋文帝六十爲老，乃免丁役。

七十曰悼，憐愛也。貳膳，養於學，達於諸侯，不俟朝，不與賓客之事。致政唯衰麻爲喪，非帛不暖，杖於國。七十曰老，時制。又曰古希，古所少也。

八十曰耋。老至。常珍，月告存，齊喪之事弗及，杖于朝。月制。拜君命，一坐，再至。非人不暖，杜子美詩：『暖老須燕玉。』謂燕、趙美婦人如玉也。漢八十者，二算，不事。注：免二口之筭賦也。漢文帝賜米、酒、肉。唐太宗八十以上粟二斛。悼與耄雖有罪，不加刑。

九十曰耄。昏忘。飲食不離寢，膳飲從於遊。日有秩，使人受。君命。雖人不暖。天子欲有問，則就其室以珍從。日修惟絞紟衾冒，死而後制。漢九十者，一子不事。注：蠲其賦役。漢文帝賜帛絮。武帝有受鬻法，給米粟爲糜，爲復子若孫，令得身率妻妾，遂其供養之事。唐太宗九十以上粟三斛。

百歲曰期頤。人生以百年爲期；頤，養也。又與耆同。唐太宗粟三斛，加絹二疋，加版授。又，侍五人。

洪武十九年六月，詔天下行養老之政。凡耆老年八十以上、鄉黨稱善、貧無産業者，月給米五斗，肉五斤，酒三斗。九十以上，歲加賜帛一疋，絮一斤。若有田産足以自贍者，止給酒肉、絮帛。其應天、鳳陽二府，富民年八十以上，賜爵社士；九十以上，賜爵鄉士。天下富民年八十以上，賜爵里士；九十以上，賜爵社士。咸許冠帶，與縣官平禮，免雜泛差徭。正官歲一存問，給賜之物，本州縣委敦篤生員，按月詣門禮送，毋得給與陳粟，著爲令。上復謂禮部試尚書李原名曰：『尚齒所以教敬，事長所以教順。虞、夏、商、周莫不以齒爲尚，而養老之禮未嘗廢，是以人興于孝弟，風俗淳厚，治道隆平。曩者，詔天下行養老之政，尚慮有司奉行不至，爾其以朕命申之。』十九年七月，詔舉經明行脩練達時務之士，年七十以下者，郡縣禮送京師。太祖諭禮部郎中鄭居貞曰：『古之老者，雖不任以政，至于咨詢謀謨，則老者閱歷多而聞見廣，達于人情，周于物理，有可資者。』居貞對曰：『人至六十，精力衰耗，則不能勝事，請六十以上者不遣。』太祖曰：『政爲比來有司不體朕意，士有耆年便置不問。豈知老成，古人所重，文王用呂尚而興，穆公不聽蹇叔而敗，伏生雖老猶足傳經，豈可概以耄而棄之也？若年六十以上、七十以下者，當置翰林以備顧問；四十以上、六十以下者，則于六部及布政司、按察司用之。』洪武詔賜京師民七十以上、天下民八十以上，爵里士；京師民八十以上、天下民九十以上，爵鄉士。名稱甚奇。《孟子》：『友一鄉之善士、一國之善士、天下之善士。』春秋豫讓國士，漢韓信國士，戰國魯仲連天下士。里士、鄉士，皆有所本也。宣德二年二月，詔民年八十以上，每名給絹一疋，綿布一疋，綿一斤，肉十斤，酒一斗，米一石。錢塘縣民人潘士廉等四十名，皆如數給賜。

十九世同居

三世同居，蔡邕，後漢樊重。四世同居，隋劉君良，唐高安崔鄲、宋纁、鄧文瑞。三從同居，牛敬則。五世同居，奉新陰幼述，晉桑虞字子桑，桐廬戴元益，王履謙。六世同居，建昌洪文撫。七世同居，太原郭雋，温州趙友，杭州俞舉慶。八世同居，宋曹州劉懷，潞州邢濬。九世同居，唐張公藝。十世同居，宋解州董孝章。十一世同居，銅陵阮鍾雋。十八世同居，唐德安陳克。十九世同居，會稽裘承詢，大中祥符四年，旌表門閭，其後二三百年，猶號義門，真難事也。

我朝惟金華浦江鄭氏家法過之，見宋景濂《義門記》。豈非聖世之人瑞哉！

老戒

五十不造宅，六十不製衣。今有八九十歲而勤渠貪惏無止者，真馬牛也。余子幼，造宅之戒，身親犯之。

龍鍾

今人年老，行動不便，曰龍鍾，自來多不解其意。余以爲鍾，聚也。故《説文》曰『如天之鍾美』是也。蓋言龍至于老，則蟠聚而不能奮飛，故以之稱老年翁也，如鮐背之類也。李濟翁以爲鍾即涔者，謬矣。

尚父　仲父　亞父　仲兄

周太公曰師尚父，劉向曰：『師之、尚之、父之。』又，曹操、吴越王錢鏐、宦官李輔國，漢唐皆稱尚父。又，士人稱輔國曰五父，猶今之顯宦稱賊臣嚴嵩爲乾爺者，不下三五十人。又，周宣王子尚父。齊管仲、秦吕不韋皆曰仲父。蜀廣漢太守夏纂請高士秦宓爲師友祭酒，號仲父。魏道武稱奚牧曰仲兄。又項羽稱范增曰亞父。假父，見秦史，又唐張全義。

公

《禮志》曰：『古人相呼曰公。』而宋顔延之怒人呼公。鉅公，天子。上公、宰公、相公、國公、明公、府公，見史書。丞公，韓子稱縣丞。大公，酒工。又，柁工。

門子

卿之適子，曰門子，言將代父當門者也。正室皆謂之門子，鄭玄云：『正室適子也。』今以門子而加于官府隸役之身，獨何與？又，家有長子曰家督。春秋戰國時，大夫之冢嫡，亦稱太子，見孟孫、智伯、趙襄子等傳。《禮》：『卿大夫之支子爲側室。』賈誼：『非有仄室之執。』

大漢

我朝直殿將軍專選人材長大者，故曰大漢。南方人少，餘杭吴某正德間曾選中。在元名鎮殿將軍亦曰大漢。今許將軍老而退直，在寒族，長不過九尺。

長人

《河圖龍文》曰：龍伯國人長三十丈。以東，大秦國人長十丈。又東十萬里，佻人國長三丈五尺。又東十萬里，中秦國人長一丈。天之東南西北極，各有銅頭鐵額兵，長三千萬丈。又有金剛敢死力士，長三千萬丈。天中太平之都，有都甲食鬼鐵面兵，長三千萬丈。《神異經》：西南大荒中人長一丈，腹圍九尺，一名無不達。西北海外人長二千里，兩脚中間相去一千里，腹圍一千五百里，名曰無路之人。東南隅大荒中有林父高千里，腹圍百輔。崔鴻《前秦録》曰：苻堅以乞活夏默爲左鎮郎，胡人護磨那爲右鎮郎，奄人申香爲拂蓋郎，各身長一丈八尺，並多力善射，每食飯一石，肉三十斤。苻健皇始四年，長人見新平，長五丈，河流大履一隻，長七尺三寸，指長尺餘。魏咸熙大人見襄武，長二丈，脚跡三尺二寸。宋南渡，武林兄妹二人，各長一丈二尺。隆慶三年，寧國人施六來投軍門，長一丈六寸。是年又高郵衛指揮僉事陳律，腰大十圍，腹垂幾至于膝，重三百八十斤，惜不甚長耳。

朱儒

『我君小子，朱儒是使。』國人謂襄公曰小子，謂臧紇曰朱儒，蓋武仲短小故也，與侏儒同。《後漢書》：『朱儒國在東海，女王國南四千里，人長三四尺。』《拾遺記》：『員嶠山有陀移國人長三尺，廣延國人長二尺。』杭城此種人甚衆，其所生子則又皆長也。

竫人

郭璞讚：竫人，小人也，音凈。柳子厚詩：『竫人長九寸。』漢武東郡送人長七寸，名曰巨靈。東方朔《神異經》：『西海外鶴國人長七寸，西北荒中小人長一寸。』光武時潁川人張仲師長二寸。又見陶九成所紀『人腊』事，此種往往有之矣。嘉靖三十四年，衢州商人胡秀號碧泉，在餘杭新街頭楊一松家寓下，攜一小人至，長可一尺，眉目鬚髮種種皆備，乃男子也，約年五十餘歲，云至海東大洋中泊岸時，忽風浪中得此同輩男女一十七人。衆商救之，各分其一。乃以朱紅鳥籠盛之，承以木板，以米水食之，口中但聞作唧唧聲，不知所言何事。見人亦不驚懼，能周旋其間。倦則睡息，此即竫人國人也。務光，黄帝時人，皇甫謐云：『其長七寸。』

㽱人

㽱，七禾切，今作矬，與短、矮同，从矢。《方言》曰：『黨犤，短也。』㽱脆，見《文選》。又，《唐書·王伾傳》：『形容㽱陋。』

笨人

今言人之不鯽溜者曰笨。音奔，去聲，从竹，从本。故粗率也。《晉書》：『豫章太守史疇肥大，時人目爲笨伯。』《宋書》：『王微粗笨。』朱子不學，誤以孔明爲盆。

儓儗人

李太白《送魏萬》詩：『五月造我語，知非儓儗人。』今人或作默騃。《説文》：『騃，馬行仡也。』《韻會》：『病也，癡也，音呆。』《海篇》作儓。吴儂相戲，謂曰默，《廣韻》字也。至于戲罵人，曰蜜浸阿默，言死人也。回回俗：老人舍身蜜浸而死，百年後得之可爲藥，故曰蜜人，番言『木乃伊』是也。

骨董

今賣雜玩寶貨肆曰骨董鋪。《仇池筆記·陸道士詩》：『投醪骨董羹鍋内，掘窖盤游飯盌中。』蓋羅浮潁老取飲食雜烹之，名曰骨董羹，則骨董之義可知矣。又稱人之出身好者，曰骨董，想亦此意。而唐天寶初，玄宗游華清宫，有劉朝霞者獻《駕幸温泉賦》，有曰：『骨懂雖短，伎藝能長。』則又當爲骨懂矣。夫懂乃懵懂字，心亂也，豈方言然與？

執古　執方頭

今人謂不通時宜者爲執古，謂不圓活轉變者爲執方頭。執古，見唐盧仝詩云：『莫執古。』

方頭，見陸魯望詩云：『方頭不會王門事。』

惡客

黄庭堅以不飲酒者爲惡客，故云：『破卯扶頭把一杯，燈前風味喚仍回。高陽社裏如相訪，不用閒攜惡客來。』元次山以非酒徒即爲惡客，故曰：『將船何處去？送客小回南。有時逢惡客，還家亦少酣。』二公以惡客之名贈此輩，極佳。予以爲不能詩者亦當名之曰惡客，蓋皆敗人清興故也。

忙人

忙，从心，从亡；忘，亦从心，从亡，但有傍正之不同耳，如慚之與慙，悺之與悹，懈之與懈，惕之與悤可以通用者，大不相同矣，猶忡之不可以爲忠，怡之不可以爲怠，怙之不可以爲怘也。意者，人心健忘則忙矣。《列子》：『宋有病忘者。』《家語》：『魯有大忘者。』孔子謂顔淵曰：吾與汝忘是，皆心安。而善忘者若有心而偏，則甚忙矣。

閒人

閒之爲義，或曰『月到門庭方是閒』也。古皆从日，與間同，其音稍異耳。閒，亦人之所難得者。杜牧之有云：『不是閒人閒不得，願爲閒客此閒行。』吴興因建得閒亭。余性極愛閒，而閒中不能静處，尋詩、問酒、灌卉、調禽，實無暇時。因憶韓致堯有云：『書牆暗記移花日，洗瓮先知醖酒期。須信閒人有忙事，早來衝雨覓漁師。』玉山樵人可謂同調矣。

聖人昏仕非禮

《禮》：『三十而昏。』文王十五而生武王，孔子二十而生鯉。『四十强仕』，堯十三而佐封植，禹十二而爲司空，何也？

老人閉房開房

男子六十而閉房，以輔衰也，重性命也。七十太衰，寢非人不暖，故復開房。余謂古人所禀純厚，而又三十始婚，故可以至六十而後寡慾。若今人則所禀既已漓薄，而又未弱冠而遽有室，則當五十而閉房可也。如不能飲者，酒家有進户法，謂以酒漸漸誘之以開其量。余嘗謂惟壯者可以强之使進，若年老而血氣漸衰，則力不足以勝杯酌，亦當以漸而減，名之曰退户法，亦所以重性命也。詩人所云：『衰顔借酒紅。』又非復開其户之謂邪！

大老

大老，見《孟子》。宋江州民呼公曰大老，見《侯鯖録》。元老詩。二老，伯夷、太公。今杭婦稱貼夫曰二老。三漢老。漢峽中船人曰長年三老。四老，漢四皓。五老，舜臣五星精。又，睢陽。八老，淮南八公也。九老，香山。又，至道。天老，杜甫稱宰相。閣老，《唐書·楊綰傳》。堂老、廷老，皆宰相，見史。則今在殿中者可稱殿老。翰林院、都察院之類，可稱曰院老，古今但稱院長。詹事府、順天府之類，當曰府老。大理寺之類曰寺老，則爲和尚矣，可發一笑。國老，見史。室老，即家長，見《禮》。宗老、家老、鄉老，《周官》。里老、耆老。房老，妻妾長年者。嘉靖末年風俗忽變，士大夫至於小民，莫不相稱曰翁，曰老。諺云：『官無尊卑皆曰老，人無大小皆曰翁。』此人孽也。

不備人

《月令》：『先雷三日，以木鐸循道，令兆姓曰：雷將發聲，有不戒其容止者，生子不備，必有凶災。』《玄女房中經》雷電之子，必病顛狂。又，社日妊者生而白頭，犯天譴也。

生異類

虎之生豹，鸛之生鶴，鶴之生鵶，雀之生鷀，馬之生驢、騾，猶可謂之同類，未甚相遠也。至于鵰之生犬，生蛇，羊之生猪，甚于羊、狗與猪之生人，豈《莊子》所論『程生馬，馬生人』之謂邪？兵部洪尚書公在四川，報一民婦産卵四五十枚，如雞、鵞蛋。又，塘南人家雞卵生牛，後半身猶帶黄未化。餘杭猪生一人，其身首俱人，惟手足似猪。嘉靖二十六年二月，京師十王府前王健兒家，猪生五子，其一人首，後二蹄人足，生即能行。又，崇德羊生一人。弘治間錢塘湖市民家生子，一頭，兩面，二耳，四足，具男女形。正德間邵主簿家在鎮江，一産五女。嘉靖初，西溪婦生一子，兩頭一身，五臟在外。十三年，臨安一産四子，長六七寸。二十四年，良渚王本妻生一男，兩頭。隆慶初，餘杭周氏，一産四蛇，大異。

留青日札卷之十六

陳田同音

今人但知敬仲奔齊，以田易姓，以爲第用陳字之右腹耳。殊不知形既存舊，聲亦同音，蓋尊祖敬宗不忘本始也。今之田，徒年切，古亦如直珍切。《詩·定之方中》云：『靈雨既零，命彼倌人。星言夙駕，説于桑田。』漢童謡亦云：『邪徑賊良田，讒口害善人。』唐韓退之《越裳操》亦云：『孰荒于門？孰治于田？四海既均，越裳是臣。』皆可見矣。《通志》但云陳氏爲田氏，音訛也。未詳此耳。

以國爲氏

陳氏，嬀姓。初封虞城，後封於遂，今鉅野。後封於陳，今陳州，治宛丘縣。本太昊伏羲氏之墟。舜傳天下于禹，禹封舜之子商均于虞城。周武王克商，乃求舜後，以備三恪，得胡公滿，封之于陳，以奉舜祀。或曰：當周之興，有虞遏父者，爲周陶正，武王賴其器用，妻以元女。太姬生子滿而封于陳，以奉舜祀。滿，號胡公，往往以頷胡之故而得此號。成公元年，楚王爲夏徵舒弒靈公，遂率諸侯伐陳，謂陳人曰：『無恐，吾誅徵舒而已。』已而縣陳，羣臣皆賀，申叔時不賀，王問其故。曰：『鄙語有之：牽牛以蹊人之田，田主奪之牛。蹊則有罪矣，而奪之牛，不亦甚乎！今君徵兵諸侯以討不義，已而取之，以利其地，何以令于天下？是以不賀。』王曰：『善。』乃迎陳靈公太子午于晉而立之，是爲成公。孔子讀史記至楚復陳曰：『賢矣哉！楚莊王輕千乘之國而重一言。』哀公三十四年，司徒招作亂，楚靈王使公子弃疾帥師圍陳，滅之，使弃疾爲陳公。晉平公問太史趙曰：『陳遂亡乎？』對曰：『陳，顓帝之族，自幕至于瞽瞍，無違命，舜重之以明德，實德于遂。蓋商之興也，存舜之後而封于遂，世世守之。及胡公不淫，故周賜之姓。以舜居嬀汭，故姓之曰嬀而祀虞帝。且盛德必百世祀，虞之世未也。』五歲，弃疾弒靈王而自立，是爲平王。欲和諸侯，乃求陳悼太子偃師之子吴，立爲陳侯，是爲惠公。湣公二十二年，獲麟之歲也。二十四年，楚惠王使子西之子公孫朝伐陳而滅之，子孫以國爲氏。又，廣陵之陳，實劉氏，魯相無子，以外孫劉矯嗣。《河南氏志》云：『侯莫陳之後，亦改爲陳氏。』又，白氏貴，隋初改爲陳氏，是爲萬年之陳也。按陳，嬀姓也，然伍員曰：『夏少康爲有仍牧正，逃奔有虞，虞思妻之以二姚。』是則又爲姚姓也。蓋嬀姓，始于周；姚姓，自夏有之。然則堯舜妻以二女而賜之姓者，賜以姚也，謂爲嬀，誤矣。自夏之前爲虞國，至商爲遂國，未知虞之存于商否？然至周，則遂、虞皆爲姬姓國矣。而胡公之陳爲嬀，不復言姚矣。

陳田始末

黄帝生昌意，昌意生顓頊，顓頊生窮蟬，窮蟬生敬康，敬康生句芒，句芒生蟜牛，蟜牛生瞽瞍，瞽瞍生舜，凡八世。《路史》曰：『五帝之中，獨舜不出于黄帝。』虞幕生窮係，生敬康，生喬牛，生瞽瞍。舜起嬀汭，以嬀爲姓。至周武王，封舜後滿于陳，是爲胡公。傳申公犀侯，傳弟相公皋羊，傳申公子孝公突、慎公圉戎、幽公寧、釐公孝、武公靈、夷公説，傳弟平公燮、文公圉、桓公鮑，傳弟厲公佗。母，蔡女也。厲公二年，生子敬仲完。周太史筮之，卦得《觀》之《否》：『是爲觀國之光，利用賓于王。此其代陳有國乎？不在此，其在異國？非此其身，在其子孫。若在異國，必姜姓。姜姓，太嶽之後。物莫能兩大，陳衰，此其昌乎？』自胡公至完，凡十三世。七年，蔡人殺厲公，傳桓公太子免之子利公躍。五月，傳弟莊公林，傳弟宣公杵臼。二十一年，殺其太子禦寇，完懼禍奔齊，乃齊桓公小白之十四年也。桓公欲使陳完爲卿。完曰：『羈旅之臣幸得免負擔，君之惠也，不敢當高位。』桓公使爲工正。工正者，《周禮・冬官》爲考工，主器械者，或曰掌百工也。齊懿仲欲妻敬仲，卜之，占曰：『是爲鳳皇于飛，和鳴鏘鏘。有嬀之後，將育于姜。五世其昌，並于正卿。八世之後，莫之與京。』敬仲以陳字爲田氏。或曰陳、田聲相近也。應劭曰：『始食采地，由是改姓田氏。』然齊無田邑。完，字敬仲，《史記》曰謚也。生田穉孟夷，或作夷孟思。生田湣孟莊，一作孟芷，或作閩孟克。生文子田須無，諫莊公厚客晉欒盈，弗聽。生桓子田無宇，有力，事莊公，有寵。生武子田開、釐子田乞。乞事景公爲大夫，以小斗受賦税，以大斗予粟，行陰德于民，得齊衆心，宗族益彊，民思田氏。使乞救范中行氏，輸之粟。逐國惠子，斥晏孺子荼，而立悼公陽生于家，遂爲相，專齊政。生成子田常，相簡公壬，復修釐子之政。齊人歌之曰：『嫗乎采芑，歸乎田成子！』以田豹、田子行言殺監止、子我。遂殺簡公，立平公驁。常相之，修功行賞，親于百姓。言于平公曰：『德施人之所欲，君其行之，刑罰人之所惡，臣請行之。』五年，齊政皆歸于常。割安平以東至琅琊，自爲封邑，大于平公之所食。生襄子田盤，一作壁，作班。他男七十餘人，或曰百餘人。盤相宣公，使其兄弟宗人盡爲齊都邑大夫，以有齊國。生莊子田白，一作伯，相宣公。生悼子田□、次太公田和，相宣公。五十一年，田會自廩丘反。康公貸十四年，和遷康公海上。十八年，和與魏、楚、衛會濁澤，求爲諸侯。文侯請于周天子，許之。十九年，立和爲齊侯，紀元年。生桓公田午。或曰：午弑田侯剡及孺子田喜而兼齊。生威王田因齊。故齊康公卒，絶無後，奉邑皆入田氏，自稱爲王，以令天下，最彊于諸侯。生宣王田辟疆，三晉之王皆朝于博望。生湣王田地，一作遂。三十六年，王爲東帝。二月復爲王，欲并周室爲天子。泗上諸侯，鄒魯之君，皆稱臣，諸侯恐懼。四十年，樂毅入臨淄，走莒。淖齒殺之。生襄王田法章，安平君田單復齊。生王田建，四十四年，秦虜王建，遷之共。齊人怨之，歌曰：『松耶柏耶？住建共者客耶？』疾建用客之不詳也。自完至和，凡十一世。自和至建凡九世。歲壬寅，呂齊絶；歲庚辰，田齊滅。秦二世元年，齊王田儋二年，齊王田假一年，齊王田都元年，膠東王田市三年，齊王田榮二年，濟北王田安元年，齊王田廣二年，齊王田横一年。起壬辰至丁酉而滅，共六年。漢興，諸侯田並徙陽陵，後又徙北平。其族田角、田間徙關中。自春秋至漢，代有聞人，皆敬仲之苗裔也。漢求帝後嬀冒爲始睦侯。王莽時封田豐爲世睦侯，一作代睦侯，奉敬仲後。子恢避莽亂，居吴郡，改姓嬀氏。五代孫敷又改爲姚氏，至後魏孝文，詔訪舜後，獲萊郡民嬀苟之，復其家。

第二氏

第二氏，其先齊諸田，漢武帝徙諸陵，以門秩次第，田廣之孫田登爲第二氏。

第五氏

第五氏，嬀姓，齊諸田之後。

第八氏

第八氏，出陳留。《風俗通》：『亦齊諸田之後。』田廣弟田英爲第八門，因氏。王莽時，有講大夫第八矯，皆以次爲氏也。

苟田氏

苟氏之族見於後世者，亦有田氏。

田車氏

田千秋因賜小車，改爲車氏。後魏車焜氏亦爲車氏。

田紇干氏

後周田弘爲大司空、鴈門郡公，賜姓紇干氏。紇干氏，本代人，孝文帝復改爲干氏。

田王氏

齊諸田子孫他徙者，人稱之曰王家，其後世遂爲王氏。

田光氏

田光之後，秦末避地，以光爲氏，故有光氏。然田光有二：曰先生者，見《信陵君傳》；曰守相，走城陽，見《田儋傳》。

聞人氏

聞人氏，《風俗通》：『少正卯，魯之聞人。』其後遂以聞人爲氏。然聞達之人，皆謂聞人，何必少正卯以惡聞也？漢有太子少傅聞人通，沛人，治《后氏禮》。宋大觀登科聞人宏、政和聞人穎立，秀州人；聞人韶，金華令。

聞氏

聞氏，即聞人也。宋登科有聞見昌、聞舜舉。此皆以凶德爲氏也。愚則以爲聞，《説文》：『知聲也，从耳，門聲。』《禮》曰『謏聞』。《書》曰『敷聞』，曰『無窮之聞』。《詩》曰『聲聞』，曰『令聞』，皆美稱也。又安知不有名人者，因之以得姓爲聞者乎？又何必聞之同於聞人也！况閺，又地名，弘農有閺亭。《前漢書》有湖閺鄉。孟康曰：『閺，古閺字。』建安中，正作聞。如『鄭興客受聞鄉』是也。又，武帝經桐鄉，聞破南粤，故置聞喜縣，今山西也。安知不有名人者，以地爲姓乎？

田以事爲氏

漢王充論五音、五姓之妄，而曰：『古者有本姓，有氏姓。陶氏、田氏，事之氏姓也；上官氏、司馬氏，吏之氏姓也；孟氏、仲氏，王父字之氏姓也。以本姓則用所生，以氏姓則用事、吏、王父字。』則田之氏姓，因上世有事于田農，如神農、后稷、遂師、田畯之類，或未可知也。然胡公滿乃陶正之子，其後不爲陶氏，何也？

姓

姓，《説文》：『人所生也，从女，生聲。』乃曰：『古者神母感天而生子，故从女。』則非也。蓋男女無不由母以生，故制字从女生也。非特諧聲，本會意也。古作㚷。囧，窗牖麗明，象形也。从生，从囧，象人生所自出之門户也。《白虎通》曰：『姓，生也，人所禀以生也。』故祖父之相生，雖百世此姓不改。唐玄宗問于張説曰：『今之姓氏皆云出自帝王之後，古者無民邪？』説對曰：『古者民無姓。有姓者，皆有土有爵者也。故《左傳》云：天子命德，因生以賜姓，胙之土而命之氏。黄帝之子二十五人，得姓者十四而已。其後居諸侯之國土者，其民以諸侯之姓；爲姓居大夫之采地者，以大夫之姓爲姓。莫可分辨，故云皆出自帝王也。』此論極正，非鑿空臆度之言。譬如今之大姓巨族之里，其旁義男家生多竊附主人之姓，以長其世。數代之後，遂莫能辨其真僞矣。以今證古，不亦尤著明也邪！三代以前，姓以别婚姻，氏以辨貴賤。三代以後，姓氏浸廣，年世既遠，族類益繁，於是以氏爲姓而索之族矣。自五胡、金、元，華夷大混，又有以部落爲姓者，有因功賜姓者，有因過、因刑改姓者，有避仇、避難、避嫌改姓者，有慕前賢名字冒姓者，有音訛及音同文異，或文同音異轉姓者，有省文省言轉姓者。又，國初禁從蒙古之姓，小民畏懼，乃併古之覆姓，去其一字，若皇甫之爲皇，呼延之爲呼，赫連之爲連，聞人之爲聞者，又不可勝計也。翰林編修吴沉爲《千家姓》表進，凡一千九百六十八姓，然尚有遺者。

氏族

氏，《正義》曰：『猶家也。』《釋例》曰：『别而稱之曰氏，合而言之曰族。』曰姓氏者，姓以繫統百世，使不别；氏以别子孫之所出。言姓則在上，言氏即在下，如今云姓田氏、姓聞氏也。族者，屬也，子孫共相連屬，其旁支别屬各自爲氏。天子賜姓命氏，諸侯命族。夏之苡氏，以吞薏苡而生也，今作姒；商之子氏，以吞燕子而生也；周之姬氏，以履大人綦而生也。推此可知矣。

名

名，自命也，从夕、口。夕者，冥不相見，故口以自名也。《白虎通》：『殷以甲乙名，不以子丑名。』『甲乙，幹也；子丑，枝也。』後世不知此義，以地枝名者多矣。《周禮》：『子生三月，妻以子見于父，父執子之右手，咳而名之。』又，名子不以日月，不以山川。又，若子已孤，不更名。

《左傳》申繻曰：『名有五：有信，有義，有象，有假，有類。以名生爲信，以德命爲義，以類命爲象，取于物爲假，取于父爲類。不以國，不以官，不以山川，不以隱疾，不以畜牲，不以器幣。周人以諱事神，名終將諱之。故以國則廢名，以官則廢職，以山川則廢生，以畜牲則廢祀，以器幣則廢禮。』不諱嫌名，二名不偏諱。逮事父母，則諱王父母；不逮事父母，則不諱王父母。君所無私諱，大夫之所有公諱，詩書不諱，臨文不諱，廟中不諱。夫人之諱，雖質君之前，臣不諱也。婦諱不出門，大功、小功不諱。古者諱名不諱姓，生曰名，死曰諱。今稱人曰尊諱，非禮也。

字

《禮》：『男子二十冠而字。』冠而字之，敬其名也。字，本乳也，从宀、子，子亦聲。王充曰：『古者立字展名，取同義名賜字。子貢名予，字子我是也。』《公羊傳》曰：『名不如字。』古之君子之名子也，必以信義而擇淑令，所以祥其名也。不以官職，所以殊其名也；不以畜幣，所以重其名也；不以隱疾，所以顯其名也；遍告内外，所以昭其名也；書而藏之，所以寶其名也；賤者避焉，所以貴其名也；冠而有字，所以尊其名也。名成乎禮，字依乎名。名，字之本；字，名之末也。故曰字以表德，有德可表，則表之。今無德而字之，則亦妄人而已，適所以辱其名也，又况降而爲號乎！別號之興，寒泉、樗里，兆于春秋，蓋周末文勝之弊也。乃今降及輿臺，罔不有號。嗟乎彼哉！

單名　兼名　單字　兼字

名之或單或兼，示非一也。《春秋》讖二名，謂其無常也。今爲吾子孫約以二十字爲兼名，曰世、益、殷、齊、業、嘉、謀、自、祖、貽、允、能、承、永、志、方、遂、萬、年、思。蓋欲其有序而不紊也。然字亦有單有兼，仲尼、伯魚，兼也，皋陶字隤，顏回字淵，曾點字皙，皆單也。在後世，則兼字通行矣。

伯仲季

《禮》：『五十乃加伯仲。』《白虎通》：『五十知天命，思慮定也，能順四時、長幼之序，故以伯仲號之。』伯，長也，大也；仲，中也，次也；季，少也，末也。《風俗通》曰：氏于字，伯、仲、季是也。或稱孟、仲、季。孟，亦長也，始也。或稱伯、叔、季。叔，本拾也，收拾之也。周之有太伯、仲雍、季歷也，魯之有孟孫、叔孫、季孫也。文王時，南宮氏之有二伯、二仲、二叔、二季，所謂周有八士也。然重仲叔而不重伯孟者，明長之不可二也。伯夷、仲遼而曰叔齊。叔，即季也，猶叔世曰季世也。伯牛、仲弓之稱，未必皆五十而後加也。女子亦自爲伯仲，法陰陽各有終始也。十五通乎織紝之事，思慮定，故許嫁笄而字，若伯姬、孟子、季女是也。

子稱父名

古人質實，不獨子思稱祖仲尼，如漢爰種亦稱叔父盎字曰絲。又，張頡乃張堪之子，至爲朱暉曰：『大人不與堪爲友。』暉曰：『堪嘗有知己之言。』則是子稱父名也。

母稱子字

晁錯之父稱子曰公。班昭《女誡》曰：『恒恐子穀負辱清朝。』子穀者，曹成之字，乃曹壽之子也。《魏畧》：『單固字恭夏，其母夏侯氏謂之曰：「恭夏，汝本自不欲應州郡也，我强故耳。」』

人自稱其字

自宜呼名，乃有自稱字者。王猛誓衆曰：『王景畧受國厚恩。』王貞《與齊王陳啓》：『孝逸生於戰争之季。』崔頤《答豫章王書》亦自稱『祖濬』。隋帝亦稱曰：『崔祖濬聞一知十。』元結《與何員外書》，自稱曰次山白。

田氏古諱不當犯

諱古人名，厚道也，況姓同乎？後人避之，毋自薄也。因嘉靖間，錢塘一輕薄子試于有司，與世父同諱，故著之編。世父名在正德己卯科鄉試録中，特小人無忌憚耳。凡見于前者茲不重出，聊録其行概云：田穰苴大司馬，有《兵法》。田開之周威公時。田單安平君。田豹齊。田無擇字子方，魏文師。田需魏人。田既齊將軍。田逆齊。田駢稷下，號天口，作《田子》。田嬰一作肦，靖郭君。田文嬰子，薛孟嘗君。田吸齊將。田生騶人，善韓子雜家説。田忌一名期思，徐州。田軫即陳軫。田解齊將。田俅子有墨家三篇。田光齊守相，凡三人。田光燕處士，稱先生。田光漢盧奴令。田仲魏君士，楚游俠。田連善鼓琴。田蘇晉。田景宋。田何善《易》，見《高士傳》。田巴善鼓瑟。田不禮趙臣。田邑　田叔字少卿，漢魯相。田仁叔子，司直，趙人。田蚡長陵人，武安侯。田甲賈人。田千秋丞相，富民侯。田弱薦法真。田肯　田確凡二人。田廣明大鴻臚。田豫字伯讓，大夫。田彭祖豫子。田洛晉刺史。田延年字子賓，大司農。田基晉中牟人，司徒。田嗣陽平人，將樂子。田泓晉將。田疇字子泰，魏亭侯、議郎。凡二人。田續疇從孫，關内侯。田章晉護軍，綿州人。田德平參軍。田安興下邽人，魏太守。田長樂安典子。田式字顯標，長樂子，三世本郡太守，封公。田信式子，隋儀同。田興祖刺史。田益宗興祖弟，光城人。曲陽伯，謚曰莊。田魯生隋太守。田魯賢　田纂皆益宗子。田翼隋孝行。田弘字廣略，雁門郡公。田仁恭字長貴，弘子，上柱國。田世師仁恭子，高平人。田德懋仁恭子，平原公。田軌雍州長安人，隋信都郡公。田弘軌子，信都郡公，刺史。田仁會弘子，將軍，謚威。田歸道仁會子，原國公，謚烈。田賓庭仁會子，唐光禄卿。田神功冀州人，信都王。田神玉弟，汴宋節度留後。田朝常山、雁門郡王。田璟平州人，都水使者。田守義璟子。田承嗣守義子，雁門郡王。田華承嗣子，太常少卿。田緒字緒，承嗣子，駙馬都尉。田季安字夔，緒子，太尉。田懷諫季安子，衛將軍。田廷琳守義子。田廷惲璟子，司馬。田廷玠廷惲子，尚書。田縉字雲長，扶風郡公。田悦廷琳子，唐濟陽郡王。田弘正字安道，廷玠子。初季安愛之，故名興，朝廷賜今名，中書令，謚曰忠愍。萬卷樓沂公史例。田布字敦禮，弘正子，節度尚書僕射，謚曰孝，天下稱忠義田氏。田少卿代國公。田鐬布子，刺史。田融弘正兄，太子賓客留守。田羣弘正子，刺史。田肇弘正子，代弟羣死。田牟弘正子，尚書左僕射。田昂梁鎮南將軍。田晁節度使。田秀　田昉刺史。田在賓將軍。田頵字德臣，合肥人，平章。田鳳唐京兆判官，即京兆田郎。田澄唐蜀人，能詩。田游巖三原人，入太白山，隱箕山，號許由東鄰，拜崇文館學士，洗馬。田鸞食柏葉，得仙。田璆得仙。田志亨蠡吾人，通真子，得仙。田敏鄒平人，梁少保。田章敏子，殿中丞。田錫洪雅人，宋侍郎。田况陽翟人，少傅，謚宣簡。田晝字承君，况從子，校書郎。田渭縉雲人，進士，浙東提舉。田疇華亭人，六舘士，北面。田仁朗知州。田祐恭思州人，世守本州。田瑜壽安人，學士。田闢南康人，世稱義方田氏。田如鼇進士，轉運副使。田如鵬進士。田如鵠進士。田如鴻進士。田京滄州人，諫議大夫。田開知州。田洄刺史。田告濟東人，善《太玄》。田照鄰知縣。田紹斌汾州人，團練使。田重進知州。田琢字器之，安定人，尚書。田景遷刺史。田真子晉江人，進士。田鎮則字朝英，分宜人，進士。田澹宗正丞，僞學黨籍。田偉江陵人，宋尉，有博古堂藏書五萬七千卷，世稱荆南田氏。田鎬偉之子。田真京兆人。田廣　田慶紫荆田氏。田子真侍郎。田雄元京兆總管。田灝字默之，興中人，遼尚書。田道源宋太傅，葬西湖。田確安陽人，金尚書。田温荆州人，元守本州。田滋開封人，元開封郡公。田槩北平人，有《金石録》六卷。田忠良字正卿，方技，忠獻公。田天澤忠良子，學士。田章皋巴東人，光禄大夫。田豐山東人。

田氏本支譜圖

田九疇一世。元末人，無嗣。田得源二世。本聞氏，生二子。田瓊三世。字廷瑞，生二子。田英四世。字仲美，生三子。田邦五世。字人寧，朝議公，三子。

田汝登六世。字伯禾，鄉貢士，無子。以藝蘅爲嗣，今以次孫世傳爲之後。田世傳八世。田益九世。田殷十世。

田汝成六世。字叔禾，進士，亞中大夫，生二子。田藝蘅七世。字子藝，生三子。田世守八世。田世得八世。田世爵八世。田益大永，九世。田益九世。田殷潤治，十世。田殷十世。

留青日札卷之十七

越絶書人姓名字考

余嘗作《越絶書序》，見文集上二卷。所云：『以去爲姓，得衣乃成。厥名有米，覆之以庚。以口爲姓，承之以天。楚相屈原，與之同名。』去而得衣，非袁乎？米而覆庚，非康乎？此則姓袁名康也。蓋袁，長衣貌，从衣，叀省聲，毛氏云：『从口，俗从厶。』非也。康，本古文米康字，从米，庚聲。口承以天，當爲吴。屈原同名，當爲平。此則姓吴名平也。吴，大言也，从矢、口；大言，故側口以出聲。《類苑》云：『如言有口爲吴，無口爲天，是古文變隸易楷之訛，非从天也。』又，王充《按書篇》云：『臨淮袁太伯袁文術、會稽吴君高。』又云：『君高之《越紐録》。』臨淮郡，漢武帝置，今徐州。會稽，秦郡，漢爲吴國，今蘇州。以康爲泰也，則當字曰太伯；以康爲衢也，則當字曰文術。蓋術者，道路也。豈兩人邪？或一人而二字也。高平曰原，故屈子名平而字原。今平之字曰君高，宜也。况漢之高平縣，屬臨淮，亦其證也。越紐者，即越絶也。蓋紐有結束之義，即絶之所謂斷滅也。紐有關紐之義，即絶之所謂最絶也。豈初名《越紐録》，而後定爲《越絶書》邪？又，《隋志》作《越絶紀》，漢《文選》注，有『富中《越絶書》』。

泰伯　季歷

周泰伯既爲吴開國之君，使袁康而吴人也，則不當復字曰太伯；使越人也，則是幸吴之亡而犯賢聖之字矣。以此推之，則『越絶』本含兩義，而文術之字爲當也。論者曰：太王亶父以王季之可立，故易名爲歷。歷者，適也。太伯覺悟，之吴越采藥，以避王季。使太王不易季名而復字之季，太伯豈覺悟以避之哉！又以此推之，則季歷之名文王曰昌，西伯之名武王曰發，是三代皆有無君之心矣。故曰：『至于太王，實始翦商。』又曰：『西伯陰行善政。』皆可疑也。泰伯真至德矣。

越句踐四世五世考

周貞定王四年丙子，乃越伯句踐三十二年冬十一月。句踐卒，子適郢立。見《左傳》。《紀年》作『鹿郢』，《史記》作『鼫與』。十年壬午，伯適郢六年卒，子不壽立。二十年壬辰，伯不壽十年卒，子翁立，是爲朱句。威烈王十四年己巳，越伯翁三十七年卒，子翳立。二十二年丁丑，乃越伯翳之八年，次年戊寅入《通鑑》。《史記·越世家》：句踐卒，四世而至王翳，翳卒，子王之侯立。《索隱》引《紀年》云：翳遷于吴，三十六年七月，太子諸咎弑其君翳。《吕氏紀》：越授有子四人。越王之弟曰豫，欲盡殺之，而爲之後。高誘注：授乃句踐五世孫。《越絶書》：

『句踐子與夷，與夷子子翁，子翁子不揚，不揚子無疆，楚威王滅之。無疆之子之侯竊自立爲君長。之侯子尊，尊子親，親失衆，楚伐之，走南山。』《淮南子》：『翳賢不欲爲王，逃于山穴之中。越人以火熏之出而立之。』虞翻曰：『越王翳讓位，逃于巫山之穴。越人熏而出之。』斯非泰伯之儔邪！見《三國志》注。越人三世弑其君，王子搜患之，逃乎丹穴，而越國無君，求王子搜不得，從之丹穴，王子搜不肯出，越人熏之以艾，乘以王輿。王子搜援綏登車，仰天而呼曰：『君乎，君乎！獨不可以舍我乎？』搜，素善反。又，悉遘反，邀遘反。李云名。《淮南子》作『翳丹穴』。《爾雅》云：『南戴日爲丹穴。』見《莊子》。元王三年，越滅吴，盡有吴地，傳六世，至王無疆。伐楚，大敗，顯王三十六年也。楚威王殺無疆，盡取故吴地，至浙江，越以此散亡。是《史記》：『句踐之四世王翳，五世王之侯。』高誘：『句踐之五世授。』《紀年》：『四世翳，五世諸咎。』《越絶》：『四世無疆，五世之侯。』又云：『句踐生鼫與，鼫與生不壽，不壽生翁，翁生翳，翳生之侯，之侯生無疆，實六世。』舊經云五世者，誤也。見《浙江通志》注。惟《史記》與《越絶》頗合，豈無疆爲翳之字邪？之侯，疑即諸咎之音訛也。《紀年》『諸咎弑其君翳』，而《越絶》則『楚滅無疆，之侯竊自立爲君長』，觀『竊』字之意，亦頗可疑。或以爲翳即豫，鼫與即夷與，不揚即不壽，而諸咎即授之子，皆未可知也。

夏啓周武王皆八十二歲即位

禹年一百六歲而卒，啓即位年八十二歲，則啓生時禹年二十四歲。而紀云禹三十未娶，行至塗山而娶女憍，何也？文王年九十七歲而卒，十五歲而生發，則武王即位時亦當八十二歲。在位十九年，則是一百一歲。而《紀》云九十三，亦誤也。又云殷王祖甲二十八祀，庚寅生昌，則又六年而爲廩辛，又六年而爲庚丁，又二十一年而爲武乙，又四年而爲太丁，又三年而爲帝乙，又三十七年而爲紂辛，凡一百一十年而商亡。文王壽九十七，則死後十三年而武王興也。伯夷罪之曰：『父死不葬，爰及干戈。』信十三年而不葬，則武王誠不忠不孝者矣。近作《四書人物考》者，皆失于考證，何也？

周武王老而娶吕邑姜

文王十三而生伯邑考，十五而生發。則武王之生乃庚丁三年甲辰也。文王至紂十五年而始得吕尚，則武王已年七十六七矣。而云娶吕尚女邑姜，豈其父方十二即冠而娶太姒，顧其子反老耄而始婚邪？非人情也，亦非禮也。况太公此時已八十矣，故西伯稱之曰：『叟樂此邪？』則翁婿年相若矣。以年相若之婿而又稱其翁曰『師尚父』，豈情之所安也哉？

孔子傳考正

孔子以魯襄公二十二年庚戌十一月庚子生，或作十月二十一日。六歲而顔路生，九歲而子路生，十五歲而閔子騫生，十九而娶亓官氏，亦非三十而婚之禮也。二十而生伯魚，時爲委吏、司職吏。《史記》言弟子益進。此時諸門人皆未生，不知果何弟子也？二十九歲冉有、仲弓生，三十巫馬期生，三十一顔淵生，伯魚年十一矣。三十二子貢生，三十五樊遲生，次年原憲生。本傳云：『夫子自周反魯，弟子稍益進。』顔子方六歲，不知又何人也？又云：『魯亂適齊，爲高昭子家臣，以通乎景公。』夫孔子三十歲時，景公與晏嬰適魯，既有秦穆公之對，而景公説矣。至此，又何必自辱爲家臣以通乎景公也？不臣于晏嬰，而臣于高昭子，何也？三十九澹臺滅明生，四十二公西華生，四十五卜子夏生，陽虎亂，季氏僭，夫子不仕，退而修《詩》、《書》、《禮》、《樂》。弟子彌衆，至自遠方莫不受業。時顔子方十五。次年，而子游、曾子方生，乃問欹器。夫十七而孟釐子稱其達，三十三而齊景公稱其聖人之智，四十二而知桓子之羵羊，辨吴專車之骨，反獨不知宥坐之器而問焉，何也？本傳：『四十七爲中都宰。』《史記》在五十一年。次年子張生，又次年子賤生。五十一誅少正卯，《史記》遲五年。五十七畏于匡，顔淵後，年二十七，子路年四十八，而由之本傳在五十四困陳蔡之後，亦誤也。六十，宋司馬桓魋逐之，適鄭，立東門。鄭人謂子貢曰：『東門有人，其顙似堯，其項類皋陶，其肩類子産，自腰以下不及禹者三寸。』此人固未嘗見堯、禹輩，而乃云然者，不亦妄哉！喪狗之言，好事者傅會輕侮之文也，而學士大夫信之，可發一笑。六十一，與蒲人盟，毋適衛。遂適衛，子貢曰：『盟可負邪？』子曰：『要盟，神不聽。』此非聖人之言也。夫神雖不聽要盟，君子既與之盟，雖要亦不可負也。終欲負之，何如其初之不從邪？自陳遷蔡，《史記》作六十，傳多三年。戹陳、蔡之時，弟子有愠心。子路時五十四，子貢三十二，顏子三十三，則伯魚當四十四，傳云『鯉五十而卒』，則顏子亦當四十三四矣，以請車之事知之也。何以曰『三十二而卒』，夫子惜其短命，無明文也。夢奠時，傳作七十三。吴氏曰：『時伯魚已歿六年。』則又當爲七十五矣。此皆《人物考》之失考者也。

仲尼庶生

孔氏，子姓，出宋閔公之後。閔公生弗父何，以有宋而授厲公。三世，生正考父，傳所謂『三命滋益恭』者。考父生孔父嘉，爲大司馬，即宋華父督殺嘉而取其妻者也。其子奔魯，後世以字爲孔氏，又爲孔父氏。五世曰叔梁紇，有女無子。妾生孟皮，有足疾，後娶顏氏之三女徵在，生仲尼。三歲父亡，十七歲母亡。仲尼生鯉，伯魚出妻嫁于衛，庶氏生二子：長，早喪無子，所記『子思之哭嫂爲位』是也；一子相承，至九世。次即伋，子思之子名白，字子上。

舜妹　孔妾

人皆知舜有敤弟，而不知有敤妹。史曰『父母不愛，弟妹不親』是也。仲尼之妾，人所未知者。宰我對楚昭王曰『夫子妻不服采，妾不衣帛』是也。《禮》：『四十無子而後娶妾。』孔子二十而生鯉，此必婢耳。豈亓官氏既出而畜之者邪？妻既出矣，則于六十六歲之下，不當復書曰『夫人亓官氏卒』。

丘尼取義

孔，大也；丘，土之高也。尼，古夷字。夷，平也，蓋高而平之，命名、命字之義也。如言陵夷，若丘陵之漸平也。如《漢·藝文志》『公孫尼子與夷同』是也。何必神之曰『禱于尼山』而云然哉！古亦作𡰥，《漢書》𡰥江，地名。司馬𡰥，人名。又尼，從後近之也，猶昵也，又，和也。《尸子》曰：『悦尼而來遠。』即孔子所謂『近者悦，而遠者來』也。尼，通作屔。屔，反頂受水。丘从山，尼聲，言頂當高反下，故曰反頂，引孔子象屔丘山，四方高，中央窊下也。又曰：『孔子反宇。』見《文選》注。又《後漢·高獲傳》：『爲人尼首方面。』

孟子傳考

孟氏，姬姓，魯桓公子慶父之後也。慶父曰共仲，本仲氏，亦曰仲孫氏。爲閔公之故，諱弑君之罪，更爲孟氏，亦曰孟孫氏。又，衛有公孟縶之後，亦曰孟氏。齊有孟軻，字子車。秦有孟説，齊有仲孫湫，韓有仲孫章。蓋孟以次爲氏也。孟子，周定王三十七年夏四月二日生，即今之二月；赧王二十六年春正月十五日卒，即今之十一月。年八十四歲，母仉氏。

四明公

東有啓明；文王，西伯；邵公，召南也。而段成式乃以爲夏啓爲東明公，文王爲西明公，邵公爲南明公，季札爲北明公。又不知吴延陵何以屬北，可笑之甚！

老成氏　考成氏

老成子，古賢人。其裔孫曰老成方，爲宋大夫，著書十篇，言黄老之道。又，考成子著書述黄老之道，《列子》有考成子幼學於尹文先生，見《通志》，以吉德爲氏。

舜文五人

舜有臣五人，曰禹、稷、契、皋陶、伯益也。荀子曰：『禹得益、皋陶、横革、直成爲輔。』《吕氏春秋》曰：『禹得陶、化益、真窺、横革、之交五人。』化益，《世本》宋衷注：『伯益也。』真成，即直成也。文王五臣：虢叔、閎夭、太顛、散宜生、南宫适也。見孔子答孟武伯問。晉重耳自少好士，年十七有賢士五人，曰趙衰、狐偃、賈佗、先軫、魏武子。孟獻子有友五人，曰樂正、裘牧仲，孟子忘其三人。今按仲孫蔑嘗曰：『吾甚貧，惟有二士，曰顔回、兹無靈者。使吾邦家安平，百姓和協，惟此二者耳。』本作姓裘，名牧仲。衛太子與五人介，輿猳從，曰太子、良夫、宦者羅。伯姬，孔悝母也。

伯夷　仲遼　叔齊

孤竹君墨台，音眉怡，見《孔叢子》注。一作默台，見《路史》。名初，字子朝，見《韓詩外傳》。孤竹，國名，即觚竹，北海之孤山是也。太史公《伯夷傳》曰：『伯夷、叔齊，孤竹君之二子也。』而不知孤竹君有三子：曰伯夷，名允，一名元，字公信，乃元子；曰伯遼，名憑，乃中子；曰叔齊，名致，字公遠，一作智，字公達，乃嫡子。或曰夷、齊，謚也，畧見《春秋少陽篇》。伯遼，見周曇《詠史詩》注。伯，當作仲。見吾衍《閒居録》。初欲立夷，不可。初薨，夷、齊偕巽去，之北海之瀕。於是立憑。或曰憑，夷、齊之弟，一曰異母弟。見《烈士傳》。漢光和元年，柳城岸壞，遼守虞翻夢人曰：『予，伯夷之弟，孤竹君之子，遼海見漂。』旦往視之，有浮棺尸絳衣露冠者，葬之。又《搜神記》：『見浮棺，破之而語，破者尋死。民有强保視者，皆無病而死。』此其異也。宋元符三年，封伯夷爲清惠侯，叔齊爲仁惠侯，而仲遼則無傳，故世罕知之。後墨台氏辟難，改爲墨氏。又改爲怡氏，故其後有怡寬，後漢樅陽侯竹晏報怨不改姓，加二作竺，以存夷、齊是也。又，齊太公之祖亦名伯夷。

三千人

夏桀牛飲者三千人，孔子從學者三千人，孟嘗君四公子食客各三千人，漢高祖夜出美女三千人，宋武帝三千歌舞宿層臺，不過皆言其多耳。

四皓

會稽太守王景興問士於虞翻。翻對曰：『鄞大里黄公，潔己暴秦之世，高祖即祚，不能一致，惠帝恭讓，出則濟難。』《會稽續志》云：『黄公之賢，列於四皓，在秦、漢時，乃里人也。』晉夏統言：『會稽土地風俗，其人循循然，猶有黄公之高節。』王元之在汝州有詩云：『未必頸如樗里子，也應頭似夏黄公。』畢文簡譏之，以謂不當云夏黄公。杜子美詩云：『黄綺終辭漢。』王逸少有《尚想黄綺帖》。陶淵明詩云：『黄綺之商山。』《南史》阮孝緒云：『漢道方盛，黄綺無閒山林。』是皆以黄爲姓矣。《王貢傳序》四皓名字當讀爲綺里季夏，而後人誤讀爲夏黄公者，亦猶樂正、裘牧仲之誤耳。袁正獻之父作《甕牖閒評》云：『今王姆，乃黄墓也。舊傳爲秦世黄公墓云。』又曰：『黄姑林，即黄公林也。』《輿地志》云：『鄞有大里、夏里，黄公所居。』按：今鄞無大里，亦無夏里。今有仲夏，亦傳爲夏黄公所居云。《史記·留侯傳》註：《陳留志》云『公姓崔，名廣，字少通，齊人，隱居夏里，修黄老之道』云。先有崔姓者，作家乘，故撰黄爲崔，以誣祖之豐南禺道生亦云：公姓崔，名廣，下黄人也，故號下黄公。古有内黄、外黄、上黄、下黄，皆趙、魏地，見應劭《東觀漢記》。黄伯思《東觀餘論》云《奉化志》謂爲奉人，《定海志》謂爲定人，俱非。《定志》以舟山有黄公墓，乃後漢道士赤刀厭虎，爲虎所食者。廣，一作廓。園公，姓唐，名秉，字宣明，襄邑人，居東園。一作圈。角里，姓周，名術，字元道，河内軹人，太伯之後，號霸上先生。今洞庭山有角里村，一作禄里。綺里，姓朱，名暉，字文季。《姓氏書》：『綺里，姓季氏也。一作綺李。』皆不可信。

南子　子南

衛夫人南子，少子郢字子南。又，楚令尹子南。又，孔子弟子秦祖字子南。

古先生

唐詩：『依止古先生。』一作『故』，乃竺乾國人，善入無爲。

劉季非字

漢高祖，荀悦曰：『諱邦，字季。』蕭何曰：『劉季固多大言。』呂媪曰：『何自妄許與劉季？』呂后曰：『季所居上常有雲氣，故從往，常得季。』夫季當爲行，如古之伯、仲、季，非字也。如後曰追尊兄伯號曰武哀侯。伯名演，字伯升。又曰：『始大人常以臣亡賴，不能治産業，不如仲力，今某之業所就，孰與仲多？』仲，郃陽侯，名喜，能爲産業，見《漢書》。是知伯、仲，非二兄之字，皆行也。古人質樸，故以伯、仲、季爲字稱耳。如云：『會羽季父左尹項伯。』師古曰：『伯者，其字也，名纏。』《越絶書》：『吴王濞，父字爲仲。』又曰：『邦之字曰國者，蓋臣下以國避諱，代邦之義也。』如文帝諱盈之字曰滿。師古曰『臣下以滿字代盈』是也。後光武諱秀，字文叔。伏侯《古今注》曰：『秀之字曰茂。』伯仲叔季，兄弟之次，長兄伯升，次仲，故字文叔焉。

皋伯通　高伯通

梁鴻，字伯鸞，易姓運期，名燿，字侯光。其妻，同縣孟氏女。傳云：『字之曰德曜，名孟光。』多一孟字，當名光裁是。其妻既云『狀肥，醜而黑』，又云『衣綺縞，傅粉墨』，『遂至吳，依大家皋伯通』。初，鴻友人京兆高恢，及鴻思恢，作詩曰：『鳥嚶嚶兮友之期，念高子兮僕懷思，想念恢兮爰集茲。』三句，後二句都不成詩。既曰『念高子』，又曰『想念恢』，不惟姓名俱用，亦重複無味也。《高士傳》：『恢字伯通。』恐是高、皋同音，而伯通同字也。

夫人　細君

徐夫人，男子姓名。《荆軻傳》：『得趙人徐夫人匕首。』漢武帝時丁夫人，越人也，以詛軍爲功右師。細君，亦唐博士姓名。見《包咸傳》。漢樊崇，字細君。師古曰：『東方朔妻名細君。』又烏孫公主劉細君。

陳姥

諸葛亮遺司馬懿巾幗。梁臨川王宏侵魏，魏遺以巾幗，歌曰：『不畏蕭娘與吕姥。』謂吕僧珍也。隋陳積不敢出戰〔二〕，杜伏威遺以婦人服，致書稱爲陳姥，則仲達亦當爲司馬媪矣。

秦越人　郭玉

扁鵲曰：『病有六不治：驕恣不論于理，一；輕身重財，二；衣食不能適，三；陰陽並藏氣不和，四；形羸不能服藥，五；信巫不信醫，六。有此一者，則重難治也。』郭玉曰：『貴者處尊，高以臨臣，臣懷怖懼以承之，其療有四難焉：自用意，不任臣，一；將身不謹，二；骨節不彊，不能使藥，三；好逸惡勞，四。』扁鵲得之長桑君，郭玉得之涪翁。

吴華佗　宋徐嗣伯

華，一名旉，字元化。本傳，有婦人長病經年，世謂寒熱注，佗令病者冬十一月坐石槽中，平旦用寒水汲灌，云當滿百。始七八灌，會戰欲死，灌者懼，欲止，佗令滿數。將至八十灌，熱氣乃蒸出，嚻嚻高二三尺。滿百灌，使然火温床，厚覆。良久，汗洽出，著粉浥燥，便愈。徐嗣伯，字叔紹。將軍房伯玉服五石散十許劑，無益，更患冷，夏日常複衣。徐曰：『伏熱，應須以水發之，非冬月不可。』至十一月，冰雪大盛，令二人夾捉伯玉解衣坐于石上，取冷水從頭澆之，盡二十斛。伯玉口噤氣絶，家人啼哭請止。嗣伯遣人執杖防鬬，敢有諫者撾之。又盡水百斛，伯玉始能動，而見背上彭彭有氣，俄而起坐曰：『熱不可忍。』乞冷飲，以水與之，一飲一升，病即差。

重瞳十人

堯舜三瞳子〔二〕。舜重瞳。晉重耳重瞳。項羽重瞳。王莽重瞳。隋魚俱羅重瞳，煬帝忌而誅之。五代東漢劉旻重瞳。梁康王友孜重瞳。元末明玉珍重瞳，後爲飛矢損右目，號明眼子。皆雙目四瞳子也。南唐李煜一目重瞳。盧循瞳子四轉。

異姓名字

皇初起，字魯班，漢丹溪仙人。劉伯莊，即秦嫪毐。金曼倩，即東方朔。當塗高。秦周，字平王，皆漢人。陸杲，字明霞，吴人。于邵，字相門。陸疾，字季疪，即陸羽。臺濛，字頂雲，皆唐人。陔即，晉人。高昂，字敖曹，姿體雄異，見《北史》。佼强，山陽人，横行將軍。仇尼倪，鎮東大將軍。獨孤陀，字梨邪。務銀提，燕馮跋遼東太守。徐宣，字驕穉。桓譚，字君山。慰僁叢 上 宇 笪 徒 縱 忽 崩 辜 甕 苑 么 法 初 旦 禴 工 晚 針

校勘記

〔一〕陳積 《新唐書》及《北史》俱作陳稜。

〔二〕堯舜 『舜』字疑爲衍字。

留青日札卷之十八

畔宫

戴仲培云：『魯泮宫，非學。』漢儒又言：『頖宫，因《詩》而訛。』鄭氏解《詩》：『泮，音半。』《禮記》：『頖，音班。』《通典》言魯國泗水縣，泮水出焉。世以泮宫爲半月形，遂以辟雍爲圓水形。蔡邕《獨斷》：『天子曰辟雍，諸侯曰頖宫。』漢魯相晨《孔子廟碑》云：『行秋饗飲酒畔宫畢，復禮孔子宅。』

麗譙樓

今譙樓，舊言樓之别名。《莊子》：『無盛鶴列于麗譙之間。』麗，力知、力支二音；譙，亦作嶕，謂華麗而嶕嶢也。或曰：魏城門名也。又，譙門，見《漢書》。師古曰：『門上爲高樓以望。』故謂美麗之樓爲麗譙。亦呼爲巢，如巢車是也。亦作樵。趙充國爲木樵，宋時名曰敕書樓，見淳化二年詔命以藏所受詔敕，咸著于籍，違者論罪。此尊重王言，真良法也。今之詔敕，府州縣不知置于何所矣。宜法此故事，改爲敕書樓。

臺門

今人呼牆門曰臺門。《古今注》：『城門皆築土爲之，累土曰臺，故亦謂之臺門。』臺，所以登高而望遠也。

鈐下　戲下　轂下　牀下

書簡稱將帥曰鈐下，謂鈐閣之下也。見《羊祜傳》。又作戲下，大將軍旗曰戲。《韓信傳》『可致戲下』，注：『與麾同。』麾下，謂麾節之下也。《薛宣傳》：『執憲轂下。』謂在輦轂之下也。則將軍有推轂之義，亦可稱曰轂下矣。至于門下，則在《張蒼傳》，謂『殿門之下』，云若今侍御史也。在《司馬相如傳》，則又謂『長卿門下』，是尊卑可通稱也。魏文帝爲太子，拜荀公達于牀下，諸葛孔明拜龐德公于牀下，則又或可稱『牀下』于高尚之士矣。

東箱

西廂，即西清，今人家廂房清僻處也。《漢書》：『鼂錯趨避東箱。』蓋箱與廂通。今國子監亦有東廂等名。東榮，東翼；南榮、南除，南庭也；東除，中唐。

私府

魯人爲長府。注：藏名。漢路温舒遷廣陽私府長。師古曰：『藏錢之府。天子曰少府，諸侯曰私府。』猶漢之御府，今之内府也。天文有天庫、天積、離珠，皆藏府之星。

兵庫

《禮》：『王者審五庫之量：一曰車庫，二曰兵庫，三曰祭器庫，四曰樂庫，五曰宴器庫。』《商君書》曰：『湯、武破桀、紂，海内無患，築五庫以藏五兵。』至漢乃曰武庫。《滕王閣序》：『紫電清霜，王將軍之武庫。』蓋言王僧辨之霜戈、電戟也。五兵者，《世本》曰：『弓、殳、矛、戈、戟。』《周禮》注曰：『矛、戟、劍、盾、弓。』『鼓司』注：《司馬法》曰：『弓矢，圍；殳、矛，守；戈、戟，攻。』《穀梁》曰：『矛、戟、鉞、刀盾、弓矢。』《漢書》注：『矛、戟、劍、弓、戈。』又有車之五兵。鄭司農云：『戈、殳、戟、酋矛、夷矛。』有卒之五兵，無夷矛而有弓矢。《淮南子》則以五兵配五方曰：『東方矛，南方弩，中央劍，西方戈，北方鎩。』其器互有不同也。至于魏相之所謂五兵，則義兵、應兵、忿兵、貪兵、驕兵。後之五兵尚書，則所謂中兵、外兵、騎兵、别兵、都兵也。名雖是而實非矣。

蘇

何遜詩：『郊郭勤二頃，形體憩一蘇。』二頃，用蘇季子負郭田事；一蘇，孫思邈屠蘇菴事。屠，絶鬼氣；蘇，醒人魂。

宅

宅者，擇也，擇吉地而營之也。孔子所謂『里仁爲美，擇不處仁』者是也。周制『五畝之宅』注：『二畝半在田，二畝半在邑。』《禮》曰：『儒有一畝之宫。』宫，穹也，穹窿而崇高也。又，容也，大能容物也。古者上下可通稱也。《尉繚子》曰：『天子宅千畝，諸侯百畝，大夫以下，里舍九畝。』我朝定制：在京功臣宅舍後許留空地十丈，左右各五丈。唐之屋舍，王公以下，不得施重栱、藻井。重栱者，謂四鋪作、五鋪作、六鋪、七鋪、八鋪作，即今之疊栱也。藻井者，天花板井口内畫以水藻者也。非常參官不得造抽心舍及施懸魚、瓦獸、乳梁。抽心舍，穿廊也；懸魚，博風板合尖下所垂之物也；瓦獸，屋上獸頭及轉角飛仙、海馬之類也；乳梁，壓槽方上之短梁也。五品以上，許作烏頭大門，即綽楔門也。宋之梐枑，即官府門首拒馬叉子也。鴟尾，屋脊兩頭吻獸也；拒鵲者，瓦獸上鐵叉也。今制：官民房屋不許九五間數及歇山、轉角、重簷、重栱、繪畫、藻井、硃紅門窗。其樓房不在重簷之例，而品官皆有規則矣。又，浙江布政使司准奏，故官之家，曾依品級起造房屋者，除因貪污黜罷着令改拆外，其能守法奉公，終于本等職事，許令子孫永遠居住。如此，不惟厲仕者廉謹之心，亦祖父舍宅門廕子孫之盛典也。見《皇明制書》。

堂

堂，言堂堂高明也。《禮》曰：『天子之堂九尺，諸侯七尺，大夫五尺，士三尺。』又，《尚書大傳》曰：『天子之堂高九雉，公侯七雉，子男五雉。』雉者，長三丈，高一丈也。九雉者，長三九二十七丈，高九丈也。《墨子》曰：『堯舜堂高三丈。』漢武帝玉堂去地十二丈，譏其侈也。殿，大堂也，古君臣通稱。見《史記》。大廈，漢殿名。今人亦通稱。

城牒

《西都賦》：『金城萬雉。』注：『方丈爲堵，三丈爲雉。』雉飛不過三丈。《公羊傳》：『五板而堵，五堵而雉，五雉而城。天子城千雉，高七雉，公侯百雉，高五雉，子男五十雉，高三雉。』又，《五經異義》曰：『天子城高九仞，公侯七仞，伯五仞，子男三仞。』七雉爲七丈。九仞者，八尺曰仞，當七丈二尺也。五十雉者，凡一千五百丈。古者六尺爲步，一百八十丈爲里，則五十雉者爲八里之城也，百雉十六里之城，千雉者，一百六十里也。古王制：大邑不過三國之一，中五之一，小九之一。蓋王城九里，公侯城三里，伯一里二百八十八步，子男一里也。

漢不急城長安

高祖以戍卒婁敬之言都長安，既十二年，尚不城。至孝惠元年春正月，乃城長安。三年春，發長安男女十四萬六千人城長安，三十日罷。鄭氏曰：『城一面，故速罷。』六月，又發徒隸二萬人城長安。五年春正月，復發長安男女十四萬五千人城長安，三十日罷。九月，長安城成。是帝王之都，十二年無城，始終五年而城成，可謂節用愛人，使民以時矣。海上自倭亂以來，有司急于築城，民受其害，故并記之。

柴營

《甘寧傳》：『羽聞之，住不渡，而結柴營。』柴，當去聲，即砦字。麋芳以南郡降吴，後虞翻乘車行經芳營，門吏閉門，車不得過。翻怒曰：『當閉反開，當開反閉。』

步檐

漢相如賦：『步櫚周流。』唐朱子奢《幽州昭仁寺碑》：『步櫚拖虹霓之色。』顔魯公《太尉文貞宋公碑》：『嘗於光範門内坐步檐中。』《梁書》：『重齋步檐。』簡文帝《秋夜詩》：『檐重月没早。』晉夏侯湛《秋夕哀》詩：『尋修廡之飛檐，覽明月之流光。』謝希逸《宣貴妃誄》：『巡櫩而臨蕙路。』江文通詩：『步櫩箮瓊弁。』呂濟曰：『步櫩，長廊也。』故杜甫詩：『步檐倚杖看牛斗。』今俗本作『步蟾』。夫以月而爲步蟾，則又易之爲踏兔、走蜍可乎？蓋步檐以混成而言，如今之飛檐、步廊也。故屋之半間亦曰一步，非言步行于檐下也。余以爲古者六尺爲步，今之廊檐，大率廣六尺，即步檐之明證也。趙清曠《中秋送物啓》云：『薄奉野芹，即瞻兔數秋毫之意；高攀仙桂，願步蟾爲天闕之遊。』可謂依様畫葫蘆者也。

金鋪

《西都賦》〔一〕：『排玉户而颺金鋪。』《蜀都賦》：『金鋪交暎。』《長門賦》：『擠玉户而撼金鋪。』張正見詩：『飛闥敞金鋪。』沈佺期詩：『舞閣金鋪借日懸。』李賀詩：『月綴金鋪光脈脈。』鋪，古器名，簠方，鋪圓，乃禮器也。《舞賦》：『鋪首炳以焜煌。』注：『門扇鎖處也。』漢門有鋪首，正象其圓形，蓋三代已有之。或以韋索，或以螺蚌，或以金銅，各隨其所王之德也。

銀鋪

《景福殿賦》曰：『青鎖銀鋪。』

金屈戌　銅鋪

梁簡文詩：『織成屏風金屈戌。』李商隱詩：『鎖香金屈戌。』一作屈膝。盧照鄰詩：『娼婦盤龍金屈膝。』李賀詩：『屈膝銅鋪鎖阿甄。』説者以爲即鋪首，非也。蓋既言屈膝，又言銅鋪，則非一物明矣。余謂即今之蝴蝶扇鉸也，可以屈申摺疊，故可用之屏風也。一名倉琅根。《漢書》曰『宫門銅鍰也』。師古曰：『鍰與鐶同。』

瓊鋪

楊炯《青苔賦》曰：『暗瓊鋪。』謂扉上有金玉龍獸以銜環者。我朝公侯一二品門用獸面擺錫環，三品至五品惟擺錫環，六品至九品用鐵環。

三代獄

夏曰憂臺，一曰念室；殷曰羑里，一曰動止；周曰圄圉，一曰稽留。憂念者，欲其愁思而悔悟也。羑里，地名，河内蕩陰，羑水出焉，即亳州。羑通作牖。《史記》『文王拘于牖里』。班彪《游居賦》：『嗟西伯于牖城。』《説文》：『羑，進善也，道也。』《書》曰『誕受羑若』是也。牖，穿壁以木爲交窗也，開明也。動止者，止之使不得妄動也。圄，領也；圉，禦也，領録囚徒禁御也。然囹，亦欞也。《禮》疏曰：『牢也。』圄，止也，所以止出入。罪人于舍即稽留之義也。秦亦名囹圄。《漢書》作『囹圉空虛』。嗟夫！今之囹圄，不勝其充實矣。獄，确也，實确人情僞也，从言，从二犬，所以守也。《春秋元命包》曰：『爲獄圓者，象斗運合也。』牢者，言所在堅牢也，蓋取以室禁牛之義也。圜土者，言築土之表牆，其形圜也。今之高牆是也。狴，見《家語》。犴獄，見《詩》，即今牢門所圖猛獸也。《韓詩外傳》云：鄉亭之繫曰犴，朝廷曰獄。漢諺曰：『廷尉獄，平如砥。有錢生，無錢死。』今之諺亦云：『衙門日日向南開，有理無錢莫進來。』嗚呼！弊也久矣。是故惟能不進于衙門，而後可不入于囹圄也。

申明亭

周曰鋤，漢曰街彈室。《周禮·大司徒》：『里宰，以歲時合耦于鋤。』鄭玄注云：『鋤者，里宰治處，若今街彈之室。』蓋鋤，取鋤强之義。彈，則在朝曰彈文，在野曰褒彈、評彈是也。漢曰里宰，曰亭長，即今之里長申明亭也。古者彰善闡惡，表厥里宅，故曰編民。《古樂府》云『移惡子姓，篇著里端』是也。今在城之更鋪，一名冷鋪，即街彈室也。羈候所，即稽留獄也。事由微以至著，罪由小以至大，故絶惡于鄉也易爲力，止惡于辟也難爲功。苟能舉孝廉，則人皆崇德矣；舉力田，則人皆務本矣。淫者去其勢，閉其幽，則姦絶跡矣；盜者刖其足，抉其目，則賊斷種矣。外此而因循以爲治，欲求囹圄之空虛，吾見其不可得矣。

戒石

我朝立石于府州縣甬道中，作亭覆之，名曰戒石，鐫二大字于其前，其陰刻『爾俸爾禄，民膏民脂。下民易虐，上天難欺』十六字，此蓋作于蜀主孟昶。其文尚多，乃删取于宋太宗者。初用黄庭堅所書。對面警省者，能有幾人？殊不知上天固難欺而下民亦難虐也。民雖至愚，虐甚則變，欲安其上，復可得乎？戒之！戒之！

立車　眠轎

漢有安車，有立車。安車，可坐者也，即步輦。今之四轎、八轎，其濫觴也。古人譏桀駕人車，則今之用眠轎者，其罪惡浮于桀、紂矣。士大夫是可忍哉！《白虎通》曰：『制車以步，故立乘。』孔子所以升車必正立，蓋車廣六尺四寸，深四尺，軾去輿高三尺三寸，較去式又高二尺二寸，共深高九尺五寸。故仲尼長九尺餘，亦可立也。《列女傳》立輜無軿，是婦女亦立也。

金車　銅車　鐵車

孔子曰：『乘殷之輅。』秦始皇閲三代之車，獨有取于殷輅。《南史·齊志》曰：『殷有瑞，因乘鉤而制車，因桑根而爲色，古所謂器車也。』桑根車，一曰金根車，言桑色黄如金也。漢儀：天子法駕，曰金根車。不學之子誤改爲金銀車。《孝經援神契》曰：『德至山陵，則山出根車，根車應載萬物也。』《東京賦》『農輅』注：『農輿無蓋，所謂耕根車也。』《易》：『困于金車。』太子之輦曰銅車，亞于金也。陸機詩：『撫劍遵銅車。』則田單之鐵轂，當名曰鐵車矣。故余嘗有詩云：『赴敵霜金劍，追犇電鐵車。』

長簷車　薄笨車

長簷車，即今逍遥轎之飛檐也。《顏氏家訓》：『梁朝全盛之時，貴游子弟駕長檐車，跟高齒屐，坐棊子方褥，憑班絲隱囊。』今之轎帷，或絹，或布，即古之巾車也。紬紙帳幔以蔽風雨，即油碧車之遺制也。但不知隱囊何物？南郭子綦隱几而坐，豈用之憑手而可囊物者與？唐詩：『隱囊紗帽坐彈棊。』古有紫荷囊、古錦囊之類。又劉凝之妻郭不事榮華，共乘薄笨車，出市買易。

縣榻　掛牀

牀八尺，榻三尺五寸，長狹而卑，榻然近地也，有似于枰，獨坐曰枰。臨濟周璆，字孟玉，高潔之士。陳蕃致之，字而不名，特爲置一榻，去則縣之，與豫章徐穉事同。魏裴潛爲兗州刺史，作一胡牀，及去官，留以挂柱。梁簡文詩：『不學胡威絹，寧挂裴潛牀。』李白詩：『去時無一物，東壁挂胡牀。』牀制出自虜，故名。隋改爲交牀，故可以挂。又不知榻何以縣之也？

席名

席，釋也，可卷可舒也。蒲筵，《三禮圖》，竹席。莞席，《周禮》簟席注，五席。蔣席，禹。篋席，成王，《尚書注》。桃枝竹底席，蒻華。豐席，莞。越席，《左傳》。筍席，蒻竹。碧蒲席，西王母。蒲席，文仲。麟文席，燕昭王。蓍艾席，老萊子。紺席、六采綺席、白菅席，皆漢文帝。蒹葭席，鄭敬。龍鬚席、赤皮席、花席、經席，皆晉。葦席，魏。茈席，宋武帝。蒲花席，朝鮮。雲母席。水葱席。薵乘席，一名半月席，異草。藤席。熊席，衛靈公。三經席，仲尼。蘇薰席，重慶出。

舟船名

鴻耳，船神也，見梁簡文記。孟公、孟姥，船神姓名，見《北户録》。揚雄曰：『自關而西曰船，自關而東曰舟。』《説文》：『舟，周流也。』『船，循也，循水而行也。』艘，大船總名。艦，上下重版。廬，船上屋。飛廬，重室。雀室，又在上可以候遠，若鳥鵲巢也。鷁首，畫大水鳥于船頭，以辟水怪也。舳，船後。艫，船頭。舷，船邊。舸，大船。艖，小舸。刀、舠同，二百斛。艇，三百斛。艨艟一作蒙衝，外狹而長，戰船也。艬，江舟。艆艡，海船。海艑，合木船。大海鰍、小海鰍，皆海船。玉翼：大翼，十丈；中翼，九丈六尺；小翼，九尺。伍子胥所制。翼，取鳥之輕飛疾逝也。張景陽曰：『浮三翼，泛中沚。』顏延年詩：『千翼泛輕波。』言千艘也。須慮，越人謂船爲須慮，見《越絶書》。餘皇，吳王僚。艑，吳小船。艄，吳。杭，方舟。舫，併船。晉顧榮至下邳，遂解舫爲單舸。太白船，秦。逐龍船，漢。鴻毛舟，漢。影娥舟、鳴鶴、容與、清廣、采菱、越女，皆太液池舟。馳馬，吳。五樓，吳。鴨頭船，諸葛恪。飛雲、蒼隼、先登、飛鳥，皆晉戰船。紫宮、升進、曜陽、射獵、飛龍，皆晉天泉池舟。指南，靈芝池舟。雲母、無極，舍利池舟。華泉、常安，皆都亭池舟。青雀舟，陶侃。青翰舟，鄂君。翔鳳，宋孝武。凌風舸，仙舟。輕利船，梁。朱雀航，陳。龍舟、鳳艒，音墨，見《隋志》。水龍，隋戰艦，見文帝《答梁睿詔》。樓船、戈船，漢。鸂鶒舟，蜀王。鸛鴿，海船，合木爲槽。白鵠、浮雲，皆唐舟。犀舟，漢堅也。艑魚舟，梁。飛鳧，楚，又曰青鳧，一名鳧車。螺舟，宛渠國。舴艋，小舟。書畫船，米元章。狎鷗行檻、白鷺浮居、五湖浪跡，皆田子舟。麗，司馬彪曰小船。采蓮，蓮葉舟。沙棠舟，木名。木蘭舟，張正見詩：『千里尋陽岸，三翼木蘭舟。』芙蓉艦，《三十國春秋》。竹船，蜀剖巨竹爲之。桂舟、柏舟、楊舟，皆以木名。觝艡敵舟，言可抵當也。艚運船、八槽艦，盧循起四層，高十餘丈。和州載，史：成汭作巨艦，制度如府署，名和州載。艂。艘，吳舟。油船，吳。十層赤樓帛蘭船，隗囂船。注：『以帛飾蘭檻。』木龍舟，唐。荃橈，宋。赤馬船，唐吳江。梅花海鶻，迅舸。霞水仙艫，田子舟名，有窗曰舲，取王子安『落霞』『秋水』之句也。萬斛舟、千料船，宋，長十餘丈。搶金楠木舟、大烏龍、小烏龍、大緑、間緑、十樣錦、勝金羈，皆宋西湖船。車船，即輪舟。切瓜舟，俗名瓜皮船。紅馬船、黑樓子、混江龍、撞倒山，皆我朝。水月樓、雪月槎、煙水浮居、煙波釣艇、天上行舟，皆西湖舟名。《淮南子》曰：『古者見竅木浮而知爲舟。』《易》曰：『刳木爲舟。』《物理論》曰：『化狐作。』《墨子》曰：『巧垂作。』又曰：『棄作。』《世本》曰：『共鼓、貨狄作。』束皙曰：『伯益作。』《山海經》曰：『番禺作。』又曰：『有大人之國，坐而削舟。』

舟具

艪，進船具，縱曰櫓，今之三櫓船，亦名三尾。槳，横而後拽也。古詩：『艇子打兩槳。』蘇子瞻詩：『急催艇子操三槳。』棹，前推也。今長江曰『棹槳船』，吾鄉有扳槳船。楫，划楫。榜，枻也。鳴榔。篙，竹竿。檣，挂帆木。帆，障風者，竹帆，蒲帆，布帆，錦帆。纜，維舟索。縴，引船索。齊武帝：『緑絲爲帆縴。』篾篷、籚、⿱竹發，皆覆蓋。舵，正船木。椓、杙、戙，橥也，所以繫舟。鐵十字，即錨，所以矴船。斗，桅上小方屋，所以望星斗。蕩舟，古作航，『越女蕩舟』，見《左傳》。習船，見《漢書》，即吴兒習水者。會心特舫，古者士特舟，即扁舟也。梁簡文有言：『會心處不在遠，依然林水魚鳥自來親人。』〔二〕田子扁曰：『游心天地外，溪可釣，山可樵，聖世本無浮海志；浪跡水雲中，蘭爲舟，桂爲楫，野人自有濟川材。』『三千世界清冰壑，白鷗朱鷺意中尋，外方盟遠；十二仙人白玉壺，錦纜牙檣花底並，小海音高。』『風便勝乘金勒馬，書畫滿行窩，茶竈筆牀成凈業；月明恍坐水晶宫，煙波容泊宅，柳風蘆月傲滄洲。』

箄船

古者，庶人乘柎，謂維木以爲渡也，即木牌。孔子乘桴，竹筏也。小曰筏，大曰桴。《後漢·哀牢夷傳》：『遣兵乘箄船。』注：『箄，音蒲隹反。縛竹木爲箄，以當船也。』今溪中竹箄。

龍骨

今水車中蝦蟆縺頭，名曰龍骨。蓋龍能行水，亦取其形之似脊骨也。王安石詩：『倒持龍骨挂屋敖。』又云：『龍骨長乾挂梁梠。』又云：『翛翛兩龍骨，豈得長挂壁。』蓋龍骨節節，故可挂，今遂以爲水車，非也。至于蘇子瞻詩乃云：『翻翻聯聯銜尾鴉，犖犖确确蜕骨虵。』即龍骨也。

校勘記

〔一〕按：下引句實見揚雄《甘泉賦》。

〔二〕會心處兩句　《世説新語·言語》作『會心處不必在遠，翳然林水便自有濠濮間想也』。

留青日札卷之十九

八能

《後漢書》：古者『天子常以日冬夏至御前殿，合八能之士，陳八音，聽樂均，度晷景，候鐘律，取土灰，放陰陽。』又曰：『進退于先後五日之中，八能各以候狀聞。』

西音

有娀簡狄歌：『燕燕往飛。』北音之始也。塗山女嬌歌：『候人兮猗。』南音之始也。已載《詩女史》。昔周昭王涉漢，中流而隕，其右幸遊靡極，王遂卒，不復還周。乃侯其子于西翟，實爲長公。楚徙宅西河，長公思故處，始作西音，長公繼是音以處西山。秦國之風，蓋取乎此。

四夷樂

《詩傳》曰：『東夷之樂曰韎，南夷之樂曰任，西夷之樂曰朱離，北夷之樂曰禁。』《孝經鉤命決》曰：『東侏，南任，西林離，北僸。』《東都賦》作『僸侏兜離』，是以兜爲任也。

淫聲

『鄭聲淫』，今考鄭詩非淫，鄭聲則淫。淫者，聲之過也，猶雨之過者曰淫。雨水之過者，曰淫水，故曰溢也。《禮》曰：『流辟邪散狄成滌濫之音作而民淫亂。』即鄭聲類也。魏文侯曰：『聽鄭衛之音，則不知倦。』故子夏曰：『所問者樂也，所好者音也。』又曰：『鄭聲好濫淫志，宋音燕安溺志，衛音趣數煩志，齊音驁辟驕志。』《左傳》曰：『煩手淫聲，慆堙心耳，乃忘和平，謂之鄭聲。』許慎《五經通義》曰：『鄭重之音，使人淫過也。』《法言》曰：『哇則鄭。』李軌曰：『哇，邪也。』《史記》曰：『鄭衛之曲動而心淫。』蓋鄭衛之音，亂世之音也。桑間濮上之音，亡國之音也。故《魏·杜夔傳》：『自左延年等雖妙于音，咸善鄭聲，其好古存正莫及夔。』《隋·萬寶常傳》：『安馬駒、曹妙達、王長通、郭令樂等，能造曲爲一時之妙，又習鄭聲，而寶常所爲，皆歸于雅。』如今之時曲俚戲，未必皆其辭之鄙悖褻狎而謂之淫也。至使以弋陽之倡優爲之，則演者其形淫，唱者其聲淫，而人之觀者因而惑其心，蕩其思，則君子不得不禁而絶之矣。故鄭聲在所當放也。何晏有曰：『鄱陽惡戲，難與曹也。』左太冲亦曰：『鄱陽暴謔，中酒而作。』鄱陽，即豫章，其人俗性躁急。今弋陽，即鄱陽地，則其惡戲，有自來矣。

弦柱

弦以成聲，柱以調音。柱促則弦急，柱緩則弦舒，有朱弦、素弦、绿弦、翠弦。《禮》『朱弦』疏：『越侯瑾《箏賦》：朱弦微而慷慨。』張祜《丘家箏》詩：『十指纖纖玉筍紅，鴈行輕過翠弦中。』柱用木，或玉，或犀角、象牙，搊撥用骨角、犀象、玳瑁、金銀。蓋美人彈絲，恐傷其指，爲甲副之，名曰沓指。梁簡文詩：『停弦繫爪甲，息吹治脣朱。』杜子美詩：『銀甲彈箏用。』又《箏》詩：『每恨聽者稀，銀甲生浮埃。』白居易詩：『甲鳴銀玓瓅，柱觸玉玲瓏。』琴五弦，七弦，唐太宗加爲九弦。而謝惠連贊：『體兼九絲，聲備五音。』未嘗有柱也。劉元濟詩：『夜琴清玉柱，秋灰變緹幕。』琴大者曰離，十弦，或二十弦。瑟五十弦，後分爲二十五弦，常用者十九弦。雅瑟二十三弦。又曰瑟大爲離，小爲步，有柱。李義山詩：『錦瑟無端五十弦，一弦一柱思華年。』又錢起詩：『二十五弦彈夜月，不勝清怨却飛來。』箏，五弦，筑身。又曰弦柱十二，乃秦聲也。又曰十三弦，柱高三寸，一名頌瑟。梁元帝詩：『瓊柱動金絲，秦聲發趙曲。』昭明詩：『塵多澀移柱，風燥脆調弦。』又名搊箏，又名軋箏，以片竹潤其端而軋之。劉禹錫詩：『滿坐無言聽軋箏，秋山碧樹一蟬清。只應曾送秦王女，寫盡雲間鸞鳳聲。』⿱竹秦，即箏也，形差小，名曰捱⿱竹秦，乃用竹鼓之。箜篌，一名坎侯，因姓，二十三弦。或曰二十四弦，或曰二十五弦，有柱。孫氏賦：『凌危柱以頡頏，憑哀弦以躑躅。』鼓之曰捩，又曰擫。梁簡文詩：『捩遲初挑吹，弄急時催舞。釧音逐弦鳴，衫迴半鄣柱。』顧況詩：『起坐可憐能抱撮，大指調弦中指撥。』琵琶，四弦。《樂録》云『出于弦鞉』，虞世南賦『尋斯樂之惟始，乃弦鼗之遺事』是也。成公綏賦：『樂則齊州之丹桂，柱則梁山之象犀。搥以玳瑁，格以瑶枝。』薛收賦：『金華徘徊而月照，玉柱的歷以星懸。』是琵琶亦有柱也。又名胡琴兩部者。王仁裕使荆渚，高從誨出十妓彈胡琴，高曰：『紅妝齊抱紫檀槽，一抹生弦四十條。』蘇子瞻詩：『紫衫玉帶兩部全，琵琶一抹四十弦。』

靈鼓　雷鼓

靈鼓，六面鼓；雷鼓，八面鼓。今鎮海樓更鼓八面，所謂雷鼓也。見《禮記》。六鼓，今擂鼓，即雷，去聲。崔顥詩：『兩朝出將復入相，五世疊鼓乘朱輪。』即今轅門鼓也。梅聖俞歌：『漁陽三疊音隆隆。』謂漁陽三撾也。

腰鼓　舞鼓

有馬上鼓，有尖底鼓。腰鼓，即今懸于項而平腰者。蘇子詩：『腰鼓百面如春雷。』細腰鼓，俗名杖鼓，讀作强字，去聲。宋蕭思話十歲好擊細腰鼓。舞鼓，即盤鼓，今舞人所用者。又，以優人倒卧足上所舞弄者，俗名杠鼓。

三棒鼓

今吴越婦女用三棒上下擊鼓，謂之三棒鼓。江北鳳陽男子尤善，即唐三杖鼓也。咸通中，王文舉好弄三杖鼓，打撩萬不失一是也。杖音與歌聲句拍附和爲節，又能夾一刀弄之。

缶

缶，土器可鼓，蓋中虚，善容；外圓，善應，中聲之所自出而爲立秋之音也。《易》之《比》『盈缶』，《坎》『用缶』，《離》『鼓缶』；《詩》之『宛丘擊缶』，乃三代以前上古之器，想即今盎盆之類。或曰形如覆盆，以四杖擊之。或言唐堯時有擊壤而歌者，因使鄭以麋鞈冥缶而鼓之，理或然也。莊周鼓盆而歌，墨子吟缶，齊景公鼓盆。《史記》：『趙王爲秦王擊缶〔二〕。』李其以『擊甕扣缶爲秦聲』，則其來久矣。宋儒以爲出于西戎，不學之故也。此後，唐司馬滔之樂有八缶，郭道源十二甌，酌水節擊。李琬九甌，名曰水盞。

箜篌

箜篌之名，《樂府解題》已詳。余以爲字皆从竹，恐亦當以竹鼓之，如擊筑者然也。舊云探手摘之，或曰兩手齊彈，如侯暉云：『其聲坎坎應節。』則當如竹擊也。漢靈帝好立空侯，抱于懷，則本並彈。又，徐月華善卧空侯，則疑一手彈也。

布鼓

今雷州布鼓之説，《漢・王尊傳》曰：『毋持布鼓過雷門。』謂以布爲鼓也。相傳越城門號雷門，越擊此鼓聲聞洛陽。或曰會稽大鼓名雷門，有白鶴飛入鼓。今雷州，因擊雷山水得名。海康銅鼓村，雷震而水出也。英榜山有雷師廟，又名英靈岡，云雷出于此。又傳鄉人嘗造雷鼓、雷車于廟中，有以魚肉進者，立爲霆震，有記云：陳天建初，州民陳氏獵獲一卵，大尺餘。一日震開，生一子，有文在手，曰雷州長，名文玉，鄉俗呼曰雷種。後爲本州刺史，殁而祀之，封顯震王，又名威化。志以爲雷聲近在言語之間故名，非也。《國史補》曰：『雷州春夏多雷，秋日則伏地中，其狀如彘，人取而食之。』《搜神記》曰：楊道和，夏于田中，以鋤格雷神之肱，落地不得去，色如丹，目如鏡，毛角長三尺餘，壯如六畜，頭似獼猴。豈雷神之形如是邪？其説不經。今以四月二十四日爲雷神生日，孰知之也？

銅鼓

古之銅鼓，鑄異獸形爲飾，以高大爲貴，面闊丈餘，出于南蠻天竺國。馬援征交趾，得而鑄爲馬式，後有大中小之製，廣西岑溪縣有銅鼓神廟。《南寧志》：『馬援銅鼓，形如坐墪而空其下，滿腹皆細花紋，四角有小蟾蜍，兩人舁行，拊之，聲如鞞鼓。』又，雷州天寧寺銅鼓，高二尺四寸，徑四尺餘，形極精緻。《通典》云：『南雄諸蠻欲相攻擊，則鳴此鼓，到者如雲。』家有鼓者，號曰都老。或云：『諸葛亮散埋銅鼓以魘蠻獠。』《廉州志》亦云『孔明征蠻之具』。其所云中小銅鼓，以革冒一面，而擊之響亮，不下鳴鼉，今則懸而擊之者也。觀石鼓可以蒙皮而擊，則銅之蒙革無不可矣。《石鼓傳》稱：『八方之荒，有石鼓焉，蒙之以皮，其音如雷。』浙中晉時，有臨平石鼓，張華奏取蜀中桐木作魚形，扣之聲聞數里。今地名桐扣，去吾鄉七十里。臨海白鶴山石鼓，吴興長城夏架山石鼓。又有玉鼓，見《春秋演孔圖》。古之土鼓，《禮運》：『蕢桴而土鼓。』或窪土而爲之。《周官》：『壺涿氏炮土而爲鼓。』鄭康成曰『瓦鼓』。杜子春則以土鼓爲瓦鼓，以革爲面，非也。少昊冒革以爲鼓，夏后氏加四足焉。周兵車之鼓有跗，即今鼓架之遺製也。今文廟一柱者，名曰楹鼓、建鼓，所謂商人貫之以柱者也。周人懸鼓，謂懸而擊之者也。今人家所用，曰唐鼓，或以堂上作樂用之。亦曰堂鼓，殊不知古樂堂上有拊無鼓，不詳所起也。

圓腹

《類説》：『吕阿香戛圓腹。』圓腹者，琵琶也。今琵琶腹不甚圓，恐當是阮也。漢、唐以來琵琶皆用撥，而今手彈琵琶，或曰自貞觀中裴洛兒始，當時謂之搊琵琶。古琵琶用鵾雞股，開元段師用皮弦。阮圓槽而十三柱也，世以阮咸得名。而黄庭堅《摘阮歌》云：『手揮琵琶送飛鴻，身今親見阮仲容。』則又以爲仲容所作。唐有五絃者，如琵琶而小，北國所出。樂工裴神符初以手彈，太宗悦甚，後人習爲搊琵琶。元微之詩：『琵琶宫調八十一，三調弦中彈不出。』賀懷智云：『琵琶有八十四調，内黄鍾、太簇、林鍾宫聲，彈不出也，今止二十八調也。』今琵琶，四絃。《後周書》：『武帝所彈五絃，一名阮咸。』故今名阮。又形圓如月，一名月琴。又有六角、八角者，皆四絃。所謂酒徒鮑家四絃者，或此。又有三絃者，直名曰三絃子，非古雅樂也。

琵琶記

高明者，温州瑞安人，以《春秋》中大元至正乙酉第，授處州録事，後改調浙東閫幕都事，轉江西行臺掾，又轉福建行省都事。方國珍留置幕下，不從，旅寓明州櫟社，以詞曲自娱。因感劉後村之詩『死後是非誰管得？滿村争唱蔡中郎』之句，乃作《琵琶記》。有王四者，以學聞，則誠與之友善，勸之仕。登第後，即棄其妻而贅于太師不花家。則誠悔之，因作此記以諷諫。名之曰『琵琶』者，取其上四『王』字爲王四云耳。元人呼牛爲不花，故謂之牛太師；而伯喈曾附董卓，乃以之託名也。高皇帝微時，嘗奇此戲。及登極，召則誠，以疾辭。使者以《記》上進，上覽之曰：『五經四書，在民間譬諸五穀不可無。此記乃珍羞之屬，俎豆之間，亦不可少也。』于是捕王四，置之極刑。或曰：東嘉初以伯喈爲不忠不孝，夢伯喈謂之曰：『公能易我爲善行，當有以報公。』遂以全忠全孝易之。東嘉後果發解，未知然否？後卒于寧海。時陸德暘以詩哭之曰：『亂離遭世變，出處嘆才難。墜地文將喪，憂天寢不安。名題前進士，爵署舊郎官。一代儒林傳，真堪入史刊。』

疊角

黄帝吹角，或曰出于越。《李衛公兵法》：『吹角十二聲爲一疊。』後世製之，以司晨昏。説者曰：『五音，三曰角，爲民。』爲民者，當儉約不奢僭，故其聲防以約，其和清以静，動肝也。今畫角所吹之曲，其詞云：『爲軍難，爲民難，難又難。』蓋角爲民之事也。天下之民，不過軍民二者而已。而祭酒胡公儼乃曰：『爲君難，爲臣難，難又難。』是誤以軍爲君，以民爲臣。音之相近耳，與角爲民之事全不相涉，特表出之。宋紹興初，高州有吹角老兵，題詩譙樓曰：『畫角吹來歲月深，譙樓無古亦無今。不如歸我龍山去，松竹青青何處尋！』遂遁去，人以爲仙。

楊皮觱篥

白樂天《觱篥》詩：『翦削乾蘆插寒竹，九孔漏聲五音足。』又云：『指點之下師授聲，含嚼之間天與氣。』即今頭管。又牧童剥楊樹皮，卷成觱篥，以竹爲管而吹之，亦有用桃皮者，即所謂桃皮蘆管之製，古名管木，其聲應簫笳，横吹之，南蠻、高麗之樂也。廣西苗用蘆葉，即蘆笳、蘆管之類也。觱篥，本名悲篥，聲悲，胡人以角爲之，以驚中國之馬。後乃以笳爲首，以竹爲管，所法者角音，故曰角，即今畫角、革角，長五尺，形如竹筒。唐鹵簿、軍中皆用之，或竹木，或皮，乃胡器也。

嘯葉

今小兒用欒板草噙于舌端吹之，或用竹葉，古謂之嘯葉。蓋銜葉而嘯，其聲清震。或言橘柚尤善，今未見用之者。若馬氏云『卷蘆葉而爲之，形如笳』，則誤矣。此則帝木之流也。又有以蚌殼兩片，夾竹葉而嘯之。

猴戲

《樂記》『獶雜子女』注：『舞者如猴戲。』《詩》云：『毋教猱升木。』陸璣云：『獮猴也。』一曰母猴，一名王孫，即胡孫，或作獶獶。師古曰：『善拉拭，故謂善塗者爲獶人。』蓋猱，本貪獸也。《詩疏》曰：『猱，獨猴也，楚人謂之沐猴。』故今之娼婦謂之曰猱兒。又，古有沐猴鬬狗之戲。今教坊司能舞猴。

逆行連倒

今雜戲有名篤叉子者，或即當時跂行鱉食之伎。晉咸康中，散騎侍郎顧臻所謂末代之樂，設禮外之觀，逆行連倒，足以蹈天，頭以履地，反天地之順，傷彝倫之大者，即此。梁、陳時，有曰『擲倒獮猴幢』之流。

拔河之戲

今小兒兩頭拽索而對輓之，力强者牽弱者而仆，則以爲勝負，而笑讓爲樂。此唐清明節拔河之戲也。當時君臣亦以此爲樂，不典甚矣。見《金坡遺事》。

角觝

今小兒俯身，兩手據地，以頭相觸，作牛鬭狀者，即古角觝之戲。後魏道武帝詔修角觝百戲是也。或曰本六國時造，秦因廣之，漢武復用之，兩兩相當，角其伎藝也。或曰蚩尤頭有角，與黄帝鬭，以角觝人。宋時冀州蚩尤戲，其民兩兩戴牛角相觝，即此也。

蹋鞠

鞠戲，黄帝軍中之樂，所以習勤勞也。唐歸氏子弟嘲皮日休云：『八片尖皮砌作毬，火中燀了水中揉。一包閑氣如常在，惹蹋招拳卒未休。』此可見其制。宋柳三復云：『背裝花屈膝，白打大廉斯。進前行兩步，蹺後立多時。』此可見其法。

海東青　撲天鵝

今鼓吹中《鎖刺曲》，有名《海東青撲天鵝》，音極嘹亮，蓋象其聲也。此北鄙殺伐之聲，乃元曲也。元之鷹房養禽，名曰海東青。每放之以獲天鵝，有重三十餘斤者，以首得者爲貴，以進御膳，故名曰頭鵝，賞黄金一錠。海東青，鶻之一種，亦名白鶻。有玉爪、黑爪之别，與金眼鴉鶻皆能以小擊大，食天鵝、鵁鶄之屬，然獨畏燕。又，元萬户府歲用喂養鷹肉三十餘萬斤。《一統志》云：『出五國城東，小而健，能擒天鵝，白者尤貴。』今之天鵝絨是也。

白翎雀

元樂府有名《白翎雀》者，札木嘗言于汪罕曰：『我於君是白翎雀，他人是鴻鴈耳。』言白翎雀寒暑常在北地，鴻鴈則隨陽南遷也，因製此曲。

寡婦吟

《南都賦》：『寡婦悲吟，鵾鷄哀鳴。』李善注：『寡婦吟未詳。』此即陶嬰《黄鵠歌》也。

千金一弄

今人但知有千金買一笑，而不知有千金買一弄也。顧况《李供奉彈箜篌歌》云：『實可重，不惜千金買一弄。』

望江南　哀江南

朱厓李太尉鎮關西日，爲亡姬謝秋姬作《望江南曲》。庾信作《哀江南賦》。

彈胡笳

戎昱詩：『緑瑟胡笳誰妙彈，山人杜陵名庭蘭。』不知胡笳何以彈之？

鼓吹

鼓吹，即今鹵簿中樂器也。故樂府有《鼓吹曲》。桓玄作詩，思不來，輒作鼓吹。既而思得云：『鳴鵠響長阜。』嘆曰：『鼓吹固自來人思。』故李太白云：『詩因鼓吹發，酒爲劍歌雄。』又李翰爲文精密而思遲，常從令皇甫曾求音樂。思涸，則奏之；神逸，乃屬文，則文亦因鼓吹發也。張旭聞鼓吹而得筆法意，則字又因鼓吹發也。

繞欐歌　振林聲

《列女傳》：『韓娥鬻歌假食，音繞梁欐，三日不絶。』又《七發》注：『虞公善歌，發聲動梁上塵。』又《列子》：『秦青撫節悲歌，聲振林木，響遏行雲。』

地狹不足迴旋　申脚

漢景帝時，諸侯王來朝，詔更前稱壽歌舞。長沙定王但張袖小舉，左右笑其拙。上怪問之，對曰：『臣國小地狹，不足迴旋。』帝以武陵、桂陽屬焉。又，同、華二州節度使周智光詔拜尚書左僕射，恚語曰：『吾有大功，上不與平章事。且同、華地狹，不足申脚，若加陝、虢、商、鄜、坊五州，差可。』二事畧相類。

禽鳥戲

鳥有蠟嘴、畫眉之戲，獸有胡猻、狗馬之戲，蟲有螻蟻、蝦蟆、烏龜之戲，余幼時皆及見之。蓋宸濠倡亂，招致姦徒，後敗而流落，逃食山林故也。因憶唐時有蝟戲，乃場中以二刺蝟對打，令既合節奏，又中章程。山人王固能爲蠅虎子戲，擊鼓出筒數十行，分爲二隊，變陣合戰，今不復見之。

之肉聲也。吹與琴，無章曲也。五行，二曰火；五事，二曰言。言與火同氣，故熒惑，火星，有毒。童謡者，熒惑使之也，從遥遠而來也。

鬼面

《西京賦》曰：『總會仙倡，戲豹舞羆。白虎鼓瑟，蒼龍吹篪。』注曰：『皆爲假頭也，假作其形。』即今面鬼兒也。

校勘記

〔一〕原文應爲『秦王爲趙王擊缶』。

舌人

《東京賦》「重舌」注：「舌人也。」即今譯諸夷語者，其名甚佳。今人能爲百鳥語者，其音酷相類，亦可謂百舌人也。

乾荷葉

今人盛唱曲，名《乾荷葉》。夫荷葉既乾，不知有何可取，殊不知其誤也，乃偏荷葉也。宋人小詞：「鬢鬟偏荷葉。」偏，乃未開之荷葉，猶酒器之所謂金卷荷也。《金卷荷》，亦曲名，古人謂之垂螺，亦謂之雙螺，即古詩兩髦之義。相如賦「垂髾」，注：「髮後垂也。」師古曰：「燕尾之屬。」北齊後宫作偏髾髻。字書：「髾，髮末也。」

度曲

歌終更授其次，曰度曲，即今之遞曲也。吕誽曰「曲之節度」，非也。

謠　和　步

徒歌曰謠，徒吹曰和，徒鼓琴曰步。凡曰徒者，不用絲竹，而从肉、言。故謠作䚻，即唐人

浙江文叢

留青日札

〔下册〕

〔明〕田藝蘅 撰 朱碧蓮 點校

浙江古籍出版社

留青日札卷之二十

柳枝

章臺柳，以李將姬柳氏得名，韓員外翃所謂『縱使長條似舊垂，也應攀折他人手』者也。陽臺柳，亦以蜀妓柳氏得名，□御史□所謂『從今喚作陽臺柳，舞盡春風萬萬條』者也。韓退之侍兒名柳枝，所謂『别來楊柳街頭樹，擺亂春風只欲飛』者也。白樂天侍兒亦名柳枝，所謂『兩枝楊柳小樓中，嫋嫋多年伴醉翁』者也。李義山屬情洛中婦，亦名柳枝，所謂『畫屏繡步障，物物自成雙』者也。楊廉夫侍兒亦名柳枝，所謂：『竹枝柳枝桃杏花，吹彈歌舞弄琵琶。可憐一箇楊夫子，化作江南散樂家。』楊基亦寄之詩云：『長笛參差吹海鳳，小璚楊柳舞妖魔。』而聶大年《讀廉夫集》云：『白髮草玄楊子宅，紅粧檀板謝家湖。』蓋指此也。

夷光　修明

越以西施、鄭旦獻吴，皆天下絶色。世言姓施，而家有東西之居，故曰西施，是亡其名也。後吴易其名曰夷光、修明。越既入吴，二女方止苑樹下，越兵望之，以爲神女，不敢犯。《墨子》

曰：『西施之沈，其美也。』是當溺死，而傳記皆云：『范蠡載之而逃入于五湖。』世言范子所載止西施也，而楊廉夫之詠范蠡事，則又云：『西施鄭旦坐兩頭。』是當二女裸而汎矣。《孟子》止稱西子，不言施。

宵明　燭光

黄帝姬姓，亦云姚姓。堯、舜皆出于黄帝，堯改伊祈姓，舜改姚姓。黄帝生少皥—蟜極—堯，爲陶唐氏。黄帝生昌意—顓頊—窮蟬—敬康—句芒—蟜牛—瞽瞍—舜，爲有虞氏。是舜乃堯之五代孫也，不應爲翁壻。舜既娶堯二女俱爲妃，長娥皇，無子；次女英，生商均。《世紀》又云舜有庶子八人，皆不肖。又立妃癸比，生二女，名曰宵明、曰燭光。

楊玉環

《楊貴妃傳》曰：隋梁郡通守汪四世孫，徙蒲州之永樂。《外傳》曰：弘農華陰人，後徙居蒲州永樂之獨頭村。父玄琰，蜀州司户。妃生于蜀，誤墜池中，後人呼爲落妃池。池在導江縣前。早孤，養于叔父士曹玄璬家。今《廣西通志》則曰：妃乃容州普寧縣雲陵里人。父維，母葉氏，生妃，有異質。都部署楊康求爲女。時楊玄琰爲長史，又從康求爲女，攜至京，進入壽王瑁宫。城西至今有楊妃井。二説迥異。妃小字玉環，又名玉妃，又名阿蠻，開元四年生，二十二年十一月歸壽邸，年一十九歲。又六年，爲二十八年，十月，玄宗取于壽邸，度爲女道士，號太真，住内太真宫，年二十五歲矣。天寶四載七月，册韋氏配壽邸，册太真爲貴妃。五載七月，因忤旨，送還第。九載二月，又送還第。凡十三年，爲十五載，賜死馬嵬驛，年三十八歲。豐碩善媚，卒傾家國云。

復見兩木蘭

韓氏，保寧民家女也。明玉珍亂蜀，女恐爲所掠，乃易男子飾，託名從軍。調征雲南，往返七年，人無知者，雖同伍亦莫覺也。後遇其叔，一見驚異，乃明是女。攜歸四川，當時皆呼之曰貞女。黄善聰，應天淮清橋民家女，年十二失母。其姊已適人，獨父業販綫香，憐善聰孤幼，無所寄養，乃令爲男子裝飾，攜之旅遊廬、鳳間者數年，父亦死。善聰即詭姓名曰張勝，仍習其業自活。同輩有李英者，亦販香自金陵來，不知其女也。約爲火伴，同寢食者踰年。恒稱有疾，不解衣襪，夜乃溲溺。弘治辛亥正月，與英皆返南京，已年二十矣。巾帽往見其姊，仍以姊稱之。姊言：『我初無弟，安得來此？』善聰乃笑曰：『弟即善聰也。』泣語其故。姊大怒，且詈之曰：『男女亂羣，玷辱我家甚矣！汝雖自明，誰則信之？』因逐不納。善聰不勝憤懣，泣且誓曰：『妹此身苟汙，有死而已。須令明白，以表寸心。』其鄰即穩婆居，姊聊呼驗之，乃果處子。始相持慟哭，手爲易男子裝。越日，英來候，再約同往，則善聰出見，忽爲女子矣。英大驚，駭問，知其故，怏怏而歸，如有所失，蓋恨其往事之愚也。乃告其母，母亦嗟嘆不已。時英猶未室，母賢之，即爲之求婚。善聽不從，曰：『妾竟歸英，保人無疑乎？』交親鄰里來勸，則涕泗橫流，所執益堅，衆口喧傳，以爲奇事。廠衛聞之，乃助其聘禮，判爲夫婦。嗚呼！觀此二貞女，則雖南齊之東陽婁逞、五代之臨邛黄崇嘏，又何以加之？可謂我朝兩木蘭矣。婁逞者，女名，變服爲丈夫，仕至揚州從事。黄崇嘏，見《詩女史》，有《女狀元春桃記》。

張好好

張好好，年十三，杜牧以善歌置樂籍中。所云『婷婷嫋嫋十三餘，荳蔻梢頭二月初』者是也。又，張好好以歌爲著作沈述師以雙鬟納之。

阿杜

阿杜，齊周盤龍愛妾。盤龍大破魏軍，高帝送金釵二十枚與杜氏，手勅曰：『餉周公阿杜。』今人稱妾曰『阿大』，音如杜。阿者，吴人以爲語助詞，亦啟口聲。而漢之婦人乃有名阿者，如周郁妻名曰趙阿。古陽阿作平聲。

紅霞帔

紅霞帔者，宋宫人品名。紹興間，如張頑兒、鄭廿八、侯九娘、馮十一娘、張真奴、劉翠奴、劉十娘、鮑僤兒、王八兒，又有紫霞帔王受奴之類。今西湖褒親崇壽寺，乃紅霞帔劉貴妃香火院，故俗稱劉寺，不知翠奴、十娘果何人也？弁陽翁詩『翟羽鸞綃事已空，奉華遺寺對高松』是也。奉華，劉妃閣名，予家田尚稱劉寺香火田。

兩金屋

漢武帝阿嬌，金屋貯之。唐飛燕、輕鳳，金屋藏之。漢成帝后趙氏，名飛燕。

俞尼子　金蓮

潘妃本姓俞，名尼子，王敬則伎也。或云宋文帝有潘妃，在位三十年，於是改姓曰潘，其父寶慶亦從改焉。金蓮，人但知爲潘妃事，而不知窅娘亦有之，高低步舞固不同也。齊東昏侯爲潘妃鑿金爲蓮花以貼地，令妃行其上，曰『此步步生蓮花』。又，南唐李後主宫嬪窅娘，纖麗善舞。後主作金蓮，高六尺，飾以寶物、鈿帶、纓絡，蓮中作品色瑞蓮。令窅娘以帛繞脚，令纖小屈上作新月狀，素韈舞雲中，回旋有凌雲之態。唐鎬詩『蓮中花更好，雲裏月長新』是也。貼地，想低而可行；六尺，想高而可舞。

窅娘新月脚

婦人扎脚、纏足，古未嘗有，俗傳起于西施，然莫可考也。《洛神賦》『凌波微步』，趙飛燕能爲掌上舞，緑珠步香塵無跡，皆喻其體輕，未始顯言足小也。然稱其步微、掌上、無跡，則纖細亦可想見矣。自南唐李後主令窅娘以帛繞脚，令纖小屈上作新月狀，則今之遺風也。紫注：『纏束也，纏，弓弝也。』今之脚小者，香奩褻詠，必曰筍芽，曰半叉；俚語則曰三寸三分，誠雅緻也。若夫昔人所詠弓鞋，則彎轉如弓，乃北方婦人之態。南人笑之曰翻頭脚。亦曰揣船頭，又其下品也，斯不足觀矣。

屧舄屐

屧，履中薦也，曰步屧，曰舞屧。吴王宫中有響屧廊，以楩梓板藉地。西子行，則有聲，故名響屧。是婦女通服之。韓偓《屧子詩》：『六寸膚圓光緻緻。』唐尺雖短，謂之六寸膚圓，想亦不纏足也。梁詩『畫屧重高牆』，畫之者當是繪以五彩，高牆者，想是闊頰也。今之高底鞋類，履底曰舄，以皮爲之。舄以木置履下，乾濕不畏，古者祭服用之。屐以木爲之，即今之木屐，古婦女亦著之。李白《浣沙石上女》詩：『一雙金齒屐，兩足白如霜。』今廣東婦女雖晴天白晝亦穿木屐。余嘗戲給事中李孺徵云：『樂府有雙行纏，今南海可謂雙行屐矣。』因作《雙行屐》云：『荔枝醉頳顔，末麗蟠清馥。孔雀隱蘭皋，佳人出茅屋。繡帛謝纏綿，赤脚幸馳逐。白足越羅裙，紅屐奇南木。金齒滑不磨，玉趾纖可掬。西子畫屧聲，東陽素波沐。不雨石琳瑯，無雷車轣轆。烈日響洞房，良宵展郎腹。非乏蓮花承，頗厭笋芽縮。知音美自然，絲竹不如肉。』孺徵笑曰：『足可補香奩新詠也。』他日，與李兵部少偕在西湖席上，以『金蓮小』命題索賦。余復戲之曰：『貴地惟有雙行屐耳。』舉以誦之，軒渠不能自已。

屣靸鞋

屣，本作躧。舞履也，足跟不正納。《莊子》：『原憲華冠縰履。』《史記》：『女子則鼓鳴瑟，跕屣。』注曰：『躡跟爲跕，不着跟爲屣，似今靸鞋。』《釋名》：『靸，小兒履也；鞋，履也。』《爾雅》曰：『單底曰履，飾足以爲禮也。』三代以皮爲之，朝祭之服也；亦有以葛爲之者。《詩》『糾糾葛履』是也。秦始皇二年，遂以蒲爲之，名曰靸鞋。二世加以鳳頭，仍用蒲，即今無後跟凉鞋也。晉永嘉元年，用黄草，宫内妃御皆着，始有伏鳩頭履子，即今黄草心鞋也。梁天監中武帝易以絲，名解脱履。至陳、隋間，吴越大行，而樣差多。古有遠遊履。又詩云：『足下絲履五文章，平頭奴子提履箱。』唐大曆進五朵草履子；建中進百合草履子；大和吴越間織高頭草履，如綾縠。又，麻履曰屨，草曰扉。屨乃不帶者，名解脱履。履，朝服；屨，燕服。《荀子》『紃屨之士』注：『編麻爲之。』《禮記》注：『紃施縫中，若今時絛也。』《周禮》：『屨人掌王及后之服屨。』夫古之婦工，以治内事；今后妃之屨，使臣工造之，可恥甚矣！《唐書》：『東女國鞢韡屨也。』今靸鞋，不纏足者曳之。今之纏足者以絲爲鞋，則梁製也。以羊皮銷金箔爲之，則三代之遺意，而極其奢巧也。以蒲草麻葛爲之，則古今之通用也。首以鳳頭、伏鳩、鴛鴦，則昉于秦、晉；繡以雲露、花草，則昉于五朵百合。而其高底鞋，即古之重臺履也。琴面鞋，即笏頭履也。其婦人鞋底，以二色帛前後半節合成，則元時名曰錯到底，不知起于何代？至若飾以金寶、珠玉，則淫風極矣！踐于足者如此，則戴于首者不言可知。

女靴

靴，本胡服，趙武靈王所作。《實録》曰：『胡履也。』初短靿，以黄皮爲之，後漸以長靿。唐馬周殺其靿，加以靴氈，裴叔通以羊爲之，隱麖加以帶子裝束，蓋婦人皆可服之。并州婦人臨水浣衣，有人換其新靴是也。古人有舞靴，李太白詩：『青黛畫眉紅錦靴。』楊廉夫詩：『繡靴蹴踘勾驪樣，羅帕垂鬟女直妝。』

女韤

韤，足衣，今之膝褲。炙轂子曰：『三代謂之角韤，前後兩隻相成，中心繫帶。至魏文帝吴妃始以綾羅裁縫爲之。』曹子建《洛神賦》曰：『凌波微步，羅襪生塵。』唐楊貴妃錦拗韈。杜牧《詠韈》詩云：『鈿尺裁量減四分，纖纖玉筍裹輕雲。五陵年少欺他醉，笑把花前出畫裙。』韓偓《屧子》詩：『六寸膚圓光緻緻。』夫尺減其四分，當亦六分，是即致堯之六寸也。今婦人有不着韈者。太白詩：『屐上足如霜，不着鴉頭韈。』則唐時已然。

婦衣

《禮》『婦人之服不殊』，謂衣裳上下同色也。今惟越人服青爲然。我朝定制，婦人止服絹布，不許用綾錦綺繡，其色只用藍、紫、桃花淺色，不許用青、緑、大紅深色。農民之家方得服紬紗。今則婢子衣綺羅，倡婦厭錦繡矣。

袜胸

今之袜胸，一名襴裙。隋煬帝詩：『錦袖淮南舞，寶袜楚宮腰。』謝偃詩：『細風吹寶袜，輕露濕紅紗。』盧照鄰詩：『倡家寶袜蛟龍被。』袜，女人脇衣也。崔豹謂之腰綵，引《左傳》『衵服』，『陳靈公衷衵服而戲于朝』，日日近身衣也，即唐訶子之類。寶袜，在外以束裙腰者，視圖畫古美人妝可見。故曰『楚宮腰』，曰『細風吹』者，此也。若貼身之衵，則風不能吹矣。自後而圍向前，故又名合歡襴裙。沈約詩『領上蒲桃繡，腰中合歡綺』是也。其繡帶，亦名帓帶。今襴裙在内有袖者，曰主腰，領襟之緣尚繡蒲桃花，言其花朵朵圓如蒲桃也。

細簡裙

梁簡文詩：『羅裙宜細簡。』先見廣西婦女衣長裙，後曳地四五尺，行則以兩婢前攜之。簡多而細，名曰馬牙簡，或古之遺製也，與漢文後宮衣不曳地者不同。韻書曰：『裥裙，幅相攝也。』杭婦女闊簡高繫，以輭薄爲尚。北方尚有貼地者，以不纏足，欲裙蓋之也。又杜牧《詠襪》詩：『五陵年少欺他醉，笑把花前出畫裙。』是唐之裙亦足以隱足也。畫裙，今俗盛行。

名　清

目上爲名，目下爲清。見《爾雅》。又《詩》：『清揚婉兮。』目上曰清，目下曰揚。《釋名》：『清，青也；去濁遠穢，色如青也。』揚本作眻，眉間曰眻，目美也。或作暘。注疏：『揚者，眉上之美名，因名眉目曰揚。』《詩》：『美目揚兮。』又曰：『揚且之晳。』注：『眉上廣也。』『抑若揚兮。』疏云：『揚是顙之別名，以有毛揚起，故名眉爲揚。』揚雄：『揚眉曰揚衡。』諺言『稱眉』，稱即揚也。

緑眉

《詩》稱『蛾眉』，而《楚辭》乃云：『蛾眉曼緑。』曹元寵《夜歸曲》：『吴妝秀色攢眉緑。』黛眉，漢給宫人螺子黛。翠眉，梁冀妻改鴛翠眉爲愁眉。魏宫人畫長眉，多作翠眉警鶴鬟。《古鏡銘》云：『當眉寫翠，對臉傅紅。』玄眉，曹子建《七啓》：『玄眉弛兮鉛華落。』即墨眉。今廣東始興縣溪中出石墨，婦女取以畫眉，名畫眉石。黄眉，後周静帝令宫人黄眉黑粧。庾信詩：『眉心濃黛，直點額角，輕黄細安。』盧照鄰詩：『纖纖初月上鴉黄。』又云：『鴉黄粉白車中出。』司馬槱詩：『梅粉粧成半額黄。』蓋眉黄起于漢宫，而漢賊乃有緑眉、赤眉、朱眉，晋有宋赤眉，北齊有姚黄眉，何也？眉之名，則有開元御愛眉，遠山眉，小山眉，五嶽眉，新月眉，月棱眉，垂珠眉，倒暈眉，分梢眉，涵煙眉即今柳葉眉，八字眉，梢分而斜起。又有眉間俏者，即古之面花，蓋起于上官昭容，飾之以掩黥迹者。或曰壽陽宫主落梅花之事，或曰孫夫人粧獺髓之遺。或貼花，或點朱。今又以翠羽爲珠鳳、梅花、樓臺之狀，小巧精妙，間于眉心，能益妍麗，故曰俏也。眉有天生而細長者，其有粗大者，則以綫繳之，或以刀削之，想古有此風。故周庾信《鏡賦》云：『鬢齊故畧，眉平猶剃。』又有廣眉，漢諺：『宫中好廣眉，四方高半額。』又不知眉毛天生，何可移上之半額也？《文選》：『刻畫鬅鬢。』蓋古飾即如此。

眉語　眼語

婦女之眉最善蠱人。故从女、从眉曰媚。眉不能語，而太白詩：『眉語兩自笑。』温庭筠詩：『眉語柳毿毿。』柳渾詩：『窗疎眉語度。』又太白：『閒將手語彈鳴箏。』即以弈爲手談也。《唐書》：『道路目語。』《漢·李陵傳》：『未得私語，即目視陵。』師古曰：『以目相視而感動之。』今俗所謂眼語也，皆奇。

斜紅

美人妝面，既傅粉，復以臙脂調匀掌中，施之兩頰，濃者爲酒暈妝，淺者爲桃花妝。薄薄施朱，以粉罩之，爲飛霞妝。梁簡文詩云：『分妝間淺靨，繞臉傅斜紅。』則斜紅繞臉，即古妝也。

飛雲丹

飛雲丹，即今水銀燒粉也。云是蕭史作與弄玉。今名玉華花粉者最佳。古人傅面用米粉，故字从米。或染之爲紅粉，後乃燒鉛爲粉，云是紂始。又調脂作紅也。

月運紅潮

月運紅潮者，婦女之桃花癸水也，古名入月。唐詩：『密奏君王知入月。』故名月事。醫書名月經，言按月而經脈行也。取以入藥，則名紅鉛。《漢律》謂之姅變，婦人汙也。又，傷孕也。蓋幼女未通，老媪當絶，故其字从半女也。古人點朱于額以示進退之節，所謂程姬之疾也。故曰丹的，曰玄的，或曰今之手中金鐲，亦所以止觸也。《周禮》『王之陰事、陰令』亦有掌之者。漢掖庭令晝漏不盡八刻，白録所記，推當御見者。我朝宫中欽録簿，女官掌之。余之高祖姑蔡氏之姊，杭之豐寧坊人也，當憲廟時爲女官，甚得幸。以選繡女一差至杭，宦官侍者四人，與三司諸大夫抗禮，所言宫掖事甚詳。髮巾，左右繫金錢，兩鬢俱禿，云伴駕蚤起，用以掠髮者。有報宫之牋，有衛門之寢，有承御之名，有紀幸之籍，其事甚詳且密，雖聖上亦不得而觀覽也。

髮膩

婦人頭髮爲膏澤黏膩，曰膩，必湯沐乃可解。《考工記》『弓人』注：『膩，亦黏也，音職。』古人俱用芳澤，以香潤其髮。然但稱玄，稱鬒，稱烏雲也。而魏瓘賦乃云：『黄金釵兮碧雲髮。』杜牧之賦乃云：『緑雲繞繞，梳曉鬟也。』

穿耳

女子穿耳，帶以耳環，蓋自古有之，乃賤者之事。《莊子》曰：天子之侍御，不叉揃，不穿耳。杜子美詩：『玉環穿耳誰家女？』諸葛恪曰：『母之于女，天性之愛。穿耳貫珠，何傷于仁？』

鴛鴦七十二

古詩：『入門時左顧，但見雙鴛鴦。鴛鴦七十二，羅列自成行。』人皆不解七十二之説。蓋言美人之數也。又古人多言三三美人。夫三三則六，而六六則爲三十六矣。左右各三十六，合之則爲七十二矣。蓋六六，陰數之極，而六六三十六者，又純陰之數，故用之婦人也。楊廉夫詩：『别院三千紅芍藥，洞房七十紫鴛鴦。』蓋爲對耦所拘耳。楊慎詩：『芳池七十二，寶帳三千重。』

金釵十二行

古樂府《河中曲》咏莫愁：『頭上金釵十二行，足下絲履五文章。』後人遂誤以爲金釵美人十二行，殊不知古婦人髻高，故能插金釵。十二行，乃六雙也。

百媚　千媚

百媚，郎也；千媚，娘也。見淳于王歌：『百媚在城外，千媚在中央。』『坐來生百媚』，謂張麗華，見煬帝詩。

美人雙騎

江北佳人多能騎馬，今走驃騎，婦人亦能。雙乘落解謂之雙飛燕，甚可觀也。李太白詩：『自有兩少妾，雙騎駿馬行。』蘇子瞻詞：『細馬遠駝雙侍女。』想亦重坐也。

姣

姣，淫也。穆姜棄位而姣，不可謂貞。姣，户交反，又，如字。嵇叔夜音效，言效小人爲淫也。女交曰姣，女喬曰嬌。

昏嫁

古者，女子二十而嫁。越王句踐令國中女子年十七不嫁者，父母有罪，欲人民繁息也。漢惠律：女子年十五以上至三十不嫁，五筭。蓋漢律：民不繇者貲錢二十二。又『高帝初爲筭賦』注：『年十五至五十六出賦錢，人百二十爲一筭。』今罪謫五筭，出六百錢也。唐詔民男二十，女十五以上無夫家者，州縣以禮聘娶，貧不能自行者，鄉里富人及親戚資送之。古者女子重失時，仲春不禁淫奔，故名野合，順羣情也。杜工部詩：『不嫁惜娉婷。』是舉見在而言也。陳無己詩：『當年不嫁惜娉婷。』是舉過去而言也。白樂天詩：『寄言癡小人家女，慎勿將身輕許人。』是舉未來而言也，有深意矣。

留青日札卷之二十一

戚夫人

于季子云：『百戰方夷項，三章且代秦。功歸蕭相國，氣盡戚夫人。』范致能云：『劉項家人總可憐，英雄無策庇嬋娟。戚姬葬處君知否，不及虞兮有墓田。』夫以沛公之英雄，豈無策以庇戚姬，而爲之氣盡哉？蓋必有所自矣。帝欲全夫人，非易儲不可。苟爲萬世計，太子既不可易，不如付身後事于不知。黄鵠之悲，特牽于衽席之愛耳。且帝誠寵夫人，必決易太子，則雖猛悍如吕后，亦無如之奈何。但帝春秋既盛，亦患諸故將之跋扈，非太后必不足以懾服之。況既易後，寧免太后之不反正乎？寧免天下之不仗言首亂者乎？不若已之，以俟太后之容置。固不意人彘之毒，至于母子之俱盡也。故知帝愛國甚于愛家，愛公甚于愛私，其心亦悲矣。

王昭君妹

昭君嫁單于，史未嘗稱其有妹。白樂天《嘲雪中馬上妓》云：『雪裏君看何所似？王昭君妹寫真圖。』此强造也。妹，注女弟之外更無他音。且其第二句云：『引手低蛾索一盂。』則所謂一盂者，酒邪？湯邪？水邪？皆病也。

兩哀姜

魯莊公夫人齊女，曰『哀姜』。又，文公長妃齊女哭而過市，國人哀之，故亦曰『哀姜』。

六飛燕

漢趙飛燕，屬陽阿主家。學歌舞，以其身輕，可爲掌上舞，故號曰飛燕，陽阿舞亦因此得名。又，『張楊、飛燕旅力作難』，見《後漢書·臧洪傳》。按：褚燕後爲張牛角軍師，改姓張。燕慓悍捷速過人，軍中號爲飛燕，即黑山賊也。見《魏志》。又，唐寶曆二年，浙東貢舞女二人，一曰飛燕，一曰輕鳳，修眉黟首，蘭氣融冶，冬不纊衣，夏無汗體。上琢玉芙蓉爲二女歌舞臺。每歌舞一發，如鸞鳳之音，百鳥莫不翔集，其態艷非人間所有。每歌舞，上令内人藏之金屋寶帳，蓋恐風日也。宫中語曰：『寶帳香重重，一雙紅芙蓉。』又青龍、飛燕，古戰艦名。又，古良馬，名飛燕。

兩小小

南齊小小，姓蘇，錢塘人。又，唐齊公伎，名小小，能寫真。

四碧玉

碧玉，晉喬知之〔一〕妾，所歌『明珠十斛買娉婷』是也。又，陳後主《寄碧玉詩》：『離別腸猶斷，相思骨合銷。愁魂若飛散，憑仗一相招。』又，楚王碧玉，審言詩：『清風細雨濕梅花，驟馬先過碧玉家。正值楚王宮裡宴，門前初下七香車。』又，宋汝南王妾碧玉，所歌『碧玉破瓜時』是也。《碧玉歌》，一名《千金意》，晉孫綽作。

兩虞姬

虞姬，名損之，齊威王之姬也，諫齊王烹佞臣周破胡與阿大夫，薦北郭先生與即墨大夫，齊國大治。又，西楚霸王亦有虞姬。

兩朝雲

河間王婢名朝雲，假爲老嫗吹篪，羌泣降者，語曰：『快馬健兒，不如老嫗吹篪。』蘇子瞻妾亦名朝雲，詩所謂『不似楊枝别樂天』者是也。

兩小蠻

白居易妾名小蠻，詩云：『楊柳小蠻腰。』于鵠《襄陽看花》詩自注云：『時因小蠻作。』又，謝阿蠻，唐玄宗舞女。

兩夜來

魏文帝美人薛靈芸，號曰夜來。又，唐靖恭伎女亦字曰夜來。

騃治

隋煬長安貢御車女袁寳兒，年十五，腰肢纖墜，騃冶多態，帝又曰：『多憨態。』虞世南詩曰：『垂肩嚲袖太憨生。』

祝英臺

英臺，上虞祝氏女子。易爲男子裝，出遊學，與會稽梁山伯者同肄業。山伯，字處仁。祝先歸二年，山伯訪之，方知其爲女子，悵然如有所失。告其父母求聘，時祝已許馬氏矣。山伯後爲鄞令，疾革，葬鄮城西。明年，祝適馬氏，舟過墓所，風濤不能進。英臺聞有山伯墓，因登塚號慟，地忽裂開，祝氏陷焉，遂埋雙壁。人皆異之。晉丞相謝安奏之，因表其墓云。此與紫玉及華山畿女之事甚相類，今俗演爲雜劇也。

龍井神女祠

具區東山有井，淵深叵測，世呼柳毅井，即唐所傳洞庭君女歸柳毅事。言至今風月夜，往往見彼雙雙出游。嘉靖辛丑，中書舍人王子、蔡子、□子同游。酒酣，因吟曰：『橘花垂蔭碧闌干，此地曾經柳毅傳。卿亦有書吾肯寄，汲深千尺轆轤縣。』時林月漸明，隱隱見橘柚影中，一美人掩映，若隔煙霧，却前遥吟曰：『橘花如雪晚風清，迢遞關山春夢驚。明月一天凉似水，不堪重省舊時情。』即追討其跡，杳不可得。質明，欲闢地祠之。鋤下，硜然有聲，得一石碑，題曰『龍井神女祠』，因建宇于其上。

王烈女

王氏者，山東人。家貧，八歲貨與淮安倡家。及長，即知處身失所，欲脱去無計。倡婦百般誘之，執意不爲動。一日，强使與上客合巹，因涕泣謂客曰：『妾本良人女，因貧故至此。妾久忍死者，未及見父母一訣耳。今忍遂污吾身邪！』引刀自刎。客大驚駭，抱救不及。事聞于官，令厚葬之。後有吳主事在淮，一夕，夢女號泣拜堂下。驚問之，對曰：『妾，烈女王氏也。』具陳其故，且言：『家居五壩上，願君白之。』黎明，吳君訪得其墓，遂令修葺之。復會張御史疏聞，建祠祀之。嘉靖年間事。

寒香　晚翠

寒香、晚翠者，海鹽張公寧之二妾也。寧字静之，號方洲，正統進士，漳州知府。寒香，姓高氏，晚翠，姓李氏，年可十六七，皆端潔慧悟。公老，益愛重之。及病將革，無子，諸姬年長者，悉命出之。二氏獨不忍去，因泣請曰：『妾二人有死無貳。幸及公目未瞑，願賜一閣同處，且封鑰之，第留一竇以進湯粥，誓以死殉公也。』遂引刀各截其髮，以示無他腸。公命從之，乃寂居小閣，絶不與外間通聲問。及卒，乃設席閣中，旦夕哭臨，服三年喪，不闚户者五十餘年。嗣子曰嘉秀，字文英，舉嘉靖己丑進士。其晝錦歸也，二氏因語人曰：『妾等犬馬之齒，已踰七旬，幸不辱先公于地下。他日相從，可無汗顔矣。又况有佳後邪！』于是即日令啟鑰而出之，則皤然雙老媪矣。親戚莫不憐且敬之，遂爲之奏聞，旌之曰『雙節』云。

柳含春

含春，姓柳氏，國初明州女子也。年十六，患病，禱于關王祠而愈，因繡旛往酬之。一少年僧頗聰慧，窺柳氏之姿而悦之，因以其姓戲作呪語，誦之于神云：『江南柳，嫩緑未成陰。攀折尚憐枝葉小，黄鸝飛上力難禁。留取待春深。』女亦甚慧，聞之，不勝其怒，歸告于父。父訟之于方國珍。時國珍據明州，捕僧至。問之曰何姓，對曰：『姓竺名月華。』國珍命以竹籠盛之，將沉之江。又曰：『我亦取汝姓當作一偈，送汝歸東流。』因吟曰：『江南竹，巧匠結成籠。好與吾師藏法體，碧波深處伴蛟龍。方知色是空。』其僧痛哭哀訴曰：『死，吾分也，乞容一言。』國珍許之。僧曰：『江南月，如鏡亦如鉤。明鏡不臨紅粉面，曲鉤不上畫簾頭。空自照東流。』國珍知其以名爲答，大笑而釋之，且令蓄髮，以柳氏配爲夫婦。

大家有五

漢、魏以來，宫中呼官家曰大家。蔡邕《獨斷》：『天子親近侍從官稱大家。』漢有曹大家，唐有郎大家。又，順帝虞美人，以梁后故，抑而不登，但稱大家而已。家，音姑。《左傳》：『姪其從姑。六年其逋，逃歸其國，而棄其家。』《史記》『長鋏歸來乎！食無魚。長鋏歸來乎！無以爲家』是也。

西施毛嬙皆越人

《神女賦》：『毛嬙鄣袂，不足程式；西施掩面，比之無色。』是二人也。舊稱毛嬙即西施，誤矣。《莊子》注：『西施，夏姬也，勾踐獻吴美人。』又毛嬙，司馬云『古美人』，一曰『越王美姬』，則二女則越産矣。

四麗華

漢光武后陰麗華，自言曰：『仕宦當作執金吾，娶妻當得陰麗華。』陳後主后張麗華。後漢劉聰妻劉娥字麗華，新興人〔二〕。又，後周宣帝后楊麗華。

白眉神

教坊妓女，皆供白眉神。每至朔望，則以手帕、汗巾之類紥神面一遭。若遇子弟有打乖空頭者，輒以帕洒拂其面，一洸而過，則子弟之心自然歡悦相從，留戀不已，蓋花門厭術也。

私科子　鴇子

鷄雉所乳曰窠，即科也。《晏子春秋》：『殺科雉者不出三月。』蓋言官妓出科，私唱不出科如乳雞也。又，老妓名鴇子，一作鴇、鮑，似大鴈，無後趾，虎文，性羣居，如鴈自然有行列，連蹄不樹止。俗呼獨豹，老妓性行似之。

弄新婦

今徽州等處人娶新婦入門，衆親戚皆百般戲侮調弄，名曰弄新婦。甚有至于不堪毒詬死者。云其衣服鞋履皆用線縫綴，恐有踈脱，但不及于亂耳。風俗薄惡之甚，真南蠻之遺習也。唐時即有此風，曰娶婦之家弄新婦。今越俗，親友必將新壻灌醉于房中。

繡花娘　插帶婆　瞎先生

古人以尼姑、道姑、卦姑爲三姑，以牙婆、媒婆、師婆、虔婆、藥婆、穩婆爲六婆，謂不容入門，方成人家，又如避蛇蝎，蓋惡其貽害之甚也。今則三姑六婆之害，處處有之。而此外又有數種：曰繡花娘者，以善針刺出入大家，因請以教導閨女，他日多被誘引成花娘。花娘者，杭人罵倡伎、淫婦之稱也。曰插帶婆者，富貴大家婦女赴人筵席，金玉珠翠首飾甚多，自不能簪妝，則專雇此輩。顔色間雜，四面均勻，一首之大，幾如合抱。即一插帶，頃刻費銀二三錢。及上轎之時，幾不能入簾輿也。入人家坐席，則須俊僕四五人，迴侍左右，仰觀俯察，惟恐一物之遺失，一花之傾倒，即能解意，以手拾取扶植。每爲從者熟視動心，遂至通姦露醜。或有自早至晚，坐久頭重，不堪其苦，眩暈扶歸者。或遺失一物，值數十金，歸家悔恨，涕泣數日成疾者。亦有假借他人，另置賠償者。後聞江西建昌婦女粧飾亦然，此風所當痛革也。曰瞎先生者，乃雙目瞽女，即宋陌頭盲女之流。自幼學習小説、辭曲，彈琵琶爲生，多有美色，精技藝，善笑謔，可動人者。大家婦女驕奢之極，無以度日，必招致此輩，養之深院静室，晝夜狎集飲宴，稱之曰先生，若南唐女冠耿先者。淫詞穢語，汙人閨耳，引動春心，多致敗壞門風。今習以成俗，恬不知怪，甚至家主亦悦之，留薦枕席，而忘其暱。真異事也！

插秧婦詩

戴九靈《插秧婦》詩：『青袱蒙頭作野粧，輕移蓮步水雲鄉。』恐插秧婦人必俱大脚者，安得復云蓮步？繼云：『裙翻蛺蝶隨風舞，手學蜻蜓點水忙。緊束煖煙青滿把，細分春雨緑成行。村歌欲和聲難調，羞殺揚鞭馬上郎。』江北婦女皆務農，其夫反謳歌擊鼓，大陋風俗也。

媵妾　從嫁

曹植：『媵余行兮歸朔方。』媵，送昏之名。《爾雅》曰：『將送也。』《儀禮》言：『媵爵。』《公羊》言：『開媵路。』《史記》言：『伊尹，有莘之媵臣。』《江有汜序》言嫡媵，鄭氏引『諸侯一娶九女，二國媵之』是也。今人家之從嫁爲側室者，皆曰媵妾，從去聲。

宦官妻

《石顯傳》：『丞相、御史條奏顯惡，免官，與妻子徙歸故郡，憂死。』唐高力士娶吕玄晤女國姝。李輔國，帝爲娶元擢女爲妻。宋梁師成妻死，蘇叔黨、范温，皆衰絰臨哭。元趙伯顏不花年踰三十，先有妻子，順帝刑其勢爲奄人，不花不捨其妻，仍與之共處。我朝宣德中賜太監陳蕪兩夫人，陳蕪賜姓名王瑾，字潤德。天順初賜太監吴誠妻。余見傳記所載，以爲此曹要婦人何用。或曰：『雖去其勢，男性猶在，必須近婦女，乃安夜也。』家君在京，所善太監侯玉，亦有妻妾，甚美且多。及家君督學廣東，出京，玉送别，出二女子相贈。此内臣交好之至厚者。一名白秀者，乃絶色也，云玉之寵姬。暇日，細詢其故，真如所傳。言相愛淫謔甚于平人夫妻居室之事。每一交接，則將女人遍體抓咬，必汗出興闌而後已。其女人每當值一夕，則必倦病數日，蓋慾火鬱而不暢故也。此女素爲狐狸迷染，其後隨至嶺外。在滁州時，余曉起親見之，形如猫而玄黑，變態不常，然亦不爲害。因命小苗童曰凌鴻伴宿，察之，則狐自窗眼潜入，伏于女身。小童舒手摸之，則亦不變形，如毛狗而已。後家人畏懼，與廣東僕周俊爲妻。狐復不捨，俊亦厭之。歸杭，又賣與徽州某商。今尚在杭，不知何如矣。

宦女

古之宦官，周閹人、寺人之職。《説文》：『宦，仕也。』執事于中也。《左傳》爲『宦女』。一曰閹人。《説文》：『閹，竪也。宫中閹閽閉門者。』蓋男無勢精閉者也。《書》：『宫辟，宫罰，男子割勢，女子幽閉，次死之刑。』一名腐刑，一曰犗刑。《詩》：『寺人之令。』注：『寺人，奄官也。』或作閹。洪武初，有監正、監副、監丞、門正、門副等名。永樂間，始名太監、少監。

婦人封侯

漢陰安侯，乃高帝兄伯妻，羹頡侯母丘嫂也。樊伉母吕嬃，封臨光侯，一作林光。秦林光宫在雲陽，即漢之甘泉。蕭何夫人，封酇侯。許負，河内老嫗，善相，封鳴雌亭侯。晋羊祜妻，封萬歲君。元朝四品官妻郡君，五品縣君。我朝公主之下，皆稱君，夫人之下皆稱人。

瑞蓮池二女

元末，施州向氏、譚氏二女，相與濯手于仙女池，遂生嘉蓮。時僞夏明玉珍據四川，命選宫嬪，二女皆在選中。向氏立爲后。譚氏退還，乃自投池中而死。

馬版腸湯

今鄭元和雜戲出于《李亞仙傳》，亦多不合。所言馬版腸湯事，乃元時歌妓郭順時秀者。秀色藝超絶，教坊白眉。學士王公元鼎甚眷之。秀偶疾，思得馬版腸充饌，公殺所騎千金五花馬取腸以供，當時傳爲嘉話。今又以王商配之李娟奴爲戲，皆失其真也。

誚失婢榜

唐人有《誚失婢榜》詩，因友人之婢逃去，原情寄嘲云：『撫養在香閨，嬌癡教不依。總然桃葉寵，打得柳花飛。曉露空調粉，春羅枉賜衣。内家方妬殺，好處任從歸。』『偷鎖出深閨，風花何所依。想應乘月去，難道綽天飛。燭暗新垂淚，香凝舊舞衣。恩情如不斷，還向夢中歸。』『揭榜諱因依，千聲叫不歸。頭盤紅縷髻，身着紫羅衣。夾帶無金玉，窩藏有是非。請君看賞格，惆悵信音稀。』白樂天云：『舊恩慚自薄，前事悔難追。』可謂有忠厚之意。劉賓客和之云：『新知正相樂，從此脱青衣。』是亦難乎其爲情矣。

額黄　鬢撥

額上塗黄，漢宫妝也。梁簡文詩：『同安鬟裏撥，異作額間黄。』徐悱〔三〕云：『留心散廣黛，輕手拂花黄。』虞世南《袁寶兒》詩：『學畫鴉黄半未成。』今此妝不復經見矣。撥者，捩開也。四十年前婦女理鬟尚用撥。以木爲之，形如棗核，兩頭尖尖，可二寸長，以漆光澤，用以鬆鬅，名曰鬅棗。今亦不復用之，競作薄薄叒鬅，如古之蟬翼鬅也。

螓首　花尖

《詩》：『螓首蛾眉。』螓，一名蜻。蜻，蛪也，蟭蟟之小而緑色者。孫炎曰：『有文者謂之螓，似蟬而小，頭有方文。』《詩》言『額廣而方』也。今杭州婦女，皆尚圓額，亦有花尖者，額中髮際垂下，自成尖文。有效顰而强飾者。

剺臂　彈骨

倡婦與子弟燒香、刺臂以爲盟誓，皆起于古。《史記·魯世家》：『莊公築臺臨黨氏，見孟女，説而愛之，割臂以盟。』《列子》曰：『紀昌、飛衛、請爲父子，剺臂以誓，不得告術于人。』《淮南子》曰：胡人彈骨，越人剺臂，中國啗盟，所由各異，其于信一也。彈骨者，胡人盟約，置酒人頭骨中，飲以相詛也。蓋胡人之俗，以得帝王頂骨爲鉢盂則吉祥如意。老上單于以月氏頭爲飲器，李賁歌所云『血函糢糊截仇首，半髖刳作玻璃杯。目眥生紅酒微纈，戎王胸堂沃焦熱』是也。又元僧楊璉真伽，以理宗頂骨爲飲器，我太祖先瘞之聚寶山，後歸諸穆陵。高季迪所云

『玉顱深注酡酥酒，誤比戎王月氏首』是也。又，萬震《南州異物志》：『烏滸，在廣州南交州北道間，伺行旅擊之，利得人食之，取其髑髏，破之以飲酒。』又，徐嵩爲苻堅始平守，姚方成執而不屈，斬嵩，漆其首爲便器。顧亮有云：『黔州都督有血頂，精魂夜夜溺中啼。』其原皆起于趙襄子漆智伯頭爲飲器，但酒、溺異耳。

指甲

唐張祜客淮南幕中，赴宴，杜牧同坐，有所屬意，索骰子賭酒。微吟曰：『骰子逡巡裹手拈，無因得見玉纖纖。』祜曰：『但知報道金釵落，髣髴還應露指尖。』宋劉改之《沁園春》云：『銷薄春冰，碾輕寒玉，漸長漸彎。見鳳鞋泥汙，偎人强剔；龍涎香斷，撥火輕翻。學撫瑶琴，時時欲剪，更掬水魚鱗波底寒。纖柔處，試摘花香滿，縷棗成斑。時將粉淚偷彈，記綰玉、曾教柳傳看。算恩情相著，搔便玉體，歸期暗數，畫遍闌干。每到相思，沈吟静處，斜倚朱脣皓齒間。風流甚，把仙郎暗搯，莫放春閒。』我朝沈彦博《纖手》云：『曾見花梢揀俏枝，宛如春笋露參差。金釵欲溜輕攏髻，寶鑑重臨淡掃眉。雙送鞦韆扶索處，半揎羅袖賭鬮時。香腮悶托聞嘶馬，忙揭朱簾認阿誰。』皆非春笋不能當也。又以鳳仙花和白礬擣之，染爲紅甲。昔人有云：『嬌彈粉淚拋紅豆，戲搯花枝鏤絳霞。』又云：『拂黛火星流夜月，畫眉紅雨過春山。』尤可把翫也。至于秃指婦人，深爲村鄙。元人有小令嘲之，名《醉扶歸》云：『十指如枯笋，和袖捧金尊。搊殺銀箏字不真，搔痒天生鈍。總有相思淚痕，索把拳頭揾。』此又可爲撫掌絶倒。

古后妃婦人異名

衛子夫，王翁須，王政君，郭聖通，鄧猛女，劉義王，劉紅夫，劉小民，劉成男，郭女王，賈南風，王貞風，褚蒜子，杜陵陽，李陵容，何法倪，謝梵境，丁令光，路惠男，章要男，鄭大車，袁大捨，王穆之，王靈寶，獨孤伽羅，穆邪利小字黄花，王地餘，王神愛，鄭阿春。

校勘記

〔一〕晉喬知之　按喬知之實爲唐人。

〔二〕新興人　新興兩字原闕，據《晉書・劉殷傳》補。

〔三〕按下引詩實爲費昶《照鏡辭》中句。

留青日札卷之二十二

巾

巾，本佩巾。《禮》『左佩紛帨』是也。帨，拭物之巾。《詩》：『無感我帨兮。』即今之手巾、汗巾也，亦褵屬。褵，婦人之褘，即今香纓。《詩》：『親結其褵。』注：『帨巾也。』《詩》：『縞衣綦巾。』綦，蒼艾色，女之貧陋者。漢賈山《至言》又云：赦罪人，憐其亡髮，賜之巾。故曰卑賤者所服。或曰古者有幘無巾，王莽頭禿，始施巾加于冠內。一曰首飾。《儀禮》：『二十成人，士冠，庶人巾。』巾，謹也，當自謹脩于四教也。蔡邕則云：『天子見令長、三老官屬，賜以酒食、帛葛、越巾、佩帶之屬。』又，漢文帝髮壯加巾，是天子亦服巾也。《草木子》曰：『紗帽圓領，唐服也，仕者用之。巾笠、襴衫，宋服也；巾環、襈領，金服也；帽子、繫腰，元服也；方巾、圓領，大明服也，庶民用之。』蓋古之庶人服巾，而今制則庶人不得服巾。故《玄中記》亦云：『契丹富豪要裹頭巾者，納牛駝七十頭，馬百匹，名曰舍利。』是庶人雖富豪，在匈奴亦不得服巾也。

綀巾，禰衡着，綀，絡也。　綸巾，諸葛孔明。　白綸巾，謝萬。　紫綸巾，石季龍。史：季龍以女騎一千爲鹵簿，皆着紫綸巾，織錦袴，金銀鏤帶，五文織成鞾，游于戲馬觀。綸，青絲綬也，本音倫；一在山韻，與關同韻，而關字初無龍春切者，淳韻亦不收。而古人關巾謂即白綸巾，何也？魏瓘《搗衣賦》：『黄金釵兮碧雲髮，白綸巾兮青女月，佳人聽兮良未歇。』則是婦人亦冠白綸巾也。　白帢巾，帢，本音鞈。韎鞈，士服，蔽膝之衣。《詩》『韎鞈』注：合韋爲之，以茅蒐草染之，一曰韎鞈。是則未染者當爲白帢矣。魏太祖擬皮弁，裁縑帛爲帢，以色别貴賤，本軍飾，非國容。弁缺四隅，曰帢。一曰按頭使下，故曰帢，即小白帽也。哀帝改用素白幍帢，疑作答。《史記》：『答布千匹。』注：『白疊布也。』《南史》：『高昌國有草實如繭中絲，爲細纑，名曰白疊。安子國人取以爲布，甚輭白。』《唐書》又云：『白氎，擷花可織爲布。』想即今之木綿花。初名吉貝布也。一作白氎巾。杜子美詩『光明白氎巾』是也。夫既曰草絲，則又不當从毛，注作毛布矣。今之以褐布作巾者，本當从毛，而白氈巾，則純用毛製。疑古之白氎亦如此製，故从毛也。　桐巾，隋左相牛弘卜議着桐巾，以桐木爲之，内加漆。詔從之。大業十年，禮官上疏：『裹頭者，宜裹巾子。』　烏匼巾，子美詩：『晚風爽烏匼。』注：『烏巾也。』即如今烏紗巾之類。　小烏巾，子美詩：『頭戴小烏巾。』　烏角巾，子美詩：『錦里先生烏角巾。』蘇子瞻詩：『二老白接䍦，兩郎烏角巾。』　角巾，晉羊祜、王導。　折角巾，郭林宗遇雨，折一角，故名。今有六角巾、八角巾，常服本四角，此好異者。　帤巾，《方言》：『大巾。』亦曰帤巾，播巾。　葛巾，諸葛孔明。又，淵明用以漉酒。唐武則天賜羣臣葛巾子，呼爲武家高巾子。杜甫詩：『呼兒正葛巾。』　幅巾，製見《家禮》。漢末，王公名士以幅巾爲雅。袁紹、崔豹爲將帥，皆着幅。　闊幅巾，程伊川，紗背後望之，如鐘形，其製似今道士，謂之仙桃巾。　大幅巾，唐日本國。　踣養巾，唐中宗賜百官踣養巾。帝在藩時冠。　珠巾，唐昭宗時，侯王將帥以珠一顆盤幞頭脚，貫以銀線而簪之，軍人又以珠飾巾。　新羅巾，皇甫玄真獻新羅巾子、辟塵于高瑪，以贖田知之之罪。　夾羅巾，唐文宗性儉素，駙馬來處仁戴夾羅巾，帝戒之，謂非所宜。今則庶人皆戴之。亦有夾縐紗巾，而用金線盤者。　鹿巾，路羣製。陶弘景通明鹿皮巾。　穀皮巾，張孝秀文逸穀皮巾。　化巾，桑維翰服蟬翼紗大夫帽，庶表四方，名爲化巾。　尖巾，蜀王衍製。　僕射巾，裴冕。　華陽巾，顧況。　蓮花巾，吴江女道士。　燕巾，後世上下通用之幘。　雲巾，一名燕尾巾，蘇子瞻《謝人惠雲巾》詩：『燕尾稱呼理未便。』或曰，燕巾即幘也。髮有巾曰幘，蓋覆髮者，卑賤執事不冠之服。後世以爲燕巾。　圓頭巾，楊供奉官及諸司長官，則有圓羅頭巾子。　方頭巾，李白詩：『首戴方頭巾。』或曰，自宋至今，庶民頭巾法天地，取方圓之象，名曰平定巾。　平頭巾，唐置平頭樣巾。　漁巾，高九萬。　白鷺巾，晉山簡白接羅。接羅，白帽也。《爾雅》注：『江東取白頭翅背上長翰毛以爲睫攡，名之曰白鷺縗。』　唐巾，唐製，四脚，二繫腦後，二繫領下，服牢不脱。有兩帶、四帶之異。今則二帶上繫，二帶向後下垂也。今之進士巾，亦稱唐巾。　忠義巾，一名關王巾，漢關雲長製。　高士巾，山林隱逸之服。　凌雲巾，用金線或青絨線盤屈作雲狀者。　玉臺巾，方而匾者，即四方巾之製小異。　兩儀巾，後垂飛葉二扇。　飛簷巾。　鶻鴰巾，宋館伴所裹。　東坡巾，云蘇子遺制。　山谷巾，黃庭堅遺制。　陽明巾，近時新建伯王伯安製。　萬字巾、鬈子巾，今人以白爲凶服，未聞有白綸巾、白帢、白氎巾之制，惟喪服乃用麻、用葛，而有萬字、鬈子之制。萬字則上闊而下狹，形如萬字。鬈子，則如唐巾而去其帶耳。

帽

帽，冒也，上古用羽毛及皮爲之，今以紗羅、紵絲、馬尾、氂牛尾、椶藤、竹蒲爲之。《輿服志》：『上古穴居野處，衣毛而帽皮。』又曰：『官民皆帶帽，其簷或圓，或前圓後方，或樓子。』蓋兜鍪之遺制也。所云樓子，即今南方村中小兒所帶五彩帽。余幼時尚見小兒帶雙耳金線帽，皆元俗也。所謂帽，則金其頂，襖則線其腰者也。又，元婦人皆帶皮帽。

鎖鎖帽

鎖鎖帽，出回紇，用鎖鎖木根製之爲帽。火燒不滅，亦不作灰，可配火鼠布，即火毳布。《後漢書》『火毳』，即火浣布，布出燃洲。《異物志》云：『獸毛織成。』《博物志》云：『出西域。』《玄中記》云：『南方炎山。』《拾遺記》又云：『羽山石火，可焚垢衣令潔也。』此尤異。元阿合馬言：『別怯赤山出石絨，織爲布，火不能然，請遣官採取。』石絨，可對冰錦。

張公帽賦

諺云：『張公帽掇在李公頭上。』有人作賦云：『物各有主，貌貴相宜，竊張公之帽也，假李老以戴之。弓長隱君，乃岸幘而褻禮；木子居士，反峩冠而壯儀。』亦可謂善謔者。古之李晟繡帽、管寧白帽、汝陽王璡砑硝帽、西王母舞者砑光帽、何尚之鹿皮帽、唐紗帽、宋裘帽、鄧通刺船郎黃帽、吐番氈帽、西羌席帽，以羊毛爲之。秦、漢鞔以故席，四緣垂網子，飾以珠玉，謂之韋帽。

盛服先生

《禮記》：『齋明盛服。』《左傳》：『盛服將朝。』《漢·路温舒傳》『故盛服先生不用于世』云云，『此乃秦之所以亡天下也。』注：『盛服先生謂儒紳也。故前言秦之時羞文學好武勇』云云。

貢服

《周官》九貢，有服貢。《左傳》則云：『諸侯不貢車服。』若今之絲、葛、錦、紵出于方物，諸侯安得不貢？苟不貢，則天子將自織之邪？我朝蘇之致仕朱隆希以獻太極衣于今上而遂被寵，何其諂佞也！夫以文彦博而獻燈籠錦，則尚何怪于小人也哉！不貢者，命之貢也。

端疋

周制：帛廣二尺二寸爲幅，四丈爲疋。今四丈曰疋，一疋曰端。古者十尺曰丈，倍丈曰端，二丈也。倍端曰兩，四丈也。倍兩曰疋，八丈也。又，兩頭曰端，『叩兩端』是也。

織絲段子

《玉藻》：『士不衣織。』織，音志。注：『染絲而織之也。』今人以紵絲曰段子，余見宋人以褐亦稱段子。張文潛《雜志》曰：『褐，毛布也。』非今段子乎？則綾羅亦可同稱。

全甲

《史記·霍去病傳》：『殺樓蘭王，斬盧胡王，誅全甲，執渾邪王子及相國、都尉，首虜八千餘級，收休屠祭天金人。』徐廣曰：『全，一作金。』《正義》曰：『全甲，謂其足不失落也。』《漢書》作『斬盧侯王鋭悍者，誅全甲獲醜』。師古曰：『全甲，謂軍中之甲不喪失也。』皆非是。觀書法，曰殺，曰斬，曰誅，曰執，曰首虜，曰收，則全甲亦疑是王之下，王子之上。作金甲，固非，若作足不失落，尤可笑。愚意全甲，亦當作渾身貫甲之謂，蓋精兵也。又，若是精兵，祇當序于執王子之下，在首虜之上，故疑是名王以下之人。

介

《漢·南粵王傳》：『欲介使者權謀誅嘉等。』師古曰：『介，恃也。』下云：『嘉遂出，介弟兵就舍。』師古曰：『介，甲也，被甲而自衛也。』兩介字同而注不同，殊不知介即介道之介。

鐵室

鐵室，即今渾身鐵甲，言如室之蔽身也。出《韓非子》。

克絲作

克絲作起于宋，樓閣百花龍鳳，極其工巧。今作剋絲，蘇作最善。

鸘鷞裘

鸘鷞裘，即翡翠裘之類，乃神鳥也。東方曰發明，西方曰鸘鷞，南方曰焦明，北方曰幽昌，中央曰鳳皇。鷞或作鸘。《淮南子》言：『長頸，緑色，似鴈。』段成式言：如燕，稍大，足短，趾似鼠。未嘗見下地，常止林中，偶失勢控地，不能自振。及舉，上凌青霄。出凉州，即西方也。

翠被

《左傳》：『荆王以鷸羽飾被。』鷸，翡翠也。《漢·賈山傳》『飾以翡翠』注：應劭曰：『雄曰翡，雌曰翠。』《異物志》：『翡色赤而大于翠。』師古曰：『鳥各别類，非雄雌異名也。』又曰：雄而赤者曰翡，雌而青者曰翠，故曰翠被。今翠鈿、翠冠，皆此。又，《博物志》名此爲比翼鳥，出參嵎山，非也。比翼鳥，自名鶼鶼也。翡翠，盛于嶺南，今本山亦産此鳥，可用爲飾，名曰土翠，亦曰硬翠，不如交廣翠輭。

鴛衾

今之色被，横其卧，邊緣幅作異色，曰當頭。當，去聲，即古被池之遺製。又，于其横幅，分缺二穴如月者，用以叩頸，此古之鴛衾也。古詩：『文彩雙鴛鴦，裁爲合歡被。』唐莊宗命蜀匠旋織十幅無縫錦爲被材。被成，賜名六合被。

褚絮

《史記》〔一〕：『漢賜南粤上褚五十衣，中褚三十衣，下褚二十衣。』師古曰：『以綿裝衣曰褚。上中下者，綿之多少厚薄之差也。』李太白：『明朝驛使發，一夜絮征袍。』絮，着綿也。古詩：『着以長相思。』亦謂着絮也。繰餘曰絮，不繰曰綿，故絮曰敝絮，即藊黄也，今謂之敗絮，又曰絮胎。

白紵

《左傳》『季札與子産縞帶，公孫僑就獻季子紵衣』注：『吴地貴縞，鄭貴紵也。』《説文》：『紵，枲屬。細者爲絟，粗者爲紵。』陸璣云：『如麻，科生數十莖，宿根在地，春生荆、揚間，一歲三收。』《周禮·典枲》『縷紵』，白而細疏曰紵。《後漢書》：哀牢夷『蘭干細布，織成文章，如綾錦』。注：《華陽國志》『蘭干，獠言紵也』。績苧一紕，謂之紕，此白紵也。樂有《白紵舞》。《樂府解題》曰：『質如輕雲色如銀，製以爲袍餘作巾，袍以光軀巾拂塵。』即所謂白紵衣、白綸巾之類。其形容極善矣。王建詩：『新縫白紵舞衣成，來遲邀得吴王迎。』元稹詩：『西施自舞王自管，白紵翻翻鶴翎散。』蓋荆、揚本吴地，故出紵獨精。如今揚之晒白，福建之北蒸，而家園所産，亦多女工手績，極精妙也。舞衣若用白練，不亦尤輕細貴重耶！《詩》：『縞衣綦巾。』縞，繒之精白者。《禮》『季康子縞服』注：『生絹，古稱齊紈魯縞。』《漢書》：『縞素』，『曳縞衣』。

烏皮六縫

烏皮六縫，靴也。唐有此名，故曰高力士終以脱烏皮六縫爲深恥。又，阿耆茶國，名靴曰函縛屣。于闐國有石靴。南唐元宗嘗謂馮權曰：『我富貴日，爲爾置銀靴焉。』及保大初，因擊鞠，賜銀三十斤。權命工鍛靴穿之，人皆癡笑。元人有鵞頂靴，以爲華靡。

薄借

《周禮》『玉堪』注：『有薄借綦。』漢文帝履不借視朝。不借者，草履也。一作薄借。陸游詩：『游山雙不借，取水一軍持。』

褌袴松

褌，幒也，褻衣也，漢司馬相如着犢鼻褌，晉阮咸晒犢鼻褌，以三尺布爲之，形如牛鼻。蓋前後各一幅，中裁兩尖襠交輳，即今之牛頭子褌。一名梢子，乃爲農夫田衣，而士人無復服之者矣。蓋起于西戎，以牛皮爲褌，故名。今所謂皮褌是也。夏始用絹，長至膝。周文王製裩，長至膝，謂之弊衣。賤人不下服，曰良衣，蓋良人之服也。北齊與袴均，袴，脛衣也。《漢·外戚傳》『窮綺』注：今之緄襠綺，有前襠，不得交通。『周仁溺袴』注：尿袴也，爲小袴以藉尿。

晉謝尚刺紋袴。又，《晉書》：『動不敢出褌襠。』古詩所云鐵裲襠。今吴中婦人，尚有穿大脚開襠褲者。獨浦城婦人皆不穿袴，此尤淫風薄俗。而廣西土官婦女亦不着袴，乃着裙五六層，後曳地四五尺，此又蠻夷之習也。師古注：『犢鼻褌，即今之松。松，之容反。』此字甚妙。

獨力衣

槃瓠負帝女入山，女解去衣裳，爲僕鑒之結，着獨力之衣。又云：好五色衣服，製裁皆有尾形。蓋槃瓠，原五彩毛故也。注：僕鑒、獨力，皆未詳。流俗本或有改鑒字爲豎者，妄穿鑿也。干寶《晉紀》曰：俗稱赤髀、横裙，即其子孫，言連接裙幅也。中裙，貼身之衣。漢有禿裙。

流蘇

流蘇，見《漢·禮樂志》，薛瓚注作『流遡』。古用于宫懸，今用于帷帳。蘇，《説文》：桂荏也，紫蘇、水蘇，取其芬香也。又，蓺草曰蘇，故名樵蘇，乃盤線繒繡之五綵，錯爲之同心而下垂者。又，析羽曰流蘇。摯虞曰：『緝鳥尾垂之若流然，以其蕊下垂，故曰蘇。』今之旌竿上綴旒也。又，譙國夫人繡帷珠絡，同昌公主靈粟珠絡。王融詩云：『幸得與珠綴，幕歷君之楹。』宋詞『流蘇帳煖金雞曉』是也。絛鬚亦當作絛蘇。《東京賦》：『飛流蘇之騷殺。』又，馬上飾也。

珠纓絡

《荀子》曰：『處女嬰寶珠。』即今珠纓絡也。一名珠落索。《説文》：『嬰，頸飾也。』胡人連貝飾頸曰嬰，女子之飾也。一作瓔珞。《觀世音普門品經》：『無盡意菩薩解頸下衆寶珠瓔珞，價直百千兩金，而以與之。』《三禮圖》：『珠瓔翠緌。』《左傳》：『玉纓。』又，婦參舅姑，所持者曰香纓，以五彩爲之。杜詩：『真珠絡臂韝。』

百索

小兒周歲，項帶五色彩絲繩，名曰百索，不知何義。按《東宫舊事》中有『六色罽緄』，云象水中莙藻，以飾緄帶者。此必起于夷俗也。《魏書》：『宋齊謂魏爲索虜。』謂以索辮髮也。今小兒亦以色絲辮髮而後垂之，則此信爲胡元之舊習也。若取長命縷之義亦通。

香毬

今鍍金香毬，如渾天儀然，其中三層關棙，輕重適均，圓轉不已，置之被中而火不覆滅。其外花卉玲瓏而篆煙四出，真閨房之雅器也。《西京雜記》：『長安巧手丁緩作卧齋香爐，一名被中香爐，爲機環轉，其運四周。』即此。又有以奇香異屑製之者，亦名香毬，乃舞人摶弄以爲劇者。故白樂天詩：『柘枝隨畫鼓，調笑從香毬。』又云：『香毬趁拍迴環匝，花盞抛巡取次飛。』又有綵毬、繡毬，皆婦女之戲具也，所謂淫巧者。

透額羅

元稹《贈劉采春》詩：『謾裹常州透額羅。』即今之亮羅也。蓋羅者，言其文羅疏也，故曰方目羅。以細勻爲貴，故曰輕羅。其厚重者曰結羅。古稱織女秋雲羅。《太上黃庭經》：『金簡鳳文羅。』越地名越羅。蘇子詩：『舞衫初試越羅新。』今吳地出水緯羅。《子虛賦》云：『離纖羅，垂霧縠。』〔二〕

錦綺

錦，金也，用功重，其價如金，故字从金、帛。綺，奇也，織絲華麗，人皆異之，故字从奇絲。錦有大小登高、光明、博山、茱萸、交龍、蒲桃、鳳凰、朱雀之名。今之宋錦、漢錦、螭虎、靈芝、界地、八寶之類，皆其制也。

文繡

織曰錦，刺曰繡。《釋名》：『文修然也。』予則以爲慎肅難成，故从絲、肅也。五色備，故曰文繡。《春秋元命苞》曰：『齊能成文繡，應天道。』上匹二萬，中萬，下五千。今上百萬矣。

絹縑

絲厚而疏者曰絹，其兼絲而細密者曰縑。晉令縑一匹當絹六丈，疎布一匹當絹一匹，絹一匹當綿二斤。廣二尺二寸爲幅，長四十尺爲端。

布衣

周制：五十方衣帛。范子曰：古者庶人老耄而後衣絲，其餘則麻枲而已，故曰布衣。今富者綺繡、羅紈、素綈、冰錦也。隋文帝焚綾文布，即今花雲布；鄱陽王恢焚筒布，即今細布、飛花布之類。細縠曰阿，細布曰錫。

禽獸之飾

《禮記》：狼臅膏皮可爲表。又曰：君之右虎裘、左狼裘。夫天地間最貴者人，最賤者莫如禽獸，故曰鳥獸不可與同羣，君子遠之。然而古之人飲血可也，茹毛不可也，猶可委曰上古無衣。至于中古，則衣裳之制興矣，文章之度備矣。繪以五龍，飾以五雉，吾猶鄙之，而况手所執者象之牙，足所踐者牛馬之革，體所被者犬羊、狐貉、狼犴之皮。是笏也，履也，裘也，無之，果何害也？而必欲以人身而易禽獸，何所取也！以爲美觀，則觀未必美也；以爲寒乎，則貧人不服裘，未聞皆凍死無噍類者矣！夫褐，乃毛布，而説者猶以爲賤者之服，况皮毛乎？《唐書》：驃國，古朱波國也。民衣用白氎、朝霞，以蠶帛傷生，不敢衣之。此雖夷俗，然禮失而求之野，有足取焉。作俑之後乃有翡翠爲冠者，鶴翎、雉頭、獺鼠爲裘爲領者，犀象、魚魫爲貂爲帶爲簪者，氂牛、馬尾爲巾帽者，麞鹿、驢騾之革爲靴韈者，是六尺之軀無非禽獸之類。嗚呼！形既獸矣，尚何怪其心之不獸也哉！夫龍鳳、麒麟既可以飾服，則黿亦四靈之一也，何不用之邪！

我朝服制

洪武改元，詔衣冠悉服唐制。士民束髮于頂，官則烏紗帽、圓領、束帶、皂靴；士庶則服四帶巾、雜色盤領，衣不得用黄玄。士庶妻首飾許用銀鍍金，耳環用金珠，釧環用銀，服淺色團衫，用紵絲綾羅紬絹。樂妓則帶明角皂褙，不許同。二十二年，申嚴巾帽之禁：儒生吏員人民常戴本等頭巾，鄉村農夫許戴斗笠，出入市井不禁，不親農業者不許。二十四年，生員玉色絹布襴衫，寬袖皂線縧，軟巾、垂巾。農家許着紬紗絹布，商賈之家，止許着絹布。如農民之家，但有一人爲商賈者，亦不許着紬紗。農民許戴斗笠、蒲笠。累朝遞有禁革。隆慶四年，奏革雜流、舉監忠靖冠服，士庶男女，宋錦雲鶴綾段紗羅，女衣花鳳通袖，機坊不許織造。今宋錦禁而漢錦出矣。吾不知夏、商、周之錦又何如也？

校勘記

〔一〕史記　語出《漢書·南粵王傳》。

〔二〕離纖羅　《史記·司馬相如列傳》作『襍（雜）纖羅』。

留青日札卷之二十三

玉五德七德

《五經通義》曰：『温潤而澤，有似于智；鋭而不害，有似于仁。抑而不撓，有似于義；有瑕于内，必見于外，有似于信；垂之如墜，有似于禮。』是曰智仁義信禮者，玉之五德也。《禮記》曰：『温潤而澤，仁也；縝密以栗，智也；廉而不劌，義也；垂之如墜，禮也；叩之其聲清越以長，其終詘然，樂也；瑕不掩瑜，忠也；孚尹旁達，信也。』是曰仁智義禮樂忠信者，玉之七德也。故君子比德于玉也。

金

五金，黄金、白銀、赤銅、青鉛、黑鐵。《書》：『金作贖刑。』傳曰：『黄金也。』《吕刑》：『其罰百鍰。』傳曰：『黄鐵也。』漢賜有言黄金者，其不言黄而賜金者，凡一斤，與萬錢。古六兩曰鍰，二鍰四兩曰斤，是十六兩也。二十四銖曰兩，二十四兩曰鎰。《説文》：『一丙，曰一金。』周制：一斤曰一金。秦制：一鎰曰一金。漢制：一斤曰一金。若一斤爲萬錢，則萬錢止今之十兩也。董彦遠曰：『漢一斤金四兩，直二千五百文。』又，漢一貫，千錢也。王莽末年，省中尚有黄金六十餘萬斤。後世絶少，由所耗之途廣也。金一爲箔，無復再還元矣。《唐六典》有十四種：銷金、拍金、鍍金、織金、砑金、披金、泥金、鏤金、撚金、戧金、圈金、貼金、嵌金、裹金。古又有鈿金。大中祥符元年，詔金箔、金銀線、貼金、銷金、間金、蹙金線裝貼什器土木玩弄之物，並行禁斷，非命婦不得以金爲首飾。飾，許人糾告，並以違制論。寺觀飾塑像者，齎金銀并工價，就文思院换易。四年，又詔宫院苑囿等止用丹白裝飾，不得用五彩，皇親、士庶之家亦不得用。春幡勝，除宣賜外，許用綾，不得用羅，諸般花用通草不得用縑。又，八年，詔自中宫以下，衣服並不得以金爲飾，應銷金、貼金、綏金、間金、戧金、圈金、解金、剔金、撚金、陷金、明金、泥金、榜金、背金、影金、闌金、盤金、織金、金線，皆不許造。慶曆二年，申嚴其禁，上自宫掖悉皆屏。臣庶之家，犯者必置于法。仁宗明道二年，詔册寶法物，凡用金者，並改用銀，以金塗之。洪武元年，有司奏造乘輿服御諸物應用金者，命皆以銅爲之。有司言費小，不足靳。上曰：『朕富有天下，豈吝于此！然所謂儉約者，非身先之，何以率下？小用不節，大費必至。開奢汰之源，啟華靡之漸，未必不由小而至大也。』二年，詔禁庶民之家，不得用金繡、錦綺、紵絲、綾羅，止許用紬絹。其首飾釧鐲並不許用金玉珠翠，止用銀花。

金膏

金膏，《穆天子傳》：『示汝黄金之膏。』束晳曰：『金膏可以續骨。』今有名接骨銅者，疑即此種。

鉛錫

《説文》：『鉛，青金也。』錫之類，能殺蟲毒。錫，銀色而鉛質也。古稱鉛爲黑錫，今曰黑鉛是也。《禮》『金錫』注：『錫，釖也，鑞也。』今曰鑞錫是也。《本草》云：錫有黑，有白。錫粉，胡粉也，當曰鉛粉，蓋鉛可燒粉，而錫不可燒，今之定粉、水粉是也。古稱鉛生蜀，錫生桂陽。今無錫縣有錫山，廣信府有鉛山。又曰有銀坑處有之。然錫爲五金之賊，或造化物理之相制也。

四席　四几　五玉　九寶　四輅

《顧命》：中華玉几者，五色彩玉也；文貝几者，餘蚳、餘泉貝甲也；雕玉几者，刻玉以飾几。而《正義》乃曰：『玉謂之雕，金謂之鏤。』蓋雜以金玉，刻鏤爲飾。是因傳刻鏤之文而誤也。漆几。篾席黼純者，桃枝竹席白黑雜繒緣之也；底席綴純者，蒻苹雜彩也；豐席畫純者，莞彩色也;筍席玄紛純者,蒻竹黑綬也。弘璧者,大璧也;琬琰者,琬圭以治德,琰圭以易行,皆九寸。大玉者,華山之球也。夷玉者,傳:『夷,常也。』王肅云:『東夷之美玉。』鄭玄云:『東北之珣玗琪也。』天球者,鄭玄:『雍州所貢之玉,色如天者,皆璞,未見琢治,故不以禮器名之。』此所謂越玉五重也。馬氏云:『越地所獻玉也。』赤刀者,傳:『寶刀,赤色。』或曰:『武王誅紂時,刀赤爲飾。』周,正色也。大訓者,《虞書》典謨。《河圖》者,伏羲八卦。胤之舞衣者,胤國所爲舞者之衣。大貝者,如車渠,伏生《書傳》云:『散宜生之江淮,取大貝,如大車之渠。』是言大小如車渠也。渠,車罔也。鼖鼓者,長八尺,商周傳寶之。兑之戈者,和之弓者,垂之竹矢者,兑、和,古之巧人。垂,舜共工,所作之竹矢,則兑、和又在其前矣。此所陳之九寶也。大輅者,玉綴輅者,金先輅者,象次輅者,本《周禮》:『巾車掌玉之五輅。』而革輅第四,此無之也。

瑪瑙　琥珀　水晶　流離

瑪瑙,《博雅》:『石,次玉也。』《廣韻》:『寶石,文色如馬之瑙,故名。』或曰丹丘之野鬼血所化。今有纏絲馬瑙、海蛭馬瑙之名。琥珀,出罽賓國,藥名。《博物志》作松脂淪入地千年化茯苓,茯苓千年化琥珀。今泰山有茯苓而無琥珀,永昌有琥珀而無茯苓。又,桃濬入地所化,虎目光入地化物如琥珀。《後漢書》:哀牢夷虎魄。《廣雅》曰:『虎魄生地中。其上及旁不生草,深者八九尺,大如斛,削去皮成虎魄,如斗,初時如桃膠,凝堅乃成。』《通志》云:『今人有煮蝦雞及青魚枕僞爲之者。』又云：『虎魄中有一蜂，形色如生者，可以拾芥，名靈魄。』又龍血入地所化。又，南蠻折腰蜂，燒治爲琥珀。又，瑿曰瑿珀。舊云琥珀千年爲瑿。然不生中國，不可知者。水晶，《説文》：『石也，産于石中。』宋政和間太和山崩，出水晶，或曰老冰所化。日本國有青水晶、紅水晶、烏水晶。又，其次而色昏者，曰綿晶。出四川峨嵋山者，曰峨嵋晶，石中有絲絲黑毫如眉，甚奇。堂夜之山多水玉，郭璞云：『即水精也。』太康四年，林邑王獻紫水精唾壺一口，青白水精唾壺二口。琉璃，《魏畧》：『秦國出赤、白、黑、黄、青、緑、縹、紺、紅、紫十種流離。』此蓋自然之物，采澤光潤，踰于衆玉，其色不恒。今俗所用，皆銷治石汁，加以衆藥，灌而爲之，尤虛脆不貞實，非真物也。《漢書》：『罽賓國出流離。』

鈔

我朝之鈔，即元之楮幣也。劉秉忠曰『錢用于陽，楮用于陰。華夏，陽明之區；沙漠，幽陰之域』是也。

錢戈

説者以古人名錢曰刀，以其利且能殺人也。又曰錢，文亦从二戈，言其凶害也。此皆太鑿，殊不知淺、殘、箋之从兩戈，又何害人之有？若从貝从戔爲賤，則與錢字取義頗合。太昊以來有錢，太昊、高陽曰金，有熊、高辛曰貨，陶唐曰泉，商、周曰布，齊、莒曰刀。泉言形，金言質，刀言器，貨、布言用。周曰錢，禹曰幣，漢武皮幣曰白金三品。詳見後直百五銖下。

黄

黄，中色，中央土之貴重者。故衣有五色，惟黄裳則帝王服之。玉有五色，惟黄琮則祭天用之。銀有五色，惟黄銀則道家用之。取其得陰陽之正氣，天地之中色也。

三珠樹

晉王衍神姿高徹，如瑶林玉樹。唐王勃與兄勔、勮皆才美，故人號之曰三珠樹，如詩人所言：『可人坐上三珠樹。』皆本諸此。初不解所謂，每疑以爲如稱玉樹瓊枝之流。而《山海經》又言：『崑崙之墟，北有珠樹、文玉樹、玗琪樹。』實皆樹也。梁吴均詩：『安得崑崙山，偃蹇三珠樹。三珠樹始荄，絳葉凌朱虚。』《山海經》：『三珠樹生赤水上，爲樹如柏，葉皆爲珠。』後至嶺南見海商下嵓者，言有珠子樹，其珠生于蚌中，蚌生于樹上，綴着不解。而樹乃生于石，石在海底，蜑户、鮫人泅于水中，鑿石得樹。其樹如楊柳枝，良可愛也。疑始釋然，蓋亦珊瑚樹、琅玕樹之生成者也。又聞海中有翠荷葉盤，乃天生緑石盆，在水如荷葉，翠色可愛。出陸日久，則漸淡而枯，惟得水養之，而以珠樹、珊瑚樹植之其中，尤可寶玩。家大夫適采珠之時，云曾見其盤。

九錫

九錫，經本無文。《周禮》以爲九命。《春秋》説有之：一曰車馬，二曰衣服，三曰樂器，四曰朱户，五曰納陛，六曰虎賁，七曰鈇鉞，八曰弓矢，九曰秬鬯。皆天子制度，尊之故錫與，但數少耳。漢議曰：『古者，諸侯貢士，壹適謂之好德，再適謂之賢賢，三適謂之有功，乃加九錫。』瓚曰：『九錫備物，伯者之盛禮，齊桓、晉文猶不能備。今三進賢便受之，似不然也。當受進賢之一錫。《尚書大傳》云「三適謂之有功，錫以車服弓矢」是也。』據此，則車馬也，衣服也，弓矢也，又謂之三錫矣。《易·師》之『九二』『王三錫命』是也。况諸侯賜弓矢，乃得專征伐。今三適，特進賢耳，安得越錫弓矢，遽專征伐？亦恐不然。或當是車馬、樂器也。因其適得貢人者三，故亦錫之者三，既曰車服、弓矢，而又謂之一錫，亦非也。

六駕

《甘泉賦》：『駟蒼螭，六素虯。』《河東賦》：『撫翠鳳之駕，六先景之乘。』《校獵賦》：『六白虎，載靈輿。』《易》之六龍，即《書》之六馬，天子之所御也。諸侯駟駕，四馬也。太守五馬。大夫驂乘，三馬也。士駢駕，二馬也。

麢狀

《後漢書》『冉駹夷出麢』注：『麢，狼也。』《異物志》：『似鹿而角觸前向，入林樹掛角。逐入林，則搏之，皮可作履韈，角正四據，南人因以爲狀。』麢狼，見《吴都賦》。

桃笙象簟

左思賦：『桃笙象簟。』笙、簟，皆竹席；桃笙者，桃竹簟。或以爲即今桃絲竹，非是。乃蘄州笛竹，一名薤葉簟，言簟紋如薤葉之細也。象簟，見《晉書》：『車永刺廣州，其〔二〕子多作象牙細簟。』劉楨《瓜賦》：『更鋪象牙之席。』

高士椅

今之高士椅，即古之繩狀，所謂『折背樣』者是也。本以習近君致恭之容，今則以爲燕居便體之具矣。但用棕綿之類穿者曰繩狀，用藤則曰藤狀，其制一也。

白鹽枕

高昌國白鹽如玉，爲枕入貢。

鼎杌

今大家用三腳木牀，以坐歌伎，蓋曰鼎杌也。歐陽永叔《見楊直講女奴彈琵琶》詩『嬌兒兩幅青布裙，三腳木牀坐調曲』是也。

連齒木屐

着屐登山，乃謝康樂事。而謝安木屐，則登山去前齒，下嶺去後齒。宋高祖則好着連齒木屐，見《南史》，蓋即今之拖屐也。梁朝盛時，貴遊子弟駕長簷車，跟高齒屐，坐棊子方褥，憑斑絲隱囊。

長宜子孫

余得土中古鏡一枚，款製甚古，其篆文四字曰『長宜子孫』，不知其爲何代物。按《東京記》，上陽宮在皇城西南東苑，掘地得銅器，似盆而淺，中有隱起雙鯉之狀，魚間有四篆字，曰『長宜子孫』，時人以爲李氏再興之符。高宗末年，嘗居此宮聽政也。古之『六花水浮鑑銘』有云：『子孫具備屬中央，長保二親樂富昌。』又《十二辰鑑銘》有云：『辟除不祥宜吉永，長保二親利孫子。』

碑印紅沫

徑山宋時萬壽禪寺大碑，其中一御寶，至今如朱砂印痕，風雨不剥滅，人皆不識其故。此名紅沫也。紅沫者，鍊丹砂爲黄金，碎以染筆，書入石中，雖削去，愈明。想内府用此。

桓魋石槨

宋桓魋石槨，在彭城北六里山下。山臨泗水，槨乃青石，有龜龍麟鳳隱起之形，三年不成。故孔子曰：『葬欲速朽。』

買路錢

高子皋曰：『買道而葬，後難繼也。』今人出喪，柩行之道，于前抛金銀紙錢，名曰買路錢，即高季買道之遺意也。我朝某皇太后出殯，亦見其燒買路錢。

葬鐵牛

牛留守開墓得古穴，玉靶劍一具，玉簪一枚，鐵牛二頭。《唐書新語》載，僧泓告張説，有云：『墓欲深而狹。深者取其固，平地之下一丈二尺爲土界，又一丈二尺爲水界，各有龍守之。

土龍六年而一暴，水龍十二年而一暴，當其墜者，神道不安。故深二丈四尺之下，可以設窀穸。墓之四維，謂之折壁，欲下深闊而上斂。其中項謂之中焦，欲俯歛而傍鄖。墓中末粉爲飾，以代石堊。不置瓴甋瓷瓦，以其近于火；不置黃金，以其久而爲怪；不置朱丹、雄黃、礬石，以其氣燥而烈，使墳上草木枯而不潤；不置羽毛，以其近于屍。鑄鐵爲牛、豕象，可以禦二龍。玉潤而潔，能和百神，置之墓，以助神道。」

券臺

墓前地，名明堂，一曰券臺。《清異録》：『葬家聽術士說，例用朱書鐵券標四界及主名。意謂亡者居室之執守，不知争地者誰耶？瘞墓前甃石若磚面，方長，高不登三尺，號曰券臺。貧無力，則每祭祀以藉尊俎，謂之土筵席。』

刺紙

古者削竹木以書姓名，故曰刺，所云『書姓名于奏白』是也。刺，从刀、朿，朿，亦聲。俗作刺，非。刺，來末切，戾也。後以紙書，故曰名紙。漢郭林宗載刺盈車；禰衡懷刺漫滅；孟宗家貧，刺詣；魏爵里刺；北齊李元忠取刺勿通。唐李德裕貴盛，人始用門狀。唐門狀競用善紙，有識者尚非之。嘉靖初年，士夫刺紙不過用白鹿，如兩指闊，而書簡或用顏色蘇箋，以爲大事亦止一尺長耳。近則競用奏本、白録、羅紋箋，甚至于松江五色蠟箋、臙脂毬青花鳥格眼白録。官司年節，以大紅紙爲拜帖，餽送則以銷金大紅紙爲禮書。封筒長可五六尺，闊不減四五寸。段帕書册亦以紅紙封裹，鄉士夫皆效之云。此風起于京師勳戚之家，可謂奢侈暴殄之極矣！夫上司取之府縣，而府縣取之庫子，故縣中庫子之役，未有不破家者。不然，亦取之槽户。殊不知此紙，皆小民之皮膚也：白者，其骨髓；紅者，其膏血。剥民之皮以書己之名，以充貴顯之美觀，何忍心害理如是哉！節用愛人，爲民上者，其試思之。

尺籍

尺籍，竹簡也。長一尺二寸，曰尺，舉成數也。《馮唐傳》：『士卒起田中，安知尺籍伍符？』符，竹契也。

斗箱

斗筲：斗，十升。《漢志》：『斗者，聚升之量。』筲，本作箱。陳留曰飯帚，宋、魏曰箸筒，一曰飯器，以竹爲之。筭，籌也，數也，或作算，通作笇。《史記》：『上方與晁錯調兵笇單食。』是筲爲飯器無疑矣。今俗名竹飯器曰筲箕是也，即簞食之類。筭，長六寸，計歷數者，从竹、弄，言常弄乃不誤也。今《漢·律曆志》『筭法：用竹，徑十分[三]，長六寸，二百七十一枚而成六觚，爲一握。』所以爲筭法之用也。景帝詔：『訾筭十以上。』服虔曰：『訾萬錢，筭百二十七也。』應劭曰：『十筭，十萬也。』似多七字。

正鵠

《論語》『正鵠』注：『畫布曰正，棲皮曰鵠。』蓋張布曰侯，侯中者曰鵠，鵠中者曰正，正中者曰槷。侯四尺，鵠二尺，正四寸，質二寸。《射義》注曰：『正之言正也，鵠之言梏也。梏，直也，言人正直，乃能中也。』正，平尺，直，曲尺，木工器名。

掌扇

扇如手掌，偉而立張也。亦曰障扇，可障日也。漢名障翳。翳，華蓋也。

白削

《甘寧傳》：『寧引白削置膝上。』古稱『鄭之刀，宋之斤，魯之削』是也。《禮·考工記》：『築氏爲削。』注：『即今書刀。』

石柱

丁謂招降施州酋長田彦伊，乃作誓刻石柱，立境上。可對交趾銅柱。又，江西有許旌陽鐵柱。銅柱，起漢武帝柏梁臺。而侍御史冠，亦有鐵柱也。

料絲

料絲燈屏風出雲南金齒衛，用瑪瑙、紫石英諸藥搗爲屑，煮爛爲粉，用北方天花菜點凝成膏，乃縱横織絲，如絹匀薄，上施繪畫也。

直百五銖

余得古錢，其文曰『直百五銖』，又有曰『大泉五十』，曰『半兩』，曰『貨泉』。《説文》曰：『錢，貨也。』《周禮》注：『泉也。』其藏曰泉，其行曰布，取名流衍無不遍也。貨，財也，从貝、化，可以交易，曰貨。鄭康成曰：『金玉曰貨。』漢高帝行八銖錢，文帝行四銖，武帝行五銖。蓋十黍爲絫，十絫爲銖，八銖爲錙，二十四銖爲兩。半兩亦武帝所造。王莽篡位，忌惡劉氏，以錢文有『金刀』，故改爲『貨泉』。或以『貨泉』字文爲白水真人之讖云。其造大錢徑寸二分，重十二銖，文曰『大錢五十』。又天鳳元年，復作貨布，其文右曰『貨』，左曰『布』，重二十五銖，直貨泉二十五。貨泉徑一寸，重五銖，文右曰『貨』，左曰『泉』，枚直一，與貨布並行。《志》曰『流于泉，布于布』也。

卺

婚禮：合巹日用匏，謂之巹，今作卺。匏似瓠，長而瘦上曰瓠，其味甘；短頸大腹曰匏，其味苦。吾意用匏有二義，匏苦故不可食，今用之以飲，是喻夫婦當同辛苦也。匏，八音之一，笙竽用之，今用之夫婦，是喻音韻調和，即琴瑟之好合也。从丞，从巳，曰巹；从丞，从已，曰卺，謹身有所承也，蓋言妻當謹慎其身，以承事其夫。

靉靆

提學副使潮陽林公有二物，如大錢形，質薄而透明，如硝子石，如琉璃色，如雲母。每看文章，目力昏倦，不辨細書，以此掩目，精神不散，筆畫倍明。中用綾絹聯之，縛于腦後。人皆不識，舉以問余。余曰：『此靉靆也，出于西域滿剌國。』或聞公得自南海賈胡，必是無疑矣。後見張公《方洲雜録》，與此正同。云見宣廟賜胡宗伯物，即此，以金相輪廓而衍之爲柄，紐制其末，合則爲一，歧則爲二，如市肆中等子匣。又孫參政景章亦有一具，云以良馬易得于西域，似聞其名爲僾逮，則其二字之訛也。蓋靉靆乃輕雲貌，言如輕雲之籠日月，不掩其明也。若作曖叇亦可。

猫睛　祖母禄

猫睛，名猫兒眼，一線中横，四面活光，輪轉照人。次者名走水石，無光。祖母禄本緑寳石，上者名助把避，深暗緑色；中者名助木剌，明緑色；下者名撒卜泥，淺緑色。帶石者，皆出回回山坑中。正德、嘉靖以來，抄没劉瑾、江彬、嚴嵩輩，此寳最奇且多。隆慶四年，户部進上金兩事，内猫睛、祖母禄等項一萬八千四百顆。

校勘記

〔一〕其　原闕，據王隱《晉書》「車永爲廣州，其子溢侈，使工作象牙細簟」補。

〔二〕徑十分　《漢書·律曆志》作「徑一分」。

留青日札卷之二十四

酒原

酒，从水，从酉。《説文》作諧聲。田子曰：會意也。八月建酉，酎酒，八月而成是也。或作酓，亦作酉，故《釋名》曰：『酒，酉也，釀之米麴，酉懌而味美也。』『酒，就也，所以就人性之善惡也。』『酒，造也，吉凶所造起也。』『酒，蹴也，能否皆彊相蹴，持飲之也。』俱見上。『酒，乳也，所以柔身扶老也。』見《春秋元命苞》及《運斗樞》。『酒者，天之美禄，帝王所以頤養天下，享祀祈福，扶衰養老。百福之會，非酒不行。』見《漢·食貨志》。『空桑穢飯，醖以稷麥，以成醇醪，酒之始也；烏梅女麲，甜醹九投，澄清百品，酒之終也。』見古語。《世本》曰：『儀狄始作酒醪，以變五味。』《戰國策》曰：『帝女儀狄作酒。』史言禹飲而甘之，遂絶旨酒而疏儀狄。又曰：少康作酒。一曰：杜康作秫酒。《説文》曰：少康，一名杜康。魏武帝詩：『何以解憂？惟有杜康。』故晉祖台之曰：『願君殛儀狄于羽山，放杜康于三危。』劉惔箴曰：『爰建上業，曰康曰狄。』《魏略》則曰：『杜康以酉日死，故酉日不飲酒，不會客。』則又大謬之甚矣！《急就章》：杜康作箕箒，亦曰少康，是也。先酒，始爲酒者。古人飲必祭先酒，故有祭酒，老者舉酒祭地也。柳子厚詩：『舉觴酹先酒。』《周禮》曰：『酒正掌酒之政令，以式法授酒材。』『辨五齊之名：一曰泛齊，二曰醴齊，三曰盎齊，四曰醍齊，五曰沉齊。』齊，和也，以節度作之也。泛者，成而浮滓泛泛然，即浮蟻在上也。醴者，體成而汁滓相埒，上下一體，即甜酒也。盎，猶甕也，成而色翁翁然，即甘濁而不沸者。醍，體成而紅赤色，如今糟牀下酒色。沉，滓之下溺而老者。『辨三酒之物：一曰事酒，二曰昔酒，三曰清酒。』事酒，醳酒也。初造之酒，一名苦酒，又名醇酒。昔酒，久酒，舊醳也。又，酋，繹酒也。久則水上見而糟少，故酒熟曰酋，即昔酒也。今之白酒久熟者善，故名酒官曰大酋。清酒，冬釀夏成酒也。《吕氏春秋》曰：『孟冬命有司：秫稻必齊，麴蘖必時，湛熾必潔，水泉必香，陶器必良，火齊必得，善用六物，無或差忒，大酋監之。』《淮南子》曰：『酒感東方木、水、風之氣而成。』麴，酒母，蘖也。蘖，牙米也。《春秋緯》曰：『凡黍爲酒，陽據陰乃能動。故以麥釀黍爲酒。』酴，酒母也，麥酒不去滓飲也。酶，酒本也，或作梅，一作媒。孟康曰：『酒教，齊人名麴餅曰媒。』醭，麴生衣細屑也，二熟麴也。釀，醞造也。[酉暴]、酓、醴、酤，皆一宿熟酒也。今雞鳴酒，一名酤，又作沽。『孔子沽酒不食』注：『買酒曰沽。』非也。三代時無賣酒者，乃一夜暴成生酒也。余性不食生酒，故知仲尼同調也。醱，酘也，酎也，皆重醞。酎，三重醞。醅，未沸，一作酥。醪，汁滓酒。漿，酢也。酒正辨四飲之物，三曰漿。[酉京]，一作涼。『膳夫』注：『涼，以水和酒也。』醑，首酒，厚也。醨，尾酒，薄也，今名二水酒。三酒禮：醴酒在室，醍酒在堂，澄酒在下。醆，酒濁而微清者。醰、[酉癸]、茜，酒也，皆去滓。[酉鬲]、酮、釃、湫、篘、篗、漉，皆以筐盪酒并袋下酒之名。今曰醡，一作笮。糟、醩、莤，酒滓也。

酒味

甜酒，世間能飲者多不喜甜酒，故白樂天詩云：『量大厭甜酒，才高笑小詩。』至于杜子美，則曰：『人生幾何春已夏，不放香醪如蜜甜。』韓退之曰：『一尊春酒甘如飴，丈人此樂無人知。』劉禹錫《歷陽詩》曰：『湖魚香勝肉，官酒重于餳。』則古人亦有好甜酒者矣。豈所謂能書不擇筆，能飲不擇酒邪？余性最不喜甜酒，故知白公爲得箇中真味也。

香醪酒有自然之香，乃爲佳醖，非必用花及香藥釀之也。《書》：『黍甘爲香。』器不潔者不香，麴不精者不香。

烈酒，性爽豁也。韓昌黎詩：『酒味既酷烈。』又云：『酒味既冷烈。』酷，味厚也。張載賦曰：『漂蟻萍布，芬香酷烈。』

辣酒，辣，味辛過于酷也。歐陽永叔詩云：『滑辣潑醅如玉醴。』《經》曰：『酒甘易釀，味辛難醖。』

生酒，不煮不蒸酒也。世有專喜飲生酒者，云有風味，但性太熱，難入口耳。楊廷秀歌云：『生酒清于雪，煮酒赤如血。煮酒不如生酒烈，煮酒祇帶煙火氣，生酒不離泉石味。』

苦酒，韓子蒼詩云：『飲慣茅柴諳苦硬，不知如蜜有香醪。』蘇子瞻云：『白酒微帶荷心苦。』又云：『松明酒味，甘餘而小苦。夫苦者，炎上之味。』《方言》：『苦，快也。』郭璞曰：『苦而爲快，猶以臭爲香，以治爲亂，反覆用之也。』一作酓、酐、酮，皆苦味也。又，《魏名臣傳》：『醋名苦酒。』

釃酒曰醹，味醲醶也。蘇詩：『社酒粥面醲。』歐詩：『緑醅寒更醲。』

淡酒曰醨，味薄也。《萬畢術》注：『斷蒲漬酒中即厚。』

凍漿酒，凡酒過熱則酸，過冷則凍。古亦名凍醴。《魏都賦》云：『凍醴流澌，温酎躍波。』

酸酒，蘇子瞻詩：『酸酒如虀湯，甜酒如蜜汁。三年黄州城，飲酒但飲濕。』

灰酒，或用茅柴灰，或用石灰。今杭州多灰酒，而京師人造酒亦用灰。觸鼻、創口、螫舌。善飲者甚病之，而張汝弼謂之『燕京琥珀』。惟内法酒，其風致異常，誠可怪也。宋南雄太守王元遂乃曰：『以白酒之和者、紅酒之勁者相合爲一，殺以白灰一刀圭，飲之風味頓奇。』則知世固有此惡人也。飲灰酒必破腹裂唇，而反以爲佳味，至云無灰則性不烈，卒不可售，此又大可惡事也。

酒色

紅酒：李賀詩：『小槽酒滴珍珠紅。』

紫酒，譚用之詩：『杯黏紫酒金螺重。』注：『江南紅釀，凉州蒲桃。』

黃酒，皇甫子奇以色如金而味醇且苦者，名之曰酒賢。張九齡詩：『玉盌纔傾黃蜜剖。』杜甫云：『鵞兒黃似酒。』又云：『對酒愛新鵞。』蘇軾云：『大杓瀉鵞黃。』

緑酒，《南岳夫人傳》：『設王子喬瓊蘇緑酒。』杜詩：『緑酒正相親。』又云：『遥觀漢水鴨頭緑，恰似蒲萄初潑醅。』[一]白樂天云：『傾如竹葉杯中緑。』秦少游云：『翡翠側身窺緑酒。』蘇子瞻云：『小舟浮鴨緑。』至楊廷秀乃云：『瓮頭鴨緑變鵞黃。』則緑酒或老乃成黃色也。

碧酒，《列仙傳》：『安期生與神女會圓丘，酣玄碧之香酒。』杜詩：『重碧酤新酒。』

清酒，《詩》：『清酒百壺。』鄒陽賦：『清者爲酒，濁者爲醴。清者聖明，濁者須騃。』蘇子云：『誰分銀榼送清醇。』

白酒，曰醝，一作酇，又名醙。白居易詩：『白酒善消愁。』蘇子云：『白酒無聲滑瀉油。』

濁酒，嵇康云：『濁酒一杯。』杜少陵云：『牆頭過濁醪。』

黑酒，《醉鄉日月》謂之愚酒，色黑而酸醨者也。

酒法

宋大隱朱翼中《北山酒經》三卷曰：『其道深遠，非冥搜不足以發其義；其術精微，非三昧不足以善其事。』

曰醙者，壞飯也，老也。飯老即壞，飯不壞則酒不甜。田子曰：即今之飯空漿老者也。飯不作空，則酒不多。

曰麴之于黍，猶鉛之于汞，陰陽相制，變化自然。田子曰：麥性陰，黍性陽，故先漬麥而後投黍也。

曰麴有用藥者，所以治疾也。今平常醖法，亦用諸品藥材，惟用烏頭者，飲之頭痛耳。獨金華酒用砒霜，尤當戒忌也。

麴用豆亦佳。神農氏赤小豆飲汁愈酒病。蓋酒性熱，豆性凉，使硬薄者，得之少蘊藉耳。今菉豆尤佳。

飲家須察黍性新陳，天氣冷煖。春夏黍性新軟，則先湯而後米，酒人謂之倒湯去聲；秋冬黍性陳硬，則先米而後湯，酒人謂之正湯。

浙人不善偷酸，所以酒熟入灰。北人不善偷甜，所以飲多令人膈上懊憹。故酴米而偷酸，投醹而偷甜。

酒，酉也。酉者，陰中也。酉用事而爲收，收者，甘也。卯用事而爲散，散者，辛也。酒之名，以甘、辛爲義。金木間隔，以土爲媒。自酸之甘，自甘之辛，而酒成焉。所謂以土之甘，合水作酸，以木之酸，合土作辛，然後知投者所以作辛也。投者，再釀也。張華有九醖酒。

尤忌見日，若太陽出，即酒多不中。賈勰以夜半蒸炊，昧旦下釀。今之黄昏下酒，亦以陰制陽也。

着水無多少，拌和黍麥，以匀爲度。若投多水寬亦可。米力勝麴，麴力勝水，即善矣。醞不用酵，則酒難發，醅來遲，則脚不正。祇用正法，酒醅最良。不然，則掉取醅面，絞令稍乾，和以麴糵。掛于衡茅，謂之乾酵。用酵四時不同：冬月用酵緊，用麴少；夏月用麴多，用酵緩。天氣熱，置瓮于深屋，寒則温室用氊圍繞。冬月蓋覆，即湯氣在内而不凍；夏月閉藏，即陰氣在内而酒不動，真得卯酉出入之妙也。

酒名

元酒，一作玄酒、明水，《禮》。　旨酒，儀狄。　甘醴，《禮記》。　上尊，漢酒，糯米一斗。中尊，稷一斗。　下尊，粟一斗。　黄封，宫酒。　九醞，一名九醇，正月旦作，八月成酒。十旬，一百日成。《南都賦》：『九醞甘醴，十旬兼漬。』　雙投，宋。　三拗，宋。　四酎，見《楚詞》，云四重釀也。又云四器並熟。　歡伯，《易林》。　忘憂，漢。　聖人，《魏畧》曰『白酒』，一曰清酒。　賢人，清酒，或曰濁酒。　君子，糯觴醉人者。　中人，黍觴醉人者，皆家醪。　小人，巷醪灰觴醉人。　紅友、玉友，曾端伯名，劉跂作傳。　三友，今人稱酒曰三酉，皆言三點水加酉也，當作三友，音之同也。　白樂天以詩、酒、琴爲三友。　天禄大夫，王世充封酒。　太平君子，南唐穆宗，西凉蒲萄酒。　君子觴，一名快活湯，當塗一鍾酒麴，皆發散藥，見風即消。既不久醉，又無腹滞之患。人呼曰快活湯，士大夫呼曰君子觴也。　天聖酒，號國夫人鹿腸酒。　青州從事，好酒。　平原督郵，惡酒。　步兵廚，阮籍。　謝公樓，一名紅泥酒，在汀州。　張曲江詩：『謝公樓上好醇酒，二百青蚨買一斗。』罈用紅泥。　冷仙，宋麴。　君臣慶會，蔡京酒。　郎官清，黄山谷詩。　崔家酒，五代張白詩：『灞陵城裏崔家酒，地上應無天上有。』　真一仙人，蘇子瞻：『白鶴新居，異人授法，米麥水，三一而已。』　麻姑，以泉名。　百氏漿雜瑞樣酒，即百家酒。　霹歷酎，暑月大雷時收雨水淘米，炊飯釀酒。　白雪清泉，田子醞雪酒。　逡巡酒，韓北渚詩。　丑未觴，南唐法用牛酥羊髓置醇酒中，煖消而後飲。　臘酒，《韋氏月録》云：『臘月造酒，四月成。』梅聖俞詩：『欲爲三伏美，方俟十旬清。』即此。　千日，中山。　齊雲清露，宋。　雲腴，宋景王。　天醇，宋向后。　瑞露，田璆飲仙酒。　又，宋昌王酒，名瑞露。　又，八桂酒。　金盤露，處州。　金莖瑞露，田子釀花露酒。　秋露白，杭新城。　雲液，劉孝標云：『松子玉漿，衛卿雲液。』蘇子《謝送酒》詩：『揚州雲液却如酥。』又云：『花前白酒傾雲液。』　流霞，一名紫霞、紫府、仙醖。　玉露春，劉拾遺酒，味辛。　明星酒，洛陽。　月波，宋德隆。　月醴、醍醐，紅色。　縹醪，魏武賜崔浩十斛。　清醇，錢世昭酒。　碧香，王詵。　蘇詩：『碧香近出帝子家。』　清醑，鄭紳酒。　靈液，張敦禮。　凝醳，宋燕王。　親賢，宋。　擒姦，劉白墮。　親賢、擒姦，正好作對。　儀德，宋惠恭后酒。　嘉成，宋濟王。　介壽，曹湜。　保平，曹晟。　表勳，秦檜酒。　褒功，童貫。　眉壽，宋官肆。　衮醖，宋李瑋酒。　玉液，古名，又，宋越王。　琬液、瓊酥，皆《醉鄉日月》。　瓊飴，謝玄卿仙酒。　玉腴，宋劉后。　瓊醑，亦越邸。　瓊醙，鄆王。　瓊緑，宋朱后。　玉酒，瀛洲玉膏。　琥珀，漢酒。　珍珠紅，唐酒，今潞州燒酒亦名珍珠紅。又，宋取西湖珍珠泉釀酒。　銀光，宋酒。　漂玉，枚乘賦。　碎玉，相州酒。　玉浮梁，李太白好飲玉浮梁，謂浮蛆酒脂也。　玉練槌，浦江月泉吟社詩：『山歌聒耳烏鹽角，村酒柔情玉練槌。』　玉蘭，《文鑑》『玉蘭酒熟金醅溢』是也。　瑶泉，宋開封。　瑶源，王師約。　瑶池，劉后。　金漿醪，漢《西京雜記》。　金泉，洛口。　金波，李遵勖。　成春，宋曹詩。　浮春，濟王。　燒春，劍南。　麴米春，雲安。　羅浮春，蘇子。　萬里春，范致能用八桂酒法釀于成都，名此。　石練春，富平。　土窟春，滎陽。　洞庭春色，又云橘酒。　皇都春、留都春、十洲春、海岳春，皆宋。　慶雲，皇甫別駕。　含春玉，唐末馮翊城外酒家仙書。　梨花春，杭州人趁梨花時酒熟。　白樂天：『青旗沽酒趁梨花。』　春泉，蔡王。　春蟻，庾信詩：『春螘未曾開。』　白螘，侯穆詩：『白蟻泛金甌。』　緑蟻，謝玄暉詩：『緑蟻方獨持。』　浮蟻、凫花，《梁簡文集》。　乳泓，蘇詩：『潑雪拔雲得乳泓。』白酒、乳酒。　雞鳴酒，即一宿酤。　白鶴觴、騎驢酒，皆劉白墮。　魚兒酒，裴度用龍腦凝結，刻小魚兒狀，每沸酒一盞，投一魚其中。　鯽魚酒，以線懸鯽置煮酒中。　羊羔酒、龍胎醴，《酉陽雜俎》。　桐馬酒，漢給大官以馬乳爲酒，采桐葉時乃成。　李奇曰：『漢武有桐馬官，作酒。　桐，合作挏，音動，推引也。　韋革爲皮兜，受數斗，盛馬乳撞挏之。』　酏肉酒、香蛇酒，廣南。　雪花肉酒，宋。　蜜酒，道士楊世昌。　蜜林檎，言味如蜜，色如林檎。　軟脚酒，一名濯足酒。蘇子瞻：『還須更置軟脚酒。』　紅粱新醞，陳後主名。　玉薤，隋煬帝。　薤白，杜子詩：『酥暖薤白酒。』　蔗酒，蘇禄國。又，梁人作藷蔗酒，名金漿，漢賦：『爵獻金漿之醪。』以此。　桂醑，博羅縣。　蘇詩：『爛煑葵羹斟桂醑，風流可惜在蠻村。』　蘭旨，宋肅王。　蘭生，漢武帝。　椒漿，《楚辭》。　茱萸酒、柏酒，《歲時記》。　棣華，蔡攸。　菊花酒，漢人以菊花莖葉釀黍米，至來年九月九日熟，《西京雜記》。田子名曰甘谷春，又名菊花新。　旋復酒，即夏菊花生野中，田子取其能明目去痰，名曰全復春。　桃花酒，色紅。　松醪，中山。陸士衡有詩。　松明酒，蘇子瞻。　藤酒，廣西。又有風藤酒。　榐酒，榐，音陣，木汁可爲酒。　嚴樹酒，瓊州有木名嚴樹，擣其皮葉，浸以清水，以粳釀和之。或取石榴花葉和醞，數日成酒，能醉人。　椰子酒、樹心酒，皆渤泥國，名巴尾樹。　枸杞、人參、當歸、地黄、茯苓、木香，藥酒。　竹葉，豫北。　葡萄，大宛、凉州。　荔枝緑，王公權酒。　緑荔枝，廖致平酒。黄魯直詩：『王公權家荔枝緑，廖致平家緑荔枝。試傾一杯重碧色，快剥千顆輕紅肌。』　姜酒、芙蓉酒，宋。　緑珠香液，田子緑豆酒。　舊出淮安。　蓮花酒，又蓮花白。　蘇子云：『請君多釀蓮花酒。』田子之醞多用花蕊，夏麴冬釀，名曰菡萏秋珠。　荼蘼，古言色如荼蘼，故名酴醾。　或曰麥酒不去滓而飲，一曰重釀酒。　黄玉清、白玉清，田子名黄白荼蘼。　百花酒，餘杭阿姥墩。　勝茶，宋謝府。　茅柴，言如茅柴，火焰易過也。　壓茅柴，黄州。　齋中酒、聽事酒、猥酒，荆州三品酒。　屠蘇，一作酴酥，孫思邈庵名。　至清堂，陸放翁嚴州酒。　流香，宋賜，陸游酒詩云：『歸來幸有流香在。』　乾和，一名乾酢，河東并、汾以爲貴品，即今不入水者。張文潛詩：『釀酒愛乾和。』後周給逍遥公韋瓊河東酒，即此。　瀋酒，江外酒名。皮日休詩：『明朝有物充君信，瀋酒三缾寄夜航。』　滴酒，和米麴以茅盛，蓋候氣蒸漿滴，故名，出廣東欽州，《靈山志》。　過酒，用白酒再醖滴酒者。　戲壁清、清若空，宋秀州酒。　夫酒以清爲上品，而嘉湖酒肆獨重渾酒，真可笑也。彼或以爲有力。　泛盎，黄庭堅詩：『浮蛆翁翁盃裏滑，坐想康成輪泛盎。』翁，上聲，酒成而翁翁然，葱白色也。　缾面，江東熟酒。諺云：『缾面猶可比瓮頭。』見《蘭亭紀原》。　利市酒，色忽變紅，造化所染。　治聾，社日酒。　醽醁，湘東美品，一作酃渌，今長沙。《酉陽雜俎》有醽醁法，又名湘零酒。　桑落，河中坊井名，桑落時，取其水釀酒。庾信詩：『蒲城桑落酒。』或以爲桑郎，又訛爲索郎。又曰：『羌中桑落，河馬乳酒。』　烏程，今湖州，因烏氏、程氏善釀，名之。　上若、下若，吴興有箬溪，故取其上流、下流之水而名。　郫筒，蜀竹中酒。　翠濤，魏徵能治酒，有醽醁翠濤，十年不敗。　香泉，宋高后。蘇軾詩：『莫辭白酒瀉香泉。』　新豐，李白詩：『新豐美酒斗十千。』　宜城，即九醖，古博羅國，今襄陽。宋之問詩：『尊溢宜城酒。』今人若言尊溢金華酒，則不惟酒惡，其詩亦惡矣。今蘭溪不如梅溪。　富水郢、溢水潯陽、西市汴京、蝦蟆陵，皆《宋史》。　坤儀，宋寧德宮。坤珍，淵聖后。　慶源，潘正夫。　和泉，梁奉常。　林盧漿，高麗。　神功泉，廬山。　青田困〔二〕，核名，《酉陽雜俎》，又名沈釀。　樂浪酒、紫漿，皆見《雜俎》。　文章酒，即五加皮。

千里酒，劉白墮言：『至千里不壞。』則今至自萬里者亦有，不足爲奇，蓋言醉行千里不醒也。史：桂陽程鄉有千里酒，飲之至家而醉。　熏肌酒，楊羔酒名，一曰千歲藁造。　三勒漿，胡人采陀得花造酒，名之。　哈刺基，又名荅刺古，元人酒，見《草木子》，即打辣酥。　般若湯，北僧名酒，華言不惹也。　米汁，蘇晉嘗言彌勒繡佛好飲米汁，正與吾性合，常于市中飲酒，人不識也。　餘杭酒，丁仙芝詩：『十千兑得餘杭酒。』不知當時十千兑得幾何，恐非新豐斗價耳。今日若十千錢便可兑得十石。　諺云：『餘杭酒比水高一分，日夜肚飽不醉人。』余嘗有詩云：『餘杭好酒不醉人，餘杭好花不當春。』非誣善也。　藍橋，宋。　太平豐樂，宋，因樓名。

甕宮集大成，甕宮，耀州青榼，韋炳取三家酒，合窨飲之。　水綿襖，北人。　又名曰裏牽綿。貧兒諺云：『一尺布，不遮風。一碗酒，暖烘烘，半夜便做寒號蟲。』言易醒，依舊冷也。　飲家以酒爲魯酒，蓋言趙厚魯薄也；曰村醪，蓋家釀美，村釀惡也。　曰續命湯，而《金樓子》名曰斷腸酒、爛腸酒。　曰百藥長，而裴楷名曰狂藥。　曰福水，而陶翰林名曰禍泉。

酒飲

禮者，不脱履而即序也。　宴者，跣而上坐也。　又賈逵曰：『不脱履升堂曰醼。』一曰飫。酌，盛酒行觴也。　酌，少飲也。　酬獻，主人進客。　酢，客酌主人。　配，相飲也。　酭，報也。　醧，一作醘，能者飲之，不能者已也。　醵，合錢共飲也。　勞酒，饗禮。　酺，賜民共飲也。　醻，醋也。　釂，飲盡。　酳，以酒漱口，食畢，以酒演養其氣也。　醮，獨酌而醉。　攝飲，持酒狂飲。　浮，相强也。　崇飲，過也。　痛飲，虐也。　轟飲，狂也。　渴飲，若口燥而欲飲也。　酣，耽樂。　醉，卒也，度也，不至于亂也。　沈者，齊顔色，均衆寡。　又曰過飲湛溺也。　湎者，閉門不出。　又曰顔色齊同，故作⿰酉面也。　酩酊、酕醄，皆醉甚也。　鯨飲，海吞也。　泥飲，爛醉。　獵酒，索飲也。　日飲，《漢書》：『日日飲。』　食酒，《漢書》：『能多飲，費盡。』　婪尾、藍尾，末飲。　陽醉，詐也。　霑醉，深也。　被酒，帶醉。　中酒，傷而惡也。　使酒，酗亂也。　清酣，不飲而心醉。　㬥，不醉而怒。　白著，宋人言酒酣。　醟，禜也，兇酒甚亂。　小人飲酒，一醉日富，亦因酒爲禜也。　淫，湛酒。《坊記》：『三酒示民不淫也。』醒，病酒。　醒，醉解也。

校勘記

〔一〕遥觀兩句　係李白《襄陽歌》句，原作『遥看漢水鴨頭緑，恰似葡萄初醱醅。』

〔二〕困疑爲『酒』字。見《酉陽雜俎》卷七『酒食』條。

留青日札卷之二十五

酒器

爵，象爵形，取其鳴節節足足，以戒荒淫也。受一升。　玉爵，《曲禮》。周曰爵。　觚，鄉飲酒爵，受二升，《説文》作三升。《韓詩外傳》作一升。觚，寡也，飲當少也。⿰酉瓜同。　角，以角爲之，觸罪過也，受四升。　觝、卮、觶、䚏、觛同，圓器，以角爲之，受四升，《禮記疏》作三升。觶，適也，當適可也。或曰觛，小觶。卮，从卩，以節飲也。　玉卮、金屈卮，如菜椀而有手把子。　散，訕也，人謗訕也，受五升。田子曰：散，分離也，客當散去也。　觥，罰不敬也，受五升。《毛詩》注：大七升。　兕觥，《詩》，兕牛角可以飲者。本作觵，其狀曲起，觵觵然也。斝，畫禾稼之象，受六升。商曰斝。　瓘，《左傳》曰：『斝也。』《廣韻》曰『玉升』。　斗，取象于北斗，受十升。　大斗，《詩》，長三尺，從大器，挹之于樽也。《周禮》作豆，俗作斣。　卣，中尊，有三品：上彝三斗，中卣五斗，下罍六斗。　甒，紂臣昆吾作瓦甒，受五斗，《禮記》『君尊』、《方言》『罌』，中寬下直，上鋭下砥。　罍，象雲雷施不窮也，受一石。　金罍，《詩》。　龜目酒尊，似壺，容一斛。　山罍，夏尊。　雲罍、䨻尊，漢孝王。　壺，受一石，石十斗，重一百二十斤，圜器也。或曰：『劉伯倫一飲一石，五斗解酲。』田子曰：以今量較之，古一石得三斗，其五斗，當一斗五升也。　鴟甁瓶，大一石，小五斗。　鴟夷，榼形，揚雄《箴》。　琖，爵也，夏曰琖，盞同。　盄盞，盞也。　鍾，二缶謂之鍾。　杯、桮、盃、鈷、鈈、匜同，側杯有兩耳。　匜，杯也，似㼖。　罇、㼝、甗、墫、樽，本作尊，《周禮》：『六罇。』犧尊、象尊，皆周。　著尊，商。　壺尊，夏。　太尊、山尊，皆有虞。　蓋犧，牛形。　象，象形。　著，底著地。　壺、太，皆古瓦。　山，山雲形。　玄瓚，禮器。　大貝，出日南，可爲酒杯，見《爾雅翼》，即朋。　朋，兩尊。《詩》：『朋酒斯饗。』　觴，巵總名。　又，實曰觴。　羽觴者，作生爵形，有頸、尾、羽翼，言如飛羽之輕疾。同，爵名，《書》：『祭以酌酒。』　鈃、鉼、瓶、甀同，似鍾而頸長。　盌，小盂。　椀、瓮，同。　缶，小瓦盆，秦人擊之以節歌，盎也。　實二䥶。　杜子美：『莫笑田家老瓦盆，自從盛酒長兒孫。』田子酒所笑而撫之曰：『此吾家之故物，亦吾家之長物也。』　黃目，酒尊名。　黃，中也；目，氣之清明者也。　坎，《爾雅》『小罍謂之坎』，酒尊也。　勺、杓同，挹酒器，容一升。　龍勺、疏勺、蒲勺，皆裸爵，《明堂位》。　玉杯，箕子諫紂。　常滿，周穆王西光珠常滿杯，容三斗。經，陶人爲酒器，曰一經、二經、三經、四經、五經。　程，酒量名，品也。　十髮爲程，十程爲分。滑稽，一名陽燧尊，崔浩《音義》。　白，罰爵，舉白，舉觴，告曰盡不。　太白，魏文侯浮之太白。　白獸尊，晉。　伯雅，七升；仲雅，六升；季雅，五升。　劉表三爵。　盃，雅也。　縹瓷，瓷器堅緻者。《笙賦》：『縹瓷之酃醁。』[一]　鸞觴，刻杯爲鸞鳥之形。　嵇叔夜：『鸞觴酌醴。』

青田榼，烏孫國，劉璋號青田壺，貯水即如酒，可供二十人。　車渠碗，玉屬，纖理縟文，出西域車渠國，魏文帝賦。　崑崙觴，魏賈將。　緑文測海蠡，陳後主。　蠡杯，梁陸倕銘：『用蠣羽杯，珍瑜渠盌。』又半破瓢，以酌水，曰蠡。　大甕、大杓，晉諸阮。　煖玉杯，唐寧王。　七寶盌，隋文帝突厥獻。　玻瓈七寶杯，唐玄宗以酌李太白。　玻瓈盌，韓退之詩：『靈液屢進玻瓈盌。』　琉璃盌，晉王導。　琉璃鍾，李賀詩。　紫霞杯，唐高麗獻。　酒魁，蜀器大斗之屬。　鴛鴦盞，張易之。　鸕鷀杓、鸚鵡鐺，李太白。『酒飛鸚鵡重』，螺名，形如烏嘴，可爲酒杯。　九曲杯，以螺爲之，藪穴極彎曲，可以藏酒。　水精杯，唐罽賓國獻。　蓬萊盞、海山螺、舞仙螺、匏子卮、慢卷荷、金蕉葉、玉蟾兒，李適之七品名。　鑿落，韓昌黎：『酡顔傾鑿落。』金鑿落，宋姜堯章：『翦燭屢呼金鑿落。』　不落，白樂天：『銀花不落從君勸。』水晶不落，馮道家有水晶不落一隻。　龍杓，唐文宗賜牛僧孺彝尊龍杓，曰：『精金古器以比君子。』　鵲尾杓，陳思王杓，柄長，置之酒樽。　王欲勸酒者，呼之，則尾指其人。　銀鐺，釜屬，有耳、足，齊明帝欲壞銀酒鐺。　又竟陵王子遺徐景山酒鐺。　朱提瓶，貞觀時潛泉浮酒，通坫轉注，瓶受百斛，回紇數千人，飲畢，尚不能半。　漢朱提縣朱提山出銀。　朱提銀八兩爲一流，直一千五百八十。　韓退之：『我有雙飲醆，其銀得朱提。』　偏提，唐注子。　小蠻，白居易《晚春酒醒尋劉夢得》詩：『還攜小蠻去，試覓老劉看。』方回云：『小蠻，酒榼也，非舞腰。』　鸂鶒卮，唐昭宗。金卷荷，唐蓮子杯。　金罇，謝靈運：『清醑滿金罇。』　金盞，杜子美：『誰能載酒開金盞。』

神通盞，南唐文宗。　五位瓶，南唐。　以銅爲之，高三尺，圍八九尺，上下直如桶樣，安嵌蓋，其口有微竅可傾酒，春日郊行，家家用之。　小海甌，耀州陶器，平底，深盌，狀簡古。　抵鵲杯，元自誠，類珉，淺黄色。　燕羽觴，狹長，兩邊作飛燕羽，塗以佳漆。　金魚英琖，陶穀，中有園林、美女之象，黄散騎霖曰：『琖中游伎，非好事而何？』　銅鶴尊，元嘉銅尊，鶴形。　注酒則一足倚，滿則止，不滿則傾。　玉琖、琥珀琖，皆宋乾德高昌國貢。　兔絲盞，宋。　藥玉盞，蘇子瞻。　雪堂義尊，蘇黄州。　梨花盞，黄庭堅詩。　金叵羅、玉東西，皆古飲器。　瑪瑙杯、火雞卵杯，注酒自熱。　蝦杯，廣州人取大蝦頭爲杯。　蟹杯，以金銀爲之，飲不得其法，則雙螯鉗其脣，必盡乃脱，其製甚巧。　鳳嘴杯，余集中曾載《鳳嘴杯》詩，已極其形狀。　又聞投之以鴆毒諸酒必裂。　當時試之，果然。　今按：有鳥名鷞鶥者，喙大而勾，長一尺，赤黄色，受二升，南人以爲酒杯，或此類也。　或言鳳骨黑色，向是白者，豈五色鳳骨異邪？　金當杯，楊維楨：『醉後不辭金當杯。』　竹根杯，庾信、江淹集。　竹罌，截竹飲酒，辛仲宣器。　酒杯藤，大宛。　藤香美，可以酌酒，以其實消酒。　椰子榼，出廣州，張安國有詩。　今有椰瓢、椰琖。　瘿木尊，李翰林詩，即田子石雲瓢之類也。　榡柃盂，其木出渤海國，文縷可愛，其瘿可爲盂。　田子詩：『旋傾全覆酒，滿注榡柃盂。』全覆，花也。　桂琖，以桂木爲之。　藤杯、竹絲琖、椶琖，織成花鳥，可愛。　沉香琖、瑇瑁琖、龜同鶴頂杯，俱海南。　丹砂杯、青霞杯、田子所名。　船，酒舟也。　吴鄭泉曰：『願得美酒滿五百斛船，以四時甘脆置兩頭。』晉畢卓曰：『給酒滿數百斛船，以四時甘味置兩頭。』二事正相類。　今酒船以金銀爲之，内藏風帆十幅，注酒滿一分則一帆舉，飲乾一分則一帆落，真鬼工也。　酒海，《乾膜子》：『銀海，受一斗。』雍都韋炳酒海。　玉窪，《緯畧》。　窪尊、石尊，李適之、元次山。　胡瓶，唐太宗賜李大亮胡瓶曰：『雖無千鎰，乃朕自御者。』史炤曰：『汲水器。』胡三省曰：『酒器，非汲水器。』鄭子瑣言：『即今壺缾也。』田子曰：『王昌齡《邊塞曲》云「胡缾落膊紫薄汗」，是可證也。諸人徒辨而無所據，故不明耳。』　服匿，《漢書》注：『服匿如罌，小口大腹方底，用受酒酪二斗所。』此匈奴器，河東北界人亦呼服匿。　飲器，趙襄子漆智伯頭爲飲器。又，匈奴破月氏王，以頭爲飲器。又，元僧漆宋理宗髗骨爲飲器。《史記》注：『椑，榼也，飲酒器。』　巹，破瓢爲杯也。《昏義》：『壻揖婦人共牢，而食合巹而酳。』　汕碗，折酒大器，舒散也。　缸，韓詩：『傾樽與斟酌，四壁堆罌缸。』　玉缸，唐詩：『花撲玉缸春酒香。』　碧筒荷葉杯，魏鄭公慤，一名象鼻杯，蓋刺葉心而飲其莖也。　解語杯，陶九成命美人捧荷花，擎杯花心而飲之，風味良不惡也。　白玉蓮花杯，王永年與竇卞、楊繪飲于私室，出其妻趙氏間坐，令妻以左右手掬酒飲卞、繪，謂之曰白玉蓮花杯。　雙鳧杯，一名金蓮杯，即鞋杯也。曰雙鳧者，人但知爲葉令王喬飛舄事，而不知女人繡鞋亦名雙鳧。　王寀輔道有《雙鳧》詩云：『時時行地羅裙掩，雙手更擎春瀲灩。傍人都道不須辭，儘做十分能幾點。　春柔淺醮蒲萄煖，和教勸人教引滿。　洛塵忽浥不勝嬌，剗踏金蓮行款款。』則知昔日狂客亦以此行酒也。　金蓮者，取齊東昏侯妃潘玉奴『步步生蓮花』之義，楊廉夫名之曰金蓮杯。瞿宗吉席上賦《沁園春》詞云：『一掬嬌春，弓樣新裁，蓮步未移。笑書生量窄，愛渠儘小，主人情重，酌我休遲。醽醁朝雲，斟量暮雨，能使麴生風味奇。何須去，向花塵留迹，月地偷期。　風流到手偏宜，便豪吸、雄吞不用辭。任凌波南浦，惟誇羅襪，賞花上苑，秖勸金巵。羅帕高擎，銀瓶低注，絶勝翠裙深掩時。華筵散，奈此心先醉，此恨誰知？』廉夫大加稱賞，命侍伎即歌以行觴，極歡而罷。　繶爵，《士虞禮》注：口足間有象文爲飾。　黄流，《周禮·玉人》注：『鼻勺曰流。』《詩箋》：『以圭爲柄，黄玉爲勺，以飾流鬯，照酒黄，故曰黄流。』《公羊傳》、《荀子》皆作沗。　越王鳥杯，越王鳥似鳶而喙勾，可受二升，南人以爲酒杯。糞似薰陸香，南人以爲香。一名鸀鳿鳥，出肇慶府。　鸀鳿杯，鸀鳿，水鳥，黄喙，長尺餘，南人以爲酒器。見劉欣期《益州記》。　渾脱，酒器，見《草木子》。　紫皮鵄，《漢書》師古曰：盛酒器。　酒鐺，徐景山煮酒器，象鼎而高。　鐵杯，漢武以鐵杯飲，羌胡不能舉。　訶陵樽，南海鸎魚殼，澁鋒鬣角，内玄外黄，皮日休贈魏朴。朴，字不琢，毘陵處士。　龔美序曰：『真古人之雅貺。』　銀平脱破觚、八斗金鍍銀酒甕，皆唐賜安禄山酒器。　馬腦榼，魏后奇器，容三升，玉縫之，人稱西域鬼作。　照世杯，出撒馬兒罕國，即漢罽賓國，光明洞徹，照之可知世事。龍卵壺，以龍卵爲之，金鑲，嵌以明月珠、猫睛諸寶，乃嘉靖末年籍没嚴嵩器也。凡五枚，雙龍龍卵壺一，龍卵酒甕二，以銀爲座，此古所未聞也。　龍蠡杯，以大海螺刻。其中爲出水龍形，頭角宛然，底尖，以藤架盛之，出海南。　美人壺，以銀範美人形，髮中入酒。傍立一鳳，前擎荷葉一片，以銀杯一枚置葉上，葉即少低，鳳口中吐酒，杯滿即止，不歉不溢。舉杯則葉仍浮起，鳳口曾無餘滴，飲盡復置之，則復注如前。凡容酒十二杯，不煩人力，轉輪若神，不知起于何代也。銀重三十六兩，精異常，朱翠外飾，杭工亦能爲之。時于肆中回易，惜余無物，不能得之也。乃吹簫引鳳形，余爲名之曰弄玉壺。蓮子杯，形如蓮蓬，中置銀仙人一，能浮能沉，周圍蓮子六枚，心中暗藏銀牌六面，上各有字，傍有莖入酒。初注酒，則左浮一面，飲盡則沉。又注酒，則右浮一面，飲盡亦沉。入酒則同，而左右不紊。凡六注而周，其仙人則常偕浮偕沉也，非鬼工而何？　酒龍，以銅鑄爲龍象，吐酒而飲之。唐時因以人之善飲者名之，曰酒龍。

酒肆

酒肆，自古有之，所云沽酒市脯是也。肆中酒先清後濁，先濃後薄，不獨今時之弊，在唐已然矣。韋應物詩：『主人無錢且專利，百斛一釀斯須美。初釀後薄爲大偷，飲者知名不知味。』是當時酒亦皆有名也。

酒禁

自禹惡旨酒，周公作《酒誥》，而酒之禁令遂萌蘖矣。漢律：三人已上無故聚飲者，罰金四搜索釀器者。非醉人爲瑞之景運也，安得天下皆成醉鄉之化也哉？

兩。文帝後元年詔，爲酒醪以糜穀者多，禁酤酒。以後或因旱潦而禁，或因兵革而禁，甚有如

賜酺

趙武靈王行賞大赦，置酒，酺五日，後世因之。漢有大慶，往往賜酺，或三日，或五日。史臣紀之，以爲盛典。我朝初政，許群臣得飲于市樓。臨川揭孟同執《宴南市樓》詩：『詔出金錢送酒壚，綺樓勝會集文儒。江頭魚藻新開宴，苑外鶯花又賜酺。趙女酒翻歌扇濕，燕姬香襲舞裙汙。綉筵莫道知音少，司馬能琴絶代無。』此真聖世太平之氣象也。所云南市樓者，曰醉仙樓、樂民樓、集賢樓、謳歌樓、鼓腹樓、輕烟樓、淡粉樓、梅妍樓、翠柳樓，凡十四所，皆洪武間建，以聚四方賓客者。後爲都御史顧佐奏革，于是有官吏挾妓飲酒之禁。

酒榷　官酒

漢武帝三年，初榷酒。昭帝時，丞相田千秋奏罷酒酤，賣酒𣂋四錢。王莽時，羲和魯匡請賣官酒，于是命縣官沽酒。官作酒，以二千五百石爲一均，率開一壚以賣，月售五十釀爲准。一釀用粗米二斛、麯一斛，得成酒六斛六𣂋。除米麯本價，計其利而什分之，七入官，其三及糟截、灰炭給工器、薪樵之費。郡一人乘傳，督酒利。至宋王安石，則又散青苗錢于設廳，而置酒

肆于譙門。小民持錢出者，誘之使飲。又恐其不顧，則命娼女坐肆作樂，以蠱惑之。小民無知，争競鬭毆，則又差兵官列枷杖以彈壓之，名曰設法賣酒。嗚呼！弊至此而極矣！醉鄉安得而不亂哉！宋酒賦，歲二千萬，而杭州尤盛。王囍詩：『杭城東南劇，地將湖海鄰。榷利冠天下，旗亭壓重闉。』南渡，官酒十三庫，每歲清明前開煮，中秋前賣新。諸庫呈樣酒于點檢所，所呈臨安府。既中，擇日開沽。以白布三丈餘揭竹竿頭，題曰某庫選到酒匠某人，醖造上等醲辣無比高酒。三五人扶之而行，以鼓樂、妓女、雜技利市之物前導，名曰迎酒，一時繁華可想見也。今杭州酒肆最盛，故都之遺風與！

酒經

《神農本草》、《黄帝内經》言酒之性味與致用、致病之詳，則酒之時義大矣哉！于是唐汝陽王璡有《甘露經》，王績追焦革釀法爲《酒經》。又采儀狄、杜康以來善造者爲《酒譜》。竇子野亦有《酒譜》。宋志《酒録》一卷，《白酒方》一卷，《食圖四時酒要方》一卷，《藏釀方》一卷，劉炫《酒孝經》一卷，《貞元飲畧》三卷，朱翼中《酒經》三卷，李保《續北山酒經》一卷，胡氏《醉鄉小畧》五卷。皇甫崧《醉鄉日月》三卷，今最有聞。家大夫愛之，嘗著《醉鄉律令》一卷。序曰：『皇甫子奇作《醉鄉日月》，條刺飲事三十篇，自謂酒史之董狐矣。第其敘述稍冗，肯綮弗章，讀之不能無遺悵焉。予也陸沉丘壑，託契麴生，晨夕相從，情好甚篤。惜其風味久溷于俗子，而品詠未罄于高賢也。取皇甫氏之意，而芟繁撮要，易其未然，而補其未備，著爲《醉鄉律令》一篇，庶使湎身濡首者，有所禁而不淫；齊聖温克者，有所循而益謹爾。嗟乎！選勝賞心，能無崇飲；千鍾百榼，貴在德將。在昔賢豪，咸非懵者，酒中之趣，先得我心。予誠有味于酒乎！聊以韜精光、澆磊落耳。醉鄉之宜十有一：醉花宜晝；醉雪宜夜；醉月宜樓；醉暑宜舟；醉山宜幽；醉水宜秋；醉佳人宜微酡；醉文士宜妙令，酌無苛；醉豪客宜揮觥，發浩歌；醉將離宜鳴鼉；醉知音宜樂侑，語無它。醉徒之選十有二：款于辭而不佞者，愉于色而不靡者，怯猛飲而惜終歡者，撫物爲令而不涉重者，問令即解而不再問者，善戲謔而不虐者，語便便而不亂者，持屈爵而不分愬者，偕衆樂而惡外囂者，飛斝騰觚而德儀無愆者，坐端凝而神爽逸者，寧酣沈而不傾潑者。酒所不懽之候十有四：主人吝，賓輕主，會客不投，殺核雜陳而不序，妓驕而樂澁，譊家常，議朝除，迭詼諧，刻觴政，録事不綱，興居紛紜，附耳囁語，蔑章程而騁牛飲，醒木訥而醉勞曹。』

酒令

古有《令圃芝蘭》一卷，《庭萱譜》一卷，《小酒令》一卷，紀集所載，咸極精妙，未易枚舉。余嘗與騷墨清酣，頗窮雅令。偶記數種，因筆左方，聊供笑談，非敢曰文字飲也。

秋宵賞月，忽輕雲翳之，因爲四聲令曰『雲掩皓月』，以羽觴飛巡，仍擊缶四聲爲韻催之，一韻不叶者，罰；一觴不成句者，罰。四之座客可録者，有曰『天朗氣烈』，曰『秋爽興發』，曰『蟾皎桂馥』，曰『風冷露絜』，曰『情美醉極』。蓋不許重出一字，故難之也。最後一妓名玉蟾者，曰『行酒唱曲』，莫不大加稱賞，以爲用常言合調，不孤雅會，可謂俊姬也。

一日，酒所談杜子美《大麥行》云：『大麥乾枯小麥黄，婦女行泣夫走藏。東至集壁西梁洋，問誰腰鎌胡與羌。』其意蓋本于漢之童謡也。謡曰：『小麥青青大麥枯，誰當穫者婦與姑。丈夫何在西擊胡。』時正麥秋將至，海寇方猖，軍民擊倭，婦女耕穫，頗合此景，因舉以爲令。一人曰：『小麥青青大麥齊，誰當穫者母與妻，丈夫何在西擊氐。』一人曰：『小麥青青大麥黄，誰當穫者婦與娘，丈夫何在西擊羌。』一人曰：『小麥青青大麥皪，誰當穫者姑與嫡，丈夫何在北擊狄。』余曰：『諸君對酒空談，尚舍倭夷而不敢攻擊，何況于望風而不逃避，赴敵而不敗北者哉！』因得句曰：『小麥青青大麥多，誰當穫者婦與婆，丈夫何在東擊倭。』又曰：『小麥青青大麥垂，誰當穫者母與姨，丈夫何在東擊夷。』咸曰：『姨何可以當婦？』余笑曰：『此小姨，填房也。』蓋座上客有大姨夫作小姨夫者，故戲之。衆發一笑，合席各賞一觴。又曰：『小麥青青大麥蒼，誰當穫者婦與嫜，丈夫何在南擊漳。』咸訝曰：『漳何以當擊？』余曰：『漳州人，正賊首也。』時適有福建人在席，衆皆撫掌絶倒。一寧波客曰：『小麥青青大麥有，誰當穫者婦與母，丈夫何在東擊守。』咸曰：『何也？』曰：『本府太守貪酷害民，狠如倭賊十倍，故當擊之。』衆又哄然。一人曰：『小麥青青大麥豐，誰當穫者婦與翁，丈夫何在西擊戎。』咸笑曰：『婦翁何可以共事？』乃曰：『鄰有子從戎者而無母，其公遂淫其媳，故云然耳。』皆大笑而散。

座間舉杜牧之詩『煙籠寒水月籠沙，夜泊秦淮近酒家。商女不知亡國恨，隔江猶唱《後庭花》』爲令。余曰：『煙籠寒水月籠原，夜泊秦淮近酒村。商女不知亡國恨，隔江猶唱《謁金門》。』有曰：『月籠坻，近酒司，《玉交枝》。』有曰：『月籠川，近酒船，《鷓鴣天》。』有曰：『月籠汀，近酒亭，《柳稍青》。』又：『月籠濠，近酒曹，《月兒高》。』此重一月字，故罰一觥。又：『月籠洲，近酒樓，《楚天秋》。』余曰：『諸令皆佳，或于后主不切耳。』乃終之曰：『烟籠寒水月籠沚，夜泊秦淮近酒市。商女不知亡國恨，隔江猶唱《朝天子》。』衆既賞余，而又以仄調罰余。于是更歌曰：『煙籠寒水月籠津，夜泊秦淮近酒鄰。商女不知亡國恨，隔江猶唱《綵樓春》。』蓋用臨春、結綺樓之事也，而客之《玉交枝》獨切《玉樹》云。

楊大年有《閒忙令》云：『世上何人最號閒？司諫拂衣歸華山。世上何人最號忙？紫微失却張君房。』客舉爲令，禁用故事，但用常言行之。或曰：『云云閒？順風順水下平灘。云云忙？過關過垻搶頭航。』或曰：『云云閒？極品歸家又有錢。云云忙？參官□急没□□。』衆大笑曰：『此真忙矣！』余曰：『世上何人號最閒？娼家孤老包過年。世人何人號最忙？婦女偷情夫進房。』衆又大笑稱妙。

酒帝

酒人、酒徒，漢。八達，晉。七賢，晉。醉聖，李白。醉翁，白樂天、蘇軾、歐陽修。醉吟先生，居易。醉士，皮日休。醉民、酒民，皆元次山。八仙，唐。醉叟种放。醉侯，皮襲美詩：『他年謁帝言何事，請贈劉伶作醉侯。』唐人又云：『若使劉伶爲酒帝，亦須封我醉鄉侯。』余有云：『但願酣天逢酩帝，不妨醉海作醚民。』

校勘記

〔一〕縹瓷之醽醁　《文選》作『縹瓷以酌醽』。

留青日札卷之二十六

七件事

諺云：『開門七件事：柴、米、油、鹽、醬、醋、茶。』蓋言人家之所必用，缺一不可也。元人小詞有云：『倚蓬窗無語嗟呀，七件兒全無，做甚麽人家？　柴似靈芝，油如甘露，米若丹砂。醬甕兒恰纔夢撒，鹽瓶兒又告消乏，茶也無些，醋也無些。七件事尚且艱難，怎生教我折柳攀花？』此《折桂令》也。我朝餘姚王德章者，安貧士也，嘗口占云：『柴米油鹽醬醋茶，七般都在别人家。我也一些憂不得，且鋤明月種梅花。』即此可以知其操矣。

柴，《説文》：『小木散材。』謂不入屋及器用者也。大者析之爲柴，小者合束爲薪。《月令》：『收積柴薪。』注：『薪施炊爨，柴以給燎。』今總名曰柴薪，是柴从木，薪亦从艸、从木。《説文》：『薪，蕘也。』一曰大木可析曰薪，故从斤。《詩》『析薪如之何？　匪斧弗克』是也。柴不足，吴人燒草稈，淮人燒荻蘆，北人燒煤、燒牛馬糞，其窮甚矣。而奢侈者乃以蠟代薪，抑獨何哉？

米，《説文》：『穬實也。』穬，顆粒也，象黍禾之形，八八，米之形也。鄭玄云米之率：糲十、粺九、鑿八、侍御七。糲，米不精者。粟重一䄷，爲十六斗大半斗，舂爲米一斛曰糲。《漢書》曰『糲粱之食』。又曰『糲飯』。粺，毇也，精米也，粟一石舂米一斗四升。鑿，鮮明貌，精米也。《左傳》『粢食不鑿』是也。即所謂粲。稻重一䄷，爲粟二十斗，爲米十斗，曰毇。爲米六斗大半斗，曰粲。《漢書》『白粲』是也。皆謂禾穀米也。今上貢者，曰香秔米，其味甚香輭；曰長腰米，其粒炊飯甚大。皆晚稻，有八月白、銀杏白、雪裏青、落種、麻子烏等名。其次者曰黃秈，即占城稻、紅尖頭，皆性硬，皆早稻種。六十日最先熟，其種不一，糯者宜釀酒，賤則人亦食之。在北人，總稱之曰大米，乃名黍、粟曰小米。而大米，北人不常得食，極邊最爲貴重。今南人窮者乃食大小麥、穚麥、黃黑豆、蠶豆、稷粟，盡食之猶不足以充腹。饑荒之年，甚至于掘草根、剥樹皮以度朝夕。嗚呼！幾何而不爲餓莩填溝壑也！

油，《説文》：『膏也。』田中種菜，收其子，可以壓油，名菜油，亦曰香油，乃供烹調飲食者。又芝麻子油曰麻油，甚香，能解毒，可食。其黃豆油曰豆油，亦曰臭油，止可點燈，小人家亦食之。又桐子者曰桐油，可入漆用，人食之必吐瀉。柏子者曰柏油，止可澆燭。香油貴時，則熬猪油而食之，惟徽州人四時皆食之。深山窮谷，近如於潛、昌化一路，不能得油，則取飯鍋米湯以炒菜，名曰米油，其窮甚矣。

鹽，《説文》：『鹹也。』王彝詔云：『鹽，食肴之將。』黃帝臣夙沙初作煑海鹽。古者不煉治之鹽曰苦鹽，祭祀用之；煉治者曰散鹽。蓋鹽筴之利，興于管子；鹽鐵之制，備于孔僅。鹽政四：一曰散鹽，煑海成之；二曰監鹽，引池化之；三曰形鹽，掘地出之；四曰飴鹽，於戎取之。今淮、浙最盛，海濱地曰鹽場，籍曰竈户，民曰鹵丁。煑盤或鐵，或竹，有沙泥燒鹽，有草灰燒鹽，所産甚廣。而去海不三百里，山中之民乃不得食，官法不行，終身茹淡，真可憫也。陝西有鹽池，四川有鹽井，胡地有木鹽、石鹽，浙中皆白鹽。張融《海賦》『漉沙構白，熬波出素』是也。福州有紅鹽，郭璞《鹽賦》『爛然若霞』是也。朐䏰縣鹽井，鹽方寸，中央隆起，曰傘子鹽，見《酉陽雜俎》。又陸鹽，崑吾周十里餘無水，自生末鹽，月滿，如積雪，味甘；月虧，則如薄霜，味苦；月盡，全無。白鹽、厓鹽如水晶，名水晶鹽，又名君王鹽。今環慶鹽池所産，塊然如投子，瑩然精白明潔，李太白詩『盤中惟有水晶鹽』是也。車師鹽，白者如玉，赤者如朱。高昌赤鹽。廣東皆黑鹽，《漢書》『天竺國黑鹽』是也。又有黄鹽、紫鹽，即戎鹽也。《後漢書》曰『別御鹽』者，紫色鹽也。有青鹽，甘肅一路有青鹽池、黄鹽池、紅鹽池。貴州鎮遠民以蕨灰爲鹽。時俗味苦者曰苦鹽，甜者曰飴鹽。東方曰斥，西方曰鹵，河東曰鹽，河内曰鹹，亦曰鹺。今江干近海，人稱沙鹵之地，當曰沙㡿。㡿，東方鹹地；鹵，西方鹹地。《史記》：『東方食鹽㡿，西方食鹽鹵。』故《説文》曰：『東方謂之㡿，西方謂之鹵。』又，天生曰鹵，人生曰鹽。《釋名》『地不生物曰鹵』，故沙鹵謂之确薄之地。今亦通稱斥鹵也。諺曰：『鹽筋醋力。』王霽云：『君子喜食酸，小人喜食鹹。』方書云：『心病禁鹹，脾病禁酸。』

醬，《説文》：『醢也，从肉、酉，酒以和醬也。』『醢，肉醬也。』古有豉醬。又，菜俎亦謂之醬。《禮記》『芥醬』是也。今之醬，則豆醬也，用黄豆和小麥麪伴勻發黄，名曰醬黄。又，用鹽和水成鹵而下之，晒熟成醬，以供烹調，其汁曰醬油。又，蠶豆亦可造醬，磨碎者曰細醬，亦曰抐醬豉。《史記》：『鹽豉千合。』《楚詞》：『大苦鹹酸，辛甘行。』注曰：大苦，豉也。豉，配鹽幽茮也。尗，豆也。幽，謂造之幽暗也。今人謂之遏醬，藏之幽室是也。《白虎通》有榆莢醬。《武帝内傳》：『神藥有連珠醬、玉津金醬、元靈醬。』唐有葫蘆醬，宋有紅螺醬，廣人有蟻子醬，今之富家有枸杞醬、玫瑰醬。鄉間小民家豆醬亦不多得食，至于深山窮谷中，則終身不沾唇者有之，其市井之臭而蛆者，乃貿易得食，誠可憫也。孔子不得其醬不食，又安得不絶糧？

醋，醶也，本作酢。《禮記》『漿』注：『酢酨也。』『酪』注：『亦酢酨也。』今用米或糲造，如造酒法而抐成酸香味也。上者色紅，名珠兒滴醋；次者色黄；下者色白。有臘醋，或桃花醋，即唐人之桃花醋，有六月六醋，有白酒醋。小民亦不多造，諺云：『若要富，賣酒醋。』蓋二物甚有利也。

茶，木萌也，山中多産，采葉作飲。一曰茶，二曰檟，三曰蔎，四曰茗，五曰荈，蓋早晚之别名也。驚蟄爲上，清明次之，穀雨又次之，其事甚著。陸羽有《茶經》三卷，又，《茶記》三卷。唐温庭筠《採茶録》三卷，張又新《煎茶水記》一卷，蜀毛錫《茶譜》一卷，丁謂《北苑茶録》三卷，又《北苑拾遺》一卷，蔡宗顔《茶山節對》一卷，又《茶譜遺事》一卷，《北苑煎茶法》一卷，曾伉《茶苑總録》十四卷，《茶場易覽》十卷，蔡襄有《進茶録》，黄儒有《品茶要録》，熊蕃有《宣化北苑貢茶録》，熊克有《北苑别録》，余亦有《煮泉小品》，論之詳矣。唐德宗時，納户部侍郎趙贊之議，初榷茶、漆、竹、木，十取其一，而茶極盛于宋。我朝洪武二十四年，詔天下産茶之地，歲貢茶。以建寧爲上，其名曰探春，曰先春，曰次春，曰紫筍，不用碾爲龍鳳團，皆芽茶也。而西北茶馬之禁甚重，其利亦甚厚，詳見《茶馬政考》。茶之僞者，宋名盜葉。有柿葉，有桴檻葉。今之僞者，雜以苦燈樹、楊柳芽，小民不能辨，其所得飲者，名曰托葉。亦有止飲米湯，而終身不知茶味者。

茶酒名春

古人酒多以春名，而茶亦有以春名者。蓋以四時之景，惟春爲美也。酒曰滎陽之土窟春，富平之石練春，宜城之竹葉春，崇安之麴米春，劍南之燒春，吴會之洞庭春色，宋蔡邸之春泉，濟邸之浮春，曹詩之成春，武林之皇都春，江闉之留都春，海闉之十洲春，西總之海嶽春，越州之蓬萊春，錦江之錦波春、浮玉春，建康之秦淮春，温州之豐和春，蘭溪之瀫溪春，滎邸之萬象皆春，石湖之萬里春。茶曰宣和之玉液長春、龍苑報春、萬春銀葉。我朝建寧貢茶曰探春，曰先春，曰次春。又宋謝府酒名勝茶，此又奇也。余欲以茶亦名曰勝酒，不尤大奇也哉！

小芽

熊克《北苑別録》載茶之品，有曰小芽者。其小如鷹爪，先次蒸熟，置之水盆中，剔取其精英，僅如針小，謂之水芽，是小芽中之最精者。曰中芽者，即一鎗二旗也。曰紫芽者，葉之紫者也。曰白合者，乃小芽有兩葉抱而生者也。曰烏蔕者，茶之帶頭者也。水芽爲上，小芽次之，中芽又次之，紫芽、白合、烏蔕，皆在所不取。而黄儒《品茶要録》以爲茶事起于驚蟄前，其采芽如鷹爪，初造曰試焙，又曰一火。其次曰二火，二火之茶已次一火矣。故市茶芽者，惟同出于三火前者爲最佳。

竹篠飲

竹林飲，晉七賢事。又，陸機在洛，忽思東頭竹篠之飲，語劉寶卿曰：『思轉深矣。』竹根飲，杜：『共醉還同卧竹根。』

忘憂草木

藼草忘憂，見嵇康《養生論》。一名無憂草，見《通志》。菊忘憂，見陶淵明詩。檳榔、扶留，可以忘憂，見《酉陽雜俎》。山麻蠲憂，見梁吴均《采藥大布山》詩：『我本此山北，緣澗采山麻。九莖日間照，三葉長生花。可以蠲憂疾，聊持駐景斜。』不憂草，西安牛首山出，一名鬼草，赤莖，葉如葵，秀如禾，服之不憂。見《一統志》。

桃花米飯

宋武帝張妃桃花米飯，見梁崔祖思《政事疏》〔一〕。杜工部詩：『玉粒足晨炊，紅鮮任霞散。』言飯紅潤之色也。又《收稻》詩：『紅鮮終日有，玉粒未吾慳。』即桃花米也。

供大人米

摩揭它國有異稻巨粒，號曰供大人米，即今江南之香珠稻類也。香珠，亦名御米，但粒小耳。黄勉之《理生玉鏡稻品》失載之。

御麥

御麥出于西番，舊名番麥，以其曾經進御，故曰御麥。幹葉類稷，花類稻穗。其苞如拳而長，其鬚如紅絨，其粒如芡實，大而瑩白。花開于頂，實結于節，真異穀也。吾鄉傳得此種，多有種之者。吾鄉以麥爲一熟，古稱小麥忌戌，大麥忌子，皆忌水也，故吴鄉低田不可種。漢武帝三年，遣謁者勸有水災郡種宿麥，何也？宿麥者，謂秋冬種之，經歲乃熟也。

重羅麵

麵，小麥末也，今市肆標曰重羅白麵。漢束晳賦曰：『重羅之麵，塵飛雪白。』又名玉塵，橘中叟曰：『君輸我瀛洲玉塵九斛。』諺云：『命合喫麄食，莫思重羅麵。』元尚食局有御麥麵，恐即今所種之番麥也。或以爲因其磨製之巧，不沾塵埃而名，恐非也。

米豆

雷州思靈島出米豆，枝葉似柳，花如烏豆。一種之後，數年收實。《淮南子》『豆之美者，有米豆』是也。

雕胡米

雕菰，《禮記》注：『雕胡。』枚乘作『安胡之飯』。《周官》：『魚宜苽。』一名蔣。心中有黑點者名烏鬱，俗名灰茭，自有一種米茭。杜詩：『波飄菰米沉雲黑。』飯茭也。故曰黐黍蓬者，野茭也，不能結實，惟堪薦藉，故曰薦，即今之茭白也。《通志》：茭首，茭草之首。有一種可食，一名茭白，一名菰首，一名須。《爾雅》云：『須，葑蓯。』葑，菰根也，本作蘴。陸璣曰『蕪菁』，郭璞曰『菘菜』，陸佃曰『蔓菁』，《方言》謂之蕘、大芥，皆非菰類也。

瓊枝

石花菜，一名瓊枝，見瓊州《文昌縣志》，即越中鹿角類。

葱餅

唐侍郎侯思正蒸餅縮葱加肉，因號縮葱侍郎，即今之春餅用卷葱肉者也。宋蘇子瞻乃云：『煮餅澆油葱。』又云：『一杯湯餅潑油葱。』此類今市肆中所賣者，制度如此。

雕梅

李太白詩云：『珍盤薦雕梅。』今雕梅，婦女巧者能之。取青梅以小刀刻畫，或爲同心錢，或爲盤花，或爲線縷，或爲條環、樓臺。偷去其核，畧無損缺。或提起則玲瓏交結；合之則依然一梅也。且以銅青蜂蜜養之，愈久愈實，而青色如生，亦珍品之最巧者。

誤餤

王敦如廁，誤食乾棗、澡豆，世以爲笑談。王安石禁中與宴，食釣餌盡楪，仁宗言其詐，殆未可知。近見仁和學師茹芮，有人餽龍涎餅一盒，不知爲香。每席各供一楪，自既餐盡，復勉强勸人食之。衆皆掩口而不敢言，秖稱其美而袖之。則古今俗物異事，往往有對也。

乳石首

今之異端齋食者，諸葷皆禁忌，反食牛乳、白鮝，以爲佛家許食乳餅、石首，故雖長素者亦食之，殊不知此大錯認也。乳乃廣東乳田所種者，實米粉蛹汁，非今之牛乳也。見《白獺髓》。石首，即石耳，乃深山窮厓所産者，蓋雨露之精英，非今之黄魚、白鮝也。此輩饞嘴禽獸，佛口蛇心，任其所食，不必明以告之。

伴食　伴飯

唐盧懷慎，伴食宰相。五季軍頭非有戰功，皆號伴飯指揮使。

餓莩

蔈，草木零落也，一作莩，荒年細民以草根木皮爲食。今草木零落，則無可爲食矣，故曰『野有餓莩』。

蔆飯芋羹

蔆，今吴人四角曰蔆，兩角曰芰，即沙角彎蔆。《史記》作蔆。應劭曰：『蔆，芡也。』非是。

芡，雞頭也。司馬相如作薢。《周禮》：籩人蔆芰也。疏云：『即蔆角。』亦誤。籩，實菜也。名薢茩，一名蕨攈芋，一名土芝。蜀名蹲鴟，紫白二種。君子芋，大如斗；魁善芋，大如瓶，有水旱二種。吾鄉以蔆、芋爲兩熟，一物不熟，亦稱一荒。蔆亦可名水芝也。

八珍二種

八珍：淳敖也，淳母也，炮也，擣珍也，漬也，熬也，糝也，肝膋也。先儒不數糝，而分炮豚牂爲二，非也。又，迤北八珍：醍醐也，麆沆也，野駝蹄也，鹿唇也，駝乳麋也，天鵝炙也，紫玉漿也，玄玉漿也。

陪鼎

陪鼎，加籩，的對也，所以厚殷勤也。

羊背皮

今酒席中之羊背皮，所謂薦體，在元謂之挈設，上賓用之。或用馬背皮，餘賓用前手後手。鵝則敬胸，今俗敬首，在北人則否也。若貴戚之家，有名曰割牲者，以數十金駿馬，奚人當堂呈過，一庖丁持利刀飛取其臀肉一臠而獻之，以誇豪奢也。嗚呼！暴殄至此，其視食前方丈、日食萬錢者，又何如耶？

懸雞

家大夫在京師時，有一蔣攬頭家，請貴客八人，每席盤中進雞首八枚，凡用雞六十四隻矣。一御史性喜食，因并家大夫席上者取而食之。蔣氏以目視僕，少頃復進雞首八盤，亦如其數。則凡一席之費一百三十餘雞矣，況其他乎！家大夫爲之坐不安席也。因言先侍郎江公之儉，嘗爲客設一雞，而客卒不至。時正暑熱，遂懸之井中，幾七晝夜。京師因爲之語曰：『經年不請客屠文伯；七日尚懸雞江景曦。』屠應坤，嘉興人，仕至副使。先正儉德，真可師也！

養生妙法

軟飯，爛肉，少酒，獨宿，此古人養生妙法也。余嘗解而書之座右曰：『軟飯以養胃，爛肉以養人，少酒以養血，獨宿以養神。此日用之妙法，乃在家之全真。』

四毒

美酒爲毒難多飲，蜂液爲蜜難益食，勇夫强國而難近，好女悦心而難畜，辯士快意而難信。故美味腐腸，好色惑志，勇夫招禍，辯口致殃。四者，世之毒也。見王充《論衡》，余節而録之。

十盜

周武王問太公曰：『貧富豈有命乎？將治生不得其意。』太公曰：『盜在其室：計之不熟，一盜；收種不時，二盜；取婦無能，三盜；養女太多，四盜；棄事就酒，五盜；衣服過度，六盜；封藏不謹，七盜；井竈不便，八盜；舉息就利，九盜；無事燒火，十盜。安得富也？』見《六韜》。此雖僞書，亦足以爲吾人治家之戒，慎焉防之可也。余因自計，平生多犯此戒。性躁而慮疏，則有計生之盜；不善治産，農事任之僮僕，則有失時之盜；所舉七女，而存者四，則有不過門之盜；雖不多飲，而招者必赴，且惜終歡，則有廢事之盜；取水去廚甚遠，而每日用水甚多，則有爨汲不便之盜；煮酒烹茶，不耐食冷，熏籠篝火，夜静息煙，則有樵薪不繼之盜。夫以一室之中，而六盜集焉，欲不貧得乎？

張莊簡格言

張時敏名悦，華亭人也，嘗有言曰：『客至留饌，儉約適情。肴隨有而設，酒隨量而傾。雖新親不擡飯，雖大賓不宰牲。匪真戒奢侈而可久，亦將免煩勞以安生。』此言既非陋而背禮，實通俗而可行。在君子謂之尚質，在小人謂之不情。

薄薄酒

趙明叔有言：『薄薄酒，勝茶湯。醜醜婦，勝空房。』陶靖節『弱女雖非男，强歡良勝無』之詩，蓋喻酒也。膠西先生之言，實祖于此。至于蘇子瞻則廣之曰：『薄薄酒，勝茶湯。粗粗布，勝無裳。醜妻惡妾勝空房。』又云：『薄薄酒，飲兩鍾。粗粗布，着兩重。醜惡雖異醉煖同，醜妻惡妾壽乃公。』余又廣之曰：『酸酸酒，勝醋湯。稀稀粥，勝絶糧。粗粗布，可補漿。貧病到老勝無常。有妻有妾醜不妨，妻妾太美多淫荒。』或曰：此雖戲言，切中時病也。

鼠雀耗

三代什一而稅，何嘗有正耗之名。後唐明宗時入倉觀受納，主藏吏懼責其多取，固爲輕量。明宗曰：『倉廩宿藏，動經數歲，取之若此，豈後無折缺乎？』吏因曰：『自來主藏者破家竭産以償所欠，正爲此耳。』明宗惻然，乃詔：『自今石取二升以爲雀鼠耗也。』至今仍之。又有所謂正耗、加耗、小耗、大耗、水耗。嗚呼！法日增而弊日甚，民日貧而國日耗矣！安得免民田租如漢文之世也哉？節用愛民而足國，亦必有其道也。

同類相食

水畜之物，鱗族自食之，甲族能食之，羽族、毛族又能食之，然後人盡食之矣。雲飛之物，羽族自食之，毛族亦能食之，然後人盡食之，鱗族亦能食之，然後人盡食之矣。至于蜾蟲之屬，天地間之至貴者也，宜乎物莫能害之矣。然泳于淵澤者，鱗甲之族能食之也；迷于山林者，毛族能食之也；死而棄于草野者，羽族能食之也。然猶之可諉也，曰自輕其生。若夫人乃同類血氣之親，本無間于初生也，而乃財利之呑嗜，干戈之屠戮，是亦食人之俑也。然後戾氣相感變爲禽獸，而有食人之人出焉。如唐朱粲之搗磨寨，潁州之火光賊，宋登州之范温，唐尚書如張茂昭，上將軍如萇從簡、趙思綰、高灃，臨安尉如薛震，宋率府如王繼勳，欽州守如林千之之輩，乃有想肉、人腊事件，饒把火、不美羹、和骨爛、兩脚羊之名。嗚乎！天地之變極矣，人與禽獸曾何別乎？今之大酒席以糖爲人，以粉爲毛女、八仙，以供人食，是豈但率獸食人而已乎？誠可謂人相食矣！賢士大夫皆恬然嚼之，不忍之心何在？

校勘記

〔一〕梁崔祖思　按祖思由宋入齊，卒于齊武帝時，未曾入梁。

留青日札卷之二十七

寺觀

漢明帝遣蔡愔使西天竺國，請摩騰歸漢，舍于鴻臚寺。殊不知寺者，止也，又曰嗣也，治事者嗣續于其中也。鴻臚，乃今四夷之館，故暫舍之。無何，後于東都門外建精舍以居之，因白馬馱經，遂曰白馬寺。而僧之俑、寺之玷，遺禍萬世矣。晉孝武奉佛法，遂立精舍于殿内，引沙門居之。至宋徽宗宣和，詔改寺曰宫，院曰觀，以尊奉道士。殊不知觀者，觀也，兩觀所以登高以望雲物，以懸法象。漢之東觀，所以藏書，初非事異端之處。惟《黄帝内傳》：『置元始真容于高觀上。』此僞書也。

蘭若

梵言阿蘭若，皆知曰寺也。或曰無諍也，或曰空静處也。殊不知蘭，香草也；若，乾草也。即所謂清浄草庵之意。人皆不原字義，故其説不明。吾鄉有無諍寺〔一〕。

戒壇

杭州昭慶寺，每年三月開戒壇，爲天下僧人受戒之所，故名曰萬善戒壇。禪家五戒：一曰不殺生命，二曰不偷盜財物，三曰不聽淫聲美色，四曰不飲酒茹葷，五曰不妄言戲語。今則僧尼雜處，道俗混淆，四時遊戲群集，實爲淫亂葷膻之壇矣。在宋時，戒壇僧尼爲姦，太祖深惡之。開寶五年，詔曰：『僧尼無間，實紊教法。應尼合度者只許于本寺起壇受戒，令尼大德主之。如違，重置其罪，許人告也。』《貽謀録》中載：僧戒壇中，公然招誘新尼受戒，不至者，反誣以違法。噫！弊也久矣！嘉靖三十五年，倭寇臨北關，都御史李天寵焚之，乃五月六日也。不數年，總制胡宗憲重建，焕然勝昔，遊僧復來。四十五年春，巡按龐公、按察徐公、王公、秦公，毅然痛禁，異端絶影，真一快事！隆慶三年己巳閏六月六日戌時，爲雷火一夜焚盡，蓋天將滅之也。

重陽庵

重陽庵，在吴山之東，人多不知其所取義。今南山地名道姑灣，掘土五六尺，即見庵基，磚瓦無恙。且有假山，皆太湖佳石。土人云：『重陽，女庵也。』與地名道姑灣相合。城中重陽庵，《郡志》不載其故，而石壁但有元天師廣微子所書『大重陽庵』字，則此或下院也。但重陽之名，不見于宋。或曰始于元大德年間。或曰重陽女，乃宋高宗二宫人，出家于此，蓋香火院也。此又臆説。《西京賦》曰：『集重陽之清澂。』注曰：神明臺高，既除去下地之埃穢，乃上止于天陽之宇，清澂之中也。道書言上爲陽，而清又爲陽，故曰重陽。

皮場廟

王叔永載：行都試禮部者，皆禱于皮場廟。皮場，即皮剥所也。建中靖國元年六月，傳聞皮場土地主瘍疾之不治者，詔封靈貺侯。廟在萬壽觀之晨華館，館與貢院爲隣，不知士人之禱，始於何時，館何因而置廟也。今杭州皮場廟在吴山上，應試士子尚多禱之，亦有禱于江東廟、文昌祠者。或曰：『宋時有禱于子游、子夏名二相廟者，今何不禱于先聖孔子廟邪？』余曰：『仲尼與爾輩不合，方怪爾輩，安肯保祐邪？』或曰：『何也？』余曰：『深怪宋儒破碎章句注脚，違悖聖經，而當今排偶浮靡時文相去又甚遠，與己爲仇故耳。』聞者絶倒。

晏公廟

太祖渡江取張士誠，舟將覆，紅袍救上，且指之以舟者。問：『何神？』曰：『晏公也。』後猪婆龍攻崩江岸，神復化爲老漁翁，示以殺鼉之法。問：『何人？』又曰：『晏姓也。』太祖感之，遂封爲神霄玉府都督大元帥，仍命有司祀之。今江海著靈甚顯。昔宋高宗渡河有泥馬引途之異，故杭州有白馬廟祀之。元世祖取江南，欲渡黄河，苦乏舟，夢一老叟指引。明日果見一人先涉濟軍，遂封爲荅剌罕，與五品印，撥三百户食之。信乎帝王之興，天與人歸，自有靈兆也。

東明寺

東明寺在錢塘安溪，去吾鄉不二十里。相傳建文皇帝爲僧，曾居此寺。舊傳廁制如樓，與人家頗異。後流廣西，歸老北京宫中，稱曰老佛。崩時，欲謚爲神宗，而朝廷不允，葬西山，銘曰『天下大法師之墓』。初，建文之自焚也，葬祭以天子之禮。駙馬都尉梅殷軍中發喪縞素，私謚爲孝愍皇帝。後主事楊循吉致仕，遣子奏復建文帝號，孝廟亦不之罪。

和尚道人仙人通稱

佛圖澄，本天竺人，少學道，妙通玄術。勒後因忿欲害諸道士，并欲苦澄。又，勒大笑曰：『道人謬矣！』又，勒益重之，事必諮而後行，號曰大和尚。又，百姓因澄故，多奉佛，皆營造寺廟，相競出家，真僞渾殽，多生愆過。石虎下書料簡，其著作郎王度奏曰：『佛，外國之神，非諸華所應祠奉。漢代初傳其道，唯聽西域人得立寺都邑，以奉其神，漢人皆不出家。魏承漢制，亦循前軌。今可斷趙人悉不聽詣寺燒香禮拜，以遵典禮，其百辟卿士，下逮衆隸，例皆禁之。

其有犯者，與淫祀同罪。其趙人爲沙門者，還服百姓。』朝士多同度所奏。石虎以澄故，下書曰：『朕出自邊戎，忝君諸夏，至於饗祀，應從本俗。佛是戎神，所應兼奉，其夷趙百姓，有樂事佛者，特聽之。』虎太子邃且名其子曰小阿彌。又僧亦可稱仙人。昔道開從西來，日行七百里，太史奏石虎云：『有仙人星見，當有高士入境。』見《高僧傳》。

火居火宅

今道士之有室家者，名爲火居道士。唐鄭熊《番禺雜記》：『廣僧有室家者，謂之火宅僧。』又，陶穀《清異録》：『京師大相國寺僧有妻曰梵嫂，亦曰房老。』則道有妻者亦當曰道嫂，俗言道婆。佛妻，名耶須。見《蓮經》注。洪武六年，令民家女子未及四十者，不許爲尼姑、女冠。二十年，令民年二十以上者，不許爲僧。二十四年，令民有效瑜珈教，稱爲善友，假張真人名私造符録者，皆治以重罪。二十七年，令僧道有妻妾者許諸人趕逐，相容隱者罪之。有稱白蓮、靈寶、火居及僧道不務祖風，妄爲議論阻令者，皆治重罪。永樂十年，諭天下僧道多不守戒律，民間修齋誦經輒較利厚薄，又無誠心，甚至飲酒食肉，游蕩荒淫，略無顧忌。又有無知愚民妄稱道人，一槩蠱惑，男女雜處無別，敗壞風化，即揭榜申明，違者殺不赦。

喪葬用僧樂

今俗：疾病則用僧道作齋醮，喪死則用僧道作道場，送葬則用僧道爲引導。不惟愚民之家，雖士宦亦有爲之者。間爲正人君子之所譏笑，則託名曰：『我固知其非禮，奈此先人遺命，不敢違也。』嗚呼！君子從治命不從亂命，何惑于異端如此哉！宋開寶三年，詔開封府禁止士庶之家喪葬不得用僧道威儀前引。此崇正道厚風俗之大端也。又，太平興國六年，詔禁送葬不得用樂，庶人不得用方相魌頭，皆良法也。

僧道不拜

律：僧道不拜父母。唐傅奕奏高祖云：『不忠不孝，削髮而揖君親。』是亦不拜也。

妖僧

妖僧行果，云自海上來杭州，多技善幻，以符訙禁治病人，輒愈。人或訛言曰仙。時劉郎中景寅、吴員外郎鼎咸得告家食，聞行果名，召之，與語大悦。受辟穀運氣法，屏人扃室，以一侲子守之。行果則往來二子所指授也。頃之，劉忽瞑眩欲死，以語行果。行果曰：『是將遊神，神遊而復，可以昇矣。』又頃之，瞑眩益甚，若有物冉冉自口脱于几上，爲么人，長不滿指，盤辟而歌，纖如蠅聲。劉問曰：『爾何爲者？』曰：『吾，君之元神也。』倀子駭而大誖，幺人忽亡。劉遂僵仆，移時而甦。叩之，若寱語，不憶矣。遂得悸病，忽忽三月而卒。吴既受法，瞑眩時作如劉然，不知劉已死，惑于行果，信之益篤。一日，忽大叫曰：『八仙至矣。』躍起若肅客狀。吴病跛，不良于行，至是步武舒展焂如也。俄而空中語曰：『吾將采白鳳之膏，蒼龍之髓，續爾筋骸。』吴謝曰：『謹俟命。』既而家中百怪朋作，犬登竈而嗥，嬰兒反接若桎梏而啼。家人大懼。無何，行果突至，吴且擊且駡曰：『妖禿，爾賊任氏，刳其二稚，爲幻世間，吾今訴帝，殺汝矣。』行果瞿瞿狼竄出門，不知所往。而吴亦病悸，判年始痊。詢之二子之家果然，怪亦甚矣。妖僧所作，不知果何術也。家大夫言采生法。吴之子遵晦爲按察副使，余得其詳。

四方光明電王

電，陰陽激曜，與雷同氣，發而爲光也。世人以雷爲雷公，漢王仲任嘗辨之矣。而異端又以電爲電王，則尤可笑。《金光明經》曰：『四方光明電王：東方阿揭多電王，南方阿瓶嚕電王，西方主多光電王，北方蘇多末尼電王。』豈吾儒所謂風伯、雨師者，有以倡之邪？

磨衲　衲盂

磨衲者，高麗僧衣也，甚精好，爲禪師法衲衣。盂，即衣鉢，見《松漠紀聞》。余欲改爲衲衁，更新。西域緝木綿花織成布，曰屈眴布。後人以碧絹爲裹，是達磨所傳者，名曰信衣。又，釋伽佛將金縷僧迦黎衣傳與迦葉，爲佛始祖，即大衣也。

佛牙

西湖法相寺中藏一異齒，其大如拳，正碧緑色，透明。山僧云是佛牙，以誘婦女奉禮請觀獲利也。其狀如盤牙，想是西域異獸口中者。且云此佛丈六金身，如有此牙，則須十六丈長，乃可容此頭也。古人所載那衍國有金輪王，齒長三寸，豈是物耶？唐傅奕以羚羊角扣碎婆羅門僧佛齒，五代趙鳳以斧砍碎西域佛牙。我朝正德九年正月十六日，乾清宮災，吏部尚書楊一清上言五事，其三謂不宜創梵宇于西内。蓋禁中自來有佛堂、釋殿。惟正德中，因近習張鋭、張雄、錢寧等，以佛事蠱惑武宗，引西番僧出入禁内。至今上始議除去，命武定侯郭勳、大學士李時、禮部尚書夏言入看，大善殿内有金銀鑄像夷鬼淫褻之狀，鉅細不下千百餘，金函玉匣藏貯，名爲佛骨、佛頭、佛牙之類，枯朽摧裂，奇離傀儡，亦計不下千百片。言請瘞之草野，不得瀆留清禁，以永杜愚冥眩惑之端。請將佛骨、佛牙，一切付之于火，以滅其跡，其金銀銅像亦倂令燬銷。實爲千古稱快，而萬代瞻仰者也。實嘉靖十五年五月二十日夏言題請，遂皆燬滅。計佛骨、骨牙齒不下千百斤，又何其多也。其所爲男女淫褻之像者，名曰歡喜佛，傳聞欲以教太子，蓋慮長于深宮之中，不知人事故也。今皇上毁之，誠可謂端本之教矣。漢成帝畫紂踞妲己而坐，爲長夜之樂于屏。又，戴王子海陽立十五年，坐晝屋，爲男女羸交接，置酒請諸父姊妹飲，令仰視晝，此淫圖之始也。胡元伶人詹俊子爲淫亂之物，此淫具之始也。所謂歡喜佛者，想亦此類。其殿名曰大善，乃大惡也。

念佛婆

今燒香名念佛婆者，人家老婦衰敗，無所事事，乃怕死修善，結會念佛。如古白蓮教，皆爲師姑、尼姑所引，因而成群傾國，老幼美惡，無不入會。淫僧潑道，拜爲乾娘，而淫婦潑妻，又拜僧道爲師、爲父，自稱曰弟子，晝夜姦宿淫樂。其丈夫子孫亦有奉佛入夥，不以爲恥。大家婦女雖不出家，而持齋把素，袖藏念珠，口誦佛號，裝供神像，儼然寺院。婦人無子，誘云某僧能幹，可度一佛種，如磨臍過氣之法，即元之所謂大布施，以身布施之流也。可勝誅邪！亦有引誘少年師尼與丈夫淫樂者，誠所謂歡喜佛矣。戒之！戒之！

假師姑

隆慶庚午，妖僧圓曉穿耳纏足，粧飾爲假師姑，至餘杭，哄誘念佛婦人淫媾甚多，雖富貴之家不免其汙。事露送縣，賄釋。按察吴公擒之，盡發其姦，醜聲滿邑。乃號令通衢，致之死刑，則又頌聲滿省矣。總制郭公薦剡所云：『開運河而百姓騰歡，擒妖僧而一方稱快。』正謂此也。

吴公名教傳，朝城人，崇正闢邪，真王政也。

僧道託生　僧道名子

房琯是永禪師，李白是金粟如來，崔曙是泰山老師，張方平是琅琊寺僧，蘇軾是杭州壽星院真戒和尚，王十朋是族叔之師嚴伯威，史彌遠是覺闍黎，馮京是五臺僧，真德秀是浦城草庵和尚，我朝尚書常州胡濙是天池僧，進士太原王瓊是西番僧，豈輪迴之徵邪？又，六朝文人多以僧道佛命名，甚可鄙笑。而文天祥，正氣君子也，乃名其二子曰道生、佛生。今洪武時，東川侯胡海第七子名和尚，第八子名行者，見學士劉三吾所撰墓志。鞏昌侯郭子興次子名官僧。永樂十五年丁酉，福建榜有顧佛童、楊佛童、薛佛、劉童，皆生員中式。

儒者奉佛

宋尹和靖拜迎天竺觀音，在虎丘，每旦頂禮佛，念《金剛經》。今之士大夫託名逃禪，往往修齋誦經，事佛甚虔，至有捐妻捨女以奉僧道者。每至醜聲敗露，動經法司，破家亡身，不齒士類。□州文武之家，如□少卿、許指揮之輩，甚可嗤笑也。嗟夫！古之胡后却曇獻之扇，徐妃贈瑶光之枕，龜兹王女納于鳩摩羅什，千金公主偶于淫毒丐僧，彰之史册，遺臭萬世，彼獨不監邪？

曇霍　膽巴

僁檀女病，病甚，請救療，曇霍曰：『人之死生，自有定期，聖人亦不能轉禍爲福，曇霍安能延命耶？正可知早晚耳！』元僧膽巴曰：『佛法猶燈籠，風雨至乃可蔽，若燭盡則無如之何。』正所謂『藥醫不死病，佛度有緣人』也。惑世愚民，可笑！可笑！

布袋和尚　灰袋道士

布袋和尚者，號長汀子，在奉化縣岳林寺。嘗皤腹以杖荷一布袋，凡供身之具，盡貯袋中，隨處偃臥。天將雨，即着濕草履，驟行途中。遇亢暘，即曳高齒木屐，竪膝而睡。梁貞明三年，于寺中東廊石上端坐而逝。今縣北二里塔亭山上有鉢盂佛跡。宋岳珂贊曰：『行也布袋，坐也布袋，放下布袋，多少自在！』元布袋者景元，號此庵，永嘉人，參蔣山圓悟禪師有得，悟曰：『我這裏師禪，都被元首座一布袋盛去也。』因呼爲元布袋。又，灰袋道士，蜀中人，乃唐時陽狂異人也。

豬頭和尚　魚肉道人

和尚，宋衢州人，戒律精嚴，平生惟嗜食猪首。人以猪首與之，日食數十枚，曾不見其骨。

人皆異之，稱爲活佛。與趙清獻公友善。今骨相尚留定光寺中，從者捧一猪首侍之，仍當時之名，故曰猪頭和尚廟。其壁有石刻趙公碑記。魚肉道人者，成都人，宋大觀中生，而手足攣縮，瘖不能言。遇異人，以藥一粒納口中，遂能言語動作，知隱匿事。至羅浮山，謁王野人名靚，野人曰：『子可教。』取魚肉與之食，道人自此能食生肉，號曰魚肉道人。紹興末封達真先生。此四人正好作對。或戲曰：猪頭和尚，可對吾鄉狗肉道人。

三教

元孛术魯翀子翬曰：『釋如黄金，道如白璧，儒如五穀。』當時以爲名言。余則以爲釋不如鐵，道不如石。蓋二氏無益于世，徒耗五穀耳。佛者，言其弗是人也。猶言俳者，言其非是人也。以俳爲倡優者，言其人之猖狂而可憂也。惟釋害人最大。在元有白蓮教、滿摩教、回回教、頭陀教，各自有宗，猶道之符水教，儒之道學教，其亂天下，一也。儒之有道學，即五穀之有稊稗耳。

姚廣孝

廣孝，幼名天禧，長洲人，世醫，從相城道士席應珍。席通儒，多異術，質敏，盡得其傳。嘗白父：『不願醫，願仕以顯父母。』父不從。一日入城，見僧官騶從之盛，嘆曰：『僧亦富貴如此邪！』元壬辰年，遂出家，入里之妙智庵，改名道衍，游學江湖，工爲詩文。洪武癸丑。請給禮部度牒于覺林寺，入册。四年，詔取高僧，至則以病回。八年，詔通儒，廣孝以僧試禮部，中不願仕，贈僧服還山。及壬戌九月，詔選高僧，分侍諸王。廣孝往燕王府，住持慶壽禪寺。十五年，孝慈皇后崩，親王各奏乞僧修齋。于是左善世宗泐季潭舉之，遂見知于成祖，預建靖難之功。壬午十月，拜僧録司左善世。永樂甲申三月，簡東宫輔導，擢太子少師，因賜今名。不拜，惟受章服，仍居慶壽寺。及太孫就學，命設講席于文華殿之東，復令廣孝及翰林内閣諸臣侍焉。九年考滿，爲壬辰二月，給與誥命封贈祖菊山、父妙心，俱贈資善大夫，祖母周氏、母費氏，俱贈夫人，併本身，凡五道。終身不畜髮，不娶妻。今寺中有方面、紅袍、玉帶、髡頂、戴唐帽像者存焉，卒年八十四。義子曰繼，録功爲尚寶司少卿，廣孝贈榮國公，謚恭靖，配享成祖廟廷。或曰初名衍，字斯道，成祖嘗賜兩宫人，逾月不近，上乃召還之。嘉靖九年，移祀大興隆寺，罷侑享禮也。

大光明佛

烏思藏大乘法王，居西天日落佛國東土。永樂三年，誥封『萬行圓融如法最勝弘慈廣濟護國宣教正覺如來大乘法王西天上善金剛普應大光明佛』凡三十六字法號。十一年，喃葛兒藏卜來朝，封爲灌頂弘慈通慧國師，給金印。嘉靖十年，應襲崑葛鎖南扎叭堅參巴藏卜，西番字

表一通，時通把人等譯之曰：上位人皇帝主大法皇帝前烏思藏應襲大乘法王崑葛鎖南扎叭堅參巴藏卜差使臣崑葛班鳩兒等拜奏：上位登大寶位萬萬年，金身堅固猶如須彌，天下太平，四海一家，聖意公無間遠邇，我烏思藏高僧剌麻僧俗人等，時常祝延聖壽萬萬歲。今于鼠年，具印信番本一道，并年例方物，赴京進貢銅佛、銅塔、舍利、珊瑚、犀牛角、紫紅白足力麻、左髻、海螺、黑香、硼砂、茜草、葫黃蓮、毛纓、紅白黑鐵力麻、氆氌等件。又，廂嵌甸子無量鍍金佛一尊，畫像釋迦佛一幅，舍利十顆，金五錢。

朱正增

正增，本姓穆，正德間，魏彬誘見，投充義子，賜姓朱氏。與周一濕即周伴兒、馬時明即馬福壽、真人李雲峪即李躧住、右至靈聶一然即聶道兒，附權奸魏彬、陳應循等，以贓充軍。嘉靖三年，復以傳奉夤緣爲奸。家大夫在儀制，劾之曰：『先朝宿蠹，盛世遺奸。鑽刺榮身，賄賕脫罪。朦朧陳乞，豈天聽之能周？依附營求，信國法之難宥。有傷聖化，自玷宗風。乞正典刑，以杜奸蘖。』十年十月，有旨：『都饒他着，照舊焚修。』又，給還度牒。皆顯靈宮靜虛觀道士也。自後濫觴，而左道興矣。邵真人、陶真人符籙妖惑最盛，而陶爲之魁。陶仲文，黃岡人，由倉官封恭誠伯，禄一千二百石。隆慶初，追戮。

校勘記

〔一〕吾鄉有無諍寺　此六字原無，據甲申本補。

留青日札卷之二十八

道士主禮樂

我朝祭祀贊禮者，太常寺之道士，奏樂者，神樂觀之道士，皆異端也。天神何爲而格哉！至于府州縣，則樂奏于道士，相禮者乃吾儒也。聖賢與異端，正相攻擊，而侏儒在所必誅者，安肯復來享乎？《周禮》：天子大祀，禮主于大宗伯，樂主于大司樂。此所以盡誠盡物，郊則天神格而廟則神鬼享也。洪武四年，擇監生及文武大臣子弟在學校者，充樂舞生，此祖宗崇正闢邪良法美意也，何莫舉而行之哉？又，正統三年，禁祀孔子于釋老宮，祭物非所産者以所産代之，如今之小縣不出鹿者以羊代鹿；而近日上司至以山縣出鹿者令以羊代，仍追鹿價入己，誠敬何在？嗚呼！爾愛其金，我愛其禮也。曾謂仲尼享此不及物之祭乎！

布政使司城隍廟

京師都城隍廟，以天下十三省城隍之神配享，禮也。仲夏，皇帝遣官致祭。南京仲秋祭之。則各省當立布政使司城隍廟，乃禮也。如浙江則當題其主曰浙江等處承宣布政使司城隍之神，而以杭州府城隍之神配享，置主于殿中之左，又次而以仁和縣、錢塘縣城隍之神分配于東西兩廡，庶幾事體合宜。今但稱杭州府城隍，是上無一省，而下無兩縣也。與府縣分祀孔子之制有異。又，總制部院三司蒞任之日，必齋宿謁廟，而反行四拜禮于一府之神，是以親臨上司而跪拜于屬官也，何冠履倒置、幽明悖禮之若是哉？不若齋戒拜謁于先師孔子之廟，亦爲合禮也。世有議禮君子舉吾言而奏行之，以正祀典，以妥神靈，亦可以補國家二百年之缺典也。

伏波將軍有八人

漢有兩伏波將軍：前邳離侯路博德，後新息侯馬援。蘇子瞻嘗辨之。家大夫嘗遊南海龍王廟，廡下有神號伏波曹將軍。詢之土人，云唐時新羅使入貢，夜夢有神，介而持戈曰：『予爲南海伏波曹將軍也，龍王遣我護汝，但渡無苦。』明日風浪大作，見一人出波心，以手按怒濤旋滅。遂立祠于此。余又見史，言鍾士雄陳伏波將軍，嶺南酋帥也。晉虞瑶博學强識，仕至伏波將軍，墓在寧波慈谿縣西南六十里五馬山上。又，葛洪爲將兵都尉，攻庾冰别帥，破之，遷伏波將軍。見本傳。秦索菱仕苻堅，至伏波將軍，見其兄《索泮傳》内。又，《晉·周處傳》乃使隸夏侯駿西征伏波將軍。今嶺海多伏波廟，而雷之徐聞，潯之烏蠻灘，香火尤盛，士夫客商往來必禱祀乃濟。詩人詠伏波者，但知馬援，不知有其七。余過其廟，故詳紀之。

武安王

後漢延岑自稱武安王於漢中。又，秦將白起則封武安君。後關雲長亦封武安王。有客爲余召箕，一日降壇，其勢甚猛，書云：『威鎮華夷，義勇三分四海；才兼文武，英雄千古一人。』余曰：『公乃武安王邪？』復書曰：『諾。』余曰：『聞公之靈，誓不入吴。何以至此？』又書曰：『赤兔騰霜汗雨零，青龍偃月血風腥。曉來飛渡烏江上，始信天亡最有靈。』客皆愕然。蓋不獨見公之英靈，千古不昧，而隱然非戰之罪，自寓于言表矣。神之無所不至，故如此其著邪！今《通志》：常德府龍陽縣，本漢武陵郡索縣地，東漢爲漢壽縣，而武陵縣陽嘉中，一名漢壽。吴曰吴壽。又，劉宋有晉壽郡，今成都也。亦其一證云。

神助陣

嘉靖乙卯，倭寇大作，直攻會城。余鳩集鄉兵千人爲保障計，猶恐人心不安，乃擇日築高壇于西郊，以順金方肅殺之氣，刑牲歃血〔二〕，爲文告天，以求助于古今名將自武成王而下三十餘人。後賊臨方山，四日不退，鄉兵迎敵，不戰而遁。四方被擄人回云：『賊人西望，見雲中神兵衆多，金甲神將，形甚長大，旗幟分明，是以不敢交戰而去也。』衆皆聞言踴躍，感悦靈應。已畧載之《回瀾橋記》中。余憶古今此事常有。如晉王導以儀物鼓吹求助于鍾山之神，以禦苻堅，其後八公山草木皆兵。唐太山陰兵助戰，以破李師道。我朝真武之神助成祖以破胡虜。又，杭州都指揮使李公祭告岳武穆王墓，請岳雲所貽鐵鎗以破桃花洞賊是也。此皆正神大道，吾儒所當行者。但如唐之使妖僧誦呪祈禳，宋之宰相閉門修齋誦經，則不可耳。方倭寇焚燒湖市時，城中官府及鄉士夫，亦有就寺觀設醮燒香祈保退敵者，左道惑衆，可恥之甚也。正神乃肯助正人，若邪神必反助妖人矣。因思國制旗纛上所圖天王等像，又不知何名。或昉于天寶間不空、三藏之術也。

家神却盜

燭溪湖胡家有群盜破門而入，見其家堂上有三四老人會飲，燈燭掩映，鼓吹不絶，賊皆驚走。實其夜無人也，乃家之先神耳。異哉！

彭祖

顓頊之孫，陸終氏之第三子。母鬼方氏，孕十一年而生，姓籛名鏗，自堯歷夏殷之末，已年七百餘歲，封于韓大彭，故孔子稱老彭。周衰，浮游四方，入蜀，留家武當山。王逸《楚詞注》：『彭祖好知滋味，善斟雉羹，以事帝堯。』司馬彪《莊子注》：『彭祖八百猶悔不壽，恨睡晚而唾遠。』又曰：『彭祖餌雲母，御女數十，晚娶妻鄭氏，妖淫敗道而死，非壽終也。』《仙傳》云：『彭祖年八百歲，喪四十九妻，五十四子。』可謂多壽而窮苦孤獨者矣。武進薛應旂作《四書人物考》失載，故并録之。

西域天竺國求老子像

天竺國破，降王玄策，其迦没路國獻異物，并上地圖，請老子像。夫老子既曰出西域，至流沙，而西域之國反來中華求象，可發一笑。

木鑽　鐵杵

世所傳木鑽穿石盤，乃老君之于傅先生也；石上磨鐵杵，乃真人之于玄武帝也。

施存

施存，齊人，孔子弟子三千之數，自號婉盆子，得遁變化景之道，今中岳少室之壺公是也。見《真誥》。云『未受太上書，猶未成真』。其行玉斧軍火符，是其所受之枝條也。

吕紹先　何仙姑

吕嵓，字洞賓，幼名紹先，京川人，二十不從婚娶。會昌、咸通時舉進士，滯場屋者二十三年。五十道始成，祖渭，禮部侍郎；父讓，海州刺史。余嘗召箕，洞賓降書云：『輕揮羽扇，平分湘水，煙霞泉石爲佳侣。清風兩袖膽氣粗，洞庭飛過經千里。飽嚼瑶華，醉斟玉髓，乾坤收拾葫蘆裏。一聲長笑海空秋，數着殘棋山月起。』末書曰《踏莎行》。余請作《西湖賦》，即運箕如飛，筆不停綴，有云：『攀碧落之兩峯，卧白雲于三竺。六橋水流魚與俱，四賢堂寂鹿獨宿。』真佳句也。客有戲之者曰：『公之仙姑何在？』即書云：『仙姑至矣。』箕停少選，復書云：『閬苑蓬萊自可人，東山人駐幾千春。要知古女真消息，碧漢青天月一輪。』余曰：『非藏何仙姑三字邪？』復書曰：『然，然，然。』余出一句曰：『日月爲明分晝夜。』求之屬對。箕即應之曰：『此拘于字，難對，聊對一句。』乃書曰：『女生合姓别陰陽。』客又戲之曰：『適見洞賓否？』箕忽震怒者久之，復書曰：『仙友從來有洞賓，爾今問我是何因？婉妗自許逢周穆，姜女誰知與亂臣。烈火精金應不鑠，蒼蠅白璧未嘗磷。道心清浄渾如水，不學凡間犬豕人。』何仙姑者，廣東增城人，生而項有六毫。所居地有雲母，忽夢異人教之服餌，唐景龍中仙去。今有雲母嶺。《永州志》云：『何仙姑幼遇異人，與桃食之，遂不飢，能知人禍福。』宋《類苑》云：『潭州夏鉤過永州，問姑曰：「世多言吕先生，今安在？」姑笑曰：「今日在潭州興化寺設齋。」鉤到潭日，取寺中齋曆視之，其日果有華州回客設供。蓋吕洞賓自稱華州回道士。』見《岳州一統志》。又，《浙江志》載：嚴州婦女唐廣真與夫相離，從師修道，徑謁何仙姑，後遂得仙。則仙姑之事信矣。

藍關雪　潮臺雨

韓退之貶潮陽，至藍關遇雪。其姪韓湘字北渚，冒雪而來，故有『知汝遠來應有意』之句。又，宰相劉瞻，其兄劉瞖，幼好仙術，有道士至門，謂之曰：『能相師乎？』曰：『諾。』即隨之入羅浮山。後四十年，瞻被貶逐，至潮臺泊舟，有少年冒雨而來，乃瞖也，自言已名列仙籍矣。悲喜不勝，一夕不知所往。二事相類，又皆唐人，真異也。

麻姑

唐顔魯公作《麻姑壇記》，載事甚詳，在江西廬山。今藏布政使司庫，名曰换金碑，以其難得也。人皆不知其原。麻姑者，乃後趙石勒麻胡秋之女。其父猛悍，人畏之。築城嚴酷，晝夜不止，惟雞鳴乃息。女憐之，假作雞鳴，衆雞皆鳴，衆工乃止。父覺而撻之，女懼而逃入黄州仙姑洞修道。後于城北石橋飛昇。名其橋曰望仙。今羅田有麻姑崖。

祠山張大帝

武當人張秉，遇仙女山中，謂曰：『帝以君功在吴分，故遣我爲配生子，以木德王其地。』且約踰年再會。秉如期往，仙女抱幼子歸秉，曰：『當世世相承，血食吴楚。』後生子渤，爲祠山之神。今廣德州横山有廟志，云生西漢末，遊苕霅之間，夫人李氏亦有昭妃廟，至今香火甚盛。以二月八日生辰，先一日必多風，後一日必多雨。俗人相傳，以爲神請其夫人之小姨飲酒，故加以風雨，欲視其足也。可謂瀆神矣。然至今此日風雨甚驗，亦異事也。又有埋藏之異，是日土人殺牛祀之，坎其庭中，以所祭牛牲及器皿數百瘞于坎中。明日發視之，空坎一無所有。

張果老

張果，古仙人，能著書，見《通志》。又，張果老乃唐玄宗時神仙，見《柳氏傳聞》。今有《張果老倒騎驢圖》。

革天師

天師之名，起于《莊子·徐無鬼》篇，曰：『黄帝再拜稽首，稱天師而退。』在漢爲五斗米賊，今於潛乃道陵所生處。宋林積爲南劍太守，送張天師之子于獄而奏曰：『其祖乃漢賊，不宜使子孫襲封。』元詔三十六代張天師朝京，錫以金印，封留國公，主領江南三山符録道教事。太祖兵取江西，張四十二代孫正常，字仲紀，遣人來見。自後六朝京師。洪武初，上謂群臣曰：『至尊者天，天豈有師也？以此爲號，褻瀆甚矣！』遂命去其舊稱，俾爲大真人，改天師印爲真人印，秩正二品。二十四年，授真人張宇二品，銀印。後别授六品，銅印，文曰『龍虎山正一玄壇之印』。英宗易以金印，文曰『正一嗣教大真人府之印』。弘治間，賜以玉印，文曰『陽平治都功印』。蓋府有張道陵所傳玉印一枚，其文如此，乃雲篆，而陽平治即蜀之陽平山，二十八治之一，道陵起處也。朝廷恐其隨身有失，別作此賜之。嘉靖十七年，真人朝覲，與余舟聯泊彭蠡湖星子驛口。半夜雷雨大作，霹靂震死贊教一人，亦快事也。凡一千四百餘歲，相傳五十代。至隆慶元年，乃革天師之號，止稱真人，追奪其玉印。又聖世一大快事也。

神君

今淫祠邪神，所稱神君者，起于漢武帝。乃長陵女子，以乳死，見神于先後宛若。宛若祠于室。平原君亦往祠，子孫貴顯。故上求神君，舍之上林中磃氏館，聞其言不見其人云。即嘉靖初鎮江以北之靈哥類也。

堂上堂下房中道中邪神

漢高祖四年，梁巫祠房中、堂上之屬，荆巫祠堂下之屬。師古曰：『堂下，在堂之下。』武帝天漢二年秋，止禁巫祠道中者。今俗人信巫，尚有此數祠，其祭陳設不同。如此當痛禁之。

風流神

洞庭包山，林木陰森，居民稠密，近有風流神在東灣茹家園軒中，能呼人姓名，談世隱事，自言終南山道人。每出酒果樂賓，彼則暗處陪語，濛濛洞洞，言兼謔浪，亦善吟咏。有曰：『自入空山歷歲華，幾經葉落幾經花。諸君問我原蹤跡，太華峰頭第一家。』『洞庭秋水碧玻瓈，日浸東方月浸西。萬里紅塵渾不到，可能着我道人棲。』『暝煙一抹起山城，返照林間石壁晴。多少樓臺御倒景，獨能容我看分明。』其所説事，驗于前而昧于後，不知其爲何妖也。

二郎三郎神

灌口二郎神，在四川灌江口。和合二郎神，市井商賈所祀者。竹王三郎神，漢夜郎縣。泰山三郎神，後唐雄威將軍，即炳靈公也。草野三郎神，獄訟所祀者。五郎神，即五通也，一作五顯、五聖。吾鄉有五郎山神，姓田氏，鄉民奉事甚虔。今爲朝議公葬地。

王喬

王喬，周太子晉，善吹笙，作鳳鳴，浮丘公接上嵩高山，二十餘年，仙去。見劉向《列仙傳》。《汲冢書》載：『王喬卒時，年止十五六。』是可謂夭，非所以爲壽也。裴秀《冀州記》：『緱氏仙人庵者，昔有王僑，犍爲武陽人，爲柏人令，于此登仙。』非王子喬也。又，《陳書·周文育傳》：『王琳，令所親宦者王子晉掌視之。』又葉縣令王喬，飛舄爲者。

兩沉女巫

女巫，即今之師娘，最能左道惑民。古人巫蠱之禍，皆起于此，蓋能出入宫闈、閭閻故耳。魏鄴郡守西門豹沉女巫五人于河伯娶婦。又，晉陽令狄惟謙沉女巫郭天師于河。皆大丈夫爲治之正法也。

妖報

漢武帝好仙，而終歸茂陵；梁武帝奉佛，而餓死臺城；宋徽宗信道，而流離五國。或曰：鹿皮公吞玉華而尸蟲，王西城漱龍胎而死訣，仇季子咽金波而臭徹，司馬季主服霜散而首落，黑狄吞紅丹而投水，甯生服石腦而赴火，柏成納靈氣而腸腐。嗚呼！異哉，真異端之異報也！

閉氣道士

嘗見一道士，能爲閉氣之術。每夏夜裸卧，任蚊蝱嚼身，畧不扇動。待其齊集甚衆，然後禁閉其氣，膚理螓竇，若吸住其喙，牢不可脱者。雖起而行走，亦不失落，飛聲嗡嗡然。良久甚疲，乃放氣，縱之使去。其蚊嘴敝，再不復能噆人矣。或有就身撲殺者，亦不之禁，曰：『此物毒人，殺之無罪過也。』

使鬼法

世有采生摘割之法，今越人亦能之。有宋文元者，以教書在余外祖餘杭徐家，能役使鬼。每呼仙童，則其鬼即至，但無形聲耳。命之移卓椅，則卓椅行動，自能整齊。命移置庭中，自能出户。命之斟酒，杯盤自行。或剪紙爲神形，貼于壁上，以水一碗，命之手執，則其碗自吸于壁，而水不傾覆。一夕，有錫工同寢，宋惡之，命擊其牀，則飛磚走石，魂驚魄喪，乞哀移寢而止。不知果何術也。母舅歷山公從業，今時時能言之。

鬼殺咸寧

嘉靖間，大學士夏言、侍郎曾銑皆不得其死。及咸寧侯仇鸞疾篤，親見二公守之，乃于牀上稽首謝罪，對妻子名言之，竟以疽發背死，復剖棺梟首，人以爲報施之應云。漢田蚡論竇嬰、灌夫棄市，乃十二月晦也。春，蚡疾，一身盡痛，若有擊者，嘑服謝罪。上使視鬼者瞻之，曰：『魏其侯與灌夫共守，笞欲殺之。』竟死。具見本傳。二事正相類也。

于肅愍公辟鬼

肅愍公爲諸生時，忽窗外有巨人，持一扇乞詩。公醉中即揮筆書曰：『大造乾坤手，重扶社稷時。』其人大驚，悲躍而去。乃鬼也，所遺扇，則蕉葉一片耳。余祖言之。

失母之妖

上虞民家母八十餘，夏月風雨大作，忽失所在。其子追訪七八日，無可踪跡。遇樵人見于蒿山頂上，端坐荆棘中，問之不語，乃呼其子視，亦無知覺。後數月乃復舊也。又，餘杭郭家娶婦纔十餘日，行至竈前，忽然不見，家人尋覓不得。後五日，聞在山中，已將死。家人往救醒，問之，云被三四人拖抱，從屋脊上飛過，與淫媾，如醉夢中，今偶從松樹墮下也。後或看守不謹，即又攝去。其夫大懼，乃賣于王新建家，其妖始絶。因憶古人所記，鬼攝少年美姬者多矣，未聞娶此老婦，尤怪也。

見鬼投井

張輝，平南人，廣西解元。景泰元年，爲香山教諭，忽見官舍井中有紅衣人出而招之。輝素有膽氣，呵之走，上蓮花峯而滅。次日，會飲縣堂，與縣丞争位交毆，歸而投井死。馮定，蘇州人，進士。成化中，以副使赴京聽選。朝罷，逕至宗人府。府中有一井甚大，定忽下馬趨至井旁，顧其中拱揖者三四。從者見之，方驚駭，定忽解帶置地，涌身而入，急救之，死矣。

雙修法

元西番僧伽璘真善秘密法，謂順帝曰：『陛下雖尊居萬乘，富有四海，不過保有見世而已。人生能幾何，當受此秘密大喜樂禪定。』帝習之，名雙修法。又有運氣術，名演揲兒法，華言大喜樂，皆房中術也。號所處室曰皆即兀該，華言事事無礙也。今之夫婦雙修法，禍起于此。

五道將軍

今云五道將軍，謂盜神也。余意出于《莊子·胠篋》篇：盜亦有道，妄意室中之藏，聖也；入先，勇也；出後，義也；知可否，智也；分均，仁也。是五者，豈所謂五道邪？又，俗有游方五聖、樹頭五聖、花花五聖，皆貪淫邪亂之神。或曰即五通也。今之上官，可謂之六道將軍矣。客曰：『何也？』曰：『擒盜而納其財，反不殺而縱之，非六聖而何？』

禽獸變婦女

老狐能變婦人以媚人，世所知也，而海中紅裳魚亦能變，山中鈞星鳥亦能變，一名夜行遊女。衣毛則爲飛鳥，脱毛則爲婦人，能乳人子。或云産死者所化。

淫報

麋、蜮，陰物也，婦女多淫亂，則生。《春秋》書蜮，所以譏莊公也。杜氏曰：『短狐。』《洪範傳》曰：『三足鼇。』《本草》曰：『射工。』西方書言淫人受果報，雀、鴿、鴛鴦，蓋此物皆淫鳥也。雀交不一，四時有子，九月入水爲蛤，否則多淫泆。鴿喜合，逐月有子，雌反乘雄。吴趨有云『鵓鴿檐前雌打雄』是也。書稱蟲不再交者虎。鴛鴦，瑇瑁也。雄曰鴛，雌曰鴦，乃匹鳥，未嘗相離，失偶，則思而死，故曰鴛思。今反云娼婦所變，似與韓朋事異。又，食蚰蜒，令人善淫。

校勘記

〔一〕刑牲歃血　原作『刑性插血』，據甲申本改。

留青日札卷之二十九

四神　四靈　四祥

天有蒼龍、白虎、朱雀、玄武。四星之精降而在地，則爲龍、虎、鳥、龜四獸之象，兵家謂之四神。麟、鳳、龜、龍，《禮》謂之四靈。麒麟、獅子、福禄、玄武，我朝謂之四祥。王充之論四靈，有曰：『燕飛輕于鳳皇，兔走疾于麒麟，蛙躍躁于靈龜，蛇騰便于神龍。』則是一無所靈矣。惟甲可卜，有國所寶，不疑卜廢，又何靈哉？宣德癸丑，翰林院編修許彬進《四祥詩》，此所謂一蟹不如一蟹也。

五靈

龍、鳳、麒麟、白虎、神龜，左氏之所謂五靈也。配以五方，則龍，東方，木也。木爇則生火。王者聽聰正知，而水官修則龍出大川。鳳，南方，火也。火炧則生土。王者貌恭體仁，而木官修則鳳鳴高梧。麟，中央，土也。土卝則生金。王者視明禮備，而火官修則麟游茂苑。白虎，西方，金也。金瀏則生水。王者思睿信立，而土官修則虎馴名山。龜，北方，水也。水液則生木。王者言從文成，而金官修則黿浮靈沼。蓋乳子則尅母，竇母則致子，感應循環，生養不窮，氣化自然之妙也。

五靈之長

羽蟲三百六十，而鳳爲之長；毛蟲三百六十，而麟爲之長；甲蟲三百六十，而黿爲之長；鱗蟲三百六十，而龍爲之長；倮蟲三百六十，而聖人爲之長。萬物之中人爲最靈，而聖人又爲萬物之靈，是當爲五靈之長矣。因是推之，動物皆然。夫植物則亦有然者，穀植三百六十，而禾爲之長；木植三百六十，而松爲之長；草植三百六十，而蓍爲之長；蔬植三百六十，而葵爲之長。然聖人皆爲之撙節愛養，以遂其生，以若其世，故能爲天地昆蟲草木之主，則是當爲百靈之長矣。

麒麟

麒麟，雄曰麒，雌曰麟，字皆从鹿，故《説文》於麒曰『仁獸，麋身牛尾一角，从鹿，其聲』是也。至于馬之曰騏者，亦从馬，其聲，而曰文如博棊，則鑿矣。夫棊，本从木，其聲，又何文之有？不知於麒、於騏、於萁之取義，皆有文如博棊否也。麟，《説文》：『大牝鹿。』陸璣曰：『麕身牛尾，黄色，圓蹄角，角端有肉，音中鍾吕，行中規矩，王者至仁則出。』《正義》云：『有角示有武，肉示不用。』郭璞曰：『角在鼻上。』京房曰：『五采，腹黄，高丈二尺，金獸之瑞。』今并州有麟，如鹿，非瑞應麟也。牡鳴曰逝聖，牝鳴曰歸和，一作游聖、歸昌。春鳴曰扶助，夏鳴曰養綏。《春秋運斗樞》曰：『機星得所則生。』《鶡冠子》曰：『玄枵之獸，陽之精也。』《感精符》曰：『一角，明海内共一王也。』我朝永樂甲午榜葛剌國、乙未麻林國皆貢麒麟。成化七年，常德沅江縣産麒麟。甲辰，泗州牛、武陵田家牛皆生麒麟，俱殺之。弘治辛亥，蒲圻鄧榮家牛亦生麒麟，不食而死。嘉靖六年四月，舞陽縣生麒麟，雙角，馬蹄，口吐火煙，其聲如雷，野人怪而擊死。其字又作麐，⿰鹿亥、驎。見《春秋傳》。

獅子

《漢書》：『烏弋山離國出獅子。』孟康曰：『獅子似虎，正黄有頼耏。尾端茸毛大如斗。』《爾雅》：『狻猊如虦貓，食虎豹。』日走五百里，此常有，不足異。成化戊戌，西夷貢獅子，家大夫在京師蟲蟻房曾見之。至嘉靖四十二年，又貢。内兄張子文時爲陝西布政使，親見之。云：大抵黄色，如金毛狗，而尾長有威。夷人以鐵索二條鎖之，載以鐵籠。命之當堂放閲，則先將大鐵樁長可六七尺，釘没地中，方可帶索放縱，任其盤旋。不使見犬馬之類，恐觸其怒也。夷人與之狎習戲舞，偶一犬失逐過前，即猙獰大吼一聲，草木屋瓦皆震，此犬倉皇驚仆，不知逃避之所。夷人亦大忙迫，遂收之。官日供一羊，或牛馬之肉數十斤，須百夫扛荷，且伴送夷人五六十名，甚爲居民之害。夷人言：『初得小雛二頭養之，而斃其一，此其雄也。』又，家大夫言：『京中見飼獅子者，不與活生口，恐觸其怒，雖犬羊亦與死者。虎遇毛物，必用舌餂去毛而後食。惟獅子則舒前足擊物，吹氣一口，則毛自飛落，雖秋風之捲敗葉，不如是之迅速。』此其異耳。故虎豹亦畏之。又，陝西老人言：五十年前，曾貢一次，與此正相類，則知是成化戊戌嘉峪關所進是也。西域又有黑獅子、棒獅子，其糞名蘇合香。其筋爲絃，鼓之，則衆絃皆絶。其尾爲拂子，則夏月蠅蚋不敢集其上。又，犬生二子，曰獅。又，㺜，一名師子。

福禄

福禄，番人本名福俚，狀如驢騾，花紋黑白交錯，瑩浄可愛，異他獸。出忽魯謨斯等國，《王會圖》所不載者。又，桃拔，一名符拔，似鹿，長尾。一角者曰天鹿，兩角者曰辟邪。漢之天禄閣，因獸得名也。

玄虎

玄虎，本名曰虪，式六切。《爾雅》：『黑虎也。』貀似豹，無前足。或曰似虎而黑，無前兩足。又，虪亦黑虎。

白虎

白虎，即騶虞也。《書》注：『義獸白虎，黑文，五采，其尾三倍，鳴聲如雷，嘯則風生。』《瑞應圖》曰：『仁而不害，湯時戲於朝。』見《春秋演義圖》。郭璞曰：『怪獸。』《河圖括地象》曰：『玉虎。』晉太康六年，荆州送兩足虎，索靖議稱半虎，時稱爲白虎，非也。今之背斑白而虎文者，亦彪也。

復通犀

《漢書》『通犀』，如淳曰：『通犀，中央色白，通兩頭。』今名通天犀也。又有復通犀者，尤爲至寶。通天犀，地黑而花白；復通，則通天白花中復有黑花，故名，此希世之珍也。《草木子》曰：『犀之通天者，必惡影。常飲濁水，角之理形似百物，犀角通者，是其病角。有鴆處必有犀，三毛同孔。』《抱朴子》云：『以爲笄導，攪毒藥，則生白沫，無復毒勢。』又，敬宗南昌國進夜明犀，狀類通天，光照百里，南州謂之玄犀。《異物志》曰『含精吐烈，望若華燭』是也。倒插犀者，一半已下通；正插犀者，一半已上通；腰鼓犀者，中斷不通。駭雞犀者，雞見其光影則驚鳴，出義渠國。或曰：以米試之，則雞駭。角一尺以上，刻魚形，入水，開方三尺，故名分水犀。大中時，女蠻貢雙龍犀。楊收女有卧魚犀。唐有辟寒犀、辟塵犀，文宗辟暑犀，同昌公主蠲忿犀。波斯名黑暗，有二角，長在鼻，短在額。

馬

天子十二閑，六種；邦國六閑，四種；家四閑，二種。十二閑，凡三千四百五十六匹。《左傳》注：每廄爲一閑，二百一十六匹，馬四足曰匹。《左傳・襄二年》：『賂夙沙衛以索馬牛，皆百匹。』或作疋。《小爾雅》：『二丈爲兩，倍兩爲疋，四丈也。馬光景一疋長，故曰疋。』《家語》『吴門白馬疋練』是也。又，匹，偶也。《易》：『馬匹亡。』馬，武獸也。籀作影，古作髟，隸作馬，象馬頭髦尾四足之形。麗，馬一圉八麗，見《周禮》。一歲爲馵，二歲爲駒。又，五尺以上陰白雜毛，亦曰駒。三歲、四歲爲駣，兩齒。八歲爲馴。二十歲，齒盡平。六尺以上爲馬，一曰駑馬。七尺以上爲騋，父爲虯，一曰田馬。八尺以上爲龍，《瑞應圖》曰：『龍馬，仁馬，河水之精，高八尺五寸。』一曰戎馬，八尺。牡曰騭，牝曰騇。騇，草馬也。駁，父馬。馬母，見《漢書》。

古良馬名

飛黄、翠黄，龍翼馬身，皆黄帝馬。赤文，堯馬，五色。古黄。騰黄。中黄。乘黄。渠黄。古皇，一名吉皇。吉光。吉疆。九代，夏后啟舞馬。文馬，紂。雞斯，一作奚斯。驛奚。翠麟。麟趾。腰裹，一作裹蹏。飛菟。玄虯。驊騮，一作華騮，赤馬黑毛。乘風。遺風，《吕氏春秋》。

先景。䮷膝。乘旦。吉良，大封國文馬。赤驥。騏驥，孫陽所相，青驪色，又蒼艾色。秀騏。游騏，《子虛賦》。嶲馬，東北俞人馬，一角；無角，騏。蘭池、常驪、逢騩，皆見《尸子》。龍媒。驥子。白虎，《羽獵賦》。驚鴻，屈乘。玉澤，師曠時來。駁龍，紫鹿。文的。躢魚，陳琳《武庫賦》。絶地、翻羽、奔霄、越影、踰輝、超光、騰霧、挾翼，周穆王八駿。白犧、踰輪、山子、盜驪、騄駬、驊騮、渠黄、赤驥，皆八駿之别名。陸鴻漸曰：『山谷之人，獻神馬八匹。』驌、驦，一作騻，《左傳》唐成公兩馬。緑蛇。翠駁。逐日，一日能行萬里。追風、白兔、躡景，犇電，一作追電，飛翮、銅雀、晨鳧，一作長鳧，秦始皇七馬。飛燕，含陽侯。飛兔，見《禰衡傳》。白鵠，漢。烏騅，楚霸王騅，蒼白雜色。師古曰：『因其色名之也。』本作蒼黑雜毛馬。浮雲、赤電、絶群、逸驃、紫燕、緑螭、龍子、麟駒、絶塵，皆漢文帝千里馬。蒲梢、龍文、魚目，汗血，即天馬子，《史記》大宛馬，西極馬，出烏孫，初亦名天馬，皆漢武帝。果下騮，漢廄中馬，即今果下馬，出朝鮮，高三尺。雙脊馬，隴水出。乾河馬。小步馬，漢烏秅國，一名百步千蹄。元馬，甚巨，日行千里。駃騠，即决蹄馬，父贏，子剞母腹而生，生七日，而超其母。《史記》注：『北狄駿馬。』與騊駼同。騊駼，青色，出陶塗國。師古曰：『海中獸，壯如馬。』即驒騱。巨虛騀驉，野馬。騉蹄趼，秦馬，又曰騉駼。騂馬，施水出，見《山海經》。的盧，白額，《易》曰：『的顙。』本作馰。今之戴星馬。漢昭烈、晉庾亮同，惟準有旋毛及白毛，名的吻凶。赤兔，關羽得呂布馬。絶景，曹操，見《魏書》。驚帆，曹真。紫馬，謝康樂。驄驄父馬，陳安。驡[illegible]，《晉書》。朱龍，趙冉閔。赭白，晉高麗國獻。又燕慕容廆馬名赭白，有奇相，四十九歲駿逸不虧。又，宋文帝馬名。茲白，《文選》注：『義渠獻茲白，若馬鋸齒，食虎豹。』駁，《易》：『乾爲駁馬。』色不純也。《詩》：『皇駁其馬。』赤白色，齊桓公、晉平公馬。後周齊王憲獨取駁馬，曰色類既殊。駮，獸名，如馬，白身黑尾，食虎豹，君乘火王，南海輸駮馬。又，兖州六駮，食猛獸。鐵驪，《月令》：『赤黑色。』鐵驄，青色。纖驪，古良馬。又，曹丕與孫權馬。紫騂，曹植馬。奔虹赤、什伐赤、拳毛騧、颯露紫、時勒驃、黄驃驄、青騅、白蹄，皆唐太宗。紅玉、紫玉、照夜白、百花輦、飛香、平山、凌雲、碧雲騢，皆玄宗。大宛汗血、如意騮、神智驄，德宗功臣。皎雪驄、凝露驄、懸光駿、决波騟、飛霞驃、騰霜白、發電赤、流星騧、翔麟紫，皆唐時骨利斡獻。飛鳳、蹀馬，善舞。流金騧，回紇名馬。越睒駿，見《唐書》。花驄，于闐國出，唐有玉花驄。五花馬，唐人尚翦騣馬。三騣者，曰三花；五騣者，曰五花。忽雷駮，秦叔寶。赤驃，城陽王衛伯玉，有歌。獅子驄，郭子儀花馬。青海驄，吐谷渾出，小馬。又有青海周八九百里中有山，須冰合，游牝馬其上，明年生駒，號龍種。嘗得波斯馬，牧于海，生驄駒，日步千里，故世稱青海驄。見《唐書》。紫叱撥，酒徒鮑生換妾。桃花叱撥，唐名馬，黄白雜色曰駓，即桃花馬。一丈烏，梁太祖賜寇彦卿。赤舞龍駒、白舞龍駒，梁吐谷渾獻，能拜伏起舞。唐玄宗時，使壯士擎木榻，而馬舞其上。連錢驄，即青驪驎，亦曰驔。烏驄、青龍，冒頓馬。駒騪，番中大馬。白鼻騧，白額駒，李暠。麝香騟、錦耳驄、駱十二、趍日驄、偏界玉、蹈水騟、長命騮、孫兒驄、蘢鬆白、八百哥、掠地雲、錦地龍、雪面娘、月影三、玉尾騟、撒沙騮、天花落、旋風白、窣地驕、六尺金，皆蜀王衍苑馬。緑耳梯，李從謙。吉祥座，杜重威。肉胡麻，景延廣。金鞍使者、千里將軍、致遠侯、渥洼郎、驥國公，王景五馬。玉逍遥，宋仁宗馬。自在將軍，劉吾馬。五白、玉面，皆北虜良馬。紅耳叱撥、鴛鴦叱撥、桃花叱撥、丁香叱撥、青叱撥、騮叱撥、榆叱撥、紫騮叱撥，凡八種，見宋王明《羣牧故事》。

大明名馬

青驄、赤驃、飛越峰，一名撞倒山，皆太祖神駿。洪武四年六月壬寅，僞夏明昇降，獻良馬十，其一白者，云得之貴州養龍坑，身長十有一尺，頭高九尺，足高七尺。有肉隱起項下，約厚五分，廣三寸餘，貫膺絡腹至尾閭而止。精彩明晃，振鬣一鳴，萬馬辟易，鞲勒不可近，近輒作人立而吼。上親撰祝策，詔祀馬祖，乃勑典牧副使高敬囊沙四百斤壓之。人跨囊上，游行苑中，性漸柔馴。八月癸巳，上行夕月禮于清凉山壇上，乘之而出，如躡雲而馳，一塵弗驚。上大悦，賜名爲飛越峰。用命御用監直長馬晉臣繪形藏焉。詳見宋學士贊。一名撞倒山者，國初，破陳友諒，獲其戰艦，有名曰混江龍，曰撞倒山者，與馬同也。六蹄馬，見《張靖之集》。龍馬，成祖永樂庚子十二月，青州諸城縣民崔友諒家有牝馬浴于青水潭，雲霧興騰，若有物與交。及生駒，色青蒼，而麟臆肉叜，龍文遍體，形狀非常，有司進于上，文武表賀，名龍馬。龍駒、赤兔、烏兔、飛兔，飛黄、銀褐、棗騮、黄馬，成祖八駿名。龍駒戰于鄭村壩，中箭，都指揮丑丑拔。赤兔戰白溝河，中箭，都指揮亞失鐵木兒拔。烏兔戰東昌，中箭，都督童信拔。飛兔戰夾河，中箭，都指揮猫兒拔。飛黄戰藁城，中箭，都督麻子帖木兒拔。銀褐戰宿州，中箭，都督亦賴冷蠻拔。棗騮戰于小河，中箭，安順侯脱火赤拔。黄馬戰靈壁，中箭，指揮雞兒拔。學士劉定之詠之。夫靖難八駿，皆成祖所乘，而皆臨陣中箭，又皆大貴人爲之拔焉，亦已奇矣。况駿皆傷，而成祖聖躬無虞，以重光大明之業，不亦尤大奇駿也哉！因繪之爲《八駿圖》，視周穆王之八駿、唐太宗之八駿，超越當萬里矣。龍馬，宣德九年，甘肅獻。玉驎騛、白玉馴、碧玉驕、照夜璧、銀河練、瑶池駿、飛雲白，皆天閑選乘也。嘉靖十二年四月十三日，上演馬南城，召大學士張孚敬、李時、方獻夫、翟鑾，同游環碧殿嘉樂館，錫宴重華殿，賜孚敬蟒服，時等飛魚服。上賦律詩二首紀之，群臣應制奉和。張公詩云：『傳宣萬乘御重華，得賜同游即賜茶。環碧殿前先看馬，蒼龍門外更觀花。君臣自古原同體，海宇于今總一家。錫宴從容還賜服，聖恩莫報實無涯。』李公詩云：『聖王御極萬方安，試馬宸游愜衆懽。内苑草茵迎玉輦，行宫花氣襲雕鞍。薰風拂拂當朱夏，翠靄葱葱映紫鑾。千載明良真不偶，流傳青史後人看。』方公詩云：『御林初夏晴明日，天子乘龍喜色多。共訝飛雲擎白玉，渾看匹練下銀河。同游環碧臣何幸，賜對重華語更和。應制慚無《天馬賦》，南薰惟誦舜廷歌。』翟公詩云：『宸游内苑御飛龍，盡是神駒渥産雄。巧翦緋羅纏寶鐙，分題玉篆佩花騌。三千駿内名稱貴，十二閑中品料崇。從此受恩何以報，願將赭汗從長風。』又云：『選得龍媒新賜名，習從環碧殿頭行。草茵似錦蹄過軟，宫路如絃踏去平。立向天墀應自慶，穿將仙仗絶無驚。微臣得侍瑶池上，願播聲詩頌聖明。』

地中馬

古者龍馬負圖出于河，歐陽公尚疑之；乃有種蒔馬出于俱位國，云以馬種蒔而生馬。又《襄陽記》：『匡廬山一地穴，漢時有數百匹馬出，因名馬穴。』吴陸遜亦知此穴馬出得數十匹。梁元帝《答齊國雙馬書》曰：『名重桂條，形圖柳谷。襄陽地穴，近求未易；滇池水裹，遠訪猶難。』則馬穴信矣。不亦爲天地間之怪馬哉！《孝經援神契》曰：『德至山陵，則澤出神馬。』《地鏡圖》曰：『銅器之精見爲馬。』

解語馬

解語馬，大食國出，能解人語。《淮南子》曰：『馬，聾蟲也，而可以通志。』則馬固解人語也。然人亦有解馬語者，陽翁偉知蹇馬、眇馬之遥駡，李南知赤馬、白馬之呼子。見《論衡》及《抱朴子》書。

貊

貊，《説文》：『北方國豸種，本作貉。』《孟子》：『大貉小貉也。』或作狢。《史記》：『胡狢、月氏。』師古曰：『東北方三韓之屬。』又，貘，似熊而黄黑色，出蜀。白居易云：『象鼻，犀目，牛尾，虎足，寢其皮辟温，圖其形辟邪。』今俗謂之白澤，杭有白澤大王廟，猶所謂白馬廟也。《軒轅紀》：『帝登桓山，于海濱得白澤神獸，能言，達於萬物之情。因問天下鬼神之事，令寫爲圖，作祝邪之文以祝之。』或作貘。《相如傳》：『貘犛。』《哀牢夷傳》：『貊獸似騾而小，驢父牛母也。』今《南中志》云：『貊，大如驢，狀頗似熊，多力，食鐵，所觸無不拉。』《廣志》云：『貊，色蒼白，其皮温暖。』皆似未明。余嘗因蠻貊之義而推四夷之名，莫非禽獸取義也，并列于後。

夷 羌 蠻 狄

東方之人，曰夷，从大，从弓。舊稱俗仁而壽，有君子不死之國。九夷者：畎夷、于夷、方夷、黄夷、白夷、赤夷、玄夷、風夷、陽夷，九種也。又東夷九類：玄菟、樂浪、高驪、滿飾、鳧更、索家、東屠、倭人、天鄙也。西方之人，曰羌，从人、从羊，謂西戎牧羊人也。《後漢書》：『羌有百五十四種，散處三河。』或作羗。南方之人，曰蠻，从虫，䜌聲，蛇種也。《禮·夏官》疏：『蠻，縻也。』以爲夷狄，縻繫之以政教。《書》：『三百里蠻。』注：『蠻，慢也。』《風俗通》：『君臣同川而浴，極爲簡慢。其類有八：天竺、咳首、僬僥、跛踵、穿胸、儋耳，狗軹、旁春，世之所謂八蠻也。』北方之人，曰狄，从犬，亦省聲。赤狄，本犬種，狄之爲言淫辟也。《風俗通》：『其行邪辟，其俗叔嫂同穴，父子無别。其類有五：月支、穢貊、匈奴、單于、白屋也。』或作翟，史『戎翟荒服』。《匈奴傳》:『夷翟。』又,赤翟、白翟。翟,山雉也。又,西曰氐。氐,羝也,與羌同。亦曰戎,从戈甲,會意。《詩》疏:兇也,斬伐殺生,不得其中。其類有六:饒夷、戎夫、老白、耆羌、鼻息、天剛也。余謂戎與狨類,獸名,禺屬也。又曰蜀者,葵中蠶,大如指。今四川地也。東南曰閩,越種,从虫,門聲。《周禮》:『職方氏七閩。』注:『閩,蠻之別。』《國語》:『芈,蠻也。』又叔熊避難于濮蠻,隨其俗,如蠻人。其子孫分爲七種,故曰七閩。今分八府,故曰八閩。《周禮》疏:『八蠻在南方,閩其別也,曰荆蠻者。』《晉志》:『荆,彊也。』言其氣躁彊,亦曰警也,言南蠻數爲寇逆,常警備也。又高辛氏槃瓠負帝女入山,生子一十二人,六男六女,自相夫婦,其後滋蔓,號曰蠻夷。又,戎曰獂,豕之逸也。《漢書·匈奴傳》:『隴以西有畎狄獂之戎。』史:『斬戎之獂王。』或作貆。貆,貉子也,貉似狐,善睡獸。西南夷曰獠,又曰猺狫,犬種也。曰鄯善,皆从羊,羌種也。曰哀牢,若牛羊之在牢可哀也。北狄,曰胡。胡,从肉,果聲,牛頷下垂皮也。曰羯胡者,羊羖犗也。曰獯鬻,曰玁狁,曰匈奴,皆犬之兇惡者。突厥之先,小兒與牝狼交,遂生十男。突者,犬從穴中伺人不意突然暫出也。曰高句驪,曰驃,曰狼牙修,曰師子,皆獸類也。曰回鶻,北夷種,即回紇,唐時請改回鶻,言其便捷如鶻之飛也。曰蝚蠕,曰蠕蠕,則又皆細蟲矣。中國以禽獸畜夷狄,一至此哉!

留青日札卷之三十

龜

孔子曰：『龍食于清，游于清；龜食于清，游于濁；魚食于濁，游於清。丘上不爲龍，下不爲魚，中止其龜與！』因考《周禮》，言龜四時所生者不同，未聞有五色者。嘉靖四十一年，陝西散官王金表進五色龜，云得之終南山，此又異産也。朝廷告廟，錫之以官。宋衛平曰：『龜者，天下之寶，壽蔽天地，四時變色，春蒼夏黄，秋白冬黑。王能寶之，諸侯盡服，王勿遣，以安社稷。』故元王卒受之。龜人掌六龜之屬，各有名物：天龜曰靈屬，地龜曰澤屬，東龜曰果屬，西龜曰靁屬，南龜曰獵屬，北龜曰若屬。張平子《思玄賦》『東龜』注：『青色也。』《抱朴子》：『龜千歲，五色，異色如玉，額上兩骨起如角，解人言，浮出蓮葉之上，或在叢蓍之下。』《禮》：『甲蟲三百六十，神龜爲之長。』《爾雅》：『一神龜，二靈龜，三攝龜，四寶龜，五文龜，六筮龜，七山龜，八澤龜，九水龜，十火龜。』神龜最神。靈龜，《本草》曰秦龜，亦曰蟕蠵。其甲有文，似瑇瑁，而差薄耳，故名蠵。皮能鳴，多出涪陵，其甲可以卜。攝龜，小龜，一名蠳龜，一名來蛇龜，好食蛇，亦曰呷蛇龜。腹甲曲折，解能自張閉。一名陵龜。又云蛇所化，故曰龕龜。寶龜，傳國者所寶。文龜，甲有文彩者，《河圖》曰：『靈龜負書，丹甲青文。』筮龜，常在蓍叢下。火龜，生于火者，猶火山生火鼠也。龜之中一行五方勝，以應五行，兩旁左右各四方勝，共八，以應八節。周外左右各一十二方勝，共二十四，以應二十四氣，通共三十七數，以應乾之策三十六，而太極居中不動之一數。底板下爲地，左右各六，凡十二方勝，以應十二州分野之應，通背上三十七數，計四十九數，即合太極虛一之數。《説苑》曰：『千歲，五色，背陰面陽。上隆象天，下平象地，轉運應四時。蛇頭龍頸，左睛象日，右睛象月，知存亡吉凶。』二説頗合。記曰：能得名龜者，財物歸之，家必大富至千萬。一曰北斗龜，二曰南辰龜，三曰五星龜，四曰八風龜，五曰二十八宿龜，六曰日月龜，七曰九州龜，八曰玉龜。凡八名龜，龜圖各有文在腹下，不必滿尺二寸，民人得長七八寸，可寶矣。能得百莖蓍并其下龜以卜者，百言百當。或曰百歲一尾，千歲十尾。

龜書

洛龜負書，歐陽公猶疑之。《抱朴子》曰：『八卦生鷹隼之所被，六甲出靈龜之所負。』謂鷹隼之羽文，亦有八卦之象也。車頻《秦書》曰：苻堅建元十二年，高陵縣民穿井得大龜三尺六寸，背文負八卦古字，堅如石，作池養之。則《河圖》、《洛書》信矣。

能言龜

《説苑》曰：『龜千歲，能與人言。』此或解人言也。如今之吴下婦女教龜算命者，小龜皆能曉人言語，令行即行，令止即止，不必千歲也。又有烏龜疊塔之戲，甚奇異。至於《洞冥記》乃曰：『獻能言之龜。』則未之聞也。

蘭葉龜

古言龜生三百歲大如錢，游于蓮葉之上。三千歲青，邊緣尺二寸。而許景先之詩則云：『蘭葉負龜初薦祉，桐花集鳳更來儀。』是又能游于蘭葉之上矣。

朋貝

《六韜》曰：『散宜生以千金求天下之珍怪，得大貝百朋以免文王。』《詩》曰：『錫我百朋。』注：『二貝爲朋。』貝者俗名䝷，一作海蚆，周用紫貝是也。《書傳》：『大貝如大車之渠。』今雲南所用小貝，以一爲莊，四莊爲手，四手爲苗，五苗爲索，交易租賦皆用之。《易》曰：『或錫之十朋之龜。』注：『大寶也，兩龜爲朋。』《惠州志》：『有巨龜在沙嶼間，背生樹木，渡海者誤以爲洲，依以炊食。龜熱而沉，死者數十人。』此正所謂大寶也。龜三足曰賁。又，三鳥爲朋。

雄龜

《説文》曰：『天地之性，廣肩者無雄。龜鼈之類，以蛇爲雄。』此大不然。余嘗問之老漁翁善禽鼈者，云龜鼈之類，自各有雌雄。其尾尖而長者雄，短而肥者雌也。因多取而畜之，往往交群，自能生育。可見物之不可不格。

卜兆

《世本》曰：『巫咸作筮。』《禮》曰：『龜曰卜，蓍曰筮。』《元命苞》曰：『古司怪主卜。』《三禮圖》曰：『秋取龜，春攻龜。卜，春灼後右，夏灼前左，秋灼前右，冬灼後左。』《書》：『五兆：一曰雨，二曰霽，三曰蒙，四曰繹，五曰克。』古者卜人定龜，史定墨，君定體。占龜者五兆：大横，土兆也；直，木兆也；從右邪上，金兆也；從左邪上，火兆也；曲，水兆也。以大小、長短、明暗爲吉凶。或占凶事，又以短小爲吉，又有旋者吉。又，卜師掌開龜之四兆：一方兆，二功兆，三義兆，四弓兆。經兆一百二十體，言四兆者，分爲四部，是龜卜四部，蓍筮三篇也。《白虎通》曰：『乾草枯骨衆多，獨以蓍、龜何？龜之言久也，蓍之言耆也。』《五行傳》曰：『禽獸草木之壽久，而能知吉凶也。』若煩數溷瀆，或不精嚴，神不告也。或觀卦察兆，占不得也。或龜不神，蓍不靈，此其所以過差，聖人不得專用也。龜筮共違于人，神靈不祐也。

大横兆　山陵兆　壽房兆

文帝卜，兆得大横，占曰：『大横庚庚，余爲天王，夏啓以光。』《漢書》注『大横』：『文正横也。』張晏曰：『文帝襲父迹，言似啓也。』殊不知文帝之子景帝，名曰啓，此又其先兆也，非但天王之爲天子也。又《左傳》有兆如山陵者。又，順烈梁皇后名妠，年十三，選入掖庭。太史卜，兆得壽房，又筮得《坤》之《比》，遂以爲貴人。

大鳥卦

張衡《思玄賦》：『懼筮氏之長短兮，鑽東龜以觀禎。遇九皋之介鳥兮，怨素意之不逞。』言卜而遇大鳥之卦，素意不逞，繇辭也。《易·中孚》『鳴鶴在陰』，亦九皋之謂也。

不獻魚鼈

《禮》：『水潦降，不獻魚鼈。』注云：『水涸，魚鼈易得，不足貴，故不獻。』非也。蓋憫其易得，故不忍獻之，非賤其不足貴也。聖人豈恣口腹以貪難得之味者哉！此弋不射宿之意也。又，《周禮》：『春獻鼈蜃。』《文子》曰：『鼈無耳而不可蔽，精于明也。』

赤鯶公

唐律：取鯉即放之，賣者杖六十，號曰赤鯶公，以其與國姓同音也。佩用魚符，亦取鯉象，武后革命，以龜代之。先是隋煬帝時爲《鳳艒之歌》云：『三月三日到江頭，正見鯉魚波上游。』意欲持鈎往撩取，恐是蛟龍還復休。』此李氏興之讖也。故唐人重鯉，猶先朝吴越訛言朝廷禁小民不許畜猪，亦謂與國姓同音也。一時信之，猪無大小，屠宰一空，至于肉賤而不售。愚民無知，真可笑也。鯶即鯉字。

蛟鯉

《草木子》：『魚三千斤爲蛟。』按蛟龍三十六鱗，鯉亦三十六鱗，數合，故能飛，能化龍云。池中畜鯉，至大風雨時，雷震，便率羣魚飛去。又，蛟似蛇，四足，細頸，白嬰，似龍，無角。池滿三千六百，蛟來爲之長，能率魚而飛，置笱水中，即不復去。夫三十六，三千六百，皆老陰六六之數，故能化也。一名水豹。《文選》：『蛟，蛇也。』

灌水鯉

時有憲司一達官，出令禁街坊灌水魚、塞沙雞鵝等細務。余適在一縣官席上燕會，偶市鮮鱗作羹，巡卒擒一魚牙行并二鯉魚灌水者至。其人懼責，乃涕泣哀辯非灌水者。縣官方怒，必欲加刑法。余醉中憐之，乃叱之曰：『汝休再言不是灌水之鯉。阿衡之珍味，湯嗜之，我亦嗜之耳。』縣官不解，詢知其故，遂笑而釋之。蓋世傳伊尹干湯，言天子可具三羣之蟲，而水居之珍，有洞庭之鮒、灌水之鯉也。灌水，地名，今四川灌江。

鯈鮇

《荀子》：『鯈鮇者，浮陽之魚也。胠于沙而思水，則無逮矣。』即鱎也。陽晝謂子賤曰：『夫扱綸錯餌迎而吸之者，陽橋也，其爲魚，薄而不美；若存若亡、若食若不食者，魴也，其爲魚也，博而厚味。』子賤未至單父，冠蓋迎之者接道。子賤曰：『車驅之，所謂陽橋者。』故《宓子廟碑》云：『豈意陽驕化而爲魴。』從木，從馬，古字通用。鱎，白魚也。

摩竭魚

海中大魚，口可容舟，故曰吞舟之魚。其名曰摩竭。

斗魚

皮日休詩：『一斗霜鱗换濁醪。』注：『吴中賣魚論斗，酒乃論斤。』今以斤稱酒尚然，至于魚，則間亦用斗，惟淮上細鰕方用斗量論石，豈即漢水居千石魚陂之義邪？然古人二十四銖曰兩，六兩曰鍰，十六兩曰斤，十五斤曰秤，三十斤曰鈞，一百二十斤曰石。豈所云千石者亦斤之積與？而斗魚甚奇，《草木子》曰：『武陽小魚，一斤千頭。』今細蝦米名曰一筴千，言一箸可千頭也。

羣物工藝

虎善卜，貍善博，鸛善符，鶴善舞，鷄善鬬，鸞善歌，鸚鵡、鸜鵒善言，鳩善步罡，鴷善畫印，鸂鶒善勑，蜾蠃善祝，蛇蟠向王，鵲巢背太歲，燕伏戊己，虎奮衡破，乾鵲知來，猩猩知往，鸛影抱，鶴睛抱，鼉精抱，蝦蟇聲抱，熊宜經，鳥宜申，龜宜息，狼宜顧，鶴聲學仙，雉聲宜習武，烏聲宜習醫，鴈聲宜習卜筮，鵲聲宜習工巧，梟聲宜習符呪：此皆物性自然之巧也。

羣物相制

青要食虎，金翅鳥食龍，蜈蚣食龍，鼠食象，獅食象，角端食獅，玄龜食蟒，蚺蛇吞鹿，狼蝨齧鶴，蝍蛆困螣蛇，蟾鼈蜈蚣，飛鼠斷猿，豈在形之大小哉？氣足以制之而已。

羣物忌食

獺飲酒而斃，猩猩飲酒而仆，虎食楊梅而醉，猫食薄荷而醉，鳩食桑椹而醉，雀食木鼈而醉，熊食鹽而死，魚食巴豆而浮，鴝鴿食豕肉而瘋，猫食黄魚而癩，狗食木鼈而死：此皆物性之違也。

蝗

魚子能變蝗，部吏侵漁百姓則生。今三十年無之，皆爲螟螣之害。豈古之貪吏顯，而今之貪吏隱邪？

豹脚

豹脚，今花蚊。南方蚊母鳥吐蚊。諺云：『錢清蚊子大如鵝，高郵蚊子大如鴨。』此地有露筋娘子廟是其證也。北方元故都聞有大如蜻蜓者，見《北征録》。《大戴禮》曰：『聖人有國，蝨蚊不食天駒。』又，《晏子》曰：『焦螟集于蚊睫，棲宿去來而弗覺。』《神異經》：『方蚊翼下有小飛蟲，生九卵成九子，飛而去，蚊不知。』即蠓蠛、蟆子、浮塵子之類。

龍鴨

弘治間，徐德輝鳳之任江西，偶見河有鴨七頭，毛色異常。從者擊之，俱向曠野飛去，所過之地，盡成川澤，始知是龍所變也。正德間，餘姚燭溪湖童嵒潘家，夜半風雨大作，忽見房中窗間有物掩映。其夫令婦推窗視之，手上如有物擦過者。少頃，風雨遂息。迨曉，牀後地穿一穴，廣六七尺，深半之，門外一望數里，道路橋梁悉皆崩圮，方知其爲蜃也。嘉靖二十一年，杭州八字橋胡獸醫家，風雨晝作，屋柱傍穴地出蜃，破椽瓦四五尺而起。又，三十二年，龍過方山，余祖塋松木大可數十圍者，悉連根拔起七八株。三十七年六月六日，余避暑品嵓，見一白龍挂于山南，尾垂至地，復引一龍而上，並遊雲中。少焉，村民走報，起于青墩，壞廬舍數十家，其氣如火，勃勃然蒸人，甚可畏也。去此裁二里許。四十五年六月三十日，龍過西湖，風雨大作，寶所塔鐵頂墮下，湖船翻三四隻，接待寺新建千佛巨閣平地帶起丈餘者三次，跌爲虀粉，無完植者。後有人自蘇州回，云是日亦大風雨，有龍過。

馬黑　牛黄　羊哀　狗寶　鳳石　虎石　鮓答

馬黑一名馬墨，在腎。

牛黄在膽。牛有黄者，或吐弄之，人得所吐黄，剖之，中有物如蝶飛去，惟以活取者爲難得。治痰火、癲癇。凡牛有黄者，時常有聲，以秋月夜，盆水取之，則活。

羊哀在腸，形如小鼠子，可治鬲食、翻胃。余見其三。

狗寶，凡狗有寶則羸瘦，毛落，不勝其熱，入水自濡。嘉靖四十四年春，吾鄉一小民家屠一狗，腹中有白石三塊，如栗，同胞，破之，可千葉。入藥，可治毒瘡。

鳳石，鳳皇所止處，脚下掘深三尺，有物如白石，服之安心神。

虎石，一名虎精。虎目放光射之，墜入地中成物，如白石。入藥，治小兒驚。

鮓答，乃走獸腹中所産石子，蒙古人用以禱雨。一作鮓單，出西寧古輪臺之地。又曰馬驢鼻患腫毒，即難秣，土人伺其將潰，以囊承口，腫落而得之，如雞卵，堅如石。軍中無水，即掘地置其中，以氈覆之，可得水一二升。猪亦有之。

印魚

印魚，本作鯽。《吴都賦》：『鯽龜鱕䱜。』鯽魚長三尺許，無鱗，身中正四方如印。扶南國俗云諸大魚欲死，鯽魚皆先封之。今吾鄉池中往往有魚，身如火烙印者，小民無知，以爲五聖所印，名曰神魚。凡魚有印則水畜必敗，即所謂魚欲死也。

魚虎

魚虎，水狗也，能食魚，故一名天狗。本名鴗，又名翠碧。

鴻豹

鴻豹，即鴇也，善食鴻，見《易林》。又名獨豹。

玄針

玄針，蝌蚪也，色黑而尾如針，一名玄魚。

射魚

《春秋》：『隱公矢魚于棠。』《宋史》：『丁璉跣而射魚。』《南都賦》：『俯貫魴鱮。』唐詩：『澄潭晴日射遊魚。』又云：『秉燭射遊魚。』李商隱《射魚曲》云：『思牢弩箭磨青石，繡額蠻渠三虎力。』是皆用竹弓、砮鏃以射之也。

魚聲

《吴都賦》：『魚鳥聱耴。』吕向曰：『魚當無聲，此云云者，文之失也。』此正陸夫不解耳。

海中捕石首魚者，以竹筒聽之，其聲如雷，魚來候也。《上林賦》：『魚鼈讙聲。』可證。

魚名切對

西施乳，可對楊妃舌；新婦臂，可對老婆牙。河豚腴，名西施乳。江珧柱，名楊妃舌。吹沙魚，《爾雅》名魦鮀，海濱人呼曰新婦臂，以爲珍品。蝛生于海嵎，又名老婆牙。

鮝

鮝，古謂之薧魚。《周禮》：『辨魚物爲鱻薧。』注：『魚乾也，通作槁。』故今名乾魚。《爾雅翼》：『南人以魚薧而食之，曰鮝。』宋時，武昌謂之淡魚。今有鹹鹵未乾者，直曰鹵魚。

馬捉老鼠

《方言》：『馬捉老鼠。』蓋譏人粗撞不了事也。傳曰：『騏驥驊騮，捕鼠于深宫之中，曾不如跛猫。』《淮南子》曰：『釋大道而任小數，無以異于使蟹捕鼠，蟾蜍捕蚤，不足以禁姦塞邪。』盧照鄰云：『命鸞鳳兮逐雀，驅龍驥兮捕鼠。』馬異詩：『將吾劍兮切游泥，使良驥兮捕老鼠。』《莊子》曰：『騏驥驊騮，一日而馳千里，捕鼠不如狸狌。言殊技也。』

狗

狗，叩也，見人而叩事也。孔子曰『叩氣吠以守』是也。狗，苟也，遇類而苟合也。韓子曰『蠅營狗苟』是也。

大狗

獒，大狗也。《漢書》：『罽賓國出大狗。』郭義恭《廣志》曰：『狗大如驢，赤色，數里摇鞉以呼之。』

小狗

今之矮爬狗，即古小狗之種，蓋與中國狗交而漸高大者也。馬鐙狗，長四五寸，可藏之馬鐙中者。唐高祖時，高昌獻狗，高六寸，長尺，能曳馬銜燭，云出拂菻國，中國始有拂菻狗。菻，或作森。元延祐間，佛綵國使來，言國當日没之處，有水銀海，周圍四五十里。健夫駿馬貼金薄馳，還引水銀，沸逐取之，用香草同煎，即成花銀矣。杜環《經行記》：『拂林在苫國西，一名犂靬。』《一統志》：『其國東自大食，及于闐、回紇，抵中國。』洪武四年朝貢，土産不載。今杭城此種甚多，其最小者，沈舉人汝文家得一對自徐閣老處，紫毛可愛。

沐猴

《史》：『沐猴而冠。』沐猴，猴名，出罽賓國。見《漢書》。郭義恭《廣志》曰：『沐猴即獮猴也。』又爪哇國有猴王、猴夫人。山中猴不畏人，呼以霄霄之聲，即出。或投以果實，則其大猴二先至。食畢，羣猴乃食。又，百花國有紅猴。

長卿

長卿，蟛蜞也，即今蟛蜞之大者。余戲贈之詩曰：『名既侔猶彭越，字復相如長卿。黄中文章膏馥，介然甲冑戈兵。茂陵壚頭風味，梁楚江上威聲。伴余橙酒潦倒，免爾草泥横行。』又，藥名徐長卿。蕭子雲賦：『長卿晚翠，篇子秋紅。』蟹八跪而二敖，《荀子》曰『六跪而二敖』，非也。又，菀國出百足蟹，長九尺，四螯。煎爲膠，名蟹膠。

方正學蛇報之妄

所傳方希直之父葬祖，夢蛇而殺之之事，以爲母見黑氣入室而妊，又云生而吐舌如蛇，此真小人好事之誣也。遂以赤族爲蛇報，此又佛氏之妄談以惑衆者。夫蛇，天地間之毒蟲，殺之何害？畜之何益？便使真有黑氣入室，安知非玄武之神所託生者乎？又安知非燕王起于北方，以兆登極，以成正學萬世之事業者乎？生而吐舌，又安知非能言語文章，以明古今大道、以陳君臣正義之用者乎？身苟全矣，名苟立矣，使其先人後裔之遊魂，死而無媿于天上地下，何樂如之，而反憂於族之赤不赤哉！夫不忠不孝而赤族，是可恥也。忠矣，孝矣，而族赤焉，是可榮也，于蛇何與？嗚呼！小人之説不止蛇珠雀環之可笑也！宋庠登科，此常事耳，而以爲救蟻之報，甚至于繪之爲圖，以惑世愚民，倡爲佛氏不敢殺生之論。鄙哉！鄙哉！是可謂螻蟻狀元矣！不亦小乎？其爲學問福量也邪？

蚶

蚶，甲蟲之肉最甘者也。余得海濱一巨蚶，可一尺五寸，世所罕有。留殼以充酒器，名之曰蚶舟。其小者名瓦衕子，言形如瓦壟也。其種可種，廣東有蚶田。

四方淫物

東方之鰈，比目魚也；西方之蟨，比肩獸也；南方之鶼，比翼鳥也；北方有比肩之民，亦當曰淫民。極樂國其人二首而一身。晉楊方《合歡詩》：『譬彼比目魚。』又：『生爲併身物。暑摇比翼扇，寒坐併肩氈。齊彼蛩蛩獸，舉動不相捐。』比目魚，本名魼，古名淫魚。魏文帝詩：『淫魚乘波聽，踊躍自浮沉。』《博物志》：『比翼鳥，一青，一赤，一名共命鳥。』釋書：『共命鳥，二首一身。』杜詩『蓮花交響共命鳥』是也。

留青日札卷之三十一

鸐

今人但知鸐爲鸐鴿。《左傳》：『鸐鴿來巢。』《考工記》：『鸐鴿不踰濟。』《莊子》『鸐鵲子』，即今八哥兒也。鳥短尾，其形類鵙，殊不知鸐自是一種大鳥。《晉·韓友傳》：『將有大鸐鳥來集廳事上。至日，果有大鸐垂尾九尺。』《説文》、韻書皆失收。又作鸜、鴝、鸜、雊字。

么鳳

么鳳，小鳥名也，産于廣西。世人不知，故書中亦呼曰鳥鳳。形如喜鵲，二尾，毛獨長，能唱小樂府，如笙簫之音。故曹組《夜歸曲》云：『何處荒榛挂么鳳。』蘇子瞻《梅花辭》云：『倒挂緑毛么鳳。』今土人亦名倒挂鳥。蜀桐花鳥似鳳而小，名曰倒挂子，即此。

大馬爵

《漢書》：『安息國有大馬爵。』《廣志》曰：『大爵，頸及膺、身、蹄似橐駝，色蒼，舉頭高八九尺，張翅丈餘，食大麥。』我朝有鳥大如驢，集于南京五鳳樓上，想即此鳥飛來者。安息以大鳥卵獻漢。又，烏弋山離國有大鳥卵如甕。余因笑曰：『今之麻爵，乃此鳥之耳孫也。』又，王莽時有大鳥如馬，五色，龍文，與衆鳥數千，集于沛國蘄縣。

三青鳥

三危山有青鳥居之，爲王母使者取食。漢武帝思鈎弋夫人，起通靈臺，常有一青鳥集臺上往來。《左傳》：『青鳥氏，司啓者也。』注：『鶬鴰也。立春鳴，立夏止，故司啓。』因啓有書信通問之義，故言西王母使者。《唐詩紀事》『青鳥』注云未詳。又『持此問風胡』詩誤作『風湖』，亦注未詳。真三家村蒙童讀書也。因并記之。

五色爵

五色爵，出瓊州，常以兩絳者先至。廣西有五色小鳳。

雉尾

相如賦『蒙鶡蘇』注：『鶡似雉，鬬死不却。』『蒙其尾爲帽也。』書有《鶡冠子》。今武弁上插雉尾，取雉之飛若矢之迅往，一直發而墮，蓋取其迅速激烈之意也。朝廷用雉尾扇者，或取雉是離禽，明王于火也。離禽，王火，出陶隱居。《周禮》：『庖人共六禽，雉乃其一，亦食品之貴。』《日華子》云：『秋冬益，春夏毒。』健雉曰鷸，尾長六尺。

告天子　信天翁

有小鳥一飛直沖入雲，翻身徑落，其聲唧唧，名曰告天子。又，鳥專居水濱，俟魚鷹所得之魚偶然墜地者拾而食之，故名信天翁。

厓山白鷴

厓山之敗，陸秀夫負祥興帝，以帛繫腰，以金墜之，投水而死。時御舟一白鷴，奮擊哀鳴，與籠墜死水中。史傳紀之，以爲美談。此非美事也。夫播海之時，何時也，而尚攜及白鷴，使秀夫而容阽危幼主，尚爲禽荒之玩，亦非忠臣矣。縱使奮擊哀鳴，亦不過見人喧嚷忙迫，或驚逸蹴踏而下水耳，何感恩狥義之有哉？自宋至今，人皆惑之，而不能辨，故痛削之。

伯勞東去燕西飛

伯勞，鵙也。揚子雲賦『鶪鶪』，蘇林音『殄絹』，師古音『弟桂』。字書云：『伯勞也。』伯勞五更鳴不止，至曙乃息；燕晝語夜息。伯勞夏至來，冬至去；燕春分來，秋分去。伯勞聲惡，燕語善。伯勞單飛獨棲，燕匹棲雙飛。每每相反而不相合。故樂府云『伯勞東去燕西飛』，喻離別也。

雲白鳥

鴆，一名雲白鳥。《吳都賦》：『白雉落，黑鴆零。』黑色，長頸，赤喙，能食蝮蛇，體有毒，故曰鴆毒，江南大山中皆有之。以象牙諸骨試之，一時碎裂。黑色，其羽最毒也。

鸖　鸖　鷺

鸖愛陰惡陽，故《易》曰：『鳴鸖在陰。』从雨。鸖好霜，故从霜。鷺惡露，故去雨。皆制字順物性之義。又，諧聲也。

鎖幅鳥

鎖幅鳥，其羽細密，如衣幅鎖緊。其毳織以爲布，紋如紈綺。今名鎖伏哈烈，志名曰梭服。

雞盲　雀瞽

凡鳥瞎者。《詩》：『雞棲于塒，日之夕矣。』蓋雞至昏時，則眼無所睹也。顏之推曰：『雀奚夕瞽？鴟奚晝盲？』焦貢曰：『雀目燕頷，畏昏無光。』《莊子》曰：『鴟鵂夜撮蚤，察毫末；晝出瞋目，不見丘山。』今人之目，至晚不見者，名曰雞盲。

鸕鷀　烏鬼

相如賦：『箴疵鵁盧。』注：『盧，鸕鷀也。』水鳥，似鶂而黑。一名鷧，吐而生子。《圖經》云：『峽中人號曰烏鬼。』故杜子美詩：『家家養烏鬼，頓頓食黃魚。』蓋言此鳥捕魚而人得食之也。又云峽中養鴉雛，帶銅錫環獻神，名曰烏鬼，見黃庭堅詩。然元稹云：『病賽烏爲鬼，巫占瓦代龜。』又云：『商人賽烏鬼。』或言祭烏蠻鬼以禳厲鬼，是有兩説也。今有烏蠻灘。

湯火鴨

廣東湯焊鴨卵出雛，浙江火焙鴨卵出雛，皆異。

赤雀

品嵓有一赤雀如練雀，長尾，絳色。志曰：『赤雀不見，則國無賢；白雀不降，則國無嗣。』不知果何祥也？嘉靖間曾貢白雀，表賀者以爲『前星之應』，是也。

姊規

子規，人但知其爲催春歸去之鳥，蓋因其聲曰『歸去了』，故又名思歸鳥，而不知亦爲先春而鳴之鳥。《史記·曆書》：『百草奮興，姊規先嘷。』《索隱》曰『子規，春氣發動，則先出野澤而鳴』是也。韓致光《春恨》詩：『殘夢依依酒力餘，城頭批頰伴啼烏。』批頰鳥，即鵯鵊也，催明之鳥。隋煬帝詩：『笑勸上林中，除却司晨鳥。』司晨鳥，即唤起也。今先春鳴者曰金雞籠。古鵯鵊，一名夏雞，至蠶候乃鳴者。俗曰扎山、扎火，亦因其聲也。

含利吐金

《酉陽雜俎》有『吐金鳥』，《文選》又有名含利者，注：『含利，獸名，性吐金。』或鳥獸二種也。又，鳥能吐方錦尺餘，其形五色文，曰吐綬鳥。若今雲南、四川所畜之鴨，其糞可以淘金，亦可名爲便金鴨矣。鸛雀之名曰負金，鷺鷥之名曰屬玉，正可謂的對也。天地高遠，何物不有？譬之珠，人但知有蚌珠、蛇珠，而不知有蝦珠、鼉珠。傳曰：『舜攝天子，有鈹耳、貫胷之民來獻珠蝦、珠鼉，狀如肺，四眼六脚而吐珠，出南海。』又，玉生石中，而魚亦生玉。海魚曰文魮，鳥頭魚尾，鳴如磬而生玉，何其怪哉！

騰遠

騰遠，《漢書》：『其上則有宛雛、孔鸞、騰遠、射干。』服虔曰：『騰遠，獸名。』張揖曰：『射干，似狐能緣木。』夫騰遠既作獸，則不應在上，當是禽名也。《莊子》：『騰猿得枳棘。』《南都賦》：『鸞鷟、鵷雛翔其上，騰猿、飛獨棲其間。』《蜀都賦》：『猨狖騰希而競捷。』豈騰遠即騰猿邪？

飛龍

飛龍，鳥名。六臣注皆未詳。此鳥鳳頭龍尾，其文五色，以象五方，一名飛廉，一名龍雀。漢銅鑄其像以彰瑞應。明帝至長安，迎取飛廉、天馬置平樂觀，故曰龍雀蟠蜿，天馬半漢。天馬，即銅馬，言其形容之高，半入于雲漢也。宜補注之。

黄雀語

《列子》曰：『梁鴦能養野禽獸。』『海上之人有好漚鳥者。』又曰：『東方介氏之國，其人數數解六畜之語者，蓋偏知之所得也。』《左傳》：介葛盧聞牛鳴曰：『是生四子盡爲犧矣。』世傳公冶長能通鳥語。或言冶長貧而閒居，無以給食，有雀飛鳴其舍，呼之曰：『公冶長，公冶長，南山有箇虎䭾羊。爾食肉，我食腸，當亟取之勿彷徨。』子長如其言，往山中，果得大羊，食之有餘。及亡羊氏跡之，索得其角，乃以爲偷。訟之魯君，魯君不信鳥語，逮繫之獄。孔子素知之，爲之白于魯君。亦不解也。于是嘆曰：『公冶長，公冶長，齊人出師侵我疆。沂水上，嶧山旁，當亟禦之勿徬徨。』子長介獄吏白之魯君，魯君亦弗信也，姑如其言往跡之，則齊師果將及矣。急發兵應敵，遂獲大勝。因釋公冶長而厚賜之，欲爵爲大夫。冶辭不受，蓋恥因禽獸以得禄也。後世遂廢其學。故沈佺期《燕》詩有云：『不如黄雀語，能免冶長災。』白居易《烏鶴贈答詩序》云：『余非冶長，不能通其意。』皆爲此也。《史記》曰：『秦仲知百鳥之音，與之語，皆應焉。』《益部耆舊傳》：『楊宣爲河内太守，羣雀鳴桑上，知前有覆車之粟。』《論衡》：『廣漢陽翁偉能聽百鳥之音。』又：『東方朔能解鳥語。』惜乎！今之未見其人也。

游雉　由鹿

潘岳《射雉賦》：『良游呃喔。』游，雉媒也。吕温《由鹿賦》言由此鹿以致他鹿也。『由』、『游』同義。又，蜂媒、鶴媒皆此類也。今射鳥者，尚曰媒頭。又，網鳥者之媒曰囮。

南岳夫人使者

青鳥，已見前節。今之畫西王母圖者，旁有一青鳥，頂有毛角，亦鳳類也。長沙緱仙姑修道衡山，年八十餘，獨居南岳魏夫人仙壇，忽有一青鳥飛來，自言：『我乃南岳夫人使也，以姑修道，命我爲伴。』每有人游山，青鳥必預言其姓名。一日，言：『今夕有暴客至，姑無恐。』果群僧挺刃將害姑。姑卧床上，僧無所見而出，俱爲虎所食。後隱九疑山仙去，青鳥亦隨逝。則是青鳥又可名爲南岳夫人使矣。見我朝志。

傳信鳥

元藏機有三鳥，大類黄鶴。每翔空中，呼之即至。能令授人語，謂之傳信鳥，即寄書鴿、寄詩燕之類。傳信鳥可對林君復報客鶴，蓋二人皆處士也。

白頭翁

鳥之名白頭翁者二種：其一，緑衣素襟，而頂毛圓白如小錢者，愛往來于花樹間；其一，純黑衣，紅足朱喙，惟首盡白，獨桑時羣至。又，獸亦有白頭翁，乃猿也，白頂黑身，或黄體，廣西兩江中甚多。至于白額虎、白顙馬、白項烏，皆相類也。

四時蠶

雲南干厓宣撫司，有四時蠶，絲染五色以織土錦。又，《僞越外紀》：『一年再稻，一歲八蠶。』今安南也。《吴都賦》：『國税再熟之稻，鄉貢八蠶之綿。』《永嘉記》：『郡有八輩蠶：一曰蚖珍蠶，三月績；二曰柘蠶，四月初績；三曰蚖蠶，四月績；四曰愛珍，五月績；五曰愛蠶，六月末績；六曰寒珍，七月績；七曰四出蠶，九月初績；八曰寒蠶，十月績。』凡蠶再熟者，皆謂之珍。今温州田稻一歲兩種，廣東又有三熟田，因地氣暖也。或疑無八蠶之説。今吾鄉亦有三蠶：曰頭蠶，曰二蠶，曰三蠶。又有曰柘蠶，食柘葉而生者；有曰紅蠶，三九二十七日而熟者。又，廣西横州有曰楓蠶，楓葉始生，有蟲食葉如蠶，赤黑色。四月熟，將吐絲，土人劈取其絲，光明如琴絃，海濱蜑人買作釣緡。史言野蠶成繭者，其名曰蟓。又尹思真爲青州刺史，有治績，蠶至一歲四熟。吾鄉桑貴蠶飢，則以米粉洒葉而餵之。《山海經》：臯塗山白石名礜，蠶食之而肥。蚖，一作原蠶，再蠶也，一曰晚蠶也。蚲，初生也；蜨，二眠也；蠶，三眠也；蝩，晚生也；蠆，自死也。𧊅，又名螝，蠶蛹也。䖸，蠶蛾也。蝠，子也。有細繭，有同工繭，有白，有黃，有青松繭，有火蠶、冷蠶、冰蠶、懶替蠶，是亦八蠶類也。或書作蚒，神之也。俗或作蚕，非也。蚕，上聲，天殄切，名蜸，寒蚓也，即今言地蠶之類。

蠶忽絲

一蠶爲忽，一忽爲絲。劉德曰：『忽，蜘蛛網也。』夫忽既爲蜘蛛網，則絲爲蠶絲也明矣。止當云一忽爲蠶，一蠶爲絲，不當先云一蠶反爲忽也。今則十微爲忽，十忽爲絲，十絲爲毫。《孫子》：『筭術，蠶所生吐絲爲忽，十忽爲秒，十秒爲毫，十毫爲釐，十釐爲分：此皆起度之源。』班固曰：『分者，自三微而成著意。』即毫、釐、秒、忽也。

爛馬蟥

今土之有蟲，雨後始出。如細蚓，黄色，匾身。長者二尺，頭如鏟，形如線，所過有光，畧似馬蟥。稍觸之，即寸斷，故俗名爛馬蟥。宋時，黄州人謂之蟲，今兩廣之蟲又與此不同。爛馬蟥能食蚯蚓，雞食之而死。《草木子》：『土蟲似書帶。』即此。

蒲盧

《詩》：『螟蛉有子，蜾蠃負之。』螟蛉，桑蟲也。蜾蠃，蒲盧也，即細腰蜂，一名蠮。蒲盧取桑蟲之子，負持而去，嘘嘔養之，以成其子。故古人傅會其音，曰：『螟蛉螟蛉，似我似我。』今人以抱他人之子曰螟蛉之子者，以此。北魏胡叟養子，字之曰螟蛉。所謂『布囊盛餘肉餅，以付螟蛉者』是也，此皆未然。揚子曰：『螟蛉有子，殪而逢蜾。』蓋蜾蠃凡細蟲皆可負去，必嚙死之，而寄生一子于其上，積四五蟲，乃以泥封之。久之，卵得其氣而生。其初生也，又食其蟲俱盡，則可以啓封而出户矣。子雲之言方是。又，《大戴禮》：雉入淮爲蜃。曰：蜃，蒲盧也。謂蚌也。朱子曰：『蒲盧，草也。』沈子曰：『蒲，葦也。』《解頤新語》曰：『瓠之細腰者曰蒲盧。』其説各異也。

蜂蝶有雌

《博物志》曰：『細腰，無雌，蜂類也。』《古今注》曰：『蜂蝶之類無雌。』是不然。蜂蝶之陰陽在尾，往往見其交合，蜂之末歧者牝也，末鋭者牡也。蝶之翅文者牝也，翅純者牡也。束晳曰：『蜂出蜘蛛。』《列子》曰：『蝶出烏足。』或曰：『壞裙化蝶，腐菌化蜂。』今蜂皆卵生，而蝶多橘蟲所化也。

白花蛇

白花蛇，出蘄州，背有白花；出黄州者，雖死，兩目有光，入藥甚效。今臨安於潛山中亦出此蛇，脊有白花方勝，頭有一小角，云亦能治病也。

紫蛣

《荀子》：『東海則有紫蛣魚鹽。』謂之石決明。郭璞《江賦》：『石蜐應節而揚葩。』《南越志》：『石蜐形如龜脚，得春雨則生花。』龜脚，俗名鼈脚。但石決明又名紫貝，如蛤。

雁足繫帛書

隆慶時，督學林公試杭士，論以『鴈足繫帛書』爲題。余讀《禮》家食不與，子弟來言，余曰：『子卿事，人所共知者，不足爲奇，且僞也。若能以真鴈書答之，使爲奇士矣。』《漢書·蘇武傳》：『漢求武等，匈奴詭言武死。後漢使復至匈奴，常惠請其守者與俱，得夜見漢使，具自陳道。教使者謂單于，言天子射上林中，得鴈，足有繫帛書，言武等在某澤中。使者大喜，如惠語以讓單于。單于視左右而驚，謝漢使。』因歸武。故曰僞事也。惟元郝伯常之事，乃真蹟，可異耳。中統元年三月，元世祖欲定和議于宋，以郝經爲翰林侍講學士，佩金虎符充國信使以行。賈似道拘留儀真不遣。至元十一年伐宋，問執行人之罪。時公在拘所已十五載，以音問不通，乃于季秋甲戌，用帛一方，博二寸，高五寸，書曰：『霜落風高恣所如，歸期回首是春初。上林天子援弓繳，窮海纍臣有帛書。中統十五年九月一日放鴈，獲者勿殺。國信大使郝經書於真州忠勇軍營新館。』凡五十九字，以蠟丸帛。先是有以鴈獻公者，命畜之。鴈見公輒鼓翼引吭，似有所訴者。公感悟，北向再拜，以帛書親繫鴈足，祝之北飛。十二月，伯顔師渡大江。十二年二月，似道懼，送公歸國。三月，虞人獲鴈于汴梁金明池。四月，公至燕，七月卒，年五十三，謚文忠。其書中統十五年，即至元十一年，南北隔絶，故不知也。宋亡，帛書爲安豐教授王時中所得。延祐五年，學士郭貫見之，奏聞仁宗。勅中使取之，裝潢成卷，文臣各題識之，藏祕書監。陶宗儀所紀，以『霜落』作『零落』，誤也。且云：尺帛又獲之苑中，以聞，上惻然曰：『四十騎留江南，曾無一人鴈比乎！』皆附會也。我朝宋學士題其後甚詳，云：帛背有陵川郝氏印方一寸，文透于面。所云漢昭帝使使者諭云天子射上林，得鴈足，有帛書，言武牧羝澤中，則與本傳不合，蓋詭計出於常惠耳。此失考也。後杭士果無一人知者，由不見《元史》耳，督學者亦知否？又，一學使試『去後當見思論』。余曰：此必何武事，誤以常作當耳。止作經、書二義，於此題下，但書云：『當宜作常，乃何武事邪？』投卷而出，後果優等相知。蓋《資治通鑑》不考本傳，事既疏畧，而坊本俗刻，蒙童所習，又多訛字，形影想像，甚誤後學。師非師，弟子非弟子，誰能口正而心印之邪！因并記之，以爲博識之助。

鷄鵝妖

嘉靖戊子，閩中民家生一鷄子，上有『故知吉凶之患』六字。其人驚異，遂獻之官府。疑而剖之，則鮮血一腔耳。其殼至今藏于布政司庫中。又，家長老言：正德間余族人家生一雞，四生三掌。

足，不食而死。又，嘉靖二十六年，余大兄家生一鵞，止一掌，懼而棄之。其時，餘姚陳家一鵞

豬妖

嘉靖六年，吾鄉蔡家一母豬，忽入房，臥于牀上。其家怪而欲殺之。忽作言曰：『我欠汝家債，今已償完，後當養子以報杜家，非汝所有也。』遂生小豬十二頭，即領至河濱叢棘中藏之。偶杜某者來蔡家索債，蔡因前怪，即以豬與之，復生五乳，訖無他異。因思至正八年杭州施鹽商家有母豬，自食其子，喂者箠之，即作人言曰：『你不喂我食，我飢而自食其子，干你何事？』其主怪而將殺之。又曰：『我祇欠你家錢三千七百五文，賣我足矣。』遂貨之，得錢如數。二事正相類。

彘

彘，豕也。後蹄廢，謂之彘足，與鹿足同。今湖州浮玉山有獸，狀如猴，四耳，虎身，牛尾，音吠如犬，名曰彘，是亦野豬之類，别一種異獸也。古之劍鼻、玉彘，或取象于此，必非因豕而得名也。即璏，王莽碎玉劍璏。

方相

方相，四目鬼物，故有腦入藥丸。費長房于李娥識之。其兩目者曰倛，即魌頭。《周禮》『方相氏驅罔象』是也。黄金四目，玄衣，朱裳，執戈而儺，以索室驅疫，謂之時儺。言四時皆作也。罔象，好食亡者肝，而畏柏與虎，故墓上樹柏、爲石虎，以辟邪也。

禽獸衣冠

我朝内監蟲蟻房，虎、豹、犀、象各有職秩，有品料。如虎之將軍，象之指揮，不尤甚于秦松之大夫，漢柏之將軍乎？唐舞馬，衣以文繡；猴能隨班起居，賜之以緋，昭宗號之曰『孫供奉』。北齊後主馬、犬，有儀同、郡公之號，藉以旃罽食物十餘種。古人譏不仁之君，鶴爲大夫也，鸚鵡爲孃也。肥馬而食人，猶可乘也；肥虎豹犀象而食人，果何所用乎？又，甚至于漢之諸王役宮嬪與犬羊交接，是真禽獸而已矣！弘治初，議放所畜禽獸，以節冗費。所司言：『虎豹之屬，放即害物，殺之恐非諒闇新政。』孝宗曰：『但絶其食，令之自斃可也。』

留青日札卷之三十二

蘅

《山海經》："天帝山有草，狀如葵，其臭如蘼蕪，名曰杜蘅。可以走馬，食之已癭。"郭璞注："帶之令人便馬。"或曰，馬得之而健走。"《爾雅》"杜上鹵"注："杜蘅，似葵而香。"陶隱居云："根葉都似細辛，惟氣小異爾。方藥少用，惟道家服之，令人身衣香。"《本草》："杜蘅，味辛，温，無毒，主風寒欬逆，香人衣體，生山谷。三月三日采根，熟洗暴乾。"唐注："葉形如馬蹄，故云馬蹄香。生山之陰、水澤下濕地，根似細辛、白前等。今俗以及己代之，謬矣。《圖經》云："江淮間皆有之，黄白色，拳局而脆，乾則作圓。春初于宿根上生苗，葉似馬蹄形，高三二寸，莖如麥藁麄細，每窠上五七葉，或八九葉，别無枝蔓。"又，于葉莖間罅内蘆頭上貼地生紫花，其花似見不見，闇結實，如豆大。窠内細子似天仙子，苗葉俱青，經霜即枯，其根成空，似飦箒密鬧，細長四五寸，色微黄白，作湯浴衣，香甚佳。所謂葉如葵者，今葵花也。香如蘼蕪者，今芎藭苗也，即江蘺。蘄芷，根曰芎藭，苗曰蘼蕪。及己，獨莖，莖端四葉，葉間白花，殊無芳氣，有毒，服之令人吐，惟療瘡疥，不可亂杜蘅也，今花紫色，如指大，圓而内空，葉碧緑。

杜若

《范子計然》曰：『杜蘅、杜若出南郡漢中，大者大善。』《本草》以杜若一名杜蘅，非也。杜若，一名杜蓮，一名白連、白芩、若芝，生武陵川澤及宛句。葉似山薑而有文理，根似高良薑而細，味辛香，花黃赤，子赤色，大如棘子，中似豆蔻，又絶似旋復，根殆欲相亂，葉小異爾。《廣志》曰楚蘅，亦非也。味辛，微温，無毒，止痛，除口臭，氣益精，明目輕身，令人不忘。圖見《本草》。

細辛

細辛，根極細，葉如葵，赤黑，一根一葉相對，今人多以杜蘅當之。《本草》有信州、華州、岢嵐軍三種，一名小辛云。東陽、臨海者形狀好，辛烈不及華陰。高麗者色白佳。華州柔韌極細，深紫色，味極辛，嚼之，習習如椒。又，襄陽一種，極細直，色黃白，乃鬼督郵也。圖見《本草》。

白前

白前，葉如柳，或似芫花。苗高尺許，生洲渚沙磧之上，似細辛而大，色白易折，根白，長於細辛，味甘，俗以酒漬服，名石藍，又名嗽藥。圖見《本草》。

風流樹

施州慢水寨有木名普舍樹。普舍，華言風流也。昔覃氏祖於東門關伐一異木，隨流至地名那車，復生根而活，四時開百種花。覃氏子孫歌舞其下，花乃自落，取而簪之。他姓人往歌，花不復落，尤爲異也。見《湖廣通志》。

百穀

五穀，鄭氏云麻、黍、稷、麥、豆，朱子云稻、黍、稷、麥、菽。六穀：稻、黍、稷、粱、麥、苽。九穀：稷、秫、黍、稻、麻、大小豆、大小麥。《物理論》曰：『粱者，黍稷之總名；稻者，溉種之總名；菽者，衆豆之總名。』《廣雅》曰：『大豆，菽也；小豆，荅也；大麥，麰也；小麥，來也。』楊泉曰：『三穀各二十種，爲六十；蔬、果之實，取穀各二十，凡爲百穀。』《周書》曰：『禾麥居東方，方多麻，北方多菽，中央多禾。』

黍居南方，稻居中央，粟居西方，菽居北方。』《范子計然》曰：『五穀者，東方多麥，南方多稻，西

文淵閣芍藥

宣廟幸文淵閣，命於閣右築石臺，植澹紅芍藥一本。景泰初，增植二本，左純白，右深紅，後學士李賢命之以美名，曰醉仙顔，澹紅也；曰玉帶白，純白也；曰宫錦紅，深紅也。與衆賦詩曰《玉堂賞花集》。

鬱金

鬱金，芳草也，四月初生，苗似薑黄，花白質紅末，秋出莖，心無實，根黄赤。取四畔子根去皮，火乾之。生蜀，西戎馬藥用之，胡人謂之馬蒁。嶺南者有實，似小豆蔻，不堪噉，今鬱林州也。《周禮》『鬱人』：『凡祭祀賓客之祼事，和鬱鬯以實彝。』十二葉爲百草之英，十葉爲貫，百廿貫築以煮之爲鬱，遠方鬱人所貢，合而釀酒以降神也。築，舂也，即『楚貢包茅以縮酒』之類。《魏略》云：『生大秦國，二三月花如紅藍，四五月采花即香。』然大秦國去長安四萬里，至漢始通，不應三代時得此草也。味辛，或曰味苦，舊説若蘭，故曰鬱金香。今之鬱金，作焊潘臭。《本草》又云不香。今將染婦人衣，最鮮明，然不奈日炙，染成衣則微有鬱金之氣。然《本草》

木部中又有鬱金香，豈草木二種邪？《字書》『鬱』下注：『木叢者。』於『鬱』下注：『芳草，古人用以飾屋。』則當从草，以塗壁，如椒房之義。若以木則當如柏梁矣。沈佺期詩：『盧家少婦鬱金堂，海燕雙飛玳瑁梁。』堂，一作香。又，古樂府云：『鬱金蘇合及都梁。』都梁，香澤蘭，因山得名；蘇合，紫赤色，似紫真檀，重如石，燒灰，白者佳。

蓬虆

蓬虆，曰覆盆，曰陵虆。今人謂之苺，有蔓生、叢生、樹生，惟叢生者大而可愛，謂之蓬虆。其樹生者謂之覆盆子，亦謂之西國草，亦謂之畢楞伽。《爾雅》云『茥，葝盆』。其鋪地蔓生者，曰地苺，又云藨。老子曰：『不得其時則蓬虆而行。』此西國草之所由名與？

丹藜

藜，王彗，今落帚，初生蒸爲茹。《詩》『北山有萊』是也。大可爲杖，《禮記》：『原憲杖藜應門。』《史記》：『黄石公鬚眉皆白狀，杖丹藜，履赤舄。』又，劉向『太乙燃青藜』。

枇杷

枇杷，見《上林賦》。初無音，周祇《枇杷賦》曰：『名同音器，質異貞松。』則是與琵琶音相同也。琵琶，見《阮咸傳》，亦無音。今人皆作平聲，然古人詩中琵字多作仄聲用。如白樂天『金屑琵琶槽四絃』，『不似琵琶聲』，『忽聞水上琵琶聲』，朱史君『斷腸猶帶琵琶絃』，皆讀如被聲。今吴音讀作弼音，乃入聲也。《韻會》亦曰：『又質韻。』《容齋隨筆》亦曰：『樂天作入聲。』

藍

《詩》：『終朝采藍。』《説文》：『藍，染青草也。』藍三種：蓼藍如蓼，染緑；大藍如芥，淺碧；槐藍如槐葉，染青。皆可作澱，色成勝母，故曰『青出藍而青于藍』。趙岐云：『陳留人以種藍染紺爲業。』白樂天詩：『老絲練緑紅藍染，染成紅線紅于藍。』即今閩廣之深青發紅紫光焰者。紺，深青揚赤色。李益詩：『藍葉鬱重重，藍花石榴色。少女歸少年，光華自相得。』是藍花本紅也。杜子美詩有『蔚藍天』，段成式『雲藍紙』，蓋言天色、雲色，皆如其藍也。又有紅藍花，一名黄藍，葉似蘇，花似蒲，出西域。張騫所得，染爲燕支，中國人謂之紅花，非今之重絳也。赤白之間爲紅。

董澤之蒲　會稽之竹

契丹上京曰西樓，有蒲，瀕水叢生，一莖，葉如柳，長不盈尋丈，用以作箭，不矯揉而堅。左氏所謂『董澤之蒲』是也。近渤海者爲女真，亦曰女直，宋之金國，肅慎氏遺種，渤海之别族，所云肅慎氏之矢，即此。《後漢書》：『挹婁，古肅慎之國。善射，弓長四尺，力如弩，矢用楛，長一尺八寸。青石爲鏃，鏃皆施毒，中人即死。』《通志》：『蒲柳。』《爾雅》：『楊蒲柳。』其條可爲箭榦，故《左傳》云：『董澤之蒲。』崔豹云：『水楊即蒲楊，任矢用。』《本草》云：『枝莖勁韌。』《爾雅》：『東南之美，有會稽之竹箭。』郭璞曰：『箭竹名，因以爲號。』今箭竹高一丈，節闊三尺，可作矢。《易》：『剡木爲矢。』蒲、竹皆木。

雞舌香

雞舌香，出崑崙以南。枝葉及皮並似栗，花如梅，子似棗核，此雌者也，雄者花不實，采花釀之以成香。或云是沈香木花，或云草花蔓生，實熟貫之。漢尚書郎口含雞舌香，云刁侍中年老口臭，故桓帝出雞舌香與含之。今人于乳香中，時時得木實似棗核者，以爲雞舌，堅頑枯燥，絶無香味，燒亦無香也。或曰母丁香是也。俗人以其似丁子，故爲丁子香。

不愁木

忘憂花，可對不愁木。一名帝休。《山海經》：『少室山有木名帝休，其枝五衢，黄花黑實，服之不愁。』《本草》云：『嵩山有此木，人固未識，可求之也。』又，草木名有天然作對者，助情花可對無義草。助情乃天寶遺事。金燈，一名無義草，蓋花葉不相見也。一名獨揺，又名離母。離母可對宜男。

茶梅

劉長卿有《海紅花》詩，李太白詩注：『新羅國多海紅。』今茶梅即小樣粉紅山茶，本名海紅花，以其自十二月開至二月，與梅同時，故曰茶梅。劉仕亨詩：『小院猶寒未暖時，海紅花發晝遲遲。半深半淺東風裏，好似徐熙帶雪枝。』蓋山茶一種數名，花極紅，而瓣極厚者，曰都勝，即今寶珠也。又，以其心紅簇如鶴頂，故曰鶴頂。色淡而無心者曰玉茗，即今粉紅山茶。嘗憶古詩有云：『淺爲玉茗深都勝，大曰山茶小海紅。』

練實

竹實色白，故名曰練實。神農云：『通神明，輕身益氣。』陶隱居云：『竹實出藍田，江東有花無實。』頃來班班有實，狀如小麥，堪可爲飯。嘉靖二十年，昌化遍山竹皆成穟實，舂碎若米而紫黑色，炊之可食，古人以爲荒年之兆。余園中竹亦結實，剥開甚清香，其竹即枯死，恐非鸞鳳之所食也。後見予陽山所生竹實，大如雞子，竹葉層層包裹，味甘勝蜜，食之，令人心膈清凉。生山林深茂處，日久汁枯乾而味尚存，此鸞鳳之所耆也。字書迺于『楝木』下云：『鵷鶵食其實。』又云『通作練』，引《莊子》：『非練實不食。』何也？《風俗通》：『解豸食楝。』

後庭花　後庭草　中庭花

陳後主有《玉樹後庭花》曲。又，温庭筠詩：『宜男謾作後庭草，不似櫻桃結子紅。』是萱草爲後庭草也。百合花，一名中庭花，見《本草》。今之雞冠花，即後庭花。見蘇集。

吉貝草

吉貝草，即今欝林布。南蠻緝其花爲布，且精白細軟。

五色石榴花

榴，本名若榴，初來安石國，故曰石榴，亦曰安石榴，張騫使大夏所得。又云從海外新羅國來，故名海榴。想爾時惟紅色一種，故又名丹若，今則紅者數種，一單葉紅者甚多，一千葉深紅結實名寶珠榴，即今千葉石榴。有子大赤者，有子雪白者。有甜酸二種，甜者佳。詳《格物總論》。甘者名天漿，酸者入藥。一千葉深紅不結實，一單葉樹甚小，長不逾尺，可供盆几之玩，名火石榴，甚能開花，亦有千葉者。此外有一種白花曰白石榴，黄花者曰黄石榴，藍花者曰青石榴，古人所不載者。段成式曰：『白馬甜榴，一實直牛。』晉安帝時，武陵臨沅獻安石榴，一蒂六寶。見《宋書》。

瓊花

瓊，赤玉也。古今每以瓊瑶喻白，鮮于詩：『百蔿天下多，瓊花天上希。結根寄靈祠，地著不可移。八蓓冠羣芳，一株攢萬枝。』而宋次道乃云：『瓊花，一名玉蕊。』見《揚州后土廟玉蕊花序》。《退朝録》云：『揚州后土廟瓊花一株。或云自唐所植，即李衛公所謂玉蕊花也。舊不可移徙，今京師亦有之。改玉蕊爲瓊花者，宋王元之也。又，《雍録》以玉蕊即梔子花，亦名山礬，以其色可以染黄，不假礬而成。是瓊花、玉蕊本是一種。觀瓊、玉取義，可見以玉蕊爲梔子。惟唐長安一株，元、白賦詩甚貴重。又曰花白心黄，三四月開，芬芳滿野，高可數丈，則爲今千葉梔子無疑。人但疑其本之高耳。《齊東野語》又以瓊花絶類聚八仙，但色微黄而香，宋仁宗、哲宗移植禁苑，遂死，載復還榮。宦者陳深取孫枝接於八仙根上，至今流傳，杭褚家堂瓊花園是也，然香色亦少異矣。瓊花園，今名通聖祠，即春秋慶忌宅基。曰通聖者，其神乃唐褚遂良九世孫始爲綾錦者，故至今祀之。又，《瓊野録》一卷，陳氏曰：『學士洪邁園池記述題咏，曰瓊野者，從維揚得瓊花植之而生，遂以名圃。』今聚八仙，即八仙花，西湖山中在在有之，以其每枝開花七八朵相叢，故曰聚八仙。又，每一小朵五瓣如梅花，今取其根以接粉團花者。粉團，余嘗更其名曰玉屑毬。第不知所接之貼頭，又是何處得來之種耳！白而無香，若八仙可接瓊花，則今梔子又單葉、千葉滿野，不必接矣，何所貴重，使人詠羨如此！　王建《唐昌觀玉蕊花》詩：『女冠夜覺香來處，惟見堦前碎月明。』劉禹錫《長安觀玉蕊花》詩：『玉女來觀玉樹花，異香先引七香車。』即今粉團花無疑也。　葛常之以爲其他皆八仙近似而非者，蓋不曾見八仙所接瓊花故也。　余園中千葉梔子亦高可丈許，安敢遽許爲玉蕊？　要之，玉蕊即瓊花，而梔子、山礬自爲別一種，迥不相類也。《説文》：『梔，黄木可染者。』徐曰：『鮮支木也。』漢相如賦：『鮮支黄礫。』師古曰：『即支子樹。』《貨殖傳》：『千畝巵茜。』注：『鮮支也。』西域名薝蔔花，一名林蘭，一名木丹，一名越桃。《爾雅》云：『半瓣有葚。』至于《爾雅翼》，則以『草木花不過五出，唯巵六出』。今單葉六出，而千葉者又不下十數瓣矣。　黄庭堅易瑒花名曰山礬。　蓋瑒，玉名，取其白也，猶云瓊花自好，且名勝山礬，而魯直必欲改之，何也？　而曾端伯遂以爲即唐昌玉蕊花，尤誤。《玉蕊花》詩：『一樹瓏鬆玉刻成，飄廊點地色輕輕。』今梔子花初不謝落，故知非也。蜀孟昶召百官宴芳林園，賞紅梔花，青城山中進三粒子種成。　花出而紅，清香如梅，當時最重之。此又梔子之異。

朱果

李太白：『於焉摘朱果，兼得養玄牝。』朱果謂火棗也。　然則不如以炎實名火棗，而以朱果名櫻桃，如紅桃、紅李、紅杏，皆可。　蓋《真誥》、《素問》以桃、李、杏、栗、棗爲之五果。　又，韋應

物詩：『洞庭摘朱果。』謂橘也。〔一〕

木蘭

木蘭樹高數仞，本作欗，出蜀、韶、春州者各異。皮似桂而香，狀似楠樹。葉似菌桂，有三道縱文，皮有縱橫文。或曰一名林蘭、杜蘭。夫林蘭，即梔子花也。《述異記》：『木蘭川在潯陽江中，多木蘭。』又，七里洲中有魯班刻木蘭舟，至今在洲中。詩人多用木蘭事，故表出之。

怪竹

怪竹，見《唐書》，不知今爲何竹。名甚奇。高宗遣宦者采怪竹江南，將蒔上苑，荆州長史蘇良嗣囚之。今上亦曾遣使采江南方竹，即此類也。方竹，《寧波志》云：『葛仙翁煉丹于定海靈峰，植竹筯，化爲竹而方。』

白桂

張曲江云：『桂華秋皎潔。』段成式云：『桂花三月生，黄而不白。』以譏九齡之妄。夫桂本秋樹，有紅，有黄，有白；有春桂、四季桂。或段公所見，止知有春桂耳。紅桂，宋象山史本初家有之。因接本獻于朝，多植禁中，高宗雅愛之，號曰丹桂。四方争求，歲接數百本。今出象山者，香色芬麗，移之四方，則香色少損矣，蓋地氣使然也。

合歡草木

嵇康：『合歡蠲忿，萱草忘憂。』《通志》乃曰：『萱草曰合歡草。』又曰『無憂草』，何也？今萱曰忘憂花。《本草》云：『食之，令人好歡樂無憂。』至于合歡，亦曰：『令人歡樂無憂。』是其性味同也。萱，一名宜男、丹棘、萬年韭、鹿葱，亦名忘歸草。陸士衡詩：『安得忘歸草？言樹背與襟。』即《詩》『焉得諼草，言樹之背』之意。而字書：『莣，即莣憂萱。』《爾雅》：『莣草，似茅，可爲繩。』《説文》作『杜榮』，則謬之甚矣！惟合歡，多種難辨。陶隱居云：『合歡，俗間少識之者，當以其非療病之功，稍見輕略，遂致永謝。猶如長生之法，人罕敦尚，亦爲遺棄。』唐注云：『葉如皂莢槐等，極細，五月花發，紅白色，所在山澗中有之。』今東西京第宅、山池間亦有種者。或曰合昏，秋實作莢，子極細薄。崔正熊云：『一名青棠，似梧桐樹。枝葉繁弱，互相交結。風來輒自相解，了不牽綴。樹之階庭，使人不忿。叔夜種之舍前，故云然也。』《本草》：『欲蠲人之忿，則贈之以青棠。』《詩話》云：『心胸填錯爲肺，灌取合歡皮煑服之。』陳無己詩『探囊一視合歡湯』是也。其葉至夜即合，故曰合昏。字書本作『棔』，朝舒夕斂，故名合棔木，俗轉爲合歡。又曰合婚，杜子美詩：『合婚尚知時，鴛鴦不獨宿。』故《圖經》曰：『夜合也。』《衍義》曰：『花色如蘸暈綫，上半白，下半肉紅。散垂如絲，爲花之異。其緑葉夜合，又謂之夜合花。』即今之烏茸樹。巧對所謂『烏茸花放，猶如羊毛筆半蘸銀硃』者，但其花不香耳。又，草有夜合花。柳子厚詩：『夜合花開香滿庭。』韓忠獻詩：『所愛夜合花，清馥逾衆芳。』余在嶺南多種之。古人因合歡有夜合之義，遂有合歡扇、合歡帶、合歡被、合歡牀、合歡枕、合歡綵索與香囊之類也。今水田中有草名夜合草。又，何首烏即交藤，亦名夜合。見《通志·草木略》。又，《酉陽雜俎》載胡椒結子，兩兩相對，葉晨開暮合，合則裹其子於葉中，是亦當爲合昏椒矣。又，南海有菜，四葉相對，夜合晝開，名合歡菜。見《番禺雜記》。又，武林西山舊有香竹院，名曰扶竹，其筍名合歡筍。即四川涪州相思崖桃釵竹，一名相思竹也。

相思樹

今之相思木，生嶺南。樹高丈餘，其子曰相思子，即紅豆。漢《文選》注『赤如珊瑚』者。詩所謂：『紅豆生南國，秋來發幾枝。贈君頻采摘，此物最相思。』秋開花，二三月莢枯子老，零落可拾數斗。其樹大而白，枝葉似槐，斜斫之有文理，可爲碁枰、琵琶槽。南方甚多，余山中亦有數株，高三五丈。又，一種豆，頗圓小，半段紅、半段黑者。《本草》：『通九竅，治心腹氣，令人香，止熱悶。子赤黑間者佳。』豈所謂單思子邪？蓋杭有少年子弟，與一伎交好。及別後，少年以相思子作緑紗囊寄之，以表相思之意。因思想成疾，醫藥不效。鄰家老翁訪之，自言其故。翁乃大笑，解之曰：『吾聞所謂相思者，必兩人一心，彼此注念，山川阻隔，魂斷神勞，然後謂之相思。今子之故人，朝東暮西，又抱琵琶過別船矣。爾獨癡心追戀，此則謂之單思病耳，實非相思也，不幾于枉捐軀命乎！』少年聞之，喟然長嘆，赧顔流汗，不覺釋然，遂推枕而起。因記之，并博一笑。又，相思子合糯米炭屑貯龍腦，香不耗。

仙人樹

甘峻山有仙人樹，人行山中苦飢，即采食之。飽，不得持去。平居時，則不易得見。其山多佳木，冬温夏凉。本月支國，後爲張掖郡，今之甘州也。

不死草

廣西柳州産苴草如茅，高二三尺，食之多壽，故名。夏月采置几筵中，則蚊蠅不近，物亦不速腐。甘州、柳州皆南中樂土，故異卉産焉。《一統志》、諸名公集載之。

校勘記

〔一〕韋應物詩　此句原置標題下，今補于文末。

留青日札卷之三十三

伯夷采葛

韓子《通解》曰：『伯夷哀天下之偷且以强，則服食其葛、薇，逃山而死。』今人但知夷、齊采薇，而不知采葛以爲衣也。葛，絺綌草，《葛覃》賦之，乃女事之煩蓐者。《禹貢》『卉服』注：『葛越。』《江都王傳》『荃葛』注：『細葛布，越令婦女采葛以獻吴。』今江南之葛甚盛，而以廣東爲精美。又有可食者，花藤能醒酒，名雞齊，又名鹿藿、黄斤。《吴都賦》：『食葛香茅。』又，有毒不可食者，名野葛。薇，似藿，生山中，一云似萍。《爾雅》『薇，垂水』注：『水菜。』《詩》注曰『苦盆』，陸璣曰『山菜』，注：今野豌豆苗，蜀名巢菜。《三秦記》：『夷、齊食之三年，顔色不變。武王誡之，不食而死。』《廣志》：『葉可食，利人。』《海藥》云：『久食不飢。』又，白薇，藥名，亦曰薇草。一名白幕，一名春草，一名骨美。《本草》云：『久服利人。』或即此種也。又金櫻芽，亦名薇，《詩》采薇是也。

四皓采榮

揚子雲《解嘲》曰：『四皓采榮于南山。』《文選》、《漢書》諸注以『榮』爲『榮名』，殊可鄙笑！《説文》但云：『榮，桐木也。』一曰草華謂之榮，而不詳其所自出，是即伯夷采薇，鮑焦采蔬，蓋采之以爲食也。《山海經》『鼓鐙之山有草焉，名榮。其葉如柳，其本如雞卵，食之已風』是也。《子虛賦》：『發紅華朱榮矣。』《本草》：『紫桐、梧桐，子皆可食，但動風氣不同。』

素馨

素馨有白，有淡黄，或曰即茉莉。雙瓣者曰茉莉，單瓣者素馨。《龜山志》又云：『素馨四瓣。』《南方草木記》曰：『胡人自西國移植南海。』陸賈《南行紀》曰：南越五穀無味，百花不香，獨有二花不隨水土而變。然素馨之香不如茉莉，而茉莉又有一種紅者，但無香耳。在佛書，名曰悉那茗。廣東昔有劉王女素馨者，其冢在陽江縣，上生此花，因其名，故名素馨。宋傅伯成詩：『昔日雲鬟鎖翠屏，只今烟冢伴荒城。香魂斷續無人問，空有幽花獨擅名。』宋艮嶽八芳草：曰金蛾，曰玉蟬，曰虎耳，曰鳳尾，曰素馨，曰渠那，曰茉莉，曰含笑。茉莉，《洛陽名園記》作抹厲，王十朋作没利、抹利，惟洪景盧作末麗，頗雅。佛書《翻譯名義》云：末利曰鬘華，堪以飾鬘。梁張隱《素馨花》詩『細花穿弱縷，盤向緑雲鬟』是也。余嘗改末利名曰玉香花，取其花浸水瀹茗，風味甚雋。

十八娘　紅姑娘

荔枝，有名十八娘者，上品。今草中有名錦荔枝者，元時名曰紅姑娘，亦自可愛。徐大章《元故宫記》『金殿前有野果，名紅姑娘，外垂絳囊，中空，有子如丹珠，味酸甜，可食，盈盈繞砌，與翠草同芳』是也。余嘗有詩云：『十八娘豐殺有名，紅姑娘弱更多情。秋風一粲呈丹齒，幸免騷人誚側生。』殺，去聲，方言忒殺也。

煬帝楊柳　楊王甜梅

隋煬帝御筆寫賜垂柳姓楊，曰楊柳也，見《開河記》。此好事者爲之也。《詩》：『昔我往矣，楊柳依依。』宋玉《釣賦》：『倚乎楊柳之間。』《子虚賦》『朱楊』注：郭璞曰『楊柳』，可證其妄。又，吴武王楊行密諱杏爲甜梅，是以行、杏同音也。今讀行作平聲者，非。又，行密以父名怤，謂與夫同音，乃于御史大夫、光禄大夫之類，皆去『夫』字，此尤可笑也。

應時靈卉

《大戴禮》：『朱草日生一葉，至十五日已後，日落一葉，周而復始。』《孝經援神契》曰：

『德至草木，即生朱草。』《後漢書》：『中元元年，赤草生于水厓。』赤草，朱草也。蓂莢紀日亦然，月小盡則留一葉。梧桐紀月：左右生十二葉，從下數一葉爲一月。有閏，則生十三葉。視葉獨小者在第幾，則知閏在幾月矣。藕、梟茈、藉菰、芋、赤箭，皆應月。藕十二孔，閏益一孔；梟茈、藉菰、芋皆十二子，閏益一子。赤箭亦十二根爲衛。又，南海有草叢生，如藤蔓，土人視其節，以占一歲之風。每一節，則一風，無節則無風，名曰知風草。朱草即屈軼，堯時生于庭，佞人至即止之，其莖如鐵。又，護門草出常山，取置户下，或有過其門者，草必叱之。一名百靈草，疑即朱草也。王筠《寓直》詩：『霜被守宫槐，風驚護門草。』《説文》：『槐名守宫也。』《周禮·朝士》：『面三槐，三公位焉。』注：『音懷，言懷來人於此，欲與之謀也。』故人家門庭多植槐，取守宫之義，堪輿家所謂『前槐後樸』也。

榕

桐城阮公督學時，忽問余曰：『榕是何木？』余漫應之曰：『南方木之有容者。』又問：『有何題詠？』余則舉柳子厚『榕葉滿城鶯亂啼』之句，阮公首肯曰：『信然。』蓋適一嶺南士大夫以榕爲號者，求作齋記也。余退而檢字書，止言初如葛藟，緣木後乃成樹，生于南方。及詢之閩中一士夫，乃云：其樹最大，葉最陰，枝上生根垂地，根上復生枝如藤蔓然，幹闊三四丈，中通不圓實，木理麤惡，不堪作器用。遂意以容者，言其中空有容，又其葉蔭可廣覆被也。或曰新長未空者，可鏇作盤盒，甚輕。

菠薐

今之菠菜，即唐之菠薐菜，出自西域頗陵國。云僧人帶其子來也。《通志》云張騫帶來。

橡

栩實本作樣，从木，羕聲。今作橡。《小爾雅》：『柞實。』《廣韻》：『櫟實。』通作象。《周禮》『掌染』注：『象斗之屬，染黑。』所謂皂物也，因謂黑色曰皂。又，可染澹黄色，爲書殼紙，故稱栗殼色，俗名黄栗屹斗。摯虞入南山，飢拾橡實食。杜甫客秦州，采橡栗自給。故曰：『飢食楢溪橡。』梅聖俞亦云：『野糧收橡子。』《狙公賦》『芧』注：『芧，橡子』。故子美又云：『天寒橡櫟隨狙公。』然食之令人禿髮。山僧制之成粉，亦可食。

瞑菜　瞑木

綽菜，夏生于池沼，葉類茨菰，根如藕條。南海人食之，云令人思睡，呼爲瞑菜。榆一名零榆，二月采皮，取白暴乾，八月采實，可以救荒。又，莢仁作糜羹，令人多睡。又，作醬佳。故嵇叔夜云：『榆令人瞑。』《爾雅》：『榆，白枌也。』漢有枌榆社。白榆有刺，《詩》『山有樞』是也。

七里香　九里香

今山中春時開細白花滿樹，清香逼人者，名曰七里香。簪之，可以鬆膩髮。古云：即芸也，可以辟蠹，并去蚤虱。《説文》：『芸草，似苜蓿。』《禮圖》：『葉似邪蒿，香美可食。』沈招云：類豌豆，秋後葉微白如粉，漢樹之蘭臺、石室藏書之府。又有一種相類而不香者，土人名曰八里臭，簪之頭眩。在嶺南欽州，反名九里香。

劍葉蘭

嶺南劍葉蘭，即今建蘭，其名甚佳。有魚子蘭乃蔓生細粟花。其春蘭乃名樹蘭。海濱別有挂蘭，亦頗奇異。

品藻

品藻，苔名，一名品落，以落形如品也。出《南粤志》。又，言人有鑑別者曰品藻，蓋言能品第文藻也。

石蜜

廣右甘蔗，色白而甚細，其堅如竹，名曰石蜜。《通志》：『赤者崑崙蔗，白者竹蔗，黄者蠟蔗，小而燥者荻蔗。』又，芳蔗、杜蔗，舊言草之庶出者，以節節側生也。傅巽《七誨》云：『南中茶子，西極石蜜。』《楞嚴經》黑石蜜，乃甘蔗糖也。又，櫻桃亦名石蜜，未知西極所珍，又何品也？

瓜宜七夕

七夕乞巧而陳瓜。又，刻鏤成花，名曰花瓜，蓋織女星主瓜果。故洪邁《老圃賦》：『織女耀而瓜薦。』又有瓠瓜星。羊駁、兔頭、龍蹄、獸掌、桂髓、蜜筒、小青、大斑，皆瓜名也。又有緑沉瓜，梁武帝西園食緑沉瓜，見《南史》。郃陽令胡嶠於回紇得瓜，種以牛糞，結實大如斗，味甘，名曰西瓜。見《陷虜記》。按西戎地，漢之燉煌郡，唐置瓜州，瓜大如斛，因瓜以名州也。豈五代時方入中國邪？《文選》：『浮甘瓜于清泉。』杜詩：『瓜嚼水晶寒。』非西瓜莫可當也。今有五色紅瓜，尚名曰番瓜，但可烹食，非西瓜種也。

文章草

余嘗有《遊仙詩》云：『旌節花開降西母，文章草熟醉東華。』旌節花，即錦葵，俗音訛作錦茄兒花，因其花小而類茄花也。高四五尺，節節對生，紅紫如錦。見《黎州圖經》。文章草，即五加皮。譙周《異物志·文章草贊》曰：『文章作酒，能成其味，以金買草，不言其貴。』蓋王屋山人王常所謂『寧得一把五加，不用金玉滿車』。又，東華真人以五加爲金玉之香草。見《煮石經》。此茄字，凡一韻三讀：一云茄，芙蕖，莖即荷梗也。一云茄，菜名，子可食，隋煬帝名爲崑崙紫瓜，今之落酥也，老者名穀子茄。一云茄，五茄，藥名，今作五加皮也。

檮杌

檮杌，《孟子》注：『惡獸名。』非也。檮，斷木也，一作剛木。注引『楚謂之檮杌，惡木，取其記惡以爲戒』。趙岐曰：『檮杌者，嚚凶之類，興于記惡之名。』杌，樹無枝也。从木，从壽、从兀。壽，久也；兀，不動也。不从犭，則非獸明矣。又，舜四凶，一名檮杌。杜注：『頑凶無疇匹貌。』師古《漢書注》：『鯀，崇伯之名，即檮杌也。』惟《周禮》外史以檮杌爲惡獸，《春秋》直史，不避君之善惡，故謂《春秋》爲檮杌也。《史》：高陽才子檮戭。《漢書》：檮余山。《藝文志》：公檮生。師古曰：『直由切。』惟《孟子》今音濤。陸德明《九經釋音》誤之也。

上番　下番

竹之有上番、下番，即今言大番、小番也。番，去聲，謂大年生笋多，小年生笋少也。杜詩：『會須上番看成竹。』蔡夢弼注不知此義，乃云：『上番，音上筤。蜀名竹叢曰林筤。』誤之甚矣！既不識竹，又不識詩，真瞎子也，何以注爲？非萬玉主人不知此妙。

五葷

《禮記》葷注：『薑及辛菜。』《荀子》：『志不在于食葷。』注：『葱薤也。』道家以韮、蒜、芸薹、胡荽、薤爲五葷。《楞伽經》五辛：一大蒜，二茖葱，三慈葱，四蘭葱，五興渠，謂之五種辛菜。立春日，五辛盤。今多用芥也，取發新之意。

荇公鬚

池州人呼荇爲荇公鬚，言其亂生若鬚也。今水中有名温草者，俗名温頭髮。何不稱温母髮，以對荇公鬚？

黄雪

雪，白也，止可以詠梅花。宋人盧梅坡尚以爲須遜其白，而詩人乃以梨花爲白雪。雪，未聞有黄也，而于武陵詠木樨曰：『夜揉黄雪作秋光。』謝無逸曰：『白雪凝酥點嫩黄。』楊廷秀曰：『雪花四出翦鵝黄。』

玉鱗

梅、雪皆白，故皆可稱玉鱗。張公《雪》詩：『戰退玉龍三百萬，敗殘鱗甲滿天飛。』李羣玉《梅花》詩：『玉鱗寂寂飛斜月。』無繹本于李也。飛天，飛月，亦奇。如蘇子瞻：『欲膾湖中赤玉鱗。』則赤玉鱗可作桃花用。杜子美：『丹砂作尾黄金鱗。』則黄金鱗可作菊或金絲桃花用。又，素鱗可用之梨與李；碧鱗，可用之碧桃；緑鱗，可用之緑蕚梅。蒼鱗本松雪，見蘇詩；青鱗本劍鋒，見孟詩。

五色芝

我皇上五色芝，進自陝西王金。自後曾遣御史巡行天下采芝。浙江總督胡公亦有所進。每本有高尺許者，云用芝以合仙藥。芝曰菌，五色加紫爲六芝：青曰龍芝，赤曰丹芝，黄曰金玉芝一，竹林中木芝二，其下皆有黄氣。芝，白曰玉芝，黑曰玄芝，紫曰木芝。瑞草也，生則有雲氣及禽獸之異，蓋言其狀也。余庭中産

櫾

《列子》：吴越之國有木焉〔一〕，其名曰櫾，碧樹而冬生。櫾、柚同。《漢書》：『橘柚芬芳。』注曰：『柚，即橙也。』非是。蓋柚與橙異種，初非一物。所云似橘而大，味酢皮厚者是也。後又云：『盧橘夏孰，黄甘橙楱。』郭璞曰：『黄甘，橘屬而味精。楱，亦橘之類。』張揖曰：『楱，小橘也，出武陵。』則知柚非橙矣。

美人蕉

美人蕉，産于廣西。樹不甚高，花瓣尖，大紅色，甚美，故名也。嘗移歸植之，不開花。蓋地土寒不宜也。又有名板蕉、佛手蕉者，皆生子可食，亦異于浙中黄花者。余嘗詠美人蕉詩云：『芭蕉葉葉颺瑶空，丹蕚高擎映日紅。一似美人春睡起，絳脣翠袖舞東風。』

白草

今稱北狄之地曰黄沙白草。《漢書》：『鄯善國本名樓蘭，出胡桐、白草。』孟康曰：『草之

白者。胡桐似桑而多曲。』師古曰：『白草似莠而細，無芒。其乾熟時，正白色，牛馬所嗜也。胡桐，亦似桐，不類桑。蟲食其樹，沫出下流，名胡桐淚，可以汗金銀也。今工匠皆用之。』又，烏秅國間有白草。岑嘉州《玉門關歌》：『黄沙萬里白草枯。』言枯則生自白。

千歲虆　萬年枝

葡萄，《漢書》作蒲陶，一名馬乳，號草龍珠帳。《白孔六帖》有大如雞卵者，可釀酒。張騫自西域來中國。今有紫、水晶、瑣瑣三種。又有蘡薁，名山葡萄，野生，實小，亦可爲酒。莖主嘔逆，即今悠悠藤之類，故名千歲虆。又名爲萬歲藤，大者如盌，冬夏不凋，在草木之間。《詩》『食鬱及薁』是也。余嘗有詩云：『酒香千歲虆，花發萬年枝。』萬年枝者，檍也。似梓，枝葉可愛，二月華白，子似杏。宫禁種之，取億萬之義，故又名萬歲樹。謝朓詩『風動萬年枝』是也。又，冬青名女貞木，亦名萬年枝。

花性陰陽

稻花也，葵花也，蓮花也，晝炕宵合而向日；麥花也，蔆花也，拘佛頭花也，宵炕晝合而向月。親陰，親陽，性也。

奇南

奇南，香名，蓋言南方之奇木也。亦作奇藍，乃沉香木之生結者。古人詩多用沉香，而不見奇南之名。亦遺事也，故拈出之。

連理木

余所居之前，榆樹一株，同本而枝連理；居之後，烏桕二株，異根而枝亦連理。舊云北方有大榆，江南但有樞榆、白榆。樞，刺榆也，非是。江南榆有莢，所謂榆錢也，未嘗有刺。《詩》：『山有榆，隰有樞。』並音由。《禮》：『春取榆柳之火。』古詩：『天上何所有？歷歷種白榆。』龔遂守渤海，勸民種榆，一口一樹，蓋有用之材也。烏桕曰棬，一名桕柳，葉臭可染皂，子可壓油。《瑞應圖》曰：『王者德化洽八方，合爲一家，則木連理。』又曰：『不失小民心，則生連理木。』《孝經援神契》曰：『德至草木，則木連理。』《晉中興徵祥書》曰：『連理者，仁木也。或異枝還合，或兩樹共合。』以今驗古，兩瑞適符，不知果何徵也？湛方生之頌有云：『相彼神奇，遠見徵祥。同根連柯，本枝俱昌。皇基增構，靈祚維長。運隆周室，道均三王。丕顯奕世，休風載揚。』

花嬋娟

嬋娟，美好也。余嘗詩中言花月嬋娟，有客疑花不可以稱嬋娟。予暗笑之，因其以詩自鳴，故不面折也。夫世之美好者莫如花，則花之名嬋娟不言可許矣，况月以皎潔，尚得稱嬋娟，而詩人往往以嬋娟稱竹，莫敢異議，又况贈之于花乎？

借花看　借客醉

虞伯生詩：『雨浥輕塵道未乾，朝回隨處借花看。』『借花看』三字，情興甚奇。借客醉者，余性不多飲，乃苦好飲。日無事，非杯杓無以自適。每掃徑以竚佳侣之來，蓋借客以取醉也。因憶白樂天《送吕漳州》詩有云：『獨醉似無名，借君作題目。』可謂契合者矣。昔人有云：『賣花檐上看桃李，沽酒樓頭聽管絃。』此則貧窮丐兒之行徑也。又，小説：一人好飲，其妻不容，約曰：『有客至，則當出酒肴，君乃可飲。』其夫苦無客，出門久竚，偶遇一路人，遂揖之曰：『久不會晤，少屈坐談。』其人初不相識，請問何意，主曰：『少刻當告。』其妻爲有客至，盛席款之，歡飲甚洽。客惶恐，終不安席，必求其相延之故。則出一拇指以示之，上書『陪我』二字。蓋畏妻之約，欲借客以爲媒蘖也。并記之，可發一笑。

惜花人

種花而弗愛，猶弗種也；愛花而弗惜，猶弗愛也。愛有貪情，惜兼痛意。辟諸學，知不如好，好不如樂也。古之括香使、司花女、移春檻、選勝亭，買之千金，贈之九錫，無非愛之深耳。懸金鈴、燒紅燭，付酒盞、籍枕幃，武仲不啓關，子美不掃徑，無非惜之至耳。韓子云：『直把春償酒，都將命乞花。』禪家所謂觸緣受，受緣愛，愛緣取，有生老死十二因緣，不能解脱者，此也。杜子云：『一片花飛減却春，風飄萬點正愁人。』所謂從愛生憂者也。又云：『且看欲盡花經眼，莫厭傷多酒入脣。』所謂從憂生愛者也。綺囱紛紛，無可奈何，非與花爲命者，又何足以知之也哉？甲子春三月六日，香宇薔薇十二屏花開甚盛，黄昏風雨大作，無策蔽覆，勉强就枕。子玹趣田子起曰：『争忍羣芳落莫耶？亟宜秉燭往探平安也。』至則紅愁緑慘，俛首垂泣，若訴若怨，不忍相見者。田子方太息，而子玹忽囅然大笑。田子曰：『何謂也？』子玹曰：『獨不念蘇子之詩乎？』曰：『蘇詩云何？』因長吟曰：『東風陣陣泛寒光，大雨沉沉水滿廊。只恐夜深花⿰氵退去，故燒高燭照紅粧。』子藝不覺抵掌絶倒，持燭翻滅，徘徊竚惜者久之，忍寒不能返室。且曰：『此大佳話也，不可無紀。』遂口占一篇，用慰花神云耳：『雨過三日便爲霖，何況春來兩月陰。撫景忽思燒燭咏，不眠重起惜花心。紅粧冷落燈光濕，翠屋淋漓夜色深。扶病細君能解事，當年誰復伴知音？』噫，亦庶幾不負賞花者矣！　⿰氵退，吞梱切，上聲，水流物去也。其去聲即爲褪，蓋方言也，亦可以補字書之不備者。

别花人

惜花人固難得，而别花人亦難得，未有能别花而不惜花者。今俗人家不惟不種花，雖好事者種之，彼亦不知其名。視之如凡草，鄙之如惡木，真殺風景也。所以古人謂難得别花人。夫紫薇、薔薇，特常植耳，而白樂天猶惜之。故其詩曰：『除却微之見應愛，世間少有别花人。』又云：『移他到此須爲主，不别花人莫使看。』是則太傅可謂之别花主，而微之可謂之别花人矣。然古之文人亦有極殺風景事，蓋折花，極俗人惡事也，而蘇子瞻、歐陽永叔亦嘗犯之：子瞻在東武南禪資福寺，大會賓客，翦芍藥七千餘朵置瓶盎中，供佛賞玩。永叔在揚州會客，取荷花千朵插畫盆中，圍繞坐席，命客傳花，人摘一葉，盡處飲酒。此皆忍心人也，惜花之情安在？余嘗于花開日，大書粉牌懸諸花間，曰：名花猶美人也，可玩而不可褻，可愛而不可折。擷葉一瓣者，是裂美人之裳也；掐花一痕者，是撓美人之膚也；拗花一枝者，是折美人之肱也；以酒噴花者，是唾美人之面也；以香觸花者，是熏美人之目也；解衣對花，狼藉可厭者，是與美人裸裎相逐也；近而覷者，謂之盲；屈而嗅者，謂之齇。語曰：『寧逢惡獱，莫殺風景。諭而不省，誓不再請。』嗚呼！此雖戲詞，無非憐芳菲而惜香豔耳。凡我同志，共守此約。

校勘記

〔一〕吴越之國 《列子·湯問》作『吴楚之國』。

留青日札卷之三十四

蓍

《易》曰：聖人『幽贊于神明而生蓍』。《史記》曰：『蓍千歲則一本百莖，其下必有神龜守之。』《白虎通》曰：『蓍之言耆也，陽之老也。故曰下有神龜，上有稠蓍。其形長丈，其叢生滿百莖。』《通志》：『蓍如蒿，華如菊，生上蔡白龜祠傍。一叢之幹二三十，或四五十，高五六尺。』余在南京宗人府董公處，見盆中所栽蓍，問之，云得自陳州伏羲陵上。其葉類細蓬蒿，其莖則與家藏枯蓍無別。余爲乞一二本，曰：『汝車載不便，待我東歸日，當分其半與之。』蓋後公作府雲南，没于道，今竟不知落于何所，心甚惜之。夫蓍乃草之最壽者。六十曰耆，故字从艸，从耆。張茂先曰：『以老，故知吉凶。生千歲三百莖同本，其上常有黄雲覆之。』王充曰：『蓍生七十歲生一莖，七百歲生十莖。神靈之物，故生遲留，曆歲長久。』劉向云：『龜千歲而靈，蓍百年而一本生百莖。』《蓍策傳》曰：(一)『天下和平，王道得而蓍莖長丈餘，其叢生滿百莖。』『可以當大衍之數者三。下有神龜守之，上有雲氣覆之。』《學齋呫嗶》又云：『一叢必四十九莖，以應大衍之數。』恐未必然也。

用蓍

卦皆伏羲作，故曰：『聖人者伏羲作六十四卦者也。』《乾鑿度》云：『垂皇策者羲。』孔穎達云：『伏羲始用蓍。』則是用蓍之法，亦當自伏羲始也。天子蓍長九尺，諸侯七，大夫五，士三，莖有美惡。故《周官》『簭人上春相簭』。《三易》用策數各不同：《連山》用三十六策，《歸藏》用四十五策，《周易》用四十九策。筮人掌三易，辨九筮之名：一曰巫更，二曰巫咸，三曰巫式，四曰巫目，五曰巫易，六曰巫比，七曰巫祠，八曰巫參，九曰巫環，以辨吉凶。巫作筮，字之誤也。太卜傳曰：『上有檮蓍，下有神龜。』今世取蓍者，不能中古法度，不能得滿百莖長丈者，取八十莖已上，蓍長八尺，即難得也。人民好用卦者，取滿六十莖已上，長滿六尺者，即可用矣。其揲蓍古法，亦與今筮法不同，曰：一爻變，以變爻爲主。二爻變，占事之始終：下爻事之始，而上爻事之終也。今則惟以上爻爲主。三爻變，以二卦彖辭占事之始終：本卦彖事之始，之卦彖事之終也。今則以前十卦主貞，後十卦主悔。四爻變，以二不變爻爲主，今則占之卦二不變爻，仍以下爻爲主。五爻變，以不變爻爲主。今則占卦不變爻。六爻變，以之卦彖辭爲主。今則乾坤占二用，餘如之。六爻不變，以本卦彖辭爲主，皆微有異同也。太史公曰：『三王不同龜，四夷各異卜。』所謂異卜者，如越人雞卜，漢武帝用鼠卜。《後漢書》：『倭灼骨以卜，用決吉凶。』夫餘國殺牛，以蹄占吉凶。』注曰：『蹄合者爲吉，解者爲凶。』契丹行軍，用艾和馬糞于白羊琵琶骨上灸，灸破便出行，灸不破即止。《一統志》：『松藩之俗，刻木以成交易，灸羊髆以斷吉凶。』今杭之賣豆腐者，亦刻木以計斤兩。又，善用瓦卜，凡易初爻變起者止十卦，故曰前十卦主貞；自第二爻變起者亦十卦，故曰後十卦主悔。

九棘

《禮》：『秋官孤卿位九棘。』《王制》：『司寇聽之棘木之下。』《易·繫》：『用徽纆置之叢棘。』《後漢書·寇榮傳》：『寘之嚴棘之下，本所以斷獄治寇也。』《春秋元命苞》曰：『樹棘槐聽訟于其下。』棘，赤心有刺，治人者原其心，不失其赤。實事所以刺人情，令各歸實也。即今小棗叢生者，从並束，低小也，故曰叢棘。九者，陽數之極，九卿之象也。又，唐刺州李國清爲下所逐，掠府庫。李忠臣即圍棘，約士投所掠物圍中，一日盡獲。今則上自官府取之而自圍，下至試院取之而圍士，是蓋以防賊者而防官、防士矣，安得使其官、其士不爲民賊乎？

光風草

苜蓿，《漢志》作目宿，《爾雅》作荍蓿。或作萓蓿，草名。或曰菜。出大宛國，漢使得之種離宮，一名光風草。今之鶴頂草似灰藋，秋後結實，黑房纍纍如穄，俗謂之木粟。其米可爲飯，亦可釀酒。故曰：『盤中何所有？苜蓿長闌干。』穄，即稷也。

蘆橘

蘆橘，惠州出。許渾《南海》詩：『蘆橘花香拂釣磯，美人猶舞越羅衣。』蘇軾詩：『羅浮山下四時春，蘆橘楊梅次第新。』今廣東呼枇杷爲蘆橘，知府龐公振卿言之，賦中自有枇杷。又，優曇鉢似琵琶，無花而實，亦出肇慶府。

波羅蜜

波羅蜜，出波羅國。其形如東瓜，其味如蜜。見《一統志》。又出廣州，大如冬瓜，皮有軟刺，五六月熟，味甜，其香滿室，核可煮食，能飽人。一名曩伽結。

三色八仙花

三色聚八仙花，土人名登花，雲南嵩盟州抹摋山出。

蘇合香

蘇合油樹生膏，可爲藥，安南出。吴少微詩：『北林朝日明光錦，南國微風蘇合香。』今藥中蘇合丸也。

不死樹　長生樹

郭璞《不死樹贊》：『萬物暫見，人生如寄。不死之樹，壽蔽天地。』《洛陽宫殿簿》：明光殿前長生二株，晉華林園長生六株，萬年殿前長生二株。《鄴中記》：冬日不凋，葉大如掌，至八九月乃生，華色白，子赤，大如橡子，不中啖。世人謂西王母長生樹。晉嵇含有賦。《十洲記》：『祖洲上有不死草如瓜苗。』許景先詩：『瑞氣朝浮五雲閣，祥光夜吐萬年枝。』又有千年木，見《成都志》。萬歲棗，出三佛齊國；千年棗，出拂林國。皆見《一統志》。

桬棠

桬棠果，瀧水縣出，即詩中所用桬棠木，其果如李，無核。

蘼蕪

蘼蕪，江蘺也，音如離義，故逐婦采之。詩曰『上山采蘼蕪，下山逢故夫』是也。古言是當歸，誤矣。當歸，一名文無，將離者贈之以當歸。交藤，何首烏也。食之，多慾而有子，故思婦采之。詩曰『上山采交藤』是也。

巴旦杏

巴旦杏，西番哈烈、于闐出，似棗而甜者，名忽鹿麻。今名八鞬杏仁。

蘹香

蘹香，即茴香，大小二種。《玉篇》、《廣韻》不收『蘹』字。

卷耳草　卷葹草

卷耳草，拔其心而不死，宿莽也。《離騷》云：『朝搴阰之木蘭兮，夕攬洲之宿莽。』莽，茂草，可以毒魚。一名葞，一名春草，一名芒草，亦作莔。《爾雅》故稱藥草，或曰木若、石楠，葉稀無花實。一説藤也，生繞樹木間。此今之雷公藤也，是有二種。《爾雅》又云：『莽似竹而中實，促節。』陸機詩：『安轡遵平莽。』蓋草也。又，芫花，一名毒魚，即黄大戟，其根曰蜀桑根。又，必栗香，葉如椿，擣碎置上流，魚悉暴鰓。一名化木香，即詹香也，用爲書軸，白魚不損書。《周禮》：『煎氏掌除蠹物，以莔草熏之，則死。』《離騷》：『資卷葹以盈室。』郭璞注：『宿莽也。』《爾雅翼》：『蒼枲耳實如鼠耳，蒼色，上多刺，好着人衣。』詩：『贈君卷葹草，腸斷不須言。』《爾雅》：『卷葹草，拔心不死。』《本草》：『一名地葵，一名常思。』

甘露草　白蘘荷

甘露草，出撒馬兒罕。小草，叢生，葉細如藍。秋露凝其上，味如蜜，可熬爲餳。夷呼爲達即古賓，蓋甘露也。即漢罽賓國白蘘荷，即甘露，解中蠱毒。子厚種之柳州。

寄生草

寄生草，即蘿，一名菟童，又名老禿鶖。今曲名《寄生草》，乃纏綿無根草也。

宿田翁

惡莠恐其亂苗。今莠乃狗尾草，去苗甚遠，安得亂苗？惟蕛稗可以亂苗。《詩》曰：『不稂不莠。』禾粟生穗而不實者，俗名宿田翁。今嗔人曰『不郎不秀』者，本此。

蘆薈

蘆薈草狀如鱟尾，采之玉器，搗研成膏，名曰蘆薈，出大食國。今用爲小兒消疳藥。一曰樹脂，俗呼爲象膽。

薔薇露

薔薇露，即花上露，花與中國不同，土人取其花浸水，故多僞者。又，占城國薔薇水，以琉璃瓶試之，翻摇數四，其泡周上下者爲真。今富豪婦女用以調粉傅面。

胡曼

肇慶府有草曰胡曼，服之即死。小民争鬬或負債，輒服之以誣人。

宜男草　忌女莖

令草，宜男花也。見傅玄賦。又，灰藋，一名金鎖天時。其白青色者，名曰忌女莖，不入藥用，見《本草》。

宜母子　妬母草

宜母子者，果名。形如柑橘，廣州出。世有速成之物，蓋騊駼生七日而超其父，笋生旬有六日而齊其母，世謂之妬母草。故騊駼曰龍駒，笋曰龍孫，言龍者能變化不測也。

苞笋

『苞笋抽節』，劉曰：『苞笋，冬笋也。』見《馬援傳》。

蓪草

蓪草，王叡《迎神歌》云：『蓪草頭花柳葉裙，蒲葵樹下舞蠻雲。』今作通草。蒲葵，即椶櫚也。

夫娘子

草子甚細如刺，其氣臭惡，善惹人衣者，名曰夫娘子。初不可解。按南方苗人謂妻曰夫娘，又謂婦人之無行者亦曰夫娘。蓋言其臭穢，善惹人耳。南宋蕭齊崇尚佛法，故法琳《辨正論》云：『閣内夫娘悉令持戒，麾下將士咸使誦經。』謂夫人娘子也。

疏麻

《南越志》：『疏麻，大二圍，高數丈，四月結實，無衰落。』蓋木也。《楚辭》：『采疏麻兮瑶華。』注以爲麻，誤矣。麻何以可對瑶華並稱也。

交讓木

岷山有木，一年左邊榮，一年右邊榮，名曰交讓木，可對連理樹也。

安息香　金顔香

安息，出安南、三佛齊諸國，樹如苦楝，大而直，葉類羊桃而長，中心有脂，類核桃穰而香，但不宜燒，能發衆香之氣，故人取以和香。又，真臘國有名金顔香者，其氣亦能聚衆香。

鐵樹花

鐵樹花，海南出，樹高一二尺，葉密而紅，枝皆鐵色，生于海底。諺云『鐵樹花開』，喻難得也。

斑枝花

今之褥子，率用斑枝花，出南方，俗訛作攀枝花。唐李商隱：『木綿花下鷓鴣飛。』王叡詩：『紙錢飛出木綿花。』其樹大可合抱，葉黄，花紅，如山茶而片極厚。其實如酒杯口，有綿可作布。見張勃《吴録》。

菖蒲花

菖蒲，老則開花，色青而白，細者如絲，粗者如指，甚香，亦關氣數之盛。諺云：『菖蒲花，難見面。』古《烏夜啼》云：『菖蒲花，可憐聞香不曾識。』張籍云：『君恩已去若再返，菖蒲花青月長滿。』趙牧云：『菖蒲花開魚尾定，金丹始可延君命。』今菖蒲花甚多，乃葉上長出，不足爲異也。

東風　夫留

《蜀都賦》：『東風夫留。』《文選》注：『東風，菜名。』今新興縣斷續藤，人山中行，渴則取汁而飲之。志名爲東風菜是也。愛州人云蒟醬，人家多種，蔓生，子長大，謂苗爲浮留藤，取葉合檳榔食之，辛而香也。劉淵林《文選注》：乃蜀中所産蓽撥子也，味辛烈于蒟醬。張獻叔自雲南帶來食之，本二種也。浮留，即夫留，土人名蔞葉藤。

瓜祭

《禮·郊特牲》曰：『瓜祭上環。』《論語》『蔬食菜羹瓜祭』是也。

社木

《逸書》：『太社惟松，東社惟桐，南社惟梓，西社惟槐。』見《白虎通》。社木不同，漢有枌榆社，宋有楳社。《周禮》：『二十五家爲社，各樹其土所宜之木。』《詩》：『以社以方。』注：『社者五土之神，能生萬物者。民或五家、十家爲社，是私社也。』宰我曰：『夏后氏以松，殷人以柏，周人以栗。』又曰：『使民戰栗。』意以古者戮民于社。是時哀公微弱，三家强横，魯社將屋，故欲使三家戰栗，哀公戮之于社耳。孔子知哀公之不能用，知三家之不能去，故惜之云云，非責宰予之失言也。

墳木

天子墳高三丈，樹以松；諸侯半之，樹以柏；大夫八尺，樹以欒；士四尺，樹以槐；庶人無墳，樹以楊柳。古者葬之中野，不封不樹。自井田之法行，而死徙無出鄉，則欲如今之或千里，或數百里外求風水善地，不可得也。又立爲墓，大夫以辨葬地，以序昭穆，則欲如今之各自爲墓，以分葬求福利者，不可得也。今之庶人，惟樹松柏，則僭天子諸侯之制矣。所謂五患者，風水之經也，不爲道路，不爲城郭，不爲溝池，不爲貴勢所奪，不爲耕犂所及。又曰『不爲溝渠，道避村落，遠井竈』是也。仲尼之墓皆楷木，又云『遠方弟子，各樹以異材』，理或然也。至于曲阜古城，顔回墓上石楠二株，大三四十圍，土人相傳云顔子手植之木。郡志皆載之。夫以不幸短命之人，何以預知其少年將死，而即手植此木以爲墓也？蓋顔子實年六十餘耳。欒，即木蘭。又，橙之别種有五，曰朱欒，曰香欒。

侯桃

侯桃，山桃，子如麻子，而誤以爲辛夷。《爾雅》：『榹桃，山桃也。』《詩》『侯栗侯梅』注：『維也，乃也。』漢有侯李，俱作猴。

平仲　君遷

《吴都賦》『平仲、君遷』注：『皆木名。』劉成曰：『平仲之木，實白如銀；君遷之樹，子如瓠形。』而未詳也。平，本作枰。《上林賦》：『華楓枰櫨。』其木理平，可爲棊局，故棊盤曰枰。唐詩『芳春平仲緑，清夜子規啼』是也。君遷，本作桾櫏，出交趾。司馬温公云：如馬奶，俗名牛奶柹。今《本草》有君遷子，味甘平，無毒，止渴，去煩熱，令人潤澤。樹高丈餘，子中有汁，如乳汁，生海南。又言即柹漆，非也。别有椑柹，日華子云：『作漆甚妙，生江淮南。似柹而青黑色。』《閒居賦》『梁侯烏椑之柹』是也。可補《文選注》。

三香

三香者，椒、欓、薑也。椒二種：胡椒、川椒也。欓，即茱萸也。其子相似者曰榝，俗名殺火，又作辣火，本作榝椴，大椒也。薑亦二種。《上林賦》：『茈薑蘘荷。』張揖曰：『茈薑，子薑也。』又有山薑。

葴將

《上林賦》：『葴橙若蓀。』李善本作『葴持』。張揖曰：『葴持，缺。』義未詳也。葴，音針，至諶切，乃馬藍也。又作寒將，即蘪蔣，善本蓋誤，以『將』作『持』也。當補《文選注》。

木盛　土衰

桑道茂居有柏甚茂，曰：『人居而木蕃者去之。木盛則土衰，土衰則人病。』乃以鐵數十鈞埋其下，復曰：『後有發其地而死者。』大和中，温造居之，發藏鐵而造死。見《唐書》。

娑羅樹

娑羅樹，出西番海中。余在潯州時，官圃一株甚巨。每枝生葉七片，有花穗甚長，而黄如栗花，秋後結實如栗，可食。正所謂七葉樹也。今餘杭南安寺前二株，左右對植，甚茂。問之土人，皆不知其名。一僧乃云：『相傳是娑羅樹，番僧所植者。』此不謬矣。唐李邕《娑羅樹碑》云『惡禽不集，凡草不庇。東瘁則青郊苦而歲不稔，西茂則白藏泰而秋有成』是也。第以段成式之博雅，而曰『花開如蓮』，則大悖耳。其樹詳于佛書，《維摩詰經》有菴羅樹。《唐會要》云：『菩提樹，一名皮羅樹，葉似白楊。』即思惟樹，一名成道樹。《西域記》名卑鉢羅。又，雙樹名婆羅樹，其花名婆羅法。今所稱婆羅法門也，蓋婆娑音同，故互言之耳。今月中樹影皆曰『閻浮山娑婆樹影』，即此。歐陽永叔《娑羅樹》云：『伊洛多奇木，娑羅舊得名。常于佛家見，宜在月中生。』余嘗有《遊南安寺》詩：『昔聞雙樹法，今見兩娑羅。徑草何由茀，山禽自許過。三花空道士，七葉隱孀娥。願作團欒相，秋成處處歌。』

匏瓠

《詩》：『酌之用匏。』昭其質也。匏，从夸，包聲，取其可包藏物也。然匏苦，瓠甘，《詩》：『匏有苦葉。』陸佃曰：『長而瘦口曰瓠，短頸大腹曰匏。』叔向曰：『苦匏不材于人，共濟而已。』惟瓠酌酒，冬盛則暖，夏盛則寒，世多用之。《詩》誤『瓠』作『匏』也。《説文》亦然。惟孔子言：『吾豈匏瓜也哉，焉能繫而不食？』繫者，所謂佩匏也。又，『濩落如五石瓠』，則可通用。

木中字

餘杭徐第之斫後園樹，破之，中有『右衛王通所』五字，人皆怪之，以之供神。余爲考之：南唐天曆間〔三〕，平江木中有『天下太平之王』六字，齊永明秣陵安明寺木中有『法大德』三字，宋太平興國元年瑞安木中有『天下太平』字，熙寧惠州木有『王帝萬天下太平』字，政和武義木有『萬宋年歲』四字，治平杭州南新街柿木中有『上天大國』四字，類顔真卿書法，皆木妖也，亦文妖也。

木拔自植

嘉靖三十九年七月，台州大雷雨，東門外湖邊合抱大樹忽然拔起，倒一宿，復自植立。有司皆往視之，後倒其木爲神像，立廟祀之。宋嘉定六年，嚴州大樹自拔，占曰『將亂』。晉孝武太平十四年，建寧枯樹自立。京房曰：『妃后有專，木仆反立。』亦木妖也。

木生異實

嘉靖三十年，蕭山桃樹生橘。上虞、象山皆李樹生王瓜。諺云：『李樹生王瓜，千里無人家。』《寧波志》亦載。此後海上皆被倭寇之禍。按：元順帝至正中，李實如黄瓜。諺云『李如黃瓜，民皆無家』是也。又，象山柏樹開雞冠花，古占草木互妖也，上下失所。隆慶五年辛未四月，錢塘湖市栗樹生桃，形類油桃，色紅，小僕親見二枚，無核。九月，西溪栗樹生林檎三枚，黃生藥采之。唐大和中，成都李生木瓜。宋紹興中，建德栗生桃。紹熙中富陽栗生檎實，占曰：『木生異實，國主殃。』傳曰：『出入不節，奪民農時，及有奸謀，則木不曲直。』注云：『姦謀者，謂增賦履畝之事。』時兩浙丈量田土，增賦煩民，而吏皆爲奸，千里受害也。説曰：木，東方也，於《易》爲《觀》，其於五事，威儀容貌亦可觀者也。故行步有佩玉之度，登車有和鑾之節，田狩有三驅之制，飲食有享獻之禮。出入有名，使民以時，務在勸農桑，謀在安百姓。如此則木得其性矣。今木生異實，與夫桃李冬華，百卉變色之類，皆木失其性也。

校勘記

〔一〕著策傳　下文係引《史記·龜策列傳》語。

〔二〕天曆　疑有誤，南唐無『天曆』年號。

留青日札卷之三十五

沈萬三秀

今人言富者，必曰沈萬三秀云。蓋元末人也，沈姓，萬三行秀者，元時，稱人以郎、官、秀爲等第。至今人之鄙人曰不郎不秀，是言不高不下也。萬三名富，字仲榮，其弟萬四，名貴，字仲華，本湖州南潯人。父沈祐，始徙蘇之長洲東蔡村。貴之子漢傑，又徙于化周莊。今南京之會同館乃其故宅，後湖中地乃其花園。初居東蔡村，時人以汙萊之地歸之。祐躬率子弟服勞，糞治有方，瀦洩有法，由是致富不貲。洪武中，萬三、萬四率先兩浙大户輸税萬石，仍獻白金五千兩，以佐用度。上命其造廊房，爲楹六百五十，披甲馬軍者十，務罄所獻金乃已。又，命分築南京城，自洪武門至水西門，其工先畢。太祖嘗犒軍，萬三欲代出犒銀。上曰：『朕有軍百萬，汝能遍及乎？』萬三曰：『每一軍，願犒銀一兩。』上曰：『此雖汝好意，然不須汝也。』由此遂欲殺之。太后苦諫，以爲：『彼富固敵國，然未嘗爲不法事，奈何殺之？』上意乃釋。然亦由此被人告訐，或旁累所逮及，往往曲宥之。後得流雲南，其婿余十金，亦流潮州。尋命選大户家爲京官六曹，令近侍各舉所知，得漢傑之子曰玠者，擢爲户部倉曹員外郎。受官辭禄，上益器重之也。至今傳二家子孫之在流所者，尚富足。或云善點化之術。又，當元末時，吴人陸德原者，富而好古，亦能詩文，名震吴下。沈萬三秀曾爲之治財。入國朝，德原亦爲黄冠，蓋懼法而逃云。嘉靖間，嚴嵩盜竊國柄，貪墨滔天，苞苴公行，仕路汙穢。嘉興丙辰科一進士，用金一萬三千兩買選吏部考功主事，時人號之曰『沈萬三官』。卒爲科道所劾，以此形之奏章，遂命錦衣擒治削籍，大快政也。因詳及之。

劉瑾

劉瑾，陝西西安興平人。景泰初，以浄身進，坐内臣李廣奸黨，充南京海子口軍，夤緣取用。乾清宫災，復發配，又召回僉書。正德元年十月，掌司禮監事提督團營，與馬永成、谷大用、張永、羅祥、魏彬、丘聚等爲八黨。肆惡無忌，僞傳詔旨，變亂成法，謀爲不軌。五年八月，張永憾瑾，因征寧夏安化王歸，疏瑾大奸一十七罪，伏誅。籍没家産：

平天冠一頂，衮龍袍四領，蟒衣四百七十襲，八爪金龍盔甲三十副，金甲二副，金鉤三千，金絲碧玉帶五條，玉帶四千一百六十條，玉印一顆，玉琴一張，寶石二斗，牙牌二櫃，穿宫牌五百面，金銀湯鼓五百件，金二十四萬錠，碎金五萬七千八百兩，銀元寶五百萬錠，約計銀二十五千萬兩，零銀一百五十八萬三千六百兩。餘物不可勝計。

錢寧

錢寧，幼名福寧兒，雲南李巡檢之家生子也。太監錢能鎮守雲南時，養以爲子，故名錢寧。後得寵于武宗，賜以國姓，號爲義子，因稱朱寧。正德八年，以左都督掌錦衣衛事，干與國政，鉗制百司，罪惡貫盈。十四年七月，以宸濠事敗，下詔獄伏誅，籍没家産：

金七十杠，共十萬五千兩；銀二千四百九十杠，共四百九十八萬兩；碎金銀并首飾五百二十箱；珍珠二櫃；金銀臺盞四百二十副；胡椒三千五百擔；蘇木七十杠；段疋三千六百杠。餘物不可勝計。

江彬

江彬者，大同遊擊也。正德時，劉瑾既誅，餘黨逃竄。義子劉六、劉七、趙風子、邢老虎、楊寡婦倡亂内地，號爲流賊。官軍屢敗，因調邊兵入禦。彬亦建功，漸謀進用，賜姓朱氏，兇悍横行，公卿屏息。導上逸遊，禍幾不測。十二年冬，以左都督冒應州功，封平虜伯。明年，上自稱威武大將軍、太師、鎮國公朱壽，以朱彬爲威武副將軍，欲巡行天下，以窮逸樂。十六年春，駕崩。三月，以皇太后懿旨，下獄伏誅，籍没家産：

金七十櫃，共一十萬五千兩；銀二千二百櫃，共四百四十萬兩；金銀首飾五百一十箱；金銀湯鼓四百箇。餘物不可勝計。

嚴嵩

嚴嵩，江西袁州分宜人。弘治乙丑進士，仕至少師、太子太師、吏部尚書、華蓋殿大學士。詐僞百端，貪酷萬狀，結交内侍，殺戮大臣，乾兒門生，布滿天下，妖人術士，引入禁中，三十年來，流毒華夷。蓋古今元惡巨奸，罕與儔匹者也。議者以爲李林甫、秦檜不啻過焉。其子嚴世蕃，起白徒，官工部左侍郎，助父肆虐，欺君誤國，爲禍尤甚。言官競劾，嵩罷職，世蕃充雷州衛軍。後與羅龍文等怨望謀叛，奉聖旨：『這逆情你每既會問的確，嚴世蕃、羅龍文便會官決了，盜用官銀、財貨、家産，着各該巡按御史嚴拘。的親兒男盡數追没入官送部，不許親識人等侵匿受寄，違者即便拿問。嚴嵩畏子欺君，大負恩眷，并伊孫見任文武職官的，都削職爲民，有司拘管當差。餘黨逆邪盡行逐治，毋致貽患。其餘俱依擬行。奏内不言逆本，是何法制？且不查究。』所云逆本者，指賊嵩也。積惔所及，死灰餘燼，猶能焚灼臺察之吻，况當炎炎炙手之時乎！有其君，無其臣，古人痛惜，良不誣也。巡按御史林潤等抄没江西家産，畧載其大綱，嘉靖四十四年八月也。

誥勑翰器等項共二百二十四件，金共一萬三千一百七十一兩六錢五分，純金器皿共三千一百八十五件，重一萬一千零三十三兩三錢一分，内有金海水龍壺五，金龍耳圓杯一，金龍盤三。金廂珠寶器皿共三百六十七件，共重一千八百零二兩七錢二分，内有龍盤，鳳杯，龍壺。壞金器共二百五十三件，内有金牌十二面，金人三箇，共重四百零三兩九錢二分。連前各項金器三千八百五件，共重一萬三千二百三十九兩九錢五分。金廂珠玉首飾共二十三副，計二百八十四件，共重四百四十八兩五錢一分，内有貓睛六顆，祖母緑二件。金廂珠寶首飾共一百五十九副，計一千八百零三件，共重二千七百九十二兩二錢六分，内有貓睛二十顆。有天上長庚、人間壽域、慶無窮壽、永喜心字等名件。金玉珠寶頭箍、圍髻共二十一條，共重九十九兩六錢三分。金玉珠寶等耳環、耳墜、耳塞共二百六十七雙，内有貓睛二顆，共重一百四十九兩八錢三分。金廂珠玉寶石等項墜領、墜胸、禁步事件共六十二件，共重一百七十九兩二錢六分。金廂珠玉寶簪共三百零九件，共重九十二兩八錢四分。金玉廂嵌珠寶等鐲釧共一百零五件，共重四百二十兩一錢。雜色金玉首飾，内有美人夜遊玲瓏掩耳，共七百七十六件，共重九百四十九兩七錢六分。金廂珠玉寶石帽頂共三十五箇，共重七十七兩一錢七分。金廂玉寶條環二百八件，共重一千一百一十三兩零九分，内有海内英雄、五龍玩月、福壽康寧等名色，貓睛二十顆，内墨貓睛一顆，員月大珠不計。金廂嵌珠寶條鉤六十八件，共重二百三十五兩七錢五分，内貓睛二顆。連前首飾等項共三千九百三十八件，共重六千五百五十八兩二錢。通共净金净器皿首飾等項，共重三萬二千九百六十九兩八錢。净銀二百零一萬三千四百七十八兩九錢。銀器皿共一千六百四十九件，共重一萬三千三百五十七兩三錢五分，内有滿池嬌銀山二座。

銀嵌寶首飾事件六百二十八件，重二百五十三兩八錢五分。連前銀器共計二千二百七十七件，共重一萬三千六百一十一兩二錢。通共净銀銀器共重二百二萬七千九十兩一錢。玉器共八百五十七件，共重三千五百二十九兩五錢，内有漢始建國元年注水玉匜、晉永和鎮宅世寶紫玉杯、永和鎮宅世寶玉盤，紫玉、墨玉、碧玉、黄玉、荒玉、花玉等名番字玉板一片，重一十三兩七錢，千岩競秀玉山一座，重一十三兩二錢。玉帶二百零二件。金廂玳瑁、犀角、瑪瑙、銀珥、珠鈿、牙香等帶共一百二十四條。金摺絲帶環等項共三十三條，内貓睛二顆。金廂珠珥犀象、玳瑁、器皿共五百六十三件，共重一千三百三十一兩七錢。金銀廂牙筯二千六百八十二雙。金廂雙龍龍卵壺一把，鍍金雙龍龍卵壺一把，金廂龍卵酒瓮二箇，連座未廂龍卵一枚，共龍卵五箇。珍珠冠頭箍等項，内有五鳳、三鳳等冠，共六十三頂件，共重三百六兩三錢。珍珠、寶石、琥珀共重二百六十兩五錢。珊瑚、犀角、象牙等項，共六十九件，内有大學士、司丞牙牌二面，除珠不計件。珍奇、玩器、珠寶、水晶、珊瑚、玻瓈、瑪瑙、哥窑、柴窑、嘉峪石斗、龍鬚席、西洋席共三千五百五十六件副雙。象牙籤八十五根。洪熙、宣德古溂水、熊膽、空青、薔薇露共十三罐盒。礦砂三百八十五兩。硃砂二百五十斤六兩。檀、沉、降、速等香二百九十一根，重五千五十八斤十兩。奇南香三塊。沉香山四座。織金粧花段共一千一百五十一匹，内有大紅粧花五爪雲龍過肩段二匹。絹七百四十三匹。羅六百四十七匹。紗一千一百四十七匹。紬八百一十四匹。改機二百七十四匹。絨五百九十一匹，内有西洋鐵色褐六匹。錦二百一十四匹，内宋錦一百一十七匹。綾一十一匹。瑣幅一百六匹零一段。葛五十七匹。布五百七十六匹，内有西洋紅白棉布。已上共一萬四千三百三十一匹零一段。織金粧花男女衣服段絹羅紗紬、改機、絨、宋錦、葛、貂裘、絲、布、洒線共一千三百零四件。絲縣四百八十七斤。刻絲畫補四十副件。金銀鉸扇二萬七千三百零八把。古今名琴五十四張，内有月下水玉琴、咸通之寶、清廟之音、響泉、霜鍾、清流、激玉、玉壺、冰蒼、龍嘖玉、一天秋、萬壑松、秋澗泉、雪夜鐘、玉琮琤、寒玉、秋月、春雪、調古、冰泉、垂月、松風、鳴雷、震殿、九霄、鳴珮、流水、高山、寒江、落鴈等名大理石古銅琴。古硯一十六方，内有未央宫瓦研、銅雀瓦研、唐天策府研、貞觀上苑研、蘇東坡天成研、宣和殿研、文文山研。都丞文具六副。屏風圍屏一百零八座架。大理石螺鈿玳瑁牀一十七張。古銅器一千一百二十七件，重六千九百九十四斤零二兩。銅錢九千四百七十五文。鈔二綑。古今書籍八十八部，二千六百一十三本。石刻，法帖，墨蹟三百五十八册軸。古今名畫，刻絲納紗紙，織金繡手卷，册葉共三千二百零一軸，内有唐《九成宫避暑圖》、《阿房宫圖》，宋周文矩《學士文會圖》、《金谷園圖》，唐閻立本《職貢圖》、《杏壇圖》、《越王宫殿圖》，宋張擇端《清明上河圖》、《西湖春曉圖》、《南屏晚鐘圖》，劉松源《西湖圖》。變價紬絹布匹二萬七千四百八十三匹〔一〕，共估價一萬五千零四十七兩六錢。變價男女衣裘一萬七千四十一件，共估價銀六千二百五兩零七分。變價扇柄二百八十四把，共估價銀八兩六錢四分。變價銅錫器二項，共估價銀二百七十九兩五錢五分。變價螺鈿石牀六百四十張，共估價銀二千一百二十七兩八錢五分。變價帳幔被褥共二萬一千四百二十七件雙副，共估價銀二千二百四十八兩二錢。轎三十五乘，共銀七十兩。卓椅廚櫃七千四百二十四件，共銀一千四百五兩。盤盒家伙九萬四千九百二十六件把雙。瓦蠟膠藤通估銀一千二百三十五兩九錢五分。樂器神龕共四百二十零件，估銀二十兩八錢四分。兵器三百四十一件。變價第宅房屋共六千七百四間所，共價銀八萬六千三百五十兩。變價田地、山塘約三萬餘畝，共價銀四萬四千四百九十三兩四錢六分七釐二毫。變價船板稻穀馬牛等畜，共銀二千七百八十七兩六錢八分。通計淨銀并器皿首飾與變賣寄借銀二百三十四萬二千七百三十一兩七錢七分七釐二毫。續追金七十四兩七錢九分。續追銀一萬三千九百兩八錢九分二釐。續追金玉器物共二百一十三件副。又硃砂八十兩。檀、速香二百八十四根。中書牙牌一面。續追變價物件共估銀八百四十四兩四錢四分。連淨銀銀器共一萬六千五百一十六兩二釐，連先報通共銀二百三十五萬九千二百四十七兩七錢七分九釐二毫。

又，直隸巡按御史孫丕揚抄没嚴嵩北京家産：

五綵金龍羅段等一千六百七十九匹；金四百八十三兩二錢；金珠寶首飾六百五十件重六百三十四兩；金廂瑪瑙、象牙、金玉寶帶四十七條；銀一萬二千六百五兩；珍珠、寶石二十四兩五錢；玉石、犀角、珊瑚、象牙器皿三百三十斤；降真等香一千五百三十斤；牙笏三十七根；牙牌三面；牙筋四百三十一雙。圖書、古畫三千六百五部軸；織金粧花衣服翠物二百一十三箱；房屋共一千七百餘間所，内有雕刻香十間；金綵銅錫器皿共五千五百餘件；地一百五十餘所畝；寄出銀三千八百餘兩。

傳聞二處所抄，不及十四五。蓋行賂于權要者十二三，寄頓于親戚者十三四。郿塢久營，兔窟多術，安能根連株拔，風翦霞滅，如我高皇帝籍没胡、藍二黨時邪？其籍中龍卵、貓睛諸奇貨，皆得之仇鸞海上將領并賊汪直求和易者。《越王宫殿圖》乃仁和丁氏物，《文會》等圖乃錢塘洪氏物，皆總督胡公以數百金轉易者。《清明上河圖》乃蘇州陸氏物，以千二百金購之，纔得其贋本，卒破數十家。其禍皆成于王彪、湯九、張四輩，可謂尤物害民也！嵩賊生辰，總督諸公皆以紫金鐫爲文字，綴以錦綺，以珍珠爲纓絡，以珊瑚爲闌杆，雜以寶石，襲以香藥，綱羅圍繞，綵繡燦爛，眩目駭人，以供一時之玩，以悦奸臣之心，罪不容誅矣！又聞有八寶溺器、金絲幃帳，及違禁諸異具，先已毁滅。而嵩當斥逐時，身負奇珍，狼倉道路，爲人搜奪，卒至乞食殞軀。世蕃又縱姬妾宣淫，以繁蔭襲；飭美人隊伍，以代樗蒱。其孫嚴紹庚、嚴鵠等嘗對人言，一年儘費二萬金，尚苦多藏無可用處。于是競相窮奢極慾，鬼殛神號，而禍敗立至矣。所恨者，不父子祖孫騈斬藁街，以爲天下後世快耳。論者又曰：若并其壻、婦之家及鄢懋卿諸黨而盡發之，則所得又當百十此也。足國裕邊，斯亦良策，又何必丈量疆土，加賦困民也哉！

鄢懋卿

鄢懋卿者，江西豐城人，嘉靖辛丑進士，賊嵩義子也，又結昏因之好。嵩之爪牙羽翼，固未易屈指數，而陰謀盜行，則皆懋卿助之。科道論劾，自知難容，而貪噬之心尚未厭足。于是乞爲好差，以圖歸計。乃以都御史經理東南鹽課諸務，聲勢赫戾，睹記所未有者。每歷淮揚諸大鎮，則餽索不下二三百萬金，風力所加，甚於詔旨。及至吾杭，則三司望塵而讋懾，府縣聞風而奔走。如點選婦女以充内人，八轎之夫役多至百名，置造金銀、湯鼓、器皿以充筵席之供，亦費千百兩。猛如倭寇，室家驚皇，山岳震摇。又受竈户贓私六萬，爲之奏乞分外優免田丁。貽害平民，萬死有餘辜矣！嗚呼！冰山一傾，今不知其所積竟何如邪？

陶世恩

陶世恩，湖廣黄岡人。其父仲文以倉大使當刑，假符籙進用，官至禮部尚書、恭誠伯。世恩以恩亦至尚寶少卿，傳習僞書，招聚奸黨，妄造方藥，希固寵榮，乃進小涵等丹。而陶倣者，其從子也，則進九白及兜肚香袍。劉文彬進經驗仙丹。陝西鄠人王金先以獻五色龜芝得倖，亦進百花等酒，令人飲之，能使丹田即刻火發。三原申世文進丹名曰天水生元。至于武當山道士太康高守中，進三元等丹，皆用麝香、附子諸熱毒之劑，假以延年、羽化爲名，其實皆房中術耳。未幾駕崩，隆慶初伏誅。嗚呼！此輩妖人惑君，不足深責，當時師保諸公，豈不與聞邪？漠然付之不知，坐視君父之阽危而不諫救，尚自鳴曰賢相，便當愧死矣！

馬祖師

嘉靖三十四年秋，杭人訛傳馬祖師至，云能入人家，迷惑人至死，變幻飛走異形，多能爲蝴蝶。人禦之，則刀杖反傷其人，或害及家人妻子。于是晝夜鳴金擊鼓，喊聲趕逐。無分鄉市，人不聊生，不知所爲。皆相傳書符貼于門户，雖深山窮谷皆然也。蓋此言起于蘇、常，乃妖人馬道士幻術惑衆，將謀不軌，而特盛于湖州。時余在金陵，至蘇州，則巡按御史尚維持出榜諭衆，擒其姦徒正法，訛言者枷號，以安民心，而馬道士卒遁去。余方抵家，則吾鄉哄然矣。惟湖州士民崇信，雖仕宦大夫顯顯有名者，亦受其愚，云以盆水照影，則貴賤迥別。或有影帶貂璫、幞頭、紗帽，兜鍪諸色種種奇怪者，亦有帶平天冠如帝王像者，彼即署名簿籍，預定官爵大小高下，大率如所見之影。群居烏程雲霧山中，乃三十六年秋也。約九月十四日，舉事倡亂，以白巾爲號。先二日，有鄔彩者，發其謀于主簿田木渭，白于知縣蔣弘德，合謀緝捕賊首。蔣鵬、蔣潮越城逸去，集于烏鎮雙林，燒劫民舍，地方被害。十六日，總制胡宗憲檄知府李敏德，委千户蔡懋恩、李鉞督兵擒之，亦放火殺害無辜數百人，而馬道士終不獲。搜得花名簿三五册，中多士大夫，皆與胡公厚善者，因焚其籍不治。然而小民疑畏逃竄者多矣，遺棄家産田地，反爲漏名士夫所得，如籍没者然，甚獲厚利，此又可笑也。使再遲數月，則禍變綿延，有大可憂者。白蓮教之禍，可不嚴禁之邪？《寧波志》載：三十七年春，馬道人能剪紙爲兵，念呪即能布陳。夜入人家，男婦睡時，多爲所壓，不能醒，雖醒，氣猶索索不蘇，有因而死者。書符作『䆗䉆䆷䆷』四字，雖邊海州縣無不至。後遇廣西人，云亦被其擾也。

李良雨

隆慶三年五月，陝西民李良雨本男子，無恙，忽變爲婦人，與同夥一人，合爲夫婦。其弟李良雲報官，奏聞。此陰盛陽衰之妖也。因考建安七年，越巂男子化爲女子，占主易代。余作詩云：『日不可爲月，山不可爲川。如何天與地，顛倒如轉圜？山西古出將，剛氣今不全。乃有彼丈夫，而化爲嬋娟。姓李名良雨，草木雨露偏。木性失曲直，剋土不生煙。同火自匹妃，嗣續恐弗延。茲謂陽從陰，陰疑易陽權。造化豈小兒？變幻等滄田。丈夫不雄飛，雌伏亦自便。把酒發浩嘆，不飲空潸然。』〔二〕

校勘記

〔一〕七千四百八十三匹　甲申本作『七千二百八十三匹』。

〔二〕此條據謝國楨『校記』，謂摘抄本于末附有按語一則曰：『聞諸山西人，實無此事。一縣官妄申巡按宋纁，纁以奏報。後取其人親驗，行至某驛，羞愧自縊死。實縣官者絞殺之也。』

留青日札卷之三十六

混古始天易

昔者四聖人之作《易》也，時更三古，道成三天者也，是故包犧氏爲上古先天之《易》。《繫辭》曰：『古者包犧氏之王天下也。』又云：『上古穴居而野處。』又云：『古之葬者。』又云：『上古結繩而治，後世聖人易之書契。』蓋伏羲重卦，六十四卦之名具矣。又命子襄爲飛龍氏，造爲六書。至於黄帝時，蒼頡從而衍之耳。干令升于《周禮》大卜掌三《易》之法，乃曰：伏羲之《易》小成爲先天，神農之《易》中成爲中天，黄帝之《易》大成爲後天，何也？

文王爲中古後天之《易》，而周公因之，子之于父，繼志述事，當然也。《繫辭》曰：『其衰世之意邪？』又：『易之興也，其于中古乎？』又：『易之興也，其當殷之末世，周之盛德邪？當文王與紂之事邪？』不曰中天而曰後天者，仲尼曰『先天而天弗違，後天而奉天時』是也。

至於孔子，則爲下古終天之《易》矣。仲尼五十學《易》，三絶韋編，集三聖之大成，贊《十翼》之奥旨，春秋之世雖下矣，謂非終天地之功，而大明《周易》之道者乎？作《易》之有憂患者，不獨西伯之困羑里也。周公有東都之居，孔子有陳、蔡之厄，豈危者使平之道固如是邪？

《十翼》者：《彖上》、《彖下》、《象上》、《象下》、《繫辭》上下、《文言》也，《説卦》、《雜卦》、《序卦》也，凡十傳。《周易》者，夏曰《連山》。夏正建寅爲人統。艮，寅位也，故《連山》首《艮》。商曰《歸藏》。商正建丑爲地統。坤，地也，故《歸藏》首《坤》。周曰《周易》。周正建子爲天統。乾，天也，故《周易》首《乾》。或曰：神農曰連山氏，故《連山》爲炎帝之《易》，所謂中成也。黄帝曰歸藏氏，故《歸藏》爲軒轅之《易》，所謂大成也。若然，則伏羲畫一奇以象乾，畫一偶以象坤，則首《乾》、《坤》者，本太昊氏之《易》，而周用之者也。蓋岐周，地名，因地以名代，因代以名《易》，猶曰《周書》、《周禮》也。鄭玄乃曰：『易道周普，無所不備，故名《周易》。』豈其然乎！

然天無終盡之理，『易』有相生之機。窮上反下，《剥》之所以必《復》也；衰往盛來，《損》之所以必《益》也。造化之妙，曾有終而不始者哉！《繫辭》曰：『乾坤毁則无以見易。』又曰：『生生之謂易。』至于善言終始之義者，莫辨乎《易》矣。《乾》之萬物資始，大明終始，始而亨，乾始能以美利利天下。《坤》之无成而代有終。《屯》者，物之始生也。《泰》之物不可以終通，《否》之物不可以終否。《謙》之君子有終，《蠱》之終則有始。《剥》之物不可以終盡，《大過》之物不可以終過，《遯》之物不可以終遯，《壯》之物不可以終壯，《蹇》之物不可以終難。《損》、《益》，盛衰之始也。《震》之物不可以終動，《艮》之物不可以終止。終萬物、始萬物者，莫盛乎《艮》，萬物之所成終而所成始也。《歸妹》，女之終也。《巽》之无初有終，《涣》之物不可以終離。《既濟》之初吉終亂，《未濟》不續終也，故受之以《未濟》終焉。《易》之爲書也，原始要終，以爲質也。原始反終，故知死生之説，懼以終始，此之謂《易》之道也。

于是合三古而爲混古之元，還終天而爲始天之化，此元極之『易』所由以再造者也。田子曰：『其惟始天乎，我知者；其惟始天乎，我慫者。』余嘗撰《周易三明集》十卷，蓋欲上明于天道，下明于地理，中明于人事。類乾坤之彖象，附諸卦之《文言》，正《繫辭》之錯簡，訂《本義》之疑缺，復河、洛之元圖，考三《易》之異典，證古今之筮法，廣《易》外之别傳，庶幾成一家之言。乃所以明《易》，非敢以損《易》也。若夫圖象之學，則其大綱也，故列之爲首篇云。

元極圖

元極者，混沌真純，絪緼固結，有精而无色，有氣而无形，乃一團元神之極，而造化未兆之胎也。非超元極而獨立者，孰能見之也哉？孔子曰：『大哉乾元！萬物資始；至哉坤元！

萬物資生。』老子曰：『有物渾成，先天地生。』《莊子》曰：『在太極之先而不爲高，在六極之下而不爲深，先天地生而不爲久，長于上古而不爲老。』又曰：『伏戲得之以襲氣母。』其斯之謂與？或曰：『吾子論《易》而有取于老、莊，何也？』曰：先儒不云乎？老子得《易》之體，而无極之説，實自逍遥生太極之先之意發之。嗚呼！道不可與拘曲談也。

元本作元，从二，从人。二者，兩儀之象也；人者，以奇偶二畫並其首分其足。所以參天地而首出乎庶物者也，實三極之祖也。元之爲義，乾、坤、屯、訟、比、履、泰、大、有、隨、蠱、臨、无妄、大畜、離、睽、損、益、升、井、革、鼎、涣之卦爻，莫不具之。或曰元亨利貞，或曰元亨，或曰元永貞，或曰元夫，或曰元吉。朱子注曰：『元，大也。』則元吉何以别作大吉，元亨何以别作大亨乎？如以『大哉乾元』作『大哉乾大』可乎？蓋元之不可以訓大，猶大之不可以爲元也。

極，本作極。从木，从人，从口，从又、手。木者，屋脊之棟高及甚也。亟者，諧聲，人以口謀手執，趨事之意，故曰敏疾也，急也。天體至高，物莫與並，其色青赤相間，曰紫極。北辰在天之中，以正四時，爲天樞，曰北極。老人一星以均二分，曰南極。此在天成象者，不外乎極也。東至泰遠，西至邠國，南至濮鉛，北至祝栗，曰四極。合上下四方，曰六極。總四正四隅之盡處，曰八極。帝王所居之都，曰四方之極。此在地成形者，不外乎極也。《書》曰：『惟皇作極。』『皇建其有極。』《禮》曰：『以爲民極。』傳曰：『天子建中和之極。』此在人成德者，亦不外乎極也。周子厚乃以無極言之。夫既謂之極，則不可以言无；既謂之无，則不可以言極。有而不可見，遂名之曰无。无而不終，无遂生乎有，此則始天之元也。極之爲義，卦爻亦具言之。《乾》上九之『與時偕極』，《節》九二之『失時極』，《未濟》初六之『亦不知極』。《繫辭》所謂三極之道，極數知來，極深研幾，極天下之賾是也。

靈極圖

靈極者，混淪初竅，樞紐乍萌，匪鑿而自通。如丸之有孔，乃一點靈光之極，而造化欲啟之竇也。非潛靈極而首居者，孰能知之也哉！孔子曰：『舍爾靈龜，觀我朵頤。』老子曰：『常无欲以觀其妙，常有欲以觀其竅。』其斯之謂與？龜者，甲蟲之長，五靈之一也。氣足故不食，神全故壽蔽天地。孔子嘗曰：『龍食于清，游于清；龜食于清，游于濁；魚食于濁，游于清。丘上不爲龍，下不爲魚，中止其龜與？』舍爾靈龜，蓋傷之也，伯陽之所謂妙者，即无名天地之始；竅者，即有名萬物之母。无欲，其靈龜乎？有欲，其朵頤乎？玄牝，其衆妙之門乎？

靈，本作䨩，从玉，从雨，㗊聲。霝雨自天，何其靈也！王者以玉事神靈，何其誠也！心虛則靈，故靈極之中象之。今靈从巫，蓋後世邪主以巫事神，故去玉从巫，非也。此神之所以不格而不靈也。今反古从玉。

太極圖

太極者，靈極之漸闢而漸虛者也。洞然，朗然，不淆不虧，其元極本來之全體乎？孔子曰『易有太極』是也。晉顧榮有云：『太極者，混沌之時，朦昧未分。』紀瞻則曰：『其理極盡，無復外形。』後之論者莫能尚矣。

太，本作，从一，从人，从二。上之一，即陽之奇也；下之二，即陰之偶也。其中以奇偶之畫，合而跂之，即人也。所謂『一陰一陽之謂道』也。然而人之首，必出于陽之上，而包乎陰者，所謂『參天兩地，而成位乎其中』也。三才之理，具是矣。立人之道，其可已乎？

動静圖

動静者，太極之初，雖含陰陽，未分動静。至此，凝者漸融，形者漸運。陽動而上，動中有陰；陰静而下，静中有陽矣。周子所謂太極動而生陽，動極復静；静而生陰，静極復動者。殆知其一，而未知其二者乎？蓋陰陽當以上下分，而不當以左右列；動静當以生中含，而不當以極後復。此則千古不宣之祕也。玄黄由之而判，男女由之而成，非有顛倒造化之妙，轉移乾坤之力者，其孰能正周子未正之極也哉！或曰：『周子之圖，既以黑白分陰陽，則其中不必更作一小白圈矣。吾子仍之，何也？』曰：『此即靈極本來之真體也，衆人固不識耳。知靈極之妙者，其知太極之全乎？動，从力，从重。陽之力重，乃能運也。静从青，争聲。争，引也；青，東方少陽之色，陰至此而不見，故静也。陽本作昜，日出地上，昜氣舒勿之象。陰本作侌，今，聲也，云，象氣貌。别作陰陽，今通用之。

少極圖

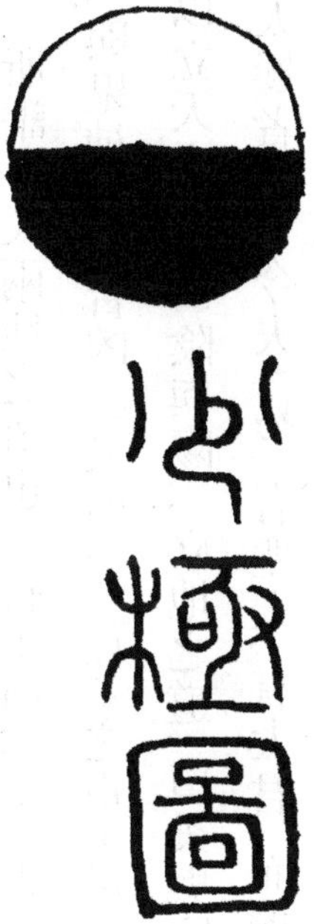

少極者，陽既動，而輕清者皆上浮；陰既静，而重濁者皆下沈。則天日升而高，地日降而卑，而天地于焉有象矣。由是乾道成男，坤道成女，萬物林林總總焉，莫不充塞于兩間也。孔子曰：『有天地，然後萬物生焉。』其斯之謂與？是故太極猶祖也，少極猶宗也，乾猶父，坤猶母也，六子猶弟兄也，六十四卦猶子也，三百八十四爻猶孫也。生生之易，固如是乎？或曰：『既有太極，而復有少極者，何也？』曰：『太，即老也，猶四象之有太陽、太陰也。老陽、老陰不能復生，故必得少陰、少陽者，而後能成生育之功焉。此少極之不可已也。其斯以爲三才之朕乎？』

少本作。一奇立於其中，二偶分于左右，而陽氣屈曲於其下，尚小而未申，微而未盛，故謂之少也，老之反也。圖从啚，从口。啚，音鄙，口，即圍字，畫形也。古作囷。

三才圖

人爲萬物之靈，象臂脛之形也。又作儿，元之从儿，即此也。今作人。《易》有聖人、賢人、武人、匪人，以德言也；大人、小人，以位言也。

三才者，天、地、人之全體也。天開于子，地闢于丑，人生于寅，而大人者得二氣之精，立兩儀之極，而首出乎其中矣。所謂參天兩地之道也。孔子曰：『夫大人者，與天地合其德，與日月合其明，與四時合其序，與鬼神合其吉凶。』又曰：『《易》之爲書也，廣大悉備：有天道焉，有人道焉，有地道焉。』『是以立天之道，曰陰與陽；立地之道，曰柔與剛；立人之道，曰仁與義』是也。所謂三才，統體一太極者也。今夫《易》有聖人，有大君，而獨有取于大人者，尊乾也。『乾』之二五，君臣之極也。大，从一，从人。一人曰大。《老子》所謂『天大，地大，道大，人大』是也。大人之在諸卦者，『訟』、『否』二五，『離』、『蹇』之上，『萃』、『困』、『革』五，『巽』，皆是也。

三者，以偶之二疊于奇一之上，其數三，實三才之道也。才，本作才，木幹也。木冒地而生，東方之行，去其枝根，則爲才，所以象形也。

陽奇圖

陽奇者，包羲氏仰觀俯察之餘，見天之不滿于西北也。故將太極之全體斷其西北而申之使直焉，則爲一而横陳矣。於是畫一畫以象之，其數奇，故謂之奇，陽之所以一而實也。而天運之左旋，四氣之順布，莫不自天門之闢而出之矣。彼聖人者，豈徒直爲單畫而已哉！

陰偶圖

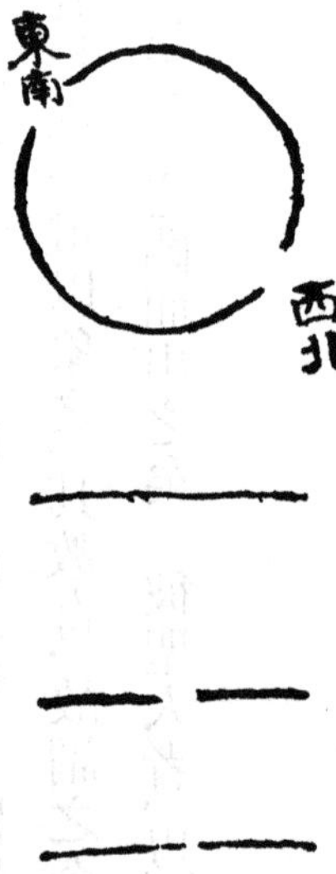

陰偶者，包義氏又有見于地之不滿于東南也，復將太極之全體，斷其東南，而析之使兩焉，則爲一而並列矣。于是畫一畫以象之，其數偶，故謂之偶，陰之所以二而虛也。而寒暑之平分，山河之兩戒，莫不自地户之闢而見之矣。作《易》者豈創爲二畫而無所本與？

太陽圖

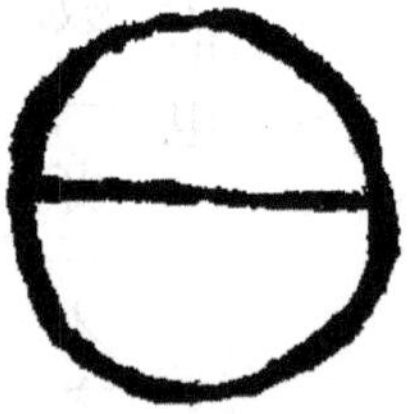

太陽者，日也。日，从○，从一。○者，太極之全；一者，陽奇之數，以一而横亘于○中。其精實而不虧，故日爲太陽之象也。《通論》所謂『天無二日，故於文○一爲日』是也。

太陰圖

太陰者，月也。月，从冂，从二。冂者，太極之闕；二者，陰偶之數。以二而並列于冂中。其精虛而不盈，故月爲太陰之象也。毛氏所謂『月上有闕，中二畫不連右』是也。

象明圖

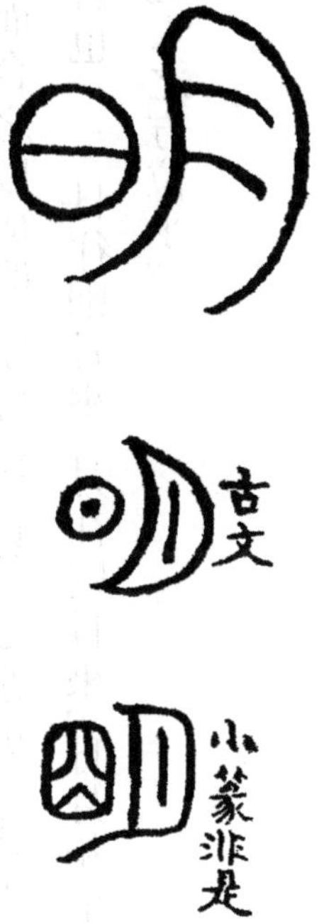

象明者因日月之象而合之以成明，所以作《易》之原也。孔子曰『懸象著明，莫大乎日月』。『日月之道，貞明者也』。『日往則月來，月往則日來，日月相推，而明生焉』是也。况離東坎西，又本于包羲氏先天之方位乎？

易象圖

易象者，因日月之象而合之以成易，所以爲《易》之義也。孔子曰『易者，象也。象也者，像也』，『日月運行，一寒一暑』，『陰陽之義配日月』是也。故鄭厚亦云：『易，从日，从月。天下之理，一奇一偶盡矣。』陸秉云：『易字篆文，日下从月，取日月交配而成也。』蓋日東月西，則爲明，日上月下則爲易，特一旋轉運用之間耳。况離南坎北，又合于文王後天之方位乎？故曰天地，自然之易也。朱子曰：『《易》，書名也，有交易變易之義，故謂之易。』雖然，余竊聞之：一名而含三義者，易之謂乎？以交代而名，則曰易，所謂生生是也；以常體而名，則曰不易，所謂定位是也；以改革而名，則曰變易，所謂不居是也。蓋易，本夷益切，其音如亦。而《乾鑿度》乃云：『易者，其德也；變易者，其氣也；不易者，其位也。』于是，鄭康成主之，遂以易爲易簡之義，作爲難易之音。嗚呼！是誠鑿之甚矣！

易

易，本从日、月，又借爲蜥蜴之易。守宮，蠦蝘，在水曰蜴。龍子虯形，能致雨雹，無恒色，一日十二變，故爲易也。

卦

卦，从圭、卜。圭，瑞玉，上圓象天，下方象地。六十四黍亦爲一圭，卦之數也。又，文采淳爲一圭，即物相雜，故曰文也。卜，灼剥龜也，象炙龜之形，從横之兆。《周禮》疏：『卜，赴也，赴來者之心也。』孔穎達則曰：『卦者，掛也，掛之于壁，縣物之栻也。』夫卦無形，何可掛也？余謂卜用奇偶，各一其畫，奇立爲身，偶貫爲耳。而圭則潔也，秉圭潔以卜，極其誠矣。圭，从重土者，非是。

《周禮》曰：『經卦皆八，其𠔁皆六十四。𠔁，古別字，重八也。重八，則八八六十四之數也。或直二畫，作兆，所以分別異形于八也。

《占卜法》曰：『内卦爲貞，朝卜用之；外卦爲悔，夕卜用之。入門曰内，夕卜曰外。』或曰：『内卦主内，外卦主外。』

爻

爻者，交也，囟之交疏也。囟孔六十有四，六囟凡三百八十四目，爻之數也。余謂爻，从二乂，有變動交錯之象，孔子曰『參伍以變』是也。

彖

彖者，修豪之獸，豕類也。豕頭鋭而上見，故彖居卦爻之首。豕走斷然不疑，故彖能决斷一卦之體。或曰彖名茅犀，形小，獨角，善知吉凶，故曰豨神，出于南荒。

象

象，南粤巨獸，命在于鼻。以鼻取物而食，如天之以氣致用也。齒感雷而文生，即天之感氣而文自生也。人皆罕見，故想像其形而曰象，所謂肖象是也。

數

一，即奇也，環之復爲太極矣。二者，即偶之疊也。三，合一奇二偶而參之者也。四，本二

交畫兩偶奇以，㐅作本，五。也折之偶即八。形之極太即，天象闓口，四作今，三。成而之重偶

午，以定四方中央之位也。小篆加上下二畫，作㐅，以象天地數之中也。六，三偶也，老陰之

數。七，从四奇，一畫爲五，衺縱爲二，少陽之數也。八，从重四，以丿而記四也，少陰之數。

九，从五奇，老陽之數也。九者，究也，屈曲究盡之形也。陽數終于九，陰數終于十。十，从五

偶，以㐅而正之。從横各當㐅數，象布籌計數之形，此河、洛中五從横，十五之全數也。丄，今

作上，以奇之一立于偶二之上，象陽氣之上升，天之尊也。丅，今作下，以奇之一而掩于偶二之

下，象陰氣之下降，地之卑也。中者，从〇，从丨。以奇之一而直竪于太極之中，不偏不倚，無

過不及，故謂之中。正，本射的，四尺曰正，象形也，从一、止者，足之一止，必當端方，故謂之

正也。

留青日札卷之三十七

非夫過言

古人有言：『君子居是都，不非其大夫。』夫所大于夫者，以其道大德大而業大，如《孟子》所謂大丈夫是也。夫既大矣，而君子是之也固宜。乃今或不然，不大其道大其勢，不大其德大其財，不大其業大其弊，雖謂之小夫可也。則吾之非之也亦宜。是故非文事所以是經也，非武備所以是緯也，非民風所以是本也，皆即吾之所居所見而非之者也。若夫其大者，則吾嘗是之矣。苟能因吾之所非者，而自非其非，則吾亦將因其是者而後是其是矣。芻談蕘議，或在上者之藥箴石諫也與？

非文事

國家用人率重科舉，而科舉取士率重文章。科舉，制也，不可易也；文章，華也，不可核也，又况文之未必盡章矣乎？試即其所舉者而考其實，則言行未必其相符，而德業未必其相副也。蓋是者恒十三，而非者恒十七矣。或有白頭之老叟，亦有黄口之小兒，富者以財而發身，貴者挾勢以膺薦，目不知書，惟習括帖，身不居業，惟事鑽求。主司以是而信其才，銓曹以是而隆其選。嗚呼！科舉如此，况于昏耄之貢途乎？又况于卑賤之吏役乎？吾見天下之事日敝矣，善爲治者盍亦反其本邪？

國朝經義取士，即往代之詞賦也。五經、四書，聖學之本，敷爲時義，體制亦佳。第流習漸靡，淫泆自恣，殆與詞賦不殊。蓋洪武、永樂之間，渾厚純樸，直而不俚；宣德已後，體格卑弱，風骨斬然；弘治、正德，浸淫復振；逮乎嘉靖，局面忽更。纖縟者麗而不雅，棘鉤者怪而不典，澶漫者濫而不裁。嘗觀弘治間一二程文，詞理明暢，即後學可式也。當是時，李公東陽、程公敏政、王公鏊，皆以博雅，鬱爲時宗；而錢與謙、顧士廉輩，又以雋才唾手高第，是以青衿之士咸取則焉。自薛侃昌言，欲以《論》、《孟》古義爲式場屋，而大學士張孚敬深以爲然，又復奏遣京官出主省試。少年初學，競爲奇妖，無所顧憚。文體頓壞，反可慨也。先大夫兩督學政，首以正文體爲務，敦實學爲教。在廣東，則名其堂曰『崇正』，在福建，則名其堂曰『養正』。規復舊制，人文焕然改觀。所有興革條約，布諸學政，集者至明且悉也。惜乎！一倡十咻，而時態復變耳。豈氣運之使然也哉！

時義之奇怪者，莫過于嘉靖十年之後，有士子作『孔子聖之時者』一題。其破承云：『聖，易也。夫易，時也。以時語聖，神哉！』此殆以題釋義，非以義釋題也。與西崑之體何異？而督學方爲首舉，不亦駭哉！

南海陳獻章，當成化初會試，雖負重名，躁于趨進，亦投時好，競出新奇。作『老者安之，朋友信之，少者懷之』一題，其破云：『物各有其等，聖人等其等。』考官戲批其傍云：『若要中進士，還須等一等。』傳者莫不絶倒。使在今時，更屬平易矣。金編修璐嘗有詩云：『何處歌新調？旖旎故不群。翦花金瑣瑣，鬬葉玉紛紛。巧疊空中錦，輕翻水上雲。自慚心太拙，到此不能文。』其言頗切纖縟之病。豈特時義爲然哉？古作亦有然者矣。

括帖之説，總屬時套，舉子習熟，取便于場屋耳。先朝陸、錢諸公，號稱名家，至如作《易經》時文，亦有套數。凡遇『大吉，无不利』之類，則云：『昏媾獲摽梅之吉，涉川膺舟楫之任，行師有三錫之寵，聽訟得金矢之利。』如此文法，不一而足。初不論其爲何卦何爻也，亦可醜矣。又如《錦囊集》一書，今所罕睹，得其片紙隻字，不啻大貝、南金，率以厚賂購至。抄録七篇，偶凑便可命中，子孫秘藏，以爲世寶。其未得第也，則名之曰撞太歲；其既得第也，則號之曰敲門磚。嗚呼！祖宗立法，惟此爲進賢選能之具，而顧使人苟且輕忽之若此，不尤爲聖世之一玷哉！嗣後，刻本日多，套子日盛。甚至于仁義忠孝之類，各集美語，編爲數聯，遇題直書，唾手發解，三尺童子，真才實學，不知果安在哉？

文章賈禍，不惟古人詩詞爲然，雖我朝時義，亦有自罹其災者。當太祖時，臣子往往以光字、則字之類觸諱抵戮。至于世宗之世，亦有以程式獲罪者。如山東試録以『無爲而治者，其舜也與』之文，結用『作聰明，亂舊章』等語。皇上震怒，以爲誹謗。而御史逮捕，卒斃杖下。其後，又有斥罷試官者，有停止會舉者。于是監臨官慮犯忌諱，必擇好題，過爲逢迎。甚至斷章取義，不成文理。及試録呈進，必用千金買求權要矣。浙闈近以大本堂作表題，試録已進。有人語以此題乃懿文太子時事，恐犯忌諱，不宜。御史驚懼欲死，數千金厚賂閣下而息。又一科出『優恤軍屬』，判語誤作『軍士』。試録已發，差人飛騎追至半途而易之，亦費千金。又有以『幅員』作『幅幀』者，真不學無術者也！

學士罕能通貫，皆指别經爲客經，素未曾句讀，誤出題目。一督學命《易》題，云：『故无有師保，如臨父母。』不知故字本屬上文，一場喧異。又一督學命《詩》題云：『彼美人兮，西方之人兮。』有生員不知其義，乃出而語人曰：『聖經中如何亦有西方菩薩之説，非觀世音不能當也。』此生巨富，不久即中舉，真優人搬戲文也！

楊公用修嘗恨舉業之陋，有曰：『士罕通經，諱名苟進，徒事末節。五經諸子，則割取碎語，謂之蠡測。諸史抄節碎事，謂之策套。其割取抄節之人，已不通涉經史，而章句血脈，皆失其真。有以漢人爲唐人、唐事爲宋事者，有以一人析爲二人、二事合爲一事者。余曾見考官程文，引制氏論樂，而以制氏爲致仕。又士子墨卷引《漢書·律曆志》「先其筭命」，作「先筭其命」者。近日書坊刻布，士子珍爲祕寶。轉相差訛，殆同無目人説詞話。宋人自尊其宋，曰本朝家法與三代同，過前代者五事。今人亦云本朝家法與三代同。宋人云：漢有七制，唐有三宗，本朝有四聖。成化中，有殿試策襲用「本朝」及「四聖」字，稱前代爲本朝，稱前君爲四聖，與三家村中學生稱人父爲家父何異？而人莫之非也。己無特見，一一隨人之聲而和之，譬之應聲蟲焉。』此言切中時俗尊信宋人之大病。故余嘗曰：『今之學者宋儒之忠臣，孔門之亂賊也。』

近時俗學，皆尚三蘇文字，不復知有唐文矣，况秦漢乎？故不拘大小試卷，主司大率批曰：『宛然蘇子口氣。』或曰：『深得蘇氏家法。』即中式矣。有一士子，素不喜眉山文集者，乃笑曰：『衆人皆有蘇子倚靠，偏我獨無蘇子可使喚耶！』于是論策中嘗引證曰：『蘇子有言，爲君計者，莫若安民無事，且無庸有事于民也。』又云：『蘇子嘗曰：良醫不能救無命，彊梁不能與天争。仲尼棲棲，墨子皇皇，憂人之甚也。』又云：『此蘇氏所謂察微慮深，慎在未形者也。』亦漫然批其旁曰：『此子固嘗留心于三蘇者，但未純熟耳。』此生見而大笑，作詩嘲之云：『曾見東坡面目無？試官驚得震蘇蘇。分明指與平川路，一箇佳人兩丈夫。』一時傳誦以爲笑柄。殊不知始之蘇子，乃《史記》之蘇秦也；繼之蘇子，乃《漢書》蘇竟也；終之蘇氏，乃竇滔之妻蘇蕙也。今不論秦漢，不分男女，一概以老泉、東坡、潁濱當之，不亦鄙陋之甚哉！嗚呼！誠可謂『子誠齊人』也已！

纂修實録事宜，浙江等處提刑按察司提督學校僉事林大春，爲纂修實録事，案准本司開准浙江布政使司照會，呈准禮部，照會前事，該本部題祠祭清吏司案，呈案照先奉本部，送該本部奏節，該欽奉勅諭纂修『世宗肅皇帝實録一應合行事宜，悉照例舉行，欽此』云云。『爲照先朝纂修實録例，差辦事進士往各處采取事蹟。近因進士俱已選授，是以擬差職官。今職官又無應差人員，委當另行議處。臣查得各處提學官職專文學之司，兼有地方之責，委之采取，事尤易集合，無本部將合行取勘事件。一面移咨都察院，轉行南北直隸提學御史，一面照會十三布政司，轉行按察司各提學官，將所屬地方各項事蹟查照。開去款目，俱自正德十六年四月起至嘉靖四十五年十二月止，挨序年月，分別事類，務要考核詳明，收録公當，編類造册，俱限本年十二月以裏纂完，逕自差官具奏，册送史館，以備采擇。如有稽遲及草率者，聽本部查出參究，庶幾責任有歸，事體簡便，而纂修不致有誤』云云。〔一〕隆慶元年五月十三日奉旨：一、郡縣境内之人，曾授内外文武官職有功績顯著者，及丘園之士曾遇優奬者，今雖亡歿，應有行狀、神道碑、墓志、壙志等文及曾有所上章奏之類，抄録類進，以憑去取。不許將庸常之人徇情虚飾妄報。一、凡境内孝子順孫、忠臣烈士、義夫節婦，曾經旌表及奉旨褒譽者，詳悉開報。一、各處遞年行過事件有干係、纂修可爲勸懲者，今開去條件雖不盡載，皆須逐一點檢具報。提學道札付本學廩生田藝蘅，學有家傳，文長紀事，其論本道，合令前來協同整理，庶有裨于大典，當無負厥初心也。右札付杭州府儒學。〔二〕

因考弘治十八年十二月初七日，欽奉勅諭纂修孝宗敬皇帝實録：欽差進士顧可學、張文麟，浙江纂修官右布政使李瓚、杭州府知府楊孟瑛。〔三〕一、文武官員不問職之大小云云。謹按：今無大小二字，以致卑職下僚雖有功績，不得入録，深可惜也。況文非進士，武非開府，皆不得與，與《史》、《漢》之例不合。一、山林德行之士，曾經獎諭。謹按：今奉旨獎諭者能幾何哉？抱道丘園，遺名竹素者多矣。一、舊無壙志，蓋有墓志，不須重出也。大率子孫不才，遺失志傳，僞作詭名，假託貴顯，甚可嗤鄙。又或摭入些微功績，附會影響，以求合式，尤欺罔也。而纂者或節其繁文，且因無銘字之語，乃棄而不録，又可笑矣。殊不知古人奇事多于銘中見之。一、章奏有傷見在權貴者，亦不敢録。子孫貧弱不能自致者，多不得録。所著文集皆不進呈，亦不足以備史官采録。當詳之。

非武備

古之武事出于一，今之武事出于二。古者，相即將也，民即兵也。後世文武分而將相異任，兵農分而軍民異籍。于是天下事如血脈之不通，肩臂之相使，無怪其聯屬之甚難矣。況衛所、有司之不相統攝，錢糧、刑名之各爲總理，變起于倉卒之際，而取辦于行移之間。此虚文之所以日煩，而實效之所以難責也。

軍伍之中，往往有習舉子業，致身科第，爲時名相者，未必學校民家子無深解弢鈐、素閑彀騎不能爲名將者也，顧作養任用之術何如耳。

將不久任無以服兵心，兵不久練無以諳敵勢。兵心服，然後可以得其死力，敵勢諳，然後可以幾其成功。乃今纔得一良將，本善于陸也，而忽移之于水；本善于南也，而忽調之于北。

地利既已不諳，士卒又無固志，及其僨事，則一旦以文墨繩之。嗚呼！如是而謂之善將將，吾見其以國與敵也矣！

國家養軍優渥，本所以衛民也。今則慮軍士之陣亡，而律法太重也，乃反驅民以衛軍，因巧立爲之名色焉，曰民壯，曰勇士，曰募兵，曰鄉兵。甚至此之不足，又招及僧兵，借及土兵，張皇狼狽，真可恥也！軍民既雜，紀律難齊，反害地方，元氣頓索。時人爲之語曰：『寧可倭子下顧，不願官軍救護。』又曰：『官兵來，猶自可；土兵來，苦殺我。』又使南北多事，則將何所借兵也哉！

數十年以來，海上元戎如俞公、戚公、劉公、盧公輩，不惟智勇過人，抑且紀律嚴明。今皆爲名將矣！如羅知縣以功而陞僉事，胡典史以功而陞通判，皆起于舉人吏員者。惜乎拘于資格，束于文法，不得竟其材以致大用耳。任人如此，欲望天下之久安長治也得乎？故曰：時事之敗，由書生也。

團練鄉兵在沿海已有成效。蓋大族之力既能率人，而久亂之鄉又皆固志，加以守、巡之協助，府、縣之專督，是以其勢易行，其民易集。在內地則大不相侔矣。漫然曰團練鄉兵，何可得哉？故必得望重一邑，才攝萬夫，恩威兼著之家，信義素孚之人，而後可與談鄉兵也。

嘉靖三十六年，督練鄉兵事宜，提督軍門牌二面。

瓶窰鎮係餘杭緊關隘口，仰知縣吳應徵分撥鄉義兵二千名，協同本地鄉兵，併力防守，毋致流賊西突，悉聽生員田藝蘅操練調遣。如違，呈送治以軍法。四月初十日卯時，□□□差健步宋膺□、沈相□□臨安精兵陸百名，撥守餘杭横瀆緊關隘口。蓋東固則西安也。四月十一日，□提督軍門□差健步沈文。〔四〕此皆右僉都御史阮公事也。公諱鶚，桐城人。

仰錢塘縣瓶窰鎮里長，即團集各里、保、甲、鄉一千名，聽軍門原委生員田藝蘅調度，固守地方。如違，本生呈來拏究，須至牌者。四月十三日，□差健步陳龍。此分守道事也。左參政汪公諱□。〔五〕

甲寅年，余客遊湖州，適海寇逼近姑蘇，而兵勢甚弱，人無固志。時知縣張公冕在烏程，謂余曰：『兵不足用，奈何？』余曰：『人人皆兵也，安得不足？但患不精耳。爲今之計，團練召募，皆緩不及事。莫若任怨，悉點富貴家之僕隸，以充行伍。庶人力强壯，器械精明，艘櫓完備，可以應令齊集耳。』公欣然拍案起謝曰：『此策甚良，吾不惜爲國任怨也。』即以利害曉喻之。不數日間，兵食俱足矣。自後王江涇之捷，果得此兵之效。乙卯年，余嘗糾集義兵千人，爲保障一方之計，具約一十八策，呈諸本府李公，蒙給帖遵行之，亦首載此事。

邊方則有夷狄，内地則有盗賊。夷狄手足之疾，盗賊腹心之患。小賊不止，必爲大盗。大盗不止，其禍尤甚于夷狄。蓋夷狄之來去也有限，盗賊之滋蔓也無窮。今之當道以催科爲急務，以安民爲末節；以小賊爲不足治，以强盗爲不足慮。是武備之設豈專爲外國，而官軍之養豈專爲亂世也哉？愚則以爲三五穿窬者當責之應捕民壯，名擒而户索；若二三十人爲群放火殺人者，便當責之衛所官軍，根薙而彙拔之可也。然有土賊，有客賊。今保甲之法，或可以清其流，惟族滅之令行，庶可以絶其本。平民之家，一被强盜，皆隱忍而不敢呈告。蓋苦捕役之需索也，慮官司之縱放也。在獄則妄攀良善，以潤牢吏；發徒則逃回草竊，以納月錢。及成死獄，則又姑息而不忍决。或困審録之累，或慮減刑之恤，一賊未除，全家反破。諺云：『失賊遭官。』誠可痛哉！陵夷疽潰之患，所當深長思也。

隆慶末，鄉民夜獲一盜，乃慣偷也。送之里長，里長懼而不受；付之應捕，應捕熟而不擒。不得已，送之縣丞。丞鞫之曰：『汝何處人？』曰：『餘杭人。』丞曰：『餘杭人如何來我錢塘爲盜？』堂下隸胥聞之，皆掩口而笑。是賊但不當越境邪！又將自己酒食勞之，曰：『汝良苦矣！』且縱之使逃，兩索其賄而罷。或私語丞曰：『治賊何以如是？』丞笑曰：『此皆衣食父母也。』嗚呼！此非巨盜之魁也哉！時行保甲之政，謡曰：『要民安，先保官；官養賊，賊生翼。』

非民風

民之風，上風之也。故曰：『君子之德風。』上奢則下侈，上儉則下嗇，上欲則下偷，上仁則下敦龐，上義則下正直，上苟且則下支吾。今上之人大率以智術籠絡黔黎耳。或鋭始以沽譽，或守職以圖遷，孰能誠心愛民，治國如家，而爲百年之計也哉？往往稱能者亦先繭絲而後保障，緩撫字而急催科，彼猛此寬，朝令夕改，而民風日敝矣。又何望于貪墨闒茸之鄙夫乎？故必上下不相回護，甲第不相朋黨，得一賢守令，宜于民風，安乎土俗，則久任以展其才，雖居官以長子孫可也，不入京以登臺閣可也。推之而守、巡、撫、按皆然矣。見一不肖者，則爲之明正其罪，速奪其職，不事姑息之舉焉。吾見官箴自正，吏弊自革，盜賊自化，百姓自康，而天下自治矣。風豈在民也哉？

百姓之病，非病于天災也，惟官邪之是病也。水旱凶荒，適然之遇，流移自食，可以逃生。惟官之邪，則賄賂公行，是非不白，利害莫恤，控訴無門，此民瘼之所以日深，而積薪之憂，可爲長嘆息而痛哭流涕者也。其病有十：曰官府剥削，曰號令欺惑，曰糧里不均，曰鄉宦詭寄，曰竈户冒免，曰錢糧隱賍，曰斗級守盤，曰鹽捕詐害，曰水利占塞，曰風俗奢薄。昔年民所大病者，惟耳房鋪陳，庫子館驛，買辦諸役，十九破家。及南海御史龐公大肆振作，痛革此弊，其他亦十去八九。惜乎不得久任，今復有萌孽之漸矣。獨持風裁者，豈無其人哉？龐公名尚鵬，癸丑進士，有大造于東南，曾無頌碑生祠。此亦風俗薄惡之一端也。

官箴易正，吏弊難清。故吏胥上下亦有十弊：曰上堂稟事，曰棍徒充吏，曰吏犯照會，曰司府通連，曰出巡關節，曰閣滅卷宗，曰積書把持，曰那移錢糧，曰仵作詐害，曰白役下鄉。嘉靖四十四年，龐公亦洗滌一二，惜乎有治法無治人耳。

小民出賦税以給公上，有司徵常課以充國用。此理也，分也。今成熟之時，則比較太嚴，期限太促，不過欲完公事，以銜能聲而已。初不計天道之陰晴，農工之閒暇否也。凶歲則又隱災而不建白，或減恩而不蠲除。一切催併大户以圖集事，寬縱小民以沽美名，殊不知凶荒，貧富共之者也。官府不免小民之一二，而大户已免小民之四五矣。又行勸借之巧令，假賑濟之虚文。權貴之家既不敢犯，乃獨于鄉村殷實良善而侵削焉。豈仁心、仁政也哉？

洪武二年，詔户部籍天下户口，置户帖，書各户之鄉貫、丁口、名歲，以字號編爲勘合，用半印鈐記籍于部帖，給于民，令有司點閘比對。有不同者，問發充軍，官隱瞞處斬。又，二十年，浙江布政司進魚鱗圖册。先是，命户部覈實天下土田，而兩浙富民畏避差役，往往以田産詭寄親鄰、佃僕，謂之貼脚詭寄。久之，相習成風。鄉里欺州縣，州縣欺府，姦弊百出，謂之通天詭寄。而富者益富、貧者益貧。上遣國子監生武淳等往各處，隨其税糧多寡，定爲幾區，區設糧長四人，使集糧長、耆民躬履田畝，以量度之，圖其田之方員，次其事，悉書主名及田之四至，編彙爲册。其法甚備，謂之魚鱗圖册。至是，册成乃上之。嘉靖末年，兩浙田土復行丈量，較成化之册，美惡頓異。蓋古人法度精詳，今時大率苟簡。即吾杭論之，莫善于海寧，莫不善于錢塘，而餘杭則曾不丈量，含糊申報，要皆無任事之人故耳。許公天贈在户部，爲余言海寧之政，始終條理，真合魚鱗舊法。至于錢塘，則遷延七年而後成，雖曰扒平，猶爲不平也。安得借許而重平吾杭也哉！此久任之法，所以當急也。餘見《出思集》。

校勘記

〔一〕這段文字録自萬曆甲申本。乙酉本作：『纂修世宗肅皇帝實録一應合行事宜，俱有正德十六年四月起至嘉靖四十五年十二月止，挨序年月分别事類，務要考覈詳明，收録公當，編類造册，送史館以備采擇云云。』

〔二〕提學道札……杭州府儒學　録自萬曆甲申本文字。乙酉本原作：『余蒙提學道札付學有家傳，文長紀事，其諭本道，合令前來協同整理，庶有裨于大典，當無負厥初心也。』

〔三〕欽差進士……楊孟瑛　此段二十九字原無，據甲申本補。

〔四〕自『四月初十日』至『健步沈文』　原無，據甲申刻本補。

〔五〕自『仰錢塘縣』至『汪公諱□』　原無，據甲申刻本補。

留青日札卷之三十八

雙竝文

甡 所巾切，衆也。
賏 於庚切，貝節。
孖 亦作滋，雙生子。
兟 所巾切，衆多。
从 從几，从几。
聑 丁篋切，耳垂。
㚘 蒲旱切，竝行。
䀠 巨俱切，左右視。
兟 竞同。
𢆶 伊虯切，微也。
䖵 昆。蟲也多。
𠂢 弋土切，勞病。
朋 音枸，左右視。
棘 昨遭切，曹从此。
奻 音奸，訟也。
䖵 古魂切，亦作蜫。
吅 讙通。
玆 宜。夕夕多。
屾 所因切，二山。
叕 似康切，淪肉。
厸 鄰。
雔 市由切，二鳥。
幵 五堅切，平也。
絲 竝
㹜 于心切，鈒意。
斦 無斤切，二斤也。
弜 音強，又鬼強。
炏 去斤切。
犾 牛斤切，二犬吠。
秝 蘇渙切，明視。

競 争。兢

䛴 上同。

沝 之水切，二水。

淋 四貴切，花。

赫 火色盛。

兹 孫。朋

珏 瑴同，二玉。

𠄔 音私。

顛 選。弱

⿰入入 岔同，二入。

𠬞 居竦切，廾同。

皕 彼側切，二百。

賏 可降、可瑣二切。

臸 而力切，到也。

秝 郎的切，稀疏。

覞 音召，視。

辡 皮免切，辨字。

𢀳 仕轉切，其八此。

𢁉 古巽字。

喆 哲。林

巜 食羽

龖 達答切，飛龍。

虤 胡大切，虎。

騳 徒大切，走。

⿰牛牛 牛替切，牛伴。

豩 火均切，兩豕。

㿟 音皮，白色。

弜 戕。

羿 羿。幷

丽 麗。比

翌 飛。

𧰲 相利切，豕并。

⿰奇奇 居綺切，立正。

⿰齒齒 丁立切，齒。

艸 草。竹

琵

𣏟 音派。

⿰巿巿 音沛。

㚤 葉。

㗊

三並文

巛 坤。

巛 灾。

譶 語。

驫 驍。

晶 郎丁切。

𣥠 奔。

疊文

兲天。仌冰。八古作別。絫厽。哥謌同。

三四。畕音良，北田。𩺰語居切，二魚。犇音究。㗊五互切。

妾妓同。㚣在妾切。圭古畦切。叕丈友。芔胡先切，草木盛。

炎桑。多　呂　昌　爻

三疊文

雲靉音雲，靉靆。風飍音豐，走也。日晶精。火焱音炎，火華。

水淼音渺，大水。土垚音堯，土高。石磊磥。泉灥泉。

原厵原。人众眾。女姦奸。子孨音究，孙兒切，

田畾音雷，田間。口品披猶切，衆庶。心惢音蕊，心疑。日晶音精，目剝。

聶 女涉切，附耳語。
鑫 金，音歆。
矗 初六切，齊也。
⿱了⿰了了 乃。
轟 輷同。
⿱个⿰个个 音衹，參差。
驫 音出，走。
羴 羶。
⿱垂⿰垂垂 垂。

劦 音協，同力。
馫 異香。
叒 而勺切；日出木。
厽 音壘，又絫。
森 槮同，長木。
龘 音沓，龍行。
犇 奔。
⿱兔⿰兔兔 赴同，急疾。
贔 平祕切，有力。

譶 徒合切，疾言。
嚞 哲。
⿱欠⿰欠欠 欠。
⿱卣⿰卣卣 音有，草木實垂。
⿱哭⿰哭哭 青秋；愁也。
⿱鳥⿰鳥鳥 於了切，鳥。
猋 音標，走。
雥 才市切，群鳥。
⿱塵⿰塵塵 塵。

皛 胡了切，明也。
⿱若⿰若若 音惹，泥不熟。
⿱至⿰至至 音窒。
刕 音脂，剖
芔 卉。
麤 麁。
毳 音毳，細毛。
鱻 鮮。
⿱足⿰足足 音角，行。

四疊文

茻莫朗切，衆艸。𢏏展同，工多。鱻音鮮，魚盛。㸚力几切，二爻。

㗊阻立切，衆口。叕知劣切，連也。畾雷同。𩆜蒲迸切，雷聲。

古奇文平聲

兲天。坤。旁。陰。先。齊。禮。紫。衫。春。

宗。祝。期。恒。映。朝。王。皇。登。

玗。鬼。期。璣。青。兆。丹。參。室。煙。

星。陵。坻。嵯。封。埻。成。妖。的。

辰。中。垂。堆。臺。風。雷。

垂。妻。長。坻。邦。貴。丘。泥。

冋坰。夫。城。琦。岐。楚。真。胡。回。

旻妄匃伊。輎肴。案孚。緜爲。葦問。佇罔。糸玄。扶突。敎探。

盟盟。磨牆。墨釣。卅卅。壘壘。局良。卷 合倉。彗豐。匋陶。

尻居。露零。霿靈。昌昌。舁 昏冬。嵒芭。滌浣。函淵。叵工。

笵蔻。浛洽。靫巫。冰漿。全全。祈斯。矜雄。 圭留。戒戎。

義乎。㚔師。卤西。盥鹽。朏壺。瑟琴 仝 斧全。損耘。夆南。

箘 算箕。剳荆。棋莊。贊新。遣浅。漆梁。殄終。弜幽。開閑。

邌遊。穷貧。公容。鵲鵠。家家。案松。謗譁。齡吟。鼓扶。讀嗔。

墨舄。褻喪。亐于。帙中。商商。書於。息思。思奸。栞言。兮乎。

錫鉦。惶狂。替曹。卉前。背訶。次涎。餃飢。澰癸。卧甘。乃沽。

害閒。寒㤥。肤膚。穗狀。襍彩。勞膂。髟諸。筭登。笑茨。奠衛。

尋殺。旭旭。乱眷。旨喬。巽巽。国圍。腥腈。宮卣專。争争。
宍賓賓。繰繰。蔦蔦。蕺撓。暘唐。暮諆。胑躯肢。
顚顛。嫁婢。嶜嶸。龐恒順。顢顏。鬆鬆。搯搭抽。慷悖。
琴平。熱焦。叢農農。份彬。云眩。香牙。脂柔。眷眉。階華。
岺芬。嵩嵩。高享亨。喜庸。亓其。韋單。沵流。嬰東。㙺寅。
麻麻。电電。桒兖桑。辟辯。尸夷。仫奴。飤飴。㖃呢。厌侯。

上聲

界昊。雨雨。乘海。滁飲。芈華。器醜。王巨。爽爽。戚勇。扒位。
旅旅。䒕範。面廉。网雨。四冈網。㴱深。柠楮。𣏟本。朵朵。
杼扭。劝珍。巽奠前。窶寝。華年。危死。故撫。宅固。塞窮。

虸戶。𠝣剪。嗹蹥 遽遠。吂 吾旨。徍往 術軌。鍒 餈飽。

㔾乃。忎恐。肥肸 君尹。又爪。反仄。夲叏。异與。唷吻。冊映。

腨猪。日口。螟腰 㽞省。𢍏手。皀服 料伴。尌道。酴𠑹。少左。

妃妣 婁娭 媺美。顯項 台凶 乱始 丣西 北卯 充香 賓脝。

衡責 隝鳥 垒壂。冡兜 蜂蚌。岑使 𧡧萌。覔霏 葳默 衰表。

偨保。芉芓。萳凿 閵䔍。禋禱 佃侮 罡舞 眂昤。荼堇 㑹老。

埡塢。邛郢 郈宸。鬳禖。迡起。敔敢 俩仿。絣紆。眕賑。逵往。

去聲

上上。丅下。禖社。隊 坐地。不示。吃氣。畀畏。晉晉。恭附。

濬浚。滲濟。崩用。䀠悔。灒渼 淮湛。滐浅。佘企。倭備。仰信。

敎養。效教。迎記。華亂。陋陋。覺升。仇介。弃共。坐坐。屋厚。
陸痤。顛卦巽。爲象。爭萬。兆塡。劇鋭。斷誓。福副。鉛陷。非兆。
葡備。壯壞。仇彈。彪 彖、貅。陵峻。嚾喚。衮裕。裏袖。公去
堂至。壺壞。診諾。畢暴。學嗣。歷播。書畫。畫晝。旨作。邑良。
吏事。背貫。泉暨。冀戴。鵬貨。啚鄙。贈霸。旦亘。婁墟。墨望。
厚厚。合 岑會。賽囊。棟柄。饑饋。弃棄。創斷。答筮。朱困。
記族。背替。騰壯。豆正。降彝。羿戰。煉爛。趕赴。能厭。甚甚。
遞逃。逡後。退退。逢遂。變變。夏 宴夏。飲飼。養饌。餐饉。
餅飯。銷唱。謂怩。追誕。讀訊。忠志。悉懇。命怨。語話。詈訓。
閨 息恚。恪駕。憶情。備怖。愚悟。背亂。勸勤。懇懼。胃胃。

頫洋。頟頌。睠眷。昇具。脊慎。咏嘖。孝彥。彤變。卣自。額貌。

婷嫡。咳吞。嬰要。岓近。昰是。耄老。泮洋。廇廟。㝅學受。

入聲

岦岳。霤雹。宻密。烓堪。欲燮弃。㡓席。鈌獨。埊灸赤。

孝毒。賚責。秃禿。畵畫。圀囯國。帀匝。突突。毓育。篆麓。

飧粒。悳德。剮刻。㡭絕。㦰翼。步送。搰括。洛活。泚漆。刿列。

剔則。囧目。踣仆。㨆折。㑺風。侵辟。扑撲。刚㓞剝。勢剔。

戋獲。㸃棄。休溺。敦捷。賊賊。盍盡。頰髮。嵛睦。嗺嚌。肊臆。

悊哲。𡨋恪。悠急。㝵復。㪿折。東克。家宋。宿宿。番畜。乙曲。

弜弼。劃剄。㣙徹。笞昔。掬掬。擖托。嫿婭。眣眣。囧目。䨮雪。

覭覤。溼濕。殁歿。专及。叡壑。㵝汨。寋塞。刯割。沓虐。

一、字書有古有今，有奇有俗。古之與今，猶可通也；奇之與俗，不可同也。乃若村學究之徒，但習《千字文》之業，知有俗而不知有奇，知有今而不知有古。一遇奇書異畫則直鄙之曰：『此破體寫耳。』矴目鉗口，赧顔愧心，曾不可以句讀，甚至于迷其宗旨，但讀偏旁，雖學士大夫亦不能免此病，況可責于舉業之童子乎？譬之古，則夏鼎商彝，几席之所未覩，至于瓦盆土鬴，則村莊婦女皆能識之。又譬之奇，則祥麟瑞鳳，人世所罕有者，若夫牛馬犬豕，則雖三尺童子亦能見而呼之。何也？以其熟于習也。善乎！昔人有言：『字如牛毛，不識一腿。』又曰：『所不識者唯《八駿圖》中數字而已。』暇日，因檢古款，各以其類，表而出之，使兒輩旦夕經目，庶不眩于夏鼎商彝，而可以辨祥麟瑞鳳焉耳。

一、字書肇于羲、頡，備于史籀，約于李斯。暴秦雖有八體之名，而古意盡矣。六經本皆古文，自唐天寶三年，詔集賢學士衛包改古文，更作楷書，以便習讀，而俗體始雜之。至于今時，則魯、魚，陶、陰，字既差訛，而聖、圣，體、体，書復苟簡矣。久假不歸，積習成俗，誠所謂獸蹄鳥跡之不若也。可不求諸古邪！

一、《周禮》：『保氏以六書教國子。』人生八歲入小學，誦其名而通其義；十五入大學，則又因其名義而盡格物致知之功焉。漢制：學僮十七已上，始試諷誦籀書九千字，乃得爲吏。又以八體試之，郡移太史，并課最者，以爲尚書史。書或不正，輒舉劾之。我朝首重字書之學，以革蒙古之習，因釐正爲《洪武正韻》一書。人文化成，此其要也。

一、獨體爲文。文者，紋也。日月山川，依類放象，字之所祖也。合體爲字。字者，孳也。形聲滋益，巧意乳育，文之所生也。筆于竹帛爲書。書者，如也，象形、指事、會意、諧聲、轉注、假借，六書之全也。在班孟堅，則曰象形、象事、象意、象聲、假借、轉注，蓋言四者有物可見，故以象言之。若夫假借、轉注，則寄隱于四象之中，而非別有其字也，即《易》四象之義耳。

一、象形、指事，其文也。日、月象其形，上、下指其事是也。會意、諧聲，其字也。齒之从止，旨之从匕，諧其聲；兩人爲从，兩入爲㐺，俗作搶。會其意是也。假借、轉注，其變也。龜甲之甲，假借爲天干之甲；魚腸之乙，假借爲天干之乙。衰有四音，齊有五音，從、敦、賁，皆有七音，差有八音，辟有十一音，是轉注之極也。文字既窮，于是乎變而通之以神化宜民者也。是故文最古，字次之，變又次之。

一、家大夫嘗作觀風之畧，其間所述炎徼異文，有云：『古人稱一統之盛，曰書同文。今嶺海之間，尚多怪字，蓋夷俗之未殄者，如廣人書無曰冇，音耄，謂與有相反也。季子曰孻，力來反，子之盡也。新會則曰屘，極命反，子之至尾者也。巖峒曰㟃，亦龍反，兩山之間也。人之傴僂者，亦曰㟃。順德謂石梗曰石硝，蓋取諸諧聲。番禺、從化謂地之寬平者曰罙，音胤，則無所取義矣。他如𡘙，音穩，大坐穩也。𠀋，音矮。不高，故矮也。亦作套。不長，亦矮也。奀，音勒。勒，瘦也。𩚵，音齋。齋，故不食也。歪，音終。終，則不生矣。𧗠，音躐。人不能舉足之稱。仦，音嫋，小兒也。𡚾，音大，女之長者。岩，音磡，山石之巖窟也。閂，音搌，門之橫關也。氽，音酋，人在水上也，《韻書》作泅。氼，音魅，人没于水下也。閄，和馘反，隱身忽出以驚人之聲也。𣬶，音鬚，毛口也。丼，東敢反，以石擊水之聲也。如此之類，雖偏傍畧有附會，而義理淺陋，皆所當禁革者也。

一、古字埶，作蓺，一作秇。今作藝，而俗作藝。古之衡，通作衡，而俗作衡。又如芙蓉之爲夫容，文之省也。虙犧之爲宓義，又爲伏希，亦作伏戲，字之異也。於戲之作嗚呼，音之殊也，又省作烏乎。即此，可以類推矣。詳見石經、周成《難字》、唐元度《九經字様》諸書。

通俗古音

平聲

窗，音聰，今煙聰。唐張祜詩：『鼻似煙窗耳似鐺。』衆，音中，貫衆，草名。見《爾雅》。《易》：『往得衆也』，『乃得中也』，『往有功也。』叶。今佛書謂百姓曰衆生。弜，音欺，弓强而偏曰弱。今物之傾側不調停者曰偏弱。　何，音而。《吴越春秋・漁父歌》：『日已夕兮，心憂悲；月已馳兮，何不渡爲？　事寢急兮，將奈何！』何，嘆餘聲，今吴音近之。　磑，音機，礶也，取其中有機關運轉之故。今曆日有『安碓磑』，乃二物也。或作五對切，而碓，又作都對切，兩音既相近，而兩物又相混，陸法言作魚衣切，是也。　依，音挨，以身相近曰依。白樂天詩：『坐依桃葉妓。』自注云：『烏皆切。』　喎，不正也，俗作歪，亦作華，又作佤。　闖，門斜開曰闖。《國語》：『闖門而與之言。』　剴，今鈍刀割物曰剴。《漢書》注：『剴，剴切也，五來切。』　籸，音莘，除夕燒籸盆是也。俗作松盆，又作鬆。　悶，音門，《老子》昏、悶叶。今俗音氣悶。散，音三，琴曲《廣陵散》。元微之詩：『酒户年年減，山行漸漸難。欲終心爛熳，轉覺興闌散。』　爨，七丸切。劉士明《動静字音》云：『炊曰爨，平聲。炊處曰爨，去聲。』今添薪簇炭曰爨火。　竄，七丸切，鼠入穴也。今哄人爲惡曰攛掇。　黫，《史記》：『黫然，黑色。』亦作殷。毛，音無。《後漢書》：『飢者毛食，寒者裸跣。』《馮衍集》毛作無，或古字通用也。又注：『毛，草也。』　扇，音羶。束皙詩：『八風代扇。』與躔叶。今使人扇風曰扇一扇。俗作搧。哽，即咽字，見《山海經》。與烟之爲煙同。則茵、堇、堙、烟、禋、裀，皆可通也。　鮞，《石鼓文》作鰢，今作鯿。然古稱『嘉魚出于丙穴』，豈即鰢邪？　鰷，音條，今白鰷魚。　招，音梟，韓文『招其君之過』，言揭也。今曰：『梟人過失。』　哨，音消。揚子：『匪伏匪堯，禮義哨哨。』今憎人多言不了曰哨哨。　帩，衣之接幅曰帩衣。兜曰帩絃。　摽，音抛。《左傳》：『長木之䴬，無不摽也。』今禾摽死，作去聲。　耗，音毛，亦無也。《漢書》：『靡有孑耗。』今四川有此音。　愁，音曹。揚雄：『畔牢愁。』今心中不快曰憹懆。　懊憹，音鏖猱，傷痛聲。古有《懊憹歌》，如此音讀。　家，音哥，《雉朝飛操》：『我獨何命兮？未有家。』與和、阿、何叶。越人言家裏，如哥裏。　家，又音居。《史記》『食無魚』，『出無車』，『無以爲家』，叶。又，『汙邪滿車』，叶『穰穰滿家』。《左傳》『而棄其家』，叶『高梁之虛』。甯戚《白水詩》：『浩浩者水，育育者魚，未有室家，而召我安居。』古語：『躓馬破車，惡婦破家。』　家，又音姑。《左傳》《虞箴》：『武不可重，用不恢于夏家，獸臣司原，敢告僕夫。』[一]攻乎反，與姑叶。又，大家，叶在此。是家有三音也。　牙，今鄉音不作五加切，而如吪胡切，曰牙齒。《詩》：『予王之爪牙，胡轉予于恤，靡所止居。』揚雄：『首夷其牙，或飫之徒。』　禽，音蟲。《易》：『即鹿无虞，以從禽也。君子舍之，往吝窮也。』古者羽毛鱗介，皆謂之蟲。今言禽鳥尚呼曰蟲鳥。　桓，音和。《漢書》：『何所求子死？桓東少年場。』注：『陳宋之間，言桓聲如和。』今之和表，即華表也。棺之華頭，俗稱和頭，亦當作桓。　跢，音多，攜幼行曰跢。諺云：『將將跢跢，路上撞見哥哥。』亦有所本。　差，音槎。《禮》：『御者差沐。』注：『淅飯米，取其瀋爲沐。』　兄，音郎。《漢書》語曰：『雖有親父，安知不爲虎？雖有親兄，安知不爲狼？』今呼兄爲阿況，又轉況爲平聲，如荒。　鼎，音釘。《漢書》：『顯鼎貴。』如淳曰：『音釘，言方且欲貴矣。』師古曰：『讀如今字。』又『莫説詩，匡鼎來』，音如丁義。丁，當也，言當貴也。　𠕲，古文零。　秢，漢齡字。

⿱穴乘，古勝字。　夠，音鉤。《吴都賦》又作去聲。俗多曰夠，少曰不夠。　屲，音函。漢蔣澄封屲亭侯。今宜興縣有屲山，字書不收此字，俗讀如嘔上聲。　柑，音鉗，以木啣馬口也。《左傳》：『柑馬而秣之。』今作柑橘字。　玷，音顛，以手揣度物曰玷。俗稱玷斤播兩，書作掂。

上聲

竉，音隴。孔竉，穴也。　空，音孔，《禮》：『函人視其鑽空。』　衖，余隴切，巷道也。即今衖道，俗作甬。　嬉，音喜。李太白詩：『澹灩九折池，縈迴十餘里。四月芰荷發，越王日遊嬉。』今越音尚然。　庋，閣藏食物也。見《禮記》注。　崽，音宰，楚蜀呼子曰崽。《水經注》：『鑾童丱女，弱年崽子。』　⿴囗馬，古滿字，見《樂緯動聲儀》。　吮，《漢書》：『嗽吮。』音忝。　筧，溝竹取水。今筠筧。　殺，賒上聲，俗言忒殺。北人曰殺，大屈。《詩》注：『拜，屈也。』今南方婦人拜曰屈，音如起。　⿸厂坙，古猛字。　黲，暗黑色曰黲黲。　淊，音琰，水滿也。唐詩：『淊翻王母九霞觴。』俗本作『⿰足臽』。夫觴豈可足⿰足臽者？　眨，音斬，俗轉眼間謂之眨眼。

去聲

衕，音洞，俗作衖。　龍，音弄。唐詩：『玄猿啼深龍。』楚越謂竹樹深者爲龍。　攏，音弄，搖也，見《周禮》。　雙，色絳切。今子駢生，曰雙生。　出，尺類切，物自出，則入聲；使之出，則去聲。　撎，音意。推手曰揖，引手曰撎。賤人拜，貴人撎。　卌，四十并也，古庶字。　索，音素，皋魚引古語『枯魚㗴索，幾何不蠹』注，古通。而《中庸》『素隱行怪』注，按《漢書》當作索，不知此字之妙也。　婦，音負。古音否，上聲，唐詩亦作去聲。　作，音做。《漢書》：『金可作，世可度。』　鬏，古樹字。　鎝，音鍍，以金塗物也。　大，音代，《易·坎卦》四、五上爻，與際、歲叶；又，《涣》與位、害、外叶。　髷，古文剃字。　黴，音昧，濡華曰黴。《説文》音壓，物中雨而青黑也。一作黣。　殺，音晒。今樂府有元殺、旁殺。元人傳奇《白鶴子一殺》、《耍孩兒一殺》。今有《入煞》曲調。　緆，古晒字。　親，相親，平聲；婚姻，去聲，今曰親家。　諢，曰混，順言謔弄曰諢。今作諢。　牽，船纜曰牽。又，掛牽。　耎，俗作嫩字，隸作嫩。　這，迎也，音願。見《儀禮》注，俗音至。　幕，音漫，錢背曰幕，言漫無文也。　滿，古漫字。　癉，《山海經》『翼望之山，有獸焉，服之已癉。』今黄疸病。　圂，豢同。　穿，音釧，貫穿也。　絤，古線字。　卉，古戰字。　縳，《周禮》注：『素沙。』今之白縳也。　絃，古絹字，俗作弦，非。　嚼，噍同。《桓子新論》：古諺云：『人聞長安樂，則出門而西向笑；知肉味美，則對屠門而大嚼。』今北音猶然，吴音則入聲。　踔，音吊，《史記》：『遼東踔遠。』俗作窵，非。《説文》作逴。　繞，纏也。《漢書》：『繞出延岑軍後。』今言纏繞曰繞帳，去聲。　巧，僞功曰巧。　抛，即砲字。《漢書》：『霹靂車曰抛車。』　麘，古暴字。　蹈，古蹈字。　介，音个。《左傳》：「不使一介行李。」舍，音卸，又作寫。　光，音桄。《漢書》：「天下光光。」　攘，與讓同。《禮樂志》：「盛揖攘之容。」　弶，音亮，晒網于道路曰弶。　煬，音向，竈口炙火。　搶，此亮切。又作摤。今揚帆上風曰使搶。　蝗，户孟切。今呼横蟲。　肉，柔去聲，錢孔也。北人呼鳥獸之肉，猶如此音。　蜚，文沸切，借作飛。

入聲

翛，音倏，翛然也。　㬥，古麴字。　嘼，古六畜字。　阿，音屋，古阿誰亦作兀誰。　譽，與潑同，自寃大呼，俗言放潑。　來，古實字。　宊，音突，不順也。　古文倒孚字曰㐬。　帠，音伐，舂米也。　抇，與掘同。《吕氏春秋》：「無不亡之國，無不抇之墓。」　癹，與發同。　介，音甲。《漢書》：「甲冑之士不拜。」　剎，刺也。佛書音剎。梵言帝剎，華言國土。　突，音垤，即凸。　苒，古《周易》若字。　囦，漢橐。　氷，音逼，氷以氷物，寒氣逼人也。　巴，古邑字。　雜，音錯。《公羊傳》：「雜然助之。」《史》：「雜種。」今徽音錯種。　襲，音薩，以衣周匝覆之也。今一襲，作一撒。　沚，即涉字，《漢書》。　极，古楫字。　摩，俗作捻。　冋，女洽切，物低垂也。　刺，七迹切，《孟子》：「刺人而殺之。」又，刺刺，多言也。古作品。　卅，音颯，三十并也。今直爲三十字。

家大夫《觀風畧》又云：兩廣之音雖難通曉，然番禺、南海猶有可推，潮、惠、雷、廉之間，無復清濁。如南海謂父曰爹，音益奢切。《南史》：『湘東王人之爹。』音如躲，則文同而聲稍異耳。亦曰爸。母曰媽，曰阿姐。呼哥嫂，先以亞先之。兒女行第，亦曰亞，猶吴下之言阿也。遊樂曰則劇。《朱子語類》有之，蓋閩廣所同者。亦曰仙，又曰仙欣，又曰料問。何如曰點様，指何處曰蓬蓬。語人曰蔑地。無曰毛，音如耄。昔人有毳飯之戲，言三物俱無，故以三毛爲毳。移近曰埋。呼兒曰仔，其不檢者曰散仔。斥男女之賤者，男曰獠，蓋《南海世家》所稱『憝獠』者是也。〔二〕女曰夫娘。詬子弟之汰不曉事者，曰大頭鰕。陳獻章嘗爲之説，大畧喻其虚張形狀而實不足啖。此類皆方言也。他如以東爲凍，以管爲官，以人爲能，以屋爲竄，以刀爲多，以久爲苟，以酒爲走，此類皆方音也。

音有宜于古，而不宜于今者。如天音神，田音陳，明音芒，富音私，心音公，應音沖，武音無，下音虎，馬音畝。五經皆然，不可枚舉。今時讀之，未有不駭然者。至于方音，則南北迥異，如北人玉爲裕，緑爲慮，國爲歸，德爲獃，澤爲才之類，皆非正音也。偶標其著者云。

校勘記

〔一〕虞箴……僕夫　《左傳·襄公四年》作『武不可重，用不恢于夏家。獸臣司原，敢告僕夫。』《虞箴》如是，可不懲乎？』

〔二〕南海世家　萬曆甲申本作『南漢世家』。

留青日札卷之三十九

陽關三疊圖譜

送元二使安西　王維

《唐詩紀事》作《送客詩》。元，姓；二，行也。其名不見于史。出使安西。貞觀十四年平高昌，置安西大都護府。顯慶三年，徙龜兹都督府，復治西州，東接焉耆，西連疏勒，南鄰吐蕃，北拒突厥。今安西城在陜西静虜衛。王維，字摩詰，河東人，居藍田輞川。唐開元九年進士，仕至尚書右丞，有文集十卷。又，《送不蒙都護歸安西》云：『嗚笳瀚海曲，按節陽關外。』《送劉司直赴安西》云：『絶域陽關道，胡沙與塞塵。』

渭城朝雨浥輕塵，客舍青青柳色新。勸君更盡一杯酒，西出陽關無故人。

劉辰翁云：『更萬首絶句，亦無復近，古今第一矣。』《詩人玉屑》云：『中央失黏而意不斷，乃折腰體也。』渭城，秦咸陽，孝公所都。漢高帝名新城，屬長安。武帝名渭城。唐都長安，改京兆郡，開元初改京兆府。咸陽故城有三：秦城，在今陜西西安府長安縣北三十里；隋城，在縣東北二十里；唐城，在渭水北杜郵館西。蓋渭城因渭水而得名也。渭河在府城北五十里，出臨洮府渭源縣鳥鼠山西北谷，東流經盩厔、興平、咸陽、渭南，至華陰界，以入黄河。

朝雨，清晨之雨也。浥，潤也。輕塵，陌上浮埃，所謂芳塵也。客舍，渭城邊之客館，今旗亭、旅邸也。新，一作春。又，柳色春，一作楊柳春。自漢時，凡東出函關，必始于霸陵，故送行者于此折柳以贈别。李太白詞：『年年柳色，霸陵傷别。』而霸陵橋因名銷魂橋。右丞援霸陵折柳之事而致之渭城，蓋唐時多事西域，行役者既渡渭水以西，北向而抵渭城，直趨玉門、陽關，故以出陽關爲言也。右丞又云：『柳條疏客舍。』至如張籍詩：『客亭門外柳，折盡向南枝。』孟郊詩：『離杯有淚飲，别柳無枝春。』真可以銷魂矣。更，去聲，更盡，再盡也。謂勸君更盡此酒，他日西去，出陽關之外，已無故人。欲求故人今日一杯之樂，不可復得。賈至所謂：『今日送君須盡醉，明朝相憶路漫漫。』陽關，漢燉煌龍勒之關也。《西域傳》：匈奴之西，烏孫之南，北有大山，中有河，東則接漢，阸以玉門、陽關，西則限以葱嶺。《使于闐記》：『甘州西始涉磧，西北五百里至宿州，渡金河西百里，出天門關。』又：『西百里出玉門關，入吐蕃界，西至沙州南十里鳴沙山。又東南十里三危山，其西渡都鄉河，曰陽關。』

《一統志》：陝西行都指揮使司，玉門關在故瓜州西北一十八里，而瓜州城在肅州城西五百二十六里，古西戎地，漢燉煌郡也。陽關在廢壽昌縣西六里，而壽昌縣在沙州城西南一百五十里，漢龍勒縣城也。玉門在龍勒之西，陽關在玉門之南，故名之曰陽。而《清波雜志》乃云：『漢將陽興敗出此關，因以爲名。』則是不美之號矣。敗軍之將，叛國之臣，烏足以章紀絶徼哉？

唐陽關在遼西，去長安一萬里。庾信詩『萬里陽關路』是也。右丞《送平判官》詩：『不識陽關路，新從定遠侯。』而蕭鳳使玉門關，弟肅勸酒，頻頻謂兄曰：『醉中庶分袂不悲。』即此。

唐人送別，率于渭城。故岑參《送楊子》詩：『斗酒渭城邊，壚頭耐醉眠。』而勸酒二字，詩中多用之。如杜子美云：『淚逐勸杯落，愁連吹笛生。』『黔陽信使應稀少，莫怪頻頻苦勸君。』皆情之真而辭之切也。

《漁溪藁話》：『唐人尤用意小詩，其命意與所叙述，初不減長篇，而促爲四句，意工理盡，高簡頓挫，所以難耳。』如王摩詰云：『西出陽關無故人。』故行者爲可悲而勸酒者不得不飲，《陽關》之詞，不可不作。

渭城曲

右丞此詩，《樂府集》作《渭城曲》。

劉禹錫初貶召還，又忤宰相，被黜十年。再召還，與歌者何戡詩曰：『二十餘年別帝京，重聞天樂不勝情。舊人惟有何戡在，更與慇懃唱《渭城》。』謝枋得云：『夢得怨舊時之害己者，今無一存，惟一妓獨在。「不勝情」三字，極有味。』按此則右丞之詩，在唐時已入歌曲矣。

劉伯芻居安邑里，巷口有鬻餅者，早過户，未嘗不聞謳歌而當壚，興甚早，一旦召之與語，貧窘可憐，因與萬錢，令多其本，日取餅以償之。欣然持鏹而去。後過其户，則寂然不聞謳歌之聲，謂其逝矣。及呼，乃至，謂曰：『爾何輟歌之遽乎？』曰：『本流既大，心計轉粗，不暇唱《渭城》矣。』侍郎大笑曰：『吾思官徒亦然。』

王崇《熙河送客入京》詩：『渭城柳色已青青，强駐行人聽《渭城》。不問使車歸路遠，且從尊酒滿杯傾。』劉原父《長安別蔡嬌》詩：『玳筵銀燭徹宵明，白玉佳人唱《渭城》。更盡一杯須起舞，關河秋月不勝情。』蓋原父守長安時，眷官妓蔡嬌，所謂添酥者也。召還賦此。

陽關曲

右丞此詩在唐時亦名爲《陽關曲》。

《白氏長慶集》云：『最憶《陽關》唱，真珠一串歌。』注云：『沈有謳者善唱「西出陽關無故人」詞。』

歐陽永叔《送沈待制陝西都運》有云：『知君材力多閑暇，剩聽《陽關》醉後聲。』

曾茶山《送曾宏父守天台》有云：『莫作《陽關》墮淚聲，丹丘勝事更君聽。』

陽關調

秦太虛云：『右丞此絶句，近世又歌入《小秦王》，更名《陽關》。』今雙調有曰《小陽關》，又見大石調。

寇平仲《陽關引》曰：『塞草煙光闊，渭水波聲咽。春朝雨霽，輕塵歇，征鞍發。指青青楊柳，又是輕攀折。動黯然、知有後會甚時節？　更盡一杯酒，歌一闋。嘆人生，最難歡聚，易離別。且莫辭沉醉，聽唱《陽關》徹。念故人、千里自此共明月。』

葉少藴上巳懷西湖《醉蓬萊》云：『問春風何事，斷送繁紅，便拚歸去。牢落征途，笑行人羈旅。一曲《陽關》，斷雲殘靄，做渭城朝雨。欲寄離愁，緑陰千囀，黄鸝空語。　遥想湖邊，浪摇空翠，絃管風高，亂花飛絮。曲水流觴，有山翁行處。翠袖朱欄，故人應也，弄畫船烟浦。會寫相思，尊前爲我，重翻新句。』

王晉卿《燭影摇紅》云：『香臉輕匀，黛眉巧畫宫粧淺。風流天付與精神，全在嬌波轉。早是縈心可慣，更那堪，頻頻顧盼。幾回得見，見了還休，争如不見。　燭影摇紅，夜闌飲散春宵短。當時誰解唱《陽關》，離恨天涯遠。無奈雲收雨散。凭欄干，東風淚眼。海棠開後，燕子來時，黄昏庭院。』

張安國送張魏公出師《木蘭花》云：『擁貔貅萬騎，驟千里，鐵衣寒。正玉帳連雲，油幢映日，飛箭天山。錦城，啟方面重，對籌壺盡日雅歌閑。休遣沙場虜騎，尚餘匹馬空還。那堪，更值春殘，斟緑醑，對朱顏。正宿雨催紅，和風換翠，梅小香慳。牙旗，漸西去也，望梁州故壘暮雲間。休使佳人斂黛，斷腸低唱《陽關》。』

王嬌紅送情人《一翦梅》云：『豆蔻梢頭春意闌，風滿前山，雨滿前山。杜鵑啼血五更殘，花不禁寒，人不禁寒。　離合悲歡事幾般，離有悲歡，合有悲歡。別時容易見時難，怕唱《陽關》，莫唱《陽關》。』

陽關三疊

謝疊山云：『唐人餞別，必歌《陽關三疊》。』

古陽關

『渭城朝雨，一霎裛輕塵。更洒遍客舍青青，弄柔凝，千縷柳色新。更洒遍客舍青青，千縷柳色新。　休煩惱，勸君更盡一杯酒，人生會少，自古富貴功名有定分，莫遣容儀瘦損。休煩惱，勸君更盡一杯酒，只恐怕西出陽關，舊遊如夢，眼前無故人。祇恐怕西出陽關，眼前無故人。』此詞不知何人所疊，即東坡所聞者。

陸藻侍兒美奴《卜算子》云：『送我出東門，乍別長安道。兩岸垂楊鎖暮煙，正是秋先老。一曲古《陽關》，莫惜金尊倒。君向瀟湘我向秦，魚雁何時到？』孫花翁《風流子》有云『三疊古《陽關》，輕寒禁清月，滿征鞍』者，即此。吕居仁《生查子》云：『一曲《渭城》歌，柳色饒春恨。人分南浦春，酒把《陽關》盞。』皆謂此也。蘇子瞻《小秦王》云：『濟南春好雪初晴，行到龍山馬足輕。使君莫忘雪溪女，時作《陽關》腸斷聲。』

苕溪漁隱云：『唐初歌詞多是五言或七言詩，初無長短句。自中葉至五代，漸變成長短句。及宋朝，則盡爲此體。今所存者，止《瑞鷓鴣》、《小秦王》二闋是七言八句詩并七言絶句詩而已。《瑞鷓鴣》尤依字易歌，若《小秦王》，必須雜以虚聲，乃可歌耳。』《麓堂詩話》：作詩者不可以意徇辭，而須以辭達意。辭能達意，可歌可詠，則可以傳。王摩詰『陽關無故人』之句，盛唐以前所未道。此辭一出，一時傳誦，不足，至爲三疊歌之。後之詠別者，千言萬語，殆不能出其意之外。必如是，方可謂之達耳。

芝菴《唱論》：凡唱曲有地所，陝西唱《陽關三疊》、《黑漆弩》。今按：大石調，有曰《陽關三疊》，正宫有《黑漆弩》，即《學士吟》、《鸚鵡曲》也。

疊者，重也，隨也，明也，積也。揚雄曰：『古理官决罪，三日得其宜，乃行之。』故从三日，从宜，會意也。王莽以爲三日太盛，改爲三田，非義也。

三疊者，一歌不足以盡其情，故必至再，而至三。猶瑟之有三調，笛之有三弄，鼓之有漁陽三疊也。

渭城朝雨浥輕塵，渭城朝雨浥輕塵，客舍青青柳色新。勸君更盡一杯酒，西出陽關無故人。第一疊。

渭城朝雨浥輕塵，客舍青青柳色新，客舍青青柳色新。勸君更盡一杯酒，西出陽關無故人。第二疊。

渭城朝雨浥輕塵，客舍青青柳色新。勸君更盡一杯酒，勸君更盡一杯酒，西出陽關無故人。第三疊。

余謂唐人三疊之法必如此，然後得其正。故白居易《對酒》詩云：『相逢且莫推辭醉，聽唱《陽關三疊》聲。』注云：第四聲『勸君更盡一杯酒』是也。若《秋澗集》所云：『就中儘是銷魂處，不待聽歌第四聲。』此云第四聲，乃『西出陽關無故人』句也。

蘇子瞻曰：『舊傳《陽關三疊》，然今世歌者每句再疊而已。若通一首言之，又是四疊，皆非是。或每句三唱，以應三疊之説，則叢然無復節奏。余在密州，有文勛長官以事至密，自云得古本《陽關》，其聲宛轉悽斷，不類向之所聞。每句皆再唱，而第一句不疊。乃知古本三疊蓋如此。及在黄州，偶讀樂天《對酒》詩云：「相逢且莫推辭醉，聽唱《陽關三疊》聲。」注云：第四聲「勸君更盡一杯酒」。以此驗之，若一句再疊，則此句爲第五聲，今爲第四聲，則第一句不疊審矣。』詩話雖是黄州後來所作，而文勛長官以事至密所傳。契勘蘇公先知密州，與孔郎中交代，自密徙徐，今在徐州和孔詩，所謂『除却膠西不解歌』，豈正是文勛長官所傳之聲耶！

崔仲容《贈歌妓》云：『水翦雙眸霧翦衣，當筵一曲媚春輝。瀟湘夜色怨猶在，巫峽曉雲愁不飛。皓齒乍分寒玉細，黛眉輕蹙遠山微。渭城朝雨休重唱，滿眼陽關客未歸。』蓋唐人每疊一句，即所謂重唱也。今女郎崔氏云：『渭城朝雨休重唱。』則是第一句亦當疊之矣。子瞻所云第一句不疊，是但知有第二第三疊，而不知有第一疊也。故余之疊法，實《陽關》三昧云。

周美成《蘇幕遮》云：『隴雲沉，新月小。楊柳梢頭，能有春多少？試着羅裳寒尚峭。簾捲青樓，占得東風早。翠屏深，香篆裊。流水落花，不管劉郎到。《三疊陽關》聲漸杳。斷雨殘雲，只怕巫山曉。』

瞿宗吉爲倪氏賦《安榮美人行》云：『我聞此語重悲傷，對景徘徊欲斷腸。渭城楊柳歌三疊，溢水《琵琶》泣數行。』

陽關連環三疊

連環者，取其始終循環、宛轉不斷之義也。昔始皇遺齊襄王后玉連環，曰：『齊多智，解此環。』后引椎以破之，謝秦使曰：『謹已解矣。』故樂府有《解連環曲》。

渭城朝雨浥輕塵，客舍青青柳色新。勸君更盡一杯酒，西出陽關無故人。第一疊。
西出陽關無故人，渭城朝雨浥輕塵。勸君更盡一杯酒，客舍青青柳色新。第二疊。
客舍青青柳色新，渭城朝雨浥輕塵。勸君更盡一杯酒，西出陽關無故人。第三疊。

第一疊乃原唱也。第二疊則首第四句，第三疊則首第二句，首尾相銜，轆轤相續，故謂之《連環》，一名《移宮陽關》，又名《三換頭陽關》。況觀第三疊之什，則宋人折腰體之評，信乎其大謬矣！

陽關四疊

渭城朝雨浥輕塵，客舍青青柳色新。勸君更盡一杯酒，西出陽關無故人，西出陽關無故人。

此第四疊也，唐人三疊之外，獨遺此聲，好事者特以補其大成耳。若夫其遍，則隨意唱之，無定體也。

延安夫人暫止樂昌館，寄姊妹《蝶戀花》云：『淚搵征衣脂粉暖。四疊《陽關》，唱了千千遍。人道山長山又斷，蕭蕭風雨聞孤館。惜別傷離方寸亂。忘了臨行，酒盞深和淺。若有音書憑過鴈，東萊不似蓬萊遠。』

易安居士李清照《鳳皇臺上憶吹簫》云：『香冷金猊，被翻紅浪，起來慵自梳頭。任寶奩塵滿，日上簾鉤。生怕離懷別苦，多少事，欲說還休。新來瘦，非干病酒，不是悲秋。休休，這回去也，千萬遍陽關，也則難留。念武陵人遠，烟鎖秦樓。惟有樓前流水，應念我，終日凝眸。凝眸處，從今又添一段新愁。』

依依傳又名陽關依依三疊

依依，姓柳氏，字倚玉，揚州二十四橋人也。年減橋數之零，種出章臺之秀。腰不堪束，甚于柔條；眉不假描，渾如初葉。娟娟可愛，裊裊無雙。辭翰逸群，舞歌獨步。興耽浮浪，志脱囂埃。孰是賞心，誰知稅駕。辛丑之歲，盍簪京口，綰帶石頭；嫵婉及春，綢繆連理。信娉婷而隈壁，真婀娜以含金。游子將歸，好述遠別。悵短亭之供帳，攀垂楊以繫韁。鴛醆分飛，驪歌互答，柳子爲我歌《陽關》第一疊焉：『渭城朝雨浥輕塵，客舍青青柳色新。勸君更盡一杯酒，西出陽關無故人。』田子忼慨舉白，去住牽神。少選，和風東吹，麝帶解香而漸歇；片雲北邁，鸞簫驚韻而不流。柳子再歌入破第二疊：『朝雨浥輕塵，青青柳色新。更盡一杯酒，陽關無故人。』田子悽其以傷，恍忽若失。停杯脈脈，凝盼惺惺。嘆江水以何情，憐僕夫之無色。柳子卒爲我歌入破第三疊焉：『浥輕塵，柳色新。一杯酒，無故人。』辭既促而易竭，響復咽而愈哀。句引魂搖，泣隨聲迸。訝喉珠之難貫，痛肌玉之頓銷。怨入落花，望迷芳草。古人墮淚之感，斷腸之圖，良有以也。于是田子滿醻一觥，勞歌一曲，曰：『馬蹄車轍欲生塵，無那盈盈柳眼新。何事陽關方拚醉，江南江北未歸人。』柳子翠袖支頤、鳳鞋按拍而賡之曰：『悲歌遮莫動梁塵，疊破《陽關》恨轉新。看取柳條和淚飲，今宵定是夢中人。』余不覺大駭儁材，深嗛雅思，流風罕媾，擊節奚酬。乃復報歌曰：『一聲一疊一翻新，君是揚州第一人。醉裏莫教憔悴盡，浮生何處不風塵。』蓋欲以少慰其懷云耳。踟躕既久，徒御難淹。斜照在山，歸鴉滿樹。乘醉別去，何日忘之。舟發丹陽，神留白下，孤篷獨酌，鬱抱誰開。適有感于蒲東惜別之事，因作《車兒投東馬兒向西賦》，并綴以《楚詞》三絶云：『悲莫悲兮生別離，車輪東去馬西馳。窮途有酒無人勸，忍見風前弱柳垂。』『悲莫悲兮生別離，飛花如絮雨晴時。何由得似嚶嚶鳥，雙擲金梭織柳絲。』『悲莫悲兮生別離，暮春不見以秋期。歸來四六橋頭月，斷續簫聲聽與誰。』姑蘇有采蓮子者，聞余歌而善之，觴余，永之而遂和之曰：『悲莫悲兮生別離，伯勞東去燕西飛。多情化作鶼鶼侶，煙水雲林願不違。』相與抵掌笑曰：『此真揚州《柳枝詞》也。』〔二〕至于五湖載月，人則直命之爲《陽關依依三疊記》。且語余曰：『輞川送客之作，議者以爲妙絶古今。誠哉是言也！獨三疊之旨，祕而不傳，或傳而不精，協律者遺恨焉。乃今依依，特倡家婦耳。調結迴風，才淩詠雪。悟連環之隱訣，解織錦之玄機。近與吾子聯衡，遠俾右丞增價。謂之「光分柳宿而譽掩隋堤」也，不亦宜乎！章句學士有深慚矣。而吾子作詩，女史反殿倚玉于末簡，又豈麒麟閣畫子卿之意也哉！』

陽關三疊琴操

舊譜云：「《陽關曲》始于王摩詰，而被之管絃。」或云句句三疊，或云只用第三句三疊。今之爲是詞者，如曰青山無數，白雲無數，淺水蘆花無數。是又一變而爲詞中三疊也。

《黄庭内景》云：「太上大道玉宸君，閒居蕊珠宫，作七言「琴心三疊舞胎仙」。」

陽關貫珠三疊

序曰：古之人取陽關之詩，而播之絲桐，已不如肉矣。况舊譜出自俗手，雜亂寂寥，失三疊之真，終非神品也。余嘗授指法于勞叟，又訂正于王生，頗得勾剔之奥。乃于暇日，披竹徑，坐玄樓，焚金顔，撫玉振，神交摩詰，思到陽關，欣然會心，製爲此曲，曰淵客調者，取綃人泣珠之義，所以調絃也；即本題而引之，惜其遺也；曰正序者，存右丞之正聲也；曰貫珠三疊者，樂之所謂纍纍如貫珠也；每句第減二字，則三五七言自成其章，此又意外之妙也；且三疊以紀其實，四疊以盡其變，亦唐人之舊也；曰一串珠三疊者，既分一而爲四，復合四而爲一，即唐人歌喉一串珠之謂，初不敢有所增損以失右丞之本旨也。曲已闋而意不窮，于是爲之餘弄焉。而曰珠泣玉盤者，既聞流水之操，必墮鮫人之淚。白太傅所云「大珠小珠落玉盤」，非知音者不能形容之至于斯也。故總而命之曰《陽關貫珠三疊》焉。是雖不足以方南風之雅音，亦庶幾乎白雪之絶響矣。世有子期，當爲傾耳也與！

淵客調第一

元子元子爲王臣，爲王臣，當致身。送子送子銜君命，西入秦。馬蕭蕭，車轔轔。山遥遥，水粼粼。

第二調

度金河，愁路頻。望玉門，絶四鄰。苦辛兮苦辛。

第三調

至安西，無交親。夢長安，斷音塵。酸辛兮酸辛。

第四調

一杯酒，聊餞君。一首詩，聊贈君。行矣行矣，慘神慘神；去矣去矣，慘神慘神。

第五調

元子元子，賢哉王臣。向異域，策奇勛。博望兮等倫，定遠兮絶群。知何年還入秦！

知何年還入秦！

正序

渭城朝雨浥輕塵，客舍青青柳色新。勸君更盡一杯酒，西出陽關無故人。

貫珠三疊第一

渭城朝雨浥輕塵，朝雨浥輕塵，浥輕塵。客舍青青柳色新，勸君更盡一杯酒，西出陽關無故人。

第二疊

渭城朝雨浥輕塵，客舍青青柳色新。青青柳色新，柳色新。勸君更盡一杯酒，西出陽關無故人。

第三疊

渭城朝雨浥輕塵，客舍青青柳色新。勸君更盡一杯酒，更盡一杯酒，一杯酒，西出陽關無故人。

第四疊

渭城朝雨浥輕塵，客舍青青柳色新。勸君更盡一杯酒，西出陽關無故人。陽關無故人，無故人。

一串珠三疊

渭城朝雨浥輕塵，朝雨浥輕塵，浥輕塵。客舍青青柳色新，青青柳色新，柳色新。勸君更盡一杯酒，更盡一杯酒，一杯酒。西出陽關無故人，陽關無故人，無故人。

珠泣玉盤

送元子，渭水濱。雨乍歇，净芳塵。柳青青，客館春。勸君酒，莫辭頻。君飲盡，莫逡巡。陽關外，少行人。嗟，嗟！陽關外，無故人。持節歸來兮，無忘故人，無忘故人。

陽關琵琶

宋時一女子《題琵琶亭》詩云：『爺娘重利妾身輕，一曲琵琶萬里行。彈到《陽關》齊拍手，不知原是斷腸聲。』

琵琶亭，今在九江府城西江濱，即白司馬送客湓城，聞商女琵琶，淚濕青衫之所也。

序曰：余嘗因琵琶亭之詩而推之，是四絃亦有《陽關》，而久矣其無傳矣。往有教坊楊氏，世習此藝，老大潯陽，終淪常調，然亦不過半面彈也。嗣後十年，有金臺齊一者，獨工正面琵琶，更加一絃，以備五音，此又大奇。盤桓西湖，偏騁其技。于是紬繹右丞之旨，摹寫陽關之情，爰製此曲。于時柳花正飛，漫天作雪，因名《飛花三疊》。即席授齊子，俾調素軫，以度新腔。頃刻之間，遂能神解。推却撚憀，咸極其精，且善歌咏。臨風一抹，歷歷心聲；旁水孤吟，泠泠指語。真雪兒口、曹綱手也。雖遊輞川而挾史囊，不啻過焉。雨歇渭城，雲消巫岫，餘音在耳，頻勞夢思。又十餘年，而楊氏之家有少女，能傳其業。南人不尚四絃，遂中廢閣。惜乎飛花，徒付東流而已。聊附之以爲譜云。

陽關飛花三疊第一

渭城，渭城朝雨浥輕塵。客舍，客舍青青柳色新。勸君，勸君更盡一杯酒，西出，西出陽關無故人。

第二疊

渭城朝雨，朝雨浥輕塵，客舍青青，青青柳色新。勸君更盡，更盡一杯酒，西出陽關，陽關無故人。

第三疊

渭城朝雨浥輕塵，浥輕塵，客舍青青柳色新，柳色新。勸君更盡一杯酒，一杯酒，西出陽關無故人，無故人。

飛花滾三疊

渭城朝雨，渭城朝雨浥輕塵，浥輕塵。客舍青青，客舍青青柳色新，柳色新。勸君更盡，勸君更盡一杯酒，一杯酒。西出陽關，西出陽關無故人，無故人。

絮沾泥

一疊兮酒行頻，再疊兮淚沾巾，三疊兮腸欲斷，四疊兮催征輪。客邸誰相親，柳枝孤負春。要知巫峽猿啼苦，只聽陽關無故人。

王右丞畫《陽關圖》

《深雪偶談》：此摩詰《送元二使安西》詩也。世傳《陽關圖》亦出摩詰之手，遂成二妙。

李伯時畫《陽關圖》

《宣和畫譜》：李伯時畫，今藏在御府，如《陽關圖》一也。

《志雅堂雜鈔》：李伯時《陽關圖》，備盡離别悲泣之狀。薛紹彭家，後有題詩，及書王右丞一詩，及『河東三鳳後人』等印。

《復齋漫録》：『《送元二》絶句，李伯時取以爲畫，謂之《陽關圖》。』余嘗以爲失。按《漢書》，陽關去長安二千五百里，唐人送客出東門三十里，特是渭城耳。今有渭城館在焉。據其所畫，當謂之《渭城圖》可也。

李公麟，字伯時，舒州人。宋進士，御史檢法，居龍眠山，因號龍眠居士。

陽關圖歌

京兆安汾叟赴辟臨洮幕府，南舒李伯時自畫《陽關圖》并詩以送行，浮休居士爲繼其後。

古人送行贈以言，李君送人兼以畫。自寫陽關萬里情，奉送安西從辟者。澄心古紙白如銀，筆墨輕清意瀟洒。短亭離筵列歌舞，亭下諠諠簇車馬。溪邊一叟静垂綸，橋畔俄逢兩負薪。掣臂蒼鷹隨獵犬，聳耳駏驉扶隻輪。長安陌上多豪俠，正值春風三二月。分明朝雨浥輕塵，客舍青青柳色新。主人舉杯苦勸客，道是西征無故人。慇懃一曲歌未闋，歌者背面沾羅巾。酒闌童僕各辭親，結束韜縢意氣振。稚子牽衣老人哭，道上行人皆酸辛。唯有溪邊釣魚叟，寂寂投竿如不聞。李君此畫何容易，畫出漁樵有深意。爲道世間離別人，若箇不因名與利？紅蓮幕府盡奇才，家近南山紫翠堆。烜赫朱門當巷陌，潺湲流水遶亭臺。當軒怪石人稀見，夾道長松手自栽。静鎖園林鶯對語，密穿堂户燕驚回。試問主翁在何所？近向安西幕府開。歌舞教成頭已白，功名未立老相催。西山東國不我與，造父王良安在哉？已卜買田箕嶺下，更看築室潁河隈。憑君傳語王摩詰，畫箇陶潛歸去來。

蘇子瞻《題陽關圖》云：『不見何戡唱《渭城》，舊人空數米嘉榮。龍眠獨識陽關處，畫出陽關意外聲。』

黄庭堅《題陽關圖》云：『斷腸聲裏無形影，畫出無聲亦斷腸。想得陽關更無語，北風低草見牛羊。』又云：『人事好乖當語離，龍眠見出斷腸詩。渭城柳色關何事？自是離人作許悲。』《秋澗集·題李伯時畫陽關圖》云：『晚唐聲教限羌戎，纔唱《陽關》慘意濃。遠節每矜殷侑狀，畧無離別可憐容。』又云：『别淚重於烟柳雨，離愁長似玉關程。就中儘是銷魂處，不待聽歌第四聲。』

山陰鄭嘉《題陽關送別圖》云：『漠漠楊柳花，青青楊柳樹。帶花折長條，將送行人去。灞陵匆淹留，明日發沙洲。沙洲連塞路，望望使人愁。願推雙車輪，推過壽昌縣。壽昌何蔚蔚，邊城如眼見。別曲歌且停，春醪香更清。一杯歌一曲，曲盡兩含情。含情豈無語？別離心更苦。懊恨別離多，歡娱能幾許？萬水及千山，人去幾時還。誰言功名好，儂道不如閒。』

余嘗題《琵琶亭陽關圖》詩云：『楊柳青青江水清，琵琶亭下小舟横。一杯未盡腸先斷，何必《陽關》第四聲。』

餘杭蔣子久《題陽關圖譜詩》曰：『盡道陽關句最奇，句中三疊少人知。田郎自是推輪手，推出前人絶妙詞。』

校勘記

〔一〕揚州《柳枝詞》也　甲申本作『柳州《柳枝詞》也』。

附録一

《百陵學山》有《春雨逸響》一卷，即此書卷七《玉笑零音》。然頗有異同，兹附録於下：

小引

春雨閉門，良朋偶至，雅談終日，無非金玉之音；退而紀之，用志毋忘逸響云爾。錢塘田藝蘅子藝。

《玉笑零音》所無者

周公吐握以來天下之士，今則州縣之官尸于位。士有自至于門牆而不得一見者矣，或有見刺而詭却云飲食沐浴者矣，誰能一飯三吐哺、一沐三握髮也哉？夫以守令尚如此，又況于元聖之德、叔父之親、冢宰之尊者乎？吁，世道人情兩可識矣！

進速必退，成速必敗。《易》曰：『咸，速也。』貞者所以善其速者也。言久必錯，步久必弱。《易》曰：『恒，久也。』貞者所以善其久者也。

正月之令，以東風解凍爲始。十二月之令，以水澤腹堅爲終。天地之啟閉，皆繫於水。故曰：天包地，水包天，極浮水中，水周極外。

天道體明而用幽，故其福善而禍淫也，章章而昧昧；人道體幽而用明，故其賞善而罰惡也，默默而察察。

短狐射光而病瘍，蛷螋溺影而成疾。此有情而無情而有情也，昆蟲草木，果知覺耶？人之與物，果感通耶？氣耶？理耶？孰居解耶？

五祖曰：『不識本心，學法無益，若識自本心，見自本性，即名丈夫。』此心性之學也。性統於心，故達磨直指人心，見性成佛，所謂即本相而尋面目也。其曰妙性本空，無有一法可得，非心之虚乎？又曰：『一切萬法，不離自性。』非心之實乎？其學可謂體用合一者也。

㸒，从敝，从死也。鷩，禽之美者，人烹之。鼈，介之美者，人庖之。幣，貨之美者，人負之。物各以其美斃，此字之所以从敝也。人心雖靈，溺于物則敝，故曰憋。至於眼目手足皆有敝，故曰瞥，曰撆，曰蹩。

夏禹受禪，而迅風偃木，惡其忘父之仇也；周成受譏，而大風拔木，警其忘父之恩也。風木同象，父子一體，感則相生，逆則相仆。

大衍之數五十，虚其一以象太極之無爲也。人之臍，其百竅之太極乎？聖人虚一策以成化，至人虚一竅以養生。

聖人孰不願學也？貌不爲聖人，而心爲聖人，善學也。貌聖人而心盗跖者，其今之道學之士乎！

天地之氣，亂于春秋之世，而正于孔子之身。以色曰妬，以才曰忌，吾聞倉庚可以止妬矣。欲止忌者，又何物哉？嗟乎！不烹麟鳳以食之，其忌不止也。

《玉笑零音》有一則云：倉庚爲炙，可止妬婦之心；鳳凰爲羹，難化忌士之口。可爲對照。

《留留青》卷六談陶磁兹附録於下

〔陶器〕舜爲陶器，迄于秦、漢，今河南土中有羽觴無色澤者是也。陸龜蒙詩：『九秋風露越窑開，奪得千峰翠色來。』最爲諸窑之冠。至吴越王時愈精，臣庶不得通用，謂之祕色，即所謂柴窑也。有云：『若要看柴窑，雨過青天色。』或云：『柴世宗時始進御也。』

〔汝窑〕宋以定州白磁器有芒不堪，遂命汝州造青窑器。河北、唐、鄧、耀州悉有之，而汝爲冠。今河南汝州色如哥而深，微帶黄。

〔龍泉窑〕處州龍泉窑豆青色，建安烏泥窑品最下，蘇州翠窑又下。

〔定窑〕定州，今真定府，似象窑色，有竹絲刷紋者曰北定窑。南定窑有花者出南渡後。

〔鈞州窑〕鈞州稍具諸色，光彩太露，器極大。今河南新改禹州，其器兔絲紋，火焰青者。

〔官窑〕政和間，京師自置窑燒造，曰官窑，文色上白而薄如紙者，亞於汝，其價亦然。

〔内窰〕南渡有邵成章提舉，號邵局，於修内司造青磁器，名内窰，模笵極精，油色瑩徹，爲世所珍。

〔哥窰〕宋時處州章氏兄弟皆造窰，兄所作者，視弟色稍白而斷紋多，號白圾碎，故曰哥窰。有火碎紋、鐵足胎，土極堅細如鐵者。次，象窰，色如象牙。又次，彭窰。

〔宣窰〕大明永樂窰、宣德窰、成化窰，皆純白，或回青石，青盡之，或加彩色。宣德之貴，今與汝敵，而永樂、成化亦以次重矣。祕色在當時已不可得，而内窰亦未見有售者。嘉靖亦可觀，窰有柴、汝、官、哥、定。又，彭、建、龍、鈞之類。柴不可得矣。今宣窰興而與汝争價，亦足觀也。

附録二

後記

謝國楨

右田藝蘅《留青日札》三十九卷，明萬曆己酉刻本。子藝才華縱横，博學多聞，然書頗蕪雜，爲例不純，但高瞻遠矚，不爲俗囿，頗有新知，世多稱之。書經問世，屢經傳刻。然萬曆時，即有萬曆元年癸酉自刻，題《香宇外集》本。萬曆三十七年己酉，其婿徐懋升刻本，及萬曆四十二年喬時敏删節刻本《留留青》六卷，雖多失本義，然亦有補充。其它明代叢刻，若《紀録彙編》、《百陵學山》均載其書。惜至清乾、嘉以後，其書反晦，近代公私藏家，多無其書。余嗜讀明代乙丙兩部之書，恒欲纂輯叢殘，蔚爲一編，以是書爲朱明一代雜家之冠，求之多年，雖見有此書二本，乃以阮囊奇澀，寒士青氊，縱見之而不能有，均爲有力者所得，未嘗不企予望之。年來佔僤上廱，握丹懷鉛，恣我探討，頗有暇日，益深自幸，庶足以醫我時過之愆。聞有某君藏書，庋有是本，爲四庫底本，鈐有翰林院印，惜缺卷三十四至卷三十九六卷，承書友作緣，爲我求之有年。今春多雨，鐙蒔點滴，細聽檐花，輒無足跡。一日傍晚，新雨初晴，在花繁落照中，書友騎自行車持藍布書袱挾是書至矣。亟摒擋故物，竭其所有而易之。乃請蕭十一丈用工楷書之，補其不足，並借各本畧詮次之，其爲是書所無者附録於後，庶足成爲完書。所謂『禮樂攻吾短，詩書引興長』，晴窗展玩，偶一讀之，足以使老眼猶明也。一九六四年五一節，安陽謝國楨記于北京寓廬。

重刻《留青日札》序

黄汝亨

田子藝先生嗜奇博古聞于世。余及于西湖，逢子藝六橋花樹下，擁兩歌婢，衣絳衣，揚謳進酒，觀者如堵，而先生傲然若旁亡人，以爲古所謂狂客者流。已聞子藝倏然辭世之日，戒兒女子輩勿哭，第謂良辰賞心，環而歡飲，娱我魂魄，而以平昔所著書若干卷納之一棺，有吴梓材歸去來之意，則子藝殆古之達人而託之狂，狂而託之書與酒者？蓋讀其《留青日札》所載，博物通雅，撫時悼俗，或澂或謔，或經或怪，或質已聞，或標獨解，如列肆五都，飄踪海外，尚羊乎聽其所止，涉而取之以成趣者，非沾沾文士噉名者所能辨也。

嗟乎！虞卿著書，子雲草《玄》，夫亦中有所不自聊而發憤于作述，孰有涉書而行其意、玩日將月、瀟灑去來如田先生者？讀其書，知其人，而知先生所以留者非書矣。歲久字渝，其板復爲蜀好事者攜去，令人欲索田先生而不得。玄舉，子藝家倩，風雅不愧婦翁，而再爲留青以留之，謂子藝不亡可也！

《留青日札》序

劉紹恤

田子藝以博雅聞，多所著，外家言皆有敍述，業已信于世者亡論已；乃其所爲《留青日札》，則命之曰吊詭之役，非邪？夫士之負奇者，每自託于師心之謂，而不軌于古。始或一溺于古，則其詞亦復蔓衍摹擬，無所取衷。之兩者鈞之覆瓿焉。子藝之言具在，事繫稗家、《世説》，纖細蝟舉，猶云抵掌之資爾。若上自聖則，下及藝苑，陸海繁露，何所不有。世儒率以多爲解，子藝獨手之，禔衡百氏，郁郁乎無遺文焉。又，其著者則關説時事，引當不，裨實用，即人所諱言，子藝慷慨悲憤，擢髮直指，儳焉有擊筑彈劍之風。壯士讀之，不覺鼻酸面麥，視《七哀》而甚焉。此之爲烈，何但辯有口哉！當其宣𢡃性靈，時時脱穎，朝而胠篋以出，暮而投篋以入。吹萬不同，賢于比竹。凡是者，文學其天性也。綜核組織，日以成趣，褎然一代外史云。或謂子藝賓貢大廷，猶然卒佔畢業，嘐嘐而好古籍，第令多聞，正業之謂何！不知子藝所爲圖不朽，顧在此不在彼矣。結髮屬書，訖于二毛，計所就業，視佔畢孰多邪？嗟乎！《太玄》玄矣，世猶訾其尚白，直俟後有知己者辨之，豈其色之未較著邪？抑世人之識有至未至也？曲士拘拘，必欲信其説于天下，而不聞眇論，此殆以耳食者也，勿恤爾已。敍曰：殺青，古語也，札曰留青，有味乎！田氏子之言乎蓋自楮子出，而此君之風微，故留之，亦可得也。是亦好古而奇也已。

萬曆元年冬十一月德安劉紹恤長欽纂

《留青日札》序

蔣灼

古人取巨竹炙青，汗之以書，曰殺青。田子藝氏名所著之書曰《留青日札》。或曰：『均之爲青也，古以殺，子以留，何居？』子藝曰：『均之爲青也，殺則易書，留則易致。惟其易爾，又何殊乎？且朝廷邦國之間，金匱石室之所藏，與夫學士大夫之所撰述，史曰青史，編曰青編，簡曰青簡，箱曰青箱。青既殺矣，則諸書不宜復名青。諸書既以青名，則吾之留青不誣矣。吾憶青年頗留心札牘，守寒窗之青燈，坐青氈以卒歲。既而披青衿，撫青萍，自謂取青紫可拾芥。上之則躡青雲梯，排青瑣闥，膺銀青之寵，圖丹青于麟閣。次之，則餐青霞，侶青蓮，睹青鳥之西飛，玩青海之東注，長眉翳青，登名寶籙。吾非不欲以是爲留也，而時有未逮，則吾亦不得强留之爾。于是荷青篛笠，拽青藜杖，挾青娥，呼青雀舫，載青州之從事，或歌江上青峰，或探湖堤青柳，踏青于茂林豐草。吾豈亦有樂于是而留之耶！彼不吾違，吾不忍不留也。故吾雖不獲青出于藍，克紹父師之業，然或垂青盼于賢達之目，則凡其可喜可愕、可哂可疑、可怪可奇之事，得之于心評，斷之以臆見，皆得以並存而兼取之。或數日而得一札，或一日而得數札，積于箱素，遂成巨帙。嗚呼！觀吾之日札，可以知吾之所留矣。』蔣子聞而嘆曰：夫子藝不留其所難留，而留其所不得不留；不札其所不可札，而札其所不得不札。則是其所留者，自有必不可遺者存；而所札者，自有必不可削者寓。予故札其一言，以留于《留青》之首。

餘杭蔣　灼

書一通

龐嵩　龐一德　周坦

佳刻種種珠玉，竊惟今之挾技馳騁、嘵然自鳴者多矣。然擬古者滯于倣模，呈己者淪于膚淺，塞耳填目，無可傳者。惟吾丈近承家學，遠追古人，卓然爲一代名家。賦即《離騷》，律即唐選，古風逼陶，文躡班、馬。一字一句，動有法度，誦之愈有餘味。如《留青日札》，則學問該博，考據精詳，敘事有條，筆力高古，不徒可廣見聞，抑亦有關世教，不可少也。舟中詳閱，父子師生，咸沾潤渥，不但百朋之錫，永作傳家之寶也。

隆慶六年壬申春三月二十七日書于常山舟中。南海龐嵩、龐一德，博羅周坦頓首。

敘目

玄樓三徑，翠竹萬竿，田子敖詠林中，聲金振玉，偶聞瞥見，則抽簪刻竹紀之，標目銘心，聊代鉛槧。于是竹無空節，節無完膚，幾三十年。除舊布新，謄稿充宇，第多則混肴，久當散軼，乃復枝分櫛比，爲卷百餘，永託梨編，以示兒輩。因思古人汗簡，皆炙青而後書，余獨不忍，以爲頻摹緑潤，勝弄紺珠，得鐫琅玕，何減琬琰。故遂命之曰《留青日札》焉。嗟夫！擾擾紅塵，余常白眼，悠悠青盼，孰具碧瞳？憐貴紙之未期，笑覆瓿之可卜矣。詩以引之，且列如左。

有田誰肯藝秦蘅，有力誰能事筆耕？玉宇風來香葉長，金莖露滴墨花生。仙人超出世間劫，男子獨留身後名。萬竹歲寒青眼在，窮愁我亦笑虞卿。

此君玉立氣凌虚，談吐風生日起予。爲愛彤竿飛白寫，不須刀筆殺青書。老饕每惜常珍棄，拙計空勞重寶儲。千載何人能挂眼，還留清賞對林lick。

品嵓子小傳

品嵓子者，錢塘萬歲里人。五歲而受祖訓，七歲傳家《易》，九歲通詩史，解屬文。十一遂有四方志，游姑蘇、滁、和、金陵，即好吟咏。十五六南游楚，踰五嶺，驂鸞八桂，詩草即滿奚背囊。好博覽，凡天官、輿圖、兵法、醫卜、外典，罔不涉獵。七舉不遇，放浪西湖，日逐聲樂、婦女、狗馬、劍鞠、擲博之事，咸以長長諸少年場。旋棄去，爲山水游。吴越千里，洞天福地，采玄芝，餐石髓，結方外盟，研飛引祕術。海上變作，立草丈二檄，鳩義兵千人，保障里社。幕府諸大夫壯之，聘督臨、餘三邑兵四千，出入行陣者五年所，非吾好也。乃賓記室，任纂修，以故子藝名頗起海内。幼沾滴酒，面即赤，頭岑岑欲仆。既習高陽徒，便能强五斗，幾死于醉；妖童豔倡，晝夜裸花下，幾死于色；輕身恃泅，幾死于水；與夫隕于騎，危于訟，險于盜，傷于燒丹，困阨于讐刺者，又不計其幾，終不能死。子藝豈太史公所謂天幸不敗者乎？行徑大自奇僻。

嘉靖甲申三月九日抵萬曆甲戌，具在《田氏本支譜》及子藝編年集中，撰述累數十萬言。而《老子指玄》、《留青日札》、《神游録》、《詩女史》、《大明同文集》二百餘卷，皆不即死之所得者，將藏之品嵓，好事者往往傳之。天未喪斯也，何有于我哉？

配瓊心，字子玹，少三歲。織女賜巧次夕生，故生而多巧。十五于歸，夙閑敬戒。張氏世家仁和，子玹謝會城而居村舍，乃能屏紛華，甘澹泊，泉石煙霞之調，雅與予同。品嵓，著寡山，去香宇西不七百武，登臨唱隨，無間雪月，何減鹿門。母恭人徐蚤逝滁陽，獨以孤子勤，遺命子玹爲我廣畜姬侍，去留無恒，宜子者代理中饋。遂有男子十人，曰世守、世傳、世得、世導；女子十人，曰玉燕、紫燕、彩燕、新燕，左右承驩。而益大、益久諸孫兒復怡怡遶膝，斯其孝也，足以慰太恭人心矣！《螽斯》之咏，今當爲荆布頌之。

予性疏直，不善媚人，且善忤人，子玹曲爲居間，故怨亦終釋。待我友朋，何有何無，各適其所。每好通夕飲，當廚無倦容。生平不善治恒業，故常散千金，亦常復千金。屢散屢復，皆子玹脱簪珥，課農桑，助我懶者甚力也。竟以是嬰沈痾，卧十餘年，亦終無恙，又獨非天幸與！甘露降品嵓，當門樹連理，庭産黄白二芝，皆異也。間嘗移書内子，人恒言静者壽，而吾若流水；積善者慶，而吾未嘗有陰德；中行者宜用于世，而吾過爲狂，固時俗之所不齒者。往者天命未知，官政當服，翱翔齊魯，重上長安，獻藝天廷，竊禄士籍，而留都觀風諸大夫亦知有田藝蘅，特上書爲當宁薦之。旌幣交加，曾無虚歲，何三生四恩之大，若是其無量也哉！顧散材無可爲清廟用也，是猶徒聞鄰婦之笑顰，而或未窺其斑白耳。不日歸田，偕隱品嵒，長生亦可，即死亦可；生既爲快活人，死當爲快活鬼矣。千萬而下，其謂子藝何！田藝蘅撰。

子藝小傳

歐大任

子藝，錢塘人也。錢塘文章家宗田氏，至子藝益著。少嗜學，習博士家語。不遇，遂耽于酒，稍逐狗馬、聲樂、婦女，放浪西湖、天目者數年所。島夷作難，海上有警，以諸生領四千兵在行間，保障功多。幕府數欲奏上，非所志，乃免。于是益折節讀古鉅萬卷，出爲文章，波湧雲蒸，意精義奧。其條刺百十，皆經國大務，多所風切。足跡所至，自吳、越北入齊、魯、燕、趙，南至五嶺、百粵，幾半天下。比詣公車，選爲文學掌故，分教于歙。新安，山水窟也，授經之暇，墨卿藻客，治輿馬，奉杖履，更迭邀遊，問政烏聊、仙井、長原、豐干、古嵒、落石、昉溪，屆于黃山、白嶽、天都、峫嵥、桐汭諸勝，往往有田先生留題。殆荊南馬帳之詠歌，永嘉謝屐之游矚矣。齋前書帶，壇下漁舟，風教在兹，能無銘石以示百代哉！子藝又有《寄青蚨三百于内子張夫人》詩。夫人報書，丁寧以『儒官大好設施，登山臨水笑弄消遣』之語，是豈秦嘉、徐淑之所能及邪！雖然，子藝之于著述，其覃思殫力，豈但游覽諸篇。評騭千古，則有《留青日札》；統一六書，則有《大明同文集》。世固當知田先生也。余不揆鄙陋，聊著其大都云。南海歐大任楨伯撰。

諸家贊詞

武陵龍德孚伯貞

龍生客長安時，客有道歙博士子藝田先生者，異人也。余令狀之。曰：『厥貌古，厥志修。氣吞山斗，業振箕裘。腹撑書萬卷，才壓賦《三都》。著作騰雞林之賈，交歡萃虎觀之逑。馬帳寄夫嘯傲，龍門助以敖游。方其草尺檄以提兵，抗片言而披難，庶蜚聲乎仲連之亞；當其假夢郎而骯髒，託醒狂而睥睨，若比跡于正平之儔。豈舉世兮皆濁，抑與物兮無求？仕也曼倩，放也莊周。嘲者風而弄者月，漱可石而枕可流。汎醉吟之樂海，遺身世乎浮漚。品維㟪與，逸興偕白雲而俱遠；香其宇矣，芳名並青札以長留。』余曰：『客爲子藝傳神哉！』比游新安，鍵關郡署，稍稍讀子藝書，得以詩郵入社中，稱龍田社云。會子藝圖小景徵贊，龍生不能贊一辭，以所聞于客者贊之。子藝報書曰：『疇則豐干哉，儂且伯休矣。』

莆田黄衮補甫

泊如子周游郡國，歷覽名山大川，已乃遵淮泗，浮長江，指于金陵之陽，將憇黄山、白嶽間，望之隱隱隆隆有紫氣焉。既止，則田子藝先生者，峩冠過余。余聞先生舊矣，及今睹其人，貌崖體修，闊步高視，敻若遺落世事而厭握躪者。其持論好恢諧，雕龍炙轂，川至而響應。已作色相夸嚴，既平而復命酒，散步林莽，休大樹下。有間，飲七八而醉二參，坐客被酒去，先生獨留。微陽西曬，繼之以燭，復博塞呼盧，聲振天地，因以所作《阿夢高漸離篇》，倚瑟而歌示余，余擊節而和之。旁已無人，徐叩所論著，則胠篋累月弗能卒。蓋詩盛唐，而文東、西京以上，其他該博靡不玄解。又嘗語余曰：『反汝耳目，毋摇汝精，此治氣養身者之説，大于文章有助，子當得之。』余俛仰久焉，鄉望黄、白中隱隱隆隆者，其在斯乎！其在斯乎！會客以傳神之術進，先生亟呼曰：『爲我圖小景！』圖畢，且祕。惟仰天大笑曰：『類我，類我。』泊如子進曰：『要得其氣。』遂索而觀之，則風神散朗，揮麈飄衣，若逍遥于天地。乃相顧洒然曰：『得之矣。』遂爲之贊。贊曰：『而容崖然，而服翩然，而思澹然，而氣僊僊。虚矣生白，玅乎又玄。藏山著述，得意忘筌。獨醒匪醉，好直斯傳。而已知形之爲寄幻，曾何外物之拘攣！』

汝南何洛文啟圖

古有堂堂，京兆田郎。誰其嗣者，大國之香。而神散朗，而貌昂藏，口也縣河，目兮耀芒。綺歲任俠，達節類狂。魯連上下，相如頡頏。不名一器，遂漱群芳。既窮歷覽，愈發文章。曼倩三千，惠施多方。數否心泰，跡晦名光。爲隱爲吏，將翱將翔。紫芝眉宇，白雲帝鄉。胡由羈紲，且也倘佯，悦生有篇，人擬仲長。酒道著銘，大人叵量。玩不涉詭，弛貴能張。品嵩不朽，斯人可忘。

汝南王祖嫡胤昌

貌和以平，神王以清。揮麈而談，四座盡傾。紹鯉庭之業，毓虎林之英。慕節俠而涵以義理，是我大明之田先生。

仁和湯焕堯文

風塵之表，麴蘖之鄉。和光吏隱，骯髒清狂。雕龍盈笥，倚馬成章。苕溪天目，百代流光。

新安汪道貫仲淹

淵哉子藝，氣凌九有。博識洽聞，熒目哆口。託迹下位，抗志尚友。隱類東方，達慕莊叟。圖丘壑間，可以不朽。

婺源余養元食其

謂蓀爲難近，則恬貌野服，豈曰已甚！謂蓀爲易親，則方枘圓鑿，世胡與爾而狺狺？馬融蘊藉，聊以適意，田光節俠，聊以明志。惟説劍之莊生，暨嗜酒之劉伶，盡託而逃，寧爲名高？嗟若先生，其魯仲連之儔與？其東方朔之流與？雖爲執鞭，所忻慕焉。

海陽邵正魁長孺

虎林俠遊，黄山浪跡，人間冠裳，胸中泉石。

成都李元齡仁卿

貌顒而和，心遠而直。咳唾珠璣，其誰能識。噫嘻先生，何胥甲第，而名著千秋；雖囿塵寰，而志超八極。黠也真狂，莊生匪惑。金石文章，後來永式。

内鄉李蓘子田

吴山之秀，虎林之英。名家華胄，德慧夙成。皇墳填其胸臆，筆札爛其縱横。談嘲比于經笥，撰著擬于《論衡》。脱畧于俗儒之矱，騁蕩于王道之平。身若隱而文顯，位雖下而道行。田子方乃高士，蘇廣文稱先生。先生自序曰菩薩童子，吾將高山仰之，曰宜貢于明庭。

順陽李蔭襲芙

月光後身，根行犖耶？游戲三昧，毘盧頂耶？咄咄子藝，疇睹爾景耶。

蘭谿郭堯輔翼之

春風之容，古今師長。時雨之施，天地參兩。垂儀刑兮，矧素之間。振木鐸兮，清溪之上。厥貌愷悌，厥神清朗。允爲百世之具瞻，足起雲仍之遐想。

内江張應登玉車

爾爲誰黄金軀殼？爾爲誰紫芝眉宇？爾爲誰淵角山庭？爾爲誰桂腦松髓？爾爲誰寸眸八極？爾爲誰昂首千里？爾爲誰口吐珠璣？爾爲誰齒燦花蕊？爾爲誰盱衡厲色？爾爲誰强項竦體？爾爲誰肩可擔當？爾爲誰手揮麈尾？紛爾胸臆，其心丹石。百萬甲兵，五千文籍。包羅衆星，凌鑠一世。爾則爲誰，我所不識。噫嘻！知之矣。爾其驕人者耶？天口者耶？泉石者耶？捷敵者耶？聚書樓耶？田先生耶？是耶？非耶？

武陵龍德孚伯貞

嬾龍生曰：『余所知子藝者，蓋博識閎覽君子也。讀所爲小傳，乃竊嘆曰：子藝亢者與？修者與？治而閒而壽者與？治不功名，閒不江海，壽不道引，子藝有焉。爲亢爲修，志云尚已。夫世不治閒壽之異，而亢修之異人。曰：子藝，異人也。子藝，將爲異人耶，抑貞人耶？

客以蒙周狀子藝，故即周之言跋之。』

倩徐懋升玄舉

苕水之南，天目之東。珠藏玉韞，清發我翁。玄姿侶鶴，紫氣猶龍。悠邈眼底，壘塊胸中。筆横溟渤，劍倚崆峒。海寓浪跡，泉石霞蹤。澄澄秋月，落落長松。東南作者，吴會騈宗。小子仰止，丈人之峰。

萬曆己酉仲夏望日孫田大益德謙甫録，外孫徐胤翃孟凌甫、胤翀仲陵甫輯，胤翿幼凌甫校。

圖書在版編目(CIP)數據

留青日札 / (明)田藝蘅著;朱碧蓮點校. —杭州:
浙江古籍出版社, 2012.9(2022.6 重印)
(浙江文叢)
ISBN 978-7-80715-938-4

Ⅰ.①留… Ⅱ.①田… ②朱… Ⅲ.①筆記—中國
明代—選集 Ⅳ.①Z429.48

中國版本圖書館 CIP 數據核字(2012)第 214339 號

留青日札

(全二册)

(明)田藝蘅 著　朱碧蓮 點校

出版發行	浙江古籍出版社 (杭州市體育場路 347 號　郵編:310006)
網　　址	https://zjgj.zjcbcm.com
責任編輯	路　偉
封面設計	劉　欣
責任校對	余　宏
照　　排	浙江時代出版服務有限公司
印　　刷	浙江新華數碼印務有限公司
開　　本	710mm×1000mm　1/16
印　　張	42.25
字　　數	430 千
版　　次	2012 年 9 月第 1 版
印　　次	2022 年 6 月第 2 次印刷
書　　號	ISBN 978-7-80715-938-4
定　　價	210.00 圓(精裝)

ISBN 978-7-80715-938-4
9 787807 159384 >

浙江文叢

留青日札

〔上册〕

〔明〕田藝蘅 撰　朱碧蓮 點校

浙江古籍出版社

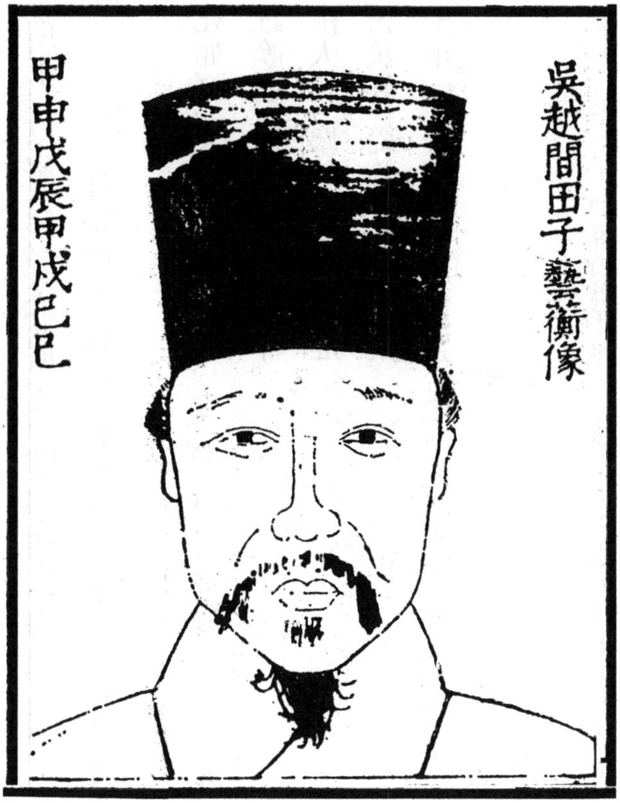

作者像

自贊

以爾爲人，則無所事；以爾爲官，又非所志。時與命違，神將名忌。直而好言，和而弗媚。戇懶本癡，醒狂若醉。心以澹存，貌因幻寄。小耳豐頤，修眉高視。揮麈尾於煙霞，掃塵根於天地。

浮生如寄死如歸，大夢難醒日未晞。
一百八聲鐘喚起，四十九歲事知非。
畫中面目由人相，塵外心情與世違。
石室衹藏書萬卷，篇篇化作彩雲飛〔一〕。

大明隆慶六年壬申，季春九日，小小洞天品嵓主人手圖並題。

校勘記

〔一〕己酉本原有『自贊』的文字，而無詩歌手蹟。這首詩據甲申本補。

重版説明

《留青日札》爲明代筆記之白眉，網羅萬有，薈爲一編，頗有資考證。上世紀曾由朱碧蓮先生點校，由上海古籍出版社出版。由于印數甚少，早已售罄，市面上也難覓此書踪跡，深可爲憾事。此次徵得作者同意，納入『浙江文叢』重版，即據上海古籍出版社本爲底本，核校原書，訂正了原版本文字和標點錯訛之處，并對部分標點進行了調整。其餘則一仍其舊。

浙江古籍出版社編輯部

二〇一二年七月

點校説明

《留青日札》，明田藝蘅著。藝蘅字子藝，號品嵓子，錢塘（今浙江杭州）人，著名學者田汝成之子。生卒年月不詳，大約生活在明嘉靖、隆慶和萬曆初這一段時間内。他克紹家學，天資聰穎，博覽多聞，『作詩有才調，爲人所稱』（《明史·文苑傳》）。但其舉業偃蹇，『七舉不遇』（《品嵓子小傳》），僅以歲貢生的身份做過徽州訓導，旋即罷歸，遂放浪西湖，優游山林。著有《大明同文集》、《田子藝集》、《煮泉小品》及《留青日札》等書，以《留青日札》爲最著。

這部雜記性的札記，是藝蘅將其『留心札牘』的心得體會和現實生活中的所遇『可喜、可愕、可哂、可疑、可怪、可奇之事』，及其優游山林的逸事匯集起來，『或數日而得一札，或一日而得數札，積於緗素』而成，因仿古人史書稱『青史』之例而取名爲《留青日札》。此書一名《香宇外集》。香宇是距其品嵓寓所僅數百步的名勝，山清水秀，景色宜人，是他們夫婦登臨唱隨、流連忘返之地，故以爲名。

全書三十九卷，内容包羅萬象，上自天文星象，下至地理人情，諸凡經史子集、典章制度、音韻訓詁、社會風尚、民生疾苦、藝林傳聞、掌故逸事等等，無不涉及，堪稱『朱明一代雜家之冠』（謝國楨語）。

書中記載了明初至嘉、隆間的風土習俗和社會傳聞，可補正史之不足，爲後人全面認識明朝的社會面貌提供了豐富而翔實的資料。如卷三《社夥》、卷十九《腰鼓》、《舞鼓》、卷二十一《祝英臺》等寫了明代市民和鄉民的娛樂生活及有關的戲劇情節，常爲戲劇史研究者所引用。書中對於士大夫競爲豪奢，百姓衣不蔽體、食不果腹的窮困生活也有具體記載。如卷七、卷二十三都寫了貧富的懸殊。卷二十六《七件事》則就開門七件事——柴、米、油、鹽、醬、醋、茶，真實地記載了窮苦百姓所過的非人生活，字裏行間對貧民表示了無限的同情。書中對朝廷的苛政和奸臣貪吏的穢行作了頗爲深刻的揭露和譏刺。如卷九《風變》記載民間風聞朝廷將選綉女，於是便出現了倉皇成婚的混亂恐懼的景象。皇宮蟲蟻房供養獅虎，餵以犬羊，封以官爵，『甚爲民害』（卷二十九、卷三十一）。嘉靖皇帝信方士、飲丹藥，寵幸姦相嚴嵩，任其爲非作歹。卷三十五《沈萬三秀》曰：『嚴嵩盜竊國柄，貪墨滔天，苞苴公行，仕路污穢。嘉興丙辰科一進士，用金一萬三千兩買選吏部考功主事，時人號之曰「沈萬三官」。』此卷各條分別開列嚴嵩、劉瑾、錢寧、江彬、鄢懋卿等人所籍没的家産清單，數目之大，令人咋舌。同時，作者也以辛辣的筆觸抨擊科場醜聞（卷三十七），鞭撻佛道淫亂愚民（卷三十七），賭博盛行造成傾家蕩産的不良風氣，這些都具有寶貴的史料價值。難得的是作者以夾敘夾議的寫法表示其鮮明的愛憎，對現實政治的不滿與憤激之情。

書中有關詩論、文論和史論部分不僅反映作者的博聞强識及對詩文詞賦和史學的精深造詣，且每每披郤導窾，獻疑送難，法眼獨具，有一定的學術價值。他不拘泥於前賢定論，以爲堯舜禪讓是因爲『愛身甚於愛天下』，『愛天下不如愛子』，而『周公好名』，故不能稱他們爲『聖人』（卷三、卷七）。爲此，《四庫全書總目提要》譏之爲『紕繆之甚』，這適足以説明作者具有非聖疑經的精神。他反對元稹揚杜抑李之説，認爲『此非公論』，李白和杜甫『詩如其人』，各具個性特徵，不能抑此揚彼，還是韓愈李杜並重説更爲公允。對於柳宗元的《漁翁》詩，蘇軾以爲『其尾兩句雖不必亦可』（惠洪《冷齋夜話》引），宋、明時贊同者不乏其人，藝蘅則曰『全章本自悠揚，去之則局促矣』，對柳詩的理解更爲全面深刻。他對音韻文字、經籍史料到寶器服飾、花草禽獸也有考訂，顯示了廣博的知識和獨到的見解。

由於田藝蘅好游任俠，見多識廣，所以書中有很多掌故趣聞，如卷一《换鴿書》、卷十一《毛人》等。同時引用了不少民諺歌謡、俚語俗話，如南方土話『貓兒頭』（卷三），唐方言『温暾湯』（卷四）等，足資參考。此外，對當時發生的自然災害和特異的氣象，如山崩地裂、風暴雷電、流星隕石等都作了具體的描寫，爲科技史提供了寶貴的材料，值得重視。

『雜』是本書的一大特點，但正因爲如此，本書時常由雜入蕪，細碎不捐，要是一病。同時，明代士大夫階層所崇尚的挾妓豪飲，侈談因果報應、妖魔鬼怪的庸俗惡習在本書中也時有流露。

本書舊有《留留青》刻印本，祇節録其中六卷；明刊《紀録彙編》收有《留青日札摘鈔》，也重刻本（已由上海古籍出版社影印出版），以萬曆甲申（一五八四）刻本對校。謝國楨所藏的重刻本，亦經其本人校閲過，遇有脱誤之處，輒請人鈔補，或在書眉上作校記説明。他所稱用以校對的萬曆元年刻本（一五七三），實即萬曆甲申本。所以在出校時，我們逕稱爲『甲申本』，而不稱『元年本』。本書總目常作省文，如卷一『漢賜黄金』，正文作『漢賜醫黄金』，卷二『落霞句法』，正文作『落霞孤鶩句法』等，均據正文補全。有些段落没有標題，而目録中原有，則據目録增補，如卷十二、十三、十四就是如此。個别錯字，則據甲申本逕行改正；有歧義者，出校注明。作者學問廣博，引用古籍，比比皆是，有的用原文，有的僅述大意。凡徵引中與原書字句不同而旨義無違者，不出校記；凡徵引有乖原書意者，酌情在校記中説明。粗疏失察之處，尚祈高明指正。

謝國楨從《春雨逸響》及《留留青》中輯出有關文字數條，原抄於謝藏萬曆己酉本後，今收作附録，並附有關序跋題辭，以供參考。

朱碧蓮

一九八五年夏

目録

卷之二

卷之三

卷之四

卷之五

卷之六

卷之七

卷之八

卷之九

卷之十

卷之十一

卷之十二

目録

卷之十六

卷之十七

卷之十八

卷之十九

卷之二十

卷之二十一

卷之二十二

卷之二十三

卷之二十四

卷之二十五

卷之二十六

卷之二十七

卷之二十八

卷之二十九

卷之三十

卷之三十一

卷之三十二

卷之三十三

卷之三十四

卷之三十五

卷之三十六

卷之三十七

卷之三十八

卷之三十九

附録一

附録二

留青日札卷之一

笑人著書

梁湘東王繹勤心著述，巵酒未嘗妄進。衡山侯恭尚華侈，好賓友，酣讌終日，坐客滿筵。每從容謂人曰：『下官歷觀世人，多有不好歡樂，乃仰眠牀上，看屋梁而著書，千秋萬歲，誰傳此者。勞神苦思，竟不成名。豈如臨清風，對朗月，登山泛水，肆意酣歌也。』此言頗切苦心著述形狀，然亦有性癖所耽，至老不倦者。秦子勑宓曰：『僕文不能盡言，言不能盡意，何文藻之可揚乎？虎生而文炳，鳳生而五色，豈以采自飾畫哉！性自然也。』至於退之，則云：『化當世，莫若口；傳來世，莫若書。』嗚呼！然此可爲知者道，難與俗人言也。

文窮詩窮

蘇子瞻曰：『文人之窮也，固宜。勞心以耗神，盛氣以忤物，未老而衰病，無惡而得罪，鮮不以文者。』歐陽永叔序《梅聖俞詩集》云：『予聞世謂詩人少達而多窮。夫豈然哉？』『窮則愈工。』『非詩能窮人，殆窮者而後工也。』予謂詩文之能窮人也，自古然矣。然可窮者身，而不可窮者名。豈人能窮之邪？天忌之爾。窮之，適所以爲達也。

絲竹管絃　蘭亭後序

人皆以梁昭明不録《蘭亭序》，以爲在『雖無絲竹管絃之盛』之句。夫『後堂理絲竹管絃』，《漢書·張禹傳》亦載之，似未足以病文也。嘗謂《文選》必有所主，及閱《五代新説》，載昭明『性愛山水，游圃泛舟。舟人數請奏女樂，久而不答。徐詠太冲詩曰：「何必絲與竹，山水有清音。」慚而止。』乃釋千古之疑。蓋崇山曲水，清響娱人，果何必絲竹管絃也哉！《文選》之不取，信在于此。乃昭民之心〔一〕，素所不欲。後世凡以鼓吹遊山者，誠可謂殺風景也。戒之！戒之！

唐大曆中，鮑防、嚴維、吕渭、朱迪、吴筠而次三十七人，聯句于此，云：『曲水追歡處，遺芳尚宛然。名從右軍出，山在古人前。賞是文辭會，歡同癸丑年。』宋葛文康公于寶溪觀禊堂，紹興癸丑，與客修禊，追數永和癸丑凡七百八十年，乃作詩以紀其事。且云：『吾黨殆天放，十夜就管絃。尺六細腰女，舞袖輕回旋。』是亦不能忘情醉紅裙者。若陳正敏以爲在天朗氣清，自是秋景，則學齋三月清明節之辨，足以折服之矣。《世説》以《蘭亭序》爲《臨河序》，賦詩者二十六人，不能賦罰酒者一十五人。《天章寺碑》云：『羲之、謝安、謝萬、孫綽、徐豐之、孫統、王彬之、王凝之、王肅之、王徽之、袁嶠之、郄曇、王豐之、華茂、庾友、虞説、魏滂、謝繹、庾藴、孫嗣、曹茂之、華平、柏偉、王玄之、王藴之、王涣之各賦詩，合二十六人。謝瑰、卞迪、丘髦、王獻之、羊模、孔熾、劉密、虞谷、勞夷、后綿、華耆、謝藤、任儗、吕系、吕本、曹禮，詩不成，罰三觥，合十六人。』《世説》以謝藤作謝勝，餘杭令作餘姚令。何延之《蘭亭記》云四十一人，有許詢、支道林。《晉書》列傳又有李充，當以碑爲正。《韻語陽秋》載羲之、謝安、謝萬、孫綽、孫統、王彬之、凝之、肅之、徽之、徐豐之、袁嶠之，十有一人，四言、五言詩各一首。王豐之、元之、藴之、涣之、郄曇、華茂、庾友、虞説、魏滂、謝繹、庾藴、孫嗣、曹茂之、華平、柏偉，十有五人，或四言，或五言，各一首。王獻之、謝瑰、卞迪、丘髦、羊模、孔熾、劉密、虞谷、勞夷、后綿、華耆、謝藤、任儗、吕系、吕本、曹禮，十有六人，詩各不成，罰酒三觥。羲之『齊彭殤』之説，蓋反謝安詩語耳。宋景祐中，會稽太守蔣堂《修永和故事詩》云：『一派西園曲水聲，水邊終日會冠纓。幾多許筆無停綴，不似當年有罰觥。』蓋爲獻之等發也。孫綽《蘭亭後序》云：『古人以水喻性，有旨哉！非所以淳之則清，淆之則濁邪！故振轡於朝市，則充屈之心生；閒步于林野，則寥落之意興。仰瞻羲唐，邈然遠矣；近詠臺閣，顧探增懷。聊于曖昧之中，期乎瑩拂之道[二]；暮春之始，禊于南澗之濱。高嶺千尋，長湖萬頃。乃藉芳草，鑑清流，覽卉物，觀魚鳥，其類同榮，資生咸暢。於是和以醇醪，齊以達觀，快然兀矣，焉復覺鵬、鷃之二物哉！燿靈促轡，急景西邁。樂與時去，悲亦繫之。往復推移，新故相换，今日之迹，明復陳矣。原詩人之致興，諒詠歌之有由。』文多不載，大略如此。所賦詩亦裁而綴之，如前四言、五言焉。

梅花賦

垂拱三年，予春秋廿有五，戰藝再北，隨從父之東川，授館官舍。時病除月，顧瞻垝垣，有梅一本，敷藹于榛莽中，喟然嘆曰：『嗚呼！斯梅托根非其所，出羣之姿何以別乎？若其貞心不改，是則可取也已。』感而成興，遂作賦曰：『高齋寥闃，歲晏山深。景翳翳以斜度，風悄悄而亂吟。坐窮荒其用遣，進一觴而孤斟。步前除以彳亍，倚藜杖于牆陰。蔚有寒梅，誰其封植？未緑葉而先葩，發青枝于容卉。光分影布，冰玉一色。胡雜遝乎衆草，又蕪没乎叢棘？匪王孫之見幻，羌潔白其何極。若夫瓊英綴雪，絳蕚着霜，儼如傅粉，是謂何郎。清香潛襲，疏蕊暗臭，又如竊香，是謂韓壽。凍雨晚濕，宿露朝滋，又如英皇，泣于九嶷。愛日烘晴，明蟾照夜，又如神人，來從姑射。烟晦晨昏，陰霾晝閉，又如通德，掩袖擁髻。狂飈卷沙，飄素摧柔，又如緑珠，輕身墜樓。半開半含，非默非言，温伯雪子，目擊道存。或俯或仰，匪笑匪怒，東朝順子，正容物悟。或憔悴若靈均，或欹傲若曼倩；或嫵媚若文君，或輕盈若飛燕。口吻雌黄，擬議殆遍。彼其藝蘭兮九畹，采蕙兮五柞。緝之以夫容，贈之以芍藥。玩小山之叢桂，掇芳洲之杜若。是皆物出于土産之奇，名著于風人之托。然而豔于春者，望秋先瘁；盛于夏者，未冬而萎。或朝蕤而速謝，或夕秀而遂衰。曷若兹卉，歲寒特妍。冰凝涸沍，擅美專權。相彼百花，孰敢争先？鶯語方澀，蜂房未喧。獨步早春，自全其天。至若措跡隱深，寓形幽絶，恥鄰市廛，甘遁嵓穴。江僕射之孤燈向壁，不可悽迷；陶彭澤之三徑投閒，曾無悁結。貴不移于本性，方有儷于君子之節。聊染翰以寄懷，用垂示于來哲。』從父見而勗之曰：『萬木僵仆，梅英載吐。玉立冰姿，不易厥素。子善體物，永保貞固。』宋廣平《梅花賦》世所罕傳，予新得于右丞何公處，實東京舊國子監寫本。蓼塘莊恭甫聞之以求，故書此以贈之。漁陽困學鮮于樞，時至元廿七年中秋日書。皮日休《桃花賦序》云：『宋廣平爲相，貞姿勁質，剛態毅狀。宜其鐵腸與石心，不解吐婉媚辭。然觀其文，而有《梅花賦》，清便富艷，得南朝徐、庾體，殊不類其爲人者。』〔三〕即此也。世罕刻本，在宋史慶長每以終不得見爲惜。伯機此書，在先伯翁震夫家，余嘗爲跋，已載甲寅稿中。恐賦終不傳，特爲録之。伯機，漁陽人，爲江浙行省都事，因居杭州，遷太常簿。風流文雅，與趙子昂相伯仲。時葉秋臺能書，然未爲精到，而鮮于公見之，至欲下拜，蓋以其用筆之妙也。今太常所書，自出秋臺之上。古人伏善如此，因并記之。

聶大年書

臨川聶東軒爲仁和縣訓導，陞教諭，能詩文，而灑翰深得李北海遺意。余偶購得二幅，其一：『免胄日趨丞相府，解鞍夜宿五侯家。一柱東南擎日月，五城樓閣爛雲霞。受命無忘軍旅事，盛時須折掖垣花。漢家未可輕韓信，尚要生擒李左車。』其二：『皇明正朔承千載，天下車書共一家。玉杯行酒聽春雨，紅燭照人如晚霞。寶刀雷煥蒼精劍，天馬郭家獅子花。收拾全吳還聖主，將軍須用李輕車。』筆法妙絶。但瞿宗吉《歸田詩話》中載是張光弼詩，與此不同。乃云：『免胄日趨丞相府，解鞍夜宿五侯家。玉杯行酒聽春雨，銀燭照天生晚霞。世亂且從軍旅事，功成須插御筵花。漢王未可輕韓信，尚要生擒李左車。』又一首結云：『早晚平吳王事畢，羽書飛捷入朝堂。』張昱，廬陵人，時在左丞楊完者幕下，故所賦如此。至正間，爲浙省員外。張士誠專擅。棄位不仕，以詩酒自娱，號一笑居士，又號可閒老人。嘗曰：『吾死埋骨西湖，題曰「詩人張員外墓」足矣。』所居在今花市，名曰宴居，其墓在西湖山中。此二詩或大年所改定爲之也。

名書切對

鳳尾詔，狸骨方，鷺尾紙，可作切對。鳳尾詔者，晉元帝批牋奏曰『諾』，草書『若』字，尾如鳳尾。狸骨方者，荀幼輿寫，狸骨方乃狸骨理勞方也。王右軍臨之，謂之狸骨帖。鷺尾紙者，王氏法帖後凡大書一鷺字者，最得意名筆。此帖之珍，至五十餘萬。

書裙圖

余嘗見鬻名畫人持王子敬書羊欣白絹裙圖，乃就其卧榻而揭裙以書，且欣作三十餘歲人。皆失于考據，誠所謂不知而作者。子敬爲吳興之日，羊不疑爲烏程令。欣，不疑子也。時年十五，亦能爲子敬書。子敬愛之，往入縣齋。欣着白絹裙，方晝寢，子敬乃書其裙幅及帶，皆盡。欣覺，遂寶之，後以上朝廷也。是十五六當爲未冠之容，但既曰着，又曰寢，得非復書幅帶皆盡，恐是解裙而卧，故可盡書也。不然，客得魘而不醒邪？辨之自明。

三步五步七步十步之才

唐文宗時，柳公權《應詔邊城賜衣》詩，曰『三步之才』；開元時，史育自薦能詩，賦《除夜》詩，曰『五步之才』，後人誤以爲王涯也；魏曹植《煮豆》詩，曰『七步之才』；後魏彭城王勰《大松》詩，曰『十步之才』。世人但知七步耳。

阿買書

韓退之詩：『阿買不識字，頗知書八分。詩成使之寫，亦足張吾軍。』或以阿買爲韓擇木，非也。擇木與蔡有鄰、顧文學皆善八分書，受知于明皇，並直供侍。而擇木師蔡邕法，風流閑媚，號『伯喈中興』。明皇師之，嘗書彩箋以賜張説。今閩林天璧乃尚書林公廷棉之孫，以左書扇寄詩與余，有『曾無阿買書』之句，故疑而著之。

五字

沈佺期『五字擢英才』，元路德延『五字便容登要路』〔四〕，《裴休中書舍人制詞》『綸閫回五字之妙』〔五〕，《王濟自中書除待制詞》『禁垣揮翰，五字日宣』，皆用鍾會改定表中五字故事也。若方干詩『吟成五字句』〔六〕，則指五言詩也。

倚馬萬言試

宋太平興國五年，試百篇科，上親出『松、風、雪、月、天、花、竹、鶴、雲、烟、詩、酒、春、池、雨、山、僧、道、柳、泉』二十字爲題，篇率四韻。趙國昌僅成數十首，特賜及第。或作孫奭。又淳熙九年，女童林幼玉求試中書行省，經書四十三件並通，詔封孺人，時年一十二歲，天下稱曰女神童。我朝正德間，試倚馬萬言科，上虞進士徐子熙獨成七篇，授翰林院編修。一作林妙玉，賜爲女進士。

補太息策

賈誼《治安策》後缺一『太息』，世皆以爲漢人疏處，殊不知此斷簡失之耳。《新書》内『銅布』一篇曰：『可爲長太息者，此其一也。』是即其全文，當爲補足。

攻異端

盧格《荷亭辨論》云：『攻有二義，治則庶民攻之，擊則鳴鼓而攻之。』《晉・索紞傳》叔徹善術數占候，鄉人就占者如市。紞曰：『攻乎異端，戒在害已；無爲多事，多事多患。』遂詭意虛說，無驗乃止。惟以占夢爲無悔吝，乃不逆問者。孫奕《示兒編》謂：『攻，如攻人之惡之攻，已，止也。』我太祖之解亦然。夫有異端，必有同端。所謂車同軌，書同文，行同倫者，聖人之同端，天下大同之道也。夫何異之有哉！

致刑

《易》之《豐》曰：『雷電皆至，豐。君子以折獄致刑。』程子曰：『必威于姦惡，惟斷乃成也。』宋熙寧庚戌，策進士曰：『聖王之御天下也，其治足以致刑。』蘇軾擬對曰：『古之求治者，將以錯刑；今陛下求治，則致刑，此群臣誤陛下也。』致之言極也，蓋未通意義云耳〔七〕。《說文》『致』字，除『送詣也，至極也，趣到也，與也』之外，古文出處與刑切者，惟《前漢書・景紀》：『詔：「諸獄疑者，雖文致于法。」』〔八〕《嚴延年傳》：『文致不可得反。』師古曰：『致，至密，言其文案整齊也。』《後漢書・陳寵傳》『除文致之請』，謂人無罪，文飾于法中。

大誥減等

元世祖笞杖之刑既定，曰：『天饒他一下，地饒他一下，我饒他一下。』自是，合笞五十，止笞四十七；合杖一百，止杖九十七。我朝洪武初，以《大誥》頒示天下，令官民人等，有此一本者，若犯笞杖、徒流罪名，每減一等；無此者，每加一等。今之斷獄者，不知其原，凡案牘皆曰『大誥減一等』，失其旨矣。盧仝詩『打汝九十九』，亦此。

刑義

《易》曰：『理財正辭，禁民爲非，曰義。』今之理財者，曰刑法；正辭者，曰文法；禁民爲非者，曰兵法。世之小人，遂以賞爲聖人之仁，罰爲聖人之義；雨露爲天地之仁，雷霆爲天地之義；恩德爲人君之仁，兵刑爲人君之義。嗚呼！以此論義，乃後世之所謂義，而非太古之所謂義也。明刑弼教，固如是乎！

祭三代四代

庶人祭三代，曾祖居中，祖左禰右。士大夫祭四代，高居中左，曾居中右，祖左禰右。乃國初用行唐縣知縣胡秉中之言也，人多不知。

左袒

《漢書·陳勝傳》：『袒右，稱大楚。』顔師古曰：『袒右者脱右肩之衣，當時取異于凡衆也。』周勃令軍爲劉氏者左袒，爲吕氏者右袒，蓋其義亦本于《禮》也。《禮》曰：『獻民虜者操右袂。』謂所以防異心也。則操右袒者爲虜，所以别左之歸正也。《儀禮》凡事無吉凶皆左袒。是以士喪禮、大射皆袒左，惟覲禮云右。肉袒，注云刑，刑宜施于右也。王孫賈入市呼曰：『淖齒亂齊國，殺湣王。欲與我誅淖齒者，袒右。』市人從之者四百人。

漢賜醫黄金

夫賞必有功，罰必有罪，此高帝之所以鼓舞一世也。何疾甚之時，吕后迎良醫，醫入見，言疾可治，上既嫚罵，不使治疾，賜黄金五十斤，罷之。夫始而嫚罵之，何罪？既而厚賜之，何功？况又五十斤之多邪？或皆史臣之失也。

長短説

《漢書》：『蒯通善爲長短説。』又：『邊通學短長。』應劭曰：『短長術興于六國時。長短，其語隱謬，用相激怒也。』張晏曰：『蘇秦、張儀之謀，趣彼爲短，歸此爲長。』蓋《戰國策》本名

《短長書》。晉袁悦之元禮能長短説，甚有精理，止持《戰國策》，言天下要惟此書是也。又，唐趙蕤有《長短經》。

紀司馬君實作《通鑑》之妄

世傳司馬公作《通鑑》，至唐太宗之世，忽有穿黄袍者見于前曰：『先生幸善書。』公起持筆，知爲帝也，跪而言曰：『陛下穢德多矣，臣頭可取，筆不可奪。』遂不見。嗚呼！此好事者爲之也。夫太宗禽獸之行，不羞爲之于生時，而死後千百年之鬼，尚復有羞耻之心乎？司馬公，正人也，豈諂求可移者？况異代無君臣之禮，而曰跪，曰陛下，曰臣，何其謬也！此好事者惡弑兄奪妃之事，故特傅會成之耳，不足信也。

攝主

曾子曰：『君薨，而世子未生，如之何？』孔子曰：『卿大夫、士從攝主，北面于西階南。』何謂攝主？曰：古者天子、諸侯、卿大夫之世子未生，則以其弟若兄弟之子，以當立者爲攝主。子生而女也，則攝主立；男也，則攝主退，此之謂攝主。周公，攝主而復者也；魯隱公，攝主而終者也；季康子，攝主而退者也；漢王莽，攝主而篡者也；吕后，攝主而移者也；武氏，攝主而亂者也。斯又其變者也。善乎蘇子有言：母后而可信，則攝主亦可信也。若均之不可信，則攝主取之，猶吾先君之子孫也，不猶愈于異姓之取哉！故曰：攝主，先王之令典，孔子之法言也。予宗一事適相類，而上官皆不知其義，故著之。

天上有

杜子美《贈花卿》云：『此曲祇應天上有，人間那得幾回聞。』李羣玉《贈美人》云：『貌態祇應天上有，歌聲豈合世間聞。』夫既曰天上有，則非天上人不足以當之也。李賀《刺少年》云：『美人狎坐飛瓊觴，貧人喚云天上郎。』故必天上郎而後可以聞天上之歌曲也。張白《題崔氏酒壚》亦云：『灞陵城裏崔家酒，地上應無天上有。』

四美有三

劉越石『四美』謂：音以賞奏，味以殊珍，文以明言，言以暢神。故其詩曰：『之子之往，四美不臻。』王勃《滕王閣記》『四美具』，謂良辰、美景、賞心、樂事也。又韓愈《贈别元十八協律》詩：『子今四美具。』謂『讀書患不多，思議患不明，患足己不學，既學患不行』也。

漢書音韻

『廷中吏無所不狎侮』，廷，本平聲，而師古曰：『音定。』『陳涉起蘄』，本音祈，而蘇林曰：

『音機。』『乃閉城城守』，本如字，而師古『音狩』。『守濮陽、環水』，環，平聲，而顔亦『音宦』。《鄯善傳》『送至橫門外』，孟康：『橫，音光。』此類甚多，未易枚舉，蓋方音也。

詩用之乎助語

盧延遜《苦吟》詩云：『莫話詩中事，詩中難更無。吟安一箇字，撚斷數莖鬚。險覓天應悶，狂搜海亦枯。不同文賦易，爲著者之乎。』夫之、乎、也、矣、兮、哉，在古俱不爲韻。如『左右流之，寤寐求之』，『俟我于著乎』，而『河水清且漣猗』，『何其處也』，『必有以也』，『顔之厚矣』，『出自口矣』，『其實七兮』，『迨其吉兮』，『反是不思，亦已焉哉』，『是究是圖，亶其然乎』。諺云：『之乎者也矣焉哉，用得成章好秀才。』後之文人則往往用之叶韻矣。劉琨詩：『芻狗之談，其最得乎？』

換鴿書

昔右軍寫《黃庭》以換山陰道士鵞，世謂之換鵞書。今有一尚書之家，其子孫不肖，將所畜上賜御寶之書，盡畀以換鴿。余笑曰：『此可謂換鴿書也。』凡爲故家子孫者，其知戒之。昔杜暹聚書萬卷，題其後云：『請俸寫來手自校，子孫讀之知聖教，鬻及借人爲不孝。』

長肉詩

自古耽詩之人，未有不瘦者。昔崔浩病起，友人戲之曰：『非子病，乃苦吟詩瘦耳。』李太白嘲杜子美云：『借問因何太瘦生？總爲從前作詩苦。』子美又嘲裴迪云：『知君苦思緣詩瘦，太向交游萬事慵。』王摩詰聞迪吟詩亦戲贈云：『猿吟一何苦，愁朝復悲夕。』宋天聖中，編修王安簡神情沖澹，黄唐卿刻意篇什，謝陽夏、李邯鄲戲之曰：『王白閒如鶴，黄吟苦似猿。』憲副吴明仲常與余論詩，爲今之作詩者，名曰『長肉詩』。言其未嘗苦心勞思，信口亂歌，故不至於瘦損也。亦可謂善謔者矣。余酒所因成句曰：『莫飲斷腸酒，須吟長肉詩。』蓋杭之酒，其惡味能斷腸；而杭之詩，則信乎長肉也。因相對絶倒。

校勘記

〔一〕昭民　應作『昭明』。

〔二〕期乎瑩拂之道　《全上古三代秦漢三國六朝文》作『思縈拂之道』。

〔三〕宜其鐵腸與石心　《皮子文藪》作『疑其鐵腸與石心』。

〔四〕元路德延句　『元』字疑爲衍字。路德延，唐光化初擢第，天祐中授拾遺，其《感舊詩》有句云：『五字便容趨絳帳。』

〔五〕裴休句　《全唐文》卷七百六十三沈珣《授裴休汴州節度使制》中有『綸闈回五字之妙』。

〔六〕方干詩　方干兩字原闕，今據詩補。

〔七〕蓋未通意義云耳　萬曆甲申本作『蓋未通《易》義云耳』。

〔八〕詔諸獄句　《漢書·景帝紀》作：『詔：「諸獄疑，若雖文致于法。」』

留青日札卷之二

柏舟

《詩》：『汎彼柏舟。』古注謂：『汎汎然流水中。』蓋言寡婦無夫可依，故汎汎然，如河中不繫之舟，無所倚恃。誠嫠居之善於自況者也。而《列女傳》云：『以柏舟之堅自比。』則非矣。或曰：『仁人不遇。』又：『孔子讀《柏舟》，見匹夫執志之不可奪。』皆《詩》妙旨也。

采葛

朱子以《采葛》爲淫奔之詩，非也。是詩也，賢者見棄而思君之作也。蓋葛可以御暑，苗藟蔓延，本支聯屬，比君臣之情義相維也。今君既棄予，則其節誕矣，故興以采葛而賦焉。其一章曰：『彼采葛兮，一日不見，如三月兮。』言一日之思，如三月之久也。蕭可薦祭，香氣上達。肅敬仰承，比君臣之誠悃相通也。今君既棄予，則蕭條甚矣，故興以采蕭而賦焉。其二章曰：『彼采蕭兮，一日不見，如三秋兮。』言憂思如秋之蕭索也。艾可療疾，采而預畜，久而益善，比君臣之休戚相關也。今君既棄予，則病愈深矣，故興采艾而賦焉。其三章曰：『彼采艾兮，一日不見，如三歲兮。』一日三歲，言過强仕而至艾，終無見君之時矣，故思念之切，更極其至也。彼托辭也，三章非獨止於賦也，故曰：於《采葛》見慕君之至，而行道之急也。詩説賢者被讒見黜，閔之而作。

文王夢太公

文王夢天帝立於令狐之津，謂曰：『昌，賜汝望。』文王再拜稽首。太公于後，亦再拜稽首。文王夢之之夜，太公夢之亦然。其後文王見太公而記之曰：『而名爲望乎？』答曰：『唯。』文王曰：『吾如有所于見汝。』太公言其年月與其日，且盡道其言，『臣此以得見也。』文王曰：『有之，有之。』遂與之歸，以爲卿士。見汲縣《太公碑》。夫文王之夢，特非熊非羆云爾，而好事者乃傅會若此。其曰太公望者，史言文王曰：『吾太公望子久矣，故因號曰太公望。』而今以爲其名，何其謬也！太公吕涓，字子牙；一作姓姜，名子牙。殷高宗之夢傅説，亦曰『帝賚良弼』，猶之可也。宋徽宗之夢王老志，又何爲哉？後世異端方士有移夢之術，想即此也。嘉靖四十三年，冀州妖僧先見夢于張柱，而因姦淫，殺其一家十有七人，詔天下大獲。疑宋王妖之流也，豈真夢邪？

金縢好名

甚矣，周公之好名也！武王疾，爲臣子者禱之足矣。死生有命，安得請以身代之？苟願代死，亦已近諂矣，而復載諸《金縢》，何爲者哉？甚矣，周公之好名！謂之聖人未也。故《淮南子》有云：『通許由之意，《金縢》、《豹韜》廢矣。』旨哉言乎！

多方

《尚書》重疊用字，只以《多方》一篇舉之，『惟五月』起，共『惟』字四十有三。『多方』字，凡十一見，『多』字又九見。文法與他不同。

魚書之始

今但知魚書之起于陳勝，僞也，而古已言之。沈約《宋書·符瑞志》曰：『黄帝之世，魚流于海，得圖書焉。』

幽贊

《易》：『聖人幽贊於神明而生蓍。』《兒寬傳》：『幽贊聖意。』師古曰：『幽，深也；贊，明也。』深、明，與《易》不同。

五十學易

『五十學《易》』，朱元晦言孔子年已七十，劉器之言『五十』乃『卒』字之誤，皆非也。《宣尼世家》云：『孔子晚而喜《易》，序《彖》、《繫》、《象》、《説卦》、《文言》。讀《易》，韋編三絶。曰：「假我數年，若是，我於《易》則彬彬矣。」』《易鑿度》云：『孔子占《易》得《旅》，息志停讀，五十究作《十翼》。』蓋仲尼自言：『加我數年，如五十之時以學《易》，則可以無大過之事矣。』是『加』即《史記》之『假』也，謂假使也。『五十』，即《鑿度》之『五十』也，謂能如壯年之精力也。『大過』，即《易》之卦名也，謂可無大過之失也。宋江鄰幾云：『五十踐衰境，加我在明年。』夫《易》，治世之經也，而亦可以養生，故隱士玩之，不外乎陰陽消息之理而已。異端之言曰：『讀夏《歸藏》，用之以飛行。』

八蜡異名

蜡之八神：先嗇也，司嗇也，百種也，農也，郵表畷也，禽獸也，坊也，水庸也。大蜡，鄭氏云：『先嗇，司嗇，農，郵表畷，猫虎，坊，水庸，昆蟲也。』先儒以猫虎合爲一，而昆蟲爲一，非也。『昆蟲毋作』，乃祝辭耳。見呂希哲《雜記》。

聖人不應輕賤其身

經曰：『身體髮膚，受之父母，不敢毀傷，孝之至也。』成湯時，大旱七年，卜當以人禱。遂翦髮斷爪，體嬰白茅，以身爲犧牲，禱于桑林之野。嗟乎！孰謂聖人而輕賤其身之若是乎？況既殘其形，而復以身爲犧牲，則使其父母亦爲犧牲之父母矣。聖人之愛其親，視棄天下猶敝屣，而顧若是者，則其不孝孰大哉！吾意上天視此乞哀之狀，必且惡之，殛之之不暇矣，又焉肯爲之言未已而大雨方數千里哉？此皆史氏之謬紀也，當痛削之。《論衡》乃以翦髮麗手爲牲反以爲實，而以雨爲虛，又失辨此矣。

安定足心

墨子曰：『非無安居也，我無安定也；非無足財也，我無足心也。』旨哉言乎！故惟能安定者有安居，能足心者有足財焉。

碧雞頌

漢越嶲郡青蛉縣禺同山有碧雞、金馬，光景時時出見。王褒《碧雞頌》曰：『持節使王褒，謹拜南崖，敬移金精神馬、縹碧之雞，處南之荒，深谿回谷，非士之鄉。歸來歸來，漢德無疆。

廉平唐虞，澤配三皇。』《前漢書音義》曰：『金形似馬，碧形似雞。』公孫龍子曰：『黄其馬也，其與類乎！碧其雞也，其與暴乎！』解云：『碧，不正之色；雞，不材之禽。』又《廣東惠州寰宇記》：『羽則五距、碧雞、越鳥、鸚鵡。』是碧雞真有其鳥也。今碧雞山，在雲南府滇池西；金馬山，在滇池東。

君子道長

《易·泰卦》：『君子道長。』長，上聲，唐太宗作平聲。其《周易》詩曰：『暉光日新，照於四方。小人勿用，君子道長。』

嘈囋

趙子昂詩『嘈囋琵琶媚遠天』，二字草書，人多不解。按陸機《文賦》：『務嘈囋而妖冶。』注：『《埤蒼》曰：嘈哰，聲貌。哰，與囋及囐同，才曷切。』今本哰誤作啈。《洞簫賦》：『務嘈嘈而妖冶。』《長笛賦》：『啾咋嘈啐。』慈没切。蓋浮艷聲也。又江淹《度西塞山望江上諸山》詩：『潺湲夕澗急，嘈囋晨鵾鳴。』

韜精埋照

不惟養生家當藏精反照，而酒亦可以養生。劉伶詩：『韜精日沉飲。』阮籍云：『沈醉似埋照。』旨哉，言乎有味哉！

可久可大

魯兩生曰：『禮樂必積德百年而後可興。』蓋言可久也。杜本曰：『以萬事合爲一理，以萬民合爲一心，以千載合爲一時，以四海合爲一家，則可言制禮作樂，而躋五帝三王之盛。』蓋言可大也。必久、大備，而後德業全也。本，字伯原，稱清碧先生。

不識一丁

天水姜平子仕苻堅時，堅宴群臣賦詩，平子詩内有『丁字直而不屈』，堅怪，問其故。平子對曰：『屈下者，不正之物，未足以獻也。』堅悦，擢上第。夫丁字直下不屈，乃古下字也。下作丁，上作丄。蓋堅粗人也，正所謂目不識一丁字者耳。《莊子》云『丁子有尾』是也。

三言詩

詩以申志，一字，則言蹇而不會；二字則『祈父』、『肇禋』之類；三字則『綏萬邦，屢豐年』之類是也。然詩有助語音，若梁鴻之《五噫歌》，以一字成文也。三言詩，亦多全篇。李西涯云：『羅仲明嘗謂三言亦可以爲體。』乃載所作二首，各四句。且無論古人，只國初劉誠意伯温《思美人》一長篇『雨欲來，風蕭蕭』，已極其妙矣。

雉噫歌

《衡波傳》云：孔子相魯，齊人懼而欲敗其政，選齊國好女八十人，皆衣文衣而舞容璣。季桓子語魯君爲周道游館。孔子乃行，睹雉之飛鳴，嘆曰：『山梁雌雉，時哉時哉！色斯舉矣，翔而後集。』因爲《雉噫之歌》曰：『彼婦之口，可以出奏；彼婦之謁，可以死北。優哉游哉，聊以卒歲。』楊子曰：『不聽政諫，不用雉噫。』唐《學宫碑》曰：『聆鳳衰于南楚，歌雉噫于東魯。』《琴操》『奏』作『走』，『北』作『敗』。

銘旌用單字

今書銘旌墓誌，用單字，不用雙字，亦出于古。臨淄人發古塚得銅棺，前祕外隱起爲隸字云『齊太公六代孫胡公之棺』也。見酈善長《水經注》。亦有用雙字者，若《吳公碑》曰：『於乎！有吳延陵君子之墓。』此孔子篆書。『君子』，或作『季子』。

母倚門　子倚門

王孫賈之母曰：『汝朝出而不還，則吾倚門而望；暮出而不還，則吾倚廬而望。』又《孝子傳》：『趙狗其父出，過時不還，則倚門啼，以俟。』漢安帝時，官至侍中。

亂命後命

不從亂命者，魏顆；不忍後命者，奮揚。事見《左傳》。

兩絳紗帳幔

馬融常在高堂施絳紗帳，前授生徒，後列女樂。見《後漢書》。苻堅幸太學，韋逞母宋氏能傳父業，得《周官音義》，就宋立講室書堂，生徒百二十人，隔絳紗幔而授業焉。拜宋爵號宣文君，賜侍婢十人。見裴景仁《前秦記》。

指雲思親

指雲思親，乃陸機事，今人但知始于狄仁傑也。士衡仕洛而親在華亭，故其《思親賦》有云

『指南雲而寄歎，望歸風而效誠』是也。後梁公仕并州法曹，親在河陽，登太行山，反顧白雲孤飛，曰：『吾親舍其下。』又江總詩：『心逐南雲去。』杜甫詩：『江東日暮雲。』又：『憶弟看雲白日眠。』是東雲、南雲、看雲亦可施之兄弟朋友也。

李廣不侯

王十朋云：『李廣才名一代奇，孝文猶自未深知。輒滄長嘆無頗牧，翻惜將軍不遇時。』漢文嘗謂：『李廣惜不遇時，當高祖，萬户侯何足道哉！』余言廣之不侯，非數奇也，孝文知之深矣。懷私恨以斬霸陵尉，豈大將軍之道乎？故蘇子瞻云『今年定起故將軍，未肯先誅霸陵尉』是也。否則，以周亞夫之賢，帝託景帝曰：『真可任將矣。』豈獨不知貳師之才邪〔二〕？又殺降八百餘人，後自刎。三代皆不得其死，宜哉！

孫偓不怒

孫偓爲相，性通簡，不矯飾。每對客，奴僮相詬，叟仆于前，不之責，曰：『苟有怒心，即自撓矣。』此非美事也。家國一理，使爲相時，小人詬叟，相仆殿庭，亦將通簡不之責、不知怒乎？吾恐雖欲不矯飾，不可能也。《易》曰：『家人嗃嗃，悔厲吉。』若偓之所爲，真吝道也。史傳烏足紀之！

寡人　良人

君稱寡人，而婦人亦可稱。《詩·邶風》莊姜云：『以勖寡人。』婦人稱夫曰『良人』，而君子亦可稱。《莊子》：『文王曰：「昔者寡人夢見良人，黑色而頓。」』晉庾翼疏：『臣所以輒發良人，不顧怨咎。』《呂氏紀》『良人請問十二紀』是也。

變文

文章沿襲，變體易字，豈獨唐季詩人云乎哉！　孔子：『不尊不信，不信，民不從。』《左傳》：『不媚不信，不信，民不從。』《孟子》：『普天之下，莫非王土；率土之濱，莫非王臣。』《史記》：『封畧之內，何非君土；食土之毛，誰非君臣？』《晉書》：『周顗歎曰：「茂倫嶔崎歷落，固可笑人也。」』謂桓彝也。　李白曰：『白嶔崎歷落，可笑人也。』葛洪自序曰：『豈況大塊禀我以尋常之短羽，造化假我以至駑之蹇足。』太白曰：『陽春召我以烟景，大塊假我以文章。』晏子曰：『獨立不慚于影，獨寢不慚于魂。』太白曰：『晝愧于影，夜慚于魄。』

古詩重出

古《豔歌何嘗行》：『飛來雙白鵠，乃從西北來。十十五五，羅列成行。　妻卒病，行不能相隨。五里一返顧，六里一徘徊。吾欲銜汝去，口噤不能開。吾欲負汝去，毛羽何摧頹。』魏文帝《臨高臺》：『鵠欲南遊，雌不能隨。我欲躬銜汝，口禁不能開。欲負之，毛衣摧頹。五里一顧，六里徘徊。』《古東門行》：『上有滄浪天故[二]，下爲黄口小兒。』曹子桓《豔歌何嘗行》：『上慚滄浪之天，下顧黄口小兒。』《陌上桑》：『秦氏有好女，自名爲羅敷。』又云：『羅敷前置辭。』《秦女休行》：『秦氏有好女，自名爲女休。』又云：『女休前置辭。』《折楊柳歌》：『問女何所思，問女何所憶。』《木蘭辭》亦有此二句。《鷄鳴》云：『鴛鴦七十二，羅列自成行。』《相逢行》全用之，餘多同。《隴西行》：『天上何所有，歷歷種白榆。』《步出東門行》亦用之。《懊儂歌》：『長檣鐵鹿子，布帆阿那起。詫儂安在間，一去三千里。』《烏夜啼》同，但改『三』作『數』。《西門行》：『人生不滿百，常懷千歲憂。晝短苦夜長，何不秉燭遊？』《同生曲》首二句同，後云：『早知人命促，秉燭夜行遊。』《君子行》：『君子防未然，不處嫌疑間。瓜田不納履，李下不整冠。』《來羅》改『不處』作『莫近』，『間』作『邊』，『納』作『躡』，『整』作『正』。數詩或全篇相類，或數語略同，不能無煩簡、美惡之異。意者出于一手，或後先互襲邪？他如曹丕歌魏德，『有美一人』四句又用于《善哉行》即《七夕怨歌行》之辭。

泥詩壁

項斯云：『因詩壁重泥。』蓋言因壁上題詩，故珍重而不忍泥也。『重』讀作去聲。若今之題歪詩者，泥之重題，又重泥之，當作平聲讀可也。可發一笑。梁園有富家子杜四郎，號杜苟鴨，比杜苟鶴。有詩即題壁，親賓或汙墁之。即云：『三十年來塵拂面，如今始得一枚泥。』高若訥《後史補》。

賣文

揚雄家産不過十金，無甔石之儲，其作《法言》，蜀賈齎錢十萬，願載于書。子雲却之，目爲羊鹿。若段湛家貧，賣文爲活。韓退之諛墓中人得金，視圈鹿、闌羊何如也？故杜甫云：『本賣文爲活，翻令室倒懸。』有深意矣！

書澆塵俗

古人以酒澆胸中磊塊，余欲以書澆胸中磊塊。磊，衆石也；塊，土墣也，落落不相合之貌。蓋黄庭堅書曰：『每相聚讀《前漢書》數葉，甚佳。人胸中久不用古今澆灌之，則塵俗生其間，照鏡則面目可憎，對人則語言無味。』誠哉是言也！然及觀魯直所爲文，則又全無《漢書》分毫氣味，不知其所讀者又何作用也？不若仍澆之以酒爲妙。

落霞孤鶩句法

《淮南子》云：『紫芝與蕭艾俱死。』《滕王閣序》：『落霞與孤鶩齊飛，秋水共長天一色。』實祖于此。然王勃之前，若《褚淵碑》云：『風儀與秋月齊明，音徽與春雲等潤。』庾信《馬射賦》：『落花與芝蓋齊飛，楊柳共春旗一色。』隋《長壽寺碑》：『浮雲共嶺松張蓋，明月與巖桂分叢。』近時，則有彭年《人日石湖》云：『金花與梅蕊争妍，菜縷共青絲鬬巧。』《艶情集》董太初云：『蛾眉將秋月争妍，蟬鬢與春雲等潤。』江一山《贈人啓》云：『風標共玉樹孤高，心地與梨花並潔。』余亦嘗有云：『白雲與征雁齊飛，黄葉共寒蟬並墜。』又云：『壯心與白日俱長，華髮共黄葉齊脱。』又云：『香塵與紅霧絪緼，游蓋共青雲飄蕩。』又取杜子句云：『桃花細逐楊花落，黄鳥兼白鳥時飛。』

晉普

古人六書之法有會意，而意實不會者，其類不可枚舉。偶以晉、普二字言之，如晉从臸，从日。臸，到也，兩至也，日出萬物進也。普，从並，从日。並，併也，兩立也，日住光遍照也。兩至與兩立何異，而《説文》於普曰：『日無色。』注曰：『日無光，則遠近皆同。』甚失制字之旨矣。蓋普，大也；溥，與普通，《詩》『普天之下』作『溥天之下』是也。然則普天之義，又豈日無光而遠近皆同之謂耶？晉，又抑也。《周禮》：『諸侯晉。』謂抑之止奔也。

群書紀事不同

古人紀事，往往有不同者。如同一豫讓也，而《説苑》則先曰梁下，曰繕宫，曰朝士待我，曰壯士，曰車庫中自殺。本傳則先曰塗廁，曰橋下，曰國士遇我，曰義人，曰伏劍而死，或曰請襄子衣，三擊之而後自殺。《左傳》諸書作『申包胥泣于庭七日』。《戰國策》作『棼冒勃蘇晝吟宵泣七日』。《烈士傳》：『羊角哀、左伯桃二人見楚元王，并食解衣而死。』又蔡邕《琴操》曰：『思革、子成、文子三人往見楚成王，衣寒糧乏，度不俱活。二子以革爲賢，推革，讓之而死。』

水仙詩考

陶九成《輟耕録》載《水仙詩》：『盤塘江上是奴家，郎若閒時來喫茶。黄土築牆茅蓋屋，庭前一樹紫荆花。』乃揭曼碩所遇云，聞之先生之從孫立禮所説。又，丘大祐《吴興絶唱》，亦紀此詩，數字不同，以爲張天雨所作。題云《湖州竹枝詞》：『臨湖門外是儂家，郎若閒時來喫茶。黄土築牆茅蓋屋，門前一樹紫荆花。』未知孰是。

舟輕載石

漢陸績載鬱林石，梁江會稽革載西陵石，皆因船輕，此古人仕路清風也。唐白居易在杭州取天竺片石，在吴門取洞庭雙石以支琴、貯酒，庶幾近之。

十音旬

唐詩：『三十六所臨春殿，一一香風透管絃。』白樂天：『緑浪東西南北水，紅闌三百九十橋。』劉禹錫：『春城三百九十橋，夾岸朱樓隔柳條。』又：『煩君一日殷勤意，示我十年感遇詩。』陳郁云：『十，音當爲諶。』謂之長安語音，非也。『十』當音『旬』，古人以十日爲旬，故如此讀也。無知妄釋，可恨可笑！

隕穫解

《禮記》：『儒行不隕，穫于貧賤。』晏氏曰：『隕，如籜之隕而飄零；穫，如禾之穫而枯槁。』穫之从禾，似矣；而隕之爲籜，不亦謬乎！隕，从阜，員聲，從高而下也。故《易》曰：『有隕自天。』《公羊》：『星霣如雨。』可謂知隕字之義者。今何不曰如阜之隕而頽落耶？蓋土山曰阜，言高厚也。《説文》：『阜，大陸，山無石也。』而《列子》亦作磒。

三寶

諸侯三寶：土地也，人民也，政事也。《六韜》三寶：大農也，大工也，大商也。老子三寶：慈也，儉也，不敢爲天下先也。釋氏三寶：心也，佛也，法也。仙家内三寶：精也，氣也，神也；外三寶：口也，耳也，目也。王彬三寶：文、篆、隸也。

有无相對之稱

有，不宜有也。《説文》引《春秋》：日月有食之，从又，从月。又，手也。無，古作无。虚生于无，虚无，道也。王育説天屈西北爲无。有天，而後有日月，故曰有生于无也。

校勘記

〔一〕按：貳師乃李廣利，非李廣。

〔二〕上有滄浪天故　《樂府詩集》作『上用倉浪天故』。

留青日札卷之三

富貴　貧賤　窮達　壽夭

陸梭山曰：『貴莫貴于爲聖賢，富莫富于畜道德，貧莫貧于未聞道，賤莫賤于不知恥。』方蛟峯曰：『士能弘道曰達，士不安分曰窮，得志一時曰夭，流芳百世曰壽。』皆名言也。故今合而書之。《洪範》：九，五福，二曰富。富，从宀，畐聲，富潤屋也。《説文》：『備也。』《廣韻》：『豐于財也，厚也。』又，《禮記》注：『臣能世禄曰富。』又：『多文爲富。』或省作『冨』。敖英曰：『務農爲富。』故从田，从一口者，有田之入。又，貴，食之者寡也。《貨殖傳》：『本富爲上，末富次之，姦富爲下。』樊暉曰：『游子，天所貧；力子，天所富。』諺云：『大富由天，小富由勤。』貴，本作賫，物不賤也。从貝，臾聲。臾，音匱。又，歸也，物所歸。仰也，尊也，高也，賤之反也。古作肖。六極，四曰貧。《説文》：『貧，財分少也，从貝、分。』貝分則貧也，富之反也。原憲曰：『無財者謂之貧；學道而不能行，謂之病。』《列子》曰：『凡爲名者必廉，廉斯貧矣。』孫卿子曰：『貨財粟米之于家，少有者謂之貧。』顔延之《庭誥》曰：『富則盛，貧則病。』甚矣，貧之爲病也！古作穷。賤，賈少也，从貝，戔聲。賤之言踐。又，輕也，卑也，貴之反也。古作賫。窮，極也，从穴，躬聲。入于穴，是極也。又，無親曰窮。竟也，究也，塞也。荀卿曰：貧之至無者，謂之窮。達，行不相遇也，从辵，羍聲。又，通也，迭也，生也，决也。書从水，入水曰達。或作达。五福，一曰壽。壽，久也，本作𦒱，从老，省𠷎聲，考也。又，年齒皆曰壽。上壽百歲，中壽八十，下壽六十。故五曰考終命。六極，一曰凶短折。夭，少長曰夭。《禮》：『斷殺少長曰殀夭。』又：『胎初出者曰夭。』从大、丿，象形也。蜀先主曰：『人年五十不稱夭也。』合而觀之，此八字之義，正反對者。

富不如貧

五季士大夫曰：『貴不如賤，富不如貧，智不如愚，仕不如閒。』謂嚴刑征科責任驅役也。佛經曰：『樂行不如苦住，富客不如貧主。』高季迪曰：『富老不如貧少，美遊不如惡歸。』余嘗曰：『好死不如惡生，貧居强似富行。』

有患無恙

《吕氏春秋》紀孔子問弟子自遠方來者，曰『子之父不有患乎』云云，而不及其應辭。想是時必當對曰：『無患。』以此推有恙無恙之義，自可見矣。或『恙』字即『患』之訛，或通用也。而説者何必以恙爲蟲邪？則患亦當爲蟲邪？患，《説文》：『憂也，从心上串。串，亦聲也。』

徐曰：『患之言貫也，貫于心也。』又，病也，慮也，惡也，苦也，禍也。恙，《説文》亦曰：『憂也，从心，羊聲。』一曰蟲入腹，食人心。古者草居多被此毒，故相問無恙乎。又，《神異經》：『北方有獸，曰猏。猏，恙也，黄帝殺之，由是人無憂疾，謂之無恙。』《通志》：『無患子曰噤婁，曰桓，其子勻圓如漆。今人貫爲數珠。』《纂文》曰：『無恙，木名也，實可以去垢，核黑如漆。』《古今注》云程雅問櫨木曰：『無患，何也？』答曰：『昔有神巫曰泾毦，能符劾百鬼。得鬼則以此木爲棒，棒殺之。世人相傳，以爲器用厭鬼，故曰無患。』齊卞敬家《無患枕贊》：『爰兹素朴，名爲吉始。匠人製斯，以獻君子。』〔一〕

天藻

『天藻』者，神仙之書也。見《神仙傳》。宋名『天書』，不若『天藻』爲尤奇。

功勳

今之有功于國家者，概曰功勳，曰功勞。蓋以勞定國曰功，輔成王業曰勳。殊不知亦自有辨也。《周官》：『司勳掌六卿賞地之法，以等其功。』王功曰勳，謂輔成王業，若周公也。國功曰功，謂保全國家，若伊尹也。民功曰庸，謂法施于民，若后稷也。事功曰勞，謂以勞定國，若夏禹也。治功曰力，謂制法成治，若皋陶也。戰功曰多，謂克敵出奇，若韓信、陳平也。則勳、功、庸、勞、力、多六者，各自有辨，不可概稱也。

和同

《書》：『協恭和衷。』史：『下殿不失和氣。』故孔子曰：『和而不流。』又曰：『君子和而不同，小人同而不和。』是百僚之和君子，未嘗不可也。而任延長孫乃曰：『忠臣不和，和臣不忠。上下雷同，非陛下之福。』是意雖善，不知和同之義也。和豈不能忠，又雷同豈所以爲和邪？

萬字文

梁武帝令周興嗣撰《千字文》，隋秦孝王令潘徽撰《萬字文》。《千字文》乃取右軍帖中所有字作韻語，故名《次韻千字文》。漢章帝時未有也，世乃以爲章帝書，遂稱章草，謬矣！見黄庭堅《跋章草千字文》。言章草者，可以通章奏耳。蕭子雲《千字文》一卷，又《演千字文》五卷。一曰令殷鐵石取鍾、王帖中字，惟重一『潔』字。『紈扇圓潔』，或可作『絜』，『女慕貞潔』，可作『貞烈』也。《百家姓》，宋人撰。又吴可幾撰《千姓篇》一卷。

千萬

今隱語以千爲撇，以萬爲方。蓋俗萬作万，故千舉其首，而万加以點也。宋時已有之，以千爲撇，以萬爲力，則亦萬爲万。見《劉貢父詩話》。二王帖中亦作万。古本《左傳》：『万城以爲城。』楊用脩以爲即『萬』字，而後訛作『方城』，不知何所據也！今方城在南陽裕州。又，湖廣襄陽竹山縣有方城山，城十餘里。春秋庸地，楚使盧戢黎侵庸方城，即此。

夫子

夫子，云丈夫子也。漢嚴忌字夫子，非也。當由《鄒陽傳》誤。本云：『枚先生、嚴夫子皆不敢諫。』師古云：『先生枚乘，夫子嚴忌。』而以夫子爲嚴之字，則先生亦當爲枚之字耶？乘，字叔也，忌無考。

學生

父稱子曰學生。陳省華對客，子堯叟、堯佐、堯咨列侍，客不安。省華曰：『學生列侍，常也。』王祚見客，子溥年三十二拜相，朝服侍立。客求去。祚曰：『學生勞賢者起避耶？』盛德古風，可想見也。

中庶子蒙

《漢・鄒陽傳》：『秦皇帝任中庶子蒙之言以信荆軻，而匕首竊發。』師古曰：『今流俗書本，蒙下輒加恬字，非也。」

牛醫

《周禮·天官》：『獸醫下士八人〔二〕。』注：『獸，牛馬之屬。』牛醫，見《漢·黄叔度傳》。今馬醫尚名曰獸醫。

淫酒婦人

《史·衛世家》：『紂淫于酒，酒之失，婦人是用。』《微子世家》：『紂沈湎于酒，婦人是用。』又：『宋君偃淫于酒、婦人。』『齊康公淫于酒、婦人。』《扁鵲傳》：『成之病，得之飲酒且内。』《齊太倉公淳于意傳》中尉潘滿如『病得之酒且内』，二者相連。

厮養厮扈卒

古樂府有《邯鄲才人嫁爲厮養卒婦》。《前漢書·張耳傳》『厮養卒』注：蘇林曰：『厮，取薪者也；養，養人者也。』又云：『乃歸趙王養卒爲御而歸。』《左傳》：『莊王伐鄭，厮役扈養死者數百人。』注：『養馬者曰扈，炊烹者曰養。』則『厮養卒』當爲『厮扈卒』爲是。

漢高祖聰略預知

立沛侯濞爲吴王，上召謂曰：『汝狀有反相。』因拊其背曰：『漢後五十年東南有亂，豈汝邪？然天下一家，汝慎毋反。』濞頓首曰：『不敢。』及疾甚，吕后問曰『陛下百歲後蕭相國既死』云云。曰：『周勃重厚少文，然安劉氏必勃也。可令爲太尉。』吕后復問其次。上曰：『此後亦非乃所知也。』夫高祖既知濞有反相，何不封諸小國陋地，而反置之吴？既知吕氏必危劉，何不早除之以靖國？既知勃能安劉，設言之而吕后預誅之，則安劉者又將託諸何人？此皆不可曉事，或史臣之傅會也。濞乃郃陽侯仲之子也。又，唐太宗得秘讖，唐中弱，有女武代王。李淳風既知在宫中，又云：『四十年而王。』太宗亦不能誅之。殆皆天數，非人所能爲也。

漢惠婚冠

《禮》：『男子二十加冠，曰冠。』《白虎通》：『男子幼，娶必冠。女子幼，嫁必笄。』漢惠帝爲太子時，年七歲。即皇帝時，年十七歲。立皇后張氏，時年二十一歲，乃四年冬十月壬寅也。後三月甲子，始冠。何先婚而後冠，而冠又必待二十一歲邪？豈制于吕太后故邪？或史臣之失也。

胸中甲兵

《北史》：崔浩「尪纖懦弱，胸中所懷，乃過甲兵。」〔三〕宋人「大范老子胸中有數萬甲兵」〔四〕，實本于此。

輕車將軍

漢有輕車將軍。輕，牽正切，疾也。《左傳·昭公二十五年》注「輕歸」：「輕，遣政反。」《漢書》：「發輕騎夜追之。」亦音罄。又如票姚校尉。票，頻妙反。姚，羊召切。師古曰：「勁疾貌。」荀悦作「票鷂」。杜子美詩：「宛馬總肥春苜蓿，將軍只數漢嫖姚。」張光弼詩：「收拾全吴還聖主，將軍須用李輕車。」皆作平聲。《左傳》：「戎輕而不整。」

射聲校尉

漢有射聲校尉，而無射迹校尉，何也？射聲言聞聲而能射之也。又，《漢·王尊傳》「迹射士千人」，言能尋迹而射取之也。校，械也，以木爲欄格，軍部及養馬用之；尉，從上按下也。我朝隸錦衣，充扈從。

梟騎

應劭曰：『梟，健也。』張晏曰：『梟，勇也。若六博之梟也。』謝艾曰：『梟，邀也，六博得邀者勝是也。』又，梟將，亦此意。《武紀》：『李廣爲驍騎將軍。』今作『驍騎』、『驍將』。按：梟，本不孝鳥，長害其母，故日至捕磔梟之。

死士

死士，賈逵曰：『死罪人。』鄭衆曰：『欲以死報恩者。』惟杜預曰『敢死之士也』爲是。《越絶書》：『死士八千人，戈船三百艘。』張巡築臺，募萬死一生者。

飛天夜叉

刺客乃飛天夜叉之術。太史公義而奇之，特爲立刺客之傳，而不明言其神。《左傳》：『楚子圍宋亟，華元夜入楚師，登子反之床而起之。』又何其神也！唐女子紅綫事，亦此術也。

習水

《月令》：『舫人，習水者。』《列子》：『習于水而勇于泅。』《史記》：『吴兒善泅。』泅，浮行水上也。《越世家》：『習流二千人。』又《西京賦》『水人弄蛇』注：『水人，俚兒，能禁固弄蛇。』

君子營

石世龍衆至十餘萬，集其衣冠人物，爲君子營。

市虣

世稱市井之刁惡者爲市虎，當作虣，與暴同。《周禮》：『司虣，掌憲市之禁令，禁其鬭嚻者，與其虣亂者，出入相陵犯者，以屬遊飲食于市者。若不可禁，則搏而僇之。』

白徒

《春秋》：『步兵曰徒兵。』徒，步也。《漢·鄒陽傳》：『今吴楚之王練諸侯之兵，驅白徒之衆。』師古曰：『白徒，言素非軍旅之人，若今言白丁也。』又『白捕』、『白役』，皆此意也。

解煩兵

《三國·吴志》：『將敢死及解煩兵萬人。』見《韓當傳》。又：『陳武之子脩封都亭侯，爲解煩督。』《張温傳》：『特以繞帳、帳下、解煩兵五千人付之。』

趫才

凡輕僄挑達少年曰趫才。趫，緣木走也。唐宿衛有號趫才者，以處飛騎；漢公孫弘東閣亦有翹材館，以延文學之士。

惡少

淮陰惡少年，漢昭發惡少年戍遼東，即所謂無賴子弟也。荀子曰：『無廉恥而嗜乎飲食，可謂惡少者也。』唐李勣少年時，自稱無賴賊。又，唐初草賊號曰無端兒。

撐犂法

中國曰天，匈奴謂天曰撐犂，故曰『撐犂孤塗』。西南大伯夷曰法，法，上聲。故酋長名下皆加法字。

八夷

四夷館，舉東西南北而言之也。其名有八，曰西，曰韃韃，曰回回，曰女直，曰高昌，曰西番，曰緬甸，曰百夷，成祖所立。古稱東夷，西戎，南蠻，北狄。而東方之夷有九種，故曰九夷，即今倭奴是也。九夷，八狄，七戎，六蠻，是曰四海。今總四方名曰八夷，甚新。

達魯花赤

元路、州、縣各立長官，曰達魯花赤，以掌印信。所謂達魯花，即華言荷包上壓口捺子也，猶古之言總轄也。

金牌馳驛

唐制：乘驛者給銀牌。宋初因之，後廢。今上四十年間有一閣下公子，出使江浙，許馳驛。遂製朱紅金字牌二面，列于車前，曰『欽賜馳驛』四大字。勢甚赫炫，人皆驚視。此不知何典也。

猫兒頭

今冬筍之已透風有毛者，曰猫兒頭。又，言人之幹事不乾净者，曰猫兒頭，亦曰猫兒頭生活。此起于元。元時，新官出京而貧者，有人應付盤纏，即同去到任，就與管事，謂之猫兒頭。蓋言如筍之只好在土中，一出頭來，人不貴重也。又如猫然，其頭雖似虎，而人不畏也。今人呼罵達官家人，亦曰猫頭。

放手鬆

今言官府貪汙失操守者，曰放手鬆。《後漢書》：『殘吏放手。』蓋以貪縱爲非者，曰放手也。又，錢財入手曰斂手。蓋言如蛇狗之咬手而不可放脱也。其過付官吏贓者，曰統手。蓋言內外一體，如猿猴之統臂也。

男織女耕

《亢倉子》曰：『男子不織而衣，婦人不耕而食，男女貿功相資爲業，此聖王之制也。』今之世，男子織矣，而反不得衣；婦人耕矣，而反不得食。聖王之制固在也，豈樽節愛養之道有未盡邪？噫！

社夥

今人看街坊雜戲場曰社夥，蓋南宋遺風也。宋之百戲，皆以社名。如雜劇，曰緋緑社；蹴毬，曰齊雲社；唱賺，曰遏雲社；行院，曰翠錦社；撮弄，曰雲機社之類。詳見《武林舊事》。夥者，《説文》：『多也。』《方言》：『凡物盛而多也。』或作『社火』，言如火然，一烘音哄即過也。宋之鼓板，曰『衙前一火』、『和顧二火』是也。又『逐賊被傷全火』，見宋乾德詔中。

猾賊

今駡人之姦狡者，曰滑賊，言其光滑姦詐也。當作『猾賊』。《史記》『項羽爲人慓悍猾賊』是也。《前漢書》作『猾賊』。《左傳》：『無助猾賊。』《方言》：『小兒多詐，謂之狡猾。』又，滑、猾通音，亂也。《説文》：『滑，利也。』蓋滑，言如水之滑溜；猾，言如犬之黠惡也。

五德

谷永曰：耕耘五德，朝種暮穫。翼氏風角五德：東方甲，南方丙，西方庚，北方壬，中央戊。種五色禾于此地而耕耘也。皆左道惑衆。

賭博

杭州初時游手光棍賭博者，小則飲食，大則錢鈔。即今風俗薄惡，日甚一日，雖富貴子弟，皆習此風。小者金銀珠玉，大者田地房屋，甚至于妻妾子女，皆以出注。輸去與人，亦恝然不惜，曾不知恥，誠可殺也！吾鄉一富家翁□□，輸其妻子。妻子乃故家女，因而縊死。訟之，此人破家亡身。又，城中一宦家子□□者，輸其婢妾。訐訟，按察司憲司之批有云：『頃刻而喪千金，一擲而輸少艾。』連及者數十人，皆學校士子。多有問革者，而不甚窮治。可笑可惡之甚！而蘇、常一路尤甚。士大夫歸家者則開賭坊，蓋避禁也。因記宋人嘗謂世有惡少無賴之人，肆凶不逞，小則賭博，大則屠牛馬、銷銅錢，公行不忌。其輸錢無償，則爲穿窬。若黨類頗多，則爲刼盜，縱火行姦殺人。不防其微，必爲大患。淳化二年閏二月，詔令開封府嚴戒坊市捕之，犯者定行處斬；引匿不以聞，與同罪。愚謂此令，今所當申明以塞亂門，以厚民俗者也。又，唐蔡本賭博，負來操博錢不能償，以妻還之，操納爲妻。時已有妊，遂生男來俊臣，爲御史中丞，後棄市。則此風久矣。

不肖子弟三變

《北夢瑣言》載不肖子弟三變：一變蝗蟲，二變蠹蟲，三變大蟲。但以蠹蟲爲鬻書而食，則無書之家甚多。今之言不肖子弟者，亦有三變：曰螻蛄，謂食泥也，則賣田地矣；曰白蟻，謂食木也，則賣房屋矣；曰大蟲，謂食人也，則賣妻妾子女矣。古今代不乏人，可嘆，可嘆！

人生夜叉

今人有産夜叉者。正德間，杭州吴景隆妻産一夜叉，青面無髪，頭有雙角。不能殺，升屋而走。用布囊百計擒之，捶死。嘉靖十六年，上虞范家一婦忽生子，乃一夜叉也。離腹時，將穩婆手指囓損，而奔走不知去于何所。每夜中，俟母睡熟，即由四壁虩進，仍竊飲其母乳。母驚覺，即去。每以爲常，亦無可奈何。後遇持肉羹者，即飛出奪而食之。凡數月，見入陰溝中，呼衆以刀杖擊殺之，乃絶。如是而謂生之性善，吾不盡信也。

男娼

《周書》曰：『美男謂之破老。』《左傳》：『公子鮑美而艷。』孔子曰：『宋朝之美。』又龍陽君稱彌子瑕之事，載之書傳，甚可醜也。古辭《白石郎曲》云：『積石如玉，列松如翠，郎艷獨絶，世無其二。』則男子之美者，自昔有好之者矣。《發蒙記》曰：『醜男醆蔑，醜女離春。』若此者，誰復好之也哉！漢有籍孺、閎孺、鄧通、韓嫣、董賢之徒，塗脂傅粉，以媚要寵。史臣贊曰：『柔曼之傾意，非獨女德，蓋亦有男色焉。』故東都盛時，少年賴此以圖衣食。政和中，始立禁告捕，法杖一百，賞錢五十貫。今吴俗此風尤盛，甚至有開鋪者。何風俗澆薄至于此乎！又何怪于淫婦之多也！今京師盛行，名之曰小唱，即小娼也。

枕席七蠹

《莊子》：『蚊蝱噆膚，通宵不寐。』《抱朴子》：『蚤蝨攻君，卧不獲安。』是可謂枕席四蠹。又，市井居民多生臭蟲，名曰壁駝，可謂五蠹。加之以妖童、艷女，共成七蠹也。

士也。

梟儒狙學

《後漢書》曰：『董仲綬者爲儒梟。』文子云：『狙學以擬聖，華誣以脇衆。』即今講談道學之士也。

道學見笑于宋

陳同甫嘗言于孝宗曰：『今世之所謂儒者，自謂得正心誠意之學，皆風痺不知痛痒之人也。舉一世安于君父之大讐，而方且揚眉袖手，高談性命，不知何者謂之性命乎？』周公謹曰：『世有一種淺陋之士，自視無堪以爲進取之地，輒亦自附于道學之名，褒衣博帶，危坐闊走，或抄節語録，以資高談；或閉眉合眼，號爲默識。而叩擊其所學，則古今無所聞知；考驗其所行，則義利無所分別。此聖門之大罪人也。』黄履翁云：『願士大夫務道學之實，不願士大夫立道學之名。』

校勘記

〔一〕卞敬家　爲『卞敬宗』之誤。見《佩文韻府》『無患枕』條。

〔二〕下士八人　《周禮・天官》作『下士四人』。

〔三〕尫纖三句　《魏書·崔浩傳》作『尫纖懦弱，手不能彎弓持矛，其胸中所懷乃逾於甲兵』。

〔四〕大范句　《五朝名臣言行録》卷七引《名臣傳》作『小范老子腹中自有數萬兵甲』。

留青日札卷之四

絶

絶，色絲也，言奇絶而難繼也。《説文》：『斷絲也。』又，冠也，超也，度也，息也，相去遼遠也，峭極也。古作𢇍，反㡭爲𢇍也。从系，从刀，从卩。

一絶：唐宋令文，文辭，工書，有力。三子：之問文章，之悌驍勇，之遜草隸，各得父一絶。

二絶：宋蘇世軌，蘇軫之。又，梁顧野王畫古賢，王褒書贊。

三絶：唐德宗神智驄、如意騮、瑞鞭也。又，李白歌詩、裴旻舞劍、張旭草書。又，梁元帝圖宣尼像、贊、書。又，李潼、孫樵、司空圖。又，宋謝瞻詩、謝靈運書、謝琨詠。又，李揆門地、人物、文學。又，張思明、謝仲和、曹鼎新。又，徐彦伯文、韋嵩判、李旦翰。又，武昌怡亭李陽冰篆、李莒書、裴虬銘。又，長沙筍、魚、巨艦。又，南京鍾山中張僧繇畫大士相、李白贊、顔真卿書。又，韓擇木八分書《三絶碑》，在西京。又，吴夫人指間織錦，號機絶；刺綉，號鍼絶；編髮爲幔，號絲絶。又，山東東昌府學宫碑，金大定間王去非撰記，党懷英篆蓋，王庭筠書丹。又，鄭虔善山水，嘗自寫詩并畫以獻，帝署其尾曰『三絶』。又，儀真縣東園，宋皇祐間施昌言、許元爲發運使建。歐陽修記、蔡君謨書，與園爲三絶。又，顧愷之長康才絶、畫絶、癡絶。又，袁州府學碑，盱江李覯記、京兆章友直篆額、河南柳淇書。

四絶：唐李陽冰篆《福州般若臺記》、《處州新驛記》、《縉雲城隍記》、《麗水忘歸臺銘》。又，元德秀碑，乃李華文、顔真卿書，李陽冰篆。又，李後主澄心堂紙、李廷珪墨、龍尾石硯、毛元鋭筆。又，直隸永平府泉，一名石龜峪泉，一五里塔泉，一白望泉，一杜臺泉，謂之四絶泉。又，文與可詩、楚詞、草書、畫。

五絶：唐秘書省落星石，薛稷畫鶴，賀知章草書，郎餘令畫鳳，本名曰四絶，宋韓公武彈中鶴一目，謂之五絶。余謂此惡客敗一絶也，安得反增一絶邪？又，唐張知蹇兄弟五人，武后稱其五絶。又，宋文帝曰：『天下有五絶而皆出錢塘。』謂杜道鞠彈碁、范悦詩、褚欣遠模書、褚胤圍碁、徐道度療疾。又，虞世南，太宗稱五絶：德行、忠直、博學、文詞、書翰。

六絶：李邕文章、書翰、正直、辭辯、義烈、英邁。

七絶：柹壽、多陰、無鳥巢、無蟲蠹、霜葉、嘉實、葉肥。

八絶：吴範相風、劉惇占氣、趙達算、皇象書、嚴子卿碁、宋壽占夢、曹不興畫、鄭嫗相。又，滁州唐李幼卿景物八絶。

右

《禮》：『吉事尚左，凶事尚右。』毛晃曰：『人道尚右，以右爲尊。』又，或以爲手足便右，以左爲僻也。故凡曰左道，曰左遷，曰左計，曰左官，《唐書》『退小人于閑左』，皆此意。至于古之乘車，則又尊左矣。《曲禮》：『祥車曠左。』魏公子從車騎，虚左以迎侯生。我朝官制，初尚右，後改尊左。吴元年丁未十月丙午，命百官禮儀俱尚左。《禮記》：『聽卿任左。』注：『凡立者尊右，坐者尊左。』今此禮猶古也。

惹

詩中用惹字，有有情之惹，有無情之惹。惹，絓也，亂也，引著也。隋煬帝：『被惹香黛殘。』賈至：『衣冠身惹御爐香。』古辭：『至今衣袖惹天香。』温庭筠：『暖香惹夢鴛鴦錦。』孫光憲：『眉黛惹春愁。』皆有情之惹也。王維：『楊花惹暮春。』李賀：『古竹老稍惹碧雲。』皆無情之惹也。然香也，雲也，又皆有形之惹，而春獨爲無形之惹，此又大奇。佛家所以重不惹者爲此，蓋言無染著也。

撝

《易》『撝謙』，撝，裂也，从手，爲聲。麾，通作麾。《詩》：『麾之以肱。』《尚書》：『右秉白旄以麾。』亦通作撝。《易》注謂：『指撝皆謙也。』今朱子《本義》云：『更當發揮其謙。』非也。又，齊人謂快爲麾。《禮記》：『祭祀不麾蚤。』注謂：『麾，快也。不以先時爲快也。』在《漢書》則『麾下』作『戲下』，音同。

埶

《史》、《漢》『埶』，即『勢』字。《楚元王傳》：『埶爲宛朐侯。』師古曰：『埶，古蓺字。』二字音義不同。

那

《後漢·韓康傳》：『女子怒曰：「公是韓伯休那？」』注：『那，語餘聲也，音乃賀反。』今吴人語餘，尚言那，作平、去二音。

邪

衺，不正也。《漢·相如傳》：『邪與肅慎爲鄰，右以湯谷爲界。』師古曰：『邪，讀爲左，謂東北接也。』愚以爲讀爲左者，非是。蓋言肅慎在東北隅，故曰邪以爲鄰。若欲言左，則下文自曰左蒼梧，右西極矣。故文穎曰：『蒼梧在長安東南，故言左。西極在西，故言右也。』邪，亦當如字。而《韻會》下乃曰：『又外國名。』亦引此傳爲證，又非也。蓋邪，本徐嗟切。若國名，則如琅邪、渾邪，乃余遮切，與此不同。

欸

今人暴見事之不然者，必出聲曰『欸』，烏開切，乃歎聲也。《楚辭·九章》：『欸秋冬之緒風。』王逸曰：『歎也。』韓文亦曰：『豁謠衆偎欸。』《説文》曰：『訾也，从欠，矣聲。』一曰：『然也。』《方言》：『南楚凡言曰欸，其怒而欸者，曰唉。』《史記·項羽紀》：『以玉斗獻亞父，拔劍撞而破之曰：「唉！」』通作『欸』。揚子『翦牙欸』注：『言切齒而怒也。』唉，怒聲。

畧

匠慶請木，季孫曰：『畧。』注：『不以道取爲畧。』疏：『今律畧人、畧賣是也。』又，《漢書》

注：『奪取也。』

棲

《吴世家》：『棲于會稽。』《越世家》：『保棲于會稽。』《索隱》曰：『鳥所止宿曰棲。』鄒誕曰：『保山曰棲。』《左傳》作『保』，《國語》作『棲』。《六韜》曰『軍處山之高者則曰棲』是也。今之塘棲，亦取此。

葸

慎，謹也，心真爲慎，不鹵莽也。葸，悔也，質慤也。又，畏懼也。故曰：『慎而無禮則葸。』今注但曰畏懼，則似其義未全。亦作鰓。《史記》：『鰓鰓常恐天下之一合而共軋己也。』亦作猥。《魯靈光殿賦》：『心猥猥以發。』皆懼貌也。夫从魚，从犬，謂之有畏懼貌可也。若从艸，又何畏懼之有？

拜

拜，本作𢫶，首至地也。今作拜服也。蓋兩手下地曰拜。又曰拜，平衡也。平衡曰磬折，頭與腰平。《漢書》：『酈生不拜，長揖。』師古曰：『長揖者，手自上而及下也。』《周禮》九𢫶，一曰稽首，頭下至地，稽留乃起，殆下衡服之甚也。太甲拜手稽首，蓋頭至地而留之久也。二曰頓首，下手置首于地即起也。乃今之叩頭，類于凶拜。古之君臣相答拜，或書啓稱頓首者，皆尊重之意，非伏地而拜也。三曰空首，下手首不至地，蓋惟頭至手，即拜手也。四曰振動，頭振動而戰慄也。或以爲兩手相擊，非也。五曰吉拜，雍容而下手，即今之常拜。或以爲拜而後稽顙，非也。六曰凶拜，拜而後稽顙也。七曰奇拜，一拜也，禮簡不再拜也。八曰褒拜。褒，音報，答拜也。或以褒拜爲持節拜，亦非也。九曰肅拜，直身肅容而微下手。或曰兩膝齊跪，手至地而頭不下曰肅拜，如今之婦人拜也。又有曰雅拜者，先下一膝，唐人謂之雅拜。或曰倚拜也。曰之拜者，兩膝齊屈而俱下，如今之道士拜，及鄉村老婦猶然。曰膜拜者，兩手合掌以承顙，如今之僧拜。本夷狄拜也。《周禮》『婦拜插地』，古樂府『伸腰拜手跪』是也。後周天元令命婦人爲男子拜，是古時婦人皆肅拜也。今則但微屈其膝而躬不曲，其名曰起，曰福，并男子之作揖，皆曰相叫也。《後漢書》：『高句驪國跪拜曳一腳，行步皆走。』古者郊祀天地，止于再拜。是神祇雖至尊至重，其禮不可加也。見天子亦曰稽首再拜。董偃，館陶公主家庖人也，見漢武帝亦曰：『昧死再拜謁。』今君臣之四拜，大朝則五拜三叩頭。子弟之于父兄，亦四拜，甚至于朋友長幼亦四拜，皆禮也。至于致書父母，則稱百拜。我朝洪武三年五月，諭中書省曰：『今人書劄多稽首、頓首、再拜、百拜，實非禮也，宜定其式。』禮部議：凡致書于尊者，稱『端肅奉書』，答則『端肅奉復』；敵己者，稱『奉書』、『奉啟』；上與下稱『書寄』、『書答』；卑幼與尊長云『家書敬復』；尊長與卑幼云『書付某』。乃今有亂禮敗法者，如婿之于外舅，姑婦之于舅姑，皆行八拜，名曰拖泥八拜，甚可鄙恥也。余在軍門時，又見一姦謟者，每一拜，必四叩頭，凡四拜共一十六叩頭。此又小人中之小人，想是夷狄禽獸之禮也，罪不容誅矣！宋賈似道柄國時，浙曹朱浚每有劄子白事，必稱『浚萬拜覆』，時人因號之曰『朱萬拜』。浚，字深源，乃朱文公之曾孫也。

走

今人叱人之去，曰走。《史·酈生傳》：『叱使者曰：「走，復入言沛公。」』。

籠街

今之喝道，即籠街也。唐時言中丞呵止不半坊，今兩坊詔傳呼不得過三百步。若今時，則三千步不止矣。孟子有云：『君子平其政，行辟人可也。』行則辟矣，其政何如？

戍伐

戍，《説文》：『从人，从戈。』人荷戈以戍也。則伐字，亦从人，从戈。當云人坐卧，故爲戍守，人立行則爲征伐也。此足以補字書之缺。

選輭

執玉高卑，吉凶辨焉。俯仰之度，不可不慎也。今人過承上官，手恭及地，何其諂容也！《漢書》：『公卿選輭，容頭過身。』嗟乎！弊也久矣。今之戲劇穿卓檔者，以手叉之，能容頭，即身子可過矣。真善喻也！

合要

合要辭，即今合同契也。『使王叔氏與伯輿合要，王叔氏不能舉其契』是也。《左傳》。

辟殺

加罪以殺之，曰辟殺。〔一〕

束修

《禮》：『修，脯也。十脡爲束修。』孔子曰：『自行束修以上，吾未嘗無誨焉。』似非謂脯贄也，蓋言自行束帶修飾之禮以上。故延篤曰：『吾自束修以來，爲人臣不陷于不忠。』梁商曰：『王公束修厲節。』賈堅曰『吾束修自立，君何忽忽相謂降邪』是也。若肉脯，則亦甚褻矣。《穀梁》：『東修之肉，不行境中。』

減省

今人凡欲將就，曰減省。《元帝紀》：『減謂損其數，省謂全去之也。』

模範

模範，猶云規矩、準繩也。以木曰模，以竹曰範，故从木，从竹。『範』，本作『笵』。

尋常

四尺曰仞，倍仞曰尋，故曰八尺曰尋。今《論語》注以七尺爲仞，非也。一丈六尺曰常，蓋倍尋也。

若干

若干，見《禮記》。今人稱幾許爲若干。一作如干。干者，數始于一，終于十。合一、十而成干，言其數之未定也。

扈從

《上林賦》：『扈從橫行，出于四校之中。』師古曰：『言其跋扈縱恣而行，出于校之四外也。』非是。蓋扈，尾也，後從曰扈，故侍從天子，曰扈從。今逐獸橫行，故言出于四校之中。若言跋扈，則强梁也。《詩疏》云：『凶橫自恣，陵人之貌。』《漢書音義》云：『自大也如此。』又：『豈臣子侍從之禮邪？』

其平

《其平》者，後漢楊由哀侯書名，凡十餘篇，皆占術，見本傳。今《通志》、《通考》等書，皆失載。

司武

司武，即司馬。平公見之曰：『司武而牿于朝。』

雅春

《漢·楚元王傳》：『衣之赭衣，使杵臼雅春于市。』晉灼曰：『高肱舉杵正身而舂之。』師古曰：『爲木杵而手舂。』即今步臼耳，非碓舂也。宋祁曰：『雅，謂舂而雅歌以相舂也。』余以爲舂者之歌出于自然，惡可强之使雅歌以爲辱邪？此又不通之論。蓋雅，樂器也。《樂記》：『訊疾以雅。』注：『雅，狀如漆筩，中有椎。』《周禮》『笙師』注：『如漆筩而弇口，大二圍，長五尺六寸，以羊韋鞔之，有兩紐疏畫。』是言舂米之桶，有似于雅之漆筩，故名雅舂也。即今之木臼。《漢》注皆未明。

三才宗

天宗：曰天宗，天神也；曰陽宗，日也；曰陰宗，月也；曰星宗，北辰也。地宗：曰岱宗，泰山也；曰瀆宗，河也。人宗：曰大宗，曰小宗，族也；曰祝宗，先聖之後也；曰秩宗，典禮也；曰文宗，如陳子昂、崔孝伯是也；曰女宗，鮑蘇之妻不妬是也；曰談宗，長于辭説，如樂廣是也；曰辭宗，如張九齡是也。

温暾湯

今人以人性不爽利者，曰温暾湯。蓋言不冷不熱也。温暾二字，唐詩常用。

孔子無蓋

《家語》：『孔子將行，雨而無蓋。』《禮記》：『仲尼之畜狗死，曰：「貧無蓋。於其封也，亦與之席。」』殆未爲大夫之前也。

至人無夢

至人無夢，古之億言也。至人莫如聖人，堯夢攀天而上，湯夢及天而咶，高宗夢傅説，文王夢九齡，仲尼夢周公，奠兩楹，烏得無夢？又言愚人、瞽人無夢，亦不然。蓋非無夢也，其夢無憑也。《周禮》：『掌三夢。』又：『以日月星辰各占六夢。』謂日有甲乙，月有建破，星辰有居，直星有扶刻也。又曰：『舍萠于四方，以贈惡夢。』謂會民方相氏逐惡夢至四郊。又曰：『夢不欲數占，占則著，著則怪。』自因想之説明，而夢不必占矣。

然燃㸐

然字，本作炏。然下从火，不必更从旁火矣。然，上从犬，不必更从旁犬矣。此皆後世文盛，故不得不以此別之，非古人制字之意也。

謫吏

《書》：『既富方穀。』古者疾吏之貪，衣食足，知榮辱，限貲十算乃得爲吏，賈人有財不得爲吏，廉士無貲又不得官。故漢景二年，廉士寡欲易足，貲算四得官。是十算，十萬也，四算，四萬也。《食貨志》：『以舊吏弄法，故謫之，更發有貲者爲吏也。』漢武發謫吏穿昆明池是也。又，稱姦詐强取者爲撟虔吏，漢詔『撟虔吏因乘埶以侵蒸庶』是也。

都吏

《漢》：『二千石遣都吏循行。』律說，都吏今督郵也。閑惠曉事，即爲文無害都吏。漢末時，又有督郵御史，是必天子所使者也。《蘇武傳》：『及假吏常惠等。』師古曰：『假吏，猶言兼吏也，時權爲使之吏，若今之差人充使典矣。』

榜賣公卿

鬻爵自鼂錯言之，一曰主足用，二曰民賦少，三曰勸農功。漢文帝時，張釋之以貲爲郎，武帝令吏入穀補官，即至六百石。靈帝榜賣公卿及州郡、黄綬，段熲〔二〕、張温、崔烈雖有功勳名譽，亦以貲得之。又，漢不足奉戰士，令民得買爵，乃置武功爵。我朝亦不免此弊。

許子弟隨任

唐太宗貞觀元年，許子弟年十九以下隨父兄之官所。我朝未嘗限年，皆得隨任，但不許應試耳。

任回載書

唐蕭倣在南海，地多穀紙，倣勑子弟繕寫缺落文史。子廪曰：『家書缺者誠宜補葺，然此去京師，水陸萬里，不可露齎，當須篋笥，人觀兼乘，謂是貨財。古人薏苡之嫌，得爲深誡。』倣曰：『吾不之思也。』夫蕭氏之慎節如此，卒保世業。今之仕者，不惟多置書爲公名，而載歸鬻之，以爲私利，且路途廢國家官錢、民力轉運，其費何如？甚至有貪汙者畏人譏議，暗藏金銀于書篋中，以防道路盜寇者。視廪言能不媿死乎！北齊郎基爲潁川太守，嘗云：『任官之所，木枕亦不須作，况重于此乎？』唯頗令人寫書，潘子義謂之風流罪過。基曰：『觀過知仁，斯亦可矣。』家大夫由禮部而兩督學政，所以兼車聯舫者惟書籍而已，曾何足以累清節耶！

五爵别名

《周書》王子晉曰：『士率衆時作，謂之曰伯；伯能移善于衆，與百姓同，謂之公；公能樹名與物，天道俱，謂之侯。』〔三〕蔡邕曰：『三公者，天子之相。相，助也。侯者，候也，候逆順也。伯者，白也，明白于德也。子者，滋也。男者，任也。』據此則多出相字一義，如起于後世丞相之説也。但當云『公者，共也，與天子共理天下也』爲是。

人情懷土不同

王粲《登樓賦》：『雖信美而非吾土兮，曾不可乎少留。』謝玄暉《直中書省》詩：『信美非吾室，中園思偃仰。』唐劉元濟《經廬嶽迴望江州想洛陽》詩：『故園有歸夢，他山非行樂。他鄉徒可遊，湟澗終旋泊。』至于蘇子瞻《西湖望湖樓》詩：『我本無家更安住，故鄉無此好江山。』在儋耳詩：『海南萬里真吾鄉。』人情懷土不同，何至于如此！《淮南子》曰：『取竈前土將去，令人不思鄉。』

子卯當樂

《禮》言：『子、卯不樂。』蓋紂以甲子死，桀以乙卯亡。王者謂之疾日不舉樂爲吉，所以戒懼也。然止甲、乙二日。余則以爲二日既聖人奮起，翦除大惡，則萬古之下，百姓且當歌舞相慶，以爲在上之戒，安得復忌之也！

獻美人敗君

《史記》：紂沈湎于酒，婦人是用。九侯有好女，入之紂。九侯女不善淫，紂怒殺之，而醢九侯。乃囚文王于羑里。閎夭之徒，求得美女、文馬九駟，他奇怪物，因嬖臣費仲獻紂。紂大悅，赦之。傳言文王乃歸，爲玉門，築靈臺，相女童，擊鐘鼓，以待紂之失也。紂聞之，曰：『周伯昌改道易行，吾無憂矣。』及後幽王時，褒姁有獄，而以女入之王，王遂置之，而嬖是女，使至于爲后。夫周之興也，以女蠱其君；周之亡也，亦爲人以女所蠱。天之報施，何其昭昭而不爽哉！《逸周書》：武王克紂，歸而燎于廟，以紂與二妾之首先馘。又曰：武王斬紂首懸諸太白，斬二女首，懸諸小白。又曰：太師負商王紂，懸首白旂，妻二首赤旂。《史記》：武王克商，紂反走，登于鹿臺之上，蒙衣其珠玉，自燔而死。武王入商，至紂死所，自射之，三發而後下車，以輕劍擊之，以黄鉞斬紂頭，懸太白之旗。《史記》：武王至，紂之嬖妾二女，二女皆經自殺。武王又射三發，擊以劍，斬以玄鉞，懸其頭小白之旗。傳記云：太公蒙面而斬妲己。嗚呼！武王將誅紂而哀之，《尚書》曰：『予惟率夷憐爾。』何其誣哉！

校勘記

〔一〕此條有目而無文，今據萬曆甲申本補。

〔二〕黄綬、段熲　原誤作『黄散、段顧』，據《後漢書・崔烈傳》改。

〔三〕周書數句，見《汲冢周書・太子晉》。另據阮元《經籍籑詁》卷二十六『侯』條曰：『《周書・謚法》：「公能樹名生物，與天道俱，謂之侯。」』

留青日札卷之五

詩談初編

文有似拙而實妙者，《史記》也。詩有似拙而實妙者，樂府也。拙，忌其俚；妙，忌其纖。宋，俚也；元，纖也。

詩必識得一分，方做得一分；必進得一層，方壓得一層。知行有序，古今無等也。

詩關氣運，此語誠然，固不特《周》、《召》、《鄭》、《衛》皎然可辨也。漢世渾厚高古，魏國雄俊秀發，兩晉平典風麗，六代富艷綺靡。漢稱東都，魏首建安。太康、永嘉，體分一軸。宋、齊、梁、陳，氣出一機。精鑒詳評，自然可别。

蘇子卿、李少卿之詩，意遠詞高，自肇炎漢詩格，渾之晉、魏，終竟不倫。

曹子建《棄婦篇》，庭、靈、鳴、成、寧，五韻重用。

陸士衡豐才奇思，誠當一字千金。所謂『氣少於公幹，文劣於仲宣』者，蓋劉則風骨超羣，王則秀麗獨步。至若粲之悽愴，楨之振絶，足擅偏長。

六朝鮑、謝謂照、玄暉，唐鮑、謝謂防、良弼。

阮籍《詠懷篇》，超出江左諸人之上，惟靖節勝之。

淵明入室，應物升堂。

韋蘇州詩平淡閒雅，至於高古處獨步開元。所云：『落葉滿空山，何處尋行跡。』絶似淵明。皎然稱之云：『格將寒松高，氣與秋江清。』信爲知音也。又，賈島有：『落葉滿長安。』蘇拯云：『落葉滿長道。』李建勳：『落葉滿長川。』皎然：『秋風落葉滿空山。』皆好。

劉叉本豪俠士，而《修養》一篇便覺見理。其勸韓潮州勿執古之章，的爲名言。

長孫左輔之《寄衣曲》，盛唐之晚唐也；馬戴之《薊門懷古》詩，晚唐之盛唐也。

王右丞苦爲宦情所縛，若能脱去塵囂，只據其才思，則輞川之興，便可寄跡柴桑。然其詩，亦山林之奇逸也。

詩類其爲人。且只如李、杜二大家，太白做人飄逸，所以詩飄逸；子美做人沈着，所以詩沈着。如書稱鍾、王，亦皆似人。

太白寧放棄而不作眷戀之態，寧狂蕩而不作規矩之語。子美不能不讓此兩着。元微之謂太白『不能窺杜甫之藩籬，况堂奥乎』，此非公論。退之云：『李杜文章在，光焰萬丈長。不知羣兒愚，那用故謗傷。』齊己云：『須知一一丈夫氣，不是綺羅兒女言。』此真知太白者。

李長吉分明是一箇太白，可惜天碎國寶，故奇而未純。世以牧之爲小杜，當以長吉爲小李。

貫休云：『千人萬人中，一人兩人知。』是詩之難知也久矣。或問：『詩如何則高？』曰：『必如貫休云：「真風含素髮，秋色入靈臺。」方可言詩。』

相如濡筆而腐毫，子雲輟翰而驚夢，王充氣竭於沈慮，桓譚疾感於苦思，枚臯應詔而奏賦，楊滔斵窗而檢書，平子研《兩京》於十年，太冲練《三都》於一紀，潘緯十年方吟古鏡，何涓一夕乃賦瀟湘，薛道衡蹋壁而臥搜，蘇廷碩占授而腕脱，劉敞一揮九制，文琰擊鉢成詩，秦少游對客而揮毫，陳無己閉門而覓句。

昔人有言：『《文選》爛，秀才半。』蓋《選》中自三代涉戰國、秦、漢、晉、魏、六朝以來文字，皆有可作本領耳。在古則渾厚，在近則華麗也。嗟乎！今之能學舉子業者，即謂之秀才。至於《文選》，則生平未始聞知其名，況能爛其書、析其義乎？雖謂之蠢才可也。

鄭奕以《文選》教子，其兄曰：『何不教他讀《孝經》、《論語》，免學沈、謝嘲風詠月，汙人行止。』嗟乎！今之學士大夫未嘗不讀《孝經》、《論語》也，而乃嘲貨詠賂，汙自己之行止，不忠不孝，敗國亡家，又豈讀《文選》之罪乎！

今人但知李太白《鳳凰臺》出於《黄鶴樓》，而不知崔顥又出於《龍池篇》也。若夫《鸚鵡洲》，則又《鳳凰臺》之餘意耳。沈佺期《龍池篇》云：『龍池躍龍龍已飛，龍德先天天不違。池開天漢分黄道，龍向天門入紫微。邸第樓臺多氣色，君王鳧雁有光輝。爲報寰中百川水，來朝此地莫東歸。』崔司勳云：『昔人已乘白雲去，此地空餘黄鶴樓。黄鶴一去不復返，白雲千載空悠悠。晴川歷歷漢陽樹，芳草萋萋鸚鵡洲。日暮鄉關何處是？煙波江上使人愁。』太白《登金陵鳳凰臺》云：『鳳凰臺上鳳凰遊，鳳去臺空江自流。吴宫花草埋幽徑，晉代衣冠成古丘。三山半落青天外，二水中分白鷺洲。總爲浮雲能蔽日，長安不見使人愁。』《鸚鵡洲》云：『鸚鵡來過吴江水，江上洲傳鸚鵡名。鸚鵡西飛隴山去，芳草之樹何青青。煙開蘭葉香風起，岸夾桃花錦浪生。遷客此時徒極目，長洲孤月向誰明。』沈詩凡五『龍』字，二『池』字，四『天』字。崔詩凡二『白雲』，二『黄鶴』，二『去』字，二『空』字，二『人』字，二『悠悠』『歷歷』『萋萋』字。嚴滄浪以此篇爲七言律第一。李詩三『鳳』字，二『皇』字，二『臺』字，六『鸚鵡』字，二『江』字，三『洲』字。四篇機杼一軸，天錦粲然，各用疊字成章，尤爲奇也。特拈出之，以表當塲敵手。

王勃《益州夫子廟碑》：『帝車南指，遁七曜於中階；華蓋西臨，藏五雲於太甲。』《酉陽雜俎》謂燕公讀碑，自『帝車』至『太甲』四句，多不解。訪之一公，一公言：北斗建午，七曜在南，方有是之祥。無位，聖人當出，而『華蓋』以下不明焉。杜詩：『五雲高太甲，六月曠摶扶。』楊升菴以爲《晉·天文志》『華蓋杠旁六星曰六甲』，太甲恐是六甲一星之名。未有考證。夫以一行之邃於星曆，張燕公、段柯古之殫見洽聞而猶未知，姑闕以俟博識。客舉以問余，因并釋之曰：帝車，北斗也，太微垣北七星曰北斗，七政之樞機，陰陽之元本。故運乎天中，臨制四方，以建四時，均五行。魁四星爲璇璣，杓三星爲玉衡，人君之象，號令之主，又爲帝車，取運動之義。《春秋緯》曰：『瑶光第一至第四爲魁，第五至第七爲杓，合爲斗。』《漢·輿服志》〔一〕：

『後世聖人觀於天，視斗周旋，魁方杓曲，以攜龍、角爲帝車。』夏五月建午，斗柄指正南離方，文明之象。又南方之宿曰星，七星爲賢士。明則道化成，暗則賢良不起。又，魁一星主秦，而星乃周之分野，屬雍州。七曜者，日、月、歲星、熒惑、填星、太白、辰星也。歲，木，以饑；熒惑，火，以亂；填，土，以殺；太白，金，以强戰；辰，水，以女亂。五星所聚，宿其國，王天下。從歲以義，從熒惑以禮，從填以重，從太白以兵，從辰以法。五星若合，是謂易行。有德受慶，奄有四方；亡德受罰，離其家國。魁下六星，兩兩而比者，曰三能。《漢書》：『能，音台。』三台爲天階，太乙躡以上下。一名泰階，在太微垣。西二星曰上台，爲上階司命。上一星爲男主，下一星爲女主。次二星曰中台，爲中階司空。上一星爲公侯，下一星爲卿大夫。東二星曰下台，爲下階司禄。上一星爲元士，下一星爲庶人。孔子有聖人之德，而無天子之位，不過爲魯司寇，攝行相事耳，是降而從公侯卿大夫之列也。雖日月合璧，五星聯珠，何益哉？故曰『遁七曜於中階』。紫微垣，華蓋七星杠，九星柄，合十六星，在勾陳上，覆蔽大帝之座。《孝經援神契》曰：『斗曲杓撓，象成車。房爲龍馬，華蓋覆鈎。天罡入魁，神不獨居。故驂駕陪乘，以道踟躕。』益州在西方，故曰『華蓋西臨』也。《漢・封禪書》[二]曰：『乃作畫雲氣車，及各以勝日，駕車辟惡鬼。』《索隱》曰：『畫青車以甲乙，畫赤車以丙丁，畫玄車以壬癸，畫白車以庚辛，畫黄車以戊己。』《宋書》曰：『五色安車、五色立車，各五乘，建龍旂，駕四馬，施八鸞，餘如金根車之制。其車各如方色，馬亦如之。所謂五時副車，俗謂爲五帝車，是即五雲車耳。』庾信詩：『北屬五雲車。』王維詩：『來往五雲車。』皆謂此也。正西方畢宿有五車五星，主天子五岳。西北曰天庫太白，東北曰天獄辰星，東南曰天倉歲星，中央曰司空填星，西南曰卿相熒惑。凡此五車，各以五寅日候之：金車，庚寅；木車，甲寅；火車，丙寅；土車，戊寅；水車，壬寅。又，雲五色具者，賢人隱其下也；青雲潤澤蔽日，在西北，爲舉賢良雲。而畢，乃晉之分野，正屬益州。故王勃於《益州廟碑》用之。蓋言華蓋西臨，高望五雲之車於太甲之象。木車色青，既以甲乙晝之，又以甲寅候之，實五車之首，故云太甲耳。如甲，如乙，皆天神之名。而曰太者，尊之之至也。故曰太甲，猶太乙也。

《廣文選》誤：如張協『結宇窮岡曲』，《文選》已收入雜詩，而此云『招隱』。魏文帝『置酒坐飛閣』，《文選》本江淹雜體，而此直云『文帝遊宴』。如古辭『驅車上東門』，『冉冉孤生竹』，『昭昭素明月』之類，率皆重出，不可枚舉。又，文帝《堯任舜禹》一篇，本集八卷作《歌魏德》，十二卷又作《秋胡行》，重復可厭。甚至於《阮嗣宗碑》，本嵇叔良撰，而誤作叔夜，乃曰嵇康。中山王撰《文木賦》，乃以文爲中山王名，而題云《木賦》，南宋人王微撰《詠賦》，乃以宋王微作宋玉，而題作《微詠賦》。真小兒之作也，不直一笑。

世稱李杜，因白、甫也。杜子美《長沙送李十一銜》詩：『李杜齊名真忝竊。』蓋假李固、杜喬以自況也。

梁簡文《夜夜曲》云：『靄靄夜中霜，河開向曉光。枕啼常帶粉，身眠不着牀。蘭膏盡更益，薰爐滅復香。但問愁多少，便知夜短長。』此篇曲體人意，且以夜之短長，繫於愁之多少，非親知其味者，不能道也。

柳子厚『漁翁夜傍西岩宿』一篇，蘇子瞻欲删後二句；謝朓『洞庭張樂地』一篇，嚴儀卿欲删『廣平聽方藉』二句，皆不然。全章本自悠揚，去之則局促矣。

王融《報范雲》詩：『無雙自昔代，有美今比鄰。』注：『古語云：「千里一賢，猶爲比鄰。」』又《越絶書》：『百歲一賢，猶爲比肩。』

李太白詩：『邊城兒，生年不讀一字書。』今之不讀一字書者，不獨邊城之兒，雖中原富室子弟，亦目不識一丁字者多矣。所謂『平生不讀半行書，却把黄金買身貴』者，比比皆然也。

李羣玉：『酒飛鸚鵡重，歌送鷓鴣愁。』『鸚鵡杯』、『鷓鴣詞』，的對，愈於李太白『鸕鷀杓』、『鸚鵡鐺』之句。

樂府有『君不見』，又有『獨不見』，唐人改之曰『君不聞』、『君不知』等篇。如岑嘉州云：『君不聞胡笳聲最悲。』又云：『汝不聞秦箏聲最苦。』

『莫染亦莫鑷，任從伊滿頭。白雖無耐藥，黑也不禁秋。静枕聽蟬卧，閒垂看水流。浮生未達此，多爲爾爲愁。』此篇可爲世人染鑷白髮者之戒。余年未四十而頭早白，每有勸余染摘者，余即笑吟此句曰：『白雖無奈老，黑也不禁秋。』以自解云。近見杭婦朱桂英嘗詠云：『白髮新添數百莖，幾番拔盡白還生。不如不拔由他白，那得工夫與白争。』亦可喜也。朱氏號養誠道人，所著有《閨閣窮玄集》，余爲之叙。

蘇拯《寄遠》云：『妾願化爲霜，日日下河梁。若能侵鬢色，先染薄情郎。』『願爲霜』意甚奇，勝如『爲雲』、『爲雨』者。

九日登高落帽，人人能用，惟高適、杜甫能翻案使事。仲武〔三〕云：『閉門無不可，何事更登高。』又云：『縱使登高只斷腸，不如獨坐空搔首。』子美云：『羞將短髮還吹帽，笑倩傍人爲整冠。』誠詩家起死迴生手也。嚴正平《十日》詩：『宿酲猶落帽，華髮强扶冠。』亦妙。

賈島：『寫留行道影，焚却坐禪身。』即其本色語已在面目外，更不必謂燒殺活和尚也。總不若清尚云『道力自超然，身亡同坐禪』，則行圓示寂，真坐化也。『水流原在海，月落不離天』，既得禪宗上乘，而『溪白葬時雪，風香焚處煙』，則非燒殺矣。『世人頻下淚，不見我師玄』，則俗人昧於無生之理，故爾哀之。蓋不知我師玄妙之法，正欲離形耳。可謂深探三昧者。又何必云『自嫌雙淚下，不是解空人』？使浪仙早達此種色相，豈肯便返初服？故必見得一層透，然後説得一層透。

杜工部：『傾銀注玉驚人眼，共醉還同卧竹根。』王介甫《除日立春》詩：『迎春朝翦綵，守歲夜傾銀。』雖用杜句，上下無映帶，便不成話。或笑曰：『此傾銀匠出身，歲盡夜并爐底也。』可鄙可笑！

昌黎詩：『何人有酒身無事？誰家多竹門可款？』粗淺殊甚，都不成語。而宋人方謂之閒遠。

秦韜玉云：『要路强干情本薄，舊山歸去意偏長。』余每誦此，不覺淚下。

聶夷中『賣絲』、『糶穀』之篇，《全唐詩話》以爲言近意遠，合三百篇之旨。或又謂可爲詩史。皆非也。試觀三百篇中，如譚大夫『南箕』、『北斗』之諷，何其温厚和平，初不必顯然如醫瘡、剜肉之怨訕也。

吴俗除夕燒松盆，取家計鬆泛之義。范致能《燒火盆行》云：『春前五日初更後，排門燃火如晴晝。』則當時亦有不用除夜者。一作籸盆。

錢員外云：『落葉淮邊雨。』以落葉比雨。無可上人云：『聽雨寒更盡，開門落葉深。』以雨比落葉也。

鳴環，即鳴珂。盧綸云：『小臣無事諫，空愧伴鳴環。』

王貞白《御溝水》詩：『此波涵帝澤。』貫休改作『此中』固好。孫逖《上陽水窗賜宴》云：『此中歌在藻。』沈佺期《紅樓院應制》云：『誰謂此中難可到？』則先已有人道之矣。

少陵《遊子》云：『巴蜀愁難語，吴門興杳然。』『興杳然』者何？曰『九江春草外』，『愁難語』者何？曰：『三峽暮帆前』，生涯流落，不能上霄漢，故曰『厭向成都卜』，家國憂勤，不忍耽杯酒，故曰『休爲吏部眠』。終戀戀不忘朝廷，冀衰老而猶得見君，故末云『蓬萊如可到，衰白問群仙』也。范元實所注，不解其妙，乃謂君平之卜，所以養生；畢卓之飲，所以忘憂，今皆不能如意。又傷人世險隘，不能容己，故有『蓬萊』、『群仙』之思。嗚呼！何好爲臆説，以病作者之旨哉？

于濆樂府每有奇思，如『采薇易爲山，何必登首陽？濯纓易爲水，何必泛滄浪？』余樂誦之。《思歸引》云：『日開十二門，自是無歸計。』可爲切中人病。又云：『不長不成人，及長老逼身。』欲及時者念諸！《山村叟》云：『雖霑巾覆形，不及貴門犬。』傷時之言也。

李建勳雖居極品，然惜花憐酒，解吐婉媚辭。如：『預愁多日謝，翻怕十分開。』『空庭悄悄月如霜，獨倚闌干伴花立。』如：『肺傷徒問藥，髮落不盈梳。』『攜酒復攜觴，朝朝一似忙。』足見得花酒風味。

余每中酒，欲尋佳句不可得。偶見隴西公《春雨》詩云：『惟稱乖慵多睡者，掩門中酒覽閒書。』若爲余言者。

劉郎中《生公講堂》詩，謝枋得以爲笑生公，真可發一笑。蓋禹錫以爲生公今不可見，『一方明月可中庭』，即見生公身後之法相矣，烏得爲笑彼哉？

長吉『黑雲壓城城欲摧，甲光耀日金鱗開』，蓋言甲光之金鱗輝映，如曜日而鮮明也。王安石不解此意，言『方黑雲，安得曜日』？近有俗本，妄改作『曜目』，尤可笑也。《占書》：『猛將氣紫，黑如城樓。』或狀閃黑旗。又曰：『軍勝之氣，如火光夜照人。』又，『岱山氣正黑』，故云雁門也。

李季蘭，唐女流之冠。若『離情遍芳草，無處不萋萋』，含意無窮，哀而不怨。便如宋玉言愁，文通恨別，亦未必過之。

余事率意而行，人多病余曰任性。于鵠云：『獨來多任性，惟與白雲期。』又：『任性常多出，人來得見稀。』如此任性，亦復何害？

『君言妾貌改，妾畏君心移。終須一相見，并得兩心知。』宋玉《九辯》：『願一見兮道余意，君之心兮與余異。』嗟夫！ 君臣朋友之間，可以念之。

劉兼云：『處處落花春寂寂，時時中酒病懨懨。』雖軟弱，亦纖麗有情。又云：『花落青苔錦數重，書淫不覺避春慵。』『書淫』二字，亦可喜。

鄭巢云：『山寒葉滿衣。』又云：『生計少於愁。』皆佳句。

顔延年云：『庭昏見野陰，山明望松雪。』唐祖詠云：『竹覆經冬雪，庭昏未夕陰。』余嘗有句云：『庭暗山雲濕，窗明竹雪寒。』又云：『松林晴雪落，竹院晚陰生。』

王維《早朝》云『方朔金門侍』，言滑稽弄臣也。『班姬玉輦迎』，言蠱惑内嬖也。『仍聞遣方士，東海訪蓬瀛』，分明以秦皇、漢武神仙聲色譏其君，非體也。近時選《唐律類抄》者，以此爲首，何哉？ 宗楚客云：『幸睹八龍遊閬苑，無勞萬里訪蓬瀛。』可謂有箴規矣。結句如太白：『君王多樂事，還與萬方同。』韋元旦：『仙榜承恩争既醉，方知朝野更歡娱。』王右丞：『爲乘陽氣行時令，不是宸遊玩物華。』方得扈從應制之體。

今人葬嬰兒不穿衣，瘞於路傍。潘岳《西征賦》：『夭赤子於新安，坎路側而瘞之。』韓愈詩：『數條藤束木皮棺，草殯荒山白骨寒。』于鵠《悼孩子》詩：『裸送不以衣，瘞埋於中衢。』則唐時已然。余少年有三殤之戚，特破此風，蓋彭殤之情一也。

諺云：『一朝權在手，甚作令兒行。』唐朱灣《奉使設宴戲擲籠籌》詩：『一朝權在手，看取令行時。』此張打油口氣也。

戎昱云：『雲雨分飛二十年，當時求夢不曾眠。』非親知此味者，不能道；非曾知此味者，亦不可與道。或曰不眠安得有夢？此正所謂癡人前不可說夢也。唐昭宗詞：『思夢時時睡，不語長如醉。』迺知味者。不曾眠，蓋求夢之心急，故身雖眠而心實醒耳。杜牧之《春思》詩『自是求佳夢，何須訝晝眠』是也。又：『重尋春晝夢，笑把淺花枝。』更奇。呂文穆公詩：『挑盡寒燈夢不成。』

李賀：『桃花亂落如紅雨。』韓偓：『杏花飄雪小桃紅。』桃花紅，而長吉以雨比之；杏花紅，而致堯以雪比之，皆可爲善用，不拘拘於故常者，所以爲奇。不然，則柳雪李月，梨雪桃霞，誰不能道？

張旭草聖，在當時已重有此名。高常侍《贈張九旭》詩：『興來書自聖，醉後語成顛。』『萬古長如匹練垂，一條界破青山色』，固是徐凝惡詩。『廬山瀑布三千仞，畫破青霄始落斜』，亦非曹松善句。

詩有自然成對者。李長吉云：『天若有情天亦老。』石曼卿對之曰：『月如無恨月長圓。』寇準有云：『水底月爲天上月。』楊大年對之曰：『眼中人似面前人。』余以爲不佳。欲以『夢中人是意間人』對之，不知何如？

《孺子歌》：『滄浪之水濁兮，可以濯我足。』左太冲：『濯足萬里流。』黄魯直云：『清江濯足窗下坐。』至於李義山以『清泉濯足』爲殺風景，古人豈殺風景者耶？在清泉則不可，在萬里江流則亦無害也。但嚴維云：『深木鳴騶馭，晴山耀武賁。』夫遊雲門寺，不應有此惡狀。商隱以『松下喝道』爲殺風景，此言當矣。

商隱詩本不足取，惟事對偶耳。如《馬嵬》詩，結句頗佳，胡仔《苕溪漁隱》且病其庸近。所云：『如何四紀爲天子，不及盧家有莫愁？』蓋譏玄宗既爲四紀天子，則開元、天寶之治，歷練國體久矣，非庸君幼主比也。而乃縱玉環之淫亂，使覆國亡身，不能保一婦人，不及盧家有娼婦莫愁，得以始終享其樂而不至於喪亡也。唐天子不亦深可恥哉！惜乎不能以《關雎》之事風之。

王勃：『物色連三月，風光絶四鄰。』盧照鄰：『草色迷三徑，風光動四鄰。』余嘗有曰：『物色常三月，風光藐四鄰。』

校勘記

〔一〕應爲《後漢書·輿服志》。

〔二〕應爲《史記·封禪書》。

〔三〕仲武　按下引詩均爲高適作，適字達夫，此誤作仲武。

留青日札卷之六

詩談二編

《左傳》：士會自秦歸晉，繞朝贈之以策云：『子勿謂秦無人，吾謀適不用也。』策，策文也。李太白誤以爲鞭策之策，故其詩云：『臨行還贈繞朝鞭。』幸有高渤海詩可證耳，高適《送渾將軍出塞》云：『遠別無輕繞朝策，平戎早寄仲宣詩。』惜乎楊升菴攷據亦不及此耳！

孟浩然：『風鳴兩岸葉，月照一孤舟。』劉履以『一孤』字爲病。此無害，自是佳句。賈至：『江邊數杯酒，海内一孤舟。』又：『明月秋風洞庭水，孤鴻落落一扁舟。』劉昚虚：『滄溟千萬里，日夜一孤舟。』岑參：『澧上一孤舟。』杜牧：『萬山深處一孤舟。』劉文房：『青山萬里一孤舟。』又：『幾家同住一孤城。』高常侍：『江海一扁舟。』王之渙：『一片孤城萬仞山。』李太白：『孤帆一片日邊來。』李益：『吹角江城片月孤。』我朝張亨夫亦云：『江湖離思一孤舟。』余嘗有送人詩云：『五湖獨客一孤舟。』如匹即一也。《孟子》：『力不能勝一匹雛。』《新書》『殺一匹夫。』意亦如此。

杜子美：『花亞欲移竹。』孟東野：『南蒲桃花亞水紅。』李嘉祐：『霜濃竹枝亞。』包佶：

『多年亞石松。』方干：『應候先開亞水枝。』亞，義如壓，言低枝也。

杜工部：『關山同一點。』岑嘉州：『嚴灘一點舟中月。』又：《赤驃馬歌》：『草頭一點疾如飛。』又：『西看一點是關樓。』朱灣《白鳥翔翠微》詩：『净中雲一點。』花蕊夫人云：『冰肌玉骨清無汗，水殿風來暗香滿。繡簾一點月窺人，攲枕釵横雲鬢亂。起來庭户悄無聲，時見疎星渡河漢。屈指西風幾時來，不道流年暗中换。』宋張安國詞：『洞庭青草，近中秋、更無一點風色。玉界瓊田三萬頃，着我扁舟一葉。』夫月、雲、風也，馬也，樓也，皆謂之一點，甚奇。

北齊劉逖詩：『無由似玄豹，縱意坐山中。』張説：『樹坐參猿笑。』杜甫：『楓樹坐猿猱。』『黄鶯並坐交愁濕。』又：『巫山秋夜螢火飛，簾疎巧入坐人衣。』薛能：『花欄鳥坐低。』坐字甚奇，而螢坐尤奇。唐人皆本於劉也。

《小雅》『正月』，本音政，周正履端舉正之義也。自避秦始皇諱，乃音征。詩人多不能改正。如嚴維：『海上新正逢故人。』皇甫冉：『客裏新正阻舊歡。』岑參：『正月今欲半。』李建勳：『更堪正月過。』孟浩然：『新正柏酒傳。』杜審言：『欲向正元歌萬壽。』韓退之：『共驚爛熳開正月。』薛逢：『相逢但祝新正壽。』又，王十朋《答賀正啓》『賦椒花之頌，獻雖後於元正；占茅茹之爻，亨必同於他日』是也。獨晉王沉《正會賦》：『伊月正之元吉兮，應三統之中靈。』高常侍《十月朝宴》詩：『歲時當正月，甲子入初寒。』則撥亂反正矣。今之人孰能改之？

『大江流日夜，客心悲未央。』六朝謂玄暉工於發端，信乎雄壓千古。若陶淵明：『少年壯且厲，撫劍獨行遊。』陸士衡：『驅馬陟陰山，山高馬不前。』王正長：『朔風動秋草，邊馬有歸心。』鮑明遠：『胡風吹朔雪，千里度龍山。』皆先作之則矣。

王子安《臨高臺》云：『錦衣夜不襞，羅幃晝未空。』樂而失晝夜也。庾丹《秋閨有望》云：『羅襦曉長襞，翠被夜徒薰。』愁而失晝夜也。

《陳·月出》詩云：『月出皎兮，佼人僚兮。』李太白《送祝八》：『若見天涯思故人，浣紗石上窺明月。』杜子美《夢李太白》：『落月滿屋梁，猶疑見顔色。』常建《宿王昌齡隱處》：『松際露微月，清光猶爲君。』王昌齡《贈馮六元二》：『山月出華陰，開此河渚霧。清光比故人，豁然展心悟。』以月比人，甚得懷人之體，皆出於三百篇也。

『雲中辨江樹』，景也。『天際識歸舟』，情也。宋之問亦云：『古木生雲際，歸帆出霧中。』便不及矣。因念古今得意句，難得一聯悉稱。『暗牖縣蛛網』，不如『空梁落燕泥』。『傍水見寒花』，不如『出關逢落葉』。

東野云：『出門即有礙，誰爲天地寬？』陳無己云：『天地豈不寬，妾身自不容。』似覺有味。

孟浩然《登峴山》詩：『人事有代謝，往來成古今。』劉全白云：『人事歲年改，峴山今古存。』如出一轍。獨太白云：『淚亦不能爲之墮，心亦不能爲之哀。』真有顛倒豪傑之妙。一篇言飲酒行樂，而末復歸之於正，方見其高。

今花始開，曰試花。張司業《新桃行》：『植之三年餘，今夏初試花。』《月令》『桃始華』，亦讀如試。

《後漢·郡國志》：三輔之外分九州，州部有刺史；九州控郡國，郡國有太守。今知府稱太守是矣，而知州反稱刺史，何也？刺史當如今按察使、都御史之類。韓翃《送劉評事赴廣東使幕》詩：『蠻府參軍趍傳舍，交州刺史拜行衣。』想即今欽差、御史輩也。不然，刺史何以拜之？又，别駕亦稱半刺。蘇頲《送彭州權別駕》詩：『祇道歌謡迎半刺，徒聞禮數揖中台。』别駕，又稱别乘。岑參《送襄州任别駕》云：『别乘向襄州。』

《晉·段灼傳》：『灼上疏追理鄧艾，有曰：「七十老公，復何所求哉！」』王維《夷門歌》亦云：『向風刎頸送公子，七十老翁何所求？』以後人之言，而用之前人之事，渾化無迹，使人不知其妙，真點鐵成金手也。

包何云：『一官何幸得同時，十載無媒獨見遺。』錢起《送鄔三落第》云：『名宦無媒自古遲，窮通此别不堪悲。』貫休《逢周朴》云：『倘遇中興主，還應不用媒。』夫自登第而居官，未有不用媒者，世事可知矣。又，不得用於當時之君，而反思乎中興之主，不亦可悲之甚乎！晁公《寄陳叔易》云：『處士何人爲作牙，盡攜猿鶴到京華。』牙，即市井牙行也。以仕宦而倚狙獪之人，則又下於媒妁一等矣，烏在其爲處士哉？善乎于濆有云：『白玉若無玷，花顔須及時。國色久在室，良媒亦生疑。鴉鬟未成髻，鸞鏡徒相知。翻慙效顰者，却笑從人遲。』寓意最深。良媒亦疑，况他人乎？效顰亦笑，况他人乎？

鄭泉曰：『死葬我陶家之側，願身化爲土。幸爲酒器，獲我心矣。』元稹《放言》云：『他時定葬燒缸地，賣與人家得酒盛。』余嘗笑之曰：『設或燒作溺器，將奈之何？』然文淵可謂箇中妙人也。

唐避高祖諱，以『淵』作『泉』。耿湋云：『何事學泉明。』韓君平云：『聞道泉明居止近。』李太白云：『酣歌一夜送泉明。』獨包幼嗣云：『數日滯淵明。』或臨文不諱，或後人所改。『春入池塘草』，『秋生芳樹苔』。上句乃謝靈運思惠連，下句乃包幼嗣思幼正，可爲的對聯也。

《楚詞》：『魂營營而至曙。』謝靈運云：『得以慰營魂。』老子曰：『載營魄抱一，能無離乎？』經營，屛營，怔營，皆不安之意，猶云魂魄不安也。如老子意，亦當云以不安之魄，而欲抱守真一，誰能保其不離乎？

孔子逝川之嘆，即《易》之欲及時也。茂先《勵志》云：『逝者如斯，曾無日夜。』景陽《詠史》云：『川上之嘆逝，前修以自勖。』至宋程伯淳乃謂：『自漢以來，儒者皆不識此義。』嗚呼！妄哉！獨不有二張可據。又郭景純《遊仙詩》云：『臨川哀年邁，撫心獨悲咤。』

王維《送丘爲》云：『知爾不能薦，羞稱獻納臣。』嚴維亦云：『明主豈能好，今人誰舉賢。』皆爲時事惜也。觀此，則浩然『不才明主棄，多病故人疎』之句，未足深罪也。丘爲，嘉興人，官至右庶子，八十致仕，九十六卒。

讀書不能破其底裏，則終不爲我有。必使迎刃而解，如破竹之勢，根節不滯，乃爲善讀書。故杜工部云：『讀書破萬卷，下筆如有神。』岑嘉州亦云：『讀書破萬卷，何事來從戎。』『破』字甚妙。今曲調亦名『入破』。

王昌齡《灞池》詩：『開門望長川，薄暮見漁者。借問白頭翁，垂綸幾年也。』二韻俱用助語，亦妙。

《列子》：『假糧荷畚之子華之門。子華之門徒，皆世族也。』李白《大覺高僧蘭若》詩：『飛錫去年啼邑子，獻花何日許門徒。』是儒、釋弟子皆可稱門徒，即門生也。

馬虞臣云：『自從來闕下，未勝在山中。』蘇拯云：『因君向帝里，使我厭山中。』趣向可謂霄壤矣。

花綾着油粉，非獨近時有之，自唐已然。蘇拯《織綾詞》：『不學鄰婦事慵懶，蠟揩粉拭謾官眼。』所言鵲鳳闌珊，花鳥鮮活，張翅鶴，折枝梅，即今花樣也。

靖節《飲酒》詩：『衰榮無定在，彼此更共之。』《挽辭》：『千秋萬歲後，誰知榮與辱。』可謂了生死人矣。

詩中聯最忌板對，如孟襄陽：『何如石嵓趣，自入户庭間。』『不見穿針婦，空懷故國樓。』『忽逢青鳥使，邀入赤松家。』『主人開舊館，留客醉新豐。』對而不對，獨臻其妙。

白樂天詩：『千呼萬喚始出來。』乃好睡丫頭，厮兒呼喚不醒，流出屎來者也。可笑其用字之俗。何不用『强』字，『裁』字？〔一〕

『南中榮橘柚，寧知鴻雁飛？』許渾云：『地蒸川有毒，天暖樹無秋。』即諺所謂『樹蠻不落葉』也。沈雲卿云：『南浮漲海人何處，北望衡陽少雁飛。』韓翃云：『前臨漲海無人過，却望衡陽鴈幾群。』齊己云：『瘴國頻聞說，邊鴻亦不遊。』又，唐李明遠爲潘州司馬，即今高州，嘗有詩云：『北鳥飛不到，南人誰與遊？』即諺所謂『鴈飛不到處，人被利名牽』者也。

《彈鋏歌》一句，《易水歌》二句，《大風歌》三句，《南風歌》四句，《夏人歌》五句，《扊扅歌》六句。夫歌以永言，今只此數篇，畧畧數句，而聖賢、王伯、俠士、婦人氣象自別，又何必連篇累牘，以辭相侈哉？

庾信詩：『荷香薰水殿，閣影入池蓮。』荷，即蓮也；殿，即閣也。此上下互句法，惟六朝爲多。

駱賓王：『林疑中散地，人似上皇時。芳杜湘君曲，幽蘭楚客詞。』二聯中用四人。又，李嶠：『芳桂中尊酒，幽蘭下調悲。』

杜審言：『冠蓋非新里，章華即舊臺。』嚴維：『珠履迎佳客，金錢與莫愁。』包幼正：『王粲頻徵楚，君恩許入秦。』皆假對也，此格甚多。

張謂《別韋郎中》詩，八句中五句著地名。盧象《雜詩》，八句中四地名。王昌齡《送朱越》

一絶，四句四地名。孟浩然《宴榮山人池亭》律詩，四句中用八人姓名。皆不妨其好處，然終是一病也。

《抱朴子》云：『舉秀才，不知書；舉孝廉，父別居。寒素清白濁如泥，高第良將怯如黽。』《晉書》作『怯如雞』。此誤而妄改之也。『黽』本『鼃』字之訛，言畏怯人之甚，縮頭不敢出，如鼃也，泥、鼃，本叶韻，古作黽，類黽。

蔡邕《協和昏賦》：『乾坤和其剛柔，艮兑感其股腓。』下用《咸》卦六二、九三爻辭，似近於戲矣。

介推，《左傳》作介之推，《史記》作介子推，《琴操》作介子綏。之、子二字，皆虛。《莊子》『驪之姬』，《呂覽》『丹之姬』，《孟子》『庾公之斯』、『尹公之他』，則公、之二字，又皆虛也。王昌齡：『西見之推廟，空爲人所憐。』顧況：『浮生果何慕，老去羨介推。』

廬江兩仲卿：前漢朱邑，字仲卿，廬江舒人。焦仲卿，漢建安中廬江府小吏，妻劉氏，爲姑所逐，自誓弗嫁，逼之，投水死。仲卿聞之，亦自縊於庭樹。今名小吏港。太白詩：『孔雀東飛何處棲，廬江小吏仲卿妻。爲客裁縫君自見，城烏獨宿夜空啼。』

《長信怨》，沈佺期云：『妾心君未察。』王貞白全篇皆好。崔顥『泣盡無人問』，似近於俗。至於李白云：『別有留情處，承恩樂未窮。』『留情』俗本作『歡娱』。錢起則云：『誰忿昭陽夜歌舞，君王玉輦正淹留。』畧無含畜，幾於恨詈。賈至云：『獨坐思千里。』又非幽人所宜也。

陶弘景：『山中何所有？嶺上多白雲。只可自怡悦，不堪持贈君。』盧綸：『可憐荒歲青山下，惟有松枝可贈君。』居山者，能以白雲、青松贈人，可謂不俗矣。

『錢塘蘇小小，人道最夭邪。』夭，音作歪，非也。夭，少好貌，即妖也。邪，即歪也。楊用修《詩話》亦不能辨正。『最』，俗誤作『是』。又，葛魯卿詞：『人間花月見新妖，不數江南蘇小。』正謂此也。

余每客遊，寄息野店中，得句云：『酒香人欲歇，野店日初斜。』因思『店』字可入詩料。韋應物：『楚山明月滿，淮店夜鍾微。』岑參：『野店臨官路，重城壓御堤。』温庭筠：『雞聲茅店月，人跡板橋霜。』陳羽：『都門雨歇愁分處，山店燈殘夢到時。』韋莊詩：『明日五更孤店裏，醉醒何處各沾巾。』皆佳句也。如蘇子瞻『默數來時店』，真擔夫語耳。

『作』，俗作『做』，不必以韓詩『君若問方橋，方橋如此作』爲證。《後漢書·廉范傳》『廉叔度，來何暮？不禁火，民安作？』梁江洪《紅牋》詩：『雜彩何足奇，唯紅偏可作。灼爍類蕖開，輕明似霞破。』唐沈佺期《曝衣曲》：『瑇瑁筵中別作春，琅玕窗裏翻成晝。』

唐詩多用『千門』，如『鑾輿迴出千門柳』，『歸鴻欲度千門雪』，『却望千門草色閒』。蓋建章宫千門萬户也。故王安石亦云：『千門萬户曈曈日。』

張謂：『由來此貨稱難得，多恐君王不忍看。』李商隱：『不須看盡魚龍戲，終遺君王怒偃師。』皆得忠君愛國之意，結句須得此法。

曹松云：『平生五字句，一夕滿頭絲。』足見苦心。又云：『吟詩應有罪，當路却如讐。』切中時病也，但所作不佳耳。如『靠月坐蒼山』，非善居山者不能道也。

謝靈運《遊赤石進帆海》云：『况乃凌窮髮。』顧啓期《婁地記》曰：『浪山，海中南極之觀嶺，窮髮之人，舉帆揚越以爲標的。』又見第十卷《窮髮不毛》下。

瑟瑟，殷紅也，碧也。殷文珪云：『水面風吹瑟瑟羅。』白樂天云：『半江瑟瑟半江紅。』又，文珪詩：『一篷秋雨睡初起，半硯冷雲吟未成。』儘有思致。

張繼《會稽郡樓雪霽》云：『夏禹壇前仍聚玉，西施浦上更飛沙。』蓋用奠玉、浣沙事，亦奇。

劉長卿《送子壻崔真父歸長城》詩：『送君巵酒不成歡，幼女辭家事伯鸞。桃葉宜人誠可詠，柳花如雪若爲看。心憐稚齒鳴環去，身愧衰顔對玉難。惆悵暮帆何處落，青山無限水漫漫。』用《詩·桃夭》、謝道藴柳絮、鳴珮、玉潤等事甚妙。長城，今湖州長興也。

詩人詠興必須合理。嚴滄浪乃云：『詩有别調，非關理也。』何哉？如黄庭堅稱美其子婦，有云：『雙鬟女弟如桃李，早年歸我第二雛。』則禮義安在？山谷可謂不解事體者矣。聚麀之戒，自謹言始。

皇甫曾：『風傳刻漏星河曙，月上梧桐雨露清。』視浩然『微雲淡河漢，疏雨滴梧桐』之句，迥不及矣。

戴叔倫『月明山水共蒼蒼』，曇域『髩髯秋景兩蒼蒼』，總不若薛濤『月寒山色共蒼蒼』

爲妙。

杜牧：『他年會着荷衣去，不向山僧道姓名。』後又有云：『山僧都未知名姓，始覺空門意味長。』擾擾塵中人，多有媿於方外者矣。

『出關逢落葉』，何等自然。賈浪仙『出逢危葉落』，便覺費力。又如『楓葉落行舟』，亦書所見耳。

今呼侍婢曰丫頭，蓋言其頭上方梳雙髻，未成人之時，即漢之所謂偏髾也。劉賓客詩：『花面丫頭十三四，春來綽約向人時。』爲小樊而作。花面者，未開臉也。

李太白《擣衣篇》：『閨裏佳人年十餘，嚬蛾對影恨離居。』夫以年十餘之佳人，而當戍交河之狂夫，豈情也哉！當是離居十餘年也。又，《志》稱真臘國女子滿十歲即嫁，眉額施朱，以錦圍身。今吾鄉貧家女，亦有十一二嫁人者。是可忍也，孰不可忍也？爲政者當戒絶之。

劉威：『北風吹别思，杳杳度雲山。』真名言也。好於『北風吹朔雪，千里度龍山』之句。

古今元宵詩，蘇味道獨步。穠李，人名；落梅，曲名；不禁夜，本作不惜夜，甚妙。

女郎魚玄機『愁隨芳草新』，甚有思致。至於『易求無價寶，難得有心郎』，又『夢爲蝴蝶也尋花』，何其淫也！後爲使女緑翹事，下獄死。

李益『松老風易悲，山空雲更白』，甚妙。

江總《侍宴瑶泉殿》云：『雀驚疑欲曙，蟬噪似含凉。』上官儀《洛堤步月》云：『鵲飛山月曙，蟬噪野風秋。』袁恕己《屏風》云：『鳥驚疑欲曙，蟬噪不知秋。』張説《秋夜遊澧湖》云：『鴈飛江月冷，猿嘯野風秋。』

張説：『去歲荆南梅似雪，今年薊北雪如梅。』何遜與范雲聯句云：『洛陽城東西，却作經年別。昔去雪如花，今來花似雪。』張有所祖也。

杜審言：『北斗掛城邊，南山倚殿前。』岑羲：『南山近壓仙樓上，北斗平臨魏闕前。』岑參：『南山近獻仙杯上，北斗平臨御扆前。』蘇頲：『宮中下見南山盡，城上平臨北斗懸。』又王維：『文移北斗成天象，酒近南山作壽杯。』

李嶠：『更取峯霞入酒杯。』郎士元：『直取流鶯送酒杯。』余常有句云：『誰遣飛花落酒杯。』一作滕酒杯。

盧照鄰：『乘春聊騁望。』孟浩然：『才子乘春來騁望。』

王右丞《太平辭》：『聖德超千古，皇風靖四方。』王昌齡《駕幸河東》詩：『聖德超千古，皇風扇九圍。』

酴醾，黄魯直詩云：『名字因壺酒。』注云：『本酒名，花色似，故取以名酒。』故韓持國云『每恐春歸有餘恨，典刑元在酒杯中。』劉彦冲云：『只恐春歸有遺恨，典刑猶在濁醪中。』皆非也。此花本作荼蘼，乃因花以名酒耳。 如李太白云〔二〕：『鵞兒黄似酒。』亦因鵞兒黄以名酒也。

章孝標：『飲酣杯有浪。』李建勳：『新酒欲生波。』

馬戴：『待月人相對，驚風鴈不群。』趙嘏：『悲心人望月，獨夜鴈驚群。』余亦有句云：『憑闌望月人何處，吹角臨風鴈失羣。』

國初稱高、楊、張、徐，若季迪，才力雙全，遠入唐境，餘皆元習。嗣後競稱何、李，若崆同之文，亦庶幾矣。

莊定山、陳白沙曾不可以言詩，而公甫乃曰：『百鍊不如莊定山。』此兩人所以合轍也。而李西崖雖不滿之，猶云：『陳詩極有聲韻，莊詩苦思精鍊。』不知聲韻苦思在何處？亦有何益也？解縉紳輕脱〔三〕，詩皆口號，而當時人乃稱其才名絶世，可謂遺笑萬世也。不得其死所，宜哉！今類集者，若《文選》之類，猶采入之，何也？

《皇明詩抄》、《皇明雅音》、《盛明風雅》、《皇明風雅》、《皇明文衡》、《文選》、《文統》、《文苑》、《文範》諸集，皆文獻之可徵者。

福建張獻叔嘉猷爲龍泉教諭，王御史應箕亦同鄉人，巡按至處州。張欲王以出格之禮相待，而王反甚踞。王合概府縣學官而試之，張不得已，勉强就試。王以『秋江曉霽』命題。張落句云：『芙蓉最是無情物，又向前溪作晚陰。』王覽之大怒，痛恨入骨。蓋王之未遇時，其母改節適人前溪，故張辱之也。次日，對衆官漫然嗔罵，將別一教官重責十五下。而張亦竟署最下考，左遷。其所作如：『獨憐芳草別，共醉菊花杯。』『坐席流花氣，征鞍拂柳絲。』可謂俊雅。性嗜酒，有晉人風致。

永嘉侯一麟酷倣右丞。如：『四顧徒餘壁，一牀空有書。』『好道髮新白，爲儒家舊貧。』『每因枕上夢，識得屋前山。』皆得意句也。與其兄一元，足稱華蕚。在南海，則有二黎，曰民表、民衷，真二難也。如民表：『殿隨山勢轉，池向水源開。』『鑄金成九鼎，翦葉建諸藩。』極渾雄矣。

徐夢華，字子善，錢塘烏山人。魁梧倜儻，燕頷虬髯，鼓頰風生，故其詩蕭豁雋朗。有《奝爾樓稿》行於世。如《采蓮曲》：『采采六郎花，衣濕花間露。不惜羅衣寒，祇恐秋光暮。』《西湖曲》：『湖水年年緑，春花度度新。六橋歌舞地，幾易管絃人。』年二十六爲南安參軍，有《思親》詩：『爲憐萱草庭前冷，不戀梅花嶺上春。』即掛冠而歸，其人品可知。

徐後，餘杭人，偉貌豪襟，詩復俊逸。如：『緑醑醉空金鑿落，銀缸暖映玉交枝。』『芹湖沙暖眠鸂鶒，花塢春陰困海棠。』『怪松當道似人立，落葉滿林如雨飛。』亦可成家也。《西湖聞笛》云：『月白霜寒客夢醒，笛聲迴出柳洲亭。莫教吹過孤山去，風裏梅花不耐聽。』一時傳之。

校勘記

〔一〕此段原無，據萬曆甲申年刻本補。

〔二〕李太白云　按下引詩實出杜甫《舟前小鵝兒》詩。

〔三〕解縉紳　似漏字。解縉，字大紳，明洪武進士。

留青日札卷之七

玉笑零音

鵬運扶摇，不知遊於天外；蝨逃縫絜，不求出乎褌中。居化有宜，適真各得。

華渚流虹，虹非淫氣；有窮射日，日豈陽精？

柱梁衣繡而士寒，咎犯切中晉文之病；鼠壤餘蔬而妹棄，成綺奚知李耳之仁？

心全者以身爲朽骨，神超者以心爲死灰，魄玄合者以神爲礙影。

神龍無鰕卵，靈鳳無孽雛；白狗不能産騶虞，黄狼不解變天禄。

禦寇好游，壺丘曉之以内觀；宋牼好游，孟氏語之以尊德。德尊則高而俯物，觀内則明而燭人。

酷刑爲櫛，則蟣落黔黎；巧譖爲鉤，則魚餒臣妾。故聖王櫛之以禮，梳之以樂，釣之以義，網之以仁。

上善若水，有時而作惡；貞心如石，有時而自開。是以怒動情瀾，喜開慾竇。

詩人以『素餐』爲譏，商君以『荒飽』爲懼。

使勳、華而爲巢、許，則丹、商之惡不彰；使癸、辛而爲輿臺，則禹、湯之澤不斬。

雷無偏擊，日無私爥。使編首而擊之，則豐隆亦褻矣；推户而爥之，則羲和其勞乎！擊因邪召，爥以虛來。虛納天光，邪基天戾。

伊尹亡而沃丁葬以天子之禮，周公封而成王賜以天子之樂。棄天下尚爲敝屣，假禮樂豈爲虛文！生前名器或惜繁纓，死後功勳何難隧道！

心如天運，謂之勤；心如地寧，謂之慎。天匪勤，則不能廣運；地匪慎，則不能久持。乾之自强，天心也；坤之厚載，地心也。

忘名之士，能棄萬乘之君；好名之人，能輕千乘之國。陽鱎迎吏，宓子爲之長揮；猛狗齕人，韓非因之並嘆。

景陽入井麗華逐，狎客何在庭花空。厓山蹈海白鷳從，丞相猶存衍義進。君臣兩失，禽色同荒。

士苟潔心，無假浴於江海；女能飭體，何必競其黛朱！

覶文未及李生嘆，愈老不休韓子悲。

劉累豢夏后之龍，孔甲醢鱗而龍逝；孟虧馴虞氏之鳳，夏民食卵而鳳翔。

五府靈而中天之臺以建，六府流而方寸之地乃空。

以軒乘鶴，衛國謂之不君；以車載獫，周家名爲賢主。

女冠男冠，妹喜亡國；男服女服，何晏喪軀。

子雲注情於《緜竹》，非楊莊無以上宣；相如立譽於《子虛》，非得意莫能自薦。

師開鼓琴，以東方西方之聲，而知朝夕之室；子野吹律，以南風北風之辨，而測勝負之軍。

女樂歸而魯削，巫音作而楚衰，漢飾伎以祭郊，唐藉倡以供御。

尚父戒罔念，魯叟悔徒思，惟克乃作聖，非學亦成章。果有人面之名，仁者不餐其肉；里有狗葬之號，孝子不瘞其親。

梁山壅河，三日不逝，晉景公素縞哭之而水流；海潮擊岸，百里爲墟，吴越王强弩射之而潮息。是伯鯀之智，不及于輦夫之言；而神禹之功，僅等乎鐵箭之力。

鮑魚小鮮，吕涓不登於太子；邪蒿惡菜，邢峙不進於儲君。爲傅者貴謹其幾微，養德者在慎其飲食。

師寒而楚子拊之，三軍暖如挾纊；兵渴而曹操譎之，萬衆津若餐梅。

董仲舒睹重常之鳥，劉子政曉貳負之尸。實沈、臺駘，非鄭僑之博物不能言；龍見絳郊，非蔡墨之明占莫能禦。雖稟生知之質，亦資好學之功。

隼雖鷙，不能以攫鳳；虎雖猛，不能以搏麟。

王道，通衢也；伯道，支徑也。三代以上由通衢，其功緩；三代以下由支徑，其效速。噫！通衢日荆棘矣。

耕，男之職也。今之業耕者，毀其鋤犂，而誨其子以盜。織，婦之事也。今之業織者，毀其機杼，而誨其女以淫。是何也？古之耕織也得飽暖，而今之耕織也饑寒因之矣。耕織反不若淫盜，噫！是孰使之然哉？

文王伐崇，而韈係解，自結之，而弗役其所與處，君道也；武王伐紂，而韈係解，五人在前而莫肯結，臣道也。周之君臣兩得之矣。自是而下，君將自結邪？臣將結之邪？一舉足而見之矣。

楊朱泣二岐，阮籍泣窮途。一以悲道之多端，一以悲道之不達。

『周監於二代，郁郁乎文哉！吾從周。』殷已慤，吾從周。然則文果勝慤矣乎？慤，非殷之初也，文，非周之末也。

楚莊納伍胥之諫，而罷淫樂；齊威悟淳于之諷，而行誅賞。《易》曰：『冥豫成，有渝无咎。』言人君貴信賢而改過也。名之曰莊、威，不亦宜乎！

龍負夏禹之艇，卒治水而窆衣；蛇繞衛君之輪，遂投殿而伏劍。

陽，君道也，故尊而難對；陰，臣道也，故卑而喜應。九疇之凶，生於對，奇也；八卦之吉，生於應，偶也。

風行天上，動萬物者，莫疾乎風；水行地中，潤萬物者，莫疾乎水。故生者之擇居，死者之擇穴，皆莫離乎風水也。

治世不能無淫祠，正人未嘗有淫祀。

潮汐之盛縮，因月之盈虛。古語如是，誰則驗之？吾觀於魚腦之光減而信之矣。蓋魚蝦，水畜也，水者，月之液，月者，水之精，陰氣之以類相感者也。

管、晏之文，無鹽醜女也，雖醜而有益於國；莊、列之文，西施美婦也，雖美而無裨於世。文勝而周衰，清談而晉敗，道學盛而宋亡國。無實也。拘儒不可與談玄，腐儒不可與論道。

鼇戴山而水居，螘負粒而陸遊。大小之樂，均也。虵委腹而緩步，蚿百足而疾行，有無之勢，一也。孰重孰輕，孰多孰寡，孰勞孰逸，理之各足焉耳。

天本明，雲蔽之；心本明，欲蔽之。雲散欲消，天心同澈；雲錮欲鉗，天心同閉。鸜鵒之勇能奪巢，終貽竊位之恥；蛣蜣之智能轉丸，卒蒙穢飽之羞。泰伯逃荆，夷齊采薇，醜此故也。

以人治人，孔子之教也；以心印心，佛氏之教也。聖人見道不遠人，故曰道不可須臾離，可離非道；至人見道不外心，故曰離道別覓道，終身不見道。人即心也，心即人也。夫道，一而已矣。

禽之集也，翔以擇木；獸之走也，挺以擇蔭；人之處也，審以擇居。翔以擇木，可以遠矰弋；挺以擇蔭，可以遠陷阱；審以擇居，可以遠刑辟。

惡土，雖善種不生；善土，雖惡種不死。良農擇地而種，君子擇人而施。

智者之納言也，如以水沃燥沙也；昏者之拒諫也，如以水潑鎔金也。以水沃乎燥沙，吾見其順受矣；以水潑乎鎔金，吾見其騰沸矣。非水之異也，投之非其所也；非辭之殊也，告之非其人也。

有千里之馬，而無千里之御，不能獨馳也；有千里之御，而無千里之芻豢，不能久良也。善其芻豢者，主也；善其御者，牧也；如是而不千里，非騏驥也。

忍大師曰：『死生大事。』禹曰：『生寄死歸。』莊周曰：『生浮死休。』知其爲大事，則人固不可輕於生死而忽之；知其爲寄歸浮休，則人亦不可重於生死而惑之。如是，可爲了死生者。

蠡斯、春黍，雖不足以濟飢，而惰農媿矣；莎雞、促織，雖不足以濟寒，而嬾婦驚矣；丹鳥、挾火，雖不足以濟昏，而暗行懼矣。嗚呼！其諸造物者自然之治乎？

沈檀之木，不適用於穉生；豫章之材，不可琢於既朽。何則？物有不同，時有所宜也。

虎豹驅羊，孰不憐？豺狼驅民，孰能愍？

罪《春秋》於當時，仲尼不得已也；期子雲於後世，揚雄其如何哉？

雖有金鍾，擊以金梃，其聲必裂；雖有仁主，輔以仁臣，其治必弱。扣金鍾必以木鎚，佐仁主必以義士。

權會莊誦《易》卦，而却乘驢前後之鬼；徐份跪誦《孝經》，而愈陵父危篤之疾。會，北齊人；

份，陳人。

猛虎之勢，奮於一撲；三軍之氣，作於一鼓。

麒麟、麋鹿有角，同也，然麒麟不能爲麋鹿之解角；君子、小人有心，同也，然君子不能爲小人之易心。

繩之生也曲，其用也必直；人之生也直，其用也或曲。

衣錦食鮮，非所以延年；服粗餐糲，聊可以卒歲。

勾踐鑄金於少伯，君子謂之貌臣；貫休鑄金於賈島，君子謂之心師。

王右軍之書，五十三乃成；高常侍之詩，五十外始學。

阮籍之放，見稱於司馬；嵇康之和，致忤於鍾會。晉公之度，征西之禍，於此見之矣。

蘿蔦依松林，可以延百尋；青蠅附驥尾，可以致千里。其爲依附則得矣，而如仰高居後何哉？

堯、舜之愛身，甚于愛天下，故讓天下于許由、務光而不吝。許由、務光知其害，故不受天下以完其身。堯、舜之愛天下，不如愛子，故不以天下與丹朱、商均。朱、均非不肖也，何以故？讓天下與舜、禹而不争，不賢而忍之乎？舜、禹不知其害而受之天下，故有蒼梧、會稽之禍，不得死於故居而死於逆旅，不得死於中國而死於四夷。

展禽忍於三黜，在今人則爲之貪位慕禄；屈原甘於九死，在今人則爲之病狂喪心。

吴起吮一人之疽，而鄰敵卻；段熲裹一卒之瘡，而西羌平；子罕哭一夫之亡，而宋國安。私恩小惠，三代以下皆是道也。今此之不能，爲將之道何如？

晉景公二豎入於膏肓，扁鵲識之；秦孝王崔妃入於靈府，許智藏識之。非察其疾也，乃診其心也。

欒布祠彭越，不忘奴主之情；廉范斂廣漢，實切師生之義。

良匠之目，無材弗良；聖主之目，無臣弗聖。非材之盡良也，大小各有所取也；非臣之盡聖也，内外各有所使也。

雞鶩雄塒，犬猛專牢，强弱之不敵也；螘勇兼垤，蜂策攻窠，衆寡之相凌也。據勢以獵，馮力以角，其諸春秋戰國之君乎！

孔子以死喪之道爲難言，重陰道也；孟子以浩然之氣爲難言，重陽道也。然則終不可言與？曰：原始反終，故知死生之説。

形如槁木，不死之真；心如穀種，長生之仁。死生不測，造化之神。

防細民之口易，防處士之口難；得丘民之心易，得游士之心難。此七國所以懼横議，而暴秦所以令逐客也。

象以齒焚，犀以角斃，猩以血刺，熊以掌亡，貂以毛誅，蛇以珠剖；犛斷尾以纓，狐分腋以白，龜鑽介以靈，麝噬臍以香。故曰禽獸無辜，懷寶其害；匹夫何辜，懷璧其罪。嗟夫！罪在懷璧，固已矣！ 攘人之璧，而自抵於罪者，獨何與？

地以海爲腎，故水鹹；人以腎爲海，故溺鹹。

以熱攻熱，藥有附子；以凶去凶，治有干戈。 善用則生，不善用則死。

若綱在網，掣繩者君；如錐處囊，脱穎者人。

人之初生，以七日爲臘；人之初死，以七日爲忌。 一臘而一魄成，故七七四十九日而七魄具矣；一忌而一魂散，故七七四十九日而七魂泯矣。《易》曰：『精氣爲物，游魂爲變。』故知鬼神之情狀。

微言絶耳，顔遠嘆别于歐陽；鄙吝萌心，仲舉思見乎黄叔。

君子之異于人者道，同於人者貌。

冬江而夏山，公閲休之安宅也；地棺而天椁，銷摇子之大葬也。

西伯澤及枯骼，而大老雙歸；燕昭價重死骨，而駿馬三至。

白駒過隙，魏豹具感於人生；飛鳥過目，張翰愁思乎瀛海。

大禹入裸國而不衣，泰伯適荆蠻而劗髮。 父母之遺體，有時而自殘；衣冠之盛儀，因地而或廢。

仲尼擊槁而歌《猋風》，仁可以充飢也；曾參曳履而歌《商頌》，義可以禦寒也。

分人以道謂之神，分人以德謂之聖，分人以功謂之公，分人以利謂之私。

田子見玉食，蹙然曰：『弗飢，斯可矣。』見衣錦，顰然曰：『弗寒，斯可矣。』見華屋，愀然曰：『弗露，斯可矣。』毋玉爾食而玉爾儀，毋錦爾衣而錦爾心，毋華爾屋而華爾德；惟儀之玉以振天下，惟心之錦以文天下，惟德之華以覆天下，故君子去彼取此。

王生以結襪而重廷尉，汲黯以長揖而重將軍。

吴雄不擇封葬，而三世廷尉；趙興故犯妖禁，而三葉司隸；陳伯敬終不言死，而年老見殺。

學非誦説之末也，行而已；政非文飾之具也，實而已；王非治安之迹也，化而已。化者，其帝乎？皇則神矣。

有一鄉一國天下之量，斯能受一鄉一國天下之善。故曰：量者，量也，量其多寡而受之也。

田真三人共爨，婦析紫荆之幹以圖分；劉良四世同居，妻易庭禽之雛以求異。故齊家者，先刑其室；正内者，必絶其私。

倉庚爲炙，可止妬婦之心；鳳凰爲羹，難化忌士之口。

太公誅狂矞、華士，周公非之而下白屋之賢；放勳容驩、鯀、共、苗，重華矯之而正四裔之罪。

徐景山畫生鯔而執白獺，放挫啼懸死鼠而釣大雕。畫鯔其冠裳乎？懸鼠其爵禄乎？嗚呼，悲夫！

孔子歷諸侯七十一聘，而不遇一主，乃思九夷；老子歷流沙八十一國，而化被三千，遂忘中夏。

倚牆之木，盜之橋；倚牀之僕，姦之招。

周旦作《金縢》以祈天命，君子以爲呪詛之媒；夏禼鑄鼎象以辟神姦，後世遂有厭鎮之術。禼，古禹字。

亡國之社，上屋而下柴，絶於天地也；敗家之子，覆祀而滅嗣，絶於祖宗也。

心靈匪形，故天地不能役，而人反以利禄役其心；心虚匪氣，故陰陽不能運，而人反以喜怒運其氣。此心之所以不能不動也。盡心者虚，存心者靈。

祭葬厚而奉養薄，末世之孝子也；承順過而弼拂微，末世之忠臣也。事生，孝之先；犯顔，忠之大。

琴瑟合調，夫婦之所以諧音；塤篪一節，兄弟之所以同氣。鼉鳴而鼈應，兔死則狐悲。

人之爲學，四書，其門牆也；五經，堂奥也；子史，廊廡也；九流百家，其器用也。居不可以不廣，學不可以不博。舉業錮而居隘，語録倡而學荒。

有子如龍虎，不須作馬牛；有子如豚犬，何須作馬牛。

涪水雜江水，蒲元能辨其性，故淬劍精；石城雜南泠，德裕能辨其味，故煮茶美。

京師元帝爲周圍，尚談《老子》之旨；海島宋君爲元逐，猶講《大學》之章。腐臣朽主自取滅亡，神謨聖訓何裨解禳。

天地施恩於萬物，而不望萬物之報，吾是以知天地之大；父母施恩於子孫，而不望子孫之報，吾是以知父母之大。天爲嚴父地慈母，少極吾宗太極祖。巍巍乎其功德，蕩蕩乎其難名哉！

腐鼠墮而虞氏亡，猰狗逐而華臣走。孽雖由於自作，釁實起於不虞。

欲治疑獄，觟鯱解觸，咎繇碌碌；若濟大師，倉光實危，尚父嗤嗤。倉光，一作倉兕。

敗歲皆莩形菜色之民，而通都有呑花卧柳之司牧；防秋多夢妻哭子之士，而幕府有歌兒舞女之將軍。民欲不流得乎？士求不叛難矣。

善富者羞德之不積，不羞金之不積；善貴者恥德之不夥，不恥禄之不夥。德以聚金，則滿不撲，德以居禄，則鼎不顛。

蘇子瞻作『殺雞』之疏，非吾儒之仁；張乖厓轉『刲羊』之經，乃異端之義。

用良匠者必胥良材，用大賢者必胥大位。無良材，則良匠不足以成器；無大位，則大賢不足以成治。

臨廁而惰容，非顔、閔之德；膺刃而回慮，非關、比之忠。

君子寢義而夢榮，小人寢利而夢辱。是故寢薄冰者夢溺，寢積薪者夢焚。

乾蓋西旋，故二曜輪運；坤輿東轉，故百谷馬奔。暮没而朝升，同此日也。天不更，則日亦不更。左注而右浮，同此水也。地不耗，則水亦不耗。

民無百里之名，士無千里之名，仲尼所以來鳳狗之誚；民無百里之友，士無千里之友，林宗所以叢黨錮之災。友者，人之所憎；名者，天之所忌。

三皇不期皇而皇，五帝不期帝而帝，三王不期王而王。期皇不皇者，始皇也；期帝不帝者，東帝也；期王不王者，霸王也。

以蛙黽當鼓吹，孔珪之志初不在於清音；以蟋蟀代簫管，道賁之聲實有契於定慧。詩因鼓吹發，桓玄耳入而心通；筆以鼓吹神，張旭得心而應手。珠雖泐，不失爲寶；莠雖喬，不失爲草。寧爲回夭，毋爲跖老。江河若決，神禹不能輓其流；井田既開，周公不能復其界。地利有宜，人事有時。日月不以陰霾而改其升沉，聖賢不以昏亂而變其出處。有常度，萬物仰；有常德，萬民望。建律者君，行律者臣，守律者民。以道爲穽，則士游祥麟；以德爲籠，則士來瑞鳳；以功爲罟，則士投猛虎；以利爲藪，則士奔狂狗。

梓慶鐻成而疑鬼，靈芸鍼妙而驚神。聖道散於游藝，天巧喪於工人。

狂以全身，君子也；狂以殺身，小人也。被髮箕子昌，罵坐灌夫亡，接輿陸通免，捶杖正平殃，五子歌不慧，仲尼思中行。

日閑輿衛，何難乎良馬之逐；不離輜重，豈憂乎終日之行。利往基於具備，喪握本於持輕。

月不暇照，雲火升梯；雨不及施，水輪灌隴。

笑之頻者泣必深，生之急者亡必疾。

天鑄萬物，聖人鼓之；天藴至文，聖人詁之。鑄非鼓則器將盬，藴非詁則文不宣。

留青日札卷之八

天地

天圓十二綱，運關三百六十轉爲一周，天運三千六百周爲陽孛；地紀推機三百三十轉爲一度，地轉三千三百度爲陽蝕。天地相去四十萬九千里，四方相去萬萬九千里。張衡《靈憲》云：『八極之維，經二億三萬二千三百里，南北短減千里，東西廣增千里。自地至天，半於八極，地之深，亦如之。』或曰：地廣東西二萬八千里五億十萬九千八百八步，南北二萬六千里。磽确不計九州之别壤，山陵之大，川澤所注，萊沮所生，鳥獸所聚，九百一十萬八千二十四頃。磽确不墾者千五百萬二千頃。蓋古之四極甚近也。《河圖括地象》曰：『東西二億三萬三千里，南北二億三萬一千五百里。夏禹所治，四海内地，東西二萬八千里，南北二萬六千里。』《淮南子》曰：『禹使大章步東極至西極。』『豎亥步北極至南極。』步畧不同，似不足信。《山海經》言：四極出水者八千里，受水者八千里。或曰：地厚七萬二千二百里。下至泉壤第一壘，上至星天九萬七千二百里；下至九幽洞淵，上至星天一千二百一十八萬里。

堪輿

堪輿，《説文》：「堪，地突也。从土，甚聲。」一曰：「任也。」徐曰：「地穴出也。」故曰：「堪，天道也；輿，地道也。」又曰「扶輿」。扶，《説文》：「佐也，相也，扶持也。」辟如天地之無不持載。持，即扶，載，即輿也，从手，夫聲。所謂側手曰扶也。《禮記》注：「鋪四指，曰扶。」

天殼

無稽之言，至朱子極矣。仲晦曰：「天外更須有軀殼，甚厚，所以固此氣也。」又曰：「北海只挨着天殼邊過。」此可發一笑。余曰：「天殼，可對地漿。」或曰：「何也？」曰：「殼中非漿而何？此宋人天地如雞子之説也，則盤古皇當爲之雛矣。」

日月

天體東西南北經三十五萬七千里，每一方八萬九千二百五十里，自地至天八萬里。日月居陽城之半，爲中，乃體正圓也。日月徑四百里，周一千二百里，至地高二萬五千里。日月光之照，經八十一萬里，至冬日南行三萬里，至夏日北行三萬里；東西如之。其日行四極也，東極日午，西極夜半，西極日午，東極夜半。南北如之。八極之外，日月之光不至，則萬物寢息。

桑柳

日出于扶桑，入於細柳。桑、柳者，天地之際也。日行一度二千里，晝行一千里，夜行一千里。麒麟之行，亦一千里。月行十三度，十度二萬里，三度六千里，一晝夜行二萬六千里。晨鳧之飛，亦二萬六千里。

日月暈

暈，日月旁氣也。《周禮》：『眡祲十煇：一祲，二象，三鑴，四監，五闇，六瞢，七彌，八叙，九隮，十想。』蓋陰陽之氣凝結融聚，而日月之光照躬成煇也。諺云：『大暈風，小暈雨。』又，《漢書》：『太平之世，日抱重光。』

日景

周公以土圭法測土深。正日，日至之景，尺有五寸。日爲陽精，玄象之著。日永，景尺五寸；日短，景尺三寸。見《隋·天文志》。蓋土圭測日景，千里率差一寸。愈南，則日短夜長，愈北，則日長夜短。以景測天，而知天三百六十五度四分度之一，每度日行一晝夜。以景測地，而知地周遊於三萬里之中，春東，夏南，秋西，冬北。今天運易見，而地運難知。蓋陽動而陰静也。度，天舍也。

日光摩蕩

嘉靖二十四年十二月二十至二十五六日，日光外時有黑氣如盤，往來與日摩蕩。嘉靖三十四年十二月二十九日未申時，日光忽暗，有青黑紫色日影如盤，數十相摩。視久則百千飛蕩滿天，漸向西北散没。《易通卦驗》曰：『愚智同位，日月無光。』

觀日法

元登州李國用爲卒時，遇神仙，教以觀日之法，洞見臟腑，世稱神仙。

倒景

今人以返照爲倒景，非也。司馬相如：『貫列缺之倒景。』謂人在天上，下向視日，故日景倒在地下也。陵陽子曰：『列缺氣，去地一千四百里；倒景氣，去地四十里。』谷永曰：『登遐倒景。』如淳曰：『在日月之上，反從下照，故其景倒。』服虔曰：『列缺，天閃也。』魏瓘賦：『凌倒景而將越。』

月初生

諺云：『月如仰瓦，不求自下；月如彎弓，少雨多風。』蓋月出入黃道之中，而又有青白赤黑各二道，是謂九行。行南爲陽道，則無雨；行北爲陰道，則有雨。仰瓦則北，彎弓則南。驗之無爽。

赤月

六月初，月新生，其色大，赤如火。蓋時亢旱已久，日乃赤。故月借日之光，亦赤也。雖星亦皆赤者，可見其射日之妙矣。至於燈火，亦無不倍常，紅光難近，蓋燈光取日之氣者。故人言夜間燈火明而焰長，則明日必晴；若暗而焰短，則明日當雨。占之甚驗。

紫微

紫，帛青赤間色也。北方黑色，北方正水黑尅火赤，故紫色赤黑。紫微，天文垣名。天之氣，微茫而莫測也。紫盧，即紫微之庭。見晉左太沖《白髮賦》。紫庭，見齊王融雜體《報范通直》詩。極，屋脊之棟，高及甚也。天至高，物莫與並，故稱紫極。《春秋合誠圖》曰：『紫宮大帝室，太一之精。』《漢書》曰：『中宮天極星，環之匡衛十二星，藩臣。皆曰紫宮。』《春秋元命苞》曰：『紫之言此也，宫之言中也，言天神圖法，陰陽開閉，皆在此中也。』宸，屋宇也，室之奥者。後人指帝居，曰紫宸。

七曜

日月，二曜也；水火木金土，五星也，共爲七曜。今星術家增入羅堠、計都、月孛、紫炁四星，共謂之十一曜焉。洪武十年春，太祖與翰林應奉傅藻、典籍黄鄰、考功監丞郭傳，論乾旋之理、日月五星並行之道。諸臣皆以蔡氏言爲必然。乃曰：『天體左旋，日月亦左旋。』復云：『天健疾日，日不及天一度。月遲於日，不及天十三度。謂不及天，爲天所棄也。』太祖深以爲蔡氏之謬。曰：『吾聽諸儒蔡氏之論，甚以爲不然。雖百餘年已往之儒，朕猶因事而罵之。蔡氏故作聰明以註書，及觀書註語，纏矣。所言乾旋之道，但知膚，不究其肌，不格其物以論天象。是以以己意之順，亂乾道之順；以己意之逆，亂乾道之逆。夫何云？蓋謂朕自起兵以來，與知天文、精曆數者，晝夜仰觀俯察，二十有三年矣。知天體左旋，日月五星右旋，非此一日之辯，辯非尋常之機。所以非尋常之機者何？因與羣雄並驅，欲明休咎，特用心焉。故知日月五星右旋之必然也。今蔡氏以進曰退，以退曰進。朕謂諸儒曰：「何故？」典籍黄鄰代蔡氏曰：「以理。」「若是曰理者何？」曰：「首以天，疾行晝夜三百六十五度，行健也；次以理，日當繼之，不及天一度；末以太陰之行，不敢過太陽，特不及天十三度。」此因意僻着而爲理，所以順亂逆，逆亂順是也。所謂蔡氏之僻者，但見日月在天，周流不息，安得不與天順其道而並馳？既馳，安得不分次序而進？此蔡氏之機理不見也。吾以蔡氏此説審慮之，知其不當。其蔡氏平昔所著之書，莫不多差矣。夫日月五星之麗天也，除太陽陽剛，而人目不能見其行於列宿之間，所行舍次，盡在數中分曉。其太陰與夫五星，昭昭然右旋，緯列宿於窮壤。其太陰之行疾，而可稽驗者，若指一宿爲主，使太陰居列宿之西一丈許。若天晴氣爽，正當望日，則盡一夜知太陰右旋矣。何以見？蓋列宿附天，舍次定而不動者，其太陰居列宿之西一丈，比月未入地時，而行過列宿之東一丈曉然。今蔡氏所言，不過一晝夜一循環，爲之理説差多矣。且天覆地，以地上仰觀平視，則天行地上。所以行地上者，以十二方位驗之，定列宿之循環是也。其日月附於天，以天上觀之，以列舍不動之分，則日行上天，右旋驗矣。故天大運而左旋，一晝夜一周三百六十五度，小運之旋，一晝夜西行一夜，一年一周天，太陽同其數。太陰一晝夜行十三度，一月一周天。此日月細行之定數也。其日月一晝夜一周天，日月未嘗西行也，乃天體帶而循環，見其疾速也。此即古今曆家所言蟻行磨上的論。吾爲斯而着意，因蔡氏不窮稽於理，以郭傳、黄鄰等務本蔡氏之謬言，意在刑其人，以誡後人。特敕三番入禁，而又權釋之，使習知天象而畢來告，故遣行焉。因爲之論。』

客星

昔彗星見，景公坐柏寢嘆曰：『堂堂誰有此乎？』晏子笑曰：『茀星將出，彗星何懼？』注：『客星侵側，欲相害也。』漢光武建武三十一年秋七月，客星見軒轅，炎二尺所，西南行。至明年二月二十二日，在輿鬼東北六尺所，凡一百十三日而滅。因考客星者，周伯、老子、王蓬絮、國皇、温星，皆客星也。行諸列舍十二國分野，各在其所臨之邦，所守之宿，以占吉凶。周伯，大而色黄，煌煌然。見，其國兵起，若有喪。天下饑，衆庶流亡去其鄉。瑞星中名狀與此同，而占異。老子，明大色白，淳淳然。所出之國爲饑，爲凶，爲善，爲惡，爲喜，爲怒，常出見，則兵大起，人主有憂。王者以赦除咎，則災消。王蓬絮，狀如粉絮，拂拂然。見，則其國兵起，若有喪。白衣之會，其邦饑亡。又曰王蓬絮星，色青而熒熒然。所見之國，風雨不如節，焦旱，物不生，五穀不成登，蝗蟲多。國皇星出而大，其色黄白，望之有芒角。見，則兵起，國多變，若有水饑。人主惡之，衆庶多疾。温星，色白而大，狀如風動摇，常出四隅。出東南，天下有兵，將軍出於野；出東北，當有千里暴兵；出西北，亦如之；出西南，其國兵喪並起，若有大水，人饑。又曰，温星出東南，爲大將軍服屈不能發者；出於東北，暴骸三千里；出西亦然。凡客星見其分，若留止，即以其色占吉凶。星大事大，星小事小。星色黄得地，色白有喪，色青有憂，色黑有死，色赤有兵。各以五色占之，皆不出三年。又曰：客星入列宿中外官者，各以其所出部舍、官名爲其事。近之者爲其謀，其下之國皆受其禍，以所守之舍爲其期，以五氣相賊者爲其使。《中興天文志》：『客星有三：一曰老子，二曰國皇，三曰温星。』老子一星，休咎半之。國皇、温星，皆爲咎徵。老子，非李耳，古之有德行而不仕、老而有壽之人。國皇者，國星也，不知何國人。温星者，温其姓，古之有操行而不仕者也。三人者，其精皆爲星，帝命之爲客星。錯出乎五緯之間，其見無期，其行無度。《晉志》無國星、温星，而有周伯、王蓬絮、芮。又有盜星、種陵、天狗、女帛之爲凶也。《隋志》五星，周伯、蓬絮，同《晉志》，其三星與此同。然周伯，《晉志》以爲祥，《隋志》以爲妖。桑思玄《客星亭記》有云：『客星有五：曰周伯，曰老子，曰王蓬絮，曰國皇，曰温星，所犯大凶。』漢光武時犯帝座，故太史奏曰：『甚急。』其後居周之分野，而光武崩。而《天文志》不著其應，似因嚴子陵前者加足帝腹之故，而諱其占也。觀晉劉聰時，客星犯紫微，太史康相以爲非常之變，聰遂滅亡，是可知矣。其説亦頗奇。悦，蘇州人，柳州通判。又，我太祖嘗作《嚴光論》，亦深不足於光云。漢宣帝□年夏，客星見昴、卷舌間。元帝初元元年四月，客星大如瓜，在南斗第二星東，五月，渤海大水，六月，關東大饑。

景星

《天文志》曰：『天晅而見景星。』孟康曰：『晅，精明也。有赤方氣與青方氣相連，赤方中有兩黄星，青方中有一黄星，凡三星，狀如半月。』王者得天心，不私人，則見。

德星

人但知陳太丘德星里，而不知唐崔鄲，宣宗賜名德星堂、德星社。陰德星三星直斗口，隨北斗小而鋭，若見若不見。或曰，即天乙星。

分野

《周禮》大司徒『以土宜之法，辨十有二土之名物』；保章氏『以星土辨九州之地所封封域』。唐僧一行以天下山河之象分爲兩界，而以星辰河漢别其陰陽升降，配以古今輿地，是曰分野，乃諸家説天之祖也。春秋時州鳩、裨竈之徒，論諸國分野不及吴越，至《周禮》鄭玄註，始曰：『星紀，吴越也。』范曄《志》：『星紀，起斗十一度至婺女七度，於辰爲丑，於分野爲吴越。』《晉書》：『起斗十二度。』費直：『起斗十度，終婺女五度。』一行：『起斗九度，終婺女四度。』班固《志》分星紀爲二，云：『吴，斗分野；越，牽牛、婺女分野。』曆家仰儀之法，反以覩天取光之所燭爲驗。星紀在北，吴越在南，蓋光燭之也。又，《星經》：『北斗，玉衡第六星，主揚州，以五巳日候之；以丁巳日候吴郡。』郊外曰野，牧外曰野，大野曰平。分者分值也。天有九野：中央曰鈞天，東方曰蒼天一作旻，東北曰旻天一作變，北方曰玄天，西北曰幽天，西方曰皓天一作成，西南曰朱天，南方曰炎天一作赤，東南曰陽天。又，太玄九天：一中天，二羡天，三從天，四更天，五晬天，六廓天，七咸天，八沉天，九成天。五星分野，《天官書》[一]：『秦之疆，候太白，占狼、狐。吳、楚候熒惑，占鳥衡。燕、齊候星辰，占虛、危。宋、鄭候歲星，占房、心。晉亦候星辰，占參、觜。』『秦、晉好用心，復占太白。』『胡、貉數侵掠，占星辰。』二十八宿分野：角、亢、氐，主兗；房、心，主豫；尾、箕，主幽；斗主江湖；牽牛、婺女，主揚；虛、危，主青；營室、東壁，主并；奎、婁、胃，主徐；昴、畢，主冀；觜、參，主益；東井、輿鬼，主雍；柳、七星、張，主三河；翼、軫，主荆。兗屬鄭，豫屬宋，幽屬燕，揚屬吳、越，青屬齊，并屬衛，徐屬魯，冀屬趙，益屬魏，雍屬秦，三河、三輔，屬周，荆屬楚。月建分野，黃裳《天文圖》：天漢，四瀆之精，起鶉火至箕尾，十二辰斗綱所指，謂之月建，十二次日月所會，元枵至陬訾。十二分野，辰次所臨。故曰天有十二次，日月之所躔，地有十二辰，王侯之所國。十干分野：甲乙，四海之外；丙丁，江、淮、海、岱；戊己，中州河濟；庚辛，華山以西；壬癸，常山以北。《淮南子》又曰：甲，齊；乙，東夷；丙，楚；丁，南夷；戊，魏；己，韓；庚，秦；辛，西夷；壬，衛；癸，越。十二支分野：子，周；丑，翟；寅，楚；卯，鄭；辰，晉；巳，衛；午，秦；未，宋；申，齊；酉，魯；戌，趙；亥，燕。

星好風雨

《書》：『星有好風，星有好雨。』孔安國曰：『箕好風，畢好雨。』蔡邕曰：『風伯神，箕星也，其象在天，能興風；雨師神，畢星也，其象在天，能興雨。』《詩》：『月離於畢，俾滂沱矣。』《春秋緯》云『月離於箕，則風揚沙』是也。又，孫武子火攻之法曰：『起火有日。』『月在箕、壁、翼、軫。』『風起之日也。』則月從壁、翼、軫，亦好風矣。辛酉五月五日，日入酉時正三刻，月在乾、兑之交，一星犯月，其大如彈丸，其光如太白，初有芒，如兩角，與月相敵。漸盪漸離，約去滿尺而寢。六日、七日皆大雨。或曰：辰星入月，或曰正離畢也，故滂沱。又閏五月初四日，有星在月下甚大，相去不五六寸，月正仰瓦，初六漸遠丈許。十五六七日已後，大雨水，田野陸沉。從星何以風雨？房星四表三道，日月之行，出入三道，出北則水，出南則旱。或言北旱南水，月爲天，下占房，爲九州候。月之行天，三十日而周，一月之中，一過畢星。孔子曰『月離其陰故雨，月離其陽故不雨』是也。

五星聚營室

嘉靖三年甲申正月丙寅十一日，五星即聚於營室，但太陽未到宮耳。至十六日，太陽躔室初度，木星室四度，火星室七度，土星室二度，金星室十一度，水星室七度，孛星室三度，此天文所罕遘者。每舉以問術士，多不知其説者。占，主朝廷營建。

彗臨東井

嘉靖十一年八月初六日，彗孛於井宿之間。未及二歲，凡已三見。未幾而首相永嘉張公罷去。時人爲之謡曰：『石産房州，胡明善禍從地出；星臨井宿，張孚敬災自天來。』胡公爲直隸巡按御史時，以采石去。

熒惑入南斗

嘉靖二十二年癸卯七月，熒惑入南斗。占，主東南大饑荒。是冬及明年春，江南兩浙大饑，斗米數百錢。

星變雜記

嘉靖辛酉六月一日黄昏，有星流於牛、女之間，墜地如雞子大，一路有光燭天。壬戌六月二十四日，有流星大如月，隕於西北。其聲殷殷如雷，其光燭天。或曰火殃。甲子七月十七八日，日正中時，有星在日傍，人皆見之，大以爲異。或曰，此太白晝見也。市中一老人獨嗟嘆而去，或有所知。問之，不肯明言其故。

乙丑六月二十八日，有大火如斗，隕於西南。

四十五年丙寅十一月十五日四更，有一大星下隕，羣星數百，如雨隨之，逾月，上崩。

三才太白

天之太白，星名。謝皋羽詩：『柴關當太白，藥氣近樵青。』地之太白，水神名。《淮南子》曰：『昔馮遲太白之御六雲霓，游微霧，騖忽荒。』許慎曰：『馮遲太白，河伯也。』《七發》曰：『附從太白。』人之太白，李謫仙也。其母夢長庚星入懷而生，故以白名之。信乎其天才也！

黄道

處暑之後，秋分之前，晴明日没之時，登高遠望，其南方若虹霓斜界，纖微雲氣皆不敢侵入者，是名天之黄道也。

赤虹黑虹

辛酉閏五月二十九日酉時，赤虹二道自西北經東南亘天。又，甲子六月初四日，黑虹見北方，此兵象也。至十二月，北虜果犯京畿，内外戒嚴。

心房宿

星乃陰陽之精，而二十八宿又星之精也。經言心、房二宿，具男女二形，是邪氣淫曜矣。

不知造化何以有此？故生人值之，有二形人。亦曰兩儀人，俗名二紐子，西域謂之博叉半釋迦。《大般若經》五種黄門，梵言扇搋半釋迦：一、有男根，用而不生子者，曰半釋迦。二、行欲即發，不見即無，亦具而不生子者，曰伊利沙半釋迦。三、本來男根不滿，亦不能生子，曰扇搋半釋迦。四、半月能男，半月女，曰博叉半釋迦。五、被割形，曰留拏半釋迦。晏子見鈎星在房、心之間，知齊地當動。

校勘記

〔一〕天官書句　《史記·天官書》曰：『秦之疆也，候在太白，占於狼、弧。吴、楚之疆，候在熒惑，占於鳥衡。燕、齊之疆，候在辰星，占於虚、危。宋、鄭之疆，候在歲星，占於房、心。晉之疆，亦候在辰星，占於參罰。……秦、晉好用兵，復占太白，太白主中國；而胡、貉數侵掠，獨占辰星。』

留青日札卷之九

玉女

《周書·王會圖》所載，非實異物，不過紀帝王祥瑞而已。至于沈約《宋書·符瑞志》，則又可鄙笑，甚至不知玉女之名，乃訓釋之曰：『玉女，天賜妾也。』則又雲漢之上有居民，而茫茫昊天亦有夫妻子女矣。既有玉女，必有金童，何不並列之？是録鬼魅之尤也。相如《大人賦》：『排閶闔而入帝宮兮，載玉女而與之歸。』張揖曰：『玉女，青要、乘弋等也。』揚雄賦：『玉女無所眺其清盧。』《靈光賦》：『玉女窺窗而下視。』注：『刻玉女形于窗上。』李白詩：『莫宿玉女窗。』《甘泉賦》：『想西王母欣然而上壽兮，屏玉女而却宓妃。』《山海經》：『玉山，西王母所居。』《神異經》：『東荒中有大石室，東王公居之，常與玉女共投壺。』華山上有玉女洗頭盆。

孟婆

北齊李騊駼聘陳，問陸士秀：『江南有孟婆，是何神也？』士秀曰：『《山海經》：「帝之女遊于江中，出入必以風雨自隨。」以帝女，故曰孟婆。』猶《郊祀志》以地神爲泰媪。此俚語也，亦未得其義。蓋《易》『巽爲風』，其卦爲少女三陰，卦以孟仲季言之，故曰孟婆。蔣捷詞：『春雨如絲，繡出花枝紅裊，怎禁他孟婆合皂？』巽，亦東南之卦，于時正春也。管輅占曰『少女風』。又嶺表有颶母，可對孟婆也。

瘴母

今嶺南但言瘴氣，而人不知有瘴母。《番禺記》曰：『有物自雲而下，始如彈丸，漸如車輪，遂四散。人中之即病，名曰瘴母也。』甚奇。

天妃

宋神宗元豐六年，博士王古請婦人之神，封夫人，再封妃。北闕西有天妃宫，乃漕運奉祀之神，皆云起于宋，盛于元。蓋時海運著靈也，而不知何處人。此女乃福建莆田林氏之季女，幼悟玄機，長知禍福，在室三十年，顯靈元祐。州里立祠，至元中奏號天妃。我朝洪武初，海運有功，乃封『昭應德正靈應孚濟聖妃娘娘』之號。夫曰聖妃，可也，舊乃曰天妃，天果有妃乎？蓋妃，媲也，對也，故天子曰后妃，次曰妃嬪。又，太子諸王之適室，亦曰妃，或作婓。《列仙傳》：『江婓二女。』亦作嫛，皆匹耦之稱。故詩曰：『喪其妃耦。』妃，音『配』是也。今以三十之室子而强加之曰妃，可謂名稱其情乎！以妃而上配之以天，不亦甚褻矣乎？神必有所不亨也。余意欲以『聖妃』易作『聖女』，何如？或曰天女，庶不悖瀆也。

天火

《左傳》曰：『人火曰火，天火曰災。』《尚書》曰：『火曰炎上。』古者五行皆有官，火官失職，則火不炎上。《春秋繁露》曰：『火不炎上，秋多雹，由王者視不明也。人君惑於讒邪，内離骨肉，外疏忠臣，咎及于火，則大旱必有火。』《國語》曰：『火焚其彝器，子孫爲疑，由王者蔑棄五則也。』嘉靖間，火焚太廟、九廟、奉天殿、午門者屢矣。隆慶初，火焚承運庫，累朝寶器殆盡。皆火失其道也，可不復其官邪！

改火改煙

古者鑽燧改火，所以革故而取新也。春取榆、柳之火者，榆、柳色青，木之火也，木能生火。夏取棗、杏之火，棗、杏色赤，火之火也，火能生土。夏季取桑、柘之火，桑、柘色黄，土之火也，土能生金。秋取柞、楢之火，柞、楢色白，金之火也，金能生水。冬取槐、檀之火，槐、檀色黑，水之火也。《周禮》又曰：『季夏出火，民咸從之。季秋内火，民亦如之。』注：『季春則火星見于建辰之月，因出之，以宣其氣，雖烈山焚萊不禁也。季秋則火星伏于建戌之月，因内之，以息其氣，雖鑠金焚薙不爲也。』又《淮南子》曰：『夏爨柘燧火，冬爨松燧火。』其説頗異。然人但知改火，而不知其煙亦隨所改而不同。故《淮南子》曰：『冬至甲子受制，木用事，火煙青七十二日；戊子受制，土用事，火煙黄七十二日；庚子受制，金用事，火煙白七十二日；丙子受制，火用事，火煙赤七十二日；壬子受制，水用事，火煙黑七十二日。』《尚書大傳》曰：『煙氛，郊社不修，山川不祝，風雨不時，霜雪不降，責于天公；臣多弑主，孽多殺宗，五品不訓，責于人公；城郭不繕，溝池不修，水泉不隆，水爲民害，責于地公。』

陽燧取火

不獨燧人氏上觀星辰、下察五木以爲火，而竹亦可以取火，石亦可以取火。又，以堅木鑽石亦可以生火。古人以陽燧取火于日，方諸取水于月。《淮南子》曰：『陽燧見日，則燃而爲火。』陽燧，金也，取金猛無緣者，日高三四丈，持以向日，爆艾承之。有頃即焦，吹之得火。』今亦不必用猛金也，以水精大珠向日對照，以草紙承其下，一點透明，紙焦煙起，即得火矣。則是方諸取水，亦可以取火也。《一統志》名曰朝霞大火珠，在占城國出。大如雞卵，狀類水晶，當午置日中，以艾藉之，火出是也。可見陰陽一理，日月一氣，水火一原。

氣水

天地皆氣水也。蓋水載地，而天包水，而氣承天。是天地之外皆水，而水之下乃氣。以其混淪而言，則謂之大氣；以其旋轉束負而言，則謂之罡風。此日月星辰之所以能從地下運行而出没也。今人皆言氣水，蓋蒸潤之謂也。浮則爲氣，沈則爲水，二者陰陽一理而已。故氣屬天，水屬地。天以氣成，地以水載。水之出雲煙即氣也，氣之降雨露即水也。變化消息，孰究其根？

日月内明

或曰：『日外明内暗，月外暗内明。』余則以爲不然。要皆以己昭昭，然後能使人昭昭也。若夫日之薄蝕，月之晦朔，又安能以其昏昏，使人昭昭哉？

漢案户

《大戴禮》『七月漢案户』，謂天漢直户也，今五月。

六更

《漢書》：『斥候士百餘人，五分，夜擊刁斗自守。』師古曰：『夜有五更，故分而持之。』《唐六典》：『太史門典鐘二百八十人，掌鐘。』故詩有云：『促漏遥鐘動静聞。』其漏五五相遞，凡二十五。故李郢詩云：『二十五聲秋點長。』韓退之詩：『雞三號，更五點。』宋宫中及州縣更漏，皆去五更後二點又并初更去其二點，首尾止二十一點，至今仍之。故曰：『一更三點禁人行，五更三點放人行。』後不用鐘，或用鐵磬。鐵磬，南齊製。初用鼓磬，以應更唱。宋太祖以鼓多驚寢，遂易以鐵磬，此更鼓之變也。或謂之鉦，即今之雲板也。陳履常詩：『殘點連聲殺五更。』汪元量詩：『亂點傳籌殺六更。』今報更鼕鼕，鼓將盡，則雲板連敲，謂之殺更。《南史》：陳文帝『每夜刺閨，取外事分判者，前相續。勑雞人伺漏，傳籤于殿中，令投籤于階石上，蹌然有聲』。隋煬帝詩『投籤初報曉』、唐王維詩『絳幘雞人報曉籌』是也。《衛公兵法》曰：『鼓三百三十三槌爲一通，角吹十二聲爲一疊。鼓止角動也。』《司馬法》曰：『昏鼓四通爲大鼜，夜半三通爲晨戒，旦明三通爲發昫。』今早晚各止三通也。其鐘聲則一百八撞，以應十二月二十四氣七十二候之數。

有雲無露

《大戴禮》〔二〕曰：『陽氣盛，散爲雨露。雲，陰也；陰氣盛，則露微。』李太白詩：『天清白露下。』杜子美詩：『露下天高秋水清。』

甘露

洪武二年十月，甘露降于乾清宮後苑蒼松上，宋濂作頌。又，六年癸丑正月四日丙午，上御武樓便閣，勑取膏露于宫中。盛以翠甖，玉潔珠圓，世所未睹。舁爨器至，用金杓煉水二升，以露投之，須臾融化。上取杓中瀉，二内侍舉幕承之，查滓已净，重漉以絳紗囊。上飲一爵，而分賜與御史中丞楊寧、贊善大夫宋濂，曰：『此天地至和所凝也。卿等服之，去沈痾而衍遐齡。』其味甘如飴而弗膩，其氣清于蘭而不艷。一入口間，神觀如覺爽越，飄飄然欲御風而行。見于學士《甘露漿詩序》。又，八年十一月十八日，上詣圜丘，見森松極杪，露水凝枝，垂懸上下，有若明珠，蜜蜂交雜，採而啖之，甘如餳糖，見《御製甘露論》。嘉靖某年十一月冬至日，甘露降于承天園陵松樹，守臣貢之，以賜大學士夏言，疏謝有曰『蜜醇冰瑩，傾仙掌于雲中；委素流甘，結珠琲于林表。稽首以嘗，憶金莖之沆瀣；入口而化，疑玉杵之玄霜』云云。蓋天地之氣和，則爲雨。天氣下降，地氣不應，則爲露。露本天氣，故極其清也。五行之質具于地，而其氣則行于天。得之者其行木，則色青味酸而氣生；其行火，則色赤味苦而氣長；其行金，則色白味辛而氣收；其行水，則色黑味鹹而氣藏；土則流行于四時，而獨王于大夏，其色黄，其味甘，其氣冲和。故甘露得土行之精而味甘，大抵皆和氣之應，豐年之兆也。《瑞應圖》云：『色濃爲甘露。王者施德惠，則甘露降其草木。』《晉中興書》曰：『甘露降，耆老得敬，則松柏受之；尊賢容衆，則竹葦受之。』甘露者，仁澤也。一名天酒。有朱露、丹露、玄露、青露、黄露、白露之異者，即五行之異稟也。嘉靖三十五年乙卯十一月十六日，遊小小洞天，偶見甘露降于品嵓松竹葉上，摘而飲之，信如凝脂甘飴，生平塵穢肺腸，一旦洗净。因作詩曰：『仁澤聞天酒，何當此降祥。冬餐同沆瀣，瑞應獨松篁。綴葉珠生彩，霑衣玉有香。不須仙掌上，端勝飲瓊漿。』後二十二日，與諸友復遊品嵓，忽遇甘露從空而降。天無片雲，正午時也。蔣子久大駭異之，作詩贈余曰：『忽看海上丹丘瓮，獨洒山中翰墨房。樹樹冰珠如弄彩，紛紛芸葉盡凝香。秖宜詞客分甘飲，絕勝金莖屑玉嘗。況是此邦耆舊在，定知仁澤預呈祥。』《苕溪漁隱》嘗載：熙寧六年，建昌松上甘露，述華陰道人之言曰：『譬如人身，精液流通均布六七十年中，若其壽短促，則涌併于未死之前，此木蓋將槁故耳。』明春，松果不復榮。此妄言也。無知傖子復信其言，何哉？今甘露降于空中，視以十目，指以十手，非夜中松上所凝結者。況竹木初未嘗枯槁，則漁隱之言，不亦信乎其妄哉？

護霜天

天有雲則無霜，名護霜天。杜牧詩：『護霜雲破海天遥。』于鵠云：『護霜雲映月蒙朧。』晏叔原云：『幾點護霜雲影轉。』高迪云：『江雲薄護霜。』

茂州雪

嘉靖三十八九年，四川茂州六月初二日大雪，七月初三日又雪。餘姚魏體元隨陳副使洪濛在威茂道親見，故言之。又，四十年方禄在寧波，六月三日亦落雪，似黃色。小僕隨行亦目睹也。嘉靖二十一年，象山雨黄霧，行人口耳皆塞。

雷

雷，天地之義氣也。故春分而發，秋分而收。晝而作，夜而息。今則方春而震，隆冬而轟，無分于晝夜而霹靂。此殆之其所暴怒而辟焉者矣。甲子十一月十一日庚戌戌時，雷鳴閃電，夜分大霹靂，瓦屋皆震有聲，直至十二日辛亥寅時方止。連陰雨十餘日，忽大風大暖，人皆裸體，如春夏時令。又，十二月初一日己巳申、酉時，晴天雷鳴。是夜，大風活地。初二日飛雪。初三、初四日甚寒，雖晴明，雪凍不消。初五日復大雪。初七日有風甚寒。初八日丙子，狂風終日，翻屋拔木，飛沙走石，滿天地皆黄泥沙，塞遍門户不可開，几案堆積如塵，池沼浪湧，舟楫不行，人民恐懼。隆慶二年九月八日，大熱如夏，雷震。次日，忽作寒如冬，半夜雷電達旦。

雷擊人

王充有《雷虚》篇，以雷之擊人爲偶然，辯之甚詳。此或未盡天道之妙。天無妄災，雷無虚擊。今歷觀遠近，所擊死者雖未必皆元惡之人，而不善者實居多矣。王大父朝議公嘗言：正德間餘姚孫乙，以假銀去寧波買牛一頭。牛主持銀納官錢，人詰其僞造，悔恨無及，因自縊死。孫牽牛在途，忽遇霹靂擊死。昭昭之報，可不畏哉！嘉靖間，余東鄰雷擊湯琦。隆慶六年四月二十八日，雷擊西南里許王材。滿野初聞香煙，若神人經過者。湯殞于桑樹上，其妻在下；王死于麥田中，其兩兄在傍，皆不傷及。但後皆雷電三日，人以爲天檢屍也，是可異耳。雷本有神：嘉靖四十年，餘杭溪西李氏婦與陳氏女共盆洗綿，雷擊其婦，却將此女移開二三丈，若見有神提去者。婦家欲審其故，次日求巫召將，問有何罪。雷神降箕，書曰：『此婦初世爲僧，貪色耽酒；再世爲娼，謀客姓柳；三世爲人，不敬父母。』其夫復叩之曰：『今在我家却無罪也。』又大怒，書曰：『安得無罪？大秤小斗。』于是其夫大懼，即剖斗折秤，哀求悔過焉。城中有弟恃强，凌虐其兄。忽日雷震，皆見紅袍金冠人進其門。兄趨外避之，交肩狹衕，身若火炙。其弟避于卓下，及死，反僵立卓上。又，一子逆其母，乃反手自縛，跪于街心，咸見天神插一小白旗于頭上而擊死。又，八十老婦平生奉佛，持齋、誦經，亦擊爲肉泥。

雷擊屋樹

雷擊房屋、樹木，皆不祥之兆。徐二母舅，雷擊樓柱爲四，有使女坐于柱下，但覺昏瞑。家遂中衰。從兄廩生芝，雷擊小樓，不久夫婦物故。又，雷擊從兄迪功郎蕙家後園，大樹枯死，父子皆亡，絕嗣。隆慶五年六月二十五日午時，京師雷震三次，圜丘、廣利門鴟吻擊碎倒地。次年五月二十六日卯時，駕崩。

雷書

人言雷擊者，其背必有朱書。每每驗之，未見。但有青紫火焰傷，衣服亦焦煙氣，熏臭不可聞者。王大父古川公言：成化丁未七月二十五日申時，雷擊吴縣張家園梓樹，地上有字，其文曰：『子乃言。』三字横經五六寸，長二尺餘，畫如指大，入土寸深，雨洗不滅。此又不知何理也。

雷鍼

雷擊之下，入土二三尺必有物。如豆青色石，上圓而大，下細而尖如鍼，曰雷斧，可以入藥，兼能辟邪。余嘗見之。數年前，吾鄉雷擊死一人，僵立田中。其下掘得一鍼，亦如之。隆慶壬申夏，擊死王材時，腦後一穴，如彈丸大，從左腋而出。此目擊者。昔人云：『雷從地下奮起擊人。』則此物又安得從上入土也？

天鼓鳴

洪武元年八月六日之夜，京師天鳴，因大赦。嘉靖四十四年十二月二十八日未申時，天鼓震西北。俗云乾雷響。次年丙寅正月八九日，夜半雷鳴。或云天鼓震。隆慶元年十二月七日，甘肅西寧衛奏：天鼓聲從西南上鳴，往東北方去。又，二年三月五日，懷慶府東北方，天鼓鳴三聲。又，三月，直隸新城縣空中迅響三次，其聲如雷。二聖廟前天鼓鳴三次，南面六十餘步，天下火光一塊，陷地一尺，跑出黑石一塊，如碗大。許家莊亦落一星，天鼓鳴三次，如火光落地，陷一孔，如拳大，出黑石一塊，重二斤十四兩。五年十一月十二日，天鼓鳴二聲，人謂之天爆。諺云：『天砲雉雞叫，有米没人要。』果然夏米反賤也。

雹

隆慶二年五月，自京師、延綏、河東、河南皆冰雹，火光頻見。宣府都御史王遴奏：馬韋堡大雨雹，長四十里，高二尺。連年虜犯西北，破石州、永平，京師大震。黄台吉寇莊浪、靖虜。又，三月二十四日未時，遵化冰雹如雞子。又，四月五日，萬全等處白晝晦冥，雨雹擁至，牛羊擊殞。六年二月十日，吾鄉晴天忽大雨雹。四月，又大雹，人見黑霧中一物，蜿蜒大可合抱，黑形兩目，閃電冰雹隨之，屋瓦震舞。次日，竹林鳥雀擊死千萬，自西北直去東南，一路横過吾鄉十五里。此龍雹也。《左傳》曰：『冬之愆陽，夏之伏陰。』《五行傳》：『陰脅陽也。』

風變

隆慶二年戊辰正月元旦，大風走石飛沙，天地昏黑。錢塘湖市新馬頭官船火起，沿燒民居二千餘家，官民船舫焚者三四百隻，死者四十餘人。至初八、九日，民間訛言朝廷點選綉女，自湖州而來，人家女子七八歲已上，二十歲已下，無不婚嫁。不及擇配，東送西迎，街市接踵，勢如抄奪。甚則畏官府禁之，黑夜潛行，惟恐失曉。歌笑哭泣之聲，喧嚷達旦，千里鼎沸，無問大小、長幼、美惡、貧富，以出門得偶即爲大幸。雖山谷村落之僻，士夫詩禮之家，亦皆不免。時遇一大將官抵北關，放砲三聲，民間愈慌，驚走曰：『朝使太監至矣！』倉忙激變，幾至于亂。至十三日，上司出榜嚴禁，尤不能止，真人間之大變也。未幾而知其僞，悔恨嗟嘆之聲，則又盈于室家，然亦無及矣。愚民無知搖惑，此甚可笑也。此風直播于江西、閩、廣，極于邊海而止，又何其遠也！一富家偶雇一錫工在家造鑞器。至夜半，有女不得其配，又不敢出門擇人，乃呼錫工曰：『急起，急起！可成親也。』錫工睡夢中茫然無知，及起而摹搓兩眼，則堂前燈燭輝煌，主翁之女已艷粧待聘矣，大出不意。又，一家相約一人，黑夜送女往，則巷門鎖柵未啓，情甚極矣。門内一賣豆腐者，曉起磨豆，見之，偶無妻室，固不肯啓鑰，强要而成親。女父懼天明，又見其人少年，嘆曰：『亦得，亦得。』即以女與之。又，一人約一壻家，及送女往，則又一家送女先入門，正結花燭矣。後去者争之，皆曰：『奈何，奈何！』女父既極，曰：『吾女亦當送君爲副室也。』于是三人同拜，遂得二妻焉。又訛言并選寡婦伴送入京。于是孀居老少之婦，亦皆從人。一民家母女二人，嫁一家父子二人，正相得也。又，一婦守制二十年，幾四十五六，誓不再適。有女亦二十餘，未嫁，至此不得已，母東女西，各從其人，哭別而去。此又大好笑事也。時童謡曰：『正月朔起亂頭風，大小女兒嫁老公。』又有人爲詩曰：『大男小女不須愁，富貴貧窮錯對頭。堪笑一班貞節婦，也隨飛詔去風流。』因憶大元後至正丁丑六月，民間謡言，朝廷將采童男女以授韃靼爲奴婢，且俾父母護送抵直北交割。故自中原至江南，人皆男女年十二三已上，便爲婚嫁。六禮既無，片言即合。其始終皇迫之勢，陶九成紀之，與今吻合。時吴僧子庭有詩戲之曰：『一封丹詔未爲真，三杯淡酒便成親。夜來明月樓頭望，惟有姮娥不嫁人。』又有人集古句云：『翡翠屏風燭影深，良宵一刻值千金。共君今夜不須睡，明日池塘是緑陰。』余則改之曰：『白日荒張夜又深，只消一刻换千金。大家今夜不得睡，明日池塘遍緑陰。』蓋巽爲風，命令之象，又爲少女。風自火出，故元旦先火〔二〕，而災及家人。傳曰：『四氣皆亂，故風。』又曰：『衆逆同志，至德乃潛，厥異風。』

天算帳

嘉靖二年，溧陽一富翁家忽失其帳簿。尋至簷溜下大雨水中，取而視之，紙復不濕。凡得利于前而名猶存者，悉皆消除，亦天理也。

校勘記

〔一〕大戴禮句　《大戴禮記》卷五曰：『陽氣勝則散爲雨露，陰氣勝則凝爲霜雪。』

〔二〕先火　疑『先』爲『失』字之誤寫。

留青日札卷之十

地羅

天地之間，南北之正，當用子午正針。惟江南地偏，不可用子午之正，故用壬丙縫針。此即洛陽天地之中，故測日景必正，在外縣即少偏之意。

三天子都

徽州古有三天子都，又有三天子障山。唐永徽間，睦州女子陳碩真反，自稱文佳皇帝。其地相傳有天子基。後清溪堨村民方臘居此，亦作亂，自號聖公，建元永樂。

羅平國

唐咸通元年，浙東賊裘甫稱天下都知兵馬使，改元羅平，鑄印曰天平。蓋咸通末，吴越間訛言山中有大鳥，四目三足，聲云：『羅平天册，見者有殃。』民間多畫像祀之。後董昌僭稱帝曰：『此吾之鸑鷟也。』乃稱大越羅平國，建元天册，印曰『順天治國之印』，榜南門曰『天册樓』，令羣下謂己曰聖人。又，元大德元年，平陽陳空崖同嫂蘇錦娘反，又建羅平旗號。

八索

《左傳》：『九丘，八索。』《淮南子》曰：『九丘，九州也；八索，八澤也。』按丘，又高也，今任丘之類；索，又羈縻也，今夷索之類。

倭國

吴自泰伯至夫差二十五世。勾踐滅吴，其子孫支庶入海爲倭。故《通鑑前編》注云：『今日本國，吴泰伯之後。』余以爲倭夷種類甚夥，豈果泰伯之後也？今又曰徐倭，以爲徐福之後，似亦茫然其説矣。

文身

文身，見《汲冢周書》。蓋《周官》有墨刑，罰五百，故曰刀墨皂巾之民，後世謂之曰黥。古稱勾吴乃文身之地，亦同雕題、繡面之俗。《吴太伯世家》：『文身斷髮。』注：『以象龍子。』吴王夫差曰：『我文身，不足以責禮。』《後漢書・南蠻傳》『雕題』注：『題，額也。雕之，謂刻其肌以丹青涅也。』又云哀牢夷『皆刻畫其身，象龍文，衣著尾』。見《風俗通》。《唐書》：疏勒人

『文身碧瞳』，即碧眼胡雛也。今雲南之羅鬼夷亦文面。又可見文身之俗，不止于勾吴也。余始祖聞氏于元末居方山東夾塘灣，養少年亡賴三千人爲兵，保障鄉土。内家丁健兒五百餘口，悉刺爲花拳繡腿，以龍鳳蛇蟲别其貴賤之分。太祖夷滅之，皆充花拳繡腿軍。已載之田氏本支譜中。余幼時，猶及見會城住房客名孫禄者，父子兄弟各于兩臂、背、足刺爲花卉、葫蘆、鳥獸之形。因國法甚禁，皆在隱處，不令人見。余命解衣，歷歷按之，亦有五彩填者，分明可玩。及詢其故，乃云：『業下海爲鮮者，必須黥體，然後能辟蛟龍、鯨鯢之害也。』方知揃髮文身，古亦有自。

防風氏國

夏禹僇防風氏，身横九畝，骨節專車。今湖州乃防風之國，武康縣有封山、禺山，及防風氏廟，而會稽有刑塘，乃云殺防風之處。未知孰是。《齊世家》：『長翟來。』《穀梁》曰：『身横九畝，斷其首而載之，眉見于軾。』又，魯文公十一年冬十月甲午，叔孫得臣敗狄于鹹。《公羊傳》：『長狄也。』兄弟三人，一之齊，榮如；一之魯，僑如；一之晉，焚如，大害中國，瓦石不能害。得臣射其目，殺之，獲長翟僑如，埋其首于子駒之門，以命宣伯。注：『叔孫得臣子埋僑如，使後世旌功。』長翟，《史記》『鄋瞞國』。孔子，人稱長人，長九尺六寸。又，大人、汪罔、長翟、防風，蓋即一種人也。『身横九畝』云是六九五丈四尺，或有理。《周語》曰：『人之長極幾何？』仲尼曰：『長者不過十丈，數之極也。』《洪範五行傳》：『長翟之人長五丈餘。』嘉靖間，杭菜市橋民家被回禄，掘地得骷髏一枚，如斗大，骨節一枝，長五尺。

東坑

《甘泉賦》：『陳衆車于東坑。』《辨亡論》：『陸公偏師三萬，北據東坑，深溝高壘。』注：『東坑，東海也。』《説文》：『阬，閬也，虚壍也。』

崇山

沈佺期詩：『朝發崇山下，暮坐越常陰。西從山谷變，北上竹谿深。竹谿道明水，杉谷古崇岑。』序云：『按《九真圖》，崇山越裳四十里。杉谷古崇山，竹谿從道明國來，于崇山北二十五里合。水欹缺，藤竹明昧，有三十峰夾水，直上千餘仞，諸仙窟宅在焉。』我太祖高皇帝《送雲南僧崇證入崇山詩》：『涉入崇山路杳冥，心悽神愴足難行。雲凝樹没千嵓合，雪積橋過百里平。杖錫欲棲烟寺没，倚崖穩憩草房寧。後身必以身先造，素福還應福愈盈。』詩十八首，前有序，後有記，命中書舍人揭樞書之，洪武十七年二月在笻竹寺中。今以崇山爲在湖廣慈利縣者，誤也。

黑齒　漆齒

黑齒，東夷；漆齒，西夷。《戰國策》：『黑齒、雕題，大吴之國也。』《後漢書》：『東海中有黑齒國，使驛所傳，極于此矣。』又《吴都賦》：『儋耳黑齒之酋。』注曰：『西屠以草染齒，染白作黑。』不知有何美也。《周書》伊尹爲四方獻令，曰：『正西，昆侖狗國、鬼親、枳巳、闟耳、貫胸、雕題、離丘、漆齒。』唐稱三種夷，見人以漆及鏤金銀飾齒，寢食則去之。此又異也。今芒市長官司之俗，多以酸石榴皮，以藥染成黑齒。初無金銀鏤飾脱去之理。然中國人有生而齒黑者。人但知雲南之有金齒，而不知又有所謂銀齒。見《唐書》。金齒夷，漢謂永昌徼外之夷，即今生甸，大伯夷種也。非今金齒衛之地。齒居晉而黄，則晉人當名黄齒。

金鄰

金鄰，一作金潾。夫南國之外二千餘里，有金鄰國，土地出銀，人衆好獵。漢《文選》曰：『金鄰象郡之渠。』《唐書·宦者傳》：『真獵、金鄰等國。』張籍《蠻中詩》：『銅柱南邊毒草春，行人幾日到金麟。玉環穿耳誰家女，自抱琵琶迎海神。』銅柱，不獨馬援，吴黄武二年程普、關羽分界鑄銅柱爲誓，在衡山縣西北一百二十里。又，五代晉與楚王馬希範立銅柱爲界，學士李皋銘，在辰州西北一百十里會溪對。又，涪陵江口，名銅柱灘也。

罨畫溪

罨畫溪，在湖州長興西八里。罨畫者，畫家雜彩色也。罨，罜也，所以取魚，亦鳥網。《蜀都賦》：『罨翡翠。』今名遊絲繒。又在合韻。《說文》：『空也，網從上掩之也。』鄭嵎《津陽門詩》：『象牀塵凝罨颯被，畫簷蟲網玻瓈碑。』張泌詩：『罨岸春濤打船尾。』足以互發罨字之義。溪上藤木翳覆，花竹掩映，舊有罨畫亭。鄭谷詩：『顧渚山邊郡，溪將罨畫通。』又，成都崇慶州有罨畫池，趙抃有詩。

兩陽關

《史記·齊世家》：『魯伐我，入陽關。』徐廣曰：『在鉅平。』《括地志》：『兖州博平縣南二十九里，西臨汶水。』唐陽關在安西。詩：『西出陽關無故人。』是東西兩陽關也。

石留地

石田，《左傳》：『辟諸石田，無所用之。』又有石留地。《戰國策》：『段規謂韓王曰：「分地必取成皋。」韓王曰：「成皋，石留之地，無所用之也。」』注：『喻土地多石，猶人物之有留結也。』一曰壤潄而石也，或作溜。《三都賦》：『林藪石留而蕪穢。』

散花灘

散花灘，在西湖北東馬塍邊溜水閘下是也。張伯雨《馬塍新居》詩：『浮家泊宅意何如？玉室金堂計未疎。歸錦橋邊停舫子，散花灘上作樓居。澹然到處自鑿井，玄晏閉門方著書。但得草堂貲便足，人間何地不樵漁。』歸錦橋，即今賣魚橋。僧澹然詩：『到處自鑿井，不能飲常流。』蓋用此也。

鸞鳥縣

鸞鳥縣，即鸛雀樓。涼州有鸞鳥縣。漢馬賢追先零到鸞鳥，注『音鸛雀』是也。又，河中有鸛雀樓。司馬禮詩：『鸛雀飛何處？城隅草自春。』李益詩：『鸛雀樓西百尺檣，汀洲雲樹共茫茫。』張喬詩『高樓懷古動悲歌，鸛雀今無野雀過』是也。

石紐村

禹穴在成都，前已載之。《世紀》：『禹生石紐邑。』《後漢·戴叔鸞傳》：『禹生西羌。』《水經注》：『蜀廣柔縣，今石鼓山。』又大業山，有采藥亭。《元和志》：『地名刳兒畔。』《華陽國志》：『夷人營其地，方百里不敢居牧。有過，逃其野中，不敢追。云畏禹之神，能藏三年，爲人所得，則共原之，云禹神靈祐之也。』六月六日生，今以是日祭祀。

三弱水

東海中有弱水，不勝鴻毛，至則必溺，故名。又，西海中亦有弱水。西海，今西寧衛西三百里，弱水在甘州之西，秦乞伏熾磐討吐谷渾覓地于弱水南，大破之。覓地降，署爲弱水護軍。又，道經：廣野山，北海弱水中。

鳥鼠牛蛇山

蔡氏沈不取書傳鳥鼠同穴之事。杜子美詩：『水落魚龍夜，山空鳥鼠秋。』今《甘肅志》：『凉州有鼠，名兀兒；有鳥，名本周兒。』即同穴而處者也。然在《爾雅》，鼠曰鼵，鳥曰鵌。又，廣西潯州桂平縣，有牛蛇山。名犝牛，與蛇同穴。牛嗜鹽，里人以皮裹手塗鹽，入穴探之，其角如玉，取以爲器。予在潯州而親見之。天下事往往相類如此，不可以拘儒臆見，而不信之也。

莫愁村

古樂府有《莫愁樂》、《石城樂》。《唐書·樂志》曰：『石城有女子名莫愁，善歌謠。』《石城樂》第二歌云：『陽春百花生，摘插環髻前。捥指蹋忘愁，相與及盛年。』《莫愁樂》云：『莫愁在何處？莫愁石城西。艇子打兩槳，催送莫愁來。』尚未詳也。莫愁，盧家女子，善歌唱，嘗入楚宮。李商隱詩『如何四紀爲天子，不及盧家有莫愁』是也。莫愁村，今在承天府漢江西，石城在州西北，晉羊祜所建。鄭谷詩：『石城昔爲莫愁鄉，莫愁魂散石城荒。江人依舊棹舴艋，江岸還飛雙鴛鴦。』王横詩：『村近莫愁連竹塢，人歌楚些下蘋州。』又沈佺期詩：『盧家少婦鬱金堂。』即此。

木蘭山

木蘭乃朱氏女子，代父從征。其詞有『可汗』之語，蓋非晉即隋唐也。今黄州梁安縣，即隋木蘭縣，有木蘭山，在黄陂縣北七十里，上有將軍冢、忠烈廟焉，足以補《樂府解題》之缺也。

舜井

瞽叟、繼母及象蓋都君之井，在今襄陽均州土陂窑子鋪，即舜耕處，有康山、碎米山。田中石蓋井即舜所浚者。修真觀左一穴，云即從空旁出處。皆好事者傅會之説也。宋真宗祀汾陰，賜河中府舜井名曰『廣孝泉』、『舜泉坊』，御製贊以記之。

三水府

今俗稱水府三官者，起于僞唐保大中。上水府馬當，中水府采石，下水府金山，皆有王號。宋因之加封爵祭告。

漢壽亭

太常寺卿黄芳奏：南京欽天山十廟内漢前將軍壽亭侯之神，姓關名羽，五月十三日致祭。臣考之前少詹事程敏政言：漢壽，縣名，在犍爲，史稱費禕遇害于漢壽。唐詩亦曰：『漢壽城邊野草春。』是漢壽者，封邑，亭侯者，爵也。今《大明會典》亦只稱壽亭侯，去漢而以壽亭爲封邑，誤矣。嘉靖十年八月，家大夫在禮部覆議云，按《漢書》建安四年，先主劉備使司馬關羽行徐州太守事。五年曹操東伐擒羽歸，袁紹遣其將顔良攻東郡，羽獨刺良于萬衆之中。操表羽爲漢壽亭侯。《三國》紀《勸進表》：『漢壽亭侯關羽、新亭侯張飛。』觀此則亭侯爲封爵之通稱，而漢壽爲封邑無疑。蓋漢壽在犍爲郡，即今之叙州府也。後世訛以漢爲國號，而以壽亭爲封邑，《會典》未之釐正也。予按《禹貢》『潛水』注：水出岷山之西，東流過漢壽，南流有高山，上合下開，水經其中，曰沬水。又，複水，從漢中沔陽縣南流至梓橦漢壽縣，入穴中。《山海經》可考，而《一統志》皆失載。

半州

《吴書》：『甘寧將兵，遂徙屯于半州。』《吴志》：『潘璋領百校屯半州。』又，《朱績傳》：『留置半州。』《孫慮傳》：『開府治半州。』

市井

《後漢·循吏傳》：『白首不入市井。』注：《春秋井田記》曰，井田之義有五：一曰無泄天時、地氣，二曰無費一家，三曰同風俗，四曰合巧拙，五曰通財貨。因井爲市，交易而退，故稱市井也。而《風俗通》乃曰：『市井者，言人至市有鬻賣者，當于井上洗濯，令香潔，然後到市。』此説非也。古者井田，因井爲市。顔師古曰：『市，交易之處；井，共汲之所。』亦未明。蓋言市中之道，四達如井，因井路輳集之便，以相交易，故曰市井。或曰，在國曰市，在野曰井。

南渡杭州

宋之南渡，駐驛杭州。王阮言曰：『今東南王氣鍾在建鄴，長江千里，控扼所會，棄而弗顧，退守幽深之地，若將終身焉。如是而曰謀國，果得爲善謀乎！且夫戰者，以地爲本。湖山迴環，孰與乎龍盤虎踞之雄？胥潮奔猛，孰與乎長江之險？今議者徒習吴越之僻固，而不知秣陵之通達。是猶富人之財，不布于通都大邑，而匣金以守之，愚恐半夜之或失也。』及後，迂儒謬爲形勝之説，曰：『斷牛首之山，則天下無完兵；決西湖之水，則滿城皆魚鱉。』真可笑也！又其後創爲留後門之説。劉豫、金虜入寇，高宗親禦之，趙鼎因喻樗留後門之策，乃起張浚爲閩浙江淮宣撫，預備退保之地。夫國君死社稷，若留後門，則自天子而下，諸侯大夫皆欲留後門矣，孰肯死乎？恐非社稷爲重、君爲輕之義也。

大玄城

蜀土惡，成都城歲壞。高駢易以磚甓，陴堞完新，負城丘陵悉墾平之，以便農桑。訖工，筮之，得《大畜》。駢曰：『畜者，養也。濟以剛健，輝光日新，吉孰大焉！文宣去下存上。』因名大玄城。見《唐書》。俗本訛作太玄城。《一統志》古蹟亦失載之。

絶江

《吕覽》曰：『絶江者，託于船；致遠者，託于驥；霸王者，託于賢。』絶江者，横渡江也，猶云絶流也。《漢・李廣傳》：『南絶幕。』師古曰：『絶，渡也。』

土脉不同

田地有横土，有立土。西北方横土，可以穴居，以其不崩也。立土不可種禾。江南又有斜土，或近山海之故，亦不可種，水不滀也。

山飛

自古山崩、山鳴，而山移之變甚少。惟晉惠帝元康四年夏五月，蜀郡山移。正統十四年，紹興府山移于平地。又地動白毛生。陝西山移有聲，叫三日，移去數里。嘉靖二十六年七月二十四日，陝西西安府同州澄城縣麻林陂界頭山未時吼起，聲如風雷，晝夜響，至二十七日子時，山嶺高一百餘丈，腰約七十餘丈，劈裂一半而下，東西移走三里，南北五里。東有土嶺，深澗淤塞漫平。又，隆慶四年八月三日，湖州山崩成川。

江枯

嘉靖丁未，自夏至冬，浙江潮汐不至，水源乾涸，中流可泳而渡。夫江面十八里，而今一線之水，災異甚矣！

涌川

《吴都賦》錢塘縣，武陵龍川出其坰，故曰涌川。

補陀洛迦山

補陀洛迦山，在定海縣東海中，約一潮可到。一名梅岑山。或謂梅福煉丹于此，因名。有善才嵒、潮音洞，世稱觀音大士化現之地。僧德韶甃石橋，宋寧宗題曰『大士橋』。佛書所稱『海嵒孤絶處』是也。居民以爲甚著靈應。唐大中間建寶陀寺，嘉靖二十七年海寇焚掠，占爲營窟，三十六年提督胡公建議遷于招寶山。可謂趕得没脚走矣，何况愚民不逃避乎？可笑之甚〔一〕！招寶山，舊名候濤，定海縣東北二里，後以諸番入貢停泊，改名招寶山。惟嵊縣清風祠藏倭寇四百餘人，官兵圍，燒殿宇不燃，當門弓弩雨注，而烈婦神像無一鏃犯及，遂乃束手就僇，如有神助者。此則王氏正氣之靈也，與觀世音菩薩邪正感應相去萬萬矣〔二〕！

四海

東海、南海易窮。漢使東道極于黑齒國，南道極于烏弋山離國，此亦當是西南也。烏弋山離去長安萬二千二百里，行可百餘日，乃至條支國，臨西海。又，乘水西行，可百餘日，近日所入云。于闐水西流，注西海。其東水東流，注鹽澤，河源出焉。康居去長安萬二千三百里，其西北可二千里，有奄蔡國，臨大澤，無崖，蓋北海云。《禹貢》：『東漸于海，西被于流沙。』此則天地之極際也。班固賦：『西盪河源，東澹海漘，北動幽崖，南趯朱垠。』九夷、八狄、七戎、六蠻，謂之四海。觚竹、北户、西王母、日下，謂之四荒。東泰遠，西邠國，南濮鉛，北祝栗，謂之四極。

佛氏四海

有漏苦海願超越，無爲樂海願常遊，觀在福海願恒盈，當來智海願圓滿。

築城開河

秦使蒙恬築長城而秦亡，隋使麻叔謀開汴堤而隋滅，元使賈魯治黄河而元亂。故曰天下嗸嗸，新主之資也，然其利則及于後世矣。

惡樵

《玄中記》：『天下之强者，東海之惡樵，水灌而不已。』惡樵，即沃焦也。

方徼

方者，面也，一方之面也。故今之方伯，曰方面官。徼者，繞也，所以繞逆蠻夷，使不得侵入中國。張揖曰：『以木石水爲界，南方赤徼、炎徼。』《漢書》遼東之外，亦曰徼。

術

術，車道也。《説文》：『邑中道也。』《月令》：『孟春，端徑術。』《孟子》『仁術』，猶言義路也。又言『教亦多術』，亦此義，非機巧技藝之術。

行國寄田

《漢書》：西夜國『類羌、氏行國。』『大月氏，本行國。』師古曰：『言不土著也。』行國，甚奇。鄯善，地沙鹵，少田，寄田仰穀旁國。又依耐國，少穀，寄田。師古曰：『寄于他國種田也。』行國，可對寄田，又甚奇。

五尺道

《漢書·西南夷傳》：『秦時嘗破，畧通五尺道。』師古曰：『道纔廣五尺。』可配五丈原、七盤山、九折坂、三丈陂、五成陌。

靈鷲山

靈鷲山，彼云耆闍崛山。耆闍，鷲也；崛，㟪也。又云小孤山，王舍國，見《史記》。故錢塘飛來峯曰靈鷲。《漢·李廣傳》注，師古曰：『鵰，大鷲鳥也。一名鷲，黑色，翮可以爲箭羽。』

交阯

《後漢書·南蠻傳》：『交阯，其俗男女同川而浴，故曰交阯。』非是。蓋其國人之足，大指交，故名。若云同川而浴，則今兩廣男女皆然，何獨交阯？

窮髮不毛

地以草木爲毛髮。北方寒極，草木不生，故號窮髮。《莊子》『窮髮之北』，《列子》『終髮北之化』是也。諸葛孔明曰：『深入不毛。』則南方亦可稱窮髮矣。

毛人

毛人國，在日本東三千餘里，身面俱生毛，約半寸許，其狀如豬。今中國人往往有手足長輪迴所生。則毛人國豈皆輪迴所聚者邪？太平五年，餘杭民婦産子，青毛，二肉角。而俗人不知，乃曰禽獸毛，甚黑如猪者，亦有白毛如羊者。蓋皆天地戾氣所鍾，故産此異相。

魚米桂樵之地

田澄，唐人，蜀城詩：『地富魚爲米，山芳桂是樵。』余以爲上句可用之湖廣，下句可用之桂林。蓋襄陽真魚米之地，而静江則彌山遍谷皆桂樹也。

梅花水　桃花石

南京鍾山泉，滴水皆成梅花。定海東北桃州山，昔傳安期生以醉墨灑于石上，遂成桃花，今名桃花石也。

校勘記

〔一〕『可謂趕得没脚走矣……可笑之甚』原無，據萬曆甲申刻本補。

〔二〕『與觀世音……萬萬矣』原無，據甲申年刻本補。

留青日札卷之十一

田

田，土也，地也，陳也，填也。土已耕曰田，五稼填滿其中也。又，四歲爲田。菑，一歲田；又，不耕田。畬，二歲田；又，火種田。新，三歲田，又，柔田，畭，和田。又，不耕燒種田曰疁。畈，平田。暝，城下田。畻，水田。畕，北田。畸、𤳉，殘田。畾，田間。畔，田界。疄，田隴。眺，田中穴。畨，塍也。甿，陌也，境也。畇，壟土。町，田踐處，區畔埒。畓，墾田，畇。畊、畉，耕田。橫，東西耕；由，南北耕。𤱥，耕外地。汙邪，下地田。畘，田多。畎，隴中深尺廣尺也，六畎爲一畝。畝，《司馬法》：『六尺爲步，百步爲畝。』譙周云：『步以人足爲數。』《王制》：『古者八尺爲步。』今以周尺六尺四寸。秦孝公制：二百四十步爲畝。《禮記》：『一畝之宮。』疏：『徑一步，長百步爲畝，折而方之，東西南北各十步，爲宅牆，方六尺。』程子曰：『古百畝止當今之四十一畝，今百畝，當古之二百五十畝。』畹，《楚詞》：『滋蘭之九畹。』田三十畝曰畹。九畹共二百七十畝。秦孝公則以三十步爲畹。王逸云：『畹，十二畝。』雙，田五畝曰一雙。黄金華詩：『招客先開四十雙。』按官給田四十雙，乃二百畝。陶九成則曰：『四角爲雙。』約四畝。畦，五十畝。《禮》：『圭田五十畝。』顧，百畝爲頃。埤，亦百畝。井，井田九百畝。畛，井田開陌，十夫之道也，溝上涂也。十夫有溝，溝上有畛。丘，十六井，坵，區分域也。疇，並畔也。一井爲疇；九疇，九井也。又，耕治之田。又，穀田曰田，麻田曰疇。甸，六十四井。里，方里而井，井九百畝。《王制》疏：步百爲畝。是長一百步，闊一步。畝百爲夫，是一頃也，長闊一百步。所謂一夫一婦佃田百畝也，佃，治土也。夫三爲屋，是三頃也。屋三爲井，闊三百步，長三百步，是九百畝，長闊一里也。若夫路程則六尺爲步，三百步爲里。又，方一里計十二萬九千六百步也。或曰：三百六十步爲一里。若夫居止，則五家爲鄰，五鄰爲里。或曰：五家爲軌，十軌爲里。成，田方十里曰成。阡，田間南北道；陌，田間東西道。《漢元帝紀》：『出入阡陌。』又，《志》：『商君壞井田，開阡陌。』《陳勝傳贊》疏：『定行伍，俛仰阡陌。』《食貨志》：『亡農夫之苦，有仟佰之得。』注：『千錢曰仟，百錢曰佰。』《文字音義》：『仟謂千人之長，佰謂百人之長。』《韻會》云：『仟佰，通作阡陌。』

輿地圖

輿地圖，見《淮南王傳》及《後漢・光武本紀》。《易》：『坤爲輿。』是即坤象厚德載物之義。而蘇林『畫載』之注，亦本諸此，亦猶天形如倚蓋，張衡作《蓋天圖》云。洪武十八年三月，上覽輿地圖，侍臣有言：『今天下一統，海外蠻夷無不向化，輿圖之廣，誠古所未有。』上曰：

『地廣，則教化難周；人衆，則撫摩難遍。此正當戒慎。天命人心，惟德是視。紂以天下而亡，湯以七十里而興。所繫在德，豈在地之大小哉？』大哉王言！真創業守成之龜鑑也！我朝輿地之廣，縱一萬九百里，横一萬一千七百五十里，此寰宇通衢，四至延袤之數。若夫國初之東北若三衛，西南若交趾、蠻夷之道，則不止此矣。余嘗應聘纂修《浙江通志》，因檢舊志，欲倣《十郡志》例。隋大業初，内史舍人竇威、崔祖濬、贊治侯偉等，撰《區宇圖志》一部五百餘卷；又著《丹陽郡風俗》，乃以吴人爲東夷。帝不悦，遣柳達宣敕責之，謂無次序，各賜杖。即日復遣秘書學士十八人，修《十郡志》，内史侍郎虞世基總檢，及奏，帝曰：『學士修書頗得人意，各賜帛二十段。』共成一千二百卷。卷頭有圖，叙山川，則卷首有山水圖；叙郡國，則卷首有郭邑圖；叙城隍，則卷首有公舘圖。其圖上山川、城邑，題字極細，並用歐陽肅書。若我朝《一統志》，其中考據不精，體式未備，甚有重複可厭者，須重修之可也。後《通志》成，不能盡如吾意，亦非佳製也，後必有改正者。

三京　三都　三天

洪武元年八月，詔以大梁爲北京，金陵爲南京。既立南京大業，有司次第舉行北京之事。三年，以臨濠府乃興龍之地，改爲中立府，定爲中都。築新城于府西二十里，有萬歲山。皇城、宮殿、宗廟、省臺皆備。後上謂羣臣曰：『大梁四面受敵，非建都之地。且人民凋敝，不可重勞興築，罷之。』而劉伯温言于上曰：『臨濠雖帝鄉，然非建都之地。』七年十月，改中立府爲鳳陽府，治于新城，以舊會同舘爲之。因在鳳皇山之陽，故名鳳陽府也。太祖嘗御謹身殿，問廷臣曰：『北平建都可以控制胡虜，而運掉東南，比今南京何如？』翰林修撰鮑頻對曰：『胡主起自沙漠，立國在燕，今已百年，地氣天運已盡，不可因也。今南京，興王之地，宫闕已完，不可改圖。傳曰：「在德不在險也。」』于是中止。頻，歙人。又，御史胡子祺請遷都關中，以漕運艱難，不報。及永樂以燕王龍興于北平，後定鼎，遂改爲北京。宫殿成，仍稱行在。正統辛酉，始定北京，革行在之稱。我皇上由興府入承大統，乃陞安陸州爲承天府，仍曰興都。而南京曰應天府，北京曰順天府，可謂之三京、三都、三天矣。太祖建都金陵，啟于尚書陶安、和尚金碧峰。成祖建都金臺，啟于尚書李至剛、和尚姚廣孝。弘治四年十月，興王奏稱：『臣聞衛輝府地形瘠窪，遞年黄河溢，乞照崇吉等王更改所封地方。乞將湖廣安陸州撥賜與臣，況本州舊有梁王等王府基，易爲改造。』孝宗聖旨：『安陸州既會議相應地方，准奏遷徙也。』今獻陵之南五泉野，古名天子墓，今呼天子岡，史無所考。我朝初封郢王于安陸，及府而薨，乃應今兆也。

大明京師臨濠先識

元世祖問劉太保曰：『今之定都惟上都、大都耳，何處最佳？』劉曰：『上都，國祚短，民風淳；大都，國祚長，民風淫。』遂定都燕之計。上都，元開平，今遼東口外；大都，元大興府，即今順天府大興縣地也。萬年國祚之長卜矣。今京師禁中之瓊花島，梳粧臺，皆金之故物也。臺今訛爲蕭太后梳粧樓，本金燕山故都城之東北隅，入元改爲萬歲山，今在禁中西南方。章宗建臺，與李妃登焉。得句云：『二人土上坐。』妃即對曰：『一月日邊明。』時皆以警妙詩之。殊不知今爲大明建都之地，此其先兆也。元主嘗召術士，問以國祚。對曰：『國家千秋萬歲，不必深慮。除日月並行，乃可憂耳。』乃『明』字隱語也。皆大明之讖云。周世宗顯德中至淮南，嘗言荆、塗二山爲濠州朝岡，有王者氣。後三百年，而我太祖實應其瑞。可見天時、地利、人心，皆非偶然也。

吴越地

秦始皇二十五年，以吴越地爲會稽郡，治吴。漢封劉賈爲荆王，賈爲英布所殺。又，以劉濞爲吴王。景帝四年，濞反，誅。乃復爲郡，治吴。武帝元鼎五年，除東越，因以其地爲治，并屬于會稽，而立東部都尉，後徙章安。成帝陽朔元年，又徙，治鄞。或有寇害，復徙勾章。順帝永建四年，劉聖博府君上書，浙江之北以爲吴郡，會稽還治山陰。自永建四年己巳至吴之太平三年丁丑，積百二十九歲。見《會稽典録》朱育云。

語兒

《越絶書》：『柴辟亭到語兒就李，吴侵以爲戰地。』又云：『語兒鄉，故越界，名曰就李，吴疆越地，以爲戰地。』至于柴辟亭又云女陽亭者，句踐入官于吴，夫人從，道産女此亭，養于就李鄉。句踐勝吴，更名女陽，更就李爲語兒鄉。《水經注》云：『東逕禦而鄉。』萬善歷曰：『吴黄武六年正月，獲彭綺。是歲，由拳西鄉有産而隨便能語，云：「天明河欲清，脚折金乃生。」是因詔爲語兒鄉。』非也。《國語》曰：『句踐之地，北至禦兒。』常昭曰『越北鄙，在嘉興』是也。今《嘉興志》，語溪在崇德東南，一名語兒中涇，又名沙渚塘，爲吴棲兵之地。又，錢塘有女兒橋，亦此。《前漢書》：『封樣終古爲語兒侯。』孟康曰：『越中地名。』《後漢書・南粤傳》〔二〕：『東粤使狗北將軍守武林，樓船軍卒錢塘樣終古斬狗北將軍，爲語兒侯。』師古曰：『錢塘，會稽縣。樣，音袁。』孟康曰：『語兒，越中地，今吴南亭是也。』師古曰：『語，或作䥫，或作籞，音同。』《侯鯖録》：『語兒梨，果實之珍，因其地名也。』又《元史》載：『征交趾，東道由女兒關進。』

錢塘湖

《晉・陳訓傳》：『時錢塘湖開，或言天下當太平，青蓋入洛。時皓以問訓，訓曰：「臣止能望氣，不能達湖之開塞。」退而告其友曰：「青蓋入洛，將有興櫬銜璧之事，非吉祥也。」尋而吴亡。』吴赤烏十二年，寶鼎出臨平湖。天璽元年，臨平湖自漢末淤塞，一夕忽開。元興二年，錢塘臨平湖水赤。陳後主末年，臨平草久塞，忽然自通。

西湖　温泉　醴泉　新婦磯　青龍港　雙投橋

西湖今但知有冷泉，而不知有温泉、醴泉，在冷泉之上。見《武林舊事》。今不可考矣，惜哉！胥好事者問津。新婦磯，楊廉夫《西湖竹枝詞》：『家住西湖新婦磯。』又，《石新婦》：『石新婦下水連空，飛來峰前山萬重。』郯九成《竹枝詞》：『風篁嶺頭西日暉，青龍港口新月微。』馮士卿詞：『請看雙投橋下水，新開兩朵玉芙蓉。』此皆遺逸隱蹟也。

子陵耕釣處

余嘗辯嚴子陵耕釣處，已著爲記。今見宋之輔廣云：孫公守是邦，疑范文正公既爲先生立祠，而碑刻不著。搜訪久之，乃得唐興元中户部郎崔儒所爲記于頹垣間。果言有田可力耕，而田且不存，命吏登山巔求之，深谷谺然開爲平疇，有泉注之，大旱不枯，袤二百畝。史所謂耕于富春山者，即此也。詰其主名，則爲世家所有。公欲損公帑以歸田，卒不從，作詩傷之，名曰《浩嘆》。我太祖嘗作《嚴光論》，有云：『漢之嚴光，當國家中興之初，民生凋敝，人才寡少，爲君者慮，恐德薄才疏，致生民之受患，禮賢之心甚切，是致嚴光、周黨于朝。何期至而大禮茫然無所知，故縱之，飄然而往。却乃棲嵒濱水以爲自樂。吁！當時舉者果何人歟？以斯人聞上，及至不仕而往，古今以爲奇哉，在朕則不然。假使赤眉、王郎、劉盆子等輩混殽未定之時，則光釣于何處？當時挈家草莽，求食顧命之不暇，安得優游樂釣歟？今之所以獲釣者，君恩也。假使當時聘于朝，拒命而弗仕，去此而終無人用，天子才疏德薄，民受其害，天下荒荒，若果如是，樂釣歟？優游歟？朕觀當時之罪人，罪人大者莫過嚴光、周黨之徒。不正忘恩，終無補報，可不恨歟！』

東山

謝安之東山，先在會稽，最後在金陵。而餘杭亦有東山，故本傳云：『安石常往臨安山中，坐石室，臨濬谷，悠然嘆曰：「此與伯夷何遠？」』蘇子瞻有《游餘杭東西嵒》詩，注云：『即謝安東山，所謂「獨攜縹緲人，來上東西山」者是也。』又，仁和横里亦有東山，今有謝公廟在焉，無據。

楊墳

宋楊和王沂中之墓，在德清縣中，隣于錢塘，去吾鄉甚近。規制甚大，徑路猶存，碑表盡滅，惟一庵觀，乃香火院。此地有楊姓者，云是後裔。其像尚在楊悦家，并高、孝御札三十九道。或石刻，或墨跡。其壙舊都盜掘。正德間，一沈姓者發得玉盌二枚，玉杯十枚，玉象棋一副并諸玩器，爲讎人報于鎮守内監，遂都没入。止存玉棋，懼而改作婦人首飾花朵。余嘗見之，真可惜也。又，近年小民土中得一銅爵，容酒一升，爲沈子魁所得，出以飲予，腹下有『子孫永享』四篆字。蓋宋内府賜物也。當時殉葬之物，何其太盛，自宋元至今，發之尚未能盡也。

武溪

虎林之改武林，或云因多虎患，或曰南唐諱之也。而虎丘，亦改武丘。白居易《因喦亭》詩：『似移天目石，疑入武丘山。』又不知虎溪，亦曾改爲武溪。見郎士元《題精舍寺》詩。又，《晉書》：『魏命改丘頭曰武丘。』以旌武功也。

天目山崩

天目，杭之主山也。嘉靖己亥六月，天目山崩，石下出蛇千餘條。衢、嚴水災傷人。按度宗甲戌，天目山崩，宋社遂屋。今未出十年，倭寇大擾，東南多事，亦杭之氣數然哉！余後過崩處，見其峰巒皆粉碎，老僧歷歷指示。又，庚申七月□日，天目發洪，臨安、於潛、新城大水，杭、嘉、湖災傷，詔恤。又，甲子四月二十一日，餘杭、臨安大雨水，黃湖、雙溪尤甚，只曾坑一所，發洪二十八處。

石鍾山

赤壁山，乃吴破曹處。湖廣赤壁有五，漢陽、漢川、黄州、嘉魚、江夏，皆有之。惟武昌嘉魚縣西南八十里，大江濱北岸烏林，南岸赤壁是也。唐屬蒲圻，故云去縣西百四十里，今屬嘉魚。宋謝枋得猶于石崖見『赤壁』二字。蘇子瞻所遊，乃黄州西下津江百步赤壁磯，土人訛爲赤鼻，非故地也。可謂賦而失實。張文潛但知辨其誤，而亦不識此山之名。子瞻所遊，自名石鍾山。

鰥山

杭有鰥、寡、孤、獨四山，皆孑然無依，挺然獨峙之名。今孤山在錢塘西湖，世所著者。獨山在仁和横里，亦通津，人皆望而知之。寡山在餘杭支巷界，去余家之西咫尺耳。亦名爲鳳山，以其象飛鳳形也。人莫之稱，但曰寡山。惟鰥山，衆皆不知其所在。殊不知即寡山之西一水之隔，今俗名魚山。魚者，鰥字之省文，而傳誤者也。人或以吴音，以魚爲吴，以吴爲魚，如蘇州之吴城，亦呼爲魚城之類。故遂改正之曰吴山。又，因杭城有吴山著名也，復添之曰小吴山，而縣志亦曰吴山。此皆不學失考之故也。當改之曰鰥山，不然即仍曰魚山，庶愛禮存羊之意，使後世可以循名而責實也。

孔敬康鼎水

孔愉放龜，左顧，遂作一鼎。其文曰『孔敬康鼎』。沈之于水，即今德清縣龜澤中，因封餘不亭侯，故今名餘不溪也。不，平聲。

餘不

湖州有餘英溪、餘不溪。『不』，今秋韻，作方鳩切，非也。當作虞韻，風無切。本作『柎』，《説文》：『鄂足也，草木房爲柎。一曰，華下萼，通作不。』《詩》：『棠棣之華，鄂不韡韡。』鄭云：『承華者鄂，不當作柎，鄂足也。』即今言花蒂也。此地有梅溪、苕溪，其流相通，故曰餘英、餘不，其義可見矣。若作方鳩切，則本注《説文》云：『不，鳥飛上翔，不下來也。』與溪水全不相干涉。《左傳》『華不注』者，山名。人皆讀作入聲，誤也。古『不』字有讀作『缶』音者，作『俯』音者，並無逋骨切之音。今作入聲，如『卜』，乃俗音也。惟伏琛《齊記》引虞摯《畿服經》作『柎』，言此山孤秀，如華跗之注于水。深得之矣！李太白詩云：『昔我遊齊都，登華不注峰。兹山何峻秀，綵翠如芙蓉。』此其證也。在今山東濟南府。

吴泉

吴泉，即虞淵。見《河圖緯象》：『云邠之隘，上爲扶桑，日所升；宣陸之阻，上爲吴泉，月所登。』此僞書也。虞綽逃難，易姓名作吴卓。唐高祖諱淵，後易作泉。詩云『酣歌一夜送泉明』是也。顔杲卿子，名泉明，彭州司馬。

沙上

今錢塘江干，有地名曰沙上，實平土也。沙，《説文》作『水散石』也，故其字或作砂。詩注作水旁。又，大水接小水曰沙，故其字或作沙。今南京有白沙，廣東亦有白沙，徽州有錦沙之類，蓋水邊可耕之地也。

狗葬　良犬鋪

余鄉東北十餘里，地名狗葬，其鋪曰良犬。初不解其義。《述征記》：『彭城東岸一丘，俗謂之狗葬。』或云：『徐偃王葬后倉者也。』徐國宫人娠而生開，棄之水濱。有狗名后倉，銜歸，成人，遂爲徐之嗣君。純筋無骨，曰偃王。躬行仁義，衆附之，得朱弓、朱矢之瑞。周穆王命楚滅之。后倉將死，生角及尾，實黄龍也。余鄉之狗葬，或曰狗濡身濕草，以救野火焚其主人之故。其事見縣志。

禹穴

四川石泉縣石紐村，禹生之地。其地深杳，人跡所不到者，名禹穴。都御史劉公遠夫求得古碑，上刻乃李太白書『禹穴』二字。今會稽亦有禹穴，乃窆所也。

月窟

揚子雲《長楊賦》：『西壓月䶈，東震日域。』服虔注以爲『月所生處』。楊用修引李太白『天馬來出月氏窟』，以爲月窟，月氏國，日域，日逐單于，近之矣。日域，猶言日本國也，邵堯夫因倡爲『天根月窟』之句。天果有根，月果有窟耶？岐陽王《平沙漠表》云：『東日窟而西月氏，莫非王土；南炎荒而北瀚海，共惟帝臣。』

白雲宗田

吾鄉有田，名白雲宗田，蓋我朝洪武初抄没元僧之産也。元有八思巴，號金童。少長，學富五明，故又稱曰班彌怛。及卒，賜號『皇天之下一人之上宣文輔治大聖至德普覺真智佑國如意大寶法王西天佛子大元帝師』。至治間，特詔郡縣建廟通祀。泰定元年，又頒各行省爲之塑像。泰定二年，西臺御史李昌言：西番僧佩金字圓符，絡繹道途，騎騎累百，傳舍至不能容，則假館民舍，因迫逐男子，姦汙女婦。白雲宗、白蓮宗頗通奸利。

囂

囂有二音，其義亦異。在蕭韻者，作喧鬭聲。口爭曰囂，氣出頭上也，所謂市囂、塵囂是也。在敖韻者，爲地名。《尚書序》：『仲丁居于囂。』[二]其地在陳留、浚儀之間，即秦之敖倉也。三川爲天下之朝市，故名敖云。《左傳》：『有囂氏之隧。』《史記》注：『青陽，在青之陽；玄囂，在玄之囂。』青，東方；玄，北方也。

水土生人

《孔子家語》云：『堅土之人剛，弱土之人柔，墟土之人大，沙土之人細，息土之人美，秏土之人醜。』《吕氏春秋》云：『輕水所多秃與癭人，重水所多尰與躄人；甘水所多好與美人，辛水所多疽與痤人，苦水所多尪與傴人。』任子云：『木氣人勇，金氣人剛，火氣人强而燥，土氣人智而寬，水氣人急而賊。』《草木子》云：『山氣多男，澤氣多女，水氣多喑，風氣多聾，木氣多傴，石氣多力，險阻氣多癭，暑氣多殘，雲氣多壽，谷氣多痺，丘氣多尪，衍氣多仁，陵氣多貪。』又《周書》曰：『丘陵之人專而長。』《淮南子》曰：『東方之人長。』

埋土乾湖

杭有貴公子以廕得縣官，畧不知事體。在任出郭門，見一大土阜當道，因亟呼地方人，叱曰：『何不開掘平治？』耆老曰：『爲力固易，但爲無處可容此土耳。』本官乃操吴音曰：『有舍子難，快掘箇潭埋了罷。』一時傳爲笑話。因思宋王安石爲相，有人獻計，乾太湖，可得良田數萬頃。安石與客議之。劉貢父曰：『此易爲也，但旁邊别開一箇太湖，納了此水，則成良田矣。』安石悟而大笑。此古今的對。

校勘記

〔一〕應爲《漢書・南粤傳》。

〔二〕仲丁居于囂　原文爲『仲丁遷于囂』。

留青日札卷之十二

大明大統曆解

大明者，國號也。一人爲大，日月爲明，天大，地大，人大，而宇宙人物如日月之明，無所不照也。《大統曆》者，取春秋大一統之義以名曆也。統者，系也，總理也，綱紀也，撫御也。曆者，象也，『曆象日月星辰』是也，數也，『天之曆數在爾躬』是也。通作歷，過也，傳也。黄帝造曆。《天官書》：『黄帝考正星曆。』又曰容成，曰羲和。

洪武曆元〔一〕

洪武十七年，欽天監博士元統言：『今曆雖以《大統》爲名，而積分猶《授時》之數，見《授時》之法以至元辛巳爲曆元，至洪武甲子，積一百四年。以曆法推之，得三億七千六百一十九萬九千七百七十五分，《經》云：「大約七十年而差一度，每歲差一分五十秒。」辛巳至今，年遠數盈，漸差天度，擬合修改。臣今以洪武甲子歲冬至爲《大統》曆元推衍，聞磨勘司令王道亨有師郭伯玉者，精明九數之理，若得此人推《大統》曆法，庶幾可成一代之制。蓋天道無端，惟數可以推其機；天道至妙，因數可以明其理。是理因數顯，數從理出，可相倚而不可相違也。』書奏，上是其言，擢統爲監正。其後二十六年，欽天監監副李德芳言：『故元至元辛巳爲曆元，上推往古，每百年長一日，每百年消一日，永久不可易。今監正元統改作洪武甲子曆元，不用消長之法，非是。今當用至元辛巳爲曆元，及消長之法，方合天道。』疏奏，元統復争之。上曰：『二統皆難憑，只驗七政交會，行度無差者爲是。』自是欽天監造曆，以洪武甲子爲曆元，仍依舊法推算，不用捷法。

國初曆

國初，曆有襲爵受封、祈福求醫、乘船渡水、登高履險、收斂貨財等名，通曰宜，不通曰忌，與今式不同。而紀年則由洪武元年以前吴元年遡上，則但書甲子，平行不用故元之年號也。

解縉封事

洪武二十年，御史解縉上封事，中有曰：『治曆用方向、煞神、天德、月德之類，最甚不經。但宜申播種之時，不必用建除之妙。』上嘉其識，而不能用。

回回曆

《回回曆》者，相傳西域馬可之地，年號阿剌必時，異人馬哈麻之所作也。其元起于隋開皇十九年己未歲，其法常以三百五十日爲一歲，歲有十二宫，宫閏日凡一百二十八年閏三十一日。又，以三百日歷千九百四十一年而宫月甲子再會。其白羊宫第一日，日月五星之行，與中國春正定氣日之宿直同其用，以推步分經緯，著陵犯之占，曆家之最精密者。元末時，其曆始入中國。我朝造《大統曆》，得西域人之精于曆者。于是命欽天監以其曆與中國曆相參推步，至今用之。按洪武壬戌十二月，敕翰林編修馬沙亦黑、馬哈麻有曰：『大將入胡都，得秘藏之書數十百册，乃乾方先聖之書，我中國無解其文者。聞爾道學本宗，深通其理，命譯之。』今數月測天之道甚是精詳，想即此曆也。

三統

三統者，天施、地化、人事之紀也。十一月，乾之初九，黄鍾爲天統，立天之道也。六月，坤之初六，林鍾爲地統，立地之道也。正月，乾之九二，舊作九三，誤也。太簇爲人統，立人之道也。子爲天正，丑爲地正，寅爲人正，所謂三正也。

三正

蔡邕《獨斷》曰：『夏以十三月爲正，十寸爲尺，律中太簇，言萬物始簇而生，故以爲正也。殷以十二月爲正，九寸爲尺，律中大吕，言陰氣大勝，助黄鍾宣氣而萬物生，故以爲正也。周以十一月爲正，八寸爲尺，律中黄鍾，言陽氣踵黄泉而出，故以爲正也。』

夏時

周正自建子，而民事則以夏時。故《逸周書》曰：『夏數得天，百王所同，我周改正易械以垂三統。至于敬授人時，巡狩蒸嘗，猶自夏焉。』孔子曰：『吾得夏時焉。』故曰『行夏之時』。至漢武帝、魏文帝始定用夏時建寅也。

六象

古曆有六象：黄帝曆元起辛卯，顓帝用乙卯，虞用戊午，夏用丙寅，商用甲寅，周用丁巳，魯用庚子，秦用顓帝曆，漢因秦用乙卯，或云用殷曆。故《通鑑》編年，朔日兩存之也。

曆日

曆日，按《堯典》曰：『曆象日月星辰。』未嘗言曆日字也。《周禮》：『馮相氏以會天位。』注謂：『合此歲日月星辰宿五者，以爲時事之候。若今曆日，太歲在某月、某日、某甲、朔日直某也。』又引《孝經説》曰：『故敕以天期，四時節有早晚。趣，勉趣時，無失天位，皆此術也。』〔二〕以此觀之，曆法已備于漢，是漢世已謂之曆日矣。

元初曆

元初用劉宋日曆，名曰《大明曆》。遼、金皆用之，故元亦因之，易名曰《授時曆》。

年

年，本作秊，从禾，千聲。取禾一熟也，故又曰稔，亦謂歲一稔也。《釋名》：『進也，進而前也。』中數曰歲，朔數曰年。年是據有氣之初，歲是舉年中之稱。

歲星

歲，木星也，从步，戌聲。俗作山，非也。越也，越故限也。木星曰歲星，越歷二十八宿，宣遍陰陽，十二月一次。是一年行一次，十二次而周天。行一次而四時功畢，故謂年曰歲。天氣始于甲，地氣始于子。子甲相合，故名曰歲。年禾一熟，歲騎兩稔，九月建戌，故从戌，推步起也。次者，第也，又位次也。曰歲次者，蓋言歲行在某也。太歲在四仲，則歲行三宿，太歲在四孟四季，則歲行二宿。二八十六，三四十二，而行二十八宿，故十二歲而周天也。《漢・志》曰：『天一晝夜而運過，星從天而西，日違天而東。日行與天運周，在天成度，有曆成日。』『日周于天，四時備成，攝提遷次，青龍移辰，謂之歲。歲首至也，月首朔也。至、朔同日謂之章，至、朔同在日首謂之蔀，蔀終六旬謂之紀，歲朔又復謂之元。』太史公以十九年爲章，七十六年爲蔀，五百一十三年爲會，一千五百年爲紀，四千五百年爲元。

歲

歲，古作遂。《史記》注引陸賈《楚漢春秋》云：三老董公八十二遂，封爲成侯。遂，即歲也。今文从步，从戌，年至戌而終，乃秦人以十月爲歲首，前此未有也。崔希裕《略古篇》歲作亗。

歲差法

歲差法，元熊太古曰：『古人善曆有歲差之法。』郭太史言：『自漢至今凡十次差，故作簡儀以考中星，作土圭十五丈長，以驗日景。』又，以蓋天仰而觀日之所纏，皆前代所未有也。是以《授時曆》日測月驗，永終無弊。又嘗遣使十四輩，分隸十四處，于夏至日，測景長短，往往千里差一寸。而地之高下，水之緩急，皆得而知之。上都去大都千里而近，其高四十里也。日之廣千里，星之廣百里，或七十里、五十里。故王畿千里，象日之廣；大國百里，次國七十里，小國五十里，象星之大小也。日景每千里差一寸，愈南則日短而夜長，愈北則日長而夜短。大都在地東北，故夏至日，晝六十二刻，夜三十八刻。若洛陽有周公測景臺，夏至日，又晝六十刻，夜四十刻矣。

元歲之閏

《漢・志》曰：元歲之閏，陰陽災經。經歲四千五百六十年、災歲五十七年者，謂五十七年爲陽九、百六也。注：四百八十年爲陽九之會，入元一百六年爲百六之厄。陽九、陽七、陽五、陽三、陰九、陰七、陰五、陰三，皆災歲也。月闕也，十五稍減，故曰闕也。本太陰之精，以象其形。因其圓缺有度，故一闕爲一月。歲有十二月，月凡三十日，本三百六十六日。天順動而不止，不能無小失，故節減其六日，又減小月六日，以順天象，三歲足得一月餘六日，故三歲而閏。又餘六日，積二歲，又餘二十四日，故五歲再閏。从門，从王，《周禮》『閏月，王居門中』是也。俗作玉者，非。閏之言撋也，云蹙長就短也。年以日月十二會爲一周，故止于三百五十四日而成年。歲以星度中朔術爲一周，故三百六十六日而後成歲。必五歲餘兩月，而後五氣之氣始備，而度始周。此所以再閏而無餘日，七閏而無餘分也。

閏月

《史記年表》『秦二年後九月』，蓋秦不置閏，爲後九月，蓋以十月爲正朔，故于當閏之歲，率歸餘于終，而爲後九月也。取《左傳》所謂『歸餘于終』之義，漢因之不改。自高帝至文帝，皆書後九月，是秦、漢皆以建寅之月爲正月也。太初九年，始改歲，自正月而起正朔，曆數合而爲一矣。

漢歲首

《漢・紀》：『秦二年十月。』文穎曰：『十月，秦正月，始皇即位。』周火德，以五勝之法，勝火者水，謂建亥之月，水得位，故以爲歲首。又『元年冬十月』，《張蒼傳》云：『以高祖十月至霸上，故因秦以十月爲歲首。』秦正月，如淳曰：『以十月爲歲首，而正月更爲三時之月。』服虔曰：『漢正月也。』師古曰：『凡此諸月號，皆太初正曆之後，記事者追改之也。以十月爲歲首，即謂十月爲正月。』今此真正月，當時謂之四月耳。漢初曆以驚蟄爲正月中，雨水爲二月節。前漢之末以雨水爲正月中，驚蟄爲二月節。

兩甲子曆

宋至道二年十一月，司天冬官正楊文鎰建言：『曆日六十甲子外，更留二十年。』太宗以爲支干相承，雖止于六十，本命之外，却從一歲起首，並不見當生紀年。若存兩周甲子，共成上壽之數，使期頤之人猶見本年號。令司天議之。司天請如上旨，即印新曆頒行。上可之。

日

日，實也，从口，从一。太陽之精不虧，象形也。以其一度一見，故爲一日。歲有四時，時各三月。月有節，氣有中。氣既終而始爲節，自始至終之半爲中。

刻

刻，鏤也，刻漏也，鍥漏箭以候日晷，曰刻。故因謂晷度曰刻。古制：晝長六十刻，夜短四十刻，晝短四十刻，夜長六十刻，晝夜中六十刻。天之晝夜，以日出入爲分，人之晝夜以昏明爲限。日未出前二刻半爲明，日入後二刻半爲昏，損夜五刻以裨于晝，則晝多于夜五刻。夏至，晝六十五刻，夜三十五刻；冬至，晝三十五刻，夜六十五刻。春秋分，晝五十五刻，夜四十五刻。從春分至夏至，增九刻半；夏至至秋分，減亦如之。從秋分至冬至，減十刻半；從冬至至春分，增亦如之。漢初大率九日增減一刻。至和帝時，待詔霍融始請改之，日晝夜百刻。律令所謂『言日者以百刻』是也。百刻分布十二時，每時得八刻三分刻之一。今曆初一、二、三、四刻止，立初；初刻正一、二、三、四刻止，立正。初刻各得六分刻之一，總計一時八刻之外，有二小刻，二十四小刻，共爲四刻，始合百刻。析而數之，二十四小刻合九十六刻，以成百二十刻。

節

節，竹約也，从竹，即聲。制也，止也。故限時而成節，有四時，有八節。五日爲一候。候，待也，節氣若有所伺也。月有六候，故一歲七十二候。三候爲一氣，即六氣而成時，故二十四氣爲一歲也。七十二候，後魏始載于曆，故今因之。

建

建，樹也，置也，定法也。凡戌時北斗之杓指于方位之初，則爲節，斗杓指于方位之中，則爲中氣。一月一招摇而指，故名月建。閏月，則月内無中氣，乃戌時，斗杓指于兩辰之間，杓，料柄也，从杓聲。北斗之星凡七，第一星故名杓。又云：自一至四爲魁，五至七爲杓，自東而南，而西，而北，從寅而至丑，終也。歲從戌推步，而北斗之占，亦自戌時見星爲始，故《回回曆》白羊宫于辰，亦在戌也。

朔　弦

月初曰朔。朔，蘇也，月死復蘇生也。與日同度，謂之朔。弦，弓弦也；月半之名，一旁曲，一旁直，若張弓弦也。月之上半曰上弦，下半曰下弦。《東漢・志》曰：日月『謂之合朔』。日月相去，『近一遠三，謂之弦』。注：上弦初七、八，下弦二十二、三。

望

望，月滿也，與日相望，如朝君也。《漢・志》：日月『相與爲衡，分天之中，謂之望』。月體無光，待日照而光生，半照即爲弦，全照乃成望。交在望前，朔則日食，望則月食；交在望後，望則月食，後月朔則日食；交正在朔，則日食既，前後望不食；交正在望，則月食既，前後朔不食。大率一百十三日有餘，而道始一交；非交，則不相侵犯。故朔望不常有食。月大十六日望，月小十五日望。間有十四、十七望者。

晦

月盡曰晦。晦，灰也，月死爲灰，光盡似之也。《漢・志》曰：以月及日『光盡體伏，謂之晦』。注：陰近陽則晦，二十九曰小盡，三十日曰大盡。

盈虚

日與天會而有氣盈，即曆書所謂大餘五，小餘八也。月與日會而有朔虚，即曆書所謂大餘五十四，小餘三百四十八也。大餘日也，小餘分也。五歲再閏而無餘日，十九歲七閏而無餘分。曆書所謂無大餘、無小餘也。

社

社，地主也。《周禮》：二十五家爲社，各樹其上所宜之木。王爲郡姓立社曰大社，五土之神能生萬物者也。以社爲后土者，蓋社以古之有大功者配之。共工氏有子句龍爲后土，能平水土，故祀以爲社。今民間或十家、五家共爲田社，是私社也。社必春秋者，重農事也。《月令》：近春分、秋分前後戊日爲社日。《禮》之所謂元日，元吉也。必戊者，土也。蓋立春、立秋第五戊爲社。若節在戊日午前，則六戊，節在戊日午後，只五戊是也。

伏

伏，伏藏也。伏有初伏、中伏、末伏。三日乃六月之節，四氣代謝，皆以相生。立春，木代水，水生木；立夏，火代木，木生火；立冬，水代金，金生水；至于立秋，以金代火，金畏火，故至庚必伏。三伏皆庚，金故也。周時無所謂伏，起于秦穆公二年，初作伏祠，或曰文公，或曰始皇。今按夏至後第三庚爲初伏，第四庚爲中伏，第五庚爲末伏。若五庚在立秋前，則第六庚爲末伏也。

躔舍

玉衡杓建，天之綱也，日月初躔，星之紀也。今之娵訾、降婁、大梁、實沈、鶉首、鶉火、鶉尾、壽星、大火、析木、星紀，皆太陽所躔之次舍也。

歲德諸神

歲德，五行同須異位之德，歲合五行相合之辰，奏書天之掌記。博士，貴神〔三〕；力士，凶神也。太歲，君也；太陰，土星之精，其后妃也。將軍，金星之精；方伯之神；蠶室，其妻也。長、短星，潮候也。其餘不可盡名，無多泥也。

建除家

建除家，即建、除、滿、平、定、執、破、危、成、收、開、閉，十二名也。

天文家

天文家，即角、亢、氐、房、心、尾、箕、斗、牛、女、虚、危、室、壁、奎、婁、胃、昴、畢、觜、參、井、鬼、柳、星、張、翼、軫二十八宿是也。

星禽

星禽衍法：角木蛟，亢金龍，氐土貉，房日兔，心月狐，尾火虎，箕水豹，斗木獬，牛金龍，女土蝠，虚日鼠，危月燕，室火猪，壁水貐，奎木狼，婁金狗，胃土雉，昴日雞，畢月烏，觜火猴，參水猿，井木犴，鬼金羊，柳土獐，星日馬，張月鹿，翼火虵，軫水蚓，二十八宿。《酉陽雜俎》以爲有姓、有形，皆不稽之談也。

九宫

九宫之法，即《洛書》之數也：一白，二黑，三碧，四緑，五黄，六白，七赤，八白，九紫。以後天卦位配之：一白坎，二黑坤，三碧震，四緑巽，五黄中宫，六白乾，七赤兑，八白艮，九紫離也。九宫七色，見《乾鑿度》。

飛九宫

《唐會要》曰：『曆中九宫：天蓬星，太乙，坎，水，白；天内星，攝提，坤，土，黑；天衡星，軒轅，震，木，碧；天輔星，招摇，巽，木，緑；天禽星，天符，中，土，黄；天心星，青龍，乾，金，白；天柱星，咸池，兑，金，赤；天任星，太陰，艮，土，白；天英星，天乙，離，火，紫。』今曆中但列其色于下方，而不著其名，世人謂之曰飛九宫。

十干

十干者，甲、乙、丙、丁、戊、己、庚、辛、壬、癸也。干，犯也，屬陽，故曰天干。出甲于甲，奮軋于乙，明炳于丙，大盛于丁，豐楙于戊，理紀于己，歛更于庚，悉新于辛，懷妊于壬，陳揆于癸，陰陽合德，化生萬物也。　甲，本戈甲。或曰拆也，萬物甲拆而出也。　乙，本魚腸。或曰萬物屈曲而未伸也。　丙，本魚尾。或曰萬物炳然著見也。　丁，本蠆尾。又，萬物壯實之形也。　戊，本武。又，萬物之茂盛也。　己，本几。又，萬物有形可紀識也。　庚，本鬲。或曰萬物堅强而收歛也。　辛，本被罪。或曰萬物方盛而見制也。　壬，本懷妊。　癸，本草實。或曰冬時如土既平，萬物可揆度也。

十二支

十二支者，子、丑、寅、卯、辰、巳、午、未、申、酉、戌、亥也。支，象竹之枝葉下垂也，分也，度也。屬陰，故曰地支。　子，人子也，孳也，陽氣始生于下也。　丑，手杻也，寒氣屈曲而尚紐也。　寅，髕也。　卯，牖也。又，冒也，萬物冒地而出也。　辰，本日月星之名。又，伸也，萬物伸而已出也。　巳，本虵屬，已也，陽氣畢布已盡也。　午，牾也，交布也，陽氣愕而忤也。　未，木之滋也。又，昧也，日既中而陽向幽也。　申，持簡也。又，萬物申束以成體也。　酉，卣也，就也，萬物熟而成就也。　戌，本戊咸。又，滅也，萬物將滅息也。　亥，本豕屬。又，核也，萬物堅核而收藏也。

歲陽

太歲在甲，曰閼逢，一作焉蓬，萬物欲出閉塞而未通也。在乙，曰旃蒙，一作端蒙。旃，斿也，蒙，冒也，萬物萌動，蒙甲而出也。在丙，曰柔兆，一作游兆，萬物生枝布葉柔輭兆坼也。在丁，曰强圉，萬物剛勝也。在戊，曰著雍，中央和養萬物也。在己，曰屠維，萬物各成其性，屠别維離也。在庚，曰上章，萬物畢生而章明也。在辛，曰重光，萬物將就成孰而再新也；或誤作昭陽。在壬，曰玄黓，歲終包妊萬物而深藏也。在癸，曰昭陽，陽氣萌動，萬物將顯也；或誤作重光。此歲陽也。

月陽

月在甲曰畢，乙曰橘，丙曰修，丁曰圉，戊曰厲，己曰則，庚曰窒，辛曰塞，壬曰終，癸曰極，此月陽也。

甲子五行

大撓占斗建作甲子，以支干爲配。甲、己，土；乙、庚，金；丁、壬，木；丙、辛，水；戊、癸，火。此十干化五行真氣也。甲乙見子、丑、午、未爲金；見戌、亥、辰、巳爲火；見申、酉、寅、卯爲水；丙、丁見寅、卯、申、酉爲火；見子、丑、午、未爲水；見戌、亥、辰、巳爲土；戊、己見辰、巳、戌、亥爲木；見寅、卯、申、酉爲土；見子、丑、午、未爲火；庚、辛見午、未、子、丑爲土；見辰、巳、戌、亥爲金；見寅、卯、申、酉爲木；壬、癸見申、酉、寅、卯爲金；見午、未、子、丑爲木；見辰、巳、戌、亥爲水。一以天干爲主，一以地支爲主，故不同也。

十二辰肖

十二辰之肖：子曰鼠，前四爪陰，後五爪陽。丑曰牛，屬陰，蹄分四爪。寅曰虎，陽，五爪。卯曰兔，陰，缺脣，四爪。辰曰龍，陽，五爪。巳曰蛇，陰，雙舌。午曰馬，陽，火蹄圓單蹄。未曰羊，陰，蹄分四爪。申曰猴，陽，五爪。酉曰雞，陰，四爪。戌曰狗，陽，五爪。亥曰猪，陰，蹄分四爪。

正五行

正五行：甲、乙、寅、卯，木；丙、丁、巳、午，火；戊、己、辰、戌、丑、未，土；庚、辛、申、酉，金；壬、癸、亥、子，水；乾，金；巽，木；坤、艮，土。此以支幹屬五行也。

五行相生

五行相生者，生者左旋，故以中央土生西方金，金生北方水，水生東方木，木生南方火，火復生中央土。此《河圖》之生數也。

五行相尅

五行相尅者，尅者右轉。故以中央土而尅北與西北之水，水尅南與東南之火，火尅西與西南之金，金尅東與東北之木，木又尅中央之土。此《洛書》之尅數也。

生尅制化

五行生尅制化者。生中有尅者：蓋木生火，火盛則木爲灰燼。火生土，土盛則火遏滅。土生金，金盛則草木不生。金生水，水盛則物沉溺。水生木，木盛則水阻溢。此生中有尅也。尅中有生者：蓋木尅土，土厚則喜木尅，是爲秀聳山林。土尅水，水盛則喜土尅，是爲樽節堤防。水尅火，火盛則喜水尅，是爲既濟成功。火尅金，金盛則喜火尅，是爲煅煉全材。金尅木，是爲斧斤斲削。此尅中有生也，總名之曰五行家。

花甲子

李淳風作《六十花甲子歌》：甲子乙丑海中金，子水爲湖，又水旺之地兼金，死于子，墓于丑。水旺而金死墓，故曰海中金也。丙寅丁卯爐中火，寅三陽，卯四陽。火既得地，又得寅、卯，木以生之。天地開爐，萬物始生，故曰爐中火也。戊辰己巳大林木，辰原野，巳六陽，木至六陽則枝葉茂。以茂盛之木而在原野之間，故曰大林木也。庚午辛未路旁土，未中之木而生午位之旺火，火旺則土受刑。土之始生，未能育物，猶路旁土，故曰路旁土也。壬申癸酉劍鋒金，申酉，金之正位兼臨官帝旺。酉金既生旺則誠剛矣，剛則無踰于劍鋒，故曰劍鋒金也。甲戌乙亥山頭火，戌亥爲天門，火照天門，其光至高，故曰山頭火也。丙子丁丑澗下水，水旺于子，衰于丑。旺而反衰，則不能爲江河，故曰澗下水也。戊寅己卯城頭土，天干戊己屬土，寅爲艮山，上積而爲山，故曰城頭土也。庚辰辛巳白鑞金，金養于辰，生于巳，形質初成，未能堅利，故曰白鑞金也。壬午癸未楊柳木，木死于午，墓于未，木既死墓，雖得天干壬癸之水以生之，終是柔弱，故曰楊柳木也。甲申乙酉井泉水，金臨官，申帝旺。酉金既生旺，則水由以生。然方生之際，力量未洪，故曰井泉水也。丙戌丁亥屋上土，丙丁屬火，戌亥爲天門。火既炎上，則土非在下而生，故曰屋上土也。戊子己丑霹歷火，丑屬土，子屬水，水居正位，而納音乃火。水中之火非龍神則無，故曰霹歷火也。庚寅辛卯松柏木，木臨官，寅帝旺。卯木既生旺，則非柔弱之比，故曰松柏木也。壬辰癸巳長流水，辰爲水庫，巳爲金，長生之地。金生則水性已存，以庫水而逢生金，則泉源終不竭，故曰長流水也。甲午乙未沙中金，午，火旺之地，火旺則金敗。未爲火衰之地，火衰則金冠帶敗，而方冠帶未能砟伐，故曰沙中金也。丙申丁酉山下火，申爲地户，酉爲日入之門。日至此時而藏光，故曰山下火也。戊戌己亥平地木，戌爲原野，亥爲木生之地。夫木生于原野，則非一根一株之比，故曰平地木也。庚子辛丑壁上土，丑雖土家正位，而子則水旺之地。土見水多則爲泥矣，故曰壁上土也。壬寅癸卯金箔金，寅卯爲木旺之地，木旺則金羸。又，金絶于寅，胎于卯。金既無力，故曰金箔金也。甲辰乙巳覆燈火，辰爲食時，巳爲禺中，日之將中，豔陽之勢光于天下，故曰覆燈火也。丙午丁未天河水，丙丁屬火，午爲火旺之地，而納音乃水。水自火出，非銀漢不能有也，故曰天河水也。戊申己酉大驛土，申爲坤，坤爲地，酉爲兑，兑爲澤。戊己之土加于坤澤之上，非其他浮薄之土也，故曰大驛土也。庚戌辛亥釵釧金，金至戌而衰，至亥而病。金既衰病，則誠柔矣，故曰釵釧金也。壬子癸丑桑柘木，子屬水，丑屬金。水方生木，金則伐之，猶桑柘方生，人便以餧蠶，故曰桑柘木也。甲寅乙卯大溪水，寅爲東北維，卯爲正東，水流正東，則其性順，而川澗池沼俱合而歸，故曰大溪水也。丙辰丁巳沙中土，土庫辰絶巳，而天干丙丁之火至辰。冠帶巳臨官，土既庫絶旺，火復與生之，故曰沙中土也。戊午己未天上火，午爲土旺之地，未中之木又復生之。火性炎上，及逢生地，故曰天上火也。庚申辛酉石榴木，申爲七月，酉爲八月，此時木則絶矣，唯石榴之木反結實矣，故曰石榴木也。壬戌癸亥大海水。水冠帶，戌臨官。亥水臨官，冠帶則力厚矣，兼亥爲江，非他水之比，故曰大海水也。

甲子納音

《鬼谷子》作『納音六十甲子』。納音，蓋六十律，旋相爲宫也。一律合五音，十二律納六十音也。凡氣始于東方而右行，音起于西方而左行。故四時始于木，木傳于火，火傳于土，土傳于金，金傳于水。五行始于金，金傳于火，火傳于木，木傳于水，水傳于土。納音，與《易》『納甲』同法也。　六十甲子，曆也；納音，律也。支干，納音之别也。一六爲水，二七爲火，三八爲木，四九爲金，五十爲土。五行之中，惟金、木有自然之音，水、火、土必相假而後成音。蓋水假土，火假水，土假火，故金音四九，木音三八，水音五十，火音一六，土音二七，此不易之論也。何以言之？甲巳、子午，九也；乙庚、丑未，八也；丙辛、寅申，七也；丁壬、卯酉，六也；戊癸、辰戌，五也；巳亥，四也；甲子、乙丑，其數三十有四。四者，金之音也，故曰金。戊辰、己巳其數二十有八。八者，木之音也，故曰木。庚午、辛未，其數三十有二。二者，火也，土以火爲音，故曰土。甲申、乙酉，其數三十。十者，土也，水以土爲音，故曰水。戊子、己丑，其數三十有一。一者，水也，火以水爲音，故曰火。六十甲子皆然，此納音之所起也。

十二律

黄鍾，黄，中色；鍾，種也，陽氣施種於黄泉，孳萌萬物。大吕，吕，旅也，陰大，旅助黄鍾，宣氣而牙物也。太族，族，奏也，陽氣大，奏地而達物也。夾鍾，陰夾助太族宣四方之氣而出種物也。姑洗，洗，絜也，陽氣洗物辜絜之也。中吕，微陰始起未成，著于其中旅助姑洗宣氣齊物也。蕤賓，蕤，繼也；賓，導也，陽始導陰氣使繼養物也。林鍾，林，君也，陰氣受任，助蕤賓君主種物使長大楙盛也。夷則，夷，傷也；則，法也，陽氣正法度而使陰氣夷當傷之物也。南吕，南，任也，陰氣旅助夷則任成萬物也。亡射，射，厭也，陽氣究物而使陰氣畢剥落之，終而復始，亡厭已也。應鍾，陰氣應亡射，該藏萬物而雜陽閡種也。周伶州鳩曰：律所以立均出度也。古之神瞽考中聲而量之以制，度律均鍾，百官軌儀，紀之以三，平之以六，成于十二天之道也。夫六中之色也，故名之曰黄鍾，所以宣養六氣九德也。曰太族，所以金奏贊陽出滯也。曰姑洗，所以修潔百物，考神納賓也。曰蕤賓，所以安靜神人，獻酬交錯也。曰夷則，所以詠歌九則，平民者無貳也。曰無射，所以宣布哲人之令德，示民軌道也。爲之六間，以揚沈伏而黜散越也。元間大吕，助宣物也。二間夾鍾，出四隙云細也。三間中吕，宣中氣也。四間林鍾，和展百事，俾莫不任肅純恪也。五間南吕，贊陽秀也。六間應鍾，均利器用，俾應復也。

校勘記

〔一〕本卷標題除『大明大統曆解』外，均漏標，兹據目録補上。

〔二〕故敕句　原文作『故勑以天期，四時節有夜趣時，無失天位，皆由此術云』。

〔三〕貴神　原作『貴人』，據甲申本改。

留青日札卷之十三

大明大統曆解

正月〔一〕

正月不曰一月，而曰正月者，歲之首月，取其端正，故《史記》名端月云『二世二年正月』也。正，本去聲，从一，从止，當也，是也，君也。《小雅》：『正月繁霜，我心憂傷。』注：『正，讀曰政，以純陽用事爲正陽之月也。』秦始皇名政。政，一作正，以正月旦日生，故名正。時避諱，故讀如征然。《禮記·緇衣》：『昔吾有先正，其言明且清。』《漢書·叙傳》『奕世宗正』，並叶音征，今當改正也。正必建寅者，所謂夏正也。又爲陬月，故曰孟陬。陬，阪隅也。孟陬，東北陬也。孟春之月，日在營室，昏參中，旦尾中，律中太簇律者，候氣之管以銅或竹爲之。中，猶應也。太簇律長八寸，陰陽之氣距地面各有淺深，故律之長短如其數也。寅，髕也，陽氣動，去黄泉欲上出，陰尚强也，象宀不達髕寅于下也。故曰引達于寅。太歲在寅，曰攝提格。格，起也，萬物承陽而興起也。攝提，星名，隨斗杓，建十二月。格，木長貌。又，正也，舉也。立春，正月節。立，建也，置也，从大，立一之上也。春，推也，陽也，从日艸，春時生也，蠢也。蠢，興也，歲之始，萬物蠢蠢然出也。春爲青陽，東方少陽之色也，物生乃動運，故爲規。所謂東方之神，太皞乘震執規司春是也。立春者，春氣始建也，如初成立也。初五日曰『東風解凍』。冬則北風結凍，春則風自東來，木氣通火，故温而解凍也。《爾雅》謂之『谷風』。次五日曰『蟄蟲始振』。九月之末，蟄蟲咸俯，則至冬而皆藏矣。春至而蘇，始振動而將出未出也。又五日曰『魚陟負冰』。魚寒則伏于水底，陽動而潛鱗升起上游，而背負于冰也，故《月令》作『魚上冰』。雨水，正月中。雨，去聲，水霝雲間自上而下也；水，象衆水並流，中有微陽之氣，而陽氣既動，散而爲水也。天一生水，故水自天而雨，北風凍之，則凝而爲雪；東風解之，乃散而爲水。初五日曰『獺祭魚』。獺似狐而小，青黑色，膚如伏翼。从賴，或作獺。一名水狗。水居食魚者，取魚祭天，乃敢自食，報本也。其祭也圓鋪，水象也。熊食鹽而死，獺飲酒而斃，此類之不推也。《淮南子》曰：『鵲巢知風之目，獺穴知水之高下，水之所及，則移穴也。』或曰：『獺一歲二祭，然後漁人入澤梁。』次五日曰『候鴈北』。鴈隨陽鳥也，知時候以保身，有去就之義而不失序，一名朱鳥，一名陽鳥，寒則來于江南，熱則歸于塞北，故至此則漸返于北矣。世傳衡州有回鴈峰，鴈至此不過，遇春而回，故又曰過彭蠡之北也。梁州有鴈塞山，上有大池水，鴈皆棲集，故名鴈塞。《月令》作『鴻鴈北』。《秋令》曰：『鴻鴈來。』又曰：『鴻鴈來賓。』《冬令》曰：『鴈北鄉。』皆取其知時也。熊太古言：『在開平五月，見鷗、鷺、鴉、鵲在彼，七月回大都，見其南歸。』又，靈川秋分時，衆鳥自湖南。又，廣西春分時，又皆出廣。則隨陽之鳥，不特鴻鴈也。　又五日曰『草木萌動』，即《禮》之所謂『區萌達』也。屈生曰：『勾芒直出曰萌。萌而曰動，尚未至乎甲拆也。』惟此一句，乃《月令》『天地和同，草木萌動』之文。

二月

二月建卯，曰仲春。日在奎，昏弧中，旦建星中，律中夾鍾。夾鍾律長七寸四分三釐七毫三絲，一曰如月。如，從隨也。从女，从口，女子從人之命也，言隨正月，如相從也。卯，冒也，萬物冒地而出，象開門之形。故二月爲天門。卯，茂也，謂陽氣生而孳茂也。故曰冒茆于卯，太歲在卯，曰單閼。單，音然，盛也；閼，塞也，陽氣推萬物而起，陰氣自塞止遮壅也。驚蟄，二月節。正月而蟄蟲始振者，至此而奮然震驚，而蟄皆啓發矣。　初五日曰『桃始華』。桃者，五木之精，仙木也，故『草木萌動』之下而繼之曰『桃始華』。始，或曰讀作試。華，榮也，本音華，呼瓜切，木謂之華。《吕氏春秋》作『桃李華』。《埤雅》作『小桃花』。又曰其性早華，故先百木。　次五日曰『倉庚鳴』。鶬鶊，鸝黄也。一名商庚，一作鵹黄、離黄、黄鸝、黄鶯、楚雀、搏黍，或呼黄離留、黄栗留、黄袍、金衣公子，其色初黧黑而後純黄，亦應節趨時之鳥。故出幽谷，遷喬木，而睍睆好音。《爾雅》『黄鳥鳴而蠶生』是也。但今江南清明後而蠶始生，二月或太早。又，三月盡，鶯始出谷而鳴，不知《月令》何早也。　水中黄刺魚，亦名黄牙魚，能變黄鶯。余親見一箇已變前一半而尾尚未蜕者。　又五日曰『鷹化爲鳩』。鷹，鷙鳥也，一名題肩，一名征鳥。一歲曰黄鷹，二歲曰鵃鷹、次赤也。三歲曰鶬鷹，今通謂之角鷹，頂有毛角也。鳩鶻、鳩鸇，鷂之類也。九鳥曰鳩，能鳩聚陽氣。又，鷞鳩曰今之鷹也。鷹大而鳩差小，鷹鷙而鳩差馴。孟春時生育氣盛，故鷹感之而化爲鳩耳。且草木蕃茂，翅弱爪柔，自不能搏擊，如化而善也。《夏小正》曰，仲秋，鳩化爲鷹，復變而之不仁，故不記也。因形移易曰化，其非因形移易者直曰爲，言其與化又異也。古人以鳲鳩爲秸鞠，爲布穀，引《詩》『鵲巢鳩居』爲證，則非也。居鵲巢，乃今之鸜鵒，毛色别種，與布穀絶不相類。且布穀自能營巢而不巧，故名之曰拙鳩。俗言拙布穀者，以此。又以鳩爲鶻鵃。鶻鵃，春來冬去，似山鵲而小，短尾，青黑色，多聲。或曰即鶌鴣，似斑鳩，小于斑鳩者曰鳴鳩，即鵓鴣。鵓鴣，即布穀之音轉也。又以鳴鳩即鶻鳩，誤矣。或亦方言之不同也。但後穀雨中曰鳴鳩者，是可知其爲名，非上鳴字是虚字也。　春分，二月中。分，判也，裂也，半也，春九十日，至此而前後判裂各半而適中也。陽生于子而終于午，至卯而中分，陰陽相停，故晝夜相停各五十刻，無長短之差。《月令》所謂『日夜分』是也。　初五日曰『玄鳥至』。玄鳥，燕也。其色玄也，其名自呼曰鳦，亦作乙聲，多稍小者。漢燕紫胸，輕小者越燕。胸斑黑聲大者胡燕，又曰沙燕。白者名天女，一名鷙鳥，一名鷾鴯，或作意怠。《夏小正》曰：『至者，入人室屋也。』春分至，秋分去，亦知時鳥也。　次五日曰『雷乃發聲』。雷，陰陽薄動生物者也。古作靁，从四田二回。自子至卯，積四陽而復，雷乃發聲，所以四田也；

陰陽回薄，所以二回也，乃象氣出之難，亦繼事之辭也。發，起也，舒也，揚也，興也。故曆法：春夏曰發，秋冬曰斂是也。單出曰聲，聲震激而猛疾，則爲霆，故霹靂者，天之怒氣也。又五日曰『始電』。電，陰陽之激曜也，與雷同氣，發而爲光。故《淮南子》曰：『雷以電爲鞭。』或曰雷出天氣，電出地氣，故電从坤省，殄也，乍見則殄滅也。夫陽微則光不見，二月陽氣漸盛，以擊于陰，其光乃見。《易·大壯》二月之卦，以『雷在天上』得名。又曰：雷電合而章。故曰雷光也。《月令》『始電』之下曰：『蟄蟲咸動，啓户始出。』是立春之始振，月初之驚蟄者，至此而畢發無遺矣。又《素問》王冰注『雷乃發聲』之下，有『芍藥榮』。芍藥，香草，制食之毒者，莫良于芍藥，故獨得藥之名，所謂勺藥之和具而後御之。草謂之榮，與此不同。況今芍藥，四月始榮，故知其僞也。

三月

三月建辰，曰季春，日在胃，昏七星中，旦牽牛中，律中姑洗。一曰寎月。寎，本作窉，从穴，从丙。丙位南方，萬物炳然，天地陰陽之門户，陽功將成，陰光以起也。辰，震也，陽氣動，雷電振，民農時也，故曰振美于辰。太歲在辰曰執徐。執，持守也，捕囚也，留也；徐，緩也。即《月令》所謂：『生氣方盛，陽氣發泄。勾者畢出，萌者盡達。』如向之執持之物至此而舒散也。

清明，三月節。東南之風曰『清明風』。季春之時，適當方位，萬物皆齊乎巽矣，何潔靜而顯著乎！故曰清明也。在地者，莫清于青水，在天者，莫明于日月也。初五日曰『桐始華』。桐榮，桐木也，華而不實，今名白桐，最大可爲棺槨。《墨子》『桐棺三寸』是也。故又曰櫬桐。有此外，木之以桐名者甚多。其類者三種：似梧而無子者，曰青桐，一名櫬。色白，葉似青桐，有子，肥美可食者，曰梧桐，一名梓桐。生山岡，花黄紫色，子可壓油者，曰岡梧，俗名油桐。油讀作去聲，惟此種肖白桐耳。白桐知歲氣，每年一枝生十二葉，閏則十三葉，故可作琴瑟也。非其類者四種：曰頳桐，夏花紅如火；曰紫桐，花如百合，曰刺桐，出泉州；曰胡桐，出鄯善，淚可以汙金銀。《後漢書》哀牢夷：『有梧桐木華，績以爲布，幅廣五尺，潔白不受垢汙。』《廣志》曰：『梧桐有白者。剽國有桐木，華白毳，取毳淹績，織以爲布。』次五日曰『田鼠化爲鴽』。鼠，穴蟲名，善盜，晝伏夜動也。鴽，牟母也。田鼠形大，頭似兔，尾毛青黄色，好在田中食粟豆，一名鼫鼠。鴽，即今鵪鶉，一作鶕鶉，乃似鴿而小者。《爾雅》直以爲鴿，誤矣。故蔡邕曰『鶉鴿』是也。鼠陰而鴽陽，陽氣盛，故陰化爲陽也。《淮南子》曰：『蝦蟆化鶉。』性淳，不越横草，無常居而有常匹。熊太古言：在廣東，八月見魚化爲鶉，南北各不知也。又五日曰『虹始見』。虹，螮蝀也。狀如蟲，故从虫。虹，攻也，純陽攻陰之氣。又曰陰氣就交于陽，映日而光。《莊子》曰：『陽炙陰成虹。』《禮》疏云：日照雨滴則生，雙出鮮盛者雄，闇者雌。一名美人蜺，又名挈貳蜺。《説文》于『霓』下注曰：『屈虹，陰氣也。』斗精失度，則霓見態，主惑于嚳。皆雨日不當交而交，天地之淫氣也。蓋陽氣下而陰應，則爲雲而雨，陰氣起而陽氣不應，則爲虹也。一名天弓，又曰帝弓。或曰有質，其首如驢，故能入溪飲水，吐釜成金，又似妖物也。王冰注：『田鼠化爲鴽，下有牡丹華。』牡丹，花也，一名百兩金，一名鼠姑。《廣雅》謂之木牡丹，唐人謂之木芍藥。此時雖當華，古人不重，始紀于晉，而盛稱于唐，亦僞也。　穀雨，三月中。穀，續也，百穀之總名也。雨，亦去聲，時可播種，雨其穀于水，亦自上而下也。吴鄉風俗，每于清明後浸種穀是也。　初五日曰『萍始生』。萍，水草也，善滋生，一夜七子，無根而浮，常與水平，故曰萍。又無定性，隨風漂流，故曰薸萍。青薸紫，楊花入水化爲浮萍。一名水花，一名水白。今薸有麻薸異種，長可指許，葉相對聯綴，不似萍之點點清輕也。萍乃陰物，静以承陽，故曝之不死，惟以盆水在下承之，而虚閣萍于上以曬之，即枯死矣。　次五日曰『鳴鳩拂其羽』。鳴鳩，鶻鵃也。此時穀雨之後，故曰布穀。一名撥穀。雌雄追逐，鳴而過擊其翅若鼓翼，拍其身而直刺向上，亦陽氣使之也。天晴則呼其牝，雨則逐之，俗言喚婦、逐婦。常聞其聲，故曰鳴鳩，其形小如斑鳩。説者不解鳴字是名，故以爲即鷹所化者，真誤矣！　又五日曰『戴勝降于桑』。戴勝，織紝之鳥，頭上花毛成勝時，蠶生之候，若自天而降下于桑，亦氣使之也。一名戴鵀。按《相如傳》：『西王母皜然白首，戴勝而穴處。』蓋勝者，婦人首飾，即漢所謂華勝也。今江南桑時之鳥，白頭黑衣而未嘗見其勝，乃專集于桑，以食葚子者。其有勝者，則緑衣黄襟而不降于桑，且非其時所必有也。

四月

四月建巳，曰孟夏。日在畢，昏翼中，旦婺女中，律中中呂。一曰余月。余，舒也，故語之舒曰余，言萬物至此而舒散暢茂也。巳，已也，陽氣已出，陰氣已藏，萬物見成文章。故巳爲蛇象形，象蛇之變化有文章也，故曰巳藏于巳。太歲在巳，曰大荒落。荒，遠也，大也，有也，亦寬廣之義。落，非凋零之謂，乃居也，始也，萬物大盛磊落布濩也。一作芒落。或曰四月正陽，亦名正月，皆去聲，此又人所罕知者。立夏，四月節。夏，假也，物假大乃宣平，故曰大夏。《楚詞》：『收恢台之孟夏。』恢，大也；台，胎也，氣大而育物也。夏曰朱明，一曰長贏，即恢台也。至此而夏氣始建立也。初五日曰『螻蟈鳴』。一名螻蛄，一名螌。《夏小正》曰：『螌則鳴。』一名天螻，一名仙姑，一名碩鼠。又曰蝚、螻蛄，俗曰土狗、臭蟲也。或曰螻蟈，蛙也，非是。穴土中，好夜出，又好入室偷燈火以返穴，俗謂之替鬼役也。雄者喜鳴善飛，雌者腹大羽小，不能飛，食風與土。《廣志》曰：『會稽謂之蟠蛄。』次五日曰『蚯蚓出』。蚓，本作螾，其爲物不息，引而後申，故曰却行。一名蜿蟺，一名曲蟺，一名蜸蚓，一名土龍。善鳴于土中，故又曰歌女。老者白頸。俗名陽顯，即古稱蚓。廣東名朐䏰。陰而屈者，乘陽而申見也。皆陰氣始而螻蛄、蚯蚓應之也。蟲自有一種名臭蟲者，人遂以蚓非臭蟲，殊不知此物亦臭，故《說文》、《本草》皆以爲臭蟲也。但陸德明、鄭康成皆以爲蛙，非矣。又五日曰『王瓜生』。《通志》曰：

『王瓜曰土瓜，曰藈姑，曰鉤甊，曰菲芴。均、房間曰老鴉瓜。又曰菟瓜。其根可生食，類瓜，故得瓜名。』而鄭玄以爲菝葜，誤矣。《圖經》以爲生平野、田宅及牆垣，葉似栝樓、烏蘞，圓無了缺，有毛如刺，蔓生。五月開黄花，花下結子如彈丸。生青熟赤，根似葛，細而多糝。又名土瓜，一名落鵶瓜，今藥中所用也。鄭玄以爲即『萆挈』。《本草》作菝葜。王冰『王瓜生』作『赤箭生』，即此也。蓋以其色赤故耳。所謂赤箭，藥名，況《月令》『是月聚畜百藥』是也。俗名瓜蔞，一種小而微尖，色紅。但《圖經》以爲又名土瓜，非也。土瓜，自是一種，如山藥、土菔，可生食。今又一種，形微長而圓，有肉如刺，色白，熟則漸黄。亦有黄白二種，可生食，自名黄瓜。今俗人誤此以爲王瓜，因其音之近也。又，《通志》：『赤箭曰離母，曰鬼督郵，曰合離，曰獨摇，曰定風，有風不動，無風自摇。』又，獨活亦曰獨摇草，得風不摇，無風自動。又，鬼督郵亦曰獨摇草，而徐長卿、赤箭俱有鬼督郵之名而實異，若以王瓜根爲可生食，即今名青木香也。小滿，四月中。小滿者，萬物至此而小得盈滿也。有小滿，而無大滿者，何也？蓋節氣因時物兼人事，而人事不可以大滿也。非若寒、暑與雪，可以兼小大也。初五日曰『苦菜秀』。苦菜，今野苦苣菜，生山田及澤中，得霜，脆美可茹，爲菜而味苦，故名。蔡邕以爲苦蕒菜，俗呼苦馬菜、鵞兒菜。《通志》曰：『荼曰選。』又，野生褊苣，人家常食，曰白苣，即萵苣，與苦蕒皆八月撒子漫種。見《老圃書》。故《埤雅》亦曰：『生于寒秋，經冬歷春，至夏而秀也。』一名游冬。則是褊苣不可食，即別一種，《説文》之所謂『草名』也。《詩》：『采苦采苦。』『誰爲荼苦，其甘如薺。』故可食。《内則》：『濡豚包苦。』是名蒿苣者也。但注以爲荼即荼，則誤之甚矣！《今韻》荼云本作荼，而荼字，《説文》亦以爲『苦荼』，即今『荼茗』也。鮑氏遂以爲『感火氣而苦味成』。殊不知荼有三四種，而荼字下又曰菜名可知矣。又有一種，葉似苦苣，而汁白花黄似菊者，一曰茅秀，一名英荼。《詩》『有女如荼』是也。况荼、茗、檟、蔎、荈皆木，一種五名，安得謂之菜也？秀，出也，榮也，茂也，美也。草木之華曰秀，故曰：『吐華曰秀。』若以不榮而實謂之秀，而乃病之曰苦菜不實，則不知秀有兩義矣。王冰注作『吴葵華』。《説文》：『葵，菜也。』夫葵爲百菜之王。《唐本草》注『吴葵』云：『即關河間謂之苦菜。』《夏小正》作『王萯秀』也。次五日曰『靡草死』。靡，草名，感陰氣而死，柔而委靡，不勝至陽而死也。《吕氏春秋·任地篇》：『孟夏之昔，殺三葉而穫大麥。』注：『昔，終也。』三葉，謂薺苨、葶藶、菥蓂也。』董仲舒曰『葶藶枯于仲夏』是也。　又五日曰『麥秋至』。　麥，繼絶續乏之穀，秋種厚薶謂之麥。　麥，金也，金旺而生，火旺而死。《説文》曰：『芒穀。』今大麥有芒，小麥無芒。　又有纍麥，一曰粦麥，即來麥。　或曰大麥又曰短粒麥。　夫百穀以秋爲成熟之期，惟麥夏熟，故以夏爲秋，而曰麥秋至。《月令》曰『農乃登麥，天子乃以彘嘗麥，先薦寢廟』是也。　王冰作『小暑至』。　夫小暑，乃六月一節，安得又入候中？　或即白露降，本一候也。　復爲白露，八月節之謂與？

五月

五月建午曰仲夏，日在東井，昏亢中，旦危中，律中蕤賓。一曰皋月。《説文》：『皋，白之進也，从白，从本。』意者白爲秋氣之色，至此而陽已極，陰逆生，故秋欲來也。或曰皋，局也，萬物至此而各有局限部分也。午，梧也，五月陰氣仵逆陽，冒地而出也。蓋陽極陰生。午者，正衝之地，午象逆衝也，故曰咢布于午。太歲在午，曰敦牂。敦，大也；牂，盛也，萬物大盛也。芒種，五月節，麥穀皆爲芒種。種，上聲，《説文》：『類也。』又，種，去聲，埶也，布之也。此時有芒之種，可以布種，故今人作芒種，作去聲，當也。初五日曰『螳蜋生』。螳蜋有斧蟲，故曰拒斧，訛曰圻父。一名蟷蜋，一名不蝸，以其能捷飛，故名天馬。其子曰蜱蛸。又曰莫貈。陰氣始起，殺蟲應之而生，故能捕蟬而食。深秋生子木間，一殼百子，至此時則破殼而出。可以入藥，一名桑螵蛸。《類從》曰：『螳蜋之氣，含之生火，蚯蚓之塵，背洒起霧。』次五日曰『鵙始鳴』。鵙，一作博勞、百勞、伯勞。《左傳》名伯趙。喙黑，似鸜鵒而大，賊害之鳥，故俗名鳳凰皂隸。夏至來，冬至去。應陰氣之動，不能翱翔，直飛而已。一名鶗鴂。《離騷》：『恐鶗鴂之先鳴也，百草爲之不芳。』蓋春分鳴則衆芳生，秋分鳴則衆芳歇也。一作鶪鴂，南蠻之聲似之，故曰『鴂舌之人』。又名巧婦。《易林》曰：『鵙必單棲，鴛必匹飛。』蓋惡鳥，故單棲也。俗曰逐瘟，因其聲惡，言能逐瘟氣、追人魂也。亦作逐温，則感陰而鳴。是蓋起于曹植《惡鳥論》，以伯勞爲尹伯奇所化，故俗惡伯勞，言所鳴之家必有凶是也。鵙善制蛇，故曰：『鵙鳴在上，蛇蟠不動；鵲鳴在上，蝟反不行。』夫陽氣分而倉庚鳴，可蠶之候；陰氣至而鵙鳴，可績之候。又五日曰『反舌無聲』。反舌，鳥名。《禮記》疏：『百舌鳥也。』以其能反復其舌，隨百鳥之音，故名。至此感陰氣而無聲。俗名泥百舌。歐陽永叔詩：『百舌子，莫道泥滑滑，宮花正好愁雨來，暖日方催花正發。』是以百舌即泥滑滑之故，今亦名之曰泥百舌也。飲春水而開口，飲秋水而閉口。故梅堯臣《百舌詩》：『一冬常噤默，乘春何多舌。』《周書》：『反舌有聲，讒人在側。』故杜甫云：『過時如發口，君側有讒人。』蓋陰氣之應，巧言之象也。又，《易通卦驗》、《丹鉛餘論》作：『蝦蟆無聲，而人皆信之。』蓋注疏以『反舌』爲『蝦蟆』，惑之也。殊不知蝦蟆，蛙屬，此時正鳴。而劉禹錫《百舌吟》云：『數聲不盡又飛去。』又云：『天生羽族爾何微。』則蝦蟆豈有羽而能飛者？況結之曰：『南方朱鳥一相見，索寞無言蒿下飛。』即所謂無聲也。夏至，五月中。至，到也，極也，陽氣假大夏到此而至極也。故曰：『日長至，陰陽争，死生分。』初五日曰『鹿角解』。山獸屬陽，角支向前。一陰始生，感之而角自退落。余家所畜馴鹿，每歲驗之，時日不爽。及出時，數夜即長，以盆水照之，新出角少不端正，則又能觸落而復換，是尤異也。次五日曰『蜩始鳴』。蜩，大蟬也，或作蟺。楚曰蜩，宋、衛曰螗，鄭曰蜋，秦、晉曰蟬。形聲大而黑紫色曰馬蜩，俗名老全全，則越人蟬音也。無口而旁鳴，飲而不食，三十日而蜕，曰蟬脱，藥名也，一名枯蟬。曰伏蛸，雄者能鳴，雌者啞而無聲。亦名螻蛄，春生者夏死〔二〕，夏生者秋死。故《莊子》曰：『螻蛄不知春秋。』惟《本草》以爲蚱蜢，誤矣。蓋蚱蜢尖頭尾蟲也，生于草中，非生于楊柳上。今小艇之形似之，故曰蚱蜢也。蜩乃蛻蜋脱殼而成。蛻蜋，即蛣蜣，黑甲蟲，能轉糞土爲圜，故又名弄丸。久之羽化，如尸解而去。其鼻高目深者，名胡蛻蜋，亦屬陽，故夏至而鳴也。又五日曰『半夏生』。半夏，藥名，白而細圓，夏之半而生，感乎陰也。《月令》『半夏生』之下，有曰『木堇榮』，故王冰從之。木堇，槿也，櫬也，花朝生暮落，故名舜。一名日及，一名蕣華。

六月

六月建未曰季夏，日在柳，昏火中，旦奎中，律中林鍾。一曰且月。且，薦也，陽氣薦進之極也。又，多貌。《詩》『籩豆有且』是也。亦謂陽衆多也。未，味也；五行木老于未，象水重枝葉也，故曰昧薆于未。太歲在未，曰協洽，言陰欲化物而陽氣漸和合也。小暑，六月節。暑，熱也，月初暑氣猶小也。初五日曰『温風至』。温，熅也，暖也，南方火，温熱之風至也。次五日曰『蟋蟀居壁』。悉𧊵，蛬也，一曰瑟𧊵，又名蜻蛩。似蝗而小，正黑有光澤如漆，有角翅，即今趣織，俗作促織。生野中，羽翼漸成，而居穴之壁。壁，垣也。漸寒則自宇而漸入于牀下矣。一種二尾，能鬬；一種三尾，不能鬬。俗名油葫蘆，乃如蟋蟀者。《詩義問》曰：「悉率食蠅而化。」語曰：『趣織鳴，嬾婦驚。』蓋催寒之蛩也。又五日曰『鷹始摯』。摯，本作鷙，或作䳄，搏擊也。《禮》注疏『獸摯，从執，从手；鳥鷙，从執，从鳥』是也。氣未肅殺，故鷹始搏擊，以迎金氣。故《月令》作『鷹隼蚤鷙』，《記》又作『鷹乃學習』，蓋可見矣。大暑，六月中。熱至此而大也。初五日曰『腐草爲螢』。即螢火蟲，夜飛，腹下如火，故曰即照。又名炤燐，一名挾火，一名據火，一名夜光、宵燭，一名丹良、丹鳥，朽爛之草所化。陽明之極，則幽陰之物亦感之而化，無情而生有情也。《明堂月令》作『腐草爲蠲』。《爾雅》曰：『熒火即照。』是熒，即螢也。《說文》：『蠲，明也。』是矣。又曰蠲，馬蠲，从虫，益聲；罒，象形，則又似《詩》所謂『熠燿宵行』者。是名宵行虫，形如蠶，夜行地上，喉下有光。《古今注》辨之曰：『熠燿，非螢，生卑濕處，尾後帶火，古人因其有光，或亦卑濕腐草所化，故誤以螢爲蠲耳。』愚謂螢，草螢也，蓋有二種。《淮南子》作『蚈』者，水螢也。唐子卿有賦曰：『水螢有虫，惟虫能天。彼何爲而化草？此何事而居泉？腹可自持，故無耿于蟹；足能自運，亦何憐于蚿。色動波間，狀珠還于合浦；影懸潭下，若星聚于潁川。』故知此爲水螢也。次五日曰『土潤溽暑』。濕熱也，土氣濕潤，而暑氣鬱蒸也。又五日曰『大雨時行』。土氣成暑，暑極成雨，大雨及時而行，所以退暑而迎秋也。或曰皆東井之所主也。

校勘記

〔一〕本卷標題原僅有『大明大統曆解』大標題，而各段小標題均無，兹據目録補。

〔二〕春生者夏死　原作『夏生者夏死』，兹據甲申本改。

留青日札卷之十四

大明大統曆解

七月〔一〕

七月建申曰孟秋，日在翼，昏建星中，旦畢中，律中夷則。一曰相月。相，助也，導也，儐也。《周禮》：『出接賓曰儐，入詔禮曰相。』言秋之迎夏，相扶助導引而成物也。申，神也，陰氣成自申束，从臼，自持也。又曰身也，萬物身體皆成就也，故曰申堅于申。太歲在申，曰涒灘。涒，大也；灘，水濡而乾也。言萬物收斂而乾實也。或以灘爲修也，而云修長。立秋，七月節。秋，揫也，物揫斂乃成熟，故禾熟曰秋，一曰白藏，一曰素商，秋爲矩，少昊乘兑執矩司秋是也。秋至此而建立也。初五日曰『涼風至』。涼，薄寒也，西南方風曰涼風，至此而凄清之氣至焉。故六月之風曰温，而七月之風曰涼，陰之代陽也。《周禮》所謂『火見而清風戒寒』也。《禮記》作『盲風至』。目無眸子曰盲，亦揫斂之意也。次五日曰『白露降』。露，陰之液。和氣潤澤，津凝爲露也。白，西方秋金之色，天之陰氣成液，下降爲白露而潤物也。又五日曰

『寒蟬鳴』。蟬，小如蜩，今名枝嘹，言在樹枝上鳴，其音嘹繞可聽也。即啞蟬，初瘖，及得寒露冷風乃鳴，故《芻蕘論》云：『秋風至而寒蟬吟。』俗作蜘蟟，非也。形小而青緑色，聲接續而急疾，所謂『寒螿鳴夕』者，此也。多爲水中黑殼蟲所化，俗名蝦鼈蟲，乃蜻蜓以尾點水生子水草上，而青鮹魚食之，腹脹孕，蟲噬破母腹而出，身似蟬而小，及蜕，乃爲蟬也。亦屬陰，感秋而鳴者。有蜩先鳴，故此不復言始也。寒蟬，《爾雅》曰『寒螿』，是名即鳴鳩之謂也。處暑，七月中。處，止也，息也，暑熱至此而止息。初五日曰『鷹乃祭鳥』。二月而化爲鳩者，至六月而始摯。今則感金氣之肅殺而乃搏擊飛鳥矣。然必先祭而後食者，亦猶獺之報本也。或以爲有胎之禽，則不擊，故曰義鳥。今則不然，雖當春亦殺雛而食之，未見其義也。《月令》，天子法此，故于其下文曰：『戮有罪。』『征不義。』一作『始行戮』，亦論其常耳。次五日曰『天地始肅』。秋氣清，而陰陽始振肅也，故下文曰：『不可以贏。』又五日曰『禾乃登』。禾，嘉穀之總名。登，升成也，禾至此而乃熟也，故曰『農乃登穀』。

八月

八月建酉曰仲秋，日在角，昏牽牛中，旦觜觽中，律中南吕。一曰壯月。壯，大也，健也，故《易》二月之卦曰『大壯』，注『威盛强猛之名』是也。今八月亦爲壯月者，豈二月爲春之盛，八月爲秋之盛故與？或曰：壯，傷也。故郭璞以淮呼『壯』爲『傷』。今此名出自《淮南鴻烈篇》，而又皆無所解，故余釋之如此。酉，就也，季秋可爲酎酒成熟也，故曰留熟于酉。亦曰飽也，老也。古文作丣。卯爲春門，萬物已出；酉爲秋門，萬物已入，故一卯，閉門象也。太歲在酉，曰作噩。作，起也，爲也，生也；噩，嚴肅貌，言萬物皆作起而嚴肅也。《天文志》作詻，亦作㖾、咢、鄂，音義同。或即以『噩』爲『零落』，則非也。白露，八月節。前七月次五日，既曰白露降矣，而此復以爲節者，秋金色白，陰氣漸重，露茫茫而白也。其下文又曰『盲風至』。盲風，疾風也。盲者，閉暗之稱。當建酉閶戸之月，故其風謂之盲風，又謂之閶闔風。初五日曰『鴻鴈來』。大曰鴻，小曰鴈，正月之候鴈北歸沙漠者，至此而復自北而來南矣。言北而不言南者，自中國言，故曰來也。《淮南子》作『候鴈來』。《説文》以『鴻』爲『鴻鵠』，則誤矣。鵠，黄鵠，大水鳥也。又曰白鵠。《詩》疏『羽毛純白，似鶴而大，肉美如鴈』是也。又小鳥曰䳏鵠，射取其難中，皆非鴈類。又鴈有鳴鵝、倉鳴之名。次五日曰『玄鳥歸』。春分而燕至者，今則自南而北矣。説者皆以燕爲北方之鳥也，殊不知其來也，言至而未嘗言南；其去也，言歸而未嘗言北，非若鴈之明言北者。故今江南山谷中土人掘石穴，往往見蟄燕成窟，蓋畏寒而服藏土窟耳。或曰燕蟄于水底，非皆歸北也。豈所謂胡燕歸北，越燕歸南，而漢燕留漢也與！又五日曰『羣鳥養羞』。養，供也；羞，食也，衆鳥藏食以自育，將以備冬也。所謂『命有司趣民收斂，務畜菜者』以此，可以人而不如鳥乎！秋分，八月中。秋至此而平半，故亦曰日夜分也。

初五日曰『雷始收聲』。春分而雷乃發聲者，至此而收聲，若歛聚其聲于地中，陰收捕陽，而器未燒者曰坏，鎔物之始也。居内半門曰户，立春而蟄蟲始振者，至此而入土。復培益其户，使之漸小，可以通明出入，尚未至于寒而塗墐也，故下文曰：『殺氣浸盛，陽氣日衰。』蓋蟲畏寒而自避也。又五日曰『水始涸』。立春東風解凍之水，正月中之雨水，大暑大雨時行之水，至此而乾渴，非真乾渴也。水固曰涸，若消歛而不復滿盈，故曰始涸。蓋春夏氣至而水生，秋冬氣返而水降也。今或連年八、九、十月之後，大雨横行，洪水汎濫，可謂不時而不涸矣。調燮何居？

九月

九月建戌曰季秋，日在房，昏虚中，旦柳中，律中無射。一曰玄月。玄，黑赤色，微也，幽遠也，象幽而入覆之也。九月之天色似之，旦陽微而幽深，萬物入覆也。一曰暮商戌滅也。陽氣微，萬物畢成，陽下入地，戊合一也。五行土生于戊，盛于戌，故曰畢入于戌。太歲在戌，曰閹茂。閹，閉也；茂，草木盛也，言閉藏萬物之盛也。故一作掩茂。或以茂爲冒，是冒即閹也，非是。寒露，九月節。露在七八月而白者，至此則寒冷而將凝矣。初五日曰『鴻鴈來賓』。白露節，鴈先來者爲主，此時來者皆後至矣，故爲賓，《通書》作『來濱』，以爲水際。蓋濱，賓之誤也。先至者豈獨不來水際乎？次五日曰『雀入大水爲蛤』。雀，依人小鳥也，故名家賓。今曰麻雀，通作爵，故《月令》作『爵入大水』。蛤，蚌屬。曰蜃，非也。秦人謂之牡厲。《説文》

曰：『燕所化。』又魁蛤，一名復累，曰老服翼所化，即用此理也。惟此雀乃黄雀也，蛤乃白蛤也，大水乃海也。《國語》云：『雀入大海爲蛤。』舊云風寒氣肅，入海而變。蓋黄雀自海外而來，初時輕細，後食中國稻粱肥重，飛不能越海，故多沈溺而變蛤也。其油一點成一蛤，大小因之。《廣東惠州志》：『海中黄雀魚，八月化爲黄雀，十月後入海復化爲魚。』《古今注》：『雀入水，不則多淫泆，蓋雀交不一，鳥之最淫泆者也。』　又五日曰『菊有黄華』。菊，治蘠也，一名日精。《本草》：『菊華，一名節華。』注：『有兩種：一莖紫，氣香味甘，可羹；一莖青，作蒿艾氣，味苦，名苦薏。』本作蘜，通作鞠。《月令》从鞠。黄，中央土色。土盛于戌，故菊之黄華，應其時也，故桃桐之花不言色，而菊獨言黄。又，菊有紅、白、紫、黑數十種，而獨重其黄，貴中色也。故《易》之《坤》，土旺之極，亦取象曰黄裳，蓋可知矣。　霜降，九月中，霬，早霜也。露者，霜之始，白者寒，寒者結而爲霜矣。霜，喪也，成物者其氣慘毒，物皆喪也。霜露皆陰陽之氣，陰氣勝則露凝而爲霜。《易》之《坤》曰：『履霜堅冰至。』所以爲陰凝也。《周語》曰：『駟見而隕霜。』隕，降也。　初五日曰『豺乃祭獸』。《月令》作『豺乃祭獸戮禽』。豺狼，屬狗，聲長，尾白，頰色黄，體細瘦，故謂之豺棘。以獸祭天，亦如鷹之報本也。其祭方鋪，金象也，必祭而後食，是春夏之時，豺當餓死矣。蓋食獸者其常，而至此乃一祭以更始也。獺、鷹皆然。此亦古人所未道者也。　次五日曰『草木黄落』。霜後枝葉皆黄而凋落也，故下文曰：『乃伐薪爲炭。』　又五日曰『蟄蟲咸俯』。秋分之蟄蟲坏户者，至此寒凛，皆垂其首而不食，故下文曰『咸有曰：『景天華。』

俯在内，皆墐其户』也。《淮南子》曰：『太陰所建，蟄蟲首穴而處，鵲巢向而爲户。』王冰此下

十月

十月建亥曰孟冬，日在尾，昏危中，旦七星中，律中應鍾。一曰陽月，老陰之極，將復爲陽，喜之也。《太初》又曰畢月，畢，終，也，陰盡而陽復來也。《左傳》曰良月。良，善也，重盈數也。亦曰暢月。暢，充也，言萬物充實也。一曰上冬，言爲冬之始也。一曰小春，言日暖如春也。亥，荄也，有微陽起接盛陰，萬物之荄皆動也。盛陰感陽，物皆含育于内，象人之懷妊也，故曰該閡于亥。太歲在亥，曰大淵獻。淵，深也；獻，進也，萬物大小深藏以迎陽也。或以大淵獻爲困敦。夫歲在子曰困敦，此誤易之。立冬，十月節。冬，終也，藏也，物終藏乃可稱冬。曰元英，陰極而冬始建立也。初五日曰『水始冰』。冰，仌凍也。本作仌，象水凝之形，而冬亦作昗，从古仌字也。結陰成冰，積冰曰凌，冰壯曰凍，冰流曰澌，冰解曰泮，冰始凝而至乎壯也。次五日曰『地始凍』。寒而土氣凝結，冰漸壯，故地凍而未至于坼也。又五日曰：『雉入大水爲蜃。』雉，鳥名，即山雞，有十四種：盧諸、喬，一作鷮，鳴、鷩、秩海、翟山、鷐、卓、翬、摇，一作鷂，鷵、鷂、鵗、鷷。《爾雅》曰『鷂雉、鷮雉、鳪雉、鷩雉、秩雉、海雉、鸐雉、山雉、翰雉、鵫雉』。漢曰野雉，《禮》曰疏趾，五采成章，故曰華蟲也。蜃，蛟屬，世言雉與虵交。而

《禮記》注謂雉由于虵化，故以雉子爲蜃。《埤雅》亦曰：『似虵而大，腰下盡逆鱗，即螭類也。』而《淮南子》、《玉篇》諸家，皆以蜃爲大蛤。亦曰蚌屬。《本草》：『大蛤曰車螯，一名蜃，又曰車輪。海島吐氣成樓臺，與蛟龍同。』是又爲蛤類矣，當從《禮》注爲是。或曰大水，淮也。《晉語》曰：『雉入于淮爲蜃。』丹鳥，鷩雉也，以立秋來，立冬去，故司閉。或即雉入大水爲蜃也。蛇求于黽，則爲黽；求于雉，則爲蜃。一曰蜃，狀似螭，有耳，有角，背鬣，紅色。獨鷹、田鼠曰化爲鳩、鴽，而腐草、雀、雉止言爲而不言化者，何也？蓋改其舊質謂之變，馴致于善謂之化；因形而易謂之變，離形而易謂之化。《書》『大宗伯合天地之化』注：『能生非類，曰化。』鷹化爲鳩，身在而心化也。鼠化爲鴽，雀雉化爲蛤蜃，皆據身亦化，故能生非類。』按此則鷹不離形，雀雉亦當爲化矣。豈《月令》之省文邪！余意鷹、鼠皆有害于物，故曰化，所謂馴致于善也。若夫因形、離形之説，則前論備之矣。《變化序》曰：『鴞之爲猿，虵之爲鼈。』孔雀雖有雌雄，將乳之時，登木哀鳴，虵即與交，而雉亦與虵交。晉武庫中，虵化雉。小雪，十月中。雪，凝雨説物者也，綏也，水下遇寒而凝，綏綏然下也。天地積陰，温則爲雨，寒則爲雪，五穀之精也。寒未盛，故雪猶小也。初五日曰『虹藏不見』。三月虹始見者，至此則隱伏而不見。陰陽不交，故似藏之也。文子曰：『至治之世，虹霓不見。夫婦過禮，則虹氣盛。』次五日曰『天氣上升，地氣下降』。又五日曰『閉塞而成冬』。天地交，則通而爲泰；不交，則閉塞而爲否。故《月令》曰：『天地不通，此四時之所以終而成冬也。』

十一月

十一月建子曰仲冬，日在斗，昏東壁中，旦軫中，律中黄鍾。一曰辜月。辜，皋也，有自新之義。十一月一陽復生，故萬物將自新也。《月令》亦作『暢月』。子併足爲併者，在襁褓也，孳也，孳孳無已也。夜半陽氣起，人承陽，萬物滋，因以名辰，故曰孳萌于子。太歲在子，曰困敦。困，故廬也。从木，在口中，舊所居廬木，久而困弊也，故又曰窮也，極也。敦，去聲，豎也，大也，丘一成爲敦丘，言陽氣困弊之極而漸高大，或誤以此爲大淵獻。是月也，日短至，陰陽争，諸生蕩蕩動也。　大雪，十一月節。寒盛，故雪大也。　初五日曰『鶡鴠不鳴』。鶡似雉，黄黑色，故名曰褐。性勇猛善鬬，終無負，期于必死，一死乃止。《漢書》作『鶡雞』，一作『鳻』。《漢書》『鶡雀』注：『音芬。』或曰：『本作鳻，假借作鶡。』又云：『大而色青。』則鳻自是一種鳥，非鶡也。此皆鶡字之義，並不言鶡鴠。至于鴠，則曰渴鴠，一作鳱鴠、曷旦、渴旦。《詩》作『盍旦』。鳱、曷，皆音渴。鴠、旦同。似鷄，晝夜常鳴，求旦之鳥。故《詩》曰：『相彼鳱鳴，尚或惡之。』鳴急旦也。十月之時夜甚短，鴠鳴求旦，故人惡之。今冬至將來，一陽復生，故不鳴。蓋鶡鳴，本陽鳥，感陽而聲默。又名側挂，則其好陽可知矣。恐即今嶺南之倒挂鳥，遇寒極而鳴。郭璞亦云：『似鷄，冬無毛，晝夜鳴，即寒號蟲。』《淮南子》、陳澔、方氏亦然，信無疑矣。不然，則鶡本勇雉，《漢書》、魏賦並不言其鳴否。唐詩：『暗蟲啼渴旦，涼葉墜相思。』即此。相思子，乃今之紅豆也。　次五日曰『虎始交』。虎，山獸之君，感微陽之氣，故雌雄始交合也。諺云：『虎交一世。』　又五日曰『荔梃出』。荔，草名，似蒲而小，根可爲刷。《本草》：『馬藺，江東呼旱蒲，多植于階庭。』梃，一枝也，獨也，梃然勁直之貌，故荔梃可以爲刷。傅亮《冬至》詩『柔荔迎時萋』是也。一名蠡實。或曰即馬薤也。陳澔不識，以爲香草。蓋香草乃薜荔。或又以薜荔爲狀如烏韭，韭也[二]。薜荔自是昔邪、垣衣之類，俗名鬼饅頭，舊名木饅頭。如果之名荔支，非荔之本名也。《月令》『鶡鳴不鳴』之上，有曰『冰益壯，地始坼』，于十月『水始冰，地始凍』之文，尤相發明。此上有『芸始生』。芸，香草，可以辟蠹。　冬至，十一月中。《孝經説》曰：『至有三義：一、陰極之至，二、陽氣始至，三、日行南至。』故曰冬至，至日夜半子時之半，而一陽生。葭灰起，日景極長，陰陽、日月、萬物之始也。周正建子爲正月，人統也。　初五日曰『蚯蚓結』。立夏而出者，至此寒極而交結如繩矣。蚯蚓亦曰鳴砌，結者，穴居首陽下向，陽動則穴而上首，故其身結而屈也。　次五日曰『麋鹿解』。麋，形大如鹿，澤獸也。屬陰，角支向後，一陽始生，感之而角自退落，如夏至之鹿角解也。麋四目，其二夜目，目下有竅，夜即能視。故《淮南子》曰『孕婦見麋而子四目』也。角重者二十餘斤，自生至堅，無兩月之久，頓長也。陸佃曰：『麋，陽獸，角始生而後護耳。』陽獸何以遇陽而解？非也。　又五日曰『水泉動』。天一生水，水原曰泉。秋分而水涸，立冬而冰。至此一陽動于九地之下，而水泉亦動于九淵之下矣，但萌動而未流也。

十二月

十二月建丑曰季冬，日在婺女，昏婁中，旦氐中，律中大呂。一曰涂月。涂，路也，旅墿也。九軌曰涂，通達之道。二陽漸長，萬物亨通也。古無塗字，俗作途，丑，紐也，萬物動用事，象手舉，有所執也，故曰紐牙于丑。又昧爽爲丑，人皆起，有爲也。太歲在丑，曰赤奮若。赤，陽色，《易》『乾爲大赤』是也。奮，揚也，奞在田上鼓翅，輕疾也。若，順也，亦豫及之辭，言陽氣奮發而萬物無不順其性也。小寒，十二月節，寒尚小也。初五日曰『鴈北鄉』。鄉，去聲，面也，《禮》：『依南鄉。』《書》：『席南鄉。』《易》：『嚮明。』通作向。白露而鴻鴈來，寒露而鴻鴈來賓者，至此將避熱而歸，漸向北而飛。及立春之後，則盡北矣。次五日曰『鵲始巢』。鵲，本作舄，又作䧿，在木上曰巢，鵲知太歲所在，作巢背太歲向太乙。巢取木杪枝，不取墮地，故一名乾鵲。古云『乾鵲知風』是也。又，冬至架巢，至春乃成。吴人占巢卜水旱，高則水，低則旱也。生子後，則鸜鴿奪而居之，所謂：『惟鵲有巢，惟鳩居之。』諺云『喜鵲啣得生血出，八哥得箇見成窠』是也。鸜鴿，俗名八哥。鵲鳴則有吉慶來，故名喜鵲。諺云『喜鵲叫，好事到』是也。又曰：『見鵲上梁者必貴。』出《埤雅》。又五日曰『雉雊』。《説文》：『雊，雉鳴也。』文明之禽，感陽氣而有聲，故又曰：雷始動，雉鳴而雊其頸。雷在地中，雉性精剛，獨知之，應而鳴也。《埤雅》作『雉始雊』，師曠曰：『雉交不再。』故紀之。大寒，十二月中，寒威至此而極大矣。

初五日曰『雞乳』。雞知時畜，稽也，能考時也。生子曰乳，感陽氣而生育也。今四時皆生，此其正候耳。《埤雅》作『雞始乳』，此下有『款冬華』。款冬花生于水底。董仲舒曰『款冬華于嚴霜』是也。　次五日曰『征鴈厲疾』。鷹曰征鳥，凡雕、隼、鶚、鷂能征伐禽獸者通名之也。《埤雅》作『鷙鳥』。殺戮不辜曰厲，病惡來急曰疾，至此而剛猛迅速，陽漸長，至于四，則將化而馴也。　又五日曰『水澤腹堅』。下有水鍾曰澤；腹，厚也，身中也；堅，固也，剛也。立冬而水始冰，大雪而冰益壯，至此則自薄而厚，自厚而固。水澤之腹皆結實，所謂連底凍也。故《月令》又曰：『冰方盛，水澤腹堅，命取冰以入。』凌人之職也。

按：秦相吕不韋集儒士，使著所聞爲十二月紀，名曰《吕氏春秋》。每篇首皆有《月令》，今《禮記》所載即其文也。宋黄東發論之詳矣。蓋《月令》固非盡述二代之制，亦非立爲秦人一代之制，吕不韋姑集衆聞，而天時、行事若可垂訓，記禮者又從而取之，顧多吕氏本文爲是，而《禮記》傳寫差訛爲非。如『候鴈北』誤作『鴻鴈來』，『溽暑』誤作『辱暑』，『蟄蟲咸俯在穴，皆墐其户』，誤以『穴』爲『内』。諸家曲爲之説，而不敢以吕氏證之。若夫『王瓜生』作『王善生』，『温風至』作『凉風至』，『雉雊雞乳分二候』而作『乳雉雊』，則又吕氏之誤，而當從《月令》者也。學《禮》者，正之可也。

校勘記

〔一〕本卷標題原僅有『大明大統曆解』大標題，而各段小標題均漏刻，兹據目録補。

〔二〕韭也　疑爲『非也』之誤。

留青日札卷之十五

丁

丁，當也，值也，萬物盛于丙，成于丁，其形中正象心也。今人年二十爲成丁，古者四十歲曰丁。蓋人壽以百歲爲期，一干十年，故丁在四十，彊仕之時。蘇武丁年奉使是也。漢景天下男子年二十而始傅。晉武令男子年十六以上至六十爲正丁，十五以下至十三、六十以上至六十五爲次丁，十二以下六十六以上爲老小，不事。宋孝武以十五至十六爲半丁，十七爲全丁。隋二十一成丁。煬帝二十二成丁。唐男女始生爲黄，四歲爲小，十六爲中，二十一爲丁，六十爲老。我朝法：人年四歲即附籍，十五以下曰不成丁，無差役，十六以上曰成丁，始有差役，七十以上及廢疾，得免差役。

六尺之孤

六尺之孤，《周禮》：『國中七尺，野外六尺，皆不從征。』六尺，年十五；七尺，年三十。夫自十五至三十，方作七尺。又《韓詩外傳》：『國中二十行役。』則七尺者，二十也。其升降皆五年，則六尺者，十五也。《孟子》『五尺之童』，乃十歲也。

漢老弱未傅者悉詣軍

孟康曰：『古者二十而傅，三年耕，有一年之儲，故二十三而後役之。』如淳曰：『律年二十三傅之，疇官各從其父疇學之，高不滿六尺二寸以下爲罷癃。』蓋《漢儀注》：『民年二十三爲正。年五十六衰老，乃得免爲庶民，就田里。』今未二十三爲弱，過五十六爲老，皆發之，著名籍，給公家徭役也。景帝二年，令天下男子年二十始傅。

豚犬

人呼己子曰犬子，又曰豚兒，謂賤之也。漢司馬相如少時好讀書，學擊劍，名犬子。師古曰：『父母愛之，不欲稱斥，故爲此名也。』王脩，名狗子。顔之推曰：『北土名兒爲駒，爲豚。然古者名子不以畜牲，以其廢祀也。』而周公名子曰禽，孔子以鯉，魏公子、楚太子皆名蟣虱，至於展禽、解狐、司馬牛之類，比比皆然，則又烏在其爲不以畜牲而重名也？又，呼兄弟之子爲猶子，言猶己之子也。古稱隴西人呼犬子爲猶子，是猶子即犬子也。况猶，亦獸名，故从犬。又，總名之曰豚犬，若『劉景升直豚犬耳』。《越語》：范蠡欲速報吴，使國民衆多，令國人女子十七不嫁、丈夫三十不娶，皆罪。父母生丈夫，與酒三壺，犬一；生女子，與酒一壺，豚一。所謂豚犬，蓋幼幼之事也。又，《南史》：皇太子，齊武帝時小史，易名犬子。梁武丁貴嬪生廬陵威王，武帝謂其父道遷曰：『賢女復育一男。』答曰：『莫道豬狗子。』世人以爲笑。

寶寶　保保

今人愛惜其子，每呼之曰寶寶，蓋言愛惜如珍寶也。亦作保保，或作阿保。人則以爲保抱護恤之意，殊不知保保者，元人尊重之稱。如曰丞相王保保。又，《元史》：勇士洪寶寶。我朝曹國公李文忠亦稱李保保。見《草木子》。

周歲　周年

今小兒生曰周歲，死者曰周年，吉凶之稱未嘗混也。所謂推步起戌，故以歲爲始也。周年，即期年。唐明皇諱隆基，故改爲周年。一作禥，匝四時也。

鹽口　馬丁

今百姓計口而納鹽糧。國制：頒民以鹽，乃收其鈔。國初，沈留公差自杭赴京，奏杭州市民不務生理，專服美麗衣服，出入公門，結交官吏，説事過錢，壞法害民。太祖曰：『浙江等處，及直隸府州市民，着他見丁出錢，買馬往北地當驛站。』至今爲丁田、馬丁云。

養老

有虞氏以燕禮，夏后氏以饗禮，殷人以食禮，周人兼用之。有虞氏深衣而養老，夏后氏燕衣而養老，殷人縞衣而養老，周人玄衣而養老。有虞氏養國老于上庠，庶老于下庠；夏后氏養國老于東序，庶老于西序；殷人養國老于右學，庶老于左學；周人養國老于東膠，庶老于虞庠，即西膠。

五十曰艾，髮蒼白，色如艾也。又，歷也，長者多更歷也。異粻，養于鄉，不從力政，而爵，始衰，杖於家。漢高帝舉民五十以上有行能爲鄉三老，升縣三老，勿繇戍，以十月賜酒肉。魏文帝舉民望五十以上守素衡門者，授令長。

六十曰耆，稽久而將入於老也。《周禮》：『八十曰耆，不從力役，指事使人也。』又《音義》云：『至也，至老境也。』則六十曰耆爲是。宿肉，養於國，不與服戎，不親學，非肉不飽，杖於鄉，歲制。隋文帝六十爲老，乃免丁役。

七十曰悼，憐愛也。貳膳，養於學，達於諸侯，不俟朝，不與賓客之事。致政唯衰麻爲喪，非帛不暖，杖於國。七十曰老，時制。又曰古希，古所少也。

八十曰耋。老至。常珍，月告存，齊喪之事弗及，杖于朝。月制。拜君命，一坐，再至。非人不暖，杜子美詩：『暖老須燕玉。』謂燕、趙美婦人如玉也。漢八十者，一筭，不事。注：免二口之筭賦也。漢文帝賜米、酒、肉。唐太宗八十以上粟二斛。悼與耄雖有罪，不加刑。

九十曰耄。昏忘。飲食不離寢，膳飲從於遊。日有秩，使人受。君命。雖人不暖。天子欲有問，則就其室以珍從。日修惟絞紟衾冒，死而後制。漢九十者，一子不事。注：蠲其賦役。漢文帝賜帛絮。武帝有受鬻法，給米粟爲糜，爲復子若孫，令得身率妻妾，遂其供養之事。唐太宗九十以上粟三斛。

百歲曰期頤。人生以百年爲期；頤，養也。又與朞同。唐太宗粟三斛，加絹二疋，加版授。又，侍五人。

洪武十九年六月，詔天下行養老之政。凡耆老年八十以上、鄉黨稱善、貧無產業者，月給米五斗，肉五斤，酒三斗。九十以上，歲加賜帛一疋，絮一斤。若有田產足以自贍者，止給酒肉、絮帛。其應天、鳳陽二府，富民年八十以上，賜爵社士；九十以上，賜爵鄉士。天下富民年八十以上，賜爵里士；九十以上，賜爵社士。咸許冠帶，與縣官平禮，免雜泛差徭。正官歲一存問，給賜之物，本州縣委敦篤生員，按月詣門禮送，毋得給與陳粟，著爲令。上復謂禮部試尚書李原名曰：『尚齒所以教敬，事長所以教順。虞、夏、商、周莫不以齒爲尚，而養老之禮未嘗廢，是以人興于孝弟，風俗淳厚，治道隆平。曩者，詔天下行養老之政，尚慮有司奉行不至，爾其以朕命申之。』十九年七月，詔舉經明行脩練達時務之士，年七十以下者，郡縣禮送京師。太祖諭禮部郎中鄭居貞曰：『古之老者，雖不任以政，至于咨詢謀謨，則老者閱歷多而聞見廣，達于人情，周于物理，有可資者。』居貞對曰：『人至六十，精力衰耗，則不能勝事，請六十以上者不遣。』太祖曰：『政爲比來有司不體朕意，士有耆年便置不問。豈知老成，古人所重，文王用呂尚而興，穆公不聽蹇叔而敗，伏生雖老猶足傳經，豈可概以耄而棄之也？若年六十以上、七十以下者，當置翰林以備顧問；四十以上、六十以下者，則于六部及布政司、按察司用之。』洪武詔賜京師民七十以上、天下民八十以上，爵里士；京師民八十以上、天下民九十以上，爵鄉士。名稱甚奇。《孟子》：『友一鄉之善士、一國之善士、天下之善士。』春秋豫讓國士，漢韓信國士，戰國魯仲連天下士。里士、鄉士，皆有所本也。宣德二年二月，詔民年八十以上，每名給絹一疋，綿布一疋，綿一斤，肉十斤，酒一斗，米一石。錢塘縣民人潘士廉等四十名，皆如數給賜。

十九世同居

三世同居，蔡邕，後漢樊重。四世同居，隋劉君良，唐高安崔鄲、宋縶、鄧文瑞。三從同居，牛敬則。五世同居，奉新陰幼述，晉桑虞字子桑，桐廬戴元益，王履謙。六世同居，建昌洪文撫。七世同居，太原郭雋，温州趙友，杭州俞舉慶。八世同居，宋曹州劉懷，潞州邢濬。九世同居，唐張公藝。十世同居，宋解州董孝章。十一世同居，銅陵阮鍾儁。十八世同居，唐德安陳克。十九世同居，會稽裘承詢，大中祥符四年，旌表門閭，其後二三百年，猶號義門，真難事也。

我朝惟金華浦江鄭氏家法過之，見宋景濂《義門記》。豈非聖世之人瑞哉！

老戒

五十不造宅，六十不製衣。今有八九十歲而勤渠貪惏無止者，真馬牛也。余子幼，造宅之戒，身親犯之。

龍鍾

今人年老，行動不便，曰龍鍾，自來多不解其意。余以爲鍾，聚也。故《說文》曰『如天之鍾美』是也。蓋言龍至于老，則蟠聚而不能奮飛，故以之稱老年翁也，如鮐背之類也。李濟翁以爲鍾即涔者，謬矣。

尚父　仲父　亞父　仲兄

周太公曰師尚父，劉向曰：『師之、尚之、父之。』又，曹操、吴越王錢鏐、宦官李輔國，漢唐皆稱尚父。又，士人稱輔國曰五父，猶今之顯宦稱賊臣嚴嵩爲乾爺者，不下三五十人。又，周宣王子尚父。齊管仲、秦吕不韋皆曰仲父。蜀廣漢太守夏纂請高士秦宓爲師友祭酒，號仲父。魏道武稱奚牧曰仲兄。又項羽稱范增曰亞父。假父，見秦史，又唐張全義。

公

《禮志》曰：『古人相呼曰公。』而宋顔延之怒人呼公。鉅公，天子。上公、宰公、相公、國公、明公、府公，見史書。丞公，韓子稱縣丞。大公，酒工。又，柁工。

門子

卿之適子，曰門子，言將代父當門者也。正室皆謂之門子，鄭玄云：『正室適子也。』今以門子而加于官府隷役之身，獨何與？又，家有長子曰家督。春秋戰國時，大夫之冢嫡，亦稱太子，見孟孫、智伯、趙襄子等傳。《禮》：『卿大夫之支子爲側室。』賈誼：『非有仄室之執。』

大漢

我朝直殿將軍專選人材長大者，故曰大漢。南方人少，餘杭吴某正德間曾選中。在元名鎮殿將軍亦曰大漢。今許將軍老而退直，在寒族，長不過九尺。

長人

《河圖龍文》曰：龍伯國人長三十丈。以東，大秦國人長十丈。又東十萬里，佻人國長三丈五尺。又東十萬里，中秦國人長一丈。天之東南西北極，各有銅頭鐵額兵，長三千萬丈。又有金剛敢死力士，長三千萬丈。天中太平之都，有都甲食鬼鐵面兵，長三千萬丈。《神異經》：西南大荒中人長一丈，腹圍九尺，一名無不達。西北海外人長二千里，兩脚中間相去一千里，腹圍一千五百里，名曰無路之人。東南隅大荒中有林父高千里，腹圍百輔。崔鴻《前秦録》曰：苻堅以乞活夏默爲左鎮郎，胡人護磨那爲右鎮郎，奄人申香爲拂蓋郎，各身長一丈八尺，並多力善射，每食飯一石，肉三十斤。苻健皇始四年，長人見新平，長五丈，河流大履一隻，長七尺三寸，指長尺餘。魏咸熙大人見襄武，長二丈，脚跡三尺二寸。宋南渡，武林兄妹二人，各長一丈二尺。隆慶三年，寧國人施六來投軍門，長一丈六寸。是年又高郵衛指揮僉事陳律，腰大十圍，腹垂幾至于膝，重三百八十斤，惜不甚長耳。

朱儒

『我君小子，朱儒是使。』國人謂襄公曰小子，謂臧紇曰朱儒，蓋武仲短小故也，與侏儒同。《後漢書》：『朱儒國在東海，女王國南四千里，人長三四尺。』《拾遺記》：『員嶠山有陀移國人長三尺，廣延國人長二尺。』杭城此種人甚衆，其所生子則又皆長也。

竫人

郭璞讚：竫人，小人也，音净。柳子厚詩：『竫人長九寸。』漢武東郡送人長七寸，名曰巨靈。東方朔《神異經》：『西海外鵠國人長七寸，西北荒中小人長一寸。』光武時潁川人張仲師長二寸。又見陶九成所紀『人腊』事，此種往往有之矣。嘉靖三十四年，衢州商人胡秀號碧泉，在餘杭新街頭楊一松家寓下，攜一小人至，長可一尺，眉目鬚髮種種皆備，乃男子也，約年五十餘歲，云至海東大洋中泊岸時，忽風浪中得此同輩男女一十七人。衆商救之，各分其一。乃以朱紅鳥籠盛之，承以木板，以米水食之，口中但聞作唧唧聲，不知所言何事。見人亦不驚懼，能周旋其間。倦則睡息，此即竫人國人也。務光，黄帝時人，皇甫謐云：『其長七寸。』

𨄔人

𨄔，七禾切，今作矬，與短、矮同，从矢。《方言》曰：『𪍿𪍿，短也。』𨄔脆，見《文選》。又，《唐書·王伾傳》：『形容𨄔陋。』

笨人

今言人之不鯽溜者曰笨。音奔，去聲，从竹，从本。故粗率也。《晉書》：『豫章太守史疇肥大，時人目爲笨伯。』《宋書》：『王微粗笨。』朱子不學，誤以孔明爲盆。

儓儗人

李太白《送魏萬》詩：『五月造我語，知非儓儗人。』今人或作獃騃。《説文》：『騃，馬行仡也。』《韻會》：『病也，癡也，音呆。』《海篇》作懛。吴儂相戲，謂曰獃，《廣韻》字也。至于戲駡人，曰蜜浸阿獃，言死人也。回回俗：老人舍身蜜浸而死，百年後得之可爲藥，故曰蜜人，番言『木乃伊』是也。

骨懂

今賣雜玩寶貨肆曰骨董鋪。《仇池筆記·陸道士詩》：『投醪骨董羹鍋内，掘窖盤游飯盌中。』蓋羅浮穎老取飲食雜烹之，名曰骨董羹，則骨董之義可知矣。又稱人之出身好者，曰骨董，想亦此意。而唐天寶初，玄宗游華清宫，有劉朝霞者獻《駕幸温泉賦》，有曰：『骨懂雖短，伎藝能長。』則又當爲骨懂矣。夫懂乃懵懂字，心亂也，豈方言然與？

執古　執方頭

今人謂不通時宜者爲執古，謂不圓活轉變者爲執方頭。執古，見唐盧仝詩云：『莫執古。』

方頭，見陸魯望詩云：『方頭不會王門事。』

惡客

黄庭堅以不飲酒者爲惡客，故云：『破卯扶頭把一杯，燈前風味喚仍回。高陽社裏如相訪，不用閒攜惡客來。』元次山以非酒徒即爲惡客，故曰：『將船何處去？送客小回南。有時逢惡客，還家亦少酣。』二公以惡客之名贈此輩，極佳。予以爲不能詩者亦當名之曰惡客，蓋皆敗人清興故也。

忙人

忙，从心，从亡；忘，亦从心，从亡，但有傍正之不同耳，如慚之與慙，悺之與悹，懈之與懈，惕之與愬可以通用者，大不相同矣，猶忡之不可以爲忠，怡之不可以爲怠，怙之不可以爲忈也。意者，人心健忘則忙矣。《列子》：『宋有病忘者。』《家語》：『魯有大忘者。』孔子謂顔淵曰：『吾與汝忘是，皆心安。』而善忘者若有心而偏，則甚忙矣。

閒人

閒之爲義，或曰『月到門庭方是閒』也。古皆从日，與間同，其音稍異耳。閒，亦人之所難得者。杜牧之有云：『不是閒人閒不得，願爲閒客此閒行。』吴興因建得閒亭。余性極愛閒，而閒中不能静處，尋詩、問酒、灌卉、調禽，實無暇時。因憶韓致堯有云：『書牆暗記移花日，洗瓮先知醖酒期。須信閒人有忙事，早來衝雨覓漁師。』玉山樵人可謂同調矣。

聖人昏仕非禮

《禮》：『三十而昏。』文王十五而生武王，孔子二十而生鯉。『四十强仕』，堯十三而佐封植，禹十二而爲司空，何也？

老人閉房開房

男子六十而閉房，以輔衰也，重性命也。七十太衰，寢非人不暖，故復開房。余謂古人所禀純厚，而又三十始婚，故可以至六十而後寡慾。若今人則所禀既已漓薄，而又未弱冠而遽有室，則當五十而閉房可也。如不能飲者，酒家有進户法，謂以酒漸漸誘之以開其量。余嘗謂惟壯者可以强之使進，若年老而血氣漸衰，則力不足以勝杯酌，亦當以漸而減，名之曰退户法，亦所以重性命也。詩人所云：『衰顔借酒紅。』又非復開其户之謂邪！

大老

大老，見《孟子》。宋江州民呼公曰大老，見《侯鯖録》。元老詩。二老，伯夷、太公。今杭婦稱貼夫曰二老。三漢老。漢峽中船人曰長年三老。四老，漢四皓。五老，舜臣五星精。又，睢陽。八老，淮南八公也。九老，香山。又，至道。天老，杜甫稱宰相。閣老，《唐書·楊綰傳》。堂老、廷老，皆宰相，見史。則今在殿中者可稱殿老。翰林院、都察院之類，可稱曰院老，古今但稱院長。詹事府、順天府之類，當曰府老。大理寺之類曰寺老，則爲和尚矣，可發一笑。國老，見史。室老，即家長，見《禮》。宗老、家老、鄉老，《周官》。里老、耆老。房老，妻妾長年者。嘉靖末年風俗忽變，士大夫至於小民，莫不相稱曰翁，曰老。諺云：『官無尊卑皆曰老，人無大小皆曰翁。』此人孽也。

不備人

《月令》：『先雷三日，以木鐸循道，令兆姓曰：雷將發聲，有不戒其容止者，生子不備，必有凶災。』《玄女房中經》雷電之子，必病顛狂。又，社日妊者生而白頭，犯天譴也。

生異類

虎之生豹，鸛之生鶴，鶴之生鵁，雀之生鷀，馬之生驢、騾，猶可謂之同類，未甚相遠也。至于鵰之生犬，生蛇，羊之生猪，甚于羊、狗與猪之生人，豈《莊子》所論『程生馬，馬生人』之謂邪？兵部洪尚書公在四川，報一民婦産卵四五十枚，如雞、鵞蛋。又，塘南人家雞卵生牛，後半身猶帶黄未化。餘杭猪生一人，其身首俱人，惟手足似猪。嘉靖二十六年二月，京師十王府前王健兒家，猪生五子，其一人首，後二蹄人足，生即能行。又，崇德羊生一人。弘治間錢塘湖市民家生子，一頭，兩面，二耳，四足，具男女形。正德間邵主簿家在鎮江，一産五女。嘉靖初，西溪婦生一子，兩頭一身，五臟在外。十三年，臨安一産四子，長六七寸。二十四年，良渚王本妻生一男，兩頭。隆慶初，餘杭周氏，一産四蛇，大異。

留青日札卷之十六

陳田同音

今人但知敬仲奔齊，以田易姓，以爲第用陳字之右腹耳。殊不知形既存舊，聲亦同音，蓋尊祖敬宗不忘本始也。今之田，徒年切，古亦如直珍切。《詩·定之方中》云：『靈雨既零，命彼倌人。星言夙駕，説于桑田。』漢童謡亦云：『邪徑賊良田，讒口害善人。』唐韓退之《越裳操》亦云：『孰荒于門？孰治于田？四海既均，越裳是臣。』皆可見矣。《通志》但云陳氏爲田氏，音訛也。未詳此耳。

以國爲氏

陳氏，嬀姓。初封虞城，後封於遂，今鉅野。後封於陳，今陳州，治宛丘縣。本太昊伏羲氏之墟。舜傳天下于禹，禹封舜之子商均于虞城。周武王克商，乃求舜後，以備三恪，得胡公滿，封之于陳，以奉舜祀。或曰：當周之興，有虞遏父者，爲周陶正，武王賴其器用，妻以元女。太姬生子滿而封于陳，以奉舜祀。滿，號胡公，往往以頷胡之故而得此號。成公元年，楚王爲夏徵舒弑靈公，遂率諸侯伐陳，謂陳人曰：『無恐，吾誅徵舒而已。』已而縣陳，羣臣皆賀，申叔時不賀，王問其故。曰：『鄙語有之：牽牛以蹊人之田，田主奪之牛。蹊則有罪矣，而奪之牛，不亦甚乎！今君徵兵諸侯以討不義，已而取之，以利其地，何以令于天下？是以不賀。』王曰：『善。』乃迎陳靈公太子午于晉而立之，是爲成公。孔子讀史記至楚復陳曰：『賢矣哉！楚莊王輕千乘之國而重一言。』哀公三十四年，司徒招作亂，楚靈王使公子弃疾帥師圍陳，滅之，使弃疾爲陳公。晉平公問太史趙曰：『陳遂亡乎？』對曰：『陳，顓帝之族，自幕至于瞽瞍，無違命，舜重之以明德，實德于遂。蓋商之興也，存舜之後而封于遂，世世守之。及胡公不淫，故周賜之姓。以舜居媯汭，故姓之曰媯而祀虞帝。且盛德必百世祀，虞之世未也。』五歲，弃疾弑靈王而自立，是爲平王。欲和諸侯，乃求陳悼太子偃師之子吳，立爲陳侯，是爲惠公。湣公二十二年，獲麟之歲也。二十四年，楚惠王使子西之子公孫朝伐陳而滅之，子孫以國爲氏。又，廣陵之陳，實劉氏，魯相無子，以外孫劉矯嗣。《河南氏志》云：『侯莫陳之後，亦改爲陳氏。』又，白氏貴，隋初改爲陳氏，是爲萬年之陳也。按陳，媯姓也，然伍員曰：『夏少康爲有仍牧正，逃奔有虞，虞思妻之以二姚。』是則又爲姚姓也。蓋媯姓，始于周；姚姓，自夏有之。然則堯舜妻以二女而賜之姓者，賜以姚也，謂爲媯，誤矣。自夏之前爲虞國，至商爲遂國，未知虞之存于商否？然至周，則遂、虞皆爲姬姓國矣。而胡公之陳爲媯，不復言姚矣。

陳田始末

黄帝生昌意，昌意生顓頊，顓頊生窮蟬，窮蟬生敬康，敬康生句芒，句芒生蟜牛，蟜牛生瞽瞍，瞽瞍生舜，凡八世。《路史》曰：『五帝之中，獨舜不出于黄帝。』虞幕生窮係，生敬康，生喬牛，生瞽瞍。舜起嬀汭，以嬀爲姓。至周武王，封舜後滿于陳，是爲胡公。傳申公犀侯，傳弟相公皋羊，傳申公子孝公突、慎公圉戎、幽公寧、釐公孝、武公靈、夷公説，傳弟平公燮、文公圉、桓公鮑，傳弟厲公佗。母，蔡女也。厲公二年，生子敬仲完。周太史筮之，卦得《觀》之《否》：『是爲觀國之光，利用賓于王。此其代陳有國乎？不在此，其在異國？非此其身，在其子孫。若在異國，必姜姓。姜姓，太嶽之後。物莫能兩大，陳衰，此其昌乎？』自胡公至完，凡十三世。七年，蔡人殺厲公，傳桓公太子免之子利公躍。五月，傳弟莊公林，傳弟宣公杵臼。二十一年，殺其太子禦寇，完懼禍奔齊，乃齊桓公小白之十四年也。桓公欲使陳完爲卿。完曰：『羈旅之臣幸得免負擔，君之惠也，不敢當高位。』桓公使爲工正。工正者，《周禮・冬官》爲考工，主器械者，或曰掌百工也。齊懿仲欲妻敬仲，卜之，占曰：『是爲鳳皇于飛，和鳴鏘鏘。有嬀之後，將育于姜。五世其昌，並于正卿。八世之後，莫之與京。』敬仲以陳字爲田氏。或曰陳、田聲相近也。應劭曰：『始食采地，由是改姓田氏。』然齊無田邑。完，字敬仲，《史記》曰謚也。生田穉孟夷，或作夷孟思。生田湣孟莊，一作孟芷，或作閩孟克。生文子田須無，諫莊公厚客晉欒盈，弗聽。生桓子田無宇，有力，事莊公，有寵。生武子田開、釐子田乞。乞事景公爲大夫，以小斗受賦稅，以大斗予粟，行陰德于民，得齊衆心，宗族益彊，民思田氏。使乞救范中行氏，輸之粟。逐國惠子，斥晏孺子荼，而立悼公陽生于家，遂爲相，專齊政。生成子田常，相簡公壬，復修釐子之政。齊人歌之曰：『嫗乎采芑，歸乎田成子！』以田豹、田子行言殺監止、子我。遂殺簡公，立平公驁。常相之，修功行賞，親于百姓。言于平公曰：『德施人之所欲，君其行之，刑罰人之所惡，臣請行之。』五年，齊政皆歸于常。割安平以東至琅琊，自爲封邑，大于平公之所食。生襄子田盤，一作塈，作班。他男七十餘人，或曰百餘人。盤相宣公，使其兄弟宗人盡爲齊都邑大夫，以有齊國。生莊子田白，一作伯，相宣公。生悼子田□、次太公田和，相宣公。五十一年，田會自廩丘反。康公貸十四年，和遷康公海上。十八年，和與魏、楚、衛會濁澤，求爲諸侯。文侯請于周天子，許之。十九年，立和爲齊侯，紀元年。生桓公田午。或曰：午弑田侯剡及孺子田喜而兼齊。生威王田因齊。故齊康公卒，絶無後，奉邑皆入田氏，自稱爲王，以令天下，最彊于諸侯。生宣王田辟疆，三晉之王皆朝于博望。生湣王田地，一作遂。三十六年，王爲東帝。二月復爲王，欲并周室爲天子。泗上諸侯，鄒魯之君，皆稱臣，諸侯恐懼。四十年，樂毅入臨淄，走莒。淖齒殺之。生襄王田法章，安平君田單復齊。生王田建，四十四年，秦虜王建，遷之共。齊人怨之，歌曰：『松耶柏耶？住建共者客耶？』疾建用客之不詳也。自完至和，凡十一世。自和至建凡九世。歲壬寅，呂齊絶；歲庚辰，田齊滅。秦二世元年，齊王田儋二年，齊王田假一年，齊王田都元年，膠東王田市三年，齊王田榮二年，濟北王田安元年，齊王田廣二年，齊王田横一年。起壬辰至丁酉而滅，共六年。漢興，諸侯田並徙陽陵，後又徙北平。其族田角、田間徙關中。自春秋至漢，代有聞人，皆敬仲之苗裔也。漢求帝後嬀冒爲始睦侯。王莽時封田豐爲世睦侯，一作代睦侯，奉敬仲後。子恢避莽亂，居吴郡，改姓嬀氏。五代孫敷又改爲姚氏，至後魏孝文，詔訪舜後，獲萊郡民嬀苟之，復其家。

第二氏

第二氏，其先齊諸田，漢武帝徙諸陵，以門秩次第，田廣之孫田登爲第二氏。

第五氏

第五氏，嬀姓，齊諸田之後。

第八氏

第八氏，出陳留。《風俗通》：『亦齊諸田之後。』田廣弟田英爲第八門，因氏。王莽時，有講大夫第八矯，皆以次爲氏也。

荀田氏

荀氏之族見於後世者，亦有田氏。

田車氏

田千秋因賜小車，改爲車氏。後魏車焜氏亦爲車氏。

田紇干氏

後周田弘爲大司空、鴈門郡公，賜姓紇干氏。紇干氏，本代人，孝文帝復改爲干氏。

田王氏

齊諸田子孫他徙者，人稱之曰王家，其後世遂爲王氏。

田光氏

田光之後，秦末避地，以光爲氏，故有光氏。然田光有二：曰先生者，見《信陵君傳》；曰守相，走城陽，見《田儋傳》。

聞人氏

聞人氏，《風俗通》：『少正卯，魯之聞人。』其後遂以聞人爲氏。然聞達之人，皆謂聞人，何必少正卯以惡聞也？漢有太子少傅聞人通，沛人，治《后氏禮》。宋大觀登科聞人宏、政和聞人穎立，秀州人；聞人韶，金華令。

聞氏

聞氏，即聞人也。宋登科有聞見昌、聞舜舉。此皆以凶德爲氏也。愚則以爲聞，《説文》：『知聲也，从耳，門聲。』《禮》曰『謏聞』。《書》曰『敷聞』，曰『無窮之聞』。《詩》曰『聲聞』，曰『令聞』，皆美稱也。又安知不有名人者，因之以得姓爲聞者乎？又何必聞之同於聞人也！况闅，又地名，弘農有闅亭。《前漢書》有湖闅鄉。孟康曰：『闅，古閺字。』建安中，正作聞。如『鄭興客受聞鄉』是也。又，武帝經桐鄉，聞破南粤，故置聞喜縣，今山西也。安知不有名人者，以地爲姓乎？

田以事爲氏

漢王充論五音、五姓之妄，而曰：『古者有本姓，有氏姓。陶氏、田氏，事之氏姓也；上官氏、司馬氏，吏之氏姓也；孟氏、仲氏，王父字之氏姓也。以本姓則用所生，以氏姓則用事、吏、王父字。』則田之氏姓，因上世有事于田農，如神農、后稷、遂師、田畯之類，或未可知也。然胡公滿乃陶正之子，其後不爲陶氏，何也？

姓

姓，《説文》：『人所生也，从女，生聲。』乃曰：『古者神母感天而生子，故从女。』則非也。蓋男女無不由母以生，故制字从女生也。非特諧聲，本會意也。古作𤯓。囧，窗牖麗明，象形也。从生，从囧，象人生所自出之門户也。《白虎通》曰：『姓，生也，人所禀以生也。』故祖父之相生，雖百世此姓不改。唐玄宗問于張説曰：『今之姓氏皆云出自帝王之後，古者無民邪？』説對曰：『古者民無姓。有姓者，皆有土有爵者也。故《左傳》云：天子命德，因生以賜姓，胙之土而命之氏。黄帝之子二十五人，得姓者十四而已。其後居諸侯之國土者，其民以諸侯之姓；爲姓居大夫之采地者，以大夫之姓爲姓。莫可分辨，故云皆出自帝王也。』此論極正，非鑿空臆度之言。譬如今之大姓巨族之里，其旁義男家生多竊附主人之姓，以長其世。數代之後，遂莫能辨其真僞矣。以今證古，不亦尤著明也邪！三代以前，姓以別婚姻，氏以辨貴賤。三代以後，姓氏浸廣，年世既遠，族類益繁，於是以氏爲姓而索之族矣。自五胡、金、元，華夷大混，又有以部落爲姓者，有因功賜姓者，有因過、因刑改姓者，有避仇、避難、避嫌改姓者，有慕前賢名字冒姓者，有音訛及音同文異，或文同音異轉姓者，有省文省言轉姓者。又，國初禁從蒙古之姓，小民畏懼，乃併古之覆姓，去其一字，若皇甫之爲皇，呼延之爲呼，赫連之爲連，聞人之爲聞者，又不可勝計也。翰林編修吴沉爲《千家姓》表進，凡一千九百六十八姓，然尚有遺者。

氏族

氏，《正義》曰：『猶家也。』《釋例》曰：『别而稱之曰氏，合而言之曰族。』曰姓氏者，姓以繫統百世，使不别；氏以别子孫之所出。言姓則在上，言氏即在下，如今云姓田氏、姓聞氏也。族者，屬也，子孫共相連屬，其旁支别屬各自爲氏。天子賜姓命氏，諸侯命族。夏之苡氏，以吞薏苡而生也，今作姒；商之子氏，以吞燕子而生也；周之姬氏，以履大人綦而生也。推此可知矣。

名

名，自命也，从夕、口。夕者，冥不相見，故口以自名也。《白虎通》：『殷以甲乙名，不以子丑名。』甲乙，幹也；子丑，枝也。後世不知此義，以地枝名者多矣。《周禮》：『子生三月，妻以子見于父，父執子之右手，咳而名之。』又，名子不以日月，不以山川。又，若子已孤，不更名。

《左傳》申繻曰：『名有五：有信，有義，有象，有假，有類。以名生爲信，以德命爲義，以類命爲象，取于物爲假，取于父爲類。不以國，不以官，不以山川，不以隱疾，不以畜牲，不以器幣。周人以諱事神，名終將諱之。故以國則廢名，以官則廢職，以山川則廢生，以畜牲則廢祀，以器幣則廢禮。』不諱嫌名，二名不偏諱。逮事父母，則諱王父母；不逮事父母，則不諱王父母。君所無私諱，大夫之所有公諱，詩書不諱，臨文不諱，廟中不諱。夫人之諱，雖質君之前，臣不諱也。婦諱不出門，大功、小功不諱。古者諱名不諱姓，生曰名，死曰諱。今稱人曰尊諱，非禮也。

字

《禮》：『男子二十冠而字。』冠而字之，敬其名也。字，本乳也，从宀、子，子亦聲。王充曰：『古者立字展名，取同義名賜字。子貢名予，字子我是也。』《公羊傳》曰：『名不如字。』古之君子之名子也，必以信義而擇淑令，所以祥其名也。不以官職，所以殊其名也；不以畜幣，所以重其名也；不以隱疾，所以顯其名也；遍告内外，所以昭其名也；書而藏之，所以寶其名也；賤者避焉，所以貴其名也；冠而有字，所以尊其名也。名成乎禮，字依乎名。名，字之本；字，名之末也。故曰字以表德，有德可表，則表之。今無德而字之，則亦妄人而已，適所以辱其名也，又況降而爲號乎！　別號之興，寒泉、樗里，兆于春秋，蓋周末文勝之弊也。乃今降及輿臺，罔不有號。嗟乎彼哉！

單名　兼名　單字　兼字

名之或單或兼，示非一也。《春秋》譏二名，謂其無常也。今爲吾子孫約以二十字爲兼名，曰世、益、殷、齊、業、嘉、謀、自、祖、貽、允、能、承、永、志、方、遂、萬、年、思。蓋欲其有序而不紊也。然字亦有單有兼，仲尼、伯魚，兼也，皋陶字隤，顔回字淵，曾點字晳，皆單也。在後世，則兼字通行矣。

伯仲季

《禮》：『五十乃加伯仲。』《白虎通》：『五十知天命，思慮定也，能順四時、長幼之序，故以伯仲號之。』伯，長也，大也；仲，中也，次也；季，少也，末也。《風俗通》曰：氏于字，伯、仲、季是也。或稱孟、仲、季。孟，亦長也，始也。或稱伯、叔、季。叔，本拾也，收拾之也。周之有太伯、仲雍、季歷也，魯之有孟孫、叔孫、季孫也。文王時，南宫氏之有二伯、二仲、二叔、二季，所謂周有八士也。然重仲叔而不重伯孟者，明長之不可二也。伯夷、仲遼而曰叔齊。叔，即季也，猶叔世曰季世也。伯牛、仲弓之稱，未必皆五十而後加也。女子亦自爲伯仲，法陰陽各有終始也。十五通乎織紝之事，思慮定，故許嫁笄而字，若伯姬、孟子、季女是也。

子稱父名

古人質實，不獨子思稱祖仲尼，如漢爰種亦稱叔父盎字曰絲。又，張頡乃張堪之子，至爲朱暉曰：『大人不與堪爲友。』暉曰：『堪嘗有知己之言。』則是子稱父名也。

母稱子字

晁錯之父稱子曰公。班昭《女誡》曰：『恒恐子穀負辱清朝。』子穀者，曹成之字，乃曹壽之子也。《魏畧》：『單固字恭夏，其母夏侯氏謂之曰：「恭夏，汝本自不欲應州郡也，我强故耳。」』

人自稱其字

自宜呼名，乃有自稱字者。王猛誓衆曰：『王景畧受國厚恩。』王貞《與齊王陳啓》：『孝逸生於戰争之季。』崔頤《答豫章王書》亦自稱『祖濬』。隋帝亦稱曰：『崔祖濬聞一知十。』元結《與何員外書》，自稱曰次山白。

田氏古諱不當犯

諱古人名，厚道也，况姓同乎？後人避之，毋自薄也。因嘉靖間，錢塘一輕薄子試于有司，與世父同諱，故著之編。世父名在正德己卯科鄉試録中，特小人無忌憚耳。凡見于前者兹不重出，聊録其行概云：田穰苴大司馬，有《兵法》。田開之周威公時。田單安平君。田豹齊。田無擇字子方，魏文師。田需魏人。田既齊將軍。田逆齊。田駢稷下，號天口，作《田子》。田嬰一作肦，靖郭君。田文嬰子，薛孟嘗君。田吸齊將。田生騶人，善韓子雜家説。田忌一名期思，徐州。田軫即陳軫。田解齊將。田俅子有墨家三篇。田光齊守相，凡三人。田光燕處士，稱先生。田光漢盧奴令。田仲魏君士，楚游俠。田連善鼓琴。田蘇晉。田景宋。田何善《易》，見《高士傳》。田巴善鼓瑟。田不禮趙臣。田邑　田叔字少卿，漢魯相。田仁叔子，司直，趙人。田蚡長陵人，武安侯。田甲賈人。田千秋丞相，富民侯。田弱薦法真。田肯　田確凡二人。田廣明大鴻臚。田豫字伯讓，大夫。田彭祖豫子。田洛晉刺史。田延年字子賓，大司農。田基晉中牟人，司徒。田嗣陽平人，將樂子。田疇字子泰，魏亭侯、議郎。凡二人。田續疇從孫，關内侯。田章晉護軍，綿州人。田德平參軍。田安興下邽人，魏太守。田長樂安典子。田式字顯標，長樂子，三世本郡太守，封公。田信式子，隋儀同。田興祖刺史。田益宗興祖弟，光城人。曲陽伯，謚曰莊。田魯生隋太守。田魯賢　田纂皆益宗子。田翼隋孝行。田弘字廣畧，雁門郡公。田仁恭字長貴，弘子，上柱國。田世師仁恭子，高平人。田德懋仁恭子，平原公。田軌雍州長安人，隋信都郡公。田弘軌子，信都郡公，刺史。田仁會弘子，將軍，謚威。田歸道仁會子，原國公，謚烈。田賓庭仁會子，唐光禄卿。田神功冀州人，信都王。田神玉弟，汴宋節度留後。田朝常山、雁門郡王。田璟平州人，都水使者。田守義璟子。田承嗣守義子，雁門郡王。田華承嗣子，太常少卿。田緒字緒，承嗣子，駙馬都尉。田季安字夔，緒子，太尉。田懷諫季安子，衛將軍。田廷琳守義子。田廷惲璟子，司馬。田廷玠廷惲子，尚書。田縉字雲長，扶風郡公。田悦廷琳子，唐濟陽郡王。田弘正字安道，廷玠子。初季安愛之，故名興，朝廷賜今名，中書令，謚曰忠愍。萬卷樓沂公史例。田布字敦禮，弘正子，節度尚書僕射，謚曰孝，天下稱忠義田氏。田少卿代國公。田鐬布子，刺史。田融弘正兄，太子賓客留守。田羣弘正子，刺史。田肇弘正子，代弟羣死。田牟弘正子，尚書左僕射。田昂梁鎮南將軍。田晁節度使。田秀　田昉刺史。田在賓將軍。田頵字德臣，合肥人，平章。田鳳唐京兆判官，即京兆田郎。田澄唐蜀人，能詩。田游巖三原人，入太白山，隱箕山，號許由東鄰，拜崇文館學士，洗馬。田鸞食柏葉，得仙。田志亨蠡吾人，通真子，得仙。田敏鄒平人，梁少保。田章敏子，殿中丞。田錫洪雅人，宋侍郎。田況陽翟人，少傅，謚宣簡。田晝字承君，況從子，校書郎。田渭縉雲人，進士，浙東提舉。田疇華亭人，六舘士，北面。田仁朗知州。田祐恭思州人，世守本州。田瑜壽安人，學士。田闢南康人，世稱義方田氏。田如鼇進士，轉運副使。田如鵬進士。田如鵠進士。田如鴻進士。田京滄州人，諫議大夫。田開知州。田泂刺史。田告濟東人，善《太玄》。田照鄰知縣。田紹斌汾州人，團練使。田重進知州。田琢字器之，安定人，尚書。田景遷刺史。田真子晉江人，進士。田鎮則字朝英，分宜人，進士。田澮宗正丞，僞學黨籍。田偉江陵人，宋尉，有博古堂藏書五萬七千卷，世稱荆南田氏。田真京兆人。田廣　田慶紫荆田氏。田子真侍郎。田雄元京兆總管。田灝字默之，興中人，遼尚書。田道源宋太傅，葬西湖。田確安陽人，金尚書。田温荆州人，元守本州。田滋開封人，元開封郡公。田槩北平人，有《金石録》六卷。田忠良字正卿，方技，忠獻公。田天澤忠良子，學士。田章皋巴東人，光禄大夫。田豐山東人。

田氏本支譜圖

田九疇一世。元末人，無嗣。田得源二世。本聞氏，生二子。田瓊三世。字廷瑞，生二子。田英四世。字仲美，生三子。田邦五世。字人寧，朝議公，三子。

田汝登六世。字伯禾，鄉貢士，無子。以藝蘅爲嗣，今以次孫世傳爲之後。田世傳八世。田益九世。田殷十世。

田汝成六世。字叔禾，進士，亞中大夫，生二子。田藝蘅七世。字子藝，生三子。田世守八世。田世得八世。田世爵八世。田益大永，九世。田益九世。田殷潤治，十世。田殷十世。

留青日札卷之十七

越絶書人姓名字考

余嘗作《越絶書序》，見文集上二卷。所云：『以去爲姓，得衣乃成。厥名有米，覆之以庚。以口爲姓，承之以天。楚相屈原，與之同名。』去而得衣，非袁乎？米而覆庚，非康乎？此則姓袁名康也。蓋袁，長衣貌，从衣，叀省聲，毛氏云：『从口，俗从厶。』非也。康，本古文米康字，从米，庚聲。口承以天，當爲吴。屈原同名，當爲平。此則姓吴名平也。吴，大言也，从矢、口；大言，故側口以出聲。《類苑》云：『如言有口爲吴，無口爲天，是古文變隸易楷之訛，非从天也。』又，王充《按書篇》云：『臨淮袁太伯袁文術、會稽吴君高。』又云：『君高之《越紐録》。』臨淮郡，漢武帝置，今徐州。會稽，秦郡，漢爲吴國，今蘇州。以康爲泰也，則當字曰太伯；以康爲衢也，則當字曰文術。蓋術者，道路也。豈兩人邪？或一人而二字也。高平曰原，故屈子名平而字原。今平之字曰君高，宜也。况漢之高平縣，屬臨淮，亦其證也。越紐者，即越絶也。蓋紐有結束之義，即絶之所謂斷滅也。紐有關紐之義，即絶之所謂最絶也。豈初名《越紐録》，而後定爲《越絶書》邪？又，《隋志》作《越絶紀》，漢《文選》注，有『富中《越絶書》』。

泰伯　季歷

周泰伯既爲吴開國之君，使袁康而吴人也，則不當復字曰太伯；使越人也，則是幸吴之亡而犯賢聖之字矣。以此推之，則『越絶』本含兩義，而文術之字爲當也。論者曰：太王亶父以王季之可立，故易名爲歷。歷者，適也。太伯覺悟，之吴越采藥，以避王季。使太王不易季名而復字之季，太伯豈覺悟以避之哉！又以此推之，則季歷之名文王曰昌，西伯之名武王曰發，是三代皆有無君之心矣。故曰：『至于太王，實始翦商。』又曰：『西伯陰行善政。』皆可疑也。泰伯真至德矣。

越句踐四世五世考

周貞定王四年丙子，乃越伯句踐三十二年冬十一月。句踐卒，子適郢立。見《左傳》。《紀年》作『鹿郢』，《史記》作『鼫與』。十年壬午，伯適郢六年卒，子不壽立。二十年壬辰，伯不壽十年卒，子翁立，是爲朱句。威烈王十四年己巳，越伯翁三十七年卒，子翳立。二十二年丁丑，乃越伯翳之八年，次年戊寅入《通鑑》。《史記·越世家》：句踐卒，四世而至王翳，翳卒，子王之侯立。《索隱》引《紀年》云：翳遷于吴，三十六年七月，太子諸咎弒其君翳。《吕氏紀》：越授有子四人。越王之弟曰豫，欲盡殺之，而爲之後。高誘注：授乃句踐五世孫。《越絶書》：

『句踐子與夷，與夷子子翁，子翁子不揚，不揚子無疆，楚威王滅之。無疆之子之侯竊自立爲君長。之侯子尊，尊子親，親失衆，楚伐之，走南山。』《淮南子》：『翳賢不欲爲王，逃于山穴之中。越人以火熏之出而立之。』虞翻曰：『越王翳讓位，逃于巫山之穴。越人熏而出之。』斯非泰伯之儔邪！見《三國志》注。越人三世弑其君，王子搜患之，逃乎丹穴，而越國無君，求王子搜不得，從之丹穴，王子搜不肯出，越人熏之以艾，乘以王輿。王子搜援綏登車，仰天而呼曰：『君乎，君乎！獨不可以舍我乎？』搜，素善反。又，悉遘反，邀遘反。李云名。《淮南子》作『翳丹穴』。《爾雅》云：『南戴日爲丹穴。』見《莊子》。元王三年，越滅吴，盡有吴地，傳六世，至王無疆。伐楚，大敗，顯王三十六年也。楚威王殺無疆，盡取故吴地，至浙江，越以此散亡。是《史記》：『句踐之四世王翳，五世王之侯。』高誘：『句踐之五世授。』《紀年》：『四世翳，五世諸咎。』《越絶》：『四世無疆，五世之侯。』又云：『句踐生鼫與，鼫與生不壽，不壽生翁，翁生翳，翳生之侯，之侯生無疆，實六世。』舊經云五世者，誤也。見《浙江通志》注。惟《史記》與《越絶》頗合，豈無疆爲翳之字邪？之侯，疑即諸咎之音訛也。《紀年》『諸咎弑其君翳』，而《越絶》則『楚滅無疆，之侯竊自立爲君長』，觀『竊』字之意，亦頗可疑。或以爲翳即豫，鼫與即夷與，不揚即不壽，而諸咎即授之子，皆未可知也。

夏啓周武王皆八十二歲即位

禹年一百六歲而卒，啓即位年八十二歲，則啓生時禹年二十四歲。而紀云禹三十未娶，行至塗山而娶女憍，何也？文王年九十七歲而卒，十五歲而生發，則武王即位時亦當八十二歲。在位十九年，則是一百一歲。而《紀》云九十三，亦誤也。又云殷王祖甲二十八祀，庚寅生昌，則又六年而爲廩辛，又六年而爲庚丁，又二十一年而爲武乙，又四年而爲太丁，又三年而爲帝乙，又三十七年而爲紂辛，凡一百一十年而商亡。文王壽九十七，則死後十三年而武王興也。伯夷罪之曰：『父死不葬，爰及干戈。』信十三年而不葬，則武王誠不忠不孝者矣。近作《四書人物考》者，皆失于考證，何也？

周武王老而娶吕邑姜

文王十三而生伯邑考，十五而生發。則武王之生乃庚丁三年甲辰也。文王至紂十五年而始得吕尚，則武王已年七十六七矣。而云娶吕尚女邑姜，豈其父方十二即冠而娶太姒，顧其子反老耄而始婚邪？非人情也，亦非禮也。况太公此時已八十矣，故西伯稱之曰：『叟樂此邪？』則翁婿年相若矣。以年相若之婿而又稱其翁曰『師尚父』，豈情之所安也哉？

孔子傳考正

孔子以魯襄公二十二年庚戌十一月庚子生，或作十月二十一日。六歲而顏路生，九歲而子路生，十五歲而閔子騫生，十九而娶亓官氏，亦非三十而婚之禮也。二十而生伯魚，時爲委吏、司職吏。《史記》言弟子益進。此時諸門人皆未生，不知果何弟子也？二十九歲冉有、仲弓生，三十巫馬期生，三十一顏淵生，伯魚年十一矣。三十二子貢生，三十五樊遲生，次年原憲生。本傳云：『夫子自周反魯，弟子稍益進。』顏子方六歲，不知又何人也？又云：『魯亂適齊，爲高昭子家臣，以通乎景公。』夫孔子三十歲時，景公與晏嬰適魯，既有秦穆公之對，而景公説矣。至此，又何必自辱爲家臣以通乎景公也？不臣于晏嬰，而臣于高昭子，何也？三十九澹臺滅明生，四十二公西華生，四十五卜子夏生，陽虎亂，季氏僭，夫子不仕，退而修《詩》、《書》、《禮》、《樂》。弟子彌衆，至自遠方莫不受業。時顏子方十五。次年，而子游、曾子方生，乃問欹器。夫十七而孟釐子稱其達，三十三而齊景公稱其聖人之智，四十二而知桓子之羵羊，辨吴專車之骨，反獨不知宥坐之器而問焉，何也？本傳：『四十七爲中都宰。』《史記》在五十一年。次年子張生，又次年子賤生。五十一誅少正卯，《史記》遲五年。五十七畏于匡，顏淵後，年二十七，子路年四十八，而由之本傳在五十四困陳蔡之後，亦誤也。六十，宋司馬桓魋逐之，適鄭，立東門。鄭人謂子貢曰：『東門有人，其顙似堯，其項類皋陶，其肩類子産，自腰以下不及禹者三寸。』此人固未嘗見堯、禹輩，而乃云然者，不亦妄哉！喪狗之言，好事者傅會輕侮之文也，而學士大夫信之，可發一笑。六十一，與蒲人盟，毋適衛。遂適衛，子貢曰：『盟可負邪？』子曰：『要盟，神不聽。』此非聖人之言也。夫神雖不聽要盟，君子既與之盟，雖要亦不可負也。終欲負之，何如其初之不從邪？自陳遷蔡，《史記》作六十，傳多三年。戹陳、蔡之時，弟子有愠心。子路時五十四，子貢三十二，顏子三十三，則伯魚當四十四，傳云『鯉五十而卒』，則顏子亦當四十三四矣，以請車之事知之也。何以曰『三十二而卒』，夫子惜其短命，無明文也。夢奠時，傳作七十三。吴氏曰：『時伯魚已歿六年。』則又當爲七十五矣。此皆《人物考》之失考者也。

仲尼庶生

孔氏，子姓，出宋閔公之後。閔公生弗父何，以有宋而授厲公。三世，生正考父，傳所謂『三命滋益恭』者。考父生孔父嘉，爲大司馬，即宋華父督殺嘉而取其妻者也。其子奔魯，後世以字爲孔氏，又爲孔父氏。五世曰叔梁紇，有女無子。妾生孟皮，有足疾，後娶顏氏之三女徵在，生仲尼。三歲父亡，十七歲母亡。仲尼生鯉，伯魚出妻嫁于衛，庶氏生二子：長，早喪無子，所記『子思之哭嫂爲位』是也；一子相承，至九世。次即伋，子思之子名白，字子上。

舜妹　孔妾

人皆知舜有敤弟，而不知有敤妹。史曰『父母不愛，弟妹不親』是也。仲尼之妾，人所未知者。宰我對楚昭王曰『夫子妻不服采，妾不衣帛』是也。《禮》：『四十無子而後娶妾。』孔子二十而生鯉，此必婢耳。豈亓官氏既出而畜之者邪？妻既出矣，則于六十六歲之下，不當復書曰『夫人亓官氏卒』。

丘尼取義

孔，大也；丘，土之高也。尼，古夷字。夷，平也，蓋高而平之，命名、命字之義也。如言陵夷，若丘陵之漸平也。如《漢・藝文志》『公孫尼子與夷同』是也。何必神之曰『禱于尼山』而云然哉！古亦作尼，《漢書》尼江，地名。司馬尼，人名。又尼，從後近之也，猶昵也，又，和也。《尸子》曰：『悦尼而來遠。』即孔子所謂『近者悦，而遠者來』也。尼，通作屔。屔，反頂受水。丘从山，尼聲，言頂當高反下，故曰反頂，引孔子象屔丘山，四方高，中央窊下也。又曰：『孔子反宇。』見《文選》注。又《後漢・高獲傳》：『爲人尼首方面。』

孟子傳考

孟氏，姬姓，魯桓公子慶父之後也。慶父曰共仲，本仲氏，亦曰仲孫氏。爲閔公之故，諱弒君之罪，更爲孟氏，亦曰孟孫氏。又，衛有公孟縶之後，亦曰孟氏。齊有孟軻，字子車。秦有孟説，齊有仲孫湫，韓有仲孫章。蓋孟以次爲氏也。孟子，周定王三十七年夏四月二日生，即今之二月；赧王二十六年春正月十五日卒，即今之十一月。年八十四歲，母仉氏。

四明公

東有啓明；文王，西伯；邵公，召南也。而段成式乃以爲夏啓爲東明公，文王爲西明公，邵公爲南明公，季札爲北明公。又不知吴延陵何以屬北，可笑之甚！

老成氏　考成氏

老成子，古賢人。其裔孫曰老成方，爲宋大夫，著書十篇，言黄老之道。又，考成子著書述黄老之道，《列子》有考成子幼學於尹文先生，見《通志》，以吉德爲氏。

舜文五人

舜有臣五人，曰禹、稷、契、皋陶、伯益也。荀子曰：『禹得益、皋陶、橫革、直成爲輔。』《呂氏春秋》曰：『禹得陶、化益、真窺、橫革、之交五人。』化益，《世本》宋衷注：『伯益也。』真成，即直成也。文王五臣：虢叔、閎夭、太顛、散宜生、南宫适也。見孔子答孟武伯問。晉重耳自少好士，年十七有賢士五人，曰趙衰、狐偃、賈佗、先軫、魏武子。孟獻子有友五人，曰樂正、裘牧仲，孟子忘其三人。今按仲孫蔑嘗曰：『吾甚貧，惟有二士，曰顔回、兹無靈者。使吾邦家安平，百姓和協，惟此二者耳。』本作姓裘，名牧仲。衛太子與五人介，輿猳從，曰太子、良夫、宦者羅。伯姬，孔悝母也。

伯夷　仲遼　叔齊

孤竹君墨台，音眉怡，見《孔叢子》注。一作默台，見《路史》。名初，字子朝，見《韓詩外傳》。孤竹，國名，即觚竹，北海之孤山是也。太史公《伯夷傳》曰：『伯夷、叔齊，孤竹君之二子也。』而不知孤竹君有三子：曰伯夷，名允，一名元，字公信，乃元子；曰伯遼，名憑，乃中子；曰叔齊，名致，字公遠，一作智，字公達，乃嫡子。或曰夷、齊，謚也，畧見《春秋少陽篇》。伯遼，見周曇《詠史詩》注。伯，當作仲。見吾衍《閒居録》。初欲立夷，不可。初薨，夷、齊偕巽去，之北海之瀕。於是立憑。或曰憑，夷、齊之弟，一曰異母弟。見《烈士傳》。漢光和元年，柳城岸壞，遼守虞翻夢人曰：『予，伯夷之弟，孤竹君之子，遼海見漂。』旦往視之，有浮棺尸絳衣露冠者，葬之。又《搜神記》：『見浮棺，破之而語，破者尋死。民有强保視者，皆無病而死。』此其異也。宋元符三年，封伯夷爲清惠侯，叔齊爲仁惠侯，而仲遼則無傳，故世罕知之。後墨台氏辟難，改爲墨氏。又改爲怡氏，故其後有怡寬，後漢樅陽侯竹晏報怨不改姓，加二作竺，以存夷、齊是也。又，齊太公之祖亦名伯夷。

三千人

夏桀牛飲者三千人，孔子從學者三千人，孟嘗君四公子食客各三千人，漢高祖夜出美女三千人，宋武帝三千歌舞宿層臺，不過皆言其多耳。

四皓

會稽太守王景興問士於虞翻。翻對曰：『鄞大里黄公，潔己暴秦之世，高祖即祚，不能一致，惠帝恭讓，出則濟難。』《會稽續志》云：『黄公之賢，列於四皓，在秦、漢時，乃里人也。』晉夏統言：『會稽土地風俗，其人循循然，猶有黄公之高節。』王元之在汝州有詩云：『未必頸如樗里子，也應頭似夏黄公。』畢文簡譏之，以謂不當云夏黄公。杜子美詩云：『黄綺終辭漢。』王逸少有《尚想黄綺帖》。陶淵明詩云：『黄綺之商山。』《南史》阮孝緒云：『漢道方盛，黄綺無閒山林。』是皆以黄爲姓矣。《王貢傳序》四皓名字當讀爲綺里季夏，而後人誤讀爲夏黄公者，亦猶欒正、裘牧仲之誤耳。袁正獻之父作《甕牖閒評》云：『今王姆，乃黄墓也。舊傳爲秦世黄公墓云。』又曰：『黄姑林，即黄公林也。』《輿地志》云：『鄞有大里、夏里，黄公所居。』按：今鄞無大里，亦無夏里。今有仲夏，亦傳爲夏黄公所居云。《史記·留侯傳》註：《陳留志》云『公姓崔，名廣，字少通，齊人，隱居夏里，修黄老之道』云。先有崔姓者，作家乘，故撰黄爲崔，以誣祖之豐南禺道生亦云：公姓崔，名廣，下黄人也，故號下黄公。古有内黄、外黄、上黄、下黄，皆趙、魏地，見應劭《東觀漢記》。黄伯思《東觀餘論》云《奉化志》謂爲奉人，《定海志》謂爲定人，俱非。《定志》以舟山有黄公墓，乃後漢道士赤刀厭虎，爲虎所食者。廣，一作廓。園公，姓唐，名秉，字宣明，襄邑人，居東園。一作圈。甪里，姓周，名術，字元道，河内軹人，太伯之後，號霸上先生。今洞庭山有甪里村，一作禄里。綺里，姓朱，名暉，字文季。《姓氏書》：『綺里，姓季氏也。一作綺李。』皆不可信。

南子　子南

衛夫人南子，少子郢字子南。又，楚令尹子南。又，孔子弟子秦祖字子南。

古先生

唐詩：『依止古先生。』一作『故』，乃竺乾國人，善入無爲。

劉季非字

漢高祖，荀悦曰：『諱邦，字季。』蕭何曰：『劉季固多大言。』吕媪曰：『何自妄許與劉季？』吕后曰：『季所居上常有雲氣，故從往，常得季。』夫季當爲行，如古之伯、仲、季，非字也。如後曰追尊兄伯號曰武哀侯。伯名演，字伯升。又曰：『始大人常以臣亡賴，不如仲力，今某之業所就，孰與仲多？』仲，郃陽侯，名喜，能爲産業，見《漢書》。是知伯、仲，非二兄之字，皆行也。古人質樸，故以伯、仲、季爲字稱耳。如云：『會羽季父左尹項伯。』師古曰：『伯者，其字也，名纏。』《越絶書》：『吴王濞，父字爲仲。』又曰：『邦之字曰國者，蓋臣下以國避諱，代邦之義也。』如文帝諱盈之字曰滿。師古曰『臣下以滿字代盈』是也。後光武諱秀，字文叔。伏侯《古今注》曰：『秀之字曰茂。』伯仲叔季，兄弟之次，長兄伯升，次仲，故字文叔焉。

皋伯通　高伯通

梁鴻，字伯鸞，易姓運期，名燿，字侯光。其妻，同縣孟氏女。傳云：『字之曰德曜，名孟光。』多一孟字，當名光裁是。其妻既云『狀肥，醜而黑』，又云『衣綺縞，傅粉墨』，『遂至吴，依大家皋伯通』。初，鴻友人京兆高恢，及鴻思恢，作詩曰：『鳥嚶嚶兮友之期，念高子兮僕懷思，想念恢兮爰集兹。』三句，後二句都不成詩。既曰『念高子』，又曰『想念恢』，不惟姓名俱用，亦重複無味也。《高士傳》：『恢字伯通。』恐是高、皋同音，而伯通同字也。

夫人　細君

徐夫人，男子姓名。《荆軻傳》：『得趙人徐夫人匕首。』漢武帝時丁夫人，越人也，以詛軍爲功右師。細君，亦唐博士姓名。見《包咸傳》。漢樊崇，字細君。師古曰：『東方朔妻名細君。』又烏孫公主劉細君。

陳姥

諸葛亮遺司馬懿巾幗。梁臨川王宏侵魏，魏遺以巾幗，歌曰：『不畏蕭娘與吕姥。』謂吕僧珍也。隋陳積不敢出戰〔二〕，杜伏威遺以婦人服，致書稱爲陳姥，則仲達亦當爲司馬媪矣。

秦越人　郭玉

扁鵲曰：『病有六不治：驕恣不論于理，一；輕身重財，二；衣食不能適，三；陰陽並藏氣不和，四；形羸不能服藥，五；信巫不信醫，六。有此一者，則重難治也。』郭玉曰：『貴者處尊，高以臨臣，臣懷怖懼以承之，其療有四難焉：自用意，不任臣，一；將身不謹，二；骨節不彊，不能使藥，三；好逸惡勞，四。』扁鵲得之長桑君，郭玉得之涪翁。

吴華佗　宋徐嗣伯

華，一名旉，字元化。本傳，有婦人長病經年，世謂寒熱注，佗令病者冬十一月坐石槽中，平旦用寒水汲灌，云當滿百。始七八灌，會戰欲死，灌者懼，欲止，佗令滿數。將至八十灌，熱氣乃蒸出，嚻嚻高二三尺。滿百灌，使然火温床，厚覆。良久，汗洽出，著粉浥燥，便愈。徐嗣伯，字叔紹。將軍房伯玉服五石散十許劑，無益，更患冷，夏日常複衣。徐曰：『伏熱，應須以水發之，非冬月不可。』至十一月，冰雪大盛，令二人夾捉伯玉解衣坐于石上，取冷水從頭澆之，盡二十斛。伯玉口噤氣絕，家人啼哭請止。嗣伯遣人執杖防閤，敢有諫者撾之。又盡水百斛，伯玉始能動，而見背上彭彭有氣，俄而起坐曰：『熱不可忍。』乞冷飲，以水與之，一飲一升，病即差。

重瞳十人

堯舜三瞳子〔二〕。舜重瞳。晉重耳重瞳。項羽重瞳。王莽重瞳。隋魚俱羅重瞳，煬帝忌而誅之。五代東漢劉旻重瞳。梁康王友孜重瞳。元末明玉珍重瞳，後爲飛矢損右目，號明眼子。皆雙目四瞳子也。南唐李煜一目重瞳。盧循瞳子四轉。

異姓名字

皇初起，字魯班，漢丹溪仙人。劉伯莊，即秦嫪毐。金曼倩，即東方朔。當塗高。秦周，字平王，皆漢人。陸杲，字明霞，吴人。于邵，字相門。陸疾，字季疵，即陸羽。臺濛，字頂雲，皆唐人。陔即，晉人。高昂，字敖曹，姿體雄異，見《北史》。佼强，山陽人，横行將軍。仇尼倪，鎮東大將軍。獨孤陀，字梨邪。務銀提，燕馮跋遼東太守。徐宣，字驕穉。桓譚，字君山。慰僁

叢 上 宇 笪 徒 縱 忽 崩 辜 甕 苑 么 法 初 旦 禴 工 晚 針

校勘記

〔一〕陳積 《新唐書》及《北史》俱作陳稜。

〔二〕堯舜 『舜』字疑爲衍字。

留青日札卷之十八

畔宫

戴仲培云：『魯泮宫，非學。』漢儒又言：『頖宫，因《詩》而訛。』鄭氏解《詩》：『泮，音半。』《禮記》：『頖，音班。』《通典》言魯國泗水縣，泮水出焉。世以泮宫爲半月形，遂以辟雍爲圓水形。蔡邕《獨斷》：『天子曰辟雍，諸侯曰頖宫。』漢魯相晨《孔子廟碑》云：『行秋饗飲酒畔宫畢，復禮孔子宅。』

麗譙樓

今譙樓，舊言樓之别名。《莊子》：『無盛鶴列于麗譙之間。』麗，力知、力支二音；譙，亦作嶕，謂華麗而嶕嶢也。或曰：魏城門名也。又，譙門，見《漢書》。師古曰：『門上爲高樓以望。』故謂美麗之樓爲麗譙。亦呼爲巢，如巢車是也。亦作樵。趙充國爲木樵，宋時名曰敕書樓，見淳化二年詔命以藏所受詔敕，咸著于籍，違者論罪。此尊重王言，真良法也。今之詔敕，府州縣不知置于何所矣。宜法此故事，改爲敕書樓。

臺門

今人呼牆門曰臺門。《古今注》：『城門皆築土爲之，累土曰臺，故亦謂之臺門。』臺，所以登高而望遠也。

鈐下　戲下　轂下　牀下

書簡稱將帥曰鈐下，謂鈐閣之下也。見《羊祜傳》。又作戲下，大將軍旗曰戲。《韓信傳》『可致戲下』，注：『與麾同。』麾下，謂麾節之下也。《薛宣傳》：『執憲轂下。』謂在輦轂之下也。則將軍有推轂之義，亦可稱曰轂下矣。至于門下，則在《張蒼傳》，謂『殿門之下』，云若今侍御史也。在《司馬相如傳》，則又謂『長卿門下』，是尊卑可通稱也。魏文帝爲太子，拜荀公達于牀下，諸葛孔明拜龐德公于牀下，則又或可稱『牀下』于高尚之士矣。

東箱

西廂，即西清，今人家廂房清僻處也。《漢書》：『鼂錯趨避東箱。』蓋箱與廂通。今國子監亦有東廂等名。東榮，東翼；南榮、南除，南庭也；東除，中唐。

私府

魯人爲長府。注：藏名。漢路温舒遷廣陽私府長。師古曰：『藏錢之府。天子曰少府，諸侯曰私府。』猶漢之御府，今之内府也。天文有天庫、天積、離珠，皆藏府之星。

兵庫

《禮》：『王者審五庫之量：一曰車庫，二曰兵庫，三曰祭器庫，四曰樂庫，五曰宴器庫。』《商君書》曰：『湯、武破桀、紂，海内無患，築五庫以藏五兵。』至漢乃曰武庫。《滕王閣序》：『紫電清霜，王將軍之武庫。』蓋言王僧辨之霜戈、電戟也。五兵者，《世本》曰：『弓、殳、矛、戈、戟。』《周禮》注曰：『矛、戟、劍、盾、弓。』『鼓司』注：《司馬法》曰：『弓矢，圍；殳、矛，守；戈、戟，攻。』《穀梁》曰：『矛、戟、鉞、刀盾、弓矢。』《漢書》注：『矛、戟、劍、弓、戈。』又有車之五兵。鄭司農云：『戈、殳、戟、酋矛、夷矛。』有卒之五兵，無夷矛而有弓矢。《淮南子》則以五兵配五方曰：『東方矛，南方弩，中央劍，西方戈，北方鎩。』其器互有不同也。至于魏相之所謂五兵，則義兵、應兵、忿兵、貪兵、驕兵。後之五兵尚書，則所謂中兵、外兵、騎兵、别兵、都兵也。名雖是而實非矣。

蘇

何遜詩：『郊郭勤二頃，形體憩一蘇。』二頃，用蘇季子負郭田事；一蘇，孫思邈屠蘇菴事。屠，絶鬼氣；蘇，醒人魂。

宅

宅者，擇也，擇吉地而營之也。孔子所謂『里仁爲美，擇不處仁』者是也。周制『五畝之宅』注：『二畝半在田，二畝半在邑。』《禮》曰：『儒有一畝之宮。』宮，穹也，穹窿而崇高也。又，容也，大能容物也。古者上下可通稱也。《尉繚子》曰：『天子宅千畝，諸侯百畝，大夫以下，里舍九畝。』我朝定制：在京功臣宅舍後許留空地十丈，左右各五丈。唐之屋舍，王公以下，不得施重栱、藻井。重栱者，謂四鋪作、五鋪作、六鋪、七鋪、八鋪作，即今之疊栱也。藻井者，天花板井口内畫以水藻者也。非常參官不得造抽心舍及施懸魚、瓦獸、乳梁。抽心舍，穿廊也；懸魚，博風板合尖下所垂之物也；瓦獸，屋上獸頭及轉角飛仙、海馬之類也；乳梁，壓槽方上之短梁也。五品以上，許作烏頭大門，即綽楔門也。宋之梐枑，即官府門首拒馬叉子也。鴟尾，屋脊兩頭吻獸也；拒鵲者，瓦獸上鐵叉也。今制：官民房屋不許九五間數及歇山、轉角、重簷、重栱、繪畫、藻井、硃紅門窗。其樓房不在重簷之例，而品官皆有規則矣。又，浙江布政使司准奏，故官之家，曾依品級起造房屋者，除因貪污黜罷着令改拆外，其能守法奉公，終于本等職事，許令子孫永遠居住。如此，不惟厲仕者廉謹之心，亦祖父舍宅門廕子孫之盛典也。見《皇明制書》。

堂

堂，言堂堂高明也。《禮》曰：『天子之堂九尺，諸侯七尺，大夫五尺，士三尺。』又，《尚書大傳》曰：『天子之堂高九雉，公侯七雉，子男五雉。』雉者，長三丈，高一丈也。九雉者，長三九二十七丈，高九丈也。《墨子》曰：『堯舜堂高三丈。』漢武帝玉堂去地十二丈，譏其侈也。殿，大堂也，古君臣通稱。見《史記》。大廈，漢殿名。今人亦通稱。

城堞

《西都賦》：『金城萬雉。』注：『方丈爲堵，三丈爲雉。』雉飛不過三丈。《公羊傳》：『五板而堵，五堵而雉，五雉而城。天子城千雉，高七雉，公侯百雉，高五雉，子男五十雉，高三雉。』又，《五經異義》曰：『天子城高九仞，公侯七仞，伯五仞，子男三仞。』七雉爲七丈。九仞者，八尺曰仞，當七丈二尺也。五十雉者，凡一千五百丈。古者六尺爲步，一百八十丈爲里，則五十雉者爲八里之城也，百雉十六里之城，千雉者，一百六十里也。古王制：大邑不過三國之一，中五之一，小九之一。蓋王城九里，公侯城三里，伯一里二百八十八步，子男一里也。

漢不急城長安

高祖以戍卒婁敬之言都長安，既十二年，尚不城。至孝惠元年春正月，乃城長安。三年春，發長安男女十四萬六千人城長安，三十日罷。鄭氏曰：『城一面，故速罷。』六月，又發徒隸二萬人城長安。五年春正月，復發長安男女十四萬五千人城長安，三十日罷。九月，長安城成。是帝王之都，十二年無城，始終五年而城成，可謂節用愛人，使民以時矣。海上自倭亂以來，有司急于築城，民受其害，故并記之。

柴營

《甘寧傳》：『羽聞之，住不渡，而結柴營。』柴，當去聲，即砦字。麋芳以南郡降吴，後虞翻乘車行經芳營，門吏閉門，車不得過。翻怒曰：『當閉反開，當開反閉。』

步檐

漢相如賦：『步櫚周流。』唐朱子奢《幽州昭仁寺碑》：『步櫚拖虹霓之色。』顔魯公《太尉文貞宋公碑》：『嘗於光範門内坐步檐中。』《梁書》：『重齋步檐。』簡文帝《秋夜詩》：『檐重月没早。』晉夏侯湛《秋夕哀》詩：『尋修廡之飛檐，覽明月之流光。』謝希逸《宣貴妃誄》：『巡櫚而臨蕙路。』江文通詩：『步櫚簷瓊弁。』吕濟曰：『步櫚，長廊也。』故杜甫詩：『步檐倚杖看牛斗。』今俗本作『步蟾』。夫以月而爲步蟾，則又易之爲踏兔、走蜍可乎？蓋步檐以混成而言，如今之飛檐、步廊也。故屋之半間亦曰一步，非言步行于檐下也。余以爲古者六尺爲步，今之廊檐，大率廣六尺，即步檐之明證也。趙清曠《中秋送物啓》云：『薄奉野芹，即瞻兔數秋毫之意；高攀仙桂，願步蟾爲天闕之遊。』可謂依樣畫葫蘆者也。

金鋪

《西都賦》〔二〕：『排玉户而颺金鋪。』《蜀都賦》：『金鋪交暎。』《長門賦》：『擠玉户而撼金鋪。』張正見詩：『飛閫敞金鋪。』沈佺期詩：『舞閣金鋪借日懸。』李賀詩：『月綴金鋪光脈脈。』鋪，古器名，簠方，鋪圓，乃禮器也。《舞賦》：『鋪首炳以焜煌。』注：『門扇鎖處也。』漢門有鋪首，正象其圓形，蓋三代已有之。或以韋索，或以螺蚌，或以金銅，各隨其所王之德也。

銀鋪

《景福殿賦》曰：『青鎖銀鋪。』

金屈戌　銅鋪

梁簡文詩：『織成屏風金屈戌。』李商隱詩：『鎖香金屈戌。』一作屈膝。盧照鄰詩：『娼婦盤龍金屈膝。』李賀詩：『屈膝銅鋪鎖阿甄。』説者以爲即鋪首，非也。蓋既言屈膝，又言銅鋪，則非一物明矣。余謂即今之蝴蝶扇鉸也，可以屈申摺疊，故可用之屏風也。一名倉琅根。《漢書》曰『宮門銅鍰也』。師古曰：『鍰與鐶同。』

瓊鋪

楊炯《青苔賦》曰：『暗瓊鋪。』謂扉上有金玉龍獸以銜環者。我朝公侯一二品門用獸面擺錫環，三品至五品惟擺錫環，六品至九品用鐵環。

三代獄

夏曰憂臺，一曰念室；殷曰羑里，一曰動止；周曰囹圄，一曰稽留。憂念者，欲其愁思而悔悟也。羑里，地名，河内蕩陰，羑水出焉，即亳州。羑通作牖。《史記》『文王拘于牖里』。班彪《游居賦》：『嗟西伯于牖城。』《説文》：『羑，進善也，道也。』《書》曰『誕受羑若』是也。牖，穿壁以木爲交窗也，開明也。動止者，止之使不得妄動也。囹，領也；圄，禦也，領録囚徒禁御也。然囹，亦櫺也。《禮》疏曰：『牢也。』圄，止也，所以止出入。罪人于舍即稽留之義也。秦亦名囹圄。《漢書》作『囹圉空虚』。嗟夫！今之囹圄，不勝其充實矣。獄，确也，實确人情僞也，从言，从二犬，所以守也。《春秋元命包》曰：『爲獄圓者，象斗運合也。』牢者，言所在堅牢也，蓋取以室禁牛之義也。圜土者，言築土之表牆，其形圜也。今之高牆是也。狴，見《家語》。犴獄，見《詩》，即今牢門所圖猛獸也。《韓詩外傳》云：鄉亭之繫曰犴，朝廷曰獄。漢諺曰：『廷尉獄，平如砥。有錢生，無錢死。』今之諺亦云：『衙門日日向南開，有理無錢莫進來。』嗚呼！弊也久矣。是故惟能不進于衙門，而後可不入于囹圄也。

申明亭

周曰鋤，漢曰街彈室。《周禮·大司徒》：『里宰，以歲時合耦于鋤。』鄭玄注云：『鋤者，里宰治處，若今街彈之室。』蓋鋤，取鋤强之義。彈，則在朝曰彈文，在野曰褒彈、評彈是也。漢曰里宰，曰亭長，即今之里長申明亭也。古者彰善闡惡，表厥里宅，故曰編民。《古樂府》云『移惡子姓，篇著里端』是也。今在城之更舖，一名冷舖，即街彈室也。羈候所，即稽留獄也。事由微以至著，罪由小以至大，故絶惡于鄉也易爲力，止惡于辟也難爲功。苟能舉孝廉，則人皆崇德矣；舉力田，則人皆務本矣。淫者去其勢，閉其幽，則姦絶跡矣；盗者刖其足，抉其目，則賊斷種矣。外此而因循以爲治，欲求囹圄之空虚，吾見其不可得矣。

戒石

我朝立石于府州縣甬道中，作亭覆之，名曰戒石，鐫二大字于其前，其陰刻『爾俸爾禄，民膏民脂。下民易虐，上天難欺』十六字，此蓋作于蜀主孟昶。其文尚多，乃删取于宋太宗者。初用黄庭堅所書。對面警省者，能有幾人？殊不知上天固難欺而下民亦難虐也。民雖至愚，虐甚則變，欲安其上，復可得乎？戒之！戒之！

立車　眠轎

漢有安車，有立車。安車，可坐者也，即步輦。今之四轎、八轎，其濫觴也。古人譏桀駕人車，則今之用眠轎者，其罪惡浮于桀、紂矣。士大夫是可忍哉！《白虎通》曰：『制車以步，故立乘。』孔子所以升車必正立，蓋車廣六尺四寸，深四尺，軾去輿高三尺三寸，較去式又高二尺二寸，共深高九尺五寸。故仲尼長九尺餘，亦可立也。《列女傳》立輜無軿，是婦女亦立也。

金車　銅車　鐵車

孔子曰：『乘殷之輅。』秦始皇閲三代之車，獨有取于殷輅。《南史·齊志》曰：『殷有瑞，因乘鈎而制車，因桑根而爲色，古所謂器車也。』桑根車，一曰金根車，言桑色黄如金也。漢儀：天子法駕，曰金根車。不學之子誤改爲金銀車。《孝經援神契》曰：『德至山陵，則山出根車，根車應載萬物也。』《東京賦》『農輅』注：『農輿無蓋，所謂耕根車也。』《易》：『困于金車。』太子之輦曰銅車，亞于金也。陸機詩：『撫劍遵銅車。』則田單之鐵轂，當名曰鐵車矣。故余嘗有詩云：『赴敵霜金劍，追犇電鐵車。』

長簷車　薄笨車

長簷車，即今逍遥轎之飛檐也。《顔氏家訓》：『梁朝全盛之時，貴游子弟駕長檐車，跟高齒屐，坐棊子方褥，憑班絲隱囊。』今之轎帷，或絹，或布，即古之巾車也。紬紙帳幔以蔽風雨，即油碧車之遺制也。但不知隱囊何物？南郭子綦隱几而坐，豈用之憑手而可囊物者與？唐詩：『隱囊紗帽坐彈棊。』古有紫荷囊、古錦囊之類。又劉凝之妻郭不事榮華，共乘薄笨車，出市買易。

縣榻　掛牀

牀八尺，榻三尺五寸，長狹而卑，榻然近地也，有似于枰，獨坐曰枰。臨濟周璆，字孟玉，高潔之士。陳蕃致之，字而不名，特爲置一榻，去則縣之，與豫章徐穉事同。魏裴潜爲兖州刺史，作一胡牀，及去官，留以挂柱。梁簡文詩：『不學胡威絹，寧挂裴潜牀。』李白詩：『去時無一物，東壁挂胡牀。』牀制出自虜，故名。隋改爲交牀，故可以挂。又不知榻何以縣之也？

席名

席，釋也，可卷可舒也。蒲筵，《三禮圖》，竹席。莞席，《周禮》簟席注，五席。蔣席，禹。篾席，成王，《尚書注》。桃枝竹底席，蒻華。豐席，筦。越席，《左傳》。筍席，蒻竹。碧蒲席，西王母。蒲席，文仲。麟文席，燕昭王。蓍艾席，老萊子。紺席、六采綺席、白菅席，皆漢文帝。蒹葭席，鄭敬。龍鬚席、赤皮席、花席、經席，皆晉。葦席，魏。莚席，宋武帝。蒲花席，朝鮮。雲母席。水葱席。薵乘席，一名半月席，異草。藤席。熊席，衛靈公。三經席，仲尼。蘇薰席，重慶出。

舟船名

鴻耳，船神也，見梁簡文記。孟公、孟姥，船神姓名，見《北户録》。揚雄曰：『自關而西曰船，自關而東曰舟。』《説文》：『舟，周流也。』『船，循也，循水而行也。』艘，大船總名。艦，上下重版。廬，船上屋。飛廬，重室。雀室，又在上可以候遠，若鳥鵲巢也。鷁首，畫大水鳥于船頭，以辟水怪也。舳，船後。艫，船頭。舷，船邊。舸，大船。艖，小舸。刀、舠同，二百斛。艇，三百斛。艨艟一作蒙衝，外狹而長，戰船也。艤，江舟。艆艪，海船。海艒，合木船。大海鰍、小海鰍，皆海船。玉翼：大翼，十丈；中翼，九丈六尺；小翼，九尺。伍子胥所制。翼，取鳥之輕飛疾逝也。張景陽曰：『浮三翼，泛中沚。』顔延年詩：『千翼泛輕波。』言千艘也。須慮，越人謂船爲須慮，見《越絶書》。餘皇，吴王僚。艑，吴小船。舸，吴。杭，方舟。舫，併船。晉顧榮至下邳，遂解舫爲單舸。太白船，秦。逐龍船，漢。鴻毛舟，漢。影娥舟、鳴鶴、容與、清廣、采菱、越女，皆太液池舟。馳馬，吴。五樓，吴。鴨頭船，諸葛恪。飛雲、蒼隼、先登、飛鳥，皆晉戰船。紫宫、升進、曜陽、射獵、飛龍，皆晉天泉池舟。指南，靈芝池舟。雲母、無極，舍利池舟。華泉、常安，皆都亭池舟。青雀舟，陶侃。青翰舟，鄂君。翔鳳，宋孝武。凌風舸，仙舟。輕利船，梁。朱雀航，陳。龍舟、鳳艒，音墨，見《隋志》。水龍，隋戰艦，見文帝《答梁睿詔》。樓船、戈船，漢。鸀鳿舟，蜀王。鸛鵠，海船，合木爲槽。白鵠、浮雲，皆唐舟。犀舟，漢堅也。艑魚舟，梁。飛鳧，楚，又曰青鳧，一名鳧車。螺舟，宛渠國。舴艋，小舟。書畫船，米元章。狎鷗行檻、白鷺浮居、五湖浪跡，皆田子舟。麗，司馬彪曰小船。采蓮，蓮葉舟。沙棠舟，木名。木蘭舟，張正見詩：『千里尋陽岸，三翼木蘭舟。』芙蓉艦，《三十國春秋》。竹船，蜀剖巨竹爲之。桂舟、柏舟、楊舟，皆以木名。舐艡敵舟，言可抵當也。艚運船、八槽艦，盧循起四層，高十餘丈。和州載，史：成汭作巨艦，制度如府署，名和州載。艂。艭，吴舟。油船，吴。十層赤樓帛蘭船，隗囂船。注：『以帛飾蘭檻。』木龍舟，唐。荃橈，宋。赤馬船，唐吴江。梅花海鶻，迅舸。霞水仙艫，田子舟名，有窗曰舲，取王子安『落霞』『秋水』之句也。萬斛舟、千料船，宋，長十餘丈。搶金楠木舟、大烏龍、小烏龍、大緑、間緑、十様錦、勝金羈，皆宋西湖船。車船，即輪舟。切瓜舟，俗名瓜皮船。紅馬船、黑樓子、混江龍、撞倒山，皆我朝。水月樓、雪月槎、煙水浮居、煙波釣艇、天上行舟，皆西湖舟名。《淮南子》曰：『古者見窾木浮而知爲舟。』《易》曰：『刳木爲舟。』《物理論》曰：『化狐作。』《墨子》曰：『巧垂作。』又曰：『棄作。』《世本》曰：『共鼓、貨狄作。』束晳曰：『伯益作。』《山海經》曰：『番禺作。』又曰：『有大人之國，坐而削舟。』

舟具

艪，進船具，縱曰櫓，今之三櫓船，亦名三尾。槳，横而後拽也。古詩：『艇子打兩槳。』蘇子瞻詩：『急催艇子操三槳。』棹，前推也。今長江曰『棹槳船』，吾鄉有扳槳船。楫，划楫。榜，枻也。鳴榔。篙，竹竿。檣，挂帆木。帆，障風者，竹帆，蒲帆，布帆，錦帆。纜，維舟索。縴，引船索。齊武帝：『緑絲爲帆縴。』篾篷、籚、篸，皆覆蓋。舵，正船木。椓、杙、戧，橜也，所以繫舟。鐵十字，即錨，所以矴船。斗，桅上小方屋，所以望星斗。蕩舟，古作航，『越女蕩舟』，見《左傳》。習船，見《漢書》，即吴兒習水者。會心特舫，古者士特舟，即扁舟也。梁簡文有言：『會心處不在遠，依然林水魚鳥自來親人。』[二] 田子扁曰：『游心天地外，溪可釣，山可樵，聖世本無浮海志，浪跡水雲中，蘭爲舟，桂爲楫，野人自有濟川材。』『三千世界清冰壑，白鷗朱鷺意中尋，外方盟遠；十二仙人白玉壺，錦纜牙檣花底並，小海音高。』『風便勝乘金勒馬，書畫滿行窩，茶竈筆牀成净業；月明恍坐水晶宫，煙波容泊宅，柳風蘆月傲滄洲。』

箄船

古者，庶人乘柎，謂維木以爲渡也，即木牌。孔子乘桴，竹筏也。小曰筏，大曰桴。《後漢·哀牢夷傳》：『遣兵乘箄船。』注：『箄，音蒲佳反。縛竹木爲箄，以當船也。』今溪中竹箄。

龍骨

今水車中蝦蟆練頭，名曰龍骨。蓋龍能行水，亦取其形之似脊骨也。王安石詩：『倒持龍骨挂屋敖。』又云：『龍骨長乾挂梁梠。』又云：『倚倚兩龍骨，豈得長挂壁。』蓋龍骨節節，故可挂，今遂以爲水車，非也。至于蘇子瞻詩乃云：『翻翻聯聯銜尾鵶，犖犖确确蜕骨蛇。』即龍骨也。

校勘記

〔一〕按：下引句實見揚雄《甘泉賦》。

〔二〕會心處兩句　《世説新語·言語》作『會心處不必在遠，翳然林水便自有濠濮間想也』。

留青日札卷之十九

八能

《後漢書》：古者『天子常以日冬夏至御前殿，合八能之士，陳八音，聽樂均，度晷景，候鐘律，取土灰，放陰陽。』又曰：『進退于先後五日之中，八能各以候狀聞。』

西音

有娀簡狄歌：『燕燕往飛。』北音之始也。塗山女嬌歌：『候人兮猗。』南音之始也。已載《詩女史》。昔周昭王涉漢，中流而隕，其右辛遊靡極，王遂卒，不復還周。乃侯其子于西翟，實爲長公。楚徙宅西河，長公思故處，始作西音，長公繼是音以處西山。秦國之風，蓋取乎此。

四夷樂

《詩傳》曰：『東夷之樂曰韎，南夷之樂曰任，西夷之樂曰朱離，北夷之樂曰禁。』《孝經鉤命決》曰：『東佅，南任，西林離，北僸。』《東都賦》作『僸佅兜離』，是以兜爲任也。

淫聲

『鄭聲淫』，今考鄭詩非淫，鄭聲則淫。淫者，聲之過也，猶雨之過者曰淫。雨水之過者，曰淫水，故曰溢也。《禮》曰：『流辟邪散狄成滌濫之音作而民淫亂。』即鄭聲類也。魏文侯曰：『聽鄭衛之音，則不知倦。』故子夏曰：『所問者樂也，所好者音也。』又曰：『鄭聲好濫淫志，宋音燕安溺志，衛音趣數煩志，齊音驁辟驕志。』《左傳》曰：『煩手淫聲，慆堙心耳，乃忘和平，謂之鄭聲。』許慎《五經通義》曰：『鄭重之音，使人淫過也。』《法言》曰：『哇則鄭。』李軌曰：『哇，邪也。』《史記》曰：『鄭衛之曲動而心淫。』蓋鄭衛之音，亂世之音也。桑間濮上之音，亡國之音也。故《魏·杜夔傳》：『自左延年等雖妙于音，咸善鄭聲，其好古存正莫及夔。』《隋·萬寶常傳》：『安馬駒、曹妙達、王長通、郭令樂等，能造曲爲一時之妙，又習鄭聲，而寶常所爲，皆歸于雅。』如今之時曲俚戲，未必皆其辭之鄙悖褻狎而謂之淫也。至使以弋陽之倡優爲之，則演者其形淫，唱者其聲淫，而人之觀者因而惑其心，蕩其思，則君子不得不禁而絶之矣。故鄭聲在所當放也。何晏有曰：『鄱陽惡戲，難與曹也。』左太冲亦曰：『鄱陽暴謔，中酒而作。』鄱陽，即豫章，其人俗性躁急。今弋陽，即鄱陽地，則其惡戲，有自來矣。

弦柱

弦以成聲，柱以調音。柱促則弦急，柱緩則弦舒，有朱弦、素弦、緑弦、翠弦。《禮》「朱弦」疏：「越侯瑾《箏賦》：朱弦微而慷慨。」張祜《丘家箏》詩：「十指纖纖玉笋紅，鴈行輕過翠弦中。」柱用木，或玉，或犀角、象牙，搊撥用骨角、犀象、玳瑁、金銀。蓋美人彈絲，恐傷其指，爲甲副之，名曰替指。梁簡文詩：「停弦繫爪甲，息吹治脣朱。」杜子美詩：「銀甲彈箏用。」又《箏》詩：「每恨聽者稀，銀甲生浮埃。」白居易詩：「甲鳴銀玓瓅，柱觸玉玲瓏。」琴五弦，七弦，唐太宗加爲九弦。而謝惠連贊：「體兼九絲，聲備五音。」未嘗有柱也。劉元濟詩：「夜琴清玉柱，秋灰變緹幕。」琴大者曰離，十弦，或二十弦。瑟五十弦，後分爲二十五弦，常用者十九弦。雅瑟二十三弦。又曰瑟大爲離，小爲步，有柱。李義山詩：「錦瑟無端五十弦，一弦一柱思華年。」又錢起詩：「二十五弦彈夜月，不勝清怨却飛來。」箏，五弦，筑身。又曰弦柱十二，乃秦聲也。又曰十三弦，柱高三寸，一名頌瑟。梁元帝詩：「瓊柱動金絲，秦聲發趙曲。」昭明詩：「塵多澀移柱，風燥脆調弦。」又名搊箏，又名軋箏，以片竹潤其端而軋之。劉禹錫詩：「滿坐無言聽軋箏，秋山碧樹一蟬清。只應曾送秦王女，寫盡雲間鸞鳳聲。」纂，即箏也，形差小，名曰捱纂，乃用竹鼓之。箜篌，一名坎侯，因姓，二十三弦。或曰二十四弦，或曰二十五弦，有柱。孫氏賦：「凌危柱以頡頏，憑哀弦以躑躅。」鼓之曰捩，又曰擫。梁簡文詩：「捩遲初挑吹，弄急時催舞。釧音逐弦鳴，衫迴半鄣柱。』顧况詩：『起坐可憐能抱撮，大指調弦中指撥。』琵琶，四弦。《樂録》云『出于弦鞉』，虞世南賦『尋斯樂之惟始，乃弦鼗之遺事』是也。成公綏賦：『樂則齊州之丹桂，柱則梁山之象犀。搥以玳瑁，格以瑶枝。』薛收賦：『金華徘徊而月照，玉柱的歷以星懸。』是琵琶亦有柱也。又名胡琴兩部者。王仁裕使荆渚，高從誨出十妓彈胡琴，高曰：『紅妝齊抱紫檀槽，一抹生弦四十條。』蘇子瞻詩：『紫衫玉帶兩部全，琵琶一抹四十弦。』

靈鼓　雷鼓

靈鼓，六面鼓；雷鼓，八面鼓。今鎮海樓更鼓八面，所謂雷鼓也。見《禮記》。六鼓，今擂鼓，即雷，去聲。崔顥詩：『兩朝出將復入相，五世疊鼓乘朱輪。』即今轅門鼓也。梅聖俞歌：『漁陽三疊音隆隆。』謂漁陽三撾也。

腰鼓　舞鼓

有馬上鼓，有尖底鼓。腰鼓，即今懸于項而平腰者。蘇子詩：『腰鼓百面如春雷。』細腰鼓，俗名杖鼓，讀作强字，去聲。宋蕭思話十歲好擊細腰鼓。舞鼓，即盤鼓，今舞人所用者。又，以優人倒卧足上所舞弄者，俗名杠鼓。

三棒鼓

今吴越婦女用三棒上下擊鼓，謂之三棒鼓。江北鳳陽男子尤善，即唐三杖鼓也。咸通中，王文舉好弄三杖鼓，打撩萬不失一是也。杖音與歌聲句拍附和爲節，又能夾一刀弄之。

缶

缶，土器可鼓，蓋中虚，善容；外圓，善應，中聲之所自出而爲立秋之音也。《易》之《比》『盈缶』，《坎》『用缶』，《離》『鼓缶』；《詩》之『宛丘擊缶』，乃三代以前上古之器，想即今盎盆之類。或曰形如覆盆，以四杖擊之。或言唐堯時有擊壤而歌者，因使鄭以麋輅冥缶而鼓之，理或然也。莊周鼓盆而歌，墨子吟缶，齊景公鼓盆。《史記》：『趙王爲秦王擊缶〔二〕。』李其以『擊甕扣缶爲秦聲』，則其來久矣。宋儒以爲出于西戎，不學之故也。此後，唐司馬滔之樂有八缶，郭道源十二甌，酌水筯擊。李琬九甌，名曰水盞。

箜篌

箜篌之名，《樂府解題》已詳。余以爲字皆从竹，恐亦當以竹鼓之，如擊筑者然也。舊云探手摘之，或曰兩手齊彈，如侯暉云：『其聲坎坎應節。』則當如竹擊也。漢靈帝好立空侯，抱于懷，則本並彈。又，徐月華善卧空侯，則疑一手彈也。

布鼓

今雷州布鼓之説，《漢·王尊傳》曰：『毋持布鼓過雷門。』謂以布爲鼓也。相傳越城門號雷門，越擊此鼓聲聞洛陽。或曰會稽大鼓名雷門，有白鶴飛入鼓。今雷州，因擊雷山水得名。海康銅鼓村，雷震而水出也。英榜山有雷師廟，又名英靈岡，云雷出于此。又傳鄉人嘗造雷鼓、雷車于廟中，有以魚肉進者，立爲霆震，有記云：陳天建初，州民陳氏獵獲一卵，大尺餘。一日震開，生一子，有文在手，曰雷州長，名文玉，鄉俗呼曰雷種。後爲本州刺史，歿而祀之，封顯震王，又名威化。志以爲雷聲近在言語之間故名，非也。《國史補》曰：『雷州春夏多雷，秋日則伏地中，其狀如彘，人取而食之。』《搜神記》曰：楊道和，夏于田中，以鋤格雷神之肱，落地不得去，色如丹，目如鏡，毛角長三尺餘，壯如六畜，頭似獮猴。豈雷神之形如是邪？其説不經。今以四月二十四日爲雷神生日，孰知之也？

銅鼓

古之銅鼓，鑄異獸形爲飾，以高大爲貴，面闊丈餘，出于南蠻天竺國。馬援征交趾，得而鑄爲馬式，後有大中小之製，廣西岑溪縣有銅鼓神廟。《南寧志》：『馬援銅鼓，形如坐墪而空其下，滿腹皆細花紋，四角有小蟾蜍，兩人舁行，拊之，聲如鞞鼓。』又，雷州天寧寺銅鼓，高二尺四寸，徑四尺餘，形極精緻。《通典》云：『南雄諸蠻欲相攻擊，則鳴此鼓，到者如雲。』家有鼓者，號曰都老。或云：『諸葛亮散埋銅鼓以魘蠻獠。』《廉州志》亦云『孔明征蠻之具』。其所云中小銅鼓，以革冒一面，而擊之響亮，不下鳴鼉，今則懸而擊之者也。觀石鼓可以蒙皮而擊，則銅之蒙革無不可矣。《石鼓傳》稱：『八方之荒，有石鼓焉，蒙之以皮，其音如雷。』浙中晉時，有臨平石鼓，張華奏取蜀中桐木作魚形，扣之聲聞數里。今地名桐扣，去吾鄉七十里。臨海白鶴山石鼓，吴興長城夏架山石鼓。又有玉鼓，見《春秋演孔圖》。古之土鼓，《禮運》：『蕢桴而土鼓。』或窪土而爲之。《周官》：『壺涿氏炮土而爲鼓。』鄭康成曰『瓦鼓』。杜子春則以土鼓爲瓦鼓，以革爲面，非也。少昊冒革以爲鼓，夏后氏加四足焉。周兵車之鼓有跗，即今鼓架之遺製也。今文廟一柱者，名曰楹鼓、建鼓，所謂商人貫之以柱者也。周人懸鼓，謂懸而擊之者也。今人家所用，曰唐鼓，或以堂上作樂用之。亦曰堂鼓，殊不知古樂堂上有拊無鼓，不詳所起也。

圓腹

《類説》：『吕阿香戛圓腹。』圓腹者，琵琶也。今琵琶腹不甚圓，恐當是阮也。漢、唐以來琵琶皆用撥，而今手彈琵琶，或曰自貞觀中裴洛兒始，當時謂之搊琵琶。古琵琶用鵾雞股，開元段師用皮弦。阮圓槽而十三柱也，世以阮咸得名。而黄庭堅《摘阮歌》云：『手揮琵琶送飛八角者，皆四絃。所謂酒徒鮑家四絃者，或此。又有三絃者，直名曰三絃子，非古雅樂也。
絃。《後周書》：『武帝所彈五絃，一名阮咸。』故今名阮。又形圓如月，一名月琴。又有六角、
懷智云：『琵琶有八十四調，内黄鍾、太簇、林鍾宫聲，彈不出也，今止二十八調也。』今琵琶，四
初以手彈，太宗悦甚，後人習爲搊琵琶。元微之詩：『琵琶宫調八十一，三調弦中彈不出。』賀
鴻，身今親見阮仲容。』則又以爲仲容所作。唐有五絃者，如琵琶而小，北國所出。樂工裴神符

琵琶記

高明者，温州瑞安人，以《春秋》中大元至正乙酉第，授處州録事，後改調浙東閫幕都事，轉江西行臺掾，又轉福建行省都事。方國珍留置幕下，不從，旅寓明州櫟社，以詞曲自娱。因感劉後村之詩『死後是非誰管得？滿村争唱蔡中郎』之句，乃作《琵琶記》。有王四者，以學聞，則誠與之友善，勸之仕。登第後，即棄其妻而贅于太師不花家。則誠悔之，因作此記以諷諫。名之曰『琵琶』者，取其上四『王』字爲王四云耳。元人呼牛爲不花，故謂之牛太師；而伯喈曾附董卓，乃以之託名也。高皇帝微時，嘗奇此戲。及登極，召則誠，以疾辭。使者以《記》上進，上覽之曰：『五經四書，在民間譬諸五穀不可無。此記乃珍羞之屬，俎豆之間，亦不可少也。』于是捕王四，置之極刑。或曰：東嘉初以伯喈爲不忠不孝，夢伯喈謂之曰：『公能易我爲善行，當有以報公。』遂以全忠全孝易之。東嘉後果發解，未知然否？後卒于寧海。時陸德暘以詩

哭之曰：『亂離遭世變，出處嘆才難。墜地文將喪，憂天寢不安。名題前進士，爵署舊郎官。一代儒林傳，真堪入史刊。』

疊角

黄帝吹角，或曰出于越。《李衛公兵法》：『吹角十二聲爲一疊。』後世製之，以司晨昏。説者曰：『五音，三曰角，爲民。』爲民者，當儉約不奢僭，故其聲防以約，其和清以静，動肝也。今畫角所吹之曲，其詞云：『爲軍難，爲民難，難又難。』蓋角爲民之事也。天下之民，不過軍民二者而已。而祭酒胡公儼乃曰：『爲君難，爲臣難，難又難。』是誤以軍爲君，以民爲臣。音之相近耳，與角爲民之事全不相涉，特表出之。宋紹興初，高州有吹角老兵，題詩譙樓曰：『畫角吹來歲月深，譙樓無古亦無今。不如歸我龍山去，松竹青青何處尋！』遂遁去，人以爲仙。

楊皮觱篥

白樂天《觱篥》詩：『翦削乾蘆插寒竹，九孔漏聲五音足。』又云：『指點之下師授聲，含嚼之間天與氣。』即今頭管。又牧童剥楊樹皮，卷成觱篥，以竹爲管而吹之，亦有用桃皮者，即所謂桃皮蘆管之製，古名管木，其聲應簫笳，横吹之，南蠻、高麗之樂也。廣西苗用蘆葉，即蘆笳、蘆管之類也。觱篥，本名悲篥，聲悲，胡人以角爲之，以驚中國之馬。後乃以笳爲首，以竹爲皮，乃胡器也。

管，所法者角音，故曰角，即今畫角、革角，長五尺，形如竹筩。唐鹵簿、軍中皆用之，或竹木，或

嘯葉

今小兒用響板草噙于舌端吹之，或用竹葉，古謂之嘯葉。蓋銜葉而嘯，其聲清震。或言橘柚尤善，今未見用之者。若馬氏云『卷蘆葉而爲之，形如笳』，則誤矣。此則帝木之流也。又有以蚌殼兩片，夾竹葉而嘯之。

猴戲

《樂記》『獶雜子女』注：『舞者如猴戲。』《詩》云：『毋教猱升木。』陸璣云：『獮猴也。』一曰母猴，一名王孫，即胡孫，或作獶獶。師古曰：『善扙拭，故謂善塗者爲獶人。』蓋猱，本貪獸也。《詩疏》曰：『猱，獨猴也，楚人謂之沐猴。』故今之娼婦謂之曰猱兒。又，古有沐猴鬬狗之戲。今教坊司能舞猴。

逆行連倒

今雜戲有名篤叉子者，或即當時跂行鱉食之伎。晉咸康中，散騎侍郎顧臻所謂末代之樂，

設禮外之觀，逆行連倒，足以蹈天，頭以履地，反天地之順，傷彝倫之大者，即此。梁、陳時，有曰『擲倒獮猴幢』之流。

拔河之戲

今小兒兩頭拽索而對輓之，力强者牽弱者而仆，則以爲勝負，而笑讓爲樂。此唐清明節拔河之戲也。當時君臣亦以此爲樂，不典甚矣。見《金坡遺事》。

角觝

今小兒俯身，兩手據地，以頭相觸，作牛鬭狀者，即古角觝之戲。後魏道武帝詔修角觝百戲是也。或曰本六國時造，秦因廣之，漢武復用之，兩兩相當，角其伎藝也。或曰蚩尤頭有角，與黄帝鬭，以角觝人。宋時冀州蚩尤戲，其民兩兩戴牛角相觝，即此也。

蹋鞠

鞠戲，黄帝軍中之樂，所以習勤勞也。唐歸氏子弟嘲皮日休云：『八片尖皮砌作毬，火中燀了水中揉。一包閑氣如常在，惹踢招拳卒未休。』此可見其制。宋柳三復云：『背裝花屈膝，白打大廉斯。進前行兩步，蹺後立多時。』此可見其法。

海東青　撲天鵝

今鼓吹中《鎖刺曲》，有名《海東青撲天鵝》，音極嘹亮，蓋象其聲也。此北鄙殺伐之聲，乃元曲也。元之鷹房養禽，名曰海東青。每放之以獲天鵝，有重三十餘斤者，以首得者爲貴，以進御膳，故名曰頭鵝，賞黄金一錠。海東青，鶻之一種，亦名白鶻。有玉爪、黑爪之別，與金眼鴉鶻皆能以小擊大，食天鵝、鵁鶄之屬，然獨畏燕。又，元萬户府歲用喂養鷹肉三十餘萬斤。《一統志》云：『出五國城東，小而健，能擒天鵝，白者尤貴。』今之天鵝絨是也。

白翎雀

元樂府有名《白翎雀》者，札朮嘗言于汪罕曰：『我於君是白翎雀，他人是鴻鴈耳。』言白翎雀寒暑常在北地，鴻鴈則隨陽南遷也，因製此曲。

寡婦吟

《南都賦》：『寡婦悲吟，鵾鷄哀鳴。』李善注：『寡婦吟未詳。』此即陶嬰《黄鵠歌》也。

千金一弄

今人但知有千金買一笑，而不知有千金買一弄也。顧況《李供奉彈箜篌歌》云：『實可重，不惜千金買一弄。』

望江南　哀江南

朱厓李太尉鎮關西日，爲亡姬謝秋姬作《望江南曲》。庾信作《哀江南賦》。

彈胡笳

戎昱詩：『緑瑟胡笳誰妙彈，山人杜陵名庭蘭。』不知胡笳何以彈之？

鼓吹

鼓吹，即今鹵簿中樂器也。故樂府有《鼓吹曲》。桓玄作詩，思不來，輒作鼓吹。既而思得云：『鳴鵠響長阜。』嘆曰：『鼓吹固自來人思。』故李太白云：『詩因鼓吹發，酒爲劍歌雄。』又李翰爲文精密而思遲，常從令皇甫曾求音樂。思涸，則奏之；神逸，乃屬文，則文亦因鼓吹發也。張旭聞鼓吹而得筆法意，則字又因鼓吹發也。

繞欐歌　振林聲

《列女傳》：『韓娥鬻歌假食，音繞梁欐，三日不絶。』又《七發》注：『虞公善歌，發聲動梁上塵。』又《列子》：『秦青撫節悲歌，聲振林木，響遏行雲。』

地狹不足迴旋　申脚

漢景帝時，諸侯王來朝，詔更前稱壽歌舞。長沙定王但張袖小舉，左右笑其拙。上怪問之，對曰：『臣國小地狹，不足迴旋。』帝以武陵、桂陽屬焉。又，同、華二州節度使周智光詔拜尚書左僕射，恚語曰：『吾有大功，上不與平章事。且同、華地狹，不足申脚，若加陝、虢、商、鄜、坊五州，差可。』二事畧相類。

禽鳥戲

鳥有蠟嘴、畫眉之戲，獸有胡猻、狗馬之戲，蟲有螻蟻、蝦蟆、烏龜之戲，余幼時皆及見之。蓋宸濠倡亂，招致姦徒，後敗而流落，逃食山林故也。因憶唐時有蝟戲，乃場中以二刺蝟對打，令既合節奏，又中章程。山人王固能爲蠅虎子戲，擊鼓出筒數十行，分爲二隊，變陣合戰，令不復見之。

舌人

《東京賦》『重舌』注：『舌人也。』即今譯諸夷語者，其名甚佳。今人能爲百鳥語者，其音酷相類，亦可謂百舌人也。

乾荷葉

今人盛唱曲，名《乾荷葉》。夫荷葉既乾，不知有何可取，殊不知其誤也，乃偏荷葉也。宋人小詞：『鬢軃偏荷葉。』偏，乃未開之荷葉，猶酒器之所謂金卷荷也。《金卷荷》，亦曲名，古人謂之垂螺，亦謂之雙螺，即古詩兩髦之義。相如賦『垂髾』，注：『髮後垂也。』師古曰：『燕尾之屬。』北齊後宫作偏髾髻。字書：『髾，髮末也。』

度曲

歌終更授其次，曰度曲，即今之遞曲也。吕詵曰『曲之節度』，非也。

謡和步

徒歌曰謡，徒吹曰和，徒鼓琴曰步。凡曰徒者，不用絲竹，而从肉、言。故謡作䍃，即唐人之肉聲也。吹與琴，無章曲也。五行，二曰火；五事，二曰言。言與火同氣，故熒惑，火星，有毒。童謡者，熒惑使之也，從遥遠而來也。

鬼面

《西京賦》曰：『總會仙倡，戲豹舞羆。白虎鼓瑟，蒼龍吹篪。』注曰：『皆爲假頭也，假作其形。』即今面鬼兒也。

校勘記

〔一〕原文應爲『秦王爲趙王擊缶』。

浙江文叢

留青日札

〔下册〕

〔明〕田藝蘅 撰
朱碧蓮 點校

浙江古籍出版社

留青日札卷之二十

柳枝

章臺柳，以李將姬柳氏得名，韓員外翃所謂『縱使長條似舊垂，也應攀折他人手』者也。陽臺柳，亦以蜀妓柳氏得名，□御史□所謂『從今喚作陽臺柳，舞盡春風萬萬條』者也。韓退之侍兒名柳枝，所謂『別來楊柳街頭樹，擺亂春風只欲飛』者也。白樂天侍兒亦名柳枝，所謂『兩枝楊柳小樓中，嫋嫋多年伴醉翁』者也。李義山屬情洛中婦，亦名柳枝，所謂『畫屏繡步障，物物自成雙』者也。楊廉夫侍兒亦名柳枝，所謂：『竹枝柳枝桃杏花，吹彈歌舞弄琵琶。可憐一箇楊夫子，化作江南散樂家。』楊基亦寄之詩云：『長笛參差吹海鳳，小璚楊柳舞妖魔。』而聶大年《讀廉夫集》云：『白髮草玄楊子宅，紅粧檀板謝家湖。』蓋指此也。

夷光　修明

越以西施、鄭旦獻吳，皆天下絶色。世言姓施，而家有東西之居，故曰西施，是亡其名也。後吳易其名曰夷光、修明。越既入吳，二女方止苑樹下，越兵望之，以爲神女，不敢犯。《墨子》

曰：『西施之沈，其美也。』是當溺死，而傳記皆云：『范蠡載之而逃入于五湖。』世言范子所載止西施也，而楊廉夫之詠范蠡事，則又云：『西施鄭旦坐兩頭。』是當二女裸而汎矣。《孟子》止稱西子，不言施。

宵明　燭光

黄帝姬姓，亦云姚姓。堯、舜皆出于黄帝，堯改伊祈姓，舜改姚姓。黄帝生少皡—蟜極—堯，爲陶唐氏。黄帝生昌意—顓頊—窮蟬—敬康—句芒—蟜牛—瞽瞍—舜，爲有虞氏。是舜乃堯之五代孫也，不應爲翁壻。舜既娶堯二女俱爲妃，長娥皇，無子；次女英，生商均。《世紀》又云舜有庶子八人，皆不肖。又立妃癸比，生二女，名曰宵明、曰燭光。

楊玉環

《楊貴妃傳》曰：隋梁郡通守汪四世孫，徙蒲州之永樂。《外傳》曰：弘農華陰人，後徙居蒲州永樂之獨頭村。父玄琰，蜀州司户。妃生于蜀，誤墜池中，後人呼爲落妃池。池在導江縣前。早孤，養于叔父士曹玄璬家。今《廣西通志》則曰：妃乃容州普寧縣雲陵里人。父維，母葉氏，生妃，有異質。都部署楊康求爲女。時楊玄琰爲長史，又從康求爲女，攜至京，進入壽王瑁宫。城西至今有楊妃井。二説迴異。妃小字玉環，又名玉妃，又名阿鸞，開元四年生，二十二年十一月歸壽邸，年一十九歲。又六年，爲二十八年，十月，玄宗取于壽邸，度爲女道士，號太真，住内太真宫，年二十五歲矣。天寶四載七月，册韋氏配壽邸，册太真爲貴妃。五載七月，因忤旨，送還第。九載二月，又送還第。凡十三年，爲十五載，賜死馬嵬驛，年三十八歲。豐碩善媚，卒傾家國云。

復見兩木蘭

韓氏，保寧民家女也。明玉珍亂蜀，女恐爲所掠，乃易男子飾，託名從軍。調征雲南，往返七年，人無知者，雖同伍亦莫覺也。後遇其叔，一見驚異，乃明是女。攜歸四川，當時皆呼之曰貞女。黄善聰，應天淮清橋民家女，年十二失母。其姊已適人，獨父業販綫香，憐善聰孤幼，無所寄養，乃令爲男子裝飾，攜之旅遊廬、鳳間者數年，父亦死。善聰即詭姓名曰張勝，仍習其業自活。同輩有李英者，亦販香自金陵來，不知其女也。約爲火伴，同寢食者踰年。恒稱有疾，不解衣襪，夜乃溲溺。弘治辛亥正月，與英皆返南京，已年二十矣。巾帽往見其姊，仍以姊稱之。姊言：『我初無弟，安得來此？』善聰乃笑曰：『弟即善聰也。』泣語其故。姊大怒，且詈之曰：『男女亂羣，玷辱我家甚矣！汝雖自明，誰則信之？』因逐不納。善聰不勝憤懣，泣且誓曰：『妹此身苟汙，有死而已。須令明白，以表寸心。』其鄰即穩婆居，姊聊呼驗之，乃果處子。始相持慟哭，手爲易男子裝。越日，英來候，再約同往，則善聰出見，忽爲女子矣。英大驚，駭問，知其故，怏怏而歸，如有所失，蓋恨其往事之愚也。乃告其母，母亦嗟嘆不已。時英猶未室，母賢之，即爲之求婚。善聰不從，曰：『妾竟歸英，保人無疑乎？』交親鄰里來勸，則涕泗横流，所執益堅，衆口喧傳，以爲奇事。廠衛聞之，乃助其聘禮，判爲夫婦。嗚呼！觀此二貞女，則雖南齊之東陽婁逞、五代之臨邛黄崇嘏，又何以加之？可謂我朝兩木蘭矣。婁逞者，女名，變服爲丈夫，仕至揚州從事。黄崇嘏，見《詩女史》，有《女狀元春桃記》。

張好好

張好好，年十三，杜牧以善歌置樂籍中。所云『娉娉嫋嫋十三餘，荳蔻梢頭二月初』者是也。又，張好好以歌爲著作沈述師以雙鬟納之。

阿杜

阿杜，齊周盤龍愛妾。盤龍大破魏軍，高帝送金釵二十枚與杜氏，手勑曰：『餉周公阿杜。』今人稱妾曰『阿大』，音如杜。阿者，吴人以爲語助詞，亦啟口聲。而漢之婦人乃有名阿者，如周郁妻名曰趙阿。古陽阿作平聲。

紅霞帔

紅霞帔者，宋宮人品名。紹興間，如張頑兒、鄭廿八、侯九娘、馮十一娘、張真奴、劉翠奴、劉十娘、鮑僤兒、王八兒，又有紫霞帔王受奴之類。今西湖褒親崇壽寺，乃紅霞帔劉貴妃香火院，故俗稱劉寺，不知翠奴、十娘果何人也？弁陽翁詩『翟羽鸞綃事已空，奉華遺寺對高松』是也。奉華，劉妃閣名，予家田尚稱劉寺香火田。

兩金屋

漢武帝阿嬌，金屋貯之。唐飛燕、輕鳳，金屋藏之。漢成帝后趙氏，名飛燕。

俞尼子　金蓮

潘妃本姓俞，名尼子，王敬則伎也。或云宋文帝有潘妃，在位三十年，於是改姓曰潘，其父寶慶亦從改焉。金蓮，人但知爲潘妃事，而不知窅娘亦有之，高低步舞固不同也。齊東昏侯爲潘妃鑿金爲蓮花以貼地，令妃行其上，曰『此步步生蓮花』。又，南唐李後主宮嬪窅娘，纖麗善舞。後主作金蓮，高六尺，飾以寶物、鈿帶、纓絡，蓮中作品色瑞蓮。令窅娘以帛繞脚，令纖小屈上作新月狀，素韈舞雲中，回旋有凌雲之態。唐鎬詩『蓮中花更好，雲裏月長新』是也。貼地，想低而可行；六尺，想高而可舞。

窅娘新月脚

婦人扎脚、纏足，古未嘗有，俗傳起于西施，然莫可考也。《洛神賦》『凌波微步』，趙飛燕能爲掌上舞，緑珠步香塵無跡，皆喻其體輕，未始顯言足小也。然稱其步微、掌上、無跡，則纖細亦可想見矣。自南唐李後主令窅娘以帛繞脚，令纖小屈上作新月狀，則今之遺風也。紫注：『纏束也，纏，弓弝也。』今之脚小者，香奩褻詠，必曰筍芽，曰半叉；俚語則曰三寸三分，誠雅緻也。若夫昔人所詠弓鞋，則彎轉如弓，乃北方婦人之態。南人笑之曰翻頭脚。亦曰揣船頭，又其下品也，斯不足觀矣。

屧舄屐

屧，履中薦也，曰步屧，曰舞屧。吴王宫中有響屧廊，以楩梓板藉地。西子行，則有聲，故名響屧。是婦女通服之。韓偓《屧子詩》：『六寸膚圓光緻緻。』唐尺雖短，謂之六寸膚圓，想亦不纏足也。梁詩『畫屧重高牆』，畫之者當是繪以五彩，高牆者，想是闊頰也。今之高底鞋類，履底曰舄，以皮爲之。舄以木置履下，乾濕不畏，古者祭服用之。屐以木爲之，即今之木屐，古婦女亦著之。李白《浣沙石上女》詩：『一雙金齒屐，兩足白如霜。』今廣東婦女雖晴天白晝亦穿木屐。余嘗戲給事中李孺徵云：『樂府有雙行纏，今南海可謂雙行屐矣。』因作《雙行屐》云：『荔枝醉䞓顔，末麗蟠清馥。孔雀隱蘭皋，佳人出茅屋。繡帛謝纏綿，赤脚幸馳逐。白足越羅裙，紅屐奇南木。金齒滑不磨，玉趾纖可掬。西子畫屧聲，東陽素波沐。不雨石琳瑯，無雷車轣轆。烈日響洞房，良宵展郎腹。非乏蓮花承，頗厭笋芽縮。知音美自然，絲竹不如肉。』孺徵笑曰：『足可補香奩新詠也。』他日，與李兵部少偕在西湖席上，以『金蓮小』命題索賦。余復戲之曰：『貴地惟有雙行屐耳。』舉以誦之，軒渠不能自已。

屣靸鞋

屣，本作躧。舞履也，足跟不正納。《莊子》：『原憲華冠縰履。』《史記》：『女子則鼓鳴瑟，跕屣。』注曰：『躡跟爲跕，不着跟爲屣，似今靸鞋。』《釋名》：『靸，小兒履也；鞋，履也。』《爾雅》曰：『單底曰履，飾足以爲禮也。』三代以皮爲之，朝祭之服也；亦有以葛爲之者。《詩》『糾糾葛履』是也。秦始皇二年，遂以蒲爲之，名曰靸鞋。二世加以鳳頭，仍用蒲，即今無後跟凉鞋也。晉永嘉元年，用黄草，宫内妃御皆着，始有伏鳩頭履子，即今黄草心鞋也。梁天監中武帝易以絲，名解脱履。至陳、隋間，吴越大行，而樣差多。古有遠遊履。又詩云：『足下絲履五文章，平頭奴子提履箱。』唐大曆進五朵草履子，建中進百合草履子；大和吴越間織高頭草履，如綾縠。又，麻履曰屨，草曰扉。屨乃不帶者，名解脱履。履，朝服；屨，燕服。《荀子》『紃屨之士』注：『編麻爲之。』《禮記》注：『紃施縫中，若今時絛也。』《周禮》：『屨人掌王及后之服屨。』夫古之婦工，以治内事；今后妃之屨，使臣工造之，可恥甚矣！《唐書》：『東女國鞣釋屨也。』今靸鞋，不纏足者曳之。今之纏足者以絲爲鞋，則梁製也。以羊皮銷金箔爲之，則三代之遺意，而極其奢巧也。以蒲草麻葛爲之，則古今之通用也。首以鳳頭、伏鳩、鴛鴦，則昉于秦、晉；繡以雲露、花草，則昉于五朵百合。而其高底鞋，即古之重臺履也。琴面鞋，即笏頭履也。其婦人鞋底，以二色帛前後半節合成，則元時名曰錯到底，不知起于何代？至若飾以金寶、珠玉，則淫風極矣！踐于足者如此，則戴于首者不言可知。

女靴

靴，本胡服，趙武靈王所作。《實録》曰：『胡履也。』初短靿，以黄皮爲之，後漸以長靿。唐馬周殺其靿，加以靴氈，裴叔通以羊爲之，隱麖加以帶子裝束，蓋婦人皆可服之。并州婦人臨水浣衣，有人换其新靴是也。古人有舞靴，李太白詩：『青黛畫眉紅錦靴。』楊廉夫詩：『繡靴蹴踘勾驪様，羅帕垂鬟女直妝。』

女襪

襪，足衣，今之膝褲。炙轂子曰：『三代謂之角襪，前後兩隻相成，中心繫帶。至魏文帝吴妃始以綾羅裁縫爲之。』曹子建《洛神賦》曰：『凌波微步，羅襪生塵。』唐楊貴妃錦拗韈。杜牧《詠韈》詩云：『鈿尺裁量減四分，纖纖玉笋裹輕雲。五陵年少欺他醉，笑把花前出畫裙。』韓偓《屧子》詩：『六寸膚圓光緻緻。』夫尺減其四分，當亦六分，是即致堯之六寸也。今婦人有不着韈者。太白詩：『屐上足如霜，不着鴉頭韈。』則唐時已然。

婦衣

《禮》『婦人之服不殊』，謂衣裳上下同色也。今惟越人服青爲然。我朝定制，婦人止服絹布，不許用綾錦綺繡；其色只用藍、紫、桃花淺色，不許用青、緑、大紅深色。農民之家方得服紬紗。今則婢子衣綺羅，倡婦厭錦繡矣。

袜胸

今之袜胸，一名襴裙。隋煬帝詩：『錦袖淮南舞，寶袜楚宮腰。』謝偃詩：『細風吹寶袜，輕露濕紅紗。』盧照鄰詩：『倡家寶袜蛟龍被。』袜，女人脇衣也。崔豹謂之腰綵，引《左傳》『衵服』，『陳靈公衷衵服而戲于朝』，曰日近身衣也，即唐訶子之類。寶袜，在外以束裙腰者，視圖畫古美人妝可見。故曰『楚宮腰』，曰『細風吹』者，此也。若貼身之衵，則風不能吹矣。自後而圍向前，故又名合歡襴裙。沈約詩『領上蒲桃繡，腰中合歡綺』是也。其繡帶，亦名帓帶。今襴裙在內有袖者，曰主腰，領襟之緣尚繡蒲桃花，言其花朵朵圓如蒲桃也。

細簡裙

梁簡文詩：『羅裙宜細簡。』先見廣西婦女衣長裙，後曳地四五尺，行則以兩婢前攜之。簡多而細，名曰馬牙簡，或古之遺製也，與漢文後宮衣不曳地者不同。韻書曰：『襉裙，幅相攝也。』杭婦女闊簡高繫，以輭薄爲尚。北方尚有貼地者，以不纏足，欲裙蓋之也。又杜牧《詠襪》詩：『五陵年少欺他醉，笑把花前出畫裙。』是唐之裙亦足以隱足也。畫裙，今俗盛行。

名清

目上爲名，目下爲清。見《爾雅》。又《詩》：『清揚婉兮。』目上曰清，目下曰揚。《釋名》：『清，青也；去濁遠穢，色如青也。』揚本作眻，眉間曰眻，目美也。或作暘。注疏：『揚者，眉上之美名，因名眉目曰揚。』《詩》：『美目揚兮。』又曰：『揚且之晳。』注：『眉上廣也。』『抑若揚兮。』疏云：『揚是顙之別名，以有毛揚起，故名眉爲揚。』揚雄：『揚眉曰揚衡。』諺言『稱眉』，稱即揚也。

緑眉

《詩》稱『蛾眉』，而《楚辭》乃云：『蛾眉曼緑。』曹元寵《夜歸曲》：『吴妝秀色攢眉緑。』黛眉，漢給宫人螺子黛。翠眉，梁冀妻改鴛翠眉爲愁眉。魏宫人畫長眉，多作翠眉警鶴鬟。《古鏡銘》云：『當眉寫翠，對臉傅紅。』玄眉，曹子建《七啓》：『玄眉弛兮鉛華落。』即墨眉。今廣東始興縣溪中出石墨，婦女取以畫眉，名畫眉石。黄眉，後周静帝令宫人黄眉黑粧。庾信詩：『眉心濃黛，直點額角，輕黄細安。』盧照鄰詩：『纖纖初月上鴉黄。』又云：『鴉黄粉白車中出。』司馬槱詩：『梅粉粧成半額黄。』蓋眉黄起于漢宫，而漢賊乃有緑眉、赤眉、朱眉，晉有宋赤眉，北齊有姚黄眉，何也？眉之名，則有開元御愛眉，遠山眉，小山眉，五嶽眉，新月眉，月棱眉，垂珠眉，倒暈眉，分梢眉，涵煙眉即今柳葉眉，八字眉，梢分而斜起。又有眉間俏者，即古之面花，蓋起于上官昭容，飾之以掩黥迹者。或曰壽陽宫主落梅花之事，或曰孫夫人粧獺髓之遺。或貼花，或點朱。今又以翠羽爲珠鳳、梅花、樓臺之狀，小巧精妙，間于眉心，能益妍麗，故曰俏也。眉有天生而細長者，其有粗大者，則以線繳之，或以刀削之，想古有此風。故周庾信《鏡賦》云：『鬢齊故畧，眉平猶剃。』又有廣眉，漢諺：『宫中好廣眉，四方高半額。』又不知眉毛天生，何可移上之半額也？《文選》：『刻畫鬋鬢。』蓋古飾即如此。

眉語　眼語

婦女之眉最善蠱人。故从女、从眉曰媚。眉不能語，而太白詩：『眉語兩自笑。』温庭筠詩：『眉語柳毿毿。』柳渾詩：『窗疎眉語度。』又太白：『閒將手語彈鳴箏。』即以弈爲手談也。《唐書》：『道路目語。』《漢·李陵傳》：『未得私語，即目視陵。』師古曰：『以目相視而感動之。』今俗所謂眼語也，皆奇。

斜紅

美人妝面，既傅粉，復以臙脂調勻掌中，施之兩頰，濃者爲酒暈妝，淺者爲桃花妝。薄薄施朱，以粉罩之，爲飛霞妝。梁簡文詩云：『分妝間淺靨，繞臉傅斜紅。』則斜紅繞臉，即古妝也。

飛雲丹

飛雲丹，即今水銀燒粉也。云是蕭史作與弄玉。今名玉華花粉者最佳。古人傅面用米粉，故字从米。或染之爲紅粉，後乃燒鉛爲粉，云是紂始。又調脂作紅也。

月運紅潮

月運紅潮者，婦女之桃花癸水也，古名入月。唐詩：『密奏君王知入月。』故名月事。醫書名月經，言按月而經脈行也。取以入藥，則名紅鉛。《漢律》謂之姅變，婦人汙也。又，傷孕也。蓋幼女未通，老媪當絶，故其字从半女也。古人點朱于額以示進退之節，所謂程姬之疾也。故曰丹的，曰玄的，或曰今之手中金鐲，亦所以止觸也。《周禮》『王之陰事、陰令』亦有掌之者。漢掖庭令晝漏不盡八刻，白録所記，推當御見者。我朝宫中欽録簿，女官掌之。余之高祖姑蔡氏之姊，杭之豐寧坊人也，當憲廟時爲女官，甚得幸。以選繡女一差至杭，宦官侍者四人，與三司諸大夫抗禮，所言宫掖事甚詳。髮巾，左右繫金錢，兩鬢俱禿，云伴駕蚤起，用以掠髪者。有報宫之牋，有衛門之寢，有承御之名，有紀幸之籍，其事甚詳且密，雖聖上亦不得而觀覽也。

髮膩

婦人頭髮爲膏澤黏膩，曰膩，必湯沐乃可解。《考工記》『弓人』注：『膩，亦黏也，音職。』古人俱用芳澤，以香潤其髮。然但稱玄，稱鬒，稱烏雲也。而魏瓘賦乃云：『黄金釵兮碧雲髮。』杜牧之賦乃云：『緑雲繞繞，梳曉鬟也。』

穿耳

女子穿耳，帶以耳環，蓋自古有之，乃賤者之事。《莊子》曰：「天子之侍御，不叉揃，不穿耳。」杜子美詩：「玉環穿耳誰家女？」諸葛恪曰：「母之于女，天性之愛。穿耳貫珠，何傷于仁？」

鴛鴦七十二

古詩：「入門時左顧，但見雙鴛鴦。鴛鴦七十二，羅列自成行。」人皆不解七十二之説。蓋言美人之數也。又古人多言三三美人。夫三三則六，而六六則爲三十六矣。左右各三十六，合之則爲七十二矣。蓋六六，陰數之極，而六六三十六者，又純陰之數，故用之婦人也。楊廉夫詩：「别院三千紅芍藥，洞房七十紫鴛鴦。」蓋爲對耦所拘耳。楊慎詩：「芳池七十二，寶帳三千重。」

金釵十二行

古樂府《河中曲》咏莫愁：「頭上金釵十二行，足下絲履五文章。」後人遂誤以爲金釵美人十二行，殊不知古婦人髻高，故能插金釵。十二行，乃六雙也。

百媚　千媚

百媚，郎也；千媚，娘也。見淳于王歌：『百媚在城外，千媚在中央。』『坐來生百媚』，謂張麗華，見煬帝詩。

美人雙騎

江北佳人多能騎馬，今走驃騎，婦人亦能。雙乘落解謂之雙飛燕，甚可觀也。李太白詩：『自有兩少妾，雙騎駿馬行。』蘇子瞻詞：『細馬遠駝雙侍女。』想亦重坐也。

姣

姣，淫也。穆姜棄位而姣，不可謂貞。姣，户交反，又，如字。嵇叔夜音效，言效小人爲淫也。女交曰姣，女喬曰嬌。

昏嫁

古者，女子二十而嫁。越王句踐令國中女子年十七不嫁者，父母有罪，欲人民繁息也。漢惠律：女子年十五以上至三十不嫁，五筭。蓋漢律：民不繇者貲錢二十二。又『高帝初爲筭賦』注：『年十五至五十六出賦錢，人百二十爲一筭。』今罪謫五筭，出六百錢也。唐詔民男二十，女十五以上無夫家者，州縣以禮聘娶，貧不能自行者，鄉里富人及親戚資送之。古者女子重失時，仲春不禁淫奔，故名野合，順羣情也。杜工部詩：『不嫁惜娉婷。』是舉見在而言也。陳無己詩：『當年不嫁惜娉婷。』是舉過去而言也。白樂天詩：『寄言癡小人家女，慎勿將身輕許人。』是舉未來而言也，有深意矣。

留青日札卷之二十一

戚夫人

于季子云：『百戰方夷項，三章且代秦。功歸蕭相國，氣盡戚夫人。』范致能云：『劉項家人總可憐，英雄無策庇嬋娟。戚姬葬處君知否，不及虞兮有墓田。』夫以沛公之英雄，豈無策以庇戚姬，而爲之氣盡哉？蓋必有所自矣。帝欲全夫人，非易儲不可。苟爲萬世計，太子既不可易，不如付身後事于不知。黄鵠之悲，特牽于袵席之愛耳。且帝誠寵夫人，必决易太子，則雖猛悍如吕后，亦無如之奈何。但帝春秋既盛，亦患諸故將之跋扈，非太后必不足以懾服之。况既易後，寧免太后之不反正乎？寧免天下之不仗言首亂者乎？不若已之，以俟太后之容置。固不意人彘之毒，至于母子之俱盡也。故知帝愛國甚于愛家，愛公甚于愛私，其心亦悲矣。

王昭君妹

昭君嫁單于，史未嘗稱其有妹。白樂天《嘲雪中馬上妓》云：『雪裏君看何所似？王昭君妹寫真圖。』此强造也。妹，注女弟之外更無他音。且其第二句云：『引手低蛾索一盂。』則所謂一盂者，酒邪？湯邪？水邪？皆病也。

兩哀姜

魯莊公夫人齊女，曰『哀姜』。又，文公長妃齊女哭而過市，國人哀之，故亦曰『哀姜』。

六飛燕

漢趙飛燕，屬陽阿主家。學歌舞，以其身輕，可爲掌上舞，故號曰飛燕，陽阿舞亦因此得名。又，『張楊、飛燕旅力作難』，見《後漢書·臧洪傳》。按：褚燕後爲張牛角軍師，改姓張。燕慓悍捷速過人，軍中號爲飛燕，即黑山賊也。見《魏志》。又，唐寶曆二年，浙東貢舞女二人，一曰飛燕，一曰輕鳳，修眉黟首，蘭氣融冶，冬不纊衣，夏無汗體。上琢玉芙蓉爲二女歌舞臺。每歌舞一發，如鸞鳳之音，百鳥莫不翔集，其態艷非人間所有。每歌舞，上令内人藏之金屋寶帳，蓋恐風日也。宫中語曰：『寶帳香重重，一雙紅芙蓉。』又青龍、飛燕，古戰艦名。又，古良馬，名飛燕。

兩小小

南齊小小，姓蘇，錢塘人。又，唐齊公伎，名小小，能寫真。

四碧玉

碧玉，晉喬知之[一]妾，所歌『明珠十斛買娉婷』是也。又，陳後主《寄碧玉詩》：『離別腸猶斷，相思骨合銷。愁魂若飛散，憑仗一相招。』又，楚王碧玉，審言詩：『清風細雨濕梅花，驟馬先過碧玉家。正值楚王宮裡宴，門前初下七香車。』又，宋汝南王妾碧玉，所歌『碧玉破瓜時』是也。《碧玉歌》，一名《千金意》，晉孫綽作。

兩虞姬

虞姬，名損之，齊威王之姬也，諫齊王烹佞臣周破胡與阿大夫，薦北郭先生與即墨大夫，齊國大治。又，西楚霸王亦有虞姬。

兩朝雲

河間王婢名朝雲，假爲老嫗吹篪，羌泣降者，語曰：『快馬健兒，不如老嫗吹篪。』蘇子瞻妾亦名朝雲，詩所謂『不似楊枝别樂天』者是也。

兩小蠻

白居易妾名小蠻，詩云：『楊柳小蠻腰。』于鵠《襄陽看花》詩自注云：『時因小蠻作。』又，謝阿蠻，唐玄宗舞女。

兩夜來

魏文帝美人薛靈芸，號曰夜來。又，唐靖恭伎女亦字曰夜來。

駃冶

隋煬長安貢御車女袁寶兒，年十五，腰肢纖墜，駃冶多態，帝又曰：『多憨態。』虞世南詩曰：『垂肩嚲袖太憨生。』

祝英臺

英臺，上虞祝氏女子。易爲男子裝，出遊學，與會稽梁山伯者同肄業。山伯，字處仁。祝先歸二年，山伯訪之，方知其爲女子，悵然如有所失。告其父母求聘，時祝已許馬氏矣。山伯後爲鄞令，疾革，葬鄮城西。明年，祝適馬氏，舟過墓所，風濤不能進。英臺聞有山伯墓，因登塚號慟，地忽裂開，祝氏陷焉，遂埋雙璧。人皆異之。晉丞相謝安奏之，因表其墓云。此與紫玉及華山畿女之事甚相類，今俗演爲雜劇也。

龍井神女祠

具區東山有井，淵深叵測，世呼柳毅井，即唐所傳洞庭君女歸柳毅事。言至今風月夜，往往見彼雙雙出游。嘉靖辛丑，中書舍人王子、蔡子、□子同游。酒酣，因吟曰：『橘花垂蔭碧闌干，此地曾經柳毅傳。卿亦有書吾肯寄，汲深千尺轆轤縣。』時林月漸明，隱隱見橘柚影中，一美人掩映，若隔煙霧，却前遥吟曰：『橘花如雪晚風清，迢遞關山春夢驚。明月一天凉似水，不堪重省舊時情。』即追討其跡，杳不可得。質明，欲闢地祠之。鋤下，硜然有聲，得一石碑，題曰『龍井神女祠』，因建宇于其上。

王烈女

王氏者，山東人。家貧，八歲貨與淮安倡家。及長，即知處身失所，欲脱去無計。倡婦百般誘之，執意不爲動。一日，强使與上客合巹，因涕泣謂客曰：『妾本良人女，因貧故至此。妾久忍死者，未及見父母一訣耳。今忍遂汚吾身邪！』引刀自刎。客大驚駭，抱救不及。事聞于官，令厚葬之。後有吴主事在淮，一夕，夢女號泣拜堂下。驚問之，對曰：『妾，烈女王氏也。』具陳其故，且言：『家居五壩上，願君白之。』黎明，吴君訪得其墓，遂令修葺之。復會張御史疏聞，建祠祀之。嘉靖年間事。

寒香　晚翠

寒香、晚翠者，海鹽張公寧之二妾也。寧字静之，號方洲，正統進士，漳州知府。寒香，姓高氏，晚翠，姓李氏，年可十六七，皆端潔慧悟。公老，益愛重之。及病將革，無子，諸姬年長者，悉命出之。二氏獨不忍去，因泣請曰：『妾二人有死無貳。幸及公目未瞑，願賜一閣同處，且封鑰之，第留一竇以進湯粥，誓以死殉公也。』遂引刀各截其髮，以示無他腸。公命從之，乃寂居小閣，絶不與外間通聲問。及卒，乃設席閣中，旦夕哭臨，服三年喪，不闚户者五十餘年。嗣子曰嘉秀，字文英，舉嘉靖己丑進士。其晝錦歸也，二氏因語人曰：『妾等犬馬之齒，已踰七旬，幸不辱先公于地下。他日相從，可無汗顔矣。又况有佳後邪！』于是即日令啟鑰而出之，則皤然雙老媪矣。親戚莫不憐且敬之，遂爲之奏聞，旌之曰『雙節』云。

柳含春

含春，姓柳氏，國初明州女子也。年十六，患病，禱于關王祠而愈，因繡旛往酬之。一少年僧頗聰慧，窺柳氏之姿而悦之，因以其姓戲作呪語，誦之于神云：『江南柳，嫩緑未成陰。攀折尚憐枝葉小，黄鸝飛上力難禁。留取待春深。』女亦甚慧，聞之，不勝其怒，歸告于父。父訟之于方國珍。時國珍據明州，捕僧至。問之曰何姓，對曰：『姓竺名月華。』國珍命以竹籠盛之，將沉之江。又曰：『我亦取汝姓當作一偈，送汝歸東流。』因吟曰：『江南竹，巧匠結成籠。好與吾師藏法體，碧波深處伴蛟龍。方知色是空。』其僧痛哭哀訴曰：『死，吾分也，乞容一言。』國珍許之。僧曰：『江南月，如鏡亦如鈎。明鏡不臨紅粉面，曲鈎不上畫簾頭。空自照東流。』國珍知其以名爲答，大笑而釋之，且令蓄髮，以柳氏配爲夫婦。

大家有五

漢、魏以來，宫中呼官家曰大家。蔡邕《獨斷》：『天子親近侍從官稱大家。』漢有曹大家，唐有郎大家。又，順帝虞美人，以梁后故，抑而不登，但稱大家而已。家，音姑。《左傳》：『姪其從姑。六年其逋，逃歸其國，而棄其家。』《史記》『長鋏歸來乎！食無魚。長鋏歸來乎！無以爲家』是也。

西施毛嬙皆越人

《神女賦》：『毛嬙鄣袂，不足程式；西施掩面，比之無色。』是二人也。舊稱毛嬙即西施，誤矣。《莊子》注：『西施，夏姬也，勾踐獻吴美人。』又毛嬙，司馬云『古美人』，一曰『越王美姬』，則二女則越産矣。

四麗華

漢光武后陰麗華，自言曰：『仕宦當作執金吾，娶妻當得陰麗華。』陳後主后張麗華。後漢劉聰妻劉娥字麗華，新興人〔二〕。又，後周宣帝后楊麗華。

白眉神

教坊妓女，皆供白眉神。每至朔望，則以手帕、汗巾之類綦神面一遭。若遇子弟有打乖空頭者，輒以帕洒拂其面，一洸而過，則子弟之心自然歡悦相從，留戀不已，蓋花門厭術也。

私科子　鴇子

鷄雉所乳曰窠，即科也。《晏子春秋》：『殺科雉者不出三月。』蓋言官妓出科，私娼不出科如乳雞也。又，老妓名鴇子，一作鴇、鮑，似大鴈，無後趾，虎文，性羣居，如鴈自然有行列，連蹄不樹止。俗呼獨豹，老妓性行似之。

弄新婦

今徽州等處人娶新婦入門，衆親戚皆百般戲侮調弄，名曰弄新婦。甚有至于不堪毒謔死者。云其衣服鞋履皆用線縫綴，恐有踈脱，但不及于亂耳。風俗薄惡之甚，真南蠻之遺習也。唐時即有此風，曰娶婦之家弄新婦。今越俗，親友必將新壻灌醉于房中。

繡花娘　插帶婆　瞎先生

古人以尼姑、道姑、卦姑爲三姑，以牙婆、媒婆、師婆、虔婆、藥婆、穩婆爲六婆，謂不容入門，方成人家，又如避蛇蝎，蓋惡其貽害之甚也。今則三姑六婆之害，處處有之。而此外又有數種：曰繡花娘者，以善針刺出入大家，因請以教導閨女，他日多被誘引成花娘。花娘者，杭人罵倡伎、淫婦之稱也。曰插帶婆者，富貴大家婦女赴人筵席，金玉珠翠首飾甚多，自不能簪妝，則專雇此輩。顏色間雜，四面均匀，一首之大，幾如合抱。即一插帶，頃刻費銀二三錢。及上轎之時，幾不能入簾輿也。入人家坐席，則須俊僕四五人，迴侍左右，仰觀俯察，惟恐一物之遺失，一花之傾倒，即能解意，以手拾取扶植。每爲從者熟視動心，遂至通姦露醜。或有自早至晚，坐久頭重，不堪其苦，眩暈扶歸者。或遺失一物，值數十金，歸家悔恨，涕泣數日成疾者。亦有假借他人，另置賠償者。後聞江西建昌婦女粧飾亦然，此風所當痛革也。曰瞎先生者，乃雙目瞽女，即宋陌頭盲女之流。自幼學習小説、辭曲，彈琵琶爲生，多有美色，精技藝，善笑謔，可動人者。大家婦女驕奢之極，無以度日，必招致此輩，養之深院静室，晝夜狎集飲宴，稱之曰先生，若南唐女冠耿先者。淫詞穢語，汙人閨耳，引動春心，多致敗壞門風。今習以成俗，恬不知怪，甚至家主亦悦之，留薦枕席，而忘其瞎。真異事也！

插秧婦詩

戴九靈《插秧婦》詩：『青袱蒙頭作野粧，輕移蓮步水雲鄉。』恐插秧婦人必俱大脚者，安得復云蓮步？繼云：『裙翻蛺蝶隨風舞，手學蜻蜓點水忙。緊束煖煙青滿把，細分春雨緑成行。村歌欲和聲難調，羞殺揚鞭馬上郎。』江北婦女皆務農，其夫反謳歌擊鼓，大陋風俗也。

媵妾　從嫁

曹植：『媵余行兮歸朔方。』媵，送昏之名。《爾雅》曰：『將送也。』《儀禮》言：『媵爵。』《公羊》言：『開媵路。』《史記》言：『伊尹，有莘之媵臣。』《江有汜序》言嫡媵，鄭氏引『諸侯一娶九女，二國媵之』是也。今人家之從嫁爲側室者，皆曰媵妾，從去聲。

宦官妻

《石顯傳》：『丞相、御史條奏顯惡，免官，與妻子徙歸故郡，憂死。』唐高力士娶呂玄晤女國姝。李輔國，帝爲娶元擢女爲妻。宋梁師成妻死，蘇叔黨、范温，皆衰絰臨哭。元趙伯顔不花年踰三十，先有妻子，順帝刑其勢爲奄人，不花不捨其妻，仍與之共處。我朝宣德中賜太監陳蕪兩夫人，陳蕪賜姓名王瑾，字潤德。天順初賜太監吴誠妻。余見傳記所載，以爲此曹要婦人何用。或曰：『雖去其勢，男性猶在，必須近婦女，乃安夜也。』家君在京，所善太監侯玉，亦有妻妾，甚美且多。及家君督學廣東，出京，玉送別，出二女子相贈。此内臣交好之至厚者。一名白秀者，乃絶色也，云玉之寵姬。暇日，細詢其故，真如所傳。言相愛淫謔甚于平人夫妻居室之事。每一交接，則將女人遍體抓咬，必汗出興闌而後已。其女人每當值一夕，則必倦病數日，蓋慾火鬱而不暢故也。此女素爲狐狸迷染，其後隨至嶺外。在滁州時，余曉起親見之，形如猫而玄黑，變態不常，然亦不爲害。因命小苗童曰凌鴻伴宿，察之，則狐自窗眼潛入，伏于女身。小童舒手摸之，則亦不變形，如毛狗而已。後家人畏懼，與廣東僕周俊爲妻。狐復不捨，俊亦厭之。歸杭，又賣與徽州某商。今尚在杭，不知何如矣。

宦女

古之宦官，周閹人、寺人之職。《説文》：『宦，仕也。』執事于中也。《左傳》爲『宦女』。一曰閹人。《説文》：『閹，豎也。宫中閹閽閉門者。』蓋男無勢精閉者也。《書》：『宫辟，宫罰，男子割勢，女子幽閉，次死之刑。』一名腐刑，一曰犗刑。《詩》：『寺人之令。』注：『寺人，奄官也。』或作閹。洪武初，有監正、監副、監丞、門正、門副等名。永樂間，始名太監、少監。

婦人封侯

漢陰安侯，乃高帝兄伯妻，羹頡侯母丘嫂也。樊伉母吕嬃，封臨光侯，一作林光。秦林光宫在雲陽，即漢之甘泉。蕭何夫人，封酇侯。許負，河内老嫗，善相，封鳴雌亭侯。晉羊祜妻，封萬歲君。元朝四品官妻郡君，五品縣君。我朝公主之下，皆稱君，夫人之下皆稱人。

瑞蓮池二女

元末，施州向氏、譚氏二女，相與濯手于仙女池，遂生嘉蓮。時僞夏明玉珍據四川，命選宫嬪，二女皆在選中。向氏立爲后。譚氏退還，乃自投池中而死。

馬版腸湯

今鄭元和雜戲出于《李亞仙傳》，亦多不合。所言馬版腸湯事，乃元時歌妓郭順時秀者。秀色藝超絕，教坊白眉。學士王公元鼎甚眷之。秀偶疾，思得馬版腸充饌，公殺所騎千金五花馬取腸以供，當時傳爲嘉話。今又以王商配之李娟奴爲戲，皆失其真也。

誚失婢榜

唐人有《誚失婢榜》詩，因友人之婢逃去，原情寄嘲云：『撫養在香閨，嬌癡教不依。總然桃葉寵，打得柳花飛。曉露空調粉，春羅枉賜衣。内家方妬殺，好處任從歸。』『偷鎖出深閨，風花何所依。想應乘月去，難道綽天飛。燭暗新垂淚，香凝舊舞衣。恩情如不斷，還向夢中歸。』『揭榜諱因依，千聲叫不歸。頭盤紅縷髻，身着紫羅衣。夾帶無金玉，窩藏有是非。請君看賞格，惆悵信音稀。』白樂天云：『舊恩慚自薄，前事悔難追。』可謂有忠厚之意。劉賓客和之云：『新知正相樂，從此脱青衣。』是亦難乎其爲情矣。

額黄　鬟撥

額上塗黄，漢宫妝也。梁簡文詩：『同安鬟裹撥，異作額間黄。』徐悱〔三〕云：『留心散廣黛，輕手拂花黄。』虞世南《袁寶兒》詩：『學畫鴉黄半未成。』今此妝不復經見矣。撥者，捩開也。四十年前婦女理鬢尚用撥。以木爲之，形如棗核，兩頭尖尖，可二寸長，以漆光澤，用以鬆鬢，名曰鬢棗。今亦不復用之，競作薄薄妥鬢，如古之蟬翼鬢也。

螓首　花尖

《詩》：『螓首蛾眉。』螓，一名蜻。蜻，蛩也，蟭蟟之小而緑色者。孫炎曰：『有文者謂之螓，似蟬而小，頭有方文。』《詩》言『額廣而方』也。今杭州婦女，皆尚圓額，亦有花尖者，額中髮際垂下，自成尖文。有效顰而强飾者。

剺臂　彈骨

倡婦與子弟燒香、刺臂以爲盟誓，皆起于古。《史記·魯世家》：『莊公築臺臨黨氏，見孟女，説而愛之，割臂以盟。』《列子》曰：『紀昌、飛衛、請爲父子，剺臂以誓，不得告術于人。』《淮南子》曰：『胡人彈骨，越人剺臂，中國唽盟，所由各異，其于信一也。』彈骨者，胡人盟約，置酒人頭骨中，飲以相詛也。蓋胡人之俗，以得帝王頂骨爲鉢盂則吉祥如意。老上單于以月氏頭爲飲器，李費歌所云『血函糢糊截仇首，半髐刳作玻璃杯。目眥生紅酒微纈，戎王胸堂沃焦熱』是也。又元僧楊璉真伽，以理宗頂骨爲飲器，我太祖先瘗之聚寶山，後歸諸穆陵。高季迪所云

『玉顱深注酡酥酒，誤比戎王月氏首』是也。又，萬震《南州異物志》：『烏滸，在廣州南交州北道間，伺行旅擊之，利得人食之，取其髑髏，破之以飲酒。』又，徐嵩爲苻堅始平守，姚方成執而不屈，斬嵩，漆其首爲便器。顧亮有云：『黔州都督有血頂，精魂夜夜溺中啼。』其原皆起于趙襄子漆智伯頭爲飲器，但酒、溺異耳。

指甲

唐張祐客淮南幕中，赴宴，杜牧同坐，有所屬意，索骰子賭酒。微吟曰：『骰子逡巡裹手拈，無因得見玉纖纖。』祐曰：『但知報道金釵落，髣髴還應露指尖。』宋劉改之《沁園春》云：『銷薄春冰，碾輕寒玉，漸長漸彎。見鳳鞋泥汙，偎人强剔；龍涎香斷，撥火輕翻。學撫瑤琴，時時欲剪，更掬水魚鱗波底寒。纖柔處，試摘花香滿，縷棗成斑。時將粉淚偷彈，記綰玉、曾教柳傳看。算恩情相著，搔便玉體，歸期暗數，畫遍闌干。每到相思，沈吟静處，斜倚朱脣皓齒間。風流甚，把仙郎暗掐，莫放春閒。』我朝沈彦博《纖手》云：『曾見花梢揀俏枝，宛如春笋露參差。金釵欲溜輕攏鬢，寶鑑重臨淡掃眉。雙送鞦韆扶索處，半揎羅袖賭鬮時。香腮悶托聞嘶馬，忙揭朱簾認阿誰。』皆非春笋不能當也。又以鳳仙花和白礬擣之，染爲紅甲。昔人有云：『嬌彈粉淚拋紅豆，戲掐花枝鏤絳霞。』又云：『拂黛火星流夜月，畫眉紅雨過春山。』尤可把翫也。至于秃指婦人，深爲村鄙。元人有小令嘲之，名《醉扶歸》云：『十指如枯笋，和袖捧金尊。搊殺銀箏字不真，搔痒天生鈍。總有相思淚痕，索把拳頭搵。』此又可爲撫掌絶倒。

古后妃婦人異名

衛子夫，王翁須，王政君，郭聖通，鄧猛女，劉義王，劉紅夫，劉小民，劉成男，郭女王，賈南風，王貞風，褚蒜子，杜陵陽，李陵容，何法倪，謝梵境，丁令光，路惠男，章要男，鄭大車，袁大捨，王穆之，王靈寶，獨孤伽羅，穆邪利小字黄花，王地餘，王神愛，鄭阿春。

校勘記

〔一〕晉喬知之　按喬知之實爲唐人。

〔二〕新興人　新興兩字原闕，據《晉書·劉殷傳》補。

〔三〕按下引詩實爲費昶《照鏡辭》中句。

留青日札卷之二十二

巾

巾，本佩巾。《禮》『左佩紛帨』是也。帨，拭物之巾。《詩》：『無感我帨兮。』即今之手巾、汗巾也，亦褵屬。褵，婦人之禕，即今香纓。《詩》：『親結其褵。』注：『帨巾也。』《詩》：『縞衣綦巾。』綦，蒼艾色，女之貧陋者。漢賈山《至言》又云：赦罪人，憐其亡髮，賜之巾。故曰卑賤者所服。或曰古者有幘無巾，王莽頭禿，始施巾加于冠内。一曰首飾。《儀禮》：『二十成人，士冠，庶人巾。』巾，謹也，當自謹脩于四教也。蔡邕則云：『天子見令長、三老官屬，賜以酒食、帛葛、越巾、佩帶之屬。』又，漢文帝髮壯加巾，是天子亦服巾也。《草木子》曰：『紗帽圓領，唐服也，仕者用之。巾笠、襴衫，宋服也；巾環、襈領，金服也；帽子、繫腰，元服也；方巾、圓領，大明服也，庶民用之。』蓋古之庶人服巾，而今制則庶人不得服巾。故《玄中記》亦云：『契丹富豪要裹頭巾者，納牛駝七十頭，馬百匹，名曰舍利。』是庶人雖富豪，在匈奴亦不得服巾也。

練巾，襴衡着，練，絡也。　綸巾，諸葛孔明。　白綸巾，謝萬。　紫綸巾，石季龍。史：季龍以女騎一千爲鹵簿，皆着紫綸巾，織錦袴，金銀縷帶，五文織成鞾，游于戲馬觀。綸，青絲綬也，本音倫；一在山韻，與關同韻，而關字初無龍春切者，淳韻亦不收。而古人關巾謂即白綸巾，何也？魏瓘《搗衣賦》：『黄金釵兮碧雲髮，白綸巾兮青女月，佳人聽兮良未歇。』則是婦人亦冠白綸巾也。　白帢巾，帢，本音韐。韎韐，士服，蔽膝之衣。《詩》『韎韐』注：合韋爲之，以茅蒐草染之，一曰韎韐。是則未染者當爲白帢矣。魏太祖擬皮弁，裁縑帛爲帢，以色別貴賤，本軍飾，非國容。弁缺四隅，曰帢。一曰按頭使下，故曰帢，即小白帽也。哀帝改用素白幍帢，疑作答。《史記》：『答布千匹。』注：『白疊布也。』《南史》：『高昌國有草實如繭中絲，爲細纑，名曰白疊。安子國人取以爲布，甚輭白。』《唐書》又云：『白氎，擷花可織爲布。』想即今之木綿花。初名吉貝布也。一作白氎巾。杜子美詩『光明白氎巾』是也。夫既曰草絲，則又不當从毛，注作毛布矣。今之以褐布作巾者，本當从毛，而白氎巾，則純用毛製。疑古之白氎亦如此製，故从毛也。　桐巾，隋左相牛弘卜議着桐巾，以桐木爲之，内加漆。詔從之。大業十年，禮官上疏：『裹頭者，宜裹巾子。』　烏匼巾，子美詩：『晚風爽烏匼。』注：『烏巾也。』即如今烏紗巾之類。　小烏巾，子美詩：『頭戴小烏巾。』　烏角巾，子美詩：『錦里先生烏角巾。』蘇子瞻詩：『二老白接䍦，兩郎烏角巾。』　角巾，晉羊祜、王導。　折角巾，郭林宗遇雨，折一角，故名。今有六角巾、八角巾，常服本四角，此好異者。　帤巾，《方言》：『大巾。』亦曰帤巾，播巾。　葛巾，諸葛孔明。又，淵明用以漉酒。唐武則天賜羣臣葛巾子，呼爲武家高巾子。杜甫詩：『呼兒正葛巾。』　幅巾，製見《家禮》。漢末，王公名士以幅巾爲雅。袁紹、崔豹爲將帥，皆着幅。　闊幅巾，程伊川，紗背後望之，如鐘形，其製似今道士，謂之仙桃巾。　大幅巾，唐日本國。　踣養巾，唐中宗賜百官踣養巾。帝在藩時冠。　珠巾，唐昭宗時，侯王將帥以珠一顆盤幞頭脚，貫以銀線而簪之，軍人又以珠飾巾。　新羅巾，皇甫玄真獻新羅巾子、辟塵于高瑪，以贖田知之之罪。　夾羅巾，唐文宗性儉素，駙馬來處仁戴夾羅巾，帝戒之，謂非所宜。今則庶人皆戴之。亦有夾縐紗巾，而用金線盤者。　鹿巾，路羣製。陶弘景通明鹿皮巾。　穀皮巾，張孝秀文逸穀皮巾。　化巾，桑維翰服蟬翼紗大夫帽，庶表四方，名爲化巾。　尖巾，蜀王衍製。　僕射巾，裴冕。　華陽巾，顧況。　蓮花巾，吴江女道士。　燕巾，後世上下通用之幘。　雲巾，一名燕尾巾，蘇子瞻《謝人惠雲巾》詩：『燕尾稱呼理未便。』或曰，燕巾即幘也。髮有巾曰幘，蓋覆髮者，卑賤執事不冠之服。後世以爲燕巾。　圓頭巾，楊供奉官及諸司長官，則有圓羅頭巾子。　方頭巾，李白詩：『首戴方頭巾。』或曰，自宋至今，庶民頭巾法天地，取方圓之象，名曰平定巾。　平頭巾，唐置平頭樣巾。　漁巾，高九萬。　白鷺巾，晉山簡白接羅。接羅，白帽也。《爾雅》注：『江東取白頭翅背上長翰毛以爲睫攡，名之曰白鷺纕。』　唐巾，唐製，四脚，二繫腦後，二繫領下，服牢不脱。有兩帶、四帶之異。今則二帶上繫，二帶向後下垂也。今之進士巾，亦稱唐巾。　忠義巾，一名關王巾，漢關雲長製。　高士巾，山林隱逸之服。　凌雲巾，用金線或青絨線盤屈作雲狀者。　玉臺巾，方而匾者，即四方巾之製小異。兩儀巾，後垂飛葉二扇。　飛簷巾。　鶻鴟巾，宋館伴所裹。　東坡巾，云蘇子遺制。　山谷巾，黄庭堅遺制。　陽明巾，近時新建伯王伯安製。　萬字巾、鑿子巾，今人以白爲凶服，未聞有白綸巾、白帢、白氎巾之制，惟喪服乃用麻、用葛，而有萬字、鑿子之制。萬字則上闊而下狹，形如萬字。鑿子，則如唐巾而去其帶耳。

帽

帽，冒也，上古用羽毛及皮爲之，今以紗羅、紵絲、馬尾、犛牛尾、椶藤、竹蒲爲之。《輿服志》：『上古穴居野處，衣毛而帽皮。』又曰：『官民皆帶帽，其簷或圓，或前圓後方，或樓子。』蓋兜鍪之遺制也。所云樓子，即今南方村中小兒所帶五彩帽。余幼時尚見小兒帶雙耳金線帽，皆元俗也。所謂帽，則金其頂，襖則線其腰者也。又，元婦人皆帶皮帽。

鎖鎖帽

鎖鎖帽，出回紇，用鎖鎖木根製之爲帽。火燒不滅，亦不作灰，可配火鼠布，即火毳布。《後漢書》『火毳』，即火浣布，布出燃洲。《異物志》云：『獸毛織成。』《博物志》云：『出西域。』《玄中記》云：『南方炎山。』《拾遺記》又云：『羽山石火，可焚垢衣令潔也。』此尤異。元阿合馬言：『別怯赤山出石絨，織爲布，火不能然，請遣官採取。』石絨，可對冰錦。

張公帽賦

諺云：『張公帽掇在李公頭上。』有人作賦云：『物各有主，貌貴相宜，竊張公之帽也，假李老以戴之。弓長隱君，乃岸幘而褻禮；木子居士，反峩冠而壯儀。』亦可謂善謔者。古之李晟繡帽、管寧白帽、汝陽王璡砑硝帽、西王母舞者砑光帽、何尚之鹿皮帽、唐紗帽、宋袠帽、鄧通刺船郎黄帽、吐番氈帽、西羌席帽，以羊毛爲之。秦、漢鞔以故席，四緣垂網子，飾以珠玉，謂之韋帽。

盛服先生

《禮記》：『齋明盛服。』《左傳》：『盛服將朝。』《漢·路温舒傳》『故盛服先生不用于世』云云，『此乃秦之所以亡天下也。』注：『盛服先生謂儒紳也。故前言秦之時羞文學好武勇』云云。

貢服

《周官》九貢，有服貢。《左傳》則云：『諸侯不貢車服。』若今之絲、葛、錦、紵出于方物，諸侯安得不貢？苟不貢，則天子將自織之邪？我朝蘇之致仕朱隆希以獻太極衣于今上而遂被寵，何其諂佞也！夫以文彦博而獻燈籠錦，則尚何怪于小人也哉！不貢者，命之貢也。

端疋

周制：帛廣二尺二寸爲幅，四丈爲疋。今四丈曰疋，一疋曰端。古者十尺曰丈，倍丈曰端，二丈也。倍端曰兩，四丈也。倍兩曰疋，八丈也。又，兩頭曰端，『叩兩端』是也。

織絲段子

《玉藻》：『士不衣織。』織，音志。注：『染絲而織之也。』今人以紵絲曰段子，余見宋人以褐亦稱段子。張文潛《雜志》曰：『褐，毛布也。』非今段子乎？則綾羅亦可同稱。

全甲

《史記・霍去病傳》：『殺樓蘭王，斬盧胡王，誅全甲，執渾邪王子及相國、都尉，首虜八千餘級，收休屠祭天金人。』徐廣曰：『全，一作金。』《正義》曰：『全甲，謂其足不失落也。』《漢書》作『斬盧侯王鋭悍者，誅全甲獲醜』。師古曰：『全甲，謂軍中之甲不喪失也。』皆非是。觀書法，曰殺，曰斬，曰誅，曰執，曰首虜，曰收，則全甲亦疑是王之下，王子之上。作金甲，固非，若作足不失落，尤可笑。愚意全甲，亦當作渾身貫甲之謂，蓋精兵也。又，若是精兵，祇當序于執王子之下，在首虜之上，故疑是名王以下之人。

介

《漢·南粤王傳》：『欲介使者權謀誅嘉等。』師古曰：『介，恃也。』下云：『嘉遂出，介弟兵就舍。』師古曰：『介，甲也，被甲而自衛也。』兩介字同而注不同，殊不知介即介道之介。

鐵室

鐵室，即今渾身鐵甲，言如室之蔽身也。出《韓非子》。

克絲作

克絲作起于宋，樓閣百花龍鳳，極其工巧。今作尅絲，蘇作最善。

鷫鷞裘

鷫鷞裘，即翡翠裘之類，乃神鳥也。東方曰發明，西方曰鷫鷞，南方曰焦明，北方曰幽昌，中央曰鳳皇。鷞或作鸘。《淮南子》言：『長頸，緑色，似鴈。』段成式言：如燕，稍大，足短，趾似鼠。未嘗見下地，常止林中，偶失勢控地，不能自振。及舉，上凌青霄。出涼州，即西方也。

翠被

《左傳》：『荆王以鷸羽飾被。』鷸，翡翠也。《漢・賈山傳》『飾以翡翠』注：應劭曰：『雄曰翡，雌曰翠。』《異物志》：『翡色赤而大于翠。』師古曰：『鳥各别類，非雄雌異名也。』又曰：雄而赤者曰翡，雌而青者曰翠，故曰翠被。今翠鈿、翠冠，皆此。又，《博物志》名此爲比翼鳥，出參嵎山，非也。比翼鳥，自名鶼鶼也。翡翠，盛于嶺南，今本山亦産此鳥，可用爲飾，名曰土翠，亦曰硬翠，不如交廣翠輭。

鴛衾

今之色被，横其臥，邊緣幅作異色，曰當頭。當，去聲，即古被池之遺製。又，于其横幅，分缺二穴如月者，用以叩頸，此古之鴛衾也。古詩：『文彩雙鴛鴦，裁爲合歡被。』唐莊宗命蜀匠旋織十幅無縫錦爲被材。被成，賜名六合被。

褚絮

《史記》〔一〕：『漢賜南粤上褚五十衣，中褚三十衣，下褚二十衣。』師古曰：『以綿裝衣曰褚。上中下者，綿之多少厚薄之差也。』李太白：『明朝驛使發，一夜絮征袍。』絮，着綿也。古詩：『着以長相思。』亦謂着絮也。繰餘曰絮，不繰曰綿，故絮曰㴿絮，即繭黄也，今謂之敗絮，又曰絮胎。

白紵

《左傳》『季札與子産縞帶，公孫僑就獻季子紵衣』注：『吴地貴縞，鄭貴紵也。』《説文》：『紵，檾屬。細者爲絟，粗者爲紵。』陸璣云：『如麻，科生數十莖，宿根在地，春生荆、揚間，一歲三收。』《周禮·典枲》『縷紵』，白而細疏曰紵。《後漢書》：哀牢夷『蘭干細布，織成文章，如綾錦』。注：《華陽國志》『蘭干，獠言紵也』。績苧一紕，謂之紕，此白紵也。樂有《白紵舞》。《樂府解題》曰：『質如輕雲色如銀，製以爲袍餘作巾，袍以光軀巾拂塵。』即所謂白紵衣、白綸巾之類。其形容極善矣。王建詩：『新縫白紵舞衣成，來遲邀得吴王迎。』元稹詩：『西施自舞王自管，白紵翻翻鶴翎散。』蓋荆、揚本吴地，故出紵獨精。如今揚之晒白，福建之北蒸，而家園所産，亦多女工手績，極精妙也。舞衣若用白練，不亦尤輕細貴重耶！《詩》：『縞衣綦巾。』縞，繒之精白者。《禮》『季康子縞服』注：『生絹，古稱齊紈魯縞。』《漢書》：『縞素』，『曳縞衣』。

烏皮六縫

烏皮六縫，靴也。唐有此名，故曰高力士終以脱烏皮六縫爲深恥。又，阿耆荼國，名靴曰函縛屣。于闐國有石靴。南唐元宗嘗謂馮權曰：『我富貴日，爲爾置銀靴焉。』及保大初，因擊鞠，賜銀三十斤。權命工鍛靴穿之，人皆癡笑。元人有鵞頂靴，以爲華靡。

薄借

《周禮》『玉堪』注：『有薄借綦。』漢文帝履不借視朝。不借者，草履也。一作薄借。陸游詩：『游山雙不借，取水一軍持。』

褌袴松

褌，幒也，褻衣也，漢司馬相如着犢鼻褌，晉阮咸晒犢鼻褌，以三尺布爲之，形如牛鼻。蓋前後各一幅，中裁兩尖襠交輳，即今之牛頭子褌。一名梢子，乃爲農夫田衣，而士人無復服之者矣。蓋起于西戎，以牛皮爲褌，故名。今所謂皮褌是也。夏始用絹，長至膝。周文王製裩，長至膝，謂之弊衣。賤人不下服，曰良衣，蓋良人之服也。北齊與袴均，袴，脛衣也。《漢·外戚傳》『窮絝』注：今之緄襠絝，有前襠，不得交通。『周仁溺袴』注：尿袴也，爲小袴以藉尿。

晉謝尚刺紋袴。又，《晉書》：『動不敢出褌襠。』古詩所云鐵裲襠。今吴中婦人，尚有穿大脚開襠褲者。獨浦城婦人皆不穿袴，此尤淫風薄俗。而廣西士官婦女亦不着袴，乃着裙五六層，後曳地四五尺，此又蠻夷之習也。師古注：『犢鼻褌，即今之松。松，之容反。』此字甚妙。

獨力衣

槃瓠負帝女入山，女解去衣裳，爲僕鑒之結，着獨力之衣。又云：好五色衣服，製裁皆有尾形。蓋槃瓠，原五彩毛故也。注：僕鑒、獨力，皆未詳。流俗本或有改鑒字爲竪者，妄穿鑿也。干寶《晉紀》曰：俗稱赤髀、横裙，即其子孫，言連接裙幅也。中裙，貼身之衣。漢有秃裙。

流蘇

流蘇，見《漢·禮樂志》，薛瓚注作『流遡』。古用于宫懸，今用于帷帳。蘇，《説文》：桂荏也，紫蘇、水蘇，取其芬香也。又，蓺草曰蘇，故名樵蘇，乃盤線繒繡之五綵，錯爲之同心而下垂者。又，析羽曰流蘇。摯虞曰：『緝鳥尾垂之若流然，以其蕊下垂，故曰蘇。』今之旌竿上綴旒也。又，譙國夫人繡帷珠絡，同昌公主靈粟珠絡。王融詩云：『幸得與珠綴，幕歷君之楹。』宋詞『流蘇帳煖金雞曉』是也。絛鬚亦當作絛蘇。《東京賦》：『飛流蘇之騷殺。』又，馬上飾也。

珠纓絡

《荀子》曰：『處女嬰寶珠。』即今珠纓絡也。一名珠落索。《説文》：『嬰，頸飾也。』胡人連貝飾頸曰嬰，女子之飾也。一作瓔珞。《觀世音普門品經》：『無盡意菩薩解頸下衆寶珠瓔珞，價直百千兩金，而以與之。』《三禮圖》：『珠瓔翠綉。』《左傳》：『玉纓。』又，婦參舅姑，所持者曰香纓，以五彩爲之。杜詩：『真珠絡臂韝。』

百索

小兒周歲，項帶五色彩絲繩，名曰百索，不知何義。按《東宫舊事》中有『六色罽緄』，云象水中莙藻，以飾緄帶者。此必起于夷俗也。《魏書》：『宋齊謂魏爲索虜。』謂以索辮髮也。今小兒亦以色絲辮髮而後垂之，則此信爲胡元之舊習也。若取長命縷之義亦通。

香毬

今鍍金香毬，如渾天儀然，其中三層關棙，輕重適均，圓轉不已，置之被中而火不覆滅。其外花卉玲瓏而篆煙四出，真閨房之雅器也。《西京雜記》：『長安巧手丁緩作卧齋香爐，一名被中香爐，爲機環轉，其運四周。』即此。又有以奇香異屑製之者，亦名香毬，乃舞人摶弄以爲劇者。故白樂天詩：『柘枝隨畫鼓，調笑從香毬。』又云：『香毬趂拍迴環匝，花盞抛巡取次飛。』又有綵毬、繡毬，皆婦女之戲具也，所謂淫巧者。

透額羅

元稹《贈劉采春》詩：『謾裹常州透額羅。』即今之亮羅也。蓋羅者，言其文羅疏也，故曰方目羅。以細勻爲貴，故曰輕羅。其厚重者曰結羅。古稱織女秋雲羅。《太上黄庭經》：『金簡鳳文羅。』越地名越羅。蘇子詩：『舞衫初試越羅新。』今吴地出水緯羅。《子虚賦》云：『離纖羅，垂霧縠。』〔一〕

錦綺

錦，金也，用功重，其價如金，故字从金、帛。綺，奇也，織絲華麗，人皆異之，故字从奇絲。錦有大小登高、光明、博山、茱萸、交龍、蒲桃、鳳凰、朱雀之名。今之宋錦、漢錦、螭虎、靈芝、界地、八寶之類，皆其制也。

文繡

織曰錦，刺曰繡。《釋名》：『文修然也。』予則以爲慎肅難成，故从絲、肅也。五色備，故曰文繡。《春秋元命苞》曰：『齊能成文繡，應天道。』上匹二萬，中萬，下五千。今上百萬矣。

絹縑

絲厚而疏者曰絹，其兼絲而細密者曰縑。晉令縑一匹當絹六丈，疎布一匹當絹一匹，絹一匹當綿二斤。廣二尺二寸爲幅，長四十尺爲端。

布衣

周制：五十方衣帛。范子曰：古者庶人老耄而後衣絲，其餘則麻枲而已，故曰布衣。今富者綺繡、羅紈、素綈、冰錦也。隋文帝焚綾文布，即今花雲布；鄱陽王恢焚筒布，即今細布、飛花布之類。細穀曰阿，細布曰錫。

禽獸之飾

《禮記》：狼臅膏皮可爲表。又曰：君之右虎裘、左狼裘。夫天地間最貴者人，最賤者莫如禽獸，故曰鳥獸不可與同羣，君子遠之。然而古之人飲血可也，茹毛不可也，猶可委曰上古無衣。至于中古，則衣裳之制興矣，文章之度備矣。繪以五龍，飾以五雉，吾猶鄙之，而况手所執者象之牙，足所踐者牛馬之革，體所被者犬羊、狐貉、狼犴之皮。是笏也，履也，裘也，無之，果何害也？而必欲以人身而易禽獸，何所取也！以爲美觀，則觀未必美也；以爲寒乎，則貧人不服裘，未聞皆凍死無噍類者矣！夫褐，乃毛布，而説者猶以爲賤者之服，况皮毛乎？《唐書》：驃國，古朱波國也。民衣用白氎、朝霞，以蠶帛傷生，不敢衣之。此雖夷俗，然禮失而求之野，有足取焉。作俑之後乃有翡翠爲冠者，鶴翎、雉頭、獺鼠爲裘爲領者，犀象、魚魫爲貂爲帶爲簪者，氂牛、馬尾爲巾帽者，麋鹿、驢騾之革爲靴韈者，是六尺之軀無非禽獸之類。嗚呼！形既獸矣，尚何怪其心之不獸也哉！夫龍鳳、麒麟既可以飾服，則龜亦四靈之一也，何不用之邪！

我朝服制

洪武改元，詔衣冠悉服唐制。士民束髮于頂，官則烏紗帽、圓領、束帶、皂靴；士庶則服四帶巾、雜色盤領，衣不得用黄玄。樂妓則帶明角皂褙，不許同。士庶妻首飾許用銀鍍金，耳環用金珠，釧環用銀，服淺色團衫，用紵絲綾羅紬絹。二十二年，申嚴巾帽之禁：儒生吏員人民常戴本等頭巾，鄉村農夫許戴斗笠，出入市井不禁，不親農業者不許。二十四年，生員玉色絹布襴衫，寬袖皂線條，軟巾、垂巾。農家許着紬紗絹布，商賈之家，止許着絹布。如農民之家，但有一人爲商賈者，亦不許着紬紗。農民許戴斗笠、蒲笠。累朝遞有禁革。隆慶四年，奏革雜流、舉監忠靖冠服，士庶男女，宋錦雲鶴綾段紗羅，女衣花鳳通袖，機坊不許織造。今宋錦禁而漢錦出矣。吾不知夏、商、周之錦又何如也？

校勘記

〔一〕史記　語出《漢書・南粤王傳》。

〔二〕離纖羅　《史記・司馬相如列傳》作『襍（雜）纖羅』。

留青日札卷之二十三

玉五德七德

《五經通義》曰：『温潤而澤，有似于智；鋭而不害，有似于仁。抑而不撓，有似于義；有瑕于内，必見于外，有似于信；垂之如墜，有似于禮。』是曰智仁義信禮者，玉之五德也。《禮記》曰：『温潤而澤，仁也；縝密以栗，智也；廉而不劌，義也；垂之如墜，禮也；叩之其聲清越以長，其終詘然，樂也；瑕不掩瑜，忠也；孚尹旁達，信也。』是曰仁智義禮樂忠信者，玉之七德也。故君子比德于玉也。

金

五金，黄金、白銀、赤銅、青鉛、黑鐵。《書》：『金作贖刑。』傳曰：『黄金也。』《吕刑》：『其罰百鍰。』傳曰：『黄鐵也。』漢賜有言黄金者，其不言黄而賜金者，凡一斤，與萬錢。古六兩曰鍰，二鍰四兩曰斤，是十六兩也。二十四銖曰兩，二十四兩曰鎰。《説文》：『一丙，曰一金。』周制：一斤曰一金。秦制：一鎰曰一金。漢制：一斤曰一金。若一斤爲萬錢，則萬錢止今之十兩也。董彦遠曰：『漢一斤金四兩，直二千五百文。』又，漢一貫，千錢也。王莽末年，省中尚有黄金六十餘萬斤。後世絶少，由所耗之途廣也。金一爲箔，無復再還元矣。《唐六典》有十四種：銷金、拍金、鍍金、織金、砑金、披金、泥金、鏤金、撚金、戧金、圈金、貼金、嵌金、裹金。古又有鈿金。大中祥符元年，詔金箔、金銀線、貼金、銷金、間金、蹙金線裝貼什器土木玩弄之物，並行禁斷，非命婦不得以金爲首飾。飾，許人糾告，並以違制論。寺觀飾塑像者，齎金銀并工價，就文思院换易。四年，又詔宫院苑囿等止用丹白裝飾，不得用五彩，皇親、士庶之家亦不得用。春幡勝，除宣賜外，許用綾，不得用羅，諸般花用通草不得用縑。又，八年，詔自中宫以下，衣服並不得以金爲飾，應銷金、貼金、縷金、間金、戭金、圈金、解金、剔金、撚金、陷金、明金、泥金、榜金、背金、影金、闌金、盤金、織金、金線，皆不許造。慶曆二年，申嚴其禁，上自宫掖悉皆屏。臣庶之家，犯者必置于法。仁宗明道二年，詔册寶法物，凡用金者，並改用銀，以金塗之。洪武元年，有司奏造乘輿服御諸物應用金者，命皆以銅爲之。有司言費小，不足靳。上曰：『朕富有天下，豈吝于此！然所謂儉約者，非身先之，何以率下？小用不節，大費必至。開奢汰之源，啟華靡之漸，未必不由小而至大也。』二年，詔禁庶民之家，不得用金繡、錦綺、紵絲、綾羅，止許用紬絹。其首飾釧鐲並不許用金玉珠翠，止用銀花。

金膏

金膏，《穆天子傳》：『示汝黄金之膏。』束晳曰：『金膏可以續骨。』今有名接骨銅者，疑即此種。

鉛錫

《説文》：『鉛，青金也。』錫之類，能殺蟲毒。錫，銀色而鉛質也。古稱鉛爲黑錫，今曰黑鉛是也。《禮》『金錫』注：『錫，釟也，鑞也。』今曰鑞錫是也。《本草》云：錫有黑，有白。錫粉，胡粉也，當曰鉛粉，蓋鉛可燒粉，而錫不可燒，今之定粉、水粉是也。古稱鉛生蜀，錫生桂陽。今無錫縣有錫山，廣信府有鉛山。又曰有銀坑處有之。然錫爲五金之賊，或造化物理之相制也。

四席　四几　五玉　九寶　四輅

《顧命》：中華玉几者，五色彩玉也；文貝几者，餘蚔、餘泉貝甲也；雕玉几者，刻玉以飾几。而《正義》乃曰：『玉謂之雕，金謂之鏤。』蓋雜以金玉，刻鏤爲飾。是因傳刻鏤之文而誤也。漆几。篾席黼純者，桃枝竹席白黑雜繒緣之也；底席綴純者，蒻苹雜彩也；豐席畫純者，莞彩色也；筍席玄紛純者，蒻竹黑綬也。弘璧者，大璧也；琬琰者，琬圭以治德，琰圭以易行，皆九寸。大玉者，華山之球也。夷玉者，傳：『夷，常也。』王肅云：『東夷之美玉。』鄭玄云：『東北之珣玗琪也。』天球者，鄭玄：『雍州所貢之玉，色如天者，皆璞，未見琢治，故不以禮器名之。』此所謂越玉五重也。馬氏云：『越地所獻玉也。』赤刀者，傳：『寶刀，赤色。』或曰：『武王誅紂時，刀赤爲飾。』周，正色也。大訓者，《虞書》典謨。《河圖》者，伏羲八卦。胤之舞衣者，胤國所爲舞者之衣。大貝者，如車渠，伏生《書傳》云：『散宜生之江淮，取大貝，如大車之渠。』是言大小如車渠也。渠，車罔也。鼖鼓者，長八尺，商周傳寶之。兑之戈者，和之弓者，垂之竹矢者，兑、和，古之巧人。垂，舜共工，所作之竹矢，則兑、和又在其前矣。此所陳之九寶也。大輅者，玉綴輅者，金先輅者，象次輅者，本《周禮》：『巾車掌玉之五輅。』而革輅第四，此無之也。

瑪瑙　琥珀　水晶　流離

瑪瑙，《博雅》：『石，次玉也。』《廣韻》：『寶石，文色如馬之瑙，故名。』或曰丹丘之野鬼血所化。今有纏絲馬瑙、海蛭馬瑙之名。琥珀，出罽賓國，藥名。《博物志》作松脂淪入地千年化茯苓，茯苓千年化琥珀。今泰山有茯苓而無琥珀，永昌有琥珀而無茯苓。又，桃膠入地所化，虎目光入地化物如琥珀。《後漢書》：哀牢夷虎魄。《廣雅》曰：『虎魄生地中。其上及旁不生草，深者八九尺，大如斛，削去皮成虎魄，如斗，初時如桃膠，凝堅乃成。』《通志》云：『今人有煮鰕雞及青魚枕僞爲之者。』又云：『虎魄中有一蜂，形色如生者，可以拾芥，名靈魄。』又龍血入地所化。又，南蠻折腰蜂，燒治爲琥珀。又，瑿曰瑿珀。舊云琥珀千年爲瑿。然不生中國，不可知者。水晶，《説文》：『石也，産于石中。』宋政和間太和山崩，出水晶，或曰老冰所化。日本國有青水晶、紅水晶、烏水晶。又，其次而色昏者，曰綿晶。出四川峨嵋山者，曰峨嵋晶，石中有絲絲黑毫如眉，甚奇。堂夜之山多水玉，郭璞云：『即水精也。』太康四年，林邑王獻紫水精唾壺一口，青白水精唾壺二口。琉璃，《魏畧》：『秦國出赤、白、黑、黄、青、緑、縹、紺、紅、紫十種流離。』此蓋自然之物，采澤光潤，踰于衆玉，其色不恒。今俗所用，皆銷治石汁，加以衆藥，灌而爲之，尤虚脆不貞實，非真物也。《漢書》：『罽賓國出流離。』

鈔

我朝之鈔，即元之楮幣也。劉秉忠曰『錢用于陽，楮用于陰。華夏，陽明之區；沙漠，幽陰之域』是也。

錢戈

説者以古人名錢曰刀，以其利且能殺人也。又曰錢，文亦从二戈，言其凶害也。此皆太鑿，殊不知淺、殘、箋之从兩戈，又何害人之有？若从貝从戔爲賤，則與錢字取義頗合。太昊以來有錢，太昊、高陽曰金，有熊、高辛曰貨，陶唐曰泉，商、周曰布，齊、莒曰刀。泉言形，金言質，刀言器，貨、布言用。周曰錢，禹曰幣，漢武皮幣曰白金三品。詳見後直百五銖下。

黄

黄，中色，中央土之貴重者。故衣有五色，惟黄裳則帝王服之。玉有五色，惟黄琮則祭天用之。銀有五色，惟黄銀則道家用之。取其得陰陽之正氣，天地之中色也。

三珠樹

晉王衍神姿高徹，如瑶林玉樹。唐王勃與兄勔、勮皆才美，故人號之曰三珠樹，如詩人所言：『可人坐上三珠樹。』皆本諸此。初不解所謂，每疑以爲如稱玉樹瓊枝之流。而《山海經》又言：『崑崙之墟，北有珠樹、文玉樹、玗琪樹。』實皆樹也。梁吴均詩：『安得崑崙山，偃蹇三珠樹。三珠樹始荄，絳葉凌朱虚。』《山海經》：『三珠樹生赤水上，爲樹如柏，葉皆爲珠。』後至嶺南見海商下㦸者，言有珠子樹，其珠生于蚌中，蚌生于樹上，綴着不解。而樹乃生于石，石在海底，蜑户、鮫人泅于水中，鑿石得樹。其樹如楊柳枝，良可愛也。疑始釋然，蓋亦珊瑚樹、琅玕樹之生成者也。又聞海中有翠荷葉盤，乃天生緑石盆，在水如荷葉，翠色可愛。出陸日久，則漸淡而枯，惟得水養之，而以珠樹、珊瑚樹植之其中，尤可實玩。家大夫適采珠之時，云曾見其盤。

九錫

九錫，經本無文。《周禮》以爲九命。《春秋》説有之：一曰車馬，二曰衣服，三曰樂器，四曰朱户，五曰納陛，六曰虎賁，七曰鈇鉞，八曰弓矢，九曰秬鬯。皆天子制度，尊之故錫與，但數少耳。漢議曰：『古者，諸侯貢士，壹適謂之好德，再適謂之賢賢，三適謂之有功，乃加九錫。』瓚曰：『九錫備物，伯者之盛禮，齊桓、晉文猶不能備。今三進賢便受之，似不然也。當受進賢之一錫。《尚書大傳》云「三適謂之有功，錫以車服弓矢」是也。』據此，則車馬也，衣服也，弓矢也，又謂之三錫矣。《易·師》之『九二』『王三錫命』是也。况諸侯賜弓矢，乃得專征伐。今三適，特進賢耳，安得越錫弓矢，遽專征伐？亦恐不然。或當是車馬、樂器也。因其適得貢人者三，故亦錫之者三，既曰車服，弓矢，而又謂之一錫，亦非也。

六駕

《甘泉賦》：『駟蒼螭，六素虯。』《河東賦》：『撫翠鳳之駕，六先景之乘。』《校獵賦》：『六白虎，載靈輿。』《易》之六龍，即《書》之六馬，天子之所御也。諸侯駟駕，四馬也。太守五馬。大夫驂乘，三馬也。士駢駕，二馬也。

麏牀

《後漢書》『冉駹夷出麏』注：『麏，狼也。』《異物志》：『似鹿而角觸前向，入林樹掛角。逐入林，則搏之，皮可作履韈，角正四據，南人因以爲牀。』麏狼，見《吴都賦》。

桃笙象簟

左思賦：『桃笙象簟。』笙、簟，皆竹席；桃笙者，桃竹簟。或以爲即今桃絲竹，非是。乃蘄州笛竹，一名薤葉簟，言簟紋如薤葉之細也。象簟，見《晉書》：『車永刺廣州，其〔二〕子多作象牙細簟。』劉楨《瓜賦》：『更鋪象牙之席。』

高士椅

今之高士椅，即古之繩牀，所謂『折背樣』者是也。本以習近君致恭之容，今則以爲燕居便體之具矣。但用棕綿之類穿者曰繩牀，用藤則曰藤牀，其制一也。

白鹽枕

高昌國白鹽如玉，爲枕入貢。

鼎杌

今大家用三腳木牀，以坐歌伎，蓋曰鼎杌也。歐陽永叔《見楊直講女奴彈琵琶》詩『嬌兒兩幅青布裙，三腳木牀坐調曲』是也。

連齒木屐

着屐登山，乃謝康樂事。而謝安木屐，則登山去前齒，下嶺去後齒。宋高祖則好着連齒木屐，見《南史》，蓋即今之拖屐也。梁朝盛時，貴遊子弟駕長簷車，跟高齒屐，坐棊子方褥，憑斑絲隱囊。

長宜子孫

余得土中古鏡一枚，款製甚古，其篆文四字曰『長宜子孫』，不知其爲何代物。按《東京記》，上陽宫在皇城西南東苑，掘地得銅器，似盆而淺，中有隱起雙鯉之狀，魚間有四篆字，曰『長宜子孫』，時人以爲李氏再興之符。高宗末年，嘗居此宫聽政也。古之『六花水浮鑑銘』有云：『子孫具備屬中央，長保二親樂富昌。』又《十二辰鑑銘》有云：『辟除不祥宜吉永，長保二親利孫子。』

碑印紅沫

徑山宋時萬壽禪寺大碑，其中一御寶，至今如朱砂印痕，風雨不剥滅，人皆不識其故。此名紅沫也。紅沫者，錬丹砂爲黄金，碎以染筆，書入石中，雖削去，愈明。想内府用此。

桓魋石槨

宋桓魋石槨，在彭城北六里山下。山臨泗水，槨乃青石，有龜龍麟鳳隱起之形，三年不成。故孔子曰：『葬欲速朽。』

買路錢

高子皋曰：『買道而葬，後難繼也。』今人出喪，柩行之道，于前抛金銀紙錢，名曰買路錢，即高季買道之遺意也。我朝某皇太后出殯，亦見其燒買路錢。

葬鐵牛

牛留守開墓得古穴，玉靶劍一具，玉簪一枚，鐵牛二頭。《唐書新語》載，僧泓告張説，有云：『墓欲深而狹。深者取其固，平地之下一丈二尺爲土界，又一丈二尺爲水界，各有龍守之。

土龍六年而一暴，水龍十二年而一暴，當其墜者，神道不安。故深二丈四尺之下，可以設窀穸。墓之四維，謂之折壁，欲下深闊而上斂。其中項謂之中焦，欲俯斂而傍郄。墓中未粉爲飾，以代石堊。不置瓴甋瓷瓦，以其近于火；不置黄金，以其久而爲怪；不置朱丹、雄黄、礬石，以其氣燥而烈，使墳上草木枯而不潤；不置羽毛，以其近于屍。鑄鐵爲牛、豕象，可以禦二龍。玉潤而潔，能和百神，置之墓，以助神道。』

券臺

墓前地，名明堂，一曰券臺。《清異録》：『葬家聽術士説，例用朱書鐵券標四界及主名。意謂亡者居室之執守，不知争地者誰耶？瘞墓前甃石若磚面，方長，高不登三尺，號曰券臺。貧無力，則每祭祀以藉尊俎，謂之土筵席。』

刺紙

古者削竹木以書姓名，故曰刺，所云『書姓名于奏白』是也。刺，从刀、朿，朿，亦聲。俗作剌，非。剌，來末切，戾也。後以紙書，故曰名紙。漢郭林宗載刺盈車；禰衡懷刺漫滅；孟宗家貧，刺詣；魏爵里刺；北齊李元忠取刺勿通。唐李德裕貴盛，人始用門狀。唐門狀競用善紙，有識者尚非之。嘉靖初年，士夫刺紙不過用白鹿，如兩指闊，而書簡或用顔色蘇箋，以爲大事亦止一尺長耳。近則競用奏本、白録、羅紋箋，甚至于松江五色蠟箋、臙脂毬青花鳥格眼白録。官司年節，以大紅紙爲拜帖，餽送則以銷金大紅紙爲禮書。封筒長可五六尺，闊不減四五寸。段帕書册亦以紅紙封裹，鄉士夫皆效之云。此風起于京師勳戚之家，可謂奢侈暴殄之極矣！夫上司取之府縣，而府縣取之庫子，故縣中庫子之役，未有不破家者。不然，亦取之槽户。殊不知此紙，皆小民之皮膚也：白者，其骨髓；紅者，其膏血。剥民之皮以書己之名，以充貴顯之美觀，何忍心害理如是哉！節用愛人，爲民上者，其試思之。

尺籍

尺籍，竹簡也。長一尺二寸，曰尺，舉成數也。《馮唐傳》：『士卒起田中，安知尺籍伍符？』符，竹契也。

斗箱

斗筲：斗，十升。《漢志》：『斗者，聚升之量。』筲，本作箱。陳留曰飯帚，宋、魏曰箸筩，一曰飯器，以竹爲之。筭，籌也，數也，或作算，通作笇。《史記》：『上方與晁錯調兵笇單食。』是筲爲飯器無疑矣。今俗名竹飯器曰筲箕是也，即簞食之類。筭，長六寸，計歷數者，从竹、弄，言常弄乃不誤也。今《漢·律曆志》『筭法：用竹，徑十分〔二〕，長六寸，二百七十一枚而成六觚，爲一握。』所以爲筭法之用也。景帝詔：『訾筭十以上。』服虔曰：『訾萬錢，筭百二十七也。』應劭曰：『十筭，十萬也。』似多七字。

正鵠

《論語》『正鵠』注：『畫布曰正，棲皮曰鵠。』蓋張布曰侯，侯中者曰鵠，鵠中者曰正，正中者曰槷。侯四尺，鵠二尺，正四寸，質二寸。《射義》注曰：『正之言正也，鵠之言梏也。梏，直也，言人正直，乃能中也。』正，平尺，直，曲尺，木工器名。

掌扇

扇如手掌，偉而立張也。亦曰障扇，可障日也。漢名障翳。翳，華蓋也。

白削

《甘寧傳》：『寧引白削置膝上。』古稱『鄭之刀，宋之斤，魯之削』是也。《禮·考工記》：『築氏爲削。』注：『即今書刀。』

石柱

丁謂招降施州酋長田彦伊，乃作誓刻石柱，立境上。可對交趾銅柱。又，江西有許旌陽鐵柱。銅柱，起漢武帝柏梁臺。而侍御史冠，亦有鐵柱也。

料絲

料絲燈屏風出雲南金齒衛，用瑪瑙、紫石英諸藥搗爲屑，煮爛爲粉，用北方天花菜點凝成膏，乃縱横織絲，如絹匀薄，上施繪畫也。

直百五銖

余得古錢，其文曰『直百五銖』，又有曰『大泉五十』，曰『半兩』，曰『貨泉』。《説文》曰：『錢，貨也。』《周禮》注：『泉也。』其藏曰泉，其行曰布，取名流衍無不遍也。貨，財也，从貝、化，可以交易，曰貨。鄭康成曰：『金玉曰貨。』漢高帝行八銖錢，文帝行四銖，武帝行五銖。蓋十黍爲絫，十絫爲銖，八銖爲錙，二十四銖爲兩。半兩亦武帝所造。王莽篡位，忌惡劉氏，以錢文有『金刀』，故改爲『貨泉』。或以『貨泉』字文爲白水真人之讖云。其造大錢徑寸二分，重十二銖，文曰『大錢五十』。又天鳳元年，復作貨布，其文右曰『貨』，左曰『布』，重二十五銖，直貨泉二十五。貨泉徑一寸，重五銖，文右曰『貨』，左曰『泉』，枚直一，與貨布並行。《志》曰『流于泉，布于布』也。

卺

婚禮：合巹日用匏，謂之巹，今作卺。匏似瓠，長而瘦上曰瓠，其味甘；短頸大腹曰匏，其味苦。吾意用匏有二義，匏苦故不可食，今用之以飲，是喻夫婦當同辛苦也。匏，八音之一，笙竽用之，今用之夫婦，是喻音韻調和，即琴瑟之好合也。从丞，从巴，曰卺；从丞，从巳，曰巹，謹身有所承也，蓋言妻當謹慎其身，以承事其夫。

靉靆

提學副使潮陽林公有二物，如大錢形，質薄而透明，如硝子石，如琉璃色，如雲母。每看文章，目力昏倦，不辨細書，以此掩目，精神不散，筆畫倍明。中用綾絹聯之，縛于腦後。人皆不識，舉以問余。余曰：『此靉靆也，出于西域滿剌國。』或聞公得自南海賈胡，必是無疑矣。後見張公《方洲雜録》，與此正同。云見宣廟賜胡宗伯物，即此，以金相輪廓而衍之爲柄，紐制其末，合則爲一，歧則爲二，如市肆中等子匣。又孫參政景章亦有一具，云以良馬易得于西域，似聞其名爲僾逮，則其二字之訛也。蓋靉靆乃輕雲貌，言如輕雲之籠日月，不掩其明也。若作曖曃亦可。

猫睛　祖母禄

猫睛，名猫兒眼，一線中横，四面活光，輪轉照人。次者名走水石，無光。祖母禄本緑寳石，上者名助把避，深暗緑色；中者名助木剌，明緑色；下者名撒卜泥，淺緑色。帶石者，皆出回回山坑中。正德、嘉靖以來，抄没劉瑾、江彬、嚴嵩輩，此寳最奇且多。隆慶四年，户部進上金兩事，内猫睛、祖母禄等項一萬八千四百顆。

校勘記

〔一〕其　原闕，據王隱《晉書》「車永爲廣州，其子溢侈，使工作象牙細簟」補。

〔二〕徑十分　《漢書·律曆志》作「徑一分」。

留青日札卷之二十四

酒原

酒，从水，从酉。《説文》作諧聲。田子曰：會意也。八月建酉，酎酒，八月而成是也。或作酓，亦作酉，故《釋名》曰：『酒，酉也，釀之米麴，酉懌而味美也。』『酒，就也，所以就人性之善惡也。』『酒，造也，吉凶所造起也。』『酒，蹴也，能否皆彊相蹴，持飲之也。』俱見上。『酒，乳也，所以柔身扶老也。』見《春秋元命苞》及《運斗樞》。『酒者，天之美禄，帝王所以頤養天下，享祀祈福，扶衰養老。百福之會，非酒不行。』見《漢·食貨志》。『空桑穢飯，醖以稷麥，以成醇醪，酒之始也；烏梅女䤖，甜醹九投，澄清百品，酒之終也。』見古語。《世本》曰：『儀狄始作酒醪，以變五味。』《戰國策》曰：『帝女儀狄作酒。』史言禹飲而甘之，遂絶旨酒而疏儀狄。又曰：少康作酒。一曰：杜康作秫酒。《説文》曰：少康，一名杜康。魏武帝詩：『何以解憂？惟有杜康。』故晉祖台之曰：『願君殛儀狄于羽山，放杜康于三危。』劉惔箴曰：『爰建上業，曰康曰狄。』《魏畧》則曰：『杜康以酉日死，故酉日不飲酒，不會客。』則又大謬之甚矣！《急就章》：杜康作箕箒，亦曰少康，是也。先酒，始爲酒者。古人飲必祭先酒，故有祭酒，老者舉酒祭地也。柳子厚詩：『舉觴酹先酒。』《周禮》曰：『酒正掌酒之政令，以式法授酒材。』『辨五齊之名：一曰泛齊，二曰醴齊，三曰盎齊，四曰醍齊，五曰沉齊。』齊，和也，以節度作之也。泛者，成而浮滓泛泛然，即浮蟻在上也。醴者，體成而汁滓相埒，上下一體，即甜酒也。盎，猶甕也，成而色翁翁然，即甘濁而不泲者。醍，體成而紅赤色，如今糟牀下酒色。沉，滓之下溺而老者。『辨三酒之物：一曰事酒，二曰昔酒，三曰清酒。』事酒，醳酒也。初造之酒，一名苦酒，又名醇酒。昔酒，久酒，舊醳也。又，酋，繹酒也。久則水上見而糟少，故酒熟曰酋，即昔酒也。今之白酒久熟者善，故名酒官曰大酋。清酒，冬釀夏成酒也。《呂氏春秋》曰：『孟冬命有司：秫稻必齊，麴櫱必時，湛熾必潔，水泉必香，陶器必良，火齊必得，善用六物，無或差忒，大酋監之。』《淮南子》曰：『酒感東方木、水、風之氣而成。』麴，酒母，櫱也。櫱，牙米也。《春秋緯》曰：『凡黍爲酒，陽據陰乃能動。故以麥釀黍爲酒。』酴，酒母也，麥酒不去滓飲也。酶，酒本也，或作梅，一作媒。孟康曰：『酒教，齊人名麴餅曰媒。』醾，麴生衣細屑也，二熟麴也。釀，醞造也。⿰酉暴、酓、醴、酟，皆一宿熟酒也。今雞鳴酒，一名酟，又作沽。『孔子沽酒不食』注：『買酒曰沽。』非也。三代時無賣酒者，乃一夜暴成生酒也。余性不食生酒，故知仲尼同調也。醱，酘也，酎也，皆重醞。酎，三重醞。醅，未泲，一作酥。醪，汁滓酒。漿，酢也。酒正辨四飲之物，三曰漿。䣼，一作涼。『膳夫』注：『涼，以水和酒也。』⿰酉肖，首酒，厚也。醨，尾酒，薄也，今名二水酒。三酒禮：醴酒在室，醍酒在堂，澄酒在下。醆，酒濁而微清者。⿰酉單、⿰酉关、茜，酒也，皆去滓。⿰酉鬲、酮、釃、醔、篘、篗、漉，皆以筐漉酒并袋下酒之名。今曰醡，一作笮。糟、醩、蒩，酒滓也。

酒味

甜酒，世間能飲者多不喜甜酒，故白樂天詩云：『量大厭甜酒，才高笑小詩。』至于杜子美，則曰：『人生幾何春已夏，不放香醪如蜜甜。』韓退之曰：『一尊春酒甘如飴，丈人此樂無人知。』劉禹錫《歷陽詩》曰：『湖魚香勝肉，官酒重于錫。』則古人亦有好甜酒者矣。豈所謂能書不擇筆，能飲不擇酒邪？余性最不喜甜酒，故知白公爲得箇中真味也。

香醪酒有自然之香，乃爲佳醖，非必用花及香藥釀之也。《書》：『黍甘爲香。』器不潔者不香，麴不精者不香。

烈酒，性爽豁也。韓昌黎詩：『酒味既酷烈。』又云：『酒味既冷烈。』酷，味厚也。張載賦曰：『漂蟻萍布，芬香酷烈。』

辣酒，辣，味辛過于酷也。歐陽永叔詩云：『滑辣潑醅如玉醴。』《經》曰：『酒甘易釀，味辛難醖。』

生酒，不煮不蒸酒也。世有專喜飲生酒者，云有風味，但性太熱，難入口耳。楊廷秀歌云：『生酒清于雪，煮酒赤如血。煮酒不如生酒烈，煮酒祇帶煙火氣，生酒不離泉石味。』

苦酒，韓子蒼詩云：『飲慣茅柴諳苦硬，不知如蜜有香醪。』蘇子瞻云：『白酒微帶荷心苦。』又云：『松明酒味，甘餘而小苦。夫苦者，炎上之味。』《方言》：『苦，快也。』郭璞曰：『苦而爲快，猶以臭爲香，以治爲亂，反覆用之也。』一作酓、酣、酮，皆苦味也。又，《魏名臣傳》：『醋名苦酒。』

醲酒曰醹，味醲醶也。蘇詩：『社酒粥面醲。』歐詩：『綠醅寒更醲。』

淡酒曰醨，味薄也。《萬畢術》注：『斷蒲漬酒中即厚。』

凍漿酒，凡酒過熱則酸，過冷則凍。古亦名凍醴。《魏都賦》云：『凍醴流澌，温酎躍波。』

酸酒，蘇子瞻詩：『酸酒如虀湯，甜酒如蜜汁。三年黄州城，飲酒但飲濕。』

灰酒，或用茅柴灰，或用石灰。今杭州多灰酒，而京師人造酒亦用灰。觸鼻、創口、螫舌。善飲者甚病之，而張汝弼謂之『燕京琥珀』。惟内法酒，其風致異常，誠可怪也。宋南雄太守王元遂乃曰：『以白酒之和者、紅酒之勁者相合爲一，殺以白灰一刀圭，飲之風味頓奇。』則知世固有此惡人也。飲灰酒必破腹裂唇，而反以爲佳味，至云無灰則性不烈，卒不可售，此又大可惡事也。

酒色

紅酒：李賀詩：『小槽酒滴珍珠紅。』

紫酒，譚用之詩：『杯黏紫酒金螺重。』注：『江南紅釀，凉州蒲桃。』

黄酒，皇甫子奇以色如金而味醇且苦者，名之曰酒賢。張九齡詩：『玉盌纔傾黄蜜剖。』杜甫云：『鵞兒黄似酒。』又云：『對酒愛新鵞。』蘇軾云：『大杓瀉鵞黄。』

緑酒，《南岳夫人傳》：『設王子喬瓊蘇緑酒。』杜詩：『緑酒正相親。』又云：『遥觀漢水鴨頭緑，恰似蒲萄初潑醅。』[二]白樂天云：『傾如竹葉杯中緑。』秦少游云：『翡翠側身窺緑酒。』蘇子瞻云：『小舟浮鴨緑。』至楊廷秀乃云：『瓮頭鴨緑變鵞黄。』則緑酒或老乃成黄色也。

碧酒，《列仙傳》：『安期生與神女會圓丘，酣玄碧之香酒。』杜詩：『重碧酤新酒。』

清酒，《詩》：『清酒百壺。』鄒陽賦：『清者爲酒，濁者爲醴。清者聖明，濁者須騃。』蘇子云：『誰分銀榼送清醇。』

白酒，曰醝，一作酇，又名醙。白居易詩：『白酒善消愁。』蘇子云：『白酒無聲滑瀉油。』

濁酒，嵇康云：『濁酒一杯。』杜少陵云：『牆頭過濁醪。』

黑酒，《醉鄉日月》謂之愚酒，色黑而酸醨者也。

酒法

宋大隱朱翼中《北山酒經》三卷曰：『其道深遠，非冥搜不足以發其義；其術精微，非三昧不足以善其事。』

曰醙者，壞飯也，老也。飯老即壞，飯不壞則酒不甜。田子曰：即今之飯空漿老者也。飯不作空，則酒不多。

曰麯之于黍，猶鉛之于汞，陰陽相制，變化自然。田子曰：麥性陰，黍性陽，故先漬麥而後投黍也。

曰麯有用藥者，所以治疾也。今平常醞法，亦用諸品藥材，惟用烏頭者，飲之頭痛耳。獨金華酒用砒霜，尤當戒忌也。

麯用豆亦佳。神農氏赤小豆飲汁愈酒病。蓋酒性熱，豆性凉，使硬薄者，得之少蘊藉耳。今菉豆尤佳。

飲家須察黍性新陳，天氣冷煖。春夏黍性新軟，則先湯而後米，酒人謂之倒湯去聲；秋冬黍性陳硬，則先米而後湯，酒人謂之正湯。

浙人不善偷酸，所以酒熟入灰。北人不善偷甜，所以飲多令人膈上懊憹。故醡米而偷酸，投醹而偷甜。

酒，酉也。酉者，陰中也。酉用事而爲收，收者，甘也。卯用事而爲散，散者，辛也。酒之名，以甘、辛爲義。金木間隔，以土爲媒。自酸之甘，自甘之辛，而酒成焉。所謂以土之甘，合水作酸，以木之酸，合土作辛，然後知投者所以作辛也。投者，再釀也。張華有九醖酒。

尤忌見日，若太陽出，即酒多不中。賈勰以夜半蒸炊，昧旦下釀。今之黄昏下酒，亦以陰制陽也。

着水無多少，拌和黍麥，以勻爲度。若投多水寬亦可。米力勝麴，麴力勝水，即善矣。醖不用酵，則酒難發，醅來遲，則脚不正。衹用正法，酒醅最良。不然，則掉取醅面，絞令稍乾，和以麴蘗。掛于衡茅，謂之乾酵。用酵四時不同：冬月用酵緊，用麴少；夏月用麴多，用酵緩。天氣熱，置瓮于深屋，寒則温室用氊圍繞。冬月蓋覆，即湯氣在内而不凍；夏月閉藏，即陰氣在内而酒不動，真得卯酉出入之妙也。

酒名

元酒，一作玄酒、明水，《禮》。旨酒，儀狄。甘醴，《禮記》。上尊，漢酒，糯米一斗。中尊，稷一斗。下尊，粟一斗。黄封，宫酒。九醖，一名九醇，正月旦作，八月成酒。十旬，一百日成。《南都賦》：『九醖甘醴，十旬兼清。』雙投，宋。三拗，宋。四酎，見《楚詞》，云四重釀也。又云四器並熟。歡伯，《易林》。忘憂，漢。聖人，《魏畧》曰『白酒』，一曰清酒。賢人，清酒，或曰濁酒。君子，穤觴醉人者。中人，黍觴醉人者，皆家醪。小人，巷醪灰觴醉人。紅友、玉友，曾端伯名，劉跋作傳。三友，今人稱酒曰三酉，皆言三點水加酉也，當作三友，音之同也。白樂天以詩、酒、琴爲三友。天禄大夫，王世充封酒。太平君子，南唐穆宗，西凉蒲萄酒。君子觴，一名快活湯，當塗一鍾酒麴，皆發散藥，見風即消。既不久醉，又無腹滯之患。人呼曰快活湯，士大夫呼曰君子觴也。天聖酒，號國夫人鹿腸酒。青州從事，好酒。平原督郵，惡酒。步兵廚，阮籍。謝公樓，一名紅泥酒，在汀州。張曲江詩：『謝公樓上好醇酒，二百青蚨買一斗。』罈用紅泥。泠仙，宋麴。君臣慶會，蔡京酒。郎官清，黄山谷詩。崔家酒，五代張白詩：『灞陵城裏崔家酒，地上應無天上有。』真一仙人，蘇子瞻：『白鶴新居，異人授法，米麥水，三一而已。』麻姑，以泉名。百氏漿雜瑞樣酒，即百家酒。霹歷酎，暑月大雷時收雨水淘米，炊飯釀酒。白雪清泉，田子醞雪酒。逡巡酒，韓北渚詩。丑未觴，南唐法用牛酥羊髓置醇酒中，燰消而後飲。臘酒，《韋氏月録》云：『臘月造酒，四月成。』梅聖俞詩：『欲爲三伏美，方俟十旬清。』即此。千日，中山。齊雲清露，宋。雲腴，宋景王。天醇，宋向后。瑞露，田璆飲仙酒。又，宋昌王酒，名瑞露。又，八桂酒。金盤露，處州。金莖瑞露，田子釀花露酒。秋露白，杭新城。雲液，劉孝標云：『松子玉漿，衛卿雲液。』蘇子《謝送酒》詩：『揚州雲液却如酥。』又云：『花前白酒傾雲液。』流霞，一名紫霞、紫府、仙醖。玉露春，劉拾遺酒，味辛。明星酒，洛陽。月波，宋德隆。月醴、醍醐，紅色。縹醪，魏武賜崔浩十斛。清醇，錢世昭酒。碧香，王詵。蘇詩：『碧香近出帝子家。』清醑，鄭紳酒。靈液，張敦禮。凝醇，宋燕王。親賢，宋。擒姦，劉白墮。親賢、擒姦，正好作對。儀德，宋惠恭后酒。嘉成，宋濟王。介壽，曹湜。保平，曹晟。表勳，秦檜酒。褒功，童貫。眉壽，宋官肆。衮醖，宋李瑋酒。玉液，古名，又，宋越王。琬液、瓊酥，皆《醉鄉日月》。瓊飴，謝玄卿仙酒。玉腴，宋劉后。瓊醑，亦越邸。瓊醙，鄆王。瓊緑，宋朱后。玉酒，瀛洲玉膏。琥珀，漢酒。珍珠紅，唐酒，今潞州燒酒亦名珍珠紅。又，宋取西湖珍珠泉釀酒。銀光，宋酒。漂玉，枚乘賦。碎玉，相州酒。玉浮梁，李太白好飲玉浮梁，謂浮蛆酒脂也。玉練槌，浦江月泉吟社詩：『山歌聒耳烏鹽角，村酒柔情玉練槌。』玉蘭，《文鑑》『玉蘭酒熟金醅溢』是也。瑶泉，宋開封。瑶源，王師約。瑶池，劉后。金漿醪，漢《西京雜記》。金泉，洛口。金波，李遵勗。成春，宋曹詩。浮春，濟王。燒春，劍南。麴米春，雲安。羅浮春，蘇子。萬里春，范致能用八桂酒法釀于成都，名此。石練春，富平。土窟春，滎陽。洞庭春色，又云橘酒。皇都春、留都春、十洲春、海岳春，皆宋。慶雲，皇甫別駕。含春玉，唐末馮翊城外酒家仙書。梨花春，杭州人趁梨花時酒熟。白樂天：『青旗沽酒趁梨花。』春泉，蔡王。春蟻，庾信詩：『春螘未曾開。』白螘，侯穆詩：『白蟻泛金甌。』緑蟻，謝玄暉詩：『緑蟻方獨持。』浮蟻、鳧花，《梁簡文集》。乳泓，蘇詩：『潑雪拔雲得乳泓。』白酒、乳酒。雞鳴酒，即一宿酤。白鶴觴、騎驢酒，皆劉白墮。魚兒酒，裴度用龍腦凝結，刻小魚兒狀，每沸酒一盞，投一魚其中。鯽魚酒，以線懸鯽置煮酒中。羊羔酒、龍胎醴，《酉陽雜俎》。桐馬酒，漢給大官以馬乳爲酒，采桐葉時乃成。李奇曰：『漢武有桐馬官，作酒。桐，合作挏，音動，推引也。韋革爲皮兜，受數斗，盛馬乳撞挏之。』酏肉酒、香蛇酒，廣南。雪花肉酒，宋。蜜酒，道士楊世昌。蜜林檎，言味如蜜，色如林檎。軟脚酒，一名濯足酒。蘇子瞻：『還須更置軟脚酒。』　紅粱新醖，陳後主名。　玉薤，隋煬帝。薤白，杜子詩：『酥暖薤白酒。』　蔗酒，蘇禄國。又，梁人作落蔗酒，名金漿，漢賦：『爵獻金漿之醪。』以此。　桂醑，博羅縣。蘇詩：『爛煮葵羹斟桂醑，風流可惜在蠻村。』　蘭旨，宋肅王。　蘭生，漢武帝。　椒漿，《楚辭》。　茱萸酒、柏酒，《歲時記》。　棣華，蔡攸。　菊花酒，漢人以菊花莖葉釀黍米，至來年九月九日熟，《西京雜記》。田子名曰甘谷春，又名菊花新。　旋復酒，即夏菊花生野中，田子取其能明目去痰，名曰全復春。　桃花酒，色紅。　松醪，中山。陸士衡有詩。　松明酒，蘇子瞻。　藤酒，廣西。　又有風藤酒。　桭酒，桭，音陣，木汁可爲酒。　嚴樹酒，瓊州有木名嚴樹，擣其皮葉，浸以清水，以粳釀和之。或取石榴花葉和醖，數日成酒，能醉人。　椰子酒、樹心酒，皆渤泥國，名巴尾樹。　枸杞、人參、當歸、地黃、茯苓、木香，藥酒。　竹葉，豫北。　葡萄，大宛、凉州。　荔枝緑，王公權酒。　緑荔枝，廖致平酒。黄魯直詩：『王公權家荔枝緑，廖致平家緑荔枝。試傾一杯重碧色，快剥千顆輕紅肌。』　姜酒、芙蓉酒，宋。　緑珠香液，田子緑豆酒。　舊出淮安。　蓮花酒，又蓮花白。　蘇子云：『請君多釀蓮花酒。』田子之醖多用花蕊，夏麴冬釀，名曰菡萏秋珠。　荼蘼，古言色如荼蘼，故名酴醾。　或曰麥酒不去滓而飲，一曰重釀酒。　黄玉清、白玉清，田子名黄白荼蘼。　百花酒，餘杭阿姥墩。　勝茶，宋謝府。　茅柴，言如茅柴，火焰易過也。　壓茅柴，黄州。　齋中酒、聽事酒、猥酒，荆州三品酒。　屠蘇，一作酴酥，孫思邈庵名。　至清堂，陸放翁嚴州酒。　流香，宋賜，陸游酒詩云：『歸來幸有流香在。』　乾和，一名乾酢，河東并、汾以爲貴品，即今不入水者。張文潛詩：『釀酒愛乾和。』後周給逍遥公韋瓊河東酒，即此。　瀋酒，江外酒名。皮日休詩：『明朝有物充君信，瀋酒三缾寄夜航。』　滴酒，和米麴以茅盛，蓋候氣蒸漿滴，故名，出廣東欽州，《靈山志》。　過酒，用白酒再醖滴酒者。　戭壁清、清若空，宋秀州酒。夫酒以清爲上品，而嘉湖酒肆獨重渾酒，真可笑也。彼或以爲有力。　泛盎，黄庭堅詩：『浮蛆翁翁盃裏滑，坐想康成輪泛盎。』翁，上聲，酒成而翁翁然，葱白色也。　缾面，江東熟酒。諺云：『缾面猶可比瓮頭。』見《蘭亭紀原》。　利市酒，色忽變紅，造化所染。　治聾，社日酒。　醽醁，湘東美品，一作酃淥，今長沙。《酉陽雜俎》有醽醁法，又名湘零酒。　桑落，河中坊井名，桑落時，取其水釀酒。庾信詩：『蒲城桑落酒。』或以爲桑郎，又訛爲索郎。又曰：『羌中桑落，河馬乳酒。』　烏程，今湖州，因烏氏、程氏善釀，名之。　上若、下若，吴興有箬溪，故取其上流、下流之水而名。　郫筒，蜀竹中酒。　翠濤，魏徵能治酒，有醽醁翠濤，十年不敗。　香泉，宋高后。蘇軾詩：『莫辭白酒瀉香泉。』　新豐，李白詩：『新豐美酒斗十千。』　宜城，即九醖，古博羅國，今襄陽。宋之問詩：『尊溢宜城酒。』今人若言尊溢金華酒，則不惟酒惡，其詩亦惡矣。今蘭溪不如梅溪。　富水郢、溢水潯陽、西市汴京，蝦蟆陵，皆《宋史》。　坤儀，宋寧德宫。坤珍，淵聖后。　慶源，潘正夫。　和泉，梁奉常。　林盧漿，高麗。　神功泉，廬山。　青田困〔二〕，核名，《酉陽雜俎》，又名沈釀。　樂浪酒、紫漿，皆見《雜俎》。　文章酒，即五加皮。

千里酒，劉白墮言：『至千里不壞。』則今至自萬里者亦有，不足爲奇，蓋言醉行千里不醒也。史：桂陽程鄉有千里酒，飲之至家而醉。　熏肌酒，楊羔酒名，一曰千歲蘽造。　三勒漿，胡人采陀得花造酒，名之。　哈剌基，又名荅剌古，元人酒，見《草木子》，即打辣酥。　般若湯，北僧名酒，華言不惹也。　米汁，蘇晉嘗言彌勒繡佛好飲米汁，正與吾性合，常于市中飲酒，人不識也。　餘杭酒，丁仙芝詩：『十千兑得餘杭酒。』不知當時十千兑得幾何，恐非新豐斗價耳。今日若十千錢便可兑得十石。　諺云：『餘杭酒比水高一分，日夜肚飽不醉人。』余嘗有詩云：『餘杭好酒不醉人，餘杭好花不當春。』非誣善也。　藍橋，宋。　太平豐樂，宋，因樓名。

甆宮集大成，甆宮，耀州青榼，韋炳取三家酒，合窨飲之。　水綿襖，北人。　又名曰裹牽綿。貧兒諺云：『一尺布，不遮風。一碗酒，暖烘烘，半夜便做寒號蟲。』言易醒，依舊冷也。　飲家以酒爲魯酒，蓋言趙厚魯薄也；曰村醪，蓋家釀美，村釀惡也。　曰續命湯，而《金樓子》名曰斷腸酒、爛腸酒。　曰百藥長，而裴楷名曰狂藥。　曰福水，而陶翰林名曰禍泉。

酒飲

禮者，不脱履而即序也。　宴者，跣而上坐也。　又賈逵曰：『不脱履升堂曰醼。』一曰飫。酌，盛酒行觴也。　酌，少飲也。　酬獻，主人進客。　酢，客酌主人。　配，相飲也。　酭，報也。　醧，一作醞，能者飲之，不能者已也。　醵，合錢共飲也。　勞酒，饗禮。　酺，賜民共飲也。　鴟，醑也。　醽，飲盡。　酳，以酒漱口，食畢，以酒演養其氣也。　醮，獨酌而醉。　攝飲，持酒狂飲。　浮，相强也。　崇飲，過也。　痛飲，虐也。　轟飲，狂也。　渴飲，若口燥而欲飲也。　酣，耽樂。　醉，卒也，度也，不至于亂也。　沈者，齊顔色，均衆寡。　又曰過飲湛溺也。　湎者，閉門不出。　又曰顔色齊同，故作醽也。　酩酊、酕醄，皆醉甚也。　鯨飲，海吞也。　泥飲，爛醉。　獵酒，索飲也。　日飲，《漢書》：『日日飲。』　食酒，《漢書》：『能多飲，費盡。』　婪尾、藍尾，末飲。　陽醉，詐也。　霑醉，深也。　被酒，帶醉。　中酒，傷而惡也。　使酒，酗亂也。　清酣，不飲而心醉。　奰，不醉而怒。　白著，宋人言酒酣。　醟，禜也，兇酒甚亂。　小人飲酒，一醉日富，亦因酒爲禜也。　淫，湛酒。《坊記》：『三酒示民不淫也。』醒，病酒。　醒，醉解也。

校勘記

〔一〕遥觀兩句　係李白《襄陽歌》句，原作『遥看漢水鴨頭緑，恰似葡萄初醱醅。』

〔二〕困疑爲『酒』字。見《酉陽雜俎》卷七『酒食』條。

留青日札卷之二十五

酒器

爵，象爵形，取其鳴節節足足，以戒荒淫也。受一升。　玉爵，《曲禮》。周曰爵。　觚，鄉飲酒爵，受二升，《説文》作三升。《韓詩外傳》作一升。　觚，寡也，飲當少也。　瓢同。　角，以角爲之，觸罪過也，受四升。　觝、卮、觶、䚀、觛同，圓器，以角爲之，受四升，《禮記疏》作三升。觶，適也，當適可也。　或曰觛，小觶。　卮，从卩，以節飲也。　玉卮、金屈卮，如菜椀而有手把子。　散，訕也，人謗訕也，受五升。　田子曰：散，分離也，客當散去也。　觥，罰不敬也，受五升。《毛詩》注：大七升。　兕觥，《詩》，兕牛角可以飲者。　本作觵，其狀曲起，觵觵然也。斝，畫禾稼之象，受六升。　商曰斝。　瓘，《左傳》曰：『斝也。』《廣韻》曰『玉升』。　斗，取象于北斗，受十升。　大斗，《詩》，長三尺，從大器，挹之于樽也。《周禮》作豆，俗作𣁬。　卣，中尊，有三品：上彝三斗，中卣五斗，下罍六斗。　甒，紂臣昆吾作瓦甒，受五斗，《禮記》『君尊』、《方言》『罌』，中寬下直，上銳下砥。　罍，象雲雷施不窮也，受一石。　金罍，《詩》。　龜目酒尊，似壺，容一斛。　山罍，夏尊。　雲罍、𤳳尊，漢孝王。　壺，受一石，石十斗，重一百二十斤，圜器也。或曰：『劉伯倫一飲一石，五斗解酲。』田子曰：以今量較之，古一石得三斗，其五斗，當一斗五升也。　鴟瓻瓶，大一石，小五斗。　鴟夷，榼形，揚雄《箴》。　琖，爵也，夏曰琖，盞同。　盌盞，盞也。　鍾，二缶謂之鍾。　杯、桮、盃、䤣、鉌、匼同，側杯有兩耳。　匜，杯也，似鍗。　鐏、𥂡、甎、墫、樽，本作尊，《周禮》：『六鐏。』犧尊、象尊，皆周。　著尊，商。　壺尊，夏。太尊、山尊，皆有虞。　蓋犧，牛形。　象，象形。　著，底著地。　壺、太，皆古瓦。　山，山雲形。　玄瓚，禮器。　大貝，出日南，可爲酒杯，見《爾雅翼》，即朋。　朋，兩尊。《詩》：『朋酒斯饗。』　觴，巵總名。　又，實曰觴。　羽觴者，作生爵形，有頸、尾、羽翼，言如飛羽之輕疾。同，爵名，《書》：『祭以酌酒。』　鉼、餅、瓶、甀同，似鍾而頸長。　盌，小盂。　椀、𥁢，同。　缶，小瓦盆，秦人擊之以節歌，盎也。　實二斛。　杜子美：『莫笑田家老瓦盆，自從盛酒長兒孫。』田子酒所笑而撫之曰：『此吾家之故物，亦吾家之長物也。』　黃目，酒尊名。黃，中也；目，氣之清明者也。　坎，《爾雅》『小罍謂之坎』，酒尊也。　勺、杓同，挹酒器，容一升。　龍勺、疏勺、蒲勺，皆祼爵，《明堂位》。　玉杯，箕子諫紂。　常滿，周穆王西光珠常滿杯，容三斗。經，陶人爲酒器，曰一經、二經、三經、四經、五經。　程，酒量名，品也。十髮爲程，十程爲分。滑稽，一名陽燧尊，崔浩《音義》。　白，罰爵，舉白，舉觴，告曰盡不。　太白，魏文侯浮之太白。　白獸尊，晉。　伯雅，七升；仲雅，六升；季雅，五升。　劉表三爵。　盄，雅也。　縹瓷，瓷器堅緻者。《笙賦》：『縹瓷之酃醁。』〔二〕　鸞觴，刻杯爲鸞鳥之形。　嵇叔夜：『鸞觴酌醴。』

青田榼，烏孫國，劉璋號青田壺，貯水即如酒，可供二十人。　車渠碗，玉屬，纖理縟文，出西域車渠國，魏文帝賦。　崑崙觴，魏賈將。　綠文測海蠡，陳後主。　蠡杯，梁陸倕銘：『用邁羽杯，珍踰渠盌。』又半破瓢，以酌水，曰蠡。　大甕、大杓，晉諸阮。　熒玉杯，唐寧王。　七寶盌，隋文帝突厥獻。　玻瓈七寶杯，唐玄宗以酌李太白。　玻瓈盌，韓退之詩：『靈液屢進玻瓈盌。』　琉璃盌，晉王導。　琉璃鍾，李賀詩。　紫霞杯，唐高麗獻。　酒魁，蜀器大斗之屬。　鴛鴦盞，張易之。　鸕鷀杓，鸚鵡鐺，李太白。『酒飛鸚鵡重』，螺名，形如鳥嘴，可爲酒杯。　九曲杯，以螺爲之，藪穴極彎曲，可以藏酒。　水精杯，唐罽賓國獻。　蓬萊盞、海山螺、舞仙螺、匏子巵、慢卷荷、金蕉葉、玉蟾兒，李適之七品名。　鑿落，韓昌黎：『酡顔傾鑿落。』金鑿落，宋姜堯章：『翦燭屢呼金鑿落。』　不落，白樂天：『銀花不落從君勸。』水晶不落，馮道家有水晶不落一隻。　龍杓，唐文宗賜牛僧孺彝尊龍杓，曰：『精金古器以比君子。』　鵲尾杓，陳思王杓，柄長，置之酒樽。　王欲勸酒者，呼之，則尾指其人。　銀鐺，釜屬，有耳、足，齊明帝欲壞銀酒鐺。　又竟陵王子遺徐景山酒鐺。　朱提瓶，貞觀時潛泉浮酒，通坫轉注，瓶受百斛，回紇數千人，飲畢，尚不能半。　漢朱提縣朱提山出銀。朱提銀八兩爲一流，直一千五百八十。　韓退之：『我有雙飲醆，其銀得朱提。』　偏提，唐注子。　小蠻，白居易《晚春酒醒尋劉夢得》詩：『還攜小蠻去，試覓老劉看。』方回云：『小蠻，酒榼也，非舞腰。』　鸂鶒巵，唐昭宗。　金卷荷，唐蓮子杯。　金罇，謝靈運：『清醑滿金罇。』　金盞，杜子美：『誰能載酒開金盞。』

神通盞，南唐文宗。　五位瓶，南唐。　以銅爲之，高三尺，圍八九尺，上下直如桶樣，安嵌蓋，其口有微竅可傾酒，春日郊行，家家用之。　小海甌，耀州陶器，平底，深盌，狀簡古。　抵鵲杯，元自誠，類珉，淺黄色。　燕羽觴，狹長，兩邊作飛燕羽，塗以佳漆。　金魚英琖，陶穀，中有園林、美女之象，黄散騎霖曰：『琖中游伎，非好事而何？』　銅鶴尊，元嘉銅尊，鶴形。注酒則一足倚，滿則止，不滿則傾。　玉琖、琥珀琖，皆宋乾德高昌國貢。　兔絲盞，宋。　藥玉盞，蘇子瞻。　雪堂義尊，蘇黄州。　梨花盞，黄庭堅詩。　金叵羅、玉東西，皆古飲器。　瑪瑙杯、火雞卵杯，注酒自熱。　蝦杯，廣州人取大蝦頭爲杯。　蟹杯，以金銀爲之，飲不得其法，則雙螯鉗其唇，必盡乃脱，其製甚巧。　鳳嘴杯，余集中曾載《鳳嘴杯》詩，已極其形狀。又聞投之以鴆毒諸酒必裂。　當時試之，果然。　今按：有鳥名鵕鷫者，喙大而勾，長一尺，赤黄色，受二升，南人以爲酒杯，或此類也。或言鳳骨黑色，向是白者，豈五色鳳骨異邪？　金當杯，楊維楨：『醉後不辭金當杯。』　竹根杯，庾信、江淹集。　竹罌，截竹飲酒，辛仲宣器。　酒杯藤，大宛。　藤香美，可以酌酒，以其實消酒。　椰子榼，出廣州，張安國有詩。今有椰瓢、椰琖。　癭木尊，李翰林詩，即田子石雲瓢之類也。　榛柃盂，其木出渤海國，文縷可愛，其癭可爲盂。田子詩：『旋傾全覆酒，滿注榛柃盂。』全覆，花也。　桂琖，以桂木爲之。　藤杯、竹絲琖、椶琖，織成花鳥，可愛。　沉香琖、瑇瑁琖、龜同鶴頂杯，俱海南。　丹砂杯、青霞杯、田子所名。　船，酒舟也。　吴鄭泉曰：『願得美酒滿五百斛船，以四時甘脆置兩頭。』晉畢卓曰：『給酒滿數百斛船，以四時甘味置兩頭。』二事正相類。今酒船以金銀爲之，内藏風帆十幅，注酒滿一分則一帆舉，飲乾一分則一帆落，真鬼工也。酒海，《乾膗子》：『銀海，受一斗。』雍都韋炳酒海。玉窪，《緯畧》。窪尊、石尊，李適之、元次山。胡瓶，唐太宗賜李大亮胡瓶曰：『雖無千鎰，乃朕自御者。』史炤曰：『汲水器。』胡三省曰：『酒器，非汲水器。』鄭子瑣言：『即今壺餅也。』田子曰：『王昌齡《邊塞曲》云「胡餅落膊紫薄汗」，是可證也。諸人徒辨而無所據，故不明耳。』服匿，《漢書》注：『服匿如罌，小口大腹方底，用受酒酪二斗所。』此匈奴器，河東北界人亦呼服匿。飲器，趙襄子漆智伯頭爲飲器。又，匈奴破月氏王，以頭爲飲器。又，元僧漆宋理宗髗骨爲飲器。《史記》注：『椑，榼也，飲酒器。』巹，破瓢爲杯也。《昏義》：『壻揖婦人共牢，而食合巹而酳。』汕碗，折酒大器，舒散也。缸，韓詩：『傾樽與斟酌，四壁堆罌缸。』玉缸，唐詩：『花撲玉缸春酒香。』碧筩荷葉杯，魏鄭公慤，一名象鼻杯，蓋刺葉心而飲其莖也。解語杯，陶九成命美人捧荷花，擎杯花心而飲之，風味良不惡也。白玉蓮花杯，王永年與賓卞、楊繪飲于私室，出其妻趙氏間坐，令妻以左右手掬酒飲卞、繪，謂之曰白玉蓮花杯。雙鳧杯，一名金蓮杯，即鞋杯也。曰雙鳧者，人但知爲葉令王喬飛舄事，而不知女人繡鞋亦名雙鳧。王寀輔道有《雙鳧》詩云：『時時行地羅裙掩，雙手更擎春瀲灩。傍人都道不須辭，儘做十分能幾點。春柔淺醮蒲萄煖，和教勸人教引滿。洛塵忽浥不勝嬌，剗踏金蓮行款款。』則知昔日狂客亦以此行酒也。金蓮者，取齊東昏侯妃潘玉奴『步步生蓮花』之義，楊廉夫名之曰金蓮杯。瞿宗吉席上賦《沁園春》詞云：『一掬嬌春，弓樣新裁，蓮步未移。笑書生量窄，愛渠儘小，主人情重，酌我休遲。醞釀朝雲，斟量暮雨，能使麴生風味奇。何須去，向花塵留迹，月地偷期。　風流到手偏宜，便豪吸、雄吞不用辭。任凌波南浦，惟誇羅襪，賞花上苑，秖勸金卮。羅帕高擎，銀瓶低注，絶勝翠裙深掩時。華筵散，奈此心先醉，此恨誰知？』廉夫大加稱賞，命侍伎即歌以行觴，極歡而罷。　繶爵，《士虞禮》注：口足間有象文爲飾。　黄流，《周禮·玉人》注：『鼻勺曰流。』《詩箋》：『以圭爲柄，黄玉爲勺，以飾流鬯，照酒黄，故曰黄流。』《公羊傳》、《荀子》皆作沵。　越王鳥杯，越王鳥似鳶而喙勾，可受二升，南人以爲酒杯。糞似薰陸香，南人以爲香。一名鸏鵰鳥，出肇慶府。　鸏鶵杯，鸏鶵，水鳥，黄喙，長尺餘，南人以爲酒器。見劉欣期《益州記》。　渾脱，酒器，見《草木子》。　紫皮鴟，《漢書》師古曰：盛酒器。　酒鐺，徐景山煮酒器，象鼎而高。　鐵杯，漢武以鐵杯飲，羌胡不能舉。　訶陵樽，南海蠻魚殼，澁鋒齾角，内玄外黄，皮日休贈魏朴。朴，字不琢，毘陵處士。　襲美序曰：『真古人之雅貺。』　銀平脱破觚、八斗金鍍銀酒甕，皆唐賜安禄山酒器。　馬腦榼，魏后奇器，容三升，玉縫之，人稱西域鬼作。　照世杯，出撒馬兒罕國，即漢罽賓國，光明洞徹，照之可知世事。龍卵壺，以龍卵爲之，金鑲，嵌以明月珠、猫睛諸寶，乃嘉靖末年籍没嚴嵩器也。凡五枚，雙龍龍卵壺一，龍卵酒甕二，以銀爲座，此古所未聞也。　龍蠡杯，以大海螺刻。其中爲出水龍形，頭角宛然，底尖，以藤架盛之，出海南。　美人壺，以銀範美人形，髮中入酒。傍立一鳳，前擎荷葉一片，以銀杯一枚置葉上，葉即少低，鳳口中吐酒，杯滿即止，不歉不溢。舉杯則葉仍浮起，鳳口曾無餘滴，飲盡復置之，則復注如前。凡容酒十二杯，不煩人力，轉輸若神，不知起于何代也。銀重三十六兩，精異常，朱翠外飾，杭工亦能爲之。時于肆中回易，惜余無物，不能得之也。乃吹簫引鳳形，余爲名之曰弄玉壺。蓮子杯，形如蓮蓬，中置銀仙人一，能浮能沉，周圍蓮子六枚，心中暗藏銀牌六面，上各有字，傍有莖入酒。初注酒，則左浮一面，飲盡則沉。又注酒，則右浮一面，飲盡亦沉。入酒則同，而左右不紊。凡六注而周，其仙人則常偕浮偕沉也，非鬼工而何？　酒龍，以銅鑄爲龍象，吐酒而飲之。唐時因以人之善飲者名之，曰酒龍。

酒肆

酒肆，自古有之，所云沽酒市脯是也。肆中酒先清後濁，先濃後薄，不獨今時之弊，在唐已然矣。韋應物詩：『主人無錢且專利，百斛一釀斯須美。初釀後薄爲大偷，飲者知名不知味。』是當時酒亦皆有名也。

酒禁

自禹惡旨酒，周公作《酒誥》，而酒之禁令遂萌蘖矣。漢律：三人已上無故聚飲者，罰金四兩。文帝後元年詔，爲酒醪以糜穀者多，禁酤酒。以後或因旱潦而禁，或因兵革而禁，甚有如搜索釀器者。非醉人爲瑞之景運也，安得天下皆成醉鄉之化也哉？

賜酺

趙武靈王行賞大赦，置酒，酺五日，後世因之。漢有大慶，往往賜酺，或三日，或五日。史臣紀之，以爲盛典。我朝初政，許群臣得飲于市樓。臨川揭孟同軌《宴南市樓》詩：『詔出金錢送酒壚，綺樓勝會集文儒。江頭魚藻新開宴，苑外鶯花又賜酺。趙女酒翻歌扇濕，燕姬香襲舞裙汙。綉筵莫道知音少，司馬能琴絶代無。』此真聖世太平之氣象也。所云南市樓者，曰醉仙樓、樂民樓、集賢樓、謳歌樓、鼓腹樓、輕烟樓、淡粉樓、梅妍樓、翠柳樓，凡十四所，皆洪武間建，以聚四方賓客者。後爲都御史顧佐奏革，于是有官吏挾妓飲酒之禁。

酒榷　官酒

漢武帝三年，初榷酒。昭帝時，丞相田千秋奏罷酒酤，賣酒㪷四錢。王莽時，羲和魯匡請賣官酒，于是命縣官沽酒。官作酒，以二千五百石爲一均，率開一壚以賣，月售五十釀爲准。一釀用粗米二斛、麯一斛，得成酒六斛六㪷。除米麯本價，計其利而什分之，七入官，其三及糟截、灰炭給工器、薪樵之費。郡一人乘傳，督酒利。至宋王安石，則又散青苗錢于設廳，而置酒肆于譙門。小民持錢出者，誘之使飲。又恐其不顧，則命娼女坐肆作樂，以蠱惑之。小民無知，争競鬭毆，則又差兵官列枷杖以彈壓之，名曰設法賣酒。嗚呼！弊至此而極矣！醉鄉安得而不亂哉！宋酒賦，歲二千萬，而杭州尤盛。王疇詩：『杭城東南劇，地將湖海鄰。榷利冠天下，旗亭壓重闉。』南渡，官酒十三庫，每歲清明前開煮，中秋前賣新。諸庫呈樣酒于點檢所，所呈臨安府。既中，擇日開沽。以白布三丈餘揭竹竿頭，題曰某庫選到酒匠某人，醖造上等醲辣無比高酒。三五人扶之而行，以鼓樂、妓女、雜技利市之物前導，名曰迎酒，一時繁華可想見也。今杭州酒肆最盛，故都之遺風與！

酒經

《神農本草》、《黄帝内經》言酒之性味與致用、致病之詳，則酒之時義大矣哉！于是唐汝陽王璡有《甘露經》，王績追焦革釀法爲《酒經》。又采儀狄、杜康以來善造者爲《酒譜》。竇子野亦有《酒譜》。宋志《酒録》一卷，《白酒方》一卷，《食圖四時酒要方》一卷，《藏釀方》一卷，劉炫《酒孝經》一卷，《貞元飲畧》三卷，朱翼中《酒經》三卷，李保《續北山酒經》一卷，胡氏《醉鄉小畧》五卷。皇甫崧《醉鄉日月》三卷，今最有聞。家大夫愛之，嘗著《醉鄉律令》一卷。序曰：『皇甫子奇作《醉鄉日月》，條刺飲事三十篇，自謂酒史之董狐矣。第其敘述稍冗，肯綮弗章，讀之不能無遺悵焉。予也陸沉丘壑，託契麴生，晨夕相從，情好甚篤。惜其風味久溷于俗子，而品詠未罄于高賢也。取皇甫氏之意，而芟繁撮要，易其未然，而補其未備，著爲《醉鄉律令》一篇，庶使湎身濡首者，有所禁而不淫；齊聖温克者，有所循而益謹爾。嗟乎！選勝賞心，能無祟飲；千鍾百榼，貴在德將。在昔賢豪，咸非懵者，酒中之趣，先得我心。予誠有味于酒乎！聊以韜精光、澆磊落耳。醉鄉之宜十有一：醉花宜晝；醉雪宜夜；醉月宜樓；醉暑宜舟；醉山宜幽；醉水宜秋；醉佳人宜微酡；醉文士宜妙令，酌無苛；醉豪客宜揮觥，發浩歌；醉將離宜鳴鼉；醉知音宜樂侑，語無它。醉徒之選十有二：款于辭而不佞者，愉于色而不靡者，怯猛飲而惜終歡者，撫物爲令而不涉重者，問令即解而不再問者，善戲謔而不虐者，語便便而不亂者，持屈爵而不分愬者，偕衆樂而惡外囂者，飛斝騰觚而德儀無愆者，坐端凝而神爽逸者，寧酣沈而不傾潑者。酒所不懽之候十有四：主人吝，賓輕主，會客不投，殽核雜陳而不序，妓驕而樂澁，譊家常，議朝除，迭詼諧，刻觴政，録事不綱，興居紛紜，附耳囁語，蔑章程而騁牛飲，醒木訥而醉勞曹。』

酒令

古有《令圃芝蘭》一卷，《庭萱譜》一卷，《小酒令》一卷，紀集所載，咸極精妙，未易枚舉。余嘗與騷墨清酣，頗窮雅令。偶記數種，因筆左方，聊供笑談，非敢曰文字飲也。

秋宵賞月，忽輕雲翳之，因爲四聲令曰『雲掩皓月』，以羽觴飛巡，仍擊缶四聲爲韻催之，一韻不叶者，罰；一觴不成句者，罰。四之座客可録者，有曰『天朗氣烈』，曰『秋爽興發』，曰『蟾皎桂馥』，曰『風冷露絜』，曰『情美醉極』。蓋不許重出一字，故難之也。最後一妓名玉蟾者，曰『行酒唱曲』，莫不大加稱賞，以爲用常言合調，不孤雅會，可謂俊姬也。

一日，酒所談杜子美《大麥行》云：『大麥乾枯小麥黄，婦女行泣夫走藏。東至集壁西梁洋，問誰腰鎌胡與羌。』其意蓋本于漢之童謡也。謡曰：『小麥青青大麥枯，誰當穫者婦與姑。丈夫何在西擊胡。』時正麥秋將至，海寇方猖，軍民擊倭，婦女耕穫，頗合此景，因舉以爲令。一人曰：『小麥青青大麥齊，誰當穫者母與妻，丈夫何在西擊氐。』一人曰：『小麥青青大麥黄，誰當穫者婦與娘，丈夫何在西擊羌。』一人曰：『小麥青青大麥皪，誰當穫者姑與嫡，丈夫何在北擊狄。』余曰：『諸君對酒空談，尚舍倭夷而不敢攻擊，何況于望風而不逃避，赴敵而不敗北者哉！』因得句曰：『小麥青青大麥多，誰當穫者婦與婆，丈夫何在東擊倭。』又曰：『小麥青青大麥垂，誰當穫者母與姨，丈夫何在東擊夷。』咸曰：『姨何可以當婦？』余笑曰：『此小姨，填房也。』蓋座上客有大姨夫作小姨夫者，故戲之。衆發一笑，合席各賞一觴。又曰：『小麥青青大麥蒼，誰當穫者婦與嫜，丈夫何在南擊漳。』咸訝曰：『漳何以當擊？』余曰：『漳州人，正賊首也。』時適有福建人在席，衆皆撫掌絶倒。一寧波客曰：『小麥青青大麥有，誰當穫者婦與母，丈夫何在東擊守。』咸曰：『何也？』曰：『本府太守貪酷害民，狠如倭賊十倍，故當擊之。』衆又哄然。一人曰：『小麥青青大麥豐，誰當穫者婦與翁，丈夫何在西擊戎。』咸笑曰：『婦翁何可以共事？』乃曰：『鄰有子從戎者而無母，其公遂淫其媳，故云然耳。』皆大笑而散。

座間舉杜牧之詩『煙籠寒水月籠沙，夜泊秦淮近酒家。商女不知亡國恨，隔江猶唱《後庭花》』爲令。余曰：『煙籠寒水月籠原，夜泊秦淮近酒村。商女不知亡國恨，隔江猶唱《謁金門》。』有曰：『月籠坻，近酒司，《玉交枝》。』有曰：『月籠川，近酒船，《鷓鴣天》。』有曰：『月籠汀，近酒亭，《柳稍青》。』又：『月籠濠，近酒曹，《月兒高》。』此重一月字，故罰一觥。又：『月籠洲，近酒樓，《楚天秋》。』余曰：『諸令皆佳，或于后主不切耳。』乃終之曰：『烟籠寒水月籠沚，夜泊秦淮近酒市。商女不知亡國恨，隔江猶唱《朝天子》。』衆既賞余，而又以仄調罰余。于是更歌曰：『煙籠寒水月籠津，夜泊秦淮近酒鄰。商女不知亡國恨，隔江猶唱《綵樓春》。』蓋用臨春、結綺樓之事也，而客之《玉交枝》獨切《玉樹》云。

楊大年有《閒忙令》云：『世上何人最號閒？司諫拂衣歸華山。世上何人最號忙？紫微失却張君房。』客舉爲令，禁用故事，但用常言行之。或曰：『云云閒？順風順水下平灘。云云忙？過關過埧搶頭航。』或曰：『云云閒？極品歸家又有錢。云云忙？參官□急没□□。』衆大笑曰：『此真忙矣！』余曰：『世上何人號最閒？娼家孤老包過年。世人何人號最忙？婦女偷情夫進房。』衆又大笑稱妙。

酒帝

酒人、酒徒，漢。八達，晉。七賢，晉。醉聖，李白。醉翁，白樂天、蘇軾、歐陽修。醉吟先生，居易。醉士，皮日休。醉民、酒民，皆元次山。八仙，唐。醉叟种放。醉侯，皮襲美詩：『他年謁帝言何事，請贈劉伶作醉侯。』唐人又云：『若使劉伶爲酒帝，亦須封我醉鄉侯。』余有云：『但願酣天逢酩帝，不妨醉海作醨民。』

校勘記

〔一〕縹瓷之鄙醁　《文選》作『縹瓷以酌鄙』。

留青日札卷之二十六

七件事

諺云：『開門七件事：柴、米、油、鹽、醬、醋、茶。』蓋言人家之所必用，缺一不可也。元人小詞有云：『倚蓬窗無語嗟呀，七件兒全無，做甚麽人家？柴似靈芝，油如甘露，米若丹砂。醬甕兒恰纔夢撒，鹽瓶兒又告消乏，茶也無些，醋也無些。七件事尚且艱難，怎生教我折柳攀花？』此《折桂令》也。我朝餘姚王德章者，安貧士也，嘗口占云：『柴米油鹽醬醋茶，七般都在别人家。我也一些憂不得，且鋤明月種梅花。』即此可以知其操矣。

柴，《説文》：『小木散材。』謂不入屋及器用者也。大者析之爲柴，小者合束爲薪。《月令》：『收積柴薪。』注：『薪施炊爨，柴以給燎。』今總名曰柴薪，是柴从木，薪亦从艸、从木。《説文》：『薪，蕘也。』一曰大木可析曰薪，故从斤。《詩》『析薪如之何？匪斧弗克』是也。柴不足，吴人燒草稈；淮人燒荻蘆，北人燒煤、燒牛馬糞，其窮甚矣。而奢侈者乃以蠟代薪，抑獨何哉？

米，《説文》：『穬實也。』穬，顆粒也，象黍禾之形，八八，米之形也。鄭玄云米之率：糲十、粺九、鑿八、侍御七。糲，米不精者。粟重一秳，爲十六斗大半斗，舂爲米一斛曰糲。《漢書》曰『糲粱之食』。又曰『糲飯』。粺，毇也，精米也，粟一石舂米一斗四升。鑿，鮮明貌，精米也。《左傳》『粢食不鑿』是也。即所謂粲。稻重一秳，爲粟二十斗，爲米十斗，曰毇。爲米六斗大半斗，曰粲。《漢書》『白粲』是也。皆謂禾穀米也。今上貢者，曰香秔米，其味甚香輭；曰長腰米，其粒炊飯甚大。皆晚稻，有八月白、銀杏白、雪裹青、落種、麻子烏等名。其次者曰黄秈，即占城稻、紅尖頭，皆性硬，皆早稻種。六十日最先熟，其種不一，糯者宜釀酒，賤則人亦食之。在北人，總稱之曰大米，乃名黍、粟曰小米。而大米，北人不常得食，極邊最爲貴重。今南人窮者乃食大小麥、穚麥、黄黑豆、蠶豆、稷粟，盡食之猶不足以充腹。饑荒之年，甚至于掘草根、剥樹皮以度朝夕。嗚呼！　幾何而不爲餓莩填溝壑也！

油，《説文》：『膏也。』田中種菜，收其子，可以壓油，名菜油，亦曰香油，乃供烹調飲食者。又芝麻子油曰麻油，甚香，能解毒，可食。其黄豆油曰豆油，亦曰臭油，止可點燈，小人家亦食之。又桐子者曰桐油，可入漆用，人食之必吐瀉。柏子者曰柏油，止可澆燭。香油貴時，則熬猪油而食之，惟徽州人四時皆食之。深山窮谷，近如於潛、昌化一路，不能得油，則取飯鍋米湯以炒菜，名曰米油，其窮甚矣。

鹽，《説文》：『鹹也。』王彝詔云：『鹽，食肴之將。』黄帝臣夙沙初作煑海鹽。古者不煉治之鹽曰苦鹽，祭祀用之；煉治者曰散鹽。蓋鹽筴之利，興于管子；鹽鐵之制，備于孔僅。鹽政四：一曰散鹽，煑海成之；二曰監鹽，引池化之；三曰形鹽，掘地出之；四曰飴鹽，於戎取之。今淮、浙最盛，海濱地曰鹽場，籍曰竈户，民曰鹵丁。煑盤或鐵，或竹，有沙泥燒鹽，有草灰燒鹽，所産甚廣。而去海不三百里，山中之民乃不得食，官法不行，終身茹淡，真可憫也。陝西有鹽池，四川有鹽井，胡地有木鹽、石鹽，浙中皆白鹽。張融《海賦》『漉沙構白，熬波出素』是也。福州有紅鹽，郭璞《鹽賦》『爛然若霞』是也。朐䏰縣鹽井，鹽方寸，中央隆起，曰傘子鹽，見《西陽雜俎》。又陸鹽，崑吾周十里餘無水，自生末鹽，月滿，如積雪，味甘；月虧，則如薄霜，味苦；月盡，全無。白鹽、厓鹽如水晶，名水晶鹽，又名君王鹽。今環慶鹽池所産，塊然如投子，瑩然精白明潔，李太白詩『盤中惟有水晶鹽』是也。車師鹽，白者如玉，赤者如朱。高昌赤鹽。廣東皆黑鹽，《漢書》『天竺國黑鹽』是也。又有黄鹽、紫鹽，即戎鹽也。《後漢書》曰『別御鹽』者，紫色鹽也。有青鹽，甘肅一路有青鹽池、黄鹽池、紅鹽池。貴州鎮遠民以蕨灰爲鹽。時俗味苦者曰苦鹽，甜者曰飴鹽。東方曰斥，西方曰鹵，河東曰鹽，河内曰鹹，亦曰鹺。今江干近海，人稱沙鹵之地，當曰沙㡿。㡿，東方鹹地；鹵，西方鹹地。《史記》：『東方食鹽㡿，西方食鹽鹵。』故《説文》曰：『東方謂之㡿，西方謂之鹵。』又，天生曰鹵，人生曰鹽。《釋名》『地不生物曰鹵』，故沙鹵謂之确薄之地。今亦通稱斥鹵也。諺曰：『鹽筋醋力。』王霽云：『君子喜食酸，小人喜食鹹。』方書云：『心病禁鹹，脾病禁酸。』

醬，《説文》：『醢也，从肉、酉，酒以和醬也。』『醢，肉醬也。』古有豉醬。又，菜俎亦謂之醬。《禮記》『芥醬』是也。今之醬，則豆醬也，用黄豆和小麥麪伴勾發黄，名曰醬黄。又，用鹽和水成鹵而下之，晒熟成醬，以供烹調，其汁曰醬油。又，蠶豆亦可造醬，磨碎者曰細醬，亦曰抐醬豉。《史記》：『鹽豉千合。』《楚詞》：『大苦鹹酸，辛甘行。』注曰：大苦，豉也。豉，配鹽幽菽也。尗，豆也。幽，謂造之幽暗也。今人謂之遏醬，藏之幽室是也。《白虎通》有楡莢醬。《武帝内傳》：『神藥有連珠醬、玉津金醬、元靈醬。』唐有葫蘆醬，宋有紅螺醬，廣人有蟻子醬，今之富家有枸杞醬、玫瑰醬。鄉間小民家豆醬亦不多得食，至于深山窮谷中，則終身不沾唇者有之，其市井之臭而蛆者，乃貿易得食，誠可憫也。孔子不得其醬不食，又安得不絶糧？

醋，醶也，本作酢。《禮記》『漿』注：『酢截也。』『酪』注：『亦酢截也。』今用米或粞造，如造酒法而抐成酸香味也。上者色紅，名珠兒滴醋；次者色黄；下者色白。有臘醋，或桃花醋，即唐人之桃花醋，有六月六醋，有白酒醋。小民亦不多造，諺云：『若要富，賣酒醋。』蓋二物甚有利也。

茶，木萌也，山中多産，采葉作飲。一曰茶，二曰檟，三曰蔎，四曰茗，五曰荈，蓋早晚之別名也。驚蟄爲上，清明次之，穀雨又次之，其事甚著。陸羽有《茶經》三卷，又，《茶記》三卷。唐温庭筠《採茶録》三卷，張又新《煎茶水記》一卷，蜀毛錫《茶譜》一卷，丁謂《北苑茶録》三卷，又《北苑拾遺》一卷，蔡宗顔《茶山節對》一卷，又《茶譜遺事》一卷，《北苑煎茶法》一卷，曾伉《茶苑總録》十四卷，《茶場易覽》十卷，蔡襄有《進茶録》，黄儒有《品茶要録》，熊蕃有《宣化北苑貢茶録》，熊克有《北苑别録》，余亦有《煮泉小品》，論之詳矣。唐德宗時，納户部侍郎趙贊之議，初榷茶、漆、竹、木，十取其一，而茶極盛于宋。我朝洪武二十四年，詔天下産茶之地，歲貢茶。以建寧爲上，其名曰探春，曰先春，曰次春，曰紫筍，不用碾爲龍鳳團，皆芽茶也。而西北茶馬之禁甚重，其利亦甚厚，詳見《茶馬政考》。茶之僞者，宋名盜葉。有柿葉，有桴檻葉。今之僞者，雜以苦燈樹、楊柳芽，小民不能辨，其所得飲者，名曰托葉。亦有止飲米湯，而終身不知茶味者。

茶酒名春

古人酒多以春名，而茶亦有以春名者。蓋以四時之景，惟春爲美也。酒曰滎陽之土窟春，富平之石練春，宜城之竹葉春，崇安之麯米春，劍南之燒春，吴會之洞庭春色，宋蔡邸之春泉，濟邸之浮春，曹詩之成春，武林之皇都春，江闖之留都春，海闖之十洲春，西總之海嶽春，越州之蓬萊春，錦江之錦波春、浮玉春，建康之秦淮春，温州之豐和春，蘭溪之瀔溪春，滎邸之萬象皆春，石湖之萬里春。茶曰宣和之玉液長春、龍苑報春、萬春銀葉。我朝建寧貢茶曰探春，曰先春，曰次春。又宋謝府酒名勝茶，此又奇也。余欲以茶亦名曰勝酒，不尤大奇也哉！

小芽

熊克《北苑别録》載茶之品，有曰小芽者。其小如鷹爪，先次蒸熟，置之水盆中，剔取其精英，僅如針小，謂之水芽，是小芽中之最精者。曰中芽者，即一鎗二旗也。曰紫芽者，葉之紫者也。曰白合者，乃小芽有兩葉抱而生者也。曰烏蔕者，茶之帶頭者也。水芽爲上，小芽次之，中芽又次之，紫芽、白合、烏蔕，皆在所不取。而黄儒《品茶要録》以爲茶事起于驚蟄前，其采芽如鷹爪，初造曰試焙，又曰一火。其次曰二火，二火之茶已次一火矣。故市茶芽者，惟同出于三火前者爲最佳。

竹篠飲

竹林飲，晉七賢事。又，陸機在洛，忽思東頭竹篠之飲，語劉寶卿曰：『思轉深矣。』竹根飲，杜：『共醉還同卧竹根。』

忘憂草木

藼草忘憂，見嵇康《養生論》。一名無憂草，見《通志》。菊忘憂，見陶淵明詩。檳榔、扶留，可以忘憂，見《酉陽雜俎》。山麻蠲憂，見梁吴均《采藥大布山》詩：『我本此山北，緣澗采山麻。九莖日間照，三葉長生花。可以蠲憂疾，聊持駐景斜。』不憂草，西安牛首山出，一名鬼草，赤莖，葉如葵，秀如禾，服之不憂。見《一統志》。

桃花米飯

宋武帝張妃桃花米飯，見梁崔祖思《政事疏》〔一〕。杜工部詩：『玉粒足晨炊，紅鮮任霞散。』言飯紅潤之色也。又《收稻》詩：『紅鮮終日有，玉粒未吾慳。』即桃花米也。

供大人米

摩揭它國有異稻巨粒，號曰供大人米，即今江南之香珠稻類也。香珠，亦名御米，但粒小耳。黄勉之《理生玉鏡稻品》失載之。

御麥

御麥出于西番，舊名番麥，以其曾經進御，故曰御麥。幹葉類稷，花類稻穗。其苞如拳而長，其鬚如紅絨，其粒如芡實，大而瑩白。花開于頂，實結于節，真異穀也。吾鄉傳得此種，多有種之者。吾鄉以麥爲一熟，古稱小麥忌戌，大麥忌子，皆忌水也，故吴鄉低田不可種。漢武帝三年，遣謁者勸有水災郡種宿麥，何也？宿麥者，謂秋冬種之，經歲乃熟也。

重羅麵

麵，小麥末也，今市肆標曰重羅白麵。漢束晳賦曰：『重羅之麵，塵飛雪白。』又名玉塵，橘中叟曰：『君輸我瀛洲玉塵九斛。』諺云：『命合喫麄食，莫思重羅麵。』元尚食局有御麥麵，恐即今所種之番麥也。或以爲因其磨製之巧，不沾塵埃而名，恐非也。

米豆

雷州思靈島出米豆，枝葉似柳，花如烏豆。一種之後，數年收實。《淮南子》『豆之美者，有米豆』是也。

雕胡米

雕苽，《禮記》注：『雕胡。』枚乘作『安胡之飯』。《周官》：『魚宜苽。』一名蔣。心中有黑點者名烏鬱，俗名灰茭，自有一種米茭。杜詩：『波飄菰米沉雲黑。』飯茭也。故曰鬶黍蓬者，野茭也，不能結實，惟堪薦藉，故曰薦，即今之茭白也。《通志》：茭首，茭草之首。有一種可食，一名茭白，一名菰首，一名須。《爾雅》云：『須，葑蓯。』葑，菰根也，本作葑。陸璣曰『蕪菁』，郭璞曰『菘菜』，陸佃曰『蔓菁』，《方言》謂之蕘、大芥，皆非菰類也。

瓊枝

石花菜，一名瓊枝，見瓊州《文昌縣志》，即越中鹿角類。

葱餅

唐侍郎侯思正蒸餅縮葱加肉，因號縮葱侍郎，即今之春餅用卷葱肉者也。宋蘇子瞻乃云：『煮餅澆油葱。』又云：『一杯湯餅潑油葱。』此類今市肆中所賣者，制度如此。

雕梅

李太白詩云：『珍盤薦雕梅。』今雕梅，婦女巧者能之。取青梅以小刀刻畫，或爲同心錢，或爲盤花，或爲線縷，或爲條環、樓臺。偷去其核，畧無損缺。或提起則玲瓏交結；合之則依然一梅也。且以銅青蜂蜜養之，愈久愈實，而青色如生，亦珍品之最巧者。

誤餤

王敦如廁，誤食乾棗、澡豆，世以爲笑談。王安石禁中與宴，食釣餌盡楪，仁宗言其詐，殆未可知。近見仁和學師茹芮，有人餽龍涎餅一盒，不知爲香。每席各供一楪，自既餐盡，復勉强勸人食之。衆皆掩口而不敢言，秖稱其美而袖之。則古今俗物異事，往往有對也。

乳石首

今之異端齋食者，諸葷皆禁忌，反食牛乳、白鮝，以爲佛家許食乳餅、石首，故雖長素者亦食之，殊不知此大錯認也。乳乃廣東乳田所種者，實米粉蛹汁，非今之牛乳也。見《白獺髓》。石首，即石耳，乃深山窮厓所産者，蓋雨露之精英，非今之黄魚、白鮝也。此輩饞嘴禽獸，佛口蛇心，任其所食，不必明以告之。

伴食　伴飯

唐盧懷慎，伴食宰相。五季軍頭非有戰功，皆號伴飯指揮使。

餓莩

蔈，草木零落也，一作莩，荒年細民以草根木皮爲食。今草木零落，則無可爲食矣，故曰『野有餓莩』。

蔆飯芋羹

蔆，今吴人四角曰蔆，兩角曰芰，即沙角彎蔆。《史記》作蔆。應劭曰：『蔆，芡也。』非是。

芡，雞頭也。司馬相如作蘮。《周禮》：籩人蔆芡也。疏云：『即蔆角。』亦誤。籩，實菜也。名蘚苫，一名蕨攗芋，一名土芝。蜀名蹲鴟，紫白二種。君子芋，大如斗；魁善芋，大如瓶，有水旱二種。吾鄉以蔆、芋爲兩熟，一物不熟，亦稱一荒。蔆亦可名水芝也。

八珍二種

八珍：淳敖也，淳母也，炮也，擣珍也，漬也，熬也，糝也，肝膋也。先儒不數糝，而分炮豚腪爲二，非也。又，迤北八珍：醍醐也，麆沆也，野駝蹄也，鹿脣也，駝乳麋也，天鵝炙也，紫玉漿也，玄玉漿也。

陪鼎

陪鼎，加籩，的對也，所以厚殷勤也。

羊背皮

今酒席中之羊背皮，所謂薦體，在元謂之挈設，上賓用之。或用馬背皮，餘賓用前手後手。鵝則敬胸，今俗敬首，在北人則否也。若貴戚之家，有名曰割牲者，以數十金駿馬，奚人當堂呈過，一庖丁持利刀飛取其臀肉一臠而獻之，以誇豪奢也。嗚呼！暴殄至此，其視食前方丈、日食萬錢者，又何如耶？

懸雞

家大夫在京師時，有一蔣攬頭家，請貴客八人，每席盤中進雞首八枚，凡用雞六十四隻矣。一御史性喜食，因并家大夫席上者取而食之。蔣氏以目視僕，少頃復進雞首八盤，亦如其數。則凡一席之費一百三十餘雞矣，况其他乎！家大夫爲之坐不安席也。因言先侍郎江公之儉，嘗爲客設一雞，而客卒不至。時正暑熱，遂懸之井中，幾七晝夜。京師因爲之語曰：『經年不請客屠文伯；七日尚懸雞江景曦。』屠應坤，嘉興人，仕至副使。先正儉德，真可師也！

養生妙法

軟飯，爛肉，少酒，獨宿，此古人養生妙法也。余嘗解而書之座右曰：『軟飯以養胃，爛肉以養人，少酒以養血，獨宿以養神。此日用之妙法，乃在家之全真。』

四毒

美酒爲毒難多飲，蜂液爲蜜難益食，勇夫强國而難近，好女悦心而難畜，辯士快意而難信。故美味腐腸，好色惑志，勇夫招禍，辯口致殃。四者，世之毒也。見王充《論衡》，余節而録之。

十盜

周武王問太公曰：『貧富豈有命乎？將治生不得其意。』太公曰：『盜在其室：計之不熟，一盜；收種不時，二盜；取婦無能，三盜；養女太多，四盜；棄事就酒，五盜；衣服過度，六盜；封藏不謹，七盜；井竈不便，八盜；舉息就利，九盜；無事燒火，十盜。安得富也？』見《六韜》。此雖僞書，亦足以爲吾人治家之戒，慎焉防之可也。余因自計，平生多犯此戒。性躁而慮疏，則有計生之盜；不善治産，農事任之僮僕，則有失時之盜；所舉七女，而存者四，則有不過門之盜；雖不多飲，而招者必赴，且惜終歡，則有廢事之盜；取水去廚甚遠，而每日用水甚多，則有爨汲不便之盜；煮酒烹茶，不耐食冷，熏籠篝火，夜静息煙，則有樵薪不繼之盜。夫以一室之中，而六盜集焉，欲不貧得乎？

張莊簡格言

張時敏名悦，華亭人也，嘗有言曰：『客至留饌，儉約適情。肴隨有而設，酒隨量而傾。雖新親不擡飯，雖大賓不宰牲。匪真戒奢侈而可久，亦將免煩勞以安生。』此言既非陋而背禮，實通俗而可行。在君子謂之尚質，在小人謂之不情。

薄薄酒

趙明叔有言：『薄薄酒，勝茶湯。醜醜婦，勝空房。』陶靖節『弱女雖非男，强歡良勝無』之詩，蓋喻酒也。膠西先生之言，實祖于此。至于蘇子瞻則廣之曰：『薄薄酒，勝茶湯。粗粗布，勝無裳。醜妻惡妾勝空房。』又云：『薄薄酒，飲兩鍾。粗粗布，着兩重。醜惡雖異醉煖同，醜妻惡妾壽乃公。』余又廣之曰：『酸酸酒，勝醋湯。稀稀粥，勝絶糧。粗粗布，可補漿。貧病到老勝無常。有妻有妾醜不妨，妻妾太美多淫荒。』或曰：此雖戲言，切中時病也。

鼠雀耗

三代什一而税，何嘗有正耗之名。後唐明宗時入倉觀受納，主藏吏懼責其多取，固爲輕量。明宗曰：『倉廩宿藏，動經數歲，取之若此，豈後無折缺乎？』吏因曰：『自來主藏者破家竭産以償所欠，正爲此耳。』明宗憫然，乃詔：『自今石取二升以爲雀鼠耗也。』至今仍之。又有所謂正耗、加耗、小耗、大耗、水耗。嗚呼！法日增而弊日甚，民日貧而國日耗矣！安得免民田租如漢文之世也哉？節用愛民而足國，亦必有其道也。

同類相食

水畜之物，鱗族自食之，甲族能食之，羽族、毛族又能食之，然後人盡食之矣。雲飛之物，羽族自食之，毛族亦能食之，然後人盡食之矣。陸走之物，毛族自食之，鱗族亦能食之，然後人盡食之矣。至于蜾蟲之屬，天地間之至貴者也，宜乎物莫能害之矣。然泳于淵澤者，鱗甲之族能食之也；迷于山林者，毛族能食之也；死而棄于草野者，羽族能食之也。然猶之可諉也，曰自輕其生。若夫人乃同類血氣之親，本無間于初生也，而乃財利之吞嗜，干戈之屠戮，是亦食人之俑也。然後戾氣相感變爲禽獸，而有食人之人出焉。如唐朱粲之搗磨寨，潁州之火光賊，宋登州之范温，唐尚書如張茂昭，上將軍如萇從簡、趙思綰、高澧，臨安尉如薛震，宋率府如王繼勳，欽州守如林千之之輩，乃有想肉、人腊事件，饒把火、不美羹、和骨爛、兩脚羊之名。嗚乎！天地之變極矣，人與禽獸曾何別乎？今之大酒席以糖爲人，以粉爲毛女、八仙，以供人食，是豈但率獸食人而已乎？誠可謂人相食矣！賢士大夫皆恬然嚼之，不忍之心何在？

校勘記

〔一〕梁崔祖思　按祖思由宋入齊，卒于齊武帝時，未曾入梁。

留青日札卷之二十七

寺觀

漢明帝遣蔡愔使西天竺國，請摩騰歸漢，舍于鴻臚寺。殊不知寺者，止也，又曰嗣也，治事者嗣續于其中也。鴻臚，乃今四夷之館，故暫舍之。無何，後于東都門外建精舍以居之，因白馬馱經，遂曰白馬寺。而僧之俑、寺之玷，遺禍萬世矣。晉孝武奉佛法，遂立精舍于殿内，引沙門居之。至宋徽宗宣和，詔改寺曰宫，院曰觀，以尊奉道士。殊不知觀者，觀也，兩觀所以登高以望雲物，以懸法象。漢之東觀，所以藏書，初非事異端之處。惟《黄帝内傳》：『置元始真容于高觀上。』此僞書也。

蘭若

梵言阿蘭若，皆知曰寺也。或曰無諍也，或曰空静處也。殊不知蘭，香草也；若，乾草也。即所謂清淨草庵之意。人皆不原字義，故其説不明。吾鄉有無諍寺〔一〕。

戒壇

杭州昭慶寺，每年三月開戒壇，爲天下僧人受戒之所，故名曰萬善戒壇。禪家五戒：一曰不殺生命，二曰不偷盜財物，三曰不聽淫聲美色，四曰不飲酒茹葷，五曰不妄言戲語。今則僧尼雜處，道俗混淆，四時遊戲群集，實爲淫亂葷羶之壇矣。在宋時，戒壇僧尼爲姦，太祖深惡之。開寶五年，詔曰：『僧尼無間，實紊教法。應尼合度者只許于本寺起壇受戒，令尼大德主之。如違，重置其罪，許人告也。』《貽謀録》中載：僧戒壇中，公然招誘新尼受戒，不至者，反誣以違法。噫！弊也久矣！嘉靖三十五年，倭寇臨北關，都御史李天寵焚之，乃五月六日也。不數年，總制胡宗憲重建，焕然勝昔，遊僧復來。四十五年春，巡按龐公、按察徐公、王公、秦公，毅然痛禁，異端絶影，真一快事！隆慶三年己巳閏六月六日戌時，爲雷火一夜焚盡，蓋天將滅之也。

重陽庵

重陽庵，在吴山之東，人多不知其所取義。今南山地名道姑灣，掘土五六尺，即見庵基，磚瓦無恙。且有假山，皆太湖佳石。土人云：『重陽，女庵也。』與地名道姑灣相合。城中重陽庵，《郡志》不載其故，而石壁但有元天師廣微子所書『大重陽庵』字，則此或下院也。但重陽之名，不見于宋。或曰始于元大德年間。或曰重陽女，乃宋高宗二宫人，出家于此，蓋香火院也。此又臆説。《西京賦》曰：『集重陽之清澂。』注曰：神明臺高，既除去下地之埃穢，乃上止于天陽之宇，清澂之中也。道書言上爲陽，而清又爲陽，故曰重陽。

皮場廟

王叔永載：行都試禮部者，皆禱于皮場廟。皮場，即皮剥所也。建中靖國元年六月，傳聞皮場土地主瘍疾之不治者，詔封靈貺侯。廟在萬壽觀之晨華館，館與貢院爲隣，不知士人之禱，始於何時，館何因而置廟也。今杭州皮場廟在吴山上，應試士子尚多禱之，亦有禱于江東廟、文昌祠者。或曰：『宋時有禱于子游、子夏名二相廟者，今何不禱于先聖孔子廟邪？』余曰：『仲尼與爾輩不合，方怪爾輩，安肯保祐邪？』或曰：『何也？』余曰：『深怪宋儒破碎章句注脚，違悖聖經，而當今排偶浮靡時文相去又甚遠，與己爲仇故耳。』聞者絶倒。

晏公廟

太祖渡江取張士誠，舟將覆，紅袍救上，且指之以舟者。問：『何神？』曰：『晏公也。』後猪婆龍攻崩江岸，神復化爲老漁翁，示以殺鼉之法。問：『何人？』又曰：『晏姓也。』太祖感之，遂封爲神霄玉府都督大元帥，仍命有司祀之。今江海著靈甚顯。昔宋高宗渡河有泥馬引途之異，故杭州有白馬廟祀之。元世祖取江南，欲渡黄河，苦乏舟，夢一老叟指引。明日果見一人先涉濟軍，遂封爲荅剌罕，與五品印，撥三百户食之。信乎帝王之興，天與人歸，自有靈兆也。

東明寺

東明寺在錢塘安溪，去吾鄉不二十里。相傳建文皇帝爲僧，曾居此寺。舊傳廁制如樓，與人家頗異。後流廣西，歸老北京宫中，稱曰老佛。崩時，欲謚爲神宗，而朝廷不允，葬西山，銘曰『天下大法師之墓』。初，建文之自焚也，葬祭以天子之禮。駙馬都尉梅殷軍中發喪縞素，私謚爲孝愍皇帝。後主事楊循吉致仕，遣子奏復建文帝號，孝廟亦不之罪。

和尚道人仙人通稱

佛圖澄，本天竺人，少學道，妙通玄術。勒後因忿欲害諸道士，并欲苦澄。又，勒大笑曰：『道人謬矣！』又，勒益重之，事必諮而後行，號曰大和尚。又，百姓因澄故，多奉佛，皆營造寺廟，相競出家，真僞渾殽，多生愆過。石虎下書料簡，其著作郎王度奏曰：『佛，外國之神，非諸華所應祠奉。漢代初傳其道，唯聽西域人得立寺都邑，以奉其神，漢人皆不出家。魏承漢制，亦循前軌。今可斷趙人悉不聽詣寺燒香禮拜，以遵典禮，其百辟卿士，下逮衆隷，例皆禁之。

其有犯者，與淫祀同罪。其趙人爲沙門者，還服百姓。』朝士多同度所奏。石虎以澄故，下書曰：『朕出自邊戎，忝君諸夏，至於饗祀，應從本俗。佛是戎神，所應兼奉，其夷趙百姓，有樂事佛者，特聽之。』虎太子邃且名其子曰小阿彌。又僧亦可稱仙人。昔道開從西來，日行七百里，太史奏石虎云：『有仙人星見，當有高士入境。』見《高僧傳》。

火居火宅

今道士之有室家者，名爲火居道士。唐鄭熊《番禺雜記》：『廣僧有室家者，謂之火宅僧。』又，陶穀《清異録》：『京師大相國寺僧有妻曰梵嫂，亦曰房老。』則道有妻者亦當曰道嫂，俗言道婆。佛妻，名耶須。見《蓮經》注。洪武六年，令民家女子未及四十者，不許爲尼姑、女冠。二十年，令民年二十以上者，不許爲僧。二十四年，令民有效瑜珈教，稱爲善友，假張真人名私造符録者，皆治以重罪。二十七年，令僧道有妻妾者許諸人趕逐，相容隱者罪之。有稱白蓮、靈竇、火居及僧道不務祖風，妄爲議論阻令者，皆治重罪。永樂十年，諭天下僧道多不守戒律，民間修齋誦經輒較利厚薄，又無誠心，甚至飲酒食肉，游蕩荒淫，畧無顧忌。又有無知愚民妄稱道人，一槩蠱惑，男女雜處無別，敗壞風化，即揭榜申明，違者殺不赦。

喪葬用僧樂

今俗：疾病則用僧道作齋醮，喪死則用僧道作道場，送葬則用僧道爲引導。不惟愚民之家，雖士宦亦有爲之者。間爲正人君子之所譏笑，則託名曰：『我固知其非禮，奈此先人遺命，不敢違也。』嗚呼！君子從治命不從亂命，何惑于異端如此哉！宋開寶三年，詔開封府禁止士庶之家喪葬不得用僧道威儀前引。此崇正道厚風俗之大端也。又，太平興國六年，詔禁送葬不得用樂，庶人不得用方相魌頭，皆良法也。

僧道不拜

律：僧道不拜父母。唐傅奕奏高祖云：『不忠不孝，削髮而揖君親。』是亦不拜也。

妖僧

妖僧行果，云自海上來杭州，多技善幻，以符訉禁治病人，輒愈。人或訛言曰仙。時劉郎中景寅、吴員外郎鼎咸得告家食，聞行果名，召之，與語大悦。受辟穀運氣法，屏人扃室，以一侲子守之。行果則往來二子所指授也。頃之，劉忽瞑眩欲死，以語行果。行果曰：『是將遊神，神遊而復，可以昇矣。』又頃之，瞑眩益甚，若有物冉冉自口脱于几上，爲么人，長不滿指，盤辟而歌，纖如蠅聲。劉問曰：『爾何爲者？』曰：『吾，君之元神也。』侲子駭而大譁，么人忽亡。劉遂僵仆，移時而甦。叩之，若寱語，不憶矣。遂得悸病，忽忽三月而卒。吳既受法，瞑眩時作如劉然，不知劉已死，惑于行果，信之益篤。一日，忽大叫曰：『八仙至矣。』躍起若肅客狀。吳病跛，不良于行，至是步武舒展㸌如也。俄而空中語曰：『吾將采白鳳之膏，蒼龍之髓，續爾筋骸。』吳謝曰：『謹俟命。』既而家中百怪朋作，犬登竈而嗥，嬰兒反接若桎梏而啼。家人大懼。無何，行果突至，吳且擊且罵曰：『妖秃，爾賊任氏，剄其二稚，爲幻世間，吾今訴帝，殺汝矣。』行果瞿瞿狼竄出門，不知所往。而吳亦病悸，判年始痊。詢之二子之家果然，怪亦甚矣。妖僧所作，不知果何術也。家大夫言采生法。吳之子遵晦爲按察副使，余得其詳。

四方光明電王

電，陰陽激曜，與雷同氣，發而爲光也。世人以雷爲雷公，漢王仲任嘗辨之矣。而異端又以電爲電王，則尤可笑。《金光明經》曰：『四方光明電王：東方阿揭多電王，南方阿羝嚕電王，西方主多光電王，北方蘇多末尼電王。』豈吾儒所謂風伯、雨師者，有以倡之邪？

磨衲　衲盂

磨衲者，高麗僧衣也，甚精好，爲禪師法衲衣。盂，即衣鉢，見《松漠紀聞》。余欲改爲衲盂，更新。西域緝木綿花織成布，曰屈眴布。後人以碧絹爲裏，是達磨所傳者，名曰信衣。又，釋伽佛將金縷僧迦黎衣傳與迦葉，爲佛始祖，即大衣也。

佛牙

西湖法相寺中藏一異齒，其大如拳，正碧緑色，透明。山僧云是佛牙，以誘婦女奉禮請觀獲利也。其狀如盤牙，想是西域異獸口中者。且云此佛丈六金身，如有此牙，則須十六丈長，乃可容此頭也。古人所載那衍國有金輪王，齒長三寸，豈是物耶？唐傅奕以羚羊角扣碎婆羅門僧佛齒，五代趙鳳以斧砍碎西域佛牙。我朝正德九年正月十六日，乾清宫災，吏部尚書楊一清上言五事，其三謂不宜創梵宇于西内。蓋禁中自來有佛堂、釋殿。惟正德中，因近習張鋭、張雄、錢寧等，以佛事蠱惑武宗，引西番僧出入禁内。至今上始議除去，命武定侯郭勳、大學士李時、禮部尚書夏言入看，大善殿内有金銀鑄像夷鬼淫褻之狀，鉅細不下千百餘，金函玉匣藏貯，名爲佛骨、佛頭、佛牙之類，枯朽摧裂，奇離傀儡，亦計不下千百片。言請瘞之草野，不得瀆留清禁，以永杜愚冥眩惑之端。請將佛骨、佛牙，一切付之于火，以滅其跡，其金銀銅像亦併令燬銷。實爲千古稱快，而萬代瞻仰者也。實嘉靖十五年五月二十日夏言題請，遂皆燬滅。計佛骨、骨牙齒不下千百斤，又何其多也。其所爲男女淫褻之像者，名曰歡喜佛，傳聞欲以教太子，蓋慮長于深宫之中，不知人事故也。今皇上毁之，誠可謂端本之教矣。漢成帝畫紂踞妲己而坐，爲長夜之樂于屏。又，戴王子海陽立十五年，坐晝屋，爲男女羸交接，置酒請諸父姊妹飲，令仰視畫，此淫圖之始也。胡元伶人詹俊子爲淫亂之物，此淫具之始也。所謂歡喜佛者，想亦此類。其殿名曰大善，乃大惡也。

念佛婆

今燒香名念佛婆者，人家老婦衰敗，無所事事，乃怕死修善，結會念佛。如古白蓮教，皆爲師姑、尼姑所引，因而成群傾國，老幼美惡，無不入會。淫僧潑道，拜爲乾娘，而淫婦潑妻，又拜僧道爲師、爲父，自稱曰弟子，晝夜姦宿淫樂。其丈夫子孫亦有奉佛入夥，不以爲恥。大家婦女雖不出家，而持齋把素，袖藏念珠，口誦佛號，裝供神像，儼然寺院。婦人無子，誘云某僧能幹，可度一佛種，如磨臍過氣之法，即元之所謂大布施，以身布施之流也。可勝誅邪！亦有引誘少年師尼與丈夫淫樂者，誠所謂歡喜佛矣。戒之！戒之！

假師姑

隆慶庚午，妖僧圓曉穿耳纏足，粧飾爲假師姑，至餘杭，哄誘念佛婦人淫媾甚多，雖富貴之家不免其汙。事露送縣，賄釋。按察吴公擒之，盡發其姦，醜聲滿邑。乃號令通衢，致之死刑，則又頌聲滿省矣。總制郭公薦剡所云：『開運河而百姓騰歡，擒妖僧而一方稱快。』正謂此也。

吴公名教傳，朝城人，崇正闢邪，真王政也。

僧道託生　僧道名子

房琯是永禪師，李白是金粟如來，崔曙是泰山老師，張方平是琅琊寺僧，蘇軾是杭州壽星院真戒和尚，王十朋是族叔之師嚴伯威，史彌遠是覺闍黎，馮京是五臺僧，真德秀是浦城草庵和尚，我朝尚書常州胡濙是天池僧，進士太原王瓊是西番僧，豈輪迴之徵邪？又，六朝文人多以僧道佛命名，甚可鄙笑。而文天祥，正氣君子也，乃名其二子曰道生、佛生。今洪武時，東川侯胡海第七子名和尚，第八子名行者，見學士劉三吾所撰墓志。鞏昌侯郭子興次子名官僧。永樂十五年丁酉，福建榜有顧佛童、楊佛童、薛佛、劉童，皆生員中式。

儒者奉佛

宋尹和靖拜迎天竺觀音，在虎丘，每旦頂禮佛，念《金剛經》。今之士大夫託名逃禪，往往修齋誦經，事佛甚虔，至有捐妻捨女以奉僧道者。每至醜聲敗露，動經法司，破家亡身，不齒士類。□州文武之家，如□少卿、許指揮之輩，甚可嗤笑也。嗟夫！古之胡后却曇獻之扇，徐妃贈瑶光之枕，龜兹王女納于鳩摩羅什，千金公主偶于淫毒丐僧，彰之史册，遺臭萬世，彼獨不監邪？

曇霍　膽巴

孱檀女病，病甚，請救療，曇霍曰：『人之死生，自有定期，聖人亦不能轉禍爲福，曇霍安能延命耶？正可知早晚耳！』元僧膽巴曰：『佛法猶燈籠，風雨至乃可蔽，若燭盡則無如之何。』正所謂『藥醫不死病，佛度有緣人』也。惑世愚民，可笑！可笑！

布袋和尚　灰袋道士

布袋和尚者，號長汀子，在奉化縣岳林寺。嘗皤腹以杖荷一布袋，凡供身之具，盡貯袋中，隨處偃卧。天將雨，即着濕草履，驟行途中。遇亢暘，即曳高齒木屐，豎膝而睡。梁貞明三年，于寺中東廊石上端坐而逝。今縣北二里塔亭山上有鉢盂佛跡。宋岳珂贊曰：『行也布袋，坐也布袋，放下布袋，多少自在！』元布袋者景元，號此庵，永嘉人，參蔣山圓悟禪師有得，悟曰：『我這裹師禪，都被元首座一布袋盛去也。』因呼爲元布袋。又，灰袋道士，蜀中人，乃唐時陽狂異人也。

豬頭和尚　魚肉道人

和尚，宋衢州人，戒律精嚴，平生惟嗜食豬首。人以豬首與之，日食數十枚，曾不見其骨。

人皆異之，稱爲活佛。與趙清獻公友善。今骨相尚留定光寺中，從者捧一猪首侍之，仍當時之名，故曰猪頭和尚廟。其壁有石刻趙公碑記。魚肉道人者，成都人，宋大觀中生，而手足攣縮，瘖不能言。遇異人，以藥一粒納口中，遂能言語動作，知隱匿事。至羅浮山，謁王野人名靚，野人曰：『子可教。』取魚肉與之食，道人自此能食生肉，號曰魚肉道人。紹興末封達真先生。此四人正好作對。或戲曰：猪頭和尚，可對吾鄉狗肉道人。

三教

元孛朮魯翀子翬曰：『釋如黄金，道如白璧，儒如五穀。』當時以爲名言。余則以爲釋不如鐵，道不如石。蓋二氏無益于世，徒耗五穀耳。佛者，言其弗是人也。猶言俳者，言其非是人也。以俳爲倡優者，言其人之猖狂而可憂也。惟釋害人最大。在元有白蓮教、滿摩教、回回教、頭陀教，各自有宗，猶道之符水教，儒之道學教，其亂天下，一也。儒之有道學，即五穀之有稂稗耳。

姚廣孝

廣孝，幼名天禧，長洲人，世醫，從相城道士席應珍。席通儒，多異術，質敏，盡得其傳。嘗白父：『不願醫，願仕以顯父母。』父不從。一日入城，見僧官騶從之盛，嘆曰：『僧亦富貴如此邪！』元壬辰年，遂出家，入里之妙智庵，改名道衍，游學江湖，工爲詩文。洪武癸丑。請給禮部度牒于覺林寺，入册。四年，詔取高僧，至則以病回。八年，詔通儒，廣孝以僧試禮部，中不願仕，贈僧服還山。及壬戌九月，詔選高僧，分侍諸王。廣孝往燕王府，住持慶壽禪寺。十五年，孝慈皇后崩，親王各奏乞僧修齋。于是左善世宗泐季潭舉之，遂見知于成祖，預建靖難之功。壬午十月，拜僧録司左善世。永樂甲申三月，簡東宫輔導，擢太子少師，因賜今名。不拜，惟受章服，仍居慶壽寺。及太孫就學，命設講席于文華殿之東，復令廣孝及翰林内閣諸臣侍焉。九年考滿，爲壬辰二月，給與誥命封贈祖菊山、父妙心，俱贈資善大夫，祖母周氏、母費氏，俱贈夫人，併本身，凡五道。終身不畜髮，不娶妻。今寺中有方面、紅袍、玉帶、髡頂、戴唐帽像者存焉，卒年八十四。義子曰繼，録功爲尚寶司少卿，廣孝贈榮國公，謚恭靖，配享成祖廟廷。或曰初名衍，字斯道，成祖嘗賜兩宫人，逾月不近，上乃召還之。嘉靖九年，移祀大興隆寺，罷侑享禮也。

大光明佛

烏思藏大乘法王，居西天日落佛國東土。永樂三年，誥封『萬行圓融如法最勝弘慈廣濟護國宣教正覺如來大乘法王西天上善金剛普應大光明佛』凡三十六字法號。十一年，喃葛兒藏卜來朝，封爲灌頂弘慈通慧國師，給金印。嘉靖十年，應襲崑葛鎖南扎叭堅參巴藏卜，西番字

表一通，時通把人等譯之曰：上位人皇帝主大法皇帝前烏思藏應襲大乘法王崑葛鎖南扎叭堅參巴藏卜差使臣崑葛班鳩兒等拜奏：上位登大寶位萬萬年，金身堅固猶如須彌，天下太平，四海一家，聖意公無間遠邇，我烏思藏高僧剌麻僧俗人等，時常祝延聖壽萬萬歲。今于鼠年，具印信番本一道，并年例方物，赴京進貢銅佛、銅塔、舍利、珊瑚、犀牛角、紫紅白足力麻、左髻、海螺、黑香、硼砂、茜草、葫黄蓮、毛纓、紅白黑鐵力麻、氆氌等件。又，廂嵌甸子無量鍍金佛一尊，畫像釋迦佛一幅，舍利十顆，金五錢。

朱正增

正增，本姓穆，正德間，魏彬誘見，投充義子，賜姓朱氏。與周一濮即周伴兒、馬時明即馬福壽、真人李雲峪即李躧住、右至靈聶一然即聶道兒，附權奸魏彬、陳應循等，以贓充軍。嘉靖三年，復以傳奉夤緣爲奸。家大夫在儀制，劾之曰：『先朝宿蠹，盛世遺奸。鑽刺榮身，賄賕脱罪。矇朧陳乞，豈天聽之能周？依附營求，信國法之難宥。有傷聖化，自玷宗風。乞正典刑，以杜奸蘖。』十年十月，有旨：『都饒他着，照舊焚修。』又，給還度牒。皆顯靈宫静虚觀道士也。自後濫觴，而左道興矣。邵真人、陶真人符籙妖惑最盛，而陶爲之魁。陶仲文，黄岡人，由倉官封恭誠伯，禄一千二百石。隆慶初，追戮。

校勘記

〔一〕吾鄉有無諍寺　此六字原無，據甲申本補。

留青日札卷之二十八

道士主禮樂

我朝祭祀贊禮者，太常寺之道士，奏樂者，神樂觀之道士，皆異端也。天神何爲而格哉！至于府州縣，則樂奏于道士，相禮者乃吾儒也。聖賢與異端，正相攻擊，而侏儒在所必誅者，安肯復來享乎？《周禮》：天子大祀，禮主于大宗伯，樂主于大司樂。此所以盡誠盡物，郊則天神格而廟則神鬼享也。洪武四年，擇監生及文武大臣子弟在學校者，充樂舞生，此祖宗崇正闢邪良法美意也，何莫舉而行之哉？又，正統三年，禁祀孔子于釋老宮，祭物非所產者以所產代之，如今之小縣不出鹿者以羊代鹿；而近日上司至以山縣出鹿者令以羊代，仍追鹿價入己，誠敬何在？嗚呼！爾愛其金，我愛其禮也。曾謂仲尼享此不及物之祭乎！

布政使司城隍廟

京師都城隍廟，以天下十三省城隍之神配享，禮也。仲夏，皇帝遣官致祭。南京仲秋祭之。則各省當立布政使司城隍廟，乃禮也。如浙江則當題其主曰浙江等處承宣布政使司城隍之神，而以杭州府城隍之神配享，置主于殿中之左，又次而以仁和縣、錢塘縣城隍之神分配于東西兩廡，庶幾事體合宜。今但稱杭州府城隍，是上無一省，而下無兩縣也。與府縣分祀孔子之制有異。又，總制部院三司蒞任之日，必齋宿謁廟，而反行四拜禮于一府之神，是以親臨上司而跪拜于屬官也，何冠履倒置、幽明悖禮之若是哉？不若齋戒拜謁于先師孔子之廟，亦爲合禮也。世有議禮君子舉吾言而奏行之，以正祀典，以妥神靈，亦可以補國家二百年之缺典也。

伏波將軍有八人

漢有兩伏波將軍：前邳離侯路博德，後新息侯馬援。蘇子瞻嘗辨之。家大夫嘗遊南海龍王廟，廡下有神號伏波曹將軍。詢之土人，云唐時新羅使入貢，夜夢有神，介而持戈曰：『予爲南海伏波曹將軍也，龍王遣我護汝，但渡無苦。』明日風浪大作，見一人出波心，以手按怒濤旋滅。遂立祠于此。余又見史，言鍾士雄陳伏波將軍，嶺南酋帥也。晉虞瑶博學强識，仕至伏波將軍，墓在寧波慈谿縣西南六十里五馬山上。又，葛洪爲將兵都尉，攻庾冰别帥，破之，遷伏波將軍。見本傳。秦索蔆仕苻堅，至伏波將軍，見其兄《索泮傳》内。又，《晉・周處傳》乃使隸夏侯駿西征伏波將軍。今嶺海多伏波廟，而雷之徐聞，潯之烏蠻灘，香火尤盛，士夫客商往來必禱祀乃濟。詩人詠伏波者，但知馬援，不知有其七。余過其廟，故詳紀之。

武安王

後漢延岑自稱武安王於漢中。又，秦將白起則封武安君。後關雲長亦封武安王。有客爲余召箕，一日降壇，其勢甚猛，書云：『威鎮華夷，義勇三分四海；才兼文武，英雄千古一人。』余曰：『公乃武安王邪？』復書曰：『諾。』余曰：『聞公之靈，誓不入吴。何以至此？』又書曰：『赤兔騰霜汗雨零，青龍偃月血風腥。曉來飛渡烏江上，始信天亡最有靈。』客皆愕然。蓋不獨見公之英靈，千古不昧，而隱然非戰之罪，自寓于言表矣。神之無所不至，故如此其著邪！今《通志》：常德府龍陽縣，本漢武陵郡索縣地，東漢爲漢壽縣，而武陵縣陽嘉中，一名漢壽。吴曰吴壽。又，劉宋有晉壽郡，今成都也。亦其一證云。

神助陣

嘉靖乙卯，倭寇大作，直攻會城。余鳩集鄉兵千人爲保障計，猶恐人心不安，乃擇日築高壇于西郊，以順金方肅殺之氣，刑牲歃血〔一〕，爲文告天，以求助于古今名將自武成王而下三十餘人。後賊臨方山，四日不退，鄉兵迎敵，不戰而遁。四方被擄人回云：『賊人西望，見雲中神兵衆多，金甲神將，形甚長大，旗幟分明，是以不敢交戰而去也。』衆皆聞言踴躍，感悦靈應。已署載之《回瀾橋記》中。余憶古今此事常有。如晉王導以儀物鼓吹求助于鍾山之神，以禦苻堅，其後八公山草木皆兵。唐太山陰兵助戰，以破李師道。我朝真武之神助成祖以破胡虜。又，杭州都指揮使李公祭告岳武穆王墓，請岳雲所貽鐵鎗以破桃花洞賊是也。此皆正神大道，吾儒所當行者。但如唐之使妖僧誦呪祈禳，宋之宰相閉門修齋誦經，則不可耳。方倭寇焚燒湖市時，城中官府及鄉士夫，亦有就寺觀設醮燒香祈保退敵者，左道惑衆，可恥之甚也。正神乃肯助正人，若邪神必反助妖人矣。因思國制旗纛上所圖天王等像，又不知何名。或昉于天寶間不空、三藏之術也。

家神却盜

燭溪湖胡家有群盜破門而入，見其家堂上有三四老人會飲，燈燭掩映，鼓吹不絶，賊皆驚走。實其夜無人也，乃家之先神耳。異哉！

彭祖

顓頊之孫，陸終氏之第三子。母鬼方氏，孕十一年而生，姓籛名鏗，自堯歷夏殷之末，已年七百餘歲，封于韓大彭，故孔子稱老彭。周衰，浮游四方，入蜀，留家武當山。王逸《楚詞注》：『彭祖好知滋味，善斟雉羹，以事帝堯。』司馬彪《莊子注》：『彭祖八百猶悔不壽，恨睡晚而唾遠。』又曰：『彭祖餌雲母，御女數十，晚娶妻鄭氏，妖淫敗道而死，非壽終也。』《仙傳》云：『彭祖年八百歲，喪四十九妻，五十四子。』可謂多壽而窮苦孤獨者矣。武進薛應旂作《四書人物考》失載，故并録之。

西域天竺國求老子像

天竺國破，降王玄策，其迦没路國獻異物，并上地圖，請老子像。夫老子既曰出西域，至流沙，而西域之國反來中華求象，可發一笑。

木鑽　鐵杵

世所傳木鑽穿石盤，乃老君之于傅先生也；石上磨鐵杵，乃真人之于玄武帝也。

施存

施存，齊人，孔子弟子三千之數，自號婉盆子，得遁變化景之道，今中岳少室之壺公是也。見《真誥》。云『未受太上書，猶未成真』。其行玉斧軍火符，是其所受之枝條也。

吕紹先　何仙姑

吕嵓，字洞賓，幼名紹先，京川人，二十不從婚娶。會昌、咸通時舉進士，滯場屋者二十三年。五十道始成，祖渭，禮部侍郎；父讓，海州刺史。余嘗召箕，洞賓降書云：『輕揮羽扇，平分湘水，煙霞泉石爲佳侶。清風兩袖膽氣粗，洞庭飛過經千里。飽嚼瑶華，醉斟玉髓，乾坤收拾葫蘆裏。一聲長笑海空秋，數着殘棋山月起。』末書曰《踏莎行》。余請作《西湖賦》，即運箕如飛，筆不停綴，有云：『攀碧落之兩峯，卧白雲于三竺。六橋水流魚與俱，四賢堂寂鹿獨宿。』真佳句也。客有戲之者曰：『公之仙姑何在？』即書云：『仙姑至矣。』箕停少選，復書云：『閬苑蓬萊自可人，東山人駐幾千春。要知古女真消息，碧漢青天月一輪。』余曰：『非藏何仙姑三字邪？』復書曰：『然，然，然。』余出一句曰：『日月爲明分晝夜。』求之屬對。箕即應之曰：『此拘于字，難對，聊對一句。』乃書曰：『女生合姓别陰陽。』客又戲之曰：『適見洞賓否？』箕忽震怒者久之，復書曰：『仙友從來有洞賓，爾今問我是何因？婉妗自許逢周穆，姜女誰知與亂臣。烈火精金應不鑠，蒼蠅白璧未嘗磷。道心清浄渾如水，不學凡間犬豕人。』何仙姑者，廣東增城人，生而項有六毫。所居地有雲母，忽夢異人教之服餌，唐景龍中仙去。今有雲母嶺。《永州志》云：『何仙姑幼遇異人，與桃食之，遂不飢，能知人禍福。』宋《類苑》云：『潭州夏鈎過永州，問姑曰：「世多言吕先生，今安在？」姑笑曰：「今日在潭州興化寺設齋。」鈎到潭日，取寺中齋曆視之，其日果有華州回客設供。蓋吕洞賓自稱華州回道士。』見《岳州一統志》。又，《浙江志》載：嚴州婦女唐廣真與夫相離，從師修道，徑謁何仙姑，後遂得仙。則仙姑之事信矣。

藍關雪　潮臺雨

韓退之貶潮陽，至藍關遇雪。其姪韓湘字北渚，冒雪而來，故有『知汝遠來應有意』之句。又，宰相劉瞻，其兄劉曆，幼好仙術，有道士至門，謂之曰：『能相師乎？』曰：『諾。』即隨之入羅浮山。後四十年，瞻被貶逐，至潮臺泊舟，有少年冒雨而來，乃曆也，自言已名列仙籍矣。悲喜不勝，一夕不知所往。二事相類，又皆唐人，真異也。

麻姑

唐顔魯公作《麻姑壇記》，載事甚詳，在江西廬山。今藏布政使司庫，名曰换金碑，以其難得也。人皆不知其原。麻姑者，乃後趙石勒麻胡秋之女。其父猛悍，人畏之。築城嚴酷，晝夜不止，惟雞鳴乃息。女憐之，假作雞鳴，衆雞皆鳴，衆工乃止。父覺而撻之，女懼而逃入黄州仙姑洞修道。後于城北石橋飛昇。名其橋曰望仙。今羅田有麻姑崖。

祠山張大帝

武當人張秉，遇仙女山中，謂曰：『帝以君功在吴分，故遣我爲配生子，以木德王其地。』且約踰年再會。秉如期往，仙女抱幼子歸秉，曰：『當世世相承，血食吴楚。』後生子渤，爲祠山之神。今廣德州横山有廟志，云生西漢末，遊苕霅之間，夫人李氏亦有昭妃廟，至今香火甚盛。以二月八日生辰，先一日必多風，後一日必多雨。俗人相傳，以爲神請其夫人之小姨飲酒，故加以風雨，欲視其足也。可謂瀆神矣。然至今此日風雨甚驗，亦異事也。又有埋藏之異，是日土人殺牛祀之，坎其庭中，以所祭牛牲及器皿數百瘞于坎中。明日發視之，空坎一無所有。

張果老

張果，古仙人，能著書，見《通志》。又，張果老乃唐玄宗時神仙，見《柳氏傳聞》。今有《張果老倒騎驢圖》。

革天師

天師之名，起于《莊子·徐無鬼》篇，曰：『黄帝再拜稽首，稱天師而退。』在漢爲五斗米賊，今於潜乃道陵所生處。宋林積爲南劍太守，送張天師之子于獄而奏曰：『其祖乃漢賊，不宜使子孫襲封。』元詔三十六代張天師朝京，錫以金印，封留國公，主領江南三山符録道教事。太祖兵取江西，張四十二代孫正常，字仲紀，遣人來見。自後六朝京師。洪武初，上謂群臣曰：『至尊者天，天豈有師也？以此爲號，褻瀆甚矣！』遂命去其舊稱，俾爲大真人，改天師印爲真人印，秩正二品。二十四年，授真人張宇二品，銀印。後别授六品，銅印，文曰『龍虎山正一玄壇之印』。英宗易以金印，文曰『正一嗣教大真人府之印』。弘治間，賜以玉印，文曰『陽平治都功印』。蓋府有張道陵所傳玉印一枚，其文如此，乃雲篆，而陽平治即蜀之陽平山，二十八治之一，道陵起處也。朝廷恐其隨身有失，別作此賜之。嘉靖十七年，真人朝覲，與余舟聯泊彭蠡湖星子驛口。半夜雷雨大作，霹靂震死贊教一人，亦快事也。凡一千四百餘歲，相傳五十代。至隆慶元年，乃革天師之號，止稱真人，追奪其玉印。又聖世一大快事也。

神君

今淫祠邪神，所稱神君者，起于漢武帝。乃長陵女子，以乳死，見神于先後宛若。宛若祠于室。平原君亦往祠，子孫貴顯。故上求神君，舍之上林中磃氏館，聞其言不見其人云。即嘉靖初鎮江以北之靈哥類也。

堂上堂下房中道中邪神

漢高祖四年，粱巫祠房中、堂上之屬，荆巫祠堂下之屬。師古曰：『堂下，在堂之下。』武帝天漢二年秋，止禁巫祠道中者。今俗人信巫，尚有此數祠，其祭陳設不同。如此當痛禁之。

風流神

洞庭包山，林木陰森，居民稠密，近有風流神在東灣茹家園軒中，能呼人姓名，談世隱事，自言終南山道人。每出酒果樂賓，彼則暗處陪語，濛濛洞洞，言兼謔浪，亦善吟咏。有曰：『自入空山歷歲華，幾經葉落幾經花。諸君問我原蹤跡，太華峰頭第一家。』『洞庭秋水碧玻璆，日浸東方月浸西。萬里紅塵渾不到，可能着我道人棲。』『暝煙一抹起山城，返照林間石壁晴。多少樓臺御倒景，獨能容我看分明。』其所説事，驗于前而昧于後，不知其爲何妖也。

二郎三郎神

灌口二郎神，在四川灌江口。和合二郎神，市井商賈所祀者。竹王三郎神，漢夜郎縣。泰山三郎神，後唐雄威將軍，即炳靈公也。草野三郎神，獄訟所祀者。五郎神，即五通也，一作五顯、五聖。吾鄉有五郎山神，姓田氏，鄉民奉事甚虔。今爲朝議公葬地。

王喬

王喬，周太子晉，善吹笙，作鳳鳴，浮丘公接上嵩高山，二十餘年，仙去。見劉向《列仙傳》。《汲冢書》載：『王喬卒時，年止十五六。』是可謂夭，非所以爲壽也。裴秀《冀州記》：『緱氏仙人庵者，昔有王僑，犍爲武陽人，爲柏人令，于此登仙。』非王子喬也。又，《陳書·周文育傳》：『王琳，令所親宦者王子晉掌視之。』又葉縣令王喬，飛舄爲者。

兩沉女巫

女巫，即今之師娘，最能左道惑民。古人巫蠱之禍，皆起于此，蓋能出入宫闈、閨閫故耳。魏鄴郡守西門豹沉女巫五人于河伯娶婦。又，晉陽令狄惟謙沉女巫郭天師于河。皆大丈夫爲治之正法也。

妖報

漢武帝好仙，而終歸茂陵；梁武帝奉佛，而餓死臺城；宋徽宗信道，而流離五國。或曰：鹿皮公吞玉華而尸蟲，王西城漱龍胎而死訣，仇季子咽金波而臭徹，司馬季主服霜散而首落，黑狄吞紅丹而投水，甯生服石腦而赴火，柏成納靈氣而腸腐。嗚呼！異哉，真異端之異報也！

閉氣道士

嘗見一道士，能爲閉氣之術。每夏夜裸卧，任蚊蝱嚼身，略不扇動。待其齊集甚衆，然後禁閉其氣，膚理轃實，若吸住其喙，牢不可脱者。雖起而行走，亦不失落，飛聲嗡嗡然。良久甚疲，乃放氣，縱之使去。其蚊嘴𣀮，再不復能噆人矣。或有就身撲殺者，亦不之禁，曰：『此物毒人，殺之無罪過也。』

使鬼法

世有采生摘割之法，今越人亦能之。有宋文元者，以教書在余外祖餘杭徐家，能役使鬼。每呼仙童，則其鬼即至，但無形聲耳。命之移卓椅，則卓椅行動，自能整齊。命移置庭中，自能出户。命之斟酒，杯盤自行。或剪紙爲神形，貼于壁上，以水一碗，命之手執，則其碗自吸于壁，而水不傾覆。一夕，有錫工同寢，宋惡之，命擊其牀，則飛磚走石，魂驚魄喪，乞哀移寢而止。不知果何術也。母舅歷山公從業，今時時能言之。

鬼殺咸寧

嘉靖間，大學士夏言、侍郎曾銑皆不得其死。及咸寧侯仇鸞疾篤，親見二公守之，乃于牀上稽首謝罪，對妻子名言之，竟以疽發背死，復剖棺梟首，人以爲報施之應云。漢田蚡論竇嬰、灌夫棄市，乃十二月晦也。春，蚡疾，一身盡痛，若有擊者，嘑服謝罪。上使視鬼者瞻之，曰：『魏其侯與灌夫共守，笞欲殺之。』竟死。具見本傳。二事正相類也。

于肅愍公辟鬼

肅愍公爲諸生時，忽窗外有巨人，持一扇乞詩。公醉中即揮筆書曰：『大造乾坤手，重扶社稷時。』其人大驚，悲躍而去。乃鬼也，所遺扇，則蕉葉一片耳。余祖言之。

失母之妖

上虞民家母八十餘，夏月風雨大作，忽失所在。其子追訪七八日，無可踪跡。遇樵人見于嵩山頂上，端坐荆棘中，問之不語，乃呼其子視，亦無知覺。後數月乃復舊也。又，餘杭郭家娶婦纔十餘日，行至竈前，忽然不見，家人尋覓不得。後五日，聞在山中，已將死。家人往救醒，問之，云被三四人拖抱，從屋脊上飛過，與淫媾，如醉夢中，今偶從松樹墮下也。後或看守不謹，即又攝去。其夫大懼，乃賣于王新建家，其妖始絶。因憶古人所記，鬼攝少年美姬者多矣，未聞娶此老婦，尤怪也。

見鬼投井

張輝，平南人，廣西解元。景泰元年，爲香山教諭，忽見官舍井中有紅衣人出而招之。輝素有膽氣，呵之走，上蓮花峯而滅。次日，會飲縣堂，與縣丞争位交毆，歸而投井死。馮定，蘇州人，進士。成化中，以副使赴京聽選。朝罷，逕至宗人府。府中有一井甚大，定忽下馬趨至井旁，顧其中拱揖者三四。從者見之，方驚駭，定忽解帶置地，涌身而入，急救之，死矣。

雙修法

元西番僧伽璘真善秘密法，謂順帝曰：『陛下雖尊居萬乘，富有四海，不過保有見世而已。人生能幾何，當受此秘密大喜樂禪定。』帝習之，名雙修法。又有運氣術，名演揲兒法，華言大喜樂，皆房中術也。號所處室曰皆即兀該，華言事事無礙也。今之夫婦雙修法，禍起于此。

五道將軍

今云五道將軍，謂盜神也。余意出于《莊子・胠篋》篇：盜亦有道，妄意室中之藏，聖也；入先，勇也；出後，義也；知可否，智也；分均，仁也。是五者，豈所謂五道邪？又，俗有游方五聖、樹頭五聖、花花五聖，皆貪淫邪亂之神。或曰即五通也。今之上官，可謂之六道將軍矣。客曰：『何也？』曰：『擒盜而納其財，反不殺而縱之，非六聖而何？』

禽獸變婦女

老狐能變婦人以媚人，世所知也，而海中紅裳魚亦能變，山中釣星鳥亦能變，一名夜行遊女。衣毛則爲飛鳥，脱毛則爲婦人，能乳人子。或云産死者所化。

淫報

麋、蜚，陰物也，婦女多淫亂，則生。《春秋》書蜚，所以譏莊公也。杜氏曰：『短狐。』《洪範傳》曰：『三足鼈。』《本草》曰：『射工。』西方書言淫人受果報，雀、鴿、鴛鴦，蓋此物皆淫鳥也。雀交不一，四時有子，九月入水爲蛤，否則多淫泆。鴿喜合，逐月有子，雌反乘雄。吴趨有云『鵓鴿檐前雌打雄』是也。書稱蟲不再交者虎。鴛鴦，瑇瑁也。雄曰鴛，雌曰鴦，乃匹鳥，未嘗相離，失偶，則思而死，故曰鴛思。今反云娼婦所變，似與韓朋事異。又，食蚺蝛，令人善淫。

校勘記

〔一〕刑牲歃血　原作『刑性插血』，據甲申本改。

留青日札卷之二十九

四神　四靈　四祥

天有蒼龍、白虎、朱雀、玄武。四星之精降而在地，則爲龍、虎、鳥、龜四獸之象，兵家謂之四神。麟、鳳、龜、龍，《禮》謂之四靈。麒麟、獅子、福禄、玄武，我朝謂之四祥。王充之論四靈，有曰：『燕飛輕于鳳皇，兔走疾于麒麟，蛙躍躁于靈龜，蛇騰便于神龍。』則是一無所靈矣。惟甲可卜，有國所寶，不疑卜廢，又何靈哉？宣德癸丑，翰林院編修許彬進《四祥詩》，此所謂一蟹不如一蟹也。

五靈

龍、鳳、麒麟、白虎、神龜，左氏之所謂五靈也。配以五方，則龍，東方，木也。木爇則生火。王者聽聰正知，而水官修則龍出大川。鳳，南方，火也。火炪則生土。王者貌恭體仁，而木官修則鳳鳴高梧。麟，中央，土也。土卅則生金。王者視明禮備，而火官修則麟游茂苑。白虎，西方，金也。金瀏則生水。王者思睿信立，而土官修則虎馴名山。龜，北方，水也。水液則生木。王者言從文成，而金官修則龜浮靈沼。蓋乳子則尅母，竇母則致子，感應循環，生養不窮，氣化自然之妙也。

五靈之長

羽蟲三百六十，而鳳爲之長；毛蟲三百六十，而麟爲之長；甲蟲三百六十，而龜爲之長；鱗蟲三百六十，而龍爲之長；倮蟲三百六十，而聖人爲之長。萬物之中人爲最靈，而聖人又爲萬物之靈，是當爲五靈之長矣。因是推之，動物皆然。夫植物則亦有然者，穀植三百六十，而禾爲之長；木植三百六十，而松爲之長；草植三百六十，而蓍爲之長；蔬植三百六十，而葵爲之長。然聖人皆爲之撙節愛養，以遂其生，以若其世，故能爲天地昆蟲草木之主，則是當爲百靈之長矣。

麒麟

麒麟，雄曰麒，雌曰麟，字皆从鹿，故《說文》於麒曰『仁獸，麇身牛尾一角，从鹿，其聲』是也。至于馬之曰騏者，亦从馬，其聲，而曰文如博棊，則鑿矣。夫棊，本从木，其聲，又何文之有？不知於麒、於騏、於棊之取義，皆有文如博棊否也。麟，《說文》：『大牝鹿。』陸璣曰：『麐身牛尾，黄色，圓蹄角，角端有肉，音中鍾吕，行中規矩，王者至仁則出。』《正義》云：『有角示有武，肉示不用。』郭璞曰：『角在鼻上。』京房曰：『五采，腹黄，高丈二尺，金獸之瑞。』今并州有麟，如鹿，非瑞應麟也。牡鳴曰逝聖，牝鳴曰歸和，一作游聖、歸昌。春鳴曰扶助，夏鳴曰養綏。《春秋運斗樞》曰：『機星得所則生。』《鶡冠子》曰：『玄枵之獸，陽之精也。』《感精符》曰：『一角，明海内共一王也。』我朝永樂甲午榜葛刺國、乙未麻林國皆貢麒麟。成化七年，常德沅江縣産麒麟。甲辰，泗州牛、武陵田家牛皆生麒麟，俱殺之。弘治辛亥，蒲圻鄧榮家牛亦生麒麟，不食而死。嘉靖六年四月，舞陽縣生麒麟，雙角，馬蹄，口吐火煙，其聲如雷，野人怪而擊死。其字又作麐，麄、驎。見《春秋傳》。

獅子

《漢書》：『烏弋山離國出獅子。』孟康曰：『獅子似虎，正黄有頼耏。尾端茸毛大如斗。』《爾雅》：『狻猊如虦貓，食虎豹。』日走五百里，此常有，不足異。成化戊戌，西夷貢獅子，家大夫在京師蟲蟻房曾見之。至嘉靖四十二年，又貢。内兄張子文時爲陝西布政使，親見之。云：大抵黄色，如金毛狗，而尾長有威。夷人以鐵索二條鎖之，載以鐵籠。命之當堂放閲，則先將大鐵樁長可六七尺，釘没地中，方可帶索放縱，任其盤旋。不使見犬馬之類，恐觸其怒也。夷人與之狎習戲舞，偶一犬失逐過前，即狰獰大吼一聲，草木屋瓦皆震，此犬倉皇驚仆，不知逃避之所。夷人亦大忙迫，遂收之。官日供一羊，或牛馬之肉數十斤，須百夫扛荷，且伴送夷人五六十名，甚爲居民之害。夷人言：『初得小雛二頭養之，而斃其一，此其雄也。』又，家大夫言：『京中見飼獅子者，不與活生口，恐觸其怒，雖犬羊亦與死者。虎遇毛物，必用舌餂去毛而後食。惟獅子則舒前足擎物，吹氣一口，則毛自飛落，雖秋風之捲敗葉，不如是之迅速。』此其異耳。故虎豹亦畏之。又，陝西老人言：五十年前，曾貢一次，與此正相類，則知是成化戊戌嘉峪關所進是也。西域又有黑獅子、棒獅子，其糞名蘇合香。其筋爲絃，鼓之，則衆絃皆絶。其尾爲拂子，則夏月蠅蚋不敢集其上。又，犬生二子，曰獅。又，虓，一名師子。

福禄

福禄，番人本名福俚，狀如驢騾，花紋黑白交錯，瑩浄可愛，異他獸。出忽魯謨斯等國，《王會圖》所不載者。又，桃拔，一名符拔，似鹿，長尾。一角者曰天鹿，兩角者曰辟邪。漢之天禄閣，因獸得名也。

玄虎

玄虎，本名曰䖮，式六切。《爾雅》：『黑虎也。』貀似豹，無前足。或曰似虎而黑，無前兩足。又，䖮亦黑虎。

白虎

白虎，即騶虞也。《書》注：『義獸白虎，黑文，五采，其尾三倍，鳴聲如雷，嘯則風生。』《瑞應圖》曰：『仁而不害，湯時戲於朝。』見《春秋演義圖》。郭璞曰：『怪獸。』《河圖括地象》曰：『玉虎。』晉太康六年，荆州送兩足虎，索靖議稱半虎，時稱爲白虎，非也。今之背斑白而虎文者，亦彪也。

復通犀

《漢書》『通犀』，如淳曰：『通犀，中央色白，通兩頭。』今名通天犀也。又有復通犀者，尤爲至寶。通天犀，地黑而花白；復通，則通天白花中復有黑花，故名，此希世之珍也。《草木子》曰：『犀之通天者，必惡影。常飲濁水，角之理形似百物，犀角通者，是其病角。有鴆處必有犀，三毛同孔。』《抱朴子》云：『以爲笄導，攪毒藥，則生白沫，無復毒勢。』又，敬宗南昌國進夜明犀，狀類通天，光照百里，南州謂之玄犀。《異物志》曰『含精吐烈，望若華燭』是也。倒插犀者，一半已下通；正插犀者，一半已上通；腰鼓犀者，中斷不通。駭雞犀者，雞見其光影則驚鳴，出義渠國。或曰：以米試之，則雞駭。角一尺以上，刻魚形，入水，開方三尺，故名分水犀。大中時，女蠻貢雙龍犀。楊收女有卧魚犀。唐有辟寒犀、辟塵犀，文宗辟暑犀，同昌公主蠲忿犀。波斯名黑暗，有二角，長在鼻，短在額。

馬

天子十二閑，六種；邦國六閑，四種；家四閑，二種。十二閑，凡三千四百五十六匹。《左傳》注：每廐爲一閑，二百一十六匹，馬四足曰匹。《左傳·襄二年》：『賂夙沙衛以索馬牛，皆百匹。』或作疋。《小爾雅》：『二丈爲兩，倍兩爲疋，四丈也。馬光景一疋長，故曰疋。』《家語》『吴門白馬疋練』是也。又，匹，偶也。《易》：『馬匹亡。』馬，武獸也。籒作影，古作髟，隸作馬，象馬頭髦尾四足之形。麗，馬一圉八麗，見《周禮》。一歲爲馵，二歲爲駒。又，五尺以上陰白雜毛，亦曰駒。三歲、四歲爲駣，兩齒。八歲爲馴。二十歲，齒盡平。六尺以上爲馬，一曰駑馬。七尺以上爲騋，父爲虯，一曰田馬。八尺以上爲龍，《瑞應圖》曰：『龍馬，仁馬，河水之精，高八尺五寸。』一曰戎馬，八尺。牡曰騭，牝曰騇。騇，草馬也。駁，父馬。馬母，見《漢書》。

古良馬名

飛黄、翠黄，龍翼馬身，皆黄帝馬。赤文，堯馬，五色。古黄。騰黄。中黄。乘黄。渠黄。古皇，一名吉皇。吉光。吉疆。九代，夏后啟舞馬。文馬，紂。雞斯，一作奚斯。驛奚。翠麟。麟趾。腰褭，一作褭蹏。飛菟。玄虯。驊騮，一作華騮，赤馬黑毛。乘風。遺風，《吕氏春秋》。

先景。騮膝。乘旦。吉良，大封國文馬。赤驥。騏驥，孫陽所相，青驪色，又蒼艾色。秀騏。游騏，《子虛賦》。嶲馬，東北俞人馬，一角；無角，騏。蘭池、常驪、逢騩，皆見《尸子》。龍媒。驥子。白虎，《羽獵賦》。驚鴻，屈乘。玉澤，師曠時來。駮龍，紫鹿。文的。躙魚，陳琳《武庫賦》。絶地、翻羽、奔霄、越影、踰輝、超光、騰霧、挾翼，周穆王八駿。白犧、踰輪、山子、盜驪、騄駬、驊騮、渠黄、赤驥，皆八駿之别名。陸鴻漸曰：『山谷之人，獻神馬八匹。』驌、驦，一作驌，《左傳》唐成公兩馬。緑蛇。翠駁。逐日，一日能行萬里。追風、白兔、躡景，犇電，一作追電，飛翮、銅雀、晨鳧，一作長鳧，秦始皇七馬。飛燕，含陽侯。飛兔，見《禰衡傳》。白鵠，漢。烏騅，楚霸王騅，蒼白雜色。師古曰：『因其色名之也。』本作蒼黑雜毛馬。浮雲、赤電、絶群、逸驃、紫燕、緑螭、龍子、麟駒、絶塵，皆漢文帝千里馬。蒲梢、龍文、魚目，汗血，即天馬子，《史記》大宛馬，西極馬，出烏孫，初亦名天馬，皆漢武帝。果下騮，漢廐中馬，即今果下馬，出朝鮮，高三尺。雙脊馬，隴水出。乾河馬。小步馬，漢烏秅國，一名百步千蹄。元馬，甚巨，日行千里。駃騠，即决蹄馬，父贏，子刳母腹而生，生七日，而超其母。《史記》注：『北狄駿馬。』與騊駼同。騊駼，青色，出陶塗國。師古曰：『海中獸，壯如馬。』即驒騱。巨虚駏驉，野馬。騉蹄趼，秦馬，又曰騉駼。騂馬，施水出，見《山海經》。的盧，白額，《易》曰：『的顙。』本作馰。今之戴星馬。漢昭烈、晉庾亮同，惟準有旋毛及白毛，名的吻凶。赤兔，關羽得吕布馬。絶景，曹操，見《魏書》。驚帆，曹真。紫馬，謝康樂。驪驄父馬，陳安。驌騂，《晉書》。朱龍，趙冉閔。赭白，晉高麗國獻。又燕慕容廆馬名赭白，有奇相，四十九歲駿逸不虧。又，宋文帝馬名。兹白，《文選》注：『義渠獻兹白，若馬鋸齒，食虎豹。』駮，《易》：『乾爲駮馬。』色不純也。《詩》：『皇駮其馬。』赤白色，齊桓公、晉平公馬。後周齊王憲獨取駮馬，曰色類既殊。駮，獸名，如馬，白身黑尾，食虎豹，君乘火王，南海輸駮馬。又，兖州六駮，食猛獸。鐵驪，《月令》：『赤黑色。』鐵驄，青色。纖驪，古良馬。又，曹丕與孫權馬。紫騂，曹植馬。奔虹赤、什伐赤、拳毛騧、颯露紫、時勒驃、黄驃驄、青騅、白蹄，皆唐太宗。紅玉、紫玉、照夜白、百花輦、飛香、平山、凌雲、碧雲騢，皆玄宗。大宛汗血、如意騮、神智驄，德宗功臣。皎雪驄、凝露驄、懸光駿、決波騟、飛霞驃、騰霜白、發電赤、流星騧、翔麟紫，皆唐時骨利斡獻。飛鳳、蹀馬，善舞。流金騧，回紇名馬。越睒駿，見《唐書》。花驄，于闐國出，唐有玉花驄。五花馬，唐人尚翦騣馬。三騣者，曰三花；五騣者，曰五花。忽雷駮，秦叔寶。赤驃，城陽王衛伯玉，有歌。獅子驄，郭子儀花馬。青海驄，吐谷渾出，小馬。又有青海周八九百里中有山，須冰合，游牝馬其上，明年生駒，號龍種。嘗得波斯馬，牧于海，生驄駒，日步千里，故世稱青海驄。見《唐書》。紫叱撥，酒徒鮑生换妾。桃花叱撥，唐名馬，黄白雜色曰駓，即桃花馬。一丈烏，梁太祖賜寇彦卿。赤舞龍駒、白舞龍駒，梁吐谷渾獻，能拜伏起舞。唐玄宗時，使壯士擎木榻，而馬舞其上。連錢驄，即青驪驎，亦曰驒。烏驄、青龍，冒頓馬。騊駼，番中大馬。白鼻騧、白額駒，李暠。麝香騟、錦耳驄、駱十二、趂日驄、偏界玉、蹈水騟、長命騮、孫兒驄、蘢鬆白、八百哥、掠地雲、錦地龍、雪面娘、月影三、玉尾騟、撒沙騮、天花落、旋風白、窣地驕、六尺金，皆蜀王衍苑馬。緑耳梯，李從謙。吉祥座，杜重威。肉胡麻，景延廣。金鞍使者、千里將軍、致遠侯、渥洼郎、驥國公，王昶五馬。玉逍遥，宋仁宗馬。自在將軍，劉吾馬。五白、玉面，皆北虜良馬。紅耳叱撥、鴛鴦叱撥、桃花叱撥、丁香叱撥、青叱撥、騮叱撥、榆叱撥、紫騮叱撥，凡八種，見宋王明《羣牧故事》。

大明名馬

青驄、赤驃、飛越峰，一名撞倒山，皆太祖神駿。洪武四年六月壬寅，僞夏明昇降，獻良馬十，其一白者，云得之貴州養龍坑，身長十有一尺，頭高九尺，足高七尺。有肉隱起項下，約厚五分，廣三寸餘，貫膺絡腹至尾閭而止。精彩明晃，振鬣一鳴，萬馬辟易，鞲勒不可近，近輒作人立而吼。上親撰祝策，詔祀馬祖，乃勅典牧副使高敬囊沙四百斤壓之。人跨囊上，游行苑中，性漸柔馴。八月癸巳，上行夕月禮于清凉山壇上，乘之而出，如躡雲而馳，一塵弗驚。上大悦，賜名爲飛越峰。用命御用監直長馬晉臣繪形藏焉。詳見宋學士贊。一名撞倒山者，國初，破陳友諒，獲其戰艦，有名曰混江龍，曰撞倒山者，與馬同也。六蹄馬，見《張靖之集》。龍馬，成祖永樂庚子十二月，青州諸城縣民崔友諒家有牝馬浴于青水潭，雲霧興騰，若有物與交。及生駒，色青蒼，而麟臆肉鬉，龍文遍體，形狀非常，有司進于上，文武表賀，名龍馬。龍駒、赤兔、烏兔、飛兔、飛黄、銀褐、棗騮、黄馬，成祖八駿名。龍駒戰于鄭村壩，中箭，都指揮丑丑拔。赤兔戰白溝河，中箭，都指揮亞失鐵木兒拔。烏兔戰東昌，中箭，都督童信拔。飛兔戰夾河，中箭，都指揮猫兒拔。飛黄戰藁城，中箭，都督麻子帖木兒拔。銀褐戰宿州，中箭，都督亦賴泠蠻拔。棗騮戰于小河，中箭，安順侯脱火赤拔。黄馬戰靈壁，中箭，指揮雞兒拔。學士劉定之詠之。夫靖難八駿，皆成祖所乘，而皆臨陣中箭，又皆大貴人爲之拔焉，亦已奇矣。况駿皆傷，而成祖聖躬無虞，以重光大明之業，不亦尤大奇駿也哉！因繪之爲《八駿圖》，視周穆王之八駿、唐太宗之八駿，超越當萬里矣。龍馬，宣德九年，甘肅獻。玉驎騟、白玉馴、碧玉驕、照夜璧、銀河練、瑶池駿、飛雲白，皆天閑選乘也。嘉靖十二年四月十三日，上演馬南城，召大學士張孚敬、李時、方獻夫、翟鑾，同游環碧殿嘉樂館，錫宴重華殿，賜孚敬蟒服，時等飛魚服。上賦律詩二首紀之，群臣應制奉和。張公詩云：『傳宣萬乘御重華，得賜同游即賜茶。環碧殿前先看馬，蒼龍門外更觀花。君臣自古原同體，海宇于今總一家。錫宴從容還賜服，聖恩莫報實無涯。』李公詩云：『聖王御極萬方安，試馬宸游愜衆懽。内苑草茵迎玉輦，行宫花氣襲雕鞍。薰風拂拂當朱夏，翠靄葱葱映紫鑾。千載明良真不偶，流傳青史後人看。』方公詩云：『御林初夏晴明日，天子乘龍喜色多。共訝飛雲擎白玉，渾看匹練下銀河。同游環碧臣何幸，賜對重華語更和。應制慚無《天馬賦》，南薰惟誦舜廷歌。』翟公詩云：『宸游内苑御飛龍，盡是神駒渥産雄。巧翦緋羅纏寶鐙，分題玉篆佩花騌。三千駿内名稱貴，十二閑中品料崇。從此受恩何以報，願將赭汗從長風。』又云：『選得龍媒新賜名，習從環碧殿頭行。草茵似錦蹄過軟，宮路如紘踏去平。立向天墀應自慶，穿將仙仗絶無驚。微臣得侍瑶池上，願播聲詩頌聖明。』

地中馬

古者龍馬負圖出于河，歐陽公尚疑之；乃有種蒔馬出于俱位國，云以馬種蒔而生馬。又《襄陽記》：『匡廬山一地穴，漢時有數百匹馬出，因名馬穴。』吴陸遜亦知此穴馬出得數十匹。梁元帝《答齊國雙馬書》曰：『名重桂條，形圖柳谷。襄陽地穴，近求未易；滇池水裹，遠訪猶難。』則馬穴信矣。不亦爲天地間之怪馬哉！《孝經援神契》曰：『德至山陵，則澤出神馬。』《地鏡圖》曰：『銅器之精見爲馬。』

解語馬

解語馬，大食國出，能解人語。《淮南子》曰：『馬，聾蟲也，而可以通志。』則馬固解人語也。然人亦有解馬語者，陽翁偉知蹇馬，眇馬之遥罵，李南知赤馬、白馬之呼子。見《論衡》及《抱朴子》書。

貊

貊，《説文》：『北方國豸種，本作貉。』《孟子》：『大貉小貉也。』或作狢。《史記》：『胡狢、月氏。』師古曰：『東北方三韓之屬。』又，貘，似熊而黄黑色，出蜀。白居易云：『象鼻，犀目，牛尾，虎足，寢其皮辟温，圖其形辟邪。』今俗謂之白澤，杭有白澤大王廟，猶所謂白馬廟也。《軒轅紀》：『帝登桓山，于海濱得白澤神獸，能言，達於萬物之情。因問天下鬼神之事，令寫爲圖，作祝邪之文以祝之。』或作貘。《相如傳》：『貘犛。』《哀牢夷傳》：『貊獸似騾而小，驢父牛母也。』今《南中志》云：『貊，大如驢，狀頗似熊，多力，食鐵，所觸無不拉。』《廣志》云：『貊，色蒼白，其皮温暖。』皆似未明。余嘗因蠻貊之義而推四夷之名，莫非禽獸取義也，并列于後。

夷羌蠻狄

東方之人，曰夷，从大，从弓。舊稱俗仁而壽，有君子不死之國。九夷者：畎夷、于夷、方夷、黄夷、白夷、赤夷、玄夷、風夷、陽夷，九種也。又東夷九類：玄菟、樂浪、高驪、滿飾、鳧更、索家、東屠、倭人、天鄙也。西方之人，曰羌，从人、从羊，謂西戎牧羊人也。《後漢書》：『羌有百五十四種，散處三河。』或作羗。南方之人，曰蠻，从虫，䜌聲，蛇種也。《禮·夏官》疏：『蠻，縻也。』以爲夷狄，縻縶之以政教。《書》：『三百里蠻。』注：『蠻，慢也。』《風俗通》：『君臣同川而浴，極爲簡慢。其類有八：天竺、咳首、僬僥、跛踵、穿胸、儋耳，狗軹、旁春，世之所謂八蠻也。』北方之人，曰狄，从犬，亦省聲。赤狄，本犬種，狄之爲言淫辟也。《風俗通》：『其行邪辟，其俗叔嫂同穴，父子無別。其類有五：月支、穢貊、匈奴、單于、白屋也。』或作翟，史『戎翟荒服』。《匈奴傳》：『夷翟。』又，赤翟、白翟。翟，山雉也。又，西曰氐。氐，羝也，與羌同。亦曰戎，从戈甲，會意。《詩》疏：兇也，斬伐殺生，不得其中。其類有六：饒夷、戎夫、老白、耆羌、鼻息、天剛也。余謂戎與狨類，獸名，禺屬也。又曰蜀者，葵中蠶，大如指。今四川地也。東南曰閩，越種，从虫，門聲。《周禮》：『職方氏七閩。』注：『閩，蠻之別。』《國語》：『芈，蠻也。』又叔熊避難于濮蠻，隨其俗，如蠻人。其子孫分爲七種，故曰七閩。今分八府，故曰八閩。《周禮》疏：『八蠻在南方，閩其別也，曰荆蠻者。』《晉志》：『荆，彊也。』言其氣躁彊，亦曰警也，言南蠻數爲寇逆，常警備也。又高辛氏槃瓠負帝女入山，生子一十二人，六男六女，自相夫婦，其後滋蔓，號曰蠻夷。又，戎曰獂，豕之逸也。《漢書·匈奴傳》：『隴以西有畎狄獂之戎。』史：『斬戎之獂王。』或作貆。貆，貉子也，貉似狐，善睡獸。西南夷曰獠，又曰[犭考]狫，犬種也。曰鄯善，皆从羊，羌種也。曰哀牢，若牛羊之在牢可哀也。北狄，曰胡。胡，从肉，果聲，牛頷下垂皮也。曰羯胡者，羊羖犗也。曰獯鬻，曰玁狁，曰匈奴，皆犬之兇惡者。突厥之先，小兒與牝狼交，遂生十男。突者，犬從穴中伺人不意突然暫出也。曰高句驪，曰驃，曰狼牙修，曰師子，皆獸類也。曰回鶻，北夷種，即回紇，唐時請改回鶻，言其便捷如鶻之飛也。曰蝚蠕，曰蠕蠕，則又皆細蟲矣。中國以禽獸畜夷狄，一至此哉！

留青日札卷之三十

龜

孔子曰：『龍食于清，游于清；龜食于清，游于濁；魚食于濁，游於清。丘上不爲龍，下不爲魚，中止其龜與！』因考《周禮》，言龜四時所生者不同，未聞有五色者。嘉靖四十一年，陝西散官王金表進五色龜，云得之終南山，此又異産也。朝廷告廟，錫之以官。宋衛平曰：『龜者，天下之寶，壽蔽天地，四時變色，春蒼夏黄，秋白冬黑。王能寶之，諸侯盡服，王勿遣，以安社稷。』故元王卒受之。龜人掌六龜之屬，各有名物：天龜曰靈屬，地龜曰澤屬，東龜曰果屬，西龜曰靁屬，南龜曰獵屬，北龜曰若屬。張平子《思玄賦》『東龜』注：『青色也。』《抱朴子》：『龜千歲，五色，異色如玉，額上兩骨起如角，解人言，浮出蓮葉之上，或在叢蓍之下。』《禮》：『甲蟲三百六十，神龜爲之長。』《爾雅》：『一神龜，二靈龜，三攝龜，四寶龜，五文龜，六筮龜，七山龜，八澤龜，九水龜，十火龜。』神龜最神。靈龜，《本草》曰秦龜，亦曰蠵蠵。其甲有文，似瑇瑁，而差薄耳，故名蠵。皮能鳴，多出涪陵，其甲可以卜。攝龜，小龜，一名蝬龜，一名來蛇龜，好食蛇，亦曰呷蛇龜。腹甲曲折，解能自張閉。一名陵龜。又云蛇所化，故曰鼄龜。寶龜，傳國者所寶。文龜，甲有文彩者，《河圖》曰：『靈龜負書，丹甲青文。』筮龜，常在蓍叢下。火龜，生于火者，猶火山生火鼠也。龜之中一行五方勝，以應五行，兩旁左右各四方勝，共八，以應八節。周外左右各一十二方勝，共二十四，以應二十四氣，通共三十七數，以應乾之策三十六，而太極居中不動之一數。底板下爲地，左右各六，凡十二方勝，以應十二州分野之應，通背上三十七數，計四十九數，即合太極虛一之數。《説苑》曰：『千歲，五色，背陰面陽。上隆象天，下平象地，轉運應四時。蛇頭龍頸，左睛象日，右睛象月，知存亡吉凶。』二説頗合。記曰：能得名龜者，財物歸之，家必大富至千萬。一曰北斗龜，二曰南辰龜，三曰五星龜，四曰八風龜，五曰二十八宿龜，六曰日月龜，七曰九州龜，八曰玉龜。凡八名龜，龜圖各有文在腹下，不必滿尺二寸，民人得長七八寸，可寶矣。能得百莖蓍并其下龜以卜者，百言百當。或曰百歲一尾，千歲十尾。

龜書

洛龜負書，歐陽公猶疑之。《抱朴子》曰：『八卦生鷹隼之所被，六甲出靈龜之所負。』謂鷹隼之羽文，亦有八卦之象也。車頻《秦書》曰：苻堅建元十二年，高陵縣民穿井得大龜三尺六寸，背文負八卦古字，堅如石，作池養之。則《河圖》、《洛書》信矣。

能言龜

《説苑》曰：『龜千歲，能與人言。』此或解人言也。如今之吴下婦女教龜算命者，小龜皆能曉人言語，令行即行，令止即止，不必千歲也。又有烏龜疊塔之戲，甚奇異。至於《洞冥記》乃曰：『獻能言之龜。』則未之聞也。

蘭葉龜

古言龜生三百歲大如錢，游于蓮葉之上。三千歲青，邊緣尺二寸。而許景先之詩則云：『蘭葉負龜初薦祉，桐花集鳳更來儀。』是又能游于蘭葉之上矣。

朋貝

《六韜》曰：『散宜生以千金求天下之珍怪，得大貝百朋以免文王。』《詩》曰：『錫我百朋。』注：『二貝爲朋。』貝者俗名朳，一作海蚆，周用紫貝是也。《書傳》：『大貝如大車之渠。』今雲南所用小貝，以一爲莊，四莊爲手，四手爲苗，五苗爲索，交易租賦皆用之。《易》曰：『或錫之十朋之龜。』注：『大寶也，兩龜爲朋。』《惠州志》：『有巨龜在沙嶼間，背生樹木，渡海者誤以爲洲，依以炊食。龜熱而沉，死者數十人。』此正所謂大寶也。龜三足曰賁。又，三鳥爲朋。

雄龜

《説文》曰：『天地之性，廣肩者無雄。龜鼈之類，以蛇爲雄。』此大不然。余嘗問之老漁翁善禽鼈者，云龜鼈之類，自各有雌雄。其尾尖而長者雄，短而肥者雌也。因多取而畜之，往往交群，自能生育。可見物之不可不格。

卜兆

《世本》曰：『巫咸作筮。』《禮》曰：『龜曰卜，蓍曰筮。』《元命苞》曰：『古司怪主卜。』《三禮圖》曰：『秋取龜，春攻龜。卜，春灼後右，夏灼前左，秋灼前右，冬灼後左。』《書》：『五兆：一曰雨，二曰霽，三曰蒙，四曰繹，五曰克。』古者卜人定龜，史定墨，君定體。占龜者五兆：大横，土兆也；直，木兆也；從右邪上，金兆也；從左邪上，火兆也；曲，水兆也。以大小、長短、明暗爲吉凶。或占凶事，又以短小爲吉，又有旋者吉。又，卜師掌開龜之四兆：一方兆，二功兆，三義兆，四弓兆。經兆一百二十體，言四兆者，分爲四部，是龜卜四部，蓍筮三篇也。《白虎通》曰：『乾草枯骨衆多，獨以蓍、龜何？龜之言久也，蓍之言耆也。』《五行傳》曰：『禽獸草木之壽久，而能知吉凶也。』若煩數溷瀆，或不精嚴，神不告也。或觀卦察兆，占不得也。或龜不神，蓍不靈，此其所以過差，聖人不得專用也。龜筮共違于人，神靈不祐也。

大横兆　山陵兆　壽房兆

文帝卜，兆得大横，占曰：『大横庚庚，余爲天王，夏啓以光。』《漢書》注『大横』：『文正横也。』張晏曰：『文帝襲父迹，言似啓也。』殊不知文帝之子景帝，名曰啓，此又其先兆也，非但天王之爲天子也。又《左傳》有兆如山陵者。又，順烈梁皇后名妠，年十三，選入掖庭。太史卜，兆得壽房，又筮得《坤》之《比》，遂以爲貴人。

大鳥卦

張衡《思玄賦》：『懼筮氏之長短兮，鑽東龜以觀禎。遇九皋之介鳥兮，怨素意之不逞。』言卜而遇大鳥之卦，素意不逞，繇辭也。《易·中孚》『鳴鶴在陰』，亦九皋之謂也。

不獻魚鼈

《禮》：『水潦降，不獻魚鼈。』注云：『水涸，魚鼈易得，不足貴，故不獻。』非也。蓋憫其易得，故不忍獻之，非賤其不足貴也。聖人豈恣口腹以貪難得之味者哉！此弋不射宿之意也。又，《周禮》：『春獻鼈蜃。』《文子》曰：『鼈無耳而不可蔽，精于明也。』

赤鯶公

唐律：取鯉即放之，賣者杖六十，號曰赤鯶公，以其與國姓同音也。佩用魚符，亦取鯉象，武后革命，以龜代之。先是隋煬帝時爲《鳳艒之歌》云：『三月三日到江頭，正見鯉魚波上游。意欲持鈎往撩取，恐是蛟龍還復休。』此李氏興之讖也。故唐人重鯉，猶先朝吴越訛言朝廷禁小民不許畜猪，亦謂與國姓同音也。一時信之，猪無大小，屠宰一空，至于肉賤而不售。愚民無知，真可笑也。鯶即鯉字。

蛟鯉

《草木子》：『魚三千斤爲蛟。』按蛟龍三十六鱗，鯉亦三十六鱗，數合，故能飛，能化龍云。池中畜鯉，至大風雨時，雷震，便率羣魚飛去。又，蛟似蛇，四足，細頸，白嬰，似龍，無角。池滿三千六百，蛟來爲之長，能率魚而飛，置笱水中，即不復去。夫三十六、三千六百，皆老陰六六之數，故能化也。一名水豹。《文選》：『蛟，蛇也。』

灌水鯉

時有憲司一達官，出令禁街坊灌水魚、塞沙雞鵝等細務。余適在一縣官席上燕會，偶市鮮鱗作羹，巡卒擒一魚牙行并二鯉魚灌水者至。其人懼責，乃涕泣哀辯非灌水者。縣官方怒，必欲加刑法。余醉中憐之，乃叱之曰：『汝休再言不是灌水之鯉。阿衡之珍味，湯嗜之，我亦嗜之耳。』縣官不解，詢知其故，遂笑而釋之。蓋世傳伊尹干湯，言天子可具三羣之蟲，而水居之珍，有洞庭之鮒、灌水之鯉也。灌水，地名，今四川灌江。

鯈鮇

《荀子》：『鯈鮇者，浮陽之魚也。胠于沙而思水，則無逮矣。』即鱎也。陽晝謂子賤曰：『夫扱綸錯餌迎而吸之者，陽橋也，其爲魚，薄而不美；若存若亡、若食若不食者，魴也，其爲魚也，博而厚味。』子賤未至單父，冠蓋迎之者接道。子賤曰：『車驅之，所謂陽橋者。』故《宓子廟碑》云：『豈意陽驕化而爲魴。』從木，從馬，古字通用。鱎，白魚也。

摩竭魚

海中大魚，口可容舟，故曰吞舟之魚。其名曰摩竭。

斗魚

皮日休詩：『一斗霜鱗換濁醪。』注：『吳中賣魚論斗，酒乃論斤。』今以斤稱酒尚然，至于魚，則間亦用斗，惟淮上細鰕方用斗量論石，豈即漢水居千石魚陂之義邪？然古人二十四銖曰兩，六兩曰鍰，十六兩曰斤，十五斤曰秤，三十斤曰鈞，一百二十斤曰石。豈所云千石者亦斤之積與？而斗魚甚奇，《草木子》曰：『武陽小魚，一斤千頭。』今細蝦米名曰一筴千，言一箸可千頭也。

羣物工藝

虎善卜，貍善博，鸛善符，鶴善舞，鷄善鬬，鸞善歌，鸚䳇、鸜鵒善言，鳩善步罡，鴛善畫印，鸂鶒善勑，蜾蠃善祝，蛇蟠向王，鵲巢背太歲，燕伏戊己，虎奮衡破，乾鵲知來，猩猩知往，鸛影抱，鶴睛抱，鼉精抱，蝦蟇聲抱，熊宜經，鳥宜申，龜宜息，狼宜顧，鶴聲學仙，雉聲宜習武，烏聲宜習醫，鴈聲宜習卜筮，鵲聲宜習工巧，梟聲宜習符呪：此皆物性自然之巧也。

羣物相制

青要食虎，金翅鳥食龍，蜈蚣食龍，鼠食象，獅食象，角端食獅，玄龜食蟒，蚺蛇吞鹿，狼蝨齧鶴，蝍蛆困螣蛇，蟾蜍蜈蚣，飛鼠斷猿，豈在形之大小哉？氣足以制之而已。

羣物忌食

獺飲酒而斃，猩猩飲酒而仆，虎食楊梅而醉，猫食薄荷而醉，鳩食桑椹而醉，雀食木鼈而醉，熊食鹽而死，魚食巴豆而浮，鴝鵒食豕肉而瘋，猫食黄魚而癩，狗食木鼈而死：此皆物性之違也。

蝗

魚子能變蝗，部吏侵漁百姓則生。今三十年無之，皆爲螟蠍之害。豈古之貪吏顯，而今之貪吏隱邪？

豹脚

豹脚，今花蚊。南方蚊母鳥吐蚊。諺云：『錢清蚊子大如鵝，高郵蚊子大如鴨。』此地有露筋娘子廟是其證也。北方元故都聞有大如蜻蜓者，見《北征録》。《大戴禮》曰：『聖人有國，蟁蚊不食天駒。』又，《晏子》曰：『焦螟集于蚊睫，棲宿去來而弗覺。』《神異經》：『方蚊翼下有小飛蟲，生九卵成九子，飛而去，蚊不知。』即蠓蠛、螟子、浮塵子之類。

龍鴨

弘治間，徐德輝鳳之任江西，偶見河有鴨七頭，毛色異常。從者擊之，俱向曠野飛去，所過之地，盡成川澤，始知是龍所變也。正德間，餘姚燭溪湖童嵒潘家，夜半風雨大作，忽見房中窗間有物掩映。其夫令婦推窗視之，手上如有物擦過者。少頃，風雨遂息。迨曉，牀後地穿一穴，廣六七尺，深半之，門外一望數里，道路橋梁悉皆崩圮，方知其爲蜃也。嘉靖二十一年，杭州八字橋胡獸醫家，風雨晝作，屋柱傍穴地出蜃，破椽瓦四五尺而起。又，三十二年，龍過方山，余祖塋松木大可數十圍者，悉連根拔起七八株。三十七年六月六日，余避暑品嵓，見一白龍挂于山南，尾垂至地，復引一龍而上，並遊雲中。少焉，村民走報，起于青墩，壞廬舍數十家，其氣如火，勃勃然蒸人，甚可畏也。去此裁二里許。四十五年六月三十日，龍過西湖，風雨大作，寶所塔鐵頂墮下，湖船翻三四隻，接待寺新建千佛巨閣平地帶起丈餘者三次，跌爲虀粉，無完植者。後有人自蘇州回，云是日亦大風雨，有龍過。

馬黑　牛黄　羊哀　狗寶　鳳石　虎石　鮓答

馬黑一名馬墨，在腎。

牛黄在膽。牛有黄者，或吐弄之，人得所吐黄，剖之，中有物如蝶飛去，惟以活取者爲難得。治痰火、癲癇。凡牛有黄者，時常有聲，以秋月夜，盆水取之，則活。

羊哀在腸，形如小鼠子，可治鬲食、翻胃。余見其三。

狗寶，凡狗有寶則羸瘦，毛落，不勝其熱，入水自濡。嘉靖四十四年春，吾鄉一小民家屠一狗，腹中有白石三塊，如栗，同胞，破之，可千葉。入藥，可治毒瘡。

鳳石，鳳皇所止處，脚下掘深三尺，有物如白石，服之安心神。

虎石，一名虎精。虎目放光射之，墜入地中成物，如白石。入藥，治小兒驚。

鮓答，乃走獸腹中所産石子，蒙古人用以禱雨。一作鮓單，出西寧古輪臺之地。又曰馬驢鼻患腫毒，即難秣，土人伺其將潰，以囊承口，腫落而得之，如雞卵，堅如石。軍中無水，即掘地置其中，以氈覆之，可得水一二升。猪亦有之。

印魚

印魚，本作鯽。《吴都賦》：『鯽龜鱕鯌。』鯽魚長三尺許，無鱗，身中正四方如印。扶南國俗云諸大魚欲死，鯽魚皆先封之。今吾鄉池中往往有魚，身如火烙印者，小民無知，以爲五聖所印，名曰神魚。凡魚有印則水畜必敗，即所謂魚欲死也。

魚虎

魚虎，水狗也，能食魚，故一名天狗。本名鴗，又名翠碧。

鴻豹

鴻豹，即鴇也，善食鴻，見《易林》。又名獨豹。

玄針

玄針，蝌蚪也，色黑而尾如針，一名玄魚。

射魚

《春秋》：『隱公矢魚于棠。』《宋史》：『丁璉跣而射魚。』《南都賦》：『俯貫魴鱮。』唐詩：『澄潭晴日射遊魚。』又云：『秉燭射遊魚。』李商隱《射魚曲》云：『思牢弩箭磨青石，繡額蠻渠三虎力。』是皆用竹弓、砮鏃以射之也。

魚聲

《吴都賦》：『魚鳥聱耴。』吕向曰：『魚當無聲，此云云者，文之失也。』此正陸夫不解耳。

海中捕石首魚者，以竹筒聽之，其聲如雷，魚來候也。《上林賦》：『魚鼈歡聲。』可證。

魚名切對

西施乳，可對楊妃舌；新婦臂，可對老婆牙。河豚腴，名西施乳。江珧柱，名楊妃舌。吹沙魚，《爾雅》名魦鮀，海濱人呼曰新婦臂，以爲珍品。蝛生于海嵒，又名老婆牙。

鮝

鮝，古謂之薧魚。《周禮》：『辨魚物爲鱻薧。』注：『魚乾也，通作槁。』故今名乾魚。《爾雅翼》：『南人以魚薧而食之，曰鮝。』宋時，武昌謂之淡魚。今有鹹鹵未乾者，直曰鹵魚。

馬捉老鼠

《方言》：『馬捉老鼠。』蓋譏人粗撞不了事也。傳曰：『騏驥驊騮，捕鼠于深宫之中，曾不如跛猫。』《淮南子》曰：『釋大道而任小數，無以異于使蟹捕鼠，蟾蜍捕蚤，不足以禁姦塞邪。』盧照鄰云：『命鸞鳳兮逐雀，驅龍驥兮捕鼠。』馬異詩：『將吾劍兮切游泥，使良驥兮捕老鼠。』《莊子》曰：『騏驥驊騮，一日而馳千里，捕鼠不如狸狌。言殊技也。』

狗

狗，叩也，見人而叩事也。孔子曰『叩氣吠以守』是也。狗，苟也，遇類而苟合也。韓子曰『蠅營狗苟』是也。

大狗

獒，大狗也。《漢書》：『罽賓國出大狗。』郭義恭《廣志》曰：『狗大如驢，赤色，數里搖鞉以呼之。』

小狗

今之矮爬狗，即古小狗之種，蓋與中國狗交而漸高大者也。馬鐙狗，長四五寸，可藏之馬鐙中者。唐高祖時，高昌獻狗，高六寸，長尺，能曳馬銜燭，云出拂菻國，中國始有拂菻狗。菻，或作森。元延祐間，佛﹝菻﹞國使來，言國當日没之處，有水銀海，周圍四五十里。健夫駿馬貼金薄馳，還引水銀，沸逐取之，用香草同煎，即成花銀矣。杜環《經行記》：『拂林在苫國西，一名犂靬。』《一統志》：『其國東自大食，及于闐、回紇，抵中國。』洪武四年朝貢，土産不載。今杭城此種甚多，其最小者，沈舉人汝文家得一對自徐閣老處，紫毛可愛。

沐猴

《史》：『沐猴而冠。』沐猴，猴名，出罽賓國。見《漢書》。郭義恭《廣志》曰：『沐猴即獼猴也。』又爪哇國有猴王、猴夫人。山中猴不畏人，呼以霄霄之聲，即出。或投以果實，則其大猴二先至。食畢，羣猴乃食。又，百花國有紅猴。

長卿

長卿，蟛蜞也，即今蟛蠘之大者。余戲贈之詩曰：『名既侔猶彭越，字復相如長卿。黄中文章膏馥，介然甲冑戈兵。茂陵壚頭風味，梁楚江上威聲。伴余橙酒潦倒，免爾草泥横行。』又，藥名徐長卿。蕭子雲賦：『長卿晚翠，簡子秋紅。』蟹八跪而二敖，《荀子》曰『六跪而二敖』，非也。又，菀國出百足蟹，長九尺，四螯。煎爲膠，名蟹膠。

方正學蛇報之妄

所傳方希直之父葬祖，夢蛇而殺之之事，以爲母見黑氣入室而妊，又云生而吐舌如蛇，此真小人好事之誣也。遂以赤族爲蛇報，此又佛氏之妄談以惑衆者。夫蛇，天地間之毒蟲，殺之何害？畜之何益？便使真有黑氣入室，安知非玄武之神所託生者乎？又安知非燕王起于北方，以兆登極，以成正學萬世之事業者乎？生而吐舌，又安知非能言語文章，以明古今大道，以陳君臣正義之用者乎？身苟全矣，名苟立矣，使其先人後裔之遊魂，死而無媿于天上地下，何樂如之，而反憂於族之赤不赤哉！夫不忠不孝而赤族，是可恥也。忠矣，孝矣，而族赤焉，是可榮也，于蛇何與？嗚呼！小人之説不止蛇珠雀環之可笑也！宋庠登科，此常事耳，而以爲救蟻之報，甚至于繪之爲圖，以惑世愚民，倡爲佛氏不敢殺生之論。鄙哉！鄙哉！是可謂螻蟻狀元矣！不亦小乎？其爲學問福量也邪？

蚶

蚶，甲蟲之肉最甘者也。余得海濱一巨蚶，可一尺五寸，世所罕有。留殼以充酒器，名之曰蚶舟。其小者名瓦衕子，言形如瓦壟也。其種可種，廣東有蚶田。

四方淫物

東方之鰈，比目魚也；西方之蟨，比肩獸也；南方之鶼，比翼鳥也；北方有比肩之民，亦當曰淫民。極樂國其人二首而一身。晉楊方《合歡詩》：『譬彼比目魚。』又：『生爲併身物。暑摇比翼扇，寒坐併肩氈。齊彼蛩蛩獸，舉動不相捐。』比目魚，本名魼，古名淫魚。魏文帝詩：『淫魚乘波聽，踊躍自浮沉。』《博物志》：『比翼鳥，一青，一赤，一名共命鳥。』釋書：『共命鳥，二首一身。』杜詩『蓮花交響共命鳥』是也。

留青日札卷之三十一

鸛

今人但知鸛爲鸛鵒。《左傳》：『鸛鵒來巢。』《考工記》：『鸛鵒不踰濟。』《莊子》『鸛鵲子』，即今八哥兒也。鳥短尾，其形類鴟，殊不知鸛自是一種大鳥。《晉·韓友傳》：『將有大鸛鳥來集廳事上。至日，果有大鸛垂尾九尺。』《說文》、韻書皆失收。又作鳿、鴝、鵴、雊字。

么鳳

么鳳，小鳥名也，産于廣西。世人不知，故書中亦呼曰鳥鳳。形如喜鵲，二尾，毛獨長，能唱小樂府，如笙簫之音。故曹組《夜歸曲》云：『何處荒榛挂么鳳。』蘇子瞻《梅花辭》云：『倒挂緑毛么鳳。』今土人亦名倒挂鳥。蜀桐花鳥似鳳而小，名曰倒挂子，即此。

大馬爵

《漢書》：『安息國有大馬爵。』《廣志》曰：『大爵，頸及膺、身、蹄似槖駝，色蒼，舉頭高八九尺，張翅丈餘，食大麥。』我朝有鳥大如驢，集于南京五鳳樓上，想即此鳥飛來者。安息以大鳥卵獻漢。又，烏弋山離國有大鳥卵如甕。余因笑曰：『今之麻爵，乃此鳥之耳孫也。』又，王莽時有大鳥如馬，五色，龍文，與衆鳥數千，集于沛國蘄縣。

三青鳥

三危山有青鳥居之，爲王母使者取食。漢武帝思鈎弋夫人，起通靈臺，常有一青鳥集臺上往來。《左傳》：『青鳥氏，司啓者也。』注：『鶬鴰也。立春鳴，立夏止，故司啓。』因啓有書信通問之義，故言西王母使者。《唐詩紀事》『青鳥』注云未詳。又『持此問風胡』詩誤作『風湖』，亦注未詳。真三家村蒙童讀書也。因并記之。

五色爵

五色爵，出瓊州，常以兩絳者先至。廣西有五色小鳳。

雉尾

相如賦『蒙鶡蘇』注：『鶡似雉，鬭死不却。』『蒙其尾爲帽也。』書有《鶡冠子》。今武弁上插雉尾，取雉之飛若矢之迅往，一直發而墮，蓋取其迅速激烈之意也。朝廷用雉尾扇者，或取雉是離禽，明王于火也。離禽，王火，出陶隱居。《周禮》：『庖人共六禽，雉乃其一，亦食品之貴。』《日華子》云：『秋冬益，春夏毒。』健雉曰鷮，尾長六尺。

告天子　信天翁

有小鳥一飛直沖入雲，翻身徑落，其聲唧唧，名曰告天子。又，鳥專居水濱，俟魚鷹所得之魚偶然墜地者拾而食之，故名信天翁。

厓山白鷳

厓山之敗，陸秀夫負祥興帝，以帛繫腰，以金墜之，投水而死。時御舟一白鷳，奮擊哀鳴，與籠墜死水中。史傳紀之，以爲美談。此非美事也。夫播海之時，何時也，而尚攜及白鷳，使秀夫而容阽危幼主，尚爲禽荒之玩，亦非忠臣矣。縱使奮擊哀鳴，亦不過見人喧嚷忙迫，或驚逸蹴踏而下水耳，何感恩狗義之有哉？自宋至今，人皆惑之，而不能辨，故痛削之。

伯勞東去燕西飛

伯勞，鶪也。揚子雲賦『鷤鴂』，蘇林音『殄絹』，師古音『弟桂』。字書云：『伯勞也。』伯勞五更鳴不止，至曙乃息；燕晝語夜息。伯勞夏至來，冬至去；燕春分來，秋分去。伯勞聲惡，燕語善。伯勞單飛獨棲，燕匹棲雙飛。每每相反而不相合。故樂府云『伯勞東去燕西飛』，喻離別也。

雲白鳥

鴆，一名雲白鳥。《吴都賦》：『白雉落，黑鴆零。』黑色，長頸，赤喙，能食蝮蛇，體有毒，故曰鴆毒，江南大山中皆有之。以象牙諸骨試之，一時碎裂。黑色，其羽最毒也。

鸖　鸖　鷺

鸖愛陰惡陽，故《易》曰：『鳴鸖在陰。』从雨。鸖好霜，故从霜。鷺惡露，故去雨。皆制字順物性之義。又，諧聲也。

鎖幅鳥

鎖幅鳥，其羽細密，如衣幅鎖緊。其毳織以爲布，紋如紈綺。今名鎖伏哈烈，志名曰梭服。

雞盲　雀瞽

凡鳥瞎者。《詩》：『雞棲于塒，日之夕矣。』蓋雞至昏時，則眼無所睹也。顔之推曰：『雀奚夕瞽？鵋奚晝盲？』焦貢曰：『雀目燕額，畏昏無光。』《莊子》曰：『鵋鵂夜撮蚤，察毫末；晝出瞋目，不見丘山。』今人之目，至晚不見者，名曰雞盲。

鸕鷀　烏鬼

相如賦：『箴疵鵁盧。』注：『盧，鸕鷀也。』水鳥，似鶂而黑。一名鷧，吐而生子。《圖經》云：『峽中人號曰烏鬼。』故杜子美詩：『家家養烏鬼，頓頓食黄魚。』蓋言此鳥捕魚而人得食之也。又云峽中養鵶雛，帶銅錫環獻神，名曰烏鬼，見黄庭堅詩。然元稹云：『病賽烏爲鬼，巫占瓦代龜。』又云：『商人賽烏鬼。』或言祭烏蠻鬼以禳厲鬼，是有兩説也。今有烏蠻灘。

湯火鴨

廣東湯燖鴨卵出雛，浙江火焙鴨卵出雛，皆異。

赤雀

品嵓有一赤雀如練雀，長尾，絳色。志曰：『赤雀不見，則國無賢；白雀不降，則國無嗣。』不知果何祥也？嘉靖間曾貢白雀，表賀者以爲『前星之應』，是也。

姊規

子規，人但知其爲催春歸去之鳥，蓋因其聲曰『歸去了』，故又名思歸鳥，而不知亦爲先春而鳴之鳥。《史記・曆書》：『百草奮興，姊規先嘷。』《索隱》曰『子規，春氣發動，則先出野澤而鳴』是也。韓致光《春恨》詩：『殘夢依依酒力餘，城頭批頰伴啼鳥。』批頰鳥，即鵯鵊也，催明之鳥。隋煬帝詩：『笑勸上林中，除却司晨鳥。』司晨鳥，即喚起也。今先春鳴者曰金雞籠。古鵯鵊，一名夏雞，至蠶候乃鳴者。俗曰扎山、扎火，亦因其聲也。

含利吐金

《酉陽雜俎》有『吐金鳥』，《文選》又有名含利者，注：『含利，獸名，性吐金。』或鳥獸二種也。又，鳥能吐方錦尺餘，其形五色文，曰吐綬鳥。若今雲南、四川所畜之鴨，其糞可以淘金，亦可名爲便金鴨矣。鸛雀之名曰負金，鷺鷥之名曰屬玉，正可謂的對也。天地高遠，何物不有？譬之珠，人但知有蚌珠、蛇珠，而不知有蝦珠、鼈珠。傳曰：『舜攝天子，有鈹耳、貫胷之民來獻珠蝦、珠鼈，狀如肺，四眼六脚而吐珠，出南海。』又，玉生石中，而魚亦生玉。海魚曰文魮，鳥頭魚尾，鳴如磬而生玉，何其怪哉！

騰遠

騰遠，《漢書》：『其上則有宛雛、孔鸞、騰遠、射干。』服虔曰：『騰遠，獸名。』張揖曰：『射干，似狐能緣木。』夫騰遠既作獸，則不應在上，當是禽名也。《莊子》：『騰猿得枳棘。』《南都賦》：『鸞鷲、鵷雛翔其上，騰猿、飛獵棲其間。』《蜀都賦》：『猨狖騰希而競捷。』豈騰遠即騰猿邪？

飛龍

飛龍，鳥名。六臣注皆未詳。此鳥鳳頭龍尾，其文五色，以象五方，一名飛廉，一名龍雀。漢銅鑄其像以彰瑞應。明帝至長安，迎取飛廉、天馬置平樂觀，故曰龍雀蟠蜿，天馬半漢。天馬，即銅馬，言其形容之高，半入于雲漢也。宜補注之。

黄雀語

《列子》曰：『梁鴦能養野禽獸。』『海上之人有好漚鳥者。』又曰：『東方介氏之國，其人數數解六畜之語者，蓋偏知之所得也。』《左傳》：介葛盧聞牛鳴曰：『是生四子盡爲犧矣。』世傳公冶長能通鳥語。或言冶長貧而閒居，無以給食，有雀飛鳴其舍，呼之曰：『公冶長，公冶長，南山有箇虎馱羊。爾食肉，我食腸，當亟取之勿彷徨。』子長如其言，往山中，果得大羊，食之有餘。及亡羊氏跡之，索得其角，乃以爲偷。訟之魯君，魯君不信鳥語，逮繫之獄。孔子素知之，爲之白于魯君。亦不解也。于是嘆曰：『雖在縲絏之中，非其罪也。』未幾子長在獄舍，雀復飛鳴其上，呼之曰：『公冶長，公冶長，齊人出師侵我疆。沂水上，嶧山旁，當亟禦之勿徬徨。』子長介獄吏白之魯君，魯君亦弗信也，姑如其言往跡之，則齊師果將及矣。急發兵應敵，遂獲大勝。因釋公冶長而厚賜之，欲爵爲大夫。冶辭不受，蓋恥因禽獸以得禄也。後世遂廢其學。故沈佺期《燕》詩有云：『不如黄雀語，能免冶長災。』白居易《烏鶴贈答詩序》云：『余非冶長，不能通其意。』皆爲此也。《史記》曰：『秦仲知百鳥之音，與之語，皆應焉。』《益部耆舊傳》：『楊宣爲河内太守，羣雀鳴桑上，知前有覆車之粟。』《論衡》：『廣漢陽翁偉能聽百鳥之音。』又：『東方朔能解鳥語。』惜乎！今之未見其人也。

游雉　由鹿

潘岳《射雉賦》：『良游呃喔。』游，雉媒也。吕温《由鹿賦》言由此鹿以致他鹿也。『由』、『游』同義。又，蜂媒、鶴媒皆此類也。今射鳥者，尚曰媒頭。又，網鳥者之媒曰囮。

南岳夫人使者

青鳥，已見前節。今之畫西王母圖者，旁有一青鳥，頂有毛角，亦鳳類也。長沙緱仙姑修道衡山，年八十餘，獨居南岳魏夫人仙壇，忽有一青鳥飛來，自言：『我乃南岳夫人使也，以姑修道，命我爲伴。』每有人游山，青鳥必預言其姓名。一日，言：『今夕有暴客至，姑無恐。』果群僧挺刃將害姑。姑臥床上，僧無所見而出，俱爲虎所食。後隱九疑山仙去，青鳥亦隨逝。則是青鳥又可名爲南岳夫人使矣。見我朝志。

傳信鳥

元藏機有三鳥，大類黄鶴。每翔空中，呼之即至。能令授人語，謂之傳信鳥，即寄書鴿、寄詩燕之類。傳信鳥可對林君復報客鶴，蓋二人皆處士也。

白頭翁

鳥之名白頭翁者二種：其一，緑衣素襟，而頂毛圓白如小錢者，愛往來于花樹間；其一，純黑衣，紅足朱喙，惟首盡白，獨桑時羣至。又，獸亦有白頭翁，乃猿也，白頂黑身，或黄體，廣西兩江中甚多。至于白額虎、白顙馬、白項烏，皆相類也。

四時蠶

雲南干厓宣撫司，有四時蠶，絲染五色以織土錦。又，《僞越外紀》：『一年再稻，一歲八蠶。』今安南也。《吴都賦》：『國税再熟之稻，鄉貢八蠶之綿。』《永嘉記》：『郡有八輩蠶：一曰蚖珍蠶，三月績；二曰柘蠶，四月初績；三曰蚖蠶，四月績；四曰愛珍，五月績；五曰愛蠶，六月末績；六曰寒珍，七月績；七曰四出蠶，九月初績；八曰寒蠶，十月績。』凡蠶再熟者，皆謂之珍。今温州田稻一歲兩種，廣東又有三熟田，因地氣暖也。或疑無八蠶之説。今吾鄉亦有三蠶：曰頭蠶，曰二蠶，曰三蠶。又有曰柘蠶，食柘葉而生者；有曰紅蠶，三九二十七日而熟者。又，廣西横州有曰楓蠶，楓葉始生，有蟲食葉如蠶，赤黑色。四月熟，將吐絲，土人劈取其絲，光明如琴絃，海濱蜑人買作釣緡。史言野蠶成繭者，其名曰蝝。又尹思真爲青州刺史，有治績，蠶至一歲四熟。吾鄉桑貴蠶飢，則以米粉洒葉而餵之。《山海經》：皋塗山白石名礜，蠶食之而肥。蚖，一作原蠶，再蠶也，一曰晚蠶也。蚥，初生也；蠳，二眠也；蠶，三眠也；蝩，晚生也；蠕，自死也。蛹，又名蜆，蠶蛹也。蝨，蠶蛾也。蝹，子也。有細繭，有同工繭，有白，有黄，有青松繭，有火蠶、冷蠶、冰蠶、懶替蠶，是亦八蠶類也。或書作蛓，神之也。俗或作蚕，非也。蚕，上聲，天殄切，名蜸，寒蚓也，即今言地蠶之類。

蠶忽絲

一蠶爲忽，一忽爲絲。劉德曰：『忽，蜘蛛網也。』夫忽既爲蜘蛛網，則絲爲蠶絲也明矣。止當云一忽爲蠶，一蠶爲絲，不當先云一蠶反爲忽也。今則十微爲忽，十忽爲絲，十絲爲毫。《孫子》：『筭術，蠶所生吐絲爲忽，十忽爲秒，十秒爲毫，十毫爲釐，十釐爲分：此皆起度之源。』班固曰：『分者，自三微而成著意。』即毫、釐、秒、忽也。

爛馬蟥

今土之有蟲，雨後始出。如細蚓，黄色，匾身。長者二尺，頭如鏟，形如線，所過有光，畧似馬蟥。稍觸之，即寸斷，故俗名爛馬蟥。宋時，黄州人謂之蟲，今兩廣之蟲又與此不同。爛馬蟥能食蚯蚓，雞食之而死。《草木子》：『土蟲似書帶。』即此。

蒲盧

《詩》：『螟蛉有子，蜾蠃負之。』螟蛉，桑蟲也。蜾蠃，蒲盧也，即細腰蜂，一名蠮。蒲盧取桑蟲之子，負持而去，嘘嘔養之，以成其子。故古人傅會其音，曰：『螟蛉螟蛉，似我似我。』今人以抱他人之子曰螟蛉之子者，以此。北魏胡叟養子，字之曰螟蛉。所謂『布囊盛餘肉餅，以付螟蛉者』是也，此皆未然。揚子曰：『螟蛉有子，殪而逢蜾。』蓋蜾蠃凡細蟲皆可負去，必嚙死之，而寄生一子于其上，積四五蟲，乃以泥封之。久之，卵得其氣而生。其初生也，又食其蟲俱盡，則可以啓封而出户矣。子雲之言方是。又，《大戴禮》：雉入淮爲蜃。曰：蜃，蒲盧也。謂蚌也。朱子曰：『蒲盧，草也。』沈子曰：『蒲，葦也。』《解頤新語》曰：『瓠之細腰者曰蒲盧。』其説各異也。

蜂蝶有雌

《博物志》曰：『細腰，無雌，蜂類也。』《古今注》曰：『蜂蝶之類無雌。』是不然。蜂蝶之陰陽在尾，往往見其交合，蜂之末歧者牝也；末鋭者牡也。蝶之翅文者牝也，翅純者牡也。束晳曰：『蜂出蜘蛛。』《列子》曰：『蝶出烏足。』或曰：『壞裙化蝶，腐菌化蜂。』今蜂皆卵生，而蝶多橘蟲所化也。

白花蛇

白花蛇，出蘄州，背有白花；出黄州者，雖死，兩目有光，入藥甚效。今臨安於潛山中亦出此蛇，脊有白花方勝，頭有一小角，云亦能治病也。

紫蛣

《荀子》：『東海則有紫蛣魚鹽。』謂之石決明。郭璞《江賦》：『石蜐應節而揚葩。』《南越志》：『石蜐形如龜脚，得春雨則生花。』龜脚，俗名鼈脚。但石決明又名紫貝，如蛤。

雁足繫帛書

隆慶時，督學林公試杭士，論以『鴈足繫帛書』爲題。余讀《禮》家食不與，子弟來言，余曰：『子卿事，人所共知者，不足爲奇，且僞也。若能以真鴈書答之，便爲奇士矣。』《漢書·蘇武傳》：『漢求武等，匈奴詭言武死。後漢使復至匈奴，常惠請其守者與俱，得夜見漢使，具自陳道。教使者謂單于，言天子射上林中，得鴈，足有繫帛書，言武等在某澤中。使者大喜，如惠語以讓單于。單于視左右而驚，謝漢使。』因歸武。故曰僞事也。惟元郝伯常之事，乃真蹟，可異耳。中統元年三月，元世祖欲定和議于宋，以郝經爲翰林侍講學士，佩金虎符充國信使以行。賈似道拘留儀真不遣。至元十一年伐宋，問執行人之罪。時公在拘所已十五載，以音問不通，乃于季秋甲戌，用帛一方，博二寸，高五寸，書曰：『霜落風高恣所如，歸期回首是春初。上林天子援弓繳，窮海纍臣有帛書。中統十五年九月一日放鴈，獲者勿殺。國信大使郝經書於真州忠勇軍營新館。』凡五十九字，以蠟丸帛。先是有以鴈獻公者，命畜之。鴈見公輒鼓翼引吭，似有所訴者。公感悟，北向再拜，以帛書親繫鴈足，祝之北飛。十二月，伯顔師渡大江。十二年二月，似道懼，送公歸國。三月，虞人獲鴈于汴梁金明池。四月，公至燕，七月卒，年五十三，謚文忠。其書中統十五年，即至元十一年，南北隔絶，故不知也。宋亡，帛書爲安豐教授王時中所得。延祐五年，學士郭貫見之，奏聞仁宗。勅中使取之，裝潢成卷，文臣各題識之，藏祕書監。陶宗儀所紀，以『霜落』作『零落』，誤也。且云：尺帛又獲之苑中，以聞，上惻然曰：『四十騎留江南，曾無一人鴈比乎！』皆附會也。我朝宋學士題其後甚詳，云：帛背有陵川郝氏印方一寸，文透于面。所云漢昭帝使使者諭云天子射上林，得鴈足，有帛書，言武牧羝澤中，則與本傳不合，蓋詭計出於常惠耳。此失考也。後杭士果無一人知者，由不見《元史》耳，督學者亦知否？又，一學使試『去後當見思論』。余曰：此必何武事，誤以常作當耳。止作經、書二義，於此題下，但書云：『當宜作常，乃何武事邪？』投卷而出，後果優等相知。蓋《資治通鑑》不考本傳，事既疏畧，而坊本俗刻，蒙童所習，又多訛字，形影想像，甚誤後學。師非師，弟子非弟子，誰能口正而心印之邪！因并記之，以爲博識之助。

鶏鵝妖

嘉靖戊子，閩中民家生一鷄子，上有『故知吉凶之患』六字。其人驚異，遂獻之官府。疑而剖之，則鮮血一腔耳。其殼至今藏于布政司庫中。又，家長老言：正德間余族人家生一雞，四生三掌。

足，不食而死。又，嘉靖二十六年，余大兄家生一鷰，止一掌，懼而棄之。其時，餘姚陳家一鷰

豬妖

嘉靖六年，吾鄉蔡家一母豬，忽入房，卧于牀上。其家怪而欲殺之。忽作言曰：『我欠汝家債，今已償完，後當養子以報杜家，非汝所有也。』遂生小豬十二頭，即領至河濱叢棘中藏之。偶杜某者來蔡家索債，蔡因前怪，即以豬與之，復生五乳，訖無他異。因思至正八年杭州施鹽商家有母豬，自食其子，喂者箠之，即作人言曰：『你不喂我食，我飢而自食其子，干你何事？』其主怪而將殺之。又曰：『我祇欠你家錢三千七百五文，賣我足矣。』遂貨之，得錢如數。二事正相類。

彘

彘，豕也。後蹄廢，謂之彘足，與鹿足同。今湖州浮玉山有獸，狀如猴，四耳，虎身，牛尾，音吠如犬，名曰彘，是亦野豬之類，別一種異獸也。古之劍鼻、玉彘，或取象于此，必非因豕而得名也。即璏，王莽碎玉劍璏。

方相

方相，四目鬼物，故有腦入藥丸。費長房于李娥識之。其兩目者曰倛，即魌頭。《周禮》『方相氏驅罔象』是也。黄金四目，玄衣，朱裳，執戈而儺，以索室驅疫，謂之時儺。言四時皆作也。罔象，好食亡者肝，而畏柏與虎，故墓上樹柏，爲石虎，以辟邪也。

禽獸衣冠

我朝内監蟲蟻房，虎、豹、犀、象各有職秩，有品料。如虎之將軍，象之指揮，不尤甚于秦松之大夫，漢柏之將軍乎？唐舞馬，衣以文繡；猴能隨班起居，賜之以緋，昭宗號之曰『孫供奉』。北齊後主馬、犬，有儀同、郡公之號，藉以旃罽食物十餘種。古人譏不仁之君，鶴爲大夫也，鸜鵒爲孃也。肥馬而食人，猶可乘也；肥虎豹犀象而食人，果何所用乎？又，甚至于漢之諸王役宫嬪與犬羊交接，是真禽獸而已矣！弘治初，議放所畜禽獸，以節冗費。所司言：『虎豹之屬，放即害物，殺之恐非諒闇新政。』孝宗曰：『但絶其食，令之自斃可也。』

留青日札卷之三十二

蘅

《山海經》：『天帝山有草，狀如葵，其臭如蘼蕪，名曰杜蘅。可以走馬，食之已癭。』郭璞注：『帶之令人便馬，或曰，馬得之而健走。』《爾雅》『杜上鹵』注：『杜蘅，似葵而香。』陶隱居云：『根葉都似細辛，惟氣小異爾。方藥少用，惟道家服之，令人身衣香。』《本草》：『杜蘅，味辛，温，無毒，主風寒欬逆，香人衣體，生山谷。三月三日采根，熟洗暴乾。』唐注：葉形如馬蹄，故云馬蹄香。生山之陰、水澤下濕地，根似細辛、白前等。今俗以及己代之，謬矣。《圖經》云：『江淮間皆有之，黄白色，拳局而脆，乾則作圓。春初于宿根上生苗，葉似馬蹄形，高三二寸，莖如麥藁麄細，每窠上五七葉，或八九葉，別無枝蔓。』又，于葉莖間罅内蘆頭上貼地生紫花，其花似見不見，闇結實，如豆大。窠内細子似天仙子，苗葉俱青，經霜即枯，其根成空，似飦篛密鬧，細長四五寸，色微黄白，作湯浴衣，香甚佳。所謂葉如葵者，今葵花也。香如蘼蕪者，今芎藭苗也，即江蘺。蘄芷，根曰芎藭，苗曰蘼蕪。及己，獨莖，莖端四葉，葉間白花，殊無芳氣，有毒，服之令人吐，惟療瘡疥，不可亂杜蘅也，今花紫色，如指大，圓而内空，葉碧緑。

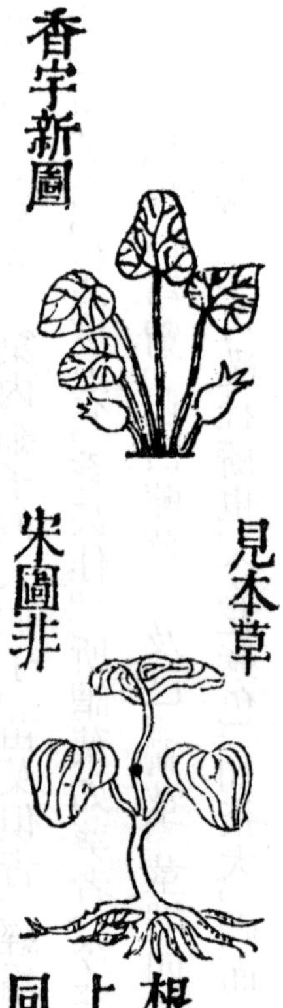

杜若

《范子計然》曰：『杜蘅、杜若出南郡漢中，大者大善。』《本草》以杜若一名杜蘅，非也。杜若，一名杜蓮，一名白連、白苓、若芝，生武陵川澤及宛句。葉似山薑而有文理，根似高良薑而細，味辛香，花黃赤，子赤色，大如棘子，中似豆蔻，又絕似旋復，根殆欲相亂，葉小異爾。《廣志》曰楚蘅，亦非也。味辛，微温，無毒，止痛，除口臭，氣益精，明目輕身，令人不忘。圖見《本草》。

細辛

細辛，根極細，葉如葵，赤黑，一根一葉相對，今人多以杜蘅當之。《本草》有信州、華州、岢嵐軍三種，一名小辛云。東陽、臨海者形狀好，辛烈不及華陰。高麗者色白佳。華州柔韌極細，深紫色，味極辛，嚼之，習習如椒。又，襄陽一種，極細直，色黃白，乃鬼督郵也。圖見《本草》。

白前

白前，葉如柳，或似芫花。苗高尺許，生洲渚沙磧之上，似細辛而大，色白易折，根白，長於細辛，味甘，俗以酒漬服，名石藍，又名嗽藥。圖見《本草》。

風流樹

施州慢水寨有木名普舍樹。普舍，華言風流也。昔覃氏祖於東門關伐一異木，隨流至地名那車，復生根而活，四時開百種花。覃氏子孫歌舞其下，花乃自落，取而簪之。他姓人往歌，花不復落，尤爲異也。見《湖廣通志》。

百穀

五穀，鄭氏云麻、黍、稷、麥、豆，朱子云稻、黍、稷、麥、菽。六穀：稻、黍、稷、粱、麥、苽。九穀：稷、秫、黍、稻、麻、大小豆、大小麥。《物理論》曰：『粱者，黍稷之總名；稻者，溉種之總名；菽者，衆豆之總名。』《廣雅》曰：『大豆，菽也；小豆，荅也；大麥，麰也；小麥，秼也。』楊泉曰：『三穀各二十種，爲六十；蔬、果之實，取穀各二十，凡爲百穀。』《周書》曰：『禾麥居東方，黍居南方，稻居中央，粟居西方，菽居北方。』《范子計然》曰：『五穀者，東方多麥，南方多稻，西方多麻，北方多菽，中央多禾。』

文淵閣芍藥

宣廟幸文淵閣，命於閣右築石臺，植澹紅芍藥一本。景泰初，增植二本，左純白，右深紅，後學士李賢命之以美名，曰醉仙顏，澹紅也；曰玉帶白，純白也；曰宮錦紅，深紅也。與衆賦詩曰《玉堂賞花集》。

鬱金

鬱金，芳草也，四月初生，苗似薑黃，花白質紅末，秋出莖，心無實，根黃赤。取四畔子根去皮，火乾之。生蜀，西戎馬藥用之，胡人謂之馬蒁。嶺南者有實，似小豆蔻，不堪噉，今鬱林州也。《周禮》『鬱人』：『凡祭祀賓客之祼事，和鬱鬯以實彝。』十二葉爲百草之英，十葉爲貫，百廿貫築以煑之爲鬱，遠方鬱人所貢，合而釀酒以降神也。築，春也，即『楚貢包茅以縮酒』之類。《魏略》云：『生大秦國，二三月花如紅藍，四五月采花即香。』然大秦國去長安四萬里，至漢始通，不應三代時得此草也。味辛，或曰味苦，舊説若蘭，故曰鬱金香。今之鬱金，作焬潘臭。《本草》又云不香。今將染婦人衣，最鮮明，然不奈日炙，染成衣則微有鬱金之氣。然《本草》

木部中又有鬱金香，豈草木二種邪？《字書》『鬱』下注：『木叢者。』於『鬱』下注：『芳草，古人用以飾屋。』則當从草，以塗壁，如椒房之義。若以木則當如柏粱矣。沈佺期詩：『盧家少婦鬱金堂，海燕雙飛玳瑁梁。』堂，一作香。又，古樂府云：『鬱金蘇合及都梁。』都梁，香澤蘭，因山得名；蘇合，紫赤色，似紫真檀，重如石，燒灰，白者佳。

蓬虆

蓬虆，曰覆盆，曰陵虆。今人謂之苺，有蔓生、叢生、樹生，惟叢生者大而可愛，謂之蓬虆。其樹生者謂之覆盆子，亦謂之西國草，亦謂之畢楞伽。《爾雅》云『堇，葐盆』。其鋪地蔓生者，曰地苺，又云藨。老子曰：『不得其時則蓬虆而行。』此西國草之所由名與？

丹藜

藜，王彗，今落帚，初生蒸爲茹。《詩》『北山有萊』是也。大可爲杖，《禮記》：『原憲杖藜應門。』《史記》：『黄石公鬚眉皆白狀，杖丹藜，履赤舄。』又，劉向『太乙燃青藜』。

枇杷

枇杷，見《上林賦》。初無音，周衹《枇杷賦》曰：『名同音器，質異貞松。』則是與琵琶音相同也。琵琶，見《阮咸傳》，亦無音。今人皆作平聲，然古人詩中琵字多作仄聲用。如白樂天『金屑琵琶槽四絃』，『不似琵琶聲』，『忽聞水上琵琶聲』，朱史君『斷腸猶帶琵琶絃』，皆讀如被聲。今吴音讀作弼音，乃入聲也。《韻會》亦曰：『又質韻。』《容齋隨筆》亦曰：『樂天作入聲。』

藍

《詩》：『終朝采藍。』《説文》：『藍，染青草也。』藍三種：蓼藍如蓼，染緑；大藍如芥，淺碧；槐藍如槐葉，染青。皆可作澱，色成勝母，故曰『青出藍而青于藍』。趙岐云：『陳留人以種藍染紺爲業。』白樂天詩：『老絲練緑紅藍染，染成紅線紅于藍。』即今閩廣之深青發紅紫光焰者。紺，深青揚赤色。李益詩：『藍葉鬱重重，藍花石榴色。少女歸少年，光華自相得。』是藍花本紅也。杜子美詩有『蔚藍天』，段成式『雲藍紙』，蓋言天色、雲色，皆如其藍也。又有紅藍花，一名黄藍，葉似蘇，花似蒲，出西域。張騫所得，染爲燕支，中國人謂之紅花，非今之重絳也。赤白之間爲紅。

董澤之蒲　會稽之竹

契丹上京曰西樓，有蒲，瀕水叢生，一莖，葉如柳，長不盈尋丈，用以作箭，不矯揉而堅。左氏所謂『董澤之蒲』是也。近渤海者爲女真，亦曰女直，宋之金國，肅慎氏遺種，渤海之別族，所云肅慎氏之矢，即此。《後漢書》：『挹婁，古肅慎之國。善射，弓長四尺，力如弩，矢用楛，長一尺八寸。青石爲鏃，鏃皆施毒，中人即死。』《通志》：『蒲柳。』《爾雅》：『楊蒲柳。』其條可爲箭幹，故《左傳》云：『董澤之蒲。』崔豹云：『水楊即蒲楊，任矢用。』《本草》云：『枝莖勁韌。』《爾雅》：『東南之美，有會稽之竹箭。』郭璞曰：『箭竹名，因以爲號。』今箭竹高一丈，節闊三尺，可作矢。《易》：『剡木爲矢。』蒲、竹皆木。

雞舌香

雞舌香，出崑崙以南。枝葉及皮並似栗，花如梅，子似棗核，此雌者也，雄者花不實，采花釀之以成香。或云是沈香木花，或云草花蔓生，實熟貫之。漢尚書郎口含雞舌香，云刁侍中年老口臭，故桓帝出雞舌香與含之。今人于乳香中，時時得木實似棗核者，以爲雞舌，堅頑枯燥，絶無香味，燒亦無香也。或曰母丁香是也。俗人以其似丁子，故爲丁子香。

不愁木

忘憂花，可對不愁木。一名帝休。《山海經》：『少室山有木名帝休，其枝五衢，黄花黑實，服之不愁。』《本草》云：『嵩山有此木，人固未識，可求之也。』又，草木名有天然作對者，助情花可對無義草。助情乃天寶遺事。金燈，一名無義草，蓋花葉不相見也。一名獨摇，又名離母。離母可對宜男。

茶梅

劉長卿有《海紅花》詩，李太白詩注：『新羅國多海紅。』今茶梅即小樣粉紅山茶，本名海紅花，以其自十二月開至二月，與梅同時，故曰茶梅。劉仕亨詩：『小院猶寒未暖時，海紅花發晝遲遲。半深半淺東風裏，好似徐熙帶雪枝。』蓋山茶一種數名，花極紅，而瓣極厚者，曰都勝，即今寶珠也。又，以其心紅簇如鶴頂，故曰鶴頂。色淡而無心者曰玉茗，即今粉紅山茶。嘗憶古詩有云：『淺爲玉茗深都勝，大曰山茶小海紅。』

練實

竹實色白，故名曰練實。神農云：『通神明，輕身益氣。』陶隱居云：『竹實出藍田，江東有花無實。』頃來班班有實，狀如小麥，堪可爲飯。嘉靖二十年，昌化遍山竹皆成穟實，舂碎若米而紫黑色，炊之可食，古人以爲荒年之兆。余園中竹亦結實，剥開甚清香，其竹即枯死，恐非鸞鳳之所食也。後見予陽山所生竹實，大如雞子，竹葉層層包裹，味甘勝蜜，食之，令人心膈清凉。生山林深茂處，日久汁枯乾而味尚存，此鸞鳳之所耆也。字書迺于『楝木』下云：『鵷鶵食其實。』又云『通作練』，引《莊子》：『非練實不食。』何也？《風俗通》：『解豸食楝。』

後庭花　後庭草　中庭花

陳後主有《玉樹後庭花》曲。又，温庭筠詩：『宜男謾作後庭草，不似櫻桃結子紅。』是萱草爲後庭草也。百合花，一名中庭花，見《本草》。今之雞冠花，即後庭花。見蘇集。

吉貝草

吉貝草，即今鬱林布。南蠻緝其花爲布，且精白細軟。

五色石榴花

榴，本名若榴，初來安石國，故曰石榴，亦曰安石榴，張騫使大夏所得。又云從海外新羅國來，故名海榴。想爾時惟紅色一種，故又名丹若，今則紅者數種，一單葉紅者甚多，一千葉深紅結實名寶珠榴，即今千葉石榴。有子大赤者，有子雪白者。有甜酸二種，甜者佳。詳《格物總論》。甘者名天漿，酸者入藥。一千葉深紅不結實，一單葉樹甚小，長不逾尺，可供盆几之玩，名火石榴，甚能開花，亦有千葉者。此外有一種白花曰白石榴，黄花者曰黄石榴，藍花者曰青石榴，古人所不載者。段成式曰：『白馬甜榴，一實直牛。』晉安帝時，武陵臨沅獻安石榴，一蒂六寶。見《宋書》。

瓊花

瓊，赤玉也。古今每以瓊瑶喻白，鮮于詩：『百蘤天下多，瓊花天上希。結根寄靈祠，地著不可移。八蓓冠羣芳，一株攢萬枝。』而宋次道乃云：『瓊花，一名玉蕊。』見《揚州后土廟玉蕊花序》。《退朝録》云：『揚州后土廟瓊花一株。或云自唐所植，即李衛公所謂玉蕊花也。舊不可移徙，今京師亦有之。改玉蕊爲瓊花者，宋王元之也。又，《雍録》以玉蕊即梔子花，亦名山礬，以其色可以染黄，不假礬而成。是瓊花、玉蕊本是一種。觀瓊、玉取義，可見以玉蕊爲梔子。惟唐長安一株，元、白賦詩甚貴重。又曰花白心黄，三四月開，芬芳滿野，高可數丈，則爲今千葉梔子無疑。人但疑其本之高耳。《齊東野語》又以瓊花絶類聚八仙，但色微黄而香，宋仁宗、哲宗移植禁苑，遂死，載復還桀。宦者陳深取孫枝接於八仙根上，至今流傳，杭褚家堂瓊花園是也，然香色亦少異矣。瓊花園，今名通聖祠，即春秋慶忌宅基。曰通聖者，其神乃唐褚遂良九世孫始爲綾錦者，故至今祀之。又，《瓊野録》一卷，陳氏曰：『學士洪邁園池記述題咏，曰瓊野者，從維揚得瓊花植之而生，遂以名圃。』今聚八仙，即八仙花，西湖山中在在有之，以其每枝開花七八朵相叢，故曰聚八仙。又，每一小朵五瓣如梅花，今取其根以接粉團花者。粉團，余嘗更其名曰玉屑毬。第不知所接之貼頭，又是何處得來之種耳！白而無香，若八仙可接瓊花，則今梔子又單葉、千葉滿野，不必接矣，何所貴重，使人詠羡如此！王建《唐昌觀玉蕊花》詩：『女冠夜覺香來處，惟見堦前碎月明。』劉禹錫《長安觀玉蕊花》詩：『玉女來觀玉樹花，異香先引七香車。』即今粉團花無疑也。葛常之以爲其他皆八仙近似而非者，蓋不曾見八仙所接瓊花故也。余園中千葉梔子亦高可丈許，安敢遽許爲玉蕊？要之，玉蕊即瓊花，而梔子、山礬自爲别一種，迥不相類也。《説文》：『梔，黄木可染者。』徐曰：『鮮支木也。』漢相如賦：『鮮支黄礫。』師古曰：『即支子樹。』《貨殖傳》：『千畒巵茜。』注：『鮮支也。』西域名薝蔔花，一名林蘭，一名木丹，一名越桃。《爾雅》云：『半瓣有甚。』至于《爾雅翼》，則以『草木花不過五出，唯巵六出』。今單葉六出，而千葉者又不下十數瓣矣。黄庭堅易瑒花名曰山礬。蓋瑒，玉名，取其白也，猶云瓊花自好，且名勝山礬，而魯直必欲改之，何也？而曾端伯遂以爲即唐昌玉蕊花，尤誤。《玉蕊花》詩：『一樹瓏鬆玉刻成，飄廊點地色輕輕。』今梔子花初不謝落，故知非也。蜀孟昶召百官宴芳林園，賞紅梔花，青城山中進三粒子種成。花出而紅，清香如梅，當時最重之。此又梔子之異。

朱果

李太白：『於焉摘朱果，兼得養玄牝。』朱果謂火棗也。然則不如以炎實名火棗，而以朱果名櫻桃，如紅桃、紅李、紅杏，皆可。蓋《真誥》、《素問》以桃、李、杏、栗、棗爲之五果。又，韋應

物詩：『洞庭摘朱果。』謂橘也。〔一〕

木蘭

木蘭樹高數仞，本作欄，出蜀、韶、春州者各異。皮似桂而香，狀似楠樹。葉似菌桂，有三道縱文；皮有縱横文。或曰一名林蘭、杜蘭。夫林蘭，即梔子花也。《述異記》：『木蘭川在潯陽江中，多木蘭。』又，七里洲中有魯班刻木蘭舟，至今在洲中。詩人多用木蘭事，故表出之。

怪竹

怪竹，見《唐書》，不知今爲何竹。名甚奇。高宗遣宦者采怪竹江南，將蒔上苑，荊州長史蘇良嗣因之。今上亦曾遣使采江南方竹，即此類也。方竹，《寧波志》云：『葛仙翁煉丹于定海靈峰，植竹筯，化爲竹而方。』

白桂

張曲江云：『桂華秋皎潔。』段成式云：『桂花三月生，黄而不白。』以譏九齡之妄。夫桂本秋樹，有紅，有黄，有白；有春桂、四季桂。或段公所見，止知有春桂耳。紅桂，宋象山史本初家有之。因接本獻于朝，多植禁中，高宗雅愛之，號曰丹桂。四方争求，歲接數百本。今出象山者，香色芬麗，移之四方，則香色少損矣，蓋地氣使然也。

合歡草木

嵇康：『合歡蠲忿，萱草忘憂。』《通志》乃曰：『萱草曰合歡草。』又曰『無憂草』，何也？今萱曰忘憂花。《本草》云：『食之，令人好歡樂無憂。』至于合歡，亦曰：『令人歡樂無憂。』是其性味同也。萱，一名宜男、丹棘、萬年韭、鹿葱，亦名忘歸草。陸士衡詩：『安得忘歸草？言樹背與襟。』即《詩》『焉得諼草，言樹之背』之意。而字書：『莣，即莣憂萱。』《爾雅》：『莣草，似茅，可爲繩。』《說文》作『杜榮』，則謬之甚矣！惟合歡，多種難辨。陶隱居云：『合歡，俗間少識之者，當以其非療病之功，稍見輕略，遂致永謝。猶如長生之法，人罕敦尚，亦爲遺棄。』唐注云：『葉如皂莢槐等，極細，五月花發，紅白色，所在山澗中有之。』今東西京第宅、山池間亦有種者。或曰合昏，秋實作莢，子極細薄。崔正熊云：『一名青棠，似梧桐樹。枝葉繁弱，互相交結。風來輒自相解，了不牽綴。樹之階庭，使人不忿。叔夜種之舍前，故云然也。』《本草》：『欲蠲人之忿，則贈之以青棠。』《詩話》云：『心胸填錯爲肺，灌取合歡皮煮服之。』陳無己詩『探囊一視合歡湯』是也。其葉至夜即合，故曰合昏。字書本作『棔』，朝舒夕斂，故名合棔木，俗轉爲合歡。又曰合婚，杜子美詩：『合婚尚知時，鴛鴦不獨宿。』故《圖經》曰：『夜合也。』《衍義》曰：『花色如蘸暈線，上半白，下半肉紅。散垂如絲，爲花之異。其緑葉夜合，又謂之夜合花。』即今之烏茸樹。巧對所謂『烏茸花放，猶如羊毛筆半蘸銀硃』者，但其花不香耳。又，草有夜合花。柳子厚詩：『夜合花開香滿庭。』韓忠獻詩：『所愛夜合花，清馥逾衆芳。』余在嶺南多種之。古人因合歡有夜合之義，遂有合歡扇、合歡帶、合歡被、合歡牀、合歡枕、合歡綵索與香囊之類也。今水田中有草名夜合草。又，何首烏即交藤，亦名夜合。見《通志·草木略》。又，《酉陽雜俎》載胡椒結子，兩兩相對，葉晨開暮合，合則裹其子於葉中，是亦當爲合昏椒矣。又，南海有菜，四葉相對，夜合晝開，名合歡菜。見《番禺雜記》。又，武林西山舊有香竹院，名曰扶竹，其筍名合歡筍。即四川涪州相思崖桃釵竹，一名相思竹也。

相思樹

今之相思木，生嶺南。樹高丈餘，其子曰相思子，即紅豆。漢《文選》注『赤如珊瑚』者。詩所謂：『紅豆生南國，秋來發幾枝。贈君頻采摘，此物最相思。』秋開花，二三月莢枯子老，零落可拾數斗。其樹大而白，枝葉似槐，斜斫之有文理，可爲棋枰、琵琶槽。南方甚多，余山中亦有數株，高三五丈。又，一種豆，頗圓小，半段紅、半段黑者。《本草》：『通九竅，治心腹氣，令人香，止熱悶。子赤黑間者佳。』豈所謂單思子邪？蓋杭有少年子弟，與一伎交好。及別後，少年以相思子作緑紗囊寄之，以表相思之意。因思想成疾，醫藥不效。鄰家老翁訪之，自言其故。翁乃大笑，解之曰：『吾聞所謂相思者，必兩人一心，彼此注念，山川阻隔，魂斷神勞，然後謂之相思。今子之故人，朝東暮西，又抱琵琶過别船矣。爾獨癡心追戀，此則謂之單思病耳，實非相思也，不幾于枉捐軀命乎！』少年聞之，喟然長嘆，赧顔流汗，不覺釋然，遂推枕而起。因記之，并博一笑。又，相思子合糯米炭屑貯龍腦，香不耗。

仙人樹

甘峻山有仙人樹，人行山中苦飢，即采食之。飽，不得持去。平居時，則不易得見。其山多佳木，冬温夏凉。本月支國，後爲張掖郡，今之甘州也。

不死草

廣西柳州産苴草如茅，高二三尺，食之多壽，故名。夏月采置几筵中，則蚊蠅不近，物亦不速腐。甘州、柳州皆南中樂土，故異卉産焉。《一統志》、諸名公集載之。

校勘記

〔一〕韋應物詩　此句原置標題下，今補于文末。

留青日札卷之三十三

伯夷采葛

韓子《通解》曰：『伯夷哀天下之偷且以强，則服食其葛、薇，逃山而死。』今人但知夷、齊采薇，而不知采葛以爲衣也。葛，絺綌草，《葛覃》賦之，乃女事之煩蓐者。《禹貢》『卉服』注：『葛越。』《江都王傳》『荃葛』注：『細葛布，越令婦女采葛以獻吴。』今江南之葛甚盛，而以廣東爲精美。又有可食者，花藤能醒酒，名雞齊，又名鹿藿、黄斤。《吴都賦》：『食葛香茅。』又，有毒不可食者，名野葛。薇，似藿，生山中，一云似萍。《爾雅》『薇，垂水』注：『水菜。』《詩》注曰『苦益』，陸璣曰『山菜』，注：今野豌豆苗，蜀名巢菜。《三秦記》：『夷、齊食之三年，顔色不變。武王誡之，不食而死。』《廣志》：『葉可食，利人。』《海藥》云：『久食不飢。』又，白薇，藥名，亦曰薇草。一名白幕，一名春草，一名骨美。《本草》云：『久服利人。』或即此種也。又金櫻芽，亦名薇，《詩》采薇是也。

四皓采榮

揚子雲《解嘲》曰：『四皓采榮于南山。』《文選》、《漢書》諸注以『榮』爲『榮名』，殊可鄙笑！《説文》但云：『榮，桐木也。』一曰草華謂之榮，而不詳其所自出，是即伯夷采薇，鮑焦采蔬，蓋采之以爲食也。《山海經》『鼓鐙之山有草焉，名榮。其葉如柳，其本如雞卵，食之已風』是也。《子虚賦》：『發紅華朱榮矣。』《本草》：『紫桐、梧桐，子皆可食，但動風氣不同。』

素馨

素馨有白，有淡黄，或曰即茉莉。雙瓣者曰茉莉，單瓣者素馨。《龜山志》又云：『素馨四瓣。』《南方草木記》曰：『胡人自西國移植南海。』陸賈《南行紀》曰：南越五穀無味，百花不香，獨有二花不隨水土而變。然素馨之香不如茉莉，而茉莉又有一種紅者，但無香耳。在佛書，名曰悉那茗。廣東昔有劉王女素馨者，其冢在陽江縣，上生此花，因其名，故名素馨。宋傅伯成詩：『昔日雲鬟鎖翠屏，只今烟冢伴荒城。香魂斷續無人問，空有幽花獨擅名。』宋艮嶽八芳草：曰金蛾，曰玉蟬，曰虎耳，曰鳳尾，曰素馨，曰渠那，曰茉莉，曰含笑。茉莉，《洛陽名園記》作抹厲，王十朋作没利、抹利，惟洪景盧作末麗，頗雅。佛書《翻譯名義》云：末利曰鬘華，堪以飾鬘。梁張隱《素馨花》詩『細花穿弱縷，盤向緑雲鬟』是也。余嘗改末利名曰玉香花，取其花浸水瀹茗，風味甚雋。

十八娘　紅姑娘

荔枝，有名十八娘者，上品。今草中有名錦荔枝者，元時名曰紅姑娘，亦自可愛。徐大章《元故宫記》『金殿前有野果，名紅姑娘，外垂絳囊，中空，有子如丹珠，味酸甜，可食，盈盈繞砌，與翠草同芳』是也。余嘗有詩云：『十八娘豐殺有名，紅姑娘弱更多情。秋風一粲呈丹齒，幸免騷人誚側生。』殺，去聲，方言忒殺也。

煬帝楊柳　楊王甜梅

隋煬帝御筆寫賜垂柳姓楊，曰楊柳也，見《開河記》。此好事者爲之也。《詩》：『昔我往矣，楊柳依依。』宋玉《釣賦》：『倚乎楊柳之間。』《子虚賦》『朱楊』注：郭璞曰『楊柳』，可證其妄。又，吴武王楊行密諱杏爲甜梅，是以行、杏同音也。今讀行作平聲者，非。又，行密以父名怤，謂與夫同音，乃于御史大夫、光禄大夫之類，皆去『夫』字，此尤可笑也。

應時靈卉

《大戴禮》：『朱草日生一葉，至十五日已後，日落一葉，周而復始。』《孝經援神契》曰：

『德至草木，即生朱草。』《後漢書》：『中元元年，赤草生于水厓。』赤草，朱草也。蓂莢紀日亦然，月小盡則留一葉。梧桐紀月：左右生十二葉，從下數一葉爲一月。有閏，則生十三葉。視葉獨小者在第幾，則知閏在幾月矣。藕、鳧茈、藉菰、芋、赤箭，皆應月。藕十二孔，閏益一孔；鳧茈、藉菰、芋皆十二子，閏益一子。赤箭亦十二根爲衛。又，南海有草叢生，如藤蔓，土人視其節，以占一歲之風。每一節，則一風，無節則無風，名曰知風草。朱草即屈軼，堯時生于庭，佞人至即止之，其莖如鐵。又，護門草出常山，取置户下，或有過其門者，草必叱之。一名百靈草，疑即朱草也。王筠《寓直》詩：『霜被守宫槐，風驚護門草。』《説文》：『槐名守宫也。』《周禮·朝士》：『面三槐，三公位焉。』注：『音懷，言懷來人於此，欲與之謀也。』故人家門庭多植槐，取守宫之義，堪輿家所謂『前槐後樸』也。

榕

桐城阮公督學時，忽問余曰：『榕是何木？』余漫應之曰：『南方木之有容者。』又問：『有何題詠？』余則舉柳子厚『榕葉滿城鶯亂啼』之句，阮公首肯曰：『信然。』蓋適一嶺南士大夫以榕爲號者，求作齋記也。余退而檢字書，止言初如葛藟，緣木後乃成樹，生于南方。及詢之閩中一士夫，乃云：其樹最大，葉最陰，枝上生根垂地，根上復生枝如藤蔓然，幹闊三四丈，中通不圓實，木理麤惡，不堪作器用。遂意以容者，言其中空有容，又其葉蔭可廣覆被也。或曰新長未空者，可鏇作盤盒，甚輕。

菠薐

今之菠菜，即唐之菠薐菜，出自西域頗陵國。云僧人帶其子來也。《通志》云張騫帶來。

橡

栩實本作樣，从木，羕聲。今作橡。《小爾雅》：『柞實。』《廣韻》：『櫟實。』通作象。《周禮》『掌染』注：『象斗之屬，染黑。』所謂皂物也，因謂黑色曰皂。又，可染澹黄色，爲書殼紙，故稱栗殼色，俗名黄栗屹斗。摯虞入南山，飢拾橡實食。杜甫客秦州，采橡栗自給。故曰：『飢食楢溪橡。』梅聖俞亦云：『野糧收橡子。』《狙公賦》『芧』注：『芧，橡子』。故子美又云：『天寒橡櫟隨狙公。』然食之令人禿髮。山僧制之成粉，亦可食。

瞑菜　瞑木

綧菜，夏生于池沼，葉類茨菰，根如藕條。南海人食之，云令人思睡，呼爲瞑菜。榆一名零榆，二月采皮，取白暴乾，八月采實，可以救荒。又，莢仁作糜羹，令人多睡。又，作醬佳。故嵇叔夜云：『榆令人瞑。』《爾雅》：『榆，白枌也。』漢有枌榆社。白榆有刺，《詩》『山有樞』是也。

七里香　九里香

今山中春時開細白花滿樹，清香逼人者，名曰七里香。簪之，可以鬆膩髮。古云：即芸也，可以辟蠹，并去蚤虱。《説文》：『芸草，似苜蓿。』《禮圖》：『葉似邪蒿，香美可食。』沈招云：類豌豆，秋後葉微白如粉，漢樹之蘭臺、石室藏書之府。又有一種相類而不香者，土人名曰八里臭，簪之頭眩。在嶺南欽州，反名九里香。

劍葉蘭

嶺南劍葉蘭，即今建蘭，其名甚佳。有魚子蘭乃蔓生細粟花。其春蘭乃名樹蘭。海濱别有挂蘭，亦頗奇異。

品藻

品藻，苔名，一名品落，以落形如品也。出《南粤志》。又，言人有鑑别者曰品藻，蓋言能品第文藻也。

石蜜

廣右甘蔗，色白而甚細，其堅如竹，名曰石蜜。《通志》：『赤者崑崙蔗，白者竹蔗，黄者蠟蔗，小而燥者荻蔗。』又，芳蔗、杜蔗，舊言草之庶出者，以節節側生也。傅巽《七誨》云：『南中茶子，西極石蜜。』《楞嚴經》黑石蜜，乃甘蔗糖也。又，櫻桃亦名石蜜，未知西極所珍，又何品也？

瓜宜七夕

七夕乞巧而陳瓜。又，刻鏤成花，名曰花瓜，蓋織女星主瓜果。故洪邁《老圃賦》：『織女耀而瓜薦。』又有瓠瓜星。羊骹、兔頭、龍蹄、獸掌、桂髓、蜜筒、小青、大斑，皆瓜名也。又有緑沉瓜，梁武帝西園食緑沉瓜，見《南史》。郃陽令胡嶠於回紇得瓜，種以牛糞，結實大如斗，味甘，名曰西瓜。見《陷虜記》。按西戎地，漢之燉煌郡，唐置瓜州，瓜大如斛，因瓜以名州也。豈五代時方入中國邪？《文選》：『浮甘瓜于清泉。』杜詩：『瓜嚼水晶寒。』非西瓜莫可當也。今有五色紅瓜，尚名曰番瓜，但可烹食，非西瓜種也。

文章草

余嘗有《遊仙詩》云：『旌節花開降西母，文章草熟醉東華。』旌節花，即錦葵，俗音訛作錦茄兒花，因其花小而類茄花也。高四五尺，節節對生，紅紫如錦。見《黎州圖經》。文章草，即五加皮。譙周《異物志·文章草贊》曰：『文章作酒，能成其味，以金買草，不言其貴。』蓋王屋山人王常所謂『寧得一把五加，不用金玉滿車』。又，東華真人以五加爲金玉之香草。見《煮石經》。此茄字，凡二韻三讀：一云茄，芙蕖，莖即荷梗也。一云茄，菜名，子可食，隋煬帝名爲崑崙紫瓜，今之落酥也，老者名縠子茄。一云茄，五茄，藥名，今作五加皮也。

檮杌

檮杌，《孟子》注：『惡獸名。』非也。檮，斷木也，一作剛木。注引『楚謂之檮杌，惡木，取其記惡以爲戒』。趙岐曰：『檮杌者，嚚凶之類，興于記惡之名。』杌，樹無枝也。从木，从壽、从兀。壽，久也；兀，不動也。不从犭，則非獸明矣。又，舜四凶，一名檮杌。杜注：『頑凶無疇匹貌。』師古《漢書注》：『鯀，崇伯之名，即檮杌也。』惟《周禮》外史以檮杌爲惡獸，《春秋》直史，不避君之善惡，故謂《春秋》爲檮杌也。《史》：高陽才子檮戭。《漢書》：檮余山。《藝文志》：公檮生。師古曰：『直由切。』惟《孟子》今音濤。陸德明《九經釋音》誤之也。

上番　下番

竹之有上番、下番，即今言大番、小番也。番，去聲，謂大年生筍多，小年生筍少也。杜詩：『會須上番看成竹。』蔡夢弼注不知此義，乃云：『上番，音上筤。蜀名竹叢曰林筤。』誤之甚矣！既不識竹，又不識詩，真瞎子也，何以注爲？非萬玉主人不知此妙。

五葷

《禮記》葷注：『薑及辛菜。』《荀子》：『志不在于食葷。』注：『葱薤也。』道家以韭、蒜、芸薹、胡荽、薤爲五葷。《楞伽經》五辛：一大蒜，二茖葱，三慈葱，四蘭葱，五興渠，謂之五種辛菜。立春日，五辛盤。今多用芥也，取發新之意。

荇公鬚

池州人呼荇爲荇公鬚，言其亂生若鬚也。今水中有名温草者，俗名温頭髮。何不稱温母髮，以對荇公鬚？

黄雪

雪，白也，止可以詠梅花。宋人盧梅坡尚以爲須遜其白，而詩人乃以梨花爲白雪。雪，未聞有黄也，而于武陵詠木樨曰：『夜揉黄雪作秋光。』謝無逸曰：『白雪凝酥點嫩黄。』楊廷秀曰：『雪花四出翦鵝黄。』

玉鱗

梅、雪皆白，故皆可稱玉鱗。張公《雪》詩：『戰退玉龍三百萬，敗殘鱗甲滿天飛。』李羣玉《梅花》詩：『玉鱗寂寂飛斜月。』無繹本于李也。飛天，飛月，亦奇。如蘇子瞻：『欲膾湖中赤玉鱗。』則赤玉鱗可作桃花用。杜子美：『丹砂作尾黄金鱗。』則黄金鱗可作菊或金絲桃花用。又，素鱗可用之梨與李；碧鱗，可用之碧桃；緑鱗，可用之緑萼梅。蒼鱗本松雪，見蘇詩；青鱗本劍鋒，見孟詩。

五色芝

我皇上五色芝，進自陝西王金。自後曾遣御史巡行天下采芝。浙江總督胡公亦有所進。每本有高尺許者，云用芝以合仙藥。芝曰菌，五色加紫爲六芝：青曰龍芝，赤曰丹芝，黄曰金芝，白曰玉芝，黑曰玄芝，紫曰木芝。瑞草也，生則有雲氣及禽獸之異，蓋言其狀也。余庭中産玉芝一，竹林中木芝二，其下皆有黄氣。

櫾

《列子》：吴越之國有木焉〔一〕，其名曰櫾，碧樹而冬生。櫾、柚同。《漢書》：『橘柚芬芳。』注曰：『柚，即橙也。』非是。蓋柚與橙異種，初非一物。所云似橘而大，味酢皮厚者是也。後又云：『盧橘夏孰，黄甘橙楱。』郭璞曰：『黄甘，橘屬而味精。楱，亦橘之類。』張揖曰：『楱，小橘也，出武陵。』則知柚非橙矣。

美人蕉

美人蕉，産于廣西。樹不甚高，花瓣尖，大紅色，甚美，故名也。嘗移歸植之，不開花。蓋地土寒不宜也。又有名板蕉、佛手蕉者，皆生子可食，亦異于浙中黄花者。余嘗詠美人蕉詩云：『芭蕉葉葉颺瑶空，丹萼高擎映日紅。一似美人春睡起，絳脣翠袖舞東風。』

白草

今稱北狄之地曰黄沙白草。《漢書》：『鄯善國本名樓蘭，出胡桐、白草。』孟康曰：『草之白者。胡桐似桑而多曲。』師古曰：『白草似莠而細，無芒。其乾熟時，正白色，牛馬所嗜也。胡桐，亦似桐，不類桑。蟲食其樹，沫出下流，名胡桐淚，可以汗金銀也。今工匠皆用之。』又，烏秅國間有白草。岑嘉州《玉門關歌》：『黄沙萬里白草枯。』言枯則生自白。

千歲蘽　萬年枝

葡萄，《漢書》作蒲陶，一名馬乳，號草龍珠帳。《白孔六帖》有大如雞卵者，可釀酒。張騫自西域來中國。今有紫、水晶、瑣瑣三種。又有蘡薁，名山葡萄，野生，實小，亦可爲酒。莖主嘔逆，即今悠悠藤之類，故名千歲蘽。又名爲萬歲藤，大者如盌，冬夏不凋，在草木之間。《詩》『食鬱及薁』是也。余嘗有詩云：『酒香千歲蘽，花發萬年枝。』萬年枝者，檍也。似梓，枝葉可愛，二月華白，子似杏。宫禁種之，取億萬之義，故又名萬歲樹。謝朓詩『風動萬年枝』是也。又，冬青名女貞木，亦名萬年枝。

花性陰陽

稻花也，葵花也，蓮花也，晝炕宵合而向日；麥花也，蔆花也，拘佛頭花也，宵炕晝合而向月。親陰，親陽，性也。

奇南

奇南，香名，蓋言南方之奇木也。亦作奇藍，乃沉香木之生結者。古人詩多用沉香，而不見奇南之名。亦遺事也，故拈出之。

連理木

余所居之前，榆樹一株，同本而枝連理；居之後，烏桕二株，異根而枝亦連理。舊云北方有大榆，江南但有樞榆、白榆。樞，刺榆也，非是。江南榆有莢，所謂榆錢也，未嘗有刺。《詩》：『山有榆，隰有樞。』並音由。《禮》：『春取榆柳之火。』古詩：『天上何所有？歷歷種白榆。』龔遂守渤海，勸民種榆，一口一樹，蓋有用之材也。烏桕曰椏，一名桕柳，葉臭可染皂，子可壓油。《瑞應圖》曰：『王者德化洽八方，合爲一家，則木連理。』又曰：『不失小民心，則生連理木。』《孝經援神契》曰：『德至草木，則木連理。』《晉中興徵祥書》曰：『連理者，仁木也。或異枝還合，或兩樹共合。』以今驗古，兩瑞適符，不知果何徵也？湛方生之頌有云：『相彼神奇，遠見徵祥。同根連柯，本枝俱昌。皇基增構，靈祚維長。運隆周室，道均三王。丕顯奕世，休風載揚。』

花嬋娟

嬋娟，美好也。余嘗詩中言花月嬋娟，有客疑花不可以稱嬋娟。予暗笑之，因其以詩自鳴，故不面折也。夫世之美好者莫如花，則花之名嬋娟不言可許矣，况月以皎潔，尚得稱嬋娟，而詩人往往以嬋娟稱竹，莫敢異議，又况贈之于花乎？

借花看　借客醉

虞伯生詩：『雨浥輕塵道未乾，朝回隨處借花看。』『借花看』三字，情興甚奇。借客醉者，余性不多飲，乃苦好飲。日無事，非杯杓無以自適。每掃徑以竚佳侣之來，蓋借客以取醉也。因憶白樂天《送吕漳州》詩有云：『獨醉似無名，借君作題目。』可謂契合者矣。昔人有云：『賣花檐上看桃李，沽酒樓頭聽管絃。』此則貧窮丐兒之行徑也。又，小説：一人好飲，其妻不容，約曰：『有客至，則當出酒肴，君乃可飲。』其夫苦無客，出門久竚，偶遇一路人，遂揖之曰：『久不會晤，少屈坐談。』其人初不相識，請問何意，主曰：『少刻當告。』其妻爲有客至，盛席款之，歡飲甚洽。客惶恐，終不安席，必求其相延之故。則出一拇指以示之，上書『陪我』二字。蓋畏妻之約，欲借客以爲媒蘖也。并記之，可發一笑。

惜花人

種花而弗愛，猶弗種也；愛花而弗惜，猶弗愛也。愛有貪情，惜兼痛意。辟諸學，知不如好，好不如樂也。古之括香使、司花女、移春檻、選勝亭，買之千金，贈之九錫，無非愛之深耳。懸金鈴、燒紅燭、付酒盞、籍枕幃，武仲不啓關，子美不掃徑，無非惜之至耳。韓子云：『直把春償酒，都將命乞花。』禪家所謂觸緣受，受緣愛，愛緣取，有生老死十二因緣，不能解脱者，此也。杜子云：『一片花飛減却春，風飄萬點正愁人。』所謂從愛生憂者也。又云：『且看欲盡花經眼，莫厭傷多酒入脣。』所謂從憂生愛者也。綺囱紛紛，無可奈何，非與花爲命者，又何足以知之也哉？甲子春三月六日，香宇薔薇十二屏花開甚盛，黄昏風雨大作，無策蔽覆，勉强就枕。子玹趣田子起曰：『争忍羣芳落莫耶？亟宜秉燭往探平安也。』至則紅愁緑慘，俛首垂泣，若訴若怨，不忍相見者。田子方太息，而子玹忽囅然大笑。田子曰：『何謂也？』子玹曰：『獨不念蘇子之詩乎？』曰：『蘇詩云何？』因長吟曰：『東風陣陣泛寒光，大雨沉沉水滿廊。只恐夜深花淈去，故燒高燭照紅粧。』子藝不覺抵掌絶倒，持燭翻滅，徘徊竚惜者久之，忍寒不能返室。且曰：『此大佳話也，不可無紀。』遂口占一篇，用慰花神云耳：『雨過三日便爲霖，何況春來兩月陰。撫景忽思燒燭咏，不眠重起惜花心。紅粧冷落燈光濕，翠屋淋漓夜色深。扶病細君能解事，當年誰復伴知音？』噫，亦庶幾不負賞花者矣！淈，吞稛切，上聲，水流物去也。其去聲即爲褪，蓋方言也，亦可以補字書之不備者。

別花人

惜花人固難得，而別花人亦難得，未有能別花而不惜花者。今俗人家不惟不種花，雖好事者種之，彼亦不知其名。視之如凡草，鄙之如惡木，真殺風景也。所以古人謂難得別花人。夫紫薇、薔薇，特常植耳，而白樂天猶惜之。故其詩曰：『除却微之見應愛，世間少有別花人。』又云：『移他到此須爲主，不別花人莫使看。』是則太傅可謂之別花主，而微之可謂之別花人矣。然古之文人亦有極殺風景事，蓋折花，極俗人惡事也，而蘇子瞻、歐陽永叔亦嘗犯之：子瞻在東武南禪資福寺，大會賓客，翦芍藥七千餘朵置瓶盎中，供佛賞玩。永叔在揚州會客，取荷花千朵插畫盆中，圍繞坐席，命客傳花，人摘一葉，盡處飲酒。此皆忍心人也，惜花之情安在？余嘗于花開日，大書粉牌懸諸花間，曰：名花猶美人也，可玩而不可褻，可愛而不可折。擷葉一瓣者，是裂美人之裳也；掐花一痕者，是撓美人之膚也；拗花一枝者，是折美人之肱也；以酒噴花者，是唾美人之面也；以香觸花者，是熏美人之目也；解衣對花，狼藉可厭者，是與美人裸裎相逐也；近而覰者，謂之盲；屈而嗅者，謂之齈。語曰：『寧逢惡獱，莫殺風景。諭而不省，誓不再請。』嗚呼！ 此雖戲詞，無非憐芳菲而惜香豔耳。凡我同志，共守此約。

校勘記

〔一〕吴越之國　《列子·湯問》作「吴楚之國」。

留青日札卷之三十四

蓍

《易》曰：聖人『幽贊于神明而生蓍』。《史記》曰：『蓍千歲則一本百莖，其下必有神龜守之。』《白虎通》曰：『蓍之言耆也，陽之老也。故曰下有神龜，上有稠蓍。其形長丈，其叢生滿百莖。』《通志》：『蓍如蒿，華如菊，生上蔡白龜祠傍。一叢之幹二三十，或四五十，高五六尺。』余在南京宗人府董公處，見盆中所栽蓍，問之，云得自陳州伏羲陵上。其葉類細蓬蒿，其莖則與家藏枯蓍無別。余爲乞一二本，曰：『汝車載不便，待我東歸日，當分其半與之。』蓋後公作府雲南，没于道，今竟不知落于何所，心甚惜之。夫蓍乃草之最壽者。六十曰耆，故字从艸，从耆。張茂先曰：『以老，故知吉凶。生千歲三百莖同本，其上常有黄雲覆之。』王充曰：『蓍生七十歲生一莖，七百歲生十莖。神靈之物，故生遲留，曆歲長久。』劉向云：『龜千歲而靈，蓍百年而一本生百莖。』《蓍策傳》曰：〔一〕『天下和平，王道得而蓍莖長丈餘，其叢生滿百莖。』『可以當大衍之數者三。下有神龜守之，上有雲氣覆之。』《學齋呫嗶》又云：『一叢必四十九莖，以應大衍之數。』恐未必然也。

用蓍

卦皆伏羲作，故曰：『聖人者伏羲作六十四卦者也。』《乾鑿度》云：『垂皇策者羲。』孔穎達云：『伏羲始用蓍。』則是用蓍之法，亦當自伏羲始也。天子蓍長九尺，諸侯七，大夫五，士三，莖有美惡。故《周官》『簭人上春相簭』。《三易》用策數各不同：《連山》用三十六策，《歸藏》用四十五策，《周易》用四十九策。筮人掌三易，辨九筮之名：一曰巫更，二曰巫咸，三曰巫式，四曰巫目，五曰巫易，六曰巫比，七曰巫祠，八曰巫參，九曰巫環，以辨吉凶。巫作筮，字之誤也。太卜傳曰：『上有檮蓍，下有神龜。』今世取蓍者，不能中古法度，不能得滿百莖長丈者，取八十莖已上，蓍長八尺，即難得也。人民好用卦者，取滿六十莖已上，長滿六尺者，即可用矣。其揲蓍古法，亦與今筮法不同，曰：一爻變，以變爻爲主。二爻變，占事之始終：下爻事之始，而上爻事之終也。今則惟以上爻爲主。三爻變，以二卦象辭占事之始終：本卦象事之始，之卦象事之終也。今則以前十卦主貞，後十卦主悔。四爻變，以二不變爻爲主，今則占之卦二不變爻，仍以下爻爲主。五爻變，以不變爻爲主。今則占卦不變爻。六爻變，以之卦象辭爲主。今則乾坤占二用，餘如之。六爻不變，以本卦象辭爲主，皆微有異同也。太史公曰：『三王不同龜，四夷各異卜。』所謂異卜者，如越人雞卜，漢武帝用鼠卜。《後漢書》：『倭灼骨以卜，用決吉凶。夫餘國殺牛，以蹄占吉凶。』注曰：『蹄合者爲吉，解者爲凶。』契丹行軍，用艾和馬糞于白羊琵琶骨上灸，灸破便出行，灸不破即止。《一統志》：『松藩之俗，刻木以成交易，灸羊髆以斷吉凶。』今杭之賣豆腐者，亦刻木以計斤兩。又，善用瓦卜，凡易初爻變起者止十卦，故曰前十卦主貞；自第二爻變起者亦十卦，故曰後十卦主悔。

九棘

《禮》：『秋官孤卿位九棘。』《王制》：『司寇聽之棘木之下。』《易·繫》：『用徽纆置之叢棘。』《後漢書·寇榮傳》：『寘之叢棘之下，本所以斷獄治寇也。』《春秋元命苞》曰：『樹棘槐聽訟于其下。』棘，赤心有刺，治人者原其心，不失其赤。實事所以刺人情，令各歸實也。即今小棗叢生者，从並朿，低小也，故曰叢棘。九者，陽數之極，九卿之象也。又，唐刺州李國清爲下所逐，掠府庫。李忠臣即圍棘，約士投所掠物圍中，一日盡獲。今則上自官府取之而自圍，下至試院取之而圍士，是蓋以防賊者而防官、防士矣，安得使其官、其士不爲民賊乎？

光風草

苜蓿，《漢志》作目宿，《爾雅》作荍蓿。或作葍蓿，草名。或曰菜。出大宛國，漢使得之種離宮，一名光風草。今之鶴頂草似灰藋，秋後結實，黑房纍纍如穄，俗謂之木粟。其米可爲飯，亦可釀酒。故曰：『盤中何所有？苜蓿長闌干。』穄，即稷也。

蘆橘

蘆橘，惠州出。許渾《南海》詩：『蘆橘花香拂釣磯，美人猶舞越羅衣。』蘇軾詩：『羅浮山下四時春，蘆橘楊梅次第新。』今廣東呼枇杷爲蘆橘，知府龐公振卿言之，賦中自有枇杷。又，優曇鉢似琵琶，無花而實，亦出肇慶府。

波羅蜜

波羅蜜，出波羅國。其形如東瓜，其味如蜜。見《一統志》。又出廣州，大如冬瓜，皮有軟刺，五六月熟，味甜，其香滿室，核可煮食，能飽人。一名曩伽結。

三色八仙花

三色聚八仙花，土人名登花，雲南嵩盟州抹擻山出。

蘇合香

蘇合油樹生膏，可爲藥，安南出。吴少微詩：『北林朝日明光錦，南國微風蘇合香。』今藥中蘇合丸也。

不死樹　長生樹

郭璞《不死樹贊》：『萬物暫見，人生如寄。不死之樹，壽蔽天地。』《洛陽宫殿簿》：明光殿前長生二株，晉華林園長生六株，萬年殿前長生二株。《鄴中記》：冬日不凋，葉大如掌，至八九月乃生，華色白，子赤，大如橡子，不中啖。世人謂西王母長生樹。晉嵇含有賦。《十洲記》：『祖洲上有不死草如瓜苗。』許景先詩：『瑞氣朝浮五雲閣，祥光夜吐萬年枝。』又有千年木，見《成都志》。萬歲棗，出三佛齊國；千年棗，出拂林國。皆見《一統志》。

棎棠

棎棠果，瀧水縣出，即詩中所用棎棠木，其果如李，無核。

蘼蕪

蘼蕪，江蘺也，音如離義，故逐婦采之。詩曰『上山采蘼蕪，下山逢故夫』是也。古言是當歸，誤矣。當歸，一名文無，將離者贈之以當歸。交藤，何首烏也。食之，多慾而有子，故思婦采之。詩曰『上山采交藤』是也。

巴旦杏

巴旦杏，西番哈烈、于闐出，似棗而甜者，名忽鹿麻。今名八𦨂杏仁。

櫰香

櫰香，即茴香，大小二種。《玉篇》、《廣韻》不收『櫰』字。

卷耳草　卷葹草

卷耳草，拔其心而不死，宿莽也。《離騷》云：『朝搴阰之木蘭兮，夕攬洲之宿莽。』莽，茂草，可以毒魚。一名葞，一名春草，一名芒草，亦作䒾。《爾雅》故稱藥草，或曰木若、石楠，葉稀無花實。一説藤也，生繞樹木間。此今之雷公藤也，是有二種。《爾雅》又云：『莽似竹而中實，促節。』陸機詩：『安轡遵平莽。』蓋草也。又，芫花，一名毒魚，即黄大戟，其根曰蜀桑根。又，必栗香，葉如椿，擣碎置上流，魚悉暴鰓。一名化木香，即詹香也，用爲書軸，白魚不損書。《周禮》：『煎氏掌除蠹物，以䒾草熏之，則死。』《離騷》：『資卷葹以盈室。』郭璞注：『宿莽也。』《爾雅翼》：『蒼枲耳實如鼠耳，蒼色，上多刺，好着人衣。』詩：『贈君卷葹草，腸斷不須言。』《爾雅》：『卷葹草，拔心不死。』《本草》：『一名地葵，一名常思。』

甘露草　白蘘荷

甘露草，出撒馬兒罕。小草，叢生，葉細如藍。秋露凝其上，味如蜜，可熬爲餳。夷呼爲達即古賓，蓋甘露也。即漢罽賓國白蘘荷，即甘露，解中蠱毒。子厚種之柳州。

寄生草

寄生草，即蘿，一名菟童，又名老秃鶩。今曲名《寄生草》，乃纏綿無根草也。

宿田翁

惡莠恐其亂苗。今莠乃狗尾草，去苗甚遠，安得亂苗？惟荑稗可以亂苗。《詩》曰：『不稂不莠。』禾粟生穗而不實者，俗名宿田翁。今嗔人曰『不郎不秀』者，本此。

蘆薈

蘆薈草狀如鬣尾，采之玉器，擣研成膏，名曰蘆薈，出大食國。今用爲小兒消疳藥。一曰樹脂，俗呼爲象膽。

薔薇露

薔薇露，即花上露，花與中國不同，土人取其花浸水，故多僞者。又，占城國薔薇水，以琉璃瓶試之，翻摇數四，其泡周上下者爲真。今富豪婦女用以調粉傅面。

胡曼

肇慶府有草曰胡曼，服之即死。小民争鬬或負債，輒服之以誣人。

宜男草　忌女莖

令草，宜男花也。見傅玄賦。又，灰藋，一名金鎖天時。其白青色者，名曰忌女莖，不入藥用，見《本草》。

宜母子　妬母草

宜母子者，果名。形如柑橘，廣州出。世有速成之物，蓋駒駼生七日而超其父，笋生旬有六日而齊其母，世謂之妬母草。故駼曰龍駒，笋曰龍孫，言龍者能變化不測也。

苞笋

『苞笋抽節』，劉曰：『苞笋，冬笋也。』見《馬援傳》。

蓪草

蓪草，王叡《迎神歌》云：『蓪草頭花柳葉裙，蒲葵樹下舞蠻雲。』今作通草。蒲葵，即椶櫚也。

夫娘子

草子甚細如刺，其氣臭惡，善惹人衣者，名曰夫娘子。初不可解。按南方苗人謂妻曰夫娘，又謂婦人之無行者亦曰夫娘。蓋言其臭穢，善惹人耳。南宋蕭齊崇尚佛法，故法琳《辨正論》云：『閤内夫娘悉令持戒，麾下將士咸使誦經。』謂夫人娘子也。

疏麻

《南越志》：『疏麻，大二圍，高數丈，四月結實，無衰落。』蓋木也。《楚辭》：『采疏麻兮瑶華。』注以爲麻，誤矣。麻何以可對瑶華並稱也。

交讓木

岷山有木，一年左邊榮，一年右邊榮，名曰交讓木，可對連理樹也。

安息香　金顔香

安息，出安南、三佛齊諸國，樹如苦楝，大而直，葉類羊桃而長，中心有脂，類核桃穰而香，但不宜燒，能發衆香之氣，故人取以和香。又，真臘國有名金顔香者，其氣亦能聚衆香。

鐵樹花

鐵樹花，海南出，樹高一二尺，葉密而紅，枝皆鐵色，生于海底。諺云『鐵樹花開』，喻難得也。

斑枝花

今之褥子，率用斑枝花，出南方，俗訛作攀枝花。唐李商隱：『木綿花下鷓鴣飛。』王叡詩：『紙錢飛出木綿花。』其樹大可合抱，葉黄，花紅，如山茶而片極厚。其實如酒杯口，有綿可作布。見張勃《吴録》。

菖蒲花

菖蒲，老則開花，色青而白，細者如絲，粗者如指，甚香，亦關氣數之盛。諺云：『菖蒲花，難見面。』古《烏夜啼》云：『菖蒲花，可憐聞香不曾識。』張籍云：『君恩已去若再返，菖蒲花青月長滿。』趙牧云：『菖蒲花開魚尾定，金丹始可延君命。』今菖蒲花甚多，乃葉上長出，不足爲異也。

東風　夫留

《蜀都賦》：『東風夫留。』《文選》注：『東風，菜名。』今新興縣斷續藤，人山中行，渴則取汁而飲之。志名爲東風菜是也。愛州人云蒟醬，人家多種，蔓生，子長大，謂苗爲浮留藤，取葉合檳榔食之，辛而香也。劉淵林《文選注》：乃蜀中所産蓽撥子也，味辛烈于蒟醬。張獻叔自雲南帶來食之，本二種也。浮留，即夫留，土人名蔞葉藤。

瓜祭

《禮·郊特牲》曰：『瓜祭上環。』《論語》『蔬食菜羹瓜祭』是也。

社木

《逸書》：『太社惟松，東社惟桐，南社惟梓，西社惟槐。』見《白虎通》。社木不同，漢有枌榆社，宋有楳社。《周禮》：『二十五家爲社，各樹其土所宜之木。』《詩》：『以社以方。』注：『社者五土之神，能生萬物者。民或五家、十家爲社，是私社也。』宰我曰：『夏后氏以松，殷人以柏，周人以栗。』又曰：『使民戰栗。』意以古者戮民于社。是時哀公微弱，三家强横，魯社將屋，故欲使三家戰栗，哀公戮之于社耳。孔子知哀公之不能用，知三家之不能去，故惜之云云，非責宰予之失言也。

墳木

天子墳高三丈，樹以松；諸侯半之，樹以柏；大夫八尺，樹以欒；士四尺，樹以槐；庶人無墳，樹以楊柳。古者葬之中野，不封不樹。自井田之法行，而死徙無出鄉，則欲如今之或千里，或數百里外求風水善地，不可得也。又立爲墓，大夫以辨葬地，以序昭穆，則欲如今之各自爲墓，以分葬求福利者，不可得也。今之庶人，惟樹松柏，則僭天子諸侯之制矣。所謂五患者，風水之經也，不爲道路，不爲城郭，不爲溝池，不爲貴勢所奪，不爲耕犂所及。又曰『不爲溝渠，道避村落，遠井竈』是也。仲尼之墓皆楷木，又云『遠方弟子，各樹以異材』，理或然也。至于曲阜古城，顔回墓上石楠二株，大三四十圍，土人相傳云顔子手植之木。郡志皆載之。夫以不幸短命之人，何以預知其少年將死，而即手植此木以爲墓也？蓋顔子實年六十餘耳。欒，即木蘭。又，橙之别種有五，曰朱欒，曰香欒。

侯桃

侯桃，山桃，子如麻子，而誤以爲辛夷。《爾雅》：『榹桃，山桃也。』《詩》『侯栗侯梅』注：『維也，乃也。』漢有侯李，俱作猴。

平仲　君遷

《吴都賦》『平仲、君遷』注：『皆木名。』劉成曰：『平仲之木，實白如銀；君遷之樹，子如瓠形。』而未詳也。平，本作枰。《上林賦》：『華楓枰櫨。』其木理平，可爲棊局，故棊盤曰枰。唐詩『芳春平仲緑，清夜子規啼』是也。君遷，本作桾櫏，出交趾。司馬温公云：如馬奶，俗名牛奶柹。今《本草》有君遷子，味甘平，無毒，止渴，去煩熱，令人潤澤。樹高丈餘，子中有汁，如乳汁，生海南。又言即柹漆，非也。别有椑柹，日華子云：『作漆甚妙，生江淮南。似柹而青黑色。』《閒居賦》『梁侯烏椑之柹』是也。可補《文選注》。

三香

三香者，椒、欓、薑也。椒二種：胡椒、川椒也。欓，即茱萸也。其子相似者曰樧，俗名殺火，又作辣火，本作樧樧，大椒也。薑亦二種。《上林賦》：『茈薑蘘荷。』張揖曰：『茈薑，子薑也。』又有山薑。

葴將

《上林賦》：『葴橙若蓀。』李善本作『葴持』。張揖曰：『葴持，缺。』義未詳也。葴，音針，至諶切，乃馬藍也。又作寒將，即蘪蔣，善本蓋誤，以『將』作『持』也。當補《文選注》。

木盛　土衰

桑道茂居有柏甚茂，曰：『人居而木蕃者去之。木盛則土衰，土衰則人病。』乃以鐵數十鈞埋其下，復曰：『後有發其地而死者。』大和中，温造居之，發藏鐵而造死。見《唐書》。

娑羅樹

娑羅樹，出西番海中。余在潯州時，官圃一株甚巨。每枝生葉七片，有花穗甚長，而黄如栗花，秋後結實如栗，可食。正所謂七葉樹也。今餘杭南安寺前二株，左右對植，甚茂。問之土人，皆不知其名。一僧乃云：『相傳是娑羅樹，番僧所植者。』此不謬矣。唐李邕《娑羅樹碑》云『惡禽不集，凡草不庇。東瘁則青郊苦而歲不稔，西茂則白藏泰而秋有成』是也。第以段成式之博雅，而曰『花開如蓮』，則大悖耳。其樹詳于佛書，《維摩詰經》有菴羅樹。《唐會要》云：『菩提樹，一名皮羅樹，葉似白楊。』即思惟樹，一名成道樹。《西域記》名卑鉢羅。又，雙樹名婆羅樹，其花名婆羅法。今所稱婆羅法門也，蓋婆娑音同，故互言之耳。今月中樹影皆曰『閻浮山娑婆樹影』，即此。歐陽永叔《娑羅樹》云：『伊洛多奇木，娑羅舊得名。常于佛家見，宜在月中生。』余嘗有《遊南安寺》詩：『昔聞雙樹法，今見兩娑羅。徑草何由茀，山禽自許過。三花空道士，七葉隱孀娥。願作團欒相，秋成處處歌。』

匏瓠

《詩》：『酌之用匏。』昭其質也。匏，从夸，包聲，取其可包藏物也。然匏苦，瓠甘，《詩》：『匏有苦葉。』陸佃曰：『長而瘦口曰瓠，短頸大腹曰匏。』叔向曰：『苦匏不材于人，共濟而已。』惟瓠酌酒，冬盛則暖，夏盛則寒，世多用之。《詩》誤『瓠』作『匏』也。《説文》亦然。惟孔子言：『吾豈匏瓜也哉，焉能繫而不食？』繫者，所謂佩匏也。又，『濩落如五石瓠』，則可通用。

木中字

餘杭徐第之斫後園樹，破之，中有『右衛王通所』五字，人皆怪之，以之供神。余爲考之：南唐天曆間〔三〕，平江木中有『天下太平之王』六字，齊永明秣陵安明寺木中有『法大德』三字，宋太平興國元年瑞安木中有『天下太平』字，熙寧惠州木有『王帝萬天下太平』字，政和武義木有『萬宋年歲』四字，治平杭州南新街柿木中有『上天大國』四字，類顔真卿書法，皆木妖也，亦文妖也。

木拔自植

嘉靖三十九年七月，台州大雷雨，東門外湖邊合抱大樹忽然拔起，倒一宿，復自植立。有司皆往視之，後倒其木爲神像，立廟祀之。宋嘉定六年，嚴州大樹自拔，占曰『將亂』。晉孝武太平十四年，建寧枯樹自立。京房曰：『妃后有專，木仆反立。』亦木妖也。

木生異實

嘉靖三十年，蕭山桃樹生橘。上虞、象山皆李樹生王瓜。諺云：『李樹生王瓜，千里無人家。』《寧波志》亦載。此後海上皆被倭寇之禍。按：元順帝至正中，李實如黄瓜。諺云『李如黄瓜，民皆無家』是也。又，象山柏樹開雞冠花，古占草木互妖也，上下失所。隆慶五年辛未四月，錢塘湖市栗樹生桃，形類油桃，色紅，小僕親見二枚，無核。九月，西溪栗樹生林檎三枚，黄生藥采之。唐大和中，成都李生木瓜。宋紹興中，建德栗生桃。紹熙中富陽栗生檎實，占曰：『木生異實，國主殃。』傳曰：『出入不節，奪民農時，及有奸謀，則木不曲直。』注云：『姦謀者，謂增賦履畝之事。』時兩浙丈量田土，增賦煩民，而吏皆爲奸，千里受害也。説曰：木，東方也，於《易》爲《觀》，其於五事，威儀容貌亦可觀者也。故行步有佩玉之度，登車有和鑾之節，田狩有三驅之制，飲食有享獻之禮。出入有名，使民以時，務在勸農桑，謀在安百姓。如此則木得其性矣。今木生異實，與夫桃李冬華，百卉變色之類，皆木失其性也。

校勘記

〔一〕著策傳　下文係引《史記·龜策列傳》語。

〔二〕天曆　疑有誤，南唐無『天曆』年號。

留青日札卷之三十五

沈萬三秀

今人言富者，必曰沈萬三秀云。蓋元末人也，沈姓，萬三行秀者，元時，稱人以郎、官、秀爲等第。至今人之鄙人曰不郎不秀，是言不高不下也。萬三名富，字仲榮，其弟萬四，名貴，字仲華，本湖州南潯人。父沈祐，始徙蘇之長洲東蔡村。貴之子漢傑，又徙于化周莊。今南京之會同館乃其故宅，後湖中地乃其花園。初居東蔡村，時人以汙萊之地歸之。祐躬率子弟服勞，糞治有方，瀦洩有法，由是致富不貲。洪武中，萬三、萬四率先兩浙大户輸税萬石，仍獻白金五千兩，以佐用度。上命其造廊房，爲楹六百五十，披甲馬軍者十，務罄所獻金乃已。又，命分築南京城，自洪武門至水西門，其工先畢。太祖嘗犒軍，萬三欲代出犒銀。上曰：『朕有軍百萬，汝能遍及乎？』萬三曰：『每一軍，願犒銀一兩。』上曰：『此雖汝好意，然不須汝也。』由此遂欲殺之。太后苦諫，以爲：『彼富固敵國，然未嘗爲不法事，奈何殺之？』上意乃釋。然亦由此被人告訐，或旁累所逮及，往往曲宥之。後得流雲南，其婿余十金，亦流潮州。尋命選大户家爲京官六曹，令近侍各舉所知，得漢傑之子曰玠者，擢爲户部倉曹員外郎。受官辭禄，上益器重之也。至今傳二家子孫之在流所者，尚富足。或云善點化之術。又，當元末時，吴人陸德原者，富而好古，亦能詩文，名震吴下。沈萬三秀曾爲之治財。入國朝，德原亦爲黄冠，蓋懼法而逃云。嘉靖間，嚴嵩盜竊國柄，貪墨滔天，苞苴公行，仕路汙穢。嘉興丙辰科一進士，用金一萬三千兩買選吏部考功主事，時人號之曰『沈萬三官』。卒爲科道所劾，以此形之奏章，遂命錦衣擒治削籍，大快政也。因詳及之。

劉瑾

劉瑾，陝西西安興平人。景泰初，以凈身進，坐内臣李廣奸黨，充南京海子口軍，夤緣取用。乾清宫災，復發配，又召回僉書。正德元年十月，掌司禮監事提督團營，與馬永成、谷大用、張永、羅祥、魏彬、丘聚等爲八黨。肆惡無忌，僞傳詔旨，變亂成法，謀爲不軌。五年八月，張永憾瑾，因征寧夏安化王歸，疏瑾大奸一十七罪，伏誅。籍没家産：

平天冠一頂，衮龍袍四領，蟒衣四百七十襲，八爪金龍盔甲三十副，金甲二副，金鉤三千，金絲碧玉帶五條，玉帶四千一百六十條，玉印一顆，玉琴一張，寶石二斗，牙牌二櫃，穿宫牌五百面，金銀湯鼓五百件，金二十四萬錠，碎金五萬七千八百兩，銀元寶五百萬錠，約計銀二十五千萬兩，零銀一百五十八萬三千六百兩。餘物不可勝計。

錢寧

錢寧，幼名福寧兒，雲南李巡檢之家生子也。太監錢能鎮守雲南時，養以爲子，故名錢寧。後得寵于武宗，賜以國姓，號爲義子，因稱朱寧。正德八年，以左都督掌錦衣衛事，干與國政，鉗制百司，罪惡貫盈。十四年七月，以宸濠事敗，下詔獄伏誅，籍没家産：

金七十杠，共十萬五千兩；銀二千四百九十杠，共四百九十八萬兩；碎金銀并首飾五百二十箱；珍珠二櫃；金銀臺盞四百二十副；胡椒三千五百擔；蘇木七十杠；段疋三千六百杠。餘物不可勝計。

江彬

江彬者，大同遊擊也。正德時，劉瑾既誅，餘黨逃竄。義子劉六、劉七、趙風子、邢老虎、楊寡婦倡亂内地，號爲流賊。官軍屢敗，因調邊兵入禦。彬亦建功，漸謀進用，賜姓朱氏，兇悍横行，公卿屏息。導上逸遊，禍幾不測。十二年冬，以左都督冒應州功，封平虜伯。明年，上自稱威武大將軍、太師、鎮國公朱壽，以朱彬爲威武副將軍，欲巡行天下，以窮逸樂。十六年春，駕崩。三月，以皇太后懿旨，下獄伏誅，籍没家産：

金七十櫃，共一十萬五千兩；銀二千二百櫃，共四百四十萬兩；金銀首飾五百一十箱；金銀湯鼓四百箇。餘物不可勝計。

嚴嵩

嚴嵩，江西袁州分宜人。弘治乙丑進士，仕至少師、太子太師、吏部尚書、華蓋殿大學士。詐僞百端，貪酷萬狀，結交内侍，殺戮大臣，乾兒門生，布滿天下，妖人術士，引入禁中，三十年來，流毒華夷。蓋古今元惡巨奸，罕與儔匹者也。議者以爲李林甫、秦檜不啻過焉。其子嚴世蕃，起白徒，官工部左侍郎，助父肆虐，欺君誤國，爲禍尤甚。言官競劾，嵩罷職，世蕃充雷州衛軍。後與羅龍文等怨望謀叛，奉聖旨：『這逆情你每既會問的確，嚴世蕃、羅龍文便會官決了，盜用官銀、財貨、家産，着各該巡按御史嚴拘。的親兒男盡數追没入官送部，不許親識人等侵匿受寄，違者即便拿問。嚴嵩畏子欺君，大負恩眷，并伊孫見任文武職官的，都削職爲民，有司拘管當差。餘黨逆邪盡行逐治，毋致貽患。其餘俱依擬行。奏内不言逆本，是何法制？且不查究。』所云逆本者，指賊嵩也。積黴所及，死灰餘燼，猶能焚灼臺察之吻，况當炎炎炙手之時乎！有其君，無其臣，古人痛惜，良不誣也。巡按御史林潤等抄没江西家産，署載其大綱，嘉靖四十四年八月也。

誥勅翰器等項共二百二十四件，金共一萬三千一百七十一兩六錢五分，純金器皿共三千一百八十五件，重一萬一千零三十三兩三錢一分，内有金海水龍壺五，金龍耳圓杯二，金龍盤三。金廂珠寶器皿共三百六十七件，共重一千八百零二兩七錢二分，内有龍盤，鳳杯，龍壺。壞金器共二百五十三件，内有金牌十二面，金人三箇，共重四百零三兩九錢二分。連前各項金器三千八百五件，共重一萬三千二百三十九兩九錢五分。金廂珠玉首飾共二十三副，計二百八十四件，共重四百四十八兩五錢一分，内有貓睛六顆，祖母緑二件。金廂珠寶首飾共一百五十九副，計一千八百零三件，共重二千七百九十二兩二錢六分，内有貓睛二十顆。有天上長庚、人間壽域、慶無窮壽、永喜心字等名件。金玉珠寶頭箍、圍髻共二十一條，共重九十九兩六錢三分。金玉珠寶等耳環、耳墜、耳塞共二百六十七雙，内有貓睛二顆，共重一百四十九兩八錢三分。金廂珠玉寶石等項墜領、墜胸、禁步事件共六十二件，共重一百七十九兩二錢六分。金廂珠玉寶簪共三百零九件，共重九十二兩八錢四分。金玉廂嵌珠寶等鐲釧共一百零五件，共重四百二十兩一錢。雜色金玉首飾，内有美人夜遊玲瓏掩耳，共七百七十六件，共重九百四十九兩七錢六分。金廂珠玉寶石帽頂共三十五箇，共重七十七兩一錢七分。金廂玉寶條環二百八件，共重一千一百一十三兩零九分，内有海内英雄、五龍玩月、福壽康寧等名色，貓睛二十顆，内墨貓睛一顆，員月大珠不計。金廂嵌珠寶條鉤六十八件，共重二百三十五兩七錢五分，内貓睛二顆。連前首飾等項共三千九百三十八件，共重六千五百五十八兩二錢。通共浄金浄器皿首飾等項，共重三萬二千九百六十九兩八錢。浄銀二百零一萬三千四百七十八兩九錢。銀器皿共一千六百四十九件，共重一萬三千三百五十七兩三錢五分，内有滿池嬌銀山二座。

銀嵌寶首飾事件六百二十八件，重二百五十三兩八錢五分。連前銀器共計二千二百七十七件，共重一萬三千六百一十一兩二錢。通共浄銀銀器共重二百二萬七千九十兩一錢。玉器共八百五十七件，共重三千五百二十九兩五錢，内有漢始建國元年注水玉匜、晉永和鎮宅世寶紫玉杯、永和鎮宅世寶玉盤，紫玉、墨玉、碧玉、黄玉、荒玉、花玉等名番字玉板一片，重一十三兩七錢，千岩競秀玉山一座，重一十三兩二錢。玉帶二百零二件。金廂玳瑁、犀角、瑪瑙、銀珥、珠鈿、牙香等帶共一百二十四條。金摺絲帶環等項共三十三條，内貓睛二顆。金廂珠玥犀象、玳瑁、器皿共五百六十三件，共重一千三百三十一兩七錢。金銀廂牙筯二千六百八十二雙。金廂雙龍龍卵壺一把，鍍金雙龍龍卵壺一把，金廂龍卵酒瓮二箇，連座未廂龍卵一枚，共龍卵五箇。珍珠冠頭箍等項，内有五鳳、三鳳等冠，共六十三頂件，共重三百六兩三錢。珍珠、寶石、琥珀共重二百六十兩五錢。珊瑚、犀角、象牙等項，共六十九件，内有大學士、司丞牙牌二面，除珠不計件。珍奇、玩器、珠寶、水晶、珊瑚、玻瓈、瑪瑙、哥窑、柴窑、嘉峪石斗、龍鬚席、西洋席共三千五百五十六件副雙。象牙籤八十五根。洪熙、宣德古㴵水、熊膽、空青、薔薇露共十三罐盒。礦砂三百八十五兩。硃砂二百五十斤六兩。檀、沉、降、速等香二百九十一根，重五千五十八斤十兩。奇南香三塊。沉香山四座。織金粧花段共一千一百五十一匹，内有大紅粧花五爪雲龍過肩段二匹。絹七百四十三匹。羅六百四十七匹。紗一千一百四十七匹。紬八百一十四匹。改機二百七十四匹。絨五百九十一匹，内有西洋鐵色褐六匹。錦二百一十四匹，内宋錦一百一十七匹。綾一十一匹。瑣幅一百六匹零一段。葛五十七匹。布五百七十六匹，内有西洋紅白棉布。已上共一萬四千三百三十一匹零一段。織金粧花男女衣服段絹羅紗紬、改機、絨、宋錦、葛、貂裘、絲、布、洒線共一千三百零四件。絲縣四百八十七斤。刻絲畫補四十副件。金銀鉸扇二萬七千三百零八把。古今名琴五十四張，内有月下水玉琴、咸通之寶、清廟之音、響泉、霜鍾、清流、激玉、玉壺、冰蒼、龍噴玉、一天秋、萬壑松、秋澗泉、雪夜鐘、玉琮琤、寒玉、秋月、春雪、調古、冰泉、垂月、松風、鳴雷、震殿、九霄、鳴珮、流水、高山、寒江、落鴈等名大理石古銅琴。古硯一十六方，内有未央宫瓦研、銅雀瓦研、唐天策府研、貞觀上苑研、蘇東坡天成研、宣和殿研、文文山研。都丞文具六副。屏風圍屏一百零八座架。大理石螺鈿玳瑁牀一十七張。古銅器一千一百二十七件，重六千九百九十四斤零二兩。銅錢九千四百七十五文。鈔二綑。古今書籍八十八部，二千六百一十三本。石刻，法帖、墨蹟三百五十八册軸。古今名畫、刻絲納紗紙、織金繡手卷，册葉共三千二百零一軸，内有唐《九成宫避暑圖》、《阿房宫圖》，宋周文矩《學士文會圖》、《金谷園圖》，唐閻立本《職貢圖》、《杏壇圖》、《越王宫殿圖》，宋張擇端《清明上河圖》、《西湖春曉圖》、《南屏晚鐘圖》，劉松源《西湖圖》。變價紬絹布匹二萬七千四百八十三匹〔一〕，共估價一萬五千零四十七兩六錢。變價男女衣裘一萬七千四十一件，共估價銀六千二百五十兩零七分。變價扇柄二百八十四把，共估價銀八兩六錢四分。變價銅錫器二項，共估價銀二百七十九兩五錢五分。變價螺鈿石牀六百四十張，共估價銀二千一百二十七兩八錢五分。變價帳幔被褥共二萬一千四百二十七件雙副，共估價銀二千二百四十八兩二錢。轎三十五乘，共銀七十兩。卓椅廚櫃七千四百二十四件，共銀一千四百五兩。盤盒家伙九萬四千九百二十六件把雙。瓦蠟膠藤通估銀一千二百三十五兩九錢五分。樂器神龕共四百二十零件，估銀二十兩八錢四分。兵器三百四十一件。變價第宅房屋共六千七百四間所，共價銀八萬六千三百五十兩。變價田地、山塘約三萬餘畝，共價銀四萬四千四百九十三兩四錢六分七釐二毫。變價船板稻穀馬牛等畜，共銀二千七百八十七兩六錢八分。通計浄銀并器皿首飾與變賣寄借銀二百三十四萬二千七百三十一兩七錢七分七釐二毫。續追金七十四兩七錢九分。續追銀一萬三千九百兩八錢九分二釐。續追金玉器物共二百一十三件副。又硃砂八十兩。檀、速香二百八十四根。中書牙牌一面。續追變價物件共估銀八百四十四兩四錢四分。連浄銀銀器共一萬六千五百一十六兩二釐，連先報通共銀二百三十五萬九千二百四十七兩七錢七分九釐二毫。

又，直隸巡按御史孫丕揚抄没嚴嵩北京家産：

五綵金龍羅段等一千六百七十九匹；金四百八十三兩二錢；金珠寶首飾六百五十件重六百三十四兩；金廂瑪瑙、象牙、金玉寶帶四十七條；銀一萬二千六百五兩；珍珠、寶石二十四兩五錢；玉石、犀角、珊瑚、象牙器皿三百三十斤；降真等香一千五百三十斤；牙笏三十七根；牙牌三面；牙筯四百三十一雙。圖書、古畫三千六百五部軸；織金粧花衣服翠物二百一十三箱；房屋共一千七百餘間所，内有雕刻香十間；金綵銅錫器皿共五千五百餘件；地一百五十餘所畝；寄出銀三千八百餘兩。

傳聞二處所抄，不及十四五。蓋行賂于權要者十一二三，寄頓于親戚者十三四。郿塢久營，兔窟多術，安能根連株拔，風翦霞滅，如我高皇帝籍没胡、藍二黨時邪？其籍中龍卵、貓睛諸奇貨，皆得之仇鸞海上將領并賊汪直求和易者。《越王宫殿圖》乃仁和丁氏物，《文會》等圖乃錢塘洪氏物，皆總督胡公以數百金轉易者。《清明上河圖》乃蘇州陸氏物，以千二百金購之，纔得其贋本，卒破數十家。其禍皆成于王彪、湯九、張四輩，可謂尤物害民也！嵩賊生辰，總督諸公皆以紫金鐫爲文字，綴以錦綺，以珍珠爲纓絡，以珊瑚爲闌杆，雜以寶石，襲以香藥，網羅圍繞，綵繡燦爛，眩目駭人，以供一時之玩，以悦奸臣之心，罪不容誅矣！又聞有八寶溺器、金絲幃帳，及違禁諸異具，先已毁滅。而嵩當斥逐時，身負奇珍，狼倉道路，爲人搜奪，卒至乞食殞軀。世蕃又縱姬妾宣淫，以繁蔭襲；飭美人隊伍，以代樗蒱。其孫嚴紹庚、嚴鵠等嘗對人言，一年儘費二萬金，尚苦多藏無可用處。于是競相窮奢極慾，鬼殛神號，而禍敗立至矣。所恨者，不父子祖孫駢斬藁街，以爲天下後世快耳。論者又曰：若并其壻、婦之家及鄢懋卿諸黨而盡發之，則所得又當百十此也。足國裕邊，斯亦良策，又何必丈量疆土，加賦困民也哉！

鄢懋卿

鄢懋卿者，江西豐城人，嘉靖辛丑進士，賊嵩義子也，又結昏因之好。嵩之爪牙羽翼，固未易屈指數，而陰謀盜行，則皆懋卿助之。科道論劾，自知難容，而貪噬之心尚未厭足。于是乞爲好差，以圖歸計。乃以都御史經理東南鹽課諸務，聲勢赫戾，睹記所未有者。每歷淮揚諸大鎮，則餽索不下二三百萬金，風力所加，甚於詔旨。及至吾杭，則三司望塵而讋懾，府縣聞風而奔走。如點選婦女以充内人，八轎之夫役多至百名，置造金銀、湯鼓、器皿以充筵席之供，亦費千百兩。猛如倭寇，室家驚皇，山岳震摇。又受竈户贓私六萬，爲之奏乞分外優免田丁。貽害平民，萬死有餘辜矣！嗚呼！冰山一傾，今不知其所積竟何如邪？

陶世恩

陶世恩，湖廣黄岡人。其父仲文以倉大使當刑，假符籙進用，官至禮部尚書、恭誠伯。世恩以恩亦至尚寶少卿，傳習僞書，招聚奸黨，妄造方藥，希固寵榮，乃進小涵等丹。而陶倣者，其從子也，則進九白及兜肚香袍。劉文彬進經驗仙丹。陝西鄠人王金先以獻五色龜芝得倖，亦進百花等酒，令人飲之，能使丹田即刻火發。三原申世文進丹名曰天水生元。至于武當山道士太康高守中，進三元等丹，皆用麝香、附子諸熱毒之劑，假以延年、羽化爲名，其實皆房中術耳。未幾駕崩，隆慶初伏誅。嗚呼！此輩妖人惑君，不足深責，當時師保諸公，豈不與聞邪？漠然付之不知，坐視君父之阽危而不諫救，尚自鳴曰賢相，便當愧死矣！

馬祖師

嘉靖三十四年秋，杭人訛傳馬祖師至，云能入人家，迷惑人至死，變幻飛走異形，多能爲蝴蝶。人禦之，則刀杖反傷其人，或害及家人妻子。于是晝夜鳴金擊鼓，喊聲趕逐。無分鄉市，人不聊生，不知所爲。皆相傳書符貼于門户，雖深山窮谷皆然也。蓋此言起于蘇、常，乃妖人馬道士幻術惑衆，將謀不軌，而特盛于湖州。時余在金陵，至蘇州，則巡按御史尚維持出榜諭衆，擒其姦徒正法，訛言者枷號，以安民心，而馬道士卒遁去。余方抵家，則吾鄉哄然矣。惟湖州士民崇信，雖仕宦大夫顯顯有名者，亦受其愚，云以盆水照影，則貴賤迥别。或有影帶貂璫、幞頭、紗帽、兜鍪諸色種種奇怪者，亦有帶平天冠如帝王像者，彼即署名簿籍，預定官爵大小高下，大率如所見之影。群居烏程雲霧山中，乃三十六年秋也。約九月十四日，舉事倡亂，以白巾爲號。先二日，有鄔彩者，發其謀于主簿田木渭，白于知縣蔣弘德，合謀緝捕賊首。蔣鵬、蔣潮越城逸去，集于烏鎮雙林，燒劫民舍，地方被害。十六日，總制胡宗憲檄知府李敏德，委千户蔡懋恩、李鉞督兵擒之，亦放火殺害無辜數百人，而馬道士終不獲。搜得花名簿三五册，中多士大夫，皆與胡公厚善者，因焚其籍不治。然而小民疑畏逃竄者多矣，遺棄家産田地，反爲漏名士夫所得，如籍没者然，甚獲厚利，此又可笑也。使再遲數月，則禍變綿延，有大可憂者。白蓮教之禍，可不嚴禁之邪？《寧波志》載：三十七年春，馬道人能剪紙爲兵，念呪即能布陳。夜入人家，男婦睡時，多爲所壓，不能醒，雖醒，氣猶索索不蘇，有因而死者。書符作『籭鎮錠鍵』四字，雖邊海州縣無不至。後遇廣西人，云亦被其擾也。

李良雨

隆慶三年五月，陝西民李良雨本男子，無恙，忽變爲婦人，與同夥一人，合爲夫婦。其弟李良雲報官，奏聞。此陰盛陽衰之妖也。因考建安七年，越嶲男子化爲女子，占主易代。余作詩云：『日不可爲月，山不可爲川。如何天與地，顛倒如轉圓？山西古出將，剛氣今不全。乃有彼丈夫，而化爲嬋娟。姓李名良雨，草木雨露偏。木性失曲直，剋土不生煙。同火自匹妃，嗣續恐弗延。兹謂陽從陰，陰疑易陽權。造化豈小兒？變幻等滄田。丈夫不雄飛，雌伏亦自便。把酒發浩嘆，不飲空潸然。』〔二〕

校勘記

〔一〕七千四百八十三匹　甲申本作『七千二百八十三匹』。

〔二〕此條據謝國楨『校記』，謂摘抄本于末附有按語一則曰：『聞諸山西人，實無此事。一縣官妄申巡按宋纁，纁以奏報。後取其人親驗，行至某驛，羞愧自縊死。實縣官者絞殺之也。』

留青日札卷之三十六

混古始天易

昔者四聖人之作《易》也，時更三古，道成三天者也，是故包犧氏爲上古先天之《易》。《繫辭》曰：『古者包犧氏之王天下也。』又云：『上古穴居而野處。』又云：『古之葬者。』又云：『上古結繩而治，後世聖人易之書契。』蓋伏羲重卦，六十四卦之名具矣。又命子襄爲飛龍氏，造爲六書。至於黄帝時，蒼頡從而衍之耳。干令升于《周禮》大卜掌三《易》之法，乃曰：伏羲之《易》小成爲先天，神農之《易》中成爲中天，黄帝之《易》大成爲後天，何也？

文王爲中古後天之《易》，而周公因之，子之于父，繼志述事，當然也。《繫辭》曰：『其衰世之意邪？』又：『易之興也，其于中古乎？』又：『易之興也，其當殷之末世，周之盛德邪？當文王與紂之事邪？』不曰中天而曰後天者，仲尼曰『先天而天弗違，後天而奉天時』是也。

至於孔子，則爲下古終天之《易》矣。仲尼五十學《易》，三絶韋編，集三聖之大成，贊《十翼》之奥旨，春秋之世雖下矣，謂非終天地之功，而大明《周易》之道者乎？作《易》之有憂患者，不獨西伯之困羑里也。周公有東都之居，孔子有陳、蔡之厄，豈危者使平之道固如是邪？

《十翼》者：《彖上》、《彖下》、《象上》、《象下》、《繫辭》上下、《文言》也，《説卦》、《雜卦》、《序卦》也，凡十傳。《周易》者，夏曰《連山》。夏正建寅爲人統。艮，寅位也，故《連山》首《艮》。商曰《歸藏》。商正建丑爲地統。坤，地也，故《歸藏》首《坤》。周曰《周易》。周正建子爲天統。乾，天也，故《周易》首《乾》。或曰：神農曰連山氏，故《連山》爲炎帝之《易》，所謂中成也。黄帝曰歸藏氏，故《歸藏》爲軒轅之《易》，所謂大成也。若然，則伏羲畫一奇以象乾，畫一偶以象坤，則首《乾》、《坤》者，本太昊氏之《易》，而周用之者也。蓋岐周，地名，因地以名代，因代以名《易》，猶曰《周書》、《周禮》也。鄭玄乃曰：『易道周普，無所不備，故名《周易》。』豈其然乎！

然天無終盡之理，『易』有相生之機。窮上反下，《剥》之所以必《復》也；衰往盛來，《損》之所以必《益》也。造化之妙，曾有終而不始者哉！《繫辭》曰：『乾坤毁則无以見易。』又曰：『生生之謂易。』至于善言終始之義者，莫辨乎《易》矣。《乾》之萬物資始，大明終始，始而亨，乾始能以美利利天下。《坤》之无成而代有終。《屯》者，物之始生也。《泰》之物不可以終通，《否》之物不可以終否。《謙》之君子有終，《蠱》之終則有始。《剥》之物不可以終盡，《大過》之物不可以終過，《遯》之物不可以終遯，《壯》之物不可以終壯，《蹇》之物不可以終難。《損》、《益》，盛衰之始也。《震》之物不可以終動，《艮》之物不可以終止。終萬物、始萬物者，莫盛乎《艮》，萬物之所成終而所成始也。《歸妹》，女之終也。《巽》之无初有終，《涣》之物不可以終離。《既濟》之初吉終亂，《未濟》不續終也，故受之以《未濟》終焉。《易》之爲書也，原始要終，以爲質也。原始反終，故知死生之説，懼以終始，此之謂《易》之道也。

于是合三古而爲混古之元，還終天而爲始天之化，此元極之『易』所由以再造者也。田子曰：『其惟始天乎，我知者；其惟始天乎，我慫者。』余嘗撰《周易三明集》十卷，蓋欲上明于天道，下明于地理，中明于人事。類乾坤之彖象，附諸卦之《文言》，正《繫辭》之錯簡，訂《本義》之疑缺，復河、洛之元圖，考三《易》之異典，證古今之筮法，廣《易》外之別傳，庶幾成一家之言。乃所以明《易》，非敢以損《易》也。若夫圖象之學，則其大綱也，故列之爲首篇云。

元極圖

元極者，混沌真純，絪緼固結，有精而无色，有氣而无形，乃一團元神之極，而造化未兆之胎也。非超元極而獨立者，孰能見之也哉？孔子曰：『大哉乾元！萬物資始；至哉坤元！

萬物資生。』老子曰：『有物渾成，先天地生。』《莊子》曰：『在太極之先而不爲高，在六極之下而不爲深，先天地生而不爲久，長于上古而不爲老。』又曰：『伏戲得之以襲氣母。』其斯之謂與？或曰：『吾子論《易》而有取于老、莊，何也？』曰：先儒不云乎？老子得《易》之體，而无極之説，實自逍遥生太極之先之意發之。嗚呼！道不可與拘曲談也。

元本作元，从二，从人。二者，兩儀之象也；人者，以奇偶二畫並其首分其足。所以參天地而首出乎庶物者也，實三極之祖也。元之爲義，乾、坤、屯、訟、比、履、泰、大、有、隨、蠱、臨、无妄、大畜、離、睽、損、益、升、井、革、鼎、渙之卦爻，莫不具之。或曰元亨利貞，或曰元亨，或曰元永貞，或曰元夫，或曰元吉。朱子注曰：『元，大也。』則元吉何以别作大吉，元亨何以别作大亨乎？如以『大哉乾元』作『大哉乾大』可乎？蓋元之不可以訓大，猶大之不可以爲元也。

極，本作極。从木，从人，从口，从又、手。木者，屋脊之棟高及甚也。亟者，諧聲，人以口謀手執，趨事之意，故曰敏疾也，急也。天體至高，物莫與並，其色青赤相間，曰紫極。北辰在天之中，以正四時，爲天樞，曰北極。老人一星以均二分，曰南極。此在天成象者，不外乎極也。東至泰遠，西至邠國，南至濮鉛，北至祝栗，曰四極。合上下四方，曰六極。總四正四隅之盡處，曰八極。帝王所居之都，曰四方之極。此在地成形者，不外乎極也。《書》曰：『惟皇作極。』『皇建其有極。』《禮》曰：『以爲民極。』傳曰：『天子建中和之極。』此在人成德者，亦不外乎極也。周子厚乃以無極言之。夫既謂之極，則不可以言无；既謂之无，則不可以言極。有而不可見，遂名之曰无。无而不終，无遂生乎有，此則始天之元也。極之爲義，卦爻亦具言之。《乾》上九之『與時偕極』，《節》九二之『失時極』，《未濟》初六之『亦不知極』。《繫辭》所謂三極之道，極數知來，極深研幾，極天下之賾是也。

靈極圖

靈極者，混淪初竅，樞紐乍萌，匪鑿而自通。如丸之有孔，乃一點靈光之極，而造化欲啟之竇也。非潛靈極而首居者，孰能知之也哉！孔子曰：『舍爾靈龜，觀我朵頤。』老子曰：『常无欲以觀其妙，常有欲以觀其竅。』其斯之謂與？龜者，甲蟲之長，五靈之一也。氣足故不食，神全故壽蔽天地。孔子嘗曰：『龍食于清，游于清；龜食于清，游于濁；魚食于濁，游于清。丘上不爲龍，下不爲魚，中止其龜與？』舍爾靈龜，蓋傷之也，伯陽之所謂妙者，即无名天地之始；竅者，即有名萬物之母。无欲，其靈龜乎？有欲，其朵頤乎？玄牝，其衆妙之門乎？

靈，本作𤫊，从玉，从雨，吅聲。霝雨自天，何其靈也！王者以玉事神靈，何其誠也！心虛則靈，故靈極之中象之。今靈从巫，蓋後世邪主以巫事神，故去玉从巫，非也。此神之所以不格而不靈也。今反古从玉。

太極圖

太極者，靈極之漸闢而漸虛者也。洞然，朗然，不淆不虧，其元極本來之全體乎？孔子曰『易有太極』是也。晉顧榮有云：『太極者，混沌之時，朦昧未分。』紀瞻則曰：『其理極盡，無復外形。』後之論者莫能尚矣。

太，本作太，从一，从人，从二。上之一，即陽之奇也；下之二，即陰之偶也。其中以奇偶之畫，合而跂之，即人也。所謂『一陰一陽之謂道』也。然而人之首，必出于陽之上，而包乎陰者，所謂『參天兩地，而成位乎其中』也。三才之理，具是矣。立人之道，其可已乎？

動静圖

動静者，太極之初，雖含陰陽，未分動静。至此，凝者漸融，形者漸運。陽動而上，動中有陰；陰静而下，静中有陽矣。周子所謂太極動而生陽，動極復静；静而生陰，静極復動者。殆知其一，而未知其二者乎？蓋陰陽當以上下分，而不當以左右列；動静當以生中含，而不當以極後復。此則千古不宣之祕也。玄黄由之而判，男女由之而成，非有顛倒造化之妙，轉移乾坤之力者，其孰能正周子未正之極也哉！或曰：『周子之圖，既以黑白分陰陽，則其中不必更作一小白圈矣。吾子仍之，何也？』曰：『此即靈極本來之真體也，衆人固不識耳。知靈極之妙者，其知太極之全乎？動，从力，从重。陽之力重，乃能運也。静从青，争聲。争，引也；青，東方少陽之色，陰至此而不見，故静也。陽本作昜，日出地上，昜氣舒勿之象。陰本作侌，今，聲也，云，象氣貌。別作陰陽，今通用之。

少極圖

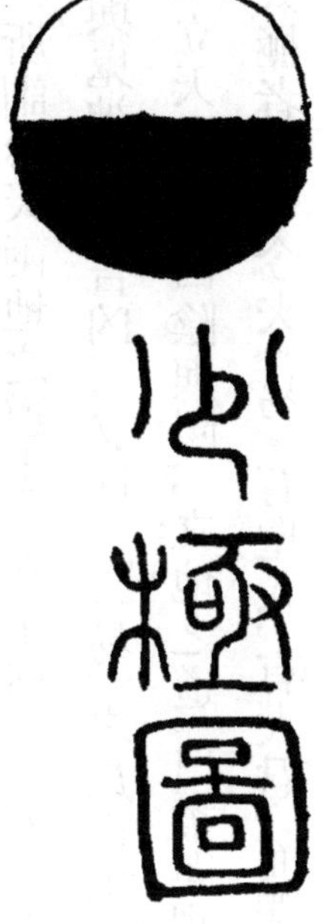

少極者，陽既動，而輕清者皆上浮；陰既静，而重濁者皆下沈。則天日升而高，地日降而卑，而天地于焉有象矣。由是乾道成男，坤道成女，萬物林林總總焉，莫不充塞于兩間也。孔子曰：『有天地，然後萬物生焉。』其斯之謂與？是故太極猶祖也，少極猶宗也，乾猶父，坤猶母也，六子猶弟兄也，六十四卦猶子也，三百八十四爻猶孫也。生生之易，固如是乎？或曰：『既有太極，而復有少極者，何也？』曰：『太，即老也，猶四象之有太陽、太陰也。老陽、老陰不能復生，故必得少陰、少陽者，而後能成生育之功焉。此少極之不可已也。其斯以爲三才之朕乎？』

少本作。一奇立於其中，二偶分于左右，而陽氣屈曲於其下，尚小而未申，微而未盛，故謂之少也，老之反也。圖从啚，从囗。啚，音鄙，囗，即圍字，畫形也。古作圂。

三才圖

□爲萬物之靈，象臂脛之形也。又作□，元之从□，即此也。今作人。《易》有聖人、賢人、武人、匪人，以德言也；大人、小人，以位言也。

三才者，天、地、人之全體也。天開于子，地闢于丑，人生于寅，而大人者得二氣之精，立兩儀之極，而首出乎其中矣。所謂參天兩地之道也。孔子曰：『夫大人者，與天地合其德，與日月合其明，與四時合其序，與鬼神合其吉凶。』又曰：『《易》之爲書也，廣大悉備：有天道焉，有人道焉，有地道焉。』『是以立天之道，曰陰與陽；立地之道，曰柔與剛；立人之道，曰仁與義』是也。所謂三才，統體一太極者也。今夫《易》有聖人，有大君，而獨有取于大人者，尊乾也。『乾』之二五，君臣之極也。大，从一，从人。一人曰大。《老子》所謂『天大，地大，道大，人大』是也。大人之在諸卦者，『訟』、『否』二五，『離』、『蹇』之上，『萃』、『困』、『革』五，『巽』，皆是也。

三者，以偶之二疊于奇一之上，其數三，實三才之道也。才，本作才，木幹也。木冒地而生，東方之行，去其枝根，則爲才，所以象形也。

陽奇圖

陽奇者，包羲氏仰觀俯察之餘，見天之不滿于西北也。故將太極之全體斷其西北而申之使直焉，則爲一而横陳矣。於是畫一畫以象之，其數奇，故謂之奇，陽之所以一而實也。而天運之左旋，四氣之順布，莫不自天門之闢而出之矣。彼聖人者，豈徒直爲單畫而已哉！

陰偶圖

陰偶者，包羲氏又有見于地之不滿于東南也，復將太極之全體，斷其東南，而析之使兩焉，則爲一而並列矣。于是畫一畫以象之，其數偶，故謂之偶，陰之所以二而虛也。而寒暑之平分，山河之兩戒，莫不自地户之闢而見之矣。作《易》者豈創爲二畫而無所本與？

太陽圖

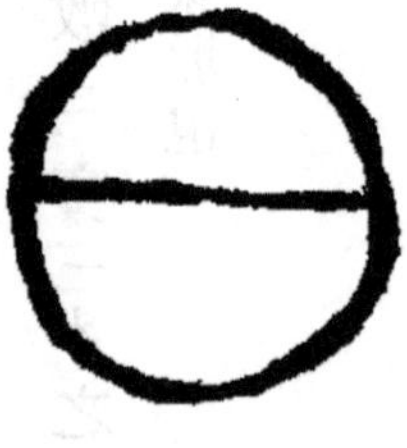

太陽者，日也。日，从○，从一。○者，太極之全；一者，陽奇之數，以一而横亘于○中。其精實而不虧，故日爲太陽之象也。《通論》所謂『天無二日，故於文○一爲日』是也。

太陰圖

太陰者，月也。月，从冂，从二。冂者，太極之闕；二者，陰偶之數。以二而並列于冂中。其精虛而不盈，故月爲太陰之象也。毛氏所謂『月上有闕，中二畫不連右』是也。

象明圖

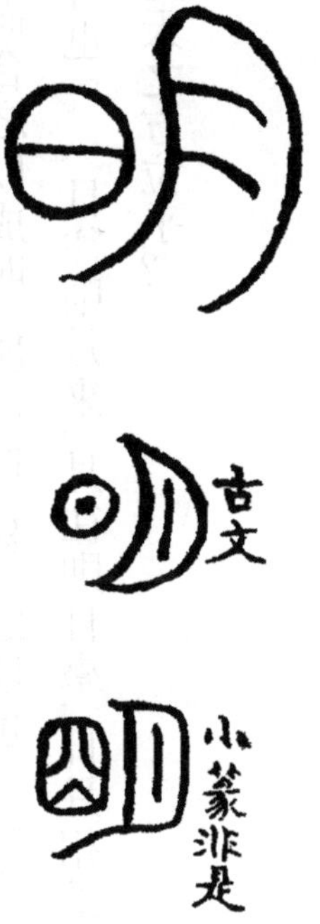

象明者因日月之象而合之以成明，所以作《易》之原也。孔子曰『懸象著明，莫大乎日月』。『日月之道，貞明者也』。『日往則月來，月往則日來，日月相推，而明生焉』是也。況離東坎西，又本于包羲氏先天之方位乎？

易象圖

易象者，因日月之象而合之以成易，所以爲《易》之義也。孔子曰『易者，象也。象也者，像也』，『日月運行，一寒一暑』，『陰陽之義配日月』是也。故鄭厚亦云：『易，从日，从月。天下之理，一奇一偶盡矣。』陸秉云：『易字篆文，日下从月，取日月交配而成也。』蓋日東月西，則爲明，日上月下則爲易，特一旋轉運用之間耳。況離南坎北，又合于文王後天之方位乎？故曰天地，自然之易也。朱子曰：『《易》，書名也，有交易變易之義，故謂之易。』雖然，余竊聞之：一名而含三義者，易之謂乎？以交代而名，則曰易，所謂生生是也；以常體而名，則曰不易，所謂定位是也；以改革而名，則曰變易，所謂不居是也。蓋易，本夷益切，其音如亦。而《乾鑿度》乃云：『易者，其德也；變易者，其氣也；不易者，其位也。』于是，鄭康成主之，遂以易爲易簡之義，作爲難易之音。嗚呼！是誠鑿之甚矣！

易

易，本从日、月，又借爲蜥蜴之易。守宫，蠦蝘，在水曰蜴。龍子虯形，能致雨雹，無恒色，一日十二變，故爲易也。

卦

卦，从圭、卜。圭，瑞玉，上圓象天，下方象地。六十四黍亦爲一圭，卦之數也。又，文采淳爲一圭，即物相雜，故曰文也。卜，灼剥龜也，象炙龜之形，從横之兆。《周禮》疏：『卜，赴也，赴來者之心也。』孔穎達則曰：『卦者，掛也，掛之于壁，縣物之栻也。』夫卦無形，何可掛也？余謂卜用奇偶，各一其畫，奇立爲身，偶貫爲耳。而圭則潔也，秉圭潔以卜，極其誠矣。圭，从重土者，非是。

《周禮》曰：『經卦皆八，其八皆六十四。八，古別字，重八也。重八，則八八六十四之數也。或直二畫，作兆，所以分別異形于八也。

《占卜法》曰：『内卦爲貞，朝卜用之；外卦爲悔，夕卜用之。入門曰内，夕卜曰外。』或曰：『内卦主内，外卦主外。』

爻

爻者，交也，囱之交疏也。囱孔六十有四，六囱凡三百八十四目，爻之數也。余謂爻，从二乂，有變動交錯之象，孔子曰『參伍以變』是也。

彖

彖者，修豪之獸，豕類也。豕頭鋭而上見，故彖居卦爻之首。豕走斷然不疑，故彖能決斷一卦之體。或曰彖名茅犀，形小，獨角，善知吉凶，故曰豨神，出于南荒。

象

象，南粵巨獸，命在于鼻。以鼻取物而食，如天之以氣致用也。齒感雷而文生，即天之感氣而文自生也。人皆罕見，故想像其形而曰象，所謂肖象是也。

數

一，即奇也，環之復爲太極矣。二者，即偶之疊也。三，合一奇二偶而參之者也。四，本二偶重之而成。三，今作四，口闠象天，即太極之形。八即偶之折也。五，本作㐅，以奇偶兩畫交午，以定四方中央之位也。小篆加上下二畫，作㐅，以象天地數之中也。六，三偶也，老陰之數。七，从四奇，一畫爲五，衺縱爲二，少陽之數也。八，从重四，以丿而記四也，少陰之數。九，从五奇，老陽之數也。九者，究也，屈曲究盡之形也。陽數終于九，陰數終于十。十，从五偶，以㐅而正之。從橫各當㐅數，象布籌計數之形，此河、洛中五從橫，十五之全數也。丄，今作上，以奇之一立于偶二之上，象陽氣之上升，天之尊也。丅，今作下，以奇之一而掩于偶二之下，象陰氣之下降，地之卑也。中者，从〇，从丨。以奇之一而直竪于太極之中，不偏不倚，無過不及，故謂之中。正，本射的，四尺曰正，象形也，从一、止者，足之一止，必當端方，故謂之正也。

留青日札卷之三十七

非夫過言

古人有言：『君子居是都，不非其大夫。』夫所大于夫者，以其道大德大而業大，如《孟子》所謂大丈夫是也。夫既大矣，而君子是之也固宜。乃今或不然，不大其道大其勢，不大其德大其財，不大其業大其弊，雖謂之小夫可也。則吾之非之也亦宜。是故非文事所以是經也，非武備所以是緯也，非民風所以是本也，皆即吾之所居所見而非之者也。若夫其大者，則吾嘗是之矣。苟能因吾之所非者，而自非其非，則吾亦將因其是者而後是其是矣。芻談蕘議，或在上者之藥箴石諫也與？

非文事

國家用人率重科舉，而科舉取士率重文章。科舉，制也，不可易也；文章，華也，不可核也，又況文之未必盡章矣乎？試即其所舉者而考其實，則言行未必其相符，而德業未必其相副也。蓋是者恒十三，而非者恒十七矣。或有白頭之老叟，亦有黄口之小兒，富者以財而發身，貴者挾勢以膺薦，目不知書，惟習括帖，身不居業，惟事鑽求。主司以是而信其才，銓曹以是而隆其選。嗚呼！科舉如此，况于昏耄之貢途乎？又况于卑賤之吏役乎？吾見天下之事日敝矣，善爲治者盍亦反其本邪？

國朝經義取士，即往代之詞賦也。五經、四書，聖學之本，敷爲時義，體制亦佳。第流習漸靡，淫泆自恣，殆與詞賦不殊。蓋洪武、永樂之間，渾厚純樸，直而不俚；宣德已後，體格卑弱，風骨斬然；弘治、正德，浸淫復振；逮乎嘉靖，局面忽更。纖縟者麗而不雅，棘鈎者怪而不典，澶漫者濫而不裁。嘗觀弘治間一二程文，詞理明暢，即後學可式也。當是時，李公東陽、程公敏政、王公鏊，皆以博雅，鬱爲時宗；而錢與謙、顧士廉輩，又以雋才唾手高第，是以青衿之士咸取則焉。自薛侃昌言，欲以《論》、《孟》古義爲式場屋，而大學士張孚敬深以爲然，又復奏遣京官出主省試。少年初學，競爲奇妖，無所顧憚。文體頓壞，反可慨也。先大夫兩督學政，首以正文體爲務，敦實學爲教。在廣東，則名其堂曰『崇正』，在福建，則名其堂曰『養正』。規復舊制，人文焕然改觀。所有興革條約，布諸學政，集者至明且悉也。惜乎！一倡十咻，而時態復變耳。豈氣運之使然也哉！

時義之奇怪者，莫過于嘉靖十年之後，有士子作『孔子聖之時者』一題。其破承云：『聖，易也。夫易，時也。以時語聖，神哉！』此殆以題釋義，非以義釋題也。與西崑之體何異？而督學方爲首舉，不亦駭哉！

南海陳獻章，當成化初會試，雖負重名，躁于趨進，亦投時好，競出新奇。作『老者安之，朋友信之，少者懷之』一題，其破云：『物各有其等，聖人等其等。』考官戲批其傍云：『若要中進士，還須等一等。』傳者莫不絶倒。使在今時，更屬平易矣。金編修璐嘗有詩云：『何處歌新調？旖旎故不群。翦花金瑣瑣，鬬葉玉紛紛。巧疊空中錦，輕翻水上雲。自慚心太拙，到此不能文。』其言頗切纖縟之病。豈特時義爲然哉？古作亦有然者矣。

括帖之説，總屬時套，舉子習熟，取便于場屋耳。先朝陸、錢諸公，號稱名家，至如作《易經》時文，亦有套數。凡遇『大吉，无不利』之類，則云：『昏媾獲摽梅之吉，涉川膺舟楫之任，行師有三錫之寵，聽訟得金矢之利。』如此文法，不一而足。初不論其爲何卦何爻也，亦可醜矣。又如《錦囊集》一書，今所罕睹，得其片紙隻字，不啻大貝、南金，率以厚賂購至。抄録七篇，偶湊便可命中，子孫秘藏，以爲世寶。其未得第也，則名之曰撞太歲；其既得第也，則號之曰敲門磚。嗚呼！祖宗立法，惟此爲進賢選能之具，而顧使人苟且輕忽之若此，不尤爲聖世之一玷哉！嗣後，刻本日多，套子日盛。甚至于仁義忠孝之類，各集美語，編爲數聯，遇題直書，唾手發解，三尺童子，真才實學，不知果安在哉？

文章賈禍，不惟古人詩詞爲然，雖我朝時義，亦有自罹其災者。當太祖時，臣子往往以光字、則字之類觸諱抵戮。至于世宗之世，亦有以程式獲罪者。如山東試録以『無爲而治者，其舜也與』之文，結用『作聰明，亂舊章』等語。皇上震怒，以爲誹謗。而御史逮捕，卒斃杖下。其後，又有斥罷試官者，有停止會舉者。于是監臨官慮犯忌諱，必擇好題，過爲逢迎。甚至斷章取義，不成文理。及試録呈進，必用千金買求權要矣。浙闈近以大本堂作表題，試録已進。有人語以此題乃懿文太子時事，恐犯忌諱，不宜。御史驚懼欲死，數千金厚賂閣下而息。又一科出『優恤軍屬』，判語誤作『軍士』。試録已發，差人飛騎追至半途而易之，亦費千金。又有以『幅員』作『幅幀』者，真不學無術者也！

學士罕能通貫，皆指别經爲客經，素未曾句讀，誤出題目。一督學命《易》題，云：『故无有師保，如臨父母。』不知故字本屬上文，一場喧異。又一督學命《詩》題云：『彼美人兮，西方之人兮。』有生員不知其義，乃出而語人曰：『聖經中如何亦有西方菩薩之説，非觀世音不能當也。』此生巨富，不久即中舉，真優人搬戲文也！

楊公用修嘗恨舉業之陋，有曰：『士罕通經，諱名苟進，徒事末節。五經諸子，則割取碎語，謂之蠡測。諸史抄節碎事，謂之策套。其割取抄節之人，已不通涉經史，而章句血脈，皆失其真。有以漢人爲唐人、唐事爲宋事者，有以一人析爲二人、二事合爲一事者。余曾見考官程文，引制氏論樂，而以制氏爲致仕。又士子墨卷引《漢書·律曆志》「先其筭命」，作「先筭其命」者。近日書坊刻布，士子珍爲祕寶。轉相差訛，殆同無目人説詞話。宋人自尊其宋，曰本朝家法與三代同，過前代者五事。今人亦云本朝家法與三代同。宋人云：漢有七制，唐有三宗，本朝有四聖。成化中，有殿試策襲用「本朝」及「四聖」字，稱前代爲本朝，稱前君爲四聖，與三家村中學生稱人父爲家父何異？而人莫之非也。己無特見，一一隨人之聲而和之，譬之應聲蟲焉。』此言切中時俗尊信宋人之大病。故余嘗曰：『今之學者宋儒之忠臣，孔門之亂賊也。』

近時俗學，皆尚三蘇文字，不復知有唐文矣，況秦漢乎？故不拘大小試卷，主司大率批曰：『宛然蘇子口氣。』或曰：『深得蘇氏家法。』即中式矣。有一士子，素不喜眉山文集者，乃笑曰：『衆人皆有蘇子倚靠，偏我獨無蘇子可使唤耶！』于是論策中嘗引證曰：『蘇子有言，爲君計者，莫若安民無事，且無庸有事于民也。』又云：『蘇子嘗曰：良醫不能救無命，彊梁不能與天争。仲尼棲棲，墨子皇皇，憂人之甚也。』又云：『此蘇氏所謂察微慮深，慎在未形者也。』亦漫然批其旁曰：『此子固嘗留心于三蘇者，但未純熟耳。』此生見而大笑，作詩嘲之云：『曾見東坡面目無？試官驚得震蘇蘇。分明指與平川路，一箇佳人兩丈夫。』一時傳誦以爲笑柄。殊不知始之蘇子，乃《史記》之蘇秦也；繼之蘇子，乃《漢書》蘇竞也；終之蘇氏，乃竇滔之妻蘇蕙也。今不論秦漢，不分男女，一概以老泉、東坡、潁濱當之，不亦鄙陋之甚哉！嗚呼！誠可謂『子誠齊人』也已！

纂修實録事宜，浙江等處提刑按察司提督學校僉事林大春，爲纂修實録事，案准本司開准浙江布政使司照會，呈准禮部，照會前事，該本部題祠祭清吏司案，呈案照先奉本部，送該本部奏節，該欽奉勅諭纂修『世宗肅皇帝實録一應合行事宜，悉照例舉行，欽此』云云。『爲照先朝纂修實録例，差辦事進士往各處采取事蹟。近因進士俱已選授，是以擬差職官。今職官又無應差人員，委當另行議處。臣查得各處提學官職專文學之司，兼有地方之責，委之采取，事尤易集合，無本部將合行取勘事件。一面移咨都察院，轉行南北直隸提學御史，一面照會十三布政司，轉行按察司各提學官，將所屬地方各項事蹟查照。開去款目，俱自正德十六年四月起至嘉靖四十五年十二月止，挨序年月，分別事類，務要考核詳明，收録公當，編類造册，俱限本年十二月以裏纂完，逕自差官具奏，册送史館，以備采擇。如有稽遲及草率者，聽本部查出參究，庶幾責任有歸，事體簡便，而纂修不致有誤』云云。〔一〕隆慶元年五月十三日奉旨：一、郡縣境内之人，曾授内外文武官職有功績顯著者，及丘園之士曾遇優獎者，今雖亡歿，應有行狀、神道碑、墓志、壙志等文及曾有所上章奏之類，抄録類進，以憑去取。不許將庸常之人徇情虚飾妄報。一、凡境内孝子順孫、忠臣烈士、義夫節婦，曾經旌表及奉旨褒譽者，詳悉開報。一、各處遞年行過事件有干係、纂修可爲勸懲者，今開去條件雖不盡載，皆須逐一點檢具報。提學道札付本學廩生田藝蘅，學有家傳，文長紀事，其論本道，合令前來協同整理，庶有裨于大典，當無負厥初心也。右札付杭州府儒學。〔二〕

因考弘治十八年十二月初七日，欽奉勑諭纂修孝宗敬皇帝實録：欽差進士顧可學、張文麟，浙江纂修官右布政使李瓚、杭州府知府楊孟瑛。〔三〕一、文武官員不問職之大小云云。謹按：今無大小二字，以致卑職下僚雖有功績，不得入録，深可惜也。况文非進士，武非開府，皆不得與，與《史》、《漢》之例不合。一、山林德行之士，曾經獎諭。謹按：今奉旨獎諭者能幾何哉？抱道丘園，遺名竹素者多矣。一、舊無壙志，蓋有墓志，不須重出也。大率子孫不才，遺失志傳，僞作詭名，假託貴顯，甚可嗤鄙。又或摭入些微功績，附會影響，以求合式，尤欺罔也。而纂者或節其繁文，且因無銘字之語，乃棄而不録，又可笑矣。殊不知古人奇事多于銘中見之。一、章奏有傷見在權貴者，亦不敢録。子孫貧弱不能自致者，多不得録。所著文集皆不進呈，亦不足以備史官采録。當詳之。

非武備

古之武事出于一，今之武事出于二。古者，相即將也，民即兵也。後世文武分而將相異任，兵農分而軍民異籍。于是天下事如血脈之不通，肩臂之相使，無怪其聯屬之甚難矣。况衛所、有司之不相統攝，錢糧、刑名之各爲總理，變起于倉卒之際，而取辦于行移之間。此虚文之所以日煩，而實效之所以難責也。

軍伍之中，往往有習舉子業，致身科第，爲時名相者，未必學校民家子無深解弢鈐、素閑彀騎不能爲名將者也，顧作養任用之術何如耳。

將不久任無以服兵心，兵不久練無以諳敵勢。兵心服，然後可以得其死力，敵勢諳，然後可以幾其成功。乃今纔得一良將，本善于陸也，而忽移之于水；本善于南也，而忽調之于北。

地利既已不諳，士卒又無固志，及其僨事，則一旦以文墨繩之。嗚呼！如是而謂之善將將，吾見其以國與敵也矣！

國家養軍優渥，本所以衛民也。今則慮軍士之陣亡，而律法太重也，乃反驅民以衛軍，因巧立爲之名色焉，曰民壯，曰勇士，曰募兵，曰鄉兵。甚至此之不足，又招及僧兵，借及土兵，張皇狼狽，真可恥也！軍民既雜，紀律難齊，反害地方，元氣頓索。時人爲之語曰：『寧可倭子下顧，不願官軍救護。』又曰：『官兵來，猶自可；土兵來，苦殺我。』又使南北多事，則將何所借兵也哉！

數十年以來，海上元戎如俞公、戚公、劉公、盧公輩，不惟智勇過人，抑且紀律嚴明。今皆爲名將矣！如羅知縣以功而陞僉事，胡典史以功而陞通判，皆起于舉人吏員者。惜乎拘于資格，束于文法，不得竟其材以致大用耳。任人如此，欲望天下之久安長治也得乎？故曰：時事之敗，由書生也。

團練鄉兵在沿海已有成效。蓋大族之力既能率人，而久亂之鄉又皆固志，加以守、巡之協助，府、縣之專督，是以其勢易行，其民易集。在内地則大不相侔矣。漫然曰團練鄉兵，何可得哉？故必得望重一邑，才攝萬夫，恩威兼著之家，信義素孚之人，而後可與談鄉兵也。

嘉靖三十六年，督練鄉兵事宜，提督軍門牌二面。

瓶窰鎮係餘杭緊關隘口，仰知縣吴應徵分撥鄉義兵二千名，協同本地鄉兵，併力防守，毋致流賊西突，悉聽生員田藝蘅操練調遣。如違，呈送治以軍法。四月初十日卯時，□□□差健步宋膺□、沈相□□臨安精兵陸百名，撥守餘杭横瀆緊關隘口。蓋東固則西安也。四月十一日，□提督軍門□差健步沈文。〔四〕此皆右僉都御史阮公事也。公諱鶚，桐城人。

仰錢塘縣瓶窰鎮里長，即團集各里、保、甲、鄉一千名，聽軍門原委生員田藝蘅調度，固守地方。如違，本生呈來拏究，須至牌者。四月十三日，□差健步陳龍。此分守道事也。左參政汪公諱□。〔五〕

甲寅年，余客遊湖州，適海寇逼近姑蘇，而兵勢甚弱，人無固志。時知縣張公冕在烏程，謂余曰：『兵不足用，奈何？』余曰：『人人皆兵也，安得不足？但患不精耳。爲今之計，團練召募，皆緩不及事。莫若任怨，悉點富貴家之僕隸，以充行伍。庶人力强壯，器械精明，艘櫓完備，可以應令齊集耳。』公欣然拍案起謝曰：『此策甚良，吾不惜爲國任怨也。』即以利害曉喻之。不數日間，兵食俱足矣。自後王江涇之捷，果得此兵之效。乙卯年，余嘗糾集義兵千人，爲保障一方之計，具約一十八策，呈諸本府李公，蒙給帖遵行之，亦首載此事。

邊方則有夷狄，內地則有盜賊。夷狄手足之疾，盜賊腹心之患。小賊不止，必爲大盜。大盜不止，其禍尤甚于夷狄。蓋夷狄之來去也有限，盜賊之滋蔓也無窮。今之當道以催科爲急務，以安民爲末節；以小賊爲不足治，以强盜爲不足慮。是武備之設豈專爲外國，而官軍之養豈專爲亂世也哉？愚則以爲三五穿窬者當責之應捕民壯，名擒而户索；若二三十人爲群放火殺人者，便當責之衛所官軍，根薙而彙拔之可也。然有土賊，有客賊。今保甲之法，或可以清其流，惟族滅之令行，庶可以絶其本。平民之家，一被强盗，皆隱忍而不敢呈告。蓋苦捕役之需索也，慮官司之縱放也。在獄則妄攀良善，以潤牢吏；發徒則逃回草竊，以納月錢。及成死獄，則又姑息而不忍决。或困審録之累，或慮減刑之恤，一賊未除，全家反破。諺云：『失賊遭官。』誠可痛哉！陵夷疽潰之患，所當深長思也。

隆慶末，鄉民夜獲一盜，乃慣偷也。送之里長，里長懼而不受；付之應捕，應捕熟而不擒。不得已，送之縣丞。丞鞫之曰：『汝何處人？』曰：『餘杭人。』丞曰：『餘杭人如何來我錢塘爲盜？』堂下隸胥聞之，皆掩口而笑。是賊但不當越境邪！又將自己酒食勞之，曰：『汝良苦矣！』且縱之使逃，兩索其賄而罷。或私語丞曰：『治賊何以如是？』丞笑曰：『此皆衣食父母也。』嗚呼！此非巨盜之魁也哉！時行保甲之政，謡曰：『要民安，先保官；官養賊，賊生翼。』

非民風

民之風，上風之也。故曰：『君子之德風。』上奢則下侈，上儉則下嗇，上欲則下偷，上仁則下敦龐，上義則下正直，上苟且則下支吾。今上之人大率以智術籠絡黔黎耳。或鋭始以沽譽，或守職以圖遷，孰能誠心愛民，治國如家，而爲百年之計也哉？往往稱能者亦先繭絲而後保障，緩撫字而急催科，彼猛此寬，朝令夕改，而民風日敝矣。又何望于貪墨闒茸之鄙夫乎？故必上下不相回護，甲第不相朋黨，得一賢守令，宜于民風，安乎土俗，則久任以展其才，雖居官以長子孫可也，不入京以登臺閣可也。推之而守、巡、撫、按皆然矣。見一不肖者，則爲之明正其罪，速奪其職，不事姑息之舉焉。吾見官箴自正，吏弊自革，盜賊自化，百姓自康，而天下自治矣。風豈在民也哉？

百姓之病，非病于天災也，惟官邪之是病也。水旱凶荒，適然之遇，流移自食，可以逃生。惟官之邪，則賄賂公行，是非不白，利害莫恤，控訴無門，此民瘼之所以日深，而積薪之憂，可爲長嘆息而痛哭流涕者也。其病有十：曰官府剥削，曰號令欺惑，曰糧里不均，曰鄉宦詭寄，曰竈户冒免，曰錢糧隱賊，曰斗級守盤，曰鹽捕詐害，曰水利占塞，曰風俗奢薄。昔年民所大病者，惟耳房鋪陳，庫子館驛，買辦諸役，十九破家。及南海御史龐公大肆振作，痛革此弊，其他亦十去八九。惜乎不得久任，今復有萌孽之漸矣。獨持風裁者，豈無其人哉？龐公名尚鵬，癸丑進士，有大造于東南，曾無頌碑生祠。此亦風俗薄惡之一端也。

官箴易正，吏弊難清。故吏胥上下亦有十弊：曰上堂禀事，曰棍徒充吏，曰吏犯照會，曰司府通連，曰出巡關節，曰閣滅卷宗，曰積書把持，曰那移錢糧，曰仵作詐害，曰白役下鄉。嘉靖四十四年，龐公亦洗滌二三，惜乎有治法無治人耳。

小民出賦税以給公上，有司徵常課以充國用。此理也，分也。今成熟之時，則比較太嚴，期限太促，不過欲完公事，以衒能聲而已。初不計天道之陰晴，農工之閒暇否也。凶歲則又隱災而不建白，或滅恩而不蠲除。一切催併大户以圖集事，寬縱小民以沽美名，殊不知凶荒，貧富共之者也。官府不免小民之一二，而大户已免小民之四五矣。又行勸借之巧令，假賑濟之虚文。權貴之家既不敢犯，乃獨于鄉村殷實良善而侵削焉。豈仁心、仁政也哉？

洪武二年，詔户部籍天下户口，置户帖，書各户之鄉貫、丁口、名歲，以字號編爲勘合，用半印鈐記籍于部帖，給于民，令有司點閘比對。有不同者，問發充軍，官隱瞞處斬。又，二十年，浙江布政司進魚鱗圖册。先是，命户部覈實天下土田，而兩浙富民畏避差役，往往以田産詭寄親鄰、佃僕，謂之貼脚詭寄。久之，相習成風。鄉里欺州縣，州縣欺府，姦弊百出，謂之通天詭寄。而富者益富，貧者益貧。上遣國子監生武淳等往各處，隨其税糧多寡，定爲幾區，區設糧長四人，使集糧長、耆民躬履田畝，以量度之，圖其田之方員，次其事，悉書主名及田之四至，編彙爲册。其法甚備，謂之魚鱗圖册。至是，册成乃上之。嘉靖末年，兩浙田土復行丈量，較成化之册，美惡頓異。蓋古人法度精詳，今時大率苟簡。即吾杭論之，莫善于海寧，莫不善于錢塘，而餘杭則曾不丈量，含糊申報，要皆無任事之人故耳。許公天贈在户部，爲余言海寧之政，始終條理，真合魚鱗舊法。至于錢塘，則遷延七年而後成，雖曰扒平，猶爲不平也。安得借許而重平吾杭也哉！此久任之法，所以當急也。餘見《出思集》。

校勘記

〔一〕這段文字録自萬曆甲申本。乙酉本作：『纂修世宗肅皇帝實録一應合行事宜，俱有正德十六年四月起至嘉靖四十五年十二月止，挨序年月分別事類，務要考覈詳明，收録公當，編類造册，送史館以備采擇云云。』

〔二〕提學道札……杭州府儒學　録自萬曆甲申本文字。乙酉本原作：『余蒙提學道札付學有家傳，文長紀事，其諭本道，合令前來協同整理，庶有裨于大典，當無負厥初心也。』

〔三〕欽差進士……楊孟瑛　此段二十九字原無，據甲申本補。

〔四〕自『四月初十日』至『健步沈文』　原無，據甲申刻本補。

〔五〕自『仰錢塘縣』至『汪公諱□』　原無，據甲申刻本補。

雙並文

甡 所巾切，衆也。

㚘 蒲旱切，並行。

䀠 音拘，左右視。

屾 所困切，二山。

兟 于心切，銳意。

賏 於庚切，貝節。

眗 巨俱切，左右視。

㯥 昨遭切，曹从此。

㚇 似康切，淪肉。

斦 無斤切，二斤也。

孖 亦作滋，雙生子。

兟 堯同。

奻 音奸，訟也。

厸 鄰。

弜 音强，又鬼强。

兟 所巾切，衆多。

𢆶 伊虯切，微也。

䖵 古魂切，亦作蚳。

雔 市由切，二鳥。

炏 去斤切。

从 從几，从几。

蟲 昆。品多也。

吅 誰通。

幵 五堅切，平也。

㹜 牛斤切，二犬吠。

聑 丁莁切，耳垂。

沝 弋，土切，勞病。

玆 宜。夕夕多。

絲

竝

祘 蘇貫切，明視。

競争。競

誩上同。

沝之水切，二水。

淼四賁切，花。

赫火色盛。

兹兹。朋

玨殻同，二玉。

孖音叙。

秝菓。棘

頫遥。弱

入入谷同，二入。

𢪙居竦切，廾同。

皕彼則切，二百。

賏可陏切，二貝。

𦤳到力切，兩也。

秝郎的切，稀疏。

覞音召，視。

辡皮免切，辯字。

𢀳仕轄切，共八此。

𢁉古巽字。

喆哲。林

巜會羽

龖達合切，飛龍。

虤胡大切，虎。

騳佗大切，走。

牪牛普切，伴。

炏火均切，兩秋。

皛音皎，白色。

弜戔。

羿羽。

丽麗。比

翌遊。

彔彔

𢆶相利切，丞併。

奇奇居綺切，立正。

齒齒丁立切，齒。

艸草。竹

琵

𣏟音派。

𣎵音沛。

𡗗業。

㗊

三並文

巛坤。

巛灾。

𦧟話。

驫驍。

晶郎丁切。

𧽏奔。

雙叠文

兲 天。仌 冰。八 古作別。叅 余。

亖 四。畕 音良，北田。𩺰 語居切，二魚。犇 音究。屾 五豆切。

㚢 奻同。𡕒 在安切。圭 古畦切。㕛 友。𠄎 胡先切，草木盛。

炎 棗 多 吕 昌 爻

三疊文

𩇔 音靉，雲貌。飍 音彪，驚走。晶 精。焱 音炎，火華。

淼 音渺，大水。垚 音堯，土高。磊 磥。灥 泉。

厵 原。众 衆。姦 奸。孨 旨兖切，孤兒。

畾 音雷，田間。品 披錦切，庶。惢 音蕊，心疑。𥈠 音[illegible]，美目。

聶　女涉切，附耳語。

鑫　金，音歆。

矗　初六切，齊也。

⿱了⿰了了　乃。

轟　軥同。

⿱介⿰介介　音祇，參差。

驫　音幽，走。

羴　羶。

蟲　虫。

劦　音協，同力。

馫　異香。

叒　而勺切；日出木。

厽　音壘、又条。

森　摻同，長木。

龘　音沓，龍行。

犇　奔。

⿱兔⿰兔兔　赴同，急疾。

贔　平秘切，有力。

譶　徒荅切，疾言。

嚞　哲。

⿱欠⿰欠欠　欠。

⿱卤⿰卤卤　音有，草木實垂。

⿱罒⿰夾夾　青秋，愁也。

⿱鳥⿰鳥鳥　[illegible]了切，鳥。

猋　音標，走。

雥　才市切，羣鳥。

⿱麤土　塵。

皛　胡了切，明也。

⿱若⿰若若　音惹，泥不熱。

⿱至⿰至至　音窒。

⿱刀⿰刀刀　青脂，剖。

芔　卉。

麤　麄。

毳　青毳，細毛。

鱻　鮮。

⿱足⿰足足　音角，行。

四疊文

茻莫朗切，衆草。㠭工展同，工多。鱻音鮮，魚盛。㸚力尔切，二爻。

㗊衆口。壯立切。叕知劣切，連也。畾雷同。𩇓蒲迸切，雷聲。

古奇文平聲

兲天。與坤。旁旁。㐆陰。炗光。亝齊。秝程。稍紫。䊷彷。旹春。

宗崇。禮祇。朞期。恆亙恒。秧殃。斡朝。壬王。皐皇。金堂。

琿玕。瓌傀。斉期。鎏鎔。岑青。琿玼。彤丹。曑參。敔室煙。

壘星。埭隆。坏坻。岻岷。牡封。墉埻。重戚成。妖妖。旬的。

辰辰。𡀔中。坐垂。堆堆。堂臺室。墬墜。凬風。靁雷。

𠂹垂。物垂。犬長長。叱坻。畬那。發賁。北丘丘。岷泥。

冂同坰。帝夫。戴城。蒼蒔。郕岐。笑楚。奠真。萠胡。回回。

吳妄勿伊。趙肴。朵字。竊扁龔間。佇罔。乎玄。狀突。敎操。
盟盟。鷹膳。墨鈞。佾卌。量量。局良。卷 合倉。豈豐。甸陶。
昆居。需零。霝靈。昌昌。昇 昝冬。邑邑。澡澆。図淵。巨工。
范蔻。淪淪。彝巫。牀漿。金金。祈斯。矜雅。卤 圭當。戟戒。
我予。麥師。酉西。盡鹽。皆壺。麥琴全 秦全。損耘。峯南。
笛 冥算。莉荊。棋莊。黃翁。遂淺。梁梁。終終。弦凶。開閑。
逞遊。穷貧。公容。鵲鵠。家家。案松。謗譯。齡吟。鼓扶。讀吹。
墨蜀。惠表。亏于。帆中。商商。嗇毅。恩思。思奸。羿言。兮乎。
鍛鍛。惶狂。替曹。卉前。奇訶。次涎。飯飢。渝發。卣甘。乃沾。
害閒。寒您。肤胥。穗秋。織彩。勞勞。彰諸。等筐。笑焚。奥衡。

尃敷。追道。乱揩。旹蓄。萁蓀。圉團。瞿晴。宮 卣專。争争。
穷 寳窮。緑 縲纅。蔦蔿。歉挽。暘唐。嵾誤。肞 躲肢。
頓脊。嫁婢。崇嵘。龐 佢順。髖顔。髻鬆。搯 摛抽。憚悖。
琴平。燹焦。叢 蘖農。份彬。㕕肱。吾牙。腼柔。肴眉。跍華。
岁芬。嵩熏。高 享亨。喜庸。亓其。韋單。沐流。嬰真。壂寅。
麻彪。电龜。桒 兊来。辟辭。尸夷。佞奴。飢飴。喊呪。戻侯。

上聲

昦昊。雨雨。裛海。淦飲。芈華。器毗。王巨。爽爽。戚勇。扒佂。
旅旅。范範。面廉。网兩。四 冈網。渫深。柠楕。𣏟本。朵朶。
杵扭。劲珍。冀 奠蔚。寰寝。毕宰。危死。攻撫。宅囚。宴寳。

𠯷戶。蒯剪。嵂踵。𨗡遠。古 吾旨。徃往 衎軌。鍒 餐飽。

乃乃。恋恐。肥肰。帬君。又爪。反仄。寄变。弄與。哈吻。带帙。

鼎猪。日口。焕腹。省肖。𢪔手。邑眼。料伴。尌道。醂狀。少左。

妣妣。娑娀。嫐美。顥頂。㕣齿。乱始。丣酉。北卯。於香。瞚辟。

䚗责。隖島。垒壘。冢兒。蜂蚌。峷使。覞葡。霓霏。戬點。衰表。

倮保。芋芧。菌齒。閪蔔。褐祷。佃侮。咒舞。晒吟。萘堇。两老。

埡塢。邪郢。鄙棠。藃裸。迺起。散敢。俩仿。綷綪。盼賑。達住。

去聲

上上。丅下。褂社。隧 坔地。不示。吃氣。畀畏。簪晋。恭附。

濬浚。㳉濟。甪用。毎卜悔。澂渼。滙港。滐法。佱企。侫備。仰信。

斆養。效教。迺記。䇲亂。㔕陋。覍弁。体介。𢍃共。㘴坐。屖屖。

陸痤。顨卦巽。烏象。爭萬。垗墺。剛銳。斷誓。醞副。鉛陷。北兆。

葡備。𪓐壞。孔彈。彪　彖琳。陵峻。嚾喚。裘裕。衰袖。公去。

坐至。垚竈。診花。暴暴。學嗣。歷播。畫畫。書書。乍作。㫃良。

叓事。贊貫。泉暨。冀戴。膡貨。番鄙。男霸。豆豆。奏盡。望望。

厚厚。會　岑會。賽塞。棟柄。黱黛。弃棄。刨斷。畚筮。朱困。

𠃋族。替替。瑪壯。豆正。降彝。弃戰。殫㯿。趲赴。㲋厭。甚甚。

遞遞。遂後。退退。達遂。變覺。憂　寔夏。飤飼。養餌。飡鍾。

餅飯。謁唱。謼偎。這誕。譎訊。志志。态懸。命怨。語話。訔訓。

閑　愍恚。將駕。慳惰。備怖。悉悟。胃胤。勳勤。懇懼。冒胃。

頪泮。頟須。睠眷。廾具。眘慎。咊嗜。彡彦。彫變。𦣻自。額貌。
婞婧。唴吝。㜈要。斤近。昰是。菴庵。泮洋。庿廟。𡖋奏。學受。

入聲

𡴀岳。霝雹。宊宐。烓與。怸 𡙕弃。𠩄席。鈇獨。坴 炗赤。
孛𣞢。賚責。秃禿。壽𩌏。圀 國國。币匝。𡨟突。𡗝育。筞𥳑。
飧粒。𢜮德。副刻。𨤢絕。㳂翼。步送。揖搔。洛活。泩漆。刿列。
𠛂則。囙日。踣仆。𡍮坼。倆風。侵辟。扑撲。刚 忉剌。㓨劇。
我獲。䒧葉。㳠溺。敎捷。賊賊。㚐盡。頌髮。嵤睦。嗺嘴。肊臆。
悊哲。㥶恪。忞急。㝹復。扸析。東克。家宋。宿宿。畨壽。乚曲。
弢弼。劃劃。徹徹。𥫗昔。籾物。㨿托。嬊姪。眣眣。囘自。霊雪。
現覩。逕濕。歹歿。亐及。谺壑。𣶏泪。𡫾塞。刭割。𡋉虐。

一、字書有古有今，有奇有俗。古之與今，猶可通也；奇之與俗，不可同也。乃若村學究之徒，但習《千字文》之業，知有俗而不知有奇，知有今而不知有古。一遇奇書異畫則直鄙之曰：『此破體寫耳。』矴目鉗口，赧顔愧心，曾不可以句讀，甚至于迷其宗旨，但讀偏旁，雖學士大夫亦不能免此病，况可責于舉業之童子乎？譬之古，則夏鼎商彝，几席之所未覩，至于瓦盆土甂，則村莊婦女皆能識之。又譬之奇，則祥麟瑞鳳，人世所罕有者，若夫牛馬犬豕，則雖三尺童子亦能見而呼之。何也？以其熟于習也。善乎！昔人有言：『字如牛毛，不識一腿。』又曰：『所不識者唯《八駿圖》中數字而已。』暇日，因檢古款，各以其類，表而出之，使兒輩旦夕經目，庶不眩于夏鼎商彝，而可以辨祥麟瑞鳳焉耳。

一、字書肇于羲、頡，備于史籀，約于李斯。暴秦雖有八體之名，而古意盡矣。六經本皆古文，自唐天寶三年，詔集賢學士衛包改古文，更作楷書，以便習讀，而俗體始雜之。至于今時，則魯、魚，陶、陰，字既差訛，而聖、圣，體、体，書復苟簡矣。久假不歸，積習成俗，誠所謂獸蹄鳥跡之不若也。可不求諸古邪！

一、《周禮》：『保氏以六書教國子。』人生八歲入小學，誦其名而通其義；十五入大學，則又因其名義而盡格物致知之功焉。漢制：學僮十七已上，始試諷誦籀書九千字，乃得爲吏。又以八體試之，郡移太史，并課最者，以爲尚書史。書或不正，輒舉劾之。我朝首重字書之學，以革蒙古之習，因釐正爲《洪武正韻》一書。人文化成，此其要也。

一、獨體爲文。文者，紋也。日月山川，依類放象，字之所祖也。合體爲字。字者，孳也。形聲滋益，巧意乳育，文之所生也。筆于竹帛爲書。書者，如也，象形、指事、會意、諧聲、轉注、假借，六書之全也。在班孟堅，則曰象形、象事、象意、象聲、假借、轉注，蓋言四者有物可見，故以象言之。若夫假借、轉注，則寄隱于四象之中，而非別有其字也，即《易》四象之義耳。

一、象形、指事，其文也。日、月象其形，上、下指其事是也。會意、諧聲，其字也。齒之从止，旨之从匕，諧其聲；兩人爲从，兩入爲入入，俗作搶。會其意是也。假借、轉注，其變也。龜甲之甲，假借爲天干之甲；魚腸之乙，假借爲天干之乙。衰有四音，齊有五音，從、敦、賁，皆有七音，差有八音，辟有十一音，是轉注之極也。文字既窮，于是乎變而通之以神化宜民者也。是故文最古，字次之，變又次之。

一、家大夫嘗作觀風之畧，其間所述炎徼異文，有云：『古人稱一統之盛，曰書同文。今嶺海之間，尚多怪字，蓋夷俗之未殄者，如廣人書無曰冇，音耄，謂與有相反也。季子曰孻，力來反，子之盡也。新會則曰屘，極命反，子之至尾者也。巖峒曰冚，亦龍反，兩山之間也。人之傴僂者，亦曰冚。順德謂石梗曰石硝，蓋取諸諧聲。番禺、從化謂地之寬平者曰票，音胤，則無所取義矣。他如𡘯，音穩，大坐穩也。𡮧，音矮。不高，故矮也。亦作套。不長，亦矮也。奀，音勒。勒，瘦也。𩚬，音齋。齋，故不食也。歪，音終。終，則不生矣。𡥅，音蹶。人不能舉足之稱。仦，音嫋，小兒也。𡚸，音大，女之長者。𡶏，音磡，山石之巖窟也。閂，音振，門之橫關也。氽，音酋，人在水上也，《韻書》作泅。氼，音魅，人没于水下也。閃，和臧反，隱身忽出以驚人之聲也。毜，音鬅，毛口也。𠀚，東敢反，以石擊水之聲也。如此之類，雖偏傍畧有附會，而義理淺陋，皆所當禁革者也。

一、古字埶，作蓺，一作秇。今作藝，而俗作𧁞。古之蘅，通作衡，而俗作蘅。又如芙蓉之爲夫容，文之省也。虙犧之爲宓羲，又爲伏希，亦作伏戲，字之異也。於戲之作嗚呼，音之殊也，又省作烏乎。即此，可以類推矣。詳見石經、周成《難字》、唐元度《九經字樣》諸書。

通俗古音

平聲

窗，音聰，今煙聰。唐張祜詩：『鼻似煙窗耳似鐺。』衆，音中，貫衆，草名。見《爾雅》。《易》：『往得衆也』，『乃得中也』，『往有功也。』叶。今佛書謂百姓曰衆生。弜，音欺，弓强而偏曰弱。今物之傾側不調停者曰偏弱。　何，音而。《吴越春秋・漁父歌》：『日已夕兮，心憂悲；月已馳兮，何不渡爲？　事寖急兮，將奈何！』何，嘆餘聲，今吴音近之。　磑，音機，礶也，取其中有機關運轉之故。今曆日有『安碓磑』，乃二物也。或作五對切，而碓，又作都對切，兩音既相近，而兩物又相混，陸法言作魚衣切，是也。　依，音挨，以身相近曰依。白樂天詩：『坐依桃葉妓。』自注云：『烏皆切。』竵，不正也，俗作歪，亦作華，又作⿰亻瓜。　⿵門爲，門斜開曰⿵門爲。《國語》：『⿵門爲門而與之言。』　剴，今鈍刀割物曰剴。《漢書》注：『剴，剴切也，五來切。』　籸，音莘，除夕燒籸盆是也。俗作松盆，又作鬆。　悶，音門，《老子》昏、悶叶。今俗音氣悶。　散，音三，琴曲《廣陵散》。元微之詩：『酒户年年減，山行漸漸難。欲終心爛熳，轉覺興闌散。』　爨，七丸切。劉士明《動静字音》云：『炊曰爨，平聲。炊處曰爨，去聲。』今添薪簇炭曰爨火。　竄，七丸切，鼠入穴也。今哄人爲惡曰攛掇。　黫，《史記》：『黫然，黑色。』亦作殷。　毛，音無。《後漢書》：『飢者毛食，寒者裸跣。』《馮衍集》毛作無，或古字通用也。又注：『毛，草也。』　扇，音羶。束晳詩：『八風代扇。』與躔叶。今使人扇風曰扇一扇。俗作搧。　⿰口垔，即咽字，見《山海經》。與烟之爲煙同。則茵、菫、堙、垔、禋、裀，皆可通也。　⿰魚丙，《石鼓文》作⿰魚冏，今作鯿。然古稱『嘉魚出于丙穴』，豈即⿰魚冏邪？　鯈，音條，今白鯈魚。　招，音梟，韓文『招其君之過』，言揭也。今曰：『梟人過失。』　哨，音消。揚子：『匪伏匪堯，禮義哨哨。』今憎人多言不了曰哨哨。　帩，衣之接幅曰帩衣。兜曰帩紋。　摽，音抛。《左傳》：『長木之

[illegible]，無不摽也。』今禾摽死，作去聲。　耗，音毛，亦無也。《漢書》：『靡有孑耗。』今四川有此音。　愁，音曹。揚雄：『畔牢愁。』今心中不快曰憦慒。　懊憹，音鏖猱，傷痛聲。古有《懊憹歌》，如此音讀。　家，音哥，《雉朝飛操》：『我獨何命兮？未有家。』與和、阿、何叶。越人言家裏，如哥裏。　家，又音居。《史記》『食無魚』，『出無車』，『無以爲家』，叶。又，『汙邪滿車』，叶『穰穰滿家』。《左傳》『而棄其家』，叶『高梁之虛』。甯戚《白水詩》：『浩浩者水，育育者魚，未有室家，而召我安居。』古語：『蹟馬破車，惡婦破家。』　家，又音姑。《左傳》《虞箴》：『武不可重，用不恢于夏家，獸臣司原，敢告僕夫。』〔一〕攻乎反，與姑叶。又，大家，叶在此。是家有三音也。　牙，今鄉音不作五加切，而如吪胡切，曰牙齒。《詩》：『予王之爪牙，胡轉予于恤，靡所止居。』揚雄：『首夷其牙，或飫之徒。』　禽，音蟲。《易》：『即鹿无虞，以從禽也。君子舍之，往吝窮也。』古者羽毛鱗介，皆謂之蟲。今言禽鳥尚呼曰蟲鳥。　桓，音和。《漢書》：『何所求子死？桓東少年場。』注：『陳宋之間，言桓聲如和。』今之和表，即華表也。棺之華頭，俗稱和頭，亦當作桓。　跢，音多，攜幼行曰跢。諺云：『將將跢跢，路上撞見哥哥。』亦有所本。　差，音槎。《禮》：『御者差沐。』注：『淅飯米，取其瀋爲沐。』　兄，音郎。《漢書》語曰：『雖有親父，安知不爲虎？雖有親兄，安知不爲狼？』今呼兄爲阿況，又轉況爲平聲，如荒。　鼎，音釘。《漢書》：『顯鼎貴。』如淳曰：『音釘，言方且欲貴矣。』師古曰：『讀如今字。』又『莫説詩，匡鼎來』，音如丁義。丁，當也，言當貴也。　𠓬，古文零。　秢，漢齡字。

兗，古勝字。　夠，音鉤。《吳都賦》又作去聲。俗多曰夠，少曰不夠。　奄，古菴字。　㔾，音函。漢蔣澄封㔾亭侯。今宜興縣有㔾山，字書不收此字，俗讀如嘔上聲。　柑，音鉗，以木啣馬口也。《左傳》：『柑馬而秣之。』今作柑橘字。　玷，音顛，以手揣度物曰玷。俗稱玷斤播兩，書作掂。

上聲

寵，音隴。孔寵，穴也。　空，音孔，《禮》：『函人視其鑽空。』　衖，余隴切，巷道也。即今衖道，俗作甬。　嬉，音喜。李太白詩：『澹灔九折池，縈迴十餘里。四月芰荷發，越王日遊嬉。』今越音尚然。　庋，閣藏食物也。見《禮記》注。　崽，音宰，楚蜀呼子曰崽。《水經注》：『蠻童丱女，弱年崽子。』　㒼，古滿字，見《樂緯動聲儀》。　吭，《漢書》：『嗽吭。』音忝。　筧，溝竹取水。今鉤筧。　殺，賖上聲，俗言忒殺。北人曰殺，大屈。《詩》注：『拜，屈也。』今南方婦人拜曰屈，音如起。　㚇，古猛字。　黲，暗黑色曰黲黲。　淊，音琰，水滿也。唐詩：『淊翻王母九霞觴。』俗本作『蹈』。夫觴豈可足蹈者？　眨，音斬，俗轉眼間謂之眨眼。

去聲

衕，音洞，俗作衕。　龍，音弄。唐詩：『玄猿啼深龍。』楚越謂竹樹深者爲龍。　攏，音弄，搖也，見《周禮》。　雙，色絳切。今子駢生，曰雙生。　出，尺類切，物自出，則入聲；使之出，則去聲。　撎，音意。推手曰揖，引手曰撎。賤人拜，貴人撎。　卌，四十并也，古庶字。索，音素，皋魚引古語『枯魚嘲索，幾何不蠹』注，古通。而《中庸》『素隱行怪』注，按《漢書》當作索，不知此字之妙也。　婦，音負。古音否，上聲，唐詩亦作去聲。　作，音做。《漢書》：『金可作，世可度。』　鬏，古樹字。　鍣，音鍍，以金塗物也。　大，音代，《易·坎卦》四、五上爻，與際、歲叶；又，《渙》與位、害、外叶。　髩，古文剃字。　黴，音昧，濡華曰黴。《說文》音塺，物中雨而青黑也。一作黣。　殺，音晒。今樂府有元殺、旁殺。元人傳奇《白鶴子一殺》、《耍孩兒一殺》。今有《入煞》曲調。　曬，古晒字。　親，相親，平聲；婚姻，去聲，今曰親家。　諢，曰混，順言謔弄曰諢。今作譁。　牽，船纜曰牽。又，掛牽。　耎，俗作嫩字，隸作嫩。　這，迎也，音願。見《儀禮》注，俗音至。　幕，音漫，錢背曰幕，言漫無文也。　漫，古漫字。　癉，《山海經》『翼望之山，有獸焉，服之已癉。』今黃疸病。　圂，豢同。　穿，音釧，貫穿也。　絤，古線字。　弁，古戰字。　縛，《周禮》注：『素沙。』今之白縛也。　絃，古絹字，俗作弦，非。　嚼，嚼同。《桓子新論》：古諺云：『人聞長安樂，則出門而西向笑；知肉味美，則對屠門而大嚼。』今北音猶然，吴音則入聲。　踔，音吊，《史記》：『遼東踔遠。』俗作窵，非。《說文》作迒。　繞，纏也。《漢書》：『繞出延岑軍後。』今言纏繞曰繞帳，去聲。　巧，僞功曰巧。　抛，即砲字。《漢書》：『霹靂車曰抛車。』　磿，古暴字。　跔，古蹈字。　介，音个。《左傳》：『不使一介行李。』舍，音卸，又作寫。　光，音桄。《漢書》：『天下光光。』　攘，與讓同。《禮樂志》：『盛揖攘之容。』　弶，音亮，晒網于道路曰弶。　煬，音向，竈口炙火。搶，此亮切。又作挾。今揚帆上風曰使搶。　蝗，户孟切。今呼橫蟲。　肉，柔去聲，錢孔也。北人呼鳥獸之肉，猶如此音。　蜚，文沸切，借作飛。

入聲

倐，音倏，倐然也。　𩯁，古麴字。　嘼，古六畜字。　阿，音屋，古阿誰亦作兀誰。　㬥，與潑同，自寃大呼，俗言放潑。　來，古實字。　㐬，音突，不順也。古文倒学字曰𠫓。　帇，音伐，舂米也。　抇，與掘同。《吕氏春秋》：『無不亡之國，無不抇之墓。』　癹，與發同。　介，音甲。《漢書》：『甲冑之士不拜。』　刹，刺也。佛書音刹。梵言帝刹，華言國土。　突，音垤，即凸。　𦱤，古《周易》若字。　囨，漢槖。　𡆢，古邑字。　冰，音逼，冰以冰物，寒氣逼人也。　雜，音錯。《公羊傳》：『雜然助之。』《史》：『雜種。』今徽音錯種。　襲，音薩，以衣周匝覆之也。今一襲，作一撒。　泏，即涉字，《漢書》。　极，古楫字。　擪，俗作捻。　㕯，女洽切，物低垂也。　刺，七迹切，《孟子》：『刺人而殺之。』又，刺刺，多言也。古作㗊。　卅，音颯，三十并也。今直爲三十字。

家大夫《觀風署》又云：兩廣之音雖難通曉，然番禺、南海猶有可推，潮、惠、雷、廉之間，無復清濁。如南海謂父曰爹，音益奢切。《南史》：『湘東王人之爹。』音如躲，則文同而聲稍異耳。亦曰爸。母曰媽，曰阿姐。呼哥嫂，先以亞先之。兒女行第，亦曰亞，猶吳下之言阿也。遊樂曰則劇。《朱子語類》有之，蓋閩廣所同者。亦曰仙，又曰仙欣，又曰料問。何如曰點樣，指何處曰蓬蓬。語人曰蔑地。無曰毛，音如耄。晉人有毳飯之戲，言三物俱無，故以三毛爲毳。移近曰埋。呼兒曰仔，其不檢者曰散仔。斥男女之賤者，男曰獠，蓋《南海世家》所稱『憨獠』者是也。[二]女曰夫娘。詬子弟之汰不曉事者，曰大頭鰕。陳獻章嘗爲之説，大畧喻其虛張形狀而實不足啖。此類皆方言也。他如以東爲凍，以管爲官，以人爲能，以屋爲竄，以刀爲多，以久爲苟，以酒爲走，此類皆方音也。

音有宜于古，而不宜于今者。如天音神，田音陳，明音芒，富音私，心音公，應音沖，武音無，下音虎，馬音畝。五經皆然，不可枚舉。今時讀之，未有不駭然者。至于方音，則南北迥異，如北人玉爲裕，緑爲慮，國爲歸，德爲猷，澤爲才之類，皆非正音也。偶標其著者云。

校勘記

〔一〕虞箴……僕夫　《左傳·襄公四年》作『武不可重，用不恢于夏家。獸臣司原，敢告僕夫。《虞箴》如是，可不懲乎？』

〔二〕南海世家　萬曆甲申本作『南漢世家』。

留青日札卷之三十九

陽關三疊圖譜

送元二使安西　　王維

《唐詩紀事》作《送客詩》。元，姓；二，行也。其名不見于史。出使安西。貞觀十四年平高昌，置安西大都護府。顯慶三年，徙龜兹都督府，復治西州，東接焉耆，西連疏勒，南鄰吐蕃，北拒突厥。今安西城在陝西静虜衛。王維，字摩詰，河東人，居藍田輞川。唐開元九年進士，仕至尚書右丞，有文集十卷。又，《送不蒙都護歸安西》云：『鳴笳瀚海曲，按節陽關外。』《送劉司直赴安西》云：『絶域陽關道，胡沙與塞塵。』

渭城朝雨浥輕塵，客舍青青柳色新。勸君更盡一杯酒，西出陽關無故人。

劉辰翁云：『更萬首絶句，亦無復近，古今第一矣。』《詩人玉屑》云：『中央失黏而意不斷，乃折腰體也。』渭城，秦咸陽，孝公所都。漢高帝名新城，屬長安。武帝名渭城。唐都長安，改京兆郡，開元初改京兆府。咸陽故城有三：秦城，在今陝西西安府長安縣北三十里;隋城,在縣東北二十里;唐城,在渭水北杜郵館西。蓋渭城因渭水而得名也。渭河在府城北五十里,出臨洮府渭源縣鳥鼠山西北谷,東流經盩厔、興平、咸陽、渭南,至華陰界,以入黄河。

朝雨,清晨之雨也。浥,潤也。輕塵,陌上浮埃,所謂芳塵也。客舍,渭城邊之客館,今旗亭、旅邸也。新,一作春。又,柳色春,一作楊柳春。自漢時,凡東出函關,必始于霸陵,故送行者于此折柳以贈别。李太白詞:『年年柳色,霸陵傷别。』而霸陵橋因名銷魂橋。右丞援霸陵折柳之事而致之渭城,蓋唐時多事西域,行役者既渡渭水以西,北向而抵渭城,直趨玉門、陽關,故以出陽關爲言也。右丞又云:『柳條疎客舍。』至如張籍詩:『客亭門外柳,折盡向南枝。』孟郊詩:『離杯有淚飲,别柳無枝春。』真可以銷魂矣。更,去聲,更盡,再盡也。謂勸君更盡此酒,他日西去,出陽關之外,已無故人。欲求故人今日一杯之樂,不可復得。賈至所謂:『今日送君須盡醉,明朝相憶路漫漫。』陽關,漢燉煌龍勒之西關也。《西域傳》:匈奴之西,烏孫之南,北有大山,中有河,東則接漢,阸以玉門、陽關,西則限以葱嶺。《使于闐記》:『甘州西始涉磧,西北五百里至宿州,渡金河西百里,出天門關。』又:『西百里出玉門關,入吐蕃界,西至沙州南十里鳴沙山。又東南十里三危山,其西渡都鄉河,曰陽關。』

《一統志》:陝西行都指揮使司,玉門關在故瓜州西北一十八里,而瓜州城在肅州城西五百二十六里，古西戎地，漢燉煌郡也。陽關在廢壽昌縣西六里，而壽昌縣在沙州城西南一百五十里，漢龍勒縣城也。玉門在龍勒之西，陽關在玉門之南，故名之曰陽。而《清波雜志》乃云：『漢將陽興敗出此關，因以爲名。』則是不美之號矣。敗軍之將，叛國之臣，烏足以章紀絶徼哉？

唐陽關在遼西，去長安一萬里。庾信詩『萬里陽關路』是也。右丞《送平判官》詩：『不識陽關路，新從定遠侯。』而蕭鳳使玉門關，弟肅勸酒，頻頻謂兄曰：『醉中庶分袂不悲。』即此。

唐人送別，率于渭城。故岑參《送楊子》詩：『斗酒渭城邊，壚頭耐醉眠。』而勸酒二字，詩中多用之。如杜子美云：『淚逐勸杯落，愁連吹笛生。』『黔陽信使應稀少，莫怪頻頻苦勸君。』皆情之真而辭之切也。

《漁溪藂話》：『唐人尤用意小詩，其命意與所叙述，初不減長篇，而促爲四句，意工理盡，高簡頓挫，所以難耳。』如王摩詰云：『西出陽關無故人。』故行者爲可悲而勸酒者不得不飲，《陽關》之詞，不可不作。

渭城曲

右丞此詩，《樂府集》作《渭城曲》。

劉禹錫初貶召還，又忤宰相，被黜十年。再召還，與歌者何戡詩曰：『二十餘年別帝京，重聞天樂不勝情。舊人惟有何戡在，更與慇懃唱《渭城》。』謝枋得云：『夢得怨舊時之害己者，今無一存，惟一妓獨在。「不勝情」三字，極有味。』按此則右丞之詩，在唐時已入歌曲矣。

劉伯芻居安邑里，巷口有鬻餅者，早過户，未嘗不聞謳歌而當壚，興甚早，一旦召之與語，貧窘可憐，因與萬錢，令多其本，日取餅以償之。欣然持鏹而去。後過其户，則寂然不聞謳歌之聲，謂其逝矣。及呼，乃至，謂曰：『爾何輟歌之遽乎？』曰：『本流既大，心計轉粗，不暇唱《渭城》矣。』侍郎大笑曰：『吾思官徒亦然。』

王崇《熙河送客入京》詩：『渭城柳色已青青，强駐行人聽《渭城》。不問使車歸路遠，且從尊酒滿杯傾。』劉原父《長安別蔡嬌》詩：『玳筵銀燭徹宵明，白玉佳人唱《渭城》。更盡一杯須起舞，關河秋月不勝情。』蓋原父守長安時，眷官妓蔡嬌，所謂添酥者也。召還賦此。

陽關曲

右丞此詩在唐時亦名爲《陽關曲》。

《白氏長慶集》云：『最憶《陽關》唱，真珠一串歌。』注云：『沈有謳者善唱「西出陽關無故人」詞。』

歐陽永叔《送沈待制陝西都運》有云：『知君材力多閑暇，剩聽《陽關》醉後聲。』

曾茶山《送曾宏父守天台》有云：『莫作《陽關》墮淚聲，丹丘勝事更君聽。』

陽關調

秦太虛云：『右丞此絶句，近世又歌入《小秦王》，更名《陽關》。』今雙調有曰《小陽關》，又見大石調。

寇平仲《陽關引》曰：『塞草煙光闊，渭水波聲咽。春朝雨霽，輕塵歇，征鞍發。指青青楊柳，又是輕攀折。動黯然、知有後會甚時節？更盡一杯酒，歌一闋。嘆人生，最難歡聚，易離別。且莫辭沉醉，聽唱《陽關》徹。念故人、千里自此共明月。』

葉少蕴上巳懷西湖《醉蓬萊》云：『問春風何事，斷送繁紅，便挤歸去。牢落征途，笑行人羈旅。一曲《陽關》，斷雲殘靄，做渭城朝雨。欲寄離愁，緑陰千囀，黄鸝空語。遥想湖邊，浪摇空翠，絃管風高，亂花飛絮。曲水流觴，有山翁行處。翠袖朱欄，故人應也，弄畫船烟浦。會寫相思，尊前爲我，重翻新句。』

王晉卿《燭影摇紅》云：『香臉輕勻，黛眉巧畫宫粧淺。風流天付與精神，全在嬌波轉。早是縈心可慣，更那堪，頻頻顧盼。幾回得見，見了還休，争如不見。燭影摇紅，夜闌飲散春宵短。當時誰解唱《陽關》，離恨天涯遠。無奈雲收雨散。凭欄干，東風淚眼。海棠開後，燕子來時，黄昏庭院。』

張安國送張魏公出師《木蘭花》云：『擁貔貅萬騎，驟千里，鐵衣寒。正玉帳連雲，油幢映日，飛箭天山。錦城，啟方面重，對籌壺盡日雅歌閑。休遣沙場虜騎，尚餘匹馬空還。　那堪，更值春殘，斟緑醑，對朱顔。正宿雨催紅，和風换翠，梅小香慳。牙旗，漸西去也，望梁州故壘暮雲間。休使佳人斂黛，斷腸低唱《陽關》。』

王嬌紅送情人《一翦梅》云：『豆蔻梢頭春意闌，風滿前山，雨滿前山。杜鵑啼血五更殘，花不禁寒，人不禁寒。　離合悲歡事幾般，離有悲歡，合有悲歡。别時容易見時難，怕唱《陽關》，莫唱《陽關》。』

陽關三疊

謝疊山云：『唐人餞别，必歌《陽關三疊》。』

古陽關

『渭城朝雨，一霎裛輕塵。更洒遍客舍青青，弄柔凝，千縷柳色新。更洒遍客舍青青，千縷柳色新。　休煩惱，勸君更盡一杯酒，人生會少，自古富貴功名有定分，莫遣容儀瘦損。休煩惱，勸君更盡一杯酒，只恐怕西出陽關，舊遊如夢，眼前無故人。祇恐怕西出陽關，眼前無故人。』此詞不知何人所疊，即東坡所聞者。

陸藻侍兒美奴《卜算子》云：『送我出東門，乍別長安道。兩岸垂楊鎖暮煙，正是秋先老。一曲古《陽關》，莫惜金尊倒。君向瀟湘我向秦，魚雁何時到？』

孫花翁《風流子》有云『三疊古《陽關》，輕寒禁清月，滿征鞍』者，即此。呂居仁《生查子》云：『一曲《渭城》歌，柳色饒春恨。人分南浦春，酒把《陽關》盞。』皆謂此也。蘇子瞻《小秦王》云：『濟南春好雪初晴，行到龍山馬足輕。使君莫忘霅溪女，時作《陽關》腸斷聲。』

苕溪漁隱云：『唐初歌詞多是五言或七言詩，初無長短句。自中葉至五代，漸變成長短句。及宋朝，則盡爲此體。今所存者，止《瑞鷓鴣》、《小秦王》二闋是七言八句詩并七言絶句詩而已。《瑞鷓鴣》尤依字易歌，若《小秦王》，必須雜以虚聲，乃可歌耳。』

《麓堂詩話》：作詩者不可以意徇辭，而須以辭達意。辭能達意，可歌可詠，則可以傳。王摩詰『陽關無故人』之句，盛唐以前所未道。此辭一出，一時傳誦，不足，至爲三疊歌之。後之詠別者，千言萬語，殆不能出其意之外。必如是，方可謂之達耳。

芝菴《唱論》：凡唱曲有地所，陝西唱《陽關三疊》、《黑漆弩》。今按：大石調，有曰《陽關三疊》，正宫有《黑漆弩》，即《學士吟》、《鸚鵡曲》也。

疊者，重也，疉也，明也，積也。揚雄曰：『古理官決罪，三日得其宜，乃行之。』故从三日，从宜，會意也。王莽以爲三日太盛，改爲三田，非義也。

三疊者，一歌不足以盡其情，故必至再，而至三。猶瑟之有三調，笛之有三弄，鼓之有漁陽三疊也。

第一疊。

渭城朝雨浥輕塵，渭城朝雨浥輕塵，客舍青青柳色新。勸君更盡一杯酒，西出陽關無故人。

第二疊。

渭城朝雨浥輕塵，客舍青青柳色新，客舍青青柳色新。勸君更盡一杯酒，西出陽關無故人。

第三疊。

渭城朝雨浥輕塵，客舍青青柳色新。勸君更盡一杯酒，勸君更盡一杯酒，西出陽關無故人。

余謂唐人三疊之法必如此，然後得其正。故白居易《對酒》詩云：『相逢且莫推辭醉，聽唱《陽關三疊》聲。』注云：第四聲『勸君更盡一杯酒』是也。若《秋澗集》所云：『就中儘是銷魂處，不待聽歌第四聲。』此云第四聲，乃『西出陽關無故人』句也。

蘇子瞻曰：『舊傳《陽關三疊》，然今世歌者每句再疊而已。若通一首言之，又是四疊，皆非是。或每句三唱，以應三疊之説，則叢然無復節奏。余在密州，有文勛長官以事至密，自云得古本《陽關》，其聲宛轉悽斷，不類向之所聞。每句皆再唱，而第一句不疊。乃知古本三疊蓋如此。及在黄州，偶讀樂天《對酒》詩云：「相逢且莫推辭醉，聽唱《陽關三疊》聲。」注云：第四聲「勸君更盡一杯酒」。以此驗之，若一句再疊，則此句爲第五聲，今爲第四聲，則第一句不疊審矣。』詩話雖是黄州後來所作，而文勛長官以事至密所傳。契勘蘇公先知密州，與孔郎中交代，自密徙徐，今在徐州和孔詩，所謂『除却膠西不解歌』，豈正是文勛長官所傳之聲耶！

崔仲容《贈歌妓》云：『水翦雙眸霧翦衣，當筵一曲媚春輝。瀟湘夜色怨猶在，巫峽曉雲愁不飛。皓齒乍分寒玉細，黛眉輕蹙遠山微。渭城朝雨休重唱，滿眼陽關客未歸。』蓋唐人每疊一句，即所謂重唱也。今女郎崔氏云：『渭城朝雨休重唱。』則是第一句亦當疊之矣。子瞻所云第一句不疊，是但知有第二第三疊，而不知有第一疊也。故余之疊法，實《陽關》三昧云。

周美成《蘇幕遮》云：『隴雲沉，新月小。楊柳梢頭，能有春多少？試着羅裳寒尚峭。簾捲青樓，占得東風早。翠屏深，香篆裊。流水落花，不管劉郎到。《三疊陽關》聲漸杳。斷雨殘雲，只怕巫山曉。』

瞿宗吉爲倪氏賦《安榮美人行》云：『我聞此語重悲傷，對景徘徊欲斷腸。渭城楊柳歌三疊，湓水《琵琶》泣數行。』

陽關連環三疊

連環者，取其始終循環、宛轉不斷之義也。昔始皇遺齊襄王后玉連環，曰：『齊多智，解此環。』后引椎以破之，謝秦使曰：『謹已解矣。』故樂府有《解連環曲》。

渭城朝雨浥輕塵，客舍青青柳色新。勸君更盡一杯酒，西出陽關無故人。第一疊。

西出陽關無故人，渭城朝雨浥輕塵。勸君更盡一杯酒，客舍青青柳色新。第二疊。

客舍青青柳色新，渭城朝雨浥輕塵。勸君更盡一杯酒，西出陽關無故人。第三疊。

第一疊乃原唱也。第二疊則首第四句，第三疊則首第二句，首尾相銜，轆轤相續，故謂之《連環》，一名《移宮陽關》，又名《三換頭陽關》。況觀第三疊之什，則宋人折腰體之評，信乎其大謬矣！

陽關四疊

渭城朝雨浥輕塵，客舍青青柳色新。勸君更盡一杯酒，西出陽關無故人，西出陽關無故人。

此第四疊也，唐人三疊之外，獨遺此聲，好事者特以補其大成耳。若夫其遍，則隨意唱之，無定體也。

延安夫人暫止樂昌館，寄姊妹《蝶戀花》云：『淚揾征衣脂粉暖。四疊《陽關》，唱了千千遍。人道山長山又斷，蕭蕭風雨聞孤館。惜别傷離方寸亂。忘了臨行，酒盞深和淺。若有音書憑過鴈，東萊不似蓬萊遠。』

易安居士李清照《鳳皇臺上憶吹簫》云：『香冷金猊，被翻紅浪，起來慵自梳頭。任寶奩塵滿，日上簾鉤。生怕離懷別苦，多少事，欲説還休。新來瘦，非干病酒，不是悲秋。休休，這回去也，千萬遍陽關，也則難留。念武陵人遠，烟鎖秦樓。惟有樓前流水，應念我，終日凝眸。凝眸處，從今又添一段新愁。』

依依傳又名陽關依依三疊

依依，姓柳氏，字倚玉，揚州二十四橋人也。年減橋數之零，種出章臺之秀。腰不堪束，甚于柔條；眉不假描，渾如初葉。娟娟可愛，裊裊無雙。辭翰逸群，舞歌獨步。興耽浮浪，志脱囂埃。孰是賞心，誰知税駕。辛丑之歲，盍簪京口，綰帶石頭；嫵婉及春，綢繆連理。信娉婷而隈壁，真嫋娜以含金。游子將歸，好述遠別。悵短亭之供帳，攀垂楊以繫轠。鴛醆分飛，驪歌互答，柳子爲我歌《陽關》第一疊焉：『渭城朝雨浥輕塵，客舍青青柳色新。勸君更盡一杯酒，西出陽關無故人。』田子忼慨舉白，去住牽神。少選，和風東吹，麝帶解香而漸歇；片雲北邁，鸞簫驚韻而不流。柳子再歌入破第二疊：『朝雨浥輕塵，青青柳色新。更盡一杯酒，陽關無故人。』田子悽其以傷，恍忽若失。停杯脈脈，凝盼惺惺。嘆江水以何情，憐僕夫之無色。柳子卒爲我歌入破第三疊焉：『浥輕塵，柳色新。一杯酒，無故人。』辭既促而易竭，響復咽而愈哀。句引魂摇，泣隨聲洴。訝喉珠之難貫，痛肌玉之頓銷。怨入落花，望迷芳草。古人墮淚之感，斷腸之圖，良有以也。于是田子滿醻一觥，勞歌一曲，曰：『馬蹄車轍欲生塵，無那盈盈柳眼新。何事陽關方拚醉，江南江北未歸人。』柳子翠袖支頤、鳳鞋按拍而賡之曰：『悲歌遮莫動梁塵，疊破《陽關》恨轉新。看取柳條和淚飲，今宵定是夢中人。』余不覺大駭儁材，深嗛雅思，流風罕𡣈，擊節奚酬。乃復報歌曰：『一聲一疊一翻新，君是揚州第一人。醉裏莫教憔悴盡，浮生何處不風塵。』蓋欲以少慰其懷云耳。踟蹰既久，徒御難淹。斜照在山，歸鴉滿樹。乘醉別去，何日忘之。舟發丹陽，神留白下，孤篷獨酌，鬱抱誰開。適有感于蒲東惜別之事，因作《車兒投東馬兒向西賦》，并綴以《楚詞》三絶云：『悲莫悲兮生別離，車輪東去馬西馳。窮途有酒無人勸，忍見風前弱柳垂。』『悲莫悲兮生別離，飛花如絮雨晴時。何由得似嚶嚶鳥，雙擲金梭織柳絲。』『悲莫悲兮生別離，暮春不見以秋期。歸來四六橋頭月，斷續簫聲聽與誰。』姑蘇有采蓮子者，聞余歌而善之，觴余，永之而遂和之曰：『悲莫悲兮生別離，伯勞東去燕西飛。多情化作鶼鶼侶，煙水雲林願不違。』相與抵掌笑曰：『此真揚州《柳枝詞》也。』〔二〕至于五湖載月，人則直命之爲《陽關依依三疊記》。且語余曰：『輞川送客之作，議者以爲妙絶古今。誠哉是言也！獨三疊之旨，祕而不傳，或傳而不精，協律者遺恨焉。乃今依依，特倡家婦耳。調結迴風，才淩詠雪。悟連環之隱訣，解織錦之玄機。近與吾子聯衡，遠俾右丞增價。謂之「光分柳宿而譽掩隋堤」也，不亦宜乎！章句學士有深慚矣。而吾子作詩，女史反殿倚玉于末簡，又豈麒麟閣畫子卿之意也哉！』

陽關三疊琴操

舊譜云：『《陽關曲》始于王摩詰，而被之管絃。』或云句句三疊，或云只用第三句三疊。今之爲是詞者，如曰青山無數，白雲無數，淺水蘆花無數。是又一變而爲詞中三疊也。《黄庭内景》云：『太上大道玉宸君，閒居蕊珠宫，作七言「琴心三疊舞胎仙」。』

陽關貫珠三疊

序曰：古之人取陽關之詩，而播之絲桐，已不如肉矣。況舊譜出自俗手，雜亂寂寥，失三疊之真，終非神品也。余嘗授指法于勞叟，又訂正于王生，頗得勾剔之奥。乃于暇日，披竹徑，坐玄樓，焚金顔，撫玉振，神交摩詰，思到陽關，欣然會心，製爲此曲，曰淵客調者，取綃人泣珠之義，所以調絃也；即本題而引之，惜其遺也；曰正序者，存右丞之正聲也；曰貫珠三疊者，樂之所謂纍纍如貫珠也；每句第減二字，則三五七言自成其章，此又意外之妙也；且三疊以紀其實，四疊以盡其變，亦唐人之舊也；曰一串珠三疊者，既分一而爲四，復合四而爲一，即唐人歌喉一串珠之謂，初不敢有所增損以失右丞之本旨也。曲已闋而意不窮，于是爲之餘弄焉。而曰珠泣玉盤者，既聞流水之操，必墮鮫人之淚。白太傅所云『大珠小珠落玉盤』，非知音者不能形容之至于斯也。故總而命之曰《陽關貫珠三疊》焉。是雖不足以方南風之雅音，亦庶幾乎白雪之絶響矣。世有子期，當爲傾耳也與！

淵客調第一

元子元子爲王臣，爲王臣，當致身。送子送子銜君命，西入秦。馬蕭蕭，車轔轔。山遥遥，水粼粼。

第二調

度金河，愁路頻。望玉門，絶四鄰。苦辛兮苦辛。

第三調

至安西，無交親。夢長安，斷音塵。酸辛兮酸辛。

第四調

一杯酒，聊餞君。一首詩，聊贈君。行矣行矣，慘神慘神；去矣去矣，慘神慘神。

第五調

元子元子，賢哉王臣。向異域，策奇勛。博望兮等倫，定遠兮絶群。知何年還入秦！

知何年還入秦！

正序

渭城朝雨浥輕塵，客舍青青柳色新。勸君更盡一杯酒，西出陽關無故人。

貫珠三疊第一

渭城朝雨浥輕塵，朝雨浥輕塵，浥輕塵。客舍青青柳色新，勸君更盡一杯酒，西出陽關無故人。

第二疊

渭城朝雨浥輕塵，客舍青青柳色新。青青柳色新，柳色新。勸君更盡一杯酒，西出陽關無故人。

第三疊

渭城朝雨浥輕塵，客舍青青柳色新。勸君更盡一杯酒，更盡一杯酒，一杯酒，西出陽關無故人。

第四疊

渭城朝雨浥輕塵，客舍青青柳色新。勸君更盡一杯酒，西出陽關無故人。陽關無故人，無故人。

一串珠三疊

渭城朝雨浥輕塵，朝雨浥輕塵，浥輕塵。客舍青青柳色新，青青柳色新，柳色新。勸君更盡一杯酒，更盡一杯酒，一杯酒。西出陽關無故人，陽關無故人，無故人。

珠泣玉盤

送元子，渭水濱。雨乍歇，净芳塵。柳青青，客館春。勸君酒，莫辭頻。君飲盡，莫逡巡。陽關外，少行人。嗟，嗟！陽關外，無故人。持節歸來兮，無忘故人，無忘故人。

陽關琵琶

宋時一女子《題琵琶亭》詩云：『爺娘重利妾身輕，一曲琵琶萬里行。彈到《陽關》齊拍手，不知原是斷腸聲。』

琵琶亭，今在九江府城西江濱，即白司馬送客湓城，聞商女琵琶，淚濕青衫之所也。

序曰：余嘗因琵琶亭之詩而推之，是四絃亦有《陽關》，而久矣其無傳矣。往有教坊楊氏，世習此藝，老大潯陽，終淪常調，然亦不過半面彈也。嗣後十年，有金臺齊一者，獨工正面琵琶，更加一絃，以備五音，此又大奇。盤桓西湖，偏騁其技。于是紬繹右丞之旨，摹寫陽關之情，爰製此曲。于時柳花正飛，漫天作雪，因名《飛花三疊》。即席授齊子，俾調素軫，以度新腔。頃刻之間，遂能神解。推却撚慘，咸極其精，且善歌咏。臨風一抹，歷歷心聲；旁水孤吟，泠泠指語。真雪兒口、曹綱手也。雖遊輞川而挾史囊，不啻過焉。雨歇渭城，雲消巫岫，餘音在耳，頻勞夢思。又十餘年，而楊氏之家有少女，能傳其業。南人不尚四絃，遂中廢閣。惜乎飛花，徒付東流而已。聊附之以爲譜云。

陽關飛花三疊第一

渭城，渭城朝雨浥輕塵。客舍，客舍青青柳色新。勸君，勸君更盡一杯酒，西出，西出陽關無故人。

第二疊

渭城朝雨，朝雨浥輕塵，客舍青青，青青柳色新。勸君更盡，更盡一杯酒，西出陽關，陽關無故人。

第三疊

渭城朝雨浥輕塵，浥輕塵，客舍青青柳色新，柳色新。勸君更盡一杯酒，一杯酒，西出陽關無故人，無故人。

飛花滚三疊

渭城朝雨，渭城朝雨浥輕塵，浥輕塵。客舍青青，客舍青青柳色新，柳色新。勸君更盡，勸君更盡一杯酒，一杯酒。西出陽關，西出陽關無故人，無故人。

絮沾泥

一疊兮酒行頻，再疊兮淚沾巾，三疊兮腸欲斷，四疊兮摧征輪。客邸誰相親，柳枝孤負春。要知巫峽猿啼苦，只聽陽關無故人。

王右丞畫《陽關圖》

《深雪偶談》：此摩詰《送元二使安西》詩也。世傳《陽關圖》亦出摩詰之手，遂成二妙。

李伯時畫《陽關圖》

《宣和畫譜》：李伯時畫，今藏在御府，如《陽關圖》一也。

《志雅堂雜鈔》：李伯時《陽關圖》，備盡離別悲泣之狀。薛紹彭家，後有題詩，及書王右丞一詩，及『河東三鳳後人』等印。

《復齋漫録》：『《送元二》絶句，李伯時取以爲畫，謂之《陽關圖》。』余嘗以爲失。按《漢書》，陽關去長安二千五百里，唐人送客出東門三十里，特是渭城耳。今有渭城館在焉。據其所畫，當謂之《渭城圖》可也。

李公麟，字伯時，舒州人。宋進士，御史檢法，居龍眠山，因號龍眠居士。

陽關圖歌

京兆安汾叟赴辟臨洮幕府，南舒李伯時自畫《陽關圖》并詩以送行，浮休居士爲繼其後。

古人送行贈以言，李君送人兼以畫。自寫陽關萬里情，奉送安西從辟者。澄心古紙白如銀，筆墨輕清意瀟洒。短亭離筵列歌舞，亭下諠諠簇車馬。溪邊一叟静垂綸，橋畔俄逢兩負薪。掣臂蒼鷹隨獵犬，聳耳駏驢扶隻輪。長安陌上多豪俠，正值春風三二月。分明朝雨浥輕塵，客舍青青柳色新。主人舉杯苦勸客，道是西征無故人。慇懃一曲歌未闋，歌者背面沾羅巾。酒闌童僕各辭親，結束韜縢意氣振。稚子牽衣老人哭，道上行人皆酸辛。唯有溪邊釣魚叟，寂寂投竿如不聞。李君此畫何容易，畫出漁樵有深意。爲道世間離別人，若箇不因名與利？紅蓮幕府盡奇才，家近南山紫翠堆。烜赫朱門當巷陌，潺湲流水遶亭臺。當軒怪石人稀見，夾道長松手自栽。静鎖園林鶯對語，密穿堂户燕驚回。試問主翁在何所？近向安西幕府開。歌舞教成頭已白，功名未立老相催。西山東國不我與，造父王良安在哉？已卜買田箕嶺下，更看築室潁河限。憑君傳語王摩詰，畫箇陶潛歸去來。

蘇子瞻《題陽關圖》云：『不見何戡唱《渭城》，舊人空數米嘉榮。龍眠獨識陽關處，畫出陽關意外聲。』

黄庭堅《題陽關圖》云：『斷腸聲裏無形影，畫出無聲亦斷腸。想得陽關更無語，北風低草見牛羊。』又云：『人事好乖當語離，龍眠見出斷腸詩。渭城柳色關何事？自是離人作許悲。』《秋澗集·題李伯時畫陽關圖》云：『晚唐聲教限羌戎，纔唱《陽關》慘意濃。遠節每矜殷侑狀，畧無離別可憐容。』又云：『别淚重於烟柳雨，離愁長似玉關程。就中儘是銷魂處，不待聽歌第四聲。』

山陰鄭嘉《題陽關送别圖》云：『漠漠楊柳花，青青楊柳樹。帶花折長條，將送行人去。灞陵勿淹留，明日發沙洲。沙洲連塞路，望望使人愁。願推雙車輪，推過壽昌縣。壽昌何蔚蔚，邊城如眼見。別曲歌且停，春醪香更清。一杯歌一曲，曲盡兩含情。含情豈無語？別離心更苦。懊恨別離多，歡娱能幾許？萬水及千山，人去幾時還。誰言功名好，儂道不如閒。』

余嘗題《琵琶亭陽關圖》詩云：『楊柳青青江水清，琵琶亭下小舟横。一杯未盡腸先斷，何必《陽關》第四聲。』

餘杭蔣子久《題陽關圖譜詩》曰：『盡道陽關句最奇，句中三疊少人知。田郎自是推輪手，推出前人絶妙詞。』

校勘記

〔一〕揚州《柳枝詞》也　甲申本作『柳州《柳枝詞》也』。

附録一

《百陵學山》有《春雨逸響》一卷，即此書卷七《玉笑零音》。然頗有異同，兹附録於下：

小引

春雨閉門，良朋偶至，雅談終日，無非金玉之音；退而紀之，用志毋忘逸響云爾。錢塘田藝蘅子藝。

《玉笑零音》所無者

周公吐握以來天下之士，今則州縣之官尸于位。士有自至于門牆而不得一見者矣，或有見刺而詭却云飲食沐浴者矣，誰能一飯三吐哺、一沐三握髮也哉？夫以守令尚如此，又況于元聖之德、叔父之親、冢宰之尊者乎？吁，世道人情兩可識矣！

進速必退，成速必敗。《易》曰：『咸，速也。』貞者所以善其速者也。言久必錯，步久必弱。《易》曰：『恒，久也。』貞者所以善其久者也。

正月之令，以東風解凍爲始。十二月之令，以水澤腹堅爲終。天地之啟閉，皆繫於水。故曰：天包地，水包天，極浮水中，水周極外。

天道體明而用幽，故其福善而禍淫也，章章而昧昧；人道體幽而用明，故其賞善而罰惡也，默默而察察。

短狐射光而病瘍，蛷螋溺影而成疾。此有情而無情而有情也，昆蟲草木，果知覺耶？人之與物，果感通耶？氣耶？理耶？孰居解耶？

五祖曰：『不識本心，學法無益，若識自本心，見自本性，即名丈夫。』此心性之學也。性統於心，故達磨直指人心，見性成佛，所謂即本相而尋面目也。其曰妙性本空，無有一法可得，非心之虛乎？又曰：『一切萬法，不離自性。』非心之實乎？其學可謂體用合一者也。

斃，从敝，从死也。鷩，禽之美者，人烹之。鼈，介之美者，人庖之。幣，貨之美者，人負之。物各以其美斃，此字之所以从敝也。人心雖靈，溺于物則敝，故曰憋。至於眼目手足皆有敝，故曰瞥，曰撆，曰蹩。

夏禹受禪，而迅風偃木，惡其忘父之仇也；周成受讒，而大風拔木，警其忘父之恩也。風木同象，父子一體，感則相生，逆則相仆。

大衍之數五十，虛其一以象太極之無爲也。人之臍，其百竅之太極乎？聖人虛一策以成化，至人虛一竅以養生。

聖人孰不願學也？貌不爲聖人，而心爲聖人，善學也。貌聖人而心盜跖者，其今之道學之士乎！

天地之氣，亂于春秋之世，而正于孔子之身。以色曰妬，以才曰忌，吾聞倉庚可以止妬矣。欲止忌者，又何物哉？嗟乎！不烹麟鳳以食之，其忌不止也。

《玉笑零音》有一則云：倉庚爲炙，可止妬婦之心；鳳凰爲羹，難化忌士之口。可爲對照。

《留留青》卷六談陶磁茲附録於下

〔陶器〕舜爲陶器，迄于秦、漢，今河南土中有羽觴無色澤者是也。陸龜蒙詩：『九秋風露越窰開，奪得千峰翠色來。』最爲諸窰之冠。至吴越王時愈精，臣庶不得通用，謂之祕色，即所謂柴窰也。有云：『若要看柴窰，雨過青天色。』或云：『柴世宗時始進御也。』

〔汝窰〕宋以定州白磁器有芒不堪，遂命汝州造青窰器。河北、唐、鄧、耀州悉有之，而汝爲冠。今河南汝州色如哥而深，微帶黄。

〔龍泉窰〕處州龍泉窰豆青色，建安烏泥窰品最下，蘇州翠窰又下。

〔定窰〕定州，今真定府，似象窰色，有竹絲刷紋者曰北定窰。南定窰有花者出南渡後。

〔鈞州窰〕鈞州稍具諸色，光彩太露，器極大。今河南新改禹州，其器兔絲紋，火焰青者。

〔官窰〕政和間，京師自置窰燒造，曰官窰，文色上白而薄如紙者，亞於汝，其價亦然。

〔内窰〕南渡有邵成章提舉，號邵局，於修内司造青磁器，名内窰，模笵極精，油色瑩徹，爲世所珍。

〔哥窰〕宋時處州章氏兄弟皆造窰，兄所作者，視弟色稍白而斷紋多，號白圾碎，故曰哥窰。有火碎紋、鐵足胎，土極堅細如鐵者。次，象窰，色如象牙。又次，彭窰。

〔宣窰〕大明永樂窰、宣德窰、成化窰，皆純白，或回青石，青畫之，或加彩色。宣德之貴，今與汝敵，而永樂、成化亦以次重矣。祕色在當時已不可得，而内窰亦未見有售者。嘉靖亦可觀，窰有柴、汝、官、哥、定。又，彭、建、龍、鈞之類。柴不可得矣。今宣窰興而與汝争價，亦足觀也。

附録二

後記

謝國楨

右田藝蘅《留青日札》三十九卷，明萬曆己酉刻本。子藝才華縱横，博學多聞，然書頗蕪雜，爲例不純，但高瞻遠矚，不爲俗囿，頗有新知，世多稱之。書經問世，屢經傳刻。然萬曆時，即有萬曆元年癸酉自刻，題《香宇外集》本。萬曆三十七年己酉，其婿徐懋升刻本，及萬曆四十二年喬時敏删節刻本《留留青》六卷，雖多失本義，然亦有補充。其它明代叢刻，若《紀録彙編》、《百陵學山》均載其書。惜至清乾、嘉以後，其書反晦，近代公私藏家，多無其書。余嗜讀明代乙丙兩部之書，恒欲纂輯叢殘，蔚爲一編，以是書爲朱明一代雜家之冠，求之多年，雖見有此書二本，乃以阮囊奇澀，寒士青氊，縱見之而不能有，均爲有力者所得，未嘗不企予望之。年來佔僤上廱，握丹懷鉛，慫我探討，頗有暇日，益深自幸，庶足以醫我時過之慜。聞有某君藏書，庋有是本，爲四庫底本，鈐有翰林院印，惜缺卷三十四至卷三十九六卷，承書友作緣，爲我求之有年。今春多雨，鐙帍點滴，細聽檐花，輒無足跡。一日傍晚，新雨初晴，在花繁落照中，書友騎自行車持藍布書袱挾是書至矣。亟摒擋故物，竭其所有而易之。乃請蕭十一丈用工楷書之，補其不足，並借各本畧詮次之，其爲是書所無者附録於後，庶足成爲完書。所謂『禮樂攻吾短，詩書引興長』，晴窗展玩，偶一讀之，足以使老眼猶明也。一九六四年五一節，安陽謝國楨記于北京寓廬。

重刻《留青日札》序

黄汝亨

田子藝先生嗜奇博古聞于世。余及于西湖，逢子藝六橋花樹下，擁兩歌婢，衣絳衣，揚謳進酒，觀者如堵，而先生傲然若旁亡人，以爲古所謂狂客者流。已聞子藝翛然辭世之日，戒兒女子輩勿哭，第謂良辰賞心，環而歡飲，娱我魂魄，而以平昔所著書若干卷納之一棺，有吴梓材歸去來之意，則子藝殆古之達人而託之狂，狂而託之書與酒者？蓋讀其《留青日札》所載，博物通雅，撫時悼俗，或澂或謔，或經或怪，或質已聞，或標獨解，如列肆五都，飄踪海外，尚羊乎聽其所止，涉而取之以成趣者，非沾沾文士噉名者所能辨也。

嗟乎！虞卿著書，子雲草《玄》，夫亦中有所不自聊而發憤于作述，孰有涉書而行其意、玩日將月、瀟灑去來如田先生者？讀其書，知其人，而知先生所以留者非書矣。歲久字渝，其板復爲蜀好事者攜去，令人欲索田先生而不得。玄舉，子藝家倩，風雅不愧婦翁，而再爲留青以留之，謂子藝不亡可也！

#《留青日札》序

劉紹恤

田子藝以博雅聞，多所著，外家言皆有敘述，業已信于世者亡論已；乃其所爲《留青日札》，則命之曰吊詭之役，非邪？夫士之負奇者，每自託于師心之謂，而不軌于古。始或一溺于古，則其詞亦復蔓衍摹擬，無所取衷。之兩者鈞之覆瓿焉。子藝之言具在，事繫稗家、《世説》，纖細蝟舉，猶云抵掌之資爾。若上自聖則，下及藝苑，陸海繁露，何所不有。世儒率以多爲解，子藝獨手之，提衡百氏，郁郁乎無遺文焉。又，其著者則闗説時事，引當不，裨實用，即人所諱言，子藝慷慨悲憤，擢髮直指，儼焉有擊筑彈劍之風。壯士讀之，不覺鼻酸面𤷪，視《七哀》而甚焉。此之爲烈，何但辯有口哉！當其宣㗎性靈，時時脱穎，朝而胠篋以出，暮而投篋以入。吹萬不同，賢于比竹。凡是者，文學其天性也。綜核組織，日以成趣，裒然一代外史云。或謂子藝賓貢大廷，猶然卒佔畢業，嘐嘐而好古籍，第令多聞，正業之謂何！不知子藝所爲圖不朽，顧在此不在彼矣。結髮屬書，訖于二毛，計所就業，視佔畢孰多邪？嗟乎！《太玄》玄矣，世猶詆其尚白，直俟後有知己者辨之，豈其色之未較著邪？抑世人之識有至未至也？曲士拘拘，必欲信其説于天下，而不聞眇論，此殆以耳食者也，勿恤爾已。敘曰：殺青，古語也，札曰留青，有味乎！田氏子之言乎蓋自楮子出，而此君之風微，故留之，亦可得也。是亦好古而奇也已。

萬曆元年冬十一月德安劉紹恤長欽纂

《留青日札》序

蔣　灼

古人取巨竹炙青，汗之以書，曰殺青。田子藝氏名所著之書曰《留青日札》。或曰：『均之爲青也，古以殺，子以留，何居？』子藝曰：『均之爲青也，殺則易書，留則易致。惟其易爾，又何殊乎？且朝廷邦國之間，金匱石室之所藏，與夫學士大夫之所撰述，史曰青史，編曰青編，簡曰青簡，箱曰青箱。青既殺矣，則諸書不宜復名青。諸書既以青名，則吾之留青不誣矣。吾憶青年頗留心札牘，守寒窗之青燈，坐青氈以卒歲。既而披青衿，撫青萍，自謂取青紫可拾芥。上之則躡青雲梯，排青瑣闥，膺銀青之寵，圖丹青于麟閣。次之，則餐青霞，侶青蓮，睹青鳥之西飛，玩青海之東注，長眉翳青，登名寶籙。吾非不欲以是爲留也，而時有未逮，則吾亦不得强留之爾。于是荷青篛笠，拽青藜杖，挾青娥，呼青雀舫，載青州之從事，或歌江上青峰，或探湖堤青柳，踏青于茂林豐草。吾豈亦有樂于是而留之耶！彼不吾違，吾不忍不留也。故吾雖不獲青出于藍，克紹父師之業，然或垂青盼于賢達之目，則凡其可喜可愕、可哂可疑、可怪可奇之事，得之于心評，斷之以臆見，皆得以並存而兼取之。或數日而得一札，或一日而得數札，積于箱素，遂成巨帙。嗚呼！觀吾之日札，可以知吾之所留矣。』蔣子聞而嘆曰：夫子藝不留其所難留，而留其所不得不留；不札其所不可札，而札其所不得不札。則是其所留者，自有必不可遺者存；而所札者，自有必不可削者寓。予故札其一言，以留于《留青》之首。

餘杭蔣　灼

書一通

龐嵩　龐一德　周坦

佳刻種種珠玉，竊惟今之挾技馳騁、嘵然自鳴者多矣。然擬古者滯于倣模，呈己者淪于膚淺，塞耳填目，無可傳者。惟吾丈近承家學，遠追古人，卓然爲一代名家。賦即《離騷》，律即唐選，古風逼陶，文躡班、馬。一字一句，動有法度，誦之愈有餘味。如《留青日札》，則學問該博，考據精詳，敘事有條，筆力高古，不徒可廣見聞，抑亦有關世教，不可少也。舟中詳閱，父子師生，咸沾潤渥，不但百朋之錫，永作傳家之寶也。

隆慶六年壬申春三月二十七日書于常山舟中。南海龐嵩、龐一德，博羅周坦頓首。

敘目

玄樓三徑，翠竹萬竿，田子敖詠林中，聲金振玉，偶聞瞥見，則抽簪刻竹紀之，標目銘心，聊代鉛槧。于是竹無空節，節無完膚，幾三十年。除舊布新，謄稿充宇，第多則混肴，久當散軼，乃復枝分櫛比，爲卷百餘，永託梨編，以示兒輩。因思古人汗簡，皆炙青而後書，余獨不忍，以爲頻摹緑潤，勝弄紺珠，得鐫琅玕，何減琬琰。故遂命之曰《留青日札》焉。嗟夫！攘攘紅塵，余常白眼，悠悠青盼，孰具碧瞳？憐貴紙之未期，笑覆瓿之可卜矣。詩以引之，且列如左。

有田誰肯藝秦蘅，有力誰能事筆耕？玉宇風來香葉長，金莖露滴墨花生。仙人超出世間劫，男子獨留身後名。萬竹歲寒青眼在，窮愁我亦笑虞卿。

此君玉立氣凌虛，談吐風生日起予。爲愛彤竿飛白寫，不須刀筆殺青書。老饕每惜常珍棄，拙計空勞重寶儲。千載何人能挂眼，還留清賞對林箊。

品嵓子小傳

品嵓子者，錢塘萬歲里人。五歲而受祖訓，七歲傳家《易》，九歲通詩史，解屬文。十一遂有四方志，游姑蘇、滁、和、金陵，即好吟咏。十五六南游楚，踰五嶺，驂鸞八桂，詩草即滿奚背囊。好博覽，凡天官、輿圖、兵法、醫卜、外典，罔不涉獵。七舉不遇，放浪西湖，日逐聲樂、婦女、狗馬、劍鞠、擲博之事，咸以長長諸少年場。旋棄去，爲山水游。吴越千里，洞天福地，采玄芝，餐石髓，結方外盟，研飛引祕術。海上變作，立草丈二檄，鳩義兵千人，保障里社。幕府諸大夫壯之，聘督臨、餘三邑兵四千，出入行陣者五年所，非吾好也。乃賓記室，任纂修，以故子藝名頗起海内。幼沾滴酒，面即赤，頭岑岑欲仆。既習高陽徒，便能强五斗，幾死于醉；妖童豔倡，晝夜裸花下，幾死于色；輕身恃泅，幾死于水；與夫隕于騎，危于訟，險于盜，傷于燒丹，困阨于讐刺者，又不計其幾，終不能死。子藝豈太史公所謂天幸不敗者乎？行徑大自奇僻。

嘉靖甲申三月九日柢萬曆甲戌，具在《田氏本支譜》及子藝編年集中，撰述累數十萬言。而《老子指玄》、《留青日札》、《神游録》、《詩女史》、《大明同文集》二百餘卷，皆不即死之所得者，將藏之品嵓，好事者往往傳之。天未喪斯也，何有于我哉？

配瓊心，字子玹，少三歲。織女賜巧次夕生，故生而多巧。十五于歸，夙閑敬戒。張氏世家仁和，子玹謝會城而居村舍，乃能屏紛華，甘澹泊，泉石煙霞之調，雅與予同。品嵓，著寡山，去香宇西不七百武，登臨唱隨，無間雪月，何減鹿門。母恭人徐蚤逝滁陽，獨以孤子勤，遺命子玹爲我廣畜姬侍，去留無恒，宜子者代理中饋。遂有男子十人，曰世守、世傳、世得、世導；女子十人，曰玉燕、紫燕、彩燕、新燕，左右承驩。而益大、益久諸孫兒復怡怡遶膝，斯其孝也，足以慰太恭人心矣！《螽斯》之咏，今當爲荆布頌之。

予性疏直，不善媚人，且善忤人，子玹曲爲居間，故怨亦終釋。待我友朋，何有何無，各適其所。每好通夕飲，當廚無倦容。生平不善治恒業，故常散千金，亦常復千金。屢散屢復，皆子玹脱簪珥，課農桑，助我懶者甚力也。竟以是嬰沈痾，卧十餘年，亦終無恙，又獨非天幸與！甘露降品嵓，當門樹連理，庭産黄白二芝，皆異也。間嘗移書内子，人恒言静者壽，而吾若流水；積善者慶，而吾未嘗有陰德；中行者宜用于世，而吾過爲狂，固時俗之所不齒者。往者天命未知，官政當服，翺翔齊魯，重上長安，獻藝天廷，竊禄士籍，而留都觀風諸大夫亦知有田藝蘅，特上書爲當宁薦之。旌幣交加，曾無虚歲，何三生四恩之大，若是其無量也哉！顧散材無可爲清廟用也，是猶徒聞鄰婦之笑顰，而或未窺其斑白耳。不日歸田，偕隱品嵓，長生亦可，即死亦可；生既爲快活人，死當爲快活鬼矣。千萬而下，其謂子藝何！田藝蘅撰。

子藝小傳

歐大任

子藝，錢塘人也。錢塘文章家宗田氏，至子藝益著。少嗜學，習博士家語。不遇，遂耽于酒，稍逐狗馬、聲樂、婦女，放浪西湖、天目者數年所。島夷作難，海上有警，以諸生領四千兵在行間，保障功多。幕府數欲奏上，非所志，乃免。于是益折節讀古鉅萬卷，出爲文章，波湧雲蒸，意精義奥。其條剌百十，皆經國大務，多所風切。足跡所至，自吴、越北入齊、魯、燕、趙，南至五嶺、百粤，幾半天下。比詣公車，選爲文學掌故，分教于歙。新安，山水窟也，授經之暇，墨卿藻客，治輿馬，奉杖履，更迭邀遊，問政烏聊、仙井、長原、豐干、古嵓、落石、昉溪，届于黄山、白嶽、天都、鄣嵊、桐汭諸勝，往往有田先生留題。殆荆南馬帳之詠歌，永嘉謝屐之游矚矣。齋前書帶，壇下漁舟，風教在兹，能無銘石以示百代哉！子藝又有《寄青蚨三百于内子張夫人》詩。夫人報書，丁寧以『儒官大好設施，登山臨水笑弄消遣』之語，是豈秦嘉、徐淑之所能及邪！雖然，子藝之于著述，其覃思殫力，豈但游覽諸篇。評隲千古，則有《留青日札》；統一六書，則有《大明同文集》。世固當知田先生也。余不揆鄙陋，聊著其大都云。南海歐大任楨伯撰。

諸家贊詞

武陵龍德孚伯貞

龍生客長安時，客有道歙博士子藝田先生者，異人也。余令狀之。曰：『厥貌古，厥志修。氣吞山斗，業振箕裘。腹撑書萬卷，才壓賦《三都》。著作騰雞林之賈，交歡萃虎觀之逑。馬帳寄夫嘯傲，龍門助以敖游。方其草尺檄以提兵，抗片言而披難，庶蜚聲乎仲連之亞；當其假夢郎而骯髒，託醒狂而睥睨，若比跡于正平之儔。豈舉世兮皆濁，抑與物兮無求？仕也曼倩，放也莊周。嘲者風而弄者月，漱可石而枕可流。汎醉吟之樂海，遺身世乎浮漚。品維崑與，逸興偕白雲而俱遠；香其宇矣，芳名並青札以長留。』余曰：『客爲子藝傳神哉！』比游新安，鍵關郡署，稍稍讀子藝書，得以詩郵入社中，稱龍田社云。會子藝圖小景徵贊，龍生不能贊一辭，以所聞于客者贊之。子藝報書曰：『疇則豐干哉，儂且伯休矣。』

莆田黄衮補甫

洎如子周游郡國，歷覽名山大川，已乃遵淮泗，浮長江，指于金陵之陽，將憇黄山、白嶽間，望之隱隱隆隆有紫氣焉。既止，則田子藝先生者，峩冠過余。余聞先生舊矣，及今睹其人，貌崖體修，闊步高視，夐若遺落世事而厭握躪者。其持論好恢諧，雕龍炙轂，川至而響應。已作色相夸嚴，既平而復命酒，散步林莽，休大樹下。有間，飲七八而醉二參，坐客被酒去，先生獨留。微陽西匿，繼之以燭，復博塞呼盧，聲振天地，因以所作《阿夢高漸離篇》，倚瑟而歌示余，余擊節而和之。旁已無人，徐叩所論著，則胠篋累月弗能卒。蓋詩盛唐，而文東、西京以上，其他該博靡不玄解。又嘗語余曰：『反汝耳目，毋搖汝精，此治氣養身者之説，大于文章有助，子當得之。』余俛仰久焉，鄉望黄、白中隱隱隆隆者，其在斯乎！其在斯乎！會客以傳神之術進，先生亟呼曰：『爲我圖小景！』圖畢，且祕。惟仰天大笑曰：『類我，類我。』洎如子進曰：『要得其氣。』遂索而觀之，則風神散朗，揮麈飄衣，若逍遥于天地。乃相顧洒然曰：『得之矣。』遂爲之贊。贊曰：『而容崖然，而服翩然，而思澹然，而氣僊僊。虚矣生白，眇乎又玄。藏山著述，得意忘筌。獨醒匪醉，好直斯傳。而已知形之爲寄幻，曾何外物之拘攣！』

汝南何洛文啟圖

古有堂堂，京兆田郎。誰其嗣者，大國之香。而神散朗，而貌昂藏，口也縣河，目兮耀芒。綺歲任俠，達節類狂。魯連上下，相如頡頏。不名一器，遂漱群芳。既窮歷覽，愈發文章。曼倩三千，惠施多方。數否心泰，跡晦名光。爲隱爲吏，將翺將翔。紫芝眉宇，白雲帝鄉。胡由羈紲，且也倘佯，悦生有篇，人擬仲長。酒道著銘，大人叵量。玩不涉詭，弛貴能張。品峕不朽，斯人可忘。

汝南王祖嫡胤昌

貌和以平，神王以清。揮麈而談，四座盡傾。紹鯉庭之業，毓虎林之英。慕節俠而涵以義理，是我大明之田先生。

仁和湯焕堯文

風塵之表，麴蘗之鄉。和光吏隱，骯髒清狂。雕龍盈笥，倚馬成章。苕溪天目，百代流光。

新安汪道貫仲淹

淵哉子藝，氣凌九有。博識洽聞，熒目哆口。託迹下位，抗志尚友。隱類東方，達慕莊叟。圖丘壑間，可以不朽。

婺源余養元食其

謂蓀爲難近，則恬貌野服，豈曰已甚！謂蓀爲易親，則方枘圓鑿，世胡與爾而狺狺？馬融蘊藉，聊以適意，田光節俠，聊以明志。惟説劍之莊生，暨嗜酒之劉伶，盡託而逃，寧爲名高？嗟若先生，其魯仲連之儔與？其東方朔之流與？雖爲執鞭，所忻慕焉。

海陽邵正魁長孺

虎林俠遊，黄山浪跡，人間冠裳，胸中泉石。

成都李元齡仁卿

貌顒而和，心遠而直。咳唾珠璣，其誰能識。噫嘻先生，何胥甲第，而名著千秋；雖囿塵寰，而志超八極。黠也真狂，莊生匪惑。金石文章，後來永式。

内鄉李蓘子田

吴山之秀，虎林之英。名家華胄，德慧夙成。皇墳墳其胸臆，筆札爛其縱横。談嘲比于經笥，撰著擬于《論衡》。脱畧于俗儒之㸑，駘蕩于王道之平。身若隱而文顯，位雖下而道行。田子方乃高士，蘇廣文稱先生。先生自序曰菩薩童子，吾將高山仰之，曰宜貢于明庭。

順陽李蔭襲芙

月光後身，根行犖耶？游戲三昧，毘盧頂耶？咄咄子藝，疇睹爾景耶。

蘭谿郭堯輔翼之

春風之容，古今師長。時雨之施，天地參兩。垂儀刑兮，剡素之間。振木鐸兮，清溪之上。厥貌愷悌，厥神清朗。允爲百世之具瞻，足起雲仍之遐想。

内江張應登玉車

爾爲誰黄金軀殼？爾爲誰紫芝眉宇？爾爲誰淵角山庭？爾爲誰桂腦松髓？爾爲誰寸眸八極？爾爲誰昂首千里？爾爲誰口吐珠璣？爾爲誰齒燦花蕊？爾爲誰盱衡厲色？爾爲誰强項竦體？爾爲誰肩可擔當？爾爲誰手揮麈尾？紛爾胸臆，其心丹石。百萬甲兵，五千文籍。包羅衆星，凌鑠一世。爾則爲誰，我所不識。噫嘻！知之矣。爾其驕人者耶？天口者耶？泉石者耶？捷敵者耶？聚書樓耶？田先生耶？是耶？非耶？

武陵龍德孚伯貞

嬾龍生曰：『余所知子藝者，蓋博識閎覽君子也。讀所爲小傳，乃竊嘆曰：子藝亢者與？修者與？治而閒而壽者與？治不功名，閒不江海，壽不道引，子藝有焉。爲亢爲修，志云尚已。夫世不治閒壽之異，而亢修之異人。曰：子藝，異人也。子藝，將爲異人耶，抑貞人耶？

客以蒙周狀子藝，故即周之言跋之。』

倩徐懋升玄舉

苕水之南，天目之東。珠藏玉韞，清發我翁。玄姿侶鶴，紫氣猶龍。悠邈眼底，壘塊胸中。筆横溟渤，劍倚崆峒。海寓浪跡，泉石霞蹤。澄澄秋月，落落長松。東南作者，吴會騈宗。小子仰止，丈人之峰。

萬曆己酉仲夏望日孫田大益德謙甫録，外孫徐胤翃孟凌甫、胤翀仲陵甫輯，胤翹幼凌甫校。

圖書在版編目(CIP)數據

留青日札 /（明）田藝蘅著；朱碧蓮點校. —杭州：浙江古籍出版社，2012.9(2024.3 重印)
（浙江文叢）
ISBN 978-7-80715-938-4

Ⅰ.①留… Ⅱ.①田… ②朱… Ⅲ.①筆記—中國明代—選集 Ⅳ.①Z429.48

中國版本圖書館 CIP 數據核字(2012)第 214339 號

留青日札
（全二册）
（明）田藝蘅 著　朱碧蓮 點校

出版發行 浙江古籍出版社
（杭州市體育場路 347 號　郵編：310006）
網　　址 https://zjgj.zjcbcm.com
責任編輯 路　偉
封面設計 劉　欣
責任校對 余　宏
照　　排 浙江時代出版服務有限公司
印　　刷 浙江新華數碼印務有限公司
開　　本 710mm×1000mm　1/16
印　　張 42.25
字　　數 430 千
版　　次 2012 年 9 月第 1 版
印　　次 2024 年 3 月第 3 次印刷
書　　號 ISBN 978-7-80715-938-4
定　　價 350.00 圓(精裝)

ISBN 978-7-80715-938-4
01>
9 787807 159384